# Processo Penal
## para Carreiras Policiais

Márcio Alberto Gomes Silva

# Processo Penal
## para Carreiras Policiais

**6ª edição** | revista
atualizada
ampliada

2021

www.editorajuspodivm.com.br

www.editorajuspodivm.com.br

Rua Território Rio Branco, 87 – Pituba – CEP: 41830-530 – Salvador – Bahia
Tel: (71) 3045.9051
• Contato: https://www.editorajuspodivm.com.br/sac

**Copyright:** Edições *Jus*PODIVM

**Conselho Editorial:** Eduardo Viana Portela Neves, Dirley da Cunha Jr., Leonardo de Medeiros Garcia, Fredie Didier Jr., José Henrique Mouta, José Marcelo Vigliar, Marcos Ehrhardt Júnior, Nestor Távora, Robério Nunes Filho, Roberval Rocha Ferreira Filho, Rodolfo Pamplona Filho, Rodrigo Reis Mazzei e Rogério Sanches Cunha.

**Capa:** Ana Caquetti

• A Editora *JusPODIVM* passou a publicar esta obra a partir da 4.ª edição.

| | |
|---|---|
| S333p | Silva, Márcio Alberto Gomes.<br>  Processo Penal para Carreiras Policiais / Márcio Alberto Gomes Silva. – 6. ed., rev., ampl. e atual. – Salvador: JusPODIVM, 2021.<br>  832 p.<br><br>  Bibliografia.<br>  ISBN 978-65-5680-303-6<br><br>  1. Direito. 2. Direito Processual. I. Alberto, Márcio Gomes Silva. II. Título.<br><br>                                                                     CDD 341.4 |

Todos os direitos desta edição reservados a Edições *Jus*PODIVM.

É terminantemente proibida a reprodução total ou parcial desta obra, por qualquer meio ou processo, sem a expressa autorização do autor e das Edições *Jus*PODIVM. A violação dos direitos autorais caracteriza crime descrito na legislação em vigor, sem prejuízo das sanções civis cabíveis.

*Dedico este trabalho à minha esposa Aline (sem seu apoio e seu amor nada disso seria possível), aos meus queridos filhos Antônio Neto (meu primogênito e grande amigo) e Maria Carolina (minha princesa), aos meus pais Antônio e Edilde (meus exemplos em tudo) e aos amigos da Polícia Federal, Defensoria Pública do Estado de Alagoas, Polícia Civil do Estado de Sergipe, Universidade Federal de Sergipe, Faculdade de Aracaju, Faculdade de Ciências Aplicadas e Sociais de Petrolina, Faculdade Pio X e dos cursos preparatórios por onde passei (em cada instituição deixei um pouco de mim e cada uma delas agregou muito ao meu conhecimento e vivência).*

# NOTA À SEXTA EDIÇÃO

Apresento, com imensa satisfação, a sexta edição do meu Inquérito Policial. O objetivo continua o mesmo: servir de base segura (verdadeiro manual) para orientar delegados de polícia (e outros policiais), promotores, juízes, defensores públicos, advogados e estudantes (especialmente os que pleiteiam aprovação para o cargo de delegado de polícia).

A presente obra perfila-se aos meus Prática Penal - Delegado de Polícia e Código Penal comentado para Carreiras Policiais: a primeira trata de doutrina/jurisprudência processual penal, a segunda, da confecção de peças práticas privativas de delegado de polícia e a última, como o nome sugere, avalia todos os dispositivos do nosso Caderno Repressivo (sempre com foco na atuação da autoridade policial).

O livro foi amplamente revisado e atualizado de forma a contemplar todos os tópicos reclamados nos editais dos concursos de delegado de polícia e conta com capítulos específicos voltados à análise da Lei de Abuso de Autoridade e do Pacote Anticrime.

Boa leitura!

Lisboa, em novembro de 2020.

**O AUTOR**

# PREFÁCIO

Conheci o Dr. Márcio Alberto na Defensoria Pública do Estado de Alagoas. Defensor aguerrido e combativo, dedicou-se intensamente ao mister da defesa do hipossuficiente, até ser convocado para atuar como delegado no âmbito da polícia judiciária federal. Perdeu a Defensoria Pública um grande profissional. Ganhou o Departamento de Polícia Federal um exímio delegado.

Haveria uma falsa percepção de incompatibilidade na sucessão funcional do idealizador da presente obra. Inicialmente como defensor, empenhado na defesa daqueles que de regra são indiciados ou processados criminalmente, e atualmente como persecutor, responsável pela presidência da investigação preliminar.

O inquérito policial, não como mera ferramenta de colheita indiciária, mas como filtro para eventual deflagração razoável de futuro processo, normalmente se revela como contundente apoio ao titular da ação penal.

A boa prática investigativa, assegurando a preservação de garantias, sem descurar da colheita do lastro indiciário caracterizador da justa causa, que conduz não só ao início do processo, como também à tomada de medidas cautelares no âmbito preambular, é inestimável ferramenta no âmbito defensivo.

O presente trabalho sinaliza o detalhamento da investigação preliminar, com perfunctório tratamento doutrinário e análise prática extraída da bagagem profissional do autor, prestando rica contribuição na construção técnica da ritualística policial.

São Paulo, em 27 de julho de 2012.

**Nestor Távora**

# SUMÁRIO

1 **INTROITO** .................................................................................. 19

2 **A SEGURANÇA PÚBLICA** ........................................................ 21

3 **PRINCÍPIOS NORTEADORES DO PROCESSO PENAL (E SUA APLICAÇÃO NO CURSO DA FASE PRÉ-PROCESSUAL)** ........................... 29

    3.1. Devido processo legal ............................................................ 29
    3.2. Contraditório .......................................................................... 30
    3.3. Ampla defesa .......................................................................... 31
    3.4. Presunção ou estado de inocência ...................................... 32
    3.5. Favor rei .................................................................................. 34
    3.6. Verdade real ........................................................................... 35
    3.7. Vedação das provas ilícitas ................................................... 36
    3.8. Igualdade das partes ............................................................. 36
    3.9. Publicidade ............................................................................. 37
    3.10. Livre convencimento ou persuasão racional do juiz ......... 38
    3.11. Duplo grau de jurisdição ....................................................... 38
    3.12. Vedação do *bis in idem* ........................................................ 38
    3.13. Oficialidade ............................................................................ 39
    3.14. Impulso oficial ....................................................................... 39

4 **JUIZ DAS GARANTIAS** ............................................................ 41

    4.1. juiz das garantias .................................................................. 41

5 **INQUÉRITO POLICIAL** ............................................................ 53

    5.1. Conceito ................................................................................. 53
    5.2. Características ....................................................................... 55
        5.2.1. Procedimento administrativo ................................... 55
        5.2.2. Sigiloso ........................................................................ 55
        5.2.3. Escrito .......................................................................... 62

|  |  |  |  |
|---|---|---|---|
| | 5.2.4. | Investigativo | 63 |
| | 5.2.5. | Dispensável | 68 |
| | 5.2.6. | Destinado a elucidar fato supostamente criminoso | 70 |
| 5.3. | Formas de comunicação | | 70 |
| | 5.3.1. | Direta, espontânea, ou de cognição imediata | 70 |
| | 5.3.2. | Indireta, provocada, ou de cognição mediata | 71 |
| | 5.3.3. | Coercitiva | 71 |
| | 5.3.4. | Inqualificada | 72 |
| 5.4. | Peças de instauração | | 76 |
| | 5.4.1. | Portaria | 76 |
| | 5.4.2. | Auto de prisão em flagrante | 77 |
| 5.5. | Formas de instauração | | 77 |
| | 5.5.1. | De ofício | 77 |
| | 5.5.2. | Requerimento do ofendido | 81 |
| | 5.5.3. | Requisição do Ministério Público | 82 |
| | 5.5.4. | Auto de prisão em flagrante | 84 |
| 5.6. | Prazos | | 84 |
| | 5.6.1. | Investigado/Indiciado solto | 84 |
| | 5.6.2. | Indiciado preso | 87 |
| | 5.6.3. | Prazos especiais | 89 |
| 5.7. | Diligências | | 90 |
| | 5.7.1. | Preservar o local do crime até a chegada dos peritos | 90 |
| | 5.7.2. | Apreender os objetos que tiverem ligações com o crime depois de liberados pelos peritos | 91 |
| | 5.7.3. | Colher todas as provas que tiverem ligação com o crime | 92 |
| | 5.7.4. | Ouvir o ofendido | 93 |
| | 5.7.5. | Ouvir o indiciado | 102 |
| | 5.7.6. | Proceder a reconhecimento de coisas e pessoas e acareação | 110 |
| | 5.7.7. | Realizar exame de corpo de delito e outras perícias | 110 |
| | 5.7.8. | Juntar folha de antecedentes, identificar o indiciado pelo processo datiloscópico | 111 |
| | 5.7.9. | Pesquisar a vida pregressa do indiciado | 118 |
| | 5.7.10. | Colher informações sobre a existência de filhos, respectivas idades e se possuem alguma deficiência e o nome e o contato de eventual responsável pelos cuidados dos filhos, indicado pela pessoa presa | 118 |
| | 5.7.11. | Realizar a reprodução simulada dos fatos | 119 |
| 5.8. | Indiciamento | | 121 |
| 5.9. | Incomunicabilidade | | 127 |

5.10. Nulidades........................................................................................... 128
5.11. Término do inquérito policial ................................................... 130
5.12. Arquivamento de inquérito policial......................................... 132
5.13. Valor probatório ........................................................................... 141
5.14. Termo circunstanciado ............................................................... 145
5.15. Investigação criminal presidida pelo Ministério Público .... 150
5.16. InQ 4781 – Uma investigação inconstitucional conduzida pela corte constitucional .............................................................. 159
5.17. Questões de concursos públicos .............................................. 163
5.18. Gabarito e comentários.............................................................. 187

# 6  AÇÃO PENAL ............................................................................................ 193

6.1. Conceito ......................................................................................... 193
6.2. Condições gerais da ação .......................................................... 193
6.3. Acordo de não persecução penal ............................................. 195
6.4. Espécies........................................................................................... 202
    6.4.1. Ação penal pública .......................................................... 202
        6.4.1.1. Generalidades.................................................. 202
        6.4.1.2. Princípios........................................................... 203
        6.4.1.3. Representação.................................................. 204
        6.4.1.4. Requisição do Ministro da Justiça.............. 208
        6.4.1.5. Denúncia ........................................................... 209
    6.4.2. Ação penal privada .......................................................... 210
        6.4.2.1. Generalidades.................................................. 210
        6.4.2.2. Princípios........................................................... 213
        6.4.2.3. Queixa-crime.................................................... 214
        6.4.2.4. Renúncia, perdão e perempção.................. 215
6.5. Questões de concursos públicos .............................................. 216
6.6. Gabarito e comentários.............................................................. 223

# 7  COMPETÊNCIA (E CIRCUNSCRIÇÃO POLICIAL)............................... 227

7.1. Conceito.......................................................................................... 227
7.2. Espécies........................................................................................... 228
    7.2.1. Competência em razão do lugar .................................. 228
    7.2.2. Competência em razão da matéria (natureza da infração penal).. 230
        7.2.2.1. Competência da justiça militar.................... 231
        7.2.2.2. Competência da justiça eleitoral................. 234
        7.2.2.3. Competência da justiça federal................... 237
        7.2.2.4. Competência da justiça estadual ................ 243
    7.2.3. Competência em razão da pessoa (foro por prerrogativa de função) ............................................................................... 243

| | | |
|---|---|---|
| 7.3. | Distribuição | 249 |
| 7.4. | Conexão e continência | 249 |
| 7.5. | Prevenção | 253 |
| 7.6. | Súmulas aplicáveis à matéria e comentários correlatos | 253 |
| | 7.6.1. Súmulas do Superior Tribunal de Justiça | 253 |
| | 7.6.2. Súmulas do Supremo Tribunal Federal | 259 |
| 7.7. | Questões de concursos públicos | 261 |
| 7.8. | Gabarito e comentários | 270 |

## 8 SUJEITOS PROCESSUAIS – E SUA ATUAÇÃO NO INQUÉRITO POLICIAL ..... 273

| | | |
|---|---|---|
| 8.1. | Juiz | 273 |
| | 8.1.1. Qualidades ou pressupostos | 274 |
| | 8.1.2. Impedimento, suspeição e incompatibilidade | 274 |
| | 8.1.3. Poderes | 275 |
| | 8.1.4. Prerrogativas e vedações | 276 |
| 8.2. | Ministério Público | 277 |
| | 8.2.1. Funções | 277 |
| | 8.2.2. Prerrogativas e vedações | 282 |
| 8.3. | Acusado | 282 |
| | 8.3.1. Identificação | 283 |
| | 8.3.2. Direitos | 283 |
| 8.4. | Defensor | 284 |
| 8.5. | Assistente de acusação | 284 |
| 8.6. | Auxiliares da Justiça | 285 |
| 8.7. | Delegado de polícia – funções e natureza do cargo | 286 |
| | 8.7.1. O delegado de polícia como garantidor dos direitos do cidadão | 290 |
| 8.8. | Questões de concursos públicos | 294 |
| 8.9. | Gabarito e comentários | 298 |

## 9 PROVAS ..... 301

| | | |
|---|---|---|
| 9.1. | Introito | 301 |
| 9.2. | Fatos que independem de prova | 301 |
| | 9.2.1. Axiomáticos ou intuitivos | 301 |
| | 9.2.2. Notórios | 302 |
| | 9.2.3. Presunções legais | 302 |
| 9.3. | Provas ilícitas e ilegítimas | 302 |
| 9.4. | O superdimensionamento de direitos individuais e a anulação de investigações policiais no âmbito dos tribunais superiores | 314 |
| 9.5. | Sistemas de apreciação da prova | 322 |
| | 9.5.1. Ordálio ou sistema das provas irracionais | 322 |

| | | |
|---|---|---|
| 9.5.2. | Certeza moral do legislador | 322 |
| 9.5.3. | Certeza moral do julgador ou íntima convicção | 322 |
| 9.5.4. | Persuasão racional ou da livre convicção motivada | 322 |
| 9.6. | Serendipidade | 323 |
| 9.7. | As provas nominadas pelo Código de Processo Penal | 326 |
| 9.7.1. | Perícias em geral e exame de corpo de delito | 326 |
| 9.7.2. | Interrogatório | 338 |
| 9.7.3. | Confissão | 347 |
| 9.7.4. | Declarações do ofendido | 349 |
| 9.7.5. | Prova testemunhal | 350 |
| 9.7.6. | Reconhecimento de pessoas e coisas | 353 |
| 9.7.7. | Acareação | 358 |
| 9.7.8. | Documentos | 358 |
| 9.7.9. | Indícios | 358 |
| 9.8. | Busca e apreensão | 359 |
| 9.9. | A restituição de coisas apreendidas | 377 |
| 9.10. | Medidas assecuratórias | 379 |
| 9.10.1. | Sequestro | 380 |
| 9.10.2. | Hipoteca legal | 382 |
| 9.10.3. | Arresto | 384 |
| 9.10.4. | Alienação antecipada | 384 |
| 9.11. | Incidente de insanidade mental | 385 |
| 9.12. | A quebra do sigilo das comunicações telefônicas | 386 |
| 9.13. | Gravação, escuta e interceptação | 419 |
| 9.14. | A quebra do sigilo das comunicações telemáticas | 428 |
| 9.15. | Quebra do sigilo bancário | 429 |
| 9.16. | Quebra do sigilo fiscal | 430 |
| 9.17. | Infiltração policial | 431 |
| 9.18. | Infiltração policial na internet (infiltração virtual) | 433 |
| 9.19. | Colaboração premiada | 439 |
| 9.20. | Ação controlada | 464 |
| 9.21. | Agente policial disfarçado | 471 |
| 9.22. | Pode o delegado de polícia representar diretamente medidas cautelares ao judiciário, no curso do inquérito policial? | 473 |
| 9.23. | Questões de concurso públicos | 475 |
| 9.24. | Gabarito e comentários | 505 |

**10 MEDIDAS CAUTELARES DIVERSAS DA PRISÃO, PRISÃO E LIBERDADE PROVISÓRIA** ..... 511

10.1. Medidas cautelares diversas da prisão ..... 511

| | | |
|---|---|---|
| 10.1.1. | Generalidades............................................................... | 511 |
| 10.1.2. | Comparecimento periódico em juízo, no prazo e nas condições fixadas pelo juiz, para informar e justificar atividades....... | 514 |
| 10.1.3. | Proibição de acesso ou frequência a determinados lugares quando, por circunstâncias relacionadas ao fato, deva o indiciado ou acusado permanecer distante desses locais para evitar o risco de novas infrações................................................. | 515 |
| 10.1.4. | Proibição de manter contato com pessoa determinada quando, por circunstâncias relacionadas ao fato, deva o indiciado ou acusado dela permanecer distante ............................... | 515 |
| 10.1.5. | Proibição de ausentar-se da Comarca quando a permanência seja conveniente ou necessária para a investigação ou instrução............ | 515 |
| 10.1.6. | Recolhimento domiciliar no período noturno e nos dias de folga quando o investigado ou acusado tenha residência e trabalho fixos .................................................................. | 516 |
| 10.1.7. | Suspensão do exercício de função pública ou de atividade de natureza econômica ou financeira quando houver justo receio de sua utilização para a prática de infrações penais ...... | 516 |
| 10.1.8. | Internação provisória do acusado nas hipóteses de crimes praticados com violência ou grave ameaça, quando os peritos concluírem ser inimputável ou semi-imputável (art. 26 do Código Penal) e houver risco de reiteração ............................ | 517 |
| 10.1.9. | Fiança, nas infrações que a admitem, para assegurar o comparecimento a atos do processo, evitar a obstrução do seu andamento ou em caso de resistência injustificada à ordem judicial ....................................................................... | 518 |
| 10.1.10. | Monitoração eletrônica................................................ | 518 |
| 10.2. Prisões cautelares ............................................................... | | 518 |
| 10.2.1. | Generalidades sobre a prisão cautelar ......................... | 518 |
| 10.2.2. | O uso de algemas ........................................................ | 520 |
| 10.2.3. | Prisão em flagrante delito ............................................ | 524 |
| | 10.2.3.1. Generalidades............................................ | 524 |
| | 10.2.3.2. A mitigação da inviolabilidade de domicílio em caso de flagrante............................................ | 525 |
| | 10.2.3.3. Audiência de custódia ............................... | 536 |
| | 10.2.3.4. Sujeitos do flagrante .................................. | 545 |
| | 10.2.3.5. Modalidades de flagrante .......................... | 549 |
| | 10.2.3.6. Lavratura do auto flagrancial e seus desdobramentos ....................................................... | 551 |
| | 10.2.3.7. Apresentação espontânea ....................... | 567 |
| | 10.2.3.8. Flagrante esperado, retardado, preparado e forjado ... | 569 |
| 10.2.4. | Prisão preventiva ......................................................... | 572 |

10.2.5. Prisão temporária ... 592
10.2.6. Prisão domiciliar ... 602
10.3. Liberdade provisória ... 608
10.4. Relaxamento da prisão ... 613
10.5. A realidade das prisões no Brasil ... 616
10.6. Não recepção da expressão "para interrogatório" do artigo 260 do Código de Processo Penal – ADPF 395 e 444 ... 619
10.7. Prisão em face de decisão condenatória proferida por tribunal de segundo grau (sucessivas viragens jurisprudenciais da Suprema Corte) ... 621
10.8. Questões de concursos públicos ... 627
10.9. Gabarito e comentários ... 649

## 11 ALGUNS TÓPICOS COBRADOS EM EDITAIS DE CONCURSOS DE DELEGADO DE POLÍCIA ... 655

11.1. Fontes do Processo Penal ... 655
11.2. Interpretação ... 656
    11.2.1. Quanto à pessoa que interpreta ... 656
    11.2.2. Quanto ao modo de interpretar ... 656
    11.2.3. Quanto ao resultado ... 656
    11.2.4. Analogia x Interpretação analógica ... 656
11.3. Sistemas Processuais ... 657
11.4. Eficácia da lei processual penal ... 657
11.5. Processo criminal de crimes comuns ... 658
    11.5.1. Procedimento ordinário ... 659
    11.5.2. Procedimento sumário ... 663
    11.5.3. Procedimento do tribunal do júri ... 663
    11.5.4. Procedimento nos crimes funcionais ... 681
    11.5.5. Procedimento da Lei de Drogas (Lei 11.343/06) ... 682
    11.5.6. Procedimento sumaríssimo ... 684
11.6. Recursos ... 691
    11.6.1. Recursos em espécie ... 695
11.7. Nulidades ... 697
    11.7.1. Súmulas do STF sobre o tema ... 698
    11.7.2. Teses do STJ sobre nulidades (edição 69 da jurisprudência em teses) ... 699
11.8. Ações autônomas de impugnação ... 700
    11.8.1. *Habeas corpus* ... 700
    11.8.2. Teses do STJ sobre *habeas corpus* ... 702
    11.8.3. Mandado de segurança ... 703

## 12 LEI DE ABUSO DE AUTORIDADE ... 705

- 12.1. Introdução e disposições gerais ... 705
- 12.2. Sujeitos do crime e ação penal ... 706
- 12.3. Efeitos da condenação e penas restritivas de direitos ... 707
- 12.4. Sanções de natureza civil e administrativa ... 709
- 12.5. Crimes e penas ... 709
- 12.6. Procedimento e disposições finais ... 743

## 13 PACOTE ANTICRIME ... 749

- 13.1. Introdução ... 749
- 13.2. Alterações no Código Penal ... 753
- 13.3. Alterações na Lei 7.210/84 (Lei de Execução Penal) ... 765
- 13.4. Alterações na Lei 8.072/90 (Lei de Crimes Hediondos) ... 774
- 13.5. Alterações na Lei 8.429/92 (Lei de Improbidade Administrativa) ... 778
- 13.6. Alterações na Lei 10.826/03 (Estatuto do Desarmamento) ... 779
- 13.7. Alterações na Lei 11.671/08 ... 783
- 13.8. Alterações na Lei 12.037/09 (Lei da Identificação Criminal) ... 786
- 13.9. Alterações na Lei 12.694/12 ... 788
- 13.10. Alterações na Lei 12.850/13 (Lei das Organizações Criminosas) ... 791
- 13.11. Alterações na Lei 13.608/18 ... 793
- 13.12. Alterações na Lei 8.038/90 ... 795
- 13.13. Alterações na Lei 13.756/18 ... 795
- 13.14. Alterações no Dec-Lei 1.002/69 (Código de Processo Penal Militar) ... 796

## 14 CASUÍSTICA ... 797

- 14.1. Introito ... 797
- 14.2. Ciganos ... 797
- 14.3. Flagrante esperado em tráfico de drogas ... 801
- 14.4. O anonimato e o inquérito policial ... 803
- 14.5. Trincheira contra o crime ... 806
- 14.6. Combatendo os discípulos de Lampião ... 808
- 14.7. Vazamento do ENEM/2010 ... 810
- 14.8. Detalhes de um esquema de desvio ... 812

## 15 CONSIDERAÇÕES DERRADEIRAS ... 817

## REFERÊNCIAS BIBLIOGRÁFICAS ... 819

# 1
# INTROITO

O presente trabalho se destina a alunos do curso de direito, aspirantes ao cargo de delegado e profissionais que labutam na seara criminal, especialmente delegados de polícia.

Levando em conta os atores que gravitam em torno do processo penal, o delegado de polícia é a autoridade mais próxima do fenômeno delitógeno e o primeiro a ser acionado com a ocorrência do crime, sendo chamado a decidir e a se posicionar cabalmente frente a importantíssimos temas que versam, mais das vezes, sobre os mais caros direitos dos cidadãos envolvidos (apenas para exemplificar rapidamente: liberdade, bens, direito de imagem, integridade física e intimidade do preso, dentre outros).

Compulsando a literatura que trata da prática no processo penal, observa-se uma incômoda lacuna no que toca ao tema aqui tratado. Autores de escol, quando se debruçam sobre o estudo da investigação penal, findam deixando de se manifestar cabalmente acerca de tópicos muito delicados e recorrentes na vida profissional dos delegados de polícia, advogados, promotores e juízes que atuam na fase investigativa, tais quais: possibilidade de relaxamento de prisão pelo delegado de polícia (melhor seria dizer, como se dirá alhures, possibilidade de não lavratura do auto de prisão em flagrante delito), hipóteses de não instauração de inquérito diante de requisição elaborada pelo Ministério Público, análise aprofundada do direito de vista dos autos de inquérito policial pelo advogado, frente à Súmula Vinculante 14, estudo profícuo e constitucional das prisões cautelares, dentre outros temas espinhosos.

Não há como dissociar o estudo teórico da realidade. Nada prepara o novel concursado (ou novo advogado) para prática, senão a própria prática. O mais estudioso dos candidatos aprovados em concurso público ou o mais perspicaz dos novos advogados, sentir-se-á inseguro diante das primeiras situações complexas apresentadas pelo exercício de sua função (seja qual for a carreira abraçada pelo profissional que labuta na seara penal).

Tal insegurança é ainda mais pronunciada quando se enfoca a atuação profissional do delegado de polícia, vez que, como dito supra, este é o primeiro personagem que enfrenta o fenômeno delitógeno, tomando decisões cabais em relação ao caso. Ele lida com pessoas (policiais responsáveis pela prisão e pela apresentação do preso, vítima, conduzido, imprensa, só para citar algumas das que exercem influência na decisão da autoridade policial) e não com a frieza do papel. E como é difícil lidar com pessoas em situação tão delicada.

Nesta senda, serão tratados nesta obra a atuação das polícias (militar, civil e federal) no combate ao crime, os princípios do processo penal afetos à fase pré-processual, o juiz das garantias, o inquérito policial propriamente dito, a ação penal, a competência, os sujeitos processuais (e sua atuação no curso do inquérito policial), as provas colhidas no curso da investigação e do processo, as medidas cautelares diversas da prisão, as modalidades de prisões cautelares, a liberdade provisória, o relaxamento de prisão, vários temas que povoam editais de concursos públicos para o cargo de delegado de polícia, a nova Lei de Abuso de Autoridade, o Pacote Anticrime, exemplos concretos da casuística policial, com referência a investigações reais e seus desdobramentos, com análise de temas pontuais que permeiam a vida prática dos profissionais que circundam a investigação criminal e a análise de quesitos de concursos públicos da seara policial.

A proposta, ao fim e ao cabo, é que a obra seja verdadeiro manual de Direito Processual Penal para quem é ou pretende ser delegado de polícia, sendo validamente aproveitado, ainda, por todos os profissionais que atuam na persecução penal.

# 2

# A SEGURANÇA PÚBLICA

Tema de qualquer debate acerca das principais preocupações dos cidadãos brasileiros, a segurança pública é direito constitucionalmente consagrado. Por óbvio, não se trata de matéria que deve ser analisada isoladamente e que se resuma ao quantitativo das forças públicas responsáveis por tentar prover a segurança. Não há como oferecer segurança pública à sociedade sem garantir acesso à boa educação, à saúde, ao lazer, ao emprego, enfim, sem descurar da observância dos outros direitos previstos no artigo 6º da Constituição Federal. Eis o dispositivo magno:

> Art. 6º São direitos sociais a educação, a saúde, a alimentação, o trabalho, a moradia, o lazer, a segurança, a previdência social, a proteção à maternidade e à infância, a assistência aos desamparados, na forma desta Constituição.

Aliás, quanto menos se atenta para direitos outros da população, maior será a necessidade de investimento na área de segurança (mormente na repressão ao crime). Anote-se que investir em segurança significa, em grande medida, verter recursos para valorização dos profissionais que labutam na área (salários dignos e capacitação), para melhoria da estrutura física das instalações dos órgãos que dela cuidam e para compra de equipamentos, viaturas, armas e sistemas ligados à inteligência policial.

Passa por reconhecer a carreira de delegado de polícia como jurídica (isso foi materializado pelas Leis 12.830/13 e 13.047/14 e em várias Constituições Estaduais[1]), merecedora do mesmo tratamento e vencimentos auferidos por

---

1. Anoto que o Supremo Tribunal Federal julgou procedente a ADI 5520, para declarar a inconstitucionalidade dos §§ 4º e 5º do artigo 106 da Constituição Estadual de Santa Catarina (emenda constitucional 61/2012), que afirmavam que o Delegado de Polícia Civil exerce atribuição essencial à função jurisdicional do Estado e tem assegura independência funcional pela livre convicção nos atos de polícia judiciária. O Pretório Excelso reconheceu a inconstitucionalidade formal e material da alteração, porquanto elaborada à revelia do Governador do Estado (a alteração na Constituição

membros do Poder Judiciário e do Ministério Público, com a inserção nas legislações de regência de prerrogativas que garantam o livre exercício da função (a inamovibilidade é uma garantia muito importante ainda não conferida às autoridades policiais[2]). É também reconhecer e valorizar os outros profissionais da área de segurança (escrivães, agentes, peritos criminais, papiloscopistas, policiais militares, policiais rodoviários federais, policiais ferroviários federais, enfim, todos os que gravitam em torno da rede de proteção estatal oferecida à sociedade).

---

Estadual não foi de iniciativa do chefe do Poder Executivo estadual) e em face de suposta ofensa ao vínculo de subordinação existente entre o Governador e a polícia civil (que seria mitigado pela atribuição de maior autonomia ao órgão de direção máxima do aparelho policial). O Pretório Excelso seguiu praticamente o mesmo entendimento ao julgar a ADI 5536, que culminou com a declaração da inconstitucionalidade da emenda 82/2013 do Estado do Amazonas. Eis os julgados:

CONSTITUCIONAL E ADMINISTRATIVO. EMENDA CONSTITUCIONAL 61/2012 DO ESTADO DE SANTA CATARINA. ATRIBUIÇÃO DE STATUS DE FUNÇÃO ESSENCIAL À JUSTIÇA E DE INDEPENDÊNCIA FUNCIONAL AO CARGO DE DELEGADO DE POLÍCIA. AUSÊNCIA DE PARTICIPAÇÃO, NO PROCESSO LEGISLATIVO, DO GOVERNADOR DO ESTADO. INCONSTITUCIONALIDADE FORMAL. INCONSTITUCIONALIDADE MATERIAL (CF, ART. 144, §6º). PROCEDÊNCIA. 1. A Emenda Constitucional 61/2012 de Santa Catarina conferiu status de carreira jurídica, com independência funcional, ao cargo de delegado de polícia. Com isso, alterou o regime do cargo e afetou o exercício de competência típica da chefia do Poder Executivo, o que viola a cláusula de reserva de iniciativa do chefe do Poder Executivo (art. 61, § 1º, II, "c", extensível aos Estados-Membros por força do art. 25 da CF). 2. O art. 144, § 6º, da CF estabelece vínculo de subordinação entre os Governadores de Estado e as respectivas polícias civis, em razão do que a atribuição de maior autonomia aos órgãos de direção máxima das polícias civis estaduais, mesmo que materializadas em deliberações da Assembleia local, mostra-se inconstitucional. 3. Ação direta julgada procedente (ADI 5520, Relator(a): Alexandre de Moraes, Tribunal Pleno, julgado em 06/09/2019, PROCESSO ELETRÔNICO DJe-204 DIVULG 19-09-2019 PUBLIC 20-09-2019).

CONSTITUCIONAL E ADMINISTRATIVO. EMENDA CONSTITUCIONAL 82/2013 DO ESTADO DO AMAZONAS. VÍCIO DE INICIATIVA EM MATÉRIA ORGÂNICA À ESTRUTURAÇÃO DA POLÍCIA CIVIL. INCONSTITUCIONALIDADE FORMAL (CF, ART. 61, §1º, II, C). MODIFICAÇÃO DE REGRAS E CRITÉRIOS DE PROVIMENTO DO CARGO DE DIRETOR DA POLÍCIA CIVIL, ATRIBUIÇÃO DE STATUS DE FUNÇÃO ESSENCIAL À JUSTIÇA E DE INDEPENDÊNCIA FUNCIONAL EM ANTINOMIA À PREVISÃO CONSTITUCIONAL DE SUBORDINAÇÃO DA POLÍCIA CIVIL AO GOVERNADOR DE ESTADO. INCONSTITUCIONALIDADE MATERIAL (CF, ART. 144, §6º). PROCEDÊNCIA. 1. A Emenda Constitucional 82/2013 do Amazonas modificou regras e critérios de provimento do cargo de diretor da Polícia Civil e conferiu status de carreira jurídica, com independência funcional, ao cargo de delegado de polícia. Com isso, alterou o regime do cargo e afetou o exercício de competência típica da chefia do Poder Executivo, o que viola a cláusula de reserva de iniciativa do chefe do Poder Executivo (art. 61, § 1º, II, "c", extensível aos Estados-Membros por força do art. 25 da CF). 2. O art. 144, § 6º, da CF estabelece vínculo de subordinação entre os Governadores de Estado e as respectivas polícias civis, em razão do que a atribuição de maior autonomia aos órgãos de direção máxima das polícias civis estaduais, mesmo que materializadas em deliberações da Assembleia local, mostra-se inconstitucional. 3. Ação direta julgada procedente (ADI 5536, Relator(a): Alexandre de Moraes, Tribunal Pleno, julgado em 13/09/2019, PROCESSO ELETRÔNICO DJe-210 DIVULG 25-09-2019 PUBLIC 26-09-2019).

2. O § 5º do artigo 2º da Lei 12.830/13, exige que o ato de remoção do delegado de polícia seja devidamente fundamentado. Trata-se de uma importante garantia contra remoções casuísticas e calcadas em interesses obscuros. A citada lei foi um firme passo no sentido de assegurar a autonomia necessária à condução das investigações.

Em nível constitucional, os artigos 144 e seguintes da Carta da República delimitam o tema. Citado dispositivo deixa claro que segurança pública é "dever do Estado, direito e responsabilidade de todos, é exercida para preservação da ordem pública e da incolumidade das pessoas e do patrimônio".

O mandamento em estudo também trata dos órgãos que têm a missão constitucional de garantir a segurança pública aos cidadãos. Basicamente, podemos dividir tais órgãos em dois grupos: o voltado ao policiamento preventivo (ostensivo) e o destinado ao policiamento repressivo (velado, descaracterizado, investigativo).

Estudemos o primeiro grupo. Por ser ostensivo, seus integrantes usam fardas, circulam com armas à mostra e suas viaturas são caracterizadas, tudo voltado à materialização do seu fim precípuo: a prevenção do delito. Serve para desestimular o cidadão a cometer crimes pela presença policial clara e efetiva. Nele estão inseridas a polícia rodoviária federal, a polícia ferroviária federal e as polícias militares.

Já no que toca ao segundo grupo, destinado à atuação após o cometimento do delito (investigação de crimes praticados, buscando a identificação dos seus autores), temos agentes e viaturas descaracterizados. Aqui o que se busca é coligir elementos informativos e provas que autorizem a deflagração da ação penal, com vistas a aplicar o poder-dever de punir do Estado, evitando a temida sensação de impunidade, uma das molas propulsoras do crime. Neste grupo estão as polícias civis dos Estados e a polícia federal.

Em síntese apertada, nos termos de lição de Rogério Greco[3], "caberia à polícia militar, precipuamente, o papel ostensivo de prevenir a prática de futuras infrações penais, enquanto que à polícia judiciária, civil, caberia, também de forma precípua, o papel investigativo".

O ideal é que não se perca de vista a distinção da atribuição constitucional de cada um dos grupos. Desvios de finalidade que autorizem, por exemplo, às polícias militares e à polícia rodoviária federal levar a efeito investigações devem ser evitados (mesmo confecção de mero termo circunstanciado por integrantes destas forças já se afigura medida ilegal e inconstitucional, como se verá alhures). Melhor solução é aparelhar todas as instituições de forma que cada uma delas exerça corretamente suas funções, contribuindo para aumentar a sensação de segurança da população como um todo.

Nos termos do parágrafo supra, cumpre discutir, em rápidas linhas, se seria salutar a adoção do ciclo completo nos organismos policiais no Brasil. Implantar o ciclo completo significaria, em síntese bastante apertada, permitir que todos os órgãos listados no artigo 144 da Constituição Federal atuassem nas duas funções acima desenhadas: preventiva e repressiva (na prática seria

---

3. GRECO, Rogério. **Atividade Policial**, Rio Janeiro: Impetus, 2010, página 4.

autorizar às polícias preventivas materializar procedimentos investigativos destinados a elucidar os crimes que chegassem a seu conhecimento, sem necessidade de encaminhar a ocorrência à polícia judiciária).

Como se deixou claro supra, o sistema constitucional de segurança pública imaginado pelo legislador de 1988 contemplou a especialização dos órgãos e a repartição de funções. A decisão foi sábia e consagrou o sistema de separação de atribuições, do patrulhamento ostensivo à execução da pena (se incluirmos a atribuição do Ministério Público para promover a ação penal pública, a atribuição da Defensoria Pública para prover a defesa de cidadãos que não podem pagar por advogado, a competência do Judiciário para julgar os processos e a atribuição do sistema prisional para executar as penas impostas pelos juízes). Penso que agiu com acerto o constituinte originário.

Mas se o sistema é bom, por que é contestado? Quais as causas de sua aparente falência? Em primeiro lugar, é preciso partir de uma premissa muito importante: a redução da criminalidade não é alcançada apenas com suposta atuação eficaz das polícias (como já desenhado supra). O estudo, ainda que superficial, da criminologia nos mostra que o crime é um fenômeno complexo, com diversas causas, e que a atuação das forças policiais é apenas uma das tantas armas que o estado pode lançar mão para que o índice de criminalidade se situe em patamar aceitável. É preciso investir em planejamento urbano, iluminação pública, educação, saúde, transporte público, criação de postos de trabalho, saneamento básico, dentre outras áreas importantes, para que a população se sinta tocada pela mão do estado de outras formas (que não só pela ação persecutória). O aparelho policial não pode ser o único a ser responsabilizado por eventual incremento da violência nos centros urbanos (nem os outros integrantes do chamado controle social formal – Ministério Público, Judiciário e sistema prisional).

Continuemos. A pergunta feita no parágrafo anterior foi: se o sistema desenhado na *Lex Legum* é bom, por que é contestado? A resposta é simplória: porque ele nunca foi materializado como imaginou o constituinte originário.

Quando se pensou numa polícia ostensiva, apta a dar ao cidadão sensação de segurança pela sua presença e a desestimular a prática delitiva, foi imaginada a atuação de um efetivo suficiente para permitir o patrulhamento ostensivo em áreas consideradas críticas (comércio, portas de banco, locais onde a mancha criminal é mais intensa, dentre outros locais), que esse efetivo fosse bem treinado e tivesse noções acerca dos direitos fundamentais dos cidadãos (direitos humanos), que houvesse equipamentos adequados (letal, menos letal, de controle de distúrbio civil etc.), salários dignos para os que devotam sua vida à proteção da população (com o fito de evitar o "bico" e a corrupção), a atuação forte e isenta das corregedorias e dos órgãos de controle externo (de forma a coibir os desvios).

Quando se pensou numa polícia judiciária, imaginou-se uma polícia que tivesse efetivo suficiente para responder às investigações de sua alçada, na presidência das investigações feitas por profissional versado em ciências jurídicas, apto a proteger os direitos dos cidadãos no curso das apurações criminais, na preparação técnica dos seus integrantes (formação voltada ao respeito dos direitos individuais e à profícua coleta de provas da prática delitiva), perícia equipada e bem treinada (a prova pericial é importante arma para elucidação de crimes), delegacias confortáveis para receber vítimas e acomodar policiais, salário atrativo, equipamentos adequados (equipamentos discretos, viaturas, armas etc.), corregedoria e órgãos de controle externo atuantes.

Esse sistema, caso materializado corretamente (pelo menos no campo do dever ser) permitiria que: percebida uma infração que deixa vestígios, por exemplo, a cena fosse bem isolada (nos termos do inciso I do artigo 6º, do § 2º do artigo 158-A e do inciso II do artigo 158-B, todos do CPP); a perícia fosse efetivada de maneira profícua (com o fito de cumprir o artigo 158[4], evitar a utilização do artigo 167[5] e a funesta consequência descrita no artigo 564, inciso III, alínea 'b'[6], com estrita observância de todas as etapas da cadeia de custódia listadas no artigo 158-B[7], todos do CPP); policiais bem treinados fossem a campo entrevistar pessoas, colher imagens de câmeras, e coligir elementos outros que auxiliassem a autoridade policial a elucidar o fato; que eventuais

---

4. Art. 158. Quando a infração deixar vestígios, será indispensável o exame de corpo de delito, direto ou indireto, não podendo supri-lo a confissão do acusado.
   Parágrafo único. Dar-se-á prioridade à realização do exame de corpo de delito quando se tratar de crime que envolva:
   I - violência doméstica e familiar contra mulher;
   II - violência contra criança, adolescente, idoso ou pessoa com deficiência.
5. Art. 167. Não sendo possível o exame de corpo de delito, por haverem desaparecido os vestígios, a prova testemunhal poderá suprir-lhe a falta.
6. Art. 564. A nulidade ocorrerá nos seguintes casos:
   (...)
   III - por falta das fórmulas ou dos termos seguintes:
   (...)
   b) o exame do corpo de delito nos crimes que deixam vestígios, ressalvado o disposto no Art. 167.
7. Art. 158-B. A cadeia de custódia compreende o rastreamento do vestígio nas seguintes etapas:
   I - reconhecimento: ato de distinguir um elemento como de potencial interesse para a produção da prova pericial;
   II - isolamento: ato de evitar que se altere o estado das coisas, devendo isolar e preservar o ambiente imediato, mediato e relacionado aos vestígios e local de crime;
   III - fixação: descrição detalhada do vestígio conforme se encontra no local de crime ou no corpo de delito, e a sua posição na área de exames, podendo ser ilustrada por fotografias, filmagens ou croqui, sendo indispensável a sua descrição no laudo pericial produzido pelo perito responsável pelo atendimento;
   IV - coleta: ato de recolher o vestígio que será submetido à análise pericial, respeitando suas características e natureza;

situações flagranciais fossem solucionadas rapidamente, para que a polícia ostensiva voltasse rapidamente às ruas, dentre outros aspectos.

Como o sistema finda não sendo materializado da forma que deveria, é evidente que ele enfrenta problemas. Eventual ineficiência decorrente da falta de investimento efetivo dá espaço ao aparecimento de soluções mirabolantes. É o caso do ciclo completo de polícia, tal como apresentado, para as polícias ostensivas, hoje muito discutido como alternativa para melhoria da resposta dada pelo estado à população (como dito supra, ciclo completo, em rápidas linhas, significa uma mesma instituição policial cuidar da ocorrência desde a fase preventiva/ostensiva até a apuratória/repressiva).

Apenas para retomar e complementar a ideia do sistema pensado pelo constituinte de 1988, é preciso que se diga que nosso sistema processual penal outorgou ao delegado de polícia, corretamente, diga-se de passagem, a presidência da polícia investigativa e dos apuratórios que nela tramitam. É sua tarefa cuidar de sopesar tipos penais, decidir acerca da utilização de técnicas investigativas, representar prisões cautelares, buscas, tudo na forma preceituada na Carta Magna e na legislação de regência.

Esse profissional, o delegado de polícia, finda sendo importante garantidor dos direitos humanos do cidadão, já que é apto a interpretar a legislação e decidir, no calor dos acontecimentos, acerca da existência ou não de situações flagranciais, tipificação de condutas, tipicidade ou atipicidade material (que pode redundar em liberar o equivocadamente detido em uma hipotética comunicação coercitiva de crime), existência ou não de causas excludentes de ilicitude (que também pode redundar na libertação prematura do detido apresentado detido em situação flagrancial), existência ou não de causas excludentes

---

V - acondicionamento: procedimento por meio do qual cada vestígio coletado é embalado de forma individualizada, de acordo com suas características físicas, químicas e biológicas, para posterior análise, com anotação da data, hora e nome de quem realizou a coleta e o acondicionamento;

VI - transporte: ato de transferir o vestígio de um local para o outro, utilizando as condições adequadas (embalagens, veículos, temperatura, entre outras), de modo a garantir a manutenção de suas características originais, bem como o controle de sua posse;

VII - recebimento: ato formal de transferência da posse do vestígio, que deve ser documentado com, no mínimo, informações referentes ao número de procedimento e unidade de polícia judiciária relacionada, local de origem, nome de quem transportou o vestígio, código de rastreamento, natureza do exame, tipo do vestígio, protocolo, assinatura e identificação de quem o recebeu;

VIII - processamento: exame pericial em si, manipulação do vestígio de acordo com a metodologia adequada às suas características biológicas, físicas e químicas, a fim de se obter o resultado desejado, que deverá ser formalizado em laudo produzido por perito;

IX - armazenamento: procedimento referente à guarda, em condições adequadas, do material a ser processado, guardado para realização de contraperícia, descartado ou transportado, com vinculação ao número do laudo correspondente;

X - descarte: procedimento referente à liberação do vestígio, respeitando a legislação vigente e, quando pertinente, mediante autorização judicial.

de culpabilidade (o que, de igual sorte, significa liberação da pessoa capturada equivocadamente), arbitramento de fiança, etc. Essa escolha tem razão de ser: o delegado de polícia funciona no Brasil como a "autoridade autorizada por lei a exercer funções judiciais", descrita no Pacto de San Jose da Costa Rica (artigo 7º, item 5[8]) – entendo que o delegado de polícia, no sistema processual penal brasileiro, exerce "função judicial" ao avaliar a legalidade/cabimento da captura flagrancial (em notícia de crime coercitiva). Saliento, contudo, que o legislador brasileiro não seguiu essa orientação, posto que enxertou, por meio do Pacote Anticrime, a audiência de custódia presidida por magistrado em nosso ordenamento jurídico (artigo 310 do CPP), seguindo o quanto desenhado na Resolução 213 do CNJ.

Quando se pensa em um sistema que deseje outorgar atribuição investigativa (investigação de civis) a polícias ostensivas, destinadas precipuamente a prevenir crimes, subverte-se a estrutura pensada pelo legislador constituinte. Possibilita-se que a conduta de um cidadão brasileiro seja avaliada por profissional não versado em Direito e que não prestou concurso para o cargo de delegado de polícia (servidor público que possui atribuição para primeiro enfrentar juridicamente a situação flagrancial em nome do estado).

Não se diga que isso poderia ser materializado apenas em situações mais simplórias (infrações de menor potencial ofensivo, por exemplo). A título de exemplo, uma lesão leve causada por um golpe de faca pode ser tipificada como lesão corporal de natureza leve (infração de menor potencial ofensivo) ou tentativa de homicídio, a depender do dolo do agente (para limitar em apenas duas trilhas o exemplo). Será que tal análise pode ser feita no meio da rua? Por meio do preenchimento de um formulário? Ou em um batalhão da Polícia Militar? Definitivamente não! É preciso que não se perca de vista que o termo circunstanciado tem natureza jurídica de procedimento investigativo (criado pela Lei 9.099/95 como substitutivo do inquérito policial, e por isso presidido por delegado de polícia no âmbito da polícia judiciária[9]). Apesar de simplificado, envolve tipificação de delitos[10].

---

8. Art. 7º (...)

   5. Toda pessoa presa, detida ou retida deve ser conduzida, sem demora, à presença de um juiz ou outra autoridade autorizada por lei a exercer funções judiciais e tem o direito de ser julgada em prazo razoável ou de ser posta em liberdade, sem prejuízo de que prossiga o processo. Sua liberdade pode ser condicionada a garantias que assegurem o seu comparecimento em juízo.

9. Remeto à leitura do tópico 4.14, onde o tema será esmiuçado.

10. Já adianto que o Supremo Tribunal Federal, de maneira equivocada, com todas as vênias, entendeu que o termo circunstanciado tem natureza jurídica de mero registro de ocorrência, não sendo sua lavratura privativa da polícia judiciária (sob a presidência do delegado de polícia). Tal interpretação foi consignada nos autos da ADI 3807, no bojo da qual foi julgado constitucional o § 3º do artigo 48 da Lei 11.343/06, que confere atribuição ao magistrado para lavratura de termo circunstanciado e

Outro exemplo: um cidadão que é surpreendido portando um ou dois cigarros de maconha deve ser considerado usuário (caso em que deverá ser lavrado termo circunstanciado) ou traficante (situação que imporá a prisão em flagrante do indivíduo)? A resposta depende da análise da situação concreta e reclama análise de elementos probantes, entrevistas preliminares e estudo do Direito. Não pode ser escolha feita na rua, por profissional não habilitado a esse mister.

Como se lidará com fatos materialmente atípicos no ciclo completo? Quem for surpreendido subtraindo uma fruta de um hipermercado será preso? Como será a materialização desse procedimento? Em um quartel? Quem analisará a possibilidade do princípio da insignificância? Da tipicidade conglobante? Essa pessoa permanecerá encarcerada até que o juiz analise os fatos?

Adotando o pensamento simplista que gravita em torno da proposta de ciclo completo (o efetivo da polícia judiciária é insuficiente e não há delegados em todas as cidades) a outras searas, chegaríamos a soluções igualmente teratológicas em face da nossa Constituição Federal: como não há juízes em todas as comarcas, criemos a figura do juiz *ad hoc*; como não há promotores em todas as comarcas, criemos promotores *ad hoc*. E assim seguiria a sina da subversão da ordem constitucional em busca da solução mais simplória.

A própria polícia ostensiva findará fragilizada caso tal proposta seja materializada de afogadilho. Como não há qualquer previsão de melhoria da estrutura dos órgãos e isso significa aumento de atribuições, é inexorável que a resposta não será adequada.

A saída? Não é simplória e exige esforço hercúleo: investimentos pesados para incrementar o efetivo, melhorar a preparação, os equipamentos, os prédios e o salário das forças policiais. Depois de tais ações, reforçar controles externos e internos, para evitar desvios e abusos. Pronto. Solucionado estaria o problema das polícias no Brasil.

Anote-se que a solução acima desenhada não é suficiente, porque não trata dos outros atores do controle social formal (de nada adianta um aparato policial satisfatório sem que o Ministério Público, o Judiciário e o sistema de execução penal acompanhem dita evolução).

Ainda que se incremente todo o sistema de controle formal, o estado chegaria à metade da solução (considerando o objetivo central de diminuir a criminalidade). Como dito supra, segurança não se faz só com forças policiais. Se não houver foco na educação, na saúde, no estímulo à geração de empregos, no lazer, no saneamento básico, dentre outros pontos, não avençaremos de maneira efetiva no combate à violência.

---

requisição de exames e perícias, em relação ao crime tipificado no artigo 28 do mesmo mandamento legal. O tema será esmiuçado adiante.

# 3

# PRINCÍPIOS NORTEADORES DO PROCESSO PENAL (E SUA APLICAÇÃO NO CURSO DA FASE PRÉ-PROCESSUAL)

Princípio significa início, começo. É a base que inaugura determinado instituto e que lhe dá alicerce. Antes do estudo efetivo do inquérito policial, tema central deste trabalho, cumpre comentar os princípios do processo penal e sua, aplicação no curso do referido procedimento inquisitivo.

**3.1. Devido processo legal:** Anderson Souza Daura[1] assevera acerca deste princípio:

> O *due process of law* é corolário de suma importância para se atingir os direitos individuais e a busca dos deveres do Estado de Direito extirpando-se o autoritarismo, o arbítrio e, por consequência, as injustiças. Além de assegurar o princípio de legalidade, resume diversos outros princípios como o da presunção de inocência, o duplo grau de jurisdição, da igualdade, de economia processual etc. é uma base sólida para ordem jurídica atual e vigente, tendo ampla aplicação, o que garante os indivíduos contra atos concretos estatais equivocados ou quaisquer interpretações de lacunas de legislações positivas.

Ele é disciplinado em nível constitucional pelo inciso LIV do artigo 5º da CF, que prescreve que "ninguém será privado da liberdade ou de seus bens sem o devido processo legal".

Como visto na transcrição supra, é garantia contra ações arbitrárias do Estado. Reza que o processo penal deve seguir as normas legais em vigor,

---

1. DAURA, Anderson Souza. **Inquérito Policial – Competência e Nulidade de Atos de Polícia Judiciária**, Curitiba: Juruá, 2009, página 29.

conferindo oportunidade ao investigado/acusado de conhecer as regras que conduzirão o feito.

Nesse sentido, item 2 do artigo 7º da Convenção Americana de Direitos Humanos (Pacto de San José da Costa Rica):

> Art. 7º (...)
> 2. Ninguém pode ser privado de sua liberdade física, salvo pelas causas e nas condições previamente fixadas pelas Constituições políticas dos Estados-partes ou pelas leis de acordo com elas promulgadas.

Em outra faceta, preceitua também que apenas o juiz natural da causa pode conduzir o processo (princípio do juiz natural). São vedados constitucionalmente juízos ou tribunais de exceção (criados depois da prática do fato para julgar especificamente este, com juiz/juízes designado(s) para a causa). É a regra do inciso XXXVII do artigo 5º da CF.

Analisando o espectro do princípio na fase pré-processual, temos que as regras procedimentais que regem a investigação criminal devem estar postas e serem claras, de forma a possibilitar ao investigado saber exatamente, por exemplo, a ritualística na produção das provas e dos elementos informativos, os direitos a ele assegurados no curso do feito, dentre outros aspectos.

É possível, ainda, falar na existência do princípio do delegado natural, grafado no artigo 2º, § 4º, da Lei 12.830/13 (o dispositivo determina que o inquérito policial não poderá ser avocado ou redistribuído por superior hierárquico, salvo por motivo de interesse público ou nas hipóteses de inobservância dos procedimentos previstos em regulamento da corporação que prejudique a eficácia da investigação). Assim é que, aportando a notícia de crime na seara policial, ela deve ser distribuída ao delegado que tenha atribuição para presidir o feito e só poderá ser redistribuído excepcionalmente, nas situações legalmente descritas. Eis o dispositivo legal:

> Art. 2º (...).
> § 4º O inquérito policial ou outro procedimento previsto em lei em curso somente poderá ser avocado ou redistribuído por superior hierárquico, mediante despacho fundamentado, por motivo de interesse público ou nas hipóteses de inobservância dos procedimentos previstos em regulamento da corporação que prejudique a eficácia da investigação.

**3.2. Contraditório**: reza que as partes devem ter igual oportunidade de contraditar as alegações, provas e decisões produzidas e proferidas em seu desfavor. Fernando Capez[2] indica, com precisão, que referido princípio é nor-

---

2. CAPEZ, Fernando. **Curso de Processo Penal**, São Paulo: Saraiva, 2010, página 62.

teado pelo binômio "ciência e participação" (trata-se do princípio da audiência bilateral). Tem previsão legal no artigo 5º, inciso LV, da *Lex Maxima*.

Como se verá alhures, não tem aplicação na fase pré-processual, porque não existem partes no inquérito policial. Nem partes, nem acusação formal manejada contra ninguém. Estamos na fase investigativa, de aclaramento dos fatos, com o fito de possibilitar, eventualmente, futuro manejo de ação penal (caso se detecte que, de fato, houve crime).

Isso não impede que o investigado/indiciado sugestione elementos informativos e provas a serem colhidas pela autoridade policial, com o fito de comprovar suas alegações (nos exatos termos do artigo 14[3] do CPP). Não obsta, de igual forma, ser o investigado/indiciado assistido por advogado e este ter vista dos autos do inquérito (festejando o artigo 7º, inciso XIV, da Lei 8.906/94 e a Súmula Vinculante 14 do STF). Aliás, em que pese ser o inquérito procedimento apuratório, as conclusões nele inseridas serão mais robustas se a autoridade cuidar de coligir elementos informativos e provas que desconstruam a versão do investigado/indiciado (melhor falar em versão, que defesa, posto que esta será levada a efeito apenas no curso do processo).

**3.3. Ampla defesa**: mesmo dispositivo analisado retro (artigo 5º, inciso LV, da Carta da República). Consiste em dar ao réu todas as possibilidades de defesa (tanto técnica, quanto a autodefesa) no curso do processo.

Eugênio Pacelli de Oliveira[4] sintetiza:

> Pode-se afirmar, portanto, que a ampla defesa realiza-se por meio de defesa técnica, de autodefesa, da defesa efetiva e, finalmente, por qualquer meio de prova hábil a demonstrar a inocência do acusado.

As mesmas observações e argumentos lançados supra acerca do princípio do contraditório podem ser aqui desenhados, no que toca à aplicação do princípio em testilha na fase investigativa.

Não há porque falar em oportunidade de defesa propriamente dita, porque não estamos diante de acusação formalmente manejada pelo estado. Ainda assim, é de bom tom que seja oportunizado ao investigado/indiciado indicar meios de prova e elementos informativos, que devem ser analisados pela autoridade policial e deferidos (investigados), caso não importem em estratégia visando mera procrastinação do feito nem objetivem retirar o aparelho policial da correta linha investigativa.

---

3. Art. 14. O ofendido, ou seu representante legal, e o indiciado poderão requerer qualquer diligência, que será realizada, ou não, a juízo da autoridade.
4. DE OLIVEIRA, Eugênio Pacelli. **Curso de Processo Penal**, Rio de Janeiro: Lumen Juris, 2009, página 41.

O princípio da ampla defesa é tratado em várias das alíneas do item 2 do artigo 8º da Convenção Americana de Direitos Humanos (Pacto de San José da Costa Rica):

Art. 8º (...)

2. (...):

a) direito do acusado de ser assistido gratuitamente por um tradutor ou intérprete, caso não compreenda ou não fale a língua do juízo ou tribunal;

b) comunicação prévia e pormenorizada ao acusado da acusação formulada;

c) concessão ao acusado do tempo e dos meios necessários à preparação de sua defesa;

d) direito do acusado de defender-se pessoalmente ou de ser assistido por um defensor de sua escolha e de comunicar-se, livremente e em particular, com seu defensor;

e) direito irrenunciável de ser assistido por um defensor proporcionado pelo Estado, remunerado ou não, segundo a legislação interna, se o acusado não se defender ele próprio, nem nomear defensor dentro do prazo estabelecido pela lei;

f) direito da defesa de inquirir as testemunhas presentes no Tribunal e de obter o comparecimento, como testemunhas ou peritos, de outras pessoas que possam lançar luz sobre os fatos;

g) direito de não ser obrigada a depor contra si mesma, nem a confessar-se culpada; e

h) (...)

**3.4. Presunção ou estado de inocência**: reza que o acusado só pode ser considerado culpado depois do trânsito em julgado da sentença penal condenatória. Está grafado no artigo 5º, inciso LVII, da CF.

Segundo Guilherme de Souza Nucci[5], "o estado de inocência é uma garantia constitucional voltada a barrar atitudes hostis, abusivas e persecutórias levianas dos órgãos estatais, não querendo significar deva o réu abster-se de agir, em seu próprio benefício, durante a instrução criminal".

Para Aury Lopes Jr. e Ricardo Jacobsen Gloeckner[6], "a garantia de que será mantido o estado de inocência até o trânsito em julgado da sentença condenatória implica diversas consequências no tratamento da parte passiva, inclusive na carga da prova (ônus da acusação) e na obrigatoriedade de que a constatação do delito e a aplicação da pena ocorrerão por meio de um processo com todas as garantias e através de uma sentença".

Isso não quer dizer que não pode o indiciado ou acusado (se estivermos em fase processual) ser submetido a uma das modalidades de privação cautelar

---

5. NUCCI, Guilherme de Souza. **Manual de Processo Penal e Execução Penal**. São Paulo: Revista dos Tribunais, 2006, página 70.

6. LOPES JR., Aury e GLOECKNER, Ricardo Jacobson. **Investigação Preliminar no Processo Penal**. São Paulo: Saraiva, 2013, página 71.

da liberdade[7]. Por óbvio, a prisão provisória eventualmente decretada deve estar amparada em justificativa robusta da necessidade da medida extrema (vide artigo 315 do CPP[8]). Neste sentido jurisprudência do Tribunal da Cidadania[9]:

> Por força do princípio constitucional da presunção da inocência, as prisões de natureza cautelar – assim entendidas as que antecedem o trânsito em julgado da decisão condenatória – são medidas de índole excepcional, que somente podem ser decretadas (ou mantidas) caso venham acompanhadas de efetiva fundamentação a demonstrar a imprescindibilidade da medida.

Se no curso do processo o acusado não pode ser considerado culpado, com mais razão na fase pré-processual não deve ser tratado como tal. Nesta, ele é investigado ou, no máximo, indiciado (quando em face dele foi exarado despacho de indiciamento, da lavra do delegado de polícia que preside as investigações). Destarte, é de bom tom resguardar a imagem e, quando possível, a identidade do investigado/indiciado, evitando desnecessária execração pública deste (a inobservância dessa diretriz pode redundar em eventual prática de crime de abuso de autoridade, a depender da situação concreta, nos termos do inciso I do artigo 13 da Lei 13.869/19, desde que presente o especial fim de agir desenhado no § 1º do artigo 1º do mesmo mandamento legal).

A autoridade policial, atenta ao princípio em estudo, deve ter bastante cautela em suas declarações públicas. Em casos de repercussão, é interessante que

---

7. No capítulo que trata da prisão (tópico 9.7), será analisada a evolução das decisões do Supremo Tribunal Federal acerca da possibilidade ou não de execução provisória de sentença condenatória e as modificações operadas pelo Pacote Anticrime que permitiram a execução provisória de comando condenatório oriundo do tribunal do júri.

8. Art. 315. A decisão que decretar, substituir ou denegar a prisão preventiva será sempre motivada e fundamentada.
§ 1º Na motivação da decretação da prisão preventiva ou de qualquer outra cautelar, o juiz deverá indicar concretamente a existência de fatos novos ou contemporâneos que justifiquem a aplicação da medida adotada.
§ 2º Não se considera fundamentada qualquer decisão judicial, seja ela interlocutória, sentença ou acórdão, que:
I - limitar-se à indicação, à reprodução ou à paráfrase de ato normativo, sem explicar sua relação com a causa ou a questão decidida;
II - empregar conceitos jurídicos indeterminados, sem explicar o motivo concreto de sua incidência no caso;
III - invocar motivos que se prestariam a justificar qualquer outra decisão;
IV - não enfrentar todos os argumentos deduzidos no processo capazes de, em tese, infirmar a conclusão adotada pelo julgador;
V - limitar-se a invocar precedente ou enunciado de súmula, sem identificar seus fundamentos determinantes nem demonstrar que o caso sob julgamento se ajusta àqueles fundamentos;
VI - deixar de seguir enunciado de súmula, jurisprudência ou precedente invocado pela parte, sem demonstrar a existência de distinção no caso em julgamento ou a superação do entendimento.

9. STJ, 6ª Turma, HC 154636/SC, rel. Min. Og Fernandes, DJe 04/10/2010.

a apresentação do resultado das investigações seja pautada apenas pela indicação dos elementos informativos e das provas produzidas, sem que se faça menção a termos que indiquem prejulgamento do investigado/indiciado, de forma a preservar a isenção exigida do Estado-investigação (a inobservância dessa diretriz pode significar, eventualmente, prática de crime de abuso de autoridade, tipificado no artigo 38 da Lei 13.869/19, desde que presente o especial fim de agir desenhado no § 1º do artigo 1º do mesmo mandamento legal).

Pacelli[10], com propriedade, decreta que "até mesmo para o ato de indiciamento, que vem a ser uma formalização da situação do investigado em inquérito policial, é possível reclamar-se a presença de justa causa". O doutrinador prossegue afirmando que "também o indiciamento impõe uma carga significativa e socialmente onerosa à situação jurídica do inocente". O entendimento do doutrinador é confirmado pela leitura do § 6º do artigo 2º da Lei 12.830/13 (o indiciamento é ato de imputação fundamentado, privativo de delegado de polícia).

O item 2 do artigo 8º da Convenção Americana de Direitos Humanos (Pacto de San José da Costa Rica) trata do princípio em questão:

> Art. 8º. (...)
> 2. Toda pessoa acusada de um delito tem direito a que se presuma sua inocência, enquanto não for legalmente comprovada sua culpa. Durante o processo, toda pessoa tem direito, em plena igualdade, às seguintes garantias mínimas:

**3.5. Favor rei**: previsto no artigo 386, incisos II, V, VI e VII, do CPP:

> Art. 386. O juiz absolverá o réu, mencionando a causa na parte dispositiva, desde que reconheça:
> I – (...);
> II – não haver prova da existência do fato;
> III – (...);
> IV – (...);
> V – não existir prova de ter o réu concorrido para a infração penal;
> VI – existirem circunstâncias que excluam o crime ou isentem o réu de pena (arts. 20, 21, 22, 23, 26 e § 1º do art. 28, todos do Código Penal), ou mesmo se houver fundada dúvida sobre sua existência;
> VII – não existir prova suficiente para a condenação.

Prescreve que em caso de dúvida deve ser adotada a solução que mais beneficie o réu, em regra absolvendo-o (o artigo transcrito demonstra o ápice do *favor rei*, que redunda na absolvição, quando não for cabalmente demonstrado

---

10. DE OLIVEIRA, Eugênio Pacelli. **Obra acima citada**, página 43.

que o réu cometeu o crime). É festejar o brocardo *in dubio pro reo*. Antonio Alberto Machado[11] sentencia que:

> O princípio do *favor rei* funciona como importante regra hermenêutica destinada a proteger a liberdade do acusado, uma vez que é exatamente esse direito, a liberdade individual, aquele que está em jogo no processo-crime.

Na fase investigativa é de se aplicar o *favor rei* quanto ao instituto do indiciamento. Há que existir material probante (e elementos informativos) suficientemente robusto para fazer com que a autoridade policial indique que o investigado efetivamente cometeu o crime apurado. Fala-se, de certa forma, em *in dubio pro societate* apenas no momento da instauração do procedimento inquisitivo (havendo dúvida acerca da existência ou não de crime, é mister deflagrar investigação para aclarar as circunstâncias que gravitaram em torno do fato supostamente delituoso).

**3.6. Verdade real**: O processo penal não se conforma com presunções ou verdades formais. Há que se perquirir a verdade real, instruindo o feito com todas as provas indispensáveis ao aclaramento dos fatos.

Se é certo que a verdade real é a pedra angular do processo penal, também é fato que essa expressão é um tanto quanto utópica. É que o juiz está adstrito às provas efetivamente carreadas aos autos, sendo escravo do material probante produzido pelas partes no curso do feito (ainda que porventura a efetiva verdade repouse fora do processo, intocável ao julgador). Não sem razão Antônio Alberto Machado[12] adverte que "o trabalho de reconstrução dos fatos no processo sempre estará exposto à falibilidade humana, em razão de inúmeros fatores, como, por exemplo, as emoções e sentimentos (vingança, ódio, medo, interesse, etc.) que muitas vezes distorcem a percepção e os depoimentos acerca dos fatos; as limitações da ciência e o erro científico, que sempre podem comprometer o resultado das provas periciais; a falseabilidade dos documentos enquanto meio de prova; e, enfim, a concepção de mundo, os valores e a subjetividade dos juízes que frequentemente enxergam um mesmo fato de variadas maneiras, sob ângulos diferentes ou segundo "múltiplas verdades".

Nesta toada, Guilherme de Souza Nucci[13] afirma, com propriedade que "em suma, ter certeza é, sempre, aspecto subjetivo, gerando, pois, uma verdade igualmente subjetiva, que pode não ser compatível com a realidade (aquilo que efetivamente ocorreu no mundo naturalístico)". E arremata que "a meta da parte, no processo, portanto não é gerar a verdade objetiva, visto ser atividade complexa e nem sempre possível. O objetivo da parte é construir, no espírito

---

11. MACHADO, Antonio Alberto. **Teoria Geral do Processo Penal**, São Paulo: Atlas, 2009, página 180.
12. MACHADO, Antonio Alberto. Obra citada, página 173.
13. NUCCI, Guilherme de Souza. **Provas no Processo Penal**, RT, 2011, páginas 15 e 16.

do magistrado, a certeza de que a verdade corresponde aos fatos alegados em sua peça, seja ela de acusação, seja de defesa".

Destarte, o princípio em estudo está trancafiado nos limites das provas produzidas pelo Estado-investigação, pelo Estado-acusação e pela defesa (o Pacote Anticrime, acertadamente a meu ver, obstou a iniciativa do magistrado na fase pré-processual e a substituição da atuação probatória do órgão de acusação, em nome de pretensa busca da verdade real– a inércia do juiz é importante ferramenta para garantir sua imparcialidade[14]).

A autoridade policial, atenta ao fato de que a verdade real está limitada ao que for produzido em termos probantes no bojo dos autos, deve se esmerar na colheita de elementos robustos o suficiente para elucidar cabalmente o caso criminal investigado.

**3.7. Vedação das provas ilícitas:** as provas que atentem contra direitos materiais (provas ilícitas) e as que ataquem regras processuais (provas ilegítimas) devem ser expurgadas do processo. Tem guarida constitucional no artigo 5º, inciso LVI, da CF. Este dispositivo foi regulamentado pelo Código de Processo Penal no artigo 157. O tema será esmiuçado alhures, no capítulo referente às provas.

Apenas para adiantar rápido comentário, a autoridade policial deve estar atenta à observância dos direitos individuais dos investigados e às regras processuais atinentes à produção das provas, com o fito de não colher indesejada prova ilícita/ilegítima, que caso reconhecida como tal pelo magistrado, pode redundar em futura absolvição do verdadeiro autor do fato criminoso, em face do desentranhamento de eventual prova cabal do cometimento do delito, conforme determinado pela cabeça do artigo 157 do CPP.

O princípio da vedação das provas ilícitas é, indubitavelmente, um limitador do princípio da verdade real, posto que o esforço investigativo voltado à elucidação do caso criminal não pode significar atropelo injustificado de direitos fundamentais ou inobservância das regras processuais que regulam a produção probante.

**3.8. Igualdade das partes:** as partes devem ter igualdade de forças no curso do processo. Mesmas oportunidades no que tange à produção de material probante, ônus, obrigações e faculdades.

Como no curso do inquérito policial não há que se falar em partes, eventual aplicação prática do princípio em estudo será evidentemente limitada (a atuação do órgão acusador e da defesa na fase investigativa está, por exemplo, mencionada nos artigos 14 e 16 do CPP).

---

14. Art. 3º-A. O processo penal terá estrutura acusatória, vedadas a iniciativa do juiz na fase de investigação e a substituição da atuação probatória do órgão de acusação.

**3.9. Publicidade**: previsto nos artigos 5º, inciso LX, e 93, inciso IX, ambos da CF:

> Art. 5º (...)
> LX – a lei só poderá restringir a publicidade dos atos processuais quando a defesa da intimidade ou o interesse social o exigirem;

> Art. 93(...)
> IX – todos os julgamentos dos órgãos do Poder Judiciário serão públicos, e fundamentadas todas as decisões, sob pena de nulidade, podendo a lei limitar a presença, em determinados atos, às próprias partes e a seus advogados, ou somente a estes, em casos nos quais a preservação do direito à intimidade do interessado no sigilo não prejudique o interesse público à informação;

Os atos processuais, via de regra, devem ser franqueados ao público. Há, entrementes, possibilidade de limitar a publicidade de certos atos se houver cabal necessidade (por exemplo, na situação descrita no artigo 792, § 1º, do CPP):

> Art. 792 As audiências, sessões e os atos processuais serão, em regra, públicos e se realizarão nas sedes dos juízos e tribunais, com assistência dos escrivães, do secretário, do oficial de justiça que servir de porteiro, em dia e hora certos, ou previamente designados.
> § 1º Se da publicidade da audiência, da sessão ou do ato processual, puder resultar escândalo, inconveniente grave ou perigo de perturbação da ordem, o juiz, ou o tribunal, câmara, ou turma, poderá, de ofício ou a requerimento da parte ou do Ministério Público, determinar que o ato seja realizado a portas fechadas, limitando o número de pessoas que possam estar presentes.
> § 2º As audiências, as sessões e os atos processuais, em caso de necessidade, poderão realizar-se na residência do juiz, ou em outra casa por ele especialmente designada.

Nesse sentido, item 5 do artigo 8º da Convenção Americana de Direitos Humanos (Pacto de San José da Costa Rica):

> Art. 8º (...)
> 5. O processo penal deve ser público, salvo no que for necessário para preservar os interesses da justiça.

Na fase pré-processual, como se verá alhures, o sigilo deve ser a regra, com o fito de assegurar o resultado efetivo da investigação (inteligência do artigo 20 do CPP). Sugere-se leitura do capítulo que trata do inquérito policial, no tópico referente ao caráter sigiloso do referido procedimento.

**3.10. Livre convencimento ou persuasão racional do juiz:** o princípio também tem assento no artigo 93, inciso IX, da CF, transcrito acima. O julgador é livre na apreciação das provas produzidas, mas deverá fundamentar seu raciocínio jurídico de forma a possibilitar às partes conhecer as razões que o levaram a decidir. Encontra exceção no julgamento popular pelo tribunal do júri, onde vigora o princípio da íntima convicção (os jurados não fundamentam seus votos, que são secretos, por determinação da Constituição Cidadã). Serão costurados outros comentários acerca dos sistemas de apreciação das provas no capítulo respectivo.

Tem espaço em sede pré-processual no que toca às decisões relativas a medidas cautelares representadas no curso da investigação. O magistrado deve fundamentar as razões que o levaram a deferir ou indeferir as medidas representadas pela autoridade policial (buscas, prisões provisórias, interceptação telefônica, telemática, etc.), em atenção ao reclamo constitucional acima citado e transcrito.

A leitura, ao revés, do § 2º do artigo 315 do Código de Processo Penal (enxertado pelo Pacote Anticrime) revela o que significa uma decisão judicial fundamentada.

**3.11. Duplo grau de jurisdição:** possibilidade de revisão das decisões pelos órgãos jurisdicionais superiores. Não está expressamente previsto (é extraído implicitamente pela previsão legal de recursos na legislação processual penal e pela estrutura escalonada no Poder Judiciário prevista na Constituição Federal). Não tem aplicação quando há competência originária dos Tribunais.

A alínea 'h' do item 2 do artigo 8º da Convenção Americana de Direitos Humanos (Pacto de San José da Costa Rica) trata desse direito:

> Art. 8º (...)
>
> 2. (...)
>
> h) direito de recorrer da sentença a juiz ou tribunal superior.

**3.12. Vedação do *bis in idem*:** a mesma pessoa não pode ser acusada mais de uma vez pela prática do mesmo fato criminoso. Uma vez absolvido em sentença definitiva, não pode o estado exercitar uma vez mais sua pretensão punitiva pelo mesmo fato.

Para evitar tramitação simultânea de procedimentos investigativos que apuram o mesmo fato delituoso, o delegado de polícia deve relatar imediatamente o apuratório mais recente (assim que verificado o lapso), sugestionando o arquivamento do feito e que eventuais elementos informativos e provas colhidos neste e não constantes no procedimento mais antigo sejam trasladadas (o apensamento de um feito ao outro deve ser evitado).

Nesse sentido, item 4 do artigo 8º da Convenção Americana de Direitos Humanos (Pacto de San José da Costa Rica):

> Art. 8º (...)
> 4. O acusado absolvido por sentença transitada em julgado não poderá ser submetido a novo processo pelos mesmos fatos.

**3.13. Oficialidade:** o inquérito policial é procedimento produzido no âmbito de órgão oficial do estado (polícia civil ou federal);

**3.14. Impulso oficial:** o procedimento investigativo deve ser movimentado de ofício pela autoridade policial, sem necessidade de que a vítima ou o investigado/indiciado solicite a prática de diligências aptas ao aclaramento dos fatos (estes personagens podem sugestionar a produção de provas, sendo que tais pleitos serão analisados e deferidos ou não pelo delegado de polícia em despacho fundamentado).

# 4

# JUIZ DAS GARANTIAS

## 4.1. JUIZ DAS GARANTIAS

O Pacote Anticrime enxertou, no bojo do Código de Processo Penal, o juiz das garantias. Trata-se de magistrado que atua apenas na fase pré-processual, recebendo a comunicação da prisão em flagrante e o respectivo auto de prisão em flagrante com o fito de decidir acerca da libertação ou não do detido, analisando pleitos cautelares formulados pelo delegado de polícia ou pelo Ministério Público e, ao fim, recebendo ou não a exordial acusatória.

Depois de recebida a inicial acusatória, o feito passa a tramitar perante outro juízo (o da instrução e julgamento), fazendo com que não exista "contaminação" deste com a atividade de coleta probante que teve palco na seara pré-processual.

A ideia do legislador foi reafirmar a matriz acusatória do nosso sistema processual penal, de forma que o magistrado se ocupe da sua função precípua – julgar (e decidir eventuais pleitos cautelares levados a efeito pela autoridade policial ou pelo acusador oficial), esquivando-se da iniciativa probante.

Eis o artigo 3º-A, incluído pela Lei 13.964/19 no Código de Processo Penal:

> Art. 3º-A. O processo penal terá estrutura acusatória, vedadas a iniciativa do juiz na fase de investigação e a substituição da atuação probatória do órgão de acusação[1].

Na sistemática do Pacote Anticrime, não é mais possível ao magistrado determinar medidas cautelares de ofício no curso da investigação ou em

---

1. O artigo 3º-A do Código de Processo Penal teve sua eficácia suspensa *sine die*, em face de liminar concedida nos autos das ADIN 6.298, 6.299, 6.300 e 6.305 pelo Ministro Fux.

substituição à atuação probatório do órgão de acusação (como busca e apreensão e interceptação telefônica[2]).

É importante a analise detida do artigo 3º-B do Código de Processo Penal, com a redação determinada pela Lei 13.964/19. No caput do dispositivo, fica claro que o juiz das garantias é o responsável pelo controle da legalidade da investigação criminal e pela salvaguarda dos direitos individuais cuja franquia tenha sido reservada à autorização prévia do Poder Judiciário. Eis o dispositivo:

> Art. 3º-B. O juiz das garantias é responsável pelo controle da legalidade da investigação criminal e pela salvaguarda dos direitos individuais cuja franquia tenha sido reservada à autorização prévia do Poder Judiciário, competindo-lhe especialmente[3]:

A primeira competência do juiz das garantias é receber a comunicação imediata da prisão, nos termos do inciso LXII do caput do artigo 5º da Constituição Federal. O delegado de polícia, ao materializar a prisão em flagrante do conduzido, deve comunica-la imediatamente ao juízo competente (a partir da entrada em vigor do Pacote Anticrime, essa comunicação será feita ao juízo das garantias competente):

> Art. 3º-B (...)
> I - receber a comunicação imediata da prisão, nos termos do inciso LXII do caput do art. 5º da Constituição Federal;

É importante salientar que quando da lavratura do auto de prisão em flagrante há dois momentos distintos: a) comunicação imediata da prisão; b) envio de cópia integral do auto de prisão em flagrante. A existência dos incisos I e II no novel artigo 3º-B do Código de Processo Penal demonstra a correção dessa assertiva.

O inciso II trata da competência do juiz das garantias de receber o auto de prisão em flagrante para controle da legalidade da prisão:

> Art. 3º-B (...)
> II - receber o auto da prisão em flagrante para o controle da legalidade da prisão, observado o disposto no art. 310 deste Código;

---

2. Cumpre anotar que, por uma clara falta de sistematização nas alterações operadas pelo Pacote Anticrime, o artigo 242 do Código de Processo Penal (que permite decretação de ofício da medida cautelar de busca e apreensão pelo juiz) e a Lei 9.296/96 não foram modificados (o artigo 3º deste mandamento legal continua admitindo decretação pelo magistrado, de ofício, da interceptação das comunicações telefônicas).

3. O artigo 3º-B do Código de Processo Penal teve sua eficácia suspensa *sine die*, em face de liminar concedida nos autos das ADIN 6.298, 6.299, 6.300 e 6.305 pelo Ministro Fux.

O inciso seguinte do artigo 3º-B do Código de Processo Penal (com redação determinada pelo Pacote Anticrime) determina que o juiz das garantias zele pela observância dos direitos do preso, podendo determinar que este seja conduzido a sua presença, a qualquer tempo. Caso o vilipêndio a direito do preso constitua crime (tortura ou abuso de autoridade, por exemplo), deve o juiz das garantias noticiar o fato ao Ministério Público ou ao órgão policial com atribuição para proceder à investigação do fato. Eis o inciso:

> Art. 3º-B (...)
> III - zelar pela observância dos direitos do preso, podendo determinar que este seja conduzido à sua presença, a qualquer tempo;

O inciso IV do artigo 3º-B do Código de Processo Penal determina que o juiz das garantias seja informado sobre a instauração de qualquer investigação criminal, ainda que iniciada com investigado/indiciado solto (esteja ela a cargo da Polícia Investigativa ou do Ministério Público). Assim é que, instaurado inquérito policial (pelo delegado de polícia) ou PIC (pelo promotor ou procurador), deve o magistrado das garantias ser imediatamente comunicado (essa inovação é interessante, já que na sistemática anterior o juiz só tomava conhecimento acerca de investigação iniciada por portaria ao fim do prazo legal de conclusão do feito, em face de pedido prorrogação do mesmo – artigo 10, § 3º, do CPP):

> Art. 3º-B (...)
> IV - ser informado sobre a instauração de qualquer investigação criminal;

É o juiz das garantias quem decide pela decretação de prisão provisória (preventiva ou temporária) ou outra medida cautelar no curso do inquérito policial. Como dito supra, o Pacote Anticrime, velando pelo sistema processual penal acusatório, obstou decretação de medida cautelar de ofício pelo magistrado. Eis o inciso V:

> Art. 3º-B (...)
> V - decidir sobre o requerimento de prisão provisória ou outra medida cautelar, observado o disposto no § 1º deste artigo;

O legislador decidiu construir inciso apartado para a prorrogação da prisão provisória (temporária, já que a prisão preventiva é prisão cautelar sem prazo fixado em lei) ou outra medida cautelar. No caso de prorrogação do cárcere, o Código de Processo Penal passa a exigir contraditório (parece reclamar, em verdade, prévia oitiva da defesa técnica do encarcerado), em audiência pública e oral. Mais uma audiência a ser materializada pelo juiz das garantias, quando diante de pleito de prorrogação de prisão feito pelo delegado de polícia ou pelo Ministério Público. Diante da efemeridade do prazo de cárcere temporário, o dispositivo exigirá grande agilidade do Poder Judiciário na designação da audiência, vez que se o lapso temporal se escoar, o encarcerado deve ser imediatamente posto em liberdade se não for prolatada ordem de prorrogação ou de conversão da temporária em preventiva (e a manutenção indevida do cárcere temporário configura crime de abuso de autoridade, na forma do artigo 12, parágrafo único, inciso IV, da Lei 13.869/19):

> Art. 3º-B (...)
> VI - prorrogar a prisão provisória ou outra medida cautelar, bem como substituí-las ou revogá-las, assegurado, no primeiro caso, o exercício do contraditório em audiência pública e oral, na forma do disposto neste Código ou em legislação especial pertinente;

A prova antecipada é a prevista no artigo 156, inciso I, do Código de Processo Penal. É competência do juízo das garantias decidir acerca da produção de prova antecipada. Apesar de produzida na fase pré-processual, como há incidência de contraditório e ampla defesa, é possível que o juiz da instrução e julgamento fundamente ulterior decreto condenatório com base na prova antecipada (artigo 155 do Código de Processo Penal):

> Art. 3º-B (...)
> VII - decidir sobre o requerimento de produção antecipada de provas consideradas urgentes e não repetíveis, assegurados o contraditório e a ampla defesa em audiência pública e oral;

As alterações promovidas pela Lei 13.964/19 permitiram, dentre outras coisas, prorrogação do prazo de conclusão do inquérito policial com indiciado preso preventivamente. A leitura atenta do § 2º do artigo 3º-B do Código de Processo Penal revela que o prazo para conclusão do inquérito policial com indiciado preso (prisão em flagrante ou preventiva) passou a ser de 15 dias, admitida uma única prorrogação por até 15 dias (o Pacote Anticrime igualou os prazos de conclusão do apuratório que apura crime de competência da Justiça Estadual com indiciado preso em flagrante ou preventivamente à realidade já observada em relação aos crimes de competência da Justiça Federal – artigo 66 da Lei 5.010/66):

> Art. 3º-B (...)
> VIII - prorrogar o prazo de duração do inquérito, estando o investigado preso, em vista das razões apresentadas pela autoridade policial e observado o disposto no § 2º deste artigo;

Ocorre que, como o artigo 10 do Código de Processo Penal não foi alterado pela Lei 13.964/19, a conclusão acima desenhada não é tão simples. Explico.

O artigo 10 determina prazo de conclusão do inquérito policial com indiciado preso em flagrante/preventivamente é de 10 dias. Lendo o quanto desenhado no novel § 2º do artigo 3º-B, é possível também concluir que o prazo total do inquérito com indiciado preso é de 25 dias (10 dias determinado pelo artigo 10, com uma prorrogação por 15 dias determinada pelo artigo 3º-B § 2º). Prefiro, contudo, entender que o legislador optou por aumentar o lapso temporal para 15 dias, admitida uma única prorrogação por até 15 dias (totalizando um máximo de 30 dias de prazo em relação ao inquérito com indiciado preso em flagrante ou preventivamente). Importa deixar claro que se houver necessidade de continuidade das investigações e o inquérito não for encerrado no prazo fatal, a prisão será relaxada (entendo que o relaxamento não deve ser automático, demandando análise caso a caso).

Caso a investigação seja iniciada sem justa causa, a competência para determinar o trancamento do inquérito policial é do juízo das garantias. Da decisão que determina o trancamento do inquérito policial (materializada de ofício pelo magistrado das garantias), cabe recurso de ofício (artigo 574, inciso I, do Código de Processo Penal) e recurso em sentido estrito (artigo 581, inciso X, do Código de Processo Penal) – vez que a decisão tem natureza de habeas corpus deferido de ofício:

> Art. 3º-B (...)
>
> IX - determinar o trancamento do inquérito policial quando não houver fundamento razoável para sua instauração ou prosseguimento;

Caso repute necessário, o juiz das garantias pode requisitar do delegado de polícia documentos, laudos e informações, acerca do andamento das investigações:

> Art. 3º-B (...)
>
> X - requisitar documentos, laudos e informações ao delegado de polícia sobre o andamento da investigação;

Compete ao juiz das garantias decidir sobre pleitos de interceptação telefônica, do fluxo de comunicações em sistema de informática e telemática, de afastamento dos sigilos fiscal, bancário, de dados e telefônico, busca e apreensão, dentre outros. Enfim, os pleitos que signifiquem cláusula de reserva de jurisdição são decididos na fase pré-processual pelo juízo das garantias:

> Art. 3º-B (...)
>
> XI - decidir sobre os requerimentos de:
>
> a) interceptação telefônica, do fluxo de comunicações em sistemas de informática e telemática ou de outras formas de comunicação;
>
> b) afastamento dos sigilos fiscal, bancário, de dados e telefônico;

c) busca e apreensão domiciliar;

d) acesso a informações sigilosas;

e) outros meios de obtenção da prova que restrinjam direitos fundamentais do investigado;

O inciso XII do artigo 3º-B do Código de Processo Penal determina que o juízo das garantias é competente para julgar habeas corpus antes do oferecimento da denúncia (da decisão, cabe recurso em sentido estrito – artigo 581, inciso X, do Código de Processo Penal):

> Art. 3º-B (...)
> XII - julgar o habeas corpus impetrado antes do oferecimento da denúncia;

Por óbvio, se o próprio juiz for a autoridade coatora (porque decretou a prisão preventiva do indiciado atendendo a representação do delegado de polícia, por exemplo), a competência para conhecer e julgar a ordem de habeas corpus será do Tribunal de Justiça ou Tribunal Regional Federal, conforme o caso.

O juiz das garantias é competente para determinar a instauração do incidente de insanidade mental quando a dúvida sobre a integridade mental do autor do fato surgir na fase pré-processual (caso essa dúvida surja no curso do processo, o juiz da instrução e julgamento determinará a instauração do incidente):

> Art. 3º-B (...)
> XIII - determinar a instauração de incidente de insanidade mental;

É o juiz das garantias quem tem competência para receber o não a denúncia ou queixa (esse é o último ato praticado pelo magistrado das garantias em relação ao caso criminal). Recebida a denúncia/queixa e preclusa a decisão, o feito será remetido ao juiz da instrução e julgamento, a quem caberá prosseguir com o feito, na forma do artigo 3º-C do Código de Processo Penal.

Cumpre salientar que a referência ao artigo 399 do Código de Processo Penal foi equivocada. É que esse artigo se refere à designação de audiência de instrução e julgamento. Quando o juiz designa audiência, é porque recebeu a exordial acusatória, citou o réu para apresentação de defesa preliminar escrita e avaliou se era possível a absolvição sumária do acusado. Por óbvio não é do juízo das garantias essas competências. Cabe a ele apenas receber ou rejeitar a denúncia ou queixa. Caso receba, ele remeterá o processo ao juízo da instrução e julgamento, a quem caberá a citação do acusado e os demais termos do processo:

> Art. 3º-B (...)
> XIV - decidir sobre o recebimento da denúncia ou queixa, nos termos do art. 399 deste Código;

Caso o delegado de polícia não conceda vista dos autos do inquérito policial, na forma do artigo 7º, inciso XIV, do EOAB (Lei 8.906/94) e da Súmula Vinculante 14, compete ao juízo de garantias determinar o acesso:

> Art. 3º-B (...)
>
> XV - assegurar prontamente, quando se fizer necessário, o direito outorgado ao investigado e ao seu defensor de acesso a todos os elementos informativos e provas produzidos no âmbito da investigação criminal, salvo no que concerne, estritamente, às diligências em andamento;

A negativa injustificada de acesso aos autos da investigação pode constituir crime de abuso de autoridade, nos termos do artigo 32 da Lei 13.869/19.

A leitura do artigo 159 do Código de Processo Penal sempre levou a crer que só seria admissível assistente técnico depois do início do processo. Contudo, como o juiz das garantias atua na fase pré-processual e o inciso XVI do artigo 3º-B do Código de Processo Penal afirmou ser competência deste deferir o pedido de admissão de assistente técnico para acompanhar a produção de perícia, o legislador parece ter admitido a participação deste profissional no curso do inquérito policial:

> Art. 3º-B (...)
>
> XVI - deferir pedido de admissão de assistente técnico para acompanhar a produção da perícia;

O Pacote Anticrime enxertou na legislação processual penal o acordo de não persecução penal (originalmente previsto na Resolução 181/17 do CNMP, agora regulamentado no artigo 28-A do Código de Processo Penal) e é do juiz das garantias a competência para sua homologação (bem como da colaboração premiada[4], quando formalizada no curso da investigação):

> Art. 3º-B (...)
>
> XVII - decidir sobre a homologação de acordo de não persecução penal ou os de colaboração premiada, quando formalizados durante a investigação;

O inciso XVIII do artigo 3º-B do CPP é genérico:

> Art. 3º-B (...)
>
> XVIII - outras matérias inerentes às atribuições definidas no caput deste artigo.

O § 2º do artigo 3º-B já foi comentado supra (vide comentários sobre o inciso VIII):

---

4. Em relação a caso criminal que não conte com autoridade com prerrogativa de foro deletada.

Art. 3º-B (...)

§ 2º Se o investigado estiver preso, o juiz das garantias poderá, mediante representação da autoridade policial e ouvido o Ministério Público, prorrogar, uma única vez, a duração do inquérito por até 15 (quinze) dias, após o que, se ainda assim a investigação não for concluída, a prisão será imediatamente relaxada.

A leitura do artigo 3º-C do Código de Processo Penal (incluído pela Lei 13.964/19) revela que a competência do juiz das garantias abrange todas as infrações penais, exceto as de menor potencial ofensivo (em face da menor complexidade nas investigações destas, o legislador preferiu não destacar juízo específico diferente do juízo de instrução e julgamento para acompanhar a tramitação de termos circunstanciados e inquéritos policiais que apurem contravenções penais e crimes cuja pena máxima não exceda dois anos).

Fica claro, ainda, que a competência do juiz das garantias se encerra com o recebimento da exordial acusatória (caso cumpridos os requisitos do artigo 41 e não se vislumbre nenhuma das hipóteses de rejeição listadas no artigo 395 do Código de Processo Penal), quando então o caso criminal será remetido ao juiz de instrução e julgamento (que decidirá, inclusive, qualquer questão pendente, na forma do § 1º do artigo 3º-C):

Art. 3º-C. A competência do juiz das garantias abrange todas as infrações penais, exceto as de menor potencial ofensivo, e cessa com o recebimento da denúncia ou queixa na forma do art. 399 deste Código[5].

§ 1º Recebida a denúncia ou queixa, as questões pendentes serão decididas pelo juiz da instrução e julgamento.

O § 2º do artigo 3º-C do Código de Processo Penal deixa claro que o juiz da instrução e julgamento não fica vinculado às decisões proferidas pelo juiz das garantias. O dispositivo prescreve, ainda, que o primeiro reexamine a necessidade das medidas cautelares em curso, no prazo máximo de 10 dias. A ideia aqui não é correicionar a decisão do juiz das garantias, já que não há, em absoluto, nenhuma ascendência ou hierarquia entre o juiz da instrução e julgamento e aquele. O objetivo do legislador parece ter sido uma reanálise da conjuntura fática, para que se avalie a necessidade da manutenção de medida cautelar (prisão provisória, por exemplo). Não há no novel mandamento legal menção às consequências da não observância do prazo estipulado – penso que não há que se falar em ilegalidade capaz de redundar no relaxamento da prisão cautelar:

Art. 3º-C (...)

§ 2º As decisões proferidas pelo juiz das garantias não vinculam o juiz da instrução e julgamento, que, após o recebimento da denúncia ou queixa, deverá

---

5. O artigo 3º-C do Código de Processo Penal teve sua eficácia suspensa *sine die*, em face de liminar concedida nos autos das ADIN 6.298, 6.299, 6.300 e 6.305 pelo Ministro Fux.

reexaminar a necessidade das medidas cautelares em curso, no prazo máximo de 10 (dez) dias.

O § 3º do artigo 3º-C do Código de Processo Penal determina que os autos que compõem as matérias de competência do juiz das garantias ficarão acautelados na secretaria desse juízo, à disposição do Ministério Público e da defesa, e não serão apensados aos autos do processo enviados ao juiz da instrução e julgamento, ressalvados os documentos relativos às provas irrepetíveis, medidas de obtenção de provas ou de antecipação de provas, que deverão ser remetidos para apensamento em apartado.

Esse dispositivo precisa ser lido com muita cautela. Ele parece demonstrar que o inquérito policial (ou PIC presidido por membro do Ministério Público) não deve ser apensado ao processo (o dispositivo é contrário ao artigo 12 do Código de Processo Penal), quando o inquérito é usado como base para oferecimento da denúncia/queixa. A leitura açodada do novel texto legal pode induzir pensamentos teratológicos, como o de imaginar que o inquérito policial deve deixar de ser citado no curso do processo. Pretendo me fazer mais claro por meio de exemplo. Imaginemos inquérito policial que produziu apenas elementos informativos orais (oitiva da vítima, de testemunhas e interrogatório do indiciado). Observe que não houve, no exemplo citado, produção de prova não repetível ou antecipada. Os elementos informativos citados deverão ser necessariamente reproduzidos no juízo da instrução e julgamento (sob o crivo do contraditório e da ampla defesa). Ora, como a acusação, a defesa e mesmo o juiz de instrução e julgamento se guiarão em relação ao que foi falado pelos personagens oitivados no curso da fase pré-processual, se o que foi dito no curso do inquérito não chegar aos autos do processo nesse segundo momento (efetivo trâmite processual, perante o juiz de instrução e julgamento). Não é crível imaginar que o processo é "uma nova fase do jogo da persecução" que deve ser "jogada" totalmente às escuras. A própria decisão de recebimento da exordial acusatória (por mais que se diga que essa decisão deve ser "enxuta") precisa do mínimo de fundamentação com fulcro nos elementos coligidos na fase pré-processual. O caminho a ser trilhado para solver esse "problema" (proibição de apensamento do inquérito ao processo quando os elementos forem repetíveis) parece ser a juntada, nas peças das partes (mormente na denúncia/queixa e na defesa preliminar) de todas as oitivas, reconhecimentos, informações policiais, relatórios de vigilância, laudos, que forem reputadas importantes para demonstrar suas alegações (inclusive do relatório final produzido pelo delegado de polícia no curso do inquérito, vez que este traduz a trilha investigativa traçada pela autoridade policial). O elemento utilizado pela parte (acusação ou defesa, já que o inquérito policial não é unidirecional) pode obviamente ser elidido/contrariado no curso do processo quando da nova oitiva das pessoas ouvidas durante o inquérito (mas isso certamente trará consequências, inclusive no campo penal, como eventual prática de crime de falso testemunho ou denunciação caluniosa).

É preciso que se faça aqui sonora crítica ao legislador, posto que o inquérito policial não é procedimento que serve apenas à acusação (não é unidirecional). A defesa pode, tranquilamente, dele se utilizar, porquanto o objetivo do delegado de polícia à frente do apuratório é elucidar o fato supostamente criminoso (é possível que os elementos informativos e provas coligidas demonstrem, por exemplo, que não houve crime). O não apensamento do inquérito policial retira do juízo de instrução e julgamento a possibilidade de ter acesso a toda trilha investigativa traçada pelo delegado de polícia para elucidação do fato criminoso. Como as partes delimitam as peças do inquérito que vão integrar o futuro processo, é possível que elementos informativos relevantes possam ficar fora do feito (por equívoco ou intencionalmente).

A sugestão que fica para os delegados de polícia a partir da entrada em vigor da Lei 13.964/19 é produzir relatórios ainda mais minuciosos e com enfrentamento jurídico detido do caso investigado, de forma a permitir às futuras partes delimitar os elementos informativos a serem levados à fase processual e com vistas a permitir ao juízo das garantias decidir sem vacilar acerca do recebimento ou não da exordial acusatória (citei apenas elementos informativos, porque as provas serão apensadas ao futuro processo, na forma do dispositivo analisado).

Caso a prova seja irrepetível ou antecipada, todos os documentos a elas relativos serão remetidos para apensamento ao processo junto ao juízo da instrução e julgamento (todos os documentos que lastrearam uma interceptação telefônica e a prova dela resultante, por exemplo – penso que toda medida cautelar, desde a representação do delegado de polícia e dos documentos e elementos informativos usados como escora do pleito até as gravações e autos circunstanciados devem ser enviados ao juízo da instrução e julgamento para apensamento ao processo).

Eis os §§ 3º e 4º do artigo 3º-C do Código de Processo Penal:

> Art. 3º-C (...)
>
> § 3º Os autos que compõem as matérias de competência do juiz das garantias ficarão acautelados na secretaria desse juízo, à disposição do Ministério Público e da defesa, e não serão apensados aos autos do processo enviados ao juiz da instrução e julgamento, ressalvados os documentos relativos às provas irrepetíveis, medidas de obtenção de provas ou de antecipação de provas, que deverão ser remetidos para apensamento em apartado.
>
> § 4º Fica assegurado às partes o amplo acesso aos autos acautelados na secretaria do juízo das garantias.

O artigo 3º-D do Código de Processo Penal veda que o juiz das garantias atue no curso do processo (hipótese de impedimento). O dispositivo determine que os tribunais criem rodízio de magistrados para que seja implementado o comando nele inserido:

Art. 3º-D. O juiz que, na fase de investigação, praticar qualquer ato incluído nas competências dos arts. 4º e 5º deste Código ficará impedido de funcionar no processo[6].

Parágrafo único. Nas comarcas em que funcionar apenas um juiz, os tribunais criarão um sistema de rodízio de magistrados, a fim de atender às disposições deste Capítulo.

O artigo 3º-E do Código de Processo Penal dispõe sobre a designação do juiz das garantias:

Art. 3º-E. O juiz das garantias será designado conforme as normas de organização judiciária da União, dos Estados e do Distrito Federal, observando critérios objetivos a serem periodicamente divulgados pelo respectivo tribunal[7].

O artigo 3º-F do Código de Processo Penal determina que o juiz das garantias assegure o cumprimento de regras para tratamento de presos, no que toca à exploração da imagem da pessoa submetida à prisão. Importante salientar que a exposição do alvo do sistema de persecução penal pode significar prática de crime de abuso de autoridade (artigo 13, inciso I, da Lei 13.869/19):

Art. 3º-F. O juiz das garantias deverá assegurar o cumprimento das regras para o tratamento dos presos, impedindo o acordo ou ajuste de qualquer autoridade com órgãos da imprensa para explorar a imagem da pessoa submetida à prisão, sob pena de responsabilidade civil, administrativa e penal[8].

Parágrafo único. Por meio de regulamento, as autoridades deverão disciplinar, em 180 (cento e oitenta) dias, o modo pelo qual as informações sobre a realização da prisão e a identidade do preso serão, de modo padronizado e respeitada a programação normativa aludida no caput deste artigo, transmitidas à imprensa, assegurados a efetividade da persecução penal, o direito à informação e a dignidade da pessoa submetida à prisão.

---

6. O artigo 3º-D do Código de Processo Penal teve sua eficácia suspensa *sine die*, em face de liminar concedida nos autos das ADIN 6.298, 6.299, 6.300 e 6.305 pelo Ministro Fux.

7. O artigo 3º-E do Código de Processo Penal teve sua eficácia suspensa *sine die*, em face de liminar concedida nos autos das ADIN 6.298, 6.299, 6.300 e 6.305 pelo Ministro Fux.

8. O artigo 3º-F do Código de Processo Penal teve sua eficácia suspensa *sine die*, em face de liminar concedida nos autos das ADIN 6.298, 6.299, 6.300 e 6.305 pelo Ministro Fux.

# 5

# INQUÉRITO POLICIAL

## 5.1. CONCEITO

A adoção, no Brasil, do sistema processual acusatório (o Pacote Anticrime enxertou no Código de Processo Penal expressamente tal opção[1]), caracterizado pela publicidade, observância de direitos e garantias fundamentais do acusado e pela distribuição das funções de prevenir o crime, investigar, acusar, defender e julgar a órgãos estatais distintos (polícias preventivas, polícias investigativas, Ministério Público, Defensoria Pública e Poder Judiciário, respectivamente) reclama a existência de procedimento pré-processual formal, que assegure uma colheita de elementos informativos e provas lícitas (só um procedimento minimamente formalizado dá azo à possibilidade de ataque a eventuais provas ilícitas).

Nesta senda, surge o inquérito policial como instrumento hábil à elucidação do fato supostamente criminoso e à coleta de elementos de convicção suficientes para a deflagração de futuro processo penal.

Nestor Távora e Rosmar Rodrigues Alencar[2] deixam claro que "com a ocorrência da infração, é salutar que se investigue com o fito de coligir elementos que demonstrem a autoria e a materialidade do delito, viabilizando-se o início da ação penal".

Em rápidas linhas, inquérito policial pode ser conceituado como procedimento administrativo, sigiloso, escrito, investigativo[3], dispensável (embora o

---

1. Art. 3º-A. O processo penal terá estrutura acusatória, vedadas a iniciativa do juiz na fase de investigação e a substituição da atuação probatória do órgão de acusação.
2. TÁVORA, Nestor e ALENCAR, Rosmar Rodrigues. **Curso de Direito Processual Penal**, Editora Juspodivm, 2010, página 86.
3. A partir dessa edição, abandono por completo o termo 'inquisitivo'. Tal expressão se relaciona com o sistema processual penal inquisitivo, caracterizado pelo sigilo, pela confusão das funções estatais de investigar, acusar e julgar, por limitações perniciosas à atuação da defesa e pela insistente busca

procedimento investigativo seja, na maioria dos casos, utilizado como catalizador da justa causa necessária à deflagração da ação penal), obrigatório (o princípio da obrigatoriedade orienta a atuação do delegado de polícia em relação aos crimes de ação penal pública incondicionada), indisponível (vez que a autoridade policial não o pode arquivar), elaborado pela polícia judiciária (presidido por delegado de polícia de carreira), que tem por objetivo elucidar fato supostamente criminoso (ao final do apuratório, é possível chegar à conclusão de que, em verdade, crime não houve – quando se conclui, por exemplo, que a morte suspeita foi um suicídio). Caso se verifique que o fato investigado é efetivamente criminoso, o inquérito deve ter em mira coligir indícios de autoria e prova da materialidade do delito, de forma a oportunizar o manejo de ação penal em face daqueles que cometeram a infração (é importante salientar que o inquérito não é unidirecional, vez que não se dirige apenas ao órgão acusador – seu objetivo é elucidar o fato supostamente criminoso e não há nenhum óbice que ele sirva à defesa, vez que o compromisso do delegado de polícia é com o aclaramento do caso apurado).

Comentando a definição legal de inquérito policial, Aury Lopes Jr. e Ricardo Jacobson Gloeckner[4] sentenciam:

> No Brasil, a definição legal do inquérito policial não consta claramente em nenhum artigo do CPP, e, para ser obtida, devemos cotejar as definições dos arts. 4º e 6º do CPP, de modo que é a atividade desenvolvida pela Polícia Judicial com a finalidade de averiguar o delito e sua autoria.

Acerca da finalidade do procedimento investigativo, Guilherme de Souza Nucci[5] pontua (limitando-se a comentar situação em que se detecta prática efetiva de crime no curso das investigações) que "é importante repetir que sua finalidade precípua é a investigação do crime e a descoberta do seu autor, com o fito de fornecer elementos para o titular da ação penal promovê-la em juízo, seja ele o Ministério Público, seja o particular, conforme o caso".

Anderson Souza Daura[6] afirma, na mesma linha do quanto transcrito no parágrafo anterior, acerca da investigação pré-processual, que "os atos de investigação estatal, quando da ocorrência de um ilícito penal, são a exteriorização do exercício do Poder de Polícia do Estado que de forma incondicional age visando combater a criminalidade dando sustentação à denúncia criminal e colhendo cautelarmente provas da autoria e materialidade delitiva que poderiam se perder até o momento da instrução processual em juízo".

---

da confissão (por meio de odiosa prática de tortura). O sistema admitia várias violações a direitos dos investigados/acusados e por isso não pode sequer servir de referência à investigação calcada na Constituição Federal de 1988.

4. LOPES JR., Aury e GLOECKNER, Ricardo Jacobson. **Obra acima citada**. Página 91.
5. NUCCI, Guilherme de Souza. **Obra acima citada**, página 127.
6. DAURA, Anderson Souza. **Obra acima citada**, página 105.

## 5.2. CARACTERÍSTICAS

Estudemos com vagar os elementos do conceito acima desenhado.

**5.2.1. Procedimento administrativo:** é administrativo em contraposição ao processo, que é judicial. Aury Lopes Jr. e Ricardo Jacobsen Gloeckner[7], acerca desta característica, afirmam com precisão:

> Será administrativo quando estiver a cargo de um órgão estatal que não pertença ao Poder Judiciário, isto é, um agente que não possua poder jurisdicional. Destarte, podemos classificar o inquérito policial como um procedimento administrativo pré-processual, pois é levado a cabo pela Polícia Judiciária, um órgão vinculado à Administração – Poder Executivo – e que, por isso, desenvolve tarefas de natureza administrativa.

Em que pese ser descrito e delineado no Código de Processo Penal, o inquérito não conta com uma sequência de atos predeterminada, tal qual o processo. As diligências ordenadas no seu bojo e o curso do procedimento são discricionários e decididos pela autoridade policial (mas isso não retira do delegado o dever de seguir o ritual imposto pelo Caderno Processual para produção do elemento informativo ou da prova que tenciona coligir). Veremos alhures que o CPP se limita a listar diligências (não exaustivas), sem indicar sequência a ser seguida pela autoridade policial.

**5.2.2. Sigiloso:** o sigilo do inquérito policial deve ser avaliado sob duas perspectivas: a) a interna; b) a externa. Na dimensão interna, cumpre, inicialmente, ressaltar que não o inquérito não é sigiloso (por óbvio) para o delegado de polícia que o preside (em relação às outras autoridades policiais, o compartilhamento do conteúdo da investigação só deve acontecer caso exista necessidade – deflagração de operação policial, solicitação de diligências em outra circunscrição, redistribuição do feito, dentre outras possibilidades), para o membro do Ministério Público que oficia no feito (porquanto haverá necessidade de amplo conhecimento do caso criminal investigado para, por exemplo, oferta de parecer em pleitos cautelares manejados pela autoridade policial e em relação ao juízo competente (responsável pela análise das representações formuladas pelo delegado de polícia ou requeridas pelo Ministério Público). O sigilo interno é normalmente oposto (parcialmente ou totalmente, a depender do caso concreto, como se verá adiante) ao investigado/indiciado e seu advogado. Já o sigilo externo (relacionado à necessidade de proteção dos elementos informativos e provas coligidos no curso do feito de pessoas estranhas à investigação) deve ser observado com o fito de proteger a intimidade/vida privada

---

7. LOPES JR, Aury e GLOECKNER, Ricardo Jacobsen. **Obra acima citada**. Página 93.

dos personagens que gravitam em torno da investigação (vítima, testemunhas e investigado/indiciado). Normalmente o sigilo externo é parcialmente levantado quando há deflagração de operação policial ou finalização da investigação (com o intuito de atender ao direito de informação do seio social, que tem justificável interesse em conhecer, ainda que parcialmente, os malfeitos praticados e o trabalho de elucidação levado a cabo pela polícia judiciária). É preciso especial cuidado nesse momento, para não expor desnecessariamente os envolvidos (especialmente a vítima e o investigado), evitando a prática do crime de abuso de autoridade tipificado no artigo 38 da Lei 13.869/19.

O sigilo (interno e externo) deve ser mantido para facilitar as investigações (o elemento surpresa é grande arma à disposição do estado e deve ser mantido enquanto for necessário para coleta de elementos informativos e provas), conforme prescrição do artigo 20 do CPP. Este tópico merece uma análise mais detida. Impõe-se o estudo do inciso XIV e dos §§ 10 a 12 do artigo 7º do Estatuto da Ordem dos Advogados do Brasil – Lei 8.906/94 e da Súmula Vinculante 14.

O dispositivo legal em comento permite ao causídico vista dos autos de inquérito policial na defesa de seu cliente, sendo vedado ao delegado de polícia negar o acesso do caderno inquisitivo àquele. Vejamos o teor do mandamento (modificado pela Lei 13.245/16):

> Art. 7º. São direitos do advogado:
>
> (...)
>
> XIV - examinar, em qualquer instituição responsável por conduzir investigação, mesmo sem procuração, autos de flagrante e de investigações de qualquer natureza, findos ou em andamento, ainda que conclusos à autoridade, podendo copiar peças e tomar apontamentos, em meio físico ou digital;
>
> (...)
>
> § 10. Nos autos sujeitos a sigilo, deve o advogado apresentar procuração para o exercício dos direitos de que trata o inciso XIV.
>
> § 11. No caso previsto no inciso XIV, a autoridade competente poderá delimitar o acesso do advogado aos elementos de prova relacionados a diligências em andamento e ainda não documentados nos autos, quando houver risco de comprometimento da eficiência, da eficácia ou da finalidade das diligências.
>
> § 12. A inobservância aos direitos estabelecidos no inciso XIV, o fornecimento incompleto de autos ou o fornecimento de autos em que houve a retirada de peças já incluídas no caderno investigativo implicará responsabilização criminal e funcional por abuso de autoridade do responsável que impedir o acesso do advogado com o intuito de prejudicar o exercício da defesa, sem prejuízo do direito subjetivo do advogado de requerer acesso aos autos ao juiz competente.

Importante ressaltar que o acesso a procedimento sigiloso (e o inquérito policial o é por natureza) reclama apresentação de procuração pelo causídico (§ 10 do artigo 7º da Lei 8.906/94).

Evidenciando ainda mais o dispositivo legal acima transcrito e espancando qualquer dúvida acerca do direito do advogado de ter vista do procedimento investigativo instaurado para apurar suposta prática delitiva de seu cliente, o Supremo Tribunal Federal editou a Súmula Vinculante 14, em 02 de fevereiro de 2009. Vejamos o édito:

> Súmula Vinculante 14: É direito do defensor, no interesse do representado, ter acesso amplo aos elementos de prova que, já documentados em procedimento investigatório realizado por órgão com competência de polícia judiciária, digam respeito ao exercício do direito de defesa.

Apesar de suficientemente claro, cumpre analisar o texto da súmula. É óbvio que o acesso irrestrito de autos de inquérito policial ao advogado do investigado traria evidente prejuízo às investigações e seria contrário à própria natureza do procedimento, sigiloso por excelência. O estudo profícuo da Súmula Vinculante 14 revela que o Pretório Excelso agiu com sabedoria, garantindo ao advogado o direito de acesso ao procedimento, mas, por outro lado, excepcionando o direito de vista apenas aos atos já praticados e devidamente juntados ao inquérito (isso foi reproduzido no § 11 do artigo 7º do EOAB, por meio da Lei 12.245/16).

Vale dizer, somente atos já perfeitos e acabados e cuja juntada aos autos do inquérito foi determinada pelo delegado de polícia podem ser objeto da vista do advogado na defesa de seu cliente. Diligências em curso e as ainda não materializadas não podem ter seu acesso franqueado, sob pena da evidente inutilidade das mesmas, decorrente da publicidade.

Assim é que interceptações telefônicas em curso, representações de prisão e busca e apreensão ainda não analisadas pelo Poder Judiciário ou deferidas e não cumpridas, requisição de perícias ainda não realizadas e intimação de testemunhas ainda não oitivadas, por exemplo, não podem ser mostradas ao advogado do investigado, sob pena da total imprestabilidade da prova produzida depois do acesso (difícil imaginar que investigado que fica sabendo que seu terminal móvel está interceptado continue realizando tratativas ilícitas por telefone).

Nessa esteira, cumpre esclarecer questionamento interessante: teria o advogado do investigado direito de acompanhar a oitiva das testemunhas, da vítima e mesmo dos outros investigados no curso do inquérito policial? A resposta é negativa. A coleta do depoimento das testemunhas, das declarações da vítima e do interrogatório dos demais indiciados (ou das declarações dos investigados, caso ainda não tenha sido materializado despacho de indiciamento) se traduz em elemento informativo em andamento (ainda não finalizado, ainda não definitivamente coligido e, portanto, ainda não juntado ao feito). Por essa razão, nos exatos termos da Lei 8.906/94 e da Súmula Vinculante 14, não há direito líquido e certo do advogado do investigado de acompanhar a oitiva de testemunhas, da vítima e de outros indiciados (ou investigados), podendo o delegado de polícia decidir, fundamentadamente, pelo indeferimento de tal pleito, sem que isso signifique, por exemplo, prática de crime de abuso de autoridade (artigo 32 da Lei 13.869/19[8]).

Continuemos. O que fazer então se o advogado do investigado pedir vista de determinada investigação que ainda tem diligências em curso e outras já determinadas, mas pendentes de realização? Neste caso deve o delegado de polícia despachar de forma fundamentada (socorrendo-se da Súmula Vinculante 14 do STF e do citado § 11 do artigo 7º da Lei 8.906/94) e determinar o desentranhamento das folhas que façam referência a tais diligências. Este é o entendimento do Superior Tribunal de Justiça[9]:

> Conforme orientação firmada pelo Pretório Excelso, não se pode negar o acesso do Advogado constituído, aos autos de procedimento investigatório, ainda que nele decretado o sigilo. Contudo, tal prerrogativa não se estende a atos que por sua própria natureza não dispensam a mitigação da publicidade (v.g., futuras interceptações telefônicas, dados relativos a outros indiciados).

Pronto. A um só tempo foi respeitado o direito de vista do advogado do investigado e garantido o sigilo essencial ao desenrolar da apuração. Depois de ultimada a diligência pendente, deve a mesma ser devidamente juntada aos autos, também por intermédio de despacho fundamentado. No mesmo sentido Reinaldo Rossano Alves[10]:

> Com efeito, no caso de interceptação telefônica (Lei nº 9.296/96), sujeita a sigilo legal específico (art. 8º), o advogado do indiciado somente pode ter acesso aos autos com apresentação de procuração e mediante autorização judicial (artigo 10), e ao fim da diligência. O mesmo poderia se apontar, por exemplo, em uma busca domiciliar, autorizada judicialmente, que não teria o alcance desejado, caso sua realização não fosse mantida em sigilo.

Também referendando o quanto acima desenhado, Alexandre Cebrian e Victor Gonçalves[11] sentenciam:

---

8. Art. 32. Negar ao interessado, seu defensor ou advogado acesso aos autos de investigação preliminar, ao termo circunstanciado, ao inquérito ou a qualquer outro procedimento investigatório de infração penal, civil ou administrativa, assim como impedir a obtenção de cópias, ressalvado o acesso a peças relativas a diligências em curso, ou que indiquem a realização de diligências futuras, cujo sigilo seja imprescindível:
   Pena - detenção, de 6 (seis) meses a 2 (dois) anos, e multa.
9. STJ, 5ª Turma, HC 103027/SP, rel. Min. Napoleão Nunes Mais Filho, DJE 30/03/09.
10. ALVES, Reinaldo Rossano. **Direito Processual Penal**, Rio Janeiro: Impetus, 2013, página13.
11. REIS, Alexandre Cebrian Araújo e GONÇALVES, Victor Eduardo Rios. **Direito Processual Penal Esquematizado**, São Paulo: Saraiva, 2013, página 52.

Esta súmula[12] deixa claro que os defensores têm direito de acesso somente às provas já documentadas, ou seja, já incorporadas aos autos. Essa mesma prerrogativa não existe em relação às provas em produção, como, por exemplo, a interceptação telefônica, pois isso, evidentemente, tornaria inócua a diligência em andamento.

Convém afirmar que, em caso de investigação que apure crimes cometidos por organizações criminosas, o juiz pode decretar o sigilo do apuratório (de ofício ou atendendo a representação do delegado de polícia ou requerimento do Ministério Público). Decretado o segredo de justiça, o advogado do investigado/indiciado só poderá acessar os autos do inquérito policial se houver autorização judicial pretérita nesse sentido. É o que prescreve o artigo 23 da Lei 12.850/13:

> Art. 23. O sigilo da investigação poderá ser decretado pela autoridade judicial competente, para garantia da celeridade e da eficácia das diligências investigatórias, assegurando-se ao defensor, no interesse do representado, amplo acesso aos elementos de prova que digam respeito ao exercício do direito de defesa, devidamente precedido de autorização judicial, ressalvados os referentes às diligências em andamento.
>
> Parágrafo único. Determinado o depoimento do investigado, seu defensor terá assegurada a prévia vista dos autos, ainda que classificados como sigilosos, no prazo mínimo de 3 (três) dias que antecedem ao ato, podendo ser ampliado, a critério da autoridade responsável pela investigação.

Nos termos do parágrafo único do artigo acima transcrito, o advogado do investigado tem direito de acessar os autos do inquérito policial pelo menos 3 dias antes da data agendada para oitiva do seu cliente. Essa necessidade de abertura de vista com antecedência mínima de 3 dias só deve ser observada pelo delegado de polícia caso: a) o inquérito apure crimes praticados por organizações criminosas; b) o juízo tenha decretado o sigilo das investigações.

Em operações que apurem crimes praticados por organizações criminosas (normalmente há sigilo judicialmente decretado nesses feitos), sugestiono que a oitiva dos investigados seja materializada 3 dias depois da deflagração, devendo o inquérito ser disponibilizado aos advogados dos investigados ainda no dia da eclosão da operação, a fim de assegurar o direito prescrito no artigo 23 da Lei 12.850/13.

Outras duas alternativas, caso o delegado de polícia que conduz a investigação deseje ouvir todos os investigados no dia da deflagração da operação: a) representar ao juízo o levantamento do sigilo do feito pouco antes do cumprimento das ordens judiciais; b) oportunizar o acesso do feito aos advogados

---

12. Os autores falam acerca da Súmula Vinculante 14 do STF.

antes da oitiva, fazendo constar nos autos que o causídico abre mão do tríduo oportunizado pela lei.

É preciso enfrentar outro tema: o pedido de vista genérico, protocolado por causídico na seara policial, tencionando ter acesso a todo e qualquer apuratório existente para investigar crime supostamente praticado por seu cliente. Neste caso, há que se considerar que o pleito tem por base a Lei 12.527/11 (Lei de Acesso à Informação) e não o artigo 7º, inciso XIV, da Lei 8.906/94. Por se tratar de pedido respaldado na Lei de Acesso à Informação, deve ser excepcionado pelo artigo 22 do referido mandamento legal:

> Art. 22. O disposto nesta Lei não exclui as demais hipóteses legais de sigilo e de segredo de justiça nem as hipóteses de segredo industrial decorrentes da exploração direta de atividade econômica pelo Estado ou por pessoa física ou entidade privada que tenha qualquer vínculo com o poder público.

A Lei 12.527/11 foi regulamentada, no âmbito da União, pelo Decreto 7.724/12. O artigo 6º, inciso I, do decreto em espeque prescreve que:

> Art. 6º O acesso à informação disciplinado neste Decreto não se aplica:
> I – Às hipóteses de sigilo previstas na legislação, como fiscal, bancário, de operações e serviços no mercado de capitais, comercial, profissional, industrial e segredo de justiça.

Nesta toada, não há outra conclusão possível senão a de que o pleito genérico de acesso a todo e qualquer apuratório em curso para investigar infração penal praticada por determinada pessoa pode ser prontamente indeferido com base no artigo 20 do Código de Processo Penal:

> Art. 20. A autoridade assegurará no inquérito o sigilo necessário à elucidação do fato ou exigido pelo interesse da sociedade.

Destarte, a Lei de Acesso à Informação não incide sobre os inquéritos policiais, na medida em que estes possuem regulamentação própria no âmbito do Código de Processo Penal, que afirma a regra do sigilo daqueles, nos termos do supracitado artigo 20.

Ainda que assim não fosse, a negativa de acesso pode se basear no artigo 13, inciso I, do Decreto nº 7.724/12 (que regulamentou a Lei 12.527/11, como dito), que proíbe pedidos genéricos:

> Art. 13. Não serão atendidos pedidos de acesso à informação:
> I – genéricos;

Mais um ponto: é possível negar vista ao inquérito policial ao advogado do investigado/indiciado desde a portaria inaugural, caso se perceba que o acesso aos atos documentados poderá comprometer eventuais representações já encaminhadas ou mesmo prestes a serem encaminhadas ao juízo competente. É que tal acesso certamente inviabilizaria eventual operação policial prestes a ser deflagrada.

Eis lição de Eugênio Pacelli[13] sobre o tema:

> Impende salientar que, embora o exercício da advocacia seja mesmo indispensável à defesa dos interesses de quem se achar submetido à persecução penal (aqui, na fase pré-processual), podendo o advogado, como regra, ter acesso aos autos do inquérito policial, o fato é que, se a investigação assim o exigir, será perfeitamente aceitável a restrição ao aludido acesso, quando for a hipótese de realização (representação à autoridade judicial) de provas de natureza cautelar e, por isso, urgentes.

Pacelli[14] assevera, no mesmo vetor do entendimento acima desenhado (de que o acesso, mesmo a atos já documentados, pode ser negado caso estes sirvam de base para representação por medida cautelar), que "elementos indiciários já documentados nos autos podem servir de base ao requerimento de novas diligências cautelares, das quais se deve guardar sigilo. Nem sempre se pode afirmar que a juntada de elemento de prova implique a desnecessidade de sigilo".

Neste caso (pedido de vista a atos já documentados em inquérito, que foram ou vão ser usados para lastrear pleito cautelar), é preciso ter em mente que o acesso do advogado aos documentos que lastrearam a representação por medida cautelar (inclusive à portaria) significará cientificá-lo da trilha investigativa escolhida pela autoridade policial que preside o feito, o que pode oportunizar destruição de provas, dificultando o aclaramento dos fatos e futuras representações por novas medidas no bojo do feito. Destarte, é sim possível negar ao advogado acesso a todo apuratório, desde a peça ovo, caso exista diligência (representação por medida cautelar, por exemplo) que seja calcada em elementos já juntados e se perceba que o acesso ao inquérito poderá indicar a existência de medidas cautelares representadas, em andamento ou deferidas e ainda não cumpridas, sem que isso signifique desrespeito à Lei 8.906/94 ou à Súmula Vinculante 14 (nesta toada, não há que se falar, de igual sorte, na prática, pelo delegado de polícia, de crime de abuso de autoridade[15], vez que ausente o especial fim de agir descrito no § 1º do artigo 1º da Lei 13.869/19) .

---

13. DE OLIVEIRA, Eugênio Pacelli. **Curso de Processo Penal**, São Paulo: Atlas, 2013, página 61.
14. DE OLIVEIRA, Eugênio Pacelli. **Obra acima citada**, página 62.
15. Nos termos do artigo 7º, § 12, da Lei 8.906/94, a negativa injustificada de acesso do advogado ao inquérito, "o fornecimento incompleto de autos ou o fornecimento de autos em que houve a retirada de peças já incluídas no caderno investigativo implicará responsabilização criminal e funcional por abuso de autoridade do responsável que impedir o acesso do advogado com o intuito

Por óbvio, o inquérito poderá ser acessado pelo advogado do investigado depois da deflagração da operação.

Por fim, ainda acerca do sigilo no curso do inquérito, não se deve perder de vista lição de Manoel Messias Barbosa[16], para quem "o indiciado, enquanto objeto da ação investigatória, deve ser protegido, para que não ocorra o seu aniquilamento moral ou material pelo sistema repressivo. O sigilo dos atos investigatórios precisa ser mantido, quando necessário, pois, se não o for, interferências estranhas podem impedir ou dificultar a busca da verdade, ficando a sociedade desprotegida em decorrência de um falso conceito de liberdade".

**5.2.3. Escrito:** todos os atos devem ser reduzidos à forma escrita, conforme determinado pelo artigo 9º do CPP. Eis o dispositivo:

> Art. 9º. Todas as peças do inquérito policial serão, num só processado, reduzidas a escrito ou datilografadas e, neste caso, rubricadas pela autoridade.

E não poderia ser diferente já que adotado sistema processual que assegura ao investigado/indiciado (e, posteriormente, com o início do processo, ao acusado) uma série de direitos e garantias.

Documentar o ato praticado é importante meio de comprovar que ele foi levado a efeito observando as regras legais que regem sua prática (e caso se perceba que a prática desobedeceu a normas materiais ou processuais, mais fácil será reconhecer a prova dele resultante como ilícita ou ilegítima, conforme o caso).

Aliás, a autoridade policial deve atentar para tal princípio do inquérito policial. Tudo quanto praticado no curso do feito deve ser reduzido a escrito (apreensões e entregas de bens, vistas concedidas a advogados, dentre outros atos). O delegado de polícia deve ter especial cuidado em relação às apreensões levadas a efeito no curso do procedimento. É importante que seja cuidadosamente documentado todo ingresso de itens no bojo do inquérito, o local onde os mesmos ficarão guardados até que se ultime a investigação (na central de custódia, tal qual determinado pelos artigos 158-C, 158-E e 158-F, todos do CPP, inseridos pelo Pacote Anticrime) e o destino final dos bens quando do encerramento do feito (se foram devolvidos a seus donos, se acompanharão o inquérito quando do seu envio à justiça, se serão objeto de destruição, etc.).

---

de prejudicar o exercício da defesa". O crime de abuso de autoridade mencionado é o tipificado no artigo 32 da Lei 13.869/19 : "Art. 32. Negar ao interessado, seu defensor ou advogado acesso aos autos de investigação preliminar, ao termo circunstanciado, ao inquérito ou a qualquer outro procedimento investigatório de infração penal, civil ou administrativa, assim como impedir a obtenção de cópias, ressalvado o acesso a peças relativas a diligências em curso, ou que indiquem a realização de diligências futuras, cujo sigilo seja imprescindível".

16. BARBOSA, Manoel Messias. **Obra acima citada**, página 54.

Tudo por escrito (essa documentação é importante para que se demonstre, por exemplo, obediência a todas as etapas da cadeia de custódia, descrita nos artigos 158-A e seguintes do Código de Processo Penal).

Atualmente se verifica tendência de virtualizar procedimentos e processos. Tal virtualização não obsta que as diligências sejam, de alguma forma, documentadas (gravadas, filmadas, etc.) – e isso é importante para demonstrar a estrita observância da lei quando da prática do ato (modernamente, o artigo 9º do Código de Processo Penal reclama leitura mais atual – no sentido de que é preciso observar o meio adequado de formalização dos atos, ainda que no âmbito de um inquérito policial virtualizado).

**5.2.4. Investigativo:** como já clarificado supra, opto por deixar de adotar nessa obra a expressão "inquisitivo" como característica atrelada ao inquérito policial. Definitivamente, o procedimento investigativo brasileiro, confeccionado com base na Constituição Federal de 1988 em nada se parece com as práticas inquisitoriais levadas a cabo na famigerada caça às bruxas havida na Inquisição (caracterizada por claro atropelo a todos os direitos das pessoas investigadas). Nosso sistema processual penal é acusatório e, por determinação constitucional, deve observar e respeitar os direitos fundamentais de todos os envolvidos na persecução penal (vítima, testemunhas e investigado/indiciado).

Afirmar que o inquérito policial tem natureza investigativa (ou apuratória), significa dizer que no seu curso não vigora o princípio do contraditório, presente apenas em juízo (na fase processual). Em rápidas linhas, o direito ao contraditório se traduz na necessidade de audiência bilateral – na oportunidade dada à parte de se manifestar acerca da prova produzida pela parte adversa.

Em sede de inquérito policial, não há que se falar na existência de partes, nem na existência de acusação formal em face de alguém, daí porque desnecessária a incidência do princípio do contraditório.

Em que pese apuratório, admite-se que o investigado/indiciado indique ou solicite a juntada de provas ou documentos com o fito de comprovar suas alegações (leia o já citado artigo 14 do CPP) ou solicite a materialização de elementos informativos. A efetiva produção do elemento informativo, da prova requerida ou a juntada de documentos solicitada pelo investigado/indiciado está na esfera da discricionariedade da autoridade policial, que pode julgá-las irrelevantes ou protelatórias. Em um caso ou em outro (admissão da prova ou rejeição), deve o delegado despachar de forma fundamentada, cientificando o investigado e/ou seu advogado.

De igual forma, o direito do investigado/indiciado de se fazer acompanhar por advogado ou defensor público é evidente (e deve ser a ele informado). O que não se exige é a indispensabilidade da presença do causídico. Nesta toada, importante a análise do inciso XXI do artigo 7º do EOAB, inserido pela Lei 13.245/16:

Art. 7º. São direitos do advogado:

(...)

XXI – assistir a seus clientes investigados durante a apuração de infrações, sob pena de nulidade absoluta do respectivo interrogatório ou depoimento e, subsequentemente, de todos os elementos investigatórios e probatórios dele decorrentes ou derivados, direta ou indiretamente, podendo, inclusive, no curso da respectiva apuração:

a) apresentar razões e quesitos;

A leitura do dispositivo deixa claro que é direito do advogado assistir a seu cliente no bojo do procedimento investigativo criminal. O direito não pode ser confundido com a necessidade de presença obrigatória de advogado em toda e qualquer oitiva na seara policial. O investigado/indiciado tem direito, como dito supra, de constituir, se quiser, advogado. Uma vez constituído, o delegado de polícia não pode impedir que o causídico acompanhe seu cliente na oitiva, sob pena de nulidade absoluta do ato (e dos atos subsequentes dele decorrentes), nos termos do dispositivo acima transcrito. É preciso salientar ainda que caso o cidadão seja investigado em mais de um procedimento, será necessário demonstrar a constituição de advogado em cada um dos feitos (caso se tencione a obrigatória participação do causídico em todos os apuratórios).

No curso da oitiva, fica claro que o advogado poderá apresentar razões (eventual petição explicitando a versão do seu cliente e indicando meios probantes que a sustentem – a efetiva materialização das diligências solicitadas pelo causídico, como já desenhado supra, será decidida fundamentalmente pelo delegado) e quesitos (sugestiono que o delegado faça as perguntas que entender pertinentes ao esclarecimento dos fatos e, ao final, permita que o advogado formule quesitos a seu cliente – caso a autoridade policial entenda que alguma pergunta é impertinente, pode indeferi-la, fazendo constar os motivos no termo). A alínea 'b' do inciso XXI do artigo 7º do EOAB foi vetada pelo presidente da República. Ela (a alínea) permitia ao advogado "requisitar diligências" e foi alvo de veto jurídico, com vistas a retirar do texto legal possibilidade de interpretação que redundasse na obrigação de cumprimento, pelo delegado de polícia, da diligência requestada pela defesa do investigado. O veto deixou ainda mais claro que a materialização do elemento informativo ou prova pleiteada pela defesa no curso do inquérito policial é discricionária.

Outro ponto: o delegado avaliará o pedido de adiamento da audiência previamente agendada em face da impossibilidade de comparecimento do advogado do investigado/indiciado. Caso se perceba que se trata de expediente procrastinatório, não vejo problema no seu indeferimento, dando-se ciência a ambos (investigado/indiciado e advogado). Contudo, esse indeferimento do adiamento da audiência pode ser inócuo, posto que não é possível insistir no interrogatório do investigado/indiciado que deixou claro que só deseja ser ouvido na presença do seu advogado (isso pode redundar, eventualmente, na prática do crime de abuso de autoridade tipificado no inciso II do parágrafo único do artigo 15 da Lei 13.869/19[17]). Em regra, não há problema em adiar a audiência e tal mudança de data não afeta sobremaneira o curso do procedimento investigativo.

A participação de advogado na defesa dos interesses do investigado/indiciado no curso do procedimento empresta um maior grau de confiabilidade ao elemento informativo ou prova coligida. A presença de advogado/defensor público nos atos praticados no inquérito afasta ulteriores alegações de vilipêndio à integridade física/psíquica do investigado/indiciado, estratégia de defesa tão comum na fase judicial para desconstituir eventual confissão na fase policial.

Urge deixar claro que o fato de não existir observância do princípio do contraditório no inquérito policial não significa que estão permitidas arbitrariedades. O delegado de polícia deve ser escravo da Constituição Federal e dos mandamentos legais que regem a matéria, tendo o máximo cuidado na produção de elementos informativos e das provas que demonstrarão a prática do crime e quem foi seu autor, de forma a não a macular, nem atentar contra direitos individuais das pessoas envolvidas.

Por fim, cumpre esclarecer que o Pacote Anticrime (Lei 13.964/19) excepcionou a regra até aqui estudada e enxertou hipótese de participação obrigatória de advogado no inquérito policial no artigo 14-A do Código de Processo Penal.

O citado artigo informa, inicialmente, que os servidores vinculados às instituições listadas no artigo 144 da Constituição Federal, quando investigados em procedimentos pré-processuais que girem em torno do uso de força letal no exercício profissional (o artigo 14-A do Código de Processo Penal não precisa ser observado se o uso de força letal por integrante de órgão de segurança pública for estranho ao exercício das suas funções – policial que, de folga, confisca a vida da sua esposa, por exemplo) poderão constituir defensor (até aqui nenhuma novidade). A redação do caput é truncada e desnecessária, posto que, como visto, é direito de todo e qualquer investigado constituir causídico para acompanhar as investigações.

> Art. 14-A. Nos casos em que servidores vinculados às instituições dispostas no art. 144 da Constituição Federal figurarem como investigados em inquéritos policiais, inquéritos policiais militares e demais procedimentos extrajudiciais, cujo

---

17. Art. 15. (...)
    Pena - detenção, de 1 (um) a 4 (quatro) anos, e multa.
    Parágrafo único. Incorre na mesma pena quem prossegue com o interrogatório:
    I - de pessoa que tenha decidido exercer o direito ao silêncio; ou
    II - de pessoa que tenha optado por ser assistida por advogado ou defensor público, sem a presença de seu patrono.

objeto for a investigação de fatos relacionados ao uso da força letal praticados no exercício profissional, de forma consumada ou tentada, incluindo as situações dispostas no art. 23 do Decreto-Lei nº 2.848, de 7 de dezembro de 1940 (Código Penal), o indiciado poderá constituir defensor.

§ 1º Para os casos previstos no caput deste artigo, o investigado deverá ser citado da instauração do procedimento investigatório, podendo constituir defensor no prazo de até 48 (quarenta e oito) horas a contar do recebimento da citação.

§ 2º Esgotado o prazo disposto no § 1º deste artigo com ausência de nomeação de defensor pelo investigado, a autoridade responsável pela investigação deverá intimar a instituição a que estava vinculado o investigado à época da ocorrência dos fatos, para que essa, no prazo de 48 (quarenta e oito) horas, indique defensor para a representação do investigado.

§ 3º (VETADO).

§ 4º (VETADO).

§ 5º (VETADO).

§ 6º As disposições constantes deste artigo se aplicam aos servidores militares vinculados às instituições dispostas no art. 142 da Constituição Federal, desde que os fatos investigados digam respeito a missões para a Garantia da Lei e da Ordem.

O legislador, no afã de tentar proteger integrantes dos órgãos de segurança pública que se envolvem em eventos relacionados ao uso da força letal, criou novidade curiosa no dispositivo acima transcrito: a citação no âmbito do inquérito policial (ou procedimento investigativo correlato – PIC presidido por membro do Ministério Público, por exemplo). O § 1º do artigo 14-A do Código de Processo Penal determina a citação do investigado acerca da instauração do procedimento (como a lei determina o agente de segurança pública seja citado da instauração do procedimento investigatório, penso que dita comunicação deve ser determinada pelo delegado de polícia já na peça pórtico), com fixação do prazo de até 48 horas para constituição de advogado pelo investigado. Com a devida vênia, parece-me esdrúxulo, diante do sigilo inerente às investigações pré-processuais (artigo 20 do Código de Processo Penal), instituir a necessidade de comunicação do investigado acerca do início do procedimento apuratório (perde-se o elemento surpresa, tão necessário à instrução do inquérito policial). O uso de força letal no exercício profissional pode ser justificado ou não (lícito ou ilícito), a depender do caso concreto. Talvez o legislador tenha pensado em investigações calcadas, por exemplo, no parágrafo único do artigo 25 do Código Penal (também enxertado pelo Pacote Anticrime) – atuação lícita do policial que, moderadamente, faz uso dos meios necessários para frear injusta agressão atual ou iminente em uma crise com reféns. Ocorre que, infelizmente, há práticas ilícitas envolvendo uso de força letal por agentes de segurança pública (execuções extrajudiciais) e como a lei não faz qualquer distinção, nesses casos os maus policiais saberão da existência de inquérito policial instaurado para apurar a prática ilícita, o que pode dificultar sobremaneira a investigação.

Outra falha: citação significa cientificar a existência de uma acusação, convocando o citado para apresentação de defesa. Ora, no bojo do inquérito policial não existe acusação formulada em face de ninguém (o objetivo do feito é elucidar fato supostamente criminoso). Destarte, na esteira do quanto pretendido pelo legislador (cientificar o investigado da existência de procedimento apuratório, instando-o a constituir advogado) seria mais adequado utilizar a palavra 'notificação' (para corrigir o equívoco acerca da expressão utilizada – persistiria o gritante lapso representado pelo atropelo ao sigilo, tão necessário no início das investigações).

Se o inquérito policial não contar com investigados já individualizados, não há necessidade de citação generalizada de todos os policiais lotados na unidade policial envolvida com o evento que envolveu uso de força letal. Assim que for possível a individualização do(s) investigado(s), o delegado de polícia providenciará a citação.

O § 2º do artigo 14-A do Código de Processo Penal informa que, caso o investigado não indique defensor para acompanhar as investigações, a instituição a que ele estava vinculado à época dos fatos deve ser intimada para indicação de causídico. Mais um equívoco. A participação de advogado no curso do inquérito, como já destacado supra, é facultativa. Só deve existir advogado no curso da fase pré-processual caso o investigado/indiciado deseje. O dispositivo faz pouco caso dessa premissa e indica que haverá, necessariamente, advogado atuando na defesa do investigado integrante dos órgãos listados no artigo 144 da Constituição Federal, quando houver investigação relacionada ao uso da força letal.

Isso (obrigatoriedade da participação de advogado no curso da investigação) não significa que houve ampliação dos direitos outorgados ao causídico que atua na defesa do investigado. As limitações impostas pela lei e reforçadas pela Súmula Vinculante 14 continuam hígidas. Em outras palavras, o advogado só tem direito de acessar o elementos informativos e provas já finalizados e juntados ao feito (permanece o caráter sigiloso das diligências em andamento e as ainda não materializadas e não há direito de acompanhar a oitiva de testemunhas, vítima, caso essa não tenha morrido na ação, e demais investigados).

A nomeação de advogado pela corporação policial, quando o investigado não constituir defensor no prazo de 48 horas, será equacionada, a meu sentir, por uma das seguintes soluções: a) criação de quadros de advogados nos organismos de segurança pública (por meio de lei e acessíveis via concurso público); b) a Advocacia-Geral da União (no âmbito da União) e as Procuradorias Estaduais (no âmbito dos Estados), as quais possuem a função de representação judicial das unidades federadas e dos respectivos agentes públicos, absorverem essa nova demanda; c) convênio firmado entre os órgãos de segurança pública e a Defensoria Pública; ou d) convênio dos órgãos de segurança com a OAB para indicação de advogados, que alhures serão remunerados pelo respectivo ente. Seguir um desses passos é importante, para que não se vislumbre nulidade do procedimento investigativo pela não constituição de defensor, na forma preceituada no dispositivo estudado.

Saliento que concordo com a defesa estatal do integrante de órgão de segurança pública investigado por fato praticado no exercício das suas funções. Minha crítica mais efusiva ao artigo 14-A do Código de Processo Penal se refere à necessidade de comunicação (a meu ver precipitada) acerca do início das investigações.

Os §§ 3º, 4º e 5º foram vetados e o § 6º estende o disposto no artigo aos integrantes das forças armadas que atuem em missões para Garantia da Lei e da Ordem – GLO.Adiante tecerei comentários mais aprofundados sobre a investigação materializada em face do uso letal da força por agente de segurança pública (vide tópico 9.2.3.6).

**5.2.5. Dispensável (mas obrigatório e indisponível):** o titular da ação penal pode dispensar o inquérito policial enquanto catalizador de justa causa para sua propositura, se tiver em mãos elementos que possibilitem o imediato oferecimento da peça inicial. Vários são os dispositivos legais que atestam a dispensabilidade do inquérito policial (artigos 12[18], 27, 39, § 5º e 46, § 1º, todos do CPP). Importante deixar claro, a despeito da característica aqui estudada, que, na prática, a maioria esmagadora das ações penais relacionadas a crimes de ação penal pública incondicionada se valem de inquéritos policiais como fonte de elementos informativos e provas (seria mais adequado que o legislador modificasse o Código de Processo Penal, no sentido de estabelecer a indispensabilidade do inquérito policial, ressalvando a possibilidade excepcional da não utilização desse procedimento apuratório como sustentáculo da peça ovo acusatória). Inegavelmente a devida investigação legal é um importantíssimo filtro contra processos açodados e injustos. Essa foi a trilha indicada na Exposição de Motivos do Código de Processo Penal de 1941, subscrita pelo então Ministro da Justiça Francisco Campos, que asseverou, acerca do inquérito policial:

> Foi mantido o inquérito policial como processo preliminar ou preparatório da ação penal, guardadas as suas características atuais. O ponderado exame da

---

18. O artigo 12 do Código de Processo Penal deverá ser lido em consonância com o novel artigo 3º-C, § 3º, do mesmo diploma (com redação determinada pelo Pacote Anticrime), caso o dispositivo seja entendido constitucional pelo Supremo Tribunal Federal (até o fechamento dessa edição, a entrada em vigor de parte da Lei 13.964/19 estava suspensa por decisão liminar do Ministro Luiz Fux, nos autos das ADIN 6.298, 6.299, 6.300 e 6.305). O artigo 3º-C determina em seu § 3º (já estudado supra) que os autos do inquérito policial fiquem acautelados na secretaria do juízo das garantias e não mais acompanhem o processo (ressalvados documentos relativos às provas irrepetíveis, medidas de obtenção de provas ou de antecipação de provas, que serão apensados ao feito). Os elementos informativos que interessarem às partes (inclusive o relatório final do inquérito policial), deverão acompanhar as suas peças e manifestações no curso do feito.

realidade brasileira, que não é apenas a dos centros urbanos, senão também a dos remotos distritos das comarcas do interior, desaconselha o repúdio do sistema vigente.

O preconizado juízo de instrução, que importaria limitar a função da autoridade policial a prender criminosos, averiguar a materialidade dos crimes e indicar testemunhas, só é praticável sob a condição de que as distâncias dentro do seu território de jurisdição sejam fácil e rapidamente superáveis. Para atuar proficuamente em comarcas extensas, e posto que deva ser excluída a hipótese de criação de juizados de instrução em cada sede do distrito, seria preciso que o juiz instrutor possuísse o dom da ubiquidade. De outro modo, não se compreende como poderia presidir a todos os processos nos pontos diversos da sua zona de jurisdição, a grande distância uns dos outros e da sede da comarca, demandando, muitas vezes, com os morosos meios de condução ainda praticados na maior parte do nosso hinterland, vários dias de viagem, seria imprescindível, na prática, a quebra do sistema: nas capitais e nas sedes de comarca em geral, a imediata intervenção do juiz instrutor, ou a instrução única; nos distritos longínquos, a continuação do sistema atual. Não cabe, aqui, discutir as proclamadas vantagens do juízo de instrução.

Preliminarmente, a sua adoção entre nós, na atualidade, seria incompatível com o critério de unidade da lei processual. Mesmo, porém, abstraída essa consideração, há em favor do inquérito policial, como instrução provisória antecedendo a propositura da ação penal, um argumento dificilmente contestável: é ele uma garantia contra apressados e errôneos juízos, formados quando ainda persiste a trepidação moral causada pelo crime ou antes que seja possível uma exata visão de conjunto dos fatos, nas suas circunstâncias objetivas e subjetivas. Por mais perspicaz e circunspeta, a autoridade que dirige a investigação inicial, quando ainda perdura o alarma provocado pelo crime, está sujeita a equívocos ou falsos juízos a priori, ou a sugestões tendenciosas.

Não raro, é preciso voltar atrás, refazer tudo, para que a investigação se oriente no rumo certo, até então despercebido. Por que, então, abolir-se o inquérito preliminar ou instrução provisória, expondo-se a justiça criminal aos azares do detetivismo, às marchas e contramarchas de uma instrução imediata e única? Pode ser mais expedito o sistema de unidade de instrução, mas o nosso sistema tradicional, com o inquérito preparatório, assegura uma justiça menos aleatória, mais prudente e serena. Continuemos. Se é fato que o titular da ação penal pode dispensar o inquérito policial como fonte de elementos informativos e material probante para manejar a inicial acusatória, também é verdade que a instauração do procedimento é obrigatória em se tratando de crime que se processe mediante ação penal pública incondicionada. São realidades que não se chocam. Ao tempo em que o delegado de polícia é obrigado a instaurar apuratório inquisitivo sempre que tiver notícia da prática de crime de ação penal pública incondicionada (de ofício, inclusive – artigo 5º, inciso I, do CPP), o Ministério Público (titular da ação penal pública) pode dispensar (fundamentadamente, a meu ver) o inquérito policial como catalizador de indícios de autoria e prova da materialidade delitiva (e utilizar-se de outros elementos probantes e informativos). Essa é a leitura mais correta da legislação tupiniquim. Em síntese conclusiva, a polícia judiciária não escolhe o que investiga, o órgão é obrigado por lei a apurar todos os crimes de ação penal pública incondicionada. Nesse ponto (princípio da obrigatoriedade dirigido ao delegado de polícia em face da instauração de apuratório formal em face da notícia verossímil de prática de crime de ação penal pública incondicionada), é preciso refletir que, lamentavelmente, em face da grande quantidade de práticas delitivas dessa natureza e da falta de estrutura da maioria das unidades de polícia judiciária, muitos crimes graves não contam com resposta estatal adequada (já que o esforço investigativo estatal é dividido com uma enxurrada de infrações menos graves, mas também de apuração obrigatória).

O inquérito policial é, ainda, indisponível, posto que o delegado de polícia não pode promover seu arquivamento, nos termos do artigo 17 do Código de Processo Penal (o procedimento de arquivamento do procedimento investigativo será estudado adiante, inclusive no que concerne às alterações implementadas pelo Pacote Anticrime).

**5.2.6. Destinado a elucidar fato supostamente criminoso:** o objetivo final do inquérito policial é elucidar o fato supostamente criminoso. É preciso deixar claro que, por vezes, conclui-se que o fato narrado na peça inaugural do procedimento inquisitivo não é criminoso. Tome-se como exemplo a apuração de suposto crime de homicídio que é concluída com a demonstração cabal de uma causa excludente de ilicitude (conclui-se, assim, que crime não houve). Caso se constate que o fato apurado realmente é delituoso, o objetivo último do inquérito será coligir prova da materialidade e indícios suficientes de autoria.

## 5.3. FORMAS DE COMUNICAÇÃO

Aqui trataremos das formas pelas quais o delegado de polícia pode vir a tomar conhecimento da prática de um delito e, diante dessa notícia de crime, instaurar o competente procedimento investigativo para apurá-lo.

**5.3.1. Direta, espontânea, ou de cognição imediata:** quando o próprio delegado toma conhecimento da ocorrência da infração penal em sua atividade rotineira (rondas, entrevista de informantes, informações policiais, pela televisão, por acaso). Nesse sentido, informativo 652/STJ (o tribunal superior entendeu válida investigação iniciada pela autoridade policial em face de notícia veiculada em jornal - a comunicação foi considerada direta ou de cognição imediata):

> Inicialmente, para a configuração de justa causa, seguindo o escólio da doutrina, "torna-se necessário [...] a demonstração, prima facie, de que a acusação não (seja) temerária ou leviana, por isso que lastreada em um mínimo de prova. Este suporte probatório mínimo se relaciona com os indícios da autoria, existência

material de uma conduta típica e alguma prova de sua antijuridicidade e culpabilidade. Somente diante de todo este conjunto probatório é que, a nosso ver, se coloca o princípio da obrigatoriedade da ação penal pública". Nesse sentido, consigne-se que é possível que a investigação criminal seja perscrutada pautando-se pelas atividades diuturnas da autoridade policial, verbi gratia, o conhecimento da prática de determinada conduta delitiva a partir de veículo midiático, no caso, a imprensa, como de fato ocorreu. É o que se convencionou a denominar, em doutrina, de notitia criminis de cognição imediata (ou espontânea), terminologia obtida a partir da exegese do art. 5º, inciso I, do CPP, do qual se extrai que «nos crimes de ação pública o inquérito policial será iniciado de ofício». Ademais, e por fim, há previsão, de jaez equivalente, no art. 3º da Resolução n. 181, de 2017 do Conselho Nacional do Ministério Público, in verbis: o procedimento investigatório criminal poderá ser instaurado de ofício, por membro do Ministério Público, no âmbito de suas atribuições criminais, ao tomar conhecimento de infração penal de iniciativa pública, por qualquer meio, ainda que informal, ou mediante provocação (redação dada pela Resolução n. 183, de 24 de janeiro de 2018)[19].

Por óbvio, só será possível deflagrar inquérito policial em face de notícia veiculada na mídia se o crime for de ação penal pública incondicionada. Imaginemos reportagem sobre a prática de um crime de estelionato cometido depois da entrada em vigor do Pacote Anticrime. Na entrevista, a vítima, pessoa maior e capaz, diz que apesar de ter sido ludibriada, não pretende ofertar representação. Ora, nos termos do § 5º do artigo 171 do Código Penal, o crime de estelionato é, em regra, de ação penal pública condicionada à representação da vítima. Se a condição de procedibilidade não é implementada, não é possível iniciar formalmente a investigação estatal (inteligência do § 4º do artigo 5º do Código de Processo Penal).

**5.3.2. Indireta, provocada, ou de cognição mediata:** quando a vítima ou qualquer do povo comunica a ocorrência de crime à polícia (esta hipótese é chamada de *delatio criminis*, que pode ser simples, quando há mera comunicação ou postulatória, quando há requerimento para instauração de apuratório). Neste caso, via de regra, é lavrado um boletim de ocorrência, que deve conter o resumo do crime comunicado e todas as circunstâncias que facilitem a sua apuração (indicação de local, data, horário, testemunhas, vítima, dentre outros aspectos). Pode ser materializada ainda com a confecção de petição encaminhada à autoridade policial com todas as informações acerca da prática delitógena. A requisição do Ministério Público é modalidade de notícia de crime indireta;

**5.3.3. Coercitiva:** quando alguém é apresentado detido ao delegado de polícia em suposta situação flagrancial (artigo 302 do Código de Processo

---

19. STJ, RHC 98.056-CE, Rel. Min. Antonio Saldanha Palheiro, Sexta Turma, por unanimidade, julgado em 04/06/2019, DJe 21/06/2019.

Penal). É importante que se diga que a notícia de crime coercitiva nem sempre se traduz na lavratura de auto de prisão em flagrante. Isso porque é o delegado de polícia o responsável pela tipificação da infração penal depois de recebida a notícia de crime, decidindo se será ou não instaurado apuratório e, em caso positivo, qual será o procedimento deflagrado (inquérito policial ou termo circunstanciado). Exemplifico: a apresentação, ao delegado de polícia, de alguém detido portando certa quantidade de droga ilícita pode ser formalizada pela instauração de inquérito policial (mediante lavratura de auto de prisão em flagrante), caso a autoridade policial entenda ter sido praticado o crime de tráfico de drogas (artigo 33 da Lei 11.343/06), ou pela lavratura de termo circunstanciado com liberação do detido, caso o delegado de polícia entenda que houve prática do crime tipificado no artigo 28 da Lei 11.343/06.

**5.3.4. Inqualificada:** quando a comunicação é apócrifa (anônima). A doutrina e a jurisprudência pátria discutem a possibilidade de deflagração de investigação criminal tendo como pano de fundo uma notícia de crime apócrifa. O Pretório Excelso já se manifestou contrariamente a tal possibilidade (HC 84.827/TO, relatoria do Ministro Marco Aurélio, DJ de 23/11/2007). Ocorre que o mesmo Supremo Tribunal Federal reconheceu a possibilidade de deflagração de investigação com base em notícia de crime anônima, desde que o início do procedimento seja precedido de diligências preliminares encetadas pelo aparelho policial com o fito de apurar sua pertinência. O acórdão foi relatado pelo Ministro Dias Toffoli[20]:

> Constitucional e Processual Penal. Habeas Corpus. Possibilidade de denúncia anônima, desde que acompanhada de demais elementos colhidos a partir dela. Inexistência de constrangimento ilegal. 1. O precedente referido pelo impetrante na inicial (HC nº 84.827/TO, Relator o Ministro Marco Aurélio, DJ de 23/11/07), de fato, assentou o entendimento de que é vedada a persecução penal iniciada com base, exclusivamente, em denúncia anônima. Firmou-se a orientação de que a autoridade policial, ao receber uma denúncia anônima, deve antes realizar diligências preliminares para averiguar se os fatos narrados nessa "denúncia" são materialmente verdadeiros, para, só então, iniciar as investigações. 2. No caso concreto, ainda sem instaurar inquérito policial, policiais civis diligenciaram no sentido de apurar a eventual existência de irregularidades cartorárias que pudessem conferir indícios de verossimilhança aos fatos. Portanto, o procedimento tomado pelos policiais está em perfeita consonância com o entendimento firmado no precedente supracitado, no que tange à realização de diligências preliminares para apurar a veracidade das informações obtidas anonimamente e, então, instaurar o procedimento investigatório propriamente dito. 3. Ordem denegada.

---

20. STF HC 98345/RJ, Rel. Min. Marco Aurélio, Rel. para o acórdão Min. Dias Toffoli, DJ 17/09/2010.

## Cap. 5 | INQUÉRITO POLICIAL

Mais um *decisum* do Pretório Excelso:

> Instauração de inquérito policial contra magistrado federal – alegada ausência de justa causa – inocorrência – procedimento investigatório que visa à apuração de conduta típica – possibilidade – persecução penal e delação anônima – viabilidade, desde que a instauração formal do inquérito tenha sido precedida de averiguação sumária, "com prudência e discrição", destinada a apurar a verossimilhança dos fatos delatados e da respectiva autoria[21].

No mesmo sentido o Tribunal da Cidadania[22] (transcrevo apenas parte do acórdão):

> Embora a denúncia anônima não seja, por si só, idônea a dar ensejo à instauração de inquérito policial, muito menos à deflagração da ação penal, nada impede que ela possibilite uma investigação preliminar e que, apurados os fatos, seja instaurado inquérito policial e, posteriormente, uma ação penal, caso as informações de tal notícia sejam corroboradas por outros elementos de prova. Precedentes desta Corte e do Supremo Tribunal Federal.

Mais um julgado do Superior Tribunal de Justiça sobre o tema:

> Segundo a jurisprudência desta Corte, a denúncia anônima pode dar início à investigação, desde que corroborada por elementos informativos prévios que denotem a verossimilhança da comunicação. Diante da confecção de relatório de investigação preliminar, anterior à portaria de instauração do inquérito policial, constata-se que o procedimento investigatório foi embasado em outros elementos informativos, além da notícia anônima[23].

É de uma clareza solar que a constatação da efetiva ocorrência do crime noticiado de forma anônima faz cair por terra qualquer possibilidade de discussão acerca da natureza apócrifa da comunicação que movimentou o aparelho policial.

Óbvio que a autoridade policial deve ter a cautela de determinar diligências preliminares com o fito de perquirir se existe o mínimo de verossimilhança nos fatos noticiados antes de representar, por exemplo, medidas cautelares que venham a mitigar os direitos do investigado (interceptação telefônica, quebra de sigilo fiscal e bancário, busca e apreensão, prisão provisória, dentre outras) – tais medidas só devem ser representadas depois de formalmente instaurado o inquérito policial. É seguir o quanto desenhado no artigo 5º, § 3º, do CPP. Normalmente o aparelho policial se desincumbe desta tarefa por meio

---

21. STF, 2ª Turma, HC 109598 AgR/DF, relator Ministro Celso de Mello, julgado em 15/03/2016 (transcrição de parte da ementa).
22. STJ, HC 247921/ES, 6ª Turma, Rel. Min. Sebastião Reis Júnior, DJe 09/04/2013.
23. STJ, 6ª Turma, RHC 59542/PE, relator Ministro Rogério Schietti Cruz, julgado em 20/1/2016 (transcrição de parte da ementa).

de trabalho de campo sintetizado em informação policial dirigida à autoridade policial (se o levantamento preliminar indicar indício de crime, o procedimento deve ser deflagrado).

Não é outra a conclusão de Pacelli[24], para quem:

> Diante da gravidade do fato noticiado e da verossimilhança da informação, a autoridade policial deve encetar diligências informais, isto é, ainda no plano da apuração da existência do fato – e não da autoria – para comprovação da idoneidade da notícia. É dizer: o órgão persecutório deve promover diligências para apurar se foi ou não, ou se está ou não, sendo praticada a alegada infração penal. O que não se deve é determinar a imediata instauração de inquérito policial sem que se tenha demonstrada nem a infração penal nem mesmo qualquer indicativo idôneo de sua existência. Em duas palavras, utilizadas, aliás, pelo Ministro Celso de Mello, com fundamento na doutrina de Frederico Marques, deve-se agir com prudência e discrição, sobretudo para evitar a devassa indevida no patrimônio moral de quem tenha sido, levianamente, apontado na delação anônima.

Cumpre ressaltar que a Lei 13.608/18 regulamentou a figura do *whistleblower* (soprador de apito). Trata-se de informante desvinculado da prática delitógena apurada, que colabora voluntariamente com as investigações.

Por óbvio, as informações fornecidas por qualquer colaborador eventual devem ser devidamente checadas pelo aparelho policial. Se o *whistleblower* não for oitivado formalmente, as informações por ele fornecidas devem ser tomadas como notícias apócrifas e não podem ensejar instauração direta de inquérito policial ou representação por medidas cautelares (apenas depois da efetiva confirmação dos dados repassados é que será possível deflagrar procedimento investigativo e representar medidas que mitiguem direitos fundamentais).

A lei mencionada regulamentou, ainda, o disque-denúncia:

> Art. 1º As empresas de transportes terrestres que operam sob concessão da União, dos Estados, do Distrito Federal ou dos Municípios são obrigadas a exibir em seus veículos, em formato de fácil leitura e visualização:
>
> I - a expressão "Disque-Denúncia", relacionada a uma das modalidades existentes, com o respectivo número telefônico de acesso gratuito;
>
> II - expressões de incentivo à colaboração da população e de garantia do anonimato, na forma do regulamento desta Lei.
>
> Art. 2º Os Estados são autorizados a estabelecer serviço de recepção de denúncias por telefone, preferencialmente gratuito, que também poderá ser mantido por entidade privada sem fins lucrativos, por meio de convênio.
>
> Art. 3º O informante que se identificar terá assegurado, pelo órgão que receber a denúncia, o sigilo dos seus dados.

---

24. DE OLIVEIRA, Eugênio Pacelli. **Obra acima citada**, página 53.

Art. 4º A União, os Estados, o Distrito Federal e os Municípios, no âmbito de suas competências, poderão estabelecer formas de recompensa pelo oferecimento de informações que sejam úteis para a prevenção, a repressão ou a apuração de crimes ou ilícitos administrativos.

Parágrafo único. Entre as recompensas a serem estabelecidas, poderá ser instituído o pagamento de valores em espécie.

O Pacote Anticrime alterou a Lei 13.608/18. O novel artigo 4º-A determina manutenção de unidade de ouvidoria ou correição no âmbito da União, Estados, Distrito Federal e Municípios, suas autarquias e fundações, empresas públicas e sociedades de economia mista, para assegurar a qualquer pessoa o direito de relatar informações sobre crimes contra a administração pública, ilícitos administrativos ou quaisquer ações ou omissões lesivas ao interesse público.

É muito importante esse canal de contato com o administrado, para que eventuais malfeitos sejam noticiados, resguardando o sigilo da fonte. Como dito, se se tratar de notícia de ilícito penal, o fato noticiado pelo soprador de apito será recebido como notícia anônima (apócrifa), caso ele opte por não se identificar (e a instauração de inquérito policial dependerá de levantamentos preliminares que confirmem a verossimilhança da notícia):

Art. 4º-A. A União, os Estados, o Distrito Federal e os Municípios e suas autarquias e fundações, empresas públicas e sociedades de economia mista manterão unidade de ouvidoria ou correição, para assegurar a qualquer pessoa o direito de relatar informações sobre crimes contra a administração pública, ilícitos administrativos ou quaisquer ações ou omissões lesivas ao interesse público.

Parágrafo único. Considerado razoável o relato pela unidade de ouvidoria ou correição e procedido o encaminhamento para apuração, ao informante serão asseguradas proteção integral contra retaliações e isenção de responsabilização civil ou penal em relação ao relato, exceto se o informante tiver apresentado, de modo consciente, informações ou provas falsas.

O artigo 4º-B deixa claro que o informante tem direito à preservação de sua identidade (que só será revelada em caso de relevante interesse público ou interesse concreto para apuração dos fatos e com sua concordância formal):

Art. 4º-B. O informante terá direito à preservação de sua identidade, a qual apenas será revelada em caso de relevante interesse público ou interesse concreto para a apuração dos fatos.

Parágrafo único. A revelação da identidade somente será efetivada mediante comunicação prévia ao informante e com sua concordância formal.

O soprador de apito passou a ter direito às medidas protetivas previstas na Lei 9.807/99, além de proteção contra ações ou omissões praticadas e retaliação ao exercício do direito de relatar – demissão arbitrária, alteração injustificada de funções ou atribuições, imposição de sanções, prejuízos remuneratórios ou materiais de qualquer espécie, retirada de benefícios diretos ou indiretos ou negativa de fornecimento de referências profissionais positivas.

Caso o funcionário público pratique retaliação contra o informante, tal ato constituirá falta disciplinar grave e sujeitará o agente à demissão a bem do serviço público.

O informante será ressarcido em dobro por eventuais danos materiais causados por ações ou omissões praticadas em retaliação, sem prejuízo de danos morais.

Por fim, será possível fixação de recompensa em favor do soprador de apito (até 5% do valor recuperado, caso as informações resultarem em recuperação de produto de crime contra a administração pública):

> Art. 4º-C. Além das medidas de proteção previstas na Lei nº 9.807, de 13 de julho de 1999, será assegurada ao informante proteção contra ações ou omissões praticadas em retaliação ao exercício do direito de relatar, tais como demissão arbitrária, alteração injustificada de funções ou atribuições, imposição de sanções, de prejuízos remuneratórios ou materiais de qualquer espécie, retirada de benefícios, diretos ou indiretos, ou negativa de fornecimento de referências profissionais positivas.
>
> § 1º A prática de ações ou omissões de retaliação ao informante configurará falta disciplinar grave e sujeitará o agente à demissão a bem do serviço público.
>
> § 2º O informante será ressarcido em dobro por eventuais danos materiais causados por ações ou omissões praticadas em retaliação, sem prejuízo de danos morais.
>
> § 3º Quando as informações disponibilizadas resultarem em recuperação de produto de crime contra a administração pública, poderá ser fixada recompensa em favor do informante em até 5% (cinco por cento) do valor recuperado.

## 5.4. PEÇAS DE INSTAURAÇÃO

Procedimento formal que é, o inquérito policial deve ser inaugurado por peças predefinidas na legislação de regência. E são duas as possibilidades: a) se o apuratório iniciou com investigado solto; ou b) se a deflagração do procedimento se deu em face da prisão em flagrante do autor do fato.

**5.4.1. Portaria:** peça que não ostenta forma rebuscada, onde o delegado declarará instaurado o inquérito, fazendo relato sucinto do fato apurado. É importante deixar claro: a) o local onde ocorreu o crime (importante para fins de análise ulterior da competência do juízo em que tramitará a futura ação penal); b) quando e de que forma foi o delito praticado (a fixação temporal será importante para estudo da prescrição e a descrição do fato para o correto enquadramento típico da conduta apurada); c) a tipificação (ainda que provisória); d) a identificação, se possível for, do suposto autor do fato; e) determinação de diligências iniciais voltadas à elucidação do crime.

É a peça primeira da investigação que se inicia com investigado solto. O delegado deverá ainda determinar o registro e autuação da peça (registrar em livro próprio e colocá-la entre capas). Como dito supra, se o inquérito policial se voltar à apuração do uso de força letal por agente de segurança pública em serviço, o delegado de polícia deverá citar o investigado para que ele constitua advogado (artigo 14-A do Código de Processo Penal).

Mesmo em caso de requisição do Ministério Público, a peça inicial deve ser a portaria (a requisição, como dito supra, tem natureza jurídica de notícia de crime indireta). Rechaço a ideia de que a requisição poderá inaugurar o procedimento policial, como defendido Luiz Carlos Rocha[25] e Nestor Távora e Rosmar Rodrigues Alencar[26], porque o inquérito é procedimento administrativo formal que tramita no âmbito da polícia judiciária e deve ser deflagrado por determinação da autoridade que a dirige, o delegado de polícia (há, aliás, a possibilidade deste deixar de instaurar inquérito mesmo diante de requisição, conforme se verá alhures). Não basta mero despacho no rosto da requisição, mas efetiva confecção de peça da lavra do delegado, instaurando o procedimento com base na notícia de crime trazida no bojo do expediente requisitório.

**5.4.2. Auto de prisão em flagrante:** peça que documenta a prisão em estado flagrancial (artigos 301 e seguintes do CPP). Lavrado o auto, instaurado estará o inquérito policial. Maiores comentários sobre o tema serão costurados quando estudarmos a prisão em flagrante.

## 5.5. FORMAS DE INSTAURAÇÃO

**5.5.1. De ofício:** quando o delegado de polícia toma conhecimento de uma infração penal de ação penal pública incondicionada e instaura o inquérito sem a necessidade de provocação (artigo 5º, inciso I, do CPP). Neste caso, deve ele confeccionar portaria e declarar aberta a investigação. Trata-se de obrigação e não mera faculdade. Repito frase já desenhada supra, a polícia judiciária não escolhe o que investiga, ela tem o dever legal de apurar os crimes de ação penal pública incondicionada (princípio da obrigatoriedade).

Neste tópico cumpre discutir questão interessante: a instauração de inquérito policial, de ofício pela autoridade policial, com o fito de investigar crime praticado por detentor de foro por prerrogativa de função. Não há como descortinar o tema sem analisar decisão do Supremo Tribunal Federal na

---

25. ROCHA, Luiz Carlos. **Manual do Delegado de Polícia**, São Paulo: Edipro, 2002, página 339.
26. TÁVORA, Nestor e ALENCAR, Rosmar Rodrigues. **Obra acima citada**, página 105.

Questão de Ordem na Petição 3825, inicialmente relatada pelo Ministro Sepúlveda Pertence. O Tribunal acolheu divergência iniciada pelo Ministro Gilmar Mendes, no sentido de que não é possível a instauração de inquérito policial pela polícia judiciária para apurar crime supostamente cometido por autoridade que detém foro por prerrogativa de função junto ao Supremo Tribunal Federal. O magistrado findou por, em complemento ao seu entendimento, anular indiciamento determinado por delegado de polícia federal em face de parlamentar federal. Eis trecho relevante do acórdão:

> A iniciativa do procedimento investigatório deve ser confiada ao MPF contando com a supervisão do Ministro-Relator do STF. A Polícia Federal não está autorizada a abrir de ofício inquérito policial para apurar a conduta de parlamentares federais ou do próprio Presidente da República (no caso do STF).

No que toca às demais autoridades com foro de prerrogativa de função, válido analisar trecho de acórdão proferido pelo Tribunal da Cidadania[27], relatado pelo Ministro Napoleão Nunes Maia Filho. No julgado, o relator deixa claro que entende que a prerrogativa de foro deveria se estender à fase pré-processual ou de investigação, mas finda por decretar a desnecessidade de requisição para instaurar inquérito pelo Tribunal competente para que se deflagre investigação em face de autoridade com prerrogativa de foro. Vejamos trecho do aresto:

> Entretanto, este Corte, em mais de uma oportunidade, entendeu ser desnecessária a prévia autorização do Tribunal competente para se requisitar a instauração de Inquérito Policial contra autoridade pública detentora de foro privilegiado, por inexistir diploma legal a exigir tal medida; razão pela qual, considerando a missão constitucional desta Corte de uniformização da jurisprudência pátria, ressalvo o meu ponto de vista, a fim de declarar a validade do procedimento investigatório iniciado sem autorização do Tribunal *a quo*.

Aliás, para continuar o estudo do tema no Superior Tribunal de Justiça, o que a Corte prega é que basta que os eventuais pedidos de prazo para continuidade do inquérito policial e representações por medidas cautelares sejam remetidos ao Tribunal competente para processar e julgar a autoridade. Vejamos ementa de acórdão[28] elucidativo:

> O inquérito policial instaurado pela Autoridade Policial contra o ora Paciente, Prefeito do Município de Barra de São Miguel/PB, para a apuração da suposta prática do delito tipificado no art. 1º, II, do Decreto-Lei nº. 201/67, restou devidamente encaminhado para o Tribunal de Justiça do Estado da Paraíba, em

---

27. STJ, HC 201000793642, 5ª. Turma, DJE 16/11/2010.
28. STJ, HC 200701696309, 5ª Turma, DJ 25/02/2008, página 342.

razão da prerrogativa de função do investigado, inexistindo, pois, qualquer usurpação de sua competência.

Em síntese apertada, pode-se concluir que, afora as autoridades que detém foro por prerrogativa de função junto ao Supremo Tribunal Federal[29] (nesse caso o Ministro relator determina instauração de inquérito em face de pedido do Procurador-Geral da República, da autoridade policial ou do ofendido – artigo 21, inciso XV, do Regimento Interno do STF), não há necessidade de requisição do Tribunal competente ou do Ministério Público com atribuição para processá-las para instauração de inquérito policial, por ausência de previsão legal para tanto[30].

Vejamos julgado que sintetiza o quanto desenhado supra (o *decisum* trata de caso investigado diretamente pelo Ministério Público, mas a ideia nele contida pode ser tranquilamente transferida para o estudo do inquérito policial):

> CONSTITUCIONAL E PROCESSO PENAL. RECURSO ORDINÁRIO EM HABEAS CORPUS. NULIDADE DO PROCEDIMENTO INVESTIGATÓRIO. PREFEITO. AUTORIZAÇÃO DO TRIBUNAL DE JUSTIÇA PARA ABERTURA DAS INVESTIGAÇÕES PRELIMINARES. DESNECESSIDADE. AUSÊNCIA DE PREVISÃO NA LEI 8.038/90. EXIGÊNCIA DE SINDICABILIDADE JUDICIAL APENAS NO RECEBIMENTO DA DENÚNCIA. RECURSO DESPROVIDO. 1. O procedimento investigatório criminal conta com previsão legal do art. 8º da Lei Complementar 75/1993, do art. 26 da Lei 8.625/1993, sendo regulamentado pela Resolução n. 13/2006 do Conselho Nacional do Ministério Público, alterada pela Resolução n. 111/2014. 2. Os poderes investigatórios do Ministério Público são poderes implícitos, corolário da própria titularidade privativa do Parquet em promover a ação penal pública (Constituição da República, art. 129, I). Contudo, a Constituição, em seu art. 129, VIII, confere expressamente ao Ministério Público a atribuição de requisitar diligências investigatórias e a instauração de inquérito à autoridade policial, independentemente de sindicabilidade ou supervisão judicial. 3. O art. 5º do Código de Processo Penal, em seus incisos I e II, dispõe que, nos crimes de ação penal pública, o inquérito será iniciado de ofício ou mediante requisição da autoridade judiciária ou do Ministério Público, ou a requerimento do ofendido ou de quem tiver qualidade para o representar. Nesses termos, o próprio Ministério Público pode requisitar a instauração de inquérito policial, sem necessidade de prévia submissão do pleito ao Poder Judiciário, razão pela qual, na hipótese de procedimento investigatório criminal instaurado pelo próprio Parquet, não

---

29. Artigo 102, inciso I, alíneas b e c, da CF/88.
30. Importante ressalvar que magistrados e membros do Ministério Público devem ser investigados pelo tribunal competente para julgá-los e por membro do MP designado para tal fim, respectivamente. Vide Leis Complementares 35/79 e 75/93. Entendo que tal determinação legal não é compatível com nosso sistema processual penal acusatório (que claramente separa as funções estatais de investigar, acusar, defender e julgar. Imaginar (no caso de prática de crime por magistrado) investigação presidida por outro magistrado não parece ser solução adequada à estrutura desenhada pela Constituição Federal de 1988.

há se falar igualmente em pedido formal de autorização judicial. 4. Nas hipóteses de haver previsão de foro por prerrogativa de função, seja por disposição do poder constituinte, do constituído reformador ou decorrente, pretende-se apenas que a autoridade, em razão da importância da função que exerce, seja processada e julgada perante foro mais restrito, formado por julgadores mais experientes, evitando-se pois persecuções penais infundadas. Da prerrogativa de função, contudo, não decorre qualquer condicionante à atuação do Ministério Público, ou da autoridade policial, no exercício do mister investigatório, sendo, em regra, despicienda a admissibilidade da investigação pelo Tribunal competente. 5. Corolário do sistema acusatório, a investigação pré-processual, tendo como destinatário o órgão acusador, também deve ser desempenhada por órgão diverso daquele que julgará a ação penal. Nessa perspectiva, a prerrogativa de foro do autor do fato delituoso deve ser critério exclusivo de determinação da competência jurisdicional originária, aplicável quando do recebimento da denúncia ou, eventualmente, antes dela, caso se fizer necessária diligência sujeita à reserva jurisdicional, salvo previsão legal diversa. Há, entrementes, exceções no ordenamento que, mesmo que indiretamente, consagram sindicabilidade judicial nas investigações contra autoridades com prerrogativa de função. Pode-se citar o art. 21, XV do Regimento Interno do Supremo Tribunal Federal, que atribui ao relator a instauração de inquérito policial, a pedido do Procurador-Geral da República; o art. 33 da LOMAN impõe a admissibilidade pelo tribunal competente para prosseguimento da investigação criminal em face de magistrados; e, da mesma forma, o art. 18 da Lei Complementar 75/93 e art. 41, parágrafo único, da Lei 8625/1993, quanto aos membros do Ministério Público. 6. In casu, o recorrente, então prefeito da cidade de Miguel Pereira, foi investigado pela suposta prática dos crimes previstos nos arts. 12 e 16, ambos da Lei 10.826/03; art. 90 da Lei 8.666/93; art. 1º, § 1º, inciso I, da Lei 9.613/98, e art. 288 do Código Penal. O ordenamento jurídico (CRFB, art. 29, X) apenas determina a competência do Tribunal de Justiça para julgamento do prefeito, não havendo qualquer restrição à incidência plena do sistema acusatório no caso concreto. De rigor, pois, o exercício pleno da atribuição investigativa do Parquet, independente da sindicabilidade do Tribunal de Justiça, que somente deverá ocorrer por ocasião do juízo acerca do recebimento da denúncia ou, eventualmente, antes, se houver necessidade de diligência sujeita à reserva jurisdicional, conforme disposição expressa nos arts. 4º e 6º da Lei 8.038/90. 7. Recurso desprovido[31].

Eis mais um julgado acerca do tema, oriundo do Tribunal da Cidadania (que confirma o entendimento aqui defendido):

> AGRAVO REGIMENTAL NO HABEAS CORPUS. INQUÉRITO POLICIAL PARA APURAR A SUPOSTA PRÁTICA DE CRIMES AMBIENTAIS E DE ESTELIONATO. INVESTIGADOS COM FORO POR PRERROGATIVA DE FUNÇÃO. PRÉVIA AUTORIZAÇÃO DO PODER JUDICIÁRIO. DESNECESSIDADE. AUSÊNCIA DE PREVISÃO LEGAL. VIOLAÇÃO AO SISTEMA ACUSATÓRIO. DESPROVIMENTO DO RECLAMO. 1. No

---

31. STJ, 5ª. Turma, RHC 77.518/RJ, relator Ministro Ribeiro Dantas, julgado em 09/03/2017, DJe 17/03/2017.

julgamento do REsp 1.563.962/RN, esta colenda Quinta Turma firmou o entendimento de que, embora as autoridades com prerrogativa de foro devam ser processadas perante o tribunal competente, a lei não excepciona a forma como devem ser investigadas, devendo ser aplicada, assim, a regra geral prevista no artigo 5º do Código de Processo Penal. 2. A jurisprudência tanto do Pretório Excelso quanto deste Sodalício é assente no sentido da desnecessidade de prévia autorização do Judiciário para a instauração de inquérito ou procedimento investigatório criminal contra agente com foro por prerrogativa de função, dada a inexistência de norma constitucional ou infraconstitucional nesse sentido, conclusão que revela a observância ao sistema acusatório adotado pelo Brasil, que prima pela distribuição das funções de acusar, defender e julgar a órgãos distintos. 3. O Superior Tribunal de Justiça assentou o entendimento de que o mero indiciamento em inquérito policial, desde que não seja abusivo e ocorra antes do recebimento da exordial acusatória, não constitui manifesto constrangimento ilegal a ser sanável na via estreita do writ. 4. Agravo regimental a que se nega provimento[32].

Contudo, caso o delegado de polícia deseje agir com maior cautela (com o fito de evitar futura arguição de nulidade), pode, ao receber notícia de crime que envolva detentor de foro por prerrogativa de função, remetê-la ao órgão do Ministério Público que oficie no tribunal competente para julgar a autoridade, solicitando que os fatos sejam analisados e que, caso o órgão também entenda haver indícios da prática de infração penal, requisite a instauração de inquérito policial.

Por fim, é importante deixar claro, ainda, que o Supremo Tribunal Federal entendeu, no julgamento das ADI 4798, 4764 e 4797, que não é necessária autorização prévia da respectiva Assembleia Legislativa para que o Superior Tribunal de Justiça inicie processo crime contra governador (de igual sorte, não há que se falar em ciência prévia ou autorização do Poder Legislativo estadual para que seja iniciada investigação em face do chefe do Poder Executivo estadual).

A tese fixada pelo Pretório Excelso foi a seguinte:

> É vedado às unidades federativas instituírem normas que condicionem a instauração de ação penal contra governador, por crime comum, à prévia autorização da casa legislativa, cabendo ao Superior Tribunal de Justiça dispor, fundamentadamente, sobre a aplicação de medidas cautelares penais, inclusive afastamento do cargo.

**5.5.2. Requerimento do ofendido:** quando a vítima ou seu representante legal formula requerimento à autoridade para instauração. Esse requerimento

---

32. STJ, AgRg no HC 404.228/RJ, rel. Min. Jorge Mussi, Quinta Turma, julgado em 01/03/2018, DJe 07/03/2018.

é elaborado por meio de peça formal (ou quando a vítima faz constar no boletim de ocorrência que deseja a apuração dos fatos noticiados) e pode ser indeferido, cabendo recurso administrativo ao chefe de polícia, nos termos do artigo 5º, inciso II, primeira parte, do CPP e do § 2 do mesmo dispositivo. O chefe de polícia é o Superintendente da Polícia (ou Delegado-Geral), no âmbito das Polícias Civis (alguns entendem que seria o Secretário de Segurança Pública – discordo, posto que este ocupa cargo político fora e acima da estrutura da polícia judiciária), e o Superintendente da Polícia Federal ou Chefe de Delegacia descentralizada no âmbito da Polícia Federal. Por óbvio, o despacho de indeferimento deve ser fundamentado.

É de se anotar que o inquérito policial que apura crime de ação penal pública condicionada a representação (ou requisição do Ministro da Justiça) ou ação penal privada só pode ser iniciado com a oferta da representação/autorização da vítima ou seu representante legal (artigo 5º, §§ 4º e 5º do CPP) – se a ação penal privada for personalíssima, a apuração só deve ser iniciada com a autorização da vítima. Essa exigência ocorre também no caso de prisão em flagrante delito, que só poderá ser levada a efeito com autorização da vítima. Suponha prática flagrancial de crime de estelionato contra pessoa física maior e capaz. Como o estelionato passou a ser, em regra, crime de ação penal pública condicionada a representação, a confecção do auto de prisão em flagrante (peça inicial do inquérito policial instaurado com indiciado preso) dependerá da referida condição de procedibilidade.

**5.5.3. Requisição do Ministério Público:** a doutrina tradicional afirma que a requisição é sinônimo de ordem (apesar de não existir subordinação hierárquica entre o delegado de polícia e o membro do Ministério Público). Por isso, diz-se que o delegado é obrigado a instaurar o inquérito quando requisitado por essa autoridade (artigo 5º, inciso II, primeira parte, do CPP).

Cumpre melhor esclarecer o tema. Como dito supra, não há qualquer subordinação hierárquica entre o delegado de polícia e o membro do Ministério Público. Ora, se não há subordinação, por que a requisição é entendida como sinônimo de ordem de maneira pacífica pela doutrina? Simples. Porque requisições feitas por tal autoridade narram em seu bojo crimes de ação penal pública incondicionada (e há previsão legal expressa no sentido de que o delegado de polícia deve instaurar inquérito para apurar crimes desta natureza, em face do princípio da obrigatoriedade). A ordem não é, destarte, do membro do Ministério Público, mas sim da lei e, por isso, deve ser cumprida em regra (ordem *ex lege*).

Com fulcro no argumento acima desenhado é que a autoridade policial pode deixar de instaurar inquérito se perceber que não há justa causa para tanto (evidente implemento da prescrição da pretensão punitiva, atipicidade material do fato narrado, ter havido a extinção da punibilidade por qualquer causa, dentre outras situações que se enquadrarem neste conceito)[33]. A decisão do delegado de polícia (de não instaurar inquérito policial em face de requisição do Ministério Público) diante de falta de justa causa funda-se, ademais, no artigo 27 da Lei 13.869/19[34] (constitui crime de abuso de autoridade instaurar procedimento investigatório de infração penal, em desfavor de alguém, à falta de qualquer indício da prática de crime). Aliás, cumpre deixar claro que o mesmo tipo pune a autoridade requisitante (em um ou outro caso – requisição ou instauração – é preciso, por óbvio, presença do especial fim de agir previsto no § 1º do artigo 1º da Lei 13.869/19[35]).

Guilherme de Souza Nucci[36], com a precisão que lhe é peculiar, deixa claro que "é possível que a autoridade policial refute a instauração de inquérito requisitado por membro do Ministério Público ou por Juiz de Direito, desde que se trate de exigência manifestamente ilegal. A requisição deve lastrear-se na lei, não tendo, pois, supedâneo legal, não deve o delegado agir, pois, se o fizesse, estaria descumprindo um desejo pessoal de outra autoridade, o que não se coaduna com a sistemática processual penal".

Neste caso deverá o delegado fundamentar seu ato (negativo, de não instaurar procedimento) e fazer retornar o expediente requisitório à autoridade que o encaminhou à seara policial, via ofício. Caso esta insista, rebatendo os argumentos desenhados pelo delegado de polícia, o procedimento apuratório deve, a meu ver, ser instaurado – não porque deve prevalecer o entendimento da autoridade requisitante, mas para evitar a eternização desnecessária do debate jurídico (nesse caso, entendo que o substituto legal do delegado que se manifestou contrariamente à instauração deve deflagrar o procedimento, com

---

33. Anote-se que o desatendimento de requisição não configura, sequer em tese, crime de desobediência por parte da autoridade policial. Neste sentido julgado do STJ: RHC 651/SP, 6ª Turma, rel. Min. Vicente Leal, j. 15/09/1997. De igual sorte, não há que se pensar em eventual prática, pelo delegado de polícia, de prática de crime de prevaricação.

34. Art. 27. Requisitar instauração ou instaurar procedimento investigatório de infração penal ou administrativa, em desfavor de alguém, à falta de qualquer indício da prática de crime, de ilícito funcional ou de infração administrativa:
Pena - detenção, de 6 (seis) meses a 2 (dois) anos, e multa.
Parágrafo único. Não há crime quando se tratar de sindicância ou investigação preliminar sumária, devidamente justificada.

35. Art. 1º Esta Lei define os crimes de abuso de autoridade, cometidos por agente público, servidor ou não, que, no exercício de suas funções ou a pretexto de exercê-las, abuse do poder que lhe tenha sido atribuído.
§ 1º As condutas descritas nesta Lei constituem crime de abuso de autoridade quando praticadas pelo agente com a finalidade específica de prejudicar outrem ou beneficiar a si mesmo ou a terceiro, ou, ainda, por mero capricho ou satisfação pessoal.
§ 2º A divergência na interpretação de lei ou na avaliação de fatos e provas não configura abuso de autoridade.

36. NUCCI, Guilherme de Souza. **Obra acima citada**, páginas 137/138.

o fito de não macular o entendimento jurídico deste – em analogia à fórmula proposta pelo artigo 28 do Código de Processo Penal).

A Lei 13.964/19 criou o juiz das garantias[37] e ressaltou que nosso sistema processual penal é acusatório. Há no Pacote Anticrime várias modificações na legislação processual penal que se destinam a garantir a inércia e a imparcialidade do magistrado. Nesta toada, penso que restou reforçado o entendimento de que o juiz não está autorizado a requisitar instauração de inquérito policial. A meu sentir, para garantir o necessário distanciamento do caso criminal, recebendo notícia de crime, o magistrado deve encaminhá-la, sem análise de mérito, ao Ministério Público ou ao delegado de polícia para efetiva avaliação jurídica, de forma a não antecipar qualquer juízo de valor sobre o caso.

**5.5.4. Auto de prisão em flagrante:** efetivado o flagrante, estará iniciado o inquérito (posto que o auto de prisão em flagrante é a peça que deflagra o inquérito policial iniciado com indiciado preso). Como dito, o tema será pormenorizado alhures.

## 5.6. PRAZOS

**5.6.1. Investigado/Indiciado solto:** o prazo é de 30 dias (contados a partir do primeiro dia útil subsequente à confecção da portaria– artigo 798, § 1º, do CPP), podendo ser prorrogado pelo juiz em casos de difícil elucidação, por quantas vezes for necessário para conclusão dos trabalhos (inteligência do artigo 10, caput e § 3º do CPP). As prorrogações subsequentes não precisam ser feitas por prazos de 30 dias, podendo ser assinalado prazo maior que este, a depender do caso concreto (aliás, melhor estabelecer lapso temporal mais elástico, evitando desnecessário envio do apuratório não concluído a todo instante para Justiça apenas para pedido de novo prazo).

Seguindo a legislação processual penal, o correto é que, com o fim do prazo legal de 30 dias sem que o apuratório seja concluído, o delegado encaminhe o procedimento investigativo ao juiz, que abrirá vista ao Ministério Público para que este se manifeste acerca do pedido de novo prazo para conclusão das investigações. É assim porque o Ministério Público é o titular da ação penal pública e não depende do encerramento formal do inquérito (através da elaboração de relatório pelo delegado de polícia) para denunciar ou promover o arquivamento do feito, por exemplo. Em havendo parecer favorável à prorrogação de prazo por parte do Ministério Público, caberá ao juiz a fixação deste e o envio dos autos à delegacia para continuidade das investigações.

---

37. Saliento que até o fechamento dessa edição a implementação do juiz das garantias estava suspensa por decisão liminar da lavra do Ministro Luiz Fux, nos autos das ADIN 6.298, 6.299, 6.300 e 6.305.

Na prática, a solução legal não é a melhor. A figura do juiz servindo de intermediário entre a polícia judiciária e o Ministério Público é completamente dispensável, em se tratando de mero pedido de dilação prazal para continuidade das investigações. É que o inquérito, mesmo não se traduzindo em procedimento unidirecional, tem como destinatário o órgão estatal acusador (em caso de ação penal pública), vez que sua razão de existir é elucidar fato supostamente criminoso, colhendo indícios de autoria e prova da materialidade (finda, destarte, servindo de suporte seguro para confecção da inicial acusatória, caso se detecte ter existido prática delitiva).

Destarte, melhor seria que o trâmite do inquérito policial se desse diretamente entre aparelho policial e Ministério Público, salvo se for levado a efeito representação de medida cautelar (busca e apreensão, prisão provisória, interceptação telefônica, dentre outras), que necessariamente deve ser encaminhada ao juízo competente, porque a este cabe a análise e o deferimento ou não do pleito deduzido pelo delegado de polícia (representação) e este não precisa da intermediação do membro do Ministério Público para levar os pedidos do Estado-investigação ao Estado-juiz. (acerca do tema, sugiro a leitura atenta do tópico 8.21).

E assim o é no âmbito da Justiça Federal, devendo o feito passar pelo juízo apenas na primeira remessa (fim do primeiro prazo legal de 30 dias para conclusão do feito), para fins de registro. Vejamos os termos dos artigos 2º e 3º da Resolução 63 do Conselho da Justiça Federal, que determina:

> Art. 2º Os autos de inquérito policial, concluídos ou com requerimento de prorrogação de prazo para o seu encerramento, quando da primeira remessa ao Ministério Público Federal, serão previamente levados ao Poder Judiciário tão-somente para o seu registro, que será efetuado respeitando-se a numeração de origem atribuída na Polícia Federal.
>
> § 1º A Justiça Federal deverá criar rotina que permita apenas o somente o registro desses inquéritos policiais, sem a necessidade de atribuição de numeração própria e distribuição ao órgão jurisdicional com competência criminal.
>
> § 2º Após o registro do inquérito policial na Justiça Federal, os autos serão automaticamente encaminhados ao Ministério Público Federal, sem a necessidade de determinação judicial nesse sentido, bastando a certificação, pelo servidor responsável, da prática aqui mencionada. Conselho da Justiça Federal.
>
> § 3º Os autos de inquérito já registrados, na hipótese de novos requerimentos de prorrogação de prazo para a conclusão das investigações policiais, serão encaminhados pela Polícia Federal diretamente ao Ministério Público Federal, nos exatos termos disciplinados no art. 3º desta resolução.
>
> § 4º Os Tribunais Regionais Federais e a Justiça Federal de 1º grau de jurisdição ficam dispensados de lançar nos seus relatórios estatísticos os inquéritos policiais ainda não concluídos que contenham mero requerimento de prorrogação de prazo para a sua conclusão, tendo em vista que não comportam no seu bojo o exercício de atividade jurisdicional alguma.

§ 5º As questões relativas à declinação de atribuições investigativas por parte do Ministério Público Federal, enquanto não judicializado o inquérito policial, deverão ser dirimidas no âmbito daquela Instituição, com o encaminhamento do inquérito ao Órgão Ministerial competente e comunicação à Justiça Federal.

Art. 3º Os autos de inquérito policial que não se inserirem em qualquer das hipóteses previstas nos arts. 1º e 2º desta resolução e que contiverem requerimentos mera e exclusivamente de prorrogação de prazo para a sua conclusão, efetuados pela autoridade policial, serão encaminhados pela Delegacia de Polícia Federal diretamente ao Ministério Público Federal para ciência e manifestação, sem a necessidade de intervenção do órgão do Poder Judiciário Federal competente para a análise da matéria.

Parágrafo único. Havendo qualquer outro tipo de requerimento, deduzido pela autoridade policial, que se inserir em alguma das hipóteses previstas no art. 1º desta resolução, os autos do inquérito policial deverão ser encaminhados ao Poder Judiciário Federal para análise e deliberação.

O Superior Tribunal de Justiça entendeu legal e constitucional a tramitação direta de apuratórios entre a Polícia Federal e o Ministério Público Federal determinada pela Resolução 63/2009 do CJF (grifo meu):

> PROCESSUAL PENAL. FUNDAMENTAÇÃO DAS DECISÕES JUDICIAIS. OBSERVÂNCIA DO ART. 93, IX, DA CONSTITUIÇÃO FEDERAL. INQUÉRITO POLICIAL. PROCEDIMENTO ADMINISTRATIVO. TRAMITAÇÃO DIRETA ENTRE A POLÍCIA JUDICIÁRIA E O MINISTÉRIO PÚBLICO. ATO ATACADO FUNDADO EM RESOLUÇÃO DO CONSELHO DA JUSTIÇA FEDERAL. 1. Compete ao magistrado fundamentar todas as suas decisões, bem como afastar qualquer dúvida quanto à motivação adotada - em respeito ao disposto no art. 93, IX, da Constituição Federal -, não estando obrigado, entretanto, a responder, ponto a ponto, todas as alegações das partes. 2. O inquérito policial "qualifica-se como procedimento administrativo, de caráter pré-processual, ordinariamente vocacionado a subsidiar, nos casos de infrações perseguíveis mediante ação penal de iniciativa pública, a atuação persecutória do Ministério Público, que é o verdadeiro destinatário dos elementos que compõem a "informatio delicti"' (STF, HC 89837/DF, Segunda Turma, Relator Min. Celso de Mello, DJe 20/11/2009). **3. A tramitação direta de inquéritos entre a polícia judiciária e o órgão de persecução criminal traduz expediente que, longe de violar preceitos constitucionais, atende à garantia da duração razoável do processo, assegurando célere tramitação, bem como aos postulados da economia processual e da eficiência. Essa constatação não afasta a necessidade de observância, no bojo de feitos investigativos, da chamada cláusula de reserva de jurisdição. 4. Não se mostra ilegal a portaria que determina o trâmite do inquérito policial diretamente entre polícia e órgão da acusação, encontrando o ato indicado como coator fundamento na Resolução n. 63/2009 do Conselho da Justiça Federal.** 5. Estando expressamente previsto, na Resolução do CJF, que os advogados e os estagiários de Direito regularmente inscritos na Ordem dos Advogados do Brasil terão direito de examinar os autos do inquérito, devendo, no caso de extração de cópias, apresentar o seu requerimento por escrito à autoridade competente, não há a configuração de ofensa

ao princípio do contraditório, ao da ampla defesa e tampouco ao exercício da advocacia. 6. Recurso desprovido[38].

**5.6.2. Indiciado preso (flagrante ou preventiva):** esse prazo merece ser avaliado sob dois prismas – antes e depois do Pacote Anticrime. Numa realidade anterior ao Pacote Anticrime, o prazo de conclusão do inquérito policial com indiciado preso em flagrante ou em face de prisão preventiva é de 10 dias, contado do dia da efetivação da prisão. Neste sentido Nestor Távora/Rosmar Rodrigues Alencar[39] e Guilherme de Souza Nucci[40]. Em sentido diverso Fernando Capez[41], que afirma que deve ser seguida a regra geral da contagem de prazo em processo penal, grafada no artigo 798, § 1º, do CPP.

Penso que a melhor interpretação é a primeira, já que o próprio artigo 10 do CPP assim determina (este finda sendo, de certa forma, especial em face do artigo 798, § 1º, do mesmo diploma, que prevê prazo genérico).

É indubitável que o prazo aqui tratado é improrrogável (nos termos do artigo 10, primeira parte do CPP).

Assim é que, com a materialização da prisão cautelar nas modalidades flagrante ou preventiva, o inquérito tem, necessariamente, que ser relatado em dez dias, ainda que o último dia de contagem caia em sábado, domingo ou feriado (não há prorrogação do prazo para o dia útil subsequente, devendo nesse caso o procedimento ser encaminhado ao plantão judiciário até o exato dia em que findar o lapso temporal). Extrapolado o interstício sem que seja o inquérito finalizado e remetido ao juízo competente, passa a prisão a ser considerada ilegal, podendo ser relaxada.

É de se anotar que o prazo de 10 dias improrrogável para conclusão do inquérito policial ocorre apenas no caso de prisão em flagrante delito ou prisão preventiva. No caso de indiciado preso em face de prisão temporária não há prazo fatal para conclusão do apuratório (que continua a correr normalmente como se solto estivesse o indiciado), podendo inclusive haver sucessivas prorrogações até a elucidação do fato. É que o prazo, no caso da custódia temporária, é de duração da prisão e não para conclusão do feito (por óbvio, se a prisão temporária for convertida em preventiva por ordem judicial, o inquérito passa a ter prazo fatal de conclusão, contado da data da decretação da prisão preventiva). Assim entendo porque a Lei 7.960/89 não criou limitação prazal para conclusão do inquérito policial e nem alterou o artigo 10 do CPP.

---

38. STJ, RMS 46.165/SP, Rel. Ministro GURGEL DE FARIA, QUINTA TURMA, julgado em 19/11/2015, DJe 04/12/2015.
39. TÁVORA, Nestor e ALENCAR, Rosmar Rodrigues. **Obra acima citada**, página 98.
40. NUCCI, Guilherme de Souza. **Obra acima citada**, página 141.
41. CAPEZ, Fernando. **Obra acima citada**, página 140.

Melhor esclarecendo: caso o indiciado tenha sua prisão temporária decretada e cumprida (ainda que a prisão seja decretada pelo prazo de 30 dias, por ser o crime investigado hediondo ou equiparado a hediondo), o prazo de conclusão do inquérito policial será o de indiciado/investigado solto (30 dias, admitidas sucessivas prorrogações). Quando o prazo de prisão temporária se escoar (caso não exista prorrogação ou conversão em preventiva), o indiciado será imediatamente colocado em liberdade e o apuratório continuará em trâmite, sem limitação de prazo fatal de conclusão.

Já no caso das prisões em flagrante e preventiva, o elastério é referente à conclusão do feito (até porque a prisão preventiva, como se verá alhures, não tem prazo definido, podendo durar até o fim do processo, caso perdurem os motivos que a determinaram e a prisão em flagrante delito tem necessariamente que ser convertida em preventiva para se protrair no tempo – linha defendida nesta obra desde sua primeira edição e que findou abraçada pela legislação em vigor – Lei 12.403/11).

Preciso salientar, contudo, que é há 3 interpretações possíveis em relação ao reflexo da prisão temporária no prazo de conclusão do inquérito policial: 1) não há influência da prisão temporária no prazo para conclusão do inquérito policial (posição por mim defendida nessa obra)[42]; 2) existe reflexo da prisão temporária no prazo para conclusão do inquérito policial e o feito deve ser finalizado no prazo do encarceramento (5 dias prorrogáveis por outros 5 dias ou 30 dias prorrogáveis por outros 30 dias); 3) o prazo para encerramento do inquérito policial é sempre de 10 dias improrrogáveis quando há prisão do indiciado, qualquer que seja a natureza do encarceramento provisório (numa realidade anterior ao Pacote Anticrime).

É salutar que o delegado tente realizar o máximo de diligências já na elaboração do auto flagrancial (ouça o máximo de testemunhas, requeste as perícias necessárias ao aclaramento dos fatos, leve a efeito o reconhecimento de pessoas e coisas, acareações, dentre outras). Isso poupará precioso tempo em face da exiguidade do prazo para conclusão do feito.

Com a Lei 13.964/19 (Pacote Anticrime), o prazo para conclusão de inquérito policial com indiciado preso em flagrante ou em razão de prisão preventiva passou a ser prorrogável. A leitura atenta do § 2º do artigo 3º-B do Código de Processo Penal[43] revela que o prazo para conclusão do inquérito policial com

---

42. Minha interpretação permite que a conclusão de inquérito com indiciado preso possa chegar aos 70 dias em inquéritos que investiguem crimes hediondos ou equiparados: 30 dias prorrogáveis por outros 30 dias de prisão temporária, acrescidos de 10 dias (relativos à conversão da temporária em prisão preventiva), numa realidade anterior ao Pacote Anticrime.

43. Art. 3º-B (...)
§ 2º Se o investigado estiver preso, o juiz das garantias poderá, mediante representação da autoridade policial e ouvido o Ministério Público, prorrogar, uma única vez, a duração do inquérito

indiciado preso (prisão em flagrante ou preventiva) passou a ser de 15 dias, admitida uma única prorrogação por até igual período (o Pacote Anticrime igualou os prazos de conclusão do apuratório que apura crime de competência da Justiça Estadual com indiciado preso em flagrante ou preventivamente à realidade já observada em relação aos crimes de competência da Justiça Federal – artigo 66 da Lei 5.010/66). É preciso ressaltar, contudo, que tal conclusão não será pacífica, vez que (a meu ver por falha), o legislador não alterou o artigo 10 do CPP (que, como dito, determina que o inquérito com indiciado preso seja finalizado em 10 dias). Pressinto duas interpretações possíveis em relação ao prazo de conclusão do apuratório inquisitivo: a) prazo de 10 dias, admitida uma única prorrogação de até 15 dias (compatibilizando o § 2º do artigo 3º-B e o artigo 10, ambos do CPP); b) prazo de 15 dias, admitida uma prorrogação por até igual período (interpretação por mim sustentada nessa obra).

O Pacote Anticrime deixou claro que se o inquérito não for concluído no prazo fatal (depois da única prorrogação admitida) a prisão deve ser relaxada (o relaxamento não deve ser automático, a meu sentir – o caso concreto precisa ser avaliado, para que se decida acerca da libertação do detido em face da inobservância do prazo legalmente estabelecido para conclusão do feito).

Reforço que a prisão temporária não interfere no prazo para conclusão do inquérito policial (que deve ser contado como se solto estivesse o investigado/indiciado, admitindo-se sucessivas prorrogações). Numa realidade posterior ao Pacote Anticrime, supondo investigação que apure prática de homicídio qualificado (crime hediondo), será possível imaginar (caso presentes todos os requisitos legalmente listados): 1) decretação da prisão temporária (por 30 dias, porque se trata de crime hediondo); 2) prorrogação do prazo de prisão temporária (por mais 30 dias); 3) conversão da temporária em preventiva (o inquérito passará a ter prazo de conclusão de 15 dias a partir do dia da decretação do cárcere preventivo); 4) prorrogação do prazo para conclusão do inquérito (com base no § 2º do artigo 3º-B do Código de Processo Penal) por até 15 dias. Concluo que após a Lei 13.964/19 (e desde que o dispositivo aqui estudado seja considerado constitucional pelo Supremo Tribunal Federal, posto que ainda está suspenso), somados todos os prazos de cárcere teremos 90 dias de prisão (30 + 30 dias de prisão temporária e 15 + 15 dias para conclusão do inquérito em face da decretação da preventiva).

**5.6.3. Prazos especiais:** os inquéritos que apuram crimes de competência da Justiça Federal têm prazo de 15 dias prorrogáveis por mais 15 dias, em caso de indiciado preso em flagrante ou por prisão preventiva (artigo 66 da Lei 5.010/66) e de 30 dias em caso de investigado/indiciado solto (prorrogáveis

---

por até 15 (quinze) dias, após o que, se ainda assim a investigação não for concluída, a prisão será imediatamente relaxada.

quantas vezes for necessário). Os inquéritos que apuram crimes descritos na lei antidrogas têm prazo de 90 dias com investigado/indiciado solto e de 30 dias em caso de indiciado preso em flagrante ou por prisão preventiva – os prazos podem ser duplicados (artigo 51 da Lei 11.343/06). Os inquéritos que apuram crimes contra a economia popular têm prazo de 10 dias, esteja o investigado/indiciado preso ou solto (artigo 10, § 1º, da Lei 1.521/51).

Os prazos anteriormente estudados podem ser assim resumidos:

| HIPÓTESE | INDICIADO SOLTO (PRAZO DE CONCLUSÃO) | INDICIADO PRESO (PRAZO DE CONCLUSÃO) |
|---|---|---|
| Código de Processo Penal (antes do Pacote Anticrime) | 30 dias (prorrogáveis quantas vezes for necessário) | 10 dias (improrrogáveis) |
| Código de Processo Penal (depois do Pacote Anticrime) | 30 dias (prorrogáveis quantas vezes for necessário) | 15 dias prorrogáveis por até 15 dias |
| Crimes de competência da Justiça Federal | 30 dias (prorrogáveis quantas vezes for necessário) | 15 dias prorrogáveis por até 15 dias |
| Lei 11.343/06 (lei antidrogas) | 90 dias (pode ser duplicado) | 30 dias (pode ser duplicado) |
| Lei 1.521/51 (crimes contra economia popular) | 10 dias | 10 dias |

## 5.7. DILIGÊNCIAS

Estão descritas nos artigos 6º e 7º do Código de Processo Penal. Como visto supra, o inquérito policial não tem sequência de atos predefinida na legislação de regência. A sequência atende à discricionariedade da autoridade policial e a necessidade de cada investigação, caso a caso.

Estudemos, brevemente, o rol exemplificativo do artigo 6º do CPP:

**5.7.1. Preservar o local do crime até a chegada dos peritos:** trata-se da preservação do local da infração penal, de forma a não macular o corpo de delito até que seja ele periciado.

Alhures se dirá que corpo de delito são todos os elementos sensíveis deixados pelo fenômeno delitógeno (qualquer alteração física perceptível no mundo dos fatos em face da ocorrência do crime).

A seguir destacarei que a Lei 13.964/19 enxertou no Código de Processo Penal a cadeia de custódia, com regras que vão desde o reconhecimento do vestígio até seu eventual descarte (artigos 158-A e seguintes).A preservação (que deve ser feita pelo agente público que reconhecer um elemento como de potencial interesse para a produção da prova pericial – § 2º do artigo 158-A do CPP). deve abranger área suficiente para isolar toda e qualquer alteração feita pelos criminosos e vítima, de forma a facilitar o trabalho dos peritos. É de bom tom que seja utilizada fita zebrada para delimitar o local isolado. Sugestiono a criação de dois anéis de isolamento (seguindo o quanto determinado pelo inciso II do artigo 158-B do CPP): um primeiro efetivamente isolado, resguardando o local de crime e suas evidências, onde só será autorizada a entrada do corpo técnico (peritos e papiloscopistas); e um segundo onde ficarão as forças de segurança responsáveis pela investigação (polícia civil ou federal, conforme o caso) e pela manutenção da ordem (polícia militar). A imprensa, populares e mesmo parentes de eventuais vítimas deverão ser mantidos do lado de fora dos dois anéis.

Óbvio que dita preservação não pode pôr em risco a vida da vítima ou mesmo a dos criminosos. A primeira providência de policiais que chegam ao local do crime é fazer o quanto possível para resguardar vidas. Caso não seja possível, aí sim deve haver a preocupação em não alterar o estado de coisas até a chegada do corpo técnico.

Anote-se que mesmo o local de crime não devidamente preservado deve ser periciado (muitas vezes a cena é alterada por parentes da vítima, por equipes de socorro, dentre outras hipóteses). Óbvio que os peritos deverão atentar para as modificações alheias ao fenômeno delitógeno, com vistas a não ter suas conclusões atrapalhadas por ditas alterações. Importante, nesta toada, a leitura do artigo 169 do CPP:

> Art. 169. Para o efeito de exame do local onde houver sido praticada a infração, a autoridade providenciará imediatamente para que não se altere o estado das coisas até a chegada dos peritos, que poderão instruir seus laudos com fotografias, desenhos ou esquemas elucidativos.
>
> Parágrafo único. Os peritos registrarão, no laudo, as alterações do estado das coisas e discutirão, no relatório, as conseqüências dessas alterações na dinâmica dos fatos.

**5.7.2. Apreender os objetos que tiverem ligações com o crime depois de liberados pelos peritos:** é sequência lógica do inciso anterior. Depois de liberado o local de crime (feito o exame de local), deve o delegado de polícia apreender os objetos que tiverem ligação com o delito.

A apreensão é necessária ainda que a autoridade policial tencione periciar o objeto. Clarificando através de um exemplo: a polícia é acionada para apurar suposto crime de homicídio; chegando ao local, o aparelho policial deve isolar a área até a chegada dos peritos, depois de se certificar que a vítima efetivamente está morta; periciado o local, a autoridade policial está autorizada a arrecadar e apreender os objetos que tiverem ligação com o crime (cápsulas deflagradas de munição, armas de fogo, escritos, dentre outros itens); neste exemplo se faz necessário periciar o cadáver da vítima, as munições deflagradas e a arma de fogo; cumpre à autoridade policial providenciar a apreensão de tais itens (à exceção do corpo da vítima, que será levado ao Instituto Médico Legal para materialização de necropsia, independente de apreensão) e, só depois, requestar realização de perícia específica neles, com quesitação própria (tudo seguindo o quanto determinado pelo artigo 158-B do CPP – cadeia de custódia).

A apreensão, sempre que possível for, deve ser acompanhada pelo corpo técnico, de forma a não prejudicar a futura perícia (os peritos devem auxiliar na coleta e no acondicionamento dos itens a serem apreendidos). Isso porque, caso os objetos sejam manuseados de forma incorreta, podem desaparecer importantes rastros investigativos como, por exemplo, impressões digitais e material biológico (que permita futuro exame de DNA). Nesse sentido, o Pacote Anticrime enxertou no Código de Processo Penal o artigo 158-C, que deixa claro que o vestígio deve ser coletado preferencialmente por perito oficial.

**5.7.3. Colher todas as provas que tiverem ligação com o crime:** trata-se de permissão genérica que autoriza a coleta de qualquer meio de prova, ainda que não originário do local do crime (decorrente de buscas representadas e deferidas pela autoridade judiciária, objetos ou documentos fornecidos por pessoas físicas ou jurídicas atendendo a solicitação/requisição da autoridade policial, dentre outros).

Cumpre destacar aqui a Lei 13.432/17 regulamentou a atividade de detetive particular e permitiu a colaboração deste com a investigação criminal, desde que expressamente autorizada pelo contratante e com o necessário aceite do delegado de polícia (para determinar a juntada dos elementos trazidos pelo profissional em questão). É o que determina o artigo 5º do mandamento legal:

> Art. 5º O detetive particular pode colaborar com investigação policial em curso, desde que expressamente autorizado pelo contratante.
>
> Parágrafo único. O aceite da colaboração ficará a critério do delegado de polícia, que poderá admiti-la ou rejeitá-la a qualquer tempo.

Por óbvio, é preciso salientar que a atividade do detetive particular é limitada pela lei (ele não faz parte, em nenhuma medida, do aparelho de investigação estatal e não detém poderes para intimar pessoas, requisitar documentos, dentre outras diligências próprias da polícia judiciária – isso sob pena de prática de crimes) e se volta à coleta de elementos extrapenais de interesse do seu cliente (mediante consulta em fontes abertas, registros fotográficos ou filmagens em locais públicos, dentre outras possibilidades). A colaboração acima descrita se dá quando, no curso da sua atividade (para demonstração de infidelidade conjugal ou na busca de pessoa desaparecida, por exemplo) surgir elemento de convicção que interesse a investigação criminal em curso (que poderá ser fornecido à autoridade policial caso haja autorização expressa do cliente do detetive, ficando a sua juntada condicionada à discricionariedade do delegado de polícia).

**5.7.4. Ouvir o ofendido (vítima):** a vítima será ouvida em termo de declarações (vale dizer, não prestará compromisso de dizer a verdade e não pode ser punida por crime de falso testemunho caso minta – artigo 342 do Código Penal).

Pode o ofendido ser sujeito ativo do crime de denunciação caluniosa, se der causa à instauração, por exemplo, de procedimento inquisitivo, direcionando a apuração a pessoa que sabia ser inocente:

> Art. 339. Dar causa à instauração de investigação policial, de processo judicial, instauração de investigação administrativa, inquérito civil ou ação de improbidade administrativa contra alguém, imputando-lhe crime de que o sabe inocente.

Em alguns casos as declarações da vítima serão fundamentais para a elucidação do delito (crimes sexuais, por exemplo, vez que cometidos usualmente de forma clandestina, sem testemunhas oculares). A este respeito, trago à baila trecho do voto do Des. René Ricupero, relator da apelação criminal 990101494000, que tramitou no Tribunal de Justiça do Estado de São Paulo[44]:

> Em sede de crimes contra a liberdade sexual, tocados pela clandestinidade, tem-se conferido relevância especial à palavra da ofendida, desde que não se verifiquem graves contradições em seus depoimentos e que estejam em conformidade com outros elementos probatórios, ainda que indiciários.

O Tribunal da Cidadania[45] segue a mesma linha de pensamento:

> Nos crimes sexuais, a palavra da vítima, especialmente quando corroboradas por outros elementos de convicção, tem grande validade como prova, porque, na maior parte dos casos, esses delitos, por sua própria natureza, não contam com testemunhas e sequer deixam vestígios.

Eis teses fixadas pelo Superior Tribunal de Justiça sobre o tema:

> Em delitos sexuais, comumente praticados às ocultas, a palavra da vítima possui especial relevância, desde que esteja em consonância com as demais provas acostadas aos autos (tese 3 da edição 111 da jurisprudência em teses do STJ).
>
> Nos delitos praticados em ambiente doméstico e familiar, geralmente praticados à clandestinidade, sem a presença de testemunhas, a palavra da vítima possui especial relevância, notadamente quando corroborada por outros elementos probatórios acostados aos autos (tese 4 da edição 111 da jurisprudência em teses do STJ).

Outrossim, é preciso muita cautela na oitiva da vítima diante de suposta ocorrência de crimes sexuais. É que pode ocorrer a chamada Síndrome da

---

44. TJ/SP, 13ª Câmara de Direito Criminal, j. 07/10/2010.
45. STJ, HC 59476/RJ, 5ª Turma, rel. Min. Gilson Dipp, DJ 13/11/06.

Mulher de Potifar. Em síntese apertada, trata-se de passagem bíblica (Gênesis, capitulo 39) que conta a história de José, comprado pelo egípcio Potifar. A mulher deste, atraída pelo servo do seu marido, convidou-o à alcova. O servo, contudo, manteve-se fiel a seu senhor e rejeitou todas as investidas da esposa do seu dono. A rejeição a deixou furiosa e ela acusou José falsamente de tê-la abusado sexualmente. O escravo foi preso em razão da falsa imputação[46].

Analisando a Síndrome da Mulher de Potifar, à luz da legislação tupiniquim, percebe-se indicativo da prática do crime de denunciação caluniosa, tipificado no artigo 339 do Código Penal, acima transcrito. Com o fito de evitar distorções como as havidas na passagem da Bíblia, é preciso muito cuidado na oitiva da suposta vítima, mormente em delitos sexuais e outros crimes praticados na clandestinidade.

Saliento que o ofendido pode ser conduzido coercitivamente, caso deixe de comparecer injustificadamente, estando regularmente intimado para tal, inteligência do artigo 201, § 1º, do CPP.

Acerca da oitiva do ofendido, destaco a importância do estudo da Lei 13.431/17[47] (principalmente nos dispositivos relativos à escuta especializada e ao depoimento especial de criança ou adolescente vítima ou testemunha de infração penal).

Nos termos do mandamento acima mencionado, escuta especializada "é o procedimento de entrevista sobre situação de violência com criança ou adolescente perante órgão da rede de proteção, limitado o relato estritamente ao necessário para o cumprimento de sua finalidade" (artigo 7º). Já o depoimento especial é definido como o "procedimento de oitiva de criança ou adolescente vítima ou testemunha de violência perante autoridade policial ou judiciária" (artigo 8º).

A Lei 13.431/17 determina que a criança/adolescente seja resguardado de qualquer contato, ainda que visual, com o suposto autor do fato ou acusado ou qualquer outra pessoa que represente ameaça, coação ou constrangimento (artigo 9º).

O artigo 10 da lei citada determina que a colheita do depoimento especial será materializada em local apropriado e acolhedor, com o fito de garantir privacidade à criança ou ao adolescente vítima/testemunha de violência.

Interessante perceber que a lei estudada reza que o depoimento especial deve ser tomado uma única vez, em sede de produção antecipada de prova (leia o artigo 156, inciso I, do CPP), com garantia da ampla defesa do investigado (em verdade, penso que deve também ser garantido o contraditório, já

---

46. GRECO, Rogério. Código Penal: comentado, 12ª edição, Niterói/RJ, Rio Janeiro: Impetus, 2018, p. 798/799.
47. O artigo 29 do mandamento legal determinou que o mesmo entrasse em vigor 1 ano depois de publicado (a publicação ocorreu em 05/04/2017).

que a oitiva não será, em regra, repetida – destarte, impõe-se a participação do advogado do investigado/acusado na colheita das declarações que, por se tratar de prova antecipada, deve ser coligida por magistrado, com a presença do Ministério Público). Note que há obrigatoriedade da produção antecipada de prova quando a criança vítima/testemunha tiver menos de 7 anos ou em caso de violência sexual[48]. Eis a redação do artigo 11 da Lei 13.431/17:

> Art. 11. O depoimento especial reger-se-á por protocolos e, sempre que possível, será realizado uma única vez, em sede de produção antecipada de prova judicial, garantida a ampla defesa do investigado.
>
> § 1º O depoimento especial seguirá o rito cautelar de antecipação de prova:
>
> I – quando a criança ou o adolescente tiver menos de 7 (sete) anos;
>
> II – em caso de violência sexual.
>
> § 2º Não será admitida a tomada de novo depoimento especial, salvo quando justificada a sua imprescindibilidade pela autoridade competente e houver a concordância da vítima ou da testemunha, ou de seu representante legal.

É possível identificar falha na redação do inciso I, do § 1º, do artigo acima transcrito, que fala de adolescente de menos de 7 anos (adolescente, nos termos do artigo 2º do Estatuto da Criança e do Adolescente – Lei 8.069/90, tem idade entre 12 anos completos e 18 incompletos). Outro ponto: em que pese não estar explícita a alternatividade da aplicação da providência do § 1º, do artigo 11, aos seus incisos, penso que a melhor interpretação a ser manejada nesse caso é a extensiva (deve ser materializada, destarte, antecipação de prova na oitiva de vítima/testemunha menor de 7 anos em qualquer tipo de crime e de criança ou adolescente vítima de violência sexual).

Eis o roteiro legal da tomada do depoimento especial (a oitiva em sede policial deve observar, no que for aplicável, os passos abaixo descritos – parece ter havido erro de redação no artigo 20, § 3º, da lei em comento, que faz remissão ao artigo 14, quando, em verdade, deveria se referir ao artigo 12 abaixo transcrito):

> Art. 12. O depoimento especial será colhido conforme o seguinte procedimento:
>
> I – os profissionais especializados esclarecerão a criança ou o adolescente sobre a tomada do depoimento especial, informando-lhe os seus direitos e os procedimentos a serem adotados e planejando sua participação, sendo vedada a leitura da denúncia ou de outras peças processuais;
>
> II – é assegurada à criança ou ao adolescente a livre narrativa sobre a situação de violência, podendo o profissional especializado intervir quando necessário, utilizando técnicas que permitam a elucidação dos fatos;

---

48. Por óbvio, ainda que a prova seja colhida antecipadamente, caso futuramente (no curso do processo, por exemplo) exista fundada dúvida que se possa ser sanada por meio de nova oitiva da criança/adolescente, esta deverá ser materializada, no meu sentir.

III – no curso do processo judicial, o depoimento especial será transmitido em tempo real para a sala de audiência, preservado o sigilo;

IV – findo o procedimento previsto no inciso II deste artigo, o juiz, após consultar o Ministério Público, o defensor e os assistentes técnicos, avaliará a pertinência de perguntas complementares, organizadas em bloco;

V – o profissional especializado poderá adaptar as perguntas à linguagem de melhor compreensão da criança ou do adolescente;

VI – o depoimento especial será gravado em áudio e vídeo.

§ 1º À vítima ou testemunha de violência é garantido o direito de prestar depoimento diretamente ao juiz, se assim o entender.

§ 2º O juiz tomará todas as medidas apropriadas para a preservação da intimidade e da privacidade da vítima ou testemunha.

§ 3º O profissional especializado comunicará ao juiz se verificar que a presença, na sala de audiência, do autor da violência pode prejudicar o depoimento especial ou colocar o depoente em situação de risco, caso em que, fazendo constar em termo, será autorizado o afastamento do imputado.

§ 4º Nas hipóteses em que houver risco à vida ou à integridade física da vítima ou testemunha, o juiz tomará as medidas de proteção cabíveis, inclusive a restrição do disposto nos incisos III e VI deste artigo.

§ 5º As condições de preservação e de segurança da mídia relativa ao depoimento da criança ou do adolescente serão objeto de regulamentação, de forma a garantir o direito à intimidade e à privacidade da vítima ou testemunha.

§ 6º O depoimento especial tramitará em segredo de justiça[49].

Acerca da atuação do delegado de polícia em inquéritos com vítima/testemunha criança/adolescente, é importante, ainda, atentar para o quanto desenhado no artigo 21 da Lei 13.431/17:

Art. 21. Constatado que a criança ou o adolescente está em risco, a autoridade policial requisitará à autoridade judicial responsável, em qualquer momento dos procedimentos de investigação e responsabilização dos suspeitos, as medidas de proteção pertinentes, entre as quais:

I – evitar o contato direto da criança ou do adolescente vítima ou testemunha de violência com o suposto autor da violência;

II – solicitar o afastamento cautelar do investigado da residência ou local de convivência, em se tratando de pessoa que tenha contato com a criança ou o adolescente;

III – requerer a prisão preventiva do investigado, quando houver suficientes indícios de ameaça à criança ou adolescente vítima ou testemunha de violência;

---

49. Sob pena da prática do crime capitulado no artigo 24 da mesma lei (com pena de reclusão de 1 a 4 anos e multa): "Violar sigilo processual, permitindo que depoimento de criança ou adolescente seja assistido por pessoa estranha ao processo, sem autorização judicial e sem o consentimento do depoente ou de seu representante legal".

IV – solicitar aos órgãos socioassistenciais a inclusão da vítima e de sua família nos atendimentos a que têm direito;

V – requerer a inclusão da criança ou do adolescente em programa de proteção a vítimas ou testemunhas ameaçadas; e

VI – representar ao Ministério Público para que proponha ação cautelar de antecipação de prova, resguardados os pressupostos legais e as garantias previstas no art. 5º desta Lei, sempre que a demora possa causar prejuízo ao desenvolvimento da criança ou do adolescente.

Em que pese ter sido nobre a intenção do legislador (proteção da criança/adolescente), verifico algumas dificuldades na materialização das medidas protetivas acima transcritas (especialmente pelo fato de que a oitiva da vítima/testemunha criança/adolescente deve ser materializada por meio do procedimento da antecipação de prova). É que a investigação criminal é muito dinâmica. Essa presteza (para que elementos de prova não desapareçam e oportunidades probantes não sejam perdidas) não parece se coadunar com a necessidade do delegado representar ao Ministério Público para que este proponha ação cautelar de antecipação de provas, na forma do inciso VI do artigo 21 acima transcrito (melhor seria permitir representação direta do delegado ao Judiciário, pugnando pela colheita antecipada da prova).

Aliás, como representar pela decretação da prisão preventiva do investigado (na forma do inciso III do artigo 21 da Lei 13.431/17) sem a coleta da oitiva da criança/adolescente vítima, sem submetê-la prontamente a exame de corpo de delito para constatação de eventuais lesões, dentre outras providências importantes para demonstração da materialidade delitiva e dos indícios de autoria reclamados pelo artigo 312 do CPP?

A saída mais adequada parece ser a materialização da escuta especializada (com a participação do delegado de polícia e/ou policiais devidamente capacitados para este fim[50]), a fim de coligir elementos que permitam instauração do inquérito (e o início efetivo do trabalho investigativo), com imediato acionamento do Ministério Público para manejo da cautelar de produção de prova antecipada[51] (a demora pode ocasionar esquecimento, permitir que a vítima seja ameaçada, que o agressor destrua provas ou fuja, dentre outras mazelas), nas hipóteses descritas no § 1º do artigo 11 do mandamento em estudo (em face da obrigatoriedade da produção antecipada de prova) e, nos demais casos, a oitiva formal da vítima pelo delegado de polícia, com observância, no que couber, do artigo 12 da Lei 13.431/17.

---

50. Depois da escuta, penso que o melhor caminho para fazer chegar ao inquérito o que foi dito pela vítima/testemunha é a confecção de informação policial acompanhada de eventual mídia com a gravação do ato.

51. Aplica-se, por analogia e no que couber, o procedimento descrito nos artigos 381 e seguintes do NCPC (Lei 13.105/15).

Continuemos. Na linha defendida por esta obra (que reclama esmero do delegado de polícia na busca de cabedal probante robusto, que efetivamente elucide a prática delitógena), o artigo 22 da Lei 13.431/17 determina que os "órgãos policiais envolvidos envidarão esforços investigativos para que o depoimento especial não seja o único meio de prova para o julgamento do réu".

Não há dúvida de que a lei estudada é importante para proteção efetiva de crianças e adolescentes vítimas ou testemunhas. Entrementes, nota-se que a efetividade do mandamento legal dependerá de pesados investimentos por parte do estado. Será preciso acompanhar de perto o cumprimento do novel texto, com o fito de que ele não vire letra morta.

Por fim, cumpre destacar que a Lei 11.340/06 (Lei Maria da Penha), com as alterações introduzidas pela Lei 13.505/17, determina oitiva diferenciada da mulher em situação de violência doméstica e familiar, bem como da testemunha de violência doméstica, no curso da investigação criminal:

> Art. 10-A. É direito da mulher em situação de violência doméstica e familiar o atendimento policial e pericial especializado, ininterrupto e prestado por servidores – preferencialmente do sexo feminino – previamente capacitados.
>
> § 1º A inquirição de mulher em situação de violência doméstica e familiar ou de testemunha de violência doméstica, quando se tratar de crime contra mulher, obedecerá às seguintes diretrizes:
>
> I – salvaguarda da integridade física, psíquica e emocional da depoente, considerada a sua condição peculiar de pessoa em situação de violência doméstica e familiar;
>
> II – garantia de que, em nenhuma hipótese, a mulher em situação de violência doméstica e familiar e testemunhas terão contato com investigados ou suspeitos e pessoas a eles relacionadas;
>
> III – não revitimização da depoente, evitando sucessivas inquirições sobre o mesmo fato nos âmbitos criminal, cível e administrativo, bem como questionamentos sobre sua vida privada.
>
> § 2º Na inquirição de mulher em situação de violência doméstica e familiar ou de testemunha dos delitos de que trata essa Lei, adotar-se-á, preferencialmente, o seguinte procedimento:
>
> I – a inquirição será feita em recinto especialmente projetado para esse fim, o qual conterá equipamentos próprios e adequados à idade da mulher em situação de violência doméstica e familiar ou testemunha e ao tipo e à gravidade da violência sofrida;
>
> II – quando for o caso, a inquirição será intermediada por profissional especializado em violência doméstica e familiar designada pela autoridade judiciária ou policial;
>
> III – o depoimento será registrado em meio eletrônico ou magnético, devendo a degravação e a mídia integrar o inquérito;

O artigo 12-A da Lei 11.340/06 determina aos Estados e ao Distrito Federal a prioridade na criação de Delegacias Especializadas de Atendimento à Mulher

(DEAMS), de Núcleos Investigativos de Feminicídio[52] e de equipes especializadas para o atendimento e a investigação das violências graves contra mulher.

O artigo 12-B (o caput e seus §§ 1º e 2º), que permitiriam a aplicação de medidas protetivas de urgência diretamente pelo delegado de polícia (especificamente as descritas nos artigos 22, III e 23, I e II, da Lei 11.340/06) foi vetado. Segundo redação aprovada pelo Congresso Nacional, a aplicação das medidas protetivas pelo delegado de polícia seria provisória, cabendo ao juízo, depois de comunicado pela autoridade policial no prazo de 24 horas, deliberar acerca da manutenção ou revisão das medidas, ouvido o Ministério Público no mesmo prazo. Andou mal o presidente da República ao vetar o dispositivo. A decretação de medidas protetivas diretamente pelo delegado de polícia aceleraria a proteção à mulher, tornando mais efetiva a atuação estatal na defesa da vítima (por vezes o lapso temporal compreendido entre a representação elaborada pela autoridade policial e a decisão judicial decretando a medida protetiva abre espaço para novos ataques manejados pelo agressor). Anota-se que a imposição de medidas cautelares diversas da prisão não se traduz em cláusula de reserva jurisdicional (diferente da decretação de custódia provisória, que depende necessariamente de ordem judicial) e seria perfeitamente possível ao Congresso Nacional outorgar tal atribuição ao delegado de polícia, por meio de lei (a autoridade policial pode, nos termos do artigo 322 do Código de Processo Penal, arbitrar fiança – medida cautelar diversa da prisão prevista no artigo 319, VIII, do referido diploma legal).

Do artigo 12-B, permaneceu íntegro apenas o § 3º, que permite ao delegado de polícia requisitar serviços públicos necessários à defesa da mulher vítima de violência doméstica e familiar e de seus dependentes.

Tal panorama (impossibilidade do delegado de polícia decretar medida protetiva no âmbito da Lei Maria da Penha) foi alterado pela Lei 13.827/19, que incluiu na Lei 11.340/06 os artigos 12-C e 38-A.

A primeira inclusão, artigo 12-C, trata da possibilidade de decretação de medida protetiva pelo delegado de polícia ou qualquer policial:

> Art. 12-C. Verificada a existência de risco atual ou iminente à vida ou à integridade física da mulher em situação de violência doméstica e familiar, ou de seus dependentes, o agressor será imediatamente afastado do lar, domicílio ou local de convivência com a ofendida:
>
> I – pela autoridade judicial;
>
> II – pelo delegado de polícia, quando o Município não for sede de comarca; ou
>
> III – pelo policial, quando o Município não for sede de comarca e não houver delegado disponível no momento da denúncia.

---

52. Homicídio praticado contra mulher por razões da condição do sexo feminino – artigo 121, § 2º, VI, do Código Penal.

§ 1º Nas hipóteses dos incisos II e III do caput deste artigo, o juiz será comunicado no prazo máximo de 24 (vinte e quatro) horas e decidirá, em igual prazo, sobre a manutenção ou a revogação da medida aplicada, devendo dar ciência ao Ministério Público concomitantemente.

§ 2º Nos casos de risco à integridade física da ofendida ou à efetividade da medida protetiva de urgência, não será concedida liberdade provisória ao preso.

É importante perceber:

1) A única medida protetiva indicada pelo dispositivo é o afastamento do agressor do lar, domicílio ou local de convivência com a ofendida;

2) Para decretação da medida protetiva de afastamento do lar, é preciso verificar existência de risco atual ou iminente à vida ou integridade física da mulher em situação de violência doméstica ou familiar ou de seus dependentes;

3) A medida só pode ser decretada pelo delegado de polícia (em decisão fundamentada) quando o Município não for sede de comarca – a lei merece crítica, posto que houve grande limitação à atuação do delegado na defesa da mulher vítima de violência doméstica (a mulher vítima de violência doméstica que resida numa cidade que for sede de comarca, mas que não conte com juiz por alguns dias da semana terá uma proteção estatal deficiente, em relação àquela que morar num Município que não for sede de comarca e contar com delegado de polícia);

4) A medida só pode ser decretada por policial (entendo que é preciso restringir a legitimidade aqui tratada ao integrante da polícia judiciária) quando o Município não for sede de comarca e não houver delegado disponível no momento da notícia do fato – nesse ponto a lei merece mais uma crítica, vez que a decretação de medida protetiva reclama conhecimento técnico-jurídico para identificar que se trata de uma situação abarcada pela Lei Maria da Penha e demanda fundamentação consistente, já que significa mitigação de direitos individuais do agressor;

5) Quando a medida for decretada por delegado de polícia ou policial, ela será comunicada ao magistrado no prazo de até 24 horas e o juiz decidirá em igual prazo pela manutenção ou revogação da medida aplicada, devendo cientificar o Ministério Público;

6) Caso a medida seja decretada pelo delegado de polícia ou pelo policial e seja descumprida antes da sua manutenção pelo juízo (homologação), não me parece possível imputar a prática do crime tipificado no artigo 24-A da Lei Maria da Penha, vez que o tipo fala no descumprimento de "decisão judicial que defere medidas protetivas" (mais um equívoco da Lei 13.827/19, que devia ter alterado o delito retromencionado, nele incluindo a tipificação da conduta de descumprir de medida protetiva decretada por delegado de polícia ou policial);

7) Depois da manutenção da medida protetiva pelo magistrado, é possível prática do citado delito (artigo 24-A da Lei 11.340/06);

8) O § 2º do artigo 12-C da Lei 11.340/06 trata de hipótese de vedação da concessão de liberdade provisória em face do indivíduo preso pela prática de crime contra mulher em situação de violência doméstica e familiar (dispositivo desnecessário, posto que, se há motivos para que o cárcere se protraia no tempo, por óbvio não haverá concessão de liberdade provisória);

A tabela abaixo resume o artigo 12-C da Lei Maria da Penha:

| AFASTAMENTO DO AGRESSOR DO LAR, DOMICÍLIO OU LOCAL DE CONVIVÊNCIA COM A OFENDIDA ||
|---|---|
| **Quem decreta a medida protetiva** | **Requisitos para decretação da medida** |
| Autoridade judicial | Existência de risco atual ou iminente à vida ou integridade física da mulher em situação de violência doméstica ou familiar ou de seus dependentes |
| Delegado de polícia | Existência de risco atual ou iminente à vida ou integridade física da mulher em situação de violência doméstica ou familiar ou de seus dependentes |
| | O Município não pode ser sede de comarca |
| Policial | Existência de risco atual ou iminente à vida ou integridade física da mulher em situação de violência doméstica ou familiar ou de seus dependentes |
| | O Município não pode ser sede de comarca |
| | Não existir delegado disponível no momento da "denúncia" |
| Caso a medida seja decretada por delegado de polícia ou policial, deve ser comunicada ao juízo em até 24 horas e o juiz decidirá pela manutenção ou revogação da mesma em igual prazo, cientificando o Ministério Público. ||

A Associação dos Magistrados Brasileiros – AMB ingressou com a ADIN 6138, questionando a constitucionalidade do artigo 12-C da Lei 11.340/06, ao argumento de que a decretação de medida protetiva de afastamento do lar pelo delegado de polícia pode significar ofensa aos direitos à inviolabilidade de domicílio e à liberdade de locomoção do agressor sem prévia ordem judicial (ofensa a clausula de reserva de jurisdição). A argumentação, com a devida vênia, não é consistente, posto que: a) o ingresso do aparelho policial na residência para retirada do agressor depois da decretação da medida protetiva pode ser tranquilamente autorizado pela vítima; b) a própria Constituição Federal permite que o delegado de polícia restrinja a liberdade do cidadão de maneira muito mais gravosa quando da materialização da prisão em flagrante (anote-se que com a decretação da medida protetiva aqui estudada, a restrição à liberdade de locomoção é muito mais branda que na prisão em flagrante); c) como dito supra, o delegado pode decretar medida cautelar diversa da prisão sem que isso signifique invasão da competência do Poder Judiciário (tome-se o exemplo da fiança).

Por fim, foi enxertado na Lei 11.340/06 o artigo 38-A, que determina ao CNJ regulamentação e manutenção de banco de dados para registro de medidas protetivas de urgência decretadas com amparo na Lei Maria da Penha, com acesso garantido ao Ministério Público, Defensoria Pública e órgãos de segurança pública e de assistência social.

O objetivo é permitir a fiscalização e a efetividade das medidas protetivas:

> Art. 38-A. O juiz competente providenciará o registro da medida protetiva de urgência.
>
> Parágrafo único. As medidas protetivas de urgência serão registradas em banco de dados mantido e regulamentado pelo Conselho Nacional de Justiça, garantido o acesso do Ministério Público, da Defensoria Pública e dos órgãos de segurança pública e de assistência social, com vistas à fiscalização e à efetividade das medidas protetivas.

**5.7.5. Ouvir o indiciado:** o CPP se refere apenas ao indiciado, deixando de fazer referência ao investigado. A diferença de nomenclatura se deve ao fato de que em face do primeiro já houve despacho fundamentado de indiciamento apontando ser ele o autor do crime apurado, no entender da autoridade policial (o fato será tratado alhures em momento oportuno) e, no caso do segundo, ainda não existiu dita manifestação do delegado.

Em ambos os casos não se exigirá compromisso de dizer a verdade e deverá ser garantido o direito ao silêncio e a não autoincriminação. Esta observação, a princípio simples e óbvia, merece comentário mais aprofundado. É que há julgado do Superior Tribunal de Justiça[53] que determinou o trancamento de ação penal na qual a paciente havia sido condenada por crime de falsidade ideológica, sendo que o édito condenatório foi calcado em laudo pericial produzido com base em material gráfico fornecido pela ré, ainda no curso do inquérito policial (quando ela era simples investigada), sem que lhe fossem informados, de maneira clara, os seus direitos de não produzir prova contra si e ao silêncio (ambos de índole constitucional). Vale a pena transcrever a decisão na íntegra:

> HABEAS CORPUS. PROCESSUAL PENAL. DELITO DE FALSIDADE IDEOLÓGICA. PEDIDO DE TRANCAMENTO DA AÇÃO PENAL. "PRIVILÉGIO CONSTITUCIONAL CONTRA A AUTO-INCRIMINAÇÃO: GARANTIA BÁSICA QUE ASSISTE À GENERALIDADE DAS PESSOAS. A PESSOA SOB INVESTIGAÇÃO (PARLAMENTAR, POLICIAL OU JUDICIAL) NÃO SE DESPOJA DOS DIREITOS E GARANTIAS ASSEGURADOS" (STF, HC 94.082-MC/RS, REL. MIN. CELSO DE MELLO, DJ DE 25/03/2008). PRINCÍPIO "NEMO TENETUR SE DETEGERE". POSITIVAÇÃO NO ROL PETRIFICADO DOS DIREITOS E GARANTIAS INDIVIDUAIS (ART. 5.º, INCISO LXIII, DA CONSTITUIÇÃO DA REPÚBLICA): OPÇÃO DO CONSTITUINTE ORIGINÁRIO BRASILEIRO DE CONSAGRAR, NA CARTA DA REPÚBLICA DE 1988, "DIRETRIZ FUNDAMENTAL PROCLAMADA, DESDE 1791, PELA QUINTA EMENDA

---

53. STJ, HC 107285/RJ, 5ª Turma, rel. Min. Laurita Vaz, DJ 07/02/2011.

[À CONSTITUIÇÃO DOS ESTADOS UNIDOS DA AMÉRICA], QUE COMPÕE O "BILL OF RIGHTS"" NORTE-AMERICANO (STF, HC 94.082-MC/RS, REL. MIN. CELSO DE MELLO, DJ DE 25/03/2008). PRECEDENTES CITADOS DA SUPREMA CORTE DOS ESTADOS UNIDOS: ESCOBEDO V. ILLINOIS (378 U.S. 478, 1964); MIRANDA V. ARIZONA (384 U.S. 436, 1966), DICKERSON V. UNITED STATES (530 U.S. 428, 2000). CASO MIRANDA V. ARIZONA: FIXAÇÃO DAS DIRETRIZES CONHECIDAS POR "MIRANDA WARNINGS", "MIRANDA RULES" OU "MIRANDA RIGHTS". DIREITO DE QUALQUER INVESTIGADO OU ACUSADO A SER ADVERTIDO DE QUE NÃO É OBRIGADO A PRODUZIR QUAISQUER PROVAS CONTRA SI MESMO, E DE QUE PODE PERMANECER EM SILÊNCIO PERANTE A AUTORIDADE ADMINISTRATIVA, POLICIAL OU JUDICIÁRIA. INVESTIGADA NÃO COMUNICADA, NA HIPÓTESE, DE TAIS GARANTIAS FUNDAMENTAIS. FORNECIMENTO DE MATERIAL GRAFOTÉCNICO PELA PACIENTE, SEM O CONHECIMENTO DE QUE TAL FATO PODERIA, EVENTUALMENTE, VIR A SER USADO PARA FUNDAMENTAR FUTURA CONDENAÇÃO. LAUDO PERICIAL QUE EMBASOU A DENÚNCIA. PROVA ILÍCITA. TEORIA DOS FRUTOS DA ÁRVORE ENVENENADA (FRUITS OF THE POISONOUS TREE). ORDEM CONCEDIDA. 1. O direito do investigado ou do acusado de ser advertido de que não pode ser obrigado a produzir prova contra si foi positivado pela Constituição da República no rol petrificado dos direitos e garantias individuais (art. 5.º, inciso LXIII). É essa a norma que garante status constitucional ao princípio do "Nemo tenetur se detegere" (STF, HC 80.949/RJ, Rel. Min. SEPÚLVEDA PERTENCE, 1.ª Turma, DJ de 14/12/2001), segundo o qual ninguém é obrigado a produzir quaisquer provas contra si. 2. A propósito, o Constituinte Originário, ao editar tal regra, "nada mais fez senão consagrar, desta vez no âmbito do sistema normativo instaurado pela Carta da República de 1988, diretriz fundamental proclamada, desde 1791, pela Quinta Emenda [à Constituição dos Estados Unidos da América], que compõe o "Bill of Rights" norte-americano" (STF, HC 94.082-MC/RS, Rel. Min. CELSO DE MELLO, DJ DE 25/03/2008). 3. "Qualquer pessoa que sofra investigações penais, policiais ou parlamentares, ostentando, ou não, a condição formal de indiciado – ainda que convocada como testemunha (RTJ 163/626 –RTJ 176/805-806) –, possui, dentre as várias prerrogativas que lhe são constitucionalmente asseguradas, o direito de permanecer em silêncio e de não produzir provas contra si própria" (RTJ 141/512, Rel. Min. CELSO DE MELLO). 4. Nos termos do art. 5.º, inciso LXIII, da Carta Magna "o preso será informado de seus direitos, entre os quais o de permanecer calado, sendo-lhe assegurada a assistência da família e de advogado". Tal regra, conforme jurisprudência dos Tribunais pátrios, deve ser interpretada de forma extensiva, e engloba cláusulas a serem expressamente comunicadas a quaisquer investigados ou acusados, quais sejam: o direito ao silêncio, o direito de não confessar, o direito de não produzir provas materiais ou de ceder seu corpo para produção de prova etc. 5. Na espécie, a autoridade policial, ao ouvir a Paciente durante a fase inquisitorial, já a tinha por suspeita do cometimento do delito de falsidade ideológica, tanto é que, de todas as testemunhas ouvidas, foi a única a quem foi requerido o fornecimento de padrões gráficos para realização de perícia, prova material que ensejou o oferecimento de denúncia em seu desfavor. 6. Evidenciado nos autos que a Paciente já ostentava a condição de investigada e que, em nenhum momento, foi advertida sobre seus direitos constitucionalmente garantidos, em especial, o direito de ficar em silêncio e de não produzir provas contra si mesma, resta evidenciada a ilicitude da única prova que embasou a condenação. Contaminação do processo, derivada da produção do laudo ilícito. Teoria dos frutos da árvore envenenada. 7. Apenas advirta-se que a observância de direitos fundamentais não se confunde com fomento à impunidade. É mister essencial do Judiciário garantir que o jus puniendi estatal não seja levado a efeito com máculas ao devido processo legal, para que a observância das garantias individuais tenha eficácia irradiante no seio de toda a sociedade, seja nas relações entre o Estado e cidadãos ou entre particulares (STF, RE 201.819/RS, 2.ª Turma, Rel. Min. ELLEN GRACIE, Rel. p/ Acórdão: Min. GILMAR MENDES, DJ de 27/10/2006). 8. Ordem concedida para determinar o trancamento da ação penal, sem prejuízo do oferecimento de nova denúncia com base em outras provas.

Em que pese a profundidade da construção pretoriana, penso que andou mal o Tribunal da Cidadania. Tanto assim que a própria relatora fez questão de deixar claro sua preocupação com possíveis interpretações negativas dadas a sua decisão (de que essa seria um fomento à impunidade – item 7 do julgado). Penso que se trata da mais completa inversão de valores deixar de condenar uma pessoa sabidamente culpada porque não lhe foi informado de maneira explícita que o material gráfico por ela fornecido poderia ser utilizado em seu desfavor (ora, isso é uma ilação óbvia – a de que o material gráfico fornecido seria utilizado como lastro para perícia e que o resultado dessa poderia ser desfavorável ao seu fornecedor). É superdimensionar os direitos individuais escritos com pena de ouro pelo legislador constituinte, distorcendo-os de forma a, sem sombra de dúvida, fomentar a impunidade (como parecia não querer a insigne julgadora).

O estudo do aresto demonstra que a condenação foi calcada em prova técnica colhida na fase investigativa (e por isso submetida ao contraditório diferido na fase judicial). A linha dessa obra é justamente essa. Instar os policiais a buscar provas técnicas e robustas que não mudem ao sabor do vento e que deixem os demais órgãos estatais tranquilos para buscar a condenação (Estado-acusação) e para efetivamente condenar (Estado-juiz) o verdadeiro autor do delito.

Com o fito de evitar futuras discussões acerca da falta de ciência ao investigado/indiciado de seus direitos constitucionais ao silêncio e a não produzir prova contra si (Miranda *rights*, Miranda *rules* ou Miranda *warnings*), sugestiono fazer constar nos termos de declaração (no caso de oitiva de investigado) e de interrogatório (oitiva de indiciado) menção expressa aos mesmos. De igual forma, salutar fazer constar no auto de colheita de material gráfico (ou qualquer outro auto ou termo de fornecimento de material para perícia) citação expressa acerca do direito de não produzir prova contra si e de que a análise pericial do material poderá eventualmente ser usada em seu desfavor. Isso com o fito de evitar o dissabor de assistir a absolvição de pessoa sabidamente culpada por determinada prática delitógena, com fulcro em construções como a acima transcrita.

## Cap. 5 | INQUÉRITO POLICIAL

Bom que se diga que, em regra, o STJ tem interpretado que a não comunicação, por parte do delegado de polícia, dos direitos constitucionais ao silêncio e a não autoincriminação ao investigado/indiciado constitui nulidade relativa (exige prova efetiva do prejuízo para ser declarada):

> RECURSO ORDINÁRIO EM HABEAS CORPUS. TENTATIVA DE HOMICÍDIO QUALIFICADO. DENÚNCIA. INTERROGATÓRIO POLICIAL. AUSÊNCIA DE INFORMAÇÃO DO DIREITO AO SILÊNCIO. NULIDADE. INOCORRÊNCIA. PREJUÍZO NÃO DEMONSTRADO. NEGATIVA DA AUTORIA. DESPROVIMENTO. 1. Nos termos da jurisprudência do Supremo Tribunal Federal, "o princípio do pas de nullité sans grief exige, em regra, a demonstração de prejuízo concreto à parte que suscita o vício, independentemente da sanção prevista para o ato, podendo ser ela tanto a de nulidade absoluta quanto a relativa, pois não se decreta nulidade processual por mera presunção" (RHC 123.890 AgR/SP, Rel. Ministra Cármen Lúcia, Segunda Turma, julgado em 05/05/2015, DJe 15/05/2015). 2. Hipótese em que a Defesa não apontou qualquer prejuízo decorrente da suposta falta de informação, no interrogatório policial, do direito ao silêncio. E o recorrente negou a autoria do delito. 3. Recurso ordinário a que se nega provimento[54].

Outro caso que demanda análise detida: o Supremo Tribunal Federal, no âmbito da Reclamação 33711, anulou entrevista gravada pela autoridade policial durante o cumprimento de mandado de busca e apreensão, por não ter sido o investigado informado acerca dos seus direitos constitucionalmente assegurados (Miranda *rights*, Miranda *rules* ou Miranda *warnings*, como dito supra). O Pretório Excelso findou considerando a coleta do elemento informativo um interrogatório sub-reptício (que afrontou, reflexamente, o quanto decidido pela Corte nos autos das ADPF 395 e 444[55]). Eis ementa do julgado (informativo 944/STF):

> Reclamação. 2. Alegação de violação ao entendimento firmado nas Arguições de Descumprimento de Preceitos Fundamentais 395 e 444. Cabimento. A jurisprudência do Supremo Tribunal Federal deu sinais de grande evolução no que se refere à utilização do instituto da reclamação em sede de controle concentrado de normas. No julgamento da questão de ordem em agravo regimental na Rcl 1.880, em 23 de maio de 2002, o Tribunal assentou o cabimento da reclamação para todos aqueles que comprovarem prejuízos resultantes de decisões contrárias às teses do STF, em reconhecimento à eficácia vinculante erga omnes das decisões de mérito proferidas em sede de controle concentrado 3. Reclamante submetido a "entrevista" durante o cumprimento de mandado de busca e apreensão. Direito ao silêncio e à não autoincriminação. Há a violação do direito ao

---

54. STJ, 6ª Turma, RHC 72.510/MG, rel. Min. Maria Thereza de Assis Moura, julgado em 06/10/2016, DJe em 21/10/2016.
55. Nas ações constitucionais citadas, o STF entendeu não recepcionada a expressão "para interrogatório" presente no artigo 260 do CPP e proibiu a condução coercitiva de investigado/réu para esse fim (tais julgados serão pormenorizados ainda nesse tópico).

silêncio e à não autoincriminação, estabelecidos nas decisões proferidas nas ADPFs 395 e 444, com a realização de interrogatório forçado, travestido de "entrevista", formalmente documentado durante o cumprimento de mandado de busca e apreensão, no qual não se oportunizou ao sujeito da diligência o direito à prévia consulta a seu advogado e nem se certificou, no referido auto, o direito ao silêncio e a não produzir provas contra si mesmo, nos termos da legislação e dos precedentes transcritos 4. A realização de interrogatório em ambiente intimidatório representa uma diminuição da garantia contra a autoincriminação. O fato de o interrogado responder a determinadas perguntas não significa que ele abriu mão do seu direito. As provas obtidas através de busca e apreensão realizada com violação à Constituição não devem ser admitidas. Precedentes dos casos Miranda v. Arizona e Mapp v. Ohio, julgados pela Suprema Corte dos Estados Unidos. Necessidade de consolidação de uma jurisprudência brasileira em favor das pessoas investigadas. 5. Reclamação julgada procedente para declarar a nulidade da "entrevista" realizada e das provas derivadas, nos termos do art. 5º, LVI, da CF/88 e do art. 157, §1º, do CPP, determinando ao juízo de origem que proceda ao desentranhamento das peças (Rcl 33711, Relator(a): Gilmar Mendes, Segunda Turma, julgado em 11/06/2019, PROCESSO ELETRÔNICO DJe-184 DIVULG 22-08-2019 PUBLIC 23-08-2019).

Uma vez mais observa-se evidente superdimensionamento de direitos individuais. A entrevista foi materializada no curso de cumprimento de ordem de busca e apreensão determinada por juízo competente. Ora, é evidente que o entrevistado sabia da sua condição de investigado no bojo do feito (para saber exatamente a extensão da investigação, bastava solicitar cópia da decisão que decretou a medida cautelar de busca e apreensão à autoridade policial que presidia a diligência).

Frise-se que o fato de a entrevista ter sido materializada no momento do cumprimento da busca e apreensão em nada impacta a coleta do elemento informativo, vez que não há vedação legal/constitucional para materialização de entrevista gravada/filmada fora do ambiente policial e a lista de meios de coleta de provas/elementos informativos é meramente exemplificativa.

Com o fito de evitar que decisões como essa se proliferem, é importante que a autoridade policial, antes de iniciar a entrevista, informe ao investigado acerca de todos os seus direitos constitucionais (ao silêncio, de não produzir prova contra si, de estar acompanhado de advogado caso deseje, dentre outros). Para demonstrar que se desincumbiu do seu dever de advertir o investigado acerca dos seus direitos, é conveniente que a gravação da entrevista seja iniciada pelo cumprimento das regras de Miranda.

Continuemos. O indiciado é ouvido em termo de interrogatório e o investigado em termo de declarações. Não há mais a necessidade de nomeação de curador ao indiciado menor de 21 anos, vez que o Código Civil fixou a maioridade em 18 anos (revogação tácita do artigo 15 do CPP). Duas testemunhas que tenham ouvido a leitura do termo devem com ele assinar (no caso de termo de interrogatório do indiciado) – testemunhas fedatárias ou instrumentárias.

O investigado/indiciado não presta compromisso de dizer a verdade, não podendo ser sujeito ativo de crime de falso testemunho se mentir. Entrementes, caso perceba o juiz que o réu mentiu, seja no curso do inquérito (quando ouvido na condição de investigado ou indiciado) ou do processo (este juízo de valor será feito no momento da fixação da pena base, no bojo de sentença condenatória), pode impor ao acusado reprimenda mais severa (quando da análise da personalidade do agente, uma das circunstâncias judiciais do artigo 59 do Código Penal). Isso porque o Brasil não pune o crime de perjúrio[56]. A título de ilustração, trago à baila trecho de brilhante decisão do juiz Leandro Jorge Bittencourt Cano[57]:

> Infelizmente, não existe o crime de perjúrio no ordenamento jurídico pátrio. Por outro lado, não há dúvida sobre o direito ao silêncio, podendo o réu durante o seu interrogatório nada responder sobre uma ou todas as questões que lhe forem dirigidas, sem que isso possa lhe acarretar qualquer prejuízo. Todavia, uma coisa é permanecer em silêncio, ato nitidamente omissivo, outra bem diferente é mentir, conduta altamente ativa, antiética e contrária aos valores mais comezinhos da sociedade, não nos parecendo, assim, que exista uma garantia ao suposto direito invocado. Na verdade, não estamos diante de um direito de mentir, mas simplesmente da não punição criminal da mentira, salvo se a sua postura redundar na inculpação de terceiros, no desvio da investigação para a busca de fatos inexistentes, ou mesmo se consubstanciar na assunção de ilícitos executados por outras pessoas (com o objetivo de inocentar o real criminoso, dando-lhe proteção em troca de uma promessa de recompensa ou qualquer outra espécie de benefício escuso). Com o devido respeito, não se pode tolerar o perjúrio como se fosse uma garantia constitucional, até pelo fato de o réu não precisar mentir para exercer o seu direito ao silêncio. A verdade é sempre um valor a ser defendido pelo Estado, o qual jamais poderá permitir e estimular a mendacidade. Esclarecendo, caso silencie, nada lhe acarretará; logo, não precisa mentir. Ao mentir, o acusado o faz de modo intencional, notadamente para enganar o julgador, na espécie, os jurados, e beneficiar-se da própria torpeza, perfídia ou malícia, em detrimento de bens jurídicos relevantes para a Magna Carta e o processo penal. Se o réu não está obrigado a falar, está cristalino que não precisa mentir.

É preciso distinguir as mentiras defensivas (o investigado/réu mente para iludir o sistema de persecução penal sem, contudo, imputar falsamente a autoria delitiva a outrem) das mentiras agressivas (imputação falsa do crime investigado/apurado a pessoa que o investigado/réu sabe ser inocente). Nas primeiras (mentiras defensivas), não há prática de novo crime pelo indiciado/

---

56. Perjúrio significa "juramento falso" (PESSOA, Eduardo, **Dicionário Jurídico**, Rio de Janeiro: Quileditora, 2010, página 274).
57. O édito condenatório foi prolatado em desfavor de Mizael Bispo de Souza, no bojo do processo 0035865-48.2010.8.26.0224, que tramitou na Vara Crime de Guarulhos/SP, em 14 de março de 2013 (feito que apurou a morte de Mércia Mikie Nakashima).

réu (a meu sentir, como dito, as mentiras defensivas permitem incremento de pena base, em caso de condenação). Nas últimas (mentiras agressivas), pode-se falar tranquilamente na prática de delito pelo indiciado/réu (calúnia ou denunciação caluniosa, a depender do contexto).

Importante recomendar, neste diapasão, a leitura do artigo 19 da Lei 12.850/13, que permite a punição de colaborador premiado mendaz:

> Art. 19. Imputar falsamente, sob pretexto de colaboração com a Justiça, a prática de infração penal a pessoa que sabe ser inocente, ou revelar informações sobre a estrutura de organização criminosa que sabe inverídicas.
>
> Pena - reclusão, de 1 (um) a 4 (quatro) anos, e multa.

Acerca do delito acima transcrito, vale conferir comentário meu, lançado na obra Organizações Criminosas – Uma análise jurídica e pragmática da Lei 12.850/13[58]:

> Não custa lembrar que o colaborador renuncia, na presença de seu defensor, ao direito ao silêncio e está sujeito ao compromisso legal de dizer a verdade (artigo 4º, § 14, da Lei 12.850/13). Como dito supra, o integrante de organização criminosa não é obrigado a fechar com o Estado acordo de colaboração mas, caso queira ser agraciado com as benesses deste, deve efetivamente falar o que sabe e não pode mentir. Andou bem o legislador ao criar a exigência e ao tipificar a conduta do colaborador mendaz.

Continuemos. Apesar de ser o inquérito policial procedimento investigativo sem sequência de atos definida na legislação de regência, é de bom tom que a oitiva do investigado/indiciado seja o último ato de colheita de prova praticado pela autoridade policial. É inverter pensamento atrelado ao modo arcaico de investigar. Em um passado não muito distante (especialmente no período da ditadura militar), a investigação iniciava elegendo suspeitos e a partir da oitiva destes é que se buscavam as provas do crime apurado (no mais das vezes indicadas pelo próprio suspeito, depois da utilização de técnicas de tortura). A investigação que aqui chamo de arcaica buscava de forma incessante a confissão, outrora considerada a rainha das provas.

Modernamente, o ideal é que o delegado colete o máximo de elementos de convicção antes de intimar e ouvir o investigado/indiciado. Isso porque não se deve esperar muito desta oitiva, vez que tem este os direitos de não se autoincriminar e ao silêncio, pode falsear a verdade (a única consequência jurídica contrária a seu interesse nesta hipótese é o aumento de sua pena base, se condenado for, como se viu supra) e, por fim, pode confessar ser o autor do

---

58. SILVA, Márcio Alberto Gomes. **Organizações Criminosas – Uma análise jurídica e pragmática da Lei 12.850/13**, 2ª edição, Rio de Janeiro: Lumen Juris, 2017, página 95.

delito na fase investigativa e se retratar no curso do processo. Ora, se a prova acusatória se limitar à confissão extrajudicial, caso esta ceda em juízo, poderíamos assistir à absolvição do verdadeiro autor do fato, por não ter cuidado o delegado de polícia de buscar outros elementos indicativos da responsabilidade criminal do indigitado criminoso.

Cumpre deixar claro que não é mais possível conduzir coercitivamente o investigado/indiciado para materialização do seu interrogatório, vez que o Supremo Tribunal Federal decidiu, no bojo das ADPF (Arguição de Descumprimento de Preceito Fundamental) 395 e 444, que a expressão "para interrogatório" constante no artigo 260 do Código de Processo Penal não foi recepcionada. Vejamos o dispositivo:

> Art. 260. Se o acusado não atender à intimação para o interrogatório, reconhecimento ou qualquer outro ato que, sem ele, não possa ser realizado, a autoridade poderá mandar conduzi-lo à sua presença.

Eis o julgado do Pretório Excelso:

> O Tribunal, por maioria e nos termos do voto do Relator, não conheceu do agravo interposto pela Procuradoria-Geral da República contra a liminar concedida e julgou procedente a arguição de descumprimento de preceito fundamental, para pronunciar a não recepção da expressão "para o interrogatório", constante do art. 260 do CPP, e declarar a incompatibilidade com a Constituição Federal da condução coercitiva de investigados ou de réus para interrogatório, sob pena de responsabilidade disciplinar, civil e penal do agente ou da autoridade e de ilicitude das provas obtidas, sem prejuízo da responsabilidade civil do Estado. O Tribunal destacou, ainda, que esta decisão não desconstitui interrogatórios realizados até a data do presente julgamento, mesmo que os interrogados tenham sido coercitivamente conduzidos para tal ato. Vencidos, parcialmente, o Ministro Alexandre de Moraes, nos termos de seu voto, o Ministro Edson Fachin, nos termos de seu voto, no que foi acompanhado pelos Ministros Roberto Barroso, Luiz Fux e Cármen Lúcia (Presidente). Plenário, 14.6.2018.

O Supremo Tribunal Federal entendeu que a condução coercitiva para interrogatório constitui constrangimento para o réu/indiciado/investigado, já que este tem direito ao silêncio e não é obrigado a produzir prova contra si.

É importante salientar que apenas a condução coercitiva do réu/indiciado/investigado para fins de interrogatório foi reputada não recepcionada pela Constituição Federal. Assim, não ofende a decisão tomada pela Corte Suprema a condução coercitiva do acusado/indiciado/investigado para que seja materializado seu reconhecimento, por exemplo (vez que quem produz o elemento informativo/prova é o reconhecedor e não o reconhecido, que participa apenas passivamente do ato de reconhecimento).

Outro ponto relevante é que a condução coercitiva da vítima (artigo 201, § 1º, do Código de Processo Penal), do perito (artigo 278 do Código de Processo

Penal) e da testemunha (artigo 218 do Código de Processo Penal) não foram afetadas pela decisão tomada pelo Supremo Tribunal Federal, no bojo das ADPF 395 e 444.

Cumpre salientar que a decisão tomada não desconstitui os interrogatórios materializados antes do julgamento (modulação dos efeitos do decisum) e que, caso o entendimento do Pretório Excelso seja descumprido, haverá: a) imputação de responsabilidade disciplinar, civil e penal ao agente ou autoridade; b) ilicitude das provas obtidas; c) responsabilidade civil do Estado.

Anote-se que a decretação da condução coercitiva de testemunha ou investigado manifestamente descabida ou sem prévia intimação de comparecimento ao juízo pode se traduzir na prática de crime de abuso de autoridade, nos termos do artigo 10 da Lei 13.869/19[59] (o tema será aprofundado no capítulo 11 da obra).

Por fim, importante salientar que o § 10 do artigo 185 (com redação dada pela Lei 13.257/16), do CPP determina que no interrogatório deverá constar a informação sobre a existência de filhos, respectivas idades e se possuem alguma deficiência e o nome e o contato de eventual responsável pelos cuidados dos filhos, indicado pela pessoa presa.

**5.7.6. Proceder a reconhecimento de coisas e pessoas e acareação:** o reconhecimento de coisas e pessoas deve obedecer ao preceituado nos artigos 226 e seguintes do CPP (o tema será pormenorizado alhures).

Acareação significa colocar frente a frente pessoas que tenham prestado informações divergentes, na forma dos artigos 229 e 230 do CPP. Possui pouca utilidade prática (geralmente os acareados mantêm suas versões e a divergência persiste).

**5.7.7. Realizar exame de corpo de delito e outras perícias:** Corpo de delito, como já desenhado supra, são todas as evidências e elementos sensíveis deixados pelo cometimento do crime. Exame de corpo de delito é a perícia feita no corpo do delito, sendo que sua ausência nos crimes que deixam vestígios (não transeuntes) é causa de nulidade da ação penal, não podendo supri-la nem a confissão do acusado – artigos 158 e 564, III, 'b', do CPP. O tema será pormenorizado alhures, quando estudarmos as provas em espécie.

É preciso, ainda, atentar para as prescrições atinentes à cadeia de custódia (artigos 158-A e seguintes do Código de Processo Penal, enxertados pela Lei 13.964/19).

---

59. Art. 10. Decretar a condução coercitiva de testemunha ou investigado manifestamente descabida ou sem prévia intimação de comparecimento ao juízo:
Pena - detenção, de 1 (um) a 4 (quatro) anos, e multa.

Cumpre deixar claro neste tópico que a prova pericial é muito importante para a formação da convicção do delegado de polícia no curso da investigação e constitui robusto meio de prova. A moderna investigação clama pela produção de provas técnicas que não mudem ao sabor do vento, como muda, por exemplo, a prova testemunhal.

Por isso é importante determinar, como já declinado supra, a realização de tantas perícias quantas sejam possíveis para tentar aclarar os fatos investigados. Anote-se que esta é uma prova, no mais das vezes, que não necessita de repetição e que, depois de submetida ao contraditório diferido, pode lastrear condenação (inteligência do artigo 155 do CPP, em sua parte final).

**5.7.8. Juntar folha de antecedentes, identificar o indiciado pelo processo datiloscópico:** a juntada de folha de antecedentes é necessária sempre que alguém for indiciado nos autos de inquérito policial.

No que toca à identificação criminal, cumpre afirmar que a Constituição Federal assevera que o civilmente identificado não será criminalmente identificado, apenas nos casos em que a lei permitir, inteligência do artigo 5º, LVIII, da CF:

> Art. 5º (...)
> 
> LVIII - o civilmente identificado não será submetido a identificação criminal, salvo nas hipóteses previstas em lei;

A Lei 12.037/09 regulamenta o tema (ela revogou expressamente a Lei 10.054/00). O mandamento legal lista quais documentos serão considerados aptos a comprovar a identidade civil (artigo 2º).

Salutar a transcrição do artigo 3º da lei em estudo, que lista os casos em que será manejada identificação criminal, ainda que seja apresentado documento de identificação:

> Art. 3º Embora apresentado documento de identificação, poderá ocorrer identificação criminal quando:
> 
> I - o documento apresentar rasura ou tiver indício de falsificação;
> 
> II - o documento apresentado for insuficiente para identificar cabalmente o indiciado;
> 
> III - o indiciado portar documentos de identidade distintos, com informações conflitantes entre si;
> 
> IV - a identificação criminal for essencial às investigações policiais, segundo despacho da autoridade judiciária competente, que decidirá de ofício ou mediante representação da autoridade policial, do Ministério Público ou da defesa;
> 
> V - constar de registros policiais o uso de outros nomes ou diferentes qualificações;
> 
> VI - o estado de conservação ou a distância temporal ou da localidade da expedição do documento apresentado impossibilite a completa identificação dos caracteres essenciais.

Parágrafo único. As cópias dos documentos apresentados deverão ser juntadas aos autos do inquérito, ou outra forma de investigação, ainda que consideradas insuficientes para identificar o indiciado.

A identificação criminal é a conjugação do registro fotográfico e da identificação pelo processo datiloscópico (colheita das impressões digitais de todos os dedos das mãos) – artigo 5º da Lei 12.037/09.

Anote-se que a identificação criminal pode incluir coleta de material biológico para obtenção de perfil genético (parágrafo único do referido artigo 5º, incluído pela Lei 12.654/12), desde que autorizada esta (a coleta) por ordem judicial (exarada de ofício ou atendendo a representação da autoridade policial, do Ministério Público ou da defesa). Nesta toada, importante a transcrição do artigo 5º-A da Lei 12.037/09 (incluído pela citada Lei 12.654/12):

> Art. 5º-A. Os dados relacionados à coleta do perfil genético deverão ser armazenados em banco de dados de perfis genéticos, gerenciado por unidade oficial de perícia criminal.
>
> § 1º As informações genéticas contidas nos bancos de dados de perfis genéticos não poderão revelar traços somáticos ou comportamentais das pessoas, exceto determinação genética de gênero, consoante as normas constitucionais e internacionais sobre direitos humanos, genoma humano e dados genéticos.
>
> § 2º Os dados constantes dos bancos de dados de perfis genéticos terão caráter sigiloso, respondendo civil, penal e administrativamente aquele que permitir ou promover sua utilização para fins diversos dos previstos nesta Lei ou em decisão judicial.
>
> § 3º As informações obtidas a partir da coincidência de perfis genéticos deverão ser consignadas em laudo pericial firmado por perito oficial devidamente habilitado.

A Lei 13.964/19 alterou a Lei 12.037/09. O artigo 7º-A trata da exclusão do perfil genético dos bancos de dados e foi modificado pelo Pacote Anticrime. Uma das maiores polêmicas acerca do banco de dados de perfil genético gravita em torno do tempo que o perfil deve ficar armazenado à disposição do estado. O ideal seria que a identificação civil de todo e qualquer cidadão brasileiro contemplasse o armazenamento do perfil genético (além das digitais e fotografias) e que esse banco de dados ficasse à disposição dos órgãos de persecução penal independente de ordem judicial prévia, com o fito de facilitar a elucidação de crimes. Não enxergo violação a direitos individuais nesse tipo de imposição estatal.

No Brasil, optou-se por restringir a identificação obrigatória de perfil genético (que alimenta banco de dados de perfis genéticos) apenas à seara da identificação criminal, nos termos dos artigos 5º-A da Lei 12.037/09 (já transcrito supra) e 9º-A da Lei de Execuções Penais (abaixo analisado).

O perfil genético daquele que foi submetido à identificação criminal deve ser retirado do banco de dados, nos termos do Pacote Anticrime, no caso de:

a) absolvição; ou b) condenação do acusado, mediante requerimento, após decorridos 20 anos do cumprimento da pena:

> Art. 7º-A. A exclusão dos perfis genéticos dos bancos de dados ocorrerá:
> I - no caso de absolvição do acusado; ou
> II - no caso de condenação do acusado, mediante requerimento, após decorridos 20 (vinte) anos do cumprimento da pena.

O artigo 7º-C, incluído da na Lei 12.037/09 pelo Pacote Anticrime, autoriza a criação, no âmbito do Ministério da Justiça e Segurança Pública, do Banco Nacional Multibiométrico e de Impressões digitais, a ser regulamentado via ato do Poder Executivo federal.

O objetivo do banco de dados é armazenar dados de registros biométricos, de impressões digitais e, quando possível, de íris, face e voz, para subsidiar investigações criminais federais, estaduais ou distritais. A coleta desses dados será feita por meio de identificações criminais e durante investigações criminais. Será possível a alimentação do Banco Nacional Multibiométrico e de Impressões Digitais com dados oriundos da identificação civil, administrativa ou eleitoral (limitado o compartilhamento às impressões digitais e os dados necessários à identificação do seu titular).

O legislador, a meu ver, criou cláusula de reserva de jurisdição desnecessária: o acesso ao Banco Nacional Multibiométrico e de Impressões Digitais só poderá ser realizado por meio de autorização judicial prévia, concedida pelo juízo competente (no caso de investigações criminais, o juízo das garantias será o competente para outorgar dito acesso) – § 11 do artigo 7º-C da Lei 12.037/09.

Caso reste constatada coincidência de dados biométricos no curso de investigação criminal, caberá a perito oficial a confecção de laudo pericial, na forma do § 9º do artigo 7º-C da lei 12.037/09.

As informações constantes no Banco Nacional Multibiométrico e de Impressões Digitais são sigilosas e não poderão ser comercializadas.

Eis o novel artigo 7º-C da Lei 12.037/09:

> Art. 7º-C. Fica autorizada a criação, no Ministério da Justiça e Segurança Pública, do Banco Nacional Multibiométrico e de Impressões Digitais.
>
> § 1º A formação, a gestão e o acesso ao Banco Nacional Multibiométrico e de Impressões Digitais serão regulamentados em ato do Poder Executivo federal.
>
> § 2º O Banco Nacional Multibiométrico e de Impressões Digitais tem como objetivo armazenar dados de registros biométricos, de impressões digitais e, quando possível, de íris, face e voz, para subsidiar investigações criminais federais, estaduais ou distritais.
>
> § 3º O Banco Nacional Multibiométrico e de Impressões Digitais será integrado pelos registros biométricos, de impressões digitais, de íris, face e voz colhidos em investigações criminais ou por ocasião da identificação criminal.

§ 4º Poderão ser colhidos os registros biométricos, de impressões digitais, de íris, face e voz dos presos provisórios ou definitivos quando não tiverem sido extraídos por ocasião da identificação criminal.

§ 5º Poderão integrar o Banco Nacional Multibiométrico e de Impressões Digitais, ou com ele interoperar, os dados de registros constantes em quaisquer bancos de dados geridos por órgãos dos Poderes Executivo, Legislativo e Judiciário das esferas federal, estadual e distrital, inclusive pelo Tribunal Superior Eleitoral e pelos Institutos de Identificação Civil.

§ 6º No caso de bancos de dados de identificação de natureza civil, administrativa ou eleitoral, a integração ou o compartilhamento dos registros do Banco Nacional Multibiométrico e de Impressões Digitais será limitado às impressões digitais e às informações necessárias para identificação do seu titular.

§ 7º A integração ou a interoperação dos dados de registros multibiométricos constantes de outros bancos de dados com o Banco Nacional Multibiométrico e de Impressões Digitais ocorrerá por meio de acordo ou convênio com a unidade gestora.

§ 8º Os dados constantes do Banco Nacional Multibiométrico e de Impressões Digitais terão caráter sigiloso, e aquele que permitir ou promover sua utilização para fins diversos dos previstos nesta Lei ou em decisão judicial responderá civil, penal e administrativamente.

§ 9º As informações obtidas a partir da coincidência de registros biométricos relacionados a crimes deverão ser consignadas em laudo pericial firmado por perito oficial habilitado.

§ 10. É vedada a comercialização, total ou parcial, da base de dados do Banco Nacional Multibiométrico e de Impressões Digitais.

§ 11. A autoridade policial e o Ministério Público poderão requerer ao juiz competente, no caso de inquérito ou ação penal instaurados, o acesso ao Banco Nacional Multibiométrico e de Impressões Digitais.

Vale a pena, ainda, ler os artigos 6º, 7ºe 7º-B, todos da Lei 12.037/09:

Art. 6º É vedado mencionar a identificação criminal do indiciado em atestados de antecedentes ou em informações não destinadas ao juízo criminal, antes do trânsito em julgado da sentença condenatória.

Art. 7º No caso de não oferecimento da denúncia, ou sua rejeição, ou absolvição, é facultado ao indiciado ou ao réu, após o arquivamento definitivo do inquérito, ou trânsito em julgado da sentença, requerer a retirada da identificação fotográfica do inquérito ou processo, desde que apresente provas de sua identificação civil.Art. 7º-B. A identificação do perfil genético será armazenada em banco de dados sigiloso, conforme regulamento a ser expedido pelo Poder Executivo.

A Lei 12.654/12 alterou ainda a Lei de Execuções Penais (Lei 7.210/84), nela incluindo o artigo 9º-A[60], que foi modificado pelo Pacote Anticrime. O

---

60. Tramita no STF o RE 973837, sob relatoria do Ministro Gilmar Mendes, cuja repercussão geral foi reconhecida pelo plenário, no qual se discute a constitucionalidade a coleta de perfis genéticos

Congresso Nacional aprovou a modificação do caput do artigo 9º-A, mas essa alteração foi vetada pelo Presidente da República. Eis a redação aprovada pelo Parlamento:

> Art. 9º-A. O condenado por crime doloso praticado com violência grave contra a pessoa, bem como por crime contra a vida, contra a liberdade sexual ou por crime sexual contra vulnerável, será submetido, obrigatoriamente, à identificação do perfil genético, mediante extração de DNA (ácido desoxirribonucleico), por técnica adequada e indolor, por ocasião do ingresso no estabelecimento prisional.

| REDAÇÃO DO ARTIGO 9º-A DA LEP | REDAÇÃO VETADA PELO PRESIDENTE DA REPÚBLICA |
|---|---|
| Art. 9º-A. Os condenados por crime praticado, dolosamente, com violência de natureza grave contra pessoa, ou por qualquer dos crimes previstos no art. 1º da Lei nº 8.072, de 25 de julho de 1990, serão submetidos, obrigatoriamente, à identificação do perfil genético, mediante extração de DNA - ácido desoxirribonucleico, por técnica adequada e indolor. | Art. 9º-A. O condenado por crime doloso praticado com violência grave contra a pessoa, bem como por crime contra a vida, contra a liberdade sexual ou por crime sexual contra vulnerável, será submetido, obrigatoriamente, à identificação do perfil genético, mediante extração de DNA (ácido desoxirribonucleico), por técnica adequada e indolor, por ocasião do ingresso no estabelecimento prisional. |

> determinada pelo artigo 9ª-A da Lei de Execuções Penais. A defesa alega que o dispositivo atenta contra o direito a não autoincriminação (penso que se trata, tão somente, de identificação criminal compulsoriamente determinada pela lei). Até o fechamento desta edição, o recurso não havia sido julgado. Eis trecho da decisão do Ministro Gilmar Mendes, para comprovar a relevância do tema (análise de decisões prolatadas pelo Tribunal Europeu dos Direitos Humanos):
> O Tribunal Europeu dos Direitos Humanos já se debruçou sobre a questão em algumas oportunidades.
> Em Van der Velden contra Holanda, 29514/05, decisão de 7.12.2006, o Tribunal considerou que o método de colheita do material – esfregação de cotonete na parte interna da bochecha – é invasivo à privacidade. Também avaliou como uma intromissão relevante na privacidade a manutenção do material celular e do perfil de DNA. Quanto a esse aspecto, remarcou-se não se tratar de métodos neutros de identificação, na medida em que podem revelar características pessoais do indivíduo. No entanto, a Corte avaliou que a adoção da medida em relação a condenados era uma intromissão proporcional, tendo em vista o objetivo de prevenir e investigar crimes.
> No caso S. e MARPER contra Reino Unido (decisão de 4.12.2008), o Tribunal afirmou que a manutenção, por prazo indeterminado, dos perfis genéticos de pessoas não condenadas, viola o direito à privacidade, previsto no art. 8º da Convenção Europeia de Direitos Humanos.
> Por outro lado, no caso Peruzzo e Martens contra Alemanha (30562/04 e 30566/04, decisão de 4 de dezembro de 2008 ), considerou-se manifestamente infundada a alegação de que a manutenção, em bancos de dados estatais, de perfis genéticos de condenados por crimes graves violaria o direito à privacidade.
> De tudo se extrai o reconhecimento de que as informações genéticas encontram proteção jurídica na inviolabilidade da vida privada – privacidade genética.

Eis as razões do veto:

> A proposta legislativa, ao alterar o caput do art. 9º-A, suprimindo a menção expressa aos crimes hediondos, previstos na Lei nº 8.072, de 1990, em substituição somente a tipos penais específicos, contraria o interesse público, tendo em vista que a redação acaba por excluir alguns crimes hediondos considerados de alto potencial ofensivo, a exemplo do crime de genocídio e o de posse ou porte ilegal de arma de fogo de uso restrito, além daqueles que serão incluídos no rol de crimes hediondos com a sanção da presente proposta, tais como os crimes de comércio ilegal de armas, de tráfico internacional de arma e de organização criminosa.

Já que a alteração legislativa foi vetada, a redação atual do caput do artigo 9º-A da LEP continua em vigor. O Pacote Anticrime acrescentou no referido artigo os §§ 1º-A, 3º, 4º e 8º (os §§ 5º, 6º e 7º foram vetados pelo Presidente da República). Recomendo a leitura:

> Art. 9º-A. Os condenados por crime praticado, dolosamente, com violência de natureza grave contra pessoa, ou por qualquer dos crimes previstos no art. 1º da Lei nº 8.072, de 25 de julho de 1990, serão submetidos, obrigatoriamente, à identificação do perfil genético, mediante extração de DNA - ácido desoxirribonucleico, por técnica adequada e indolor.
>
> § 1º A identificação do perfil genético será armazenada em banco de dados sigiloso, conforme regulamento a ser expedido pelo Poder Executivo.
>
> § 1º-A. A regulamentação deverá fazer constar garantias mínimas de proteção de dados genéticos, observando as melhores práticas da genética forense.
>
> § 2º A autoridade policial, federal ou estadual, poderá requerer ao juiz competente, no caso de inquérito instaurado, o acesso ao banco de dados de identificação de perfil genético.
>
> § 3º Deve ser viabilizado ao titular de dados genéticos o acesso aos seus dados constantes nos bancos de perfis genéticos, bem como a todos os documentos da cadeia de custódia que gerou esse dado, de maneira que possa ser contraditado pela defesa.
>
> § 4º O condenado pelos crimes previstos no **caput** deste artigo que não tiver sido submetido à identificação do perfil genético por ocasião do ingresso no estabelecimento prisional deverá ser submetido ao procedimento durante o cumprimento da pena.
>
> § 5º (VETADO).
>
> § 6º (VETADO).
>
> § 7º (VETADO).
>
> § 8º Constitui falta grave a recusa do condenado em submeter-se ao procedimento de identificação do perfil genético.

O § 4º acima transcrito determina que os condenados pelos crimes previstos no caput (praticados, dolosamente, com violência de natureza grave contra pessoa, ou hediondos) que não tiverem sido submetidos a identificação do perfil genético por ocasião do ingresso no estabelecimento prisional sejam identificados durante o cumprimento da pena (isso reforça a necessidade incrementar o banco de dados de perfis genéticos, importante ferramenta para elucidação de delitos).

Defendo a plena constitucionalidade da identificação do perfil genético determinada pela lei, nos exatos termos do artigo 5º, inciso LVIII, da Constituição Federal (é preciso acompanhar o trâmite do RE 973837, que discute a constitucionalidade do referido artigo 9º-A da LEP – nota de rodapé supra).

A recusa do condenado em submeter-se ao procedimento de identificação do perfil genético constitui, agora, falta grave – § 8º do artigo 9º-A da LEP.

Em complemento ao quanto enxertado no dispositivo citado no parágrafo anterior, o Pacote Anticrime acrescentou o inciso VIII ao artigo 50 da LEP, listando como falta grave a recusa do condenado em submeter-se ao procedimento de identificação do perfil genético:

> Art. 50. Comete falta grave o condenado à pena privativa de liberdade que:
> (...)
> VIII - recusar submeter-se ao procedimento de identificação do perfil genético.

Em um futuro próximo, quando o referido banco de dados de perfis genéticos estiver suficientemente alimentado (isso dependerá do efetivo cumprimento dos dispositivos legais transcritos supra), o § 2º do artigo 9º-A da LEP será importante aliado da autoridade policial na elucidação de crimes (desde que a polícia judiciária tenha cumprido o que manda o CPP e coletado vestígios na cena do crime para posterior confronto com perfis de suspeitos).

A Lei 9.034/95 também regulamentava a matéria e ordenava, em seu artigo 5º, a identificação criminal de pessoas envolvidas com ações praticadas por organizações criminosas, independentemente da identificação civil (ela foi revogada pela Lei 12.850/13, que não prevê tal hipótese automática de identificação criminal).

Com a revogação do citado mandamento legal, é ainda mais importante atentar para o inciso IV do artigo 3º da Lei 12.037/09, que permite a identificação criminal determinada por decisão da autoridade judiciária, atendendo a representação do delegado de polícia, requerimento do Ministério Público ou da defesa, vez há grande incidência do uso de documentos falsos por integrantes de organizações criminosas, especialmente as voltadas à prática de tráfico de drogas, sequestros e assaltos a banco. Nestes casos a identificação criminal será grande aliada na busca da real identidade do investigado.

Frise-se que as demais hipóteses presentes no referido artigo 3º da lei de identificação criminal prescindem de autorização judicial. Nestes casos a identificação criminal será levada a efeito por despacho fundamentado da autoridade policial.

Por fim, cumpre chamar atenção para o artigo 6º da Lei 12.037/09, que determina que "é vedado mencionar a identificação criminal do indiciado em atestados de antecedentes ou em informações não destinadas ao juízo criminal, antes do trânsito em julgado da sentença condenatória".

**5.7.9. Pesquisar a vida pregressa do indiciado:** o ideal seria ampla pesquisa a respeito das condições econômicas, da vida social e familiar do indiciado, a ser realizada por agentes de polícia por determinação do delegado de polícia. A providência tem interesse para os fins descritos no artigo 59 do Código Penal, na primeira fase de fixação de pena pelo magistrado. Vejamos o dispositivo:

> Art. 59 – O juiz, atendendo à culpabilidade, aos antecedentes, à conduta social, à personalidade do agente, aos motivos, às circunstâncias e conseqüências do crime, bem como ao comportamento da vítima, estabelecerá, conforme seja necessário e suficiente para reprovação e prevenção do crime:

Na prática, entrementes, a pesquisa se limita ao preenchimento de um formulário com perguntas prontas e respostas bastante enxutas dadas pelo indiciado.

**5.7.10. Colher informações sobre a existência de filhos, respectivas idades e se possuem alguma deficiência e o nome e o contato de eventual responsável pelos cuidados dos filhos, indicado pela pessoa presa:** a Lei 13.257/16 (que trata das políticas públicas para primeira infância) incluiu o inciso X no artigo 6º do CPP, que determina que o aparelho policial deve identificar a existência de prole, vez que é possível substituir a prisão preventiva por prisão domiciliar à mulher gestante, à mulher com filho de até 12 (doze) anos de idade incompletos e ao homem, caso seja o único responsável pelos cuidados do filho de até 12 (doze) anos de idade incompletos, nos termos do artigo 318, IV, V e VI do CPP (com a redação determinada pela citada Lei 13.257/16).

Ainda sobre prisão domiciliar (como substitutiva da prisão preventiva) cumpre salientar que a Lei 13.769/18 inseriu os artigos 318-A e 318-B no CPP (os dispositivos serão esmiuçados alhures, mas desde já vale a pena transcrevê-los):

> Art. 318-A. A prisão preventiva imposta à mulher gestante ou que for mãe ou responsável por crianças ou pessoas com deficiência será substituída por prisão domiciliar, desde que:
> 
> I – não tenha cometido crime com violência ou grave ameaça a pessoa;
> 
> II – não tenha cometido o crime contra seu filho ou dependente.
> 
> Art. 318-B. A substituição de que tratam os arts. 318 e 318-A poderá ser efetuada sem prejuízo da aplicação concomitante das medidas alternativas previstas no art. 319 deste Código.

**5.7.11. Realizar a reprodução simulada dos fatos:** é a reconstituição da cena do crime (artigo 7º do CPP). Caso a providência seja determinada nos autos do inquérito policial, sua materialização dependerá de decisão fundamentada do delegado de polícia (não se trata de cláusula de reserva de jurisdição). A decisão deve cuidar, se preciso for, de determinar expedição de ofícios aos órgãos incumbidos do controle do tráfego, de pedido de apoio à polícia preventiva, dentre outras providências reputadas úteis pelo delegado de polícia para que o ato não gere transtornos nem exponha desnecessariamente os envolvidos.

A reprodução simulada dos fatos é documentada por laudo elaborado por perito oficial (com fotografias, croquis, etc) e tem o objetivo de atestar a verossimilhança das versões das testemunhas, da vítima e do investigado/indiciado.

A participação do indiciado/investigado não é obrigatória (direito à não autoincriminação e ao silêncio). Vejamos aresto elucidativo a esse respeito[61]:

> Não se pode compelir o indiciado a participar da reconstituição da prática criminosa, sob pena de se caracterizar injusto constrangimento. Ninguém pode ser obrigado a produzir prova contra si mesmo. Realização da diligência. Possibilidade. Não estando caracterizadas situações de contrariedade à moralidade e à ordem pública, o que se veda, é de ser realizada a reprodução simulada dos fatos, à luz do art. 7º, do Código de Processo Penal. Trata-se de importante fonte de prova e de convicção sobre como ocorreu o delito.

A discussão acerca da possibilidade de condução coercitiva para fins de reprodução simulada dos fatos perdeu o sentido depois do julgamento das já analisadas ADPF 395 e 444. Penso que, como o Pretório Excelso entendeu não recepcionada a condução coercitiva para interrogatório, também não deve ser materializada a condução forçada para reprodução simulada dos fatos, posto que o investigado/indiciado tem o direito de dela não participar.

O entendimento do Supremo Tribunal Federal no bojo das referidas ações constitucionais sobre o interrogatório finda sendo coincidente com o pensar de Nestor Távora e Rosmar Rodrigues Alencar[62] acerca da reconstituição da cena do crime. Eles defendem não ser obrigatória a presença do investigado/indiciado, argumentando que se este pode simplesmente não tomar parte na reprodução, com mais razão poderia deixar de comparecer ao ato, ainda que regularmente intimado (o não comparecimento deveria ser entendido como demonstração inequívoca de que ele não tenciona participar do ato).

---

61. Habeas Corpus Nº 70013558374, Terceira Câmara Criminal, Tribunal de Justiça do RS, Relator: Danúbio Edon Franco, Julgado em 15/12/2005.
62. TÁVORA, Nestor e ALENCAR, Rosmar Rodrigues. **Obra acima citada**, página 113.

Portanto, modifico o entendimento lançado na 4ª edição desta obra, para concluir que não é mais possível manejo de condução coercitiva caso o investigado/indiciado não compareça à reprodução simulada dos fatos.

Nessa mesma toada, há julgado do Supremo Tribunal Federal[63] no sentido de que não cabe decretação de prisão preventiva em face do não comparecimento do indiciado à reprodução simulada:

> Reconstituição de crime (reprodução simulada de delito de homicídio) (art. 7. do C.P.Penal). Diligência requerida pelo Ministério Público, deferida pelo Juiz, na fase do inquérito policial, e a cuja realização os indiciados se teriam negado a comparecer. Prisão preventiva decretada com base apenas nessa recusa dos indiciados. Constrangimento ilegal. 'Habeas corpus' deferido para revogação da prisão preventiva, como decretada, sem prejuízo de eventual decretação de outra, se caracterizada qualquer das situações do art. 312 do CPP. E com adequada fundamentação. Interpretação dos artigos 7º, 260 e 312 do CPP. Se a prisão preventiva dos pacientes foi decretada apenas e tão-somente porque não se teriam disposto a participar da diligencia de reprodução simulada do delito de homicídio (reconstituição do crime), ficou caracterizado constrangimento ilegal reparável com 'habeas corpus'.

Caso o investigado/indiciado concorde em participar da diligência, salutar seguir roteiro prescrito por Manoel Messias Barbosa[64]:

> Uma vez que o autor da infração concorde livre e espontaneamente em participar da reconstituição, a autoridade deve se cercar de alguns cuidados a legitimar o procedimento, como afastar curiosos e a imprensa local; não alardear o ato; manter tratamento urbano com o acusado e solicitar a presença de membro do Ministério Público para acompanhar as diligências. Se o acusado sob investigação tiver defensor, ele deve se fazer presente. Deverá, ainda, providenciar condições de redobrada vigilância para evitar resgate, por parte de seus companheiros, fuga ou tentativa de fuga.

Ademais, o artigo 7º do CPP, deixa claro que a reprodução simulada dos fatos só pode ser feita se não ofender a moralidade e a ordem pública. Neste sentido Guilherme de Souza Nucci[65] deixa claro que "não se fará reconstituição de um crime sexual violento, usando vítima e réu, por exemplo, o que contraria a moralidade, nem tampouco a reconstituição de uma chacina, num lugar onde a população ainda está profundamente revoltada com o crime, podendo até buscar o linchamento do réu".

---

63. STF, RHC 64354/SP, rel. Min. Sydney Sanches, DJ 14/08/1987.
64. BARBOSA, Manoel Messias. **Obra acima citada**, página 52.
65. NUCCI, Guilherme de Souza. **Obra acima citada**, página 145.

## 5.8. INDICIAMENTO

No dizer de Nestor Távora e Rosmar Rodrigues Alencar[66], "é a cientificação ao suspeito de que ele passou a ser o principal foco do inquérito". Para Guilherme de Souza Nucci[67], "indiciado é a pessoa eleita pelo Estado-investigação, dentro da sua convicção, como autora da infração penal".

Trata-se de ato formal de imputação privativo de delegado de polícia, feito por meio de despacho devidamente fundamentado (ou no bojo do relatório final), que demonstra, por meio de indicação das provas e elementos informativos já coligidos no curso do feito, que o investigado efetivamente cometeu o crime apurado, no entender da autoridade policial. Nesta toada, lúcida a observação de Aury Lopes Jr. e Ricardo Jacobsen Gloeckner[68], que afirmam que "é importante frisar que o indiciamento só pode produzir-se quando existirem indícios razoáveis de probabilidade da autoria, e não como um ato automático e irresponsável da autoridade policial". É o que determina o § 6º do artigo 2º da Lei 12.830/13:

> Art. 2º (...)
> § 6º O indiciamento, privativo do delegado de polícia, dar-se-á por ato fundamentado, mediante análise técnica-jurídica do fato, que deverá indicar a autoria, a materialidade e suas circunstâncias.

O indiciamento pode ser direto (quando o indiciado foi encontrado para ser formalmente cientificado do ato de imputação) ou indireto (quando é materializado sem que indiciado tenha ciência imediata do ato de imputação, porque não foi encontrado, por exemplo).

O ato tem como consequência a oitiva do indiciado em termo de qualificação e interrogatório[69] (no qual serão garantidos os direitos de se fazer assistir por advogado ou defensor público, ao silêncio, à integridade física e moral, dentre outros), confecção de boletim de vida pregressa (para os fins do artigo 59 do CP, como determinado pelo artigo 6º, IX, do CPP), confecção de prontuário de identificação criminal (com dados do indiciado para fins de cadastro junto ao instituto de identificação), juntada de cópia de documento oficial

---

66. TÁVORA, Nestor e ALENCAR, Rosmar Rodrigues. **Obra acima citada**, página 114.
67. NUCCI, Guilherme de Souza. **Obra acima citada**, página 140.
68. LOPES JR, Aury e GLOECKNER, Ricardo Jacobsen. **Obra acima citada**, página 432.
69. Importante salientar que não há direito ao silêncio em face da qualificação. Caso o indiciado decida silenciar nesse momento, incorrerá na contravenção penal tipificada no artigo 68 do Decreto-lei 3.688/41. Caso ele afirme ser pessoa diversa, tem-se o crime do artigo 307 do Código Penal. Se fornecer documento falso, pratica o crime tipificado no artigo 304 do Código Penal. Se ele apresentar documento verdadeiro, passando-se por outra pessoa, tem-se crime do artigo 308 do Código Penal. Acerca do crime de falsa identidade, leia a Súmula 522/STJ.

de identidade (ou materialização de identificação criminal, na forma da Lei 12.037/09) e solicitação de folha de antecedentes (artigo 6º, X, do CPP).

O artigo 17-D da Lei 9.613/98[70], que possibilitava o afastamento remunerado do servidor público indiciado por crime de lavagem de dinheiro foi julgado inconstitucional nos autos da ADI 4911, nos termos do voto do Ministro Alexandre de Moraes (transcrevo minuta do voto proferido em plenário virtual)[71]:

> AÇÃO DIRETA DE INCONSTITUCIONALIDADE. DIREITO PROCESSUAL PENAL. LEI 9.613/1998. ART. 17-D. AFASTAMENTO AUTOMÁTICO DE SERVIDOR PÚBLICO INDICIADO EM INQUÉRITO QUE APURA CRIMES DE LAVAGEM OU OCULTAÇÃO DE BENS, DIREITOS E VALORES. VIOLAÇÃO AO PRINCÍPIO DA PROPORCIONALIDADE. AUSÊNCIA DE NECESSIDADE DA MEDIDA CAUTELAR. PRESUNÇÃO DE INOCÊNCIA. MEDIDAS COERCITIVAS OU CONSTRITIVAS DE DIREITOS A EXIGIR DECISÃO FUNDAMENTADA NO CASO CONCRETO. PRINCÍPIO DA IGUALDADE. TRATAMENTO DESIGUAL A INVESTIGADOS EM SITUAÇÕES SIMILARES POR FORÇA DE IMPUTAÇÃO FACULTATIVA À AUTORIDADE POLICIAL. AÇÃO DIRETA PROCEDENTE PARA DECLARAR A INCONSTITUCIONALIDADE DO DISPOSITIVO. 1. Inconstitucionalidade do afastamento automático do servidor público investigado por crimes de lavagem ou ocultação de bens, direitos e valores em decorrência de atividade discricionária da autoridade policial, nos termos do art. 17-D da Lei 9.613/1998, consistente em indiciamento e independentemente de início da ação penal e análise dos requisitos necessários para a efetivação dessa grave medida restritiva de direitos. 2. A determinação do afastamento automático do servidor investigado, por consequência única e direta do indiciamento pela autoridade policial, não se coaduna com o texto constitucional, uma vez que o afastamento do servidor, em caso de necessidade para a investigação ou instrução processual, somente se justifica quando demonstrado nos autos o risco da continuidade do desempenho de suas funções e a medida ser eficaz e proporcional à tutela da investigação e da própria administração pública, circunstâncias a serem apreciadas pelo Poder Judiciário. 3. Reputa-se violado o princípio da proporcionalidade quando não se observar a necessidade concreta da norma para tutelar o bem jurídico a que se destina, já que o afastamento do servidor pode ocorrer a partir de representação da autoridade policial ou do Ministério Público, na forma de medida cautelar diversa da prisão, conforme os arts. 282, § 2º, e 319, VI, ambos do CPP. 4. A presunção de inocência exige que a imposição de medidas coercitivas ou constritivas aos direitos dos acusados, no decorrer de inquérito ou processo penal, seja amparada em requisitos concretos que sustentam a fundamentação da decisão judicial impositiva, não se admitindo efeitos cautelares automáticos ou desprovidos de fundamentação idônea. 5. Sendo o indiciamento ato dispensável para o ajuizamento de ação penal, a norma que determina o

---

70. Art. 17-D. Em caso de indiciamento de servidor público, este será afastado, sem prejuízo de remuneração e demais direitos previstos em lei, até que o juiz competente autorize, em decisão fundamentada, o seu retorno.

71. Ressalvo meu entendimento, sustentado até a 5ª edição dessa obra, de que o dispositivo era constitucional e que podia ser utilizado, por analogia, em qualquer investigação que envolvesse servidor público (artigo 3º do Código de Processo Penal).

afastamento automático de servidores públicos, por força da opinio delicti da autoridade policial, quebra a isonomia entre acusados indiciados e não indiciados, ainda que denunciados nas mesmas circunstâncias. Ressalte-se, ainda, a possibilidade de promoção de arquivamento do inquérito policial mesmo nas hipóteses de indiciamento do investigado. 6. Ação Direta julgada procedente.

O Ministro Alexandre de Moraes divergiu (e foi acompanhado pela maioria dos Ministros da Corte) do relator da ADI, Ministro Edson Fachin, que votou pela constitucionalidade do dispositivo atacado.

Como já desenhado supra, o indiciamento pode ser também manejado no bojo do relatório final. Penso que se o investigado já tiver sido ouvido no bojo do feito (em termo de declarações e tendo sido informado acerca dos seus direitos) não há necessidade de nova intimação apenas para que seja indiciado presencialmente (a autoridade policial pode levar a efeito o ato de indiciamento no relatório, declinando as razões jurídicas que dão sustentação a seu entendimento e comunicando o ato de imputação ao indiciado ou seu advogado, facultando-lhe cópia da peça). Trata-se de construção orientada pelos princípios da celeridade e da economia processual.

Uma vez finalizado o apuratório e oferecida denúncia, não há que se falar em indiciamento. Este, como visto supra, é ato de delegado de polícia realizado no curso do inquérito. Neste sentido julgado do Tribunal da Cidadania[72]:

> HABEAS CORPUS. INDICIAMENTO FORMAL. DENÚNCIA OFERTADA E RECEBIDA. DESNECESSIDADE DE PROSSEGUIMENTO DO PROCEDIMENTO INVESTIGATÓRIO. CONSTRANGIMENTO ILEGAL EVIDENCIADO. 1. Sendo o inquérito policial instrumento de investigação destinado à formação da opinio delicti, ou seja, do convencimento por parte do Ministério Público a respeito da autoria do crime e suas circunstâncias, com o intuito de formulação de acusação nos casos de ação penal pública, caracteriza constrangimento ilegal o formal indiciamento do paciente que já teve contra si oferecimento de denúncia, a qual, inclusive, foi recebida pelo Juízo a quo. 2. Ordem concedida para cassar a decisão que determinou o indiciamento do paciente.

Não há que se falar, igualmente, em requisição de indiciamento. Vale dizer, o Ministério Público e/ou o juiz não podem requestar à autoridade policial que indicie aquele em face de quem esta entendeu que não existem indícios de autoria em relação à prática da infração penal investigada (isso porque o indiciamento é ato privativo do delegado de polícia). Neste sentido Reinaldo Rossano Alves[73]. A respeito do tema (requisição de indiciamento), Nucci[74], no mesmo sentido aqui desenhando, deixa claro que se trata de "procedimento equivocado, pois indi-

---

72. STJ, HC 102381/SP, 5ª. Turma, rel. Min. Jorge Mussi, DJE 23/03/09.
73. ALVES, Reinaldo Rossano. **Obra acima citada**, página 28.
74. NUCCI, Guilherme de Souza. **Obra acima citada**, página 141.

ciamento é ato exclusivo da autoridade policial, que forma o seu convencimento sobre a autoria do crime, elegendo, formalmente, o suspeito de sua prática". E arremata: "ora, querendo, pode o promotor denunciar qualquer suspeito envolvido na investigação criminal, cabendo-lhe apenas, requisitar do delegado a qualificação formal, a identificação criminal e o relatório de vida pregressa".

Cumpre salientar que há possibilidade de desindiciamento, caso a autoridade policial perceba que o ato de indiciamento foi açodado e calcado em prova ou elemento informativo que cedeu diante da colheita de elementos outros mais robustos. Também deve ser manejado através de despacho devidamente fundamentado e impõe seja oficiado o instituto de identificação para que seja desconsiderada a anotação de indiciamento anterior. No mesmo sentido Reinaldo Rossano Alves[75]:

> Nada impede que o controle de legalidade do indiciamento seja realizado de ofício pela própria autoridade policial. Na prática, o delegado de polícia, ao verificar o equívoco do indiciamento de determinada pessoa se utilizado chamado "despacho de desindiciamento", que, embora não previsto na lei, deve ser admitido no nosso ordenamento jurídico.

Por fim, avaliemos um último tema relevante: indiciamento de autoridade com prerrogativa de foro. No bojo do INQ 4.621/DF, o à época presidente da República do Brasil, Michel Temer, foi indiciado pelo delegado de Polícia Federal que conduziu o feito, Dr. Cleyber Malta, sem prévia autorização do Pretório Excelso.

A defesa de Michel Temer pugnou a anulação do indiciamento ao Ministro relator, Luís Roberto Barroso. Sua Excelência indeferiu o pleito, afirmando que não há necessidade de prévia autorização do Supremo Tribunal Federal para materialização de indiciamento de autoridade que goza de foro por prerrogativa de função junto ao Sodalício.

O Ministro Barroso deixou claro que se o apuratório for deflagrado por determinação do Supremo Tribunal Federal e contar com a supervisão de Ministro relator, não há necessidade de prévia autorização para que o delegado de polícia responsável pelas investigações proceda ao indiciamento da autoridade, sendo da sua atribuição analisar, fundamentadamente, autoria, materialidade e circunstâncias, na forma do artigo 2º, § 6º, da Lei 12.830/13.

Em sua decisão, Luís Roberto Barroso citou dois precedentes importantes: a) o HC 133.835-MC, relatado pelo Ministro Celso de Mello; b) a RCL 24358, relatada pelo Ministro Teori Zavask.

No primeiro caso, a delegada de Polícia Federal presidente do feito, Dra. Denisse Dias Rosas Ribeiro, solicitou ao relator do inquérito no qual era

---

75. ALVES, Reinaldo Rossano. **Obra acima citada**, página 28.

investigado o à época governador de Minas Gerais, Fernando Pimentel, que tramitava junto ao Superior Tribunal de Justiça (INQ 1.059, relator Ministro Herman Benjamin), autorização para ouvir e indiciar a autoridade com foro no Areópago. O relator deferiu o pleito da autoridade policial e a defesa do então governador impetrou habeas corpus no Supremo Tribunal Federal. O Ministro Celso de Mello, relator, não conheceu da ordem, mas enfrentou em sua decisão o caso apresentado, afirmando não ter havido ilegalidade no indiciamento feito ao agasalho de decisão do Ministro relator no Superior Tribunal de Justiça. Eis a ementa da decisão:

> "HABEAS CORPUS". GOVERNADOR DE ESTADO. INDICIAMENTO. POSSIBILIDADE. PRESSUPOSTOS LEGITIMADORES. NATUREZA JURÍDICA. ATO ESTATAL NECESSARIAMENTE FUNDAMENTADO QUE SE INCLUI NA ESFERA DE PRIVATIVA COMPETÊNCIA DO DELEGADO DE POLÍCIA (LEI Nº 12.830/2013, ART. 2º, § 6º). MAGISTÉRIO DOUTRINÁRIO. JURISPRUDÊNCIA. INVESTIGAÇÃO CRIMINAL INSTAURADA CONTRA PESSOA DETENTORA DE PRERROGATIVA DE FORO "RATIONE MUNERIS". INEXISTÊNCIA, MESMO EM TAL HIPÓTESE, DE IMUNIDADE OU DE OBSTÁCULO A QUE SE EFETIVE, LEGITIMAMENTE, ESSE ATO DE POLÍCIA JUDICIÁRIA, DESDE QUE PRECEDIDO DE AUTORIZAÇÃO DO RELATOR DO INQUÉRITO ORIGINÁRIO NO TRIBUNAL COMPETENTE (O STJ, NO CASO). PRECEDENTES DO SUPREMO TRIBUNAL FEDERAL. EXISTÊNCIA, NA ESPÉCIE, DE AUTORIZAÇÃO DEVIDAMENTE MOTIVADA DO MINISTRO RELATOR NO SUPERIOR TRIBUNAL DE JUSTIÇA, QUE ACOLHEU EXPRESSA SOLICITAÇÃO FEITA PELA PRÓPRIA AUTORIDADE POLICIAL. INEXISTÊNCIA DE SITUAÇÃO CONFIGURADORA DE INJUSTO CONSTRANGIMENTO. PUBLICIDADE E PROCESSO JUDICIAL: FATOR DE LEGITIMAÇÃO DAS DECISÕES DO PODER JUDICIÁRIO. "DISCLOSURE" DO NOME DO PACIENTE. LEGITIMIDADE. SISTEMA DEMOCRÁTICO E VISIBILIDADE DO PODER: ANTÍTESE CONSTITUCIONAL AO REGIME DE SIGILO. "HABEAS CORPUS" QUE IMPUGNA DECISÃO MONOCRÁTICA DO RELATOR. NECESSIDADE DE PRÉVIO ESGOTAMENTO DA VIA RECURSAL NO STJ. AUSÊNCIA. INCOGNOSCIBILIDADE DA AÇÃO DE "HABEAS CORPUS". PRECEDENTES DO SUPREMO TRIBUNAL FEDERAL. RESSALVA PESSOAL DA POSIÇÃO DO MIN. CELSO DE MELLO, FAVORÁVEL AO CONHECIMENTO DO "WRIT" CONSTITUCIONAL. OBSERVÂNCIA, NO ENTANTO, DO POSTULADO DA COLEGIALIDADE. "HABEAS CORPUS" NÃO CONHECIDO[76].

No segundo caso, o delegado de Polícia Federal que presidia o feito indiciou o à época senador Valdir Raupp, sem prévia autorização do Supremo Tribunal Federal. A defesa do parlamentar apresentou reclamação ao Pretório Excelso, que teve sua liminar deferida. Apesar do Ministro relator Teori Zavaski ter julgado prejudicado a reclamação, em face da perda do objeto (o senador findou denunciado pela Procuradoria-Geral da República), Sua Excelência deixou claro na decisão discordar da necessidade de autorização prévia

---

76. HC 133835 MC, rel. Min. Celso de Mello, julgado em 18/04/2016, publicado em processo eletrônico DJe-078, divulgado em 22/04/2016, publicado em 25/04/2016.

do STF para indiciamento de autoridade com foro por prerrogativa no Pariato. Transcrevo parte do voto do Ministro Teori, na passagem destacada pelo Ministro Barroso nos autos do INQ 4.621/DF:

> É evidente, contudo, que referida autorização não pode se tornar mero carimbo do relator, sem exame mínimo do que se lhe apresenta em termos de materialidade e autoria. Ora, para que esse exame ocorresse, seria indispensável que o relator efetuasse um inusitado juízo prematuro dos elementos indiciários, instaurando verdadeiro incidente processual prévio, pela intervenção do investigado, que certamente arguirá a precariedade, quando não a inexistência de elementos mínimos ao indiciamento. Isso tudo antes ou na melhor hipótese, concomitante à análise do Ministério Público, tendente ou não a formular pretensão estatal acusatória.

O Ministro Luís Roberto Barroso fez questão de diferenciar o caso analisado (INQ 4.621) do precedente que ocasionou anulação do ato de indiciamento feito por delegado de polícia sem autorização do Supremo Tribunal Federal (PET 3.825-QO). Nessa situação (relator para o acórdão Ministro Gilmar Mendes), o inquérito havia sido iniciado de ofício pelo aparelho policial, sem prévia autorização do Pretório Excelso (foi o vício de iniciativa que redundou na anulação do indiciamento e da investigação). No caso mais recente (INQ 4.621), como a investigação foi deflagrada por determinação do Supremo Tribunal Federal e contava com supervisão de Ministro do Pariato, o indiciamento não foi ilegal. Andou bem o Ministro Barroso. Sua abordagem ao tema foi perfeita. Eis a decisão aqui analisada:

> Direito constitucional e Processual Penal. Indiciamento. Ato privativo da autoridade policial. 1. De acordo com o Plenário desta Corte, é nulo o indiciamento de detentor de prerrogativa de foro, realizado por Delegado de Polícia, sem que a investigação tenha sido previamente autorizada por Ministro-Relator do STF (Pet 3.825-QO, Red. p/o Acórdão Min. Gilmar Mendes). 2. Diversa é a hipótese em que o inquérito foi instaurado com autorização e tramitou, desde o início, sob supervisão de Ministro desta Corte, tendo o indiciamento ocorrido somente no relatório final do inquérito. Nesses casos, o indiciamento é legítimo e independe de autorização judicial prévia. 3. Em *primeiro lugar*, porque não existe risco algum à preservação da competência do Supremo Tribunal Federal relacionada às autoridades com prerrogativa de foro, já que o inquérito foi autorizado e supervisionado pelo Relator. 4. Em *segundo lugar*, porque o indiciamento é ato privativo da autoridade policial (Lei nº 12.830/2013, art. 2º, § 6º) e inerente à sua atuação, sendo vedada a interferência do Poder Judiciário sobre essa atribuição, sob pena de subversão do modelo constitucional acusatório, baseado na separação entre as funções de investigar, acusar e julgar. 5. Em *terceiro lugar*, porque conferir o privilégio de não poder ser indiciado apenas a determinadas autoridades, sem razoável fundamento constitucional ou legal, configuraria uma violação aos princípios da igualdade e da república. 6. Em suma: a autoridade policial tem o dever de, ao final da investigação, apresentar sua conclusão. E, quando for o caso, indicar a autoria, materialidade e circunstâncias dos fatos que apurou, procedendo ao indiciamento. 7. Pedido de anulação indeferido.

Fica claro, analisando o quanto desenhado supra, que o delegado de polícia não precisa de prévia autorização do Poder Judiciário para proceder ao indiciamento de autoridade com prerrogativa de foro (nem mesmo quando o apuratório tramita perante o Pretório Excelso).

## 5.9. INCOMUNICABILIDADE

A Constituição Federal proíbe a incomunicabilidade do preso mesmo em estado de defesa. São os termos do artigo 136, §3º, IV, da CF/88:

> Art. 136. (...)
> (...)
> § 3º – Na vigência do estado de defesa:
> (...)
> IV – é vedada a incomunicabilidade do preso.

Nessa esteira, é forçoso entender que não foi recepcionado o artigo 21 do CPP (se em um dos mais graves momentos de comoção prescritos pela Carta Cidadã não se permite a incomunicabilidade, com mais razão não se tolerará tal prática em momentos de normalidade institucional).

Para explicar o fenômeno da não recepção, socorro-me de Pedro Lenza[77], para quem "todas as normas que forem incompatíveis com a nova Constituição serão revogadas, por ausência de recepção". Em síntese conclusiva, o constitucionalista, arremata: "pode-se afirmar, então, nos casos de normas infraconstitucionais produzidas antes da nova Constituição, incompatíveis com as novas regras, não se observará qualquer situação de inconstitucionalidade, mas, apenas, como vimos, de revogação da lei anterior pela nova Constituição, por falta de recepção".

Vejamos o dispositivo atacado neste tópico:

> Art. 21. A incomunicabilidade do indiciado dependerá sempre de despacho nos autos e somente será permitida quando o interesse da sociedade ou a conveniência da investigação o exigir.
>
> Parágrafo único. A incomunicabilidade, que não excederá de três dias, será decretada por despacho fundamentado do Juiz, a requerimento da autoridade policial, ou do órgão do Ministério Público, respeitado, em qualquer hipótese, o disposto no artigo 89, inciso III, do Estatuto da Ordem dos Advogados do Brasil (Lei n. 4.215, de 27 de abril de 1963).

Militam ainda contra a incomunicabilidade os incisos LXII e LXIII do artigo 5º da Constituição Federal, que asseguram ao preso a comunicação de sua

---

77. LENZA, Pedro. **Direito Constitucional Esquematizado**, São Paulo: Método, 2006, página 74 e 75.

prisão e do local onde se acha custodiado ao juiz e a familiar ou pessoa por ele indicada (inciso LXII) e a assistência de advogado e da família ao mesmo (inciso LXIII). Vejamos os dispositivos:

> Art. 5º (...)
>
> LXII – a prisão de qualquer pessoa e o local onde se encontre serão comunicados imediatamente ao juiz competente e à família do preso ou à pessoa por ele indicada;
>
> LXIII – o preso será informado de seus direitos, entre os quais o de permanecer calado, sendo-lhe assegurada a assistência da família e de advogado;

Em arremate, cumpre mencionar que depõem, ainda, contra a incomunicabilidade do investigado/indiciado o artigo 7º, inciso III, da Lei 8.906/94 e o artigo 8º, item 2, 'd', da Convenção Americana de Direitos Humanos (Pacto de San José da Costa Rica):

> Art. 7º São direitos do advogado:
>
> (...)
>
> III – comunicar-se com seus clientes, pessoal e reservadamente, mesmo sem procuração, quando estes se acharem presos, detidos ou recolhidos em estabelecimentos civis ou militares, ainda que considerados incomunicáveis;
>
> Artigo 8º – Garantias judiciais
>
> (...)
>
> 2. Toda pessoa acusada de um delito tem direito a que se presuma sua inocência, enquanto não for legalmente comprovada sua culpa. Durante o processo, toda pessoa tem direito, em plena igualdade, às seguintes garantias mínimas:
>
> (...)
>
> d) direito do acusado de defender-se pessoalmente ou de ser assistido por um defensor de sua escolha e de comunicar-se, livremente e em particular, com seu defensor;

## 5.10. NULIDADES

É pacífico, tanto em nível doutrinário quanto jurisprudencial, o entendimento de que vícios e nulidades havidos no curso do inquérito policial não contaminam a futura ação penal (a tese 2 da edição 69 da jurisprudência em teses do Superior Tribunal de Justiça reza que "as nulidades surgidas no curso da investigação preliminar não atingem a ação penal dela decorrente").

Fernando Capez[78] assevera acerca do tema:

> Não sendo o inquérito policial ato de manifestação do Poder Jurisdicional, mas mero procedimento informativo destinado à formação da opinio delicti do

---

78. CAPEZ, Fernando. **Obra acima citada**, página 119.

titular da ação penal, os vícios por acaso existentes nessa fase não acarretam nulidades processuais, isto é, não atingem a fase seguinte da persecução penal: a da ação penal. A irregularidade poderá, entretanto, gerar a invalidade e a ineficácia do ato inquinado, v.g., do auto do prisão em flagrante como peça coercitiva; do reconhecimento pessoa, da busca e apreensão, etc.

Vejamos posição do Tribunal da Cidadania[79] (transcrevo apenas parte do acórdão):

> A remansosa jurisprudência desta Corte reconhece que eventuais nulidades ocorridas na fase policial não têm o condão de tornar nula a ação penal, pois aquele procedimento resulta em peça informativa e não probatória, podendo ser até mesmo ser dispensado, caso o Parquet, titular da ação penal, entenda já dispor de indícios de materialidade e autoria do delito bastante para o oferecimento da denúncia.

Não é tão simples assim. O entendimento da doutrina tradicional (acima exposto) se revela, *a priori*, acertado quando pensamos na nulidade de elemento informativo colhido no curso do inquérito policial (como o elemento informativo precisa de repetição no curso do processo para se transmudar em prova, não há prejuízo efetivo para o normal andamento da marcha processual). Eventualmente, contudo, a anulação de provas colhidas no bojo do inquérito pode esvaziar por completo a sustentação da exordial acusatória e culminar com o trancamento da ação penal (por ausência de justa causa).

Imaginemos denúncia calcada em provas resultantes de interceptação telefônica e quebras de sigilo fiscal e bancário, todas nulificadas pelo Judiciário. Se após o reconhecimento de ditas nulidades não houver provas outras que sirvam de alicerce para a inicial acusatória, certamente o processo será diretamente afetado e a defesa conseguirá facilmente o trancamento da ação penal (ou a absolvição do réu). Nesta toada, correta a conclusão desenhada por Nestor Távora e Rosmar Rodrigues Alencar[80]:

> Podemos facilmente concluir que caso a inicial acusatório esteja embasada tão somente em inquérito viciado, deverá ser rejeitada por falta de justa causa, diga-se, pela ausência de lastro probatório mínimo e idôneo ao início do processo, com fundamento no art. 395, inciso III, do CPP, com redação inserida pela Lei nº 11.719/08.

A situação narrada é excepcional, mas possível (daí ser importante diversificar as provas colhidas no curso do feito e atentar para que as mesmas sejam coligidas de maneira hígida, sem vícios).

---

79. STJ, HC 185758/SC, 5ª Turma, rel. Min. Gilson Dipp, DJe 09/04/2012.
80. TÁVORA, Nestor e ALENCAR, Rosmar Rodrigues. **Obra acima citada**, página 102.

## 5.11. TÉRMINO DO INQUÉRITO POLICIAL

Findo o inquérito policial, o delegado elaborará relatório descrevendo as diligências que realizou (artigo 10, § 1º, do CPP), oficiará o Instituto de Identificação (enviando os dados do indiciado para serem cadastrados – artigo 23 do CPP) e o remeterá ao juízo competente.

Veja-se que não se trata de simples descrição dos atos praticados no curso do feito. A carreira de delegado de polícia é jurídica[81] e isso impõe que ele desça a minúcias na análise do crime praticado (estudando de forma profícua a tipicidade, a antijuridicidade e a culpabilidade), posicionando-se de forma expressa acerca dos elementos informativos e das provas por ele coligidas, fundamentando o ato de indiciamento (seja ratificando o indiciamento levado a efeito no curso do feito, seja fundamentando o ato materializado no bojo do relatório) ou as razões que o levaram a não indiciar o suspeito/investigado.

Não me sensibiliza o argumento de que o Ministério Público é o titular da ação penal pública e que é dele a opinião delitiva (essa assertiva é verdadeira, mas não influi no fato do relatório ser fundamentado juridicamente). É, a meu sentir, ilógico que o delegado de polícia leve a efeito atos como representações (objetivando interceptação telefônica, busca e apreensão e prisão, por exemplo), ouça pessoas, requeste perícias e, ao fim, não possa se manifestar juridicamente acerca do cabedal probante por ele produzido.

O juízo de valor feito pela autoridade policial serve para que ele demonstre de forma inteligível o resultado das investigações e a consequência jurídica dos elementos informativos e das provas produzidas (se elas demonstraram ter havido crime na espécie, qual foi esse delito, se houve excludente de ilicitude, se mereceu o investigado ser indiciado, dentre outros aspectos).

Nada obsta que o relato finde servindo à defesa (caso o delegado entenda ser o fato atípico, perceba ter ocorrido a prescrição, não ser o investigado o autor do delito apurado, dentre outras teses que, porventura, auxiliem o manejo da defesa). E assim é porque a polícia judiciária não é órgão acusatório (e nem serve à acusação). Ao contrário, trata-se de órgão investigativo a quem interessa o esclarecimento do fato apurado (por essa razão não deve ser sonegada prova ou elemento informativo que eventualmente beneficie o investigado/indiciado). O inquérito, nesta toada, não deve ser tido como procedimento unidirecional (voltado apenas ao Ministério Público), mas sim entendido como feito que objetiva elucidar fato supostamente criminoso e que pode servir, no futuro processo, a qualquer das partes.

Relegar ao delegado de polícia, presidente das investigações na fase pré--processual, a função de apenas indicar em que página está cada diligência

---

81. O artigo 2º, da Lei 12.830/13, deixa claro que "as funções de polícia judiciária e a apuração de infrações penais exercidas pelo delegado de polícia são de natureza jurídica, essenciais e exclusivas de Estado".

praticada no curso do feito é entendimento que foge da lógica e da própria legislação de regência (o CPP fala em minucioso relatório, o que induz à descrição clara das diligências e ao exercício de efetivo juízo de valor sobre as provas delas resultantes). Neste sentido Guilherme de Souza Nucci[82], que deixa claro que "o ideal é que a autoridade policial, justamente porque lhe compete a apuração da materialidade das infrações penais e da sua autoria, proceder à classificação dos crimes e contravenções que lhe chegarem ao conhecimento. Quando indiciar o suspeito o delegado deve indicar o tipo penal no qual considera incurso o investigado". Ora, essa providência (tipificação da infração cometida pelo indiciado) não pode ser materializada de forma efetiva sem que se analise de forma minuciosa aspectos doutrinários e jurisprudenciais ligados ao respectivo tipo penal.

Em sentido contrário, Eugênio Pacelli de Oliveira[83]:

> Encerradas as investigações, não podendo a polícia judiciária emitir qualquer juízo de valor – a não ser aquele meramente opinativo, constante do relatório de encerramento do procedimento (Art. 10, parágrafos 1º e 2º, CPP) – acerca dos fatos e do direito a eles aplicável, isto é a respeito de eventual ocorrência de prescrição ou de qualquer outra causa extintiva da punibilidade, bem como acerca da suficiência ou insuficiência da prova, da existência ou inexistência de crime.

No mesmo sentido Nestor Távora e Rosmar Rodrigues Alencar[84], para quem "não deve a autoridade policial esboçar juízo de valor no relatório, afinal, a opinião delitiva cabe ao titular da ação penal, e não ao delegado de polícia, ressalva feita à Lei 11.343/2006 (Lei de Tóxicos), onde na elaboração do relatório deve a autoridade policial justificar as razões que a levaram à classificação do delito (art. 52)".

Aliás, o próprio artigo 52, I, da Lei 11.343/06, a meu ver, é prova cabal de que a legislação determina efetivo juízo de valor a ser levado a efeito no bojo do relato final. O arcabouço jurídico deve ser interpretado como um todo (interpretação sistemática). Não há razão justificável para diferenciar os crimes tipificados na lei antidrogas dos demais delitos. Vejamos o dispositivo:

> Art. 52. Findos os prazos a que se refere o art. 51 desta Lei, a autoridade de polícia judiciária, remetendo os autos do inquérito ao juízo:
> 
> I – relatará sumariamente as circunstâncias do fato, justificando as razões que a levaram à classificação do delito, indicando a quantidade e natureza da substância ou do produto apreendido, o local e as condições em que se desenvolveu

---

82. NUCCI, Guilherme de Souza. **Obra acima citada**, página 133.
83. DE OLIVEIRA, Eugênio Pacelli. **Obra citada acima**, páginas 57 e 58.
84. TÁVORA, Nestor e ALENCAR, Rosmar Rodrigues **Obra acima citada**, página 115.

a ação criminosa, as circunstâncias da prisão, a conduta, a qualificação e os antecedentes do agente;

Uma vez relatado o feito, declara-se encerrado o trabalho investigativo, no entender da autoridade policial. Caso o Ministério Público deseje continuar a apuração, deverá necessariamente indicar a trilha investigativa a ser seguida, com a descrição clara das diligências que quer ver materializadas, desde que efetivamente necessárias ao esclarecimento dos fatos (vide artigo 16 do CPP[85]). Anote-se que não se trata de indicação genérica, mas de efetiva lista de providências a serem cumpridas pelo delegado.

Cumprida a cota ministerial, deve a autoridade policial remeter o feito à análise do *Parquet*, perquirindo se ainda há diligências a materializar ou se o órgão se deu por satisfeito com a colheita de provas outrora determinada. Apoiando este pensar, Guilherme de Souza Nucci[86] pontua que "se a autoridade policial declarou encerrados os seus trabalhos, relatando o inquérito, não é cabível que os autos retornem para o prosseguimento, sem que seja apontado o caminho desejado".

Nesta senda, não pode o Ministério Público requestar que a autoridade policial represente medida cautelar não pleiteada pela polícia judiciária no curso do procedimento investigativo. Neste caso deve o próprio MP requerer ao juízo competente a decretação da medida respectiva (prisão, busca e apreensão, interceptação telefônica) e, uma vez expedidos os mandados, solicitar o retorno dos autos à seara policial para materialização da diligência.

## 5.12. ARQUIVAMENTO DE INQUÉRITO POLICIAL

O delegado de polícia não poderá mandar arquivar inquérito policial (artigo 17 do CPP[87]) – princípio da indisponibilidade. O procedimento de arquivamento do inquérito policial foi modificado pelo Pacote Anticrime (a nova redação do artigo 28 do Código de Processo Penal está suspensa por decisão do Ministro Luiz Fux, nos autos de ADIs propostas contra a Lei 13.964/19).

---

85. Art. 16. O Ministério Público não poderá requerer a devolução do inquérito à autoridade policial, senão para novas diligências, imprescindíveis ao oferecimento da denúncia.
86. NUCCI, Guilherme de Souza. **Obra acima citada**, página 153.
87. Art. 17. A autoridade policial não poderá mandar arquivar autos de inquérito.

## Eis síntese do arquivamento antes e depois da Lei 13.964/19:

| ANTES DA LEI 13.964/19 | DEPOIS DA LEI 13.964/19 |
|---|---|
| O inquérito só pode ser arquivado por ordem do juiz, a pedido do Ministério Público[88] - por entender que o fato é atípico, que a prescrição da pretensão punitiva já se implementou, em face da morte do agente, dentre outras hipóteses (antes do Pacote Anticrime o arquivamento do inquérito policial se traduz em ato complexo).<br><br>Caso discorde das razões elencadas pelo Ministério Público no seu requerimento, o juiz, **enquanto fiscal do princípio da obrigatoriedade** (função anômala exercida pelo magistrado), deve mandar os autos de inquérito policial ao Procurador-Geral de Justiça (ou Câmara de Coordenação e Revisão, no plano federal – artigo 62, inciso IV, da Lei Complementar 75/93) para análise. Se este concordar com os argumentos do magistrado, deve oferecer denúncia ou indicar membro do Ministério Público para fazê-lo em seu nome (a indicação não deve recair sobre o promotor de justiça que requereu o arquivamento, sob pena de ofensa ao princípio da independência funcional). Caso o Procurador-Geral de Justiça concorde com as razões do promotor de justiça que requereu o arquivamento, deverá o magistrado mandar arquivar o feito. | O inquérito passa a ser arquivado pelo membro do Ministério Público, que deverá remeter sua decisão à instância de revisão ministerial na forma da lei para fins de homologação.<br><br>O arquivamento deve ser comunicado à vítima, à autoridade policial e ao investigado (a lei não determina que o arquivamento seja comunicado ao juiz das garantias, mas penso que tal providência é importante para este tenha ciência da decisão ministerial).<br><br>Se a vítima, ou seu representante legal, não concordar com o arquivamento do inquérito policial, poderá, no prazo de 30 dias do recebimento da comunicação, submeter a matéria à revisão da instância competente do órgão ministerial, conforme dispuser a respectiva lei orgânica.<br><br>A meu ver, a lista dos legitimados a apresentar razões para combater a decisão de arquivamento à instância de revisão no âmbito do Ministério Público merece ampliação por parte do intérprete. Penso ser possível ao delegado de polícia e ao próprio investigado remeter, no prazo de 30 dias, pedido de revisão da decisão de arquivamento do procedimento apuratório. A autoridade policial deverá demonstrar a existência de elementos que indiquem efetiva prática de crime a ser elucidado e a necessidade de continuidade do inquérito. Já o investigado deve ser legitimado, pois pode desejar a mudança do fundamento do arquivamento (para que fique claro na decisão, por exemplo, a atipicidade do fato).<br><br>Nas ações penais relativas a crimes praticados em detrimento da União, Estados e Municípios, a revisão do arquivamento do inquérito policial poderá ser provocada pela chefia do órgão a quem couber a sua representação judicial. |

---

88. Anote-se que a vítima de crime de ação penal pública incondicionada não tem direito líquido e certo de impedir o pedido de arquivamento manejado pelo Ministério Público (STJ, Corte Especial, MS 21.081/DF, rel. Min. Raul Araújo, julgado em 17/6/2015, DJe 4/8/2015).

Eis comparativo entre as redações (revogada e atual) do artigo 28 do Código de Processo Penal:

| REDAÇÃO ANTERIOR AO PACOTE ANTICRIME | REDAÇÃO DETERMINADA PELO PACOTE ANTICRIME |
|---|---|
| Art. 28. Se o órgão do Ministério Público, ao invés de apresentar a denúncia, requerer o arquivamento do inquérito policial ou de quaisquer peças de informação, o juiz, no caso de considerar improcedentes as razões invocadas, fará remessa do inquérito ou peças de informação ao procurador-geral, e este oferecerá a denúncia, designará outro órgão do Ministério Público para oferecê-la, ou insistirá no pedido de arquivamento, ao qual só então estará o juiz obrigado a atender. | Art. 28. Ordenado o arquivamento do inquérito policial ou de quaisquer elementos informativos da mesma natureza, o órgão do Ministério Público comunicará à vítima, ao investigado e à autoridade policial e encaminhará os autos para a instância de revisão ministerial para fins de homologação, na forma da lei.<br><br>§ 1º Se a vítima, ou seu representante legal, não concordar com o arquivamento do inquérito policial, poderá, no prazo de 30 (trinta) dias do recebimento da comunicação, submeter a matéria à revisão da instância competente do órgão ministerial, conforme dispuser a respectiva lei orgânica.<br><br>§ 2º Nas ações penais relativas a crimes praticados em detrimento da União, Estados e Municípios, a revisão do arquivamento do inquérito policial poderá ser provocada pela chefia do órgão a quem couber a sua representação judicial. |

A decisão do legislador (de outorgar a decisão acerca do arquivamento do inquérito policial ao Ministério Público) é polêmica, vez que o arquivamento não produzirá mais, em nenhuma hipótese, coisa julgada material (em algumas situações esta era possível na sistemática anterior, como no arquivamento calcado no reconhecimento da atipicidade da conduta, por exemplo – abaixo tecerei comentários mais detalhados sobre o tema). Não me parece possível reconhecer existência de coisa julgada material em sede de decisão prolatada pelo Ministério Público. Assim, diante de prova nova, a vingar a nova sistemática implantada pelo Pacote Anticrime[89], será possível, em tese, propositura de ação penal em todos os casos criminais arquivados por decisão do Ministério Público (mesmo se o arquivamento for determinado por reconhecimento de atipicidade ou existência de causa excludente de antijuridicidade), caso não tenha se implementado a prescrição da pretensão punitiva.

Para evitar esse "efeito colateral" da mudança legislativa, penso ser possível manejo de habeas corpus, em favor do investigado, com o fito de trancar

---

89. Reforço que o artigo 28 do CPP, com redação determinada pelo Pacote Anticrime, foi suspenso por decisão do Ministro Luiz Fux nos autos das ADIN 6.298, 6.299, 6.300 e 6.305.

definitivamente o caso criminal em face de arquivamento do inquérito policial por decisão do Ministério Público (com isso, existirá decisão judicial, passível de consequente coisa julgada material). Outra possibilidade: defesa da impossibilidade de manejo de ulterior ação penal em face de arquivamento de inquérito por decisão do Ministério Público com base no princípio da unidade (a decisão de arquivar o feito não é do promotor que o arquiva ou do órgão revisional que homologa a decisão e sim do Ministério Público – assim, se o órgão entendeu que o fato é atípico, por exemplo, não seria possível a outro promotor propor ação penal em face do mesmo caso criminal).

Numa realidade anterior ao Pacote Anticrime (ainda válida em face da suspensão da nova redação do artigo 28 do CPP por decisão do STF), se o crime for praticado por investigado que detém foro por prerrogativa de função no Supremo Tribunal Federal, o pedido de arquivamento do apuratório manejado pelo Procurador-Geral da República deve ser aceito pelo relator (nos termos do artigo 21, inciso XV, do Regimento Interno do STF), vez que é inviável a aplicação do artigo 28 do CPP (em sua redação revogada pela Lei 13.964/19). Eis acórdão elucidativo:

> EMENTA: DENÚNCIA CONTRA SENADOR DA REPÚBLICA E OUTROS AGENTES. PEDIDO DE ARQUIVAMENTO DO INQUÉRITO PELO ENTÃO PROCURADOR-GERAL DA REPÚBLICA. POSTERIOR OFERECIMENTO DA DENÚNCIA POR SEU SUCESSOR. RETRATAÇÃO TÁCITA. AUSÊNCIA DE NOVAS PROVAS. IMPOSSIBILIDADE. À luz de copiosa jurisprudência do Supremo Tribunal Federal, no caso de inquérito para apuração de conduta típica em que a competência originária seja da Corte, o pedido de arquivamento pelo procurador-geral da República não pode ser recusado. Na hipótese dos autos, o procurador-geral da República requerera, inicialmente, o arquivamento dos autos, tendo seu sucessor oferecido a respectiva denúncia sem que houvessem surgido novas provas. Na organização do Ministério Público, vicissitudes e desavenças internas, manifestadas por divergências entre os sucessivos ocupantes de sua chefia, não podem afetar a unicidade da instituição. A promoção primeira de arquivamento pelo Parquet deve ser acolhida, por força do entendimento jurisprudencial pacificado pelo Supremo Tribunal Federal, e não há possibilidade de retratação, seja tácita ou expressa, com o oferecimento da denúncia, em especial por ausência de provas novas. Inquérito arquivado, em relação ao senador da República, e determinada a remessa dos autos ao Juízo de origem, quanto aos demais denunciados[90].

Idêntico entendimento é adotado pelo Superior Tribunal de Justiça, quando há pedido de arquivamento manejado pelo Ministério Público, em relação a inquérito que apure crime supostamente praticado por detentor de foro no Tribunal da Cidadania:

---

90. STF, Tribunal Pleno, Inq 2028, relatora Min. Ellen Gracie, relator para o acórdão Min. Joaquim Barbosa, julgado em 28/04/2004, DJ 16/12/2005.

> PENAL E PROCESSUAL PENAL. INQUÉRITO. GOVERNADOR DE ESTADO. CRIMES CONTRA A ADMINISTRAÇÃO PÚBLICA E LAVAGEM DE ATIVOS. PEDIDO DE ARQUIVAMENTO FORMULADO PELO MINISTÉRIO PÚBLICO FEDERAL. AUSÊNCIA DE PROVAS CONTRA O DETENTOR DE PRERROGATIVA DE FORO. TITULAR DA AÇÃO PENAL PÚBLICA ("DOMINUS LITIS"). IRRECUSABILIDADE. PRECEDENTES DO STJ. ARQUIVAMENTO E DECLÍNIO DA COMPETÊNCIA DETERMINADOS.
> 1. Em hipóteses como a presente, na linha da orientação jurisprudencial firmada no Supremo Tribunal Federal e neste Tribunal Superior, não há como deixar de acolher o requerimento de arquivamento do inquérito formulado pelo Ministério Público Federal, assentado nos elementos fático-probatórios dos autos, afirmando que não justificam a instauração da persecução penal contra o investigado com prerrogativa de foro perante esta Corte Superior. 2. Arquivamento parcial acolhido, com determinação de encaminhamento dos autos ao Juízo competente para continuidade das investigações contra os coinvestigados[91].

O arquivamento pode ser lastreado inclusive em eventual falta de trilha investigativa a ser seguida com vistas a elucidar o delito apurado. Não há porque manter um apuratório aberto indefinidamente com a ilusão de que todos os crimes são solucionáveis. Não o são. É preciso entender que a tramitação de um inquérito policial consome dinheiro público, tempo da autoridade policial e de seus agentes, dentre outros insumos. Assim, caso o delegado de polícia entenda que não há mais elementos informativos e probantes a produzir com o fito de descortinar a prática delitiva, a melhor saída é relatar o feito sugestionando o seu arquivamento.

Não se pode perder de vista, ainda, que é possível que o delegado de polícia continue a apurar o caso (mesmo com o feito arquivado), se tiver notícia de outros elementos de prova (e essas novas provas podem fundamentar ulterior desarquivamento do feito), na forma do artigo 18 do CPP (apesar do artigo em questão não ter sido modificado pelo Pacote Anticrime para ser adequado à nova redação do artigo 28 do Código de Processo Penal, ele tem aplicação mesmo em relação ao arquivamento determinado pelo Ministério Público):

> Art. 18. Depois de ordenado o arquivamento do inquérito pela autoridade judiciária, por falta de base para a denúncia, a autoridade policial poderá proceder a novas pesquisas, se de outras provas tiver notícia.

Importante destacar que, depois de arquivado o inquérito, eventual ação penal só pode ser iniciada após colheita de novas provas – inteligência da Súmula 524 do Supremo Tribunal Federal (porque tal decisão de arquivamento – a que se funda em falta de base para denúncia – não produz coisa julgada material). O verbete pode continuar sendo aplicado mesmo em face da modificação

---

91. STJ, QO no Inq 1.041/DF, rel. Min. Luis Felipe Salomão, Corte Especial, julgado em 05/10/2016, DJe 26/10/2016.

da redação do artigo 28 do Código de Processo Penal (numa realidade que contempla o arquivamento sendo determinado pelo Ministério Público):

> Súmula 524. Arquivado o inquérito policial, por despacho do juiz, a requerimento do promotor de justiça, não pode a ação penal ser iniciada, sem novas provas.

A doutrina comenta a possibilidade ou não do chamado arquivamento implícito. Explico. Quando o Ministério Público recebe os autos relatados de inquérito policial com vista, pode tomar basicamente quatro caminhos: a) denunciar; b) requisitar novas diligências ao aparelho policial (artigo 16 do CPP); c) declinar de sua atribuição (e sugestionar ao juízo que decline de sua competência); d) requerer o arquivamento do inquérito policial (ou determinar o arquivamento do feito, nos termos da nova redação do artigo 28 do Código de Processo Penal). Caso o promotor de justiça/procurador da república decida denunciar alguns dos indiciados e não todos, poder-se-ia entender que ele decidiu requerer (ou determinar – nova redação do artigo 28 do CPP) o arquivamento (ainda que implicitamente) do procedimento investigativo em relação aos que deixaram de ser denunciados (e esse arquivamento implícito seria subjetivo, por dizer respeito a pessoas).

Há outra possibilidade. Caso o promotor de justiça/procurador da república opte por denunciar o indiciado apenas por parte dos crimes a ele imputados pelo delegado de polícia, poder-se-ia entender que se operou o pedido (ou determinação, nos termos da nova redação do artigo 28 do CPP) de arquivamento implícito em face dos fatos criminosos que ficaram de fora da exordial acusatória (aqui estaríamos falando de arquivamento implícito objetivo).

A tendência da jurisprudência tupiniquim é considerar não ser possível o arquivamento implícito, vez que o procedimento legal de arquivamento de inquérito policial se completa com a chancela judicial, após requerimento do MP (numa realidade anterior ao Pacote Anticrime) ou na decisão expressa do Ministério Público com submissão do arquivamento à instância de revisão ministerial assim definida em lei (realidade posterior ao Pacote Anticrime). Neste sentido, Guilherme de Souza Nucci[92], para quem "não existe, tecnicamente, pedido de arquivamento implícito ou tácito".

Destarte, a melhor solução em caso de omissão de indiciados ou de fatos criminosos imputados a estes na denúncia é o juiz das garantias, percebendo a omissão, abrir vista dos autos ao Ministério Público para que se manifeste cabalmente acerca da sua intenção de arquivar o procedimento investigativo em face dos indivíduos ou fatos omitidos (a omissão pode ter sido involuntária – caso de inquérito com grande número de indiciados ou de fatos criminosos apurados, por exemplo).

---

92. NUCCI, Guilherme de Souza. **Obra acima citada**, página 160.

Vejamos aresto do Tribunal da Cidadania[93] acerca do tema:

> O não oferecimento imediato da denúncia com relação ao Paciente não implica na renúncia tácita ao jus puniendi estatal, pois o princípio da indivisibilidade não é aplicável à ação penal pública incondicionada, diferentemente da ação penal privada. Segundo o ordenamento jurídico pátrio, o arquivamento da ação penal pública depende de pedido expresso do Ministério Público, e somente pode ser determinado pelo Juiz.

Há outro conceito importante a ser discutido. Trata-se do arquivamento indireto. Aqui o Ministério Público finda entendendo que não tem atribuição para oferecer denúncia diante do caso investigado em inquérito policial e sugere ao juízo o declínio da competência em favor de outro órgão jurisdicional.

Caso o magistrado não aceite o posicionamento do Ministério Público, afirmando sua competência para processamento do feito, não pode ele obrigar citado órgão a ofertar a inicial acusatória. Nesta senda, criou-se a construção do pedido de arquivamento indireto, no âmbito do Supremo Tribunal Federal. A tese conclui no sentido de que o magistrado deve receber o não oferecimento de denúncia calcado na incompetência do juízo como se pedido de arquivamento indireto fosse, tomando a providência descrita no artigo 28 do CPP (na nova redação do dispositivo, determinada pelo Pacote Anticrime, o magistrado deve remeter o inquérito ao órgão revisional do Ministério Público, tal qual determinado em lei). Vale dizer, em situações deste jaez, o Ministério Público terá a última palavra quando entender que fenece atribuição a ele para oferta da exordial acusatória (em caso de concordância do órgão revisional com a manifestação do membro com atuação junto ao primeiro grau, estaria o magistrado obrigado a remeter o feito ao juízo indicado na promoção). Esta é a lição de Pacelli[94].

Cumpre salientar que o arquivamento de inquérito policial que se fundamenta na atipicidade do fato faz coisa julgada material, impossibilitando manejo ulterior de ação penal, numa realidade anterior ao Pacote Anticrime:

> DIREITO PENAL. HABEAS CORPUS. PEDIDO DE TRANCAMENTO DA AÇÃO PENAL. ARQUIVAMENTO DO FEITO. RECONHECIMENTO DE ATIPICIDADE DO FATO. DECISÃO PROFERIDA POR JUÍZO ABSOLUTAMENTE INCOMPETENTE. PERSECUÇÃO PENAL NA JUSTIÇA MILITAR POR FATO ANALISADO NA JUSTIÇA COMUM. IMPOSSIBILIDADE: CONSTRANGIMENTO ILEGAL CARACTERIZADO. INSTAURAÇÃO DE AÇÃO PENAL PERANTE O JUÍZO COMPETENTE. IMPOSSIBILIDADE. COISA JULGADA. PRECEDENTES. HABEAS CORPUS CONCEDIDO. 1. A teor do entendimento pacífico desta Corte, o trancamento da ação penal pela via de habeas corpus é medida de exceção, admissível quando emerge dos autos, de forma inequívoca, entre outras hipóteses, a atipicidade do fato. 2. A decisão

---

93. STJ, HC 95344/RJ, 5ª. Turma, Rel. Min. Jorge Mussi, Rel. para o Acórdão Min. Laurita Vaz, DJE 15/12/09.
94. DE OLIVEIRA, Eugênio Pacelli. **Obra acima citada**, páginas 65 e 66.

de arquivamento do inquérito policial no âmbito da Justiça Comum, em virtude de promoção ministerial no sentido da atipicidade do fato e da incidência de causa excludente de ilicitude, impossibilita a instauração de ação penal perante a Justiça Especializada, uma vez que o Estado-Juiz já se manifestou sobre o fato, dando-o por atípico (precedentes). Ainda que se trate de decisão proferida por juízo absolutamente incompetente, deve-se reconhecer a prevalência dos princípios do favor rei, favor libertatis e ne bis in idem, de modo a preservar a segurança jurídica que o ordenamento jurídico demanda. Precedentes. 4. Ordem concedida, acolhido o parecer ministerial, para trancar a Ação Penal n.º 484-00.2008.921.0004, em trâmite perante a Auditoria Militar de Passo Fundo/RS[95].

No que toca ao arquivamento de inquérito policial em face do reconhecimento de causa excludente de ilicitude, há divergência jurisprudencial (também considerando a redação revogada do artigo 28 do Código de Processo Penal). O Superior Tribunal de Justiça entende que a decisão de arquivamento faz coisa julgada formal e material:

RECURSO ORDINÁRIO EM HABEAS CORPUS. ART. 1º, §§ 2º E 4º, DA LEI N. 9.455/1997. TRANCAMENTO DA AÇÃO PENAL. BIS IN IDEM. OCORRÊNCIA. DECISÃO DA JUSTIÇA MILITAR QUE DETERMINOU O ARQUIVAMENTO DE INQUÉRITO POLICIAL MILITAR COM BASE EM EXCLUDENTE DE ILICITUDE. COISA JULGADA MATERIAL. OFERECIMENTO DE DENÚNCIA POSTERIOR PELOS MESMOS FATOS. IMPOSSIBILIDADE. CONSTRANGIMENTO ILEGAL EVIDENCIADO. 1. A par da atipicidade da conduta e da presença de causa extintiva da punibilidade, o arquivamento de inquérito policial lastreado em circunstância excludente de ilicitude também produz coisa julgada material. 2. Levando-se em consideração que o arquivamento com base na atipicidade do fato faz coisa julgada formal e material, a decisão que arquiva o inquérito por considerar a conduta lícita também o faz, isso porque nas duas situações não existe crime e há manifestação a respeito da matéria de mérito. 3. A mera qualificação diversa do crime, que permanece essencialmente o mesmo, não constitui fato ensejador da denúncia após o primeiro arquivamento. 4. Recurso provido para determinar o trancamento da ação penal[96].

Já o Supremo Tribunal Federal entende que a decisão faz coisa julgada formal, apenas:

EMENTA Habeas corpus. Processual Penal Militar. Tentativa de homicídio qualificado (CP, art. 121, § 2º, inciso IV, c/c o art. 14, inciso II). Arquivamento de Inquérito Policial Militar, a requerimento do Parquet Militar. Conduta acobertada pelo estrito cumprimento do dever legal. Excludente de ilicitude (CPM, art. 42,

---

95. STJ, 6ª Turma, HC 173.397/RS, rel. Min. Maria Thereza de Assis Moura, julgado em 17/03/2011, DJe 11/04/2011.
96. STJ, RHC 46.666/MS, 6ª Turma, rel. Min. Sebastião Reis Júnior, julgado em 05/02/2015, DJe 28/04/2015.

inciso III). Não configuração de coisa julgada material. Entendimento jurisprudencial da Corte. Surgimento de novos elementos de prova. Reabertura do inquérito na Justiça comum, a qual culmina na condenação do paciente e de corréu pelo Tribunal do Júri. Possibilidade. Enunciado da Súmula nº 524/STF. Ordem denegada. 1. O arquivamento de inquérito, a pedido do Ministério Público, em virtude da prática de conduta acobertada pela excludente de ilicitude do estrito cumprimento do dever legal (CPM, art. 42, inciso III), não obsta seu desarquivamento no surgimento de novas provas (Súmula nº 5241/STF). Precedente. 2. Inexistência de impedimento legal para a reabertura do inquérito na seara comum contra o paciente e o corréu, uma vez que subsidiada pelo surgimento de novos elementos de prova, não havendo que se falar, portanto, em invalidade da condenação perpetrada pelo Tribunal do Júri. 3. Ordem denegada[97].

Cumpre destacar que o Supremo Tribunal Federal, no bojo do INQ 4420 (relator Ministro Gilmar Mendes), determinou o arquivamento de procedimento investigativo, em face de pleito de declínio de competência (o Pretório Excelso entendeu que o apuratório era fadado ao insucesso). O precedente é verdadeira decisão de arquivamento de ofício (algo impensável quando se estuda a legislação processual penal tupiniquim, numa realidade anterior ao Pacote Anticrime, que concebia o arquivamento como uma decisão complexa, como ressaltado supra – depende de pedido do Ministério Público e homologação judicial). Eis a decisão (grifos meus):

> Inquérito. 2. Competência originária. 3. Penal e Processual Penal. 4. Embora o STF tenha assentado que a prerrogativa de foro dos parlamentares federais é limitada aos crimes cometidos durante o exercício do cargo e relacionados às funções desempenhadas (AP 937 QO, Rel. Min. Roberto Barroso, julgada em 3.5.2018) e que essa linha interpretativa deve-se aplicar imediatamente aos processos em curso, o controle sobre a legitimidade da investigação deve ser realizado pelo Judiciário. 5. Conforme o art. 231, § 4º, "e", do RISTF, o relator deve determinar o arquivamento do inquérito, quando verificar a ausência de indícios mínimos de autoria ou materialidade, nos casos em que forem descumpridos os prazos para a instrução do inquérito. 6. A declinação da competência em uma investigação fadada ao insucesso representaria apenas protelar o inevitável, violando o direito à duração razoável do processo e à dignidade da pessoa humana. 7. Ante o exposto, rejeito o pedido de declinação da competência e determino o arquivamento do inquérito, na forma do art. 231, § 4º, "e", do Regimento Interno do STF, observado o disposto no art. 18 do Código de Processo Penal[98].

---

97. STF, 2ª Turma, HC 125101, Rel. Min. Teori Zavascki, rel. p/ Acórdão: Min. Dias Toffoli, julgado em 25/08/2015, DJe-180, divulgado em 10/09/2015, publicado 11/09/2015.

98. STF, Inq 4420, Relator(a): Min. GILMAR MENDES, Segunda Turma, julgado em 21/08/2018, ACÓRDÃO ELETRÔNICO DJe-257 DIVULG 30-11-2018 PUBLIC 03-12-2018.

## 5.13. VALOR PROBATÓRIO

A doutrina atribui pequeno valor probatório ao inquérito, entendido como peça de informação destinada a embasar o titular da ação penal à propositura da respectiva exordial acusatória. Contudo, a natureza jurídica do inquérito não é meramente informativa (não se produz apenas elementos informativos[99] no procedimento investigativo), vez que nele é possível produção de provas (cautelares e não repetíveis).

Muito se discute acerca da condenação exclusivamente com base em elementos informativos/provas colhidas na fase pré-processual. A meu ver, tal possibilidade (decreto condenatório baseado em cabedal probante colhido no inquérito) experimentou modificação substancial em face da redação do artigo 155 do CPP dada pela Lei 11.690/08. Vejamos a redação atual do mandamento:

> Art. 155. O juiz formará sua convicção pela livre apreciação da prova produzida em contraditório judicial, não podendo fundamentar sua decisão exclusivamente nos elementos informativos colhidos na investigação, ressalvadas as provas cautelares, não repetíveis e antecipadas.
>
> Parágrafo único. Somente quanto ao estado das pessoas serão observadas as restrições estabelecidas na lei civil.

A primeira parte do dispositivo é clara e celebra entendimento já verberado pela doutrina e pela jurisprudência há muito: o de que não é possível condenação com base exclusivamente em elemento informativo colhido no bojo de inquérito policial. Tal corolário é decorrente do fato de que a fase pré-processual tem natureza investigativa (o princípio do contraditório passa vigorar apenas com o início do processo). E é assim porque no curso da investigação não há que se falar em acusação (nem partes). Trata-se de procedimento administrativo cujo objetivo primeiro é elucidar fato supostamente criminoso. Vejamos aresto[100] direto e elucidativo acerca do entendimento estudado:

> Ofende a garantia constitucional do contraditório fundar-se a condenação exclusivamente em elementos informativos do inquérito policial não ratificados em juízo.

Neste sentido Maria Thereza Rocha de Assis Moura[101]:

> Para se chegar ao resultado da prova, ou seja, à conclusão sobre a veracidade ou falsidade de um fato afirmado, o juiz penal pode servir-se tanto de elementos de

---

99. Melhor esclarecendo: o elemento informativo é colhido na fase pré-processual e precisa ser repetido em juízo (sob os auspícios do contraditório e da ampla defesa) para se transmudar em prova.
100. Informativo/ STF 366.
101. MOURA, Maria Thereza Rocha de Assis. **As Reformas no Processo Penal – As novas leis de 2008 e os projetos de reforma**, São Paulo: Revista dos Tribunais, 2008, página 251.

prova (produzida em contraditório) como de informações trazidas pela investigação. Só não poderá utilizar, diz a lei, exclusivamente de dados informativos da investigação.

Como dito, a análise levada a efeito nos parágrafos supra é resultado do estudo da primeira parte do dispositivo acima transcrito. A parte final do artigo 155 do CPP revela a possibilidade de condenação com fulcro em prova colhida no curso do inquérito, caso a mesma seja cautelar (prova de natureza urgente, merecedora de produção imediata, sob pena de perda irreparável[102]), não repetível (a que não pode ser repetida no curso do processo – interceptação telefônica, por exemplo) ou antecipada (referida no artigo 156, inciso I, do CPP). Assim é que pode ser sustentada condenação em prova oriunda de interceptação telefônica judicialmente autorizada na fase investigativa, perícias feitas no curso da investigação, elementos de prova colhidos no curso de busca representada na fase de inquérito, dentre outras situações.

É certo que haverá contraditório diferido ou postergado na fase processual, com possibilidade de manifestação da defesa e da acusação acerca da prova coligida no curso do inquérito policial, mas não há como afastar a constatação de que as provas exemplificadas supra (fruto de interceptação telefônica, de quebras de sigilo bancário e fiscal, de perícias e de buscas) mesmo colhidas no inquérito podem, tranquilamente, servir à condenação (não sem antes ser oportunizado à defesa analisá-las e tentar desconstruí-las no curso do processo).

Nesta senda, cumpre discordar da lição de Manoel Messias Barbosa[103], para quem:

> A regra é que o inquérito policial tenha um valor probatório reduzido ou relativo, tendo em vista que os elementos de informação não são colhidos sob a égide do contraditório e da ampla defesa, não se pode fundamentar decisão condenatória apoiada exclusivamente no inquérito policial, senão restariam contrariados os princípios do contraditório e da ampla defesa.

E concordar, na essência, com o pensamento de Fernando Capez e Rodrigo Colnago[104]:

> Pela própria essência, o inquérito policial tem conteúdo informativo, tendo por finalidade fornecer ao Ministério Público ou ao ofendido os elementos necessários para a propositura da ação penal. Todavia, tem valor probatório, embora

---

102. NUCCI, Guilherme de Souza. **Obra acima citada**, página 21.
103. BARBOSA, Manoel Messias. **Inquérito Policial**, São Paulo: Método, 2009, página 47.
104. CAPEZ, Fernando e COLNAGO, Rodrigo. **Prática Forense Penal**, São Paulo: Saraiva, 2010, página 20.

relativo, porque os elementos de informação para proporcionar a propositura da demanda foram colhidos sem a presença do contraditório e da ampla defesa.

Prosseguem os doutrinadores[105] concluindo que "assim, por exemplo, a confissão extrajudicial, se confirmada por outros elementos colhidos durante a instrução processual, tem validade como elemento de convicção do juiz".

Vem a calhar nesta toada, lição de Maria Thereza Rocha de Assis Moura[106], que merece transcrição na íntegra:

> A legislação processual penal prevê diversas situações em que a urgência em se obterem elementos de prova úteis ao esclarecimento dos fatos justifica a antecipação de providências que, em condições normais, somente seriam realizadas em ocasião posterior, com a presença do juiz e das partes.
>
> Pense-se, por exemplo, na determinação judicial de busca e apreensão domiciliar (art. 240 e ss. do CPP), na autorização para interceptações telefônicas (Lei 9296/1996), no exame de corpo de delito (art. 158 do CPP), nos depoimentos antecipados (arts. 225 e 366 do CPP) etc.
>
> Nesses casos, é o perigo do desaparecimento ou de comprometimento na fonte da prova, pelo decurso do tempo, que outorga, excepcionalmente, uma restrição inicial ao pleno exercício do contraditório. Mas isso não significa que as partes não possam, posteriormente, exercer as prerrogativas inerentes à garantia constitucional, discutindo não só a legalidade da antecipação, mas também a validade e idoneidade dos elementos obtidos. Nesses casos, deve haver contraditório diferido.

Ventilemos exemplo. Imaginemos associação criminosa monitorada por meio de interceptação telefônica. Através das escutas judicialmente autorizadas, percebe-se o planejamento e posteriormente se constata a prática de roubo a agência bancária, rapina essa que não pôde ser evitada pelo aparelho policial. Pensemos que a autoridade policial represente busca ao juízo competente e finde logrando êxito em apreender nas casas dos investigados o armamento usado no assalto e parte do numerário roubado. Ora, exemplifiquei provas cautelares e não repetíveis (interceptação telefônica e apreensões decorrentes de busca), que podem tranquilamente servir de base à condenação dos autores do fato, depois de oportunizado o contraditório diferido na fase judicial.

O temor relacionado à impossibilidade de condenação com fulcro em elementos exclusivamente colhidas na fase pré-processual tem ligação com um passado não muito distante em que as investigações se baseavam única e exclusivamente em provas orais (confissão e depoimentos frágeis de testemunhas

---

105. CAPEZ, Fernando e COLNAGO, Rodrigo. **Obra acima citada**, página 20.
106. MOURA, Maria Thereza Rocha de Assis. **Obra acima citada**, página 253.

que, muitas das vezes, alteravam as versões dadas na delegacia quando oitivadas em juízo).

A moderna investigação, por sua vez, é calcada na interceptação das comunicações telefônicas, em quebras de sigilo fiscal e bancário e posterior perícia dos dados obtidos com o afastamento dos respectivos sigilos, trabalho de campo com filmagens e fotografias decorrentes de vigilância dos investigados, apreensões calcadas em prévio trabalho investigativo, dentre outras provas que não trazem consigo a oscilação das provas orais (não se está querendo com isso falar em tarifação da prova, inexistente em nosso ordenamento jurídico, mas, tão somente, na menor possibilidade de contraditar os meios de prova acima referenciados).

Como se verá alhures, quando tratarmos das provas em espécie, a confissão deixou de ser elemento insistentemente perseguido na seara policial. Particularmente, prefiro a negativa de autoria, sendo devidamente desconstruída por elementos e provas colhidos no curso do feito a uma confissão sem o alicerce de provas outras que a sustentem.

Em resumo pragmático, pode-se concluir que merecerão repetição obrigatória na fase judicial, sob os auspícios do contraditório, os elementos informativos orais (oitiva do outrora indiciado, agora réu, vítima, declarantes e testemunhas) e os reconhecimentos de pessoas e coisas levados a efeito na fase policial. Interceptações telefônicas e telemáticas, quebras de sigilo bancário e fiscal, apreensões e suas respectivas análises e as perícias levadas a efeito no curso do inquérito estarão sujeitas ao contraditório diferido (a defesa ou a acusação poderão contestá-las ou afirmá-las no curso do processo, demonstrando as razões fáticas e jurídicas para que sejam as mesmas consideradas ou desconsideradas pelo juízo quando da prolação da sentença) e podem, tranquilamente, lastrear ulterior sentença penal condenatória. Acerca do tema, lição de Reinaldo Rossano Alves[107]:

> Em relação a estes últimos elementos colhidos na investigação (cautelares, irrepetíveis e antecipadas), **a lei permitiu o seu emprego na formação do convencimento do juiz, ainda que de forma exclusiva, porque, na verdade, constituem provas em sentido estrito, despeito de terem sido colhidos na investigação**. Primeiro porque as provas cautelares (interceptações telefônicas, quebras de sigilo fiscal e telefônico, buscas e apreensões etc.) se exaurem em si mesmas, podendo ser contraditadas no curso do processo, o mesmo ocorrendo com os atos irrepetíveis. As provas antecipadas, colhidas desta forma sob pena de perecimento, são produzidas sob o crivo do contraditório e da ampla defesa, o que não impede que sejam contraditadas também durante a ação penal.

---

107. ALVES, Reinaldo Rossano. **Obra acima citada**, página 12, grifo meu.

## 5.14. TERMO CIRCUNSTANCIADO

A Lei 9.099/95 simplificou a apuração das infrações de menor potencial ofensivo (todas as contravenções penais e os crimes cuja pena máxima não supere 2 anos), dispensando o inquérito policial e se conformando com mero termo circunstanciado, onde será feito breve relato do ocorrido, qualificação completa do autor do fato, da vítima e das testemunhas (com resumo das versões destes personagens) e menção às perícias requisitadas (vale a pena anotar que o crime de lesões corporais leves dispensa exame pericial, conformando-se a lei com mero relatório médico – § 1º do artigo 77 da lei citada acima). O procedimento em comento prescinde de relatório final.

A meu ver, a atribuição para confecção do termo circunstanciado é da autoridade policial (leia-se delegado de polícia), inteligência do artigo 69 da Lei 9.099/95:

> Art. 69. A autoridade policial que tomar conhecimento da ocorrência lavrará termo circunstanciado e o encaminhará imediatamente ao Juizado, com o autor do fato e a vítima, providenciando-se as requisições dos exames periciais necessários.

A polícia militar e a polícia rodoviária federal não têm atribuição legal para lavrá-lo, vez que não há como atropelar os termos expressos no artigo acima transcrito. Não há como perder de vista que, apesar de simplório, o termo circunstanciado é procedimento investigativo (criado por lei para substituir, em algumas hipóteses, o inquérito policial), da alçada da polícia judiciária, portanto. Destarte, a própria natureza jurídica do procedimento impede ilação no sentido de autorizar que a polícia ostensiva o confeccione (seria construção evidentemente inconstitucional). Não há como conceber que polícias ostensivas tipifiquem discricionariamente infrações penais no bojo de procedimento investigativo (a não ser que se trate de inquérito policial militar), requisitem perícias e cumpram diligências eventualmente requisitadas pelo Ministério Público depois de finalizado o feito. Neste sentido Manoel Messias Barbosa[108]:

> Discute-se entre renomados doutrinadores se a polícia militar também pode elaborar o Termo Circunstanciado. Sempre se entendeu que a Autoridade Policial é o Delegado de Polícia. O artigo 144, § 4º, da Constituição Federal dispõe que "às polícias civis, dirigidas por Delegados de Polícia de carreira, incumbem, ressalvada a competência da União, as funções de polícia judiciária e a apuração das infrações penais, exceto militares". O artigo 69 da Lei 9.009, de 26 de setembro de 1995, atribui competência à Autoridade Policial para a elaboração do Termo Circunstanciado. Nenhuma referência foi feita à Polícia Militar.

---

108. BARBOSA, Manoel Messias. **Obra acima citada**, página 60.

Ainda acerca da presidência do termo circunstanciado, o § 1º do artigo 2º da Lei 12.830/13, colocou ponto final na celeuma (aclarando o que, no meu sentir, já era de uma clareza solar), nos seguintes termos:

> Art. 2º As funções de polícia judiciária e a apuração de infrações penais exercidas pelo delegado de polícia são de natureza jurídica, essenciais e exclusivas de Estado.
>
> § 1º Ao delegado de polícia, na qualidade de autoridade policial, cabe a condução da investigação criminal por meio de inquérito policial ou outro procedimento previsto em lei, que tem por objetivo a apuração das circunstâncias, materialidade e autoria das infrações penais.

Reforçando o quanto afirmado pelo dispositivo acima transcrito, a Lei 13.047/14 modificou a Lei 9.266/96, deixando claro que o delegado de polícia federal é a autoridade policial no âmbito da polícia judiciária da União:

> Art. 2º-A. A Polícia Federal, órgão permanente de Estado, organizado e mantido pela União, para o exercício de suas competências previstas no § 1º do art. 144 da Constituição Federal, fundada na hierarquia e disciplina, é integrante da estrutura básica do Ministério da Justiça.
>
> Parágrafo único. Os ocupantes do cargo de Delegado de Polícia Federal, autoridades policiais no âmbito da polícia judiciária da União, são responsáveis pela direção das atividades do órgão e exercem função de natureza jurídica e policial, essencial e exclusiva de Estado.

O entendimento defendido nesta obra tem apoio na jurisprudência tupiniquim:

> EMENTA: MANDADO DE SEGURANÇA CRIMINAL. NULIDADE DA DECISÃO QUE CONCEDEU À POLÍCIA MILITAR A POSSIBILIDADE DE EXERCER ATIVIDADES PRIVATIVAS DA POLÍCIA JUDICIÁRIA. OFENSA AO ARTIGO 144, CAPUT, INC. IV E V E §§ 4º E 5º, DA CONSTITUIÇÃO FEDERAL. PRECEDENTES DO STF. SEGURANÇA CONCEDIDA. 1. A Constituição Federal dispõe acerca das competências funcionais dos órgãos de segurança pública do Estado. 2. Nos termos do artigo 144, § 4º da Constituição da República, compete à polícia judiciária, chefiada por delegados de carreira, exercer, com exclusividade, os atos de investigação criminal. 3. É nula qualquer decisão que atribua a órgão diverso da polícia judiciária a realização de atos de investigação criminal, daí incluídos a lavratura de Termo de Compromisso de Comparecimento e Boletins de Ocorrência, uma vez que viola o texto constitucional. Precedentes do STF. 4. Segurança Concedida[109].

Eis manifestações do Supremo Tribunal Federal, também no sentido de não ser possível outorgar atribuição para lavratura de termo circunstanciado às polícias preventivas:

---

109. TJ/MG, Mandado de Segurança 1.0000.11.052202-6/000, 7ª Câmara Criminal, rel. Des. Marcílio Eustáquio Santos, j. 03/05/2012.

Por entender caracterizada a violação ao § 4º do art. 144 da CF ("Art. 144. ... § 4º. Às polícias civis, dirigidas por delegados de polícia de carreira, incumbem, ressalvada a competência da União, as funções de polícia judiciária e a apuração de infrações penais, exceto as militares."), o Tribunal, por maioria, julgou procedente pedido formulado em ação direta ajuizada pelo Conselho da Ordem dos Advogados do Brasil para declarar a inconstitucionalidade do Decreto 1.557/2003, do Estado do Paraná, que prevê que, nos Municípios em que o Departamento de Polícia Civil não contar com servidor de carreira para o desempenho das funções de Delegado de Polícia de carreira, o atendimento nas Delegacias de Polícia será realizado por Subtenente ou Sargento da Polícia Militar, os quais elaborarão o termo circunstanciado, realizarão o atendimento à população para o registro de ocorrências, encaminhando os respectivos documentos à Delegacia de Polícia da sede da Comarca, bem como terão direito a uma indenização de representação. Vencido, parcialmente, o Min. Gilmar Mendes, relator, que, por considerar que o referido Decreto não delega competência constitucional dos delegados de polícia aos policiais militares, julgava procedente, em parte, o pedido, para declarar a inconstitucionalidade do art. 7º da norma impugnada, por ofensa ao art. 84, VI, a, da CF, que atribui ao Presidente da República a competência privativa para dispor, mediante decreto, sobre a organização e o funcionamento da Administração federal, quando não implicar aumento de despesa nem criação ou extinção de órgãos públicos. ADI 3614/PR, rel. orig. Min. Gilmar Mendes, rel. p/ o acórdão Min. Cármen Lúcia, 20.9.2007. (ADI-3614).[110]

AGRAVO REGIMENTAL NO RECURSO EXTRAORDINÁRIO. ADMINISTRATIVO. AÇÃO DIRETA DE INCONSTITUCIONALIDADE ESTADUAL. SERVIÇO PÚBLICO. POLÍCIA MILITAR. ATRIBUIÇÃO PARA LAVRAR TERMO CIRCUNSTANCIADO. LEI 9.099/95. ATIVIDADE DE POLÍCIA JUDICIÁRIA. ACÓRDÃO RECORRIDO EM HARMONIA COM O ENTENDIMENTO DO SUPREMO. AUSÊNCIA DE PREQUESTIONAMENTO. AGRAVO REGIMENTAL DESPROVIDO. 1. O Tribunal de origem não se pronunciou sobre o artigo 125, § 2º, da Constituição Federal, e os embargos de declaração interpostos não mencionaram a referida norma, evidenciando a ausência do necessário prequestionamento da matéria constitucional, a inviabilizar o conhecimento do extraordinário. 2. A Súmula 282/STF: "É inadmissível o recurso extraordinário, quando não ventilada, na decisão recorrida, a questão federal suscitada". 3. O controle de constitucionalidade da Lei nº 3.514/10 foi realizado pelo Colegiado a quo tendo como parâmetro as normas dos artigos 115 e 116 da Constituição do Estado do Amazonas que, por sua vez, repetem as regras estabelecidas no artigo 144 da Constituição Federal, razão porque não há se falar em ilegalidade, mas sim em inconstitucionalidade. 4. Agravo Regimental a que se nega provimento (RE 702617 AgR, Relator(a): Min. LUIZ FUX, Primeira Turma, julgado em 26/02/2013, ACÓRDÃO ELETRÔNICO DJe-054 DIVULG 20-03-2013 PUBLIC 21-03-2013).

No que toca à natureza jurídica do termo circunstanciado (procedimento investigativo, a meu juízo, como dito supra), é importante, ainda, trazer à baila decisão do Supremo Tribunal Federal nos autos da ADI 3807. O

---

110. Informativo 480/STF (referente à ADIN 3614).

Pretório Excelso, ao analisar a constitucionalidade do § 3º do artigo 48 da Lei 11.343/06[111], entendeu que o termo circunstanciado tem natureza jurídica de mero registro de ocorrência e considerou constitucional a atribuição do magistrado para sua lavratura:

> AÇÃO DIRETA DE INCONSTITUCIONALIDADE. § 3º DO ART. 48 DA LEI N. 11.343/2006. PROCESSAMENTO DO CRIME PREVISTO NO ART. 28 DA LEI N. 11.343/2006. ATRIBUIÇÃO À AUTORIDADE JUDICIAL DE LAVRATURA DE TERMO CIRCUNSTANCIADO E REQUISIÇÃO DOS EXAMES E PERÍCIAS NECESSÁRIOS. CONSTITUCIONALIDADE. INEXISTÊNCIA DE ATO DE INVESTIGAÇÃO. INOCORRÊNCIA DE ATRIBUIÇÃO DE FUNÇÃO DE POLÍCIA JUDICIÁRIA AO PODER JUDICIÁRIO. AÇÃO DIRETA JULGADA IMPROCEDENTE (ADI 3807, Relator(a): CÁRMEN LÚCIA, Tribunal Pleno, julgado em 29/06/2020, PROCESSO ELETRÔNICO DJe-201 DIVULG 12-08-2020 PUBLIC 13-08-2020).

Com todas as vênias, e como já desenhado supra, sigo firme sustentando a natureza jurídica do termo circunstanciado enquanto procedimento investigativo substitutivo do inquérito policial, cuja lavratura só pode ser presidida por delegado de polícia (a quem compete tipificar a notícia de crime coercitiva, decidindo pelo procedimento investigativo a ser deflagrado).

Nos termos do entendimento do Supremo Tribunal Federal acima transcrito, é o magistrado quem "decidirá", a priori, se pessoa flagrada portando drogas ilícitas cometeu o crime do artigo 28 ou o delito do artigo 33, ambos da Lei 11.343/06, para fins de início do procedimento investigativo (essa atribuição, indubitavelmente, é do delegado de polícia). O enfrentamento, pelo juiz,

---

111. Art. 48. O procedimento relativo aos processos por crimes definidos neste Título rege-se pelo disposto neste Capítulo, aplicando-se, subsidiariamente, as disposições do Código de Processo Penal e da Lei de Execução Penal.
§ 1º O agente de qualquer das condutas previstas no art. 28 desta Lei, salvo se houver concurso com os crimes previstos nos arts. 33 a 37 desta Lei, será processado e julgado na forma dos arts. 60 e seguintes da Lei nº 9.099, de 26 de setembro de 1995, que dispõe sobre os Juizados Especiais Criminais.
§ 2º Tratando-se da conduta prevista no art. 28 desta Lei, não se imporá prisão em flagrante, devendo o autor do fato ser imediatamente encaminhado ao juízo competente ou, na falta deste, assumir o compromisso de a ele comparecer, lavrando-se termo circunstanciado e providenciando-se as requisições dos exames e perícias necessários.
**§ 3º Se ausente a autoridade judicial, as providências previstas no § 2º deste artigo serão tomadas de imediato pela autoridade policial, no local em que se encontrar, vedada a detenção do agente.**
§ 4º Concluídos os procedimentos de que trata o § 2º deste artigo, o agente será submetido a exame de corpo de delito, se o requerer ou se a autoridade de polícia judiciária entender conveniente, e em seguida liberado.
§ 5º Para os fins do disposto no art. 76 da Lei nº 9.099, de 1995, que dispõe sobre os Juizados Especiais Criminais, o Ministério Público poderá propor a aplicação imediata de pena prevista no art. 28 desta Lei, a ser especificada na proposta.

da notícia de crime coercitiva, sem a menor sombra de dúvida, atropela o sistema acusatório brasileiro em um dos seus pilares – a inércia do magistrado (tão importante para garantia de sua imparcialidade).

Continuemos. Via de regra, está dispensada a prisão em flagrante delito do autor do fato surpreendido praticando infração de menor potencial ofensivo, desde que ele seja encaminhado imediatamente ao Juizado Especial Criminal ou assuma o compromisso de comparecer quando intimado para tal. É a regra do parágrafo único do artigo 69 da Lei 9.099/95. A última hipótese é a mais corriqueira (via de regra, a pauta dos juizados é abarrotada, restando inviável o encaminhamento imediato do autor do fato às barras da justiça).

Não há óbice à instauração de inquérito policial para apuração de infração de menor potencial ofensivo (mais um argumento que afasta a possibilidade de polícias ostensivas confeccionarem termo circunstanciado). O inquérito policial é procedimento mais amplo e dá azo a maior possibilidade de colheita de elementos informativos e material probante. Pode ser tranquilamente levada a efeito a instauração de inquérito para apuração de infração de menor potencial ofensivo em situações não flagranciais ou nas hipóteses em que o fato a ser apurado demonstre algum grau de complexidade. A autoridade policial deve estar atenta, nestes casos, aos prazos de prescrição da pretensão punitiva apostos no artigo 109 do Código Repressivo (em geral muito exíguos no que toca às infrações de menor potencial ofensivo, que têm penas máximas muito reduzidas).

Cumpre deixar claro que não é cabível indiciamento no curso de inquérito policial que apura infração de menor potencial ofensivo, ante a ausência de previsão legal para tanto. É de se anotar que se fosse lavrado termo circunstanciado para investigar o mesmo fato, o indiciamento não ocorreria. Destarte, em festejo ao princípio da igualdade, não há que se determinar o indiciamento do autor do fato quando se instaura inquérito para apurar infração de menor potencial ofensivo. Há diversos julgados do Tribunal de Justiça do Estado de São Paulo neste sentido. Vejamos aresto elucidativo[112]:

> HABEAS CORPUS. Instauração de inquérito policial por determinação de Juiz de Direito do DIPO. Apuração de crime de desobediência supostamente praticado por funcionário o Banco Santander. Ausência de resposta a ofícios judiciais requisitórios de informações e dados de operações pertinentes a outras investigações em curso. Infração de menor potencial ofensivo. Pretensão de obstar o indiciamento formal da paciente, porquanto incompatível com a natureza consensual da Lei n° 9.099/95. Admissibilidade. Crime de desobediência. Artigo 330 do CP Infração de menor potencial ofensivo que ensejaria, no início da persecução penal, entre outros elementos de prova, a colheita de declarações da paciente e a remessa dos autos de inquérito policial para aplicação, se o caso, das medidas despenalizadoras típicas do JECRIM. **Procedimento consensual**

---

112. TJ/SP, Habeas Corpus n° 0247825-73.2011.8.26.0000, rel. Des. Almeida Toledo, j. 29/11/2011, grifo meu.

que dispensa o indiciamento, ato formal e complexo decorrente da forte suspeita de autoria que recai sobre o indivíduo investigado. Ato registrário que não se coaduna com a hipótese em análise, inclusive porque os demais inquéritos foram arquivados a pedido do Ministério Público, que entendeu não configurada desobediência. Ordem concedida para obstar o formal indiciamento. Liminar referendada.

Por fim, consigno que a Justiça Federal não é competente para processar e julgar contravenções penais, ainda que cometidas em detrimento da União, inteligência do artigo 109, inciso IV, da Constituição Federal (neste caso o termo circunstanciado ou inquérito policial instaurado para apurar o fato deve ser remetido para Justiça Estadual competente)[113].

## 5.15. INVESTIGAÇÃO CRIMINAL PRESIDIDA PELO MINISTÉRIO PÚBLICO

Tema bastante controvertido é a atuação do Ministério Público enquanto presidente de procedimento investigativo instaurado no âmbito da sua instituição, com o fito de colher elementos informativos e provas para subsidiar ação penal a ser manejada pelo próprio órgão.

Acima se delineou o inquérito policial. Procedimento administrativo investigativo presidido por delegado de polícia, no âmbito da polícia judiciária, que tem por objeto a colheita de elementos e provas que possibilitem a elucidação de fato supostamente criminoso.

A participação do Ministério Público no curso do inquérito policial é tranquila. Aliás, é salutar, já que este é o destinatário imediato do trabalho realizado pela polícia (caso detectado que o caso investigado efetivamente é criminoso). O MP pode requerer a materialização de diligências e delas participar (acompanhar oitivas, reprodução simulada dos fatos, dentre outras). É de se destacar que tal participação ativa não inviabiliza que o mesmo órgão (mesmo promotor de justiça/procurador da República) oferte denúncia, inteligência da Súmula 234 do Superior Tribunal de Justiça.

Não são poucas as vozes que entendem possível a investigação direta de fato criminoso, através de procedimento próprio levado a efeito no âmbito do Ministério Público (presidido por órgão deste). Cita-se Nestor Távora e Rosmar Rodrigues Alencar[114], para quem "é perfeitamente possível ao Ministério

---

113. Alheres se dirá (quando o assunto for competência) que a doutrina tem apontado exceção a essa regra: quando quem pratica a contravenção penal é autoridade com foro por prerrogativa de função – membro do MPF que materializa fato definido como contravenção penal, por exemplo (ele será julgado pelo TRF, que pertence à justiça federal).
114. TÁVORA, Nestor e ALENCAR, Rosmar Rodrigues. **Obra acima citada**, página 89.

Público a realização de investigações no âmbito criminal". Os doutrinadores arrematam deixando claro que "poderia assim o promotor de justiça instaurar procedimento administrativo investigatório (inquérito ministerial), e colher os elementos que repute indispensáveis, dentro de suas atribuições, para viabilizar a propositura de ação penal". Fernando Capez[115], também filiado à possibilidade de investigação direita pelo MP, aduz que "o art. 129, I, da CF confere-lhe (ao MP) a tarefa de promover privativamente a ação penal pública, à qual se destina a prova produzida no curso da investigação. Ora, quem pode o mais, que é oferecer a própria acuação formal em juízo, decerto pode o menos, que é obter os dados indiciários que subsidiem tal propositura".

Basicamente, os argumentos dos defensores da tese são: a) teoria dos poderes implícitos (que, em síntese apertada, defende que o rol de atribuições do MP prescrito pelo artigo 129 da Lei Maior é exemplificativo); b) a ideia de que quem pode o mais (oferecer denúncia e seguir no processo como parte) pode o menos (investigar para lastrear o oferecimento da exordial acusatória), dentre outros.

Já as vozes que se insurgem contra a possibilidade do MP investigar diretamente apontam os seguintes argumentos: a) inexistência desta atribuição no rol prescrito no artigo 129 da Carta da República; b) evitar a concentração excessiva e perniciosa de poderes em uma mesma instituição (cumular, por exemplo, as funções de investigar e acusar); c) desequilíbrio futuro na paridade de armas (já que o MP seria o responsável pela produção direta de provas não repetíveis), dentre outros.

Guilherme de Souza Nucci[116], engrossando as fileiras dos que não concordam com a condução direta de investigação criminal pelo Ministério Público sentencia:

> Enfim, ao Ministério Público cabe, tomando ciência da prática de um delito, requisitar a instauração da investigação pela polícia judiciária, controlar todo o desenvolvimento da persecução investigatória, requisitar diligências e, ao final, formar sua opinião, optando por denunciar ou não eventual pessoa apontada como autora. O que não lhe é constitucionalmente assegurado é produzir, sozinho, a investigação, denunciando a seguir quem considerar autor de infração penal, excluindo, integralmente, a polícia judiciária e, consequentemente, a fiscalização salutar do juiz.

No mesmo sentido Manoel Messias Barbosa[117], para quem:

> O Ministério Público é o guardião da ordem jurídica, entretanto não tem legitimidade para proceder a investigação preparatória da ação penal, já que a ele

---

115. CAPEZ, Fernando. **Obra acima citada**, página 147.
116. NUCCI, Guilherme de Souza. **Obra acima citada**, páginas 130 e 131.
117. BARBOSA, Manoel Messias. **Obra acima citada**, páginas 38 e 39.

também se confere o poder de requerer o arquivamento da documentação dos fatos, situação que o tornaria ao mesmo tempo autor e o juiz da demanda, em verdadeiro sistema inquisitório vedado pela Constituição Federal.

O estudo do tema clama pela análise da Resolução 181[118], editada pelo Conselho Nacional do Ministério Público, em 07 de agosto de 2017 (alterada pela Resolução 183/2018), que disciplinou a instauração e a tramitação de procedimento investigatório criminal no âmbito do MP, presidido por membro do órgão (PIC). O artigo 1º da referida resolução conceitua dito procedimento, afirma da dispensabilidade do mesmo para propositura de ação penal e da sua não aplicação para investigação de magistrados (a leitura do dispositivo revela enorme semelhança do procedimento regulamentado pela resolução e o inquérito policial). Vejamos:

> Art. 1º O procedimento investigatório criminal é instrumento sumário e desburocratizado de natureza administrativa e investigatória, instaurado e presidido pelo membro do Ministério Público com atribuição criminal, e terá como finalidade apurar a ocorrência de infrações penais de iniciativa pública, servindo como preparação e embasamento para o juízo de propositura, ou não, da respectiva ação penal.
>
> § 1º O procedimento investigatório criminal não é condição de procedibilidade ou pressuposto processual para o ajuizamento de ação penal e não exclui a possibilidade de formalização de investigação por outros órgãos legitimados da Administração Pública.
>
> 2º A regulamentação do procedimento investigatório criminal prevista nesta Resolução não se aplica às autoridades abrangidas pela previsão do art. 33, parágrafo único, da Lei Complementar nº 35, de 14 de março de 1979.

O artigo 4º da resolução deixa claro que a peça que deflagra o procedimento no âmbito do MP também se chama portaria, com as mesmas características da peça inicial do inquérito policial:

> Art. 4º O procedimento investigatório criminal será instaurado por portaria fundamentada, devidamente registrada e autuada, com a indicação dos fatos a serem investigados e deverá conter, sempre que possível, o nome e a qualificação do autor da representação e a determinação das diligências iniciais.
>
> Parágrafo único. Se, durante a instrução do procedimento investigatório criminal, for constatada a necessidade de investigação de outros fatos, o membro do Ministério Público poderá aditar a portaria inicial ou determinar a extração de peças para instauração de outro procedimento.

O artigo 13 da resolução prevê prazo de 90 dias para conclusão do procedimento, podendo tal elastério ser renovado quantas vezes for necessário

---

118. A Resolução 13/06 do CNMP foi revogada.

pelo próprio presidente do feito. No caso de inquérito policial, a dilação do prazo depende de manifestação do MP, porque pode este entender ser o caso de arquivamento do feito ou de imediata confecção de inicial acusatória (caso se conforme com as provas produzidas até então). Como no caso em análise o procedimento investigativo é instaurado no âmbito do MP e ele é o titular da ação penal pública, não há controle externo das sucessivas prorrogações do prazo, o que, a meu ver, é um inconveniente (penso que o controle de um órgão/instituição por outro no curso do procedimento é salutar).

A Resolução 181 do CNMP inverteu princípio norteador do inquérito policial. Enquanto neste procedimento o sigilo é a regra (artigo 20 do CPP), o artigo 15 da resolução em estudo revela que o procedimento investigativo levado a efeito no âmbito do MP é público. Penso que andou mal o normativo aqui dissecado. O sigilo é verdadeiro corolário de qualquer procedimento apuratório. É da natureza da investigação e é imprescindível ao bom termo desta que se garanta o sigilo necessário. O fato de ter o investigado/indiciado acesso aos autos de inquérito policial por seu advogado (artigo 7º do EOAB e Súmula Vinculante 14) não retira do inquérito policial seu caráter sigiloso (aliás, caso a publicidade fosse a regra, dificilmente se conseguiria colher elementos informativos e provas robustas o suficiente para esclarecer o fato investigado). O sigilo, nos termos do artigo 16 do normativo em comento, pode ser decretado pelo presidente do procedimento:

> Art. 16. O presidente do procedimento investigatório criminal poderá decretar o sigilo das investigações, no todo ou em parte, por decisão fundamentada, quando a elucidação do fato ou interesse público exigir, garantido o acesso aos autos ao investigado e ao seu defensor, desde que munido de procuração ou de meios que comprovem atuar na defesa do investigado, cabendo a ambos preservar o sigilo sob pena de responsabilização.
>
> Parágrafo único. Em caso de pedido da parte interessada para a expedição de certidão a respeito da existência de procedimentos investigatórios criminais, é vedado fazer constar qualquer referência ou anotação sobre investigação sigilosa.

As disposições relativas ao arquivamento do procedimento se assemelham às do inquérito policial (agora que o arquivamento do inquérito policial se completa no Ministério Público – nova redação do artigo 28 determinada pela Lei 13.964/19):

> Art. 19. Se o membro do Ministério Público responsável pelo procedimento investigatório criminal se convencer da inexistência de fundamento para a propositura de ação penal pública, nos termos do art. 17, promoverá o arquivamento dos autos ou das peças de informação, fazendo-o fundamentadamente.
>
> § 1º A promoção de arquivamento será apresentada ao juízo competente, nos moldes do art. 28 do Código de Processo Penal, ou ao órgão superior interno responsável por sua apreciação, nos termos da legislação vigente.

§ 2º Na hipótese de arquivamento do procedimento investigatório criminal, ou do inquérito policial, quando amparado em acordo de não persecução penal, nos termos do artigo anterior, a promoção de arquivamento será necessariamente apresentada ao juízo competente, nos moldes do art. 28 do Código de Processo Penal.

As minhas críticas à possibilidade de investigação presidida pelo Ministério Público são de ordem pragmática e jurídica. A de ordem pragmática: o órgão ministerial não possui corpo auxiliar organizado em carreira e com vocação à investigação criminal. Investigar não é somente requestar documentos e ouvir pessoas. Há que se realizar vigilâncias, fotografar e filmar encontros e entregas ilícitas, analisar ligações fruto de interceptação telefônica, dentre outras diligências que são umbilicalmente ligadas ao aparelho policial (e a agentes públicos que fizeram concurso e foram treinados pelo estado para o desempenho destas funções). Haveria que se aparelhar o MP com estrutura humana capaz de investigar (o que demanda criação de cargos específicos semelhantes ao de agente de polícia – inclusive com direito a porte de arma – e posterior realização de concurso público), dotar o órgão de viaturas caracterizadas e descaracterizadas para fins de investigação, criação de setores de inteligência com servidores aptos a analisar dados, dentre outros aspectos. É isso ou transformar a polícia judiciária em polícia ministerial (caso o procedimento seja dirigido pelo MP e as diligências efetivas de investigação sejam materializadas pelas polícias civis ou federal) ou, pior, transmudar a polícia militar ou a polícia rodoviária federal, ostensivas por determinação constitucional e destinadas a prevenir o fenômeno delitógeno, em aparelhos investigativos auxiliares do MP (subversão da ordem jurídica e do nosso sistema processual penal acusatório, a meu ver).

Vamos aos argumentos jurídicos. O sistema processual brasileiro, em que pese ser passível de ajustes, é, na essência, muito bom. Desde a fase pré-processual até a judicial, temos a participação de pelo menos três órgãos estatais (em caso de indiciado/réu pobre, há possibilidade de participação de um quarto, a Defensoria Pública, órgão incumbido da defesa de réus hipossuficientes) – a polícia (Estado-investigação), o Ministério Público (Estado-acusação) e o Poder Judiciário (Estado-juiz), sendo que a atuação destes é bem delimitada pela Constituição Federal e pelo CPP. Esclareço. O trabalho investigativo da polícia é acompanhado de perto pelo MP, destinatário imediato do inquérito e pelo juiz (em caso de representação por medida cautelar); a atuação do MP enquanto parte é avaliada pelo juiz e pela defesa no curso do processo; e as eventuais falhas do Estado-juiz podem ser corrigidas pelo manejo de recursos interpostos pelas partes.

A possibilidade do MP presidir investigação afeta o sistema de controle acima deduzido e retira, a meu ver, a independência e a imparcialidade na colheita dos elementos informativos e das provas, vez que estes terão como destinatário o próprio MP. Importantíssimo salientar que, a meu sentir, não é possível juridicamente que o mesmo membro do Ministério Público presida a investigação pré-processual e, após, ofereça denúncia. Seria clara afronta ao artigo 258 cumulado com artigo 252, inciso II, ambos do CPP, vez que, como presidente de procedimento investigativo o promotor/procurador da República finda atuando como se autoridade policial fosse e o Caderno Processual Penal afirma expressamente que tal situação se traduz em causa de impedimento (o CPP veda que uma pessoa atue como delegado de polícia e depois funcione como membro do MP no mesmo feito). Anote-se que tal situação não é protegida pela já citada Súmula 234 do STJ (o verbete fala em participação na investigação e não na condução direta de procedimento instaurado no âmbito do MP). A finalidade da hipótese de impedimento (atuar como delegado de polícia e órgão do MP no mesmo feito) é justamente evitar cumulação indevida de funções estatais distintas no seio do processo penal (situação eleita pelo legislador como deletéria a nosso sistema processual). Mas se esse entendimento é correto (órgão ministerial investigado = órgão ministerial impedido), por que essa hipótese de impedimento não está expressamente consignado no Código de Processo Penal? Simples. Porque o PIC não consta em nenhuma lei do nosso ordenamento jurídico (o procedimento presidido por órgão ministerial foi criado por meio da Resolução 181/17 do CNMP).

Bom frisar que a polícia judiciária não é personagem do futuro processo penal isso dá a ela um maior grau de isenção, vez que mais adiante não terá que defender no feito o resultado de sua investigação, como parte. Seguindo essa linha, tecendo comentário acerca do inquérito policial, Anderson Souza Daura[119] deixa claro que "a autoridade policial que o preside age em nome do Estado de forma imparcial podendo produzir prova que não só favoreça à acusação mas também à defesa pois busca a verdade real". Nesta toada, Aury Lopes Jr. e Ricardo Jacobsen Gloeckner[120] sentenciam acerca do Ministério Público:

> Outro gravíssimo inconveniente é a construção da instituição como parte imparcial. Se, no plano teórico-doutrinal, a lição de Werner Goldschmidt (anteriormente exposta) é sedutora, está equivocada, e esbarra num problema insuperável: a fragilidade do homem que é chamado a desempenhar tal função.

Outro problema muito sério do ponto de vista jurídico é que, na prática, permitir que o MP apure diretamente infrações penais dá ao órgão um poder descomunal: o de escolher o que investigar. Explico. As polícias judiciárias são obrigadas por lei a instaurar procedimento investigativo sempre que há notícia da prática de crime de ação penal pública incondicionada (inteligência do

---

119. DAURA, Anderson Souza. **Obra acima citada**, página 116.
120. LOPES JR, Aury e GLOECKNER, Ricardo Jacobsen. **Obra acima citada**, página 162.

artigo 5º, inciso I, do CPP). Já o Ministério Público (caso se permita a investigação direta), terá a possibilidade de escolher os crimes que deseja investigar diretamente (os delitos que o órgão não quiser apurar diretamente certamente serão objeto de requisição dirigida à polícia). No fim das contas, hipoteticamente falando, é possível que o intrincado esquema de desvio de verbas públicas se transmude em procedimento investigativo tocado no âmbito do Ministério Público e que a simplória prática de crime de falso testemunho no âmbito da Justiça do Trabalho vire requisição dirigida à polícia judiciária, vez que não há como controlar o aqui atacado super-poder de escolher o que investigar[121]. Nesse sentido Gustavo Badaró[122]:

> A ausência de lei cria um insuperável óbice, por possibilitar a atuação discricionária na escolha dos casos a serem investigados. Sem uma lei que determine quais casos podem ser diretamente investigados ou, ao menos, quais os critérios para se determinar tal atuação, ficaria ao livre-arbítrio do promotor de justiça escolher o que deseja e o que não quer investigar. Não raro, critérios midiáticos têm orientado tal escolha. São comuns investigações criminais realizadas pelo Ministério Público no caso de crimes cometidos por políticos, autoridades egrégias, ricos empresários ou figuras famosas. Desconhecem-se, por outro lado, investigações do Ministério Público, no caso de furto de mercearia, da lesão corporal grave etc.

Mais um ponto: o Ministério Público findou criando e regulamentando seu procedimento investigatório criminal por meio de resolução (já estudada acima) editada no âmbito do próprio órgão, à revelia do Congresso Nacional. Ora, criar e editar regras sobre procedimento investigativo criminal é invadir claramente a competência legislativa privativa da União (a quem compete legislar sobre processo penal – artigo 22, inciso I, da Constituição Federal).

Cumpre ainda deixar claro que as funções de investigar e acusar não podem ser mensuradas em sua importância e magnitude. É absolutamente falso dizer que acusar é mais que investigar (a famigerada construção de que já que o MP pode o "mais" que é acusar, pode o "menos", investigar). São atribuições estatais distintas e igualmente importantes, que foram cometidas constitucionalmente a órgãos diversos. Apenas isso. A prosperar essa ilação, poder-se-ia imaginar um procedimento investigativo criado pela Defensoria Pública por meio de resolução (se acusar é tão importante quanto defender, defender também seria atividade mais "relevante" e "nobre" que investigar). O pensamento, com todas as vênias, é teratológico.

---

121. Nesta toada, com o fito de ao menos limitar tal distorção, é imperativo a construção de entendimento que impeça o Ministério Público de requisitar instauração de inquérito policial depois de já iniciada investigação direta pelo *Parquet* – se o MP decidiu investigar determinado caso criminal, deve avançar até o fim, oferecendo de denúncia ou promovendo o arquivamento do PIC, restando vedado repassar a apuração para o aparelho policial a seu bel-prazer.
122. BADARÓ, Gustavo. **Processo Penal**, São Paulo: Elsevier, 2012, página 93.

Há no Superior Tribunal de Justiça[123] resistência à possibilidade da direção de procedimento investigativo pré-processual pelo Ministério Público. Vejamos aresto elucidativo:

> Em regra, não encontra respaldo legal a investigação criminal produzida diretamente pelo Ministério Público. Entendimento minoritário da Relatora. A atuação ministerial se justifica, em circunstâncias excepcionais, quando representantes da própria polícia são investigados, não se podendo esperar a isenção necessária para a apuração de seus próprios crimes, autorizando-se, nessas hipóteses, a direta atuação do Parquet na condução da colheita de elementos para o fim de embasar a *opinio delicti*.

Rebatendo com precisão a teoria dos poderes implícitos que autorizaria o MP a presidir investigação criminal, Anderson Souza Daura[124] assevera:

> Ocorre que a aplicação da teoria norte-americana é, em parte, equivocada, pois no momento de sua invocação para o direito pátrio, "esqueceu-se" de fazer a devida ressalva que necessariamente a acompanha: da impossibilidade de conferir tal poder implícito quando a própria constituição já designou a atribuição pretendida a outro órgão. Se em um texto constitucional existe a fixação de alguma competência, para determinada entidade, nada mais correto que lhe atribuir os instrumentos para atingir tal fim, exceto se a própria Lei Maior também já fixou quem teria tal mister específico, ou seja, no caso, a Polícia Judiciária. Trata-se de regra basilar de interpretação constitucional conhecida como princípio da repartição funcional pelo qual se impõe ao intérprete o dever de considerar que a Lei Maior organiza a estrutura do Estado, "regulando e distribuindo funções" (MAGALHÃES FILHO 2002, p. 80), pelos inúmeros órgãos que compõe o Estado de forma funcional lógica, organizada e integrada mas não sobrepondo ou se desvirtuando funções como almeja o Ministério Público em relações às atividades investigatórias.

O Supremo Tribunal Federal enfrentou o tema no bojo do recurso extraordinário 593727/MG, julgado em plenário em 14 de maio de 2015 e decidiu, por maioria, ser possível ao Ministério Público investigar diretamente, por sua própria autoridade, infrações penais. Eis o julgado:

> Repercussão geral. Recurso extraordinário representativo da controvérsia. Constitucional. Separação dos poderes. Penal e processual penal. Poderes de investigação do Ministério Público. 2. Questão de ordem arguida pelo réu, ora recorrente. Adiamento do julgamento para colheita de parecer do Procurador-Geral da República. Substituição do parecer por sustentação oral, com a concordância do Ministério Público. Indeferimento. Maioria. 3. Questão de ordem levantada pelo Procurador-Geral da República. Possibilidade de o Ministério

---

123. STJ, 6ª Turma, Rel. Min. Maria Thereza de Assis Moura, DJE 19/10/09.
124. DAURA, Anderson Souza. **Obra acima citada**, página 87.

Público de estado-membro promover sustentação oral no Supremo. O Procurador-Geral da República não dispõe de poder de ingerência na esfera orgânica do Parquet estadual, pois lhe incumbe, unicamente, por expressa definição constitucional (art. 128, § 1º), a Chefia do Ministério Público da União. O Ministério Público de estado-membro não está vinculado, nem subordinado, no plano processual, administrativo e/ou institucional, à Chefia do Ministério Público da União, o que lhe confere ampla possibilidade de postular, autonomamente, perante o Supremo Tribunal Federal, em recursos e processos nos quais o próprio Ministério Público estadual seja um dos sujeitos da relação processual. Questão de ordem resolvida no sentido de assegurar ao Ministério Público estadual a prerrogativa de sustentar suas razões da tribuna. Maioria. 4. Questão constitucional com repercussão geral. Poderes de investigação do Ministério Público. Os artigos 5º, incisos LIV e LV, 129, incisos III e VIII, e 144, inciso IV, § 4º, da Constituição Federal, não tornam a investigação criminal exclusividade da polícia, nem afastam os poderes de investigação do Ministério Público. Fixada, em repercussão geral, tese assim sumulada: "O Ministério Público dispõe de competência para promover, por autoridade própria, e por prazo razoável, investigações de natureza penal, desde que respeitados os direitos e garantias que assistem a qualquer indiciado ou a qualquer pessoa sob investigação do Estado, observadas, sempre, por seus agentes, as hipóteses de reserva constitucional de jurisdição e, também, as prerrogativas profissionais de que se acham investidos, em nosso País, os Advogados (Lei 8.906/94, artigo 7º, notadamente os incisos I, II, III, XI, XIII, XIV e XIX), sem prejuízo da possibilidade – sempre presente no Estado democrático de Direito – do permanente controle jurisdicional dos atos, necessariamente documentados (Súmula Vinculante 14), praticados pelos membros dessa instituição". Maioria. 5. Caso concreto. Crime de responsabilidade de prefeito. Deixar de cumprir ordem judicial (art. 1º, inciso XIV, do Decreto-Lei nº 201/67). Procedimento instaurado pelo Ministério Público a partir de documentos oriundos de autos de processo judicial e de precatório, para colher informações do próprio suspeito, eventualmente hábeis a justificar e legitimar o fato imputado. Ausência de vício. Negado provimento ao recurso extraordinário. Maioria[125].

A despeito do quanto decidido pelo STF (transcrição supra), decidi manter intocado o restante deste tópico, pelo interesse acadêmico e porque a constitucionalidade da resolução acima estudada ainda será decidida pelo Supremo Tribunal Federal quando da análise das Ações Diretas de Inconstitucionalidade 5790 (proposta pela AMP – Associação dos Magistrados Brasileiros) e 5793 (proposta pelo Conselho Federal da Ordem dos Advogados do Brasil). Some-se a isso o fato de que, tanto o Superior Tribunal de Justiça quanto o próprio Supremo Tribunal Federal, já se posicionaram em momentos pretéritos favoráveis e contrários à investigação direta por membro do MP.

É de se sublinhar que o que se critica neste tópico é a instauração de procedimento investigativo no âmbito do MP, presidido por um de seus membros.

---

125. STF, RE 593727/MG, Rel. Min. Cézar Peluso, Rel. para o acórdão Min. Gilmar Mendes, j. 14/05/2015.

A requisição de informações e documentos com o fito de auxiliar ou complementar o trabalho investigativo levado a efeito pela polícia judiciária é plenamente possível (inteligência do inciso VI do artigo 129 da CF). Neste sentido Pacelli[126], para quem "o Ministério Público não está impedido de adotar quaisquer diligências, mas apenas de instaurar e presidir procedimento tipicamente policial".

## 5.16. INQ 4781 – UMA INVESTIGAÇÃO INCONSTITUCIONAL CONDUZIDA PELA CORTE CONSTITUCIONAL

O à época presidente do Supremo Tribunal Federal, Ministro Dias Toffoli, instaurou apuratório no âmbito da Corte (INQ 4781), com fulcro no artigo 43 do Regimento Interno do STF, para investigar supostos crimes praticados contra integrantes do Pretório Excelso[127].

O Ministro Dias Toffoli designou o Ministro Alexandre de Moraes para presidir o feito (não houve distribuição). No bojo do apuratório, foram decretadas medidas cautelares que mitigam direitos fundamentais, muitas delas de ofício.

A Procuradoria-Geral da República pugnou pelo arquivamento do apuratório, argumentando que o mesmo fere o sistema acusatório. O Ministro Alexandre de Moraes findou indeferindo o pleito, contrariando a jurisprudência da corte que se inclina no sentido de que o pedido de arquivamento feito pela PGR deve ser necessariamente homologado pelo Judiciário, em face da impossibilidade de aplicação do artigo 28 do Código de Processo Penal (numa redação anterior ao Pacote Anticrime) em feitos pré-processuais que tramitam perante o Pretório Excelso.

Algumas falhas do apuratório, com a devida vênia, são evidentes. Em primeiro lugar, cumpre destacar que o artigo 43 do Regimento Interno do STF não é compatível com a Constituição Federal, vez que o sistema acusatório não comporta, a meu sentir, investigação criminal presidida por magistrado (excepcionalmente, há o artigo 33, parágrafo único, da LOMAN – Lei Complementar 35/79, também de discutível constitucionalidade, que determina que

---

126. DE OLIVEIRA, Eugênio Pacelli. **Obra acima citada**, página 90.

127. Nas palavras do Ministro Alexandre de Moraes, presidente do feito, o inquérito apura "notícias fraudulentas (*fake news*), falsas comunicações de crimes, denunciações caluniosas, ameaças e demais infrações revestidas de *animus caluniandi, diffamandi* ou *injuriandi*, que atinjam a honorabilidade institucional do Supremo Tribunal Federal e de seus membros, bem como a segurança destes e de seus familiares, quando houver relação com a dignidade dos Ministros, inclusive com a apuração do vazamento de informações e documentos sigilosos, com o intuito de atribuir e/ou insinuar a prática de atos ilícitos por membros da Suprema Corte, por parte daqueles que tem o dever legal de preservar o sigilo; e a verificação da existência de esquemas de financiamento e divulgação em massa nas redes sociais, com o intuito de lesar ou expor a perigo de lesão a independência do Poder Judiciário e ao Estado de Direito".

a investigação de juízes será promovida pelo respectivo Tribunal ou órgão especial competente para o julgamento):

> Art. 43. Ocorrendo infração à lei penal na sede ou dependência do Tribunal, o Presidente instaurará inquérito, se envolver autoridade ou pessoa sujeita à sua jurisdição, ou delegará esta atribuição a outro Ministro.
> § 1º Nos demais casos, o Presidente poderá proceder na forma deste artigo ou requisitar a instauração de inquérito à autoridade competente.
> § 2º O Ministro incumbido do inquérito designará escrivão dentre os servidores do Tribunal.

Ainda que se defenda a compatibilidade do referido dispositivo do RISTF, as infrações penais supostamente praticadas não foram cometidas na sede ou dependência do Supremo Tribunal Federal. Indubitavelmente o caminho correto para a apuração seria o encaminhamento de notícia de crime ao Ministério Público para que o órgão requisitasse instauração de inquérito policial à Polícia Federal ou o encaminhamento direto da notícia de crime ao aparelho policial – notícia de crime indireta (sendo que a investigação tramitaria junto ao juízo federal de primeiro grau).

Outra falha evidente é que o apuratório não delimitou, na peça de deflagração, fato ou fatos concretos e específicos (o que há é lista genérica de crimes supostamente cometidos contra Ministros do STF). Essa imprecisão permitiu, por exemplo, a suspensão das apurações fiscais manejadas pela Receita Federal do Brasil que findaram atingindo, dentre outros contribuintes (foram 133), o Ministro Gilmar Mendes e sua esposa (o Ministro Alexandre de Moraes entendeu que houve desvio de finalidade na atuação do fisco, de forma a pré-selecionar os alvos da fiscalização, atingindo de maneira ilícita membro do Pretório Excelso[128]).

Mais um ponto equivocado: o inquérito só deve tramitar sob supervisão de Ministro relator do Supremo Tribunal Federal quando o suposto delito é praticado por autoridade com prerrogativa de foro na Corte. No inquérito aqui analisado, não havia autoridade com prerrogativa de foro no STF entre os investigados quando da sua deflagração. Isso significa que, finalizado o apuratório sem que surja autoridade com prerrogativa de foro figurando como investigada, será ele remetido ao juízo de piso competente, abrindo-se vista ao

---

128. É evidente que atuações abusivas dos órgãos estatais devem ser estancadas e, eventualmente, nulificadas pelo Poder Judiciário, quando o mesmo é provocado. Ocorre que um apuratório genérico (como é o INQ 4781) não pode ser utilizado como pano de fundo para atuação de ofício da Corte Suprema (que finda, com a devida vênia, extrapolando os limites do sistema acusatório – nunca é demais lembrar que no nosso sistema constitucional de persecução penal a investigação é atribuição da polícia investigativa e o Judiciário deve aguardar, inerte, provocação). Não é possível, em arremate, que o procedimento investigativo citado sirva apenas e tão somente para blindar o Pretório Excelso de situações que sejam entendidas pelo Ministro relator como ataques à Corte.

Ministério Público que atua no primeiro grau. Como dito supra, a investigação deveria ter sido materializada pela Polícia Federal, já que se refere a supostos crimes praticados contra Ministros da Suprema Corte (na forma da Súmula 147 do STJ).

O Ministro relator determinou medidas cautelares de ofício[129], o que fatalmente redundará no seu impedimento para analisar os fatos criminosos, caso eles sejam judicializados alhures (ele não é simplesmente um Ministro supervisor da investigação, mas sim efetivo presidente do feito – artigo 252, inciso I, do Código de Processo Penal). É possível, ainda, falar na clara manifestação da Síndrome de Dom Casmurro[130] (quadros mentais paranoicos) no caso concreto.

Outro inconveniente: o Ministério Público já se manifestou pela inconstitucionalidade/ilegalidade da investigação, tendo pugnado seu arquivamento – que, como dito supra, foi negado pelo Supremo Tribunal Federal (é possível que, finalizado o feito, o órgão acusatório de piso dele não se utilize como lastro para propositura de ação penal, culminando com uma investigação estatal inútil, porquanto eivada de nulidades).

A linha da presente obra é exaltar a investigação produzida pela polícia judiciária, presidida por delegado de polícia, na forma determinada pela Constituição Federal e pela legislação processual penal. Não é possível conceber, nessa toada, apurações que atropelem o sistema de persecução penal preceituado pela Carta Magna. Indubitavelmente as provas e os elementos informativos produzidos no bojo do INQ 4781 são eivados de nulidade insanável, sendo imprestáveis para escudar ulterior processo penal, com a devida vênia. Esse não foi o entendimento do Supremo Tribunal Federal (nos autos da ADPF 572). A Corte Suprema, por maioria de votos, findou entendendo constitucional o procedimento investigativo aqui criticado:

> ARGUIÇÃO DE DESCUMPRIMENTO DE PRECEITO FUNDAMENTAL. ADPF. PORTARIA GP Nº 69 DE 2019. PRELIMINARES SUPERADAS. JULGAMENTO DE MEDIDA CAUTELAR CONVERTIDO NO MÉRITO. PROCESSO SUFICIENTEMENTE INSTRUÍDO. INCITAMENTO AO FECHAMENTO DO STF. AMEAÇA DE MORTE E

---

129. Inclusive a retirada abrupta de matéria jornalística publicada na revista Crusoé e no site O Antagonista denominada "O amigo do amigo do meu pai" (a matéria se referia ao presidente do STF, Ministro Dias Toffoli, que teria sido citado em acordo de colaboração premiada, no âmbito da operação Lava-jato).

130. A nomenclatura se refere à obra de Machado de Assis. Nela, Bentinho pré-concebe a ideia de que foi traído por sua amada Capitu e tenta, a todo custo, encontrar "provas" da traição. O mesmo acontece quando o magistrado desenvolve a ideia fixa de que um alvo da persecução penal é autor do fato apurado e passa a determinar produção de provas que confirmem seu raciocínio pré-concebido. É inegável que tal situação deve ser evitada, por se traduzir em afronta ao sistema acusatório (o juiz finda se imiscuindo na atribuição acusatória do Ministério Público) – o artigo 3º-A do Código de Processo Penal, com redação determinada pelo Pacote Anticrime, veda essa atuação.

PRISÃO DE SEUS MEMBROS. DESOBEDIÊNCIA. PEDIDO IMPROCEDENTE NAS ESPECÍFICAS E PRÓPRIAS CIRCUNSTÂNCIAS DE FATO EXCLUSIVAMENTE ENVOLVIDAS COM A PORTARIA IMPUGNADA. LIMITES. PEÇA INFORMATIVA. ACOMPANHAMENTO PELO MINISTÉRIO PÚBLICO. SÚMULA VINCULANTE Nº 14. OBJETO LIMITADO A MANIFESTAÇÕES QUE DENOTEM RISCO EFETIVO À INDEPENDÊNCIA DO PODER JUDICIÁRIO. PROTEÇÃO DA LIBERDADE DE EXPRESSÃO E DE IMPRENSA. 1. Preliminarmente, trata-se de partido político com representação no Congresso Nacional e, portanto, legitimado universal apto à jurisdição do controle abstrato de constitucionalidade, e a procuração atende à "descrição mínima do objeto digno de hostilização". A alegação de descabimento pela ofensa reflexa é questão que se confunde com o mérito, uma vez que o autor sustenta que o ato impugnado ofendeu diretamente à Constituição. E, na esteira da jurisprudência desta Corte, compete ao Supremo Tribunal Federal o juízo acerca do que se há de compreender, no sistema constitucional brasileiro, como preceito fundamental e, diante da vocação da Constituição de 1988 de reinstaurar o Estado Democrático de Direito, fundado na "dignidade da pessoa humana" (CR, art. 1º, III), a liberdade pessoal e a garantia do devido processo legal, e seus corolários, assim como o princípio do juiz natural, são preceitos fundamentais. Por fim, a subsidiariedade exigida para o cabimento da ADPF resigna-se com a ineficácia de outro meio e, aqui, nenhum outro parece, de fato, solver todas as alegadas violações decorrentes da instauração e das decisões subsequentes. 2. Nos limites desse processo, diante de incitamento ao fechamento do STF, de ameaça de morte ou de prisão de seus membros, de apregoada desobediência a decisões judiciais, arguição de descumprimento de preceito fundamental julgada totalmente improcedente, nos termos expressos em que foi formulado o pedido ao final da petição inicial, para declarar a constitucionalidade da Portaria GP n.º 69/2019 enquanto constitucional o artigo 43 do RISTF, nas específicas e próprias circunstâncias de fato com esse ato exclusivamente envolvidas. 3. Resta assentado o sentido adequado do referido ato a fim de que o procedimento, no limite de uma peça informativa: (a) seja acompanhado pelo Ministério Público; (b) seja integralmente observada a Súmula Vinculante nº14; (c) limite o objeto do inquérito a manifestações que, denotando risco efetivo à independência do Poder Judiciário (CRFB, art. 2º), pela via da ameaça aos membros do Supremo Tribunal Federal e a seus familiares, atentam contra os Poderes instituídos, contra o Estado de Direito e contra a Democracia; e (d) observe a proteção da liberdade de expressão e de imprensa nos termos da Constituição, excluindo do escopo do inquérito matérias jornalísticas e postagens, compartilhamentos ou outras manifestações (inclusive pessoais) na internet, feitas anonimamente ou não, desde que não integrem esquemas de financiamento e divulgação em massa nas redes sociais (ADPF 572, Relator(a): EDSON FACHIN, Tribunal Pleno, julgado em 18/06/2020, PROCESSO ELETRÔNICO DJe-271 DIVULG 12-11-2020 PUBLIC 13-11-2020).

Cap. 5 | INQUÉRITO POLICIAL

## 5.17. QUESTÕES DE CONCURSOS PÚBLICOS

1.  **(Promotor de Justiça/RO/2010)** Assinale a opção correta com referência ao IP e suas providências.

    A.  Com o advento da CF, que assegurou o contraditório e a ampla defesa nos procedimentos administrativos, o IP atual deve observar tais princípios, apesar da ausência de previsão no CPP.
    B.  De acordo com a Lei de Falências, cabe ao juiz responsável pelo processo falimentar presidir o inquérito de apuração dos crimes falimentares e, após a conclusão, remetê-lo ao MP para, se for o caso, este oferecer a denúncia.
    C.  O IP é um procedimento sigiloso, não se estendendo o sigilo ao advogado, que poderá ter amplo acesso aos elementos de prova que já estiverem documentados nos autos e se refiram ao exercício do direito de defesa.
    D.  A oitiva do indiciado durante o IP deve observar o mesmo procedimento do interrogatório judicial, sendo-lhe assegurado o direito ao silêncio e a assistência de advogado, que poderá fazer perguntas durante a inquirição e acompanhar a oitiva das testemunhas.
    E.  A prova pericial, apesar de colhida durante o IP, é prova técnica e se submete ao contraditório diferido, razão pela qual tem valor probatório absoluto e não pode ser desconsiderada pelo juiz no momento da sentença.

2.  **(OAB/SP Exame 135/2008)** Assinale a opção correta acerca do inquérito policial e da aça penal.

    A.  O despacho que indefere o requerimento de abertura de inquérito policial é irrecorrível.
    B.  Caso seja instaurado um inquérito policial para a apuração de um crime de roubo e, por não haver provas da autoria, seja arquivado o inquérito, é possível reabrir a investigação, independentemente de novas provas, se houver pressão da imprensa.
    C.  Qualquer pessoa pode encaminhar ao promotor de justiça uma petição requerendo providências e fornecendo dados e documentos, para que seja, se for o caso, instaurado inquérito policial.
    D.  Considere a seguinte situação hipotética. Célia, pessoa comprovadamente carente de recursos financeiros, foi vítima de estupro e fez a comunicação do crime à autoridade competente, solicitando providências para apurá-lo e punir seu autor. Apurada a autoria do crime e confirmada a materialidade, o promotor ofereceu a denúncia. Nessa situação, a representação pode ser retratada até a sentença condenatória recorrível.

3.  **(Delegado de Polícia Federal/2004)** No inquérito policial em que figure como indiciado um inimigo do delegado de polícia responsável pelas investigações, o Ministério Público oporá exceção de suspeição em relação a esse delegado.

4.  **(Delegado de Polícia Federal/2004)** Considere que o delegado de polícia de determinada circunscrição tenha ordenado diligências em outra, sem ter expedido carta precatória, requisições ou solicitações. Nessa situação, não houve nulidade no inquérito policial respectivo.

163

5. (Delegado de Polícia Civil/PB/2008 - Desmembrada) O IP possui a característica da indisponibilidade, que significa que, uma vez instaurado, não pode a autoridade policial, por sua própria iniciativa, promover seu arquivamento, exceto nos crimes de ação penal privada.

6. (Delegado de Polícia Civil/PB/2008 - Desmembrada) O IP possui a característica da oficialidade, que significa que, ressalvadas as hipóteses de crimes de ação penal pública condicionada à representação ou de ação penal privada, o IP deve ser instaurado de ofício pela autoridade policial sempre que tiver conhecimento da prática de um delito.

7. (Delegado de Polícia Civil/PB/2008 - Desmembrada) O IP representa procedimento investigatório, levado a efeito pelo Estado-administrador, no exercício de atribuições referentes à polícia judiciária e, assim, somente deve ser trancado quando for manifesta a ilegalidade ou patente o abuso de autoridade, por exemplo.

8. (Delegado de Polícia Civil/PB/2008 - Desmembrada) O IP é peça dispensável à propositura da ação penal. Todavia, uma vez instaurado, não pode o MP oferecer a denúncia antes de concluído e relatado o IP pela autoridade policial.

9. (Agente de Polícia Federal/2009) O término do inquérito policial é caracterizado pela elaboração de um relatório e por sua juntada pela autoridade policial responsável, que não pode, nesse relatório, indicar testemunhas que não tiverem sido inquiridas.

10. (Agente de Polícia Federal/2009) No inquérito policial, o ofendido, ou seu representante legal, e o indiciado poderão requerer qualquer diligência, que será realizada, ou não, a juízo da autoridade.

11. (Agente de Polícia Federal/2009) O inquérito policial tem natureza judicial, visto que é um procedimento inquisitório conduzido pela polícia judiciária, com a finalidade de reunir elementos e informações necessárias à elucidação do crime.

12. (Agente de Polícia Federal/2009) Depois de ordenado o arquivamento do inquérito pela autoridade judiciária, por falta de base para a denúncia, a autoridade policial não poderá proceder a novas pesquisas se de outras provas tiver notícia, salvo com expressa autorização judicial.

13. (Papiloscopista de Polícia Federal/2004) As provas colhidas no inquérito policial podem servir como fundamento único para sentença penal condenatória, pois aquele, como procedimento administrativo inquisitório, é regido pelo princípio do contraditório.

14. (Delegado de Polícia Civil/RR/2003) Considere a seguinte situação hipotética.

    Um indivíduo foi indiciado pela prática de latrocínio. A autoridade policial, com o fim de realizar a reconstituição simulada dos fatos, determinou a intimação do indivíduo, que se negou a comparecer à delegacia e a participar da reconstituição.

    Nessa situação, a autoridade policial poderá compelir, sob pena de prisão, o indivíduo a participar da reprodução simulada do fato delituoso.

15. **(Delegado de Polícia Civil/RN/2008- Desmembrada)** É possível que o magistrado, em busca da verdade real, determine diligências em IP, mesmo na situação de crime de ação penal pública incondicionada em que o membro do MP já tenha pugnado pelo arquivamento dos autos.

16. **(Delegado de Polícia Civil/RN/2008 - Desmembrada)** De acordo com a opinião sumulada do STJ, a participação de membro do MP na fase investigatória criminal acarreta o seu impedimento ou suspeição para o oferecimento da denúncia.

17. **(Delegado de Polícia Civil/MG/2011)** Sobre o inquérito policial é INCORRETO afirmar:
    A. Tem valor probante relativo.
    B. Todas as provas produzidas devem ser repetidas sob contraditório.
    C. Vícios do inquérito não nulificam subsequente ação penal.
    D. O investigado pode requerer diligências.

18. **(Delegado de Polícia Civil/PI/2009)** Sobre o inquérito policial, é correto afirmar que:
    A. Sua instauração e condução incumbem, primordialmente e por determinação constitucional, à chamada polícia administrativa ou de segurança.
    B. Segundo decidiu o STF, os autos do inquérito policial, inclusive no tocante às diligências ainda em curso, devem, obrigatoriamente, ser publicizados ao advogado constituído pelo acusado, ainda que decretado o sigilo do procedimento, em face das prerrogativas estabelecidas no Estatuto da OAB (Lei 8.906/94).
    C. Pode ser arquivado pela autoridade policial, que exercerá juízo de oportunidade e conveniência sobre a decisão, em razão do caráter administrativo do procedimento.
    D. De acordo com a jurisprudência dominante, o delegado de polícia que, no curso de inquérito, vier a constatar indícios de que o delito investigado foi cometido por Governador de Estado, pode proceder ao seu indiciamento, uma vez que a prerrogativa de foro se refere unicamente à ação penal propriamente dita.
    E. Não obstante seu caráter inquisitivo, não se impondo, regra geral, o exercício do contraditório e da ampla defesa no curso do inquérito, as provas cuja repetição em juízo seja impossível podem vir a ser admitidas na ação penal subsequente, sob o crivo do chamado "contraditório diferido".

19. **(Delegado de Polícia Civil/AP/2010)** Maria tem seu veículo furtado e comparece à Delegacia de Polícia mais próxima para registrar a ocorrência. O Delegado de Polícia instaura inquérito policial para apuração do fato. Esgotadas todas as diligências que estavam a seu alcance, a Autoridade Policial não consegue identificar o autor do fato ou recuperar a *res furtiva*. Assinale a alternativa que indique a providência que o Delegado deverá tomar.
    A. Relatar o inquérito policial e encaminhar os autos ao Ministério Público para que este promova o arquivamento.
    B. Promover o arquivamento do inquérito policial, podendo a vítima recorrer ao Secretário de Segurança Pública.

C. Relatar o inquérito policial e encaminhar os autos ao Secretário de Segurança Pública para que este promova o arquivamento.

D. Manter os autos do inquérito policial com a rotina suspenso, até que surja uma nova prova.

E. Prosseguir na investigação, pois o arquivamento só é possível quando transcorrer o prazo prescricional.

20. **(Promotor de Justiça/MG/2011) Assinale a alternativa CORRETA.**

A. O caráter inquisitivo do inquérito policial permite impor o sigilo acerca das diligências não documentadas, inclusive ao defensor constituído.

B. O princípio da ampla defesa é aplicável ao inquérito policial, por se tratar de procedimento administrativo.

C. Por razões de interesse público e no interesse da apuração, é possível decretar-se a incomunicabilidade do preso em flagrante delito.

D. O princípio da publicidade autoriza a divulgação de dados da investigação, inclusive referentes ao ofendido.

21. **(Promotor de Justiça/MG/2011) Quanto ao inquérito policial e ao procedimento investigatório criminal, é CORRETO afirmar que:**

A. O pedido de arquivamento rejeitado é irrecorrível e é insusceptível de controle interno do Ministério Público.

B. O pedido de arquivamento pode dar-se na ausência das condições da ação ou de justa causa.

C. O pedido imotivado de desarquivamento é o instrumento para viabilizar a realização de novas diligências.

D. O pedido de desarquivamento sujeita-se à impugnação através de recurso dirigido ao Chefe de Polícia.

22. **(Promotor de Justiça/MG/2012) Assinale a alternativa CORRETA. Sobre o inquérito policial, é possível dizer que:**

A. O interrogatório deve ser feito na presença de advogado, sendo possível a condução do investigado que não comparece.

B. A confissão mediante tortura obtida no inquérito é nula e invalida a ratificação da confissão obtida em juízo.

C. É obrigatório o exame de corpo de delito quando houver vestígios, admitindo-se o assistente técnico a partir de sua admissão pelo juiz.

D. A autoridade policial poderá declarar-se suspeita de ofício, sendo inadmissível a oposição de exceção.

23. **(Juiz Federal/TRF 1ª Região/2011) Em relação ao inquérito policial, assinale a opção correta com base no direito processual penal.**

A. Na atual sistemática processual penal, resta vedada instauração de inquérito policial em relação aos crimes de menor potencial ofensivo, em qualquer hipótese, em face do preceito legal expresso que determina a lavratura de termo circunstanciado, pelo qual não se admite submissão do autor do fato ao constrangimento do procedimento inquisitivo, como, por exemplo, à condução coercitiva e à identificação criminal.

B. Os vícios ocorridos no curso do inquérito policial, em regra, não repercutem na futura ação penal, ensejando, apenas, a nulidade da peça informativa, salvo quando houver violações de garantias constitucionais e legais expressas e nos casos em que o órgão ministerial, na formação da opinio delicti, não consiga afastar os elementos informativos maculados para persecução penal em juízo, ocorrendo, desse modo, a extensão da nulidade à eventual ação penal.

C. Ordenado o arquivamento de inquérito policial instaurado antes da constituição definitiva do crédito tributário, de modo a atender a força impositiva de verbete sumular vinculante, resta vedado, em qualquer hipótese, o seu desarquivamento, mesmo sobrevindo constituição do crédito tributário, após o encerramento do procedimento administrativo/fiscal, porque o fundamento da decisão judicial é a atipicidade do fato, cuja eficácia preclusiva é de coisa julgada material.

D. Considere a seguinte situação hipotética. O MP, ao oferecer denúncia, não se manifestou, de forma expressa, em relação a alguns fatos e a determinados agentes investigados, cujos elementos estão evidenciados no bojo do inquérito policial. Nessa situação hipotética, restam assentes doutrina e jurisprudência pátria acerca da ocorrência do pedido de arquivamento implícito ou arquivamento indireto, por parte do órgão de acusação, exigindo-se, contudo, para os devidos efeitos legais, decisão judicial expressa de arquivamento.

E. O atual entendimento consolidado na jurisprudência dos tribunais superiores prevê a possibilidade de retratação do pedido de arquivamento de inquérito policial, independentemente do surgimento de provas novas, desde que não tenha ocorrido ainda o pronunciamento judicial, visto que prevalece o interesse público da persecução penal.

24. **(Defensor Público/SP/2012) Analise as assertivas abaixo.**

I. O civilmente identificado, indiciado pela prática de homicídio qualificado, deverá ser criminalmente identificado pela autoridade policial.

II. A decisão judicial de arquivamento do inquérito policial com fundamento na atipicidade do fato praticado produz coisa julgada material, impedindo-se a reabertura das investigações preliminares mesmo diante do surgimento de novas provas.

III. É direito do defensor, no interesse do representado, ter acesso amplo aos elementos de prova que, já documentados em procedimento investigatório realizado por órgão com competência de polícia judiciária, digam respeito ao exercício do direito de defesa.

IV. Nos termos da orientação já sumulada pelo Supremo Tribunal Federal, em sede de execução penal a falta de defesa técnica por defensor no processo administrativo disciplinar não ofende a Constituição Federal.

Está correto APENAS o que se afirma em

A. I e II.
B. II e III.
C. III e IV.
D. I, II e III.
E. II, III e IV.

25. (Delegado de Polícia/AC/2008) Uma vez ordenado o arquivamento do inquérito policial pela autoridade judiciária, por falta de base para a denúncia, a autoridade policial não poderá proceder a novas pesquisas sem autorização judicial.

26. (Delegado de Polícia/AC/2008) As partes poderão, no curso do inquérito policial, opor exceção de suspeição da autoridade policial, nas mesmas situações previstas no Código de Processo Penal em relação ao juiz.

27. (Delegado de Polícia/AC/2008) Para verificar a possibilidade de a infração ter sido praticada de determinado modo, a autoridade policial poderá proceder à reprodução simulada dos fatos, da qual o indiciado ou suspeito não poderá se negar a participar.

28. (Delegado de Polícia/SP/2011) A autoridade policial pode requerer a devolução dos autos ao juiz, para realização de "ulteriores diligências", de acordo com o Código de Processo Penal, quando:
    A. O indiciado estiver preso e o fato for de difícil elucidação.
    B. O fato for relevante e o indiciado estiver foragido.
    C. O indiciado estiver solto e o fato não demandar urgência na decisão.
    D. O indiciado estiver preso e a diligência for célere.
    E. O fato investigado for de difícil elucidação e o indiciado estiver solto.

29. (Defensoria Pública da União/2010) Segundo o STJ, a recusa da autoridade policial em cumprir requisição judicial relativa a cumprimento de diligências configura o crime de desobediência.

30. (Procurador Federal AGU/2010) O arquivamento do inquérito policial não gera preclusão, sendo uma decisão tomada *rebus sic stantibus*; todavia, uma vez arquivado o inquérito a pedido do promotor de justiça, somente com novas provas pode ser iniciada a ação penal.

31. (Procurador Federal AGU/2010) Embora o inquérito policial tenha natureza de procedimento informativo, e não de ato de jurisdição, os vícios nele existentes podem contaminar a ação penal subsequente, com base na teoria norte-americana dos frutos da árvore envenenada, ou *fruits of the poisonous tree*.

32. (Promotor de Justiça/SP/2010) Assinale a alternativa incorreta, em relação ao inquérito policial:
    A. Nos crimes de ação penal privada, a autoridade policial somente pode instaurar o inquérito policial a requerimento do ofendido.
    B. O inquérito policial é imprescindível para instruir o oferecimento da denúncia.
    C. A autoridade policial não pode determinar o arquivamento do inquérito policial.
    D. A autoridade policial pode indeferir o pedido de instauração de inquérito policial feito pelo ofendido.
    E. Segundo entendimento do Supremo Tribunal Federal, consolidado em Súmula Vinculante, o defensor do investigado pode ter acesso aos elementos de convencimento já documentados em procedimento investigatório realizado por órgão de polícia judiciária, desde que digam respeito ao exercício da defesa e no interesse do seu representado.

33. (OAB/V Exame Unificado) Tendo em vista o enunciado da súmula vinculante n. 14 do Supremo Tribunal Federal, quanto ao sigilo do inquérito policial, é correto afirmar que a autoridade policial poderá negar ao advogado:
   A. A vista dos autos, sempre que entender pertinente.
   B. A vista dos autos, somente quando o suspeito tiver sido indiciado formalmente.
   C. Do indiciado que esteja atuando com procuração o acesso aos depoimentos prestados pelas vítimas, se entender pertinente.
   D. O acesso aos elementos de prova que ainda não tenham sido documentados no procedimento investigatório.

34. (OAB/IV Exame Unificado) Acerca das disposições contidas na Lei Processual sobre o Inquérito Policial, assinale a alternativa correta.
   A. Nos crimes de ação privada, a autoridade policial poderá proceder a inquérito a requerimento de qualquer pessoa do povo que tiver conhecimento da existência de infração penal.
   B. Do despacho que indeferir o requerimento de abertura de inquérito caberá recurso para o tribunal competente.
   C. Para verificar a possibilidade de haver a infração sido praticada de determinado modo, a autoridade policial poderá proceder à reprodução simulada dos fatos, desde que esta não contrarie a moralidade ou a ordem pública.
   D. A autoridade policial poderá mandar arquivar autos de inquérito.

35. (Delegado de Polícia Civil/PA/2012) Pautando-se na Lei nº 12.037, de 1º de outubro de 2009, que dispõe sobre a identificação criminal do civilmente identificado, assinale a alternativa incorreta:
   A. É permitido mencionar a identificação criminal do indiciado em atestados de antecedentes ou em informações não destinadas ao juízo criminal, antes do trânsito em julgado da sentença condenatória.
   B. A identificação civil é atestada, dentre outros documentos, pela carteira de identificação funcional.
   C. Embora apresentado documento de identificação, poderá ocorrer identificação criminal quando o indiciado portar documentos de identidade distintos, com informações conflitantes entre si.
   D. No caso de não oferecimento da denúncia, ou sua rejeição, ou absolvição, é facultado ao indiciado ou ao réu, após o arquivamento definitivo do inquérito, ou trânsito em julgado da sentença, requerer a retirada da identificação fotográfica do inquérito ou processo, desde que apresente provas de sua identificação civil.
   E. Quando houver necessidade de identificação criminal, a autoridade encarregada tomará as providências necessárias para evitar o constrangimento do identificado.

36. (Delegado de Polícia Civil/PA/2012) A respeito do inquérito policial, assinale a alternativa incorreta:
   A. O ofendido, ou seu representante legal, e o indiciado não poderão requerer qualquer diligência.

B. O Ministério Público não poderá requerer a devolução do inquérito à autoridade policial, senão para novas diligências, imprescindíveis ao oferecimento da denúncia.
C. O inquérito deverá terminar no prazo de 10 dias, se o indiciado tiver sido preso em flagrante, ou estiver preso preventivamente, contado o prazo, nesta hipótese, a partir do dia em que se executar a ordem de prisão, ou no prazo de 30 dias, quando estiver solto, mediante fiança ou sem ela.
D. Todas as peças do inquérito policial serão, num só processado, reduzidas a escrito ou datilografadas e, neste caso, rubricadas pela autoridade.
E. Para verificar a possibilidade de haver a infração sido praticada de determinado modo, a autoridade policial poderá proceder à reprodução simulada dos fatos, desde que esta não contrarie a moralidade ou a ordem pública.

37. **(Delegado de Polícia Civil/MA/2012) Com relação ao prazo para a conclusão do inquérito policial instaurado para apurar a prática do crime de tráfico de entorpecentes, de acordo com a Lei n. 11.343, de 23 de agosto de 2006, assinale a afirmativa correta.**
    A. Será de 10 (dez) dias, se o indiciado estiver preso, e de 30, na hipótese de o indiciado estar solto.
    B. Não poderá ultrapassar 30 dias, se o indiciado estiver preso.
    C. Será de 30 dias, se o indiciado estiver preso, e de 90 dias, quando estiver solto, podendo o juiz, ouvido o Ministério Público, mediante pedido justificado da autoridade de polícia judiciária, triplicar tal prazo.
    D. Excepcionalmente, quando requerido de forma fundamentada pela autoridade de polícia judiciária, ouvido o Ministério Público, poderá ser de 180 dias, se o indiciado estiver solto.
    E. Será de 30 dias, se o indiciado estiver preso, e de 60 dias, quando estiver solto, podendo o juiz, ouvido o Ministério Público, mediante pedido justificado da autoridade de polícia judiciária, duplicar tal prazo.

38. **(Delegado de Polícia Civil/MA/2012) Aury Lopes Júnior leciona que "o inquérito é o ato ou efeito de inquirir, isto é, procurar informações sobre algo, colher informações acerca de um fato, perquirir". Já o Art. 4º, do CPP destaca que será realizado pela Polícia Judiciária e terá por fim a apuração das infrações penais e sua autoria.**
    **A esse respeito, assinale a afirmativa incorreta.**
    A. Entendendo a autoridade policial que o fato apurado não configura crime, deverá realizar o arquivamento do inquérito, evitando o prosseguimento de um constrangimento ilegal sobre o indiciado.
    B. O réu não é obrigado a participar da reconstituição do crime, pois ninguém é obrigado a produzir prova contra si.
    C. O sigilo e a dispensabilidade são algumas das características do inquérito policial, repetidamente citadas pela doutrina brasileira.
    D. Não deve a autoridade policial proibir o acesso do defensor do indiciado aos elementos de prova já documentados no âmbito do procedimento investigatório e que digam respeito ao exercício do direito de defesa.
    E. Do despacho que indeferir o requerimento de abertura de inquérito caberá recurso para o chefe de Polícia.

39. **(Delegado de Polícia Civil/AL/2012)** Quando se tratar de crimes relativos ao tráfico de drogas, o prazo para a conclusão do inquérito policial é de 30 dias, se o indiciado estiver preso e de 90 dias, se estiver solto, podendo ser duplicados, mediante pedido justificado da autoridade de polícia judiciária.

40. **(Promotor de Justiça/AL/2012)** Em relação ao inquérito policial, é correto afirmar que:
    A. Poderá ser arquivado pelo Delegado Geral de Polícia quando reconhecida, pela autoridade policial, a ocorrência de legítima defesa.
    B. Se o investigado já foi identificado civilmente não deverá ser indiciado.
    C. É direito do defensor, no interesse do representado, ter acesso amplo aos elementos de prova que, já documentados em procedimento investigatório realizado por órgão com competência de polícia judiciária, digam respeito ao exercício do direito de defesa.
    D. A autoridade policial poderá requerer a devolução dos autos do juiz para a realização de ulteriores diligências quando o indiciado estiver preso em flagrante e a diligência for célere.
    E. Poderá ser instaurado de ofício nos crimes de ação penal pública incondicionada, mas apenas mediante requisição do Ministério Público ou do juiz.

41. **(Delegado de Polícia Civil/BA/2013)** Os delegados de polícia não podem recusar-se a cumprir requisição de autoridade judiciária ou de membro do MP para instauração de inquérito policial.

42. **(Delegado de Polícia Civil/RJ/2013)** Em relação à investigação criminal, é INCORRETO afirmar:
    A. Quando o juiz verificar, nos autos, a existência de crime de ação penal pública, remeterá cópias ao Ministério Público.
    B. O requerimento do ofendido nos delitos de ação de iniciativa privada é classificado como notícia-crime qualificada.
    C. Formalmente, o inquérito policial inicia-se com um ato administrativo da autoridade policial, que determina a sua instauração por meio de uma portaria ou de um auto de prisão em flagrante.
    D. Todos os elementos de convicção (meios de prova) produzidos ou obtidos em sede policial através de inquérito policial são valoráveis na sentença, sem a necessidade de serem reproduzidos na fase de instrução criminal.
    E. Apesar de meramente informativos, os atos do inquérito policial servem de base para restringir a liberdade pessoal através das prisões cautelares, e interferir na disponibilidade de bens, com base nas medidas cautelares reais, como por exemplo, o arresto e o sequestro.

43. **(Delegado de Polícia Civil/RJ/2013)** A autoridade policial, ao chegar no local de trabalho como de costume, lê o noticiário dos principais jornais em circulação naquela circunscrição. Dessa forma, tomou conhecimento, através de uma das reportagens, que o indivíduo conhecido como "José da Carroça", mais tarde identificado como José de Oliveira, teria praticado um delito de latrocínio. Diante da notícia da ocorrência de tão grave crime, instaurou o regular inquérito policial, passando a investigar o fato. Após reunir inúmeras provas, concluiu que não houve crime. Nesse caso, deverá a autoridade policial:

A. Relatar o inquérito policial, requerendo o seu arquivamento e encaminhando-o ao juízo competente.
B. Determinar o arquivamento dos autos por falta de justa causa para a propositura da ação.
C. Encaminhar os autos ao Ministério Público para que este determine o seu arquivamento.
D. Relatar o inquérito policial, sugerindo ao Ministério Público seu arquivamento, o que será apreciado pelo juiz.
E. Relatar o fato a Chefe de Polícia, solicitando autorização para arquivar os autos por ausência de justa causa para a ação penal.

44. **(Delegado de Polícia Civil/RJ/2013)** Nos termos do art. 13 e seus incisos, do Código de Processo Penal, à autoridade policial incumbirá ainda outras atividades de Polícia Judiciária, que não a de investigação das infrações penais. Assim, dentre as alternativas abaixo, assinale a única que reproduz essas outras atividades elencadas no dispositivo citado.

A. (I) fornecer, exclusivamente, aos membros do Ministério Público as informações necessárias à instrução e ao julgamento dos processos; (II) realizar as diligências requisitadas pelo juiz ou pelo Ministério Público; (III) cumprir os mandados de prisão expedidos pelas autoridades judiciárias; e, (IV) representar acerca da prisão preventiva.
B. (I) fornecer às autoridades judiciárias as informações necessárias à instrução e ao julgamento dos processos; (II) realizar as diligências requisitadas unicamente pelo Ministério Público; (III) cumprir os mandados de prisão expedidos pelas autoridades judiciárias; e, (IV) representar acerca da prisão preventiva.
C. (I) fornecer às autoridades judiciárias as informações necessárias à instrução e ao julgamento dos processos; (II) realizar as diligências requisitadas pelo juiz ou pelo Ministério Público; (III) cumprir os mandados de prisão expedidos somente nos autos de inquérito policial sob sua presidência; e, (IV) representar acerca da prisão preventiva.
D. (I) fornecer às autoridades judiciárias as informações necessárias à instrução e ao julgamento dos processos; (II) realizar as diligências requisitadas pelo juiz ou pelo Ministério Público; (III) cumprir os mandados de prisão expedidos pelas autoridades judiciárias; e, (IV) representar acerca da prisão preventiva.
E. (I) fornecer às autoridades judiciárias as informações necessárias à instrução e ao julgamento dos processos; (II) realizar as diligências requisitadas pelo juiz ou pelo Ministério Público; (III) cumprir os mandados de prisão expedidos pelas autoridades judiciárias; e, (IV) representar ao Ministério Público acerca de requerimento de prisão preventiva.

45. **(OAB/VIII Exame Unificado)** Um Delegado de Polícia determina a instauração de inquérito policial para apurar a prática do crime de receptação, supostamente praticado por José. Com relação ao Inquérito Policial, assinale a afirmativa que não constitui sua característica.

A. Escrito.
B. Inquisitório.
C. Indispensável.
D. Formal.

46. **(Delegado de Polícia Civil/ES/2010)** Sinval foi indiciado pelo crime de dispensar ou inexigir licitação fora das hipóteses previstas em lei em relação a órgão da administração federal. Durante a fase do inquérito, a defesa de Sinval pleiteou o direito de acesso amplo aos elementos de prova documentados em procedimento investigatório realizado por órgão dotado de competência de polícia judiciária. Tal pedido não foi integralmente atendido pelo órgão competente, sob o argumento de que deveria ser ressalvado o acesso da defesa às diligências policiais que, ao momento do requerimento, ainda estavam em tramitação ou ainda não tinham sido encerradas. Nessa situação, com base na jurisprudência prevalecente no STF, é adequada a aplicação conferida pelo órgão dotado de competência de polícia judiciária.

47. **(Delegado de Polícia Federal/2013)** Um delegado da Polícia Federal instaurou inquérito policial, mediante portaria, para investigar a conduta de deputado federal suspeito da prática de crimes contra a administração pública. Intimado para oitiva nos autos, o parlamentar impetrou habeas corpus contra o ato da autoridade policial, sob o argumento de usurpação de competência originária do STF. Nessa situação hipotética, assiste razão ao impetrante, visto que, para a instauração do procedimento policial, é necessário que a autoridade policial obtenha prévia autorização da Câmara dos Deputados ou do STF.

48. **(Delegado de Polícia Civil/PR/2013)** Com relação ao inquérito policial, segundo o Código de Processo Penal, assinale a alternativa correta.
    A. A polícia judiciária será exercida pelas autoridades policiais em todo o território nacional, independente de circunscrição, com o fim de apurar as infrações penais e sua autoria.
    B. Na legislação processual penal, é inaplicável a interpretação extensiva e analógica, bem como o suplemento dos princípios gerais do direito.
    C. O inquérito deverá terminar no prazo de trinta dias, se o indiciado tiver sido preso em flagrante, ou estiver preso preventivamente, contado o prazo a partir do dia da prisão.
    D. O Ministério Público não poderá requerer a devolução do inquérito à autoridade policial, senão para novas diligências, imprescindíveis ao oferecimento da denúncia.
    E. O ofendido, ou seu representante legal, poderá requerer qualquer diligência, a qual será realizada obrigatoriamente, considerados os princípios do contraditório e da ampla defesa.

49. **(Delegado de Polícia/DF/2015)** Assinale a alternativa correta em relação ao inquérito policial.
    A. Há, no ordenamento jurídico brasileiro, expressa previsão do inquérito policial *judicialiforme*.
    B. Nos crimes em que a ação pública depender de representação, o inquérito não poderá sem ela ser iniciado.
    C. O inquérito policial, cuja natureza é cautelar, constitui uma das fases processuais.
    D. O inquérito policial é dispensável à propositura da ação penal privada e da ação penal pública condicionada, mas é indispensável à propositura da ação penal pública incondicionada.
    E. Segundo jurisprudência pacificada no STF, o poder de investigação do Ministério Público é amplo e irrestrito.

50. **(Delegado de Polícia/DF/2015)** A respeito do tráfico ilícito de drogas e do uso indevido de substância entorpecente, assinale a alternativa correta à luz da lei que rege a matéria.

   A. A lavratura do auto de prisão em flagrante do autor de crime de tráfico e o estabelecimento da materialidade do delito prescindem de laudo de constatação da natureza e da quantidade da droga.
   B. É cabível a prisão em flagrante do usuário de substância entorpecente, havendo, ou não, concurso de crime com o delito de tráfico ilícito de entorpecentes.
   C. É vedado à autoridade policial, ao encerrar inquérito relativo a crime de tráfico, indicar a quantidade e a natureza da substância ou do produto apreendido.
   D. O inquérito policial relativo ao crime de tráfico de substância entorpecente será concluído no prazo de trinta dias se o indiciado estiver preso e, no de noventa dias, se estiver solto.
   E. A destruição das drogas apreendidas somente poderá ser executada pelo juiz de direito ou pela pessoa indicada pelo respectivo tribunal, vedando-se tal conduta ao delegado de polícia.

51. **(Juiz/AL/2015)** A investigação de uma infração penal

   A. Poderá ser conduzida pelo Ministério Público, conforme recente decisão do STF, mas apenas nos casos relacionados ao foro por prerrogativa de função.
   B. Poderá ser realizada por meio de inquérito policial, presidido por delegado de polícia de carreira ou promotor de justiça, conforme recente decisão do STF.
   C. Poderá ser realizada por meio de inquérito policial que será presidido por delegado de polícia de carreira, sob o comando e a fiscalização direta e imediata do promotor de justiça, conforme recente decisão do STJ.
   D. Poderá ser conduzida pelo Ministério Público, conforme recente decisão do STF.
   E. Deverá ser sempre promovida em autos de inquérito policial, presidido por um delegado de polícia de carreira, salvo em casos de infração cometida por vereadores, cuja investigação será presidida pelo Presidente da Câmara Municipal.

52. **(Delegado de Polícia/CE/2015)** O inquérito policial, nos crimes em que a ação pública depender de representação, _____ ; nos crimes de ação privada, a autoridade policial somente poderá proceder a inquérito_____ .

   **Assinale a alternativa que preenche, correta e respectivamente, as lacunas.**
   A. Depende de queixa crime para sua instauração ... após colher o consentimento da vítima ou de terceiro patrimonialmente interessado na investigação do fato.
   B. Pode ser instaurado independentemente dela, mas só pode embasar ação penal após manifestação positiva da vítima ... após oferecimento de queixa crime.
   C. Só pode ser iniciado se não houver transcorrido o prazo decadencial de seis meses ... quando acompanharem a representação do ofendido o nome e qualificação de ao menos três testemunhas.
   D. Não poderá sem ela ser iniciado ... a requerimento de quem tenha qualidade para intentá-la.
   E. Depende de queixa crime para sua instauração ... após oferecimento de queixa crime.

## Cap. 5 | INQUÉRITO POLICIAL

**53. (Delegado de Polícia/CE/2015)** Prescreve o art. 6o, VIII do CPP: logo que tiver conhecimento da prática da infração penal, a autoridade policial deverá ordenar a identificação do indiciado pelo processo datiloscópico, se possível. Acerca do tema, a Constituição da República de 1988:

A. Recepcionou integralmente o CPP.

B. Ampliou as hipóteses de identificação criminal, admitindo-a também para testemunhas e declarantes.

C. Ampliou os métodos de identificação criminal, admitindo expressamente outros que decorram do progresso científico, tais como os exames de DNA.

D. Revogou totalmente o dispositivo do CPP, não admitindo mais a identificação criminal.

E. Determina, com exceções previstas em lei, que o civilmente identificado não será submetido à identificação criminal.

**54. (Delegado de Polícia/SP/2014)** Nos termos do parágrafo terceiro do art. 5.º do CPP: "Qualquer pessoa do povo que tiver conhecimento da existência de infração penal em que caiba ação pública poderá, verbalmente ou por escrito, comunicá-la à autoridade policial, e esta, verificada a procedência das informações, mandará instaurar inquérito policial". Assim, é correto afirmar que:

A. Sempre que tomar conhecimento da ocorrência de um crime, a autoridade policial deverá, por portaria, instaurar inquérito policial.

B. Por delatio criminis entende-se a autorização formal da vítima para que seja instaurado inquérito policial.

C. O inquérito policial será instaurado pela autoridade policial apenas nas hipóteses de ação penal pública.

D. A notícia de um crime, ainda que anônima, pode, por si só, suscitar a instauração de inquérito policial.

E. É inadmissível o anonimato como causa suficiente para a instauração de inquérito policial na modalidade da delatio criminis, entretanto, a autoridade policial poderá investigar os fatos de ofício.

**55. (Delegado de Polícia/RO/2014)** Na condução do inquérito policial, o Delegado de Polícia, sempre pautando suas ações pela legalidade, também se sujeita ao Princípio da Discricionariedade, que possui como característica possibilitar ao Delegado de Polícia:

A. A instauração do inquérito mediante critério de conveniência e oportunidade.

B. A definição do rumo das investigações.

C. A substituição do inquérito pela possibilidade de lavratura de termo circunstanciado.

D. A cautela e prudência na condução das diligências de investigação.

E. O arquivamento do inquérito policial.

**56. (Delegado de Polícia/SC/2014)** De acordo com o Código de Processo Penal, e considerando o inquérito policial nos crimes de ação pública, analise as afirmações a seguir e assinale a alternativa correta.

I – Será iniciado de ofício.

II – Será iniciado mediante requisição da autoridade judiciária ou do Ministério Público, ou a requerimento do ofendido ou de quem tiver qualidade para representá-lo.

III – Do despacho que indeferir o requerimento de abertura de inquérito não caberá recurso.

IV – O inquérito, nos crimes em que a ação pública depender de representação, não poderá sem ela ser iniciado.

A. Todas as afirmações estão corretas.
B. Todas as afirmações estão incorretas.
C. Apenas I, II e III estão corretas.
D. Apenas II e IV estão corretas.
E. Apenas I, II e IV estão corretas.

**57.** (Delegado de Polícia/SC/2014) De acordo com o Código de Processo Penal, especificamente quanto ao Inquérito, assinale a alternativa correta.

A. No relatório, não poderá a autoridade policial indicar testemunhas que não tiverem sido inquiridas.
B. A autoridade policial deverá concluí-lo no prazo de 10 dias, se o indiciado estiver preso preventivamente, contado o prazo a partir do dia seguinte em que se executar a ordem de prisão, ou no prazo de 30 dias, quando estiver solto, mediante fiança ou sem ela.
C. A autoridade policial fará minucioso relatório do que tiver sido apurado e enviará os autos ao juiz competente.
D. A autoridade policial fará minucioso relatório do que tiver sido apurado e enviará os autos ao Ministério Público.
E. Quando o fato for de difícil elucidação e o indiciado estiver preso, a autoridade policial poderá requerer ao juiz a devolução dos autos, para ulteriores diligências, que serão realizadas no prazo de 30 dias.

**58.** (Delegado de Polícia/SC/2014) De acordo com o Código de Processo Penal e Lei 12.830/13, que dispõe sobre a investigação criminal conduzida pelo Delegado de Polícia, assinale a alternativa correta.

A. Ninguém será recolhido à prisão sem que seja exibido o mandado ao respectivo diretor ou carcereiro, exceto por ordem expressa do Delegado de Polícia, com a entrega de cópia assinada pelo executor, devendo ser passado recibo da entrega do preso, com declaração de dia e hora.
B. O indiciamento, privativo do Ministério Público, dar-se-á por ato fundamentado, mediante análise técnico-jurídica do fato, que deverá indicar a autoria, materialidade e suas circunstâncias.
C. A remoção do delegado de polícia dar-se-á somente a requerimento deste, pois possui a garantia constitucional da inamovibilidade.
D. Ao delegado de polícia, na qualidade de autoridade policial, cabe a condução da investigação criminal por meio de inquérito policial ou outro procedimento previsto em lei, que tem como objetivo a apuração das circunstâncias, da materialidade e da autoria das infrações penais.

E. Em até 48 (quarenta e oito) horas após a realização da prisão será encaminhado ao juiz competente o auto de prisão em flagrante e, caso o autuado não informe o nome de seu advogado, cópia integral para a Defensoria Pública.

59. **(Juiz/PB/2015) A autoridade policial foi informada da descoberta de um cadáver, com perfurações por toda a região abdominal, às margens de uma rodovia. Próximo ao local, havia também uma faca com marcas de sangue e garrafas de bebida alcoólica. Em face dessa situação, e considerando-se o disposto no CPP, a autoridade policial deverá:**

    A. Oficiar ao Poder Judiciário a fim de que se efetue a retirada do corpo do local.

    B. Dirigir-se ao local e providenciar que o estado e a conservação das coisas não sejam alterados até a chegada de peritos criminais.

    C. Determinar de imediato a higienização da faca para proceder a reprodução simulada dos fatos.

    D. Requerer autorização judicial para que a área seja isolada e para o deslocamento de peritos criminais.

    E. Pedir autorização judicial para abertura do inquérito policial.

60. **(Defensor Público/SP/2015) O arquivamento implícito do inquérito policial é**

    A. Consequência lógica da rejeição parcial da denúncia.

    B. O fenômeno decorrente de o MP deixar de incluir na denúncia algum fato investigado ou algum suspeito, sem expressa justificação.

    C. O arquivamento promovido fundamentalmente pelo Procurador-Geral da República dos inquéritos que tratam de suposta prática de crimes de competência originária do Supremo Tribunal Federal.

    D. O arquivamento operado de ofício pelo delegado de polícia, quando este entende estarem ausentes prova da materialidade delitiva e indícios mínimos de autoria.

    E. O arquivamento promovido pelo Procurador-Geral de Justiça, após a remessa dos autos pelo juiz de direito que discorda do pedido de arquivamento requerido pelo órgão do Ministério Público em primeiro grau.

61. **(Defensor Público/MA/2015) O inquérito policial**

    A. Após seu arquivamento, poderá ser desarquivado a qualquer momento para possibilitar novas investigações, desde que haja concordância do Ministério Público.

    B. Em curso poderá ser avocado por superior por motivo de interesse público.

    C. Poderá ser instaurado por requisição judicial, a depender da análise de conveniência e oportunidade do delegado de polícia.

    D. Nos casos de ação penal privada e ação penal pública condicionada poderá ser instaurado mesmo sem a representação da vítima ou seu representante legal, desde que se trate de crime hediondo.

    E. Independentemente do crime investigado deverá ser impreterivelmente concluído no prazo de 30 dias se o investigado estiver solto.

62. **(Promotor de Justiça/BA/2014) No dia 12 de janeiro de 2015, o promotor de Justiça de determinada comarca da Bahia recebeu um inquérito policial em**

que constavam Josélio e Perênio como indiciados pela prática dos crimes de estupro de vulnerável e tentativa de homicídio qualificado. No último dia do prazo, o referido promotor de Justiça ofereceu denúncia contra Josélio e lhe imputou aqueles crimes, mas, sem expressa justificativa, não incluiu em sua denúncia o indiciado Perênio. Por sua vez, o juiz, ao receber a peça acusatória, manteve-se silente quanto à omissão do promotor de Justiça. Em relação à situação acima descrita, assinale a alternativa CORRETA:

A. Quanto ao indiciado Perênio, houve o arquivamento implícito do inquérito policial, o que tem sido aceito pela jurisprudência do Superior Tribunal de Justiça e do Supremo Tribunal Federal.

B. Trata-se de hipótese de arquivamento indireto do inquérito policial, conforme a jurisprudência do Supremo Tribunal Federal.

C. A atuação do promotor de Justiça ensejou o denominado arquivamento implícito objetivo do inquérito policial.

D. O artigo 28 do Código de Processo Penal autoriza a figura do arquivamento implícito do inquérito policial, que, diferentemente do requerimento expresso de arquivamento, permite o aditamento à denúncia pelo promotor de Justiça nos crimes de ação penal pública.

E. Todas as alternativas anteriores estão incorretas.

63. **(Agente de Polícia Federal/2014) Logo que tiver conhecimento da prática de infração penal, a autoridade policial deverá determinar, se for caso, a realização das perícias que se mostrarem necessárias e proceder a acareações.**

64. **(Delegado de Polícia/TO/2014) Os autos de inquérito policial que apuram crimes de ação penal pública poderão ser arquivados**

A. Pela autoridade policial, em virtude de requisição do Secretário de Segurança Pública.

B. Pelo juiz de direito, em virtude de requerimento do órgão do Ministério Público.

C. Pelo escrivão, em virtude de determinação do chefe de polícia.

D. Pela Corregedoria de Polícia, em virtude de representação do ofendido.

65. **(Delegado de Polícia Civil/PE/2016) Com base nos dispositivos da Lei n.º 12.830/2013, que dispõe sobre a investigação criminal conduzida por delegado de polícia, assinale a opção correta.**

A. São de natureza jurídica, essenciais e exclusivas de Estado as funções de polícia judiciária e a apuração de infrações penais pelo delegado de polícia.

B. A redistribuição ou a avocação de procedimento de investigação criminal poderá ocorrer de forma casuística, desde que determinada por superior hierárquico.

C. A remoção de delegado de polícia de determinada unidade policial somente será motivada se ocorrer de uma circunscrição para outra, não incidindo a exigência de motivação nas remoções de delegados de uma delegacia para outra no âmbito da mesma localidade.

D. A decisão final sobre a realização ou não de diligencias no âmbito do inquérito policial pertence exclusivamente ao delegado de polícia que preside os autos.

E. A investigação de crimes é atividade exclusiva das polícias civil e federal.

Cap. 5 | INQUÉRITO POLICIAL

66. **(Delegado de Polícia Civil/PA/2016)** A Lei n° 12.830, de 2013, dispõe sobre a investigação criminal conduzida pelo delegado de polícia. Sobre o tema, é correto afirmar que:

   A. O indiciamento é ato privativo de delegado, que deve fundamentá-lo através de análise técnico-jurídica do fato, indicando autoria e materialidade, bem como suas circunstâncias.

   B. Apenas bacharéis em direito podem ocupar o cargo de delegado de polícia, ao qual deverá ser dispensado o mesmo tratamento protocolar dispensado a advogados, defensores públicos e promotores de Justiça, ressalvado o tratamento reservado a magistrados.

   C. A lei especifica que a perícia criminal deve ser independente, não se sujeitando a requisições formuladas pelo delegado de polícia.

   D. O inquérito policial somente poderá ser avocado e redistribuído pelas corregedorias de polícia, por motivo de interesse público.

   E. O delegado goza de inamovibilidade limitada, podendo sua remoção se dar apenas a pedido ou por decisão judicial transitada em julgado.

67. **(Delegado de Polícia Civil/AC/2017)** No plano da teoria do garantismo, para Ferrajoli, em sua clássica obra Direito e Razão, na lógica do Estado de Direito, as funções de polícia judiciária deveriam ser organizadas de forma independente não apenas funcional, mas, também hierárquica e administrativamente dos diversos poderes aos quais auxiliam, ou seja, deveria ter a garantia de independência. Tal ideia deita raízes na estrutura acusatória que visa uma investigação isenta na apuração da verdade e não a serviço da acusação. À luz das premissas acima expostas, assinale a opção correta.

   A. Cabe ao delegado de polícia arquivar o inquérito policial.

   B. A remoção do delegado de polícia dar-se-á somente por ato fundamentado e o indiciamento, que é privativo do delegado de polícia, dar-se-á por ato fundamentado, mediante análise técnico-jurídica do fato, que deverá indicar a autoria, materialidade e suas circunstâncias.

   C. O Ministério Público pode não apenas requisitara instauração do inquérito, como também determinar autoridade policial o indiciamento de um investigado.

   D. O inquérito policial ou outro procedimento previsto em lei em curso, conduzido por delegado de polícia, somente poderá ser avocado ou redistribuído por superior hierárquico ou pelo Ministério Público, por motivo de conveniência e oportunidade.

   E. Durante a investigação criminal, cabe ao delegado de polícia a requisição de perícia, informações, proceder a buscas domiciliares, buscar e apreender documentos e dados que interessem à apuração dos fatos, independentemente da autorização judicial.

68. **(Delegado de Polícia Civil/AC/2017)** Logo que tiver conhecimento da prática da infração penal, a autoridade policial deverá:

   A. Em todos os casos, proceder ao exame de corpo de delito.

   B. Colher informações sobre a existência de filhos, respectivas idades e se possuem alguma deficiência e o nome e o contato de eventual responsável pelos cuidados dos filhos, indicado pela pessoa presa.

C. Prender o réu e proceder a identificação criminal.
D. Proceder a busca domiciliar independentemente de autorização judicial.
E. Determinar que o inspetor de polícia se dirija ao local do crime e recolha todas as informações e provas, preservando o local até a chegada dos peritos.

69. **(Delegado de Polícia Civil/AC/2017) Nos termos do Código de Processo Penal, incumbirá à autoridade policial:**
    A. Representar acerca da prisão preventiva nos crimes dolosos e culposos com pena superior a 04 anos.
    B. Representar pela interceptação telefônica, quando indispensável a investigação de qualquer crime.
    C. Cumprir os mandados de prisão expedidos pelas autoridades judiciárias.
    D. Realizar as diligências requisitadas pelo juiz. Ministério Público e pelos advogados.
    E. Fornecer às autoridades judiciárias as informações necessárias à instrução e julgamento dos processos, salvo nas investigações sobre sigilo.

70. **(Delegado de Polícia Civil/AC/2017) À luz do que dispõe o código de processo penal sobre inquérito policial assinale a alternativa correta.**
    A. No relatório, a autoridade policial não poderá indicar testemunhas que não tiverem sido inquiridas no inquérito.
    B. Quando o fato for de difícil elucidação, estando o indiciado solto ou preso, a autoridade poderá requerer ao juiz a devolução dos autos, para ulteriores diligências, que serão realizadas no prazo marcado pelo juiz.
    C. O delegado poderá delegar a oitiva do indiciado s de eventuais testemunhas ao inspetor de polícia.
    D. O inquérito deverá terminar no prazo de 03 dias. se o indiciado tiver sido preso em flagrante ou preso preventivamente; contado o prazo, nesta hipótese, a partir do dia em que se executar a ordem de prisão.
    E. O inquérito policial deve terminar no prazo de 30 dias, quando o indiciado estiver solto, mediante fiança ou sem ela.

71. **(Delegado de Polícia Civil/PA/2016) Analise as afirmativas a seguir.**
    I. O arquivamento implícito é uma construção doutrinária. Ele seria, inicialmente, decorrente da omissão do Ministério Público que deixa de narrar na denúncia um fato investigado no inquérito ou um indiciado.
    II. Classifica-se, doutrinariamente o arquivamento implícito em objetivo e subjetivo.
    III. A jurisprudência do STF é firme em admitir o instituto do arquivamento implícito na ação penal pública.
    IV. Uma vez arquivado o inquérito por falta de base para a denúncia, pelo princípio da segurança jurídica, a autoridade policial não poderá fazer novas pesquisas.
    Está correto apenas o que se afirma em:
    III e IV.
    I e II.

I e IV.
II e III.
I e III.

72. **(Delegado de Polícia Civil/PA/2016)** Sobre inquérito policial, assinale a resposta correta.
    A. Excepcional e fundamentadamente, a autoridade policial poderá mandar arquivar o inquérito para evitar lesão a direitos fundamentais do indiciado.
    B. Para o desarquivamento do inquérito policial a autoridade policial necessita de novas provas.
    C. O prazo para encerramento do inquérito policial no caso de réu preso, nos termos do código de processo penal é de 30 dias.
    D. Aos crimes de ação penal privada, encerrado o inquérito policial a autoridade policial poderá entregá-lo, por traslado, ao ofendido ou seu representante se assim for requerido.
    E. No curso do inquérito o ofendido não poderá requerer diligências.

73. **(Delegado de Polícia Civil/AC/2017)** No que tange à investigação criminal conduzida pelo Delegado de Polícia (Lei nº 12.830/2013), assinale a alternativa correta.
    A. As funções de polícia judiciária bem como a administrativa e a apuração de infrações penais exercidas pelo delegado de polícia são de natureza jurídica, essenciais e exclusivas de Estado.
    B. O cargo de delegado de polícia é privativo de bacharel em Direito, devendo-lhe ser dispensado o mesmo tratamento protocolar que recebem os magistrados, os membros da Defensoria Pública e do Ministério Público e os advogados.
    C. Durante a investigação criminal, cabe ao delegado de polícia a requisição de perícia, desde que autorizada pela autoridade judiciária.
    D. A remoção do delegado de polícia dar-se-á somente por ato fundamentado, exceto nos casos previstos em lei.
    E. O inquérito policial ou outro procedimento previsto em lei em curso poderá ser avocado ou redistribuído por superior hierárquico, independentemente de despacho fundamentado.

74. **(Defensor Público da União/2017) Situação hipotética: Pedro, servidor público federal, foi indiciado pela Polícia Federal por suposta prática de corrupção passiva no exercício de suas atribuições. O inquérito policial, após remessa ao órgão do MPF, foi arquivado, por requerimento do procurador da República, em razão da atipicidade da conduta, e o arquivamento foi homologado pelo juízo criminal competente. Assertiva: Nessa situação, o ato de arquivamento do inquérito fez exclusivamente coisa julgada formal, o que impossibilita posterior desarquivamento pelo parquet, ainda que diante da existência de novas provas.**

75. **(Defensor Público da União/2017) Situação hipotética: Lino foi indiciado por tentativa de homicídio. Após remessa dos autos ao órgão do MP, o promotor de justiça requereu o arquivamento do inquérito em razão da conduta de Lino ter sido praticada em legítima defesa, o que foi acatado pelo juízo criminal**

competente. Assertiva: Nessa situação, de acordo com o STF, o ato de arquivamento com fundamento em excludente de ilicitude fez coisa julgada formal e material, o que impossibilita posterior desarquivamento pelo parquet, ainda que diante da existência de novas provas.

76. (Delegado de Polícia Civil/ES/2019) A referida classificação do sistema brasileiro como um sistema acusatório, desvinculador dos papéis dos agentes processuais e das funções no processo judicial, mostra-se contraditória quando confrontada com uma série de elementos existentes no processo." (FERREIRA. Marco Aurélio Gonçalves. A Presunção da Inocência e a Construção da Verdade: Contrastes e Confrontos em perspectiva comparada (Brasil e Canadá). Rio de Janeiro: Lumen Juris, 2013). Leia o caso hipotético descrito a seguir. O Ministro OMJ, do Supremo Tribunal Federal, rejeitou o pedido da Procuradoria-Geral da República (PGR), de arquivamento do inquérito aberto para apurar ofensas a integrantes do STF e da suspensão dos atos praticados no âmbito dessa investigação, como buscas e apreensões e a censura a sites. Assinale a alternativa INCORRETA quanto a noção de sistema acusatório.
    A. A Instauração de inquérito policial pelo Delegado de Polícia.
    B. Inquérito instaurado por comissões parlamentares.
    C. Inquérito administrativo instaurado no âmbito da administração pública.
    D. A requisição de instauração de inquérito policial pelo Ministério Público.
    E. A determinação de ofício de instauração de inquérito policial pelo juiz.

77. (Delegado de Polícia Civil/ES/2019) Gerson está respondendo a procedimento investigatório, conduzido por delegado de Polícia Civil. Em meio a investigação foi decretado sigilo do Inquérito policial para assegurar as investigações. Nessa situação hipotética, marque a alternativa CORRETA.
    A. O advogado poderá examinar aos autos do inquérito policial e ainda ter informações sobre os atos de investigação que ainda serão realizados.
    B. O advogado poderá examinar aos autos do inquérito policial ainda que tenha sido decretado o seu sigilo.
    C. O advogado somente terá acesso aos autos do inquérito policial se não for decretado o seu sigilo, caso em que terá que aguardar a instauração do processo judicial.
    D. O sigilo decretado no inquérito policial não impede que os meios de comunicações televisivas tenham acesso, tendo em vista a necessidade de se preservar a ordem pública.
    E. Nos crimes hediondos o advogado do indiciado não terá acesso aos autos para assegurar a proteção das investigações.

78. (Delegado de Polícia Civil/ES/2019) A Lei nº 13.245/2016 alterou o art. 7º da Lei 8.906/94 (Estatuto da OAB) que garante ao advogado do investigado, o direito de assistir a seus clientes durante a apuração de infrações, inclusive nos depoimentos e interrogatório, podendo apresentar razões e quesitos. Com efeito, Anderson, advogado de José, impugnou a oitiva de duas testemunhas em fase de inquérito policial, alegando que não recebeu notificação informando do dia e hora da oitiva das referidas testemunhas em sede policial. Diante da temática apresentada, assinale a seguir a alternativa correta.

A. A inquisitorialidade do procedimento investigatório policial é o que impede que o advogado tenha acesso aos atos já documentados em inquérito policial.

B. A Lei nº 13.245/2016 não impôs um dever à autoridade policial de intimar previamente o advogado constituído para os atos de investigação.

C. A Lei nº 13.245/2016 instituiu a obrigatoriedade do inquérito policial ainda que já haja provas devidamente constituídas.

D. O sigilo do inquérito policial impede que o advogado tenha acesso aos atos já documentados em inquérito policial.

E. A Lei nº 13.245/2016 impôs o dever à autoridade policial de intimar previamente o advogado constituído para os atos de investigação, em homenagem ao contraditório e a ampla defesa.

79. (Delegado de Polícia Civil/ES/2019) "O inquérito policial é um procedimento administrativo, não judicial, e por isso mesmo pode ter caráter explicitamente inquisitorial, isto é, registrar por escrito, com fé pública, emprestada pelo cartório que a delegacia possui, informações obtidas dos envolvidos sem que estes tenham conhecimento das suspeitas contra eles." (LIMA, Roberto Kant de; MOUZINHO, Glaucia. DILEMAS – Vol.9 – no 3 – SET-DEZ 2016 – pp. 505-529). Assinale, a seguir, a característica INCORRETA quanto ao inquérito policial brasileiro.

    A. É público.
    B. É escrito.
    C. É sigiloso.
    D. Não possui contraditório e ampla defesa.
    E. É dispensável.

80. (Delegado Federal/2018) Relatado o IP, sob a tese de atipicidade penal do fato, o MP requereu o arquivamento dos autos, o que foi determinado pelo competente juízo, em acolhimento à tese do MP. Nessa situação, o arquivamento dos autos nos termos do requerimento do MP impede a reabertura das investigações pela autoridade policial.

81. (Delegado Federal/2018) Requerido pelo procurador-geral da República o arquivamento de IP, os autos foram encaminhados ao STF, órgão com competência originária para o processamento e o julgamento da matéria sob investigação, para as providências cabíveis. Nessa situação, o pedido do procurador-geral da República não estará sujeito a controle jurisdicional, devendo ser atendido.

82. (Delegado de Polícia Civil/GO/2018) Dispensa-se a reserva de jurisdição:

    A. Para a decretação da prescrição.
    B. Para prisão temporária do investigado.
    C. Para declarar a cassação da fiança prestada.
    D. Para a realização de reprodução simulada dos fatos.
    E. Para requisição, a empresas concessionárias de telecomunicações, de disponibilização de meios técnicos adequados que permitam a localização dos suspeitos de delito em curso.

83. **(Delegado de Polícia Civil/GO/2018)** Quando o inquérito policial é instaurado a partir de um auto de prisão em flagrante delito, diz-se haver:
   A. *Notitia criminis* inqualificada.
   B. *Delatio criminis* postulatória.
   C. *Notitia criminis* de cognição imediata.
   D. *Notitia criminis* de cognição mediata.
   E. *Notitia criminis* de cognição coercitiva.

84. **(Delegado de Polícia/SE/2018)** Julgue o item seguinte, relativo aos direitos e deveres individuais e coletivos e às garantias constitucionais.

   No âmbito do inquérito policial, cuja natureza é inquisitiva, não se faz necessária a aplicação plena do princípio do contraditório, conforme a jurisprudência dominante.

85. **(Delegado de Polícia/MG/2018)** Sobre o ato de indiciamento realizado no âmbito de investigação criminal conduzida por delegado de polícia, é CORRETO afirmar:
   A. É realizado mediante o mesmo grau de certeza de autoria que a situação de suspeito.
   B. Não é ato exclusivo do delegado de polícia que conduz a investigação.
   C. Não poderá o delegado de polícia retratar sua posição e "desindiciar" o investigado.
   D. Resulta de um juízo de probabilidade e não de mera possibilidade sobre a autoria delitiva.

86. **(Delegado de Polícia/PI/2018)** O inquérito policial tem por finalidade identificar a autoria e a materialidade do crime. É CORRETO afirmar que:
   A. Os instrumentos do crime, bem como os objetos que interessarem à prova, devem ser encaminhados ao poder judiciário e acompanharão os autos do inquérito remetidos ao Ministério Público.
   B. O Ministério Público não poderá requerer a devolução do inquérito à autoridade policial, senão para novas diligências, imprescindíveis ao oferecimento da denúncia.
   C. O inquérito policial sendo dispensável não acompanhará a denúncia, mesmo que sirva de base à denúncia, sendo, neste caso, não encaminhado com a denúncia.
   D. O delegado de polícia deve fornecer às autoridades judiciárias as informações necessárias à instrução e julgamento dos processos, bem como realizar as diligências requisitadas apenas pelo juiz, representar acerca da prisão preventiva.
   E. A vítima, ou seu representante legal, e o réu poderão requerer qualquer diligência, que será realizada, ou não, a juízo da autoridade. O delegado deve cumprir os mandados de prisão expedidos pelas autoridades judiciárias sempre acompanhados do oficial de justiça.

87. **(Delegado de Polícia/PI/2018)** Em relação aos procedimentos do inquérito policial, é CORRETO afirmar que:

## Cap. 5 | INQUÉRITO POLICIAL

A. A autoridade fará minucioso relatório do que tiver sido apurado e enviará os autos ao juiz competente.

B. Em qualquer situação e em qualquer crime e para verificar a possibilidade de haver a infração sido praticada de determinado modo, a autoridade policial poderá proceder à reprodução simulada dos fatos.

C. Todas as peças do inquérito policial serão, num só processo, reduzidas a escrito ou digitadas e, neste caso, há dispensa de serem todas as páginas rubricadas pela autoridade.

D. O inquérito deverá terminar no prazo de 10 (dez) dias, se o indiciado tiver sido preso em flagrante, ou estiver preso preventivamente, contado o prazo, nesta hipótese, a partir do dia da comunicação ao juiz do cumprimento da ordem de prisão, ou no prazo de 30 (trinta) dias, quando estiver solto, mediante fiança ou sem ela.

E. No relatório poderá a autoridade indicar testemunhas que não tiverem sido inquiridas, mencionando o lugar onde possam ser encontradas. Quando o fato for de difícil elucidação, e o indiciado estiver solto, a autoridade poderá requerer ao juiz a devolução dos autos, para ulteriores diligências, que serão realizadas no prazo acordado pelo Ministério Público e marcado pelo juiz.

**88.** **(Delegado de Polícia/RS/2018) Ronaldo é morador de um bairro violento na cidade de Rondinha, dominado pela disputa pelo tráfico de drogas. Dirigiu-se até a Delegacia de Polícia para oferecer detalhes como o nome, endereço e telefone do maior traficante do local. Foram anotadas todas as informações e, ao final, Ronaldo preferiu não revelar a sua identidade por receio de retaliações. Diante disso, é correto afirmar que:**

A. A Constituição Federal prestigia a liberdade de expressão e veda o anonimato, razão pela qual o delegado de polícia deve requerer à autoridade judiciária o arquivamento das informações prestadas, mediante prévia manifestação do Ministério Público.

B. Trata-se de notitia criminis inqualificada, que torna obrigatória a imediata instauração de inquérito policial e a representação por medidas cautelares necessárias à obtenção da materialidade do delito imputado.

C. Segundo o entendimento mais recente do Supremo Tribunal Federal, as notícias anônimas, por si só, não autorizam o emprego de métodos invasivos de investigação, constituindo fonte de informação e de provas.

D. Poderá o delegado de polícia representar pela interceptação telefônica, havendo indícios razoáveis da autoria ou participação fornecidos pela notícia anônima.

E. Segundo o entendimento mais recente do Supremo Tribunal Federal, as notícias anônimas autorizam o deferimento de medida cautelar de busca e apreensão, mas não permitem, de imediato, a autorização de interceptação telefônica, dado o caráter subsidiário desse meio de obtenção de prova.

**89.** **(Delegado de Polícia/BA/2018) De acordo com a jurisprudência sumulada do Supremo Tribunal Federal,**

A. A imunidade parlamentar estende-se ao corréu sem essa prerrogativa (Súmula 245).

B. Para requerer revisão criminal, o condenado deve recolher-se à prisão (Súmula 393).

C. Só é lícito o uso de algemas em casos de resistência e de fundado receio de fuga ou perigo à integridade física própria ou alheia, por parte do preso ou terceiros, sem, contudo, necessidade de a autoridade policial justificar a utilização por escrito (Súmula Vinculante 11).

D. É direito do defensor, no interesse do representado, ter acesso amplo aos elementos de prova que, já documentados em procedimento investigatório realizado por órgão com competência de polícia judiciá- ria, digam respeito ao exercício do direito de defesa (Súmula Vinculante 14).

E. A homologação da transação penal prevista no art. 76 da Lei no 9.099/95 faz coisa julgada material e, descumpridas suas cláusulas, retorna-se à situação anterior, possibilitando ao Ministério Público a continuidade da persecução penal (Súmula Vinculante 35).

90. **(Delegado de Polícia/BA/2018) Nos termos do art. 69, parágrafo único, da Lei nº 9.099/95, ao autor do fato típico definido como crime de menor potencial ofensivo, após a lavratura do termo circunstanciado, caso se comprometa a comparecer junto ao Juizado Especial Criminal, não se imporá prisão em flagrante,**
    A. Desde que primário.
    B. Desde que imediatamente restitua o prejuízo da vítima.
    C. A menos que se trate de reincidente específico.
    D. Mas a liberdade pode ser condicionada, pela autoridade policial, ao estabelecimento e à aceitação de imediata pena restritiva de direito.
    E. Nem se exigirá fiança.

91. **(Delegado de Polícia/BA/2018) Do despacho que indeferir o requerimento de abertura de inquérito (CPP, art. 5º, § 2º)**
    A. Caberá recurso para o chefe de Polícia.
    B. Caberá recurso para o Promotor de Justiça Corregedor da Polícia Judiciária.
    C. Caberá recurso para o Juiz Corregedor da Polícia Judiciária.
    D. Caberá recurso para o Desembargador Corregedor Geral de Justiça.
    E. Não caberá recurso.

92. **(Delegado de Polícia/MA/2018) De acordo com as legislações especiais pertinentes, o inquérito policial deve ser concluído no**
    A. Prazo comum de quinze dias, estando o indiciado solto ou preso, nos casos de crimes de tortura.
    B. Mesmo prazo estipulado para a apreciação das medidas protetivas, nos casos de crimes previstos na Lei Maria da Penha.
    C. Prazo comum de dez dias, estando o indiciado solto ou preso, nos casos de crimes contra a economia popular.
    D. Prazo de trinta dias, se o indiciado estiver solto, e de quinze dias, se ele estiver preso, de acordo com a Lei de Drogas.
    E. Prazo de quinze dias, se o crime for de porte ilegal de arma de fogo de uso restrito, conforme o Estatuto do Desarmamento.

93. **(Delegado de Polícia/MA/2018)** Após a instauração de inquérito policial para apurar a prática de crime de corrupção passiva em concurso com o de organização criminosa, o promotor de justiça requereu o arquivamento do ato processual por insuficiência de provas, pedido que foi deferido pelo juízo. Contra essa decisão não houve a interposição de recursos.
    **Nessa situação,**
    A. Mesmo com o arquivamento do inquérito policial, a ação penal poderá ser proposta, desde que seja instruída com provas novas.
    B. Em razão do arquivamento, a ação penal só poderá ser proposta como ação penal privada subsidiária da pública.
    C. O arquivamento do inquérito policial gerou a perempção, que provoca a inadmissibilidade da ação penal devido à extinção da punibilidade provocada.
    D. Em razão da coisa julgada material feita com o trânsito em julgado da decisão que deferiu o arquivamento do inquérito, é inadmissível a propositura de ação penal.
    E. Outro promotor de justiça, com entendimento contrário ao daquele que requereu o arquivamento, poderá requerer o desarquivamento do inquérito e propor ação penal independentemente da existência de novas provas.

94. **(Delegado de Polícia/MA/2018)** Quanto à reprodução simulada, também denominada de reconstituição do crime, assinale a opção correta.
    A. A ausência do indiciado poderá ocorrer por sua vontade, mas esse fato induzirá prova contra si.
    B. A participação do indiciado será obrigatória caso haja prova da materialidade e indícios de autoria.
    C. A participação do indiciado é obrigatória para que o ato seja considerado válido.
    D. A participação do indiciado é facultada à sua vontade.
    E. A ausência do indiciado nos crimes que deixem vestígios torna o ato ineficaz.

## 5.18. GABARITO E COMENTÁRIOS

| QUESITO | ASSERTIVA CORRETA | JUSTIFICATIVA |
|---|---|---|
| 01 | C | Dicção da Súmula Vinculante 14, do STF – tópico 4.2.2. |
| 02 | C | Qualquer pessoa pode fazer notícia de crime a autoridades públicas, com o fito de lastrear deflagração de investigação – tópico 4.3.2. |
| 03 | ERRADO | Vide artigo 107 do CPP. |
| 04 | CERTO | O artigo 22 do CPP autoriza expressamente tal situação. |
| 05 | ERRADO | O artigo 17 do Código de Processo Penal veda o arquivamento do inquérito policial pela autoridade policial qualquer que seja a modalidade de ação penal (pública ou privada) – tópico 4.11. |

| QUESITO | ASSERTIVA CORRETA | JUSTIFICATIVA |
|---|---|---|
| 06 | ERRADO | Essa característica diz respeito à obrigatoriedade de instauração de inquérito em crimes de ação pública incondicionada (artigo 5º, I, do CPP) – tópico 4.5.1. |
| 07 | CERTO | O trancamento de inquérito policial é medida de caráter excepcional. |
| 08 | ERRADO | O tramitar do inquérito não obsta o oferecimento da denúncia pelo MP (que pode entender que já são suficientes as provas colhidas pela autoridade policial antes do encerramento do procedimento) – tópico 4.2.5. |
| 09 | ERRADO | Vide artigo 10, § 2º, do CPP. |
| 10 | CERTO | Vide tópico 4.2.4. |
| 11 | ERRADO | O inquérito policial tem natureza administrativa – tópico 4.2.1. |
| 12 | ERRADO | Vide artigo 18 do CPP – tópico 4.11 (apesar da alteração operada pelo Pacote Anticrime no artigo 28 do CPP, mantenho o quesito porque a nova redação está suspensa por decisão do Ministro Luiz Fux). |
| 13 | ERRADO | O inquérito policial é procedimento administrativo investigativo em que não vigora o princípio do contraditório – tópico 4.2.4. |
| 14 | ERRADO | Não é cabível prisão em face da não participação em reprodução simulada dos fatos, conforme orientação do STF – tópico 4.7.10. |
| 15 | ERRADO | O magistrado, diante de pedido de arquivamento pode, no máximo, remeter o feito ao Procurador Geral de Justiça, nos termos do artigo 28, do CPP – tópico 4.11. |
| 16 | ERRADO | Vide Súmula 234 do STJ – tópico 4.14. |
| 17 | B | Não precisam ser repetidas as provas cautelares, não repetíveis e antecipadas, artigo 155 do CPP – tópico 4.13. |
| 18 | E | Artigo 155 do CPP (parte final) – tópico 4.13. |
| 19 | A | Vide tópico 4.12. |
| 20 | A | Vide tópico 4.2.2. |
| 21 | B | Vide tópico 4.12. |
| 22 | D | Artigo 107 do CPP. |

| QUESITO | ASSERTIVA CORRETA | JUSTIFICATIVA |
|---|---|---|
| 23 | B | Vide tópico 4.10. |
| 24 | B | Vide tópicos 4.2.2 e 4.12. |
| 25 | ERRADA | Artigo 18 do CPP – tópico 4.12. |
| 26 | ERRADO | Artigo 107 do CPP. |
| 27 | ERRADO | Vide tópico 4.7.10. |
| 28 | E | Artigo 10, § 3º, do CPP – tópico 4.6.1. |
| 29 | ERRADO | Vide tópico 4.5.3. |
| 30 | CERTO | Súmula 524 do STF – tópico 4.12. |
| 31 | ERRADO | Vide tópico 4.10. |
| 32 | B | Vide tópico 4.2.5. |
| 33 | D | Súmula Vinculante 14 do STF – tópico 4.2.2. |
| 34 | C | Artigo 7º do CPP – tópico 4.7.10. |
| 35 | A | Artigo 6º da Lei 12.037/09 – tópico 4.7.8. |
| 36 | A | Vide tópico 4.2.4. |
| 37 | D | Vide tópico 4.6.3. |
| 38 | A | Artigo 17 do CPP – tópico 4.12. |
| 39 | CERTO | Vide tópico 4.6.3. |
| 40 | C | Súmula Vinculante 14 do STF – tópico 4.2.2. |
| 41 | ERRADO | Vide tópico 4.5.3. |
| 42 | D | Vide tópico 4.13. |
| 43 | D | Vide tópico 4.12. |
| 44 | D | Vide artigo 13 do CPP. |
| 45 | C | O inquérito policial é dispensável à propositura da ação penal – tópico 4.4.5. |
| 46 | CERTO | Súmula Vinculante 14, do STF – tópico 4.2.2. |
| 47 | ERRADO | Vide tópico 4.5.1. |
| 48 | D | Vide artigo 16 do CPP. |
| 49 | B | Vide artigo 5º, § 4º, do CPP. |
| 50 | D | Vide artigo 51 da Lei 11.343/06. |

| QUESITO | ASSERTIVA CORRETA | JUSTIFICATIVA |
|---|---|---|
| 51 | D | Vide tópico 4.15. |
| 52 | D | Vide artigo 5º, §§ 4º e 5º do CPP. |
| 53 | E | Vide artigo 5º, inciso LVIII, da CF/88. |
| 54 | E | Vide tópico 4.3.4. |
| 55 | B | Vide tópico 4.2.1. |
| 56 | E | Vide artigo 5º do CPP. |
| 57 | C | Vide artigo 10, § 1º, do CPP. |
| 58 | D | Vide artigo 2º, § 1º, da Lei 12.830/13. |
| 59 | B | Vide artigo 6º, I, do CPP. |
| 60 | B | Vide tópico 4.12. |
| 61 | B | Vide artigo 2º, § 4º, da Lei 12.830/13. |
| 62 | E | Vide tópico 4.12 – na questão houve arquivamento implícito subjetivo, mas é preciso lembrar que tal construção (a do arquivamento implícito) não é aceita pelos tribunais superiores. |
| 63 | C | Vide artigos 6º, VI e VII, do CPP. |
| 64 | B | Vide tópico 4.12 (saliento que o artigo 28 do CPP foi alterado pelo Pacote Anticrime – caso o STF julgue constitucional o dispositivo, a questão estará desatualizada). |
| 65 | A | Vide artigo 2º da Lei 12.830/13: "Art. 2º As funções de polícia judiciária e a apuração de infrações penais exercidas pelo delegado de polícia são de natureza jurídica, essenciais e exclusivas de Estado". |
| 66 | A | Vide tópico 4.8. |
| 67 | B | Vide tópicos 2 e 4.8. |
| 68 | B | Vide tópico 4.7.10. |
| 69 | C | Vide artigo 13, III, do CPP. |
| 70 | E | Vide tópico 4.6.1. |
| 71 | B | 4.12. |
| 72 | D | Vide artigo 19 do CPP. |
| 73 | B | Vide artigo 3º da Lei 12.830/13. |

## Cap. 5 | INQUÉRITO POLICIAL

| QUESITO | ASSERTIVA CORRETA | JUSTIFICATIVA |
|---|---|---|
| 74 | ERRADO | Vide tópico 4.12. |
| 75 | ERRADO | Vide tópico 4.12. |
| 76 | E | Apesar da redação sofrível, é preciso deixar claro que há críticas na doutrina acerca da compatibilidade da requisição de instauração de inquérito policial pelo magistrado com o sistema acusatório, que pressupõe a inércia do magistrado (linha defendida por essa obra). Caso o quesito se refira ao caso real de inquérito instaurado no âmbito do STF para apurar crimes contra honra de Ministros da Corte, convém deixar claro que a instauração de inquérito diretamente por Ministro do STF constitui ofensa ao sistema acusatório (apesar da decisão da Corte Suprema nos autos da ADPF 572) – Vide tópico 4.16. |
| 77 | B | Vide tópico 4.2.2. |
| 78 | B | Vide tópico 4.2.4. |
| 79 | A | Vide tópico 4.2.2. |
| 80 | CORRETO | Vide tópico 4.12 (saliento que o artigo 28 do CPP foi alterado pelo Pacote Anticrime – caso o STF julgue constitucional o dispositivo, a questão estará desatualizada). |
| 81 | CORRETO | Vide tópico 4.12 (saliento que o artigo 28 do CPP foi alterado pelo Pacote Anticrime – caso o STF julgue constitucional o dispositivo, a questão estará desatualizada). |
| 82 | D | Vide tópico 4.7.11. |
| 83 | E | Vide tópico 4.3.3. |
| 84 | CORRETO | Vide tópico 4.2.4. |
| 85 | D | Vide tópico 4.8. |
| 86 | B | Vide tópico 4.11. |
| 87 | A | Vide tópico 4.11. |
| 88 | C | Vide tópico 4.3.4. |
| 89 | D | Vide tópico 4.2.2. |
| 90 | E | Vide tópico 4.14. |
| 91 | A | Vide tópico 4.5.2. |

| QUESITO | ASSERTIVA CORRETA | JUSTIFICATIVA |
|---------|-------------------|---------------|
| 92 | C | Vide tópico 4.6.3 |
| 93 | A | Vide tópico 4.12. |
| 94 | D | Vide tópico 4.7.11. |

# 6

# AÇÃO PENAL

## 6.1. CONCEITO

Trata-se do meio de satisfação da pretensão punitiva, representado pelo pedido ao Estado-juiz da aplicação do direito material (penal) a um caso concreto apresentado.

Segundo Alexandre Cebrian Araújo Reis e Victor Eduardo Rios Gonçalves[1], "é o procedimento iniciado pelo titular da ação quando há indícios de autoria e de materialidade a fim de que o juiz declare procedente a pretensão punitiva estatal e condene o autor da infração penal".

No dizer de Fernando da Costa Tourinho Filho[2], "podemos, assim, definir a ação penal como o direito de pedir ao Estado (representado por seus Juízes) a aplicação do Direito Penal objetivo".

## 6.2. CONDIÇÕES GERAIS DA AÇÃO

São condições gerais da ação penal: a) possibilidade jurídica do pedido; b) interesse de agir; e c) legitimidade de parte. Nestor Távora e Rosmar Rodrigues Alencar fazem referência a uma quarta condição da ação penal: a justa causa. Os doutrinadores advertem que "a ação só pode ser validamente exercida se a parte autora lastrear a inicial com um mínimo probatório que indique os indícios de autoria, da materialidade delitiva, e da constatação da ocorrência de infração penal em tese (art. 395, III, CPP)"[3]. O Supremo Tribunal Federal sintetizou, no informativo 869 (HC 129678/SP, rel. orig. Min. Marco Aurélio,

---

1. REIS, Alexandre Cebrian Araújo e GONÇALVES, Victor Eduardo Rios. **Obra acima citada**, página 71.
2. FILHO, Fernando da Costa Tourinho. **Manual de Processo Penal**. São Paulo: Saraiva, 2013, página 162.
3. TÁVORA, Nestor e ALENCAR, Rosmar Rodrigues. **Obra acima citada**, página 162.

red. p/ o ac. Min. Alexandre de Moraes, julgado em 13.6.2017), o trinômio que caracteriza a justa causa (transcrevo apenas parte do texto publicado no informativo):

> No que se refere à justa causa, considerou presente o trinômio que a caracteriza: tipicidade, punibilidade e viabilidade. A tipicidade é observada em razão de a conduta ser típica. A punibilidade, em face da ausência de prescrição. E a viabilidade, ante a materialidade, comprovada com o evento morte, e a autoria, que deve ser apreciada pelo tribunal do júri.

Continuemos. Há possibilidade jurídica do pedido quando o pleito autoral se dirige à aplicação de uma pena ou de uma medida de segurança e está lastreado em fato descrito abstratamente como infração penal no ordenamento jurídico.

Para que exista legitimidade de parte, a ação deve ser proposta pelo seu respectivo titular (Ministério Público, se for pública, ou ofendido ou seu representante legal, se privada) contra o suposto autor da infração (pessoa física com idade igual ou superior a 18 anos no tempo do crime ou pessoa jurídica, a depender do delito praticado[4]). Importante salientar que os inimputáveis por doença mental ou por dependência de substância entorpecente podem ser réus em processo penal (caso comprovada a prática dos fatos descritos na exordial acusatória, eles serão absolvidos e lhes será imposta medida de segurança ou tratamento médico adequado, no caso dos dependentes de drogas).

Para que se verifique presença de interesse de agir, é necessário que sejam demonstrados na peça inicial indícios de autoria e prova da materialidade delitiva. Cumpre frisar que esta condição da ação exige que a punibilidade não esteja extinta. Quanto a essa condição da ação, cumpre levantar tópico interessante: a prescrição virtual (antecipada ou em perspectiva) pode afetar o interesse de agir? Prescrição virtual, no dizer de Guilherme de Souza Nucci[5] é "aquela que se baseia na pena provavelmente aplicada ao indiciado, caso haja processo e ocorra condenação". O mestre continua sua explicação acerca do tema afirmando que, "levando-se em conta os requisitos pessoais do agente e também as circunstâncias componentes da infração penal, tem o juiz, por sua experiência, e pelos inúmeros julgados semelhantes, a noção de que será produzida uma instrução inútil, visto que, ainda que seja o acusado condenado, pela pena concretamente fixada, no futuro, terá ocorrido a prescrição retroativa". Mesmo conhecendo os termos da Súmula 438 do Superior Tribunal de Justiça (que prescreve que: "É inadmissível a extinção da punibilidade

---

4. Nos termos da Constituição Federal (artigo 225, § 3º), é possível punir a pessoa jurídica pela prática de crimes ambientais – vide lei 9.605/98.
5. NUCCI, Guilherme de Souza. **Manual de Processo Penal e Execução Penal**, São Paulo: Saraiva, 2013, páginas 204 e 205.

pela prescrição da pretensão punitiva com fundamento em pena hipotética, independentemente da existência ou sorte do processo penal"), concordo com Nucci no sentido de que é possível ao Ministério Público requerer o arquivamento do inquérito policial (ou determinar o arquivamento, nos termos da nova redação do artigo 28 do CPP), com fulcro na falta de interesse de agir, baseado na prescrição virtual (inutilidade do processo, em face da certa prescrição retroativa)[6].

Por fim, cumpre deixar claro que, a par das condições gerais da ação, a legislação pode reclamar a existência de condições específicas, como a representação da vítima ou a requisição do Ministro da Justiça (exigidas para o manejo de ação penal pública condicionada).

## 6.3. ACORDO DE NÃO PERSECUÇÃO PENAL

O Pacote Anticrime (Lei 13.964/19) enxertou no Código de Processo Penal o acordo de não persecução penal. A avença antes era regulamentada, à revelia da lei, no artigo 18 da Resolução 181/2017 do CNMP. Trata-se de exemplo claro de direito penal de segunda velocidade (mitigação de direitos fundamentais com aplicação de pena não privativa de liberdade) e de mitigação ao princípio da obrigatoriedade da ação penal pública.

O acordo deve ser, por óbvio, firmado antes do início do processo. Nesse ponto, é interessante discutir a aplicação do instituto aos casos criminais anteriores à entrada em vigor do Pacote Anticrime. O artigo 28-A do Código de Processo Penal é norma híbrida (possui conteúdo processual penal e reflexos penais). O conteúdo penal é mais benéfico ao sujeito passivo da persecução penal, por isso a aplicação retroativa do dispositivo é tranquila. Ocorre que tal aplicação retroativa (em relação a crimes praticados antes da entrada em vigor da Lei 13.964/19) tem um limitador: o início do processo. Penso que, iniciada a persecução penal em juízo, não há como retroceder e firmar acordo de não persecução penal. Nesse sentido, julgado do Superior Tribunal de Justiça:

> PENAL E PROCESSO PENAL. RECURSO ORDINÁRIO EM HABEAS CORPUS. 1. ACORDO DE NÃO PERSECUÇÃO PENAL. PEDIDO DE APLICAÇÃO RETROATIVA. NÃO CABIMENTO. INSTITUTO PRÉ-PROCESSUAL. DIRECIONADO AO INVESTIGADO. 2. ISOLAMENTO DOS ATOS PROCESSUAIS. RETROATIVIDADE LIMITADA. PROCESSOS SEM DENÚNCIA RECEBIDA. 3. INSTITUTO QUE VISA OBSTAR A PERSECUÇÃO PENAL. PERSECUÇÃO JÁ OCORRIDA. CONDENAÇÃO CONFIRMADA. APLICAÇÃO DESCABIDA. 4. PROJETO DE LEI QUE PREVIA INSTITUTO PARA

---

6. Importante salientar que a discussão acerca da possibilidade do reconhecimento da prescrição virtual só interessa para crimes cometidos antes da edição da Lei 12.234/10, de 06 de maio de 2010, visto que esta acabou com a prescrição retroativa em momento anterior ao recebimento da denúncia/queixa.

A FASE PROCESSUAL. NÃO APROVAÇÃO PELO CONGRESSO NACIONAL. ESPECIFICIDADE DE CADA INSTITUTO A DEPENDER DO MOMENTO PROCESSUAL. INTERPRETAÇÃO TELEOLÓGICA E SISTEMÁTICA. COERÊNCIA E ALCANCE DA NORMA. 5. RECURSO A QUE SE NEGA PROVIMENTO. 1. O Acordo de Não Persecução Penal consiste em um negócio jurídico pré-processual entre o Ministério Público e o investigado, juntamente com seu defensor, como alternativa à propositura de ação penal. Trata-se de norma processual, com reflexos penais, uma vez que pode ensejar a extinção da punibilidade. Contudo, não é possível que se aplique com ampla retroatividade norma predominante processual, que segue o princípio do tempus regit actum, sob pena de se subverter não apenas o instituto, que é pré-processual e direcionado ao investigado, mas também a segurança jurídica. 2. Em observância ao isolamento dos atos processuais, sem perder de vista o benefício trazido pela norma, a possibilidade do acordo deve ser avaliada em todos os processos em que ainda não foi apresentada denúncia, conforme enunciado n. 20 da Comissão Especial denominada GNCCRIM, do Conselho Nacional de Procuradores-Gerais: "Cabe acordo de não persecução penal para fatos ocorridos antes da vigência da Lei nº 13.964/2019, desde que não recebida a denúncia". 3. "Descabida a aplicação retroativa do instituto mais benéfico previsto no art. 28-A do CP (acordo de não persecução penal) inserido pela Lei n. 13.964/2019 quando a persecução penal já ocorreu, estando o feito sentenciado, inclusive com condenação confirmada por acórdão proferido pelo Tribunal de Justiça no caso em tela" (AgRg no REsp 1860770/SP, Rel. Ministro JOEL ILAN PACIORNIK, QUINTA TURMA, julgado em 01/09/2020, DJe 09/09/2020). Precedentes. 4. O Projeto de Lei 882/2019 também previa a figura do "Acordo de Não Continuidade da Ação Penal" - não aprovado pelo Congresso Nacional -, o qual apenas poderia ser proposto após o recebimento da denúncia ou queixa e até o início da instrução processual, o que revela a especificidade de cada instituto, a depender do momento processual. Nessa linha de intelecção, não tendo ocorrido a implementação integrada dos institutos, ou mesmo a indicação de regra de transição, cabe ao Judiciário firmar compreensão teleológica e sistemática, que melhor reflita a coerência e o alcance da norma trazida no art. 28-A do Código de Processo Penal. Assim, é possível sua aplicação retroativa apenas enquanto não recebida a denúncia. 5. É verdade que parte da doutrina vem entendendo pela possibilidade de aplicação da regra nova aos processos em andamento. Todavia, mesmo que se entenda pela aplicação da orientação dada à Lei 9.099/1995 na ADIN 1.769 (STF - Pleno), o limite temporal da retroatividade a ser utilizado será a sentença condenatória (STF, HC 74.305-SP (Plenário), Rel. Min. Moreira Alves, decisão 9.12.96; HC 74.856-SP , Rel. Min. Celso de Mello, "DJ" 25.4.97; HC 74.498-MG, Rel. Min. Octavio Gallotti, "DJ" 25.4.97 e HC 75.518-SP, Rel. Ministro Carlos Velloso, 02.05.2003). - Recentemente, a Suprema Corte de Justiça Nacional, no HC nº 191.464-SC, da relatoria do Ministro ROBERTO BARROSO (DJe 18/09/2020) - que invocou os precedentes do HC nº 186.289-RS, Relatora Ministra CARMEN LÚCIA (DJe 01/06/2020), e do ARE nº 1171894-RS, Relator Ministro MARCO AURÉLIO (DJe 21/02/2020) - externou a impossibilidade de fazer-se incidir o ANPP, quando já existente condenação, conquanto ela ainda esteja suscetível à impugnação. 6. Mostra-se incompatível com o propósito do instituto do Acordo de Não Persecução Penal (ANPP) quando já recebida a denúncia e já encerrada a prestação jurisdicional nas instâncias ordinárias, com a condenação dos acusados. 7. Recurso ordinário em habeas corpus a que se nega provimento (RHC 134.071/MS, Rel. Ministro REYNALDO SOARES DA FONSECA, QUINTA TURMA, julgado em 03/11/2020, DJe 16/11/2020).

Seguindo a mesma linha, a 1ª Turma do Supremo Tribunal Federal fixou a seguinte tese, nos autos do HC 191.464/SC, relator Ministro Roberto Barroso, DJe 12/11/20: "O acordo de não persecução penal (ANPP) aplica-se a fatos ocorridos antes da Lei nº 13.964/2019, desde que não recebida a denúncia".

Os requisitos da avença, que será firmada pelo Ministério Público e pelo investigado acompanhado de seu defensor, estão listados no artigo 28-A do Código de Processo Penal: a) não ser caso de arquivamento do inquérito policial; b) ter o investigado confessado formal e circunstancialmente a prática da infração penal; c) a infração cometida sem violência ou grave ameaça; d) pena mínima inferior a 4 anos; e) ser o acordo necessário e suficiente para reprovação e prevenção do crime:

> Art. 28-A. Não sendo caso de arquivamento e tendo o investigado confessado formal e circunstancialmente a prática de infração penal sem violência ou grave ameaça e com pena mínima inferior a 4 (quatro) anos, o Ministério Público poderá propor acordo de não persecução penal, desde que necessário e suficiente para reprovação e prevenção do crime, mediante as seguintes condições ajustadas cumulativa e alternativamente:

As condições do acordo de não-persecução penal estão listadas nos incisos do artigo citado e são alternativas (elas podem ser aplicadas cumulativamente se assim convencionarem as partes):

> Art. 28-A (...)
>
> I - reparar o dano ou restituir a coisa à vítima, exceto na impossibilidade de fazê-lo;
>
> II - renunciar voluntariamente a bens e direitos indicados pelo Ministério Público como instrumentos, produto ou proveito do crime;
>
> III - prestar serviço à comunidade ou a entidades públicas por período correspondente à pena mínima cominada ao delito diminuída de um a dois terços, em local a ser indicado pelo juízo da execução, na forma do art. 46 do Decreto-Lei nº 2.848, de 7 de dezembro de 1940 (Código Penal);
>
> IV - pagar prestação pecuniária, a ser estipulada nos termos do art. 45 do Decreto-Lei nº 2.848, de 7 de dezembro de 1940 (Código Penal), a entidade pública ou de interesse social, a ser indicada pelo juízo da execução, que tenha, preferencialmente, como função proteger bens jurídicos iguais ou semelhantes aos aparentemente lesados pelo delito; ou
>
> V - cumprir, por prazo determinado, outra condição indicada pelo Ministério Público, desde que proporcional e compatível com a infração penal imputada.

Caso exista concurso de crimes, as penas dos delitos praticados devem ser somadas (concurso material) ou exasperadas (concurso formal ou crime continuado), conforme o caso, para aferição do cabimento do acordo de não persecução penal. Devem ser consideradas, de igual sorte, as causas de aumento/diminuição aplicáveis ao caso concreto (§ 1º do artigo 28-A do CPP):

> Art. 28-A (...)
>
> § 1º Para aferição da pena mínima cominada ao delito a que se refere o caput deste artigo, serão consideradas as causas de aumento e diminuição aplicáveis ao caso concreto.

O acordo de não persecução penal é subsidiário em relação à transação penal (menos complexa, por não exigir confissão da infração praticada, por exemplo) – caso seja possível transação, não se firma acordo de não persecução penal, optando-se pelo acordo disciplinado pela Lei 9.099/95.

Ademais, não é possível firmar o acordo: a) se o investigado for reincidente ou se houver elementos que indiquem conduta criminal habitual, reiterada ou profissional, exceto se insignificantes as infrações penais pretéritas (caso seja aplicável princípio da insignificância, os fatos sequer serão considerados típicos – atipicidade material); b) se o agente foi beneficiado nos 5 anos anteriores ao cometimento da infração (é preciso observar o tempo do crime – artigo 4º do Código Penal) em acordo de não persecução penal, transação penal ou suspensão condicional do processo; c) nos crimes praticados no âmbito de violência doméstica ou familiar ou praticados contra a mulher por razões da condição do sexo feminino[7], em favor do agressor (apesar da lei ter feito menção à expressão 'crimes', penso que a impossibilidade de acordo deve se estender às contravenções penais praticadas no âmbito de violência doméstica ou familiar ou por razões da condição do sexo feminino, em favor do agressor – esse tem sido o entendimento do Superior Tribunal de Justiça e do Supremo Tribunal Federal):

> Art. 28-A (...)
>
> § 2º O disposto no caput deste artigo não se aplica nas seguintes hipóteses:
>
> I - se for cabível transação penal de competência dos Juizados Especiais Criminais, nos termos da lei;
>
> II - se o investigado for reincidente ou se houver elementos probatórios que indiquem conduta criminal habitual, reiterada ou profissional, exceto se insignificantes as infrações penais pretéritas;
>
> III - ter sido o agente beneficiado nos 5 (cinco) anos anteriores ao cometimento da infração, em acordo de não persecução penal, transação penal ou suspensão condicional do processo; e
>
> IV - nos crimes praticados no âmbito de violência doméstica ou familiar, ou praticados contra a mulher por razões da condição de sexo feminino, em favor do agressor.

---

7. Para descobrir o que é razão da condição do sexo feminino, o intérprete deve se socorrer do § 2º-A do artigo 121 do Código Penal – interpretação autêntica.

O acordo, como dito, deve ser formalizado por escrito, de um lado pelo Ministério Público e de outro pelo investigado acompanhado por seu defensor:

> Art. 28-A (...)
> § 3º O acordo de não persecução penal será formalizado por escrito e será firmado pelo membro do Ministério Público, pelo investigado e por seu defensor.

Firmado o acordo e encaminhado ao juiz das garantias (a quem compete homologar ou não o mesmo – artigo 3º-B, inciso XVII, do Código de Processo Penal[8]), este designará audiência para verificar a voluntariedade e a legalidade da avença:

> Art. 28-A (...)
> § 4º Para a homologação do acordo de não persecução penal, será realizada audiência na qual o juiz deverá verificar a sua voluntariedade, por meio da oitiva do investigado na presença do seu defensor, e sua legalidade.

Caso o juiz das garantias considere inadequadas, insuficientes ou abusivas as condições do acordo, deve devolver os autos ao Ministério Público, para que a proposta seja reformulada e novamente firmada entre as partes (a lei veda, para garantia da inércia do magistrado, que as modificações sejam por ele feitas):

> Art. 28-A (....)
> § 5º Se o juiz considerar inadequadas, insuficientes ou abusivas as condições dispostas no acordo de não persecução penal, devolverá os autos ao Ministério Público para que seja reformulada a proposta de acordo, com concordância do investigado e seu defensor.

Caso o acordo seja homologado, o juiz das garantias deve remetê-lo ao Ministério Público, para que este o execute no juízo de execução penal:

> Art. 28-A (...)
> § 6º Homologado judicialmente o acordo de não persecução penal, o juiz devolverá os autos ao Ministério Público para que inicie sua execução perante o juízo de execução penal.

O juiz das garantias pode recusar a homologação do acordo de não persecução penal (a decisão que recusa a homologação do acordo de não persecução penal pode ser atacada por meio de recurso em sentido estrito – artigo 581, inciso XXV, do Código de Processo Penal):

---

8. A implementação do juízo das garantias está suspensa por decisão do Ministro Luiz Fux, nos autos das ADIs propostas em face do Pacote Anticrime.

> Art. 28-A (...)
>
> § 7º O juiz poderá recusar homologação à proposta que não atender aos requisitos legais ou quando não for realizada a adequação a que se refere o § 5º deste artigo.
>
> § 8º Recusada a homologação, o juiz devolverá os autos ao Ministério Público para a análise da necessidade de complementação das investigações ou o oferecimento da denúncia.

A vítima será intimada da homologação do acordo de não persecução penal e de seu eventual descumprimento:

> Art. 28-A (...)
>
> § 9º A vítima será intimada da homologação do acordo de não persecução penal e de seu descumprimento.

Caso as condições estipuladas sejam descumpridas, o acordo deve ser rescindido (pelo juízo das execuções penais, a pedido do Ministério Público) e será possível oferecimento de denúncia (a homologação do acordo de não persecução pelo juiz das garantias não inviabiliza ulterior oferecimento de denúncia em caso de descumprimento da avença – a decisão é *rebus sic stantibus* e faz coisa julgada meramente formal, tal qual a decisão que homologa transação penal[9]). O descumprimento do acordo de não persecução penal pode ser usado pelo Ministério Público, inclusive, como justificativa para eventual não oferecimento de suspensão condicional do processo (a redação enxertada pelo Pacote Anticrime no Código de Processo Penal deixa claro que é possível, mesmo com o descumprimento do acordo de não persecução penal, oferecimento de suspensão condicional do processo, nos termos do artigo 89 da Lei 9.099/95):

> Art. 28-A (...)
>
> § 10. Descumpridas quaisquer das condições estipuladas no acordo de não persecução penal, o Ministério Público deverá comunicar ao juízo, para fins de sua rescisão e posterior oferecimento de denúncia.
>
> § 11. O descumprimento do acordo de não persecução penal pelo investigado também poderá ser utilizado pelo Ministério Público como justificativa para o eventual não oferecimento de suspensão condicional do processo.

A decisão que homologa acordo de não persecução penal não tem natureza condenatória (tanto assim que o cumprimento das condições redundará na

---

9. Vide Súmula Vinculante 35 - A homologação da transação penal prevista no artigo 76 da Lei 9.099/1995 não faz coisa julgada material e, descumpridas suas cláusulas, retoma-se a situação anterior, possibilitando-se ao Ministério Público a continuidade da persecução penal mediante oferecimento de denúncia ou requisição de inquérito policial.

decretação da extinção da punibilidade pelo juízo das execuções penais) e por isso não induz reincidência (ocasiona apenas impossibilidade de nova oferta de acordo no prazo de 5 anos). É assim porque não houve processo (apesar de ter existido confissão da prática delitiva por parte do autor do fato):

> Art. 28-A (...)
>
> § 12. A celebração e o cumprimento do acordo de não persecução penal não constarão de certidão de antecedentes criminais, exceto para os fins previstos no inciso III do § 2º deste artigo.
>
> § 13. Cumprido integralmente o acordo de não persecução penal, o juízo competente decretará a extinção de punibilidade.

A oferta de acordo de não persecução penal não é direito subjetivo do investigado, mas se o Ministério Público não o oferecer, é possível ao investigado requerer a remessa dos autos ao órgão superior no âmbito do próprio *Parquet*, na forma prescrita na nova redação do artigo 28 do Código de Processo Penal:

> Art. 28-A (...)
>
> § 14. No caso de recusa, por parte do Ministério Público, em propor o acordo de não persecução penal, o investigado poderá requerer a remessa dos autos a órgão superior, na forma do art. 28 deste Código.

Nesse sentido (deixando claro que o acordo de não persecução penal não é direito subjetivo do investigado), decisão do Superior Tribunal de Justiça (grifo meu):

> AGRAVO REGIMENTAL NO RECURSO EM HABEAS CORPUS. ACORDO DE NÃO PERSECUÇÃO PENAL. IMPOSSIBILIDADE DE OFERECIMENTO MEDIANTE FUNDAMENTAÇÃO IDÔNEA. GRAVIDADE CONCRETA DA CONDUTA. CONDENAÇÃO SUPERIOR A QUATRO ANOS DE RECLUSÃO. POSSIBILIDADE DE OFERECIMENTO A SER AFERIDA, EXCLUSIVAMENTE, PELO MINISTÉRIO PÚBLICO, COMO TITULAR DA AÇÃO PENAL. AGRAVO REGIMENTAL DESPROVIDO. I - In casu, o acórdão recorrido invocou fundamentos para manter a inaplicabilidade do art. 28-A do CPP, na redação dada pela Lei nº 11.964/2019, que não comportam qualquer censura por parte deste Sodalício, seja pela pena efetivamente aplicada na sentença condenatória, superior a 4 (quatro) anos, seja em face da gravidade concreta da conduta, dada a grande quantidade de droga apreendida, tratando--se de mais de 3 (três) quilos de cocaína pura com destino internacional, o que poderia inclusive obstar a aplicação da minorante prevista no art. 33, § 4º, da Lei de Drogas, servindo para lastrear a fixação da causa de redução em seu patamar mínimo legal, como feito pela sentença condenatória. II - Afere-se da leitura do art. 28-A do CPP, que é cabível o acórdão de não persecução penal quando o acusado confessa formal e circunstancialmente a prática de infração penal sem violência ou grave ameaça e com pena mínima inferior a 4 (quatro) anos, consideradas eventuais causas de aumento e diminuição de pena, na forma do § 1º do mesmo artigo, a critério do Ministério Público, desde que necessário e suficiente

para reprovação do crime, devendo ser levada a gravidade da conduta, como no presente caso, em que a agravante foi presa com mais de 3kg de cocaína pura com destinação internacional, o que levou ao Parquet a, de forma legítima, recusar a proposta haja vista a pretensão de condenação a pena superior a 4 anos como, de fato, ocorreu no édito condenatório, que condenou a agravante à pena de 4 (quatro) anos, 10 (dez) meses e 10 (dez) dias de reclusão, em face da incidência da minorante do tráfico privilegiado em seu patamar mínimo legal que, ao contrário do alegado pela defesa, deve ser considerado na possibilidade de aferição dos requisitos para a proposta pretendida pela combativa defesa. **III - Outrossim, como bem asseverado no parecer ministerial, "O acordo de persecução penal não constitui direito subjetivo do investigado, podendo ser proposto pelo MPF conforme as peculiaridades do caso concreto e quando considerado necessário e suficiente para a reprovação e a prevenção da infração penal", não podendo prevalecer neste caso a interpretação dada a outras benesses legais que, satisfeitas as exigências legais, constitui direito subjetivo do réu, tanto que a redação do art. 28-A do CPP preceitua que o Ministério Público poderá e não deverá propor ou não o referido acordo, na medida em que é o titular absoluto da ação penal pública, ex vi do art. 129, inc. I, da Carta Magna.** Agravo regimental desprovido (AgRg no RHC 130.587/SP, Rel. Ministro FELIX FISCHER, QUINTA TURMA, julgado em 17/11/2020, DJe 23/11/2020)

## 6.4. ESPÉCIES

A ação penal pode ser de duas espécies: a) pública; ou b) privada. A diferença básica entre as duas é que a primeira tem como titular o Ministério Público e a segunda é titularizada pelo ofendido ou pelo seu representante legal.

### 6.4.1. Ação penal pública

#### 6.4.1.1. *Generalidades*

Como dito supra, tem como titular o Ministério Público e se subdivide em incondicionada (quando seu exercício não exige nenhuma condição prévia) e condicionada (quando a lei exige, para sua deflagração, o adimplemento de condição de procedibilidade – representação da vítima ou requisição do Ministro da Justiça)[10].

Maioria esmagadora dos crimes (e todas as contravenções) é de ação penal pública incondicionada (quando a lei penal nada fala acerca da espécie de

---

10. Há, ainda, a **ação penal pública subsidiária da pública** (quando o Ministério Público com atribuição legal não maneja ação penal pública, mostrando-se inerte, e a lei manda que seja acionado outro órgão do próprio Ministério Público) – leia o artigo 2º, § 2º, do Decreto-Lei 201/67; o artigo 27 da Lei 7.492/86; e o artigo 109, § 5º, da Constituição Federal.

ação penal a ser manejada, é porque se trata de infração que se pune mediante ação penal pública incondicionada). Basta, portanto, que o Ministério Público tenha à mão indícios de autoria e prova da materialidade da infração penal, para que a peça exordial possa ser confeccionada e apresentada em juízo, independentemente do adimplemento de qualquer condição especial (devem ser observadas apenas as condições gerais da ação penal).

Os crimes de ação penal pública condicionada são identificados no ordenamento jurídico através das expressões "somente se procede mediante representação" (parágrafo único do artigo 147 do Código Penal, por exemplo) ou "somente se procede mediante requisição do Ministro da Justiça" (parágrafo único do artigo 145 do Código Penal, por exemplo).

### 6.4.1.2. Princípios

A ação penal pública (tanto a incondicionada, quanto a condicionada) é regida pelos princípios da obrigatoriedade e da indisponibilidade (a doutrina finda apresentando outros princípios, mas os dois citados são, sem sombra de dúvida, os mais importantes).

O princípio da obrigatoriedade reza que, diante de indícios de autoria e prova da materialidade de infração penal, o Ministério Público é compelido a processar o autor do fato. Na lição de Alexandre Cebrian Araújo Reis e Victor Eduardo Rios Gonçalves[11]:

> De acordo com esse princípio, o promotor não pode transigir ou perdoar o autor do crime de ação pública. Caso entenda, de acordo com sua própria apreciação dos elementos de prova – pois a ele cabe formar a *opinio delicti* –, que há indícios suficientes de autoria e materialidade de crime que se apura mediante ação penal pública, estará obrigado a oferecer denúncia, salvo se houve causa impeditiva, como, por exemplo, a prescrição, hipótese em que deverá requerer o reconhecimento da extinção da punibilidade e, por consequência, o arquivamento do feito.

O princípio aqui estudado é mitigado em sede de juizado especial criminal (competente para julgamento de infrações de menor potencial ofensivo – todas as contravenções penais e crimes com pena máxima não superior a dois anos), vez que no procedimento sumaríssimo há a possibilidade do Ministério Público propor a transação penal (proposta de imediata aplicação de pena de multa ou restritiva de direitos) ao invés de oferecer a denúncia em face do autor do fato (a ação penal no procedimento sumaríssimo é regida pelo princípio da discricionariedade regrada, que permite ao Ministério Público transacionar com o autor do fato, quando reunidas as condições exigidas em lei – artigo 76

---

11. REIS, Alexandre Cebrian Araújo e GONÇALVES, Victor Eduardo Rios. **Obra acima citada**, página 87.

da Lei 9.099/95). O acordo de não persecução penal (artigo 28-A do Código de Processo Penal) e o não oferecimento de denúncia em face de colaborador premiado (§ 4º do artigo 4º da Lei 12.850/13) também são exemplos de mitigação do princípio da obrigatoriedade.

Já o princípio da indisponibilidade reza que o Ministério Público não pode desistir da ação penal por ele proposta (artigo 42 do CPP) nem do recurso por ele interposto (artigo 576 do CPP).

### 6.4.1.3. Representação

É autorização para que o Ministério Público possa processar o autor de infração penal, manejada pela vítima ou seu representante legal, levada a efeito nos casos em que lei a exige como condição especial para início da ação penal (é a chamada *delatio criminis* postulatória).

Tem natureza jurídica de condição de procedibilidade. Assim, o Ministério Público só poderá processar o autor de crime de ação penal pública condicionada à representação da vítima se esta o autorizar. É o que determina o artigo 24 do CPP:

> Art. 24. Nos crimes de ação pública, esta será promovida por denúncia do Ministério Público, mas dependerá, quando a lei o exigir, de requisição do Ministro da Justiça, ou de representação do ofendido ou de quem tiver qualidade para representá-lo.
>
> § 1º No caso de morte do ofendido ou quando declarado ausente por decisão judicial, o direito de representação passará ao cônjuge, ascendente, descendente ou irmão.
>
> § 2º Seja qual for o crime, quando praticado em detrimento do patrimônio ou interesse da União, Estado e Município, a ação penal será pública.

Anote-se que o inquérito policial que apura crime de ação penal pública condicionada também só pode ser iniciado depois do assentimento da vítima ou do seu representante legal (artigo 5º, § 4º, do CPP).

A representação tem forma livre e pode ser dirigida ao juiz, ao Ministério Público ou ao delegado de polícia (artigo 39 do CPP[12]). O prazo para manejo da

---

12. Art. 39. O direito de representação poderá ser exercido, pessoalmente ou por procurador com poderes especiais, mediante declaração, escrita ou oral, feita ao juiz, ao órgão do Ministério Público, ou à autoridade policial.

    § 1º A representação feita oralmente ou por escrito, sem assinatura devidamente autenticada do ofendido, de seu representante legal ou procurador, será reduzida a termo, perante o juiz ou autoridade policial, presente o órgão do Ministério Público, quando a este houver sido dirigida.

    § 2º A representação conterá todas as informações que possam servir à apuração do fato e da autoria.

representação é decadencial (não se interrompe, nem se suspende) e de seis meses, a contar do dia em que a vítima ou seu representante legal fica sabendo quem foi o autor da infração, nos termos do artigo 38 do CPP:

> Art. 38. Salvo disposição em contrário, o ofendido, ou seu representante legal, decairá no direito de queixa ou de representação, se não o exercer dentro do prazo de seis meses, contado do dia em que vier a saber quem é o autor do crime, ou, no caso do art. 29, do dia em que se esgotar o prazo para o oferecimento da denúncia.
>
> Parágrafo único. Verificar-se-á a decadência do direito de queixa ou representação, dentro do mesmo prazo, nos casos dos arts. 24, parágrafo único, e 31.

Anote-se que a representação ofertada pela vítima não vincula nem o delegado de polícia nem o Ministério Público. Assim é que, mesmo diante de representação confeccionada pelo ofendido, a autoridade policial pode denegar a instauração de inquérito e o MP pode não ofertar denúncia, caso entendam, por exemplo, que o fato narrado não é criminoso, que a punibilidade já está extinta, dentre outras situações.

Como já desenhado supra, a titularidade da representação é da vítima ou de seu representante legal (em caso de morte ou ausência do ofendido, o direito de representação passa ao seu cônjuge, ascendente, descendente ou irmão – artigo 24, § 1º, do CPP). Será da vítima se ela for maior de dezoito anos e capaz. Será do seu representante legal (pais, tutor ou curador) se ela for menor de dezoito anos ou incapaz, nos termos da lei civil.

Importante salientar que se a vítima for menor de dezoito anos, contar a seu representante legal quem foi o autor da infração e este deixar escoar o prazo decadencial de seis meses sem manejar a representação, a punibilidade deve ser considerada extinta pela decadência (depois de completar dezoito anos a vítima não terá novos seis meses para representar)[13]. Há entendimento em sentido contrário (permitindo que a vítima ofereça representação depois de completar a maioridade, mesmo que tenha contato a seus representantes legais quem foi o autor da infração e que estes tenham deixado escoar o prazo decadencial de seis meses sem oferta da representação) – vide Súmula 594 do STF: "Os direitos de queixa e de representação podem ser exercidos,

---

§ 3º Oferecida ou reduzida a termo a representação, a autoridade policial procederá a inquérito, ou, não sendo competente, remetê-lo-á à autoridade que o for.

§ 4º A representação, quando feita ao juiz ou perante este reduzida a termo, será remetida à autoridade policial para que esta proceda a inquérito.

§ 5º O órgão do Ministério Público dispensará o inquérito, se com a representação forem oferecidos elementos que o habilitem a promover a ação penal, e, neste caso, oferecerá a denúncia no prazo de quinze dias.

13. REIS, Alexandre Cebrian Araújo e GONÇALVES, Victor Eduardo Rios. **Obra acima citada**, página 93.

independentemente, pelo ofendido ou por seu representante legal". O STJ adota o mesmo entendimento do Pretório Excelso:

> Na ocorrência do delito descrito no art. 214 do Código Penal - antes da revogação pela Lei n. 12.015/2009 -, o prazo decadencial para apresentação de queixa ou de representação é de 6 meses, após a vítima completar a maioridade, em decorrência da dupla titularidade, lato sensu, do direito de ação (Súmula 594/STF)[14].

Quanto à vítima menor de dezoito anos ou mentalmente enferma sem representante legal (ou quando os interesses do ofendido e do seu representante legal colidirem), impõe-se a solução apontada pelo artigo 33 do CPP:

> Art. 33. Se o ofendido for menor de 18 anos, ou mentalmente enfermo, ou retardado mental, e não tiver representante legal, ou colidirem os interesses deste com os daquele, o direito de queixa poderá ser exercido por curador especial, nomeado, de ofício ou a requerimento do Ministério Público, pelo juiz competente para o processo penal.

Cumpre deixar claro que a representação é retratável até o oferecimento da denúncia (artigo 25 do CPP). Penso não ser possível a chamada retratação da retratação (novo oferecimento de representação, desde que dentro do prazo decadencial de seis meses). É que com a retratação, opera-se, a meu ver, a renúncia ao direito de oferecer a representação (que é causa extintiva da punibilidade, nos termos do artigo 107, inciso V, do Código Penal). Nesse sentido Fernando da Costa Tourinho Filho[15], que sentencia que "embora não haja disposição expressa, a retratação prevista no artigo 25 do CPP é causa extintiva da punibilidade, porquanto equivale em tudo e por tudo à renúncia da ação privada". Em sentido contrário, Alexandre Cebrian Araújo Reis e Victor Eduardo Rios Gonçalves[16].

Por fim, cumpre destacar a possibilidade de retratação da representação ofertada em sede de crime cometido contra mulher que se encaixe na Lei 13.340/06 (Lei Maria da Penha). Para tanto, cumpre analisar o artigo 16 do mandamento citado[17]:

---

14. STJ, 6ª Turma, EDcl no AgRg no REsp 1189268/SP, rel. Ministro Sebastião Reis Júnior, julgado em 28/08/2012, DJe 12/09/2012.
15. FILHO, Fernando da Costa Tourinho. **Obra acima citada**, página 185.
16. REIS, Alexandre Cebrian Araújo e GONÇALVES, Victor Eduardo Rios. **Obra acima citada**, página 94.
17. Não custa lembrar que o crime de lesão corporal de natureza leve e culposa (cumpre registrar que não concordo com a parte da decisão que fala em ação pública incondicionada para lesão corporal culposa), decorrente de violência doméstica, tipificado no artigo 129, § 9º, do Código Penal, quando cometido contra mulher, é de ação penal pública incondicionada, nos termos desenhados na ADI 4424, julgada em 09/02/2012, pelo STF. No mesmo sentido, Súmula 542/STJ – **"A ação penal relativa ao crime de lesão corporal resultante de violência doméstica contra a mulher é pública incondicionada".**

Art. 16. Nas ações penais públicas condicionadas à representação da ofendida de que trata esta Lei, só será admitida a renúncia à representação perante o juiz, em audiência especialmente designada com tal finalidade, antes do recebimento da denúncia e ouvido o Ministério Público.

Nota-se que se a mulher vítima de violência doméstica deseja se retratar de representação por ela ofertada, o juiz deve designar audiência, com a presença do Ministério Público e que o limite para a retratação é o recebimento da denúncia (o artigo 25 do CPP impõe como limite o oferecimento da inicial acusatória).

Nessa toada, é importante ressaltar que a reconciliação ulterior da vítima com o autor do fato não obsta o prosseguimento do feito calcado na Lei 11.340/06 (transcrevo apenas parte do julgado):

> No que tange ao crime de ameaça, conforme a dicção do art. 16 da Lei n. 11.340/2006, "nas ações penais públicas condicionadas à representação da ofendida de que trata esta Lei, só será admitida a renúncia à representação perante o juiz, em audiência especialmente designada com tal finalidade, antes do recebimento da denúncia e ouvido o Ministério Público", inocorrente no caso dos autos. 4. No caso, consta dos autos que da análise das declarações prestadas pela vítima em audiência de instrução, não há qualquer manifestação da mesma acerca de eventual desinteresse quanto ao prosseguimento do presente feito. Irrelevante, pois, a posterior reconciliação do casal (AgRg no AREsp 1502008/DF, Rel. Ministro REYNALDO SOARES DA FONSECA, QUINTA TURMA, julgado em 08/10/2019, DJe 14/10/2019).

Outro precedente importante sobre o artigo aqui estudado: é preciso seguir o quanto determinado pelo artigo 16 da Lei 11.340/06 (a retratação só é válida se materializada em audiência especialmente designada pelo juízo com a presença do Ministério Público). Vale dizer, o Tribunal da Cidadania desconsiderou retratação apresentada pela vítima no cartório do juízo e determinou a continuidade da persecução penal em juízo:

> PROCESSO PENAL. HABEAS CORPUS SUBSTITUTIVO. INADEQUAÇÃO. LESÃO CORPORAL NO CONTEXTO DE VIOLÊNCIA DOMÉSTICA E ESTUPRO. REJEIÇÃO DA DENÚNCIA PELA RETRATAÇÃO DA VÍTIMA. RESE DO MINISTÉRIO PÚBLICO PROVIDO NA ORIGEM. INOBSERVÂNCIA DO DISPOSTO NO ART. 16 DA LEI Nº 11.340/06 E NOS ARTS. 25 DO CPP E 102 DO CP. IRRETOCÁVEL O ENTENDIMENTO. HABEAS CORPUS NÃO CONHECIDO. 1. Esta Corte e o Supremo Tribunal Federal pacificaram orientação no sentido de que não cabe habeas corpus substitutivo do recurso legalmente previsto para a hipótese, impondo-se o não conhecimento da impetração, salvo quando constatada a existência de flagrante ilegalidade no ato judicial impugnado. 2. **A Lei Maria da Penha disciplina procedimento próprio para que a vítima possa eventualmente se retratar de representação já apresentada. Dessarte, dispõe o art. 16 da Lei n. 11.340/2006 que, "só será admitida a renúncia**

à representação perante o juiz, em audiência especialmente designada com tal finalidade" (HC 371.470/RS, Rel. Ministro REYNALDO SOARES DA FONSECA, QUINTA TURMA, julgado em 17/11/2016, DJe 25/11/2016). 3. Considerando que, no caso em apreço, a retratação da suposta ofendida ocorreu somente em cartório, sem a designação de audiência específica necessária para a confirmação do ato, correto posicionamento da Corte de origem ao elucidar tal ilegalidade e cassar a decisão que rejeitou a denúncia com base unicamente na retratação. 4. É uníssona a jurisprudência desta Corte Superior no sentido de que, depois de oferecida a denúncia, a representação do ofendido será irretratável, consoante o disposto nos arts. 102 do Código Penal e 25 do Código de Processo Penal. Assim, imperiosa a manutenção do julgado também nesse ponto, acerca do crime previsto no art. 213 c/c art. 224, ambos vigentes à época no Código Penal. 5. Considerando que o Tribunal Estadual não teceu qualquer consideração sobre a ausência de justa causa quanto ao crime de estupro, em virtude da relação amorosa entre o paciente e a vítima, inviável a apreciação direta por esta Corte Superior, sob pena de indevida supressão de instâncias. 6. Habeas corpus não conhecido (HC 138.143/MG, Rel. Ministro RIBEIRO DANTAS, QUINTA TURMA, julgado em 03/09/2019, DJe 10/09/2019).

Por fim, resta esclarecer que não há se falar em retratação tácita pela ausência da vítima na audiência designada pelo juízo com base no artigo 16 da Lei 11.340/06 (transcrevo apenas parte do julgado):

> Nos termos da jurisprudência do Superior Tribunal de Justiça, "a audiência do art. 16 deve ser realizada nos casos em que houve manifestação da vítima em desistir da persecução penal. Isso não quer dizer, porém, que eventual não comparecimento da ofendida à audiência do art. 16 ou a qualquer ato do processo seja considerada como 'retratação tácita'. Pelo contrário: se a ofendida já ofereceu a representação no prazo de 06 (seis) meses, na forma do art. 38 do CPP, nada resta a ela a fazer a não ser aguardar pelo impulso oficial da persecutio criminis" (AREsp n. 1.165.962/AM, relator Ministro SEBASTIÃO REIS JÚNIOR, DJe de 22/11/2017) (EDcl no REsp 1822250/SP, Rel. Ministro ANTONIO SALDANHA PALHEIRO, SEXTA TURMA, julgado em 05/11/2019, DJe 11/11/2019).

### *6.4.1.4. Requisição do Ministro da Justiça*

Tem a mesma natureza jurídica da representação (condição de procedibilidade). Trata-se, assim como a representação, de autorização para que o MP processe o autor de crime de ação penal pública condicionada (não é ordem e por isso não vincula, nem obriga o Ministério Público a oferecer denúncia).

Cito como exemplos de crimes de ação penal pública condicionada à requisição do Ministro da Justiça os cometidos por estrangeiro contra brasileiro fora do Brasil e os delitos contra honra do presidente da República ou chefe de governo estrangeiro (vide artigos 7º, § 3º, 'b' e 145, parágrafo único, do Código Penal, respectivamente).

Por fim, cumpre salientar que não há prazo para oferecimento da requisição (ela pode ser manejada pelo Ministro da Justiça até o implemento da prescrição da pretensão punitiva[18]) e que o ato aqui estudado é irretratável (vez que o artigo 25 do CPP só admite a retratação da representação).

## 6.4.1.5. Denúncia

É a peça inicial da ação penal pública. Nos termos do artigo 41 do CPP, a exordial acusatória deve conter: a) a exposição do fato criminoso, com todas as suas circunstâncias (descrição precisa do fato imputado, delimitando elementares do tipo, qualificadoras/privilégios, causas de aumento/diminuição e agravantes); b) a qualificação do acusado ou esclarecimentos pelos quais se possa identificá-lo (não é necessário que todos os dados qualificativos do denunciado sejam conhecidos, apenas que ele seja devidamente individualizado); c) a classificação do crime (tipificação do delito); e d) quando necessário, o rol das testemunhas (cumpre anotar que este é o momento oportuno para acusação apresentar rol de testemunhas[19], sob pena de preclusão).

O prazo para oferecimento da denúncia é de quinze dias em caso de indiciado solto e cinco dias em caso de indiciado preso (artigo 46 do CPP). Esse prazo é contado do recebimento, pelo MP, do inquérito policial, das peças de informação ou da representação (quando o MP dispensar o inquérito, nos últimos dois casos). Aqui se faz necessário explicar brevemente os caminhos possíveis ao Ministério Público quando do recebimento do inquérito policial finalizado (relatado). Encerrado o procedimento investigativo, ele será enviado ao juízo competente, que abrirá vista do feito ao MP. Nesta toada, o Ministério Público poderá: a) oferecer denúncia (se entender que nos autos há indícios de autoria e prova da materialidade delitiva); b) requisitar novas diligências (com atenção ao artigo 16 do CPP[20]); c) declinar de sua atribuição para processar o(s) autor(es) do fato e requerer que o juiz decline de sua competência (caso entenda que a atribuição para manejar denúncia seja de outro órgão do MP e que a competência para processar o feito seja de outro juízo); d) requerer o arquivamento ou, se considerarmos a nova redação do artigo 28 do CPP, determinar o arquivamento (remeto o leitor ao tópico 5.12).

---

18. FILHO, Fernando da Costa Tourinho. **Obra acima citada**, página 199.
19. São até oito no rito ordinário (artigo 401 do CPP); até oito na primeira fase do rito do júri (artigo 406, § 2º, do CPP); até cinco na segunda fase do rito do júri (artigo 422 do CPP); até cinco no rito sumário (artigo 532 do CPP); e até três no rito sumaríssimo (artigo 34, da Lei 9.099/95, por analogia).
20. Art. 16. O Ministério Público não poderá requerer a devolução do inquérito à autoridade policial, senão para novas diligências, imprescindíveis ao oferecimento da denúncia.

Por fim, cumpre afirmar que a decisão que recebe a denúncia é irrecorrível (é possível apenas manejar contra ela, eventualmente, habeas corpus) e que a denúncia será rejeitada[21] nas hipóteses do artigo 395 do CPP:

> Art. 395. A denúncia ou queixa será rejeitada quando:
> I – for manifestamente inepta[22];
> II – faltar pressuposto processual ou condição para o exercício da ação penal; ou
> III – faltar justa causa para o exercício da ação penal.

### 6.4.2. Ação penal privada

#### 6.4.2.1. Generalidades

Tem como titular a vítima ou seu representante legal (quando aquela for incapaz). Subdivide-se em: a) exclusiva (quando cabe à vítima ou seu representante legal intentá-la, podendo o direito de oferecer queixa-crime ou de prosseguir na ação já iniciada ser transferido ao cônjuge, ascendente, descendente ou irmão, nessa ordem, em caso de morte ou ausência do ofendido – artigo 31 do CPP); b) personalíssima[23] (só pode ser manejada pela vítima – em caso de morte ou incapacidade desta ninguém pode intentá-la ou prosseguir na ação iniciada); e c) subsidiária da pública (quando o Ministério Público não propõe a ação pública no prazo legal e a vítima propõe queixa subsidiária em seu lugar).

A ação penal será privada quando a lei penal incriminadora trouxer em seu bojo a expressão "somente se procede mediante queixa". O autor da ação penal privada (ofendido ou seu representante legal) é chamado de querelante e o sujeito passivo da relação processual (autor do fato) chama-se querelado.

Acerca da ação penal privada subsidiária da pública, é importante salientar que ela só poderá ser proposta em caso de total inação do MP[24]. Vale dizer, se o Ministério Público requisitar novas diligências, requerer o declínio de competência ao juízo ou pedir o arquivamento do inquérito policial (ou

---

21. Contra decisão de rejeição da denúncia nos ritos ordinário, sumário e do júri, cabe recurso em sentido estrito (artigo 581, inciso I, do CPP). No procedimento sumaríssimo, a rejeição é atacada por recurso de apelação (artigo 82 da Lei 9.099/95).
22. É a chamada criptoimputação.
23. Hoje o único crime de ação penal privada personalíssima é o de induzimento a erro essencial e ocultação de impedimento (artigo 236 do Código Penal). O crime de adultério (que era outro exemplo de delito de ação penal privada personalíssima) foi revogado pela Lei 11.106/05.
24. Verifica-se que o MP está inerte (e se autoriza o manejo da ação penal privada subsidiária da pública) quando escoados os prazos referidos no artigo 46 do CPP sem que o órgão tenha oferecido denúncia, requisitado novas diligências à polícia judiciária, requerido o declínio da competência do juízo ou pedido o arquivamento do inquérito policial (ou arquivado o feito, com base na nova redação do artigo 28 do CPP).

determinar seu arquivamento, com base na nova redação do artigo 28 do CPP), esta modalidade de ação penal privada não poderá ser manejada pelo ofendido. Cumpre transcrever o artigo 29 do CPP:

> Art. 29. Será admitida ação privada nos crimes de ação pública, se esta não for intentada no prazo legal, cabendo ao Ministério Público aditar a queixa, repudiá-la e oferecer denúncia substitutiva, intervir em todos os termos do processo, fornecer elementos de prova, interpor recurso e, a todo tempo, no caso de negligência do querelante, retomar a ação como parte principal.

Nessa toada, há duas situações que merecem atenção: a) analisar se a vítima tem direito líquido e certo de obstar decisão de arquivamento do inquérito policial que atendeu a pedido feito pelo Ministério Público (o caso criminal avaliado é anterior à entrada em vigor do Pacote Anticrime); b) avaliar se é possível manejo de pedido de arquivamento feito pelo Ministério Público depois da apresentação de queixa-crime subsidiária, elaborada ante a inércia do órgão acusador oficial. Sintetizo as duas situações em uma tabela:

| SITUAÇÃO HIPOTÉTICA | PRECEDENTE DO SUPERIOR TRIBUNAL DE JUSTIÇA |
|---|---|
| O Ministério Público ficou inerte depois do recebimento com vista do inquérito policial (artigo 46 do CPP), a vítima propôs queixa-crime subsidiária e, após, o acusador oficial pugnou pelo arquivamento do procedimento investigativo. | RECURSO ORDINÁRIO EM MANDADO DE SEGURANÇA. INQUÉRITO POLICIAL INSTAURADO PARA APURAR A SUPOSTA PRÁTICA DO DELITO DE MAUS TRATOS. QUEIXA-CRIME DE AÇÃO PÚBLICA SUBSIDIÁRIA. POSSIBILIDADE DE RECEBIMENTO. PROMOÇÃO DE ARQUIVAMENTO DO MINISTÉRIO PÚBLICO FORMULADO APÓS O AJUIZAMENTO DA QUEIXA-CRIME. IMPOSSIBILIDADE DE ACOLHIMENTO. VIOLAÇÃO AO ART. 29 DO CPP e ART. 5º, LIX, DA CF. EXISTÊNCIA DE DIREITO LÍQUIDO E CERTO. RECURSO PROVIDO. 1. A Constituição da República, de 1988, fazendo clara opção pela persecução penal pública como regra (art. 129, I), previu uma única hipótese de iniciar-se a ação penal por provocação do particular ofendido (ou seu representante legal), ao estabelecer, no art. 5º, inciso LIX do seu Bill of Rights, que "será admitida ação privada nos crimes de ação pública, se esta não for intentada no prazo legal", iniciativa, ressalte-se, que, por sua topografia constitucional, ineludivelmente constitui um direito do indivíduo. 2. Na espécie, vencido o prazo para o oferecimento da denúncia sem manifestação alguma do representante do Ministério Público, foi oferecida queixa-crime subsidiária pelo representante legal da vítima, sendo irrelevante posterior pedido de arquivamento do inquérito policial |

| SITUAÇÃO HIPOTÉTICA | PRECEDENTE DO SUPERIOR TRIBUNAL DE JUSTIÇA |
|---|---|
| | pelo Parquet. 3. Ante a inércia do Ministério Público e proposta a ação penal subsidiária após o decurso do prazo ministerial, é o caso de o Magistrado de primeira instância prosseguir na análise relativa ao recebimento da exordial acusatória. Precedentes e doutrina. 4. Recurso provido, a fim de anular a decisão de arquivamento, determinando ao Juízo de Direito que processe a queixa-crime subsidiária (RMS 50.780/SP, Rel. Ministro ROGERIO SCHIETTI CRUZ, SEXTA TURMA, julgado em 13/12/2016, DJe 02/02/2017). |
| O Ministério Público pugnou pelo arquivamento do inquérito policial dentro do prazo legal e, após, a vítima tentou desconstituir a decisão que acolheu o pedido do acusador oficial, alegando direito líquido e certo de processar o suposto autor do fato em ação penal privada subsidiária da pública. | RECURSO ORDINÁRIO EM MANDADO DE SEGURANÇA. CRIMES CONTRA O PATRIMÔNIO. INQUÉRITO POLICIAL. ARQUIVAMENTO A PEDIDO DO MINISTÉRIO PÚBLICO. PEDIDO DE DESARQUIVAMENTO PELO OFENDIDO. IMPOSSIBILIDADE. AÇÃO PENAL PÚBLICA INCONDICIONADA. RECURSO NÃO PROVIDO. 1. O pedido de arquivamento do inquérito policial é formulado pelo destinatário do resultado das investigações que, na hipótese de crimes de ação penal pública incondicionada, é o Ministério Público, na condição de titular do direito de ação. 2. "A vítima de crime de ação penal pública incondicionada não tem direito líquido e certo de impedir o arquivamento do inquérito ou peças de informação." (MS 21.081/DF, Rel. Ministro RAUL ARAÚJO, CORTE ESPECIAL, julgado em 17/06/2015, DJe 04/08/2015) 3. Permitir reexame judicial - seja por via recursal ou por ação autônoma de impugnação - quanto ao mérito do pedido de arquivamento do inquérito policial importa em violação, por via transversa, da prerrogativa do Ministério Público que, na condição de titular da ação penal, é quem deve se manifestar acerca da existência ou não de elementos capazes de sustentar a persecução penal. 4. Ao magistrado caberá lançar mão, fundamentadamente, da opção inserta no art. 28, do Código de Processo Penal, apenas na hipótese em que discordar da promoção de arquivamento. Do contrário, consumado estará o arquivamento, permitindo-se o desarquivamento desde que se verifique a situação descrita no art. 18 do mesmo pergaminho legal. 5. Recurso ordinário improvido (RMS 56.432/SP, Rel. Ministro JORGE MUSSI, QUINTA TURMA, julgado em 02/08/2018, DJe 22/08/2018). |

Por fim, saliento que se extrai da leitura atenta do artigo 29 do CPP acima transcrito que o MP poderá retomar a titularidade da ação a qualquer tempo, caso o ofendido se mostre negligente (é chamada ação penal indireta[25]). É assim porque a ação penal privada subsidiária da pública é uma ação pública na origem e não perde essa natureza por ter sido iniciada pela vítima.

### 6.4.2.2. Princípios

A ação penal privada é orientada pelos princípios: a) da oportunidade ou conveniência; b) da disponibilidade; e c) da indivisibilidade.

O princípio da oportunidade ou da conveniência reza que cabe à vítima escolher se quer ou não processar o autor do crime. Vale dizer, mesmo sabendo quem foi o autor do delito, o ofendido pode optar por não o processar. O princípio em testilha se justifica porque os crimes de ação penal privada ofendem muito mais a esfera de intimidade da vítima que o seio social, daí porque o legislador deu ao ofendido a opção de escolher se o processo deve ou não ser manejado.

Pelo princípio da disponibilidade, o querelante pode desistir da ação penal privada por ele intentada ou do recurso por ele manejado, caso assim deseje. O Código de Processo Penal dá ao ofendido o direito de dispor da ação penal por meio do perdão ou da peremção (no caso de recurso, a disposição se dá pela desistência).

Já o princípio da indivisibilidade[26] reza que a ação penal privada deve ser proposta em face de todos os autores do fato (diferente do processo civil, no processo penal o ofendido não pode escolher contra quem quer litigar – ou processa todos os autores do fato ou nenhum). O princípio em testilha vem grafado no artigo 48 do CPP:

> Art. 48. A queixa contra qualquer dos autores do crime obrigará ao processo de todos, e o Ministério Público velará pela sua indivisibilidade.

Caso se perceba que o ofendido ocultou intencionalmente algum dos autores do fato na queixa-crime, cabe ao juiz declarar extinta a punibilidade de todos os autores (os que constaram na peça exordial e os que foram omitidos)

---

25. ALVES, Reinaldo Rossano. **Obra acima citada**, página 77.
26. Há discussão doutrinária acerca da existência do princípio da indivisibilidade também na ação penal pública. Penso que tal celeuma é desnecessária, posto que esta já é regida pelo princípio da obrigatoriedade (diante de indícios de autoria e prova da materialidade de crime, o MP é obrigado a denunciar todos os que concorreram para o delito), sendo redundante, portanto, afirmar que a ação penal pública é indivisível. Em sentido contrário, Fernando da Costa Tourinho Filho assevera que "a ação penal, seja pública, seja privada, é indivisível, no sentido de que abrange todos aqueles que cometeram a infração" (in **obra acima citada**, página 170),

em face da renúncia (alhures se verá que a renúncia se estende a todos os autores do fato).

Por fim, cumpre pontuar que o inquérito que apura crime de ação penal privada será encaminhado ao juízo competente e lá aguardará iniciativa da vítima ou de seu representante legal ou será entregue aos mesmos, mediante traslado (cumpre lembrar que o inquérito policial, em crime que se apura por meio de ação penal privada, só pode ser iniciado com autorização da vítima – artigo 5º, § 5º, do CPP). É o que determina o artigo 19 do CPP:

> Art. 19. Nos crimes em que não couber ação pública, os autos do inquérito serão remetidos ao juízo competente, onde aguardarão a iniciativa do ofendido ou de seu representante legal, ou serão entregues ao requerente, se o pedir, mediante traslado.

### 6.4.2.3. Queixa-crime

É a peça inicial da ação penal privada. A confecção da queixa-crime também é orientada pelo artigo 41 do CPP:

> Art. 41. A denúncia ou queixa conterá a exposição do fato criminoso, com todas as suas circunstâncias, a qualificação do acusado ou esclarecimentos pelos quais se possa identificá-lo, a classificação do crime e, quando necessário, o rol das testemunhas.

O prazo para oferecimento da queixa é de seis meses, a contar de quando a vítima ou seu representante legal sabe quem foi o autor do fato (artigo 38 do CPP). Trata-se de prazo decadencial (não se interrompe, nem se suspende) e que corre contra o representante legal do ofendido (quando este é menor de dezoito anos ou incapaz) ou contra a própria vítima (quando ela é maior de dezoito anos e capaz) – leia, uma vez mais, a Súmula 594 do STF – "Os direitos de queixa e de representação podem ser exercidos, independentemente, pelo ofendido ou por seu representante legal".

O artigo 45 do CPP revela que o Ministério Público poderá aditar a queixa-crime (qualquer que seja a espécie de ação penal privada). Importante salientar que o aditamento aqui tratado não pode incluir fato criminoso ou autor do fato omitido intencionalmente pelo ofendido (ao revés, o MP deverá se limitar a alertar o juiz, para que este reconheça a extinção da punibilidade de todos os autores do fato, em face da renúncia – princípio da indivisibilidade).

No que toca à rejeição da queixa-crime e aos recursos manejados em caso de recebimento (lembrando que se trata de decisão irrecorrível) e rejeição, remeto o leitor ao tópico 6.4.1.5. retro (que tratou da denúncia).

Por fim, cumpre salientar que "nos casos de exclusiva ação privada, o querelante poderá preferir o foro de domicílio ou da residência do réu, ainda quando conhecido o lugar da infração" (artigo 73 do CPP). Tal mandamento excepciona a regra geral de fixação da competência em razão do lugar (a regra principal é que o foro competente é o do lugar da consumação do delito – artigo 70 do CP).

### 6.4.2.4. Renúncia, perdão e perempção

São institutos, em regra, próprios da ação penal privada (pode haver renúncia em ação penal pública condicionada à representação) e que conduzem ao mesmo fim: a extinção da punibilidade do autor do crime.

Renúncia significa abrir mão do direito de oferecer queixa-crime ou representação (este instituto também se aplica à ação penal pública condicionada à representação, porque se a vítima não representa o Ministério Público não pode agir). É consequência do princípio da oportunidade ou conveniência, característico da ação penal privada. Estende-se a todos os autores do delito, ou seja, renunciando ao direito de processar um dos criminosos, todos os demais serão beneficiados (artigo 49 do CPP). Tal mandamento legal é reflexo do princípio da indivisibilidade, previsto no artigo 48 do CPP. A renúncia ocorre antes do início da ação penal e é ato unilateral, que independe de aceitação do(s) suposto(s) autor(es) da infração para surtir efeitos. Pode ser tácita (prática de ato incompatível com o desejo de manejar queixa-crime) ou expressa (documento assinado pela vítima – artigo 50 do CPP). Havendo mais de uma vítima, caso uma delas renuncie, o direito de ofertar queixa-crime da(s) outra(s) não será afetado.

Acerca da renúncia tácita, importante a leitura de *decisum* do STJ[27]:

> A não inclusão de eventuais suspeitos na queixa-crime não configura, por si só, renúncia tácita ao direito de queixa. Com efeito, o direito de queixa é indivisível, é dizer, a queixa contra qualquer dos autores do crime obrigará ao processo de todos (art. 48 do CPP). Dessarte, o ofendido não pode limitar a este ou aquele autor da conduta tida como delituosa o exercício do *jus accusationis*, tanto que o art. 49 do CPP dispõe que a renúncia ao direito de queixa, em relação a um dos autores do crime, a todos se estenderá. Portanto, o princípio da indivisibilidade da ação penal privada torna obrigatória a formulação da queixa-crime em face de todos os autores, coautores e partícipes do injusto penal, sendo que a inobservância de tal princípio acarreta a renúncia ao direito de queixa, que de acordo com o art. 107, V, do CP, é causa de extinção da punibilidade. Contudo, para o reconhecimento da renúncia tácita ao direito de queixa, exige-se a demonstração de que a não inclusão de determinados autores ou partícipes na queixa-crime se deu de forma deliberada pelo querelante (HC 186.405-RJ, Quinta Turma, DJe de 11/12/2014).

---

27. STJ, 5ª Turma, RHC 55.142/MG, rel. Min. Felix Fischer, julgado em 12/5/2015, DJe 21/5/2015.

O perdão ocorre quando, depois de iniciada a ação penal privada, o querelante resolve perdoar o autor do delito (é reflexo do princípio da disponibilidade da ação penal privada). É ato bilateral, porque para surtir efeitos depende de aceitação do querelado. O perdão se estende a todos os querelados que o aceitarem, nos termos do artigo 51 do CPP (concedido o perdão, o querelado será intimado a dizer, em três dias, se o aceita – o silêncio importa aceitação, nos termos do artigo 58 do CPP). Assim como a renúncia, pode ser tácito ou expresso (artigo 57 do CPP). Mesmo que o querelado não aceite o perdão, o querelante ainda dispõe da perempção para encerrar o processo antes da sentença.

A perempção é a extinção da ação penal privada pela desídia do querelante. Ocorre nos casos listados no artigo 60 do CPP:

> Art. 60. Nos casos em que somente se procede mediante queixa, considerar-se-á perempta a ação penal:
>
> I – quando, iniciada esta, o querelante deixar de promover o andamento do processo durante 30 dias seguidos;
>
> II – quando, falecendo o querelante, ou sobrevindo sua incapacidade, não comparecer em juízo, para prosseguir no processo, dentro do prazo de 60 (sessenta) dias, qualquer das pessoas a quem couber fazê-lo, ressalvado o disposto no art. 36;
>
> III – quando o querelante deixar de comparecer, sem motivo justificado, a qualquer ato do processo a que deva estar presente, ou deixar de formular o pedido de condenação nas alegações finais;
>
> IV – quando, sendo o querelante pessoa jurídica, esta se extinguir sem deixar sucessor.

Diferente do ocorre no processo civil, uma vez reconhecida a perempção, a ação penal não poderá ser proposta novamente. Por óbvio, não cabe reconhecimento da perempção em face da desídia do querelante no curso de ação penal privada subsidiária da pública (neste caso a titularidade da ação deve ser retomada pelo MP, por se tratar de ação pública na origem – artigo 29 do CPP).

## 6.5. QUESTÕES DE CONCURSOS PÚBLICOS

1. **(OAB/VI Exame Unificado)** Tício está sendo investigado pela prática do delito de roubo simples, tipificado no artigo 157, caput, do Código Penal. Concluída a investigação, o Delegado Titular da 41ª Delegacia Policial envia os autos ao Ministério Público, a fim de que este tome as providências que entender cabíveis. O *Parquet*, após a análise dos autos, decide pelo arquivamento do feito, por faltas de provas de autoria. A vítima ingressou em juízo com uma ação penal privada subsidiária da pública, que foi rejeitada pelo juiz da causa, que, no caso acima, agiu:

   A. Erroneamente, tendo em vista a Lei Processual admite a ação privada nos crimes de ação pública quando esta não for intentada.

B. Corretamente, pois a vítima não tem legitimidade para ajuizar ação penal privada subsidiária da pública.

C. Corretamente, já que a Lei Processual não admite a ação penal privada subsidiária da pública nos casos em que o Ministério Público não se mantém inerte.

D. Erroneamente, já que a Lei Processual admite, implicitamente, a ação penal privada subsidiária da pública.

2. **(OAB/X Exame Unificado)** Um professor na aula de Processo Penal esclarece a um aluno que o Ministério Público, após ingressar com a ação penal, não poderá desistir dela, conforme expressa previsão do Art. 42 do CPP. O professor estava explicando ao aluno o princípio da

   A. Indivisibilidade.
   B. Obrigatoriedade.
   C. Indisponibilidade.
   D. Intranscedência.

3. **(Delegado de Polícia Civil/PA/2012)** Nos crimes de ação pública, esta será promovida por denúncia do Ministério Público, mas dependerá, quando a lei o exigir, de requisição do Ministro da Justiça, ou de representação do ofendido ou de quem tiver qualidade para representá-lo. No que concerne à ação pública, assinale a alternativa correta:

   A. A representação será retratável, depois de oferecida a denúncia.
   B. Se o órgão do Ministério Público, ao invés de apresentar a denúncia, requerer o arquivamento do inquérito policial ou de quaisquer peças de informação, o juiz deverá atender.
   C. Será admitida ação privada nos crimes de ação pública, se esta não for intentada no prazo legal, cabendo ao Ministério Público aditar a queixa, repudiá-la e oferecer denúncia substitutiva, intervir em todos os termos do processo, fornecer elementos de prova, interpor recurso e, a todo tempo, no caso de negligência do querelante, retomar a ação como parte principal.
   D. As fundações, associações ou sociedades legalmente constituídas não poderão exercer a ação penal.
   E. O prazo para oferecimento da denúncia, estando o réu preso, será de 15 dias, contado da data em que o órgão do Ministério Público receber os autos do inquérito policial.

4. **(Delegado de Polícia Civil/MA/2012)** Nas ações penais de natureza privada, os princípios a seguir são aplicáveis, à exceção de um. Assinale-o.

   A. Oportunidade.
   B. Conveniência.
   C. Indivisibilidade.
   D. Indisponibilidade.
   E. Intranscendência.

5. **(Delegado de Polícia Civil/RJ/2013)** No que se refere à ação penal, é correto afirmar:

   A. A denúncia ou queixa não será rejeitada quando faltar pressuposto processual.

B. A ação penal pública condicionada, para ser exercida, depende de requerimento do ofendido.

C. A ação penal privada rege-se, entre outros, pelo princípio da indisponibilidade.

D. O princípio da indivisibilidade não se aplica à ação penal pública; aplica-se somente à ação penal privada e à ação penal privada subsidiária da pública.

E. A justa causa para o exercício da ação penal significa a exigência de um lastro mínimo de prova.

6. **(Promotor de Justiça/AL/2012) No tocante à denúncia, de acordo com o Código de Processo Penal, é correto afirmar que:**

    A. Deverá conter a exposição do fato criminoso, com todas as suas circunstâncias, e a qualificação do acusado, sendo indispensáveis a classificação do crime e o rol de testemunhas.

    B. Será rejeitada quando o juiz verificar a existência manifesta de causa excludente da ilicitude do fato.

    C. Estando o réu preso, o prazo para seu oferecimento é de 3 dias, contado da data em que o órgão do Ministério Público receber os autos do inquérito policial.

    D. Deverá, necessariamente, estar acompanhada de inquérito policial.

    E. Se o réu estiver solto ou afiançado, o prazo para seu oferecimento é de 15 dias.

7. **(Delegado de Polícia Civil/AL/2012) No caso de o querelado, na ação penal privada, se manifestar no sentido de perdoar um dos réus, o perdão oferecido se estenderá a todos quantos alegadamente hajam intervindo no cometimento da infração penal, independentemente de aceitação ou não.**

8. **(Delegado de Polícia Civil/MG/2011) Não é condição geral ou especial da ação penal:**

    A. O pedido.

    B. A legitimidade das partes.

    C. A entrada do agente no território nacional em caso de extraterritorialidade da lei penal.

    D. A requisição do Ministro da Justiça.

9. **(OAB /IX Exame Unificado) Tendo como base o instituto da ação penal, assinale a afirmativa correta.**

    A. Na ação penal privada vigora o princípio da oportunidade ou conveniência.

    B. A ação penal privada subsidiária da pública fere dispositivo constitucional que atribui ao Ministério Público o direito exclusivo de iniciar a ação pública.

    C. Como o Código Penal é silente no tocante à natureza da ação penal no crime de lesão corporal culposa, verifica-se que a referida infração será de ação penal pública incondicionada.

    D. A legitimidade para ajuizamento da queixa-crime na ação penal exclusivamente privada (ou propriamente dita) é unicamente do ofendido.

## Cap. 6 | AÇÃO PENAL

**10. (Delegado de Polícia Civil/RJ/2013)** Na hipótese da ocorrência de crime de exclusiva ação privada, assinale a alternativa correta.

A. O querelante poderá escolher entre o foro do lugar da infração ou do domicílio do querelado.

B. A competência regular-se-á, obrigatoriamente, pela prevenção.

C. Será competente o juiz que primeiro tomar conhecimento do fato.

D. Caso o querelante não tenha residência certa ou for ignorado seu paradeiro, a competência firmar-se-á pela prevenção.

E. A competência firmar-se-á, obrigatoriamente, pelo lugar da infração.

**11. (Delegado de Polícia Civil/RJ/2013)** O senhor Rui dos Santos, após ser vítima do delito de roubo perpetrado por Nei da Silva, preso em flagrante delito, ao tomar conhecimento de que o Promotor de Justiça havia perdido o prazo de cinco dias (art. 46, do CPP) para oferecer denúncia, resolve intentar ação privada subsidiária da pública, por meio de queixa-crime. Decorridos alguns dias, incomodado pelo trabalho e pelo desgaste emocional, o querelante resolve desistir da ação. Esta medida acarretará:

A. A decadência do direito de ação.

B. A perempção da ação.

C. A extinção da punibilidade.

D. A renúncia tácita do querelante.

E. A retomada da titularidade da ação pelo Ministério Público, que já atuava como assistente litisconsorcial.

**12. (Delegado de Polícia Civil/ES/2010)** O princípio da indisponibilidade impede o MP de opinar pela absolvição, em sede de alegações finais. Em tal hipótese, o juízo competente pode, ainda assim, condenar o acusado.

**13. (Delegado de Polícia/CE/2015)** No caso de morte do ofendido

A. O direito de oferecer queixa passará ao cônjuge, ascendente, descendente ou irmão; nos crimes de ação privada, o juiz, a requerimento da parte que comprovar a sua pobreza, instaurará de ofício a ação penal.

B. O direito de oferecer queixa se extinguirá; nos crimes de ação privada, o juiz, a requerimento da parte que comprovar a sua pobreza, instaurará de ofício a ação penal.

C. O direito de oferecer queixa passará ao cônjuge, ascendente, descendente ou irmão; nos crimes de ação privada, o juiz, a requerimento da parte que comprovar a sua pobreza, nomeará advogado para promover a ação penal.

D. No curso da ação privada, declarar-se-á a extinção da punibilidade do ofensor; nos crimes de ação pública condicionada, o juiz, a requerimento da parte que comprovar a sua pobreza, nomeará advogado para promover a ação penal.

E. No curso da ação pública condicionada, declarar-se-á a extinção da punibilidade do ofensor; nos crimes de ação pública condicionada, o juiz, a requerimento da parte que comprovar a sua pobreza, nomeará advogado para promover a ação penal.

**14. (Juiz/PB/2015) No que se refere a denúncia ou queixa, assinale a opção correta.**

A. Além dos indícios de autoria, para o exercício da ação penal nos crimes de tráfico de drogas, a Lei n.º 11.343/2006 considera suficiente o laudo de constatação.

B. O plenário do STF firmou entendimento no sentido de considerar o despacho que recebe denúncia ou queixa como uma espécie de decisão; por isso, tal despacho deve ser fundamentado.

C. No CPP está prevista a apelação como recurso cabível do não recebimento da denúncia ou queixa.

D. Inexiste possibilidade de litisconsórcio ativo entre o MP e o querelante.

E. A queixa, ainda que a ação penal seja privativa do ofendido, não poderá ser aditada pelo MP.

**15. (Juiz/MS/2015) XISTO, querelante em ação penal privada, ao término da instrução e representado por advogado constituído, requereu a absolvição de CRISTÓVÃO, querelado. Deve o juiz:**

A. Determinar a extração de peças processuais e o encaminhamento à autoridade policial, para apuração da prática, pelo querelante, de denunciação caluniosa.

B. Designar audiência para tentativa de conciliação das partes, em homenagem ao princípio da intervenção mínima.

C. Considerar perempta a ação penal, porque o querelante deixou de formular pedido de condenação nas alegações finais.

D. Encaminhar os autos em vista ao Ministério Público, titular da ação penal, para manifestação de interesse na produção de outras provas.

E. Absolver CRISTÓVÃO, com fundamento no artigo 386, inciso VII, do Código de Processo Penal.

**16. (Defensor Público/MA/2015) Sobre a ação penal, considerando-se a classificação legal e o entendimento doutrinário e jurisprudencial:**

A. O direito de representação somente poderá ser exercido por procurador, mediante declaração, escrita ou oral, em casos de impossibilidade de execução do ato pelo próprio ofendido.

B. Se o órgão do Ministério Público, ao invés de apresentar a denúncia, requerer o arquivamento do inquérito policial ou de quaisquer peças de informa- ção, a vítima poderá, no prazo de seis meses, oferecer ação penal privada subsidiária.

C. Após a Constituição Federal de 1988, a ação penal privada subsidiária da pública não respeitará mais o prazo de seis meses previsto para as ações penais privadas, por se tratar de um direito constitucional, conforme já decidiu o STF.

D. Sendo a ação de natureza privada, no caso de morte do ofendido ou quando declarado ausente por decisão judicial, o direito de oferecer queixa ou prosseguir na ação passará ao cônjuge, ascendente, descendente ou irmão, salvo nos casos de ação penal privada personalíssima.

E. Nos casos de ação penal privada, ocorrendo a morte do ofendido, se comparecer mais de uma pessoa com direito de queixa, a preferência será definida pela ordem de manifestação.

**17. (Procurador do Estado/BA/2014)** Em ação penal privada que envolva vários agentes do ato delituoso, é permitido ao querelante, em razão do princípio da disponibilidade, escolher contra quem proporá a queixa-crime, sem que esse fato acarrete a extinção da punibilidade dos demais agentes conhecidos e nela não incluídos.

18. **(Delegado de Polícia/TO/2014)** Nos termos do Código de Processo Penal, o prazo para o oferecimento da denúncia pelo representante do Ministério Público, estando o acusado preso ou solto, será, respectivamente, de
    A. Cinco e quinze dias.
    B. Dez e vinte dias.
    C. Vinte e trinta dias.
    D. Trinta e sessenta dias.

19. **(Delegado de Polícia Civil/PE/2016)** Acerca da ação penal, suas características, espécies e condições, assinale a opção correta.
    A. A perempção incide tanto na ação penal privada exclusiva quanto na ação penal privada subsidiária da ação penal pública.
    B. Os prazos prescricionais e decadenciais incidem de igual forma tanto na ação penal pública condicionada à representação do ofendido quanto na ação penal pública condicionada à representação do ministro da Justiça.
    C. De regra, não há necessidade de a queixa-crime ser proposta por advogado dotado de poderes específicos para tal fim, em homenagem ao princípio do devido processo legal.
    D. Tanto na ação pública condicionada à representação quanto na ação penal privada, se o ofendido tiver menos de vinte e um anos de idade e mais de dezoito anos de idade, o direito de queixa ou de representação poderá ser exercido por ele ou por seu representante legal.
    E. É concorrente a legitimidade do ofendido, mediante queixa, e do MP, condicionada à representação do ofendido, para a ação penal por crime contra a honra de servidor público em razão do exercício de suas funções.

20. **(Delegado de Polícia Civil/PA/2016)** Sobre ação penal é correto afirmar que:
    A. a ação penal privada, em certos casos é personalíssima, só podendo o delegado de polícia instaurar inquérito, exclusivamente, no caso de requerimento do próprio ofendido.
    B. na ação penal subsidiária da pública, quando o querelado deixa de comparecer aos atos do processo, ocorre a perempção.
    C. quanto ao exercício, classifica-se em pública incondicionada, condicionada a representação do ofendido ou a resolução do Ministério da Justiça.
    D. na ação penal privada o querelante tem legitimidade ordinária.
    E. a ação penal pública rege-se pelos princípios da obrigatoriedade e disponibilidade, enquanto a privada rege-se pela oportunidade e indivisibilidade.

21. **(Delegado de Polícia Civil/ES/2019)** No que pertine à inépcia da denúncia ou da queixa, é correto afirmar que
    A. A doutrina a entende como sinônimo de criptoimputação.
    B. Ocorre quando, na denúncia/queixa, não há a identificação do acusado com seu verdadeiro nome ou outros qualificativos.

C. Sucede quando faltar justa causa para o regular exercício da ação penal.
D. Tem cabimento quando ausente uma ou algumas das condições da ação penal.
E. Acontece quando a inicial acusatória não contém o rol de testemunhas.

22. **(Delegado de Polícia Civil/ES/2019)** Marcio, por intermédio de um advogado, ingressou com uma queixa-crime em face de Arnaldo, uma vez que, pelas redes sociais, Arnaldo imputou a ele, falsamente, um fato definido como crime. No curso do processo, Marcio tomou conhecimento por meio de amigos em comum que Arnaldo teria perdido um filho assassinado em um assalto, fato que o comoveu e em sede de alegações finais, Márcio, por seu advogado, postula a absolvição do réu em relação ao crime contra a honra cometido. Diante desta situação, é correto afirmar que o juiz
    A. Ficará obrigado a absolver Arnaldo, porquanto Márcio é o titular da ação penal privada, podendo assim desistir dela a qualquer tempo.
    B. Deverá, nestas situações, chamar o autor e o réu a fim de que possa promover a reconciliação entre eles.
    C. Poderá condenar ou absolver Arnaldo, independentemente do fato de Márcio ter, em sede de alegações finais, postulado a absolvição do agente.
    D. Poderá, ainda assim, condenar o réu, uma vez que a ação penal, nesta hipótese, é privada, cabendo a ele tal decisão.
    E. Não terá outra alternativa que não seja reconhecer a extinção da punibilidade de Arnaldo.

23. **(Delegado de Polícia Civil/GO/2018)** Sobre o inquérito policial, segundo o Código de Processo Penal, tem-se o seguinte:
    A. A representação, no caso de ação penal pública condicionada, pode ser apresentada por procurador.
    B. Em regra, irregularidade em ato praticado no inquérito policial gera a nulidade do processo penal dele decorrente.
    C. A representação do ofendido é irretratável depois de recebida a denúncia.
    D. Da decisão que indefere o requerimento de abertura de inquérito policial formulado pelo ofendido cabe recurso ao Ministério Público.
    E. Se o investigado estiver preso em flagrante, o extrapolamento do prazo de conclusão gera nulidade da investigação.

24. **(Delegado de Polícia Civil/GO/2018)** A natureza da ação penal no crime de ameaça praticado em situação de violência doméstica e familiar contra a mulher é
    A. Pública incondicionada.
    B. De iniciativa privada exclusiva.
    C. Pública condicionada a requisição.
    D. De iniciativa privada personalíssima.
    E. Pública condicionada à representação.

25. **(Delegado de Polícia/BA/2018)** A retratação da representação, de acordo com o art. 25 do CPP e do art. 16 da Lei nº 11.340/06 (Lei Maria da Penha), respectivamente,

A. É admitida até o recebimento da denúncia; não é admitida.
B. É admitida até o recebimento da denúncia; só será admitida perante o juiz, antes do recebimento da denúncia.
C. É inadmitida; só será admitida perante o juiz, antes do recebimento da denúncia.
D. É inadmitida depois de oferecida a denúncia; não é admitida.
E. É inadmitida depois de oferecida a denúncia; só será admitida perante o juiz, antes do recebimento da denúncia.

26. **(Delegado de Polícia/MA/2018) Um garoto de sete anos de idade foi atendido no pronto-socorro de um hospital com quadro de crise asmática. Embora tenha sido regularmente medicado, ele faleceu trinta e seis horas depois devido a insuficiência respiratória. A médica plantonista foi indiciada por homicídio culposo com imputação de negligência no atendimento. O promotor de justiça, após exaustivas diligências, que incluíram o parecer de renomado pneumologista e outras diligências realizadas pela própria assessoria médica do órgão acusador, pediu o arquivamento da peça inquisitória um mês depois de encerrado o prazo previsto em lei para a propositura da ação penal, a partir da apresentação do relatório final pelo delegado. Nesse ínterim, o pai da criança, inconformado com a demora do MP em promover a denúncia no prazo da lei, ajuizou ação penal privada subsidiária.**

    **Acerca dessa situação hipotética e de aspectos a ela correlatos, assinale a opção correta à luz do entendimento dos tribunais superiores.**

    A. O simples fato de os autos terem ficado sem movimentação externa ao MP por prazo superior a quinze dias não autorizaria a propositura da ação penal privada.
    B. Se os autos tiverem estado em diligência a cargo de órgão auxiliar técnico do MP para análise das questões médicas envolvidas, então não houve omissão e, por isso, esteve suspenso o prazo para o exercício da ação penal privada.
    C. Caso a família da vítima tomasse ciência da realização de diligências no âmbito interno do MP para esclarecimento dos fatos e se manifestasse nos autos dessas diligências sem questioná-las, isso implicaria anuência, obstando o direito à ação penal privada.
    D. O direito de propor ação penal privada subsidiária poderia ser exercido a qualquer tempo, desde que decorrido o prazo legal conferido ao MP.
    E. Tendo a CF erigido como fundamental o direito da vítima e de sua família à aplicação da lei penal, a vítima e sua família podem tomar as rédeas da ação penal se o MP não o fizer no devido tempo.

## 6.6. GABARITO E COMENTÁRIOS

| QUESITO | ASSERTIVA CORRETA | JUSTIFICATIVA |
|---|---|---|
| 01 | C | Vide tópico 6.4.2.1. |
| 02 | C | Vide tópico 6.4.1.2. |
| 03 | C | Vide tópico 6.4.2.1. |
| 04 | D | Vide tópico 6.4.2.2 |
| 05 | E | A justa causa referida no artigo 395, III, do CPP, é a conjugação de indícios de autoria e prova da materialidade delitiva. |
| 06 | E | Vide tópico 6.4.1.5. |
| 07 | ERRADO | Vide tópico 6.4.2.4. |
| 08 | A | Vide tópico 6.2. |
| 09 | A | Vide tópico 6.4.2.2. |
| 10 | A | Vide tópico 6.4.2.3. |
| 11 | E | Vide tópico 6.4.2.1. |
| 12 | ERRADO | O princípio da indisponibilidade diz que o MP não pode desistir da ação por ele intentada, mas isso não significa que ele não possa pedir a absolvição do réu. |
| 13 | C | Vide artigos 31 e 32 do CPP. |
| 14 | A | Para efeito de lavratura de auto de prisão em flagrante delito e oferecimento da inicial acusatória, o laudo de constatação provisória é suficiente. |
| 15 | C | Vide artigo 60, III, do CPP. |
| 16 | D | Vide artigo 31 do CPP. |
| 17 | ERRADO | Vide artigo 48 do CPP. |
| 18 | A | Vide artigo 46 do CPP. |
| 19 | E | Vide Súmula 714 do STF: "**É concorrente a legitimidade do ofendido, mediante queixa, e do Ministério Público, condicionada à representação do ofendido, para a ação penal por crime contra a honra de servidor público em razão do exercício de suas funções**". |
| 20 | A | Vide tópico 6.4.2.1. |
| 21 | A | Trata-se de sinônimo de inépcia da inicial acusatória. |
| 22 | E | Vide tópico 6.4.2.4. |

| QUESITO | ASSERTIVA CORRETA | JUSTIFICATIVA |
|---|---|---|
| 23 | A | Vide artigo 39 do CPP – "Art. 39. O direito de representação poderá ser exercido, pessoalmente ou por procurador com poderes especiais, mediante declaração, escrita ou oral, feita ao juiz, ao órgão do Ministério Público, ou à autoridade policial". |
| 24 | E | A ação penal, no crime de ameaça, não é modificada pela Lei 11.340/06. Ou seja, ainda que aplicada a Lei Maria da Penha ao caso concreto, a ação penal no crime de ameaça é pública condicionada à representação da vítima. |
| 25 | E | Vide tópico 6.4.1.3. |
| 26 | E | Vide tópico 6.4.2.1. |

# 7

# COMPETÊNCIA
# (E CIRCUNSCRIÇÃO POLICIAL)

## 7.1. CONCEITO

O presente capítulo foi inserido na obra com o fito de auxiliar delegados de polícia e profissionais que lidam com o inquérito policial em sua atividade diuturna a entender as regras de fixação da circunscrição responsável pela investigação pré-processual (só é possível estudar o tema analisando as normas que regem a fixação da competência judicial).

Competência é a medida da jurisdição (esta entendida como o poder-dever estatal de aplicar o direito objetivo ao caso concreto apresentado, com o fito de restabelecer a paz social abalada pelo conflito de interesses). Não se concebe que exista um magistrado competente para o julgamento de toda e qualquer demanda, desta forma, apesar de ser una a jurisdição, ela comporta limitação, de forma a racionalizar a prestação jurisdicional.

Estudar e entender a competência significa em grande medida conhecer as regras que determinam a fixação da atribuição da autoridade policial para investigar delitos, como dito supra.

Ainda introduzindo a matéria, impende a leitura do artigo 69 do CPP:

> Art. 69. Determinará a competência jurisdicional:
> I – o lugar da infração:
> II – o domicílio ou residência do réu;
> III – a natureza da infração;
> IV – a distribuição;
> V – a conexão ou continência;
> VI – a prevenção;
> VII – a prerrogativa de função.

## 7.2. ESPÉCIES

São três. A competência pode ser determinada em razão do lugar do crime ou do domicílio do réu (*ratione loci*); em razão da natureza do crime praticado (*ratione materiae*); ou em razão do cargo ou função ocupado pelo réu/investigado (*ratione personae*). No primeiro caso a competência é relativa, podendo ser prorrogada (a inobservância das normas que a circundam acarreta nulidade relativa, que deve ser levantada no momento processualmente oportuno, sob pena de preclusão). Nos dois últimos, a competência é absoluta e não comporta prorrogação (a inobservância das regras que as regem acarreta nulidade absoluta).

### 7.2.1. Competência em razão do lugar

Estudemos a competência *ratione loci*. A análise do Código de Processo Penal revela que ela se divide em duas modalidades: a) competência pelo lugar da infração; b) competência pelo domicílio ou residência do réu. Em relação à primeira, cumpre deixar claro que o Caderno Processual Penal adotou a teoria do resultado (consumação do delito). É o que determina o artigo 70 do CPP:

> Art. 70. A competência será, de regra, determinada pelo lugar em que se consumar a infração, ou, no caso de tentativa, pelo lugar em que for praticado o último ato de execução.
>
> § 1º Se, iniciada a execução no território nacional, a infração se consumar fora dele, a competência será determinada pelo lugar em que tiver sido praticado, no Brasil, o último ato de execução.
>
> § 2º Quando o último ato de execução for praticado fora do território nacional, será competente o juiz do lugar em que o crime, embora parcialmente, tenha produzido ou devia produzir seu resultado.
>
> § 3º Quando incerto o limite territorial entre duas ou mais jurisdições, ou quando incerta a jurisdição por ter sido a infração consumada ou tentada nas divisas de duas ou mais jurisdições, a competência firmar-se-á pela prevenção.

Para entender o momento consumativo do delito, é preciso estudar o artigo 14, inciso I, do Código Penal. Referido mandamento legal afirma que o crime se tem por consumado "quando nele se reúnem todos os elementos de sua definição legal". Importante saber também que o crime passa pelas fases de cogitação, preparação e consumação (é o chamado *iter criminis*).

Assim, o juízo competente para julgar a infração é o do local onde o crime se consumou (consequentemente, a autoridade policial com atribuição para investigar é a da circunscrição de consumação do delito). Há exceção à regra criada pela jurisprudência e apontada com precisão por Guilherme de Souza Nucci[1]:

---

1. NUCCI, Guilherme de Souza. **Obra acima citada**, página 264.

Deve-se respeitar uma ressalva corretamente feita pela jurisprudência. O homicídio, embora seja crime material, cuja conduta de lesionar a integridade física pode ocorrer em determinada cidade e o resultado morte, em outra, deve ser apurado e o agente processado no lugar da ação ou omissão. Se a regra do art. 70 do CPP fosse fielmente seguida, o correto seria a ocorrência do trâmite processual no local onde se deu a morte da vítima; entretanto, seguindo-se o princípio da busca da verdade real, torna-se mais segura a colheita da prova no lugar da conduta.

O Superior Tribunal de Justiça relativiza a regra do artigo 70 do Código de Processo Penal de maneira mais ampla na tese 6 da edição 72 da sua jurisprudência em teses:

> 6) A competência é determinada pelo lugar em que se consumou a infração (art. 70 do CPP), sendo possível a sua modificação na hipótese em que outro local seja o melhor para a formação da verdade real.

O artigo 71 do CPP determina que, em se tratando "de infração continuada ou permanente, praticada em território de duas ou mais jurisdições, a competência firmar-se-á pela prevenção[2]".

Cumpre deixar claro que o artigo 63 da Lei 9.099/95 traz exceção à regra citada, vez que afirma que o foro competente é o lugar do crime (segundo o artigo 6º do Código Penal, "considera-se praticado o crime no lugar em que ocorreu a ação ou omissão, no todo ou em parte, bem como onde se produziu ou deveria produzir-se o resultado" – teoria da ubiquidade).

A outra modalidade de competência em razão do lugar é a ditada pelo domicílio ou residência do réu. Trata-se de critério subsidiário em relação ao primeiro estudado. Assim, só será utilizado em duas hipóteses: a) quando não for conhecido o lugar da consumação da infração; ou b) no caso de ação penal privada exclusiva, se assim desejar o querelante. Vejamos os artigos 72 e 73 do CPP:

> Art. 72. Não sendo conhecido o lugar da infração, a competência regular-se-á pelo domicílio ou residência do réu.
>
> § 1º Se o réu tiver mais de uma residência, a competência firmar-se-á pela prevenção.
>
> § 2º Se o réu não tiver residência certa ou for ignorado o seu paradeiro, será competente o juiz que primeiro tomar conhecimento do fato.
>
> Art. 73. Nos casos de exclusiva ação privada, o querelante poderá preferir o foro de domicílio ou da residência do réu, ainda quando conhecido o lugar da infração.

---

2. Alhures se verá que a prevenção ocorre quando um dos juízes igualmente competentes se antecipa aos outros e pratica algum ato processual ou medida relativa ao processo, ainda que anterior ao oferecimento da denúncia ou da queixa – artigo 83 do CPP.

O assunto aqui estudado pode ser resumido pelas seguintes tabelas:

| COMPETÊNCIA EM RAZÃO DO LUGAR | |
|---|---|
| Critério principal | Lugar da consumação do delito (teoria do resultado) |
| Critério subsidiário | Domicílio ou residência do réu |

| CRITÉRIO SUBSIDIÁRIO (DOMICÍLIO OU RESIDÊNCIA DO RÉU) | |
|---|---|
| Aplicação do critério subsidiário | Quando não for conhecido o lugar da consumação |
| | Se o crime for de ação penal privada exclusive (ainda que conhecido o lugar da consumação) |

| OUTRAS HIPÓTESES RELACIONADAS À COMPETÊNCIA EM RAZÃO DO LUGAR | |
|---|---|
| Em caso de tentativa | Lugar da prática do último ato de execução |
| Se, iniciada a execução no território nacional, a infração se consumar fora dele | lugar em que tiver sido praticado, no Brasil, o último ato de execução |
| Quando o último ato de execução for praticado fora do território nacional | lugar em que o crime, embora parcialmente, tenha produzido ou devia produzir seu resultado |
| Quando incerto o limite territorial entre duas ou mais jurisdições, ou quando incerta a jurisdição por ter sido a infração consumada ou tentada nas divisas de duas ou mais jurisdições | Prevenção |
| Infração continuada ou permanente, praticada em território de duas ou mais jurisdições | Prevenção |

### 7.2.2. Competência em razão da matéria (natureza da infração penal)

No que toca a competência *ratione materiae*, impende afirmar que organicamente a justiça pode ser dividida em especial e comum, sendo aquela a Militar e a Eleitoral e esta a Federal e a Estadual.

## 7.2.2.1. Competência da justiça militar

A Justiça Militar se divide em federal e estadual e é competente para julgar crimes militares – artigo 124 da Constituição Federal[3] (a primeira julga membros do exército, marinha e aeronáutica[4] e a segunda policiais militares e bombeiros militares, quando praticam crimes definidos em lei como militares). Os crimes militares são os previstos no Código Penal Militar (Decreto-Lei 1.001, de 21 de outubro de 1969) e em qualquer lei penal (o inciso II do artigo 9º do Código Penal Militar foi alterado pela Lei 13.491/17).

Os crimes militares podem ser próprios ou impróprios. São próprios quando não encontram paralelo em norma penal incriminadora voltada aos civis (como o crime de deserção – artigo 187 do Código Penal Militar) e impróprios os que também são tipificados nas leis penais aplicáveis aos civis (como o crime de homicídio – previsto nos artigos 205 do Código Penal Militar e 121 do Código Penal). Não nos interessa a análise profunda desta modalidade de competência, porque as infrações militares são apuradas por meio de inquérito policial militar (artigo 8º, 'a', do Código de Processo Penal Militar – Decreto-Lei 1.002, de 21 de outubro de 1969), presidido pelas autoridades militares listadas no artigo 7º do CPPM (à exceção[5] do crime doloso contra vida de civil praticado por militar estadual[6], que são julgados pelo tribunal do júri e

---

3. Art. 124. À Justiça Militar compete processar e julgar os crimes militares definidos em lei.
   Parágrafo único. A lei disporá sobre a organização, o funcionamento e a competência da Justiça Militar.
4. É possível que a justiça militar da União julgue civil que pratica crime definido como militar.
5. Anote-se que caso o crime cometido pelo militar não seja praticado em serviço ou em razão da função (ou seja, fora das hipóteses descritas no artigo 9º, II, do CPM), não haverá competência da justiça castrense - a apuração deve ser feita pela polícia civil ou federal e a competência será da justiça estadual ou federal, conforme o caso.
6. A Lei 13.491/17 afirma ser competência da justiça militar federal o crime doloso contra vida de civil praticado por militar das Forças Armadas, nas hipóteses descritas no § 2º, do artigo 9º, do CPM:
   Art. 9º. (...)
   § 2º Os crimes de que trata este artigo, quando dolosos contra a vida e cometidos por militares das Forças Armadas contra civil, serão da competência da Justiça Militar da União, se praticados no contexto:
   I – do cumprimento de atribuições que lhes forem estabelecidas pelo Presidente da República ou pelo Ministro de Estado da Defesa;
   II – de ação que envolva a segurança de instituição militar ou de missão militar, mesmo que não beligerante; ou
   III – de atividade de natureza militar, de operação de paz, de garantia da lei e da ordem ou de atribuição subsidiária, realizadas em conformidade com o disposto no art. 142 da Constituição Federal e na forma dos seguintes diplomas legais:
   a) Lei nº 7.565, de 19 de dezembro de 1986 - Código Brasileiro de Aeronáutica;
   b) Lei Complementar nº 97, de 9 de junho de 1999;
   c) Decreto-Lei nº 1.002, de 21 de outubro de 1969 - Código de Processo Penal Militar; e
   d) Lei nº 4.737, de 15 de julho de 1965 - Código Eleitoral.

investigados pela polícia judiciária – civil ou federal, a depender da vítima – nos termos do § 1º do artigo 9º do CPM, em consonância com o artigo 125, § 4º, da Constituição Federal[7]).

Interessante ressaltar que o Superior Tribunal de Justiça considerou, no informativo 642, a Lei 13.491/17 uma lei híbrida ou processual material e afirmou a possibilidade de sua aplicação imediata aos processos em curso, mediante observância do conteúdo penal mais benéfico para o acusado. Eis a síntese do julgado:

> Inicialmente, cumpre destacar que a Lei n. 13.491/2017 não tratou apenas de ampliar a competência da Justiça Militar, também ampliou o conceito de crime militar, circunstância que, isoladamente, autoriza a conclusão no sentido da existência de um caráter de direito material na norma. Esse aspecto, embora evidente, não afasta a sua aplicabilidade imediata aos fatos perpetrados antes de seu advento, já que a simples modificação da classificação de um crime como comum para um delito de natureza militar não traduz, por si só, uma situação mais gravosa ao réu, de modo a atrair a incidência do princípio da irretroatividade da lei penal mais gravosa (arts. 5º, XL, da Constituição Federal e 2º, I, do Código Penal). Por outro lado, a modificação da competência, em alguns casos, pode ensejar consequências que repercutem diretamente no jus libertatis, inclusive de forma mais gravosa ao réu. É inegável que a norma possuiu conteúdo híbrido (lei processual material) e que, em alguns casos, a sua aplicação retroativa pode ensejar efeitos mais gravosos ao réu. Tal conclusão, no entanto, não impossibilita a incidência imediata, sendo absolutamente possível e desejável conciliar sua aplicação com o princípio da irretroatividade de lei penal mais gravosa. A jurisprudência desta Corte não admite a cisão da norma de conteúdo híbrido (AgRg no REsp n. 1.585.104/PE, Ministro Nefi Cordeiro, Sexta Turma, DJe 23/4/2018). Ocorre que a aplicação imediata, com observância da norma penal mais benéfica ao tempo do crime, não implicaria uma cisão da norma, pois, o caráter material, cujo retroatividade seria passível de gerar prejuízo ao réu, não está na norma em si, mas nas consequências que dela advém. Logo, é absolutamente possível e adequado a incidência imediata da norma aos fatos perpetrados antes do seu advento, em observância ao princípio tempus regit actum (tal como decidido no julgamento do CC n. 160.902/RJ), desde que observada, oportunamente, a legislação penal (seja ela militar ou comum) mais benéfica ao tempo do crime.

---

7. Curiosamente não foi esse o entendimento do Supremo Tribunal Federal nos autos do RE 1.245.405 (o Ministro Ricardo Lewandowski negou segmento ao recurso). Sua Excelência invocou o quanto decidido pela Corte Suprema na ADI 1.494 e afirmou que quando policiais militares fizerem uso letal da força contra civis, "o inquérito correrá por conta da Polícia Judiciária Militar, mediante inquérito policial militar. Concluído o IPM, a Justiça Militar decidirá, remetendo os autos à Justiça comum, se reconhecer que se trata de crime doloso praticado contra civil". Discordo, com todas as vênias, dessa linha de pensamento. Se a Constituição Federal determinou que o tribunal do júri é competente para julgar o militar estadual que comete crime contra vida de civil, é porque a Carta da República considerou que tal delito não é militar (e sim comum, em que pese ser cometido por militar em situação de atividade). Logo, não tem sentido o acionamento da estrutura persecutória ligada à Justiça Militar para cuidar do caso criminal.

Ademais, importante ressaltar que tal ressalva é inafastável da declaração de competência. Primeiro, porque a solução do julgado dela depende. Segundo, porque a simples declaração de competência em favor da Justiça Militar, sem a ressalva acima estabelecida, poderia dar azo a ilegalidade futura, decorrente de eventual inobservância da norma penal mais benéfica[8].

Já no informativo 621, o STJ decidiu que o furto de patrimônio sob administração militar praticado por civil é da competência da Justiça Castrense (Justiça Militar da União):

> Preliminarmente, importante consignar que não se desconhece a tramitação da ADPF n. 289 perante a Suprema Corte, na qual a Procuradoria-Geral da República pretende o reconhecimento da incompetência da Justiça Militar da União para julgamento de civis em tempo de paz. Contudo, inexistindo pronunciamento com efeito erga omnes nesse sentido, ou edição de Súmula Vinculante, permanece o entendimento firmado no sentido de se considerar crime militar o furto praticado em local sujeito à administração militar em detrimento de patrimônio sob administração militar. Na hipótese analisada, ainda que praticado por civil, extrai-se dos autos que o furto ocorreu nas dependências do Parque de Material Aeronáutico, a res furtiva estava na posse de soldado da Aeronáutica em serviço e pertence ao material bélico das Forças Armadas. Por esse motivo, restou configurado o crime militar, nos termos do art. 9º, inciso III, alínea I, "a", do Código Penal Militar. No mesmo sentido, observa-se precedente no qual é possível verificar a competência da Justiça Estadual quando o objeto material do delito é de propriedade privada, nos levando à conclusão que, se pertencesse à administração militar, a competência seria da Justiça Castrense. (CC 115.311-PA, Rel. Min. Maria Thereza de Assis Moura, Terceira Seção, DJe 21/03/2011)[9].

Por fim, saliento que, ainda que o militar esteja a serviço da Força Nacional de Segurança Pública, a competência para julgar eventual crime por ele perpetrado em serviço será da Justiça Militar do local da sua lotação originária (no precedente, o Tribunal da Cidadania seguiu o quanto grafado no seu verbete 78):

> PENAL. CONFLITO NEGATIVO DE COMPETÊNCIA ENTRE A JUSTIÇA MILITAR DO DISTRITO FEDERAL E A JUSTIÇA COMUM DE GOIÁS. BOMBEIRO MILITAR DO DISTRITO FEDERAL INTEGRANTE DA FORÇA NACIONAL DE SEGURANÇA PÚBLICA. CRIMES DE ROUBO E PREVARICAÇÃO SUPOSTAMENTE PRATICADOS EM DECORRÊNCIA DA FUNÇÃO DE POLICIAL PARA A QUAL FOI CONVOCADO. COMPETÊNCIA DA JUSTIÇA MILITAR. 1. Nos termos do art. 9º, inciso II, c, do Código Penal Militar, com a redação dada pela Lei n. 13.491/2017, passa a ser

---

8. STJ, CC 161.898-MG, Rel. Min. Sebastião Reis Júnior, por unanimidade, julgado em 13/02/2019, *DJe* 20/02/2019.
9. STJ, CC 145.721-SP, Rel. Min. Joel Ilan Paciornik, por unanimidade, julgado em 22/02/2018, *DJe* 02/03/2018.

da Justiça Castrense a competência para processo e julgamento de crimes capitulados na legislação penal, desde que praticados por militares em serviço ou atuando em razão da função. 2. In casu, os delitos de roubo e prevaricação foram supostamente praticados por Policial Militar na Força Nacional de Segurança e que atuava em decorrência da função de policial para a qual ele foi convocado, o que atrai a competência da Justiça Militar para processar e julgar o feito. 3. De acordo com a Súmula n. 78/STJ, "compete à Justiça Militar processar e julgar policial de corporação estadual, ainda que o delito tenha sido praticado em outra unidade federativa". 4. Conflito conhecido, para declarar a competência do Juízo de Direito da Auditoria Militar do Distrito Federal (CC 140.852/GO, Rel. Ministro ANTONIO SALDANHA PALHEIRO, TERCEIRA SEÇÃO, julgado em 27/11/2019, DJe 06/12/2019).

## 7.2.2.2. Competência da justiça eleitoral

A Justiça Eleitoral é composta pelas juntas eleitorais, pelos juízes eleitorais, pelos Tribunais Regionais Eleitorais e pelo Tribunal Superior Eleitoral (artigo 118 da Constituição Federal). A ela compete julgar os crimes eleitorais e os a eles conexos, nos termos do artigo 35, inciso II, da Lei 4.737/65 – Código Eleitoral. O STF reafirmou o quanto descrito no dispositivo legal citado no INQ 4435 (fixando a competência da Justiça Eleitoral para julgar o crime eleitoral e o crime de competência da Justiça Federal a ele conexo):

> DIREITO PROCESSUAL PENAL. QUARTO AGRAVO REGIMENTAL. FALSIDADE IDEOLÓGICA ELEITORAL. CORRUPÇÃO ATIVA E PASSIVA. EVASÃO DE DIVISAS E LAVAGEM DE DINHEIRO. COMPETÊNCIA DO SUPREMO TRIBUNAL FEDERAL PARA DETERMINADOS FATOS. DECLÍNIO DE COMPETÊNCIA QUANTO A OUTROS. COMPETÊNCIA DA JUSTIÇA ELEITORAL, POR CONEXÃO, QUANTO A CRIMES DE COMPETÊNCIA DA JUSTIÇA FEDERAL OU IMPOSSIBILIDADE DE RECONHECIMENTO DA COMPETÊNCIA ELEITORAL, CONSIDERADA A COMPETÊNCIA FEDERAL QUE OSTENTA NATUREZA CONSTITUCIONAL E ABSOLUTA. AFETAÇÃO AO PLENO. 1. Na linha do que vem sendo decidido pelo Supremo Tribunal Federal, desde a solução da Questão de Ordem na AP 937, devem permanecer sob jurisdição do Tribunal os fatos supostamente praticados em 2014 pelo detentor de foro, uma vez que no exercício do cargo e em razão dele. 2. Quanto aos demais fatos, praticados em 2010 e 2012, não subsiste competência do Supremo Tribunal Federal para investigá-los, na medida em que praticados fora do exercício do cargo. 3. Quanto ao declínio de competência em relação aos fatos supostamente praticados em 2012 – crimes comuns de competência da Justiça Federal conexos a crimes eleitorais –, argui-se a necessidade de cisão da competência na origem para que se remetam à Justiça Eleitoral somente os crimes eleitorais, nada obstante a previsão legal (art. 35, II, do Código Eleitoral) de competência da Justiça Eleitoral para os crimes conexos, considerada a competência constitucional absoluta da Justiça Federal. Entender de modo diverso seria autorizar que a lei modificasse a competência constitucionalmente estabelecida no art. 109 da CF. 4. Nesse ponto, sustenta-se também um argumento

pragmático, para além do fundamento técnico: a extrema complexidade que ostenta boa parte dos crimes de competência da Justiça Federal dificulta, quando não verdadeiramente impede, a efetiva persecução penal ser realizada pela Justiça Eleitoral que não é aparelhada para esse fim, não contando com estrutura adequada, ou com profissionais especializados nesse tipo de persecução penal. 5. Considerado que a Segunda Turma, após o julgamento da Pet 6820, tem, sempre por maioria, reiteradamente decidido no sentido de que cabe à Justiça Eleitoral processar e julgar os crimes comuns federais conexos a crimes eleitorais, considero importante que Plenário estabeleça, após ampla discussão, uma orientação segura para a matéria. 6. Tema afetado ao Plenário para definir o alcance da competência criminal eleitoral (Inq 4435 AgR-terceiro, Relator(a): MARCO AURÉLIO, Relator(a) p/ Acórdão: ROSA WEBER, Primeira Turma, julgado em 12/09/2017, ACÓRDÃO ELETRÔNICO DJe-256 DIVULG 09-11-2017 PUBLIC 10-11-2017).

Como se trata de justiça da União, a atribuição para investigar crimes eleitorais é da Polícia Federal (artigo 144, § 1º, inciso IV, da CF). Acerca do tema, é importante, ainda, a leitura do artigo 2º da Resolução 23.396/13 do Tribunal Superior Eleitoral:

> Art. 2º A Polícia Federal exercerá, com prioridade sobre suas atribuições regulares, a função de polícia judiciária em matéria eleitoral, limitada às instruções e requisições dos Tribunais e Juízes Eleitorais.
>
> Parágrafo único. Quando no local da infração não existirem órgãos da Polícia Federal, a Polícia do respectivo Estado terá atuação supletiva.

Anote-se que o parágrafo único do artigo transcrito determina a atuação supletiva da Polícia Civil na apuração de crimes eleitorais, onde não houver unidade da Polícia Federal.

Outro ponto importante. O inquérito policial que apura crime eleitoral iniciado com investigado solto não pode ser deflagrado de ofício pela polícia judiciária, mas tão somente em face de requisição do Ministério Público Eleitoral ou da justiça eleitoral (seguindo a linha acima adotada, parece-me que a requisição de instauração de inquérito policial pelo Judiciário afronta o sistema processual idealizado pela Lei 13.964/19, razão pela qual penso que as requisições para instauração de inquérito policial por suposta prática de crime eleitoral devem partir unicamente do MPE). É o que determina o artigo 8º da Resolução 23.396/13 do TSE:

> Art. 8º O inquérito policial eleitoral somente será instaurado mediante requisição do Ministério Público Eleitoral ou determinação da Justiça Eleitoral, salvo a hipótese de prisão em flagrante.

O citado artigo 8º da Resolução 23.396/13 (que em sua redação original que só permitia o início do inquérito policial para apuração de crime eleitoral mediante requisição da Justiça Eleitoral) foi suspenso por medida cautelar do Pretório Excelso, nos autos da ADI 5.104 (o Procurador-Geral da República afirmou ofensa ao sistema acusatório, porque a requisição, nos termos do dispositivo atacado, só podia ser materializada pelo Poder Judiciário).

Depois da suspensão do artigo por decisão do STF, o TSE editou a Resolução 23.424/14, incluindo a legitimação do Ministério Público Eleitoral para requisitar início de inquérito policial para apurar crime eleitoral no artigo 8º da Resolução 23.396.

Penso que o artigo 8º da Resolução 23.396 do TSE (tanto a redação revogada, quanto a atual) não se justifica. Parece-me teratológico limitar a atuação do Estado-Investigação na apuração de crimes eleitorais, condicionando a instauração de inquérito policial à requisição do Judiciário e do MPE (o dispositivo finda impossibilitando a atuação de ofício da polícia judiciária eleitoral quando a investigação se inicia com investigado/indiciado solto).

Assim, caso receba notícia de crime eleitoral, a autoridade policial deverá encaminhá-la ao juízo eleitoral ou ao MPE (penso ser mais adequado o encaminhamento ao agente ministerial eleitoral, pelas razões acima declinadas). É o que determina os artigos 5º e 6º da resolução em estudo:

> Art. 5º Quando tiver conhecimento da prática da infração penal eleitoral, a autoridade policial deverá informá-la imediatamente ao Juízo Eleitoral competente, a quem poderá requerer as medidas que entender cabíveis, observadas as regras relativas a foro por prerrogativa de função.
>
> Art. 6º Recebida a notícia-crime, o Juiz Eleitoral a encaminhará ao Ministério Público Eleitoral ou, quando necessário, à polícia, com requisição para instauração de inquérito policial

No mais, o normativo analisado traz em seu bojo regras muito semelhantes às do CPP acerca do trâmite do inquérito policial que apura crimes comuns. Vejamos seus artigos 9º a 12:

> Art. 9º Se o indiciado tiver sido preso em flagrante ou preventivamente, o inquérito policial eleitoral será concluído em até 10 dias, contado o prazo a partir do dia em que se executar a ordem de prisão (Código de Processo Penal, art. 10).
>
> § 1º Se o indiciado estiver solto, o inquérito policial eleitoral será concluído em até 30 dias, mediante fiança ou sem ela (Código de Processo Penal, art. 10).
>
> § 2º A autoridade policial fará minucioso relatório do que tiver sido apurado e enviará os autos ao Juiz Eleitoral (Código de Processo Penal, art. 10, § 1º).
>
> § 3º No relatório, poderá a autoridade policial indicar testemunhas que não tiverem sido inquiridas, mencionando o lugar onde possam ser encontradas (Código de Processo Penal, art. 10, § 2º).
>
> § 4º Quando o fato for de difícil elucidação, e o indiciado estiver solto, a autoridade policial poderá requerer ao Juiz Eleitoral a devolução dos autos, para

ulteriores diligências, que serão realizadas no prazo marcado pelo Juiz Eleitoral (Código de Processo Penal, art. 10, § 3º).

Art. 10. O Ministério Público Eleitoral poderá requerer novas diligências, desde que necessárias à elucidação dos fatos.

Parágrafo único. Se o Ministério Público Eleitoral considerar necessários maiores esclarecimentos e documentos complementares ou outros elementos de convicção, deverá requisitá-los diretamente de quaisquer autoridades ou funcionários que possam fornecê-los, ressalvadas as informações submetidas à reserva jurisdicional (Código Eleitoral, art. 356, § 2º).

Art. 11. Quando o inquérito for arquivado por falta de base para o oferecimento da denúncia, a autoridade policial poderá proceder a nova investigação se de outras provas tiver notícia, desde que haja nova requisição, nos termos dos artigos 5º e 6º desta resolução.

Art. 12. Aplica-se subsidiariamente ao inquérito policial eleitoral as disposições do Código de Processo Penal, no que não houver sido contemplado nesta resolução.

### 7.2.2.3. Competência da justiça federal

A Justiça Federal é composta por juízes federais e pelos Tribunais Regionais Federais (artigo 106 da Constituição Federal). Sua competência é ditada pelo artigo 109 da CF (interessando-nos seus incisos IV a VI e IX a XI e § 5º, por dizerem respeito à matéria criminal):

Art. 109. Aos juízes federais compete processar e julgar:

(...)

IV – os crimes políticos e as infrações penais praticadas em detrimento de bens, serviços ou interesse da União ou de suas entidades autárquicas ou empresas públicas, excluídas as contravenções e ressalvada a competência da Justiça Militar e da Justiça Eleitoral;

V – os crimes previstos em tratado ou convenção internacional, quando, iniciada a execução no País, o resultado tenha ou devesse ter ocorrido no estrangeiro, ou reciprocamente;

V – A as causas relativas a direitos humanos a que se refere o § 5º deste artigo;

VI – os crimes contra a organização do trabalho e, nos casos determinados por lei, contra o sistema financeiro e a ordem econômico-financeira;

(...)

IX – os crimes cometidos a bordo de navios ou aeronaves, ressalvada a competência da Justiça Militar;

X – os crimes de ingresso ou permanência irregular de estrangeiro, a execução de carta rogatória, após o "exequatur", e de sentença estrangeira, após a homologação, as causas referentes à nacionalidade, inclusive a respectiva opção, e à naturalização;

XI – a disputa sobre direitos indígenas.

(...)

§ 5º Nas hipóteses de grave violação de direitos humanos, o Procurador-Geral da República, com a finalidade de assegurar o cumprimento de obrigações decorrentes de tratados internacionais de direitos humanos dos quais o Brasil seja parte, poderá suscitar, perante o Superior Tribunal de Justiça, em qualquer fase do inquérito ou processo, incidente de deslocamento de competência para a Justiça Federal.

Cumpre destacar que no informativo 648, o Superior Tribunal de Justiça deixou claro que balão de ar quente tripulado não se enquadra no conceito legal de aeronave (artigo 106 da Lei 7.565/86), razão pela qual a competência para processar e julgar crime cometido a bordo de balão tripulado é da Justiça Estadual, não sendo possível aplicar o artigo 109, inciso IX, da Constituição Federal. Eis o resumo do julgado:

> A definição de aeronave está prevista no artigo 106 da Lei n. 7.565, de 19 de dezembro de 1986, Código Brasileiro de Aeronáutica – CBA, a qual dispõe que: considera-se aeronave todo aparelho manobrável em voo, que possa sustentar-se e circular no espaço aéreo, mediante reações aerodinâmicas, apto a transportar pessoas ou coisas. Restringindo-se o alcance do termo "aeronave", previsto no art. 109, IX, da Constituição Federal, a interpretação que se dá ao referido dispositivo deve agregar o disposto no artigo 106 da Lei 7.565/1986, pois os balões e dirigíveis não são manobráveis, mas apenas controlados em voo, já que são guiados pela corrente de ar. De outro lado, sua sustentação não ocorre por reações aerodinâmicas, mas por impulsão estática, decorrente do aquecimento do ar ao seu redor, tornando-o menos denso, sobe e o faz alçar voo. Assim, a competência para o processo e julgamento de eventual ação penal é da Justiça Estadual, porquanto o aeróstato (balões e dirigíveis), por não ser aparelho manobrável em voo e de sustentação por reações aerodinâmicas, não se amolda ao conceito de aeronave, previsto no art. 106 da Lei n. 7.565/1986[10].

Doutra banda, no informativo 636/STJ, restou decidido que a justiça federal é competente para determinar medidas protetivas calcadas na Lei 11.340/06 (Lei Maria da Penha) em face da prática de crime de ameaça cometido por meio do facebook. O Tribunal da Cidadania considerou que restou configurada a internacionalidade da prática delitiva e que o Brasil é signatário de convenções internacionais que protegem a mulher (inciso V do artigo 109 da Constituição Federal). O julgado é interessante porque na maioria esmagadora dos casos criminais, a competência para julgar crimes cometidos contra mulheres em relações íntimas de afeto é da Justiça Estadual (juizados de violência doméstica e familiar contra a mulher):

---

10. STJ, CC 143.400-SP, Rel. Min. Ribeiro Dantas, Terceira Seção, por maioria, julgado em 24/04/2019, DJe 15/05/2019.

Compete à Justiça Federal apreciar o pedido de medida protetiva de urgência decorrente de crime de ameaça contra a mulher cometido, por meio de rede social de grande alcance, quando iniciado no estrangeiro e o seu resultado ocorrer no Brasil. Inicialmente, cumpre salientar que, segundo o art. 109, V, da Constituição Federal, aos juízes federais compete processar e julgar "os crimes previstos em tratado ou convenção internacional, quando iniciada a execução no País, o resultado tenha ou devesse ter ocorrido no estrangeiro, ou reciprocamente". Encontrando-se o suposto autor das ameaças em território estrangeiro, uma vez que não se tem notícia do seu ingresso no país, tem-se um possível crime à distância, tendo em vista que as ameaças foram praticadas nos EUA, mas a suposta vítima teria tomado conhecimento do seu teor no Brasil. Observe-se que, de fato, não se tem, propriamente, crime previsto em tratado ou convenção internacional. Isto porque, embora o Brasil seja signatário de acordos internacionais que asseguram os direitos das mulheres, tais convenções não descrevem tipos penais. Em outras palavras, referidas convenções apenas apresentam conceitos e recomendações sobre a erradicação de qualquer forma de discriminação e violência contra as mulheres. Entretanto, em situação semelhante ao caso concreto, o argumento de ausência de tipificação em convenção internacional foi derrubado pelo Supremo quando da análise de crimes de pedofilia na Internet (RE 628.624). Segundo a tese vencedora, o Estatuto da Criança e do Adolescente é produto de tratado e convenção internacional subscritos pelo Brasil. Dessarte, à luz do entendimento firmado pelo Supremo Tribunal Federal, embora as convenções internacionais firmadas pelo Brasil não tipifiquem ameaças à mulher, a Lei Maria da Penha, que prevê medidas protetivas, veio concretizar o dever assumido pelo Estado Brasileiro de proteção à mulher. Assim, é evidente a internacionalidade das ameaças que tiveram início nos EUA, por meio de rede social de grande alcance, o que resulta na competência da Justiça Federal.

O STJ decidiu, ainda, que os crimes de contrabando e descaminho são da competência da Justiça Federal independente de prova da internacionalidade da conduta (informativo 635):

> Destaque-se, de início, que a jurisprudência desta Corte definia a competência da Justiça Federal para o julgamento dos crimes de contrabando e descaminho, nos termos da Súmula n. 151/STJ. No julgamento do CC 149.750/MS, de 26/4/2017, modificou-se tal orientação para limitar a competência federal, no caso de contrabando, às hipóteses em que for constatada a existência de indícios de transnacionalidade na conduta do agente. No entanto, o referido conflito de competência tratava de crime distinto (violação de direito autoral), no qual a fixação da competência federal decorre da hipótese do art. 109, V, da Constituição Federal (crime que o Brasil se obrigou a reprimir em tratado internacional), hipótese na qual se exige efetivamente indícios de transnacionalidade para a competência federal. Essa compreensão ficou consolidada, até que, no julgamento do CC 159.680/MG (realizado em 8/8/2018), a Terceira Seção decidiu pela competência federal para o julgamento do crime de descaminho, ainda que inexistentes indícios de transnacionalidade na conduta. Embora o referido precedente verse acerca de figura penal distinta (descaminho), o entendimento ali acolhido deve prevalecer também para o crime de contrabando. Primeiro, porque o crime

de contrabando, tal como o delito de descaminho, tutela prioritariamente interesse da União, que é a quem compete privativamente (arts. 21, XXII e 22, VII, ambos da CF) definir os produtos de ingresso proibido no país, além de exercer a fiscalização aduaneira e das fronteiras, mediante atuação da Receita Federal e Polícia Federal. Segundo, para preservar a segurança jurídica. Ora, a jurisprudência desta Corte, na esteira do entendimento firmado na Súmula n. 151/STJ, tradicionalmente sinalizava que a competência para o julgamento de tais delitos seria da Justiça Federal, afigurando-se desarrazoada a adoção de entendimento diverso, notadamente sem um motivo jurídico relevante para tanto[11].

Acerca do § 5º do artigo 109 da CF, transcrito supra (incidente de deslocamento de competência), cumpre atentar para observação feita por Fernando Capez[12]:

> Segundo o dispositivo, o incidente poderá ser suscitado em qualquer fase do inquérito ou do processo. Mencione-se que a 3ª Seção do STJ já teve oportunidade de se manifestar no sentido de que o deslocamento de competência "deve atender ao princípio da proporcionalidade (adequação, necessidade e proporcionalidade em sentido estrito), compreendido na demonstração concreta de risco de descumprimento de obrigações decorrentes de tratados internacionais firmados pelo Brasil, resultante da inércia, negligência, falta de vontade política ou de condições reais do Estado-membro, por suas instituições, em proceder à devida persecução penal" (STJ, 3ª Sec., IDC 1/PA, rel. Min. Arnaldo Esteves Lima, j. 8-6-2005, DJ, 10 out. 2005, p. 217).

O Superior Tribunal de Justiça consagrou três requisitos para que o incidente de deslocamento de competência seja julgado procedente: 1) a constatação de grave violação efetiva e real de direitos humanos; 2) a possibilidade de responsabilização internacional, decorrente do descumprimento de obrigações assumidas em tratados internacionais; e 3) a evidência de que os órgãos do sistema estadual não mostram condições de seguir no desempenho da função de apuração, processamento e julgamento do caso com a devida isenção[13].

O Tribunal da Cidadania, no julgamento do IDC 3/GO (relator Ministro Jorge Mussi), destacou que a procedência do deslocamento de competência depende da demonstração da incapacidade (ou ineficácia) das instâncias locais e não de mera ineficiência do sistema de persecução estadual – essa diferença é extremamente importante (transcrevo apenas parte do julgado):

> 5. Para o acolhimento do Incidente de Deslocamento de Competência é obrigatória a demonstração inequívoca da total incapacidade das instâncias e

---

11. STJ, CC 160.748-SP, Rel. Min. Sebastião Reis Júnior, por unanimidade, julgado em 26/09/2018, *DJe* 04/10/2018.
12. CAPEZ, Fernando. **Curso de Processo Penal**, São Paulo: Saraiva, 2013, página 280.
13. STJ, IDC 10/DF, Rel. Ministro REYNALDO SOARES DA FONSECA, TERCEIRA SEÇÃO, julgado em 28/11/2018, *DJe* 19/12/2018.

autoridades locais em oferecer respostas às ocorrências de grave violação aos direitos humanos. No momento do exame dessa condição devem incidir os princípios da proporcionalidade e razoabilidade, estes que, embora não estejam expressamente positivados, já foram sacramentados na jurisprudência pátria. 6. Não se pode confundir incapacidade ou ineficácia das instâncias e autoridades locais com ineficiência. Enquanto a incapacidade ou ineficácia derivam de completa ignorância no exercício das atividades estatais tendentes à responsabilização dos autores dos delitos apontados, a ineficiência constitui a ausência de obtenção de resultados úteis e capazes de gerar consequências jurídicas, não obstante o conjunto de providências adotadas. 7. Ainda que seja evidente que a ineficiência dos órgãos encarregados de investigação, persecução e julgamento de crimes contra os direitos humanos, é situação grave e deve desencadear no seio dos Conselhos Nacionais e dos órgãos correicionais a tomada de providências aptas à sua resolução, não é ela, substancialmente, o propulsor da necessidade de deslocamento da competência. Ao contrário, é a ineficácia do Estado, revelada pela total ausência de capacidade de mover-se e, assim, de cumprir papel estruturante de sua própria existência organizacional, o fator desencadeante da federalização[14].

Continuemos. A atribuição de apurar crimes de competência da Justiça Federal é da Polícia Federal (que exerce com exclusividade as funções de polícia judiciária da União, nos termos do artigo 144, § 1º, IV, da CF). Anote-se que a atribuição investigativa da Polícia Federal vai além da apuração dos crimes de competência da Justiça Federal. Vejamos o § 1º do artigo 144 da CF[15]:

> Art. 144. (...)
>
> (...)
>
> § 1º A polícia federal, instituída por lei como órgão permanente, organizado e mantido pela União e estruturado em carreira, destina-se a:
>
> I – apurar infrações penais contra a ordem política e social ou em detrimento de bens, serviços e interesses da União ou de suas entidades autárquicas e empresas públicas, assim como outras infrações cuja prática tenha repercussão interestadual ou internacional e exija repressão uniforme, segundo se dispuser em lei;
>
> II – prevenir e reprimir o tráfico ilícito de entorpecentes e drogas afins, o contrabando e o descaminho, sem prejuízo da ação fazendária e de outros órgãos públicos nas respectivas áreas de competência;
>
> III – exercer as funções de polícia marítima, aeroportuária e de fronteiras;
>
> IV – exercer, com exclusividade, as funções de polícia judiciária da União.

---

14. STJ, IDC 3/GO, Rel. Ministro JORGE MUSSI, TERCEIRA SEÇÃO, julgado em 10/12/2014, DJe 02/02/2015.
15. A tese 13, da edição 72, da jurisprudência em teses do STJ confirma essa assertiva: "13) As atribuições da Polícia Federal não se confundem com as regras de competência constitucionalmente estabelecidas para a Justiça Federal (arts. 108, 109 e 144, §1°, da CF/88), sendo possível que uma investigação conduzida pela Polícia Federal seja processada perante a Justiça Estadual".

Ainda acerca da atribuição da PF para apurar crimes, cumpre transcrever o artigo 1º da Lei 10.446/02 (alterado pelas Leis 12.894/13, 13.124/15 e 13.642/18, que incluíram os incisos V, VI e VII no dispositivo em questão), que regulamentou o inciso I do § 1º do artigo 144 da CF:

> Art. 1º Na forma do inciso I do § 1º do art. 144 da Constituição, quando houver repercussão interestadual ou internacional que exija repressão uniforme, poderá o Departamento de Polícia Federal do Ministério da Justiça, sem prejuízo da responsabilidade dos órgãos de segurança pública arrolados no art. 144 da Constituição Federal, em especial das Polícias Militares e Civis dos Estados, proceder à investigação, dentre outras, das seguintes infrações penais:
>
> I – seqüestro, cárcere privado e extorsão mediante seqüestro (arts. 148 e 159 do Código Penal), se o agente foi impelido por motivação política ou quando praticado em razão da função pública exercida pela vítima;
>
> II – formação de cartel (incisos I, a, II, III e VII do art. 4º da Lei nº 8.137, de 27 de dezembro de 1990); e
>
> III – relativas à violação a direitos humanos, que a República Federativa do Brasil se comprometeu a reprimir em decorrência de tratados internacionais de que seja parte; e
>
> IV – furto, roubo ou receptação de cargas, inclusive bens e valores, transportadas em operação interestadual ou internacional, quando houver indícios da atuação de quadrilha ou bando em mais de um Estado da Federação.
>
> V – falsificação, corrupção, adulteração ou alteração de produto destinado a fins terapêuticos ou medicinais e venda, inclusive pela internet, depósito ou distribuição do produto falsificado, corrompido, adulterado ou alterado (art. 273 do Decreto-Lei nº 2.848, de 7 de dezembro de 1940 - Código Penal).
>
> VI – furto, roubo ou dano contra instituições financeiras, incluindo agências bancárias ou caixas eletrônicos, quando houver indícios da atuação de associação criminosa em mais de um Estado da Federação.
>
> VII – quaisquer crimes praticados por meio da rede mundial de computadores que difundam conteúdo misógino, definidos como aqueles que propagam o ódio ou a aversão às mulheres.
>
> Parágrafo único. Atendidos os pressupostos do caput, o Departamento de Polícia Federal procederá à apuração de outros casos, desde que tal providência seja autorizada ou determinada pelo Ministro de Estado da Justiça.

Os crimes listados nos incisos do artigo 1º da Lei 10.446/02 são, em regra, da competência da Justiça Estadual. Em relação a estes, a Polícia Federal não precisa de autorização ou determinação do Ministro da Justiça e Segurança Pública para instaurar inquérito policial, podendo atuar de ofício.

O parágrafo único do artigo 1º do mandamento analisado demonstra que a lista de crimes que comportam atuação investigativa da Polícia Federal é exemplificativa. Havendo autorização ou determinação do Ministro da Justiça e Segurança Pública, a PF pode investigar outros delitos não explicitados nos incisos do artigo 1º da Lei 10.446/02 (isso não implicará, por óbvio, deslocamento da competência, que continuará com a Justiça Estadual).

O artigo 11 da Lei 13.260/16 deixou claro que a competência para processar e julgar crimes previstos na Lei de Terrorismo é da Justiça Federal e que a atribuição investigativa é da Polícia Federal:

> Art. 11. Para todos os efeitos legais, considera-se que os crimes previstos nesta Lei são praticados contra o interesse da União, cabendo à Polícia Federal a investigação criminal, em sede de inquérito policial, e à Justiça Federal o seu processamento e julgamento, nos termos do inciso IV do art. 109 da Constituição Federal.

### 7.2.2.4. Competência da justiça estadual

Por fim, cumpre afirmar que a Justiça Estadual é composta por juízes estaduais e pelo respectivo Tribunal de Justiça. Sua competência é residual (o que não for da competência das justiças especiais e nem da federal, será da competência da justiça estadual).

### 7.2.3. Competência em razão da pessoa (foro por prerrogativa de função)

A última espécie de competência é a *ratione personae*. Ela é fixada em razão da relevância do cargo ou função do réu e impõe que este seja processado e julgado por tribunal constitucionalmente competente. Acerca do tema, Reinaldo Rossano Alves[16] sintetiza:

> Em matéria penal, os Tribunais, além de exercerem sua competência recursal, revendo as lides penais decididas em 1ª instância, processam e julgam, originariamente (a ação nasce no próprio pretório), determinadas ações, em razão do cargo ocupado pelo agente.

O estudo do tema impõe a análise dos dispositivos constitucionais que informam a competência criminal originária dos tribunais. Comecemos. O Supremo Tribunal Federal tem sua competência *ratione personae* ditada pelo artigo 102, I, 'b' e 'c' da CF:

> Art. 102. Compete ao Supremo Tribunal Federal, precipuamente, a guarda da Constituição, cabendo-lhe:
>
> I – processar e julgar, originariamente:

---

16. ALVES, Reinaldo Rossano. **Obra acima citada**, página 128.

(...)

b) nas infrações penais comuns, o Presidente da República, o Vice-Presidente, os membros do Congresso Nacional, seus próprios Ministros e o Procurador-Geral da República;

c) nas infrações penais comuns e nos crimes de responsabilidade, os Ministros de Estado e os Comandantes da Marinha, do Exército e da Aeronáutica, ressalvado o disposto no art. 52, I, os membros dos Tribunais Superiores, os do Tribunal de Contas da União e os chefes de missão diplomática de caráter permanente;

A competência originária criminal do Superior Tribunal de Justiça vem grafada no artigo 105, I, 'a', da CF[17]:

Art. 105. Compete ao Superior Tribunal de Justiça:

I – processar e julgar, originariamente:

a) nos crimes comuns, os Governadores dos Estados e do Distrito Federal, e, nestes e nos de responsabilidade, os desembargadores dos Tribunais de Justiça dos Estados e do Distrito Federal, os membros dos Tribunais de Contas dos Estados e do Distrito Federal, os dos Tribunais Regionais Federais, dos Tribunais Regionais Eleitorais e do Trabalho, os membros dos Conselhos ou Tribunais de Contas dos Municípios e os do Ministério Público da União que oficiem perante tribunais;

A competência criminal originária dos Tribunais Regionais Federais vem grafada no artigo:

Art. 108. Compete aos Tribunais Regionais Federais:

I – processar e julgar, originariamente:

a) os juízes federais da área de sua jurisdição, incluídos os da Justiça Militar e da Justiça do Trabalho, nos crimes comuns e de responsabilidade, e os membros do Ministério Público da União, ressalvada a competência da Justiça Eleitoral;

Compete ao Tribunal de Justiça julgar os prefeitos municipais (nos termos do artigo 29, X, da CF), juízes estaduais e do Distrito Federal e Territórios e membros do Ministério Público (artigo 96, III, da CF). Quanto ao prefeito, é importante salientar que a jurisprudência pacificou o entendimento de que ele será julgado pelo Tribunal de Justiça apenas quando praticar crime de competência da Justiça comum Estadual. Caso cometa crime de competência da Justiça Federal, será ele julgado pelo Tribunal Regional Federal. Se praticar delito

---

17. Acerca da competência do STJ para julgar governadores, cumpre deixar claro que o STF, no bojo das ADIs 4798, 4764 e 4797, consagrou o entendimento de que as unidades federativas não têm competência para editar normas que exijam autorização da Assembleia Legislativa para que o Superior Tribunal de Justiça instaure ação penal contra governador e nem para legislar sobre crime de responsabilidade.

de competência da Justiça Eleitoral, deve ser julgado pelo Tribunal Regional Eleitoral (inteligência da Súmula 702 do STF).

Ainda acerca da competência por prerrogativa de função, cumpre afirmar que a competência *ratione personae* definida pela Constituição Federal deve prevalecer sobre a de qualquer outro órgão jurisdicional (mesmo sobre a do tribunal do júri). Assim é que se um prefeito municipal cometer um homicídio, deve ele ser julgado pelo Tribunal de Justiça e não pelo júri (se o foro por prerrogativa de função for estabelecido pela Constituição Estadual, contudo, prevalecerá a competência do júri, caso a autoridade pratique crime doloso contra a vida – Súmula 721 do STF e Súmula Vinculante 45).

Mais uma observação importante: o tribunal constitucionalmente competente deve julgar o detentor do foro privilegiado e os coautores e partícipes do delito por ele perpetrado (Súmula 704 do STF). Apesar do verbete, os tribunais superiores têm relativizado esse comando (julgando apenas a autoridade detentora do foro e remetendo os réus que não têm foro para o juízo de piso).

A competência em razão da pessoa experimentou mudança significativa depois que o Supremo Tribunal Federal, na Questão de Ordem no bojo da Ação Penal 937, restringiu o foro por prerrogativa de função de deputados federais e senadores. Eis o julgado:

> O Tribunal, por maioria e nos termos do voto do Relator, resolveu questão de ordem no sentido de fixar as seguintes teses: "(i) O foro por prerrogativa de função aplica-se apenas aos crimes cometidos durante o exercício do cargo e relacionados às funções desempenhadas; e (ii) Após o final da instrução processual, com a publicação do despacho de intimação para apresentação de alegações finais, a competência para processar e julgar ações penais não será mais afetada em razão de o agente público vir a ocupar outro cargo ou deixar o cargo que ocupava, qualquer que seja o motivo", com o entendimento de que esta nova linha interpretativa deve se aplicar imediatamente aos processos em curso, com a ressalva de todos os atos praticados e decisões proferidas pelo STF e pelos demais juízos com base na jurisprudência anterior, conforme precedente firmado na Questão de Ordem no Inquérito 687 (Rel. Min. Sydney Sanches, j. 25.08.1999), e, como resultado, no caso concreto, determinando a baixa da ação penal ao Juízo da 256ª Zona Eleitoral do Rio de Janeiro para julgamento, tendo em vista que (i) os crimes imputados ao réu não foram cometidos no cargo de Deputado Federal ou em razão dele, (ii) o réu renunciou ao cargo para assumir a Prefeitura de Cabo Frio, e (iii) a instrução processual se encerrou perante a 1ª instância, antes do deslocamento de competência para o Supremo Tribunal Federal. Vencidos: em parte, os Ministros Alexandre de Moraes e Ricardo Lewandowski, que divergiam do Relator quanto ao item (i); em parte, o Ministro Marco Aurélio, que divergia do Relator quanto ao item (ii); em parte, o Ministro Dias Toffoli, que, em voto reajustado, resolveu a questão de ordem no sentido de: a) fixar a competência do Supremo Tribunal Federal para processar e julgar os membros do Congresso Nacional exclusivamente quanto aos crimes praticados após a diplomação, independentemente de sua relação ou não com a função pública em questão; b) fixar a competência por prerrogativa de foro, prevista na Constituição Federal, quanto

aos demais cargos, exclusivamente quanto aos crimes praticados após a diplomação ou a nomeação (conforme o caso), independentemente de sua relação ou não com a função pública em questão; c) serem inaplicáveis as regras constitucionais de prerrogativa de foro quanto aos crimes praticados anteriormente à diplomação ou à nomeação (conforme o caso), hipótese em que os processos deverão ser remetidos ao juízo de primeira instância competente, independentemente da fase em que se encontrem; d) reconhecer a inconstitucionalidade das normas previstas nas Constituições estaduais e na Lei Orgânica do Distrito Federal que contemplem hipóteses de prerrogativa de foro não previstas expressamente na Constituição Federal, vedada a invocação de simetria; e) estabelecer, quando aplicável a competência por prerrogativa de foro, que a renúncia ou a cessação, por qualquer outro motivo, da função pública que atraia a causa penal ao foro especial, após o encerramento da fase do art. 10 da Lei nº 8.038/90, com a determinação de abertura de vista às partes para alegações finais, não altera a competência para o julgamento da ação penal; e, em parte, o Ministro Gilmar Mendes, que assentou que a prerrogativa de foro alcança todos os delitos imputados ao destinatário da prerrogativa, desde que durante a investidura, sendo desnecessária a ligação com o ofício, e, ao final, propôs o início de procedimento para a adoção de Súmula Vinculante em que restasse assentada a inconstitucionalidade de normas de Constituições Estaduais que disponham sobre a competência do Tribunal de Justiça para julgar autoridades sem cargo similar contemplado pela Constituição Federal e a declaração incidental de inconstitucionalidade dos incisos II e VII do art. 22 da Lei 13.502/17; dos incisos II e III e parágrafo único do art. 33 da Lei Complementar 35/79; dos arts. 40, III, V, e 41, II, parágrafo único, da Lei 8.625/93; e do art. 18, II, "d", "e", "f", parágrafo único, da Lei Complementar 75/93. Presidiu o julgamento a Ministra Cármen Lúcia. Plenário, 3.5.2018.

A análise do julgado supra reclama a leitura do artigo 53, § 1º, da Constituição Federal:

> Art. 53. (...).
>
> § 1º Os Deputados e Senadores, desde a expedição do diploma, serão submetidos a julgamento perante o Supremo Tribunal Federal.

A redação do texto constitucional é de uma clareza solar e não despertava nenhuma dúvida na doutrina: a partir da expedição do diploma, os parlamentares federais eram submetidos a julgamento perante o Pretório Excelso independentemente da natureza do delito praticado (e do tempo do crime) e, enquanto durasse o mandato, seguiam sendo julgados pelo Supremo Tribunal Federal.

Entrementes, nos autos da mencionada Ação Penal 937, a Corte Suprema decidiu restringir o alcance do dispositivo acima transcrito. Em síntese didática, deputados federais e senadores só serão julgados pelo Supremo Tribunal Federal se: a) o crime for praticado durante o exercício do cargo; b) o delito guardar relação com a função parlamentar.

O julgado assentou, ainda, que após o final da instrução processual, com a publicação do despacho de intimação para apresentação de alegações finais, a competência para processar e julgar ações penais não será mais afetada em razão de o agente público vir a ocupar outro cargo ou deixar o cargo que ocupava, qualquer que seja o motivo (haverá prorrogação da competência do STF para julgamento do caso criminal).

Assim, se o crime foi praticado antes do início do mandato ou não guardar relação com o mesmo (ainda que cometido no seu exercício), o parlamentar federal deve ser julgado pelo juízo de primeiro grau competente.

O Superior Tribunal de Justiça tem seguido o quanto decidido pelo Supremo Tribunal Federal na QO na AP 937. Entretanto, na QO na AP 878/DF, o STJ excepcionou tal entendimento em relação a crimes praticados por desembargadores e manteve a competência da Corte mesmo em face de delito que não guardava relação com o cargo. Eis o julgado:

> PROCESSUAL PENAL E CONSTITUCIONAL. QUESTÃO DE ORDEM NA AÇÃO PENAL. COMPETÊNCIA CRIMINAL ORIGINÁRIA DO STJ. ART. 105, I, "A", DA CONSTITUIÇÃO. QO NA AP 937/STF. QO NA APN 857/STJ. AGRG NA APN 866/STJ. DESEMBARGADOR. CRIME SEM RELAÇÃO COM O CARGO. VINCULAÇÃO FUNCIONAL. PRERROGATIVA DE FORO. FINALIDADE DA NORMA. EXERCÍCIO INDEPENDENTE DAS FUNÇÕES PELA AUTORIDADE DETENTORA DE FORO. IMPARCIALIDADE DO ÓRGÃO JULGADOR. CREDIBILIDADE DO SISTEMA DE JUSTIÇA CRIMINAL. COMPETÊNCIA DO STJ. 1. Hipóteses em que Desembargador do Tribunal de Justiça do Estado do Paraná responde pela prática, em tese, de delito de lesão corporal ocorrido em Curitiba-PR. 2. O crime que é imputado ao réu não tem relação com o exercício do cargo de Desembargador, de modo que, a princípio, aplicando-se o precedente produzido pelo Supremo Tribunal Federal no julgamento da QO na AP 937, não teria o réu foro no Superior Tribunal de Justiça. 3. A interpretação do alcance das hipóteses de prerrogativa de foro previstas na Constituição da República, não obstante, responde não apenas à necessidade de que aquele que goza da prerrogativa tenha condições de exercer com liberdade e independência as funções inerentes ao cargo público que lhe confere a prerrogativa. 4. Para além disso, nos casos em que são membros da magistratura nacional tanto o acusado quanto o julgador, a prerrogativa de foro não se justifica apenas para que o acusado pudesse exercer suas atividades funcionais de forma livre e independente, pois é preciso também que o julgador possa reunir as condições necessárias ao desempenho de suas atividades judicantes de forma imparcial. 5. A necessidade de que o julgador possa reunir as condições para o desempenho de suas atividades judicantes de forma imparcial não se revela como um privilégio do julgador ou do acusado, mas como uma condição para que se realize justiça criminal de forma isonômica e republicana. 6. Questão de ordem resolvida no sentido de se reconhecer a competência do Superior Tribunal de Justiça nas hipóteses em que, não fosse a prerrogativa de foro (art. 105, I, da Constituição), o Desembargador acusado houvesse de responder à ação penal perante juiz de primeiro grau vinculado ao mesmo tribunal[18].

---

18. STJ, QO na APn 878/DF, Rel. Ministro BENEDITO GONÇALVES, CORTE ESPECIAL, julgado em 21/11/2018, *DJe* 19/12/2018.

Outro julgado interessante: no informativo 649, o STJ entendeu ser incompetente para analisar o recebimento de denúncia em face de crime supostamente praticado durante mandato anterior de governador, ainda que o denunciado ocupe, uma vez mais, no momento da análise do recebimento exordial acusatória, referido cargo por força de nova eleição. Explico melhor: o denunciado praticou crime quando era governador, este primeiro mandato findou, ele se elegeu parlamentar federal e, após, tornou a se eleger mandatário do Executivo estadual:

> PROCESSO PENAL. DENÚNCIA. QUESTÃO DE ORDEM. GOVERNADOR. MANDATOS SUCESSIVOS. PRERROGATIVA DE FORO. INTERPRETAÇÃO RESTRITIVA. REDUÇÃO TELEOLÓGICA. ART. 105, I, "A", DA CF/88. FINALIDADE DA NORMA CONSTITUCIONAL. 1. O propósito da presente questão de ordem é averiguar se o STJ se mantém competente para examinar o recebimento da presente denúncia, na qual narradas condutas que, apesar de relacionadas às funções institucionais de cargo público que garantiria foro por prerrogativa de função nesta Corte, teriam sido supostamente praticadas durante mandato anterior e já findo do denunciado e apesar de atualmente ocupar, por força de nova eleição, o referido cargo. 2. O princípio do juiz natural tem como regra geral a competência jurisdicional da justiça comum de primeiro grau de jurisdição, ressalvadas as exceções expressas da Carta Magna. 3. O foro por prerrogativa de função deve se harmonizar com os princípios constitucionais estruturantes da República e da igualdade, a fim de garantir a efetividade do sistema penal e evitar a impunidade e a configuração de forma de odioso privilégio. 4. A conformidade com os princípios da isonomia e da República é obtida mediante a pesquisa da finalidade objetivada pela norma excepcional da prerrogativa de foro, por meio "redução teleológica". 5. A interpretação que melhor contempla a preservação do princípio republicano e isonômico é a de que o foro por prerrogativa de função deve observar os critérios de concomitância temporal e da pertinência temática entre a prática do fato e o exercício do cargo, pois sua finalidade é a proteção de seu legítimo exercício, no interesse da sociedade. 6. Como manifestação do regime democrático e da forma republicana, os dois Poderes estatais que exercem funções políticas, o Executivo e o Legislativo, são submetidos a eleições periódicas, razão pela qual os mandatos só podem ser temporários. 7. Como o foro por prerrogativa de função exige contemporaneidade e pertinência temática entre os fatos em apuração e o exercício da função pública, o término de um determinado mandato acarreta, por si só, a cessação do foro por prerrogativa de função em relação ao ato praticado nesse intervalo. 8. Na presente hipótese, a omissão supostamente criminosa imputada ao investigado ocorreu no penúltimo de seu segundo mandato à frente do Poder Executivo Estadual, de modo que a manutenção do foro após um hiato de posse de cargo no Legislativo Federal e mais um mandato no Executivo Estadual configuraria um privilégio pessoal, não albergado pela garantia constitucional. 9. Questão de ordem resolvida para reconhecer a incompetência do STJ para examinar o recebimento da denúncia e determinar seu encaminhamento ao primeiro grau de jurisdição.[19]

---

19. STJ, QO na APn 874/DF, Rel. Ministra NANCY ANDRIGHI, CORTE ESPECIAL, julgado em 15/05/2019, DJe 03/06/2019STJ, QO na APn 874-DF, Rel. Min. Nancy Andrighi, Corte Especial, por maioria, julgado em 15/05/2019, *DJe* 03/06/2019.

## 7.3. DISTRIBUIÇÃO

Trata-se de sorteio levado a efeito entre juízes igualmente competentes para análise do feito. Ela é tratada no artigo 75 do CPP:

> Art. 75. A precedência da distribuição fixará a competência quando, na mesma circunscrição judiciária, houver mais de um juiz igualmente competente.
>
> Parágrafo único. A distribuição realizada para o efeito da concessão de fiança ou da decretação de prisão preventiva ou de qualquer diligência anterior à denúncia ou queixa prevenirá a da ação penal.

## 7.4. CONEXÃO E CONTINÊNCIA

Conexão e continência são causas de prorrogação de competência e não de fixação desta. A conexão pressupõe a prática de mais de um delito e a especial ligação entre eles, determinando a lei que sejam os crimes apurados num mesmo processo para facilitar o deslinde da causa. É regida pelo artigo 76 do CPP:

> Art. 76. A competência será determinada pela conexão:
>
> I – se, ocorrendo duas ou mais infrações, houverem sido praticadas, ao mesmo tempo, por várias pessoas reunidas, ou por várias pessoas em concurso, embora diverso o tempo e o lugar, ou por várias pessoas, umas contra as outras;
>
> II – se, no mesmo caso, houverem sido umas praticadas para facilitar ou ocultar as outras, ou para conseguir impunidade ou vantagem em relação a qualquer delas;
>
> III – quando a prova de uma infração ou de qualquer de suas circunstâncias elementares influir na prova de outra infração.

A doutrina divide a conexão em: a) intersubjetiva; b) objetiva; e c) instrumental ou probatória.

A conexão intersubjetiva (prevista no inciso I do artigo 76 do CPP) se subdivide em: a) por simultaneidade (quando duas ou mais infrações, houverem sido praticadas, ao mesmo tempo, por várias pessoas reunidas); b) por concurso (quando as infrações forem praticadas por várias pessoas em concurso, embora diverso o tempo e o lugar); e c) por reciprocidade (quando as infrações forem praticadas por várias pessoas, umas contra as outras).

A conexão objetiva (prevista no inciso II do artigo 76 do CPP) se subdivide em: a) teleológica (quando uma infração visa facilitar a prática de outra); e b) consequencial (quando uma infração for praticada para conseguir impunidade ou vantagem em relação a outra).

A conexão instrumental ou probatória ocorre quando a prova de uma infração ou de qualquer de suas circunstâncias elementares influir na prova de outra infração (inciso III do artigo 76 do CPP).

Já a continência é regulada pelo artigo 77 do CPP:

> Art. 77. A competência será determinada pela continência quando:
>
> I -- duas ou mais pessoas forem acusadas pela mesma infração;
>
> II – no caso de infração cometida nas condições previstas nos arts. 51, § 1º, 53, segunda parte, e 54 do Código Penal.

O inciso I do artigo 77 do CPP trata da continência por cumulação subjetiva. Já o inciso II do mesmo artigo regula a continência por cumulação objetiva (caso haja concurso formal, erro na execução ou resultado diverso do pretendido com duplo resultado).

O CPP prescreve regras importantes acerca de qual deve ser o juízo prevalente em caso de conexão ou continência (vez que, em regra, a observância de uma ou outra imporá unidade de processo e julgamento). Acerca do tema, indispensável a leitura do artigo 78 do CPP:

> Art. 78. Na determinação da competência por conexão ou continência, serão observadas as seguintes regras:
>
> I – no concurso entre a competência do júri e a de outro órgão da jurisdição comum, prevalecerá a competência do júri;
>
> II – no concurso de jurisdições da mesma categoria:
>
> a) preponderará a do lugar da infração, à qual for cominada a pena mais grave;
>
> b) prevalecerá a do lugar em que houver ocorrido o maior número de infrações, se as respectivas penas forem de igual gravidade;
>
> c) firmar-se-á a competência pela prevenção, nos outros casos;
>
> III – no concurso de jurisdições de diversas categorias, predominará a de maior graduação;
>
> IV – no concurso entre a jurisdição comum e a especial, prevalecerá esta.

Assim é que, invertendo a ordem do artigo acima transcrito, se houver concurso entre a jurisdição comum e a especial, prevalecerá esta (apenas caso a especial seja a Justiça Eleitoral, porque alhures se verá que caso exista conexão entre crime de competência da Justiça Militar e outro de competência da justiça comum, ocorrerá a separação de processos – porque a Justiça Militar só julga crimes militares).

No concurso de jurisdições de diversas categorias, predominará a de maior graduação (o inciso III do artigo transcrito prescinde de maiores explicações, porque reafirma a prevalência da competência *ratione personae*).

No concurso de jurisdições de mesma categoria, devem ser observados os critérios do inciso II do artigo 78 do CPP, na ordem das alíneas.

Por fim, no concurso entre a competência do júri e outro órgão da jurisdição comum, prevalecerá a competência do júri (órgão de matriz constitucional, conforme artigo 5º, XXXVIII, da CF). Anote-se, entretanto, que se houver conflito entre a competência do júri e a de outro órgão com competência fixada pela Constituição Federal, o caminho a ser adotado é a da separação de processos (como no caso de conexão entre crime da competência do júri e crime eleitoral – não vejo sentido sem seguir a regra determinada pelo Código Eleitoral, reunindo os casos criminais na Justiça Eleitoral e atropelando a competência constitucionalmente determinada do tribunal popular).

Confira tabelas que auxiliam na fixação do tema:

| SÍNTESE DOS INCISOS I, III E IV, DO ARTIGO 78 DO CPP ||
|---|---|
| CONEXÃO OU CONTINÊNCIA (JURISDIÇÃO) | JUÍZO PREVALENTE |
| Comum x Especial | Especial[20] |
| Menor graduação x Maior graduação | Maior graduação[21] |
| Comum x Tribunal do júri | Tribunal do júri |

| SÍNTESE DO INCISO II, DO ARTIGO 78 DO CPP ||
|---|---|
| CONEXÃO OU CONTINÊNCIA DE JURISDIÇÃO DE MESMA CATEGORIA | JUÍZO PREVALENTE |
| Se as infrações têm penas diferentes | Do lugar onde foi praticado a infração mais grave (maior pena máxima em abstrato) |
| Se as infrações têm penas idênticas | Do lugar onde foi praticado o maior número de infrações |
| Se a gravidade e a quantidade de infrações forem idênticas | Prevenção |

Cumpre anotar que há casos em que a conexão ou continência não importarão na unidade de processo e julgamento. Vejamos o artigo 79 do CPP:

> Art. 79. A conexão e a continência importarão unidade de processo e julgamento, salvo:

---

20. Tal ocorre somente se jurisdição especial for a Justiça Eleitoral, porque o artigo 79, I, do CPP prescreve que, caso exista conexão entre crime de competência da justiça militar e outro de competência da justiça comum, ocorrerá a separação de processos.
21. Lembre da Súmula 721 do STF – A competência constitucional do tribunal do júri prevalece sobre o foro por prerrogativa de função estabelecido exclusivamente pela Constituição Estadual (mesmo teor da Súmula Vinculante 45).

I – no concurso entre a jurisdição comum e a militar;

II – no concurso entre a jurisdição comum e a do juízo de menores.

§ 1º Cessará, em qualquer caso, a unidade do processo, se, em relação a algum co-réu, sobrevier o caso previsto no art. 152.

§ 2º A unidade do processo não importará a do julgamento, se houver co-réu foragido que não possa ser julgado à revelia, ou ocorrer a hipótese do art. 461.

A regra do inciso I do artigo 79 do CPP, já foi mencionada supra. O mandamento contido no inciso II do mesmo artigo é importante e seu espectro merece se analisado desde a fase pré-processual. Caso se perceba que há conexão ou continência envolvendo maiores e menores de dezoito anos, até as investigações findarão sendo separadas (os menores devem ser conduzidos à delegacia especializada em investigar atos infracionais praticados por adolescente, se houver na localidade, conforme artigo 172 da Lei 8.069/90 – ECA), com deflagração de procedimentos distintos para investigar a conduta de uns e de outros (ainda que o fato seja uno – continência)[22].

O artigo 80 do CPP trata da separação facultativa de processos:

> Art. 80. Será facultativa a separação dos processos quando as infrações tiverem sido praticadas em circunstâncias de tempo ou de lugar diferentes, ou, quando pelo excessivo número de acusados e para não lhes prolongar a prisão provisória, ou por outro motivo relevante, o juiz reputar conveniente a separação.

Por fim, cumpre transcrever os artigos 81 e 82 do CPP (o primeiro trata da chamada *perpetuatio jurisdicionis* e o segundo da possibilidade de avocação do feito pelo juízo prevalente):

> Art. 81. Verificada a reunião dos processos por conexão ou continência, ainda que no processo da sua competência própria venha o juiz ou tribunal a proferir sentença absolutória ou que desclassifique a infração para outra que não se inclua na sua competência, continuará competente em relação aos demais processos.
>
> Parágrafo único. Reconhecida inicialmente ao júri a competência por conexão ou continência, o juiz, se vier a desclassificar a infração ou impronunciar ou absolver o acusado, de maneira que exclua a competência do júri, remeterá o processo ao juízo competente.
>
> Art. 82. Se, não obstante a conexão ou continência, forem instaurados processos diferentes, a autoridade de jurisdição prevalente deverá avocar os processos que corram perante os outros juízes, salvo se já estiverem com sentença definitiva. Neste caso, a unidade dos processos só se dará, ulteriormente, para o efeito de soma ou de unificação das penas.

---

22. Acerca do procedimento a ser observado em caso de prática de ato infracional por adolescente, é importante a leitura dos artigos 171 a 181 do ECA (Lei 8.069/90).

## 7.5. PREVENÇÃO

É a prática de algum ato do processo ou mesmo anterior a este por algum juiz com competência para tal. Está incrustada no artigo 83 do CPP:

> Art. 83. Verificar-se-á a competência por prevenção toda vez que, concorrendo dois ou mais juízes igualmente competentes ou com jurisdição cumulativa, um deles tiver antecedido aos outros na prática de algum ato do processo ou de medida a este relativa, ainda que anterior ao oferecimento da denúncia ou da queixa (arts. 70, § 3º, 71, 72, § 2º, e 78, II, c).

Acerca do tema, Gustavo Badaró[23] esclarece que "prevenção vem do latim *prae-venire*, que significa chegar antes. Prevenção é, portanto, a concentração, em um órgão jurisdicional, da competência que abstratamente já pertencia a mais de um órgão, inclusive a ele próprio, por ter atuado, previamente, no processo".

## 7.6. SÚMULAS APLICÁVEIS À MATÉRIA E COMENTÁRIOS CORRELATOS

Neste tópico analisaremos verbetes proferidos pelo Supremo Tribunal Federal e pelo Superior Tribunal de Justiça acerca do assunto estudado (competência).

### 7.6.1. Súmulas do Superior Tribunal de Justiça

Antes de analisar os verbetes que dizem respeito à competência, é preciso que se diga que a Lei 13.491/17 fez as Súmulas 6, 75, 90 e 172 do STJ perderem a validade (já que a definição de crime militar foi ampliada).

Continuemos. A Súmula 38 do STJ é mera confirmação do inciso IV do artigo 109 da CF (que, dentre outras coisas, determina que a justiça federal não julgue contravenções penais):

> Súmula 38 – Compete à justiça estadual comum, na vigência da constituição de 1988, o processo por contravenção penal, ainda que praticada em detrimento de bens, serviços ou interesse da União ou de suas entidades.

Anote-se que nem o verbete nem o dispositivo constitucional interferem na atribuição da polícia federal para apurar contravenções cometidas em detrimento de bens, serviços ou interesse da União ou de suas entidades

---

23. BADARÓ, Gustavo. **Obra acima citada**, página 162.

(a apuração destas finda feita pela PF e encaminhada à Justiça comum Estadual[24]).

A doutrina, contudo, finda descrevendo hipótese em que é possível à Justiça Federal julgar contravenção penal: quando ela é cometida por detentor de foro por prerrogativa de função (juiz federal que pratica contravenção penal deve ser julgado pelo TRF ao qual está vinculado).

A Súmula 42 também se refere ao inciso IV do artigo 109 da CF (este dispositivo não incluiu as sociedades de economia mista federais na lista de entidades que atraem o julgamento da causa para Justiça Federal, caso sejam vítimas de crimes). Assim é que crimes praticados em detrimento do Banco do Brasil e da Petrobrás, por exemplo, são julgados pela Justiça Estadual comum:

> Súmula 42 - Compete à justiça comum estadual processar e julgar as causas cíveis em que e parte sociedade de economia mista e os crimes praticados em seu detrimento.

Acerca da Súmula 47 do STJ, cumpre afirmar que o tribunal do júri é competente para julgar militar estadual que pratica crime contra a vida de civil, ainda que cometido em serviço, nos termos do artigo 125, § 4º, da CF[25]. Eis o verbete:

> Súmula 47 – Compete à justiça militar processar e julgar crime cometido por militar contra civil, com emprego de arma pertencente a corporação, mesmo não estando em serviço.

A Súmula 48 festeja a teoria do resultado, adotada pelo artigo 70 do CPP. É que o crime de estelionato[26] cometido mediante falsificação do cheque se consuma com a obtenção da vantagem ilícita:

---

24. O artigo 144, § 1º, I, da CF afirma que a PF tem a atribuição de "apurar **infrações penais** contra a ordem política e social ou em detrimento de bens, serviços e interesses da União ou de suas entidades autárquicas e empresas públicas, assim como outras infrações cuja prática tenha repercussão interestadual ou internacional e exija repressão uniforme, segundo se dispuser em lei" (grifo meu). Como o conceito de infração penal abrange crimes e contravenções penais, conclui-se que a PF apura tanto crimes quanto contravenções praticados em detrimento de bens, serviços e interesses da União ou de suas entidades autárquicas e empresas públicas.

25. Compete à Justiça Militar estadual processar e julgar os militares dos Estados, nos crimes militares definidos em lei e as ações judiciais contra atos disciplinares militares, **ressalvada a competência do júri quando a vítima for civil,** cabendo ao tribunal competente decidir sobre a perda do posto e da patente dos oficiais e da graduação das praças (grifo meu).

26. Acerca da competência para julgar o crime de estelionato, sugestiono a leitura do seguinte julgado do Tribunal da Cidadania:
CONFLITO DE COMPETÊNCIA. ESTELIONATO VIA DEPÓSITO BANCÁRIO EM DINHEIRO. COMPETÊNCIA DO LOCAL EM QUE SE OBTEVE A VANTAGEM INDEVIDA. COMPETÊNCIA DO JUÍZO SUSCITADO.

Súmula 48 – Compete ao juízo do local da obtenção da vantagem ilícita processar e julgar crime de estelionato cometido mediante falsificação de cheque.

As Súmulas 53 e 62 não necessitam de explicação mais detalhada:

> Súmula 53 – Compete à justiça comum estadual processar e julgar civil acusado de pratica de crime contra instituições militares estaduais.
>
> Súmula 62 – Compete à justiça estadual processar e julgar o crime de falsa anotação na carteira de trabalho e previdência social, atribuído a empresa privada.

O crime de moeda falsa (artigo 289 do Código Penal) é da competência da Justiça Federal. Entrementes, caso a falsificação seja grosseira, a jurisprudência pacificada entende que o fato deve ser tipificado como estelionato (artigo 171 do CP), o que desloca a competência para julgamento da causa para Justiça Estadual. Assim, caso alguém seja surpreendido com cédula ou moeda supostamente falsificada, há que se verificar se a falsificação é capaz de ludibriar o chamado "homem médio" (em caso positivo, o crime praticado é o de moeda falsa, com atribuição para apuração da Polícia Federal e competência para julgamento da Justiça Federal) ou se se trata de falsificação grosseira (caso em que o crime praticado é o de estelionato, com atribuição para apuração da Polícia Civil e competência para julgamento da Justiça Estadual). Eis o verbete:

> Súmula 73 – A utilização de papel moeda grosseiramente falsificado configura, em tese, o crime de estelionato, da competência da justiça estadual.

---

1. O presente conflito de competência deve ser conhecido, por se tratar de incidente instaurado entre juízos vinculados a Tribunais distintos, nos termos do art. 105, inciso I, alínea d da Constituição Federal - CF. 2. Nos termos do art. 70 do Código de Processo Penal - CPP, "a competência será, de regra, determinada pelo lugar em que se consumar a infração, ou, no caso de tentativa, pelo lugar em que for praticado o último ato de execução". Destarte, nas hipóteses de estelionato no qual a vítima efetua pagamento ao autor do delito por meio de cheque, a competência para a apuração do delito é do Juízo do local da agência bancária da vítima, porque a consumação se dá quando o cheque é descontado pelo banco sacado. Já no caso de a vítima ter feito o pagamento mediante depósito bancário em dinheiro, como ocorreu no caso concreto, a jurisprudência firmada nessa Corte entende que o delito consuma-se no local onde verificada a obtenção da vantagem indevida, ou seja, no momento em que o valor entra na esfera de disponibilidade do autor do crime. Precedentes da Terceira Seção: CC 167.025/RS, Rel. Ministro REYNALDO SOARES DA FONSECA, DJe 28/08/2019; CC 161.881/CE, de minha relatoria, DJe 25/03/2019; CC 162.076/RJ, de minha relatoria, DJe 25/03/2019 e CC 139.800/MG, Rel. Ministro REYNALDO SOARES DA FONSECA, DJe 1/7/2015. 3. Na espécie, os autos estão instruídos com cópia de depósitos bancários efetuado em dinheiro, indicando agências favorecidas na cidade de São Paulo. Assim, tendo a vítima efetuado o depósito em dinheiro a competência deve ser firmada pelo local das agências bancárias onde entrou o numerário em benefício dos autores do crime, no município de São Paulo/SP. 4. Conflito conhecido para declarar a competência do Juízo de Direito do Departamento de Inquéritos Policiais - DIPO 3 - Barra Funda/SP, o suscitado (CC 169.960/RS, Rel. Ministro JOEL ILAN PACIORNIK, TERCEIRA SEÇÃO, julgado em 11/03/2020, DJe 18/03/2020).

As Súmulas 78, 104 e 107 não necessitam de explicação mais detalhada:

> Súmula 78 – Compete à justiça militar processar e julgar policial de corporação estadual, ainda que o delito tenha sido praticado em outra unidade federativa.
>
> Súmula 104 – Compete à justiça estadual o processo e julgamento dos crimes de falsificação e uso de documento falso relativo a estabelecimento particular de ensino.
>
> Súmula 107 – Compete à justiça comum estadual processar e julgar crime de estelionato praticado mediante falsificação das guias de recolhimento das contribuições previdenciárias, quando não ocorrente lesão a autarquia federal.

Justiça Federal e a Justiça Estadual são órgãos da justiça comum (as especiais são a eleitoral e a militar). Apesar disso, o verbete 122 do STJ deu à primeira (federal), prevalência em caso de conexão entre crime da competência da Justiça Federal e Estadual (todos os delitos devem ser julgados em um mesmo processo perante a Justiça Federal):

> Súmula 122 – Compete à justiça federal o processo e julgamento unificado dos crimes conexos de competência federal e estadual, não se aplicando a regra do art. 78, II, "a", do código de processo penal.

A jurisprudência firmou entendimento de que crimes praticados ou cometidos por indígenas (individualmente considerados) são da competência da Justiça comum Estadual (a competência só seria da Justiça Federal se o delito envolver interesse da comunidade indígena ou se vincular com disputas por terras silvícolas[27]). Nesse sentido Súmula 140 do STJ:

> Súmula 140 – Compete à justiça comum estadual processar e julgar crime em que o indígena figure como autor ou vitima.

As Súmulas 147, 151, 165 e 200 do STJ prescindem de maiores explicações:

> Súmula 147 – Compete à justiça federal processar e julgar os crimes praticados contra funcionário público federal, quando relacionados com o exercício da função.
>
> Súmula 151 – A competência para o processo e julgamento por crime de contrabando ou descaminho define-se pela prevenção do juízo federal do lugar da apreensão dos bens[28].
>
> Súmula 165 – Compete à justiça federal processar e julgar crime de falso testemunho cometido no processo trabalhista.

---

27. STJ, RHC 35227/MS, Quinta Turma, rel. Min. Laurita Vaz, DJe 25/04/2013.
28. Como visto supra, o STJ pacificou o entendimento de que os crimes de contrabando e descaminho são sempre de competência da justiça federal, ainda que não demonstrada a internacionalidade da conduta.

Súmula 200 – O Juízo Federal competente para processar e julgar acusado de crime de uso de passaporte falso é o do lugar onde o delito se consumou.

É importante chamar atenção acerca do julgamento do prefeito municipal em face de crime por ele cometido. Em que pese ter a Constituição Federal estabelecido que compete ao Tribunal de Justiça julgar o prefeito municipal (artigo 29, X, da CF), a jurisprudência consolidou entendimento de que o tribunal competente para julgar o alcaide depende do crime por ele praticado (se for delito eleitoral, competirá ao TRE julgá-lo; se for crime de competência da Justiça Federal, competirá ao TRF julgá-lo; se for delito de competência da Justiça Estadual, o julgamento será feito pelo TJ). Nesse sentido Súmulas 208 e 209 do STJ e 702 do STF (alhures transcrita):

> Súmula 208 – Compete à justiça federal processar e julgar prefeito municipal por desvio de verba sujeita a prestação de contas perante órgão federal.
>
> Súmula 209 – Compete à justiça estadual processar e julgar prefeito por desvio de verba transferida e incorporada ao patrimônio municipal.

A Súmula 244 do STJ esclarece que o foro competente para julgar o crime de estelionato mediante cheque sem provisão de fundos é o da recusa (local do banco sacado). Isso porque até lá o emitente pode se arrepender e depositar o valor devido (o crime só restará consumado com a efetiva recusa do banco sacado em pagar o cheque emitido):

> Súmula 244 – Compete ao foro do local da recusa processar e julgar o crime de estelionato mediante cheque sem provisão de fundos.

O verbete 528 do STJ prescreve que a competência para processar e julgar o crime de tráfico internacional é do juízo federal do local da apreensão da droga (entendimento semelhante ao esposado pela Súmula 151 do STJ, já transcrita supra):

> Súmula 528 – Compete ao juiz federal do local da apreensão da droga remetida do exterior pela via postal processar e julgar o crime de tráfico internacional.

Por fim, a Súmula 546 prescreve:

> Súmula 546 – A competência para processar e julgar o crime de uso de documento falso é firmada em razão da entidade ou órgão ao qual foi apresentado o documento público, não importando a qualificação do órgão expedidor.

Assim, com fulcro no verbete 546/STJ, se um indivíduo apresentar uma CNH falsa a um policial rodoviário federal, a competência para julgar o delito de uso de documento falso (artigo 304 do Código Penal) será da Justiça Federal.

Cumpre, ainda, transcrever as teses fixadas pelo Superior Tribunal de Justiça acerca do tema competência:

1) Compete ao Superior Tribunal de Justiça o julgamento de revisão criminal quando a questão objeto do pedido revisional tiver sido examinada anteriormente por esta Corte.

2) A mera previsão do crime em tratado ou convenção internacional não atrai a competência da Justiça Federal, com base no art. 109, inciso V, da CF/88, sendo imprescindível que a conduta tenha ao menos potencialidade para ultrapassar os limites territoriais[29].

3) O fato de o delito ser praticado pela internet não atrai, automaticamente, a competência da Justiça Federal, sendo necessário demonstrar a internacionalidade da conduta ou de seus resultados[30].

4) Não há conflito de competência entre Tribunal de Justiça e Turma Recursal de Juizado Especial Criminal de um mesmo Estado, já que a Turma Recursal não possui qualidade de Tribunal e a este é subordinada administrativamente.

5) É relativa a nulidade decorrente da inobservância da competência penal por prevenção, que deve ser alegada em momento oportuno, sob pena de preclusão.

6) A competência é determinada pelo lugar em que se consumou a infração (art. 70 do CPP), sendo possível a sua modificação na hipótese em que outro local seja o melhor para a formação da verdade real[31].

7) Compete ao Tribunal Regional Federal ou ao Tribunal de Justiça decidir os conflitos de competência entre juizado especial e juízo comum da mesma seção judiciária ou do mesmo Estado.

8) Compete à justiça federal o processo e julgamento unificado dos crimes conexos de competência federal e estadual, não se aplicando a regra do art. 78, II, a, do Código de Processo Penal. (Súmula 122/STJ)

---

29. A Terceira Seção do STJ decidiu, acerca do crime de divulgação de imagem pornográfica de adolescente (artigo 241-A da Lei 8.069/90), ser da competência da justiça estadual processar e julgar tal delito quando as imagens/vídeos são trocadas via whatsapp e em chat no facebook por particulares (só há internacionalidade capaz de atrair a competência para justiça federal quando o material pornográfico envolvendo criança/adolescente estiver disponibilizado em sítio de amplo e fácil acesso a qualquer um que se conecte à internet) – vide CC 150.564/MG, julgado em 26/04/2017 DJe em 02/05/2017, rel. Min. Reynaldo Soares da Fonseca.

30. A Terceira Seção do STJ decidiu que a prática do crime de ameaça e da contravenção de perturbação da tranquilidade pela internet (orkut, twitter e facebook) não atrai a competência para processo e julgamento para justiça federal por não haver transnacionalidade) – vide AgRg no CC 118.394/DF, julgado em 10/08/2016, DJe em 22/08/2016, rel. Min. Ribeiro Dantas.

31. O STJ (Terceira Seção) analisando caso criminal que envolvia prática de furtos por meio da internet (saques fraudulentos), decidiu ser competente o juízo do lugar da ação e não o do resultado (deixando de seguir o quanto determinado pelo CPP), observando os princípios da instrumentalidade, celeridade e economia processual (e por restar facilitada a colheita de provas) – vide CC 131.566/DF, julgado em 23/09/2015, DJe em 29/09/2015, rel. Min. Reynaldo Soares da Fonseca.

9) Inexistindo conexão probatória, não é da Justiça Federal a competência para processar e julgar crimes de competência da Justiça Estadual, ainda que os delitos tenham sido descobertos em um mesmo contexto fático[32].

10) No concurso de infrações de menor potencial ofensivo, afasta-se a competência dos Juizados Especiais quando a soma das penas ultrapassar dois anos.

11) Compete à Justiça Federal processar e julgar crimes relativos ao desvio de verbas públicas repassadas pela União aos municípios e sujeitas à prestação de contas perante órgão federal.

12) Compete à Justiça Estadual processar e julgar prefeito por desvio de verba transferida e incorporada ao patrimônio municipal. (Súmula 209/STJ)

13) As atribuições da Polícia Federal não se confundem com as regras de competência constitucionalmente estabelecidas para a Justiça Federal (arts. 108, 109 e 144, §1°, da CF/88), sendo possível que uma investigação conduzida pela Polícia Federal seja processada perante a Justiça Estadual.

14) Compete a Justiça Comum Estadual processar e julgar crime em que o índio figure como autor ou vítima, desde que não haja ofensa a direitos e a cultura indígenas, o que atrai a competência da Justiça Federal.

15) Compete a Justiça Federal processar e julgar os crimes praticados contra funcionário público federal, quando relacionados com o exercício da função. (Súmula 147/STJ)

19) A ofensa indireta, genérica ou reflexa praticada em detrimento de bens, serviços ou interesse da União, de suas entidades autárquicas ou empresas públicas federais não atrai a competência da Justiça Federal (art. 109, IV, da CF/88).

## 7.6.2. Súmulas do Supremo Tribunal Federal

A Súmula 521 do STF tem conteúdo quase idêntico ao da Súmula 244 do STJ estudada no tópico supra:

> Súmula 521 – O foro competente para o processo e julgamento dos crimes de estelionato, sob a modalidade da emissão dolosa de cheque sem provisão de fundos, é o do local onde se deu a recusa do pagamento pelo sacado.

A Súmula 522 do STF é autoexplicativa:

> Súmula 522 – Salvo ocorrência de tráfico com o exterior, quando, então, a competência será da Justiça Federal, compete à justiça dos Estados o processo e o julgamento dos crimes relativos a entorpecentes.

---

32. A Terceira Seção do STJ decidiu que, não havendo conexão probatória entre os crimes de contrabando e receptação, o processo e julgamento de tais delitos deve ser separado (a justiça federal apreciará o contrabando e a justiça estadual julgará a receptação), ainda que os crimes tenham sido descobertos no mesmo contexto fático – vide CC 143.576/PR, julgado em 08/06/2016, DJe em 17/06/2016, rel. Min. Joel Ilan Paciornik.

A Súmula 603 do STF traz lição simples. A competência para julgar o latrocínio (crime complexo contra o patrimônio) é do juiz singular e não do tribunal do júri:

> Súmula 603 – A competência para o processo e julgamento de latrocínio é do juiz singular e não do Tribunal do Júri.

A Súmula 611 informa a competência para reconhecimento de abolitio criminis e aplicação de lei nova mais benigna (artigo 2º do Código Penal). Uma breve observação: se o processo estiver em curso, a aplicação é da competência do juízo processante. Se o processo estiver em grau de recurso, o respectivo tribunal aplicará a lei nova mais benéfica. Caso a sentença condenatória já tenha transitado em julgado, aí sim é caso de aplicar a súmula em questão:

> Súmula 611 – Transitada em julgado a sentença condenatória, compete ao juízo das execuções a aplicação de lei mais benigna.

O conteúdo da Súmula 702 do STF também findou já sendo analisado no tópico anterior. Vejamos apenas sua redação:

> Súmula 702 – A competência do tribunal de justiça para julgar prefeitos restringe-se aos crimes de competência da justiça comum estadual; nos demais casos, a competência originária caberá ao respectivo tribunal de segundo grau.

A Súmula 704 do STF também já foi estudada quando se analisou a competência *ratione personae* (tópico 7.2.3):

> Súmula 704 – Não viola as garantias do juiz natural, da ampla defesa e do devido processo legal atração por continência ou conexão do processo do co-réu ao foro por prerrogativa de função de um dos denunciados.

A Súmula 706 do STF prescinde de maiores explicações:

> Súmula 706 – É relativa a nulidade decorrente da inobservância da competência penal por prevenção.

Já foi visto supra que a competência por prerrogativa de função (desde que estabelecida pela CF) prevalece mesmo sobre a competência do tribunal do júri. A Súmula 721 assenta que, ao revés, a competência do júri prevalece sobre o foro por prerrogativa de função fixado exclusivamente pela Constituição Estadual (mesmo comando constante na Súmula Vinculante 45):

> Súmula 721 – A competência constitucional do tribunal do júri prevalece sobre o foro por prerrogativa de função estabelecido exclusivamente pela Constituição Estadual.

## 7.7. QUESTÕES DE CONCURSOS PÚBLICOS

1. **(Promotor de Justiça/AL/2012)** Segundo entendimento sumulado do Superior Tribunal de Justiça,
   A. É absoluta a nulidade decorrente da inobservância da competência penal por prevenção.
   B. A competência do Tribunal de Justiça para julgar prefeitos não se restringe aos crimes da Justiça Comum Estadual.
   C. Compete à Justiça Estadual o processo e julgamento unificado dos crimes conexos de competência federal e estadual, aplicando-se a regra do artigo 78, inciso II, alínea a, do Código de Processo Penal.
   D. A utilização de papel moeda grosseiramente falsificado configura, em tese, o crime de estelionato, da competência da Justiça Estadual.
   E. Subsiste conflito de competência ainda que haja sentença com trânsito em julgado, proferida por um dos juízos conflitantes.

2. **(Delegado de Polícia Civil/AL/2012)** O comércio ilegal de drogas envolvendo mais de um estado faz surgir o tráfico interestadual de entorpecentes, deslocando-se a competência para apuração e atuação da Polícia Federal, todavia, a competência para processar e julgar o criminoso continua a ser da justiça estadual.

3. **(Delegado de Polícia Civil/TO/2008)** Considere a seguinte situação hipotética,

   Um juiz de direito, por motivo fútil, praticou um homicídio doloso, restando devidamente apurada a sua responsabilidade pelo crime. Nessa situação, será competente para o processo e o julgamento do crime o tribunal do júri do local onde ocorreu o delito, pois incide a norma constitucional quanto a competência do júri para o julgamento dos crimes dolosos contra a vida.

4. **(Delegado de Polícia Civil/MA/2012)** Com relação ao instituto da competência, analise as afirmativas a seguir.

   I. Na continência, existe pluralidade de agentes e unidade de crime. Já a conexão pode ser identificada em situações de pluralidade de crimes e unidade ou pluralidade de agentes.

   II. A conexão intersubjetiva por reciprocidade é aquela em que duas ou mais infrações são praticadas ao mesmo tempo, por várias pessoas reunidas.

   III. A conexão intersubjetiva concursal ocorre quando duas ou mais infrações forem cometidas por várias pessoas em concurso, ainda que não estejam na mesma situação de tempo e lugar.

   Assinale:
   A. Se somente as afirmativas I e II estiverem corretas.
   B. Se somente as afirmativas I e III estiverem corretas.
   C. Se somente as afirmativas II e III estiverem corretas.
   D. Se somente a afirmativa I estiver correta.
   E. Se somente a afirmativa II estiver correta

5. **(Delegado de Polícia Civil/MG/2011)** Para determinação da competência, no âmbito do juizado especial criminal, adota-se:
   A. A teoria do resultado.
   B. A teoria da ubiquidade.
   C. A teoria da atividade.
   D. A teoria da informalidade.

6. **(Delegado de Polícia Civil/PB/2008)** Assinale a opção correta no que concerne à competência.
   A. Compete ao juízo do local da emissão da cártula processar e julgar crime de estelionato mediante emissão de cheque sem fundo.
   B. Nos crimes qualificados pelo resultado, por força da teoria da atividade, adotada pelo CPP, o foro competente é o do local da prática da ação, independentemente do local em que se consumou o delito.
   C. O juízo deprecado é o competente para processar e julgar crime de falso testemunho praticado mediante carta precatória.
   D. Ocorre a conexão intersubjetiva concursal quando duas ou mais infrações tiverem sido praticadas ao mesmo tempo e por várias pessoas reunidas, ainda que sem liame subjetivo entre as condutas.
   E. Ocorre a conexão probatória quando a infração é praticada para facilitar ou ocultar outra, ou ainda para conseguir impunidade ou vantagem em relação a qualquer uma delas.

7. **(Delegado de Polícia Civil/DF/2009)** Assinale a alternativa correta no que tange à competência no processo penal.
   A. A competência do tribunal de justiça para julgar prefeitos restringe-se aos crimes de competência da justiça comum estadual; nos demais casos, a competência originária caberá ao respectivo tribunal de segundo grau.
   B. A competência constitucional do tribunal do júri não prevalece sobre o foro por prerrogativa de função estabelecido exclusivamente na constituição estadual.
   C. O foro específico para apreciação de questão criminal dirigida contra o presidente do Banco Central deverá ser o Superior Tribunal de Justiça, conforme recente decisão da Suprema Corte.
   D. Secretário de estado não possui foro privativo junto ao tribunal regional federal, mesmo quando se tratar de crime federal.
   E. Cometido o crime durante o exercício funcional, prevalece a competência especial por prerrogativa de função, ainda que o inquérito ou a ação penal sejam iniciados após a cessação daquele exercício.

8. **(Delegado de Polícia Civil/MT/2006)** Determinará a competência jurisdicional o(a):
   A. Lugar do resultado final.
   B. Lugar da infração.
   C. Domicílio ou residência da vítima.
   D. Litispendência.

9. **(Delegado de Polícia Civil/SC/2008) A conexão instrumental se verifica quando:**
   A. Ocorrendo duas ou mais infrações houverem sido praticadas, ao mesmo tempo, por várias pessoas reunidas.
   B. A prova de uma infração ou de qualquer de suas circunstâncias elementares influir na prova de outra infração.
   C. Duas ou mais infrações tenham sido praticadas por várias pessoas em concurso ou por várias pessoas, umas contra as outras.
   D. Duas ou mais infrações tenham sido praticadas umas para facilitar ou ocultar as outras, ou para conseguir impunidade ou vantagem em relação a qualquer delas.

10. **(Delegado de Polícia Federal/2013) Em se tratando de ações penais privadas, prevalece, no processo penal, a competência de foro, com preponderância do interesse do queixoso no que diz respeito à distribuição territorial da competência.**

11. **(Delegado de Polícia Federal/2013) Uma quadrilha efetuou ilegalmente diversas transações bancárias na modalidade de saques e transferências eletrônicas em contas de inúmeros clientes de determinada agência do Banco do Brasil. A instituição financeira ressarciu todos os clientes lesados e arcou integralmente com os prejuízos resultantes das fraudes perpetradas pelo grupo. Nessa situação hipotética, cabe à Polícia Federal a instauração do inquérito policial, porquanto a ela compete, com exclusividade, a apuração de crimes praticados contra bens e serviços da União.**

12. **(Delegado de Polícia Federal/2013) Uma quadrilha, em determinado lapso temporal, realizou, em larga escala, diversos roubos de cargas e valores transportados por empresas privadas em inúmeras operações interestaduais, o que ensejou a atuação da Polícia Federal na coordenação das investigações e a instauração do competente inquérito policial. Nessa situação hipotética, findo o procedimento policial, os autos deverão ser remetidos à justiça estadual, pois a atuação da Polícia Federal não transfere à justiça federal a competência para processar e julgar o crime.**

13. **(Promotor de Justiça/ES/2013) X desferiu três tiros em Y na cidade de Foz do Iguaçu. Ocorre que Y, em razão dos ferimentos, faleceu em um hospital na cidade de Punta del Leste, no Paraguai. Nesse caso, a competência para julgamento do caso será determinada:**
   A. Pelo domicílio ou residência do réu.
   B. Pelo lugar em que foi praticado o último ato de execução no território nacional, ou seja, Foz do Iguaçu.
   C. Pelo lugar da consumação do delito, ou seja, em Punta del Leste.
   D. Pelo lugar em que foi praticado o último ato de execução, ou seja, Punta del Leste.

14. **(Juiz de Direito/MA/2013) Acerca da competência, assinale a opção correta com base no CPP e na doutrina de referência.**
   A. A conexão e a continência implicam a reunião dos processos e atingem os processos que estiverem com sentença prolatada, salvo se, em relação a algum

corréu, sobrevier doença mental posterior à infração penal ou se houver corréu foragido que não possa ser julgado à revelia.

B. Determina-se a competência pela continência, caso se caracterize, nos termos do CPP, concurso formal de crimes, aberractio ictus e aberractio criminis.

C. Caracteriza-se como conexão intersubjetiva por simultaneidade a prática de diversas infrações penais, perpetradas por diversas pessoas, umas contra as outras.

D. A competência é definida pelo lugar em que ocorreu a infração cominada com a pena mais grave. Caso o limite territorial entre duas ou mais jurisdições seja incerto ou a jurisdição seja incerta, por ter sido o crime consumado ou tentado nas divisas de duas ou mais jurisdições, prevalece o lugar em que ocorreu o maior número de infrações, independentemente da regra de conexão ou continência.

**15.** (Delegado de Polícia/CE/2015) A competência para a ação penal, caso

A. Desconhecido o domicílio do ofendido, será estabelecida pelo local da infração.

B. Desconhecido o local da infração, será estabelecida pela residência ou domicílio do réu.

C. Desconhecido o domicílio do réu, será estabelecida pela prevenção.

D. Se trate de ação privada, ficará a cargo do querelante, que pode escolher entre o local da infração e o da sua própria residência.

E. Se trate de crime tentado, será fixada no lugar onde deveria ter se consumado a infração.

**16.** (Delegado de Polícia/SC/2014) De acordo com o Código de Processo Penal analise as afirmações a seguir e assinale a alternativa correta.

I. A competência será, de regra, determinada pelo lugar em que se consumar a infração, ou, no caso de tentativa, pelo lugar em que for praticado o último ato de execução.

II. Se, iniciada a execução no território nacional, a infração se consumar fora dele, a competência será determinada pelo lugar em que tiver sido praticado, no Brasil, o último ato de execução.

III. Quando o último ato de execução for praticado fora do território nacional, será competente o juiz do lugar em que o crime, embora parcialmente, tenha produzido ou devia produzir seu resultado.

IV. Quando incerto o limite territorial entre duas ou mais jurisdições, ou quando incerta a jurisdição, por ter sido a infração consumada ou tentada nas divisas de duas ou mais jurisdições, a competência firmar-se-á pela prevenção.

A. Apenas I, II e III estão corretas.
B. Apenas II, III e IV estão corretas.
C. Apenas II e IV estão corretas.
D. Todas as afirmações estão corretas.
E. Todas as afirmações estão incorretas.

Cap. 7 | COMPETÊNCIA (E CIRCUNSCRIÇÃO POLICIAL)

**17. (Juiz/PB/2015) Em relação às disposições do CPP sobre competência, assinale a opção correta.**

A. Em se tratando de crime permanente praticado em território de duas ou mais jurisdições, a competência será firmada pela residência do réu.

B. Não há mais hipótese no CPP de competência por distribuição.

C. Em se tratando de crimes conexos em que existe corréu acometido por doença mental, a unidade processual permanece, embora não seja possível prolatar sentença condenatória em seu desfavor.

D. A justiça federal deverá julgar os casos de contravenção praticada em detrimento de bens, serviços ou interesses da União.

E. Caso não se conheça o local da infração e o réu tenha mais de um domicílio, será aplicada a regra da prevenção para fins de fixação da competência jurisdicional.

**18. (Juiz/MS/2015) De acordo com o artigo 80, do Código de Processo Penal, nos processos conexos, será facultativa a separação quando:**

A. As infrações tiverem sido praticadas em circunstâncias de tempo ou lugar diferentes, ou, quando pelo excessivo número de acusados e para não lhes prolongar a prisão provisória, ou por outro motivo relevante, o juiz reputar conveniente a separação.

B. Venha o juiz ou tribunal a proferir sentença absolutória ou que desclassifique a infração para outra que não se inclua na sua competência.

C. Houver corréu em local incerto ou não sabido ou foragido que não possa ser julgado à revelia, ainda que representado por defensor constituído e regularmente citado.

D. Concorrerem jurisdição comum e do juízo falimentar.

E. Em relação a algum corréu, por superveniência de doença mental, nos termos do artigo 152 do Código de Processo Penal, ainda que indispensável a suspensão do processo para instauração de incidente de insanidade mental.

**19. (Defensor Público/MA/2015)** "A", policial militar, valendo-se de arma da corporação, efetuou disparos que resultaram a produção dolosa da morte do cidadão "B", farmacêutico com o qual teve uma discussão durante uma abordagem policial. Neste caso,

A. A competência será da justiça comum somente se os motivos dos disparos não estiverem relacionados com a diligência policial.

B. "A" deverá ser julgado pela justiça militar, porquanto se encontrava em serviço e utilizava arma da corporação.

C. O fato de "A" estar em serviço não impõe a competência da justiça militar, mas sim o fato de ter utilizado arma da corporação.

D. O fato de "A" estar em serviço impõe a competência da justiça militar, não possuindo relevância o fato da arma utilizada pertencer à corporação.

E. São irrelevantes para competência as circunstâncias citadas.

265

20. (Promotor de Justiça/BA/2014) Quanto à competência no processo penal, é IN-CORRETO afirmar que:

   A. Se em qualquer fase do processo o juiz reconhecer motivo que o torne incompetente, declará-lo-á nos autos, haja ou não alegação da parte.

   B. Segundo dispõe o Código de Processo Penal, a incompetência do juízo anula somente os atos decisórios.

   C. De acordo com o Código de Processo Penal, nos casos de conexão e continência, será obrigatória a separação dos processos quando, pelo excessivo número de acusados, houver risco de que seja prolongada a prisão provisória de um deles.

   D. Há conexão intersubjetiva por reciprocidade quando, ocorrendo duas ou mais infrações penais, houverem sido praticadas por várias pessoas umas contra as outras.

   E. O Superior Tribunal de Justiça tem reconhecido que o Tribunal de Justiça Estadual, ao estabelecer a organização e divisão judiciária, pode atribuir a competência para o julgamento de crimes sexuais contra crianças e adolescentes ao Juízo da Vara da Infância e Juventude.

21. (Procurador do Estado/BA/2014) Considere que Cássio, jogador de futebol residente na cidade de Montes Claros — MG, tenha declarado, em entrevista a jornais de circulação local no município de Governador Valadares — MG, que Emílio, árbitro de futebol, recebia dinheiro de agremiações para influenciar os resultados das partidas que arbitrava. Nessa situação hipotética, caso Emílio se considere caluniado e decida defender seus direitos na esfera criminal, ele poderá optar por propor a queixa-crime no foro de Montes Claros — MG.

22. (Delegado de Polícia/TO/2014) Os irmãos A. R., B. R. e C. R, residentes e domiciliados em Palmas, praticam um roubo em Palmas, três furtos em Porto Nacional, um latrocínio em Miracema do Tocantins e mais dois furtos em Miranorte, onde, finalmente, são presos. Na hipótese, a competência será determinada pela

   A. Residência dos acusados, prevalecendo a competência de Palmas.

   B. Continência, prevalecendo a competência de Porto Nacional.

   C. Conexão, prevalecendo a competência de Miracema do Tocantins.

   D. Prevenção, prevalecendo a competência de Miranorte.

23. (Delegado de Polícia Federal/2013) Uma quadrilha efetuou ilegalmente diversas transações bancárias na modalidade de saques e transferências eletrônicas em contas de inúmeros clientes de determinada agência do Banco do Brasil. A instituição financeira ressarciu todos os clientes lesados e arcou integralmente com os prejuízos resultantes das fraudes perpetradas pelo grupo. Nessa situação hipotética, cabe à Polícia Federal a instauração do inquérito policial, porquanto a ela compete, com exclusividade, a apuração de crimes praticados contra bens e serviços da União.

24. (Delegado de Polícia Federal/2013) Uma quadrilha, em determinado lapso temporal, realizou, em larga escala, diversos roubos de cargas e valores transportados por empresas privadas em inúmeras operações interestaduais, o que ensejou a atuação da Polícia Federal na coordenação das investigações e a instauração do competente inquérito policial. Nessa situação hipotética, findo o procedimento policial, os autos deverão ser remetidos à justiça estadual, pois

a atuação da Polícia Federal não transfere à justiça federal a competência para processar e julgar o crime.

25. **(Delegado de Polícia Civil/GO/2016)** Acerca de jurisdição e competência em matéria criminal, assinale a opção correta.

   A. Segundo entendimento do STJ, é de competência da justiça estadual processar e julgar crime contra funcionário público federal, estando ou não este no exercício da função.

   B. A competência para julgar prefeito municipal por desvio de verba sujeita a prestação de contas perante o órgão federal será dos juízes federais da seção judiciária da localidade em que o prefeito exercer ou tiver exercido o mandato.

   C. A competência para julgar governador de estado que, no exercício do mandato, cometa crime doloso contra a vida será do tribunal do júri da unidade da Federação na qual aquela autoridade tenha sido eleita para o exercício do cargo público.

   D. A competência para processar e julgar crime de roubo que resulte em morte da vítima será do tribunal do júri da localidade em que ocorrer o fato criminoso.

   E. No Estado brasileiro, a jurisdição penal pode ser exercida pelo STF, e em todos os graus de jurisdição das justiças militar e eleitoral, e das justiças comuns estadual e federal, dentro do limite da competência fixada por lei.

26. **(Delegado de Polícia Civil/GO/2016)** Cláudio, maior e capaz, residente e domiciliado em Goiânia – GO, praticou determinado crime, para o qual é prevista ação penal privada, em Anápolis – GO. A vítima do crime, Artur, maior e capaz, é residente e domiciliada em Mineiros – GO.

   Nessa situação hipotética, considerando-se o disposto no Código de Processo Penal, o foro competente para processar e julgar eventual ação privada proposta por Artur contra Cláudio será

   A. Anápolis – GO ou Goiânia – GO.
   B. Goiânia – GO ou Mineiros – GO.
   C. Goiânia – GO, exclusivamente.
   D. Anápolis – GO, exclusivamente.
   E. Mineiros – GO, exclusivamente.

27. **(Defensor Público da União/2017)** Auditoria do TCU indicou que o prefeito do município X desviou, para benefício próprio, valores oriundos da União ainda sujeitos a prestação de contas perante órgão federal. Nessa situação, conforme o entendimento do STF, a competência para julgamento do prefeito será do tribunal de justiça do respectivo estado por expressa previsão constitucional.

28. **(Delegado de Polícia Civil/SP/2018)** A respeito do inquérito policial, assinale a alternativa correta.

   A. Para saber qual é a autoridade policial competente para um certo inquérito policial, utiliza-se o critério *ratione loci* ou *ratione materiae*.

   B. A autoridade policial poderá arquivar autos de inquérito policial se convencida da inexistência da materialidade delitiva.

C. Logo que tiver conhecimento da prática da infração penal, autoridade policial poderá apreender os objetos que tiverem relação com o fato, após liberados pelos peritos criminais.

D. Como peça obrigatória para o oferecimento da denúncia, os autos de inquérito policial acompanharão a denúncia ou queixa.

E. O inquérito policial é um procedimento administrativo, de natureza acusatória, escrito e sigiloso.

29. **(Delegado de Polícia Civil/ES/2019) Marcelo exerce atividade de camelô na Avenida Central, no Centro, na cidade do Rio de Janeiro, no Estado do Rio de Janeiro, por não aceitar a negociação com agentes de segurança pública, um tipo de "arrego", teve sua mercadoria apreendida visto que comercializava pacotes de cigarro, da marca, "Buenos Tragos", considerada suspeita pelos agentes de segurança. Os cigarros "Buenos Tragos" são oriundos do Paraguai e possuem um preço bem mais abaixo que os nacionais, mas são vendidos de forma clandestina. No entanto, estes cigarros são produtos aprovados pela ANVISA e, portanto, é permitida sua importação e comercializados no Brasil, desde que cumpridas as obrigações legais e tributárias. Vale ressaltar, no entanto, que Marcelo não possuía nota fiscal dos cigarros apreendidos em sua posse. Conduzido a delegacia de Polícia Civil, Marcelo confessou que adquiriu os cigarros de Valentina, uma mulher que também mora em Vitória e fornece mercadorias para os camelôs. Nessa situação hipotética, de acordo com as regras de competência, marque a alternativa CORRETA.**

A. Compete à Justiça Federal tanto quanto a Justiça Estadual o julgamento dos crimes de contrabando e de descaminho.

B. Compete à Justiça Estadual o julgamento dos crimes de contrabando e de descaminho tendo em vista que a apreensão se deu pela Polícia Militar do Estado.

C. Compete à Justiça Estadual o julgamento dos crimes de contrabando e de descaminho quando apreendido em comércio informal irregular.

D. Compete a Justiça Estadual, pois não houve transnacionalidade na conduta do agente e uma vez que a mercadoria apreendida já havia sido internalizada e Marcelo não concorreu de qualquer forma, seja direta ou indireta, para a efetiva importação desses cigarros.

E. Compete à Justiça Federal o julgamento dos crimes de contrabando e de descaminho, ainda que inexistentes indícios de transnacionalidade na conduta.

30. **(Delegado de Polícia Civil/ES/2019) Manoela exerce atividade de delegada de polícia federal em Vitória-ES. Desconfiada da infidelidade de seu noivo decidiu, fora de suas atribuições e de seu expediente de trabalho, realizar interceptação do telefone celular de seu noivo. Nesta situação hipotética marque a opção CORRETA.**

A. A competência será sempre da Justiça Estadual, ainda que tenha sido praticado por funcionário público federal no exercício de suas funções.

B. Compete a Justiça Estadual processar e julgar o delito de interceptação sem autorização, pois no caso, o agente federal estava fora de suas funções.

C. A competência será definida pela prevenção, vez que o delito foi praticado por funcionário público federal, mas fora de suas funções.

Cap. 7 | COMPETÊNCIA (E CIRCUNSCRIÇÃO POLICIAL)

D. Compete a Justiça Federal processar e julgar o delito de interceptação sem autorização, pois no caso, o delito foi praticado por funcionário público federal.

E. Compete a Justiça Federal processar e julgar o delito de interceptação sem autorização, pois que ofende interesse da União, no caso sistema de telecomunicações.

31. **(Delegado Federal/2018) Uma investigação iniciada no âmbito da polícia judiciária de determinado estado da Federação buscava apurar crime de tortura praticado no interior de uma penitenciária estadual, com violação a direitos humanos. O crime ganhou repercussão internacional e, em razão disso, o IP foi encaminhado à apuração da PF. Nessa situação, a competência para processar e julgar o crime será deslocada para a justiça federal, já que, de regra, a atuação da PF produz tal efeito processual.**

32. **(Delegado Federal/2018) O prefeito de determinado município desviou, em proveito próprio, verba federal transferida e incorporada ao patrimônio municipal. Instaurado o competente IP, os autos foram relatados e encaminhados, pela autoridade policial, à justiça estadual. Nessa situação, agiu corretamente a autoridade policial ao encaminhar os autos à justiça comum estadual, a quem compete o processamento e o julgamento de casos como o relatado.**

33. **(Delegado Federal/2018) Em fiscalização aeroportuária, apreendeu-se grande quantidade de produtos oriundos de país estrangeiro, cuja comercialização é proibida no território nacional. Apurou-se que a entrada, no Brasil, dos produtos contrabandeados ocorreu em local diverso do de sua apreensão. Nessa situação, a competência para o processamento e o julgamento da ação, definida territorialmente, será a do local de entrada dos produtos ilegais no país.**

34. **(Delegado Federal/2018) Situação hipotética: Álvaro, servidor público federal, foi, por cinco anos, presidente da comissão de licitações de determinado órgão público federal. Em diversas ocasiões, Álvaro recebeu valores e bens para favorecer empresas nos certames licitatórios, e os transferiu para o patrimônio de Flávio, seu irmão, que os utilizava nos negócios da empresa da família, com vistas a ocultar o ingresso desses recursos e a sua origem ilícita. Assertiva: Nessa situação, Álvaro e Flávio responderão pelo crime de lavagem de capitais, e será da justiça federal a competência para processar e julgar a ação penal.**

35. **(Delegado de Polícia Civil/GO/2018) Sobre a jurisprudência do Superior Tribunal de Justiça, verifica-se o seguinte:**

    A. O crime de extorsão consuma-se com a obtenção da vantagem indevida.

    B. Compete à justiça comum federal processar e julgar crime em que o indígena figure como autor ou vítima.

    C. Admite-se a extinção da punibilidade pela prescrição virtual ou em perspectiva.

    D. A competência para processar e julgar o crime de uso de documento falso é firmada em razão da qualificação do respectivo órgão expedidor.

    E. Havendo conexão entre um crime federal e um crime estadual, prevalece a competência da justiça federal.

36. **(Delegado de Polícia/PI/2018)** O código de processo penal elenca apenas um rol meramente exemplificativo, no que diz respeito às nulidades. É caso de nulidade relativa à incompetência
   A. Ratione materiae.
   B. Ratione personae.
   C. Competência funcional.
   D. No júri, por falta de quesito obrigatório.
   E. Territorial.

## 7.8. GABARITO E COMENTÁRIOS

| QUESITO | ASSERTIVA CORRETA | JUSTIFICATIVA |
|---|---|---|
| 01 | D | Vide tópico 7.6.1. |
| 02 | CERTO | Vide artigos 109, V, e 144, § 1º, II, ambos da Constituição Federal (a competência só se desloca para a Justiça Federal quando o tráfico de drogas for internacional). |
| 03 | ERRADO | Videi tópico 7.2. |
| 04 | B | Vide tópico 7.4. |
| 05 | B | Vide tópico 7.2. |
| 06 | C | Aplica-se a regra geral da teoria do resultado (artigo 70 do CPP) – tópico 7.2. |
| 07 | A | Vide tópico 7.6.2. |
| 08 | A | Vide tópico 7.2. |
| 09 | B | Vide tópico 7.4. |
| 10 | CERTO | Vide tópico 7.2. e artigo 73 do CPP. |
| 11 | ERRADO | Vide tópico 7.6.1. e Súmula 42 do STJ. |
| 12 | CERTO | Vide tópico 7.2. |
| 13 | B | Vide § 1º do artigo 70 do CPP. |
| 14 | B | Vide tópico 7.4. |
| 15 | B | Vide artigo 72 do CPP. |
| 16 | D | Vide artigo 70 do CPP. |
| 17 | E | Vide artigo 72, § 2º, do CPP. |
| 18 | A | Vide artigo 80 do CPP. |

## Cap. 7 | COMPETÊNCIA (E CIRCUNSCRIÇÃO POLICIAL)

| QUESITO | ASSERTIVA CORRETA | JUSTIFICATIVA |
|---|---|---|
| 19 | E | Vide o artigo 125, § 4º, da CF. |
| 20 | C | Vide artigo 80 do CPP. |
| 21 | CERTO | Vide artigo 73 do CPP. |
| 22 | C | Vide artigo 78, II, a, do CPP. |
| 23 | ERRADO | Vide artigo 109, IV, da CF (o Banco do Brasil é uma sociedade de economia mista e os crimes cometidos contra a instituição são da competência da Justiça Estadual). |
| 24 | CERTO | Vide artigo 1º da Lei 10.446/02 e tópico 7.2. |
| 25 | E | Vide tópicos 7.2 e 7.6. |
| 26 | A | Vide tópico 7.2. |
| 27 | ERRADO | Vide tópico 7.6.2 |
| 28 | A | Para determinar a atribuição do delegado de polícia para apurar determinado caso criminal, devem ser analisadas a competência em razão do lugar e a competência em razão da matéria. |
| 29 | E | Vide tópico 7.2.2.3. |
| 30 | B | A delegada de Polícia Federal não cometeu o crime no exercício de suas funções, razão pela qual a competência deve ser da Justiça Estadual. |
| 31 | ERRADO | Vide tópico 7.2.2.3. |
| 32 | CERTO | Vide tópico 7.6.1. |
| 33 | ERRADO | Vide tópico 7.2.2.3. |
| 34 | CERTO | Eles cometem crime de lavagem de dinheiro, tipificado na Lei 9.613/98 e o delito será de competência da Justiça Federal, porque o crime antecedente é da competência da Justiça Federal, na forma do artigo 2º, III, b, da Lei 9.613/98: "Art. 2º O processo e julgamento dos crimes previstos nesta Lei: (...) III - são da competência da Justiça Federal: (...) b) quando a infração penal antecedente for de competência da Justiça Federal". |
| 35 | E | Vide tópico 7.6.1. |
| 36 | E | Vide tópico 7.2. |

# 8

# SUJEITOS PROCESSUAIS – E SUA ATUAÇÃO NO INQUÉRITO POLICIAL

O processo, instrumento voltado à solução de conflitos que é, pressupõe a existência de, basicamente, três sujeitos: autor, réu (sujeitos parciais) e juiz (sujeito imparcial). Há ainda a participação de sujeitos ditos acessórios (auxiliares da justiça e assistente de acusação, por exemplo). No dizer de Alexandre Cebrian e Victor Gonçalves[1]:

> Para o desenvolvimento da ação condenatória haverá, necessariamente, a participação de três sujeitos: o autor e o réu, que defendem interesses antagônicos na relação processual, e o juiz, órgão estatal imparcial a quem se entrega a resolução da lide.

Como o foco desta obra é a fase pré-processual, os sujeitos processuais terão sua atuação no curso do inquérito policial destacada, depois de breves comentários acerca de cada um deles.

## 8.1. JUIZ

O processo tem como pano de fundo um conflito de interesses, qualificado por uma pretensão resistida. Deixando de lado a tradicional oposição do poder-dever de punir do Estado ao direito à liberdade do acusado, sempre indicado como o conflito percebido no bojo do processo penal, mais modernamente se aduz que, em verdade, o conflito de interesses deduzido no processo penal se dá entre a pretensão acusatória formulada pelo titular ação penal e aquele em face de quem essa é deduzida.

---

1. ARAÚJO REIS, Alexandre Cebrian e RIOS GONÇALVES, Victor Eduardo. **Direito Processual Penal Esquematizado**, 2ª edição, 2013, São Paulo: Saraiva, página 321.

## 8.1.1. Qualidades ou pressupostos

A doutrina reclama, para o exercício da função jurisdicional qualidades (ou pressupostos), quais sejam: a) a investidura (que significa que o juiz deve estar validamente investido em seu cargo – nomeação do magistrado); b) capacidade técnica, física e mental (decorre da investidura e é presumida); c) imparcialidade (o juiz deve apresentar isenção de ânimo para julgar a causa – não pode ser impedido, suspeito ou incompatível).

## 8.1.2. Impedimento, suspeição e incompatibilidade

Com o objetivo de assegurar a imparcialidade, o Código de Processo Penal traz em seu bojo hipóteses de afastamento do magistrado do processo. Trata-se, como mencionado supra, das causas de impedimento, suspeição e incompatibilidade.

Impedimentos são situações objetivas tratadas no artigo 252 do Código de Processo Penal, que reclamam o afastamento obrigatório do juiz (são situações ligadas, em regra, ao processo – endoprocessuais). Eis o dispositivo em comento:

> Art. 252. O juiz não poderá exercer jurisdição no processo em que:
>
> I – tiver funcionado seu cônjuge ou parente, consangüíneo ou afim, em linha reta ou colateral até o terceiro grau, inclusive, como defensor ou advogado, órgão do Ministério Público, autoridade policial, auxiliar da justiça ou perito;
>
> II – ele próprio houver desempenhado qualquer dessas funções ou servido como testemunha;
>
> III – tiver funcionado como juiz de outra instância, pronunciando-se, de fato ou de direito, sobre a questão;
>
> IV – ele próprio ou seu cônjuge ou parente, consangüíneo ou afim em linha reta ou colateral até o terceiro grau, inclusive, for parte ou diretamente interessado no feito.

O dispositivo acima transcrito é taxativo[2] e seu desrespeito induz nulidade absoluta (nesse sentido Alexandre Cebrian e Victor Gonçalves[3]).

A incompatibilidade ocorre em juízos coletivos e é regulada pelo artigo 253 do Código de Processo Penal:

> Art. 253. Nos juízos coletivos, não poderão servir no mesmo processo os juízes que forem entre si parentes, consanguíneos ou afins, em linha reta ou colateral até o terceiro grau, inclusive.

---

2. Há, entretanto, outros dispositivos esparsos no Código de Processo Penal que se traduzem em hipóteses de impedimento do magistrado, como o artigo 3º-D e o § 5º do artigo 157.
3. ARAÚJO REIS, Alexandre Cebrian e RIOS GONÇALVES, Victor Eduardo. **Direito Processual Penal Esquematizado**, 2ª edição, 2013, São Paulo: Saraiva, página 324.

A suspeição (normalmente situações exteriores ao processo) decorre do reconhecimento das situações subjetivas descritas no artigo 254 do Código de Processo Penal (seu reconhecimento induz nulidade a partir da sua ocorrência). Diferente do impedimento, a lista dos casos de suspeição é aberta (rol exemplificativo):

> Art. 254. O juiz dar-se-á por suspeito, e, se não o fizer, poderá ser recusado por qualquer das partes:
>
> I – se for amigo íntimo ou inimigo capital de qualquer deles;
>
> II – se ele, seu cônjuge, ascendente ou descendente, estiver respondendo a processo por fato análogo, sobre cujo caráter criminoso haja controvérsia;
>
> III – se ele, seu cônjuge, ou parente, consangüíneo, ou afim, até o terceiro grau, inclusive, sustentar demanda ou responder a processo que tenha de ser julgado por qualquer das partes;
>
> IV – se tiver aconselhado qualquer das partes;
>
> V – se for credor ou devedor, tutor ou curador, de qualquer das partes;
>
> VI – se for sócio, acionista ou administrador de sociedade interessada no processo.

Impedimento, incompatibilidade e suspeição devem ser pronunciados de ofício pelo magistrado. Caso o juiz não se dê por impedido, incompatível ou suspeito, cabe às partes arguir qualquer delas por meio de exceção (artigos 96 a 103 e 112, todos do Código de Processo Penal).

Importante a leitura dos artigos 255 e 256 do Código de Processo Penal (cessão de impedimento/suspeição e suspeição artificiosa):

> Art. 255. O impedimento ou suspeição decorrente de parentesco por afinidade cessará pela dissolução do casamento que lhe tiver dado causa, salvo sobrevindo descendentes; mas, ainda que dissolvido o casamento sem descendentes, não funcionará como juiz o sogro, o padrasto, o cunhado, o genro ou enteado de quem for parte no processo.
>
> Art. 256. A suspeição não poderá ser declarada nem reconhecida, quando a parte injuriar o juiz ou de propósito der motivo para criá-la.

## 8.1.3. Poderes

O magistrado, com o fito de materializar seu mister, detém poderes jurisdicionais (exercidos por meio da prática de atos ordinatórios, instrutórios e decisórios), administrativos (manutenção da ordem no curso do processo – artigo 794 do CPP, por exemplo) e anômalos (como o encaminhamento de autos de inquérito policial com pedido de arquivamento ao Procurador-Geral de Justiça e a requisição de instauração de inquérito policial – em verdade, os dois exemplos, a meu sentir, desapareceram com a entrada em vigor do Pacote Anticrime). É o que está grafado no artigo 251 do Código de Processo Penal:

Art. 251. Ao juiz incumbirá prover à regularidade do processo e manter a ordem no curso dos respectivos atos, podendo, para tal fim, requisitar a força pública.

As atividades do magistrado relacionadas ao inquérito policial foram estudadas no capítulo 3 (que analisou o juiz das garantias, criado pela Lei 13.964/19).

### 8.1.4. Prerrogativas e vedações

Para o tranquilo exercício da sua importante função, o juiz possui as seguintes prerrogativas (avistáveis no artigo 95 da Constituição Federal): vitaliciedade (garantia de não perder o cargo, salvo por decisão judicial transitada em julgado – é adquirida após dois anos de exercício do cargo); inamovibilidade (garantia de não ser transferido senão por sua vontade – promoção/remoção/pedido, salvo por motivo de interesse público, por voto da maioria absoluta do respectivo tribunal ou do Conselho Nacional de Justiça, assegurada ampla defesa); irredutibilidade de subsídios (garantia de não enfrentar eventual perseguição financeira).

Por fim, cumpre destacar que o juiz deve se submeter às vedações descritas no parágrafo único do artigo 95 da Constituição Federal. Vejamos o dispositivo, à completude:

Art. 95. Os juízes gozam das seguintes garantias:

I – vitaliciedade, que, no primeiro grau, só será adquirida após dois anos de exercício, dependendo a perda do cargo, nesse período, de deliberação do tribunal a que o juiz estiver vinculado, e, nos demais casos, de sentença judicial transitada em julgado;

II – inamovibilidade, salvo por motivo de interesse público, na forma do art. 93, VIII;

III – irredutibilidade de subsídio, ressalvado o disposto nos arts. 37, X e XI, 39, § 4º, 150, II, 153, III, e 153, § 2º, I.

Parágrafo único. Aos juízes é vedado:

I – exercer, ainda que em disponibilidade, outro cargo ou função, salvo uma de magistério;

II – receber, a qualquer título ou pretexto, custas ou participação em processo;

III – dedicar-se à atividade político-partidária.

IV – receber, a qualquer título ou pretexto, auxílios ou contribuições de pessoas físicas, entidades públicas ou privadas, ressalvadas as exceções previstas em lei;

V – exercer a advocacia no juízo ou tribunal do qual se afastou, antes de decorridos três anos do afastamento do cargo por aposentadoria ou exoneração.

## 8.2. MINISTÉRIO PÚBLICO

A adoção, em nosso processo penal, do sistema acusatório, realçou a importância do Ministério Público, responsável pela função estatal de acusar, nos termos do artigo 129, inciso I, da Constituição Federal.

Trata-se de órgão permanente, essencial à função jurisdicional, incumbido da defesa da ordem jurídica, do estado democrático e dos interesses sociais e individuais indisponíveis (artigo 127 da Lei Maior).

A atuação do Ministério Público no processo penal envolve duas facetas. O órgão detém o exercício privativo da ação penal pública e deve fiscalizar a execução da lei, nos termos do artigo 257 do CPP:

> Art. 257. Ao Ministério Público cabe:
> I – promover, privativamente, a ação penal pública, na forma estabelecida neste Código; e
> II – fiscalizar a execução da lei.

Os princípios que norteiam a atuação do Ministério Público são: a) unidade (a atuação dos membros do MP é feita em nome da instituição e não em nome próprio); b) indivisibilidade (membros do MP podem ser substituídos uns pelos outros, sem prejuízo para o processo); c) independência funcional (membros do MP não estão vinculados a entendimentos anteriores de outros membros nem a ingerências dos órgãos superiores dos seus quadros).

### 8.2.1. Funções

No que se refere ao processo penal, o MP tem entre suas funções, basicamente, requisitar instauração de inquérito policial, requisitar diligências no curso de procedimento investigativo já instaurado, exercer o controle externo da atividade policial, oferecer denúncia, acompanhar a tramitação do processo, exercer atividade probatória e recorrer (inclusive em favor do réu – decorre de atuação do órgão enquanto fiscal da lei). Quanto à possibilidade de investigação direta exercida por membro do Ministério Público, remeto o leitor à análise do tópico 5.15.

No que concerne especificamente ao exercício do controle externo da atividade policial, é importante observar o teor da Resolução Conjunta 01/2015, do Conselho Superior de Polícia e do Conselho Nacional dos Chefes de Polícia Civil:

> Art. 1º Ficam definidos procedimentos internos a serem adotados pelas polícias judiciárias em face de solicitações e requisições externas.
>
> Art. 2º O controle externo da atividade policial pelo Ministério Público está adstrito às hipóteses previstas no artigo 9º da Lei Complementar nº 75, de 1993, bem como nas respectivas leis orgânicas dos Ministérios Públicos Estaduais.

Art. 3º No caso do ingresso de membro do Ministério Público em unidade policial, a autoridade policial adotará as medidas necessárias à garantia da segurança dos presentes no procedimento, bem como determinará o registro dos atos praticados.

Art. 4º As requisições para instauração de inquérito policial sobre eventual omissão ou fato ilícito ocorrido no exercício da atividade policial deverão ser dirigidas ao Diretor-Geral da Polícia Federal ou Superintendente Regional da Polícia Federal no Estado respectivo, ou ao Chefe de Polícia Civil do Estado.

Art. 5º Os documentos compreendidos na atividade-fim policial são o Inquérito Policial, o Termo Circunstanciado, os registros de ocorrências policiais e os livros cartorários.

Parágrafo único. Os documentos e informações protegidos por sigilo somente serão acessados pelo membro do Ministério Público que oficie no respectivo feito. Art. 6º Não estão compreendidas na atividade-fim policial:

I – atividades cujo controle é de competência dos Tribunais de Contas, Controladorias-Gerais e Corregedorias-Gerais, da União e dos Estados, tais como atos de gestão e atividades de natureza administrativa, contábil, financeira, orçamentária, operacional e patrimonial;

II – documentos e informações de caráter administrativo, assim entendidos aqueles não diretamente relacionados à prevenção e à repressão de crimes; e

III – documentos de uso interno e de exclusivo interesse da Administração, tais como memorandos, ofícios, mensagens circulares, e-mails institucionais, ordens e relatórios de missão.

Art. 7º Os chefes das polícias judiciárias zelarão para que os membros do Ministério Público, no exercício das funções de controle externo da atividade policial:

I – possam acompanhar a condução da investigação policial, observadas as medidas de segurança cabíveis e desde que não haja prejuízo às diligências em andamento; e

II – sejam acompanhados pelas corregedorias de polícia, caso necessário.

Art. 8º Esta Resolução entra em vigor na data de sua publicação, seguindo assinada pelos membros do Conselho Superior de Polícia, Superintendentes da Polícia Federal e membros do Conselho Nacional dos Chefes de Polícia Civil.

# E o artigo 9º da Lei Complementar 75/93:

Art. 9º O Ministério Público da União exercerá o controle externo da atividade policial por meio de medidas judiciais e extrajudiciais podendo:

I – ter livre ingresso em estabelecimentos policiais ou prisionais;

II – ter acesso a quaisquer documentos relativos à atividade-fim policial;

III – representar à autoridade competente pela adoção de providências para sanar a omissão indevida, ou para prevenir ou corrigir ilegalidade ou abuso de poder;

IV – requisitar à autoridade competente para instauração de inquérito policial sobre a omissão ou fato ilícito ocorrido no exercício da atividade policial;

V – promover a ação penal por abuso de poder.

Cap. 8 | SUJEITOS PROCESSUAIS - E SUA ATUAÇÃO NO INQUÉRITO POLICIAL

Acerca do controle externo da atividade policial pelo Ministério Público, destaco três julgados do Superior Tribunal de Justiça:

ADMINISTRATIVO. CONSTITUCIONAL. RECURSO ESPECIAL. MANDADO DE SEGURANÇA. CONTROLE EXTERNO DA ATIVIDADE POLICIAL PELO MINISTÉRIO PÚBLICO. ARTS. 129, VII, DA CF E 9º, II, DA LC N. 75/1993. ORDEM DE MISSÃO POLICIAL (OMP). ATIVIDADE-FIM POLICIAL CONFIGURADA. RECURSO ESPECIAL PARCIALMENTE PROVIDO. 1. No caso concreto, o Ministério Público Federal impetrou mandado de segurança contra ato ilegal do Delegado-Chefe da Delegacia de Polícia Federal em Santo Ângelo, que teria obstado, em razão dos termos da Resolução 1ª da Polícia Federal, a disponibilização de documentos e informações requisitados pelo Parquet Federal no exercício da atividade de controle externo da atividade policial, especificamente: a) relação de servidores e contratados em exercício na unidade, com especificação daqueles atualmente afastados (em missão, reforço, operação, etc.); b) relação de coletes balísticos da unidade (especificando os vencidos e os dentro do prazo de validade); c) pasta com ordens de missão policial (OMP) expedidas nos últimos 12 (doze) meses; d) os seguintes livros (relativos aos últimos 12 meses): sindicâncias e procedimentos disciplinares. 2. O Parquet Federal, nesta Corte Superior, apresentou petição (fls. 575/579) na qual noticiou que, dentre os pedidos de acesso aos documentos e informações formulados no mandado de segurança e que haviam sido obstados pelo órgão policial, "o único ponto que ainda apresenta resistência da Polícia Federal é a prestação de informações e apresentação dos documentos relativos às ordens de missão policial" (OMP)". 3. Assim, no tocante aos pedidos especificados nas alíneas a, b e d acima indicadas, deve ser reconhecido que o Ministério Público Federal e a Polícia Federal não mais divergem sobre a possibilidade de requisição de tais informações. Além disso, é necessário consignar que o Ministério Público também exerce a ampla fiscalização da administração pública, inclusive da Polícia Federal, por meio da Lei de Improbidade Administrativa, entre outras normas de controle administrativo. 4. No tópico remanescente do pedido inicial, indicado no item c (pasta de ordens de missão policial - OMP), o principal ponto a ser examinado na presente controvérsia passa pela análise do conceito de atividade-fim policial. 5. O controle externo da atividade policial pelo Ministério Público está previsto expressamente no art. 129, VII, da Constituição Federal e disciplinado na Lei Complementar 75/93. 6. A ordem de missão policial (OMP) é um documento de natureza policial e obrigatório em qualquer missão de policiais federais e tem por objetivo, entre outros, legitimar as ações dos integrantes da Polícia Federal em caráter oficial. As denominadas ordens de missão policial, relacionadas à atividade de investigação policial, representam direta intervenção no cotidiano dos cidadãos, a qual deve estar sujeita ao controle de eventuais abusos ou irregularidades praticadas por seus agentes, ainda que realizadas em momento posterior, respeitada a necessidade de eventual sigilo ou urgência da missão. 7. Por outro lado, a realização de qualquer investigação policial, ainda que fora do âmbito do inquérito policial, em regra, deve estar sujeita ao controle do Ministério Público. Importante consignar que tal atividade, por óbvio, não está sujeita a competência fiscalizatória do Tribunal de Contas da União ou da Controladoria-Geral da União, como afirmado pela Corte de origem. 8. O Conselho Nacional do Ministério Público - CNMP, com o objetivo de disciplinar o controle externo da atividade policial pelo Ministério Público, editou a Resolução

279

nº 20/2007, e estabeleceu nos arts. 2º, V e 5º, II, respectivamente: "O controle externo da atividade policial pelo Ministério Público tem como objetivo manter a regularidade e a adequação dos procedimentos empregados na execução da atividade policial, bem como a integração das funções do Ministério Público e das Polícias voltada para a persecução penal e o interesse público atentando, especialmente, para: a correção de irregularidades, ilegalidades ou de abuso de poder relacionados à atividade de investigação criminal"; "Aos órgãos do Ministério Público, no exercício das funções de controle externo da atividade policial caberá: ter acesso a quaisquer documentos, informatizados ou não, relativos à atividade-fim policial civil e militar, incluindo as de polícia técnica desempenhadas por outros órgãos (...)" (sem destaques no original). 9. Portanto, é manifesto que a pasta com ordens de missão policial (OMP) deve estar compreendida no conceito de atividade-fim e, consequentemente, sujeita ao controle externo do Ministério Público, nos exatos termos previstos na Constituição Federal e regulados na LC 73/93, o que impõe à Polícia Federal o fornecimento ao Ministério Público Federal de todos os documentos relativos as ordens de missão policial (OMP). 10. Provimento parcial do recurso especial[4].

PROCESSUAL CIVIL E ADMINISTRATIVO. RECURSO ESPECIAL. VIOLAÇÃO AO ART. 535 DO CPC/1973. ARGUIÇÃO GENÉRICA. OFENSA A RESOLUÇÕES. ANÁLISE. IMPOSSIBILIDADE. CONTROLE EXTERNO DO MINISTÉRIO PÚBLICO. RELATÓRIOS AVULSOS DE INTELIGÊNCIA POLICIAL. ACESSO IRRESTRITO. DIREITO. INEXISTÊNCIA. 1. O Plenário do STJ decidiu que "aos recursos interpostos com fundamento no CPC/1973 (relativos a decisões publicadas até 17 de março de 2016) devem ser exigidos os requisitos de admissibilidade na forma nele prevista, com as interpretações dadas até então pela jurisprudência do Superior Tribunal de Justiça" (Enunciado Administrativo n. 2). 2. Aplica-se o óbice da Súmula 284 do STF quando a alegação de ofensa ao art. 535 do CPC se faz de forma genérica, sem a demonstração exata dos pontos pelos quais o acórdão se fez omisso, contraditório ou obscuro. Precedentes. 3. É inviável o manejo do recurso especial para analisar eventual afronta a resoluções, portarias, instruções normativas, visto que tais atos normativos não estão compreendidos no conceito de lei federal. 4. Entre as funções institucionais atribuídas ao Ministério Público pela Constituição Federal está o controle externo da atividade policial (CF, art. 129, VII), o que abrange o acesso a quaisquer documentos relativos àquela atividade-fim (art. 9º da LC n. 75/1993). 5. A atividade de inteligência, disciplinada pela Lei n. 9.883/1999, que instituiu o Sistema Brasileiro de Inteligência (SISBIN) e criou a Agência Brasileira de Inteligência (ABIN), consiste na "obtenção, análise e disseminação de conhecimentos dentro e fora do território nacional sobre fatos e situações de imediata ou potencial influência sobre o processo decisório e a ação governamental e sobre a salvaguarda e a segurança da sociedade e do Estado". 6. "O controle e fiscalização externos da atividade de inteligência serão exercidos pelo Poder Legislativo na forma a ser estabelecida em ato do Congresso Nacional" (art. 6º daquele diploma legal). 7. A inclusão do Departamento de Polícia Federal entre os órgãos integrantes do SISBIN (art. 4º

---

4. STJ, 2ª Turma, REsp 1365910/RS, rel. Min. Humberto Martins, rel. p/ acórdão Min. Mauro Campbell Marques, julgado em 05/04/2016, DJe em 28/09/2016.

do Decreto n. 4.376/2002) permitiu àquela unidade a elaboração de relatório de inteligência (RELINT), que, de acordo com a União, "pode transcender o âmbito policial". 8. O controle externo da atividade policial exercido pelo Parquet deve circunscrever-se à atividade de polícia judiciária, conforme a dicção do art. 9º, da LC n. 75/1993, cabendo-lhe, por essa razão, o acesso aos relatórios de inteligência policial de natureza persecutório-penal, ou seja, relacionados com a atividade de investigação criminal. 9. O poder fiscalizador atribuído ao Ministério Público não lhe confere o acesso irrestrito a "todos os relatórios de inteligência" produzidos pelo Departamento de Polícia Federal, incluindo aqueles não destinados a aparelhar procedimentos investigatórios criminais formalizados. 10. O exercício de atividade de inteligência estranha às atribuições conferidas pela Constituição Federal à Polícia Federal (polícia judiciária) demanda exame de eventual contrariedade a preceitos constitucionais, o que não é possível na via do recurso especial. 11. Recurso especial conhecido em parte e, nessa extensão, provido para denegar a segurança[5].

ADMINISTRATIVO. AGRAVO INTERNO. MANDADO DE SEGURANÇA. CONTROLE EXTERNO DA ATIVIDADE POLICIAL EXERCIDO PELO MINISTÉRIO PÚBLICO FEDERAL. ART. 129, VII, DA CF/1988. ART. 9º, I E II, DA LC 75/1993. INGRESSO EM ESTABELECIMENTOS POLICIAIS. ACESSO A TODAS AS DEPENDÊNCIAS DA POLÍCIA FEDERAL. 1. O controle externo da atividade policial pelo Ministério Público emana expressamente no art. 129, VII, da Constituição Federal e é disciplinado na Lei Complementar 75/1993. 2. Como dito anteriormente, o art. 9º, I e II, da LC 75/1993 garante expressamente ao Ministério Público da União o exercício do controle externo da atividade policial mediante o livre ingresso em estabelecimentos policiais e o acesso a qualquer documento relativo à atividade-fim policial. 3. Não há fundamento hermenêutico razoável para se excluir da expressão "estabelecimentos policiais" as salas de inteligência de um órgão policial, no caso, a Polícia Federal, sendo certo que tais atividades almejam, ao fim e ao cabo, justamente a apuração de infrações penais, como consta no art. 9º, II, da LC 75/1993. 4. Controle externo não significa ingerência. E, ao contrário do alegado pela recorrente, a real violação da separação dos poderes parece ocorrer quando até mesmo a entrada dos membros do MPF em determinados lugares é liminarmente impedida pela Polícia Federal, pois o aludido princípio constitucional se consubstancia somente mediante a clássica ideia de "freios e contrapesos", que, por óbvio, nem sequer pode existir se não houver ao menos acesso às informações. 5. As normas aplicáveis garantem acesso aos documentos - e não domínio ou controle sobre eles - e ingresso nos locais - que não se traduz em direção nem comando. As competências e atribuições constitucionais e legais de cada uma das instituições devem ser exercidas com respeito mútuo, pois são deveres-poderes atribuídos pela ordem jurídica em prol da sociedade. 6. Agravo Interno não provido (AgInt no REsp 1848640/PE, Rel. Ministro HERMAN BENJAMIN, SEGUNDA TURMA, julgado em 18/08/2020, DJe 02/10/2020).

---

5. STJ, 1ª Turma, REsp 1439193/RJ, rel. Min. Gurgel de Faria, julgado em 14/06/2016, DJe em 09/08/2016.

## 8.2.2. Prerrogativas e vedações

As prerrogativas dos membros do MP são as mesmas dos juízes: vitaliciedade, inamovibilidade e irredutibilidade de subsídios (vide artigo 128, § 5º, I, da Constituição Federal).

São também extensíveis aos membros do Ministério Público as regras referentes à suspeição e ao impedimento, nos termos do artigo 258 do CPP:

> Art. 258. Os órgãos do Ministério Público não funcionarão nos processos em que o juiz ou qualquer das partes for seu cônjuge, ou parente, consangüíneo ou afim, em linha reta ou colateral, até o terceiro grau, inclusive, e a eles se estendem, no que lhes for aplicável, as prescrições relativas à suspeição e aos impedimentos dos juízes.

Acerca das vedações, faz-se necessário a leitura do artigo 128, § 5º, II, da CF/88):

> Art. 128 (...)
> (...)
> § 5º (...)
> II – as seguintes vedações:
> a) receber, a qualquer título e sob qualquer pretexto, honorários, percentagens ou custas processuais;
> b) exercer a advocacia;
> c) participar de sociedade comercial, na forma da lei;
> d) exercer, ainda que em disponibilidade, qualquer outra função pública, salvo uma de magistério;
> e) exercer atividade político-partidária;
> f) receber, a qualquer título ou pretexto, auxílios ou contribuições de pessoas físicas, entidades públicas ou privadas, ressalvadas as exceções previstas em lei.

## 8.3. ACUSADO

É o sujeito passivo da relação jurídica processual (é o sujeito ativo do delito). Para figurar como investigado ou como réu, a pessoa natural deve ser maior de 18 anos (só comete crime o indivíduo com mais de 18 anos no tempo do crime – vide artigos 4º e 27 do Código Penal). É possível, ainda, que o investigado/acusado seja pessoa jurídica (prática de crimes ambientais).

A depender do momento, podemos chamar o autor do fato de investigado, indiciado (depois de formalmente indiciado por ato fundamentado do delegado de polícia, nos termos do § 6º do artigo 2º da Lei 12.830/13), denunciado (depois do oferecimento da peça e antes do seu recebimento), réu/acusado (depois de recebida a denúncia) e condenado.

## 8.3.1. Identificação

Nos termos do artigo 259, é preciso certeza quanto a quem é o investigado/acusado (identidade física), sendo irrelevante a qualificação ou nome correto:

> Art. 259. A impossibilidade de identificação do acusado com o seu verdadeiro nome ou outros qualificativos não retardará a ação penal, quando certa a identidade física. A qualquer tempo, no curso do processo, do julgamento ou da execução da sentença, se for descoberta a sua qualificação, far-se-á a retificação, por termo, nos autos, sem prejuízo da validade dos atos precedentes.

Daí porque não é vedado, no curso da investigação, representar pela interceptação telefônica, busca e apreensão ou mesmo prisão, de indivíduo cujo nome e/ou qualificação completa ainda não são conhecidos. Óbvio que assim que chegarem ao conhecimento do aparelho de persecução os dados corretos do investigado, estes deverão ser enxertados aos autos. Eventualmente, pode ser determinada a identificação criminal do investigado/acusado, nos termos do artigo 5º, LVIII, da CF e da Lei 12.037/09 (remeto o leitor ao tópico 5.7.8, para maiores detalhes acerca do tema).

## 8.3.2. Direitos

O investigado/acusado possui direitos, que devem ser observados pelo estado. Eis alguns destes: direito ao silêncio (artigo 5º, LXIII, da CF), direito à presunção de inocência (artigo 5º, LVII, da CF), direito ao contraditório e à ampla defesa (a partir do início do processo, vez que o inquérito é investigativo – artigo 5º, LV, da CF), direito à razoável duração do processo (artigo 5º, LXXVIII, da CF), dentre outros.

Desde a investigação, é preciso irrestrita observância a tais direitos. A escorreita apuração dos fatos é premissa à existência de um processo hígido, livre de máculas. É o vetor constitucional e como tal, deve ser seguido.

No curso do inquérito policial, o suposto autor do fato pode ostentar a condição de investigado ou de indiciado, como dito supra. Em ambas as situações, seus direitos devem ser observados (mesmo antes do indiciamento, o investigado deve ser seu direito ao silêncio respeitado, por exemplo). Ele tem o direito de constituir advogado e de se fazer acompanhar pelo causídico toda vez que for chamado à presença do aparelho policial (como o inquérito é investigativo, não é imprescindível, como regra, a participação de advogado, mas o investigado/indiciado tem o direito de ser assistido juridicamente, se assim desejar).

Cumpre anotar que o artigo 262 do Código de Processo Penal foi tacitamente revogado pelo Código Civil, não sendo necessário nomear curador ao investigado/indiciado/réu menor de 21 anos. Atualmente só se nomeia curador ao investigado/indiciado/réu considerado inimputável em face de doença mental ou desenvolvimento mental incompleto ou retardado.

## 8.4. DEFENSOR

O exercício da defesa técnica deve ser feito por pessoa legalmente habilitada (advogado ou defensor público), nos termos do artigo 261 do CPP:

> Art. 261. Nenhum acusado, ainda que ausente ou foragido, será processado ou julgado sem defensor.
>
> Parágrafo único. A defesa técnica, quando realizada por defensor público ou dativo, será sempre exercida através de manifestação fundamentada

É importante salientar que a falta de defesa técnica na fase processual constitui nulidade absoluta e deficiência da defesa induz nulidade relativa, nos termos da Súmula 523 do STF: "No processo penal, a falta da defesa constitui nulidade absoluta, mas a sua deficiência só o anulará se houve prova do prejuízo para o réu". Tal interpretação é corolário do princípio da ampla de defesa, de índole constitucional. Já no curso do inquérito, como dito, a presença do advogado não é obrigatória, posto que não há acusação formal manejada em face do investigado/indiciado (trata-se de investigação pré-processual).

## 8.5. ASSISTENTE DE ACUSAÇÃO

É parte acessória (trata-se do ofendido ou seu representante ou, na falta daquele, seu cônjuge, ascendente, descendente ou irmão, nos termos do artigo 268 do CPP).

Há duas correntes acerca da finalidade da atuação do assistente de acusação. A primeira fala na atuação objetivando a reparação do dano causado pelo crime. A segunda entende que, além do interesse reparatório, o assistente de acusação busca a realização da justiça. A adoção de uma ou outra interpretação influenciará na possibilidade ou não do assistente recorrer de sentença condenatória, com o fito de perseguir agravamento de pena (caso se entenda que sua presença no processo tem o objetivo puramente reparatório, não se permitirá tal recurso, ao passo que se restar firmado o entendimento de que a busca da justiça também é fundamento de sua atuação, o recurso deverá ser admitido). Parece-me correta a segunda interpretação (nesse sentido Alexandre Cebrian e Victor Gonçalves[6]).

---

6. ARAÚJO REIS, Alexandre Cebrian e RIOS GONÇALVES, Victor Eduardo. **Direito Processual Penal Esquematizado**, 2ª edição, 2013, São Paulo: Saraiva, página 350/351.

O assistente de acusação pode ser admitido até o trânsito em julgado da sentença, nos termos do artigo 269 do CPP:

> Art. 269. O assistente será admitido enquanto não passar em julgado a sentença e receberá a causa no estado em que se achar.

Feito pedido de admissão, o Ministério será ouvido (artigo 272 do CPP) e o juiz decidirá (a decisão é irrecorrível, nos termos do artigo 273 do CPP). Não há óbice legal à eventual participação da vítima (por meio de seu advogado) no curso do inquérito policial (não seria propriamente um assistente de acusação, porque o processo ainda não foi efetivamente iniciado e a admissão formal do assistente de acusação só se dá depois do início do processo e até o trânsito em julgado da sentença – vide artigos 268 e 269 do CPP[7]). Veja-se que a vítima pode requerer a instauração de inquérito policial e, de igual sorte, pode peticionar nos autos do procedimento indicando eventuais provas que interessem à elucidação dos fatos. O corréu no mesmo processo não poderá intervir como assistente do Ministério Público (inteligência do artigo 270 do CPP).

O assistente poderá: a) propor meios de prova; b) dirigir perguntas às testemunhas; c) formular quesitos e indicar assistente técnico; d) aditar articulados; e) participar de debates; f) requerer desaforamento; g) arrazoar recursos interpostos pelo MP ou por ele próprio.

## 8.6. AUXILIARES DA JUSTIÇA

Não são efetivos sujeitos processuais, mas colaboram para realização de tarefas que não podem ser efetuadas pelo magistrado pessoalmente. São classificados em: a) permanentes (atuam em todos os processos – escrivão, por exemplo); b) eventuais (intervém apenas em alguns processos – intérpretes, por exemplo); c) oficiais (pertencentes ao quadro do Estado); d) não oficiais (pessoas idôneas com formação superior).

Por fim, é importante a leitura dos artigos 274, 279, 280 e 281, todos do CPP:

> Art. 274. As prescrições sobre suspeição dos juízes estendem-se aos serventuários e funcionários da justiça, no que lhes for aplicável.
>
> Art. 279. Não poderão ser peritos:
>
> I – os que estiverem sujeitos à interdição de direito mencionada nos ns. I e IV do art. 69 do Código Penal;

---

7. Caso se questione em concurso público se é possível a admissão de assistente de acusação no curso do inquérito policial, **responda que não**. A análise dos artigos 268 e 269 do CPP revela que sua admissão formal só ocorre após o início efetivo do processo e até o trânsito em julgado da sentença.

II – os que tiverem prestado depoimento no processo ou opinado anteriormente sobre o objeto da perícia;

III – os analfabetos e os menores de 21 anos.

Art. 280. É extensivo aos peritos, no que lhes for aplicável, o disposto sobre suspeição dos juízes.

Art. 281. Os intérpretes são, para todos os efeitos, equiparados aos peritos.

No curso do inquérito policial, é possível perceber a participação de peritos e intérpretes, por exemplo.

## 8.7. DELEGADO DE POLÍCIA – FUNÇÕES E NATUREZA DO CARGO

Em que pese não ser sujeito processual, por comandar justamente a fase anterior ao início efetivo do processo, cumpre tecer alguns comentários acerca do delegado de polícia enquanto importante personagem no sistema de persecução penal.

Antes de aprofundar na análise do tema, é preciso que se diga que, nos termos do artigo 107 do Código de Processo Penal, não é possível opor suspeição do delegado de polícia. Entrementes, com fulcro no mesmo dispositivo legal, a própria autoridade policial deverá se declarar suspeita, quando ocorrer motivo legal. Penso que passa da hora do referido artigo ser modificado. Uma investigação isenta reclama, indubitavelmente, a presidência de uma autoridade policial não suspeita. Inadmitir oposição da suspeição do delegado de polícia limita sobremaneira o direito do cidadão investigado a uma investigação dirigida por autoridade impartial, imparcial e desinteressada.

Continuemos. Nos termos da Constituição Federal, do Código de Processo Penal e da legislação processual penal extravagante, o delegado de polícia é o presidente do inquérito policial e o chefe da polícia judiciária.

O estudo acurado da legislação processual penal pátria revela, sem necessidade de maior esforço intelectivo, que o Brasil optou por ter à frente do inquérito policial (e da polícia judiciária) ocupante de cargo de natureza jurídica (alhures sustentarei que, em verdade, a carreira de delegado de polícia é híbrida – tem natureza jurídica e policial). O legislador, a meu ver, agiu com acerto. Não há dúvida de que a investigação estatal deve ter à frente profissional versado em ciências jurídicas.

Estamos tratando de atividade que lida com um dos mais importantes bens jurídicos do cidadão – a liberdade. A todo instante, no curso do inquérito policial, é exigido conhecimento jurídico do seu presidente. Exige-se domínio do direito penal (para, por exemplo, tipificar a conduta, aferir prescrição, verificar existência de causas extintivas de punibilidade), processual penal (para, por exemplo, verificar competência, conhecer a fundo o leque de provas passíveis de materialização naquele caso concreto, possibilidade de representação por prisões e outras medidas cautelares) e constitucional (para, por exemplo, saber dos limites à produção probatória e conhecer os direitos individuais da pessoa investigada, cuidando de protegê-los).

Como decidir acerca da lavratura de auto de prisão em flagrante sem ser bacharel em Direito? É preciso tipificar a conduta (é possível que a infração praticada seja de menor potencial ofensivo – que, em regra, dispensa a prisão em flagrante), saber se a situação era efetivamente flagrancial (análise do artigo 302 do CPP), conhecer sobre competência (e consequentemente acerca da atribuição para lavratura do auto), saber os direitos outorgados pela *Lex Legum* e pela legislação de regência ao conduzido (para respeitá-los), saber as regras que gravitam em torno da concessão de fiança arbitrada pela autoridade policial, dentre outros aspectos.

Como representar uma medida cautelar sem conhecer o Direito? É necessário conhecer requisitos e fundamentos das prisões preventiva e temporária, saber requisitos e limites da busca e apreensão, da interceptação telefônica, apenas para citar alguns exemplos.

Finalizado o procedimento investigativo, o delegado de polícia deverá confeccionar relatório final. A peça deverá analisar os elementos informativos e as provas coletadas no curso do feito, concluindo acerca da existência ou não de infração penal, sobre a responsabilização ou não do investigado, dentre outros aspectos de natureza nitidamente jurídica.

É fantasioso imaginar a confecção de um auto de prisão em flagrante, a confecção de uma portaria, de uma representação de medida cautelar ou de um relatório final sem o domínio do conhecimento jurídico.

O artigo 2º da Lei 12.830/13, espanca qualquer dúvida acerca da natureza do cargo:

> Art. 2º. As funções de polícia judiciária e a apuração de infrações penais exercidas pelo delegado de polícia são de natureza jurídica, essenciais e exclusivas de Estado.

O artigo 3º da citada lei é consequência da natureza jurídica do cargo de delegado de polícia. O dispositivo proclama que o cargo é privativo de bacharel em Direito e que o tratamento protocolar dispensado à autoridade policial é o mesmo recebido por juízes, promotores, defensores públicos e advogados (uso do pronome de tratamento 'Vossa Excelência', por exemplo):

> Art. 3º. O cargo de delegado de polícia é privativo de bacharel em Direito, devendo-lhe ser dispensado o mesmo tratamento protocolar que recebem os magistrados, os membros da Defensoria Pública e do Ministério Público e os advogados.

Aliás, bom frisar que a natureza jurídica do cargo de delegado de polícia já foi inserida expressamente em várias Constituições Estaduais.

Além de jurídica, como já exaustivamente demonstrado supra, a carreira de delegado também é policial, porque ele é profissional treinado por academia de polícia, detentor de porte de arma de fogo e deve/pode estar à frente de atividades tipicamente policiais, como cumprimento de buscas, cumprimento de prisões, dentre outras.

O sistema processual brasileiro é equilibrado, posto que o primeiro controlador da legalidade dos atos praticados pela polícia está dentro do próprio órgão (o delegado). O delegado finda funcionando como importante filtro para evitar investigação de fatos atípicos, prescritos, insignificantes, para evitar lavratura de auto de prisão em flagrante diante de situações não-flagranciais, dentre outras situações que poderiam redundar em vilipêndio desarrazoado dos direitos do cidadão.

Indubitavelmente, a investigação estatal necessita de direção e controle imediato exercidos por cargo de natureza jurídica. Há países em que tal controle (e a direção do trabalho investigativo) é feito pelo Ministério Público, outros em que o controle é feito no âmbito do Poder Judiciário e outros em que a investigação (e sua presidência) está no âmbito da polícia (caso do Brasil). Penso que o modelo brasileiro é muito bom, porque a investigação pré-processual finda comandada por quem não terá alhures que processar ou julgar o autor do fato (isso dá ao delegado de polícia a isenção necessária à correta condução da investigação).

Outro ponto importante (e que contribui para necessária independência na condução dos trabalhos investigativos): o cargo de delegado de polícia é acessível por concurso público, conquista da Constituição Federal de 1988. Trata-se de porta de entrada franca e aberta para o candidato que se esforça e deseja abraçar essa importante função.

Nessa toada, qualquer proposta legislativa que tencione (ainda que indiretamente) extinguir o cargo de delegado de polícia deve ser considerada teratológica. Não factível, por exemplo, a criação de carreira única (acessível a quem tenha qualquer curso superior) nas polícias judiciárias, vez que a investigação deve ser, necessariamente, conduzida por cargo de natureza jurídica. Não há como imaginar presidente de procedimento inquisitivo formado em outro curso, senão em Direito. Como um médico ou um farmacêutico fariam para decidir acerca da lavratura ou não de um auto de prisão em flagrante? Da mesma forma que um bacharel em Direito não sabe criar fórmulas ou identificar e tratar doenças, os citados profissionais não têm o conhecimento necessário para analisar com profundidade situação supostamente flagrancial a eles apresentada. É cômico, para não dizer trágico, entendimentos que minimizam a situação aqui tratada, afirmando que eventual equívoco seria corrigido pelo Ministério Público ou pelo Judiciário depois de comunicada a prisão. É preciso dizer a quem sustenta tal tese que no cerne deste equívoco está um dos bens jurídicos mais caros do cidadão – a sua liberdade (sem falar na sua imagem, reputação, dentre outros bens importantes). Não se pode perder de vista que, com a lavratura de um auto de prisão em flagrante, finda automaticamente instaurado o inquérito policial (e não é dado à polícia arquivar inquérito, mesmo que equivocadamente instaurado – artigo 17 do CPP). Para que o procedimento açodadamente instaurado seja arquivado, é preciso pedido do MP e chancela judicial (longo calvário) – numa realidade posterior ao Pacote Anticrime, o arquivamento se processa com decisão do Ministério Público e homologação do seu órgão revisional. Assim como só os médicos podem prescrever medicamentos, só delegados podem presidir procedimentos investigativos. É o óbvio ululante.

A polícia judiciária tem em sua estrutura, além do delegado de polícia (presidente dos procedimentos investigativos e do órgão), as carreiras que o auxiliam. Agentes, escrivães, papiloscopistas e peritos são os cargos que materializam os despachos e requisições da autoridade policial com o fito de tentar elucidar a infração apurada. Ao delegado de polícia cabe conduzir o procedimento determinando a expedição de ofícios, requisitando perícias e diligências, que serão cumpridos pelas outras carreiras integrantes da polícia judiciária. É a autoridade policial quem dá o rumo, quem determina a trilha a ser percorrida com o fito de elucidar o crime.

Em eventual carreira única, tal divisão não é clara (e os cargos, cada um com sua especificidade e complexidade, deixam de ser acessíveis por concursos diretos – o interessado em ingressar na polícia fará concurso sem saber seu destino, suas funções, sua perspectiva futura). Em uma virtual carreira única, as funções terão que ser obviamente repartidas. Alguém terá que decidir quem preside investigação, quem cumpre diligência, quem mecaniza ofícios e memorandos, quem faz perícias. Trata-se de discricionariedade temerária (abre-se mão da fórmula impessoal e acessível a todos do concurso público e abraça-se fórmula que dependerá de grande discricionariedade). Alguém terá que indicar quem presidirá as investigações, quem ficará com o trabalho de rua e quem mecanizará atos cartorários. E alguém indicará o integrante da carreira única que fará todas essas indicações (aí mora o perigo). O delegado é delegado em qualquer delegacia (porque fez concurso para esse cargo). Em carreira única quem hoje preside investigação, pode amanhã ser deslocado para prática de serviços cartorários ou para ser o plantonista responsável pelo prédio (o risco de ingerências políticas no trabalho investigativo seria evidente).

Interessante notar que em todas as instituições há divisão de cargos de acordo com as atribuições e complexidades e com concursos e vencimentos diferenciados. Quem quer ingressar no Judiciário tem que definir se deseja se tornar técnico, analista ou juiz. A situação se repete na polícia: o candidato deverá escolher entre os cargos de delegado, agente, perito, escrivão ou papiloscopista (todos com atribuições, complexidade e vencimentos diferentes).

Não há como fazer o técnico virar analista e daí ascender a juiz com o passar do tempo ou porque fez algum curso diferenciado. De igual modo não é admissível que o agente, escrivão, perito ou papiloscopista vire delegado com o passar do tempo (seria ferir de morte a Constituição Federal). Bom frisar que todos os cargos precisam ser valorizados e são importantes na estrutura da polícia (mas não há como negar que são diferentes – em atribuições, complexidade e vencimento).

O que de fato pode mudar os rumos da segurança pública é o investimento maciço nos seguintes pontos: a) melhor remuneração dos servidores (e criação de gratificações atrativas que estimulassem o servidor a assumir novas responsabilidades); b) melhoria das estruturas e dos equipamentos à disposição da polícia (prédios, armas, viaturas, ferramentas, etc.); c) constante aperfeiçoamento dos policiais (oferta de cursos, treinamento continuado e reflexo financeiro à medida que o servidor se aperfeiçoa); d) incremento do efetivo (realização continuada de concursos públicos para oxigenar os quadros da polícia); e) corregedoria forte e atuante, para punir exemplarmente maus policiais.

Outra observação importante: índices de violência não caem apenas com investimentos em segurança. O estado tem que incrementar a saúde, a educação, o lazer, a iluminação pública, o saneamento básico, deve ter políticas para melhorar a renda e gerar empregos, ter um sistema prisional de verdade (e não masmorras medievais) e ter um sistema judicial ágil e que puna verdadeiramente quem comete crimes graves. Repito: não há solução mágica.

### 8.7.1. O delegado de polícia como garantidor dos direitos do cidadão

O delegado de polícia, como já declinado supra, é o chefe das polícias Civis e Federal e o presidente das investigações materializadas no âmbito de ditas instituições.

É a autoridade responsável pela condução do termo circunstanciado (procedimento investigativo simplificado[8] criado pela Lei 9.099/95 para apurar infrações de menor potencial ofensivo), do inquérito policial (caderno investigativo destinado a elucidar fato supostamente criminoso, com maior amplitude e maiores possibilidades probantes que o termo circunstanciado, regulado pelo Código de Processo Penal) e de qualquer outro procedimento apuratório eventualmente criado por lei para tramitar no âmbito da polícia judiciária.

Tais assertivas são extraídas da análise do § 4º do artigo 144 da Constituição Federal:

---

8. Consigno, uma vez mais, que o Supremo Tribunal Federal, nos autos da ADI 3807, decidiu (a meu ver equivocadamente, com a devida vênia) que o termo circunstanciado tem natureza de mero registro de ocorrência, entendendo que este pode ser lavrado por magistrado (ao considerar constitucional o § 3º do artigo 48 da Lei 11.343/06).

Art. 144. (...)

(...)

§ 4º – às polícias civis, dirigidas por delegados de polícia de carreira, incumbem, ressalvada a competência da União, as funções de polícia judiciária e a apuração de infrações penais, exceto as militares.

Do § 1º do artigo 2º da Lei 12.830/13:

2º. (...)

§ 1º Ao delegado de polícia, na qualidade de autoridade policial, cabe a condução da investigação criminal por meio de inquérito policial ou outro procedimento previsto em lei, que tem como objetivo a apuração das circunstâncias, da materialidade e da autoria das infrações penais.

E do parágrafo único do artigo 2º-A da Lei 9.296/96 (com a redação que lhe foi dada pela novel Lei 13.047/14):

Art. 2º-A. (...)

Parágrafo único. Os ocupantes do cargo de Delegado de Polícia Federal, autoridades policiais no âmbito da polícia judiciária da União, são responsáveis pela direção das atividades do órgão e exercem função de natureza jurídica e policial, essencial e exclusiva de Estado.

No curso de sua atividade diuturna, a autoridade policial lida diretamente com direitos muito caros ao cidadão: imagem, liberdade, integridade física, patrimônio, dentre outros. É responsabilidade do delegado estar atento à observância da Constituição Federal e da legislação de regência quando da prática de seus atos e os de sua equipe, de forma a não vilipendiar os direitos escritos com pena de ouro pelo legislador constituinte e as regras de procedimento grafadas na legislação infraconstitucional.

Desde o primeiro atendimento à ocorrência, o delegado é instado a tomar decisões muito relevantes para o cidadão investigado. A interpretação jurídica acerca de um fato investigado pode determinar, por exemplo, a prisão em flagrante do conduzido (artigo 301 e seguintes do Código de Processo Penal) ou a lavratura de mero termo circunstanciado, com ulterior liberação daquele mediante assinatura de compromisso de comparecimento ao juizado especial criminal (artigo 69 da Lei 9.099/95).

Imaginemos pessoa apresentada ao delegado de polícia com certa quantidade de droga proscrita. Concluir que o conduzido é mero usuário redundará na lavratura de termo circunstanciado (artigo 28 da Lei 11.343/06). Entender que o apresentado é traficante significará confecção de auto de prisão em flagrante delito pela prática de crime inafiançável, equiparado a hediondo, nos termos do artigo 5º, XLIII, da Constituição Federal (artigo 33 da Lei 11.343/06). São realidades muito distantes e que reclamam atuação cautelosa e embasada do delegado de polícia.

Se optar pela lavratura de auto de prisão em flagrante, o delegado deverá observar e garantir respeito a vários direitos outorgados ao cidadão, tais quais: comunicação imediata da prisão ao Judiciário, ao Ministério Público e a familiar ou pessoa por ele indicada; confecção e entrega de nota de culpa; comunicação da prisão à Defensoria Pública caso o preso não tenha advogado; ao silêncio e a não autoincriminação; dentre outros. Isso porque o delegado de polícia exerce um papel importantíssimo na garantia dos direitos humanos do cidadão quando da apresentação de conduzido para eventual lavratura de auto de prisão em flagrante, nos termos do artigo 7º, item 5, da Convenção Interamericana dos Direitos Humanos:

> Art. 7º (...)
>
> 5. Toda pessoa presa, detida ou retida deve ser conduzida, sem demora, à presença de um juiz ou outra autoridade autorizada por lei a exercer funções judiciais e tem o direito de ser julgada em prazo razoável ou de ser posta em liberdade, sem prejuízo de que prossiga o processo. Sua liberdade pode ser condicionada a garantias que assegurem o seu comparecimento em juízo.

O delegado de polícia, na condição de autoridade autorizada por lei a exercer funções judiciais (redação usada pelo Pacto de San José da Costa Rica[9], acima transcrito) terá a importante missão de ratificar ou não a voz de prisão dada por qualquer do povo ou pelo aparelho policial (nos termos do artigo 301 do Código de Processo Penal), por meio do exercício de sua atividade intelectiva (de análise dos fatos, versões e elementos apresentados). Esta deve ser manejada com profusão, de maneira a estudar a estrutura e os elementos do suposto fato criminoso:

    a) É preciso estudar a tipicidade, não apenas formal, mas material da conduta investigada (eventual insignificância, por exemplo, redundará no reconhecimento de atipicidade) – não deve ser encarcerado, por exemplo, o incauto larápio que furta pequena quantidade de frutas em grande rede de supermercado (caso presentes os vetores indicados pelo Supremo Tribunal Federal para reconhecimento do princípio da insignificância);

    b) Verificar a existência ou não de causa excludente de ilicitude (que se observada cabalmente, redundará na licitude do fato e desembocará na não lavratura de auto de prisão em flagrante delito – é recomendável que se instaure procedimento por portaria para estudar a fundo as circunstâncias da excludente, até com o fito de afastar hipótese de excesso doloso ou culposo) – não merece encarceramento o policial que, reagindo proporcionalmente a ataque sofrido por criminosos, finda confiscando a vida destes (legítima defesa – artigo 25 do Código Penal);

---

9. O legislador brasileiro entendeu que o delegado de polícia não exerce essa atribuição, tanto assim que enxertou a audiência de custódia no bojo do artigo 310 do Código de Processo Penal (inserção feita pelo Pacote Anticrime e a seguir analisada com vagar).

c) Analisar eventual existência de causa excludente de culpabilidade (caso se adote o conceito tripartido de delito, tal reconhecimento redundará na falta de justa causa para lavratura de auto de prisão em flagrante, porque não criminosa a conduta) – não deve ser preso, por exemplo, o gerente de banco que surrupia grande quantidade de dinheiro do banco onde trabalha, em razão de coação orquestrada por malfeitores que ameaçavam matar sua família (coação moral irresistível – artigo 22 do Código Penal);

Afora das situações flagranciais, o delegado de polícia atua como garantidor dos direitos humanos quando do cumprimento de medidas cautelares determinadas pelo Judiciário e da materialização de diligências e atos de produção de material probante no curso da investigação.

No curso do cumprimento de ordem de busca, por exemplo, é preciso que o ingresso na casa seja feito a partir das 05h[10] (ou com a luz do dia, a depender do critério adotado pela autoridade). O mesmo se repete quando da presidência de oitivas (informar ao indiciado/investigado do seu direito ao silêncio, por exemplo), de reprodução simulada dos fatos (garantir o direito a não autoincriminação), de reconhecimento de pessoas e coisas (obediência estrita à sequência legalmente determinada para prática do ato), acareações e de técnicas mais sofisticadas e invasivas, como interceptação telefônica, interceptação telemática, infiltração policial, ação controlada, colaboração premiada, dentre outras.

É preciso que o delegado de polícia atue ainda como garantidor dos direitos humanos do cidadão investigado quando da análise de requisições do Ministério Público e notícias anônimas de crimes. É preciso suplantar a ideia de que requisição é ordem que deve ser atendida sempre (trata-se de notícia indireta da prática de crime de ação penal pública incondicionada e a obrigatoriedade de instauração reside exatamente nessa constatação – caso seja narrado fato materialmente atípico, prescrito, impreciso ou caso a punibilidade esteja extinta por qualquer causa, a requisição deve ser devolvida ao órgão requisitante, com as razões jurídicas da não instauração do apuratório). É necessário, de igual forma, receber com cautela as notícias anônimas de crimes (de um lado atentando para evitar odiosa instauração de procedimento para apurar notícia vazia e, por vezes, caluniosa; de outro para evitar o completo desprezo a tal comunicação apócrifa, que pode redundar em perniciosa impunidade) – é seguir, nesse particular, o disposto no artigo 5º, § 3º, do Código de Processo Penal.

Além de observar os direitos do investigado é dever do delegado de polícia zelar pelos direitos humanos da vítima (a Lei 11.340/06 traz importantes atribuições do delegado destinadas à proteção da mulher vítima de violência doméstica, por exemplo).

---

10. Mais adiante esclarecerei com mais vagar a ampliação do critério cronológico (objetivo) do conceito de dia, com base no estudo da Lei 13.869/19 (Lei de Abuso de Autoridade).

Com fulcro nas breves razões lançadas supra, não resta a menor dúvida do acerto na opção do legislador constituinte e ordinário em reclamar profissional versado em Direito, devidamente concursado e integrante de carreira típica de Estado para chefiar as polícias judiciárias e conduzir os procedimentos investigativos que nelas tramitam.

Assim é que, além de responsável pela produção de elementos informativos e provas aptas a descortinar o fato supostamente criminoso apurado no bojo de procedimento investigativo, o delegado de polícia não pode se escusar de exercer uma de suas mais nobres funções: a de garantidor dos direitos humanos.

## 8.8. QUESTÕES DE CONCURSOS PÚBLICOS

1. **(Defensor Público/RO/2015) Além do magistrado, diversas figuras são de grande relevância para o deslinde de uma ação penal, algumas exercendo funções fundamentais de acordo com o texto constitucional. Nesse contexto, pode-se citar como partes do processo em sentido amplo o Ministério Público, o acusado, o defensor/advogado, os assistentes de acusação e os funcionários da Justiça. Sobre o tema, é correto afirmar que:**
   A. A presença do defensor/advogado para todos os atos processuais é indispensável, exceto se o acusado estiver foragido;
   B. A impossibilidade de identificação do acusado por seu verdadeiro nome ou outros qualificativos não retardará a ação penal, quando certa a identidade física;
   C. Em que pese funcionários da Justiça, como regra, as prescrições sobre suspeição dos juízes não se estendem aos serventuários;
   D. O perito, ainda que nomeado e devidamente intimado, em caso de não comparecimento à audiência, não poderá ser conduzido;
   E. O assistente de acusação somente poderá ingressar no processo até o momento da apresentação da defesa prévia pelo acusado.

2. **(Delegado de Polícia/SC/2014) De acordo com o Código de Processo Penal, assinale a alternativa correta.**
   A. Somente depois do interrogatório, nos casos da ação pública, poderá intervir, como assistente do Ministério Público, o ofendido ou seu representante legal.
   B. Nenhum acusado, ainda que ausente ou foragido, será processado ou /julgado sem defensor.
   C. Ao corréu, no mesmo processo, será facultado intervir como assistente do Ministério Público.
   D. A admissão do Assistente de Acusação será determinada pelo juiz determinada pelo juiz independentemente de previamente ouvir o Ministério Público.
   E. Da decisão que não admitir o Assistente de Acusação, caberá recurso, devendo, inclusive, constar dos autos o pedido e a decisão.

3. **(Delegado de Polícia/DF/2015) Com base na legislação, na jurisprudência e na doutrina majoritária, assinale a alternativa correta acerca do inquérito**

policial, da prisão temporária e da participação do Ministério Público na investigação criminal.

A. O inquérito policial é um procedimento administrativo, prevalecendo, na doutrina, o entendimento de que se devem observar todas as garantias ínsitas ao contraditório e à ampla defesa durante o inquérito policial, o que concede ao investigado, por exemplo, o direito à dialeticidade processual e à produção de provas.

B. Conforme o STJ, a participação de um membro do Ministério Público na fase de investigação criminal não acarreta o seu impedimento ou a sua suspeição para o oferecimento da denúncia.

C. Em casos teratológicos, o STF e o STJ têm admitido que a autoridade policial que preside o procedimento administrativo promova o arquivamento do inquérito policial perante o juiz.

D. O descumprimento do prazo previsto em lei para concluir o inquérito policial justifica, *ipso facto*, o relaxamento da prisão por excesso de prazo.

E. Após recente inovação legislativa, o prazo da prisão temporária foi unificado, independentemente de o crime ser hediondo ou a ele equiparado.

4. **(Delegado de Polícia/CE/2015) Imagine que durante o curso de processo penal, e tendo como objetivo afastar o juiz da causa, o órgão do Ministério Público ou o defensor do acusado maneje uma queixa crime contra o juiz, a fim de buscar configurar uma inimizade capital. Nessa hipótese, a suspeição (CPP, art. 256):**

A. Não poderá ser declarada e nem reconhecida.

B. Deverá ser reconhecida, impondo-se multa à parte que provocou a situação.

C. Deverá ser reconhecida, impondo-se o afastamento do processo e/ou multa à parte que provocou a situação.

D. Não poderá ser declarada, apenas reconhecida.

E. Não poderá ser reconhecida, apenas declarada.

5. **(Juiz/PE/2015) Em relação às causas de impedimento do juiz no processo penal, previstas em lei, é correto afirmar que:**

A. O magistrado que participou do julgamento do recebimento da denúncia na condição de desembargador convocado no Tribunal Estadual, em face de prerrogativa de foro, fica impedido de julgar a ação penal após a remessa ao primeiro grau em razão da perda do cargo do acusado.

B. O juiz pode exercer jurisdição no processo em que houver desempenhado função anterior de auxiliar da justiça, desde que declare expressamente tal circunstância nos autos.

C. Ocorre impedimento do juiz que tiver ordenado, antes de iniciada a ação penal, a produção antecipada de provas consideradas urgentes e relevantes.

D. Não está impedido de atuar no mesmo feito criminal o desembargador cujo genro, juiz de primeiro grau, recebeu, em parte, a denúncia.

E. Está impedido de receber a denúncia e processar a ação penal o juiz que homologou a delação premiada que serviu de base probatória para seu convencimento.

6. **(Juiz/MS/2015) O juiz dar-se-á por suspeito**
   A. Ainda que a parte, propositadamente, no curso processual, der motivo para criar a suspeição.
   B. Independentemente da arguição da parte, por declaração escrita, nos autos, apontando os motivos legais de sua suspeição.
   C. Se for amigo íntimo ou inimigo capital de advogado da parte e perito judicial.
   D. E praticará atos urgentes até nomeação de substituto legal, em homenagem ao princípio da celeridade processual.
   E. Por motivo de foro íntimo, por declaração escrita, nos autos, apontando os motivos legais de sua suspeição.

7. **(Procurador do Estado/BA/2014)** O assistente de acusação, de acordo com a jurisprudência do STJ, não tem direito a manejar recurso de apelação que objetive o aumento da pena do sentenciado.

8. **(Procurador do Estado/BA/2014)** A interveniência do assistente de acusação não é permitida no curso do inquérito policial ou da execução penal.

9. **(Delegado de Polícia/TO/2014)** Suponha que o Delegado de Polícia seja amigo íntimo ou inimigo capital do investigado no inquérito policial. Neste caso, por se tratar de motivo legal, dispõe o Código de Processo Penal que a autoridade policial deverá declarar-se
   A. Absolutamente incompetente.
   B. Relativamente incompetente.
   C. Impedida.
   D. Suspeita.

10. **(Delegado de Polícia Federal/2013)** Considere que, no curso de inquérito policial em que se apure crime de ação pública incondicionada, quando da primeira remessa dos autos ao Poder Judiciário com solicitação de retorno para novas diligências, a vítima do delito requeira a sua habilitação nos autos como assistente de acusação. Nessa situação, o pedido deve ser negado, visto que a figura do assistente é admitida no processo somente após o recebimento da denúncia e antes do trânsito em julgado da sentença.

11. **(Delegado de Polícia/SC/2014) De acordo com o Código de Processo Penal, assinale a alternativa correta.**
    A. Somente depois do interrogatório, nos casos da ação pública, poderá intervir, como assistente do Ministério Público, o ofendido ou seu representante legal.
    B. Nenhum acusado, ainda que ausente ou foragido, será processado ou julgado sem defensor.
    C. Ao corréu, no mesmo processo, será facultado intervir como assistente do Ministério Público.
    D. A admissão do Assistente de Acusação será determinada pelo juiz independentemente de previamente ouvir o Ministério Público.
    E. Da decisão que não admitir o Assistente de Acusação, caberá recurso, devendo, inclusive, constar dos autos o pedido e a decisão.

Cap. 8 | SUJEITOS PROCESSUAIS – E SUA ATUAÇÃO NO INQUÉRITO POLICIAL

12. **(Delegado de Polícia Civil/PE/2016)** Em consonância com a doutrina majoritária e com o entendimento dos tribunais superiores, assinale a opção correta acerca dos sujeitos do processo e das circunstâncias legais relativas a impedimentos e suspeições.
    A. As disposições relativas ao princípio do juiz natural são analogamente aplicadas ao MP.
    B. No curso do inquérito policial, se for constatado que o delegado de polícia seja inimigo pessoal do investigado, este poderá opor exceção de suspeição, sob pena de preclusão do direito no âmbito de eventual ação penal.
    C. O corréu pode atuar, no mesmo processo, como assistente da acusação do início da ação penal até seu trânsito em julgado, desde que autorizado pelo representante do parquet.
    D. Poderá funcionar como perito no processo aquele que tiver opinado anteriormente sobre o objeto da perícia na fase de investigação criminal, em razão da especificidade da prova pericial.
    E. A impossibilidade de identificação do acusado pelo seu verdadeiro nome ou por outros qualificativos que formalmente o individualize impede a propositura da ação penal, mesmo que certa a identidade física do autor da infração penal.

13. **(Delegado de Polícia Civil/GO/2016)** Com relação a questões e processos incidentes, assinale a opção correta.
    A. Não poderá ser arguida a suspeição dos intérpretes.
    B. Não poderá ser arguida a suspeição dos funcionários da justiça.
    C. Não poderá ser arguida a suspeição do órgão do Ministério Público.
    D. Não poderá ser arguida a suspeição das autoridades policiais nos atos do inquérito.
    E. Não poderá ser arguida a suspeição dos peritos.

14. **Delegado Federal/2018)** As hipóteses que impedem o juiz de exercer a sua jurisdição em determinado processo estão vinculadas a fatos e circunstâncias objetivas e subjetivas ligados, em regra, ao próprio processo.

15. **(Delegado Federal/2018)** As hipóteses de suspeição do juiz se referem a fatos e circunstâncias de origem externa ao processo e que poderão influenciar na decisão do órgão julgador.

16. **(Delegado Federal/2018)** O fato de não ser cabível a oposição de exceção de suspeição à autoridade policial na presidência do IP faz, por consequência, que não sejam cabíveis as hipóteses de suspeição em investigação criminal.

17. **(Delegado de Polícia Civil/GO/2018)** É instituto exclusivo da fase processual (i. e., judicial) da persecução penal:
    A. Sequestro de bens imóveis.
    B. Quebra de sigilo telemático.
    C. Incidente de insanidade mental.
    D. Habilitação de assistente de acusação.
    E. Medida cautelar de proibição de ausentar-se da comarca.

**18. (Delegado de Polícia Civil/SP/2018)** Nos termos do art. 252 do CPP, o juiz não poderá exercer jurisdição no processo em que
A. Tiver funcionado seu cônjuge como defensor.
B. For amigo íntimo de qualquer das partes.
C. Tiver aconselhado qualquer das partes.
D. For sócio de sociedade interessada no processo.
E. For credor de qualquer das partes.

## 8.9. GABARITO E COMENTÁRIOS

| QUESITO | ASSERTIVA CORRETA | JUSTIFICATIVA |
|---|---|---|
| 01 | B | Vide artigo 259 do Código de Processo Penal. |
| 02 | B | Vide artigo 261 do Código de Processo Penal. |
| 03 | B | Vide Súmula 234 do STJ. |
| 04 | A | Vide artigo 256 do CPP. |
| 05 | A | Vide artigo 252, III, do CPP. |
| 06 | B | Vide artigo 254 do CPP. |
| 07 | ERRADO | Vide tópico 8.5. |
| 08 | CERTO | Vide artigos 268 e 269 do CPP. |
| 09 | D | Vide artigo 107 do CPP. |
| 10 | C | Vide artigos 268 e 269 do CPP. |
| 11 | B | Vide artigo 261 do CPP. |
| 12 | A | Trata-se do princípio do promotor natural, reconhecido pela doutrina majoritária. Vide tópico 8.2. |
| 13 | D | Vide tópico 8.7. |
| 14 | CERTO | As hipóteses de impedimento estão listadas no artigo 252 do CPP – "Art. 252. O juiz não poderá exercer jurisdição no processo em que: I - tiver funcionado seu cônjuge ou parente, consanguíneo ou afim, em linha reta ou colateral até o terceiro grau, inclusive, como defensor ou advogado, órgão do Ministério Público, autoridade policial, auxiliar da justiça ou perito; II - ele próprio houver desempenhado qualquer dessas funções ou servido como testemunha; III - tiver funcionado como juiz de outra instância, pronunciando-se, de fato ou de direito, sobre a questão; IV - ele próprio ou seu cônjuge ou parente, consangüíneo ou afim em linha reta ou colateral até o terceiro grau, inclusive, for parte ou diretamente interessado no feito". |

Cap. 8 | SUJEITOS PROCESSUAIS - E SUA ATUAÇÃO NO INQUÉRITO POLICIAL

| QUESITO | ASSERTIVA CORRETA | JUSTIFICATIVA |
|---|---|---|
| 15 | CERTO | As hipóteses de suspeição estão listadas no artigo 254 do CPP: "Art. 254. O juiz dar-se-á por suspeito, e, se não o fizer, poderá ser recusado por qualquer das partes: I - se for amigo íntimo ou inimigo capital de qualquer deles; II - se ele, seu cônjuge, ascendente ou descendente, estiver respondendo a processo por fato análogo, sobre cujo caráter criminoso haja controvérsia; III - se ele, seu cônjuge, ou parente, consanguíneo, ou afim, até o terceiro grau, inclusive, sustentar demanda ou responder a processo que tenha de ser julgado por qualquer das partes; IV - se tiver aconselhado qualquer das partes; V - se for credor ou devedor, tutor ou curador, de qualquer das partes; VI - se for sócio, acionista ou administrador de sociedade interessada no processo". |
| 16 | ERRADO | Vide artigo 107 do CPP – "Art. 107. Não se poderá opor suspeição às autoridades policiais nos atos do inquérito, mas deverão elas declarar-se suspeitas, quando ocorrer motivo legal". |
| 17 | D | Vide tópico 8.5 |
| 18 | A | Vide tópico 8.1.2 |

299

# 9

# PROVAS

## 9.1. INTROITO

Conceituando, prova é o conjunto de atos praticados pelas partes, pelo juiz e por terceiros para conduzir o magistrado à convicção acerca da veracidade, falsidade, existência ou inexistência de um fato ou afirmação. No dizer de Luiz Francisco Torquato Avolio[1], prova "é o elemento integrador da convicção do juiz com os fatos da causa, daí sua relevância no campo do direito processual".

Acrescento, no que toca à colheita de provas no âmbito do inquérito policial, que o destinatário imediato destas na fase pré-processual é o titular da ação penal (Ministério Público ou querelante) e o mediato é o julgador (já que é possível, nos termos da parte final do artigo 155 do Código de Processo, construção de decreto condenatório com lastro em prova produzida no curso do inquérito policial).

Como já salientado, o inquérito é procedimento informativo e probatório, posto que nele é possível produção, tanto de elementos informativos (que precisarão de repetição no curso do processo para se transmudarem em provas), quanto de provas cautelares e não repetíveis (que depois de submetidas a contraditório diferido poderão embasar eventual sentença condenatória).

## 9.2. FATOS QUE INDEPENDEM DE PROVA

**9.2.1. Axiomáticos ou intuitivos:** são os que por serem evidentes trazem, por simples observação, um grau de certeza que dispensa a prova;

---

1. AVOLIO, Luiz Francisco Torquato. **Provas Ilícitas – Interceptações telefônicas, ambientais e gravações clandestinas**, RT, 2010, página 30.

**9.2.2. Notórios:** são aqueles que fazem parte da cultura de uma sociedade como, por exemplo, datas importantes (ninguém precisa provar que 7 de setembro é o dia da independência);

**9.2.3. Presunções legais:** também não dependem de prova as presunções feitas pela própria lei, assim não é necessário provar que um menor de 18 anos não entendeu o caráter ilícito do seu ato, porque a própria lei o presume inimputável (caráter absoluto do critério etário para aferição da inimputabilidade penal).

Os fatos incontroversos (os alegados por uma parte e admitidos pela outra como verdadeiros) precisam ser provados, porque diferente do processo civil, o processo penal exige a busca da verdade real (trata-se, em verdade, de meta inalcançável, posto que o magistrado fica adstrito ao que for produzido no curso do processo – a verdade é, portanto, a possível dentro dos autos) e não a simples verdade admitida pelas partes. Também depende de prova a vigência do direito estadual, municipal, estrangeiro e costumeiro.

## 9.3. PROVAS ILÍCITAS E ILEGÍTIMAS

Nossa Constituição Federal repudia as provas obtidas por meios ilícitos (artigo 5º, inciso LVI, da Constituição Federal). Não poderia ser diferente. A pretensa busca da verdade real (como dito, meta utópica) não pode justificar vilipêndio a direitos e garantias individuais escritas com pena de ouro pelo legislador constituinte.

Há uma distinção feita pela doutrina entre prova ilícita e ilegítima. Na primeira, desrespeitam-se norma de cunho material, ou seja, direitos individuais são molestados na produção da prova. Na segunda há afronta ao modo de produção da prova, ou seja, violam-se normas procedimentais. Ambas são proibidas (a *Lex Legum* não faz distinção entre elas).

A Lei 11.690/08 incluiu no Código de Processo Penal o repúdio às provas obtidas por meio ilícito (no artigo 157 do CPP). Referido mandamento determina que as provas, depois de preclusa a decisão que as reconheceu ilícitas, devem ser desentranhadas e inutilizadas (§ 3º do artigo 157 do CPP).

No Brasil, a doutrina e a jurisprudência adotavam, majoritariamente, o repúdio ao fruto da árvore envenenada. Em outras palavras, a prova em si lícita, mas que é derivada de uma prova ilícita, também deve ser considerada ilícita por ter sido "contaminada" por esta. A partir de 2008, com a edição da lei acima mencionada, tal entendimento foi incrustado no Código de Processo Penal (no § 1º do artigo 157 do CPP).

A identificação, na persecução penal, de prova produzida por meio ilícito não se traduz automaticamente na imprestabilidade de todos os elementos informativos e provas produzidos. O próprio Código protege as demais provas (lícitas) anteriores e subsequentes e faz ressalvas à adoção da teoria acima mencionada (inadmissibilidade do fruto da árvore envenenada). São duas as salvaguardas: a falta de nexo de causalidade e a chamada "fonte independente" (o § 2º do artigo 157 do CPP cuidou de definir o que é fonte independente – interpretação autêntica). Vejamos o dispositivo em comento em sua completude:

> Artigo 157. São inadmissíveis, devendo ser desentranhadas do processo, as provas ilícitas, assim entendidas as obtidas em violação a normas constitucionais ou legais.
>
> § 1º. São também inadmissíveis as provas derivadas das ilícitas, salvo quando não evidenciado o nexo de causalidade entre umas e outras, ou quando as derivadas puderem ser obtidas por uma fonte independente das primeiras.
>
> § 2º. Considera-se fonte independente aquela que por si só, seguindo os trâmites típicos e de praxe, próprios da investigação ou instrução criminal, seria capaz de conduzir ao fato objeto da prova.
>
> § 3º. Preclusa a decisão de desentranhamento da prova declarada inadmissível, esta será inutilizada por decisão judicial, facultando às partes acompanhar o incidente.
>
> § 4º (VETADO)
>
> § 5º O juiz que conhecer do conteúdo da prova declarada inadmissível não poderá proferir a sentença ou acórdão.

Saliento que o § 5º do artigo 157 do CPP foi enxertado pela Lei 13.964/19 e, por hora, está com sua aplicabilidade suspensa por decisão do Ministro Luiz Fux, nos autos das ADIs propostas contra o Pacote Anticrime. O dispositivo prescreve que o juiz que conhecer do conteúdo da prova declarada inadmissível (porque reconhecida ilícita ou ilegítima) não poderá proferir sentença ou acórdão (essa expressão faz com que o dispositivo seja aplicável a órgãos colegiados). Trata-se, a meu sentir, de hipótese de impedimento (situação objetiva ligada ao processo). O desrespeito ao comando constante no novel dispositivo legal deve induzir nulidade absoluta.

O legislador tencionou evitar a chamada síndrome de dom casmurro[2] (ou quadros mentais paranoicos). É óbvio que o juiz que tem acesso a determinada prova (ainda que ilícita ou ilegítima) pode se sentir por ela influenciado no momento de prolatar sua decisão final. Penso ser salutar a alteração legislativa, na medida em que objetiva que a decisão do julgador (seja ela condenatória ou absolutória) seja fruto da análise, tão somente, de provas reputadas lícitas.

---

2. A nomenclatura se refere à obra de Machado de Assis. Nela, Bentinho pré-concebe a ideia de que foi traído por sua amada Capitu e tenta, a todo custo, encontrar "provas" da traição. O mesmo acontece quando o magistrado desenvolve a ideia fixa de que um alvo da persecução penal é autor do fato apurado e passa a determinar produção de provas que confirmem seu raciocínio pré-concebido. É inegável que tal situação deve ser evitada, por se traduzir em afronta ao sistema acusatório (o juiz finda se imiscuindo na atribuição acusatória do Ministério Público).

Com o fito de dar efetividade ao comando, penso que, depois de preclusa a decisão que reconheceu que determinada prova foi obtida por meios ilícitos, o juiz deve determinar seu desentranhamento, reconhecendo-se, a seguir, impedido de prolatar sentença (com envio dos autos ao seu substituto legal).

Analisada a alteração legislativa, continuemos. Tratemos inicialmente das exceções expressamente previstas no Código de Processo Penal. A prova lícita colhida após a coleta de prova ilícita não é por esta afetada quando não há nexo de causalidade entre uma e outra (exceção da falta de nexo de causalidade). Isso reforça o quanto acima desenhado, de que a identificação de um elemento informativo ou prova ilícita no curso do persecução penal não significa a invalidade dos outros elementos informativos e provas licitamente coligidos, quando entre eles (prova ilícita e provas lícitas) não há nexo de causalidade.

Também não há nulidade da prova lícita subsequente quando se detectar existência de fonte independente hígida. Imaginemos que, enquanto o delegado de polícia colhe o depoimento de uma testemunha, policiais entrevistam o suspeito do crime. No gabinete da autoridade policial, a testemunha revela a localização do revólver usado no crime. Na sala dos policiais, mediante tortura, o investigado também indica onde está a arma. Diante da situação hipotética narrada, é possível concluir que a apreensão do revólver será prova lícita (e poderá ser utilizada na persecução penal em juízo), porque decorreu não só da tortura (prova ilícita que merecerá desentranhamento do feito), mas de fonte independente lícita (prova testemunhal).

Bom que se diga que o legislador tupiniquim, em verdade, confundiu o conceito de fonte independente com o de descoberta inevitável. Explico: quando o CPP definiu fonte independente no § 2º do artigo 157 acima transcrito, em verdade, apresentou o conceito de descoberta inevitável (que ocorre quando se detecta que a prova subsequente lícita seria coligida mesmo sem a utilização da prova ilícita anterior, com a utilização dos meios hodiernos de investigação). Eis exemplo da exceção da descoberta inevitável: cumprindo mandado de busca e apreensão expedido pelo juízo competente, policiais torturam o investigado para que ele diga onde está a faca usada no crime. O suspeito, pressionado, aponta para uma arma branca que estava na mesa da sala. Ora, como a faca seria achada pela polícia ainda que o investigado não tivesse sido torturado (descoberta inevitável), a apreensão da arma deve ser considerada prova lícita (óbvio que isso não afasta a responsabilidade penal dos policiais envolvidos na prática de tortura e a imprestabilidade da eventual confissão).

Continuemos. As exceções que permitem aproveitamento de provas lícitas colhidas depois de prova ilícita são derivadas da doutrina norte-americana. Socorro-me de Denílson Feitoza Pacheco, citado por Nestor Távora e Rosmar Rodrigues Alencar[3], que enumera tais limitações "como a limitação da fonte

---

3. TÁVORA, Nestor e ALENCAR, Rosmar Rodrigues. **Obra acima citada**, página 355.

independente (*'independent source' limitation*), a limitação da descoberta inevitável (*'inevitable discovery' limitation*), e a limitação da 'contaminação expurgada' (*'purged taint' limitation*) ou, como também é denominada, limitação da conexão atenuada (*'attenuated connection' limitation*)".

Seguindo os passos delineados pelo brilhante ex-defensor público do Estado de Alagoas, Távora, não há nulificação do processo como um todo, seguindo a doutrina norte-americana, caso: a) exista prova lícita absolutamente independente de eventual prova ilícita carreada ao feito (a existência de prova ilícita que não guarda nexo de causalidade com provas lícitas capazes de lastrear condenação não sugere anulação do feito); b) a prova que decorre da prova ilícita possa ser colhida como resultado de atos outros de investigação (é a descoberta inevitável, admitida pela legislação brasileira, porque finda por acabar com o nexo de causalidade que liga a prova ilícita à licitamente colhida é reconhecer que prova viria aos autos independentemente da prova ilícita da qual derivou, porque a descoberta certamente adviria de outros meios de investigação lícitos); c) o nexo que liga a prova ilícita da lícita dela derivada seja tão tênue que se considera expurgado o vício (é a teoria da mancha purgada ou tinta atenuada, não expressamente prevista na legislação pátria, mas que pode ser enquadrada, fazendo uso de interpretação extensiva, no permissivo da ausência de nexo de causalidade); d) se perceba que os agentes estatais agiram de boa-fé, sem intenção patente de infringir a lei no curso da coleta da prova eventualmente ilícita (a teoria não encontra guarida na legislação pátria). Eis tabela que sintetiza as teorias estudadas e auxilia o entendimento da matéria aqui tratada:

| TEORIA | SÍNTESE | PREVISÃO EXPRESSA NO CPP |
| --- | --- | --- |
| Ausência de nexo de causalidade | Quando não se evidencia nexo de causalidade entre a prova lícita subsequente e a prova ilícita anterior. | Sim |
| Fonte independente | Quando a prova lícita subsequente também resultar de fonte lícita independente da prova ilícita anterior. | Sim |
| Descoberta inevitável | Se a prova decorrente da prova ilícita seria descoberta de qualquer maneira, ela não é contaminada. | Não foi expressamente prevista, mas a leitura do § 2º do artigo 157 demonstra que ao definir 'fonte independente' o CPP acabou fazendo referência à descoberta inevitável |

| TEORIA | SÍNTESE | PREVISÃO EXPRESSA NO CPP |
|---|---|---|
| Mancha purgada (tinta diluída ou nexo causal atenuado) | O vínculo entre a prova ilícita e a lícita subsequente fnda sendo atenuado, o que permite aproveitamento da prova lícita[4]. | Não |
| Boa-fé | Se os agentes públicos estiverem de boa-fé, a prova pode ser aproveitada. | Não |
| Proporcionalidade | Juízo de ponderação que permite o aproveitamento da prova ilícita. | Não |

Percebe-se que a doutrina americana admite número maior de regras de exclusão (apenas duas destas foram inseridas textualmente no artigo 157 do CPP). Ainda assim, penso que nada impede a adoção das outras possibilidades (mesmo as não incrustadas de forma expressa no referido mandamento legal) como, por exemplo, a exceção da boa-fé.

Não se deve perder de vista que o tema é delicado, vez que estamos diante de relativização de direito constitucionalmente assegurado ao cidadão brasileiro (à inadmissibilidade da prova obtida por meio ilícito). Por essa razão, é preciso ter cautela ao analisar a possibilidade de aplicar as exceções à teoria dos frutos da árvore envenenada. As decisões acerca do afastamento da derivação da ilicitude devem ser tomadas caso a caso, a depender da situação concreta apresentada ao Estado-juiz. Nesta senda, cabe ao Estado-investigação tomar o máximo de cautela na colheita da prova, com o fito de que alhures não seja ela declarada ilícita, possibilitando eventualmente a não responsabilização do sabido autor de determinado delito.

Gravitam, ainda, em torno do tema aqui estudado, os princípios da proporcionalidade e da razoabilidade. Aqui a cautela deve ser ainda maior. Em síntese bastante apertada, é aceitar prova sabidamente ilícita ao argumento de que o bem jurídico protegido pela sua aceitação é mais relevante que o vilipendiado na produção da mesma.

---

4. Exemplifico para facilitar o entendimento da exceção: a polícia investiga roubo perpetrado por dois agentes e consegue, usando técnicas de investigação lícitas, identificar um deles. O autor do fato identificado finda sendo torturado pelo aparelho policial, para que diga quem é seu comparsa. Identificado o coautor do crime em face da tortura perpetrada, o delegado de polícia representa ao juízo pela decretação da sua prisão preventiva. O comparsa identificado é preso e, com observância de todos os direitos fundamentais, confessa a participação no crime. A teoria da macha purgada (ou tinta atenuada) aduz que a confissão ulterior lícita do comparsa atenua a ilicitude resultante da tortura e, por isso, essa última (a confissão lícita do comparsa) pode ser mantida no feito como prova lícita que é.

A adoção de ditos princípios e, portanto, a acolhida de prova ilícita no curso do processo penal é admitida pela doutrina e pela jurisprudência tupiniquim em prol do acusado, para evitar funesta condenação de pessoa inocente. Neste sentido Guilherme de Souza Nucci[5].

Para Luiz Francisco Torquato Avolio[6]:

> A aplicação do princípio da proporcionalidade sob a ótica do direito de defesa, também garantido constitucionalmente, e de forma prioritária no processo penal, onde impera o princípio do favor rei é de aceitação praticamente unânime pela doutrina e jurisprudência.

Já a admissibilidade da proporcionalidade e da razoabilidade em prol da sociedade, para justificar condenação calcada em prova reconhecidamente ilícita é muito mais delicada. Não há espaço, no sistema processual penal calcado na Carta Magna de 1988, para fundamentar a admissibilidade de material probante sabidamente colhido ao arrepio da lei como pano de fundo de condenação criminal, ao pretenso argumento de que o seio social restará defendido. Trata-se de verdadeira inversão de valores. A sociedade será muito mais vilipendiada pelo Estado-juiz se este reconhecer que em tal situação os direitos escritos com pena de ouro pelo legislador constituinte podem ser afastados para suprir eventual falha do Estado-investigação na coleta de acervo probatório lícito, apto a lastrear justa imposição de pena (não confundir prova ilícita com direitos individuais superdimensionados – vide tópico 8.4). Neste sentido Guilherme de Souza Nucci[7] e Luiz Francisco Torquato Avolio[8]. Em sentido contrário Fernando Capez, que sentencia: "a prova, se imprescindível, deve ser aceita e admitida, a despeito de ilícita, por adoção do princípio da proporcionalidade, que deve ser empregada *pro reo* ou *pro societate*"[9].

Os meios investigativos devem evoluir de forma a detectar e reprimir as novas formas de praticar crimes. Não há espaço para, ao contrário, voltar no tempo e admitir métodos apuratórios arcaicos e à margem da legislação. Filio-me à conclusão exarada por Nestor Távora e Rosmar Rodrigues Alencar[10], para quem:

> A proporcionalidade invocada como capa da condenação acaba por remontar o discurso da possibilidade de exilar do manto constitucional algumas pessoas

---

5. NUCCI, Guilherme de Souza. **Obra acima citada**, página 36.
6. AVOLIO, Luiz Francisco Torquato. **Obra acima citada**, página 80.
7. NUCCI, Guilherme de Souza. **Obra acima citada**, página 35 e 36.
8. AVOLIO, Luiz Francisco Torquato. **Obra acima citada**, página 79.
9. CAPEZ, Fernando. **Obra acima citada**, páginas 352 e 353. O autor ressalva a prática de tortura, que afronta, segundo palavras suas "normas de direito natural" e que jamais pode ser admitida, seja para que fim for.
10. TÁVORA, Nestor e ALENCAR, Rosmar Rodrigues. **Obra acima citada**, página 361.

que, pelo grau de perigosidade, devem ser tratadas como verdadeiras inimigas do Estado, não cidadãs, e portanto, à margem do núcleo básico de proteção dos direitos individuais.

Por fim, cumpre discutir a teoria do cenário da bomba-relógio e sua aplicabilidade na realidade penal e processual penal brasileira.

A ideia de relativização da tortura, no campo do Direito Penal, é hipoteticamente proposta na Teoria da Cenário da Bomba-Relógio (extraída da obra *Les Centurions*, de Jean Latérguy). Em síntese apertada, a situação apresentada idealiza a captura de um terrorista depois da descoberta de que este instalou bombas que explodirão na cidade, matando e ferindo um número considerável de pessoas (a avaliação do cenário proposto pode ser pensada, no Brasil, em relação à prática de outros crimes graves, como extorsão mediante sequestro).

Esgotadas todas as trilhas investigativas legalmente disponíveis para descoberta da localização dos artefatos explosivos, a pergunta proposta é: pode o aparelho estatal formal utilizar deliberadamente da tortura para extrair à fórceps a informação desejada e, assim, desarmar as bombas impedindo o ataque terrorista? Ou, em outra formulação, a vedação da tortura enquanto meio de obtenção de prova (e sua criminalização) pela Constituição Federal (incisos III[11] e XLIII[12], ambos do artigo 5º), por tratados e convenções internacionais (Convenção Interamericana para Prevenir e Punir a Tortura[13], Convenção Contra a Tortura e Outros Tratamentos ou Penas Cruéis, Desumanos ou Degradantes[14] e Estatuto de Roma[15]) e pela lei (Lei 9.455/97) constitui obstáculo intransponível a sua utilização ao argumento utilitarista de que serão salvas muitas vidas de pessoas inocentes?

O dilema é questão muito intrincada, posto que estão em choque direitos muito caros. O direito individual do investigado pelos atos de terror (de 1ª geração, posto que se traduz em abstenção estatal) à higidez da sua integridade física e psíquica (e mesmo à vida) em choque com o direito à vida, à integridade física e ao patrimônio de um número incerto de pessoas (vez que não se sabe a localização das bombas ativadas pelo terrorista).

---

11. Art. 5º (...)
    III - ninguém será submetido a tortura nem a tratamento desumano ou degradante.
12. Art. 5º (...)
    XLIII - a lei considerará crimes inafiançáveis e insuscetíveis de graça ou anistia a prática da tortura, o tráfico ilícito de entorpecentes e drogas afins, o terrorismo e os definidos como crimes hediondos, por eles respondendo os mandantes, os executores e os que, podendo evitá-los, se omitirem.
13. Internalizada no Brasil pelo Decreto 98.386/89.
14. Promulgada no Brasil pelo Decreto 40/91.
15. Internalizado no Brasil pelo Decreto 4.388/02.

Se é certo que, quando há choque de direitos constitucionalmente assegurados, deve-se fazer uso de ponderação para que se construa a interpretação correta de forma a fazer prevalecer o direito que possui mais valia na situação concreta, é também indubitável que esse esforço intelectual é extremamente complexo, em face da nobreza dos bens jurídicos em conflito.

Não há direito absoluto. Mesmo o direito à vida pode licitamente ser confiscado nas situações legalmente autorizadas. O cenário proposto pode ser enfrentado sob quatro perspectivas (no sentido de defender o agente estatal que faz uso da tortura para extrair do suspeito a localização das bombas de condenação criminal): a) legítima defesa; b) estado de necessidade; c) autorização *ex ante*; d) justificação *post facto*.

No Brasil, a legítima defesa é causa excludente de antijuridicidade, na forma do artigo 23 do Código Penal[16]. Destarte, não há crime quando o agente usa moderadamente os meios necessários para repelir injusta agressão, atual ou iminente (artigo 25 do Código Penal[17]).

Imaginando a instalação de bombas que explodirão em uma cidade, certamente está presente o requisito da injusta agressão iminente. Pessoas inocentes serão vitimadas pelas explosões que se avizinham. O problema na admissão da tese de legítima defesa para agasalhar a conduta do agente estatal que tortura o terrorista para dele extrair a localização das bombas é demonstrar o uso moderado dos meios necessários.

Muitas são, ao longo da história, as técnicas utilizadas por agentes estatais para torturar alvos do sistema de persecução penal. Como a ideia central é causar sofrimento físico ou mental por meio de violência ou grave ameaça para obtenção da confissão, informação ou declaração desejada, a intensidade da expiação variará de acordo com a resistência do torturado. Essa noção foi retratada na obra O Martelo das Feiticeiras[18] (o *Mallus Maleficarum* retrata o

---

16. Art. 23 - Não há crime quando o agente pratica o fato:
    I - em estado de necessidade;
    II - em legítima defesa;
    III - em estrito cumprimento de dever legal ou no exercício regular de direito.
    Excesso punível
    Parágrafo único - O agente, em qualquer das hipóteses deste artigo, responderá pelo excesso doloso ou culposo.
17. Art. 25 - Entende-se em legítima defesa quem, usando moderadamente dos meios necessários, repele injusta agressão, atual ou iminente, a direito seu ou de outrem.
    Parágrafo único. Observados os requisitos previstos no caput deste artigo, considera-se também em legítima defesa o agente de segurança pública que repele agressão ou risco de agressão a vítima mantida refém durante a prática de crimes.
18. KRAMER, Heinrich e SPRENGER, James. **O martelo das feiticeiras**, 25ª edição, Rio de Janeiro: Record: Rosa dos Tempos, 2014.

nada saudoso sistema processual penal inquisitivo na perspectiva da persecução de atos bruxaria em nome da fé)[19].

O grande entrave é saber até onde pode ir o agente estatal torturador? É moderado causar lesões graves ou gravíssimas? É moderado prosseguir nos atos de tortura até que, eventualmente, o torturado morra[20]? Essas são as críticas mais incisivas ao uso da legítima defesa enquanto tese pelo advogado do policial que faz uso da tortura nesse cenário hipotético.

A tese do estado de necessidade pode ser também contestada. Estado de necessidade tem a mesma natureza jurídica da legítima defesa (causa excludente de antijuridicidade prevista no inciso I do artigo 23 do Código Penal). Para que exista a justificante em questão, é preciso que o agente pratique o ato para salvar de perigo atual, que não provocou por sua vontade, nem podia de outro modo evitar, direito próprio ou alheio, cujo sacrifício, nas circunstâncias, não era razoável exigir-se[21] (basicamente se sacrifica um bem de igual ou menor valor para salvar um de igual ou maior valor).

A situação de perigo representada pela explosão das bombas é indiscutível. Ocorre que esse perigo não é atual e sim iminente. A expressão iminente não foi utilizada pelo legislador brasileiro na definição do estado de necessidade, razão pela qual o instituto resta prejudicando, mais das vezes, em sua aplicação na defesa do agente estatal torturador.

A terceira possibilidade elencada como solução do cenário da bomba relógio é a autorização *ex ante*. Não é possível pensar, sequer hipoteticamente, nessa trilha tendo como base o ordenamento jurídico brasileiro. A Constituição Federal brasileira veda a tortura, determina sua criminalização enquanto crime equiparado a hediondo e tal determinação foi cumprida, nos exatos termos da Lei 9.455/97.

---

19. O sistema processual penal inquisitivo apuratório de heresia objetiva sempre a legitimação por meio da obtenção da confissão. Se a acusada resistisse à primeira sessão de agressões físicas, o juiz deveria colocá-la à frente de outros aparelhos de tortura, pressionando-a a falar, sob pena de ser submetida a nova sessão de violações. O martírio continuava por outros dias (e até no mesmo dia), caso a admissão de culpa não viesse (**obra citada**, p. 433). Entre uma sessão de violência e outra, o juiz ou outros "homens honestos" pressionavam a acusada a falar (ou seja, o sofrimento é contínuo, vez que nos intervalos de sofrimento físico, impõe-se sofrimento mental). O silêncio (hoje um indiscutível direito constitucionalmente consagrado) é tido como "poder maléfico" (**obra citada**, p. 435). O manual adverte que o juiz mantivesse sempre guardas próximos à acusada, para evitar que "o demônio faça com que ela se mate" (**obra citada**, p. 434).

20. O que significaria, nos termos da lei brasileira, prática do crime de tortura qualificada/majorada (qualificada pela morte da vítima e majorada por ser o agente servidor público).

21. Art. 24 - Considera-se em estado de necessidade quem pratica o fato para salvar de perigo atual, que não provocou por sua vontade, nem podia de outro modo evitar, direito próprio ou alheio, cujo sacrifício, nas circunstâncias, não era razoável exigir-se.
    § 1º - Não pode alegar estado de necessidade quem tinha o dever legal de enfrentar o perigo.
    § 2º - Embora seja razoável exigir-se o sacrifício do direito ameaçado, a pena poderá ser reduzida de um a dois terços.

Nessa direção, é impensável uma representação confeccionada por delegado de polícia ou um requerimento elaborado pelo Ministério Público, solicitando que o Poder Judiciário expeça um mandado que autorize a prática de tortura por agentes estatais.

A última justificação da prática de tortura por agente estatal é a *post facto*. Essa linha de defesa é calcada no afastamento da culpabilidade, por inexigibilidade de conduta diversa (em verdadeira causa supralegal de exclusão da culpabilidade).

A culpabilidade é o terceiro substrato do conceito analítico de crime e é composta por três elementos puramente normativos: a) imputabilidade; b) potencial consciência da ilicitude; c) exigibilidade de conduta diversa. A última tese defensiva à disposição do agente estatal que emprega tortura para descobrir a localização das bombas com o intuito de desarmá-las propõe que o caso concreto seja avaliado (já porque se trata de elemento normativo) e que fique o policial isento de pena se restar detectado que não era possível outro caminho a trilhar senão o emprego das técnicas de tortura, com o objetivo de salvar o maior número de pessoas. Parece-me a linha defensiva mais adequada, quando fazemos a análise do cenário da bomba-relógio tendo como pano de fundo a legislação brasileira.

A par dos evidentes entraves jurídicos (proibição do uso de tortura pela Constituição Federal, por tratados e convenções internacionais e pela lei do Brasil), há diversos problemas práticos que devem ser considerados.

O primeiro deles diz respeito a erros na investigação é a equivocada eleição do suspeito. A teoria do cenário da bomba-relógio pressupõe a captura do responsável pela instalação de artefatos explosivos, mas, na prática, essa captura acontece como resultado de esforço investigativo estatal na coleta de elementos que convirjam para o suspeito. Naturalmente, como atividade humana que é, a investigação pode ter sido equivocadamente conduzida e os elementos de convicção que apontam para o suspeito podem ter sido avaliados erroneamente.

Se a premissa é errada (o suspeito não tem envolvimento com o ato terrorista investigado), é evidente que não se chegará ao resultado almejado (localização das bombas) mesmo que se empregue a tortura. Aliás, como o indivíduo eleito pelo estado como autor do fato não o praticou, suas negativas podem ser entendidas simplesmente como evasivas utilizadas por pessoa convicta da correção da prática do terrorismo ou simplesmente como notável resistência ao sofrimento físico ou mental imposto pelas técnicas de tortura e isso pode culminar com sua morte (a depender da avidez dos agentes estatais envolvidos com o caso).

Outro entrave pragmático por vezes enfrentado em investigações criminais: o suspeito pode ter real participação no atentado terrorista, mas pode desconhecer a localização das bombas instaladas. As práticas delitivas perpetradas por grupos que se predispõem a espalhar o terror para dar mais valia a suas convicções são, mais das vezes, bastante planejadas. É crível, caso exista articulação de mais de um agente para a perpetração do ataque, que haja divisão de tarefas e mesmo compartimentação das informações. Nessa esteira, o terrorista capturado no esforço investigativo para localização das bombas pode não saber a exata localização dos artefatos e isso conduziria ao mesmo resultado exposto acima (prática de violações à integridade física/psíquica cada vez mais severas, com real possibilidade de causação da morte do investigado).

Terceiro ponto pragmático a depor contra a utilização da tortura: o investigado torturado pode fornecer informações falsas, com o fito de confundir o aparelho estatal persecutório ou simplesmente quedar-se silente mesmo sofrendo violência ou grave ameaça. A depender do nível de convicção política ou religiosa da pessoa que se envolve em um ato terrorista, é esperado que ela esteja, inclusive, preparada para morrer em prol da causa que defende. Ora, é possível que, em face desse ideal (ser instrumento para disseminação do terror em prol de uma ideia) o investigado, mesmo sofrendo graves expiações, opte por confundir os policiais com dados falsos sobre a localização das bombas ou nada fale sobre o tema (outra vez o fim será o mesmo: clara possibilidade de que o investigado pereça ante a violência estatal).

Analisada a dimensão penal do problema: responsabilização do policial envolvido com a prática de tortura (e as teses defensivas possíveis) e os graves entraves pragmáticos que gravitam em torno do tema, cumpre estudar a dimensão processual penal (aproveitamento da prova produzida mediante uso de tortura na teoria do cenário da bomba-relógio).

Indubitavelmente, como já desenhado supra, a relativização da ilicitude (Brasil) probante com o fim de aproveitar a prova produzida por meio de tortura (confissão) ou as provas licitamente colhidas que dela resultem (localização e desarme das bombas em face da informação fornecida pelo investigado torturado) é tema delicado.

No campo penal, como descortinado acima, é possível vislumbrar três caminhos interpretativos (dos quatro analisados) que podem conduzir à absolvição dos policiais envolvidos na prática de tortura (sendo a melhor trilha, salvo melhor juízo, a argumentação de exclusão da culpabilidade por inexigibilidade de conduta diversa). No campo processual penal, conduto, o obstáculo para ter em conta a prova resultante da prática de tortura parece intransponível.

Melhor explicando. Analisamos nesse ensaio duas dimensões diferentes. Uma é a responsabilização criminal do agente estatal que faz uso da tortura como ato desesperado voltado à preservação de vidas de inocentes (e isso pode ser eventualmente tolerado a depender da situação concreta, com a absolvição do policial). Outra é admitir que o estado deliberadamente produza uma prova ilícita (ou proibida) e a utilize para responsabilizar criminalmente o réu.

A existência de uma prova ilícita no bojo do processo não significa a inutilização de todas as provas colhidas no curso da persecução penal (como já declinado supra). Analisando os dispositivos legais e as lições doutrinárias acerca do tema, o caminho que se impõe é a retirada da prova ilícita do feito e a continuidade da marcha processual, com possibilidade de utilização das provas que não foram afetadas pela prova indevidamente coligida.

No Código de Processo Penal brasileiro, como já acentuado, há duas salvaguardas relacionadas às demais provas lícitas colhidas no curso da persecução penal (ausência de nexo de causalidade e fonte independente – § 1º do artigo 157 do Código de Processo Penal).

Em rápidas linhas, se a prova lícita subsequente não guardar nexo de causalidade com a prova ilícita anterior, apenas a prova ilícita deve ser retirada do processo, com manutenção de todas os elementos probantes colhidos com respeito às normas legais.

A segunda exceção (fonte independente) determina aproveitamento da prova lícita subsequente se, além de resultar da prova ilícita, existir fonte independente lícita (§ 2º do artigo 157 do Código de Processo Penal).

O aproveitamento da prova ilícita em si (realidade bem mais complexa) dependeria de exceção lastreada no princípio da proporcionalidade (não prevista na legislação processual penal brasileira). Seria proporcional admitir vilipêndio ao direito à integridade física/psíquica do investigado em prol da elucidação de um caso criminal? É interessante reafirmar que a dimensão penal (de responsabilização penal do agente torturador) é diferente da dimensão processual penal (autorizar que o estado atropele direito fundamental cuja mitigação não foi autorizada pelo ordenamento jurídico). E nesse sentido, a resposta, com base no sistema processual penal brasileiro só pode ser negativa.

Utilizando as palavras do professor Manuel Guedes Valente, o processo penal "é, por excelência, o Direito dos inocentes. Este axioma importa limites inultrapassáveis, de entre os quais destacamos desde já o mais premente a inadmissibilidade de prosseguir a justiça criminal a qualquer e a todo o custo"[22]. Contrariar essa máxima é avançar na direção de um sistema antigarantista já experimentado outrora (e com funestos resultados) durante a (nada Santa) inquisição e o nazismo (há similitude entre a persecução de bruxas e judeus, respectivamente, na inquisição e sob a égide do Terceiro Reich).

Mais modernamente, o inimigo estatal (que já foi a bruxa e o judeu) é o terrorista. Não se pode admitir que o medo de um eventual ataque terrorista (decorrente de uma sociedade líquida, nas palavras de Zygmunt Bauman[23])

---

22. VALENTE, Manuel Monteiro Guedes. **Cadeia de Custódia da Prova**, editora Almedina, 2ª edição, p. 18.
23. BAUMAN, Zygmunt. **Medo Líquido**. Rio de Janeiro: Zahar, 2008.

sirva de fundamento para mitigação de direitos importantes em nome de pretensa segurança garantida pelo estado.

Dar carta branca, ainda que diante do risco de prática de crimes graves, para que o estado possa torturar investigados a fim de extrair informações que lhe pareçam relevantes é extremamente perigoso, até porque haverá necessidade de que o uso desse remédio amargo seja decidido por agentes estatais sem parâmetros objetivos claros (já que se trata de prática não autorizada legalmente, fruto de uma construção doutrinária ou eventualmente jurisprudencial).

Concluo que o uso de tortura por agentes estatais diante de crimes extremamente graves (como a prática de terrorismo) deve ser aquilatada sob duas dimensões: a penal e a processual penal.

Sob o ponto de vista penal, avalia-se a imputação de crime de tortura em face dos agentes estatais envolvidos na prática delitiva. Nessa dimensão, é possível construir, com base na legislação brasileira argumentos que culminem com a absolvição dos policiais, como acima demonstrado (principalmente no sentido de isentar o agente de pena por inexigibilidade de conduta diversa).

Na dimensão processual penal, contudo, melhor sorte não se observa em relação à prova (confissão) obtida em face da prática de tortura. As regras constitucionais brasileiras, os tratados e convenções internacionais e as regras legais de regência, impedem o aproveitamento do elemento probante colhido por meio de uso da tortura, com consequências deletérias em relação às provas lícitas subsequentes que com aquele tiverem estreita ligação (teoria dos frutos da árvore envenenada).

Não é possível, como visto, sob pena de subversão do sistema processual penal brasileiro, admitir, em prol da construção decreto condenatório, a prova obtida por meio da utilização da tortura, mesmo diante do princípio da proporcionalidade (trata-se de linha vermelha que não deve ser cruzada, sob pena de transmudar o sistema persecutório em sistema investigativo antigarantista).

## 9.4. O SUPERDIMENSIONAMENTO DE DIREITOS INDIVIDUAIS E A ANULAÇÃO DE INVESTIGAÇÕES POLICIAIS NO ÂMBITO DOS TRIBUNAIS SUPERIORES

A condução do inquérito policial deve ser pautada pelo respeito às normas constitucionais e infraconstitucionais que o regem e o limitam. Em que pese investigativo por natureza e por definição, a produção de elementos informativos e provas no seu curso deve observar as limitações impostas pelo respeito aos direitos e garantias individuais grafados com pena de ouro na *Lex Legum* e à forma de produção determinada pelo CPP e pela legislação processual penal extravagante.

Qualquer ação do Estado-investigação que fuja desse norte pode e deve ser entendida como ilegal e a prova dela resultante deverá ser tida como ilícita ou ilegítima (caso a violação atinja direitos individuais ou a forma prescrita para produção da prova, respectivamente). É o que determina o artigo 5º, LVI, da CF, corroborado pelo artigo 157 do CPP (dispositivos já analisados no item retro).

O destino da prova reputada ilícita é informado na cabeça do citado artigo 157 do CPP: desentranhamento do processo e posterior inutilização, como já mencionado supra.

Feito esse breve introito (mera reafirmação de tópicos já estudados), cumpre alertar para o perigoso superdimensionamento dos direitos individuais em detrimento do interesse de toda sociedade em ver responsabilizados os autores do crime, tudo com vistas a evitar a temida sensação de impunidade hoje tão presente e que se mostra como uma das perniciosas molas propulsoras do delito.

Posicionamentos como os sustentados pelo Tribunal da Cidadania no HC 107285/RJ[24] (em que o STJ anulou condenação pelo crime de falsidade ideológica calcado no fato de que a autoridade policial não informou claramente à investigada do seu direito a não autoincriminação, quando da colheita de material gráfico para realização de perícia) no HC 191378/DF[25],em que o mesmo STJ entendeu, em linhas gerais, que relatório do COAF – Conselho de Controle de Atividades Financeiras – não é documento hábil para lastrear quebra de sigilo fiscal, bancário e telefônico e que todas as provas resultantes e decorrentes das quebras deferidas pelo juízo competente deveriam ser anuladas, com fuste na teoria dos frutos da árvore envenenada) e na Reclamação 33711 (anulação de entrevista manejada pela autoridade policial no curso do cumprimento de mandado de busca e apreensão) devem ser repensados. Diuturnamente são criadas amarras que engessam cada vez mais o trabalho investigativo exercido pela polícia judiciária.

Quanto ao primeiro e ao último julgados, cumpre remeter o leitor ao tópico 5.7.5 (há transcrição das decisões e listagem de críticas às mesmas).

Em relação ao segundo aresto citado, cumpre fazer o seguinte questionamento: o que será melhor para lastrear um afastamento de sigilo bancário ou fiscal que um relatório de inteligência fornecido por um órgão estatal especializado no combate à lavagem de dinheiro (no caso concreto o COAF)? Penso que não há documento mais robusto. A quebra de sigilo fiscal e bancário e a posterior perícia realizada nos documentos por elas fornecidos é a melhor forma de identificar e lastrear o caminho percorrido pelo dinheiro em crimes

---

24. Relatado pela Ministra Laurita Vaz, julgado em 07/02/2011.
25. Relatado pelo Ministro Sebastião Reis Júnior, julgado em 15/09/2011, DJe em 05/12/2011.

contra a ordem tributária, contra o sistema financeiro, de lavagem de dinheiro e os que envolvem desvios de verbas públicas.

Aliás, quanto melhor a prova técnica baseada em dados reais fornecidos por instituições creditícias que eventuais ilações acerca da origem e destino do dinheiro feitas pelo aparelho policial.

Dizer que o cidadão que dilapida o patrimônio público não pode ter seu sigilo bancário e fiscal afastados pelo Estado-juiz diante de relatório feito por órgão estatal de inteligência é sepultar qualquer possibilidade de responsabilização da criminalidade organizada (que se esconde atrás de complexas transações financeiras, utilizando-se de 'laranjas' para encobrir seus delitos).

Estamos diante de interpretações que incham sobremaneira os direitos individuais outorgados pela Carta da República e que findaram por desmantelar investigação que custaram aos cofres do Estado (investigações essas satisfatórias, porque efetivamente conseguiram identificar os autores dos crimes e colher provas que os incriminavam).

Se é certo que o Estado-juiz deve cuidar para que não sejam cometidos excessos no curso das investigações levadas a efeito pelo Estado-investigação, é igualmente fato que ele deve ser cauteloso com o fito de não superdimensionar direitos individuais em detrimento do interesse de toda sociedade, gerando, como dito supra, funesta sensação de impunidade.

Anos de investigação, dinheiro público e esmero na produção de provas robustas e técnicas não podem ser sumariamente descartados sob o argumento da proteção dos direitos individuais dos que se locupletam do erário e contribuem para o atraso do nosso país.

Cumpre deixar claro que o Superior Tribunal de Justiça reviu o entendimento acima criticado no ano de 2017, em decisão relatada pelo Ministro Rogério Schietti Cruz[26], exatamente nos termos defendidos por esta obra desde sua primeira edição. O Pariato afirmou que o relatório do COAF (hoje UIF) pode servir de escora para instauração de inquérito policial e para representação de medidas cautelares (quebra de sigilo bancário, fiscal, interceptação telefônica, dentre outras). Eis o julgado:

> HABEAS CORPUS. PROCESSO PENAL. DESVIO DE VERBAS PÚBLICAS. RELATÓRIO DO COAF. UTILIZAÇÃO PARA FUNDAMENTAR A QUEBRA DE SIGILO FINANCEIRO (FISCAL E BANCÁRIO). POSSIBILIDADE. COMUNICAÇÃO FEITA PELA INSTITUIÇÃO À AUTORIDADE POLICIAL E/OU AO MINISTÉRIO PÚBLICO QUE É BASEADA EM INFORMAÇÕES CONFIDENCIAIS RELEVANTES E PRECISAS. DESNECESSIDADE DE INVESTIGAÇÕES PRELIMINARES EM INQUÉRITO POLICIAL. BUSCA E APREENSÃO. DECORRÊNCIA DA QUEBRA DE SIGILO FISCAL E BANCÁ-

---

26. STJ, HC 349.945/PE, rel. Min. Nefi Cordeiro, rel. p/ acórdão Min. Rogerio Schietti Cruz, Sexta Turma, julgado em 06/12/2016, DJe 02/02/2017.

RIO. LEGALIDADE. QUEBRA DE SIGILO TELEFÔNICO. FUNDAMENTAÇÃO. OCORRÊNCIA. PRORROGAÇÃO AUTOMÁTICA. INADMISSIBILIDADE. 1. O sigilo financeiro, que pode ser compreendido como sigilo fiscal e bancário, fundamenta-se, precipuamente, na garantia constitucional da preservação da intimidade (art. 5º, X e XII, da CF), que manifesta verdadeiro direito da personalidade, notadamente porque se traduz em direito fundamental à inviolabilidade de informações inerentes à pessoa, em suas relações com o Sistema Financeiro Nacional. Entretanto, a jurisprudência firmou a compreensão de que não se trata de um direito absoluto, sendo possível mitigar sua proteção quando presentes circunstâncias que denotem a existência de interesse público relevante, sempre por meio de decisão proferida por autoridade judicial competente, suficientemente fundamentada, na qual se justifique a necessidade da medida para fins de investigação criminal ou de instrução processual criminal, sempre lastreada em indícios que devem ser, em tese, bastantes à configuração de suposta ocorrência de crime sujeito à ação penal pública. 2. É cediço que o fato indiciário que autoriza um juízo de probabilidade ou verossimilhança não se identifica com mera suspeita ou com simples conjectura, sem apoio em elementos fáticos concretos. Sem embargo, a obtenção desses indícios mínimos que denotem real possibilidade da prática delituosa não pode se desatrelar das novas formas criminosas surgidas com o desenvolvimento tecnológico e o aprofundamento internacional de integração econômica. 3. Os indícios de prova, suficientes para dar lastro a um juízo de probabilidade da ocorrência do fato delituoso, devem ser colmatados com outras formas indiciárias distintas das usualmente empregadas para a criminalidade comum, geralmente precedidas de inquérito policial, de modo a possibilitar, com eficiência, a investigação e a apuração dos complexos delitos corporativos. 4. O COAF, com feição típica de órgão de inteligência financeira, é responsável, também, pela prevenção e pela fiscalização da prática do delito de lavagem de dinheiro, com finalidade precípua de disciplinar, aplicar penas administrativas, receber, examinar e identificar as ocorrências suspeitas de atividades ilícitas previstas na lei, sem prejuízo da competência de outros órgãos e entidades, desenvolvendo atividades com objetivos predominantemente preventivos, à semelhança dos demais países que subscreveram as convenções internacionais sobre lavagem de dinheiro. 5. Para desincumbir-se de suas funções, fez-se necessário permitir ao COAF o acesso a dados detalhados das transações financeiras das pessoas (jurídicas e naturais), o que ocorreu com a aprovação da Lei Complementar n. 105/2001, que desobrigou o órgão de postular judicialmente o acesso a todos os dados fiscais e bancários, sendo dotado da prerrogativa de analisar, de modo compartilhado, informações financeiras integrais de quaisquer pessoas participantes de transações financeiras consideradas atípicas pelo Banco Central, pela CVM e por demais órgãos de fiscalização. Esse compartilhamento, com o julgamento da ADI n. 2.859/DF, foi considerado constitucional pela Suprema Corte, resguardando-se, contudo, a publicização de tais dados, inclusive para uso em eventual persecução penal, que ainda permanece sob reserva absoluta de jurisdição. 6. A Lei Complementar n. 105/2001, ao tornar o sigilo e as inviolabilidades inoponíveis ao COAF, acabou por permitir que os relatórios produzidos por ele fossem lastreados em elementos de informação da mais alta relevância, confiabilidade e precisão técnica. 7. As comunicações recebidas dos setores obrigados pela Lei n. 9.613/1998, após critério de seleção de prioridades feitas pelo órgão (haja vista a expressiva quantidade de comunicações recebidas), são detalhadamente analisadas e confrontadas com informações sigilosas que são fornecidas por outras instituições. No caso de fundados indícios da prática de ilícito penal, diz o art. 1º, § 3º, IV, que haverá "a comunicação, às autoridades competentes, da prática de ilícitos penais ou administrativos, abrangendo o fornecimento de informações sobre operações que envolvam recursos provenientes de qualquer prática criminosa". 8. A compatibilização entre a manutenção do sigilo financeiro, somente inoponível aos órgãos administrativos de controle, e a produção de relatório baseado em dados protegidos pelo sigilo implica, inter alia, a conclusão de que o conhecimento integral dos dados que subsidiaram a produção do relatório (da comunicação feita à autoridade competente) depende de autorização judicial. Isso equivale a dizer que a comunicação feita à autoridade policial ou ao Ministério Público não pode transbordar o limite da garantia fundamental ao sigilo, a implicar que a obtenção e o uso, para fins de investigação criminal, dos dados que subsidiaram o relatório fornecido pelo COAF dependem de autorização judicial. 9. É inafastável a conclusão de que o relatório produzido pelo COAF subsidia e justifica eventual pedido de quebra de sigilo bancário e fiscal, porquanto os dados que lhe subjazem são protegidos pelo sigilo, mostrando-se incongruente raciocínio que exija, para justificar a medida invasiva, outros elementos de prova, seja porque o relatório é construído com base em dados altamente confiáveis, precisos e, sobretudo, decorrentes de esforços conjuntos de inúmeras instituições de controle, seja porque a prática de crimes corporativos dificilmente é compartilhada com testemunhas ou avaliada por simples constatação de sinais exteriores de incompatibilidade patrimonial ou de outros rastros ilícitos cognoscíveis por investigação convencional precedida da instauração de inquérito policial. 10. No cotejo das garantias constitucionais protetoras da intimidade e privacidade do indivíduo, pode-se dizer que o sigilo das comunicações telefônicas constitui uma das liberdades públicas mais importantes do indivíduo, pois representa a exigência de livre expressão do pensamento externado durante a comunicação verbal, portadora dos segredos mais íntimos da pessoa humana. A seu turno, a proteção do sigilo bancário objetiva salvaguardar informações pessoais estáticas, em regra unipessoais, referentes à movimentação de fluxos monetários, de conhecimento das instituições financeiras e de seus prepostos. Pela dicção constitucional, há uma forte proteção às comunicações telefônicas, de modo que seu fluxo somente pode ser interceptado para fins penais, o que não ocorre com o sigilo bancário, em que se permite até o compartilhamento de informações entre instituições financeiras. Nessa medida, não soa desarrazoado afirmar que os fundamentos ensejadores da violação, pelo Estado, do sigilo financeiro e do sigilo telefônico devem ser sopesados de maneira distinta, razão que reforça a possibilidade de quebra de sigilo bancário apenas com base no relatório do COAF. 11. Se é justificável a determinação de quebra de sigilo bancário e fiscal com fundamento no relatório produzido pelo COAF, também o será a decisão que determina a busca e a apreensão de documentos, baseada na análise do conteúdo apresentado pelas informações decorrentes da medida judicial mais invasiva. 12. Em razão da forte proteção constitucional e, também, por exigência legal, firmou-se na jurisprudência a compreensão de que tanto a decisão que determina quanto a que prorroga a quebra do sigilo telefônico devem ser fundamentadas, não sendo admitido que esta última se dê de forma automática. Precedentes. 13. Habeas corpus concedido apenas para determinar seja descartado dos autos todo o material obtido a partir da primeira prorrogação automática, mantendo-se incólumes, contudo, aqueles elementos que derivaram dos primeiros quinze dias do primeiro período, ficando a cargo do Juízo a quo levar a efeito essa distinção, bem como reconhecer eventual consequência dela decorrente, preservadas, também, todas as provas decorrentes da busca e apreensão e da quebra de sigilo fiscal e bancário.

Cumpre asseverar que o Supremo Tribunal Federal discutiu até onde vai a atribuição fiscalizatória do COAF e quais os limites dos seus relatórios de inteligência. O Ministro Dias Toffoli, nos autos do RE 1.055.941/SP, adiantando seu entendimento acerca do tema, consignou que:

> Isso porque, o julgamento das ações diretas de inconstitucionalidade pelo Plenário no qual se reconheceu a constitucionalidade LC nº 105/2001 (ADI's nsº 2.386 2.390 2.397 e 2.859, todas de minha relatoria, julg. 24/2/16, DJe 21/10/16), foi enfático no sentido de que o acesso às operações bancárias se limita à identificação dos titulares das operações e dos montantes globais mensalmente movimentados, ou seja, dados genéricos e cadastrais dos correntistas, vedada a inclusão de qualquer elemento que permita identificar sua origem ou [a] natureza dos gastos a partir deles efetuados, como prevê a própria LC nº 105/2001.

O Ministro Toffoli deixou claro que dados mais detalhados e invasivos só podem ser repassados pelo COAF e outros órgãos administrativos (como Receita Federal e Banco Central) aos órgãos de persecução penal (Ministério Público e polícia) com prévia autorização judicial. Na decisão monocrática, Sua Excelência suspendeu todos os processos judiciais calcados em relatórios de inteligência do COAF até pronunciamento final do Pretório Excelso. Eis o trecho do *decisum*:

> Determino, com base no poder geral de cautela, a suspensão do processamento de todos os inquéritos e procedimentos de investigação criminal (PIC's), atinentes aos Ministérios Públicos Federal e estaduais, em trâmite no território nacional, que foram instaurados à míngua de supervisão do Poder Judiciário e de sua prévia autorização sobre os dados compartilhados pelos órgãos de fiscalização e controle (Fisco, COAF e BACEN), que vão além da identificação dos titulares das operações bancárias e dos montantes globais, consoante decidido pela Corte (v.g. ADI's nsº 2.386, 2.390, 2.397 e 2.859, Plenário, todas de minha relatoria, julg. 24/2/16, DJe 21/10/16).

Mais um caso típico de superdimensionamento de direitos individuais. Caso prosperasse, a limitação da atuação do COAF, da Receita Federal e do Banco Central certamente seria um duro golpe no sistema estatal de combate à lavagem de dinheiro e à corrupção.

Ao fim e ao cabo, o Supremo Tribunal Federal, no bojo do referido RE 1.055.941, validou o compartilhamento de dados financeiros obtidos pelo

COAF e pela Receita Federal com o Ministério Público e a autoridade policial sem prévia ordem judicial. Eis as teses fixadas pelo Pretório Excelso:

> 1 - É constitucional o compartilhamento dos relatórios de inteligência financeira da UIF e da íntegra do procedimento fiscalizatório da Receita Federal do Brasil, que define o lançamento do tributo, com os órgãos de persecução penal, para fins criminais, sem a obrigatoriedade de prévia autorização judicial, devendo ser resguardado o sigilo das informações em procedimentos formalmente instaurados e sujeitos a posterior controle jurisdicional.
>
> 2 - O compartilhamento pela UIF e pela Receita Federal do Brasil, referente ao item anterior, deve ser feito unicamente por meio de comunicações formais, com garantia de sigilo, certificação do destinatário e estabelecimento de instrumentos efetivos de apuração e correção de eventuais desvios.

Mais uma decisão polêmica para ser discutida sob a ótica do superdimensionamento de direitos individuais: a 2ª Turma do Supremo Tribunal Federal decidiu, no bojo do HC 157.627, que as alegações finais do colaborador premiado devem preceder aos memoriais escritos dos réus delatados (esse entendimento gerou a anulação da sentença condenatória prolatada pelo juízo da 13ª Vara Federal em Curitiba/PR em desfavor do ex-presidente da PETROBRAS, Aldemir Bendine). Eis a decisão do Pretório Excelso:

> Decisão: A Turma, por maioria, conheceu do habeas corpus, vencido, no ponto, o Ministro Relator e, no mérito, também por maioria, deu provimento ao agravo regimental e concedeu a ordem em favor do paciente, anulando o julgamento proferido na ação penal 5035263-15.2017.404.7000/PR, bem como os atos processuais subsequentes ao encerramento da instrução processual, assegurando ao paciente, por consequência, o direito de oferecer novamente seus memoriais escritos após o decurso do prazo oferecido aos demais réus colaboradores, nos termos do voto divergente do Ministro Ricardo Lewandowski, redator para o acórdão, vencido o Ministro Edson Fachin (Relator). Falaram: pelo agravante, o Dr. Alberto Zacharias Toron e, pelo Ministério Público Federal, o Dr. Antônio Carlos Alpino Bigonha, Subprocurador-Geral da República. Ausente, justificadamente, o Ministro Celso de Mello. Presidência da Ministra Cármen Lúcia. 2ª Turma, 27.8.2019.

O julgado é mais uma hipótese de superdimensionamento de direitos individuais. Não havia, à época, em nenhuma passagem do Código do Processo Penal (ou mesmo na Lei 12.850/13[27]), dispositivo que indicasse a necessidade de apresentação de memoriais escritos pelo delatado apenas depois da apresentação das alegações finais do colaborador (delator).

---

27. Como se verá abaixo, a Lei 12.850/13 foi alterada pelo Pacote Anticrime, com a inclusão do § 10-A ao artigo 4º, compatibilizando o mandamento legal com o entendimento do Supremo Tribunal Federal.

O entendimento da 2ª Turma do STF prevaleceu em Plenário, nos autos do HC 166.373 (por maioria de votos):

> O Tribunal, por maioria, concedeu a ordem de *habeas corpus*, para anular a decisão do juízo de primeiro grau, determinando-se o retorno dos autos à fase de alegações finais, a qual deverá seguir a ordem constitucional sucessiva, ou seja, primeiro a acusação, depois o delator e por fim o delatado, nos termos do voto do Ministro Alexandre de Moraes, Redator para o acórdão, vencidos os Ministros Edson Fachin (Relator), Roberto Barroso, Luiz Fux, Cármen Lúcia e Marco Aurélio. Prosseguindo no julgamento e após proposta feita pelo Ministro Dias Toffoli (Presidente), o Tribunal, por maioria, decidiu pela formulação de tese em relação ao tema discutido e votado neste *habeas corpus*, já julgado, vencidos os Ministros Alexandre de Moraes, Ricardo Lewandowski e Marco Aurélio. Em seguida, o julgamento foi suspenso para fixação da tese em assentada posterior. Plenário, 02.10.2019.

Na quinta edição dessa obra (antes da entrada em vigor do Pacote Anticrime), defendia que o entendimento, com todas as vênias, não se sustentava. Mantenho, pelo interesse histórico, as razões: o acordo de colaboração premiada deixa de ser sigiloso, por imposição legal, depois do recebimento da denúncia. A partir daí os réus delatados passam a ter a exata noção acerca da versão do colaborador e à amplitude da colaboração. Ademais, a imputação (caso exista), será repetida no curso do interrogatório do réu colaborador. Destarte, não há nenhuma surpresa que possa afetar o exercício da ampla defesa na fala concomitante (prazo comum) do colaborador e do réu delatado no curso do feito, em sede de memoriais escritos (anote-se que o corréu não pode figurar assistente de acusação no mesmo processo, na forma do artigo 270 do CPP). Caso existisse efetivamente tal prejuízo, o entendimento do Pretório Excelso deveria, por apego à lógica, ser estendido a todos os processos em que houvesse confissão de um réu com delação de corréu (decerto pensamento teratológico, que demonstra que o *decisum* comentado, com a devida vênia, não foi acertado).

Saliento, contudo, que a Lei 13.964/19 inseriu no artigo 4º da Lei 12.850/13 o § 10-A (como deixei claro supra, trata-se de adequação da legislação ao quanto decido pelo Supremo Tribunal Federal nos autos do HC 157.627, julgado pela 2ª Turma, e do HC 166.373, julgado pelo Plenário, ambos relatados pelo Ministro Edson Fachin, que restou vencido nas duas oportunidades). Em síntese, como já visto, o Pretório Excelso decidiu que os réus delatados têm o direito de apresentar memoriais escritos (alegações finais) depois dos seus delatores (colaboradores premiados).

O dispositivo citado garantiu ao réu deletado a oportunidade de se manifestar após o decurso do prazo concedido ao réu que o deletou em todas as fases do processo (nota-se, destarte, que o legislador foi além do quanto decidido pelo STF):

Art. 4º (...)

§ 10-A Em todas as fases do processo, deve-se garantir ao réu delatado a oportunidade de manifestar-se após o decurso do prazo concedido ao réu que o delatou.

## 9.5. SISTEMAS DE APRECIAÇÃO DA PROVA

**9.5.1. Ordálio ou sistema das provas irracionais:** a decisão acerca da causa ficava a cargo de um ser sobrenatural, que era invocado por meio de provas a que era submetido o acusado. Segundo Válter Kenji Ishida[28], é "também chamado de juízos de Deus. Era empregado nas civilizações antigas, vigorando até a época das inquisições". Jogava-se, por exemplo, o acusado de um penhasco. Caso sobrevivesse, é porque era inocente.

**9.5.2. Certeza moral do legislador:** as provas eram valoradas pelo legislador, não dando espaço ao julgador para sopesá-las de acordo com seu entendimento. Aqui existe tarifação da prova. O legislador deixa claro, de forma prévia, qual prova tem prevalência em relação às outras. Exemplifico: o legislador fixa a confissão como prova prevalente (há resquício de tarifação da prova em nosso ordenamento no artigo 62, no parágrafo único do artigo 155 e no artigo 158, todos do Código de Processo Penal – respectivamente: 1) exigência da certidão de óbito do acusado para decretação da extinção da punibilidade; 2) exigência de observância das restrições da lei civil quanto à prova relativa ao estado das pessoas; e 3) exigência de exame de corpo de delito direto ou indireto para provar a materialidade dos crimes que deixam vestígios).

**9.5.3. Certeza moral do julgador ou íntima convicção:** o julgador é livre na apreciação da prova e não precisa justificar sua decisão, que é tomada a seu bel-prazer (vigora entre nós apenas no tribunal do júri - os jurados votam e decidem sem necessidade de fundamentação).

**9.5.4. Persuasão racional ou da livre convicção motivada:** o juiz é livre na apreciação da prova, mas deve motivar suas decisões para que todos saibam os motivos que o levaram a julgar daquela forma. É o adotado no Brasil, segundo expressa dicção do caput do artigo 155 do CPP:

> Art. 155. O juiz formará sua convicção pela livre apreciação da prova produzida em contraditório judicial, não podendo fundamentar sua decisão exclusivamente nos elementos informativos colhidos na investigação, ressalvadas as provas cautelares, não repetíveis e antecipadas.
>
> Parágrafo único. Somente quanto ao estado das pessoas serão observadas as restrições estabelecidas na lei civil.

---

28. ISHIDA, Válter Kenji. **Processo Penal**, São Paulo: Atlas, 2010, página 127.

Astuta a observação de Guilherme de Souza Nucci[29] acerca do tópico aqui estudado:

> A livre apreciação da prova não significa a formação de uma livre convicção. A análise e a ponderação do conjunto probatório são desprendidas de freios e limites subjetivamente impostos, mas a convicção do julgador deve basear-se nas provas coletadas. Em suma, liberdade possui o juiz para examinar e atribuir valores às provas, mas está atrelado a elas no tocante à construção do seu convencimento em relação ao deslinde da causa. E, justamente por isso, espera-se do magistrado a indispensável fundamentação de sua decisão, expondo as razões pelas quais chegou ao veredicto absolutório ou condenatório, como regra.

## 9.6. SERENDIPIDADE

É o encontro fortuito de provas, possível no curso da materialização de medidas cautelares representadas no bojo da investigação criminal, por exemplo. Neste tópico é preciso enfrentar situação interessante: é possível utilizar documento/objeto/ligação/extrato/dado/prova que destoa da infração investigada no bojo do procedimento investigativo em que foi autorizada a busca domiciliar/interceptação telefônica/quebra de sigilo bancário/fiscal?

Suponha que, no cumprimento de busca domiciliar determinada no curso de inquérito instaurado para investigar crime de homicídio (para tentar a apreensão da arma do crime, por exemplo), o aparelho policial se depare com documentos que indicam envolvimento do investigado em esquema criminoso de desvio de verbas públicas. Será que a apreensão de tal documentação é válida? A resposta é sim. Trata-se de encontro fortuito de provas, conhecido como fenômeno da serendipidade (também possível, como dito supra, em sede de quebra de sigilo bancário, fiscal, interceptação telefônica, dentre outras medidas cautelares). Nesse exemplo, a apreensão se funda na teoria dos campos abertos (ainda que o documento/objeto não conste expressamente como item a ser apreendido na ordem judicial, penso que o dever estatal de elucidar malfeitos revela a necessidade de arrecadação e apreensão do objeto).

O Superior Tribunal de Justiça já enfrentou o tema em várias oportunidades e a admissão da serendipidade é tranquila:

> DIREITO PROCESSUAL PENAL. LEGALIDADE DE INTERCEPTAÇÃO TELEFÔNICA DEFERIDA POR JUÍZO DIVERSO DAQUELE COMPETENTE PARA JULGAR A AÇÃO PRINCIPAL. A sentença de pronúncia pode ser fundamentada em indícios de autoria surgidos, de forma fortuita, durante a investigação de outros crimes no decorrer de interceptação telefônica determinada por juiz diverso daquele competente para o julgamento da ação principal. Nessa situação, não há que se

---

29. NUCCI, Guilherme de Souza. **Obra acima citada**, página 20.

falar em incompetência do Juízo que autorizou a interceptação telefônica, tendo em vista que se trata de hipótese de encontro fortuito de provas. Além disso, a regra prevista no art. 1º da Lei 9.296/1996, de acordo com a qual a interceptação telefônica dependerá de ordem do juiz competente da ação principal, deve ser interpretada com ponderação, não havendo ilegalidade no deferimento da medida por Juízo diverso daquele que vier a julgar a ação principal, sobretudo quando autorizada ainda no curso da investigação criminal. Precedente citado: RHC 32.525-AP, Sexta Turma, DJe 4/9/2013[30].

DIREITO PROCESSUAL PENAL. DESCOBERTA FORTUITA DE DELITOS QUE NÃO SÃO OBJETO DE INVESTIGAÇÃO. O fato de elementos indiciários acerca da prática de crime surgirem no decorrer da execução de medida de quebra de sigilo bancário e fiscal determinada para apuração de outros crimes não impede, por si só, que os dados colhidos sejam utilizados para a averiguação da suposta prática daquele delito. Com efeito, pode ocorrer o que se chama de fenômeno da serendipidade, que consiste na descoberta fortuita de delitos que não são objeto da investigação. Precedentes citados: HC 187.189-SP, Sexta Turma, DJe 23/8/2013; e RHC 28.794-RJ, Quinta Turma, DJe 13/12/2012[31].

O STF também admite a serendipidade (confira julgado[32] que diz respeito à apreensão de prova em poder de terceiro no curso de cumprimento de mandado de busca e apreensão):

> EMENTA Agravo Regimental. Busca domiciliar. Apreensão de bens em poder de terceiro. Admissibilidade. Morador do mesmo imóvel, alvo da busca, em que reside um dos investigados. Necessidade da medida abranger a totalidade do imóvel, ainda que diversas suas acessões, sob pena de se frustrarem os seus fins. Indícios, ademais, de um liame entre ambos. Bens apreendidos. Ausência de sua discriminação no mandado de busca. Irrelevância. Diligência que tinha por finalidade "apreender coisas achadas ou obtidas por meios criminosos", "descobrir objetos necessários à prova da infração ou à defesa do réu" e "colher qualquer elemento de convicção" (art. 240, § 1º, b, e e h, do Código de Processo Penal). Impossibilidade de indicação, ex ante, de todos os bens a serem apreendidos. Necessidade de se conferir certa margem de liberdade, no momento da diligência, à autoridade policial. Restituição de bens. Indeferimento. Objetos, componentes do corpo de delito, que têm relação com a investigação. Prova destinada ao esclarecimento dos fatos e suas circunstâncias (arts. 6º, II e III, do Código de Processo Penal). Possibilidade, inclusive, de decretação de sua perda em favor da União. Recurso não provido. 1. O mandado de busca domiciliar deve compreender todas as acessões existentes no imóvel alvo da busca, sob pena de se frustrarem seus fins. 2. É admissível a apreensão de bens em poder de terceiro,

---

30. STJ, REsp 1.355.432-SP, Rel. Min. Jorge Mussi, Rel. para acórdão Min. Marco Aurélio Bellizze, julgado em 21/8/2014 (Informativo 546, de 24 de setembro de 2014).
31. STJ, HC 282.096/SP, relator Min. Sebastião Reis Júnior, julgado em 24/4/2014 (Informativo 539, de 15 de maio de 2014).
32. STF, 1ª Turma, Pet 5173 AgR, rel. Min. Dias Toffoli, julgado em 30/09/2014, DJe-226 em 17/11/2014.

morador do mesmo imóvel em que reside o investigado, quando interessarem às investigações, máxime diante de indícios de um liame entre ambos. 3. É inexigível a discriminação, no mandado de busca, de todos os bens a serem apreendidos, uma vez que dele constava a determinação para "apreender coisas achadas ou obtidas por meios criminosos", "descobrir objetos necessários à prova da infração ou à defesa do réu" e "colher qualquer elemento de convicção" (art. 240, § 1º, b, e e h, do Código de Processo Penal). 4. Dada a impossibilidade de indicação, ex ante, de todos os bens passíveis de apreensão no local da busca, é mister conferir-se certa discricionariedade, no momento da diligência, à autoridade policial. 5. Descabe a restituição de bens apreendidos em poder de terceiro quando ainda interessarem às investigações, por se destinarem ao esclarecimento dos fatos e de suas circunstâncias (arts. 6º, II e III, CPP), e diante da possibilidade de decretação de sua perda em favor da União. 6. Recurso não provido.

No informativo 869 (HC 129678/SP, rel. orig. Min. Marco Aurélio, red. p/ o ac. Min. Alexandre de Moraes, julgado em 13.6.2017), o Supremo Tribunal Federal reafirmou a licitude da descoberta fortuita de provas e que é possível sua utilização para demonstrar a existência do que denominou "crime achado" (a serendipidade possibilitou, nesse caso concreto, oferta e recebimento de denúncia e decretação de prisão preventiva do réu). Eis o texto do informativo:

> A Primeira Turma do Supremo Tribunal Federal, por maioria, indeferiu ordem de "habeas corpus" em que se discutia a ilicitude de provas colhidas mediante interceptação telefônica durante investigação voltada a apurar delito de tráfico internacional de drogas.
>
> No caso, o juízo de origem determinou a prisão preventiva do paciente em razão da suposta prática de homicídio qualificado. O impetrante sustentou a ilicitude das provas colhidas, a inépcia da denúncia e a falta de justa causa para o prosseguimento da ação penal.
>
> O Colegiado afirmou que a hipótese dos autos é de crime achado, ou seja, infração penal desconhecida e não investigada até o momento em que se descobre o delito. A interceptação telefônica, apesar de investigar tráfico de drogas, acabou por revelar crime de homicídio. Assentou que, presentes os requisitos constitucionais e legais, a prova deve ser considerada lícita. Ressaltou, ainda, que a interceptação telefônica foi autorizada pela justiça, o crime é apenado com reclusão e inexistiu o desvio de finalidade.
>
> No que se refere à justa causa, considerou presente o trinômio que a caracteriza: tipicidade, punibilidade e viabilidade. A tipicidade é observada em razão de a conduta ser típica. A punibilidade, em face da ausência de prescrição. E a viabilidade, ante a materialidade, comprovada com o evento morte, e a autoria, que deve ser apreciada pelo tribunal do júri.
>
> Vencido o ministro Marco Aurélio, que deferiu a ordem. Pontuou não haver justa causa e reputou deficiente a denúncia ante a narração do que seria a participação do paciente no crime.

É preciso distinguir a serendipidade de primeiro grau (quando há conexão entre o crime originalmente investigado e o crime "achado") da serendipidade de segundo grau (quando não há conexão entre o crime inicialmente apurado e o delito revelado pelo encontro fortuito de provas). No primeiro caso, como há conexão, é possível apurar o delito achado no bojo do mesmo apuratório. No segundo, há necessidade de instauração de novo inquérito, já que não há ligação que justifique unidade de investigação.

Por fim, importante que se diga que é possível aproveitar a prova descoberta fortuitamente mesmo que ela diga respeito a infração perpetrada por autoridade com prerrogativa de foro. O aproveitamento aqui afirmado é fruto da aplicação da teoria do juízo aparente (o elemento probante é coligido com lastro em decisão prolatada por magistrado competente naquele instante da persecução penal – momento anterior ao surgimento de elemento que implica a autoridade em prática criminosa). Por óbvio, se a serendipidade indicar crime perpetrado por autoridade com prerrogativa de foro, o novo apuratório deve tramitar sob supervisão do tribunal competente (a polícia deverá dirigir eventuais novas representações por medidas cautelares ao Areópago com competência constitucional para, futuramente, julgar a autoridade).

## 9.7. AS PROVAS NOMINADAS PELO CÓDIGO DE PROCESSO PENAL

**9.7.1. Perícias em geral e exame de corpo de delito:** A prática delitiva, no mais das vezes, deixa vestígios (delitos não transeuntes). Corpo de delito são todos esses elementos sensíveis deixados pelo crime, sendo o exame de corpo de delito a perícia realizada em tais vestígios. Segundo Nucci[33], "é a prova pericial focada na materialidade da infração penal. Examina-se o vestígio material do delito, sob critério científico e técnico, permitindo-se extrair conclusão segura e confiável acerca da existência do delito".

O corpo técnico produzirá laudo pericial que será a representação da materialidade delitiva no inquérito policial e no processo – artigo 160 do CPP:

> Art. 160. Os peritos elaborarão o laudo pericial, onde descreverão minuciosamente o que examinarem, e responderão aos quesitos formulados.

O exame de corpo de delito é obrigatório, sob pena de nulidade do processo[34] (nem a confissão do acusado pode suprir sua ausência, conforme preceituado no artigo 158 do CPP). Trata-se de coletar a prova da existência do crime (para os delitos que deixam vestígios), que no dizer de Guilherme de Souza Nucci[35] é a "tipicidade penal no seu aspecto processual, vale dizer, sob

---

33. NUCCI, Guilherme de Souza. **Obra acima citada**, página 49.
34. Calcada no artigo 564, III, b, do CPP.
35. NUCCI, Guilherme de Souza. Obra acima citada, página 41.

o prisma do processo, concretiza-se a tipicidade, por meio da materialidade demonstrada da infração penal".

Eis a transcrição do artigo 158 do CPP (alterado pela Lei 13.721/18, que estabeleceu a prioridade na realização de exame de corpo de delito nas infrações que envolvam violência doméstica contra mulher ou violência contra crianças, adolescentes, idosos ou pessoas com deficiência):

> Art. 158. Quando a infração deixar vestígios, será indispensável o exame de corpo de delito, direto ou indireto, não podendo supri-lo a confissão do acusado.
>
> Parágrafo único. Dar-se-á prioridade à realização do exame de corpo de delito quando se tratar de crime que envolva:
>
> I - violência doméstica e familiar contra mulher;
>
> II - violência contra criança, adolescente, idoso ou pessoa com deficiência.

A obrigatoriedade do exame de corpo de delito para demonstrar a materialidade dos crimes que deixam vestígios, conduto, é relativizada pela própria legislação no artigo 12, § 3º, da Lei 11.340/06 (Lei Maria da Penha) e no artigo 77, § 1º, da Lei 9.099/95 (Juizados Especiais). A tabela abaixo transcreve os dispositivos citados:

| LEI | DISPOSITIVO |
|---|---|
| Lei 11.340/06 | Art. 12 (...)<br>§ 3º Serão admitidos como meios de prova os laudos ou prontuários médicos fornecidos por hospitais e postos de saúde. |
| Lei 9.099/95 | Art. 77 (...)<br>§ 1º Para o oferecimento da denúncia, que será elaborada com base no termo de ocorrência referido no art. 69 desta Lei, com dispensa do inquérito policial, prescindir-se-á do exame do corpo de delito quando a materialidade do crime estiver aferida por boletim médico ou prova equivalente. |

O Pacote Anticrime inseriu no Código de Processo Penal o conceito de cadeia de custódia (caput) e de vestígio (§ 3º) no artigo 158-A. A primeira pergunta relevante a ser respondida é: o desrespeito à cadeia de custódia induz, necessariamente, nulidade da prova pericial? Entendo que não. Penso que o cada caso concreto precisa ser avaliado e que, eventualmente, as conclusões dos peritos podem ser fragilizadas pelo desrespeito às prescrições do CPP, mas não vislumbro automaticidade na nulidade em face da inobservância das regras que gravitam em torno da cadeia de custódia (ilegitimidade da prova):

> Art. 158-A. Considera-se cadeia de custódia o conjunto de todos os procedimentos utilizados para manter e documentar a história cronológica do vestígio coletado em locais ou em vítimas de crimes, para rastrear sua posse e manuseio a partir de seu reconhecimento até o descarte.

§ 1º O início da cadeia de custódia dá-se com a preservação do local de crime ou com procedimentos policiais ou periciais nos quais seja detectada a existência de vestígio.

§ 2º O agente público que reconhecer um elemento como de potencial interesse para a produção da prova pericial fica responsável por sua preservação.

§ 3º Vestígio é todo objeto ou material bruto, visível ou latente, constatado ou recolhido, que se relaciona à infração penal.

O artigo 158-B descreve as etapas da cadeia de custódia. Confira tabela para facilitar a memorização:

| ETAPA | CONCEITO |
|---|---|
| Reconhecimento | Ato de distinguir um elemento como de potencial interesse para a produção da prova pericial |
| Isolamento | Ato de evitar que se altere o estado das coisas, devendo isolar e preservar o ambiente imediato, mediato e relacionado aos vestígios e local de crime |
| Fixação | Descrição detalhada do vestígio conforme se encontra no local de crime ou no corpo de delito, e a sua posição na área de exames, podendo ser ilustrada por fotografias, filmagens ou croqui, sendo indispensável a sua descrição no laudo pericial produzido pelo perito responsável pelo atendimento |
| Coleta | Ato de recolher o vestígio que será submetido à análise pericial, respeitando suas características e natureza |
| Acondicionamento | Procedimento por meio do qual cada vestígio coletado é embalado de forma individualizada, de acordo com suas características físicas, químicas e biológicas, para posterior análise, com anotação da data, hora e nome de quem realizou a coleta e o acondicionamento |
| Transporte | Ato de transferir o vestígio de um local para o outro, utilizando as condições adequadas (embalagens, veículos, temperatura, entre outras), de modo a garantir a manutenção de suas características originais, bem como o controle de sua posse |
| Recebimento | Ato formal de transferência da posse do vestígio, que deve ser documentado com, no mínimo, informações referentes ao número de procedimento e unidade de polícia judiciária relacionada, local de origem, nome de quem transportou o vestígio, código de rastreamento, natureza do exame, tipo do vestígio, protocolo, assinatura e identificação de quem o recebeu |
| Processamento | Exame pericial em si, manipulação do vestígio de acordo com a metodologia adequada às suas características biológicas, físicas e químicas, a fim de se obter o resultado desejado, que deverá ser formalizado em laudo produzido por perito |

| ETAPA | CONCEITO |
|---|---|
| Armazenamento | Procedimento referente à guarda, em condições adequadas, do material a ser processado, guardado para realização de contraperícia, descartado ou transportado, com vinculação ao número do laudo correspondente |
| Descarte | Procedimento referente à liberação do vestígio, respeitando a legislação vigente e, quando pertinente, mediante autorização judicial |

Não é obrigatório que a coleta de vestígios seja feita por perito oficial (o legislador usou da expressão "preferencialmente" no caput do artigo 158-C). Exemplifico. No cumprimento de uma ordem judicial de busca e apreensão, considerando uma equipe de policiais composta pelo delegado de polícia, dois agentes de polícia e um escrivão de polícia, qualquer destes policiais poderá fazer a coleta do vestígio, com a observância das etapas acima desenhadas.

Importante salientar que o § 2º do novel artigo 158-C do Código de Processo Penal proibiu a entrada em locais isolados e a remoção de quaisquer vestígios antes da liberação por parte do perito responsável. Temos aqui situação inusitada: o legislador taxou a conduta de entrar em local de crime isolado e remover vestígios antes da liberação do perito como crime de fraude processual sem, contudo, alterar o artigo 347 do Código Penal. O tipo mencionado reclama um especial fim de agir: "induzir a erro o juiz ou o perito". A norma processual penal não exige tal intenção especial. Imagine a seguinte situação: um repórter, ávido por um "furo", resolve adentrar em local isolado pelo aparelho policial sem autorização, com o fito de fotografar o cadáver. Sem alterar absolutamente nenhum elemento sensível importante, o incauto jornalista cruza o isolamento, fotografa a vítima morta e vai embora. Teria o agente praticado, nessa hipótese, o crime de fraude processual, tipificado no artigo 347 do Código Penal? Penso que não. Caso o legislador efetivamente quisesse alterar a estrutura típica do dispositivo citado, operaria modificação no mesmo, enxertando figura equiparada ou mesmo privilegiada sem exigência de especial fim de agir. A resposta ao caso hipotético, a mim me parece, seria: fato atípico.

Confira o artigo 158-C do Código de Processo Penal:

> Art. 158-C. A coleta dos vestígios deverá ser realizada preferencialmente por perito oficial, que dará o encaminhamento necessário para a central de custódia, mesmo quando for necessária a realização de exames complementares.
>
> § 1º Todos vestígios coletados no decurso do inquérito ou processo devem ser tratados como descrito nesta Lei, ficando órgão central de perícia oficial de natureza criminal responsável por detalhar a forma do seu cumprimento.
>
> § 2º É proibida a entrada em locais isolados bem como a remoção de quaisquer vestígios de locais de crime antes da liberação por parte do perito responsável, sendo tipificada como fraude processual a sua realização.

O artigo 158-D traz em seu bojo disposições acerca do recipiente para acondicionamento do vestígio e a exigência de que os mesmos sejam lacrados:

> Art. 158-D. O recipiente para acondicionamento do vestígio será determinado pela natureza do material.
>
> § 1º Todos os recipientes deverão ser selados com lacres, com numeração individualizada, de forma a garantir a inviolabilidade e a idoneidade do vestígio durante o transporte.
>
> § 2º O recipiente deverá individualizar o vestígio, preservar suas características, impedir contaminação e vazamento, ter grau de resistência adequado e espaço para registro de informações sobre seu conteúdo.
>
> § 3º O recipiente só poderá ser aberto pelo perito que vai proceder à análise e, motivadamente, por pessoa autorizada.
>
> § 4º Após cada rompimento de lacre, deve se fazer constar na ficha de acompanhamento de vestígio o nome e a matrícula do responsável, a data, o local, a finalidade, bem como as informações referentes ao novo lacre utilizado.
>
> § 5º O lacre rompido deverá ser acondicionado no interior do novo recipiente.

O artigo 158-E do Código de Processo Penal determina que os Institutos de Criminalística possuam uma central de custódia destinada à guarda e controle de vestígios:

> Art. 158-E. Todos os Institutos de Criminalística deverão ter uma central de custódia destinada à guarda e controle dos vestígios, e sua gestão deve ser vinculada diretamente ao órgão central de perícia oficial de natureza criminal.
>
> § 1º Toda central de custódia deve possuir os serviços de protocolo, com local para conferência, recepção, devolução de materiais e documentos, possibilitando a seleção, a classificação e a distribuição de materiais, devendo ser um espaço seguro e apresentar condições ambientais que não interfiram nas características do vestígio.
>
> § 2º Na central de custódia, a entrada e a saída de vestígio deverão ser protocoladas, consignando-se informações sobre a ocorrência no inquérito que a eles se relacionam.
>
> § 3º Todas as pessoas que tiverem acesso ao vestígio armazenado deverão ser identificadas e deverão ser registradas a data e a hora do acesso.
>
> § 4º Por ocasião da tramitação do vestígio armazenado, todas as ações deverão ser registradas, consignando-se a identificação do responsável pela tramitação, a destinação, a data e horário da ação.

O artigo 158-F do Código de Processo Penal determina a devolução do material periciado à central de custódia:

> Art. 158-F. Após a realização da perícia, o material deverá ser devolvido à central de custódia, devendo nela permanecer.
>
> Parágrafo único. Caso a central de custódia não possua espaço ou condições de armazenar determinado material, deverá a autoridade policial ou judiciária

determinar as condições de depósito do referido material em local diverso, mediante requerimento do diretor do órgão central de perícia oficial de natureza criminal.

Os exames serão realizados por perito oficial (a sistemática anterior do CPP exigia dois peritos judiciais subscrevendo o laudo, entretanto o artigo 159 foi alterado pela Lei 11.690/08 e o número foi reduzido para apenas um). Para tratar da regulamentação pretérita do tema, o Pretório Excelso verberou a Súmula 361:

> Súmula 361 – No processo penal, é nulo o exame realizado por um só perito, considerando-se impedido o que tiver funcionado, anteriormente, na diligência de apreensão.

A discussão a respeito da matéria perdeu importância prática em face do CPP atualmente exigir apenas um perito oficial para realização do exame de corpo de delito. Referido verbete atualmente tem eco apenas no caso referido pelo § 1º do artigo 159 do CPP – possibilidade da perícia ser feita por duas pessoas idôneas portadoras de diploma de nível superior[36], preferencialmente na área específica, caso não haja perito oficial (nesta hipótese, a realização de exame de corpo de delito por apenas um perito não oficial ensejará a nulidade da prova).

No caso de não ser possível exame de corpo de delito direto, deve-se partir para o indireto. Tendo desaparecido totalmente os vestígios, a prova testemunhal supre-lhe a falta (artigo 167 do CPP).

Exame de corpo de delito indireto é o realizado em elementos acessórios, que não os vestígios deixados pelo crime (construído através de narrativa de pessoas que visualizaram o crime, prontuários médicos, fotografias, filmagens, dentre outras possibilidades). Também é objeto de laudo pericial.

No que toca à prova testemunhal, essa só pode ser admitida quando os vestígios deixarem de existir por circunstâncias outras que não a inação do estado. Vale dizer, se o exame de corpo de delito não foi realizado por omissão estatal, não se pode admitir que tal falha venha a prejudicar o réu. A prova testemunhal como substituta do exame de corpo delito, nos termos do artigo 167 do CPP, não pode, nesta senda, ser invocada. A meu ver, deve ser reconhecida a ausência de materialidade delitiva em face do lapso, concluindo o juízo pela absolvição do réu. Não é outro o entendimento do Superior Tribunal de Justiça:

> É necessária a realização do exame de corpo de delito para comprovação da materialidade do crime quando a conduta deixar vestígios, entretanto, o laudo pericial será substituído por outros elementos de prova na hipótese em que as

---

36. Peritos não oficiais ou louvados.

evidências tenham desaparecido ou que o lugar se tenha tornado impróprio ou, ainda, quando as circunstâncias do crime não permitirem a análise técnica[37].

Por isso a importância do estrito cumprimento, pela autoridade policial, do disposto no artigo 6º, incisos I e VII, do CPP e da cadeia de custódia.

O exame de local de crime (artigo 169 do CPP) é grande aliado na tentativa de identificar os que cometeram o delito. Nele os peritos e papiloscopistas examinarão todas as alterações físicas deixadas pelo fenômeno delitógeno, tentando colher o máximo de elementos que auxiliem o delegado de polícia na busca dos autores do fato criminoso (revelação e colheita de impressões digitais, arrecadação e análise de vídeos gravados por circuito interno, materialização de exame cadavérico para constatar a causa da morte, dentre outras providências).

Alhures, seguindo a determinação do inciso II do artigo 6º do CPP, a autoridade deverá apreender todas as provas importantes ao deslinde da investigação, depois de liberada a cena do crime pelos peritos. Aqui se impõe a arrecadação e apreensão de objetos que possam auxiliar a apuração (arma do crime, cápsulas deflagradas, vestes, copo em que o autor do fato bebeu água, dentre outras possibilidades). A apreensão é obrigatória, mesmo que tais objetos sejam alvo de futura perícia. Vale dizer, deve ser documentada a entrada daquele item no corpo do inquérito, sendo posteriormente o mesmo encaminhado ao corpo técnico para ser periciado (vez que o inquérito é procedimento escrito – artigo 9º do CPP).

Todas as perícias que forem possíveis para contribuir para a solução do crime devem ser materializadas. Ainda que, por exemplo, o investigado confesse ter falsificado determinada assinatura no bojo da investigação, é mister que o delegado colha material gráfico para realização de exame no documento questionado (se o investigado concordar em fornecê-lo – direito à não autoincriminação). Como dito supra, deve a autoridade cuidar para fazer constar no auto de fornecimento de material menção ao fato de que o investigado/indiciado foi cientificado do seu direito de não produzir prova contra si (evitando o resultado nefasto do já mencionado HC 107285/RJ, julgado pelo STJ e relatado pela Ministra Laurita Vaz).

Adiante se verá que a confissão é retratável e as versões dadas pelos investigados podem mudar ao sabor do tempo. Já a perícia é prova robusta, levada a efeito por corpo técnico preparado para bem desempenhar seu papel e que pode lastrear futura condenação, ainda que realizada no curso do inquérito e não repetida em juízo (parte final do artigo 155 do CPP – a prova será submetida ao contraditório diferido no curso da ação penal – vide tópico 5.13, referente ao valor probatório do inquérito policial).

---

37. Tese 9, da edição 111, da jurisprudência em teses do STJ.

A leitura do artigo 159 do Código de Processo Penal sempre levou a crer que só seria admissível assistente técnico depois do início do processo. Contudo, como o juiz das garantias atua na fase pré-processual e o inciso XVI do artigo 3º-B do Código de Processo Penal afirmou ser competência deste deferir o pedido de admissão de assistente técnico para acompanhar a produção de perícia, o legislador parece ter admitido a participação deste profissional no curso do inquérito policial:

> Art. 3º-B (...)
> XVI - deferir pedido de admissão de assistente técnico para acompanhar a produção da perícia;

Cumpre mencionar, ainda, que o Brasil adotou o sistema liberatório em relação à análise do laudo pericial pelo juiz. Ele não está adstrito às conclusões dos peritos, podendo decidir de forma contrária ao mesmo, desde que calcado em provas outras que autorizem dita conclusão, inteligência do artigo 182 do CPP:

> Art. 182. O juiz não ficará adstrito ao laudo, podendo aceitá-lo ou rejeitá-lo, no todo ou em parte.

É importante analisar como se dá, no âmago da Lei 11.343/06, a construção da prova da materialidade delitiva em casos criminais que envolvem drogas. Em primeiro lugar, cumpre esclarecer que três são as possibilidades no que toca à destruição do entorpecente: a) identificação de plantações ilícitos de droga; b) apreensão de droga sem prisão em flagrante; c) apreensão de droga com prisão em flagrante.

Na primeira hipótese (plantio de drogas ilícitas), o artigo a ser analisado é o 32 da Lei 11.343/06, que afirma que o delegado de polícia deve erradicar a plantação independente de ordem judicial. Será preciso apreender quantidade da substância suficiente para materialização ulterior de perícia:

> Art. 32. As plantações ilícitas serão imediatamente destruídas pelo delegado de polícia na forma do art. 50-A, que recolherá quantidade suficiente para exame pericial, de tudo lavrando auto de levantamento das condições encontradas, com a delimitação do local, asseguradas as medidas necessárias para a preservação da prova.
> § 1º (Revogado).
> § 2º (Revogado).
> § 3º Em caso de ser utilizada a queimada para destruir a plantação, observar-se-á, além das cautelas necessárias à proteção ao meio ambiente, o disposto no Decreto nº 2.661, de 8 de julho de 1998, no que couber, dispensada a autorização prévia do órgão próprio do Sistema Nacional do Meio Ambiente – Sisnama.
> § 4º As glebas cultivadas com plantações ilícitas serão expropriadas, conforme o disposto no art. 243 da Constituição Federal, de acordo com a legislação em vigor.

No caso de apreensão de droga sem prisão em flagrante, o artigo 50-A da Lei 11.343/06 determina que o delegado de polícia destrua o entorpecente sem necessidade de autorização judicial prévia, dentro do prazo de 30 dias, contados da apreensão (uma amostra do material deve ser reservada para materialização de exame pericial):

> Art. 50-A. A destruição das drogas apreendidas sem a ocorrência de prisão em flagrante será feita por incineração, no prazo máximo de 30 (trinta) dias contados da data da apreensão, guardando-se amostra necessária à realização do laudo definitivo.

Se a droga for apreendida com a prisão em flagrante do investigado, o juiz tem 10 dias para determinar a destruição e o delegado conta com 15 dias para proceder à incineração do entorpecente, na presença do Ministério Público e da autoridade sanitária, com lavratura de auto circunstanciado:

> Art. 50. Ocorrendo prisão em flagrante, a autoridade de polícia judiciária fará, imediatamente, comunicação ao juiz competente, remetendo-lhe cópia do auto lavrado, do qual será dada vista ao órgão do Ministério Público, em 24 (vinte e quatro) horas.
>
> (...)
>
> § 3º Recebida cópia do auto de prisão em flagrante, o juiz, no prazo de 10 (dez) dias, certificará a regularidade formal do laudo de constatação e determinará a destruição das drogas apreendidas, guardando-se amostra necessária à realização do laudo definitivo.
>
> § 4º A destruição das drogas será executada pelo delegado de polícia competente no prazo de 15 (quinze) dias na presença do Ministério Público e da autoridade sanitária.
>
> § 5º O local será vistoriado antes e depois de efetivada a destruição das drogas referida no § 3º, sendo lavrado auto circunstanciado pelo delegado de polícia, certificando-se neste a destruição total delas.

Eis tabela que resume o tema:

| HIPÓTESE | NECESSIDADE DE AUTORIZAÇÃO JUDICIAL | PRAZO | ARTIGO (LEI 11.343/06) |
|---|---|---|---|
| Plantio de drogas | Não | Destruição imediata | 32 |
| Apreensão sem prisão em flagrante | Não | 30 dias a partir da apreensão | 50-A |
| Apreensão com prisão em flagrante | Sim | 10 dias para o juiz determinar a destruição e 15 dias para o delegado incinerar a droga | 50 |

A materialidade delitiva em casos criminais que giram em torno de delitos tipificados na Lei 11.343/06 demanda realização de laudo de constatação preliminar (serve para materialização da prisão em flagrante, oferecimento e recebimento da denúncia). Não há necessidade de que o laudo preliminar seja subscrito por perito, na forma do artigo 50, § 1º, do mandamento legal citado (caso o laudo seja confeccionado por perito oficial, este não ficará impedido de elaborar o laudo definitivo):

> Art. 50. Ocorrendo prisão em flagrante, a autoridade de polícia judiciária fará, imediatamente, comunicação ao juiz competente, remetendo-lhe cópia do auto lavrado, do qual será dada vista ao órgão do Ministério Público, em 24 (vinte e quatro) horas.
>
> § 1º Para efeito da lavratura do auto de prisão em flagrante e estabelecimento da materialidade do delito, é suficiente o laudo de constatação da natureza e quantidade da droga, firmado por perito oficial ou, na falta deste, por pessoa idônea.
>
> § 2º O perito que subscrever o laudo a que se refere o § 1º deste artigo não ficará impedido de participar da elaboração do laudo definitivo.

O laudo definitivo é necessário para condenação (é a prova efetiva da materialidade delitiva) e deve ser subscrito por perito oficial. É importante a leitura das teses do STJ sobre o tema:

> 10) O laudo toxicológico definitivo é imprescindível para a configuração do crime de tráfico ilícito de entorpecentes, sob pena de se ter por incerta a materialidade do delito e, por conseguinte, ensejar a absolvição do acusado (edição 111 da jurisprudência em teses do STJ).
>
> 11) É possível, em situações excepcionais, a comprovação da materialidade do crime de tráfico de drogas pelo laudo de constatação provisório, desde que esteja dotado de certeza idêntica à do laudo definitivo e que tenha sido elaborado por perito oficial, em procedimento e com conclusões equivalentes (edição 111 da jurisprudência em teses do STJ).
>
> 3) O laudo pericial definitivo atestando a ilicitude da droga afasta eventuais irregularidades do laudo preliminar realizado na fase de investigação (edição 131 da jurisprudência em teses do STJ).
>
> 4) A falta da assinatura do perito criminal no laudo toxicológico é mera irregularidade que não tem o condão de anular o referido exame (edição 131 da jurisprudência em teses do STJ).
>
> 11) É imprescindível a confecção do laudo toxicológico para comprovar a materialidade da infração disciplinar e a natureza da substância encontrada com o apenado no interior de estabelecimento prisional (edição 131 da jurisprudência em teses do STJ).
>
> 12) A comprovação da materialidade do delito de posse de drogas para uso próprio (art. 28 da Lei n. 11.343/2006) exige a elaboração de laudo de constatação da substância entorpecente que evidencie a natureza e a quantidade da substância apreendida (edição 131 da jurisprudência em teses do STJ).

14) O laudo de constatação preliminar de substância entorpecente constitui condição de procedibilidade para apuração do crime de tráfico de drogas (edição 131 da jurisprudência em teses do STJ).

Em relação às perícias em geral, para melhor visualização e memorização do tema, vale a pena a leitura das tabelas abaixo:

| ALGUNS PRAZOS IMPORTANTES PARA MEMORIZAÇÃO ACERCA DA PROVA PERICIAL |||
|---|---|---|
| DESCRIÇÃO | PRAZO | ARTIGO DO CPP |
| Exame de corpo de delito | Imediatamente após a prática do crime (em qualquer dia e a qualquer hora) | 161 e 169 |
| Elaboração do laudo pericial | 10 dias | Parágrafo único do artigo 160 |
| Autópsia | 6 horas depois do óbito[38] | 162 |
| Exumação | Em dia e hora previamente marcados | 163 |
| Exame complementar de lesões corporais, para fins de constatação do crime tipificado no artigo 129, § 1º, I, do Código Penal[39]. | Logo que decorra o prazo de 30 dias, contado da data do crime. | § 2º do artigo 168 |

| PERÍCIA | OBSERVAÇÕES | ARTIGOS |
|---|---|---|
| Exame de corpo de delito | Obrigatório nos crimes que deixam vestígios (não transeuntes), não podendo supri-lo a confissão do acusado; caso o local tenha sido alterado, o perito fará o respectivo registro e discutirá as consequências das alterações na dinâmica dos fatos; | 158 e 169, parágrafo único |
| Exumação | O administrador do cemitério público ou particular indicará o lugar da sepultura, sob pena de desobediência; os cadáveres sempre serão fotografados na posição em que forem encontrados; | 163 e 164 |

---

38. Salvo se os peritos, pela evidência dos sinais de morte, julgarem que possa ser feita antes daquele prazo, o que declararão no auto.
39. A falta de exame complementar também pode ser suprida pela prova testemunhal, na forma do § 3º, do artigo 168, do CPP.

| PERÍCIA | OBSERVAÇÕES | ARTIGOS |
|---|---|---|
| Perícia de laboratório | Os peritos guardarão material suficiente para eventualidade de nova perícia | 170 |
| Perícia em local com destruição ou rompimento de obstáculo a subtração da coisa ou por meio de escalada | O perito, além de descrever os vestígios, indicará com que instrumentos, por que meios e em que época presumem ter sido o fato praticado | 171 |
| Perícia em incêndio | O perito verificará a causa e o lugar em que começou o fogo, o perigo que dele tiver resultado para a vida ou para o patrimônio alheio, a extensão do dano e o seu valor | 173 |
| Perícia de comparação de escritos | A pessoa a quem se atribua o escruto será intimada para o ato; para comparação poderão servir quaisquer documentos que dita pessoa reconhecer ou já tiverem sido judicialmente reconhecidos como de seu punho, ou sobre cuja autenticidade não houver dúvida; a autoridade pode requisitar documentos que existam em arquivos ou estabelecimentos públicos, ou nestes realizará a diligência quando daí não puderem ser retirados; quando não houver escritos para comparação, a pessoa escreverá o que lhe for ditado pela autoridade (colheita de material gráfico)[40] | 174 |
| Perícia em instrumentos empregados para prática do crime | Serão periciados para se verificar sua natureza e eficiência | 175 |
| Perícia realizado por precatória | A nomeação do perito far-se-á no juízo deprecado; caso a ação seja privada, a nomeação será no juízo deprecante | 177 |

Por fim, vale a pena conferir as teses do STJ que gravitam em torno da prova pericial:

> 2) Perícias e documentos produzidos na fase inquisitorial são revestidos de eficácia probatória sem a necessidade de serem repetidos no curso da ação penal

---

40. Importante salientar que o investigado/indiciado/réu não é obrigado a fornecer material gráfico para realização de perícia, em face do direito a não autoincriminação.

por se sujeitarem ao contraditório diferido (edição 105 da jurisprudência em teses do STJ).

5) A incidência da qualificadora rompimento de obstáculo, prevista no art. 155, § 4º, I, do Código Penal, está condicionada à comprovação por laudo pericial, salvo em caso de desaparecimento dos vestígios, quando a prova testemunhal, a confissão do acusado ou o exame indireto poderão lhe suprir a falta (edição 105 da jurisprudência em teses do STJ).

8) É desnecessária a realização de perícia para a identificação de voz captada nas interceptações telefônicas, salvo quando houver dúvida plausível que justifique a medida (edição 111 da jurisprudência em teses do STJ).

10) O laudo toxicológico definitivo é imprescindível para a configuração do crime de tráfico ilícito de entorpecentes, sob pena de se ter por incerta a materialidade do delito e, por conseguinte, ensejar a absolvição do acusado (edição 111 da jurisprudência em teses do STJ).

11) É possível, em situações excepcionais, a comprovação da materialidade do crime de tráfico de drogas pelo laudo de constatação provisório, desde que esteja dotado de certeza idêntica à do laudo definitivo e que tenha sido elaborado por perito oficial, em procedimento e com conclusões equivalentes (edição 111 da jurisprudência em teses do STJ).

12) É prescindível a apreensão e a perícia de arma de fogo para a caracterização de causa de aumento de pena prevista no art. 157, § 2º-A, I, do Código Penal, quando evidenciado o seu emprego por outros meios de prova (edição 111 da jurisprudência em teses do STJ).

**9.7.2. Interrogatório:** tem natureza mista – é meio de prova e de defesa (autodefesa, na modalidade direito de audiência). É ato personalíssimo (só o indiciado/acusado pode ser interrogado), oral (mas reduzido a escrito) e não sujeito a preclusão (pode ser realizado a qualquer tempo e repetido – artigo 196 do CPP).

Em se tratando de interrogatório judicial, a presença de defensor é obrigatória. Em inquérito policial, só há que se falar em interrogatório quando o investigado já foi indiciado pela autoridade em despacho fundamentado (caso ainda não tenha sido indiciado, deve ser o investigado ouvido em termo de declarações). Estamos no âmbito de procedimento investigativo por natureza, destarte, não há que se falar em exigência de defensor para prática do ato (não que o acompanhamento do ato pelo advogado do indiciado será negado, apenas que não é necessário nomear advogado ou defensor público para acompanhar a audiência, nem se imporá adiamento do ato por não comparecimento do causídico) – com a entrada em vigor do Pacote Anticrime, passou a existir exceção à regra, contida no artigo 14-A do Código de Processo Penal (já estudado supra).

Caso opte por comparecer ao seu interrogatório acompanhado de advogado, deverá ser garantido a este a análise dos autos e o direito de entrevista entre indiciado e seu causídico, antes do início efetivo da oitiva. O direito ao silêncio deve ser observado, nos termos do artigo 5º, LXIII, da Constituição Federal e 186 do CPP (este não deve ser interpretado em desfavor do indiciado). É de se anotar a não recepção da parte final do artigo 198 do CPP (na parte que afirma que o silêncio poderá constituir elemento para formação do convencimento do juiz). Neste sentido Nucci[41].

João Cláudio Couceiro[42] adverte que "o direito ao silêncio abrange não só os interrogatórios formais, como também toda a oitiva do imputado realizada informalmente, perante qualquer autoridade com atribuição para investigar (delegado de polícia, promotor de justiça, ou qualquer outra autoridade administrativa, além do juiz de direito, evidentemente): sempre que for dada ao imputado a oportunidade de se manifestar, deve ser ele advertido de seu direito ao silêncio".

Até a 4ª edição dessa obra defendi que o delegado de polícia devia consignar e fazer todas as perguntas que tenciona ver respondidas pelo indiciado/investigado, ainda que este inicialmente afirme desejar se utilizar do seu direito ao silêncio. Tal atitude serviria a dois propósitos: a) demonstra a linha de raciocínio da autoridade policial na condução da oitiva; b) faz com que o investigado tenha condição de exercitar à completude seu direito constitucional, já que poderá optar por responder alguma(s) da(s) pergunta(s). Contudo, diante do crime previsto no artigo 15, parágrafo único, I, da Lei 13.869/19, passo a sugestionar que o delegado não mais insista em prosseguir perguntando ao investigado, caso ele decida exercitar seu direito ao silêncio. Penso que a autoridade policial ainda pode consignar as perguntas que faria no corpo do termo, salientando que as mesmas não foram efetivamente feitas ao investigado depois da sua opção de silenciar. Outra alternativa possível é o delegado questionar ao investigado e a seu advogado se o direito ao silêncio será exercido em bloco (em relação a toda e qualquer pergunta que venha a ser feita) ou se o investigado deseja não responder apenas uma pergunta pontual. No primeiro caso a autoridade deve abster-se de continuar perguntando, com o fito de evitar prática de crime de abuso de autoridade. Na segunda situação, o delegado pode fazer as perguntas que deseja, observado o direito ao silêncio do investigado quesito a quesito (penso ser importante consignar essa tratativa feita com o investigado e seu advogado no corpo da oitiva).

Um outro dispositivo importante quando se pensa na oitiva do investigado é o artigo 15, parágrafo único, II, da Lei 13.869/19. É crime de abuso de autoridade prosseguir no interrogatório de pessoa que tenha optado por ser assistida por advogado ou defensor público, sem a presença de seu patrono. Reafirmo que a presença do advogado no âmbito do inquérito é facultativa.

---

41. NUCCI, Guilherme de Souza. **Obra acima citada**, página 77.
42. COUCEIRO, João Cláudio. **A Garantia Constitucional do Direito ao Silêncio**, São Paulo: Revista dos Tribunais, 2004, página 192.

Contudo, se ele possui patrono, não é possível obstar a presença do causídico na oitiva (leia o artigo 7º, XXI, do EOAB).É interessante que a oitiva do investigado seja um dos últimos atos instrutórios do inquérito policial, com o fito de confrontar a versão apresentada com as provas/elementos informativos produzidos ao longo da investigação, caso o oitivado decida falar (como o investigado tem direito ao silêncio, não se deve depositar grandes esperanças neste ato).O delegado tem poder para deferir ou não a formulação de quesitos (ou sugestão dos mesmos) pelo advogado, justamente pela natureza investigativa do procedimento.

Além do direito ao silêncio, é de bom tom deixar claro, uma vez mais, que o indiciado não presta compromisso de dizer a verdade, não podendo, por isso, ser sujeito ativo do crime capitulado no artigo 342 do Código Penal, caso falseie a verdade.

O indiciado tem ainda direito a não autoincriminação. Perspicaz a observação de Fernando da Costa Tourinho Filho[43] a esse respeito:

> A nossa Constituição Federal dispõe no art. 5º, II, que "ninguém será obrigado a fazer ou deixar de fazer alguma coisa senão em virtude de lei". Como não existe no nosso ordenamento nenhuma lei que obrigue a confessar prática de crime (*nemo tenetur se ipsum accusare*), o indiciado ou réu não está obrigado a declarar contra si mesmo.

A respeito dos direitos ao silêncio e à não incriminação, vale a pena a releitura do tópico 5.7.5 supra (inclusive acerca da consequência jurídica da mentira do indiciado/réu no curso do inquérito/processo).

Sempre que possível, em casos de maior repercussão, é interessante que o delegado de polícia filme o ato (dando ao indiciado a ciência de que a oitiva está sendo gravada), de forma a evitar futuras alegações de vilipêndio à integridade física e/ou psíquica do interrogado (argumento comumente utilizado pela defesa na fase judicial, para desacreditar a confissão levada a efeito na fase pré-processual).

Outra providência interessante em casos mais delicados é solicitar a presença do órgão do Ministério Público à audiência de interrogatório (o membro do *Parquet* poderá aproveitar o ato para questionar o indiciado acerca de pontos que serão relevantes para formação de sua opinião acerca do delito, evitando futura cota requestando reinquirição do foco central da investigação).

Já foi dito supra que o inquérito policial, diferente do processo penal, não tem ordem de atos definida no CPP. Ainda assim, é de bom tom que o delegado

---

43. TOURINHO FILHO, Fernando da Costa. **Prática de Processo Penal**, São Paulo: Saraiva, 2010, página 300.

de polícia tente fazer com que a oitiva do investigado/indiciado seja o último ato do apuratório (isso fará com que a autoridade tenha uma noção exata acerca de toda prova produzida no curso do feito, com elementos de convicção suficientes para indiciar ou não o investigado).

Segue-se no ato do interrogatório a forma prescrita pelo artigo 187 do CPP, com primeira fase de questionamentos acerca da pessoa do indiciado (qualificação) e posteriormente com perguntas sobre os fatos apurados. Cumpre anotar que o direito ao silêncio não se estende à qualificação. No dizer de Nucci[44], esta (a qualificação) "é obtida para garantir a segurança processual e do próprio sistema judiciário, evitando-se que um inocente seja levado ao cárcere em lugar do verdadeiro culpado. Não fornecer a qualificação ou ministrá-la falsamente não é direito do réu, nem faz parte, de modo algum, do direito à ampla defesa".

Caso o indiciado se negue a informar sua qualificação, pode-se falar na prática de contravenção penal do artigo 68 da Lei de Contravenções Penais. Caso ele afirme ser pessoa diversa, tem-se o crime do artigo 307 do Código Penal. Se fornecer documento falso, pratica o crime tipificado no artigo 304 do Código Penal. Se ele apresentar documento verdadeiro, passando-se por outra pessoa, tem-se crime do artigo 308 do Código Penal. Eis os tipos:

> Art. 68. Recusar à autoridade, quando por esta, justificadamente solicitados ou exigidos, dados ou indicações concernentes à própria identidade, estado, profissão, domicílio e residência:
>
> Pena – multa, de duzentos mil réis a dois contos de réis.
>
> Art. 307. Atribuir-se ou atribuir a terceiro falsa identidade para obter vantagem, em proveito próprio ou alheio, ou para causar dano a outrem:
>
> Pena – detenção, de três meses a um ano, ou multa, se o fato não constitui elemento de crime mais grave.
>
> Art. 304. Fazer uso de qualquer dos papéis falsificados ou alterados, a que se referem os arts. 297 a 302:
>
> Pena – a cominada à falsificação ou à alteração.
>
> Art. 308 - Usar, como próprio, passaporte, título de eleitor, caderneta de reservista ou qualquer documento de identidade alheia ou ceder a outrem, para que dele se utilize, documento dessa natureza, próprio ou de terceiro:
>
> Pena - detenção, de quatro meses a dois anos, e multa, se o fato não constitui elemento de crime mais grave.

Acerca do crime de falsa identidade, é importante a leitura da Súmula 522/STJ – "A conduta de atribuir-se falsa identidade perante autoridade policial é típica, ainda que em situação de alegada autodefesa".

---

44. NUCCI, Guilherme de Souza. **Obra acima citada**, página 77.

Caso o indiciado resida em comarca diferente daquela em que tramita o inquérito, deve o delegado de polícia expedir carta precatória, solicitando a sua oitiva, consignando nela as perguntas a serem feitas, solicitando cópia de seu documento de identidade (cuja juntada nos autos do inquérito é necessária, de acordo com o parágrafo único do artigo 3º da Lei 12.037/09) e instruindo-a com as cópias das peças do apuratório que entenda necessárias à materialização da medida pela autoridade deprecada (se o interrogatório for materializado em comarca com mais de uma circunscrição, não há a necessidade de expedição de carta precatória, na forma do artigo 22 do CPP[45]).

Cumpre mencionar que a Lei 11.900/09 inseriu no CPP a possibilidade da realização de interrogatório judicial por videoconferência (§§ 2º a 9º do artigo 185 do CPP) – não há óbice à utilização de tal ferramenta na fase investigatória.

Importante salientar, como já dito supra, que o § 10 do artigo 185 (com redação dada pela Lei 13.257/16), do CPP determina que no interrogatório deverá constar a informação sobre a existência de filhos, respectivas idades e se possuem alguma deficiência e o nome e o contato de eventual responsável pelos cuidados dos filhos, indicado pela pessoa presa.

Sobre o interrogatório de réu preso, sugestiono leitura da tabela abaixo:

| INTERROGATÓRIO DO RÉU PRESO | DISPOSITIVO |
|---|---|
| A primeira opção legal para interrogatório do réu preso é o deslocamento do juiz, seus auxiliares, do Ministério Público e do defensor ao estabelecimento no qual ele estiver recolhido. | Art. 185 (...)<br>§ 1º O interrogatório do réu preso será realizado, em sala própria, no estabelecimento em que estiver recolhido, desde que estejam garantidas a segurança do juiz, do membro do Ministério Público e dos auxiliares bem como a presença do defensor e a publicidade do ato. |
| Caso não seja possível a primeira opção, parte-se para o interrogatório por videoconferência (que reclama decisão judicial fundamentada). | Art. 185 (...)<br>§ 2º Excepcionalmente, o juiz, por decisão fundamentada, de ofício ou a requerimento das partes, poderá realizar o interrogatório do réu preso por sistema de videoconferência ou outro recurso tecnológico de transmissão de sons e imagens em tempo real, desde que a medida seja necessária para atender a uma das seguintes finalidades: |

---

45. Art. 22. No Distrito Federal e nas comarcas em que houver mais de uma circunscrição policial, a autoridade com exercício em uma delas poderá, nos inquéritos a que esteja procedendo, ordenar diligências em circunscrição de outra, independentemente de precatórias ou requisições, e bem assim providenciará, até que compareça a autoridade competente, sobre qualquer fato que ocorra em sua presença, noutra circunscrição.

| INTERROGATÓRIO DO RÉU PRESO | DISPOSITIVO |
|---|---|
| | I - prevenir risco à segurança pública, quando exista fundada suspeita de que o preso integre organização criminosa ou de que, por outra razão, possa fugir durante o deslocamento; <br> II - viabilizar a participação do réu no referido ato processual, quando haja relevante dificuldade para seu comparecimento em juízo, por enfermidade ou outra circunstância pessoal; <br> III - impedir a influência do réu no ânimo de testemunha ou da vítima, desde que não seja possível colher o depoimento destas por videoconferência, nos termos do art. 217 deste Código; <br> IV - responder à gravíssima questão de ordem pública. <br> § 3º Da decisão que determinar a realização de interrogatório por videoconferência, as partes serão intimadas com 10 (dez) dias de antecedência. <br> § 4º Antes do interrogatório por videoconferência, o preso poderá acompanhar, pelo mesmo sistema tecnológico, a realização de todos os atos da audiência única de instrução e julgamento de que tratam os arts. 400, 411 e 531 deste Código. <br> § 5º Em qualquer modalidade de interrogatório, o juiz garantirá ao réu o direito de entrevista prévia e reservada com o seu defensor; se realizado por videoconferência, fica também garantido o acesso a canais telefônicos reservados para comunicação entre o defensor que esteja no presídio e o advogado presente na sala de audiência do Fórum, e entre este e o preso. <br> § 6º A sala reservada no estabelecimento prisional para a realização de atos processuais por sistema de videoconferência será fiscalizada pelos corregedores e pelo juiz de cada causa, como também pelo Ministério Público e pela Ordem dos Advogados do Brasil. |
| Por fim, caso não seja possível as duas opções anteriores, o preso será requisitado para ser interrogado em juízo. | Art. 185 (...) <br> § 7º Será requisitada a apresentação do réu preso em juízo nas hipóteses em que o interrogatório não se realizar na forma prevista nos §§ 1º e 2º deste artigo. |

Continuemos. É preciso que se diga que autoridades referidas no artigo 221 do CPP não têm a prerrogativa de agendar dia, hora e local para serem ouvidas quando figuram como investigadas/indiciadas no bojo do inquérito policial. É que tal direito só é conferido quando tais personagens figuram como testemunhas no feito (basta observar a posição do referido artigo no Caderno Processual Pátrio – o mesmo está incrustado no capítulo VI do título VII do CPP, que trata da prova testemunhal).

De igual sorte (e pela mesma razão declinada supra), as autoridades referidas no § 1º do artigo 221 do CPP não têm a prerrogativa de prestar declarações ou de serem interrogadas por escrito, quando figurarem como investigados ou indiciados no bojo de apuratórios criminais.

Sobre o tema, cumpre analisar o ocorrido no INQ 4483, instaurado com o fito de investigar práticas delitivas supostamente cometidas pelo à época presidente da República, Michel Temer.

Após ordenar a deflagração do apuratório (iniciado a pedido da Procuradoria-Geral da República), o Ministro relator determinou encaminhamento do feito à Polícia Federal para materialização de diligências aptas a elucidar os fatos.

Depois de contato feito pela Polícia Federal, para que fosse marcado dia, hora e local para oitiva do Presidente da República, os advogados do investigado peticionaram ao Ministro relator, requerendo: "que se o Presidente da República for ouvido deverá sê-lo em ato presidido por Vossa Excelência ou responder por escrito quesitos adredemente elaborados".

A necessidade da oitiva do chefe do Executivo Federal foi ratificada por pedido do Procurador-Geral da República.

O Ministro Edson Fachin, relator do inquérito, determinou a materialização da oitiva, mediante expedição de ofício pela autoridade policial ao investigado, com as perguntas que o delegado de Polícia Federal entendesse pertinentes ao esclarecimento dos fatos, podendo o presidente da República responder aos questionamentos também por escrito.

Nesta toada, cumpre analisar o artigo 221, § 1º, do Código de Processo Penal, que permite ao Presidente da República, caso queira, prestar depoimento por escrito:

> Art. 221. (...)
> 
> § 1º. O Presidente e o Vice-Presidente da República, os presidentes do Senado Federal, da Câmara dos Deputados e do Supremo Tribunal Federal poderão optar pela prestação de depoimento por escrito, caso em que as perguntas, formuladas pelas partes e deferidas pelo juiz, lhes serão transmitidas por ofício (grifos meus).

Ocorre que tal prerrogativa é conferida ao chefe do Executivo Federal (e a outras poucas autoridades) apenas quando ele figura no inquérito ou no processo como testemunha. É o que revela a análise da posição tópica do artigo 221 no bojo do Código de Processo Penal (ele foi incrustado no Capítulo VI do CPP, que trata da prova testemunhal).

No presente caso prático (INQ 4483), o presidente da República figurou no feito como investigado e não como testemunha (sua oitiva certamente foi materializada em termo de declarações e não em termo de depoimento, sendo-lhe oportunizados todos os direitos inerentes a sua condição de investigado – silêncio, não autoincriminação, ser assistido, caso deseje, por advogado, dentre outros).

Penso que não há como interpretar extensivamente a prerrogativa outorgada no supramencionado artigo 221, § 1º, do CPP. Caso o legislador desejasse conferir tal deferência às mesmas autoridades mencionadas no dispositivo, quando figurassem como investigadas/acusadas, deveria repetir texto idêntico no Capítulo III do CPP – que trata do interrogatório do acusado. Não o fez.

É importante que se diga que a permissão em testilha (assentir que o investigado responda perguntas outrora confeccionadas, por escrito) limita a diligência investigativa, vez que a oitiva presencial é ato dinâmico, que oportuniza a materialização de questionamentos outros, além dos inicialmente imaginados pela autoridade que preside o ato, a depender das respostas dadas pelo investigado (caso o mesmo opte por responder, já que tem direito ao silêncio).

Destarte, com a máxima vênia, forte nas breves razões listadas supra, cumpre discordar da posição manifestada por Sua Excelência, o Ministro Edson Fachin, relator do INQ 4483, quando permitiu ao presidente da República, na condição de investigado, prestar declarações por escrito, via ofício.

Nos autos do INQ 4.831/DF, relatado pelo Ministro Celso de Mello, o entendimento acima desenhado (impossibilidade de outorga das prerrogativas avistáveis no artigo 221 do Código de Processo Penal a investigados ou réus) foi reconhecido pelo Pretório Excelso. O então decano da Corte sustentou em decisão monocrática que:

> Assinalo, para efeito de mero registro, que as autoridades referidas no art. 221 do CPP somente disporão da prerrogativa processual nele referida se ostentarem a condição de vítimas ou de testemunhas, pois, caso estejam na posição de pessoas investigadas ou acusadas, não terão acesso a tal favor legal, como se tem decidido nesta Suprema Corte.

O Ministro Celso de Mello, no bojo do Agravo Regimental no INQ 4.831/DF, reforçou, a meu sentir corretamente:

> Vê-se, desse modo, que o art. 221 do CPP – que constitui típica regra de direito singular e que, por isso mesmo, deve merecer estrita exegese – não se estende nem ao investigado nem ao réu, os quais, independentemente da posição funcional que ocupem na hierarquia de poder do Estado, deverão comparecer, perante a autoridade competente, em dia, hora e local por esta unilateralmente designados (Inq 1.628/DF, Rel. Min. CELSO DE MELLO).
>
> Esse entendimento decorre não apenas da estrita literalidade e da posição topográfica do art. 221 do CPP (encartado no Capítulo VI – "Das Testemunhas" – do CPP),

mas, também, do magistério da doutrina (JULIO FABBRINI MIRABETE, "Processo Penal", p. 297, 4ª ed., 1995, São Paulo: Atlas, PEDRO HENRIQUE DEMERCIAN e JORGE ASSAF MALULY, "Curso de Processo Penal", p. 279, item n. 9.4, 1999, São Paulo: Atlas, FERNANDO DA COSTA TOURINHO FILHO, "Código de Processo Penal Comentado", vol. I/424, 4ª ed., 1999, São Paulo: Saraiva, VICENTE GRECO FILHO, "Manual de Processo Penal", p. 206, item n. 48, 1991, São Paulo: Saraiva, EUGÊNIO PACELLI e DOUGLAS FISCHER, "Comentários ao Código de Processo Penal e sua Jurisprudência", p. 515, 11ª ed., 2019, São Paulo: Atlas, v.g.), valendo destacar, neste ponto, ante a extrema pertinência de suas observações, a lição de RENATO BRASILEIRO ("Código de Processo Penal Comentado", p. 661, item n. 1, 2ª ed., 2017, Salvador: Juspodivm):

"(...) A regra do 'caput' do art. 221 do CPP só é válida quando tais autoridades forem ouvidas na condição de testemunhas. Por conseguinte, quando tais agentes figurarem na condição de investigados ou de acusados, não terão o direito de serem inquiridos em local, dia e hora previamente ajustados com o Delegado de Polícia ou com o juiz (...)." (grifei)

Sua Excelência, o Ministro Celso de Mello, citou, ainda, precedente do Superior Tribunal de Justiça acerca do tema, com idêntico entendimento (no mesmo sentido do quanto defendido nessa obra):

HABEAS CORPUS. INQUÉRITO POLICIAL. PREFEITO MUNICIPAL. INTIMAÇÃO PARA PRESTAR DECLARAÇÕES PERANTE A AUTORIDADE POLICIAL. INOBSERVÂNCIA DA PRERROGATIVA PREVISTA NO ARTIGO 221 DO CÓDIGO DE PROCESSO PENAL. DISPOSITIVO PROCESSUAL QUE SE RESTRINGE À OITIVA DE TESTEMUNHA. PACIENTE INQUIRIDO NA CONDIÇÃO DE INVESTIGADO. CONSTRANGIMENTO ILEGAL NÃO CARACTERIZADO. 1. O artigo 221 do Código de Processo Penal, que assegura às autoridades com prerrogativa de foro o direito de serem inquiridas em local, dia e hora previamente ajustados com o juiz, tem incidência quando os ocupantes dos referidos cargos participarem do processo na qualidade de testemunhas. 2. Tal previsão não se estende às referidas autoridades quando figuram na condição de investigados em inquérito policial ou acusados em ação penal. 3. No caso dos autos, consoante consignado pelo Tribunal Regional Federal da 3ª Região, o paciente seria ouvido na condição de investigado, e não de testemunha, motivo pelo qual não possui a prerrogativa de ser inquirido em local, data e horário por ele escolhidos. 4. Ainda que assim não fosse, a simples inobservância da prerrogativa prevista no artigo 221 da Lei Penal Adjetiva não enseja qualquer violação à liberdade de locomoção do paciente que, inclusive, não é obrigado a depor, podendo valer-se do direito ao silêncio que lhe é garantido pelo artigo 5º, inciso LXIII, da Constituição Federal. ARBITRARIEDADE DO INDICIAMENTO DO PACIENTE. PROVIDÊNCIA QUE SERIA PRECIPITADA E CARECERIA DE JUSTA CAUSA. AUSÊNCIA DE DOLO NA CONDUTA. DOCUMENTAÇÃO INSUFICIENTE. NECESSIDADE DE PROVA PRÉ-CONSTITUÍDA. 1. O mero indiciamento em inquérito policial, desde que não abusivo e posterior ao recebimento da denúncia, não configura constrangimento ilegal sanável na via estreita do mandamus. 2. Na hipótese em tela, os impetrantes deixaram de juntar aos autos a íntegra do inquérito policial instaurado contra o paciente, não havendo quaisquer elementos que indiquem que a determinação do seu indiciamento seria arbitrária ou que inexistiriam motivos a justificá-la. 3. Como se sabe, rito do habeas corpus pressupõe prova pré-constituída do direito alegado, devendo a parte demonstrar, de maneira inequívoca, por meio de provas documentais que evidenciem a pretensão aduzida, a existência do aventado constrangimento ilegal suportado. 4. Ordem denegada (HC 250.970/SP, Rel. Ministro JORGE MUSSI, QUINTA TURMA, julgado em 23/09/2014, DJe 30/09/2014).

**9.7.3. Confissão:** trata-se de ato personalíssimo (só o indiciado/acusado pode fazê-lo), retratável (a qualquer tempo) e divisível (o indiciado/acusado pode confessar apenas parte da prática delitiva, confessar o fato, mas levantar causa excludente de ilicitude, dentre outras possibilidades).

Os artigos 197 e seguintes do CPP demonstram a cautela do legislador com o instituto da confissão. Outrora a rainha das provas, buscada a todo custo e por métodos muitas vezes ilegais, a confissão é apenas um dos meios probantes admitidos no caderno processual e tem o mesmo valor das outras provas eventualmente coligidas no curso do feito. Vejamos expressão do pensamento aqui relativizado, na lição de Manoel Messias Barbosa[46]:

> A confissão é a melhor das provas. Na verdade, a rainha delas. Daí porque Garraud afirmou com sabedoria que "os antigos consideravam a confissão como a prova por excelência, a rainha das provas, a única que podia assegurar num processo criminal a consciência do Juiz e permitir-lhe, sem escrúpulos, como sem remorso, pronunciar o castigo capital". E Hélio Tornaghi acrescentou: "realmente, a confissão atendível é um raio de luz que ilumina todos os escaminhos dos crimes mais misteriosos, dissipa as dúvidas, orienta as ulteriores investigações e conforta de um só passo os escrúpulos do Juiz e as preocupações da justiça dos homens de bem".

Melhor seguir o entendimento de Nucci[47], para quem:

> A confissão deve ser vista com cautela, mas não pode ser automaticamente considerada falsa ou verdadeira, de forma plena e absoluta. Se confessou, quer alguma vantagem. Se confessou, sofreu tortura. Se confessou, é louco. Se confessou, é realmente culpado. Todas as hipóteses sugeridas podem ser falsas ou verdadeiras, cabendo ao juiz investigar e extrair suas conclusões, sem dissimuladas premissas. O importante é compreender que o réu pode colaborar com a instrução criminal, confessando a prática do crime, se desejar.

A confissão não pode ser alçada à condição de prova plena (como afirmado supra), nem tampouco completamente desprezada (ainda que produzida na fase pré-processual). Nesse sentido Edilson Mougenot Bonfim[48]:

---

46. BARBOSA, Manoel Messias. **Obra acima citada**, página 47.
47. NUCCI, Guilherme de Souza. **Obra acima citada**, página 71.
48. BONFIM, Edilson Mougenot. **Júri: do inquérito ao plenário,** São Paulo: Saraiva, 2012, página 63.

Inegável a existência de uma pequena corrente doutrinária e jurisprudencial que procura atribuir, nos processos comuns, nenhum valor probante às confissões extrajudiciais. Trata-se, por certo, menos de lógica jurídica, mais de pura e injustificada discriminação; preconceitos, acerbos e tricas aos quais, aliás já aludimos. Por conseguinte, algum valor deve ser atribuído ao interrogatório policial e sua eventual confissão.

Os tempos modernos não admitem a prática de qualquer tipo de pressão, tortura ou coação no sentido de forçar o investigado a confessar a prática delitógena. A polícia tem a sua disposição uma infinidade de outros meios de demonstrar a responsabilidade de determinado investigado em face do cometimento de determinado delito. Anote-se que constranger alguém com emprego de violência ou grave ameaça, causando-lhe sofrimento físico ou mental, com o fim de obter informação, declaração ou confissão da vítima ou de terceira pessoa é crime tipificado na Lei 9.455/97 (que pune o crime de tortura).

Diz-nos Nucci[49], "evitando-se a maculada extração da confissão por um método reprovável, é preciso que a autoridade interrogante aja com imparcialidade e sobriedade, levando sua sinceridade até o exagero". E prossegue, "a serenidade, a mansuetude, a receptividade e até mesmo uma certa postura passiva são atributos necessários ao interrogante".

Como já declina supra, o delegado, mesmo diante de confissão, deve buscar meios outros de prova, aptos a bem fundamentar a inicial acusatória a ser confeccionada pelo titular da ação penal (solicitar perícias, ouvir testemunhas, determinar reprodução simulada dos fatos, dentre outras diligências).

A confissão pode ser classificada como simples, complexa e qualificada:

| CONFISSÃO | DEFINIÇÃO |
|---|---|
| Simples | O indiciado/réu confirma os fatos da exordial acusatória |
| Complexa | Quando o réu confirma vários fatos delitivos |
| Qualificada | Quando o réu confessa, mas alega elementos que excluem sua responsabilidade penal (chamada de ponte de bronze) |

Por fim, é importante, ainda, a leitura das Súmulas 545 e 630 do Superior Tribunal de Justiça:

> Súmula 545 – Quando a confissão for utilizada para a formação do convencimento do julgador, o réu fará jus à atenuante prevista no art. 65, III, d, do Código Penal.
>
> Súmula 630 – A incidência da atenuante da confissão espontânea no crime de tráfico ilícito de entorpecentes exige o reconhecimento da traficância pelo acusado, não bastando a mera admissão da posse ou propriedade para uso próprio.

---

49. NUCCI, Guilherme de Souza. **Obra acima citada**, página 90.

**9.7.4. Declarações do ofendido:** é a vítima. Sua versão acerca dos fatos é importante para o deslinde da investigação[50]. Mesmo diante de tal constatação, suas declarações devem ser interpretadas com cautela pela autoridade policial, vez que suas impressões podem ser distorcidas pelo nervosismo e pelo medo, tão naturais quando se é sujeito passivo de um delito (é preciso, nesta toada, muito cuidado na coleta das declarações da vítima, para que ela não seja submetida à chamada vitimização secundária – quando os órgãos de controle social formal vitimizam o ofendido por não tratá-lo adequadamente).

O Código de Processo Penal determina que o ofendido não preste compromisso (será ouvido em termo de declarações – artigo 201 do referido diploma) e, caso minta, não pode ser processado por crime de falso testemunho (é possível, contudo, prática do crime de denunciação caluniosa, a depender da situação).

Como dito em capítulo anterior, a vítima pode ser conduzida coercitivamente, caso não compareça à audiência designada pela autoridade policial (§ 1º do artigo 201 do CPP), mesmo depois do julgamento das ADPF 395 e 444. Ao contrário do quanto dito em relação ao indiciado, é de bom tom que a vítima seja das primeiras pessoas a serem ouvidas no curso do inquérito, para que se tente colher elementos como características do autor do fato, armas usadas pelos criminosos, veículos usados no crime, dentre outros aspectos.

A Lei 11.690/2008 inseriu no CPP rede de proteção (ainda incipiente) à vítima (a ser observada pelo magistrado no curso do processo). Vejamos o artigo 201 do CPP por inteiro:

> Art. 201. Sempre que possível, o ofendido será qualificado e perguntado sobre as circunstâncias da infração, quem seja ou presuma ser o seu autor, as provas que possa indicar, tomando-se por termo as suas declarações.
>
> § 1º Se, intimado para esse fim, deixar de comparecer sem motivo justo, o ofendido poderá ser conduzido à presença da autoridade.
>
> § 2º O ofendido será comunicado dos atos processuais relativos ao ingresso e à saída do acusado da prisão, à designação de data para audiência e à sentença e respectivos acórdãos que a mantenham ou modifiquem.
>
> § 3º As comunicações ao ofendido deverão ser feitas no endereço por ele indicado, admitindo-se, por opção do ofendido, o uso de meio eletrônico.
>
> § 4º Antes do início da audiência e durante a sua realização, será reservado espaço separado para o ofendido.
>
> § 5º Se o juiz entender necessário, poderá encaminhar o ofendido para atendimento multidisciplinar, especialmente nas áreas psicossocial, de assistência jurídica e de saúde, a expensas do ofensor ou do Estado.

---

50. Sobre a oitiva de criança/adolescente vítima de crime, leia o tópico 5.7.4 (acerca da Lei 13.431/17).

§ 6º O juiz tomará as providências necessárias à preservação da intimidade, vida privada, honra e imagem do ofendido, podendo, inclusive, determinar o segredo de justiça em relação aos dados, depoimentos e outras informações constantes dos autos a seu respeito para evitar sua exposição aos meios de comunicação.

**9.7.5. Prova testemunhal:** Em um primeiro plano, cumpre deixar claro que toda pessoa pode ser testemunha (artigo 202 do CPP).

A testemunha presta compromisso de dizer a verdade, na forma do artigo 203 do CPP, podendo ser sujeito ativo do crime de falso testemunho caso minta (artigo 342 do Código Penal).

O ato é oral na origem, sendo reduzido a termo (a testemunha não pode levar o seu depoimento por escrito, mas pode fazer consulta a apontamentos – artigo 204 do CPP). É materializado por meio de termo de depoimento.

No curso do inquérito não há número máximo ou mínimo de testemunhas. O delegado deve ouvir tantas quantas existam e sejam suficientes para o esclarecimento dos fatos apurados.

Diferente do processo, onde o acusado deve estar presente, como regra, no momento da ouvida das testemunhas, no curso do inquérito o depoimento destas não é acompanhado pelo investigado/indiciado nem por seu advogado, como já salientado supra (estamos no bojo de procedimento investigativo).

Algumas autoridades nominadas pelo CPP têm o direito de agendar dia, hora e local para serem ouvidas (artigo 221, caput, do diploma referido). O delegado de polícia deve, caso se depare com essa situação, expedir ofício à autoridade solicitando a marcação da audiência (caso a autoridade não compareça injustificadamente é possível, tranquilamente, determinação de sua condição coercitiva, em decisão devidamente fundamentada).

Militares devem ser requisitados à autoridade superior (por meio de ofício). Funcionários públicos devem ter seu comparecimento solicitado ao órgão respectivo.

Apenas o presidente e o vice-presidente da República e os presidentes do Senado, da Câmara e do Supremo Tribunal Federal podem prestar testemunho por escrito (§ 1º do artigo 221 do CPP).

A testemunha faltosa poderá: ser conduzida coercitivamente (artigo 218 do CPP); pagar multa; custear a diligência; ser processada por desobediência (artigo 219 do CPP).

Não há fixação pelo CPP da quantidade de intimações que devem ser expedidas antes da condução coercitiva da testemunha (a condução coercitiva da testemunha faltosa pode ser materializada mesmo depois do julgamento das ADPF 395 e 444). Isso deve ser resolvido pela autoridade diante de cada caso concreto (é importante que o delegado faça juntar nos autos do inquérito o(s) mandado(s) de intimação devidamente assinado(s) pela testemunha faltante, de forma a justificar a severa medida). Nesse diapasão, é importante a leitura do artigo 10 da Lei 13.869/19[51] (o dispositivo será tratado com mais vagar alhures).

Caso a testemunha resida em comarca diferente daquela em que tramita o inquérito, deve o delegado de polícia expedir carta precatória solicitando a oitiva da mesma (é a chamada prova de fora da terra[52]), consignando nela as perguntas a serem feitas e instruindo-a com as cópias das peças do apuratório que entenda necessárias à materialização da medida pela autoridade deprecada (caso a investigação tramite em comarca com mais de uma circunscrição, leia o artigo 22 do CPP).

Repito aqui o quanto desenhado supra quando ao interrogatório. Em casos de maior repercussão, sempre que possível, é interessante que o delegado de polícia filme o depoimento da testemunha (informando-a acerca da gravação). A providência empresta maior verossimilhança ao quanto declinado pelo oitivado. A sugestão quanto à solicitação da presença de órgão do MP nas principais audiências de oitiva de testemunhas também é boa providência no curso de investigações mais rumorosas.

Por fim, cumpre deixar claro que não é vedado que o policial seja admitido como testemunha. Nesse sentido julgado do Tribunal da Cidadania[53]:

> É assente nesta Corte o entendimento de que são válidos os depoimentos dos policiais em juízo, mormente quando submetidos ao necessário contraditório e corroborados pelas demais provas colhidas e pelas circunstâncias em que ocorreu o delito. Incidência do enunciado 83 da Súmula desta Corte.

Eis teses do STJ sobre o tema:

> 6) É válido e revestido de eficácia probatória o testemunho prestado por policiais envolvidos em ação investigativa ou responsáveis por prisão em flagrante, quando estiver em harmonia com as demais provas dos autos e for colhido sob o crivo do contraditório e da ampla defesa (edição 105 da jurisprudência em teses).

> 5) É possível a antecipação da colheita da prova testemunhal, com base no art. 366 do CPP, nas hipóteses em que as testemunhas são policiais, tendo em vista a relevante probabilidade de esvaziamento da prova pela natureza da atuação profissional, marcada pelo contato diário com fatos criminosos (edição 111 da jurisprudência em teses).

---

51. Art. 10. Decretar a condução coercitiva de testemunha ou investigado manifestamente descabida ou sem prévia intimação de comparecimento ao juízo:
Pena - detenção, de 1 (um) a 4 (quatro) anos, e multa.
52. Prova colhida em comarca distinta do local onde tramita o inquérito/processo.
53. STJ, AgRg no Ag 1158921/SP, 6ª Turma, rel. Min. Maria Thereza de Assis Moura, DJe 01/06/2011.

Guilherme de Souza Nucci[54] assevera acerca do tema que "o policial pode e deve prestar seu depoimento, mas o magistrado deve ter cautela necessária na sua avaliação. Os pontos fundamentais precisam ser sopesados, extraindo-se os excessos e coibindo-se as propositadas carências de informes".

Cumpre destacar que, na fase processual, a testemunha é inquirida diretamente pelas partes, sem necessidade de intermediação do juiz. A parte que arrolou a testemunha faz a inquirição (*direct examination*), a parte adversa faz suas perguntas (*cross examination*) e, por fim, o juiz esclarece eventuais pontos duvidosos, tal qual preceituado pelo artigo 212 do Código de Processo Penal. O Superior Tribunal de Justiça entende que se o juiz atropelar o quanto determinado pelo artigo citado, haverá nulidade relativa:

> 12) A inquirição das testemunhas pelo Juiz antes que seja oportunizada às partes a formulação das perguntas, com a inversão da ordem prevista no art. 212 do Código de Processo Penal, constitui nulidade relativa (edição 69 da jurisprudência em teses do STJ).

Por fim, confira algumas tabelas acerca da prova testemunhal:

| TIPO DE TESTEMUNHA | DEFINIÇÃO |
|---|---|
| Testemunha inócua | A que nada sabe sobre o fato apurado (artigo 209, § 2º, do Código de Processo Penal) |
| Testemunha de beatificação ou laudadores | É arrolada apenas para falar bem do réu |
| Testemunha fedatárias, impróprias ou instrumentarias | Serve para provar regularidade formal de algum ato |
| Testemunha da coroa | É o agente infiltrado |

| PROCEDIMENTO | NÚMERO MÁXIMO DE TESTEMUNHAS | ARTIGO |
|---|---|---|
| Ordinário | 8 | 401 do CPP |
| Sumário | 5 | 532 do CPP |
| Sumaríssimo | 3 | – |
| Primeira fase do júri | 8 | 406, § 2º, do CPP |
| Segunda fase do júri (plenário) | 5 | 422 do CPP |

---

54. NUCCI, Guilherme de Souza. **Obra acima citada**, página 169.

| DICAS PARA MEMORIZAÇÃO | ENVOLVIDOS | ARTIGO DO CPP |
|---|---|---|
| Poderão se recusar a depor, salvo quando não for possível, por outro modo, obter-se ou integrar-se a prova do fato e de suas circunstâncias. | Ascendente ou descendente, o afim em linha reta, o cônjuge, ainda que desquitado, o irmão e o pai, a mãe, ou o filho adotivo do acusado. | 206 |
| São proibidas de depor, salvo se, desobrigadas pela parte interessada, quiserem dar o seu testemunho. | As pessoas que, em razão de função, ministério, ofício ou profissão, devam guardar segredo. | 207 |
| Não se deferirá o compromisso a que alude o art. 203 (compromisso de dizer a verdade, sob pena do crime de falso testemunho). | Aos doentes e deficientes mentais e aos menores de 14 (quatorze) anos, nem às pessoas a que se refere o art. 206 (ascendente ou descendente, o afim em linha reta, o cônjuge, ainda que desquitado, o irmão e o pai, a mãe, ou o filho adotivo do acusado). | 208 |

**9.7.6. Reconhecimento de pessoas e coisas:** trata-se de diligência de fundamental importância no curso da investigação.

Seguindo a sistemática do Código de Processo Penal, em primeiro lugar deve o reconhecedor descrever a coisa ou pessoa a ser reconhecida; a seguir a coisa ou pessoa, se possível, será colocada lado a lado com outras semelhantes; depois o reconhecedor será convidado a apontar o reconhecido; ao fim, será lavrado auto pormenorizado, que será assinado por duas testemunhas presenciais, pelo reconhecedor, pela autoridade e pelo escrivão que o lavrou (é a mecânica do artigo 226 do CPP).

É de se notar que a jurisprudência tupiniquim não tem nulificado reconhecimentos levados a efeito em flagrante desrespeito à forma legalmente determinada (o desrespeito ao artigo 226 do CPP é entendido como mera irregularidade). Vejamos aresto do Superior Tribunal de Justiça[55]:

> De acordo com o entendimento desta Corte Superior, a suposta inobservância das formalidades previstas no art. 226 do Código de Processo Penal não enseja nulidade do ato de reconhecimento do paciente em sede policial se o édito condenatório está fundamentado em idôneo conjunto fático probatório, produzido sob o crivo do contraditório, que asseste a autoria do ilícito ao paciente.

---

55. STJ, HC 184214/DF, 5ª Turma, rel. Min. Jorge Mussi, DJe 01/06/2011.

No mesmo sentido a tese do STJ (edição 69 da jurisprudência em teses):

3) As irregularidades relativas ao reconhecimento pessoal do acusado não ensejam nulidade, uma vez que as formalidades previstas no art. 226 do CPP são meras recomendações legais.

Esse entendimento, contudo, foi desafiado pela 6ª Turma do Tribunal da Cidadania, que afirmou, no bojo do HC 598.886, relatado pelo Ministro Rogério Schietti Cruz, não ser possível sustentar condenação em reconhecimento fotográfico materializado sem a observância das formalidades determinadas no artigo 226 do Código de Processo Penal. Ante a importância do precedente (que pode significar mudança do vetor jurisprudencial do Tribunal da Cidadania), transcrevo a ementa da decisão monocrática por inteiro:

HABEAS CORPUS. ROUBO MAJORADO. RECONHECIMENTO FOTOGRÁFICO DE PESSOA REALIZADO NA FASE DO INQUÉRITO POLICIAL. INOBSERVÂNCIA DO PROCEDIMENTO PREVISTO NO ART. 226 DO CPP. PROVA INVÁLIDA COMO FUNDAMENTO PARA A CONDENAÇÃO. RIGOR PROBATÓRIO. NECESSIDADE PARA EVITAR ERROS JUDICIÁRIOS. PARTICIPAÇÃO DE MENOR IMPORTÂNCIA. NÃO OCORRÊNCIA. ORDEM PARCIALMENTE CONCEDIDA. 1. O reconhecimento de pessoa, presencialmente ou por fotografia, realizado na fase do inquérito policial, apenas é apto, para identificar o réu e fixar a autoria delitiva, quando observadas as formalidades previstas no art. 226 do Código de Processo Penal e quando corroborado por outras provas colhidas na fase judicial, sob o crivo do contraditório e da ampla defesa. 2. Segundo estudos da Psicologia moderna, são comuns as falhas e os equívocos que podem advir da memória humana e da capacidade de armazenamento de informações. Isso porque a memória pode, ao longo do tempo, se fragmentar e, por fim, se tornar inacessível para a reconstrução do fato. O valor probatório do reconhecimento, portanto, possui considerável grau de subjetivismo, a potencializar falhas e distorções do ato e, consequentemente, causar erros judiciários de efeitos deletérios e muitas vezes irreversíveis. 3. O reconhecimento de pessoas deve, portanto, observar o procedimento previsto no art. 226 do Código de Processo Penal, cujas formalidades constituem garantia mínima para quem se vê na condição de suspeito da prática de um crime, não se tratando, como se tem compreendido, de "mera recomendação" do legislador. Em verdade, a inobservância de tal procedimento enseja a nulidade da prova e, portanto, não pode servir de lastro para sua condenação, ainda que confirmado, em juízo, o ato realizado na fase inquisitorial, a menos que outras provas, por si mesmas, conduzam o magistrado a convencer-se acerca da autoria delitiva. Nada obsta, ressalve-se, que o juiz realize, em juízo, o ato de reconhecimento formal, desde que observado o devido procedimento probatório. 4. O reconhecimento de pessoa por meio fotográfico é ainda mais problemático, máxime quando se realiza por simples exibição ao reconhecedor de fotos do conjecturado suspeito extraídas de álbuns policiais ou de redes sociais, já previamente selecionadas pela autoridade policial. E, mesmo quando se procura seguir, com adaptações, o procedimento indicado no Código de Processo Penal para o reconhecimento presencial, não há como ignorar que o caráter estático, a qualidade da foto, a ausência de expressões e trejeitos corporais e a quase sempre visualização apenas do busto do suspeito podem comprometer a idoneidade e a confiabilidade do ato. 5. De todo urgente, portanto, que se adote um novo rumo na compreensão dos Tribunais acerca das consequências da atipicidade procedimental do ato de reconhecimento formal de pessoas; não se pode mais referendar a jurisprudência que afirma se tratar de mera recomendação do legislador, o que acaba por permitir a perpetuação desse foco de erros judiciários e, consequentemente, de graves injustiças. 6. É de se exigir que as polícias judiciárias (civis e federal) realizem sua função investigativa comprometidas com o absoluto respeito às formalidades desse meio de prova. E ao Ministério Público cumpre o papel de fiscalizar a correta aplicação da lei penal, por ser órgão de controle externo da atividade policial e por sua ínsita função de custos legis, que deflui do desenho constitucional de suas missões, com destaque para a "defesa da ordem jurídica, do regime democrático e dos interesses sociais e individuais indisponíveis" (art. 127, caput, da Constituição da República), bem assim da sua específica função de "zelar pelo efetivo respeito dos Poderes Públicos [inclusive, é claro, dos que ele próprio exerce] [...] promovendo as medidas necessárias a sua garantia" (art. 129, II). 7. Na espécie, o reconhecimento do primeiro paciente se deu por meio fotográfico e não seguiu minimamente o roteiro normativo previsto no Código de Processo Penal. Não houve prévia descrição da pessoa a ser reconhecida e não se exibiram outras fotografias de possíveis suspeitos; ao contrário, escolheu a autoridade policial fotos de um suspeito que já cometera outros crimes, mas que absolutamente nada indicava, até então, ter qualquer ligação com o roubo investigado. 8. Sob a égide de um processo penal comprometido com os direitos e os valores positivados na Constituição da República, busca-se uma verdade processual em que a reconstrução histórica dos fatos objeto do juízo se vincula a regras precisas, que assegurem às partes um maior controle sobre a atividade jurisdicional; uma verdade, portanto, obtida de modo "processualmente admissível e válido" (Figueiredo Dias). 9. O primeiro paciente foi reconhecido por fotografia, sem nenhuma observância do procedimento legal, e não houve nenhuma outra prova produzida em seu desfavor. Ademais, as falhas e as inconsistências do suposto reconhecimento – sua altura é de 1,95 m e todos disseram que ele teria por volta de 1,70 m; estavam os assaltantes com o rosto parcialmente coberto; nada relacionado ao crime foi encontrado em seu poder e a autoridade policial nem sequer explicou como teria chegado à suspeita de que poderia ser ele um dos autores do roubo – ficam mais evidentes com as declarações de três das vítimas em juízo, ao negarem a possibilidade de reconhecimento do acusado. 10. Sob tais condições, o ato de reconhecimento do primeiro paciente deve ser declarado absolutamente nulo, com sua consequente absolvição, ante a inexistência, como se deflui da sentença, de qualquer outra prova independente e idônea a formar o convencimento judicial sobre a autoria do crime de roubo que lhe foi imputado. 11. Quanto ao segundo paciente, teria, quando muito – conforme reconheceu o Magistrado sentenciante – emprestado o veículo usado pelos assaltantes para chegarem ao restaurante e fugirem do local do delito na posse dos objetos roubados, conduta que não pode ser tida como determinante para a prática do delito, até porque não se logrou demonstrar se efetivamente houve tal empréstimo do automóvel com a prévia ciência de seu uso ilícito por parte da dupla que cometeu o roubo. É de se lhe reconhecer, assim, a causa geral de diminuição de pena prevista no art. 29, § 1º, do Código Penal (participação de menor importância). 12. Conclusões: 1) O reconhecimento de pessoas deve observar o procedimento previsto no art. 226 do Código de Processo Penal, cujas formalidades constituem garantia mínima para quem se encontra na condição de suspeito da prática de um crime; 2) À vista dos efeitos e dos riscos de um reconhecimento falho, a inobservância do procedimento descrito na referida norma processual torna inválido o reconhecimento da pessoa suspeita e não poderá servir de lastro a eventual condenação, mesmo se confirmado o reconhecimento em juízo; 3) Pode o magistrado realizar, em juízo, o ato de reconhecimento formal, desde que observado o devido procedimento probatório, bem como pode ele se convencer da autoria delitiva a partir do exame de outras provas que não guardem relação de causa e efeito com o ato viciado de reconhecimento; 4) O reconhecimento do suspeito por simples exibição de fotografia(s) ao reconhecedor, a par de dever seguir o mesmo procedimento do reconhecimento pessoal, há de ser visto como etapa antecedente a eventual reconhecimento pessoal e, portanto, não pode servir como prova em ação penal, ainda que confirmado em juízo. 13. Ordem concedida, para: a) com fundamento no art. 386, VII, do CPP, absolver o paciente Vânio da Silva Gazola em relação à prática do delito objeto do Processo n. 0001199-22.2019.8.24.0075, da 1ª Vara Criminal da Comarca de Tubarão – SC, ratificada a liminar anteriormente deferida, para determinar a imediata expedição de alvará de soltura em seu favor, se por outro motivo não estiver preso; b) reconhecer a causa geral de diminuição relativa à participação de menor importância no tocante ao paciente Igor Tártari Felácio, aplicá-la no patamar de 1/6 e, por conseguinte, reduzir a sua reprimenda para 4 anos, 5 meses e 9 dias de reclusão e pagamento de 10 dias-multa. Dê-se ciência da decisão aos Presidentes dos Tribunais de Justiça dos Estados e aos Presidentes dos Tribunais Regionais Federais, bem como ao Ministro da Justiça e Segurança Pública e aos Governadores dos Estados e do Distrito Federal, encarecendo a estes últimos que façam conhecer da decisão os responsáveis por cada unidade policial de investigação.

Deve-se atentar para o permissivo do inciso III do artigo 226 do CPP, que autoriza que a autoridade faça com que o reconhecido não veja o reconhecedor, caso o contato direto entre ambos cause intimidação ao último (providência não possível no curso do processo, nos termos do parágrafo único do mesmo artigo 226). O ideal é que a delegacia de polícia conte com sala específica para reconhecimento, de forma a garantir, caso necessário, a materialização de dita providência.

No reconhecimento de objeto, proceder-se-á com as cautelas estabelecidas no artigo anterior, no que for aplicável (artigo 227 do CPP).

Se várias forem as pessoas chamadas a efetuar o reconhecimento de pessoa ou de objeto, cada uma fará a prova em separado, evitando-se qualquer comunicação entre elas (artigo 228 do CPP). Essa providência é extremamente importante, para que os reconhecedores não sejam influenciados uns pelos outros.

Apesar de não ser previsto no CPP, o reconhecimento fotográfico é admitido e deve, sempre que possível, seguir a mesma sistemática do reconhecimento de pessoas e coisas. Segundo Nucci[56], "cuida-se de meio de prova ino-

---

56. NUCCI, Guilherme de Souza. **Obra acima citada**, página 185.

minado, porém lícito, vez que não contraria expressamente qualquer norma constitucional ou legal". No mesmo sentido Edilson Mougenot Bonfim[57]. Vejamos julgado do Tribunal da Cidadania[58] pela admissão do meio de prova em espeque:

> A jurisprudência desta Corte tem se posicionado no sentido da validade do reconhecimento fotográfico, desde que não seja utilizado de forma isolada, mas se coadune com os demais elementos constantes dos autos.

Eis tese da jurisprudência do STJ sobre o tema:

> 7) O reconhecimento fotográfico do réu, quando ratificado em juízo, sob a garantia do contraditório e ampla defesa, pode servir como meio idôneo de prova para fundamentar a condenação (edição 105 da jurisprudência em teses do STJ).

É interessante que o delegado advirta o reconhecedor acerca da importância e das consequências do ato (o fato de alguém ser reconhecido como pretenso autor de um fato delituoso certamente o torna o foco central das investigações, principalmente quando o crime é cometido na clandestinidade), para que o reconhecimento tenha resultados positivos para o apuratório. Devem ser rechaçados, nesta senda, percentuais de certeza acerca do reconhecimento (reconheceu com 80% de certeza, por exemplo), reconhecimento apenas com base em compleição física ou detalhes físicos muito comuns – cor do cabelo, dos olhos, dentre outros aspectos.

Cumpre deixar claro que retrato falado não é reconhecimento de pessoa. Adverte-nos Válter Kenji Ishida[59] que este é "o desenho da face do criminoso. Devido a sua precariedade não é tido como meio de prova, mas apenas como instrumento auxiliar das investigações". Faz-se o retrato falado para que se possa identificar suspeitos que, uma vez individualizados, devem ser submetidos ao reconhecimento de pessoa.

Ressalto, por fim, que o investigado/indiciado pode ser conduzido coercitivamente para materialização do ato de reconhecimento de pessoa, caso não compareça depois de devidamente intimado, na forma do artigo 260 do CPP. Isso porque o reconhecimento é prova produzida pelo reconhecedor e não pelo reconhecido (que atua passivamente na produção deste meio probante). Observo que o julgamento das ADPF 395 e 444 considerou não recepcionada pela Constituição Federal de 1988 apenas a expressão "para interrogatório" constante no artigo 260 do CPP.

---

57. BONFIM, Edilson Mougenot. **Obra acima citada**, página 80.
58. STJ, HC 191503/BA, 5ª Turma, rel. Min. Gilson Dipp, DJe 01/08/2011.
59. ISHIDA, Válter Kenji. **Obra acima citada**, página 142.

**9.7.7. Acareação:** significa colocar frente a frente pessoas que têm versões conflitantes acerca de um mesmo fato. Existem diversas possibilidades: entre testemunhas, entre testemunha e declarante, entre investigados, dentre outras. A disciplina legal se avista nos artigos 229 e 230, do CPP.

Não tem grande resultado prático. Em geral os acareados mantêm as versões apresentadas e a dúvida persiste. Neste sentido Válter Kenji Ishida[60]. Melhor é tentar colher provas outras que demonstrem que determinado personagem mentiu.

A materialização da acareação pressupõe que os envolvidos tenham sido ouvidos formalmente (no inquérito ou no processo) e tenham versões diferentes sobre o mesmo fato relevante. Por fim, saliento que a acareação tem natureza jurídica de prova nominada no Código de Processo Penal.

**9.7.8. Documentos:** o Código adotou o conceito estrito de documento, limitando-se a considerar como tal apenas os escritos (artigo 232). No curso do inquérito policial (foco deste trabalho) podem ser juntados, apensados e apreendidos documentos.

Via de regra, podemos dizer que são juntados os documentos que tiverem qualquer vinculação com o fato investigado (ofícios de órgãos públicos, laudos periciais, dentre outros). Devem ser apensados aos autos principais procedimentos administrativos que interessem ao deslinde do apuratório. Merecem ser apreendidos documentos que façam parte do corpo de delito (o original de documento contrafeito, por exemplo). É interessante que apenas cópias destes papéis sejam encartadas aos autos, encaminhando-se os documentos apreendidos ao depósito do cartório da unidade policial (atentar para realização de perícia nos mesmos, sempre que possível), para evitar a deterioração do objeto do crime.

Eis tese do STJ (edição 105 da jurisprudência em teses) acerca de juntada de documentos e materialização de perícia na fase pré-processual (exatamente na linha defendida pela obra – construção de uma investigação consistente, calcada em provas e não meros elementos informativos):

> 2) Perícias e documentos produzidos na fase inquisitorial são revestidos de eficácia probatória sem a necessidade de serem repetidos no curso da ação penal por se sujeitarem ao contraditório diferido.

**9.7.9. Indícios:** é quando se conclui, por indução, a existência de um fato a partir de outro. São definidos no artigo 239, do CPP. São suficientes para representar prisão, busca e apreensão, interceptação telefônica, promoção de indiciamento de investigado, oferecimento de denúncia e decisão de pronúncia.

---

60. ISHIDA, Válter Kenji. **Obra acima citada**, página 151.

Segundo Nucci[61], "são meios de prova indiretos. Não demonstram nada por si sós, pois são dependentes de outros elementos. Sua importância é inegável nos tempos atuais, quando, cada vez mais, o processo penal moderno necessita de instrumentos eficientes para, respeitando a intimidade e os direitos fundamentais alheios, produzir prova da culpa".

Para lastrear condenação, é necessária sua conjugação com provas, ainda que mínimas, que indiquem que o acusado praticou ou teve participação no crime apurado.

Ainda de acordo com Nucci[62], "não se deve desprezar a prova indiciária, tão somente pelo fato de se tratar de prova indireta. Por vezes, é mais segura que qualquer prova direta".

## 9.8. BUSCA E APREENSÃO

Tem assento legal nos artigos 240 e seguintes do CPP. Pode ser pessoal, veicular e domiciliar. A primeira é levada a efeito quando houver fundada suspeita que o indivíduo porte arma, munições ou drogas, para apreender coisas achadas ou obtidas por meios criminosos, instrumentos de falsificação ou de contrafação e objetos falsificados ou contrafeitos, instrumentos utilizados na prática de crime ou destinados a fim delituoso, descobrir objetos necessários à prova de infração ou à defesa do réu, apreender cartas, abertas ou não, destinadas ao acusado ou em seu poder, quando haja suspeita de que o conhecimento do seu conteúdo possa ser útil à elucidação do fato ou colher qualquer elemento de convicção.

A busca pessoal prescinde de mandado de busca expedido por autoridade judiciária, sendo necessária apenas a já afirmada fundada suspeita de que o sujeito porte qualquer dos objetos acima apontados (artigo 244 do CPP). É de anotar que a busca pessoal feita em mulher deve ser feita, preferencialmente, por outra mulher (artigo 249 do CPP).

O Superior Tribunal de Justiça, no informativo 651, considerou ilícita a busca pessoal feita por agente de segurança privada, consagrando o entendimento de que a busca só pode ser materializada por autoridades judiciais, autoridades policiais e seus agentes. Eis o julgado:

> HABEAS CORPUS SUBSTITUTIVO DE RECURSO PRÓPRIO. DESCABIMENTO. TRÁFICO DE DROGAS. ILICITUDE DA PROVA. REVISTA PESSOAL REALIZADA NO AGENTE POR INTEGRANTES DA SEGURANÇA PRIVADA DA COMPANHIA PAULISTA DE TRENS METROPOLITANOS - CPTM. IMPOSSIBILIDADE. WRIT NÃO CONHECIDO. ORDEM CONCEDIDA DE OFÍCIO. 1. Diante da hipótese de habeas

---

61. NUCCI, Guilherme de Souza. **Obra acima citada**, página 201.
62. NUCCI, Guilherme de Souza. **Obra acima citada**, página 202.

corpus substitutivo de recurso próprio, a impetração não deve ser conhecida, segundo orientação jurisprudencial do Supremo Tribunal Federal – STF e do Superior Tribunal de Justiça – STJ. Contudo, ante as alegações expostas na inicial, afigura-se razoável a análise do feito para verificar a existência de eventual constrangimento ilegal. Não é cabível a utilização do habeas corpus como substitutivo do meio processual adequado. 2. Discute-se nos autos a validade da revista pessoal realizada por agente de segurança privada da Companhia Paulista de Trens Metropolitanos – CPTM. 3. Segundo a Constituição Federal – CF e o Código de Processo Penal - CPP somente as autoridades judiciais, policiais ou seus agentes, estão autorizados a realizarem a busca domiciliar ou pessoal. 4. Habeas corpus não conhecido. Todavia, concedida a ordem, de ofício, para absolver o paciente, com fulcro no art. 386, inciso II, do CPP[63].

A busca em veículo deve ter a mesma dinâmica da busca pessoal, bastando mera suspeita de que no interior do carro se transporte objeto ilícito. É de se ressaltar que caso o veículo se destine à morada, deve ele ser equiparado a domicílio (reclamando expedição de mandado judicial para busca em seu interior). Neste sentido Nucci[64].

O Superior Tribunal de Justiça considerou busca feita em caminhão espécie de busca veicular (o veículo, porquanto seja instrumento de trabalho, não é extensão da residência do caminhoneiro). Assim é que é tranquilamente permitida abordagem e busca em caminhão, sem a necessidade de prévia ordem judicial. Eis dois julgados sobre o tema:

> RECURSO ORDINÁRIO EM HABEAS CORPUS. PORTE ILEGAL DE ARMA DE FOGO. ARMA ENCONTRADA NO INTERIOR DE CAMINHÃO. PLEITO DE DESCLASSIFICAÇÃO PARA O DELITO DE POSSE ILEGAL DE ARMA. IMPOSSIBILIDADE. ABOLITIO CRIMINIS. INAPLICABILIDADE. PLEITO SUPERADO. RECURSO DESPROVIDO. 1. Caracteriza-se o delito de posse irregular de arma de fogo quando ela estiver guardada no interior da residência (ou dependência desta) ou no trabalho do acusado, evidenciado o porte ilegal se a apreensão ocorrer em local diverso. 2. O caminhão, ainda que seja instrumento de trabalho do motorista, não pode ser considerado extensão de sua residência, nem local de seu trabalho, mas apenas instrumento de trabalho. 3. No caso concreto, o recorrente foi surpreendido com a arma na cabine do caminhão, no interior de uma bolsa de viagem. Assim sendo, fica evidente que ele portava, efetivamente, a arma de fogo, que estava ao seu alcance, possibilitando a utilização imediata. 4. Ante a impossibilidade de desclassificação do crime de porte de arma para o delito de posse, está superada a irresignação no tocante à incidência da abolitio criminis temporária. 5. Recurso ordinário a que se nega provimento[65].

---

63. STJ, HC 470.937/SP, Rel. Ministro JOEL ILAN PACIORNIK, QUINTA TURMA, julgado em 04/06/2019, DJe 17/06/2019.
64. NUCCI, Guilherme de Souza. **Obra acima citada**, página 211.
65. STJ, RHC 31.492/SP, Rel. Ministro CAMPOS MARQUES (DESEMBARGADOR CONVOCADO DO TJ/PR), QUINTA TURMA, julgado em 13/08/2013, DJe 19/08/2013.

PENAL. PROCESSUAL PENAL. AGRAVO REGIMENTAL NO RECURSO ESPECIAL. JULGAMENTO MONOCRÁTICO DO RECURSO ESPECIAL PELO RELATOR. POSSIBILIDADE. AUTORIZAÇÃO REGIMENTAL. PORTE ILEGAL DE ARMA DE FOGO. DESCLASSIFICAÇÃO PARA POSSE IRREGULAR. IMPOSSIBILIDADE. COMPENSAÇÃO. REINCIDÊNCIA E CONFISSÃO ESPONTÂNEA. AUSÊNCIA DE PREQUESTIONAMENTO. INCIDÊNCIA DA SÚMULA N. 211. AGRAVO REGIMENTAL NÃO PROVIDO.
1. O art. 34, XVIII, do Regimento Interno deste Tribunal Superior confere ao relator do recurso a possibilidade de "negar seguimento a pedido ou recurso manifestamente intempestivo, incabível, improcedente, contrário a súmula do Tribunal, ou quando for evidente a incompetência deste". 2. O especial interposto teve negado seu seguimento, por ser manifestamente improcedente, uma vez que o acórdão objeto da impugnação estava de acordo com a jurisprudência desta Corte Superior no tocante à desclassificação pretendida. Ademais, relativamente à violação do art. 67 do Código Penal, o recurso foi contrário à Súmula n. 211 do STJ, devido à falta de prequestionamento da matéria. Portanto, ausente qualquer irregularidade no procedimento. 3. A conduta prevista no art. 12 da Lei n. 10.826/2003 exige que o agente possua arma de fogo no interior de sua residência ou dependência desta, ou, ainda, no seu local de trabalho. A jurisprudência desta Corte Superior possui o entendimento de que o caminhão não pode ser considerado extensão de sua residência, ainda que seja instrumento de trabalho. 4. O pedido de compensação da atenuante de confissão espontânea com a agravante da reincidência não deve ser conhecido, porquanto não houve o devido enfrentamento da matéria pela instância de origem, o que caracteriza a ausência de prequestionamento. Incidência da Súmula n. 211 do STJ. 5. Agravo regimental não provido[66].

Na busca domiciliar, há que ser observado o inciso XI do artigo 5º da Lei Maior:

Art. 5º. (...)

XI – a casa é asilo inviolável do indivíduo, ninguém nela podendo penetrar sem consentimento do morador, salvo em caso de flagrante delito ou desastre, ou para prestar socorro, ou, durante o dia, por determinação judicial;

O artigo transcrito consagra o direito à inviolabilidade de domicílio, que só pode ceder diante de: a) consentimento do morador; b) flagrante delito; c) desastre; d) para prestar socorro; e) durante o dia, por determinação judicial. Nas quatro primeiras situações, pode-se adentrar em residência alheia a qualquer hora.

A autorização de um dos moradores serve ao ingresso do aparelho policial na residência. É de bom tom que tal autorização seja documentada (é aconselhável que a equipe policial tenha sempre em mãos formulário em branco de autorização para entrada em domicílio, a ser preenchido com os dados do morador que permitiu a entrada e a ser por este assinado). Franqueada a entrada, a polícia está devidamente autorizada a adentrar na casa.

---

66. STJ, AgRg no REsp 1408940/SC, Rel. Ministro ROGERIO SCHIETTI CRUZ, SEXTA TURMA, julgado em 04/08/2015, *DJe* 18/08/2015.

Sendo a situação flagrancial, a entrada do aparelho policial na residência é franqueada pelo permissivo constitucional acima descrito – artigo 5º, XI, da *Lex Mater* (inteligência do artigo 303 do CPP). Por óbvio, é preciso extrema cautela na checagem da verossimilhança da notícia de crime, com o fito de evitar prática de abusos (ingresso em casa errada, por exemplo) ou nulidade da prisão e das provas levantadas (veja decisões transcritas abaixo). Nessa esteira (análise de ingresso do aparelho policial em casa, em situação flagrancial), importante transcrever decisão do Pretório Excelso em Recurso Extraordinário[67] com repercussão geral:

> A entrada forçada em domicílio sem mandado judicial só é lícita, mesmo em período noturno, quando amparada em fundadas razões, devidamente justificadas a posteriori, que indiquem que dentro da casa ocorre situação de flagrante delito, sob pena de responsabilidade disciplinar, civil e penal do agente ou da autoridade, e de nulidade dos atos praticados.

Nesta toada, o Tribunal de Justiça do Rio Grande do Sul vem entendendo que é preciso que o aparelho policial tenha certeza da existência da situação flagrancial antes de adentrar na residência do suspeito (mesmo que se detecte prática de crime permanente no interior da casa, se não havia convicção do cometimento do delito antes da entrada, haverá, segundo entendimento pretoriano, ilicitude da prova eventualmente apreendida na diligência e o relaxamento da prisão se imporá):

> APELAÇÃO CRIME. TRÁFICO DE DROGAS. POSSE ILEGAL DE ARMA DE FOGO. ILICITUDE PROBATÓRIA. ABSOLVIÇÃO DECRETADA. Nos termos do disposto no artigo 5º, XI, da CF, o ingresso dos policiais no âmbito domiciliar, quando nos casos de flagrante delito, exige certeza anterior quanto à situação de flagrante. A mera suspeita da prática delitiva autoriza exclusivamente a realização de diligências e a representação por mandado judicial de busca. Precedentes da Câmara. No caso, os policiais militares, ao que tudo indica sabedores da existência da arma de fogo, abordaram o acusado quando este retornava para casa, instando-o sobre suspeitas de envolvimento com delitos patrimoniais e sobre eventual posse de arma, o que foi negado. Então, ingressaram no domicílio para realização de busca domiciliar, sem mandado judicial. Eventual autorização assinada pelo réu – o que por este é negada em juízo – não torna lícita a busca realizada fora das hipóteses autorizadas na própria Constituição Federal. Irrenunciabilidade, como regra, dos direitos fundamentais. Restrições que devem observar o determinado em lei. Ilicitude material da apreensão da droga e da arma de fogo que contamina o restante do produzido na persecução penal. Apelo provido[68].

---

67. STF, RE 603616/RO, rel. Min. Gilmar Mendes, j. 05/11/2015.
68. TJ/RS, Apelação Crime Nº 70067115550, Terceira Câmara Criminal, Relator: Sérgio Miguel Achutti Blattes, julgado em 10/12/2015.

Note-se que no caso acima apresentado, houve autorização do investigado para ingresso do aparelho policial, o que foi desconsiderado pelo Areópago.

Eis decisão do Superior Tribunal de Justiça no mesmo sentido (em razão da complexidade da construção, reproduzo todo o acórdão). Trata-se de situação concreta na qual um suspeito (não havia situação flagrancial em relação a ele, apenas mera suspeita) correu e adentrou numa casa. A polícia o perseguiu e ingressou na morada alheia sem indício prévio de que lá dentro estava sendo praticado delito:

RECURSO ESPECIAL. TRÁFICO DE DROGAS. FLAGRANTE. DOMICÍLIO COMO EXPRESSÃO DO DIREITO À INTIMIDADE. ASILO INVIOLÁVEL. EXCEÇÕES CONSTITUCIONAIS. INTERPRETAÇÃO RESTRITIVA. INVASÃO DE DOMICÍLIO PELA POLÍCIA. NECESSIDADE DE JUSTA CAUSA. NULIDADE DAS PROVAS OBTIDAS. TEORIA DOS FRUTOS DA ÁRVORE ENVENENADA. ABSOLVIÇÃO DO AGENTE. RECURSO NÃO PROVIDO. 1. O art. 5º, XI, da Constituição Federal consagrou o direito fundamental relativo à inviolabilidade domiciliar, ao dispor que "a casa é asilo inviolável do indivíduo, ninguém nela podendo penetrar sem consentimento do morador, salvo em caso de flagrante delito ou desastre, ou para prestar socorro, ou, durante o dia, por determinação judicial". 2. A inviolabilidade de sua morada é uma das expressões do direito à intimidade do indivíduo, o qual, na companhia de seu grupo familiar espera ter o seu espaço de intimidade preservado contra devassas indiscriminadas e arbitrárias, perpetradas sem os cuidados e os limites que a excepcionalidade da ressalva a tal franquia constitucional exigem. 3. O ingresso regular de domicílio alheio depende, para sua validade e regularidade, da existência de fundadas razões (justa causa) que sinalizem para a possibilidade de mitigação do direito fundamental em questão. É dizer, somente quando o contexto fático anterior à invasão permitir a conclusão acerca da ocorrência de crime no interior da residência é que se mostra possível sacrificar o direito à inviolabilidade do domicílio. 4. O Supremo Tribunal Federal definiu, em repercussão geral, que o ingresso forçado em domicílio sem mandado judicial apenas se revela legítimo - a qualquer hora do dia, inclusive durante o período noturno - quando amparado em fundadas razões, devidamente justificadas pelas circunstâncias do caso concreto, que indiquem estar ocorrendo, no interior da casa, situação de flagrante delito (RE n. 603.616/RO, Rel. Ministro Gilmar Mendes) DJe 8/10/2010). 5. O direito à inviolabilidade de domicílio, dada a sua magnitude e seu relevo, é salvaguardado em diversos catálogos constitucionais de direitos e garantias fundamentais, a exemplo da Convenção Americana de Direitos Humanos, cujo art. 11.2, destinado, explicitamente, à proteção da honra e da dignidade, assim dispõe: "Ninguém pode ser objeto de ingerências arbitrárias ou abusivas em sua vida privada, em sua família, em seu domicílio ou em sua correspondência, nem de ofensas ilegais à sua honra ou reputação." 6. A complexa e sofrida realidade social brasileira sujeita as forças policiais a situações de risco e à necessidade de tomada urgente de decisões no desempenho de suas relevantes funções, o que há de ser considerado quando, no conforto de seus gabinetes, realizamos os juízes o controle posterior das ações policiais. Mas, não se há de desconsiderar, por outra ótica, que ocasionalmente a ação policial submete pessoas a situações abusivas e arbitrárias, especialmente as que habitam comunidades socialmente vulneráveis e de baixa renda. 7. Se, por um lado, a dinâmica e a sofisticação do crime organizado exigem uma postura mais enérgica por parte do Estado, por outro, a coletividade, sobretudo a integrada por segmentos das camadas sociais mais precárias economicamente, também precisa sentir-se segura e ver preservados seus mínimos direitos e garantias constitucionais, em especial o de não ter a residência invadida, a qualquer hora do dia, por policiais, sem as cautelas devidas e sob a única justificativa, não amparada em elementos concretos de convicção, de que o local supostamente seria um ponto de tráfico de drogas, ou que o suspeito do tráfico ali se homiziou. 8. A ausência de justificativas e de elementos seguros a legitimar a ação dos agentes públicos, diante da discricionariedade policial na identificação de situações suspeitas relativas à ocorrência de tráfico de drogas, pode fragilizar e tornar írrito o direito à intimidade e à inviolabilidade domiciliar. 9. Tal compreensão não se traduz, obviamente, em transformar o domicílio em salvaguarda de criminosos, tampouco um espaço de criminalidade. Há de se convir, no entanto, que só justifica o ingresso no domicílio alheio a situação fática emergencial consubstanciadora de flagrante delito, incompatível com o aguardo do momento adequado para, mediante mandado judicial, legitimar a entrada na residência ou local de abrigo. 10. Se é verdade que o art. 5º, XI, da Constituição Federal, num primeiro momento, parece exigir a emergência da situação para autorizar o ingresso em domicílio alheio sem prévia autorização judicial - ao elencar hipóteses excepcionais como o flagrante delito, casos de desastre ou prestação de socorro -, também é certo que nem todo crime permanente denota essa emergência. 11. Na hipótese sob exame, o acusado estava em local supostamente conhecido como ponto de venda de drogas, quando, ao avistar a guarnição de policiais, refugiou-se dentro de sua casa, sendo certo que, após revista em seu domicílio, foram encontradas substâncias entorpecentes (18 pedras de crack). Havia, consoante se demonstrou, suspeitas vagas sobre eventual tráfico de drogas perpetrado pelo réu, em razão, única e exclusivamente, do local em que ele estava no momento em que policiais militares realizavam patrulhamento de rotina e em virtude de seu comportamento de correr para sua residência, conduta que pode explicar-se por diversos motivos, não necessariamente o de que o suspeito cometia, no momento, ação caracterizadora de mercancia ilícita de drogas. 12. A mera intuição acerca de eventual traficância praticada pelo recorrido, embora pudesse autorizar abordagem policial, em via pública, para averiguação, não configura, por si só, justa causa a autorizar o ingresso em seu domicílio, sem o consentimento do morador - que deve ser mínima e seguramente comprovado - e sem determinação judicial. 13. Ante a ausência de normatização que oriente e regule o ingresso em domicílio alheio, nas hipóteses excepcionais previstas no Texto Maior, há de se aceitar com muita reserva a usual afirmação - como ocorreu na espécie - de que o morador anuiu livremente ao ingresso dos policiais para a busca domiciliar, máxime quando a diligência não é acompanhada de qualquer preocupação em documentar e tornar imune a dúvidas a voluntariedade do consentimento. 14. Em que pese eventual boa-fé dos policiais militares, não havia elementos objetivos, seguros e racionais, que justificassem a invasão de domicílio. Assim, como decorrência da Doutrina dos Frutos da Árvore Envenenada (ou venenosa, visto que decorre da fruits of the poisonous tree doctrine, de origem norte-americana), consagrada no art. 5º, LVI, da nossa Constituição da República, é nula a prova derivada de conduta ilícita - no caso, a apreensão, após invasão desautorizada do domicílio do recorrido, de 18 pedras de crack -, pois evidente o nexo causal entre uma e outra conduta, ou seja, entre a invasão de domicílio (permeada de ilicitude) e a apreensão de drogas. 15. Recurso especial não provido, para manter a absolvição do recorrido[69].

Assim é que, nos termos dos acórdãos acima transcritos, é preciso que a polícia demonstre que havia indícios da prática de crime permanente (ou crime instantâneo que esteja sendo praticado no momento da entrada) no interior da residência e que tais elementos indiciários foram constatados antes do ingresso do aparelho policial na casa (essa demonstração pode ser ulterior à entrada e detenção do autor do fato – pode constar na narrativa do condutor e das testemunhas, no corpo do auto de prisão em flagrante, por exemplo). Caso contrário, há prospecção (*fishing expedition*), não admitida em nosso processo penal.

Quanto à busca domiciliar fruto de cumprimento de ordem judicial, é preciso, inicialmente, pontuar que a medida cautelar de busca e apreensão é grande arma posta ao alcance da polícia judiciária para coleta de provas do cometimento de crimes. Ela pode ser representada pelo delegado de polícia, requerida pelo Ministério Público ou decretada de ofício pelo juízo competente (melhor que o juízo não o faça, em respeito ao sistema acusatório e com o fito de resguardar sua inércia – essa é a linha das alterações operadas pelo Pacote Anticrime[70]). Trataremos especificamente da representação elaborada pela autoridade policial, em face do foco do presente trabalho.

O delegado deve expedir ofício (ou confeccionar petição) ao juízo, representando pela decretação da medida, encaminhando em anexo todos os elementos informativos e provas já produzidas que indiquem que na residência ou empresa alvo da diligência poderá ser arrecadado o material descrito no artigo 240, § 1º, do CPP (o lastro constitucional é o artigo 5º, XI, da Constituição Federal).

Ao representar, sempre que possível, o delegado deverá limitar o que tenciona buscar no local, cuidando de solicitar, ainda, que o juízo autorize, de logo, realização de perícia nos documentos, computadores, HDs, telefones e mídias apreendidos (prefiro fazer constar expressamente na representação pleito objetivando o acesso a todos os dados porventura existentes no material a ser apreendido, por cautela).

É preciso que se diga que a jurisprudência do STJ e do STF informa não haver necessidade de uma segunda ordem judicial para análise do que se apreendeu no cumprimento de busca domiciliar judicialmente determinada. Veja

---

69. STJ, 6ª. Turma, REsp 1574681/RS, rel. Min. Rogerio Schietti Cruz, julgado em 20/04/2017, DJe em 30/05/2017.
70. Art. 3º-A. O processo penal terá estrutura acusatória, vedadas a iniciativa do juiz na fase de investigação e a substituição da atuação probatória do órgão de acusação.

aresto[71] que trata do tema (acesso a dados armazenados em telefone celular apreendido no curso de busca domiciliar judicialmente determinada, sem necessidade de nova ordem judicial):

> PROCESSUAL PENAL. OPERAÇÃO "LAVA-JATO". MANDADO DE BUSCA E APREENSÃO. APREENSÃO DE APARELHOS DE TELEFONE CELULAR. LEI 9296/96. OFENSA AO ART. 5º, XII, DA CONSTITUIÇÃO FEDERAL. INOCORRÊNCIA. DECISÃO FUNDAMENTADA QUE NÃO SE SUBORDINA AOS DITAMES DA LEI 9296/96. ACESSO AO CONTEÚDO DE MENSAGENS ARQUIVADAS NO APARELHO. POSSIBILIDADE. LICITUDE DA PROVA. RECURSO DESPROVIDO. I - A obtenção do conteúdo de conversas e mensagens armazenadas em aparelho de telefone celular ou smartphones não se subordina aos ditames da Lei 9296/96. II - O acesso ao conteúdo armazenado em telefone celular ou smartphone, quando determinada judicialmente a busca e apreensão destes aparelhos, não ofende o art. 5º, inciso XII, da Constituição da República, porquanto o sigilo a que se refere o aludido preceito constitucional é em relação à interceptação telefônica ou telemática propriamente dita, ou seja, é da comunicação de dados, e não dos dados em si mesmos. III - Não há nulidade quando a decisão que determina a busca e apreensão está suficientemente fundamentada, como ocorre na espécie. IV - Na pressuposição da ordem de apreensão de aparelho celular ou smartphone está o acesso aos dados que neles estejam armazenados, sob pena de a busca e apreensão resultar em medida írrita, dado que o aparelho desprovido de conteúdo simplesmente não ostenta virtualidade de ser utilizado como prova criminal. V - Hipótese em que, demais disso, a decisão judicial expressamente determinou o acesso aos dados armazenados nos aparelhos eventualmente apreendidos, robustecendo o alvitre quanto à licitude da prova. Recurso desprovido.

É de bom tom que o delegado determine que seus agentes levantem de forma pormenorizada a residência objeto da diligência (com fotografias, inclusive), de forma a individualizá-la da forma mais clara possível. A um só tempo a diligência servirá para melhor planejar a ação (saber quantas entradas e saídas a casa possui, se há vizinhos, altura do muro, se há câmeras de segurança, dentre outros fatos importantes quando do cumprimento da ordem pleiteada) e, ainda, para que se limite a medida (que é mitigadora de direito fundamental) apenas ao imóvel descrito de forma exaustiva na representação.

Nesta toada, a meu ver, não há como representar por expedição de mandado de busca e apreensão domiciliar genérico. Não se pode olvidar da possibilidade de que exista objeto proibido ou que se traduza em prova de crime em mais de uma residência (na casa do investigado, de sua mãe e de seu irmão, por exemplo). Nada impede que o delegado represente de forma fundamentada a busca em todos os endereços, demonstrando as razões fáticas que indicam a necessidade da medida restritiva em todos os locais. Isso não autoriza, entrementes, que se defira, por exemplo, mandado de busca e apreensão em

---

71. STJ, 5ª Turma, RHC 75.800/PR, rel. Min. Felix Fischer, julgado em 15/09/2016, DJe em 26/09/2016.

face de todas as casas da rua tal. Ou nas residências da favela tal. A mim me parece que essa medida atenta contra o direito individual à inviolabilidade de domicílio (de quem nada tem a ver com as práticas delitivas investigadas), grafado na *Lex Mater*, e fere o artigo 243 do Código de Processo Penal – trata-se de *fishing expedition* – busca de provas por prospecção (inadmitida por nosso ordenamento processual penal, como já sublinhado). Nesse sentido, decisão do Superior Tribunal de Justiça:

> AGRAVO REGIMENTAL EM HABEAS CORPUS. APURAÇÃO DE CRIMES PRATICADOS EM COMUNIDADES DE FAVELAS. BUSCA E APREENSÃO EM RESIDÊNCIAS. DECLARAÇÃO DE NULIDADE DA DECISÃO QUE DECRETOU A MEDIDA DE BUSCA E APREENSÃO COLETIVA, GENÉRICA E INDISCRIMINADA CONTRA OS CIDADÃOS E CIDADÃS DOMICILIADOS NAS COMUNIDADES ATINGIDAS PELO ATO COATOR. 1. Configurada a ausência de individualização das medidas de apreensão a serem cumpridas, o que contraria diversos dispositivos legais, dentre eles os arts. 240, 242, 244, 245, 248 e 249 do Código de Processo Penal, além do art. 5º, XI, da Constituição Federal: a casa é asilo inviolável do indivíduo, ninguém nela podendo penetrar sem consentimento do morador, salvo em caso de flagrante delito ou desastre, ou para prestar socorro, ou, durante o dia, por determinação judicial. Caracterizada a possibilidade concreta e iminente de ofensa ao direito fundamental à inviolabilidade do domicílio. 2. Indispensável que o mandado de busca e apreensão tenha objetivo certo e pessoa determinada, não se admitindo ordem judicial genérica e indiscriminada de busca e apreensão para a entrada da polícia em qualquer residência. Constrangimento ilegal evidenciado. 3. Agravo regimental provido. Ordem concedida para reformar o acórdão impugnado e declarar nula a decisão que decretou a medida de busca e apreensão coletiva, genérica e indiscriminada contra os cidadãos e cidadãs domiciliados nas comunidades atingidas pelo ato coator (Processo n. 0208558-76.2017.8.19.0001) (AgRg no HC 435.934/RJ, Rel. Ministro SEBASTIÃO REIS JÚNIOR, SEXTA TURMA, julgado em 05/11/2019, DJe 20/11/2019).

Sintetizando os parágrafos supra, é cuidar de seguir os exatos termos delineados pelo artigo 243, incisos I e II, do CPP:

> Art. 243. O mandado de busca deverá:
> I – indicar, o mais precisamente possível, a casa em que será realizada a diligência e o nome do respectivo proprietário ou morador; ou, no caso de busca pessoal, o nome da pessoa que terá de sofrê-la ou os sinais que a identifiquem;
> II – mencionar o motivo e os fins da diligência;

Expedido o mandado de busca e apreensão pela autoridade judiciária, deve o delegado de polícia cuidar de cumprir a ordem (durante o dia, na forma preceituada pela Constituição Federal). Para estudo do conceito de dia, sugestiono leitura dos comentários ao artigo 22 da Lei 13.869/19 alhures desenhados (apenas para adiantar, penso que dia é o período compreendido entre as 5h e as 18h ou da aurora ao crepúsculo). Detalhes que devem ser observados para o cumprimento de toda e qualquer busca: a) anúncio de que se trata de cumprimento de busca, com leitura do mandado para o responsável pelo local objeto da medida (caso este recalcitre, o aparelho policial está autorizado a forçar a entrada, cuidando para que a medida seja efetivamente cumprida); b) depois de atestada a segurança do local, devem ser arregimentadas duas testemunhas que acompanharão o cumprimento da medida; c) cumprimento da busca, com confecção de auto circunstanciado de arrecadação (no qual deve constar a identificação dos executores da medida, nome e qualificação das duas testemunhas que a tenham acompanhado, listagem dos objetos arrecadados e final assinatura de todos – autoridade, agentes, escrivão, testemunhas e responsável pela residência); d) finda a diligência, deve o auto de arrecadação ser assinado por todos, sendo uma via passada ao responsável pela residência. Este é o resumo prático das determinações contidas no artigo 245 do CPP. Anote-se que mesmo em caso de nada ter sido arrecadado ou caso se perceba, por exemplo, que o investigado se mudou, deve o auto circunstanciando ser confeccionado, deixando claro todos esses detalhes.

Já na delegacia, deve a autoridade policial fazer triagem no sentido de identificar quais dos objetos arrecadados devem ser efetivamente apreendidos em auto próprio (há diferença ontológica entre arrecadar e apreender – apenas o que efetivamente importar como prova para a investigação deve ser apreendido formalmente, sendo o resto devolvido mediante termo de entrega ao dono/responsável), armazenados no depósito da delegacia ou encaminhados à perícia, se for o caso.

O cumprimento de busca em local sensível (investigação ligada a tráfico de drogas ou roubo a banco, por exemplo) deve ser executado por grupamento especializado e as providências de efetivamente buscar meios de prova e convocar testemunhas para acompanhar a diligência só devem ser feitas quando se constatar que o local está efetivamente seguro.

Em caso de busca a ser materializada em escritórios de advocacia, deve-se comunicar a OAB local, para que designe um representante para acompanhar a diligência (sugestiono, para assegurar o sigilo e o sucesso da diligência, que o aparelho policial ingresse no local da busca e, só então, faça a comunicação à representação local da OAB para acompanhamento – a busca só deve ser iniciada com a chegada do causídico indicado para acompanhá-la). O pleito deve se fundar no artigo 7º da Lei 8.906/94 (inciso II e § 6º):

> Art. 7º São direitos do advogado:
> 
> (...)
> 
> II – a inviolabilidade de seu escritório ou local de trabalho, bem como de seus instrumentos de trabalho, de sua correspondência escrita, eletrônica, telefônica e telemática, desde que relativas ao exercício da advocacia;
> 
> (...)

§ 6º Presentes indícios de autoria e materialidade da prática de crime por parte de advogado, a autoridade judiciária competente poderá decretar a quebra da inviolabilidade de que trata o inciso II do caput deste artigo, em decisão motivada, expedindo mandado de busca e apreensão, específico e pormenorizado, a ser cumprido na presença de representante da OAB, sendo, em qualquer hipótese, vedada a utilização dos documentos, das mídias e dos objetos pertencentes a clientes do advogado averiguado, bem como dos demais instrumentos de trabalho que contenham informações sobre clientes.

Findo todo o procedimento acima descrito, deve o juízo que determinou a busca ser comunicado do cumprimento da medida (via ofício), devendo-lhe ser enviada cópia do auto circunstanciado de busca.

Analisemos mais alguns precedentes. O Supremo Tribunal Federal entendeu não ser possível decretação de busca em apartamento funcional de parlamentar federal casada com investigado que não tem foro por prerrogativa de função pelo juízo de piso (Reclamação 24473):

> Reclamação constitucional ajuizada pela Mesa do Senado Federal. Defesa de prerrogativa de Senadora da República. Pertinência temática entre o objeto da ação e a atuação do ente despersonalizado. Legitimidade ativa ad causam. Busca e apreensão determinada por juízo de primeiro grau, em imóvel funcional ocupado por Senadora da República, em desfavor de seu cônjuge. Alegada usurpação de competência da Corte. Delimitação da diligência a bens e documentos do investigado não detentor de prerrogativa de foro. Não ocorrência. Ordem judicial ampla e vaga. Ausência de prévia individualização dos bens que seriam de titularidade da parlamentar federal e daqueles pertencentes ao não detentor de prerrogativa de foro. Pretendida triagem, a posteriori, do material arrecadado, para selecionar e apartar elementos de convicção relativos à Senadora da República. Impossibilidade. Investigação, por via reflexa, de detentor de prerrogativa de foro. Usurpação de competência caracterizada. Reconhecida ilicitude da prova (CF, art. 5º, inciso LVI) e daquelas outras diretamente dela derivadas. Teoria dos frutos da árvore envenenada (fruit of the poisonous tree). Precedentes. Reclamação procedente. 1. Nos termos do art. 102, I, b, da Constituição Federal, compete ao Supremo Tribunal Federal processar e julgar, originariamente, nas infrações penais comuns, os membros do Congresso Nacional. 2. Reclamação ajuizada na defesa da prerrogativa de foro, perante o Supremo Tribunal Federal, de Senadora da República, a qual teria sido violada pelo juízo reclamado ao direcionar à parlamentar, de forma indireta, medida de busca e apreensão realizada nas dependências do apartamento funcional por ela ocupado. 3. Nos termos do art. 48, II, do Regimento Interno do Senado Federal, compete a seu presidente, membro nato da Mesa do Senado, "velar pelo respeito às prerrogativas do Senado e às imunidades dos Senadores". 4. Está presente a pertinência temática entre o objeto da reclamação e a atuação da Mesa do Senado Federal na qualidade de ente despersonalizado, o que lhe outorga a capacidade de ser parte ativa na ação. 5. Legitimidade ativa ad causam da reclamante para o manejo da reclamação reconhecida. 6. Por estrita observância ao princípio do juiz natural (CF, art. 5º, LIII), somente o juiz constitucionalmente competente pode validamente ordenar uma medida de busca e apreensão domiciliar. 7. A prerrogativa de foro junto ao Supremo Tribunal Federal, por óbvio, não se

relaciona à titularidade do imóvel, mas sim ao parlamentar federal. 8. A tentativa do juízo reclamado de delimitar, em sua decisão, a diligência a bens e documentos do investigado não detentor de prerrogativa de foro, de partida, mostrou-se infrutífera, diante da própria vagueza de seu objeto. 9. A extrema amplitude da ordem de busca, que compreendia indiscriminadamente valores, documentos, computadores e mídias de armazenamento de dados, impossibilitou a delimitação prévia do que pertenceria à Senadora da República e ao investigado, não detentor de prerrogativa de foro. 10. A alegação de que, após a apreensão, proceder-se-ia, em primeiro grau, a uma triagem do material arrecadado, para selecionar e apartar elementos de convicção relativos à Senadora da República, não se sustenta, por implicar, por via reflexa, inequívoca e vedada investigação de detentor de prerrogativa de foro e, por via de consequência, usurpação da competência do Supremo Tribunal Federal. 11. Somente o Supremo Tribunal Federal, nessas circunstâncias, tem competência para ordenar busca e apreensão domiciliar que traduza, ainda que reflexamente, investigação de parlamentar federal, bem como para selecionar os elementos de convicção que a ela interessem ou não. 12. A legalidade da ordem de busca e apreensão deve necessariamente ser aferida antes de seu cumprimento, pois, do contrário, poder-se-ia incorrer em legitimação de decisão manifestamente ilegal, com base no resultado da diligência. 13. Diante da manifesta e consciente assunção, por parte da Procuradoria da República em São Paulo e do juízo reclamado, do risco concreto de apreensão de elementos de convicção relacionados a detentor de prerrogativa de foro, não cabe argumentar-se com descoberta fortuita de provas nem com a teoria do juízo aparente. 14. Nessas circunstâncias, a precipitação da diligência por juízo sem competência constitucional maculou-a, insanavelmente, de nulidade. 15. Na hipótese de usurpação da competência do Supremo Tribunal Federal para supervisionar investigações criminais, ainda que de forma indireta, a consequência deve ser a nulidade dos atos eventualmente praticados na persecução penal. Precedentes. 16. Ainda que a decisão impugnada tenha sido proferida em inquérito desmembrado por determinação do Supremo Tribunal Federal, a diligência ordenada, em razão da busca indiscriminada de elementos de convicção que, em tese, poderiam incriminar parlamentar federal, se traduziu em indevida investigação desse, realizada por juízo incompetente. 17. O reconhecimento, portanto, da imprestabilidade do resultado da busca realizada no apartamento funcional da Senadora da República para fins probatórios, como também de eventuais elementos probatórios diretamente derivados (fruits of the poisonous tree), é medida que se impõe. 18. Nos termos do art. 5º, LVI, da Constituição Federal, "são inadmissíveis, no processo, as provas obtidas por meios ilícitos". 19. Por sua vez, o art. 157 do Código de Processo Penal, ordena o desentranhamento dos autos e a inutilização das provas ilícitas, "assim entendidas as obtidas em violação a normas constitucionais ou legais", a fim de não interferir, subjetivamente, no convencimento do juiz. 20. Reclamação julgada procedente, para o fim de invalidar a ordem de busca no domicílio funcional do titular de prerrogativa de foro e, por consequência óbvia, reconhecer a ilicitude das provas ali obtidas, bem como de eventuais elementos probatórios outros delas derivados. 21. Determinado o desentranhamento dos respectivos autos de apreensão e dos relatórios de análise de material apreendido, com sua consequente inutilização, bem como a inutilização de cópias e espelhamentos de documentos, computadores e demais dispositivos eletrônicos, e a restituição de todos os bens apreendidos no citado local, caso já não tenha ocorrido. 22. Determinada, ainda, a inutilização de todas as provas derivadas daquelas obtidas na busca, que deverão ser desentranhadas dos autos e, se for o caso, restituídas a quem de direito (Rcl 24473, Relator(a): DIAS TOFFOLI, Segunda Turma, julgado em 26/06/2018, PROCESSO ELETRÔNICO DJe-187 DIVULG 05-09-2018 PUBLIC 06-09-2018).

O Pretório Excelso (já comentei o julgado supra), no âmbito da Reclamação 33711 (informativo 944/STF), anulou entrevista gravada pela autoridade policial durante o cumprimento de mandado de busca e apreensão, por não ter sido o investigado informado acerca dos seus direitos constitucionalmente assegurados (Miranda *rights*, Miranda *rules* ou Miranda *warnings*, como dito supra). O Pretório Excelso findou considerando a coleta do elemento informativo um interrogatório sub-reptício (que afrontou, reflexamente, o quanto decidido pela Corte nos autos das ADPF 395 e 444[72]):

> A Segunda Turma, por maioria, deu provimento parcial a reclamação para declarar a nulidade de entrevista realizada por autoridade policial no interior da residência do reclamante, durante o cumprimento de mandado de busca e apreensão, em flagrante contrariedade à autoridade da decisão do Supremo Tribunal Federal (STF) nas Arguições de Descumprimento de Preceito Fundamental (ADPF) 395 e 444. O reclamante sustentava ter sido interrogado por delegado de polícia sem ser informado de seu direito ao silêncio, além de ter-lhe sido exigida a senha de acesso ao seu smartphone, em flagrante violação ao princípio da não autoincriminação. No tocante à entrevista, prevaleceu o voto do ministro Gilmar Mendes (relator). Em seu pronunciamento, observou que, nas ADPFs 395 e 444, a Corte decidiu pela impossibilidade de se conduzir coercitivamente os suspeitos de prática de crimes com o intuito de serem interrogados. Entre o rol de direitos potencialmente atingidos pela conduta, destacou a violação do direito à não autoincriminação e ao silêncio. Aduziu que a contrariedade aos referidos direitos ocorreu com a realização de interrogatório travestido de entrevista, na medida em que utilizada técnica de interrogatório forçado, proibida a partir do julgamento das ADPFs 395 e 444. Observou que o reclamante foi interrogado em ambiente intimidatório que diminuiria o direito à não incriminação. Além disso, na entrevista formalmente documentada, não se oportunizou ao sujeito da diligência o direito à prévia consulta a advogado, tampouco certificou-se, no respectivo termo, o direito ao silêncio e à não produção de provas contra si mesmo, nos termos da legislação e dos aludidos precedentes. Por sua vez, o ministro Edson Fachin ressaltou não se tratar, na hipótese, de aderência estrita de um conjunto de elementos fáticos que se submeteriam à vedação da condução coercitiva. Contudo, assinalou a existência de desrespeito ao direito de não incriminação e ao direito ao silêncio, conforme os fatos apresentados. Isso ocorreu mediante metodologia atípica e descolada de qualquer fundamentação que permita esse tipo de procedimento. Quanto à conduta adotada

---

72. Nas ações constitucionais citadas, o STF entendeu não recepcionada a expressão "para interrogatório" presente no artigo 260 do CPP e proibiu a condução coercitiva de investigado/réu para esse fim (tais julgados serão pormenorizados ainda nesse tópico).

pela autoridade policial em relação ao celular do reclamante, o colegiado, por maioria, não vislumbrou suporte à sua alegação no sentido de que teria sido coagido ou obrigado a fornecer a senha. Explicitou inexistir expressamente, na decisão judicial, a expressão "autorizo a apreensão do aparelho celular". Entretanto, o ato decisório conteve o deferimento ao acesso, à exploração e cópia do conteúdo de mídias, dispositivos e dados armazenados em nuvem, bem assim a determinação de que deveria constar, expressamente no mandado, a autorização de acesso a dados telefônicos e telemáticos armazenados nos dispositivos eletrônicos apreendidos. O ministro Ricardo Lewandowski acrescentou não ser possível exigir do juiz que minudencie todos os objetos de interesse do processo que serão encontrados no local da busca e apreensão. No ponto, ficou vencido o ministro relator, que reconheceu, de ofício [Código de Processo Penal (CPP), art. 654, § 2º (1)], a inconstitucionalidade e a ilegalidade da apreensão e do acesso aos dados, às mensagens e informações contidas no aparelho celular, haja vista a ausência de prévia e fundamentada decisão judicial que justificasse a necessidade, a adequação e a proporcionalidade da medida. (1) CPP: "Art. 654. O habeas corpus poderá ser impetrado por qualquer pessoa, em seu favor ou de outrem, bem como pelo Ministério Público. (...) § 2º Os juízes e os tribunais têm competência para expedir de ofício ordem de habeas corpus, quando no curso de processo verificarem que alguém sofre ou está na iminência de sofrer coação ilegal." Rcl 33711/SP, rel. Min. Gilmar Mendes, julgamento em 11.6.2019. (Rcl-33711).

Os precedentes acima declinados, podem ser assim sintetizados (alguns outros serão analisados adiante):

| CONTROVÉRSIA | PRECEDENTE/ENTENDIMENTO |
|---|---|
| O Superior Tribunal de Justiça, no informativo 651, **considerou ilícita** a busca pessoal feita por agente de segurança privada, consagrando o entendimento de que a busca só pode ser materializada por autoridades judiciais, autoridades policiais e seus agentes. | HABEAS CORPUS SUBSTITUTIVO DE RECURSO PRÓPRIO. DESCABIMENTO. TRÁFICO DE DROGAS. ILICITUDE DA PROVA. REVISTA PESSOAL REALIZADA NO AGENTE POR INTEGRANTES DA SEGURANÇA PRIVADA DA COMPANHIA PAULISTA DE TRENS METROPOLITANOS - CPTM. IMPOSSIBILIDADE. WRIT NÃO CONHECIDO. ORDEM CONCEDIDA DE OFÍCIO. 1. Diante da hipótese de habeas corpus substitutivo de recurso próprio, a impetração não deve ser conhecida, segundo orientação jurisprudencial do Supremo Tribunal Federal - STF e do Superior Tribunal de Justiça - STJ. Contudo, ante as alegações expostas na inicial, afigura-se razoável a análise do feito para verificar a existência de eventual constrangimento ilegal. Não é cabível a utilização do habeas corpus como substitutivo do meio processual adequado. 2. Discute-se nos autos a validade da revista pessoal realizada por agente de segurança privada da Companhia Paulista de Trens Metropolitanos - CPTM. 3. Segundo a Constituição Federal - CF e o Código de Processo Penal - CPP somente as autoridades judiciais, policiais ou seus agentes, estão autorizados a realizarem a busca domiciliar ou pessoal. 4. Habeas corpus não conhecido. Todavia, concedida a ordem, de ofício, para absolver o paciente, com fulcro no art. 386, inciso II, do CPP (HC 470.937/SP, Rel. Ministro JOEL ILAN PACIORNIK, QUINTA TURMA, julgado em 04/06/2019, DJe 17/06/2019). |

## Cap. 9 | PROVAS

| CONTROVÉRSIA | PRECEDENTE/ENTENDIMENTO |
|---|---|
| **Não é possível** expedição de mandado de busca coletivo ou genérico (seria ofensa ao direito à inviolabilidade de domicílio, ao artigo 243 do CPP e espécie de *fishing expedition* – busca de provas por prospecção). | AGRAVO REGIMENTAL EM HABEAS CORPUS. APURAÇÃO DE CRIMES PRATICADOS EM COMUNIDADES DE FAVELAS. BUSCA E APREENSÃO EM RESIDÊNCIAS. DECLARAÇÃO DE NULIDADE DA DECISÃO QUE DECRETOU A MEDIDA DE BUSCA E APREENSÃO COLETIVA, GENÉRICA E INDISCRIMINADA CONTRA OS CIDADÃOS E CIDADÃS DOMICILIADOS NAS COMUNIDADES ATINGIDAS PELO ATO COATOR. 1. Configurada a ausência de individualização das medidas de apreensão a serem cumpridas, o que contraria diversos dispositivos legais, dentre eles os arts. 240, 242, 244, 245, 248 e 249 do Código de Processo Penal, além do art. 5º, XI, da Constituição Federal: a casa é asilo inviolável do indivíduo, ninguém nela podendo penetrar sem consentimento do morador, salvo em caso de flagrante delito ou desastre, ou para prestar socorro, ou, durante o dia, por determinação judicial. Caracterizada a possibilidade concreta e iminente de ofensa ao direito fundamental à inviolabilidade do domicílio. 2. Indispensável que o mandado de busca e apreensão tenha objetivo certo e pessoa determinada, não se admitindo ordem judicial genérica e indiscriminada de busca e apreensão para a entrada da polícia em qualquer residência. Constrangimento ilegal evidenciado. 3. Agravo regimental provido. Ordem concedida para reformar o acórdão impugnado e declarar nula a decisão que decretou a medida de busca e apreensão coletiva, genérica e indiscriminada contra os cidadãos e cidadãs domiciliados nas comunidades atingidas pelo ato coator (Processo n. 0208558-76.2017.8.19.0001) (AgRg no HC 435.934/RJ, Rel. Ministro SEBASTIÃO REIS JÚNIOR, SEXTA TURMA, julgado em 05/11/2019, DJe 20/11/2019). |
| O conceito de **busca exploratória** (entendida lícita pelo STF) pode ser extraído do INQ 2424 (informativo 529/STF). | PROVA. Criminal. Escuta ambiental e exploração de local. Captação de sinais óticos e acústicos. Escritório de advocacia. Ingresso da autoridade policial, no período noturno, para instalação de equipamento. Medidas autorizadas por decisão judicial. Invasão de domicílio. Não caracterização. Suspeita grave da prática de crime por advogado, no escritório, sob pretexto de exercício da profissão. Situação não acobertada pela inviolabilidade constitucional. Inteligência do art. 5º, X e XI, da CF, art. 150, § 4º, III, do CP, e art. 7º, II, da Lei nº 8.906/94. Preliminar rejeitada. Votos vencidos. Não opera a inviolabilidade do escritório de advocacia, quando o próprio advogado seja suspeito da prática de crime, sobretudo concebido e consumado no âmbito desse local de trabalho, sob pretexto de exercício da profissão (Inq 2424, Relator(a): Min. CEZAR PELUSO, Tribunal Pleno, julgado em 26/11/2008, DJe-055 DIVULG 25-03-2010 PUBLIC 26-03-2010 EMENT VOL-02395-02 PP-00341). |

| CONTROVÉRSIA | PRECEDENTE/ENTENDIMENTO |
|---|---|
| **Não é possível** decretação de busca em apartamento funcional de parlamentar federal casada com investigado que não tem foro por prerrogativa de função pelo juízo de piso. | Reclamação constitucional ajuizada pela Mesa do Senado Federal. Defesa de prerrogativa de Senadora da República. Pertinência temática entre o objeto da ação e a atuação do ente despersonalizado. Legitimidade ativa ad causam. Busca e apreensão determinada por juízo de primeiro grau, em imóvel funcional ocupado por Senadora da República, em desfavor de seu cônjuge. Alegada usurpação de competência da Corte. Delimitação da diligência a bens e documentos do investigado não detentor de prerrogativa de foro. Não ocorrência. Ordem judicial ampla e vaga. Ausência de prévia individualização dos bens que seriam de titularidade da parlamentar federal e daqueles pertencentes ao não detentor de prerrogativa de foro. Pretendida triagem, a posteriori, do material arrecadado, para selecionar e apartar elementos de convicção relativos à Senadora da República. Impossibilidade. Investigação, por via reflexa, de detentor de prerrogativa de foro. Usurpação de competência caracterizada. Reconhecida ilicitude da prova (CF, art. 5º, inciso LVI) e daquelas outras diretamente dela derivadas. Teoria dos frutos da árvore envenenada (fruit of the poisonous tree). Precedentes. Reclamação procedente. 1. Nos termos do art. 102, I, b, da Constituição Federal, compete ao Supremo Tribunal Federal processar e julgar, originariamente, nas infrações penais comuns, os membros do Congresso Nacional. 2. Reclamação ajuizada na defesa da prerrogativa de foro, perante o Supremo Tribunal Federal, de Senadora da República, a qual teria sido violada pelo juízo reclamado ao direcionar à parlamentar, de forma indireta, medida de busca e apreensão realizada nas dependências do apartamento funcional por ela ocupado. 3. Nos termos do art. 48, II, do Regimento Interno do Senado Federal, compete a seu presidente, membro nato da Mesa do Senado, "velar pelo respeito às prerrogativas do Senado e às imunidades dos Senadores". 4. Está presente a pertinência temática entre o objeto da reclamação e a atuação da Mesa do Senado Federal na qualidade de ente despersonalizado, o que lhe outorga a capacidade de ser parte ativa na ação. 5. Legitimidade ativa ad causam da reclamante para o manejo da reclamação reconhecida. 6. Por estrita observância ao princípio do juiz natural (CF, art. 5º, LIII), somente o juiz constitucionalmente competente pode validamente ordenar uma medida de busca e apreensão domiciliar. 7. A prerrogativa de foro junto ao Supremo Tribunal Federal, por óbvio, não se relaciona à titularidade do imóvel, mas sim ao parlamentar federal. 8. A tentativa do juízo reclamado de delimitar, em sua decisão, a diligência a bens e documentos do investigado não detentor de prerrogativa de foro, de partida, mostrou-se infrutífera, diante da própria vagueza de seu objeto. 9. A extrema amplitude da ordem de busca, que compreendia indiscriminadamente valores, documentos, computadores e mídias de armazenamento de dados, impossibilitou a delimitação prévia do que pertenceria à Senadora da República e ao investigado, |

## Cap. 9 | PROVAS

| CONTROVÉRSIA | PRECEDENTE/ENTENDIMENTO |
|---|---|
| | não detentor de prerrogativa de foro. 10. A alegação de que, após a apreensão, proceder-se-ia, em primeiro grau, a uma triagem do material arrecadado, para selecionar e apartar elementos de convicção relativos à Senadora da República, não se sustenta, por implicar, por via reflexa, inequívoca e vedada investigação de detentor de prerrogativa de foro e, por via de consequência, usurpação da competência do Supremo Tribunal Federal. 11. Somente o Supremo Tribunal Federal, nessas circunstâncias, tem competência para ordenar busca e apreensão domiciliar que traduza, ainda que reflexamente, investigação de parlamentar federal, bem como para selecionar os elementos de convicção que a ela interessem ou não. 12. A legalidade da ordem de busca e apreensão deve necessariamente ser aferida antes de seu cumprimento, pois, do contrário, poder-se-ia incorrer em legitimação de decisão manifestamente ilegal, com base no resultado da diligência. 13. Diante da manifesta e consciente assunção, por parte da Procuradoria da República em São Paulo e do juízo reclamado, do risco concreto de apreensão de elementos de convicção relacionados a detentor de prerrogativa de foro, não cabe argumentar-se com descoberta fortuita de provas nem com a teoria do juízo aparente. 14. Nessas circunstâncias, a precipitação da diligência por juízo sem competência constitucional maculou-a, insanavelmente, de nulidade. 15. Na hipótese de usurpação da competência do Supremo Tribunal Federal para supervisionar investigações criminais, ainda que de forma indireta, a consequência deve ser a nulidade dos atos eventualmente praticados na persecução penal. Precedentes. 16. Ainda que a decisão impugnada tenha sido proferida em inquérito desmembrado por determinação do Supremo Tribunal Federal, a diligência ordenada, em razão da busca indiscriminada de elementos de convicção que, em tese, poderiam incriminar parlamentar federal, se traduziu em indevida investigação desse, realizada por juízo incompetente. 17. O reconhecimento, portanto, da imprestabilidade do resultado da busca realizada no apartamento funcional da Senadora da República para fins probatórios, como também de eventuais elementos probatórios diretamente derivados (fruits of the poisonous tree), é medida que se impõe. 18. Nos termos do art. 5º, LVI, da Constituição Federal, "são inadmissíveis, no processo, as provas obtidas por meios ilícitos". 19. Por sua vez, o art. 157 do Código de Processo Penal, ordena o desentranhamento dos autos e a inutilização das provas ilícitas, "assim entendidas as obtidas em violação a normas constitucionais ou legais", a fim de não interferir, subjetivamente, no convencimento do juiz. 20. Reclamação julgada procedente, para o fim de invalidar a ordem de busca no domicílio funcional do titular de prerrogativa de foro e, por consequência óbvia, reconhecer a ilicitude das provas ali obtidas, bem como de eventuais elementos probatórios outros delas derivados. |

| CONTROVÉRSIA | PRECEDENTE/ENTENDIMENTO |
|---|---|
| | 21. Determinado o desentranhamento dos respectivos autos de apreensão e dos relatórios de análise de material apreendido, com sua consequente inutilização, bem como a inutilização de cópias e espelhamentos de documentos, computadores e demais dispositivos eletrônicos, e a restituição de todos os bens apreendidos no citado local, caso já não tenha ocorrido. 22. Determinada, ainda, a inutilização de todas as provas derivadas daquelas obtidas na busca, que deverão ser desentranhadas dos autos e, se for o caso, restituídas a quem de direito (Rcl 24473, Relator(a): DIAS TOFFOLI, Segunda Turma, julgado em 26/06/2018, PROCESSO ELETRÔNICO DJe-187 DIVULG 05-09-2018 PUBLIC 06-09-2018). |
| O Supremo Tribunal Federal **anulou** entrevista gravada pela autoridade policial durante o cumprimento de mandado de busca e apreensão, por não ter sido o investigado informado acerca dos seus direitos constitucionalmente assegurados (Miranda *rights*, Miranda *rules* ou Miranda *warnings*, como dito supra). O Pretório Excelso findou considerando a coleta do elemento informativo um interrogatório sub-reptício (que afrontou, reflexamente, o quanto decidido pela Corte nos autos das ADPF 395 e 444[73]). | A Segunda Turma, por maioria, deu provimento parcial a reclamação para declarar a nulidade de entrevista realizada por autoridade policial no interior da residência do reclamante, durante o cumprimento de mandado de busca e apreensão, em flagrante contrariedade à autoridade da decisão do Supremo Tribunal Federal (STF) nas Arguições de Descumprimento de Preceito Fundamental (ADPF) 395 e 444. O reclamante sustentava ter sido interrogado por delegado de polícia sem ser informado de seu direito ao silêncio, além de ter-lhe sido exigida a senha de acesso ao seu smartphone, em flagrante violação ao princípio da não autoincriminação. No tocante à entrevista, prevaleceu o voto do ministro Gilmar Mendes (relator). Em seu pronunciamento, observou que, nas ADPFs 395 e 444, a Corte decidiu pela impossibilidade de se conduzir coercitivamente os suspeitos de prática de crimes com o intuito de serem interrogados. Entre o rol de direitos potencialmente atingidos pela conduta, destacou a violação do direito à não autoincriminação e ao silêncio. Aduziu que a contrariedade aos referidos direitos ocorreu com a realização de interrogatório travestido de entrevista, na medida em que utilizada técnica de interrogatório forçado, proibida a partir do julgamento das ADPFs 395 e 444. Observou que o reclamante foi interrogado em ambiente intimidatório que diminuiria o direito à não incriminação. Além disso, na entrevista formalmente documentada, não se oportunizou ao sujeito da diligência o direito à prévia consulta a advogado, tampouco certificou-se, no respectivo termo, o direito ao silêncio e à não produção de provas contra si mesmo, nos termos da legislação e dos aludidos precedentes. Por sua vez, o ministro Edson Fachin ressaltou não se tratar, na hipótese, de aderência estrita de um conjunto de elementos fáticos que se submeteriam à vedação da condução coercitiva. Contudo, assinalou a |

---

73. Nas ações constitucionais citadas, o Supremo Tribunal Federal entendeu não recepcionada a expressão "para interrogatório" presente no artigo 260 do CPP e proibiu a condução coercitiva de investigado/réu para esse fim (tais julgados serão pormenorizados ainda nesse tópico).

| CONTROVÉRSIA | PRECEDENTE/ENTENDIMENTO |
|---|---|
|  | existência de desrespeito ao direito de não incriminação e ao direito ao silêncio, conforme os fatos apresentados. Isso ocorreu mediante metodologia atípica e descolada de qualquer fundamentação que permita esse tipo de procedimento. Quanto à conduta adotada pela autoridade policial em relação ao celular do reclamante, o colegiado, por maioria, não vislumbrou suporte à sua alegação no sentido de que teria sido coagido ou obrigado a fornecer a senha. Explicitou inexistir expressamente, na decisão judicial, a expressão "autorizo a apreensão do aparelho celular". Entretanto, o ato decisório conteve o deferimento ao acesso, à exploração e cópia do conteúdo de mídias, dispositivos e dados armazenados em nuvem, bem assim a determinação de que deveria constar, expressamente no mandado, a autorização de acesso a dados telefônicos e telemáticos armazenados nos dispositivos eletrônicos apreendidos. O ministro Ricardo Lewandowski acrescentou não ser possível exigir do juiz que minudencie todos os objetos de interesse do processo que serão encontrados no local da busca e apreensão. No ponto, ficou vencido o ministro relator, que reconheceu, de ofício [Código de Processo Penal (CPP), art. 654, § 2º (1)], a inconstitucionalidade e a ilegalidade da apreensão e do acesso aos dados, às mensagens e informações contidas no aparelho celular, haja vista a ausência de prévia e fundamentada decisão judicial que justificasse a necessidade, a adequação e a proporcionalidade da medida. (1) CPP: "Art. 654. O habeas corpus poderá ser impetrado por qualquer pessoa, em seu favor ou de outrem, bem como pelo Ministério Público. (...) § 2º Os juízes e os tribunais têm competência para expedir de ofício ordem de habeas corpus, quando no curso de processo verificarem que alguém sofre ou está na iminência de sofrer coação ilegal." Rcl 33711/SP, rel. Min. Gilmar Mendes, julgamento em 11.6.2019. (Rcl-33711). |

## 9.9. A RESTITUIÇÃO DE COISAS APREENDIDAS

Os artigos 118 e seguintes, do Código de Processo Penal tratam da restituição de coisas apreendidas. O inquérito policial é procedimento escrito (mais modernamente, melhor identificá-lo como formal, em razão da sua constante virtualização), destarte, todos os objetos que ingressam no feito devem ser formalmente apreendidos em auto próprio. Por vezes, a coisa apreendida não é imprescindível à investigação, seja porque não constitui efetiva prova do crime, seja porque não é mais necessária (já foi analisada ou periciada e não necessita permanecer apreendida até o término do inquérito). Nestes casos, pode o interessado perquirir a restituição do objeto apreendido.

A coisa apreendida pode ser restituída pela autoridade policial ou pelo juiz. Acerca do tema, vejamos o artigo 120 do CPP:

> Art. 120. A restituição, quando cabível, poderá ser ordenada pela autoridade policial ou juiz, mediante termo nos autos, desde que não exista dúvida quanto ao direito do reclamante.
>
> § 1º Se duvidoso esse direito, o pedido de restituição autuar-se-á em apartado, assinando-se ao requerente o prazo de 5 (cinco) dias para a prova. Em tal caso, só o juiz criminal poderá decidir o incidente.
>
> § 2º O incidente autuar-se-á também em apartado e só a autoridade judicial o resolverá, se as coisas forem apreendidas em poder de terceiro de boa-fé, que será intimado para alegar e provar o seu direito, em prazo igual e sucessivo ao do reclamante, tendo um e outro dois dias para arrazoar.
>
> § 3º Sobre o pedido de restituição será sempre ouvido o Ministério Público.
>
> § 4º Em caso de dúvida sobre quem seja o verdadeiro dono, o juiz remeterá as partes para o juízo cível, ordenando o depósito das coisas em mãos de depositário ou do próprio terceiro que as detinha, se for pessoa idônea.
>
> § 5º Tratando-se de coisas facilmente deterioráveis, serão avaliadas e levadas a leilão público, depositando-se o dinheiro apurado, ou entregues ao terceiro que as detinha, se este for pessoa idônea e assinar termo de responsabilidade.

A restituição pode ser determinada pela autoridade policial quando induvidosa a propriedade do item a ser devolvido. É importante que o delegado de polícia exija prova cabal da propriedade, representada por documento hábil a demonstrar o domínio (nota fiscal, CRLV, dentre outros). Esta prova documental de propriedade deve ser devidamente juntada aos autos do inquérito (cópia dela), com o fito de dar lastro ao despacho da autoridade que determina a devolução da coisa. Decidindo pela devolução, o delegado deve despachar de forma fundamentada e mandar confeccionar termo de entrega do bem, no qual este será devidamente individualizado e será declinada a qualificação completa do recebedor (é de bom tom que se junte aos autos cópia do documento de identidade deste).

Em caso de dúvida acerca da propriedade do bem apreendido, conforme declinado no artigo transcrito supra, a decisão acerca da restituição caberá ao juiz (§ 1º do artigo 120 do CPP).

É de se anotar que o artigo 11 do CPP determina que os instrumentos do crime, bem como os objetos que interessarem ao inquérito devem acompanhá-lo, quando da sua remessa à Justiça. Vejamos o teor do dispositivo:

> Art. 11. Os instrumentos do crime, bem como os objetos que interessarem à prova, acompanharão os autos do inquérito.

Depois da entrada em vigor do Pacote Anticrime, contudo, a interpretação mais correta (pelo critério temporal, já que o artigo acima transcrito não foi expressamente revogado) parece-me que os objetos que interessarem à prova devem ser armazenados na central de custódia, tal qual determinado pelo artigo 158-F do Código de Processo Penal:

Art. 158-F. Após a realização da perícia, o material deverá ser devolvido à central de custódia, devendo nela permanecer.

Parágrafo único. Caso a central de custódia não possua espaço ou condições de armazenar determinado material, deverá a autoridade policial ou judiciária determinar as condições de depósito do referido material em local diverso, mediante requerimento do diretor do órgão central de perícia oficial de natureza criminal.

Aliás, afora os bens que efetivamente interessarem à investigação, é de bom tom que não permaneçam apreendidos objetos inúteis ao esclarecimento do fato apurado. Bens apreendidos deterioram, podem ser furtados, danificados e por isso podem trazer grande dissabor para os policiais envolvidos com sua guarda e conservação. Por isso, como já declinado supra, é interessante que a destinação das coisas apreendidas seja decidida o mais rápido possível (destruição do que pode ser destruído, devolução do que pode ser devolvido, alienando antecipadamente o que deve ser alienado e encaminhamento à central de custódia do que efetivamente interessar ao feito, quando do término do inquérito, tudo por escrito).

## 9.10. MEDIDAS ASSECURATÓRIAS

O Código de Processo Penal prevê medidas assecuratórias destinadas a proteger a reparação do prejuízo sofrido pelo ofendido em face da prática do crime (o artigo 91, I, do Código Penal, afirma ser efeito automático da condenação o dever de reparar o dano sofrido pela vítima): a) o sequestro; b) a hipoteca legal; c) o arresto.

No dizer de Alexandre Cebrian e Victor Gonçalves[74]:

> Todas essas medidas têm natureza cautelar, daí porque sua aplicação subordina-se à constatação de que há risco de dano na demora da entrega da prestação jurisdicional (periculum in mora) e de que há razoável probabilidade de ser acolhida a pretensão reparatória (fumus boni juris[75]).

Os autores prosseguem:

> Elas ensejam, ademais, a formação de um procedimento incidente, cujos autos, uma vez realizadas as medidas precautórias e sobrevindo sentença penal condenatória, serão remetidos ao juízo cível perante o qual o ofendido propuser a execução ex delito (art. 143 do CPP)[76].

---

74. REIS, Alexandre Cebrian Araújo e GONÇALVES, Victor Eduardo Rios. **Obra acima citada**, página 227.
75. Artigo 126 do CPP.
76. REIS, Alexandre Cebrian Araújo e GONÇALVES, Victor Eduardo Rios. **Obra acima citada**, página 227.

Importante salientar que o artigo 141 do CPP reza que "o arresto será levantado ou cancelada a hipoteca, se, por sentença irrecorrível, o réu for absolvido ou julgada extinta a punibilidade".

Chamo a atenção do leitor para leis especiais que tratam de medidas assecuratórias: a Lei 9.613/98 (lavagem de dinheiro – artigo 4º), a Lei 11.343/06 (tráfico de drogas – artigos 60 a 64), a Lei 13.260/16 (terrorismo – artigos 12 a 15) e a Lei 13.344/16 (tráfico de pessoas – artigo 8º).

Cumpre ressaltar que o Pacote Anticrime alterou o caput do artigo 122 e revogou seu parágrafo único:

> Art. 122. Sem prejuízo do disposto no art. 120, as coisas apreendidas serão alienadas nos termos do disposto no art. 133 deste Código.
>
> Parágrafo único. (Revogado).

Por fim, saliento que foi enxertado no Código de Processo Penal o artigo 124-A, que trata da destinação de obras de arte ou outros bens de relevante valor cultural ou artístico a museus públicos, caso o crime não tenha vítima determinada, depois da decretação do perdimento destes bens:

> Art. 124-A. Na hipótese de decretação de perdimento de obras de arte ou de outros bens de relevante valor cultural ou artístico, se o crime não tiver vítima determinada, poderá haver destinação dos bens a museus públicos.

### 9.10.1. Sequestro

O sequestro é medida assecuratória que pode recair sobre bens imóveis (tal qual disciplinado no artigo 125 do CPP) ou móveis (vide artigo 132 do CPP) que tenham sido adquiridos com os proventos da infração penal[77]. É preciso salientar, como bem anotado por Alexandre Cebrian e Victor Gonçalves "que não se sujeitam ao sequestro, porém, os bens móveis que sejam produtos diretos da infração, pois passíveis de busca e apreensão"[78]. Assim é que, se o objetivo do aparelho policial for recuperar, por exemplo, valor subtraído em um roubo, o pleito correto a ser deduzido é o de busca e apreensão. Caso o objetivo seja alcançar bem comprado pelo investigado com o produto do roubo, deve a autoridade policial demandar ao juízo o sequestro do bem.

---

77. Insta salientar que quando o crime resulta em prejuízo para a fazenda pública, o sequestro pode recair sobre todos os bens do investigado/indiciado (ainda que lícitos), na forma do Decreto-Lei 3.240/41. O STJ entende que este mandamento legal tem plena vigência (confira em AgRg no RMS 60.570/MS, Rel. Ministra LAURITA VAZ, SEXTA TURMA, julgado em 18/06/2019, DJe 01/07/2019).

78. REIS, Alexandre Cebrian Araújo e GONÇALVES, Victor Eduardo Rios. **Obra acima citada**, página 228.

Nos termos do artigo 127 do CPP, o sequestro pode ser decretado pelo juiz, de ofício (penso ser melhor resguardar a inércia do magistrado, com o fito de garantir sua imparcialidade), ou a requerimento do Ministério Público, do ofendido, ou mediante representação da autoridade policial, em qualquer fase do processo ou ainda antes de oferecida a denúncia ou queixa (no curso do inquérito policial).

O sequestro deverá ser autuado em apartado, nos termos do artigo 129 do CPP. Admitem-se embargos de terceiro. Realizado o sequestro de bens imóveis, o juiz mandará inscrevê-lo no registro de imóveis.

Vide artigo 130 do CPP:

> Art. 130. O seqüestro poderá ainda ser embargado:
>
> I – pelo acusado, sob o fundamento de não terem os bens sido adquiridos com os proventos da infração;
>
> II – pelo terceiro, a quem houverem os bens sido transferidos a título oneroso, sob o fundamento de tê-los adquirido de boa-fé;
>
> Parágrafo único. Não poderá ser pronunciada decisão nesses embargos antes de passar em julgado a sentença condenatória.

Reza o artigo 131 do CPP, acerca do levantamento do sequestro:

> Art. 131. O seqüestro será levantado:
>
> I – se a ação penal não for intentada no prazo de sessenta dias, contado da data em que ficar concluída a diligência;
>
> II – se o terceiro, a quem tiverem sido transferidos os bens, prestar caução que assegure a aplicação do disposto no art. 74, II, *b*, segunda parte, do Código Penal;
>
> III – se for julgada extinta a punibilidade ou absolvido o réu, por sentença transitada em julgado.

O artigo 133 do Código de Processo Penal (modificado pelo Pacote Anticrime) determina que, transitada em julgado a sentença condenatória, o juiz, de ofício ou a requerimento do interessado ou do Ministério Público, determinará avaliação e venda dos bens cujo perdimento tenha sido decretado, em leilão público. A destinação do apurado será: a) o lesado pela prática delitiva; b) o terceiro de boa-fé; c) o Fundo Penitenciário Nacional, exceto se houver previsão diversa em lei especial (a redação anterior do CPP determinava que o que não coubesse ao lesado ou ao terceiro de boa-fé fosse destinado ao Tesouro Nacional):

> Art. 133. Transitada em julgado a sentença condenatória, o juiz, de ofício ou a requerimento do interessado ou do Ministério Público, determinará a avaliação e a venda dos bens em leilão público cujo perdimento tenha sido decretado.
>
> § 1º Do dinheiro apurado, será recolhido aos cofres públicos o que não couber ao lesado ou a terceiro de boa-fé.
>
> § 2º O valor apurado deverá ser recolhido ao Fundo Penitenciário Nacional, exceto se houver previsão diversa em lei especial.

O novel artigo 133-A do Código de Processo Penal (enxertado pela Lei 13.964/19) permitiu que o juiz autorize, constatado o interesse público, a utilização de bem sequestrado, apreendido ou sujeito a qualquer medida assecuratória pelos órgãos de segurança pública listados no artigo 144 da Constituição Federal, sistema prisional, sistema socioeducativo, Força Nacional de Segurança Pública e do Instituto Geral de Perícia, para o desempenho de suas atividades. Em boa hora a alteração legislativa. Previsão semelhante já existia no artigo 62 da Lei 11.343/06, em relação a bens apreendidos em casos criminais relacionados ao tráfico de drogas (a meu ver sempre foi possível aplicação, por analogia, do referido dispositivo a qualquer delito, mas é indubitável que é salutar a existência de texto expresso de lei nesse sentido).

A prioridade na utilização do em será do órgão de segurança pública que participou das ações de investigação ou repressão que culminaram com a constrição do bem.

Vale a pena ler todo artigo 133-A do Código de Processo Penal:

> Art. 133-A. O juiz poderá autorizar, constatado o interesse público, a utilização de bem sequestrado, apreendido ou sujeito a qualquer medida assecuratória pelos órgãos de segurança pública previstos no art. 144 da Constituição Federal, do sistema prisional, do sistema socioeducativo, da Força Nacional de Segurança Pública e do Instituto Geral de Perícia, para o desempenho de suas atividades.
>
> § 1º O órgão de segurança pública participante das ações de investigação ou repressão da infração penal que enseje a constrição do bem terá prioridade na sua utilização.
>
> § 2º Fora das hipóteses anteriores, demonstrado o interesse público, o juiz poderá autorizar o uso do bem pelos demais órgãos públicos.
>
> § 3º Se o bem a que se refere o **caput** deste artigo for veículo, embarcação ou aeronave, o juiz ordenará à autoridade de trânsito ou ao órgão de registro e controle a expedição de certificado provisório de registro e licenciamento em favor do órgão público beneficiário, o qual estará isento do pagamento de multas, encargos e tributos anteriores à disponibilização do bem para a sua utilização, que deverão ser cobrados de seu responsável.
>
> § 4º Transitada em julgado a sentença penal condenatória com a decretação de perdimento dos bens, ressalvado o direito do lesado ou terceiro de boa-fé, o juiz poderá determinar a transferência definitiva da propriedade ao órgão público beneficiário ao qual foi custodiado o bem.

Por fim, cumpre salientar que a decisão que decreta ou indefere o sequestro é atacável por recurso de apelação, nos termos do artigo 593, II, do CPP.

## 9.10.2. Hipoteca legal

Essa medida assecuratória incide sobre bens imóveis do autor do fato para satisfação do dano causado pelo delito e pagamento de despesas judiciais.

Pode ser requerida pelo ofendido no curso do processo ou do inquérito policial, em que pese o artigo 134 do CPP falar apenas daquele momento, esquecendo-se deste (filio-me ao entendimento de Alexandre Cebrian e Victor Gonçalves[79], que citam e se apoiam na docência de Tourinho Filho e Guilherme de Souza Nucci).

É importante a leitura dos artigos 134 (legitimidade, momento para requerimento e requisitos) e 135 (procedimento), ambos do CPP:

> Art. 134. A hipoteca legal sobre os imóveis do indiciado poderá ser requerida pelo ofendido em qualquer fase do processo, desde que haja certeza da infração e indícios suficientes da autoria.
>
> Art. 135. Pedida a especialização mediante requerimento, em que a parte estimará o valor da responsabilidade civil, e designará e estimará o imóvel ou imóveis que terão de ficar especialmente hipotecados, o juiz mandará logo proceder ao arbitramento do valor da responsabilidade e à avaliação do imóvel ou imóveis.
>
> § 1º A petição será instruída com as provas ou indicação das provas em que se fundar a estimação da responsabilidade, com a relação dos imóveis que o responsável possuir, se outros tiver, além dos indicados no requerimento, e com os documentos comprobatórios do domínio.
>
> § 2º O arbitramento do valor da responsabilidade e a avaliação dos imóveis designados far-se-ão por perito nomeado pelo juiz, onde não houver avaliador judicial, sendo-lhe facultada a consulta dos autos do processo respectivo.
>
> § 3º O juiz, ouvidas as partes no prazo de dois dias, que correrá em cartório, poderá corrigir o arbitramento do valor da responsabilidade, se lhe parecer excessivo ou deficiente.
>
> § 4º O juiz autorizará somente a inscrição da hipoteca do imóvel ou imóveis necessários à garantia da responsabilidade.
>
> § 5º O valor da responsabilidade será liquidado definitivamente após a condenação, podendo ser requerido novo arbitramento se qualquer das partes não se conformar com o arbitramento anterior à sentença condenatória.
>
> § 6º Se o réu oferecer caução suficiente, em dinheiro ou em títulos de dívida pública, pelo valor de sua cotação em Bolsa, o juiz poderá deixar de mandar proceder à inscrição da hipoteca legal.

A hipoteca legal deve ser processada em apartado (artigo 138 do CPP). O artigo 141 determina que a hipoteca será cancelada se, por sentença irrecorrível, o réu for absolvido ou julgada extinta a punibilidade. O artigo 143 informa que "passando em julgado a sentença condenatória, serão os autos de hipoteca ou arresto remetidos ao juiz do cível".

---

79. REIS, Alexandre Cebrian Araújo e GONÇALVES, Victor Eduardo Rios. **Obra acima citada**, página 231.

## 9.10.3. Arresto

O arresto se destina a atacar o patrimônio adquirido de forma lítica pelo autor do fato. Pode ser manejado com foco em imóveis (como ato preparatório à hipoteca legal – artigo 136 do CPP) e bens móveis (nos termos do artigo 137 do CPP). Vejamos os dispositivos:

> Art. 136. O arresto do imóvel poderá ser decretado de início, revogando-se, porém, se no prazo de 15 (quinze) dias não for promovido o processo de inscrição da hipoteca legal.
>
> Art. 137. Se o responsável não possuir bens imóveis ou os possuir de valor insuficiente, poderão ser arrestados bens móveis suscetíveis de penhora, nos termos em que é facultada a hipoteca legal dos imóveis.
>
> § 1º Se esses bens forem coisas fungíveis e facilmente deterioráveis, proceder-se-á na forma do § 5º do art. 120.
>
> § 2º Das rendas dos bens móveis poderão ser fornecidos recursos arbitrados pelo juiz, para a manutenção do indiciado e de sua família.

O arresto se processa em apartado (artigo 138 do CPP) e deve ser requerido pelo ofendido (ou por seu representante legal ou por seus herdeiros). É preciso observar que o artigo 142 do CPP padece de inconstitucionalidade progressiva, vez que o órgão com atribuição constitucional para promover em juízo os interesses do cidadão pobre é a Defensoria Pública (o MP só poderá agir na defesa da vítima pobre, se não houver defensor público na localidade).

Os artigos 141 e 143 também se aplicam ao arresto.

## 9.10.4. Alienação antecipada

Caso os bens estejam sujeitos a deterioração, depreciação ou sejam de difícil guarda, no bojo de medidas cautelares reais, é possível materializar a alienação antecipada dos mesmos, nos termos do artigo 144-A do CPP:

> Art. 144-A. O juiz determinará a alienação antecipada para preservação do valor dos bens sempre que estiverem sujeitos a qualquer grau de deterioração ou depreciação, ou quando houver dificuldade para sua manutenção.
>
> § 1º O leilão far-se-á preferencialmente por meio eletrônico.
>
> § 2º Os bens deverão ser vendidos pelo valor fixado na avaliação judicial ou por valor maior. Não alcançado o valor estipulado pela administração judicial, será realizado novo leilão, em até 10 (dez) dias contados da realização do primeiro, podendo os bens ser alienados por valor não inferior a 80% (oitenta por cento) do estipulado na avaliação judicial.
>
> § 3º O produto da alienação ficará depositado em conta vinculada ao juízo até a decisão final do processo, procedendo-se à sua conversão em renda para a União, Estado ou Distrito Federal, no caso de condenação, ou, no caso de absolvição, à sua devolução ao acusado.

§ 4º Quando a indisponibilidade recair sobre dinheiro, inclusive moeda estrangeira, títulos, valores mobiliários ou cheques emitidos como ordem de pagamento, o juízo determinará a conversão do numerário apreendido em moeda nacional corrente e o depósito das correspondentes quantias em conta judicial.

§ 5º No caso da alienação de veículos, embarcações ou aeronaves, o juiz ordenará à autoridade de trânsito ou ao equivalente órgão de registro e controle a expedição de certificado de registro e licenciamento em favor do arrematante, ficando este livre do pagamento de multas, encargos e tributos anteriores, sem prejuízo de execução fiscal em relação ao antigo proprietário.

§ 6º O valor dos títulos da dívida pública, das ações das sociedades e dos títulos de crédito negociáveis em bolsa será o da cotação oficial do dia, provada por certidão ou publicação no órgão oficial.

## 9.11. INCIDENTE DE INSANIDADE MENTAL

Nos termos do artigo 149 do CPP, quando houver dúvida acerca da integridade mental do indiciado/acusado, o juiz ordenará, no curso do inquérito policial ou do processo, realização de exame médico-legal para sanar a dúvida.

Nos termos do artigo retromencionado, o juiz poderá determinar a realização do exame de ofício, a requerimento do Ministério Público, do defensor, do curador, do ascendente, descendente, irmão ou cônjuge do acusado, ou atendendo a representação do delegado de polícia (no curso do inquérito policial).

O procedimento será autuado em apartado (será apensado ao feito principal após a confecção do laudo, nos termos do artigo 153 do CPP) e o juiz deverá nomear curador ao indiciado/acusado (este poderá ser o próprio advogado/defensor público). Eventual omissão na nomeação de curador constitui nulidade que demanda prova do prejuízo (relativa).

O juiz deverá determinar a suspensão da ação penal e a nomeação de dois peritos (o CPP fala sempre no plural – peritos) para materialização do exame, notificando as partes para oferta dos quesitos (caso o incidente seja levantado no curso do inquérito, os quesitos serão elaborados pelo juiz, pelo MP e pelo delegado). O laudo deve ser concluído em até 45 dias, salvo se os peritos demonstrarem a necessidade de prorrogação deste prazo (artigo 150, § 1º, do CPP).

A depender da conclusão dos peritos, três são os caminhos possíveis: a) caso o indiciado/réu seja considerado imputável, o processo/inquérito prosseguirá normalmente; b) caso os peritos concluam pela inimputabilidade ou semi-imputabilidade, o processo/inquérito seguirá seu curso normal, com a nomeação de curador ao indiciado/acusado, nos termos do artigo 151 do CPP; c) caso se perceba que a doença mental é posterior à prática delitiva, o processo continuará suspenso, aguardando o restabelecimento do acusado ou o advento da prescrição (o juiz poderá determinar a internação do acusado, nos termos do artigo 152, § 1º, do CPP) – é a chamada crise de instância.

Se a doença mental ocorrer no curso da execução penal, o juiz das execuções, de ofício, a requerimento do Ministério Público, da Defensoria Pública ou da autoridade administrativa, poderá determinar a substituição da pena por medida de segurança, nos moldes do artigo 183 da Lei de Execução Penal.

Não custa lembrar que o laudo pericial não vincula o juiz (vide artigo 182 do CPP) e que no incidente não há decisão final: apresentado o laudo, o juiz o homologa e determina que o incidente seja apensado ao feito principal, como manda o artigo 153 do CPP.

## 9.12. A QUEBRA DO SIGILO DAS COMUNICAÇÕES TELEFÔNICAS

Os incisos X e XII do artigo 5º da Constituição Federal, escudam a intimidade e a vida privada do cidadão brasileiro nos seguintes termos:

> X – são invioláveis a intimidade, a vida privada, a honra, e a imagem das pessoas, assegurado o direito à indenização pelo dano material ou moral decorrente de sua violação;
>
> XII – é inviolável o sigilo das correspondências e das comunicações telegráficas, de dados e das comunicações telefônicas, salvo, no último caso, por ordem judicial, nas hipóteses e na fora que a lei estabelecer para fins de investigação criminal ou instrução processual penal;

Ocorre que não há que se falar em direito individual absoluto. Ao passo em que o cidadão se utiliza do direito à intimidade outorgado pela Carta da República para cometer atos ilícitos, esse mesmo direito merece ceder ao interesse público representado pela elucidação da prática delitiva. Essa é uma das características dos direitos fundamentais, a limitabilidade, que na lição de Pedro Lenza[80] significa:

> Os direitos fundamentais não são absolutos (relatividade), havendo, muitas vezes, no caso concreto, confronto, conflito de interesses. A solução ou vem discriminada na própria Constituição (ex.: direito de propriedade versus desapropriação), ou caberá ao intérprete, ou magistrado, no caso concreto, decidir qual direito deverá prevalecer, levando em consideração a regra da máxima observância dos direitos fundamentais envolvidos, conjugando-a com a sua mínima restrição.

O artigo 1º da Lei 9.296/96 regulamenta os casos em que será admitida a quebra do sigilo das comunicações telefônicas:

> Art. 1º A interceptação de comunicações telefônicas, de qualquer natureza, para a prova em investigação criminal e em instrução processual penal, observará o

---

80. LENZA, Pedro. **Obra acima citada**, páginas 528 e 529.

disposto nesta Lei e dependerá de ordem do juiz competente da ação principal, sob segredo de justiça.

Parágrafo único. O disposto nesta Lei aplica-se à interceptação do fluxo de comunicações em sistemas de informática e telemática.

As exceções ao deferimento da ordem de interceptação estão descritas no artigo 2º do mesmo diploma legal.

Guilherme de Souza Nucci[81] resume, em sagaz comentário invertendo a redação negativa do dispositivo legal acima citado, que somente se admite interceptação telefônica nos seguintes casos: "a) devem existir indícios suficientes de autoria; b) não é possível colher a prova por outro meio; c) o crime em investigação deve ser apenado com reclusão".

Nesta toada, cumpre salientar que é inviável a chamada interceptação telefônica por prospecção (quando se intercepta terminal telefônico de uma pessoa para saber se ela está envolvida com prática delitógena – isso significaria *fishing expedition*). Isso porque o artigo 2º da Lei 9.296/96 (mencionado no parágrafo retro) determina que só se decretará a interceptação telefônica quando houver indícios suficientes de autoria de crime que puna com pena de reclusão (destarte, a medida invasiva só pode ser manejada quando já existem elementos indiciários suficientes de que o investigado cujo sigilo das comunicações telefônicas será levantado praticou ou vem praticando crime).

A medida pode ser levada a efeito no curso do inquérito ou do processo penal e é determinada pelo juiz, atendendo a representação da autoridade policial ou requerimento do Ministério Público. A partir da entrada em vigor do Pacote Anticrime (Lei 9.296/96), penso que em face do critério temporal (apesar do artigo 3º da Lei 9.296/96[82] não ter sido alterado) não é mais possível decretação de interceptação telefônica/telemática de ofício pelo magistrado isso significaria atropelo ao quanto determinado pelo artigo 3º-A do Código de Processo Penal[83] (é preciso, contudo observar qual será a decisão final do Supremo Tribunal Federal nas ADIs propostas contra o Pacote Anticrime, posto que referido dispositivo encontra-se suspenso por decisão do Ministro Luiz Fuz).

É de se sublinhar a necessidade efetiva de existir inquérito policial ou processo em curso para materialização de interceptação das comunicações

---

81. NUCCI, Guilherme de Souza. **Leis Penais e Processuais Penais Comentadas**, São Paulo: Revista dos Tribunais, página 726.
82. Art. 3º A interceptação das comunicações telefônicas poderá ser determinada pelo juiz, de ofício ou a requerimento:
    I - da autoridade policial, na investigação criminal;
    II - do representante do Ministério Público, na investigação criminal e na instrução processual penal.
83. Art. 3º-A. O processo penal terá estrutura acusatória, vedadas a iniciativa do juiz na fase de investigação e a substituição da atuação probatória do órgão de acusação.

telefônicas. Ora, esta é medida cautelar que, por óbvio, deve estar vinculada a feito principal que lhe dê lastro. A meu ver, a prova resultante da interceptação de comunicações telefônicas, ainda que judicialmente autorizada (e não o devia ser sem ao menos existir procedimento investigativo preteritamente instaurado), deve ser reputada prova ilegítima até a instauração efetiva do inquérito policial (porque coligida em desacordo com os ditames legais que regem sua produção). Eduardo Luiz Santos Cabette[84] discorda deste entendimento e cita Lucas Pimentel de Oliveira e Eron Veríssimo Gimenes nos seguintes termos:

> Impende observar que a lei não exige a instauração de inquérito policial, admitindo a utilização da interceptação telefônica na fase inicial das investigações, ainda que empreendidas antes da formal instauração de procedimento investigatório. Conduto, não se pode esquecer que a lei condiciona o deferimento do pedido à existência de indícios razoáveis de autoria ou participação em infração penal (art. 2º, inciso I), cabendo à autoridade policial demonstrar a existência de tal requisito no pedido dirigido ao Juiz.

A interceptação, caso deferida, terá prazo de 15 dias, prorrogável por novos períodos idênticos (entender que a lei optou pela renovação do prazo por uma única vez é interpretação por demais restritiva e que sepulta a possibilidade de uma investigação efetiva do crime apurado). Limitar o alcance da norma é contribuir para impunidade tão presente em nosso país.

Melhor interpretar que o prazo pode ser repetido tantas vezes quanto se mostre necessário. É preciso deixar claro que todas as renovações serão precedidas por elaboração do auto circunstanciado referido no § 2º do artigo 6º da Lei 9.296/96 e deverão ser representadas por ofícios fundamentados onde a autoridade policial (isolando exemplo de pedido feito por esta no curso do inquérito policial, por ser o que mais se aproxima do objetivo deste trabalho) deixará claro todas as razões que demonstram a imprescindibilidade da medida para o bom termo das investigações. O Ministério Público ofertará parecer pelo deferimento ou não da renovação e o juiz decidirá também de forma fundamentada. Ora, é procedimento amarrado e complexo em que três autoridades públicas exporão suas razões para continuidade da medida restritiva que tem por objetivo garantir a colheita de provas com o fito de instruir futuro processo (estamos em fase investigativa no exemplo acima desenhado), meio para pacificação social depois da ocorrência do crime.

Vejamos aresto do Superior Tribunal de Justiça[85] sobre o tema:

> HABEAS CORPUS. PACIENTE DENUNCIADO POR CRIME FINANCEIRO (ART. 6º e 16 DA LEI 7.492/86). OCULTAÇÃO DE INFORMAÇÕES PARA REALIZAÇÃO DE

---

84. CABETTE, Eduardo Luiz Santos. **Interceptação Telefônica**, São Paulo: Saraiva, páginas 110 e 111.
85. STJ, HC 132137/SP, 5ª Turma, rel. Min. Napoleão Nunes Maia Filho, DJe 30/08/2010, grifo meu.

OPERAÇÕES DE CÂMBIO ILEGAIS. OPERAR COMO INSTITUIÇÃO FINANCEIRA SEM AUTORIZAÇÃO. INTERCEPTAÇÃO TELEFÔNICA AUTORIZADA JUDICIALMENTE DE FORMA FUNDAMENTADA. PRORROGAÇÕES INDISPENSÁVEIS DIANTE DA COMPLEXIDADE DAS CONDUTAS DELITIVAS INVESTIGADAS. RAZOABILIDADE DO PRAZO DA MEDIDA (9 MESES). VIOLAÇÃO DE SIGILO CLIENTE/ADVOGADO NÃO DEMONSTRADA. ADVOGADO OBJETO DA INVESTIGAÇÃO E TAMBÉM DENUNCIADO. PARECER DO MPF PELA DENEGAÇÃO DA ORDEM. ORDEM DENEGADA. 1. Ausente, in casu, irregularidade no deferimento das interceptações telefônicas pelo Juízo Federal, que justificou suficientemente a imprescindibilidade da medida para o sucesso das investigações. As decisões de prorrogações, de igual, encontram-se suficientemente fundamentadas, e objetivaram, principalmente, identificar quem seria o coordenador das operações da prática dos referidos delitos. 2. Reveste-se de razoabilidade o tempo de duração das interceptações, pois intrincadas as relações estabelecidas, que necessitavam de minucioso acompanhamento e apuração. 3. **A legislação infraconstitucional (Lei 9.296/96) não faz qualquer limitação quanto ao número de terminais que podem ser interceptados, ou ao prazo de renovação da medida; tudo irá depender do tipo de investigação a ser feita - quanto mais complexo o esquema criminoso, maior é a necessidade da quebra do sigilo telefônico, de mais pessoas e por mais tempo, com vistas à apuração da verdade que interessa ao processo penal. Precedentes.** 4. A assertiva de violação das comunicações entre cliente e Advogado não restou comprovada. O próprio escritório de Advocacia estava sob investigação, por existirem indícios da prática dos crimes aqui descritos e de outros, tanto que alguns de seus sócios foram também denunciados neste e em outros processos; dessa forma, considerando que todos estavam sob investigação e ausente a demonstração das conversas gravadas em que o paciente estaria apenas exercendo seu direito de acesso à defesa técnica, falha que persiste na presente impetração, inviável o reconhecimento de qualquer constrangimento ilegal, no ponto. 5. Parecer do MPF pela denegação da ordem. 6. Ordem denegada.

Em sentido contrário Eduardo Luiz Santos Cabette[86], que sentencia que "a conclusão em relação à renovação das interceptações somente pode ser ponderada no sentido da possibilidade de uma única reiteração pelo período de 15 dias, totalizando o tempo máximo de 30 dias de intromissão insidiosa na esfera do sigilo das comunicações do indivíduo".

Saliento que o prazo da interceptação começa a correr da implementação da medida e não da data da decisão. Vide informativo 480/STJ:

O prazo de 15 dias previsto no art. 5º da Lei n. 9.296/1996 não se inicia da decisão judicial que autoriza a interceptação telefônica, mas do dia em que a medida é efetivada. Ademais, as escutas podem extrapolar o prazo veiculado na lei sempre que houver comprovada necessidade. O prazo de oito meses mostrou-se indispensável para que a autoridade policial chegasse aos envolvidos

---

86. CABETTE, Eduardo Luiz Santos. **Obra acima citada**, página 133.

no sofisticado esquema de tráfico de drogas, principalmente pela complexidade do feito, pelo número de acusados, pela quantidade de drogas e pela variedade de entorpecentes. Precedentes citados do STF: Inq 2.424-RJ, DJe 26/3/2010; do STJ: HC 50.193-ES, DJ 21/8/2006, e HC 125.197-PR, DJe 24/6/2011. HC 135.771-PE, Rel. Min. Og Fernandes, julgado em 4/8/2011.

No auto circunstanciado (produzido a cada prorrogação da medida cautelar), não é preciso transcrever todos os diálogos captados no curso da interceptação telefônica[87] (informativo 404/STJ):

> Não há ofensa ao princípio da ampla defesa no fato de o juiz de primeiro grau não realizar a transcrição dos diálogos decorrentes de interceptação telefônica, pois se disponibilizou para os defensores a mídia na qual todas as conversas encontram-se gravadas. Logo, a Turma, por maioria, negou provimento ao recurso. Precedentes citados: HC 101.808-MT, DJe 4/8/2008, e HC 86.255-DF, DJ 17/12/2007. RHC 20.472-DF, Rel. Min. Maria Thereza de Assis Moura, julgado em 24/8/2009.

Frise-se que o simples fato de haver diálogo envolvendo detentor de foro por prerrogativa de função com investigado interceptado não demanda imediato encaminhamento do feito à instância superior – informativo 575/STJ. É preciso que se detecte envolvimento da autoridade com a prática delitógena ou com outro crime conexo ou não com o originalmente investigado (serendipidade). Caso isso aconteça, é salutar sustar a interceptação, comunicando o juízo que decretou a medida, para que este remeta o caso à apreciação do tribunal competente, que decidirá onde deve(m) tramitar a(s) investigação(ões).

É de bom tom que a autoridade policial, verificando estar diante de investigação que envolva organização criminosa e prevendo a possibilidade da ocorrência de delitos no curso da medida de interceptação telefônica, comunique ao juízo a possível utilização do meio de investigação denominado ação controlada, previsto no artigo 8º da Lei 12.850/13[88], com o fito de melhor fundamentar posteriormente porque deixou de agir em face da evidente

---

87. Mas para garantir o exercício da ampla defesa e do contraditório (diferido), será preciso remeter ao Judiciário todas as ligações captadas no curso da interceptação.

88. Art. 8º Consiste a ação controlada em retardar a intervenção policial ou administrativa relativa à ação praticada por organização criminosa ou a ela vinculada, desde que mantida sob observação e acompanhamento para que a medida legal se concretize no momento mais eficaz à formação de provas e obtenção de informações.
§ 1º O retardamento da intervenção policial ou administrativa será previamente comunicado ao juiz competente que, se for o caso, estabelecerá os seus limites e comunicará ao Ministério Público.
§ 2º A comunicação será sigilosamente distribuída de forma a não conter informações que possam indicar a operação a ser efetuada.
§ 3º Até o encerramento da diligência, o acesso aos autos será restrito ao juiz, ao Ministério Público e ao delegado de polícia, como forma de garantir o êxito das investigações.
§ 4º Ao término da diligência, elaborar-se-á auto circunstanciado acerca da ação controlada.

prática de crimes detectada no curso da interceptação telefônica (no sentido de colher o maior número de provas e de aguardar o momento oportuno para frear a atividade da organização criminosa investigada – mitigação do quanto determinado no artigo 301 do CPP). Caso a apuração gire em torno de crime previsto na Lei 11.343/06, a ação controlada deve se fundar no artigo 53, II, deste mandamento legal (o dispositivo reclama autorização judicial prévia). Se estivermos diante de apuração do crime de lavagem de dinheiro, a técnica deve se fundar no § 6º do artigo 1º da Lei 9.613/98[89].

Além da interceptação das comunicações telefônicas propriamente dita, pode também interessar à investigação a quebra do sigilo telefônico (acesso a dados do titular da linha investigada e seus extratos de ligações em um determinado período). Importante salientar, no que toca ao acesso a dados cadastrais de usuário de linha telefônica (e/ou mantidos pela Justiça Eleitoral, por instituições financeiras, por provedores de internet e administradoras de cartão de crédito), que a Lei 12.683/12 inseriu na Lei 9.613/98 (que define o crime de lavagem de dinheiro e dá outras providências) o artigo 17-B, com a seguinte redação:

> Art. 17-B. A autoridade policial e o Ministério Público terão acesso, exclusivamente, aos dados cadastrais do investigado que informam qualificação pessoal, filiação e endereço, independentemente de autorização judicial, mantidos pela Justiça Eleitoral, pelas empresas telefônicas, pelas instituições financeiras, pelos provedores de internet e pelas administradoras de cartão de crédito.

A partir da edição da lei mencionada, a autoridade policial e o Ministério Público não mais necessitam de autorização judicial para ter acesso a dados cadastrais (que informem qualificação pessoal, filiação e endereço) mantidos por empresas telefônicas, instituições financeiras, provedores de internet, administradoras de cartão de crédito e pela Justiça Eleitoral. As informações serão obtidas por meio de requisição direta à empresa respectiva ou solicitação dirigida à Justiça Eleitoral.

Anote-se que o acesso a dados cadastrais feito sem necessidade de ordem judicial não se restringe a apuratórios que investiguem crimes tipificados na Lei 9.613/98, vez que o legislador não fez qualquer restrição nesse sentido. Assim é que, seja qual for a infração penal apurada, a autoridade policial (e/ou o MP) pode requisitar a qualificação pessoal, a filiação e o endereço do investigado diretamente, independente de ordem judicial.

O acesso direto a dados de investigados acima mencionado (independente de autorização judicial) foi reforçado pelo artigo 15 da Lei 12.850/13 (que

---

89. Art. 1º (...)
 § 6º Para a apuração do crime de que trata este artigo, admite-se a utilização da ação controlada e da infiltração de agentes.

define organização criminosa e dispõe sobre a investigação criminal, os meios de obtenção da prova, infrações penais correlatas e o procedimento criminal). De igual sorte, o acesso a dados cadastrais com base no referido dispositivo não se limita a investigações que girem em torno de crimes perpetrados por organizações criminosas (posto que não houve essa limitação na lei):

> Art. 15. O delegado de polícia e o Ministério Público terão acesso, independentemente de autorização judicial, apenas aos dados cadastrais do investigado que informem exclusivamente a qualificação pessoal, a filiação e o endereço mantidos pela Justiça Eleitoral, empresas telefônicas, instituições financeiras, provedores de internet e administradoras de cartão de crédito.

Nesta toada, é importante transcrever os artigos 16 e 17 da Lei 12.850/13, que dispõem acerca do acesso direto do delegado de polícia, do Ministério Público e do juiz aos bancos de dados de reservas e registro de viagens e à bilhetagem (chamadas efetuadas e recebidas) dos telefones dos investigados:

> Art. 16. As empresas de transporte possibilitarão, pelo prazo de 5 (cinco) anos, acesso direto e permanente do juiz, do Ministério Público ou do delegado de polícia aos bancos de dados de reservas e registro de viagens.
>
> Art. 17. As concessionárias de telefonia fixa ou móvel manterão, pelo prazo de 5 (cinco) anos, à disposição das autoridades mencionadas no art. 15, registros de identificação dos números dos terminais de origem e de destino das ligações telefônicas internacionais, interurbanas e locais.

O acesso direto a reservas e registros de viagens pela autoridade policial não era novidade (ainda assim a regulamentação é importantíssima), mas a requisição direta da bilhetagem (chamadas efetuadas e recebidas pelo terminal do investigado) representa grande avanço no combate à criminalidade. É assim porque o artigo 17 acima transcrito deixa claro que os registros de chamada ficarão à disposição das autoridades mencionadas no artigo 15 (juiz, MP e delegado de polícia), sem distinção (o que significa que ditos registros podem ser requestados diretamente por qualquer delas). Vale dizer, não há necessidade de ordem judicial prévia para que o delegado de polícia acesse extratos de ligações efetuadas e recebidas, que devem ser fornecidos pelas operadoras de telefonia em atenção a requisição direta formulada pela autoridade policial. Isso porque os extratos não permitem conhecer o conteúdo das conversas travadas pelos interlocutores e por isso não significa interceptação telefônica (a obtenção deles não é, portanto, cláusula de reserva jurisdicional, protegida pelo inciso XII do artigo 5º da Constituição Federal). Nesse sentido, precedente do Supremo Tribunal Federal[90]:

---

90. Ressalto, contudo, que a controvérsia só será definitivamente solucionada quando o Supremo Tribunal Federal finalizar o julgamento do ARE 1.042.075/RJ, relatado pelo Ministro Dias Toffoli. Até o fechamento dessa edição, o julgamento contava com os votos do Ministro relator e dos

HABEAS CORPUS. NULIDADES: (1) INÉPCIA DA DENÚNCIA; (2) ILICITUDE DA PROVA PRODUZIDA DURANTE O INQUÉRITO POLICIAL; VIOLAÇÃO DE REGISTROS TELEFÔNICOS DO CORRÉU, EXECUTOR DO CRIME, SEM AUTORIZAÇÃO JUDICIAL; (3) ILICITUDE DA PROVA DAS INTERCEPTAÇÕES TELEFÔNICAS DE CONVERSAS DOS ACUSADOS COM ADVOGADOS, PORQUANTO ESSAS GRAVAÇÕES OFENDERIAM O DISPOSTO NO ART. 7º, II, DA LEI 8.906/96, QUE GARANTE O SIGILO DESSAS CONVERSAS. VÍCIOS NÃO CARACTERIZADOS. ORDEM DENEGADA. 1. Inépcia da denúncia. Improcedência. Preenchimento dos requisitos do art. 41 do CPP. A denúncia narra, de forma pormenorizada, os fatos e as circunstâncias. Pretensas omissões – nomes completos de outras vítimas, relacionadas a fatos que não constituem objeto da imputação -- não importam em prejuízo à defesa. 2. Ilicitude da prova produzida durante o inquérito policial - violação de registros telefônicos de corréu, executor do crime, sem autorização judicial. 2.1 Suposta ilegalidade decorrente do fato de os policiais, após a prisão em flagrante do corréu, terem realizado a análise dos últimos registros telefônicos dos dois aparelhos celulares apreendidos. Não ocorrência. 2.2 Não se confundem comunicação telefônica e registros telefônicos, que recebem, inclusive, proteção jurídica distinta. Não se pode interpretar a cláusula do artigo 5º, XII, da CF, no sentido de proteção aos dados enquanto registro, depósito registral. A proteção constitucional é da comunicação de dados e não dos dados. 2.3 Art. 6º do CPP: dever da autoridade policial de proceder à coleta do material comprobatório da prática da infração penal. Ao proceder à pesquisa na agenda eletrônica dos aparelhos devidamente apreendidos, meio material indireto de prova, a autoridade policial, cumprindo o seu mister, buscou, unicamente, colher elementos de informação hábeis a esclarecer a autoria e a materialidade do delito (dessa análise logrou encontrar ligações entre o executor do homicídio e o ora paciente). Verificação que permitiu a orientação inicial da linha investigatória a ser adotada, bem como possibilitou concluir que os aparelhos seriam relevantes para a investigação. 2.4 À guisa de mera argumentação, mesmo que se pudesse reputar a prova produzida como ilícita e as demais, ilícitas por derivação, nos termos da teoria dos frutos da árvore venenosa (fruit of the poisonous tree), é certo que, ainda assim, melhor sorte não assistiria à defesa. É que, na hipótese, não há que se falar em prova ilícita por derivação. Nos termos da teoria da descoberta inevitável, construída pela Suprema Corte norte-americana no caso Nix x Williams (1984), o curso normal das investigações conduziria a elementos informativos que vinculariam os pacientes ao fato investigado. Bases desse entendimento que parecem

---

Ministros Gilmar Mendes e Edson Fachin. O relator propôs a seguinte tese (tema 977 da repercussão geral): "É lícita a prova obtida pela autoridade policial, sem autorização judicial, mediante acesso a registro telefônico ou agenda de contatos de celular apreendido ato contínuo no local do crime atribuído ao acusado, não configurando esse acesso ofensa ao sigilo das comunicações, à intimidade ou à privacidade do indivíduo (CF, art. 5º, incisos X e XII)". Os Ministros Gilmar Mendes e Edson Fachin, divergiram do relator e propuseram a seguinte tese: "O acesso a registro telefônico, agenda de contatos e demais dados contidos em aparelhos celulares apreendidos no local do crime atribuído ao acusado depende de prévia decisão judicial que justifique, com base em elementos concretos, a necessidade e a adequação da medida e delimite a sua abrangência à luz dos direitos fundamentais à intimidade, à privacidade e ao sigilo das comunicações e dados dos indivíduos (CF, art. 5º, X e XX)". Após, o Ministro Alexandre de Moraes pediu vista.

ter encontrado guarida no ordenamento jurídico pátrio com o advento da Lei 11.690/2008, que deu nova redação ao art. 157 do CPP, em especial o seu § 2º. 3. Ilicitude da prova das interceptações telefônicas de conversas dos acusados com advogados, ao argumento de que essas gravações ofenderiam o disposto no art. 7º, II, da Lei n. 8.906/96, que garante o sigilo dessas conversas. 3.1 Nos termos do art. 7º, II, da Lei 8.906/94, o Estatuto da Advocacia garante ao advogado a inviolabilidade de seu escritório ou local de trabalho, bem como de seus instrumentos de trabalho, de sua correspondência escrita, eletrônica, telefônica e telemática, desde que relativas ao exercício da advocacia. 3.2 Na hipótese, o magistrado de primeiro grau, por reputar necessária a realização da prova, determinou, de forma fundamentada, a interceptação telefônica direcionada às pessoas investigadas, não tendo, em momento algum, ordenado a devassa das linhas telefônicas dos advogados dos pacientes. Mitigação que pode, eventualmente, burlar a proteção jurídica. 3.3 Sucede que, no curso da execução da medida, os diálogos travados entre o paciente e o advogado do corréu acabaram, de maneira automática, interceptados, aliás, como qualquer outra conversa direcionada ao ramal do paciente. Inexistência, no caso, de relação jurídica cliente-advogado. 3.4 Não cabe aos policiais executores da medida proceder a uma espécie de filtragem das escutas interceptadas. A impossibilidade desse filtro atua, inclusive, como verdadeira garantia ao cidadão, porquanto retira da esfera de arbítrio da polícia escolher o que é ou não conveniente ser interceptado e gravado. Valoração, e eventual exclusão, que cabe ao magistrado a quem a prova é dirigida. 4. Ordem denegada (HC 91867, Relator(a): GILMAR MENDES, Segunda Turma, julgado em 24/04/2012, ACÓRDÃO ELETRÔNICO DJe-185 DIVULG 19-09-2012 PUBLIC 20-09-2012).

Reforça esse pensar o fato de que o poder requisitório constante no artigo 17 da Lei 12.850/13 está inserido no mesmo item que fala da requisição direta de dados cadastrais do artigo 15 da mesma lei (e essa independe, indubitavelmente, de ordem judicial prévia) – o artigo 3º, inciso IV, da Lei 12.850/13:

> Art. 3º Em qualquer fase da persecução penal, serão permitidos, sem prejuízo de outros já previstos em lei, os seguintes meios de obtenção da prova:
>
> (...)
>
> IV – acesso a registros de ligações telefônicas e telemáticas, a dados cadastrais constantes de bancos de dados públicos ou privados e a informações eleitorais ou comerciais;

Uma vez mais (como foi dito em relação ao artigo 17-B da Lei 9.613/98), cumpre deixar claro que o acesso direto a registros, dados cadastrais, documentos e informações regulado pelos artigos 15, 16 e 17 da Lei 12.850/13 também não se restringe a investigações que apurem crimes cometidos por organizações criminosas (esta lei, como aquela, não fez limitações).

A recusa ou omissão no fornecimento dos dados requestados pelo delegado de polícia, pelo MP ou pelo juiz configura, em tese, o crime capitulado no artigo 21, da Lei 12.850/13 (com pena de reclusão, de seis meses a dois anos, e multa). Válida a transcrição do parágrafo único do mesmo dispositivo (figura equiparada):

> Art. 21. Recusar ou omitir dados cadastrais, registros, documentos e informações requisitadas pelo juiz, Ministério Público ou delegado de polícia, no curso de investigação ou do processo:
> Pena - reclusão, de 6 (seis) meses a 2 (dois) anos, e multa.
> Parágrafo único. Na mesma pena incorre quem, de forma indevida, se apossa, propala, divulga ou faz uso dos dados cadastrais de que trata esta Lei.

A requisição de dados cadastrais foi novamente repetida na legislação processual penal, desta feita por comando oriundo da Lei 13.344/16 (repressão ao tráfico interno e internacional de pessoas). O mandamento em espeque incluiu os artigos 13-A e 13-B no Código de Processo Penal.

O artigo 13-A repete o já conhecido poder requisitório do delegado de polícia e do Ministério Público, em relação a dados cadastrais, no curso de investigações criminais (como desenhado supra, tal poder requisitório consta expressamente nas Leis 9.613/98, 12.850/13 e é genericamente afirmado, em relação ao delegado de polícia, no § 2º do artigo 2º da Lei 12.830/13[91]). Penso que a repetição é desnecessária. É natural que o delegado de polícia tenha poder de requisitar diretamente todos os dados, documentos e diligências que não estejam protegidas por cláusula de reserva jurisdicional (caso haja dita cláusula, cabe ao delegado representar ao Poder Judiciário pela decretação da medida cautelar invasiva, com o fito de instruir o inquérito policial).

Eis o dispositivo, que pode ser sintetizado na tabela abaixo desenhada:

> Art. 13-A. Nos crimes previstos nos arts. 148, 149 e 149-A, no § 3º do art. 158 e no art. 159 do Decreto-Lei no 2.848, de 7 de dezembro de 1940 (Código Penal), e no art. 239 da Lei nº 8.069, de 13 de julho de 1990 (Estatuto da Criança e do Adolescente), o membro do Ministério Público ou o delegado de polícia poderá requisitar, de quaisquer órgãos do poder público ou de empresas da iniciativa privada, dados e informações cadastrais da vítima ou de suspeitos.
> Parágrafo único. A requisição, que será atendida no prazo de 24 (vinte e quatro) horas, conterá:
> I – o nome da autoridade requisitante;
> II – o número do inquérito policial; e
> III – a identificação da unidade de polícia judiciária responsável pela investigação.

---

91. Art. 2º As funções de polícia judiciária e a apuração de infrações penais exercidas pelo delegado de polícia são de natureza jurídica, essenciais e exclusivas de Estado.
(...)
§ 2º Durante a investigação criminal, cabe ao delegado de polícia a requisição de perícia, informações, documentos e dados que interessem à apuração dos fatos (grifos meus).

| Poder requisitório | Dados cadastrais de vítima ou de suspeitos |
|---|---|
| Destinatários | Órgãos públicos ou empresas privadas |
| Lista de crimes | Sequestro ou cárcere privado (artigo 148 do CP) |
| | Redução à condição análoga de escravo (artigo 149 do CP) |
| | Tráfico de pessoas (artigo 149-A do CP) |
| | Extorsão qualificada (§ 3º do artigo 158 do CP) |
| | Extorsão mediante sequestro (artigo 159 do CP) |
| | Artigo 239 do ECA |
| Prazo de atendimento | 24 horas |
| Requisitos da requisição | Nome da autoridade requisitante, número do inquérito policial e identificação da unidade de polícia judiciária responsável pela investigação. |

O segundo artigo incluído no CPP pela Lei 13.344/16 foi o 13-B:

> Art. 13-B. Se necessário à prevenção e à repressão dos crimes relacionados ao tráfico de pessoas, o membro do Ministério Público ou o delegado de polícia poderão requisitar, mediante autorização judicial, às empresas prestadoras de serviço de telecomunicações e/ou telemática que disponibilizem imediatamente os meios técnicos adequados – como sinais, informações e outros – que permitam a localização da vítima ou dos suspeitos do delito em curso.
>
> § 1º Para os efeitos deste artigo, sinal significa posicionamento da estação de cobertura, setorização e intensidade de radiofrequência.
>
> § 2º Na hipótese de que trata o caput, o sinal:
>
> I – não permitirá acesso ao conteúdo da comunicação de qualquer natureza, que dependerá de autorização judicial, conforme disposto em lei;
>
> II – deverá ser fornecido pela prestadora de telefonia móvel celular por período não superior a 30 (trinta) dias, renovável por uma única vez, por igual período;
>
> III – para períodos superiores àquele de que trata o inciso II, será necessária a apresentação de ordem judicial.
>
> § 3º Na hipótese prevista neste artigo, o inquérito policial deverá ser instaurado no prazo máximo de 72 (setenta e duas) horas, contado do registro da respectiva ocorrência policial.
>
> § 4º Não havendo manifestação judicial no prazo de 12 (doze) horas, a autoridade competente requisitará às empresas prestadoras de serviço de telecomunicações e/ou telemática que disponibilizem imediatamente os meios técnicos adequados – como sinais, informações e outros – que permitam a localização da vítima ou dos suspeitos do delito em curso, com imediata comunicação ao juiz.

O estudo do dispositivo revela uma redação extremamente confusa. O texto legal fala na requisição do delegado de polícia ou membro do Ministério

Público, mediante autorização judicial, às empresas prestadoras de serviços de telecomunicação ou de telemática pela disponibilização de meios técnicos que possibilitem a localização da vítima ou dos suspeitos de crimes relacionados ao tráfico de pessoas.

Ora, se se trata de requisição do delegado de polícia ou do MP, não haveria necessidade de autorização judicial prévia (se o legislador quis alçar a localização de pessoas por meio de recursos disponibilizados por prestadoras de serviços de telecomunicações/telemáticos ao patamar de cláusula de reserva de jurisdição, deveria ter deixado claro que a autoridade policial ou o Ministério Público, para ter acesso a tal ferramenta, teria que representar/requerer ao juízo competente ordem nesse sentido).

Segue a confusão: o inciso III do § 2º do artigo 13-B diz que se as ferramentas de localização de pessoas forem fornecidas por período superior ao prazo desenhado pelo inciso II (30 dias prorrogáveis por igual período), faz-se premente "a apresentação de ordem judicial" (o que leva o aplicador da lei a interpretar que a disponibilização de meios técnicos de localização de vítimas e suspeitos em crimes relacionados ao tráfico de pessoas prescinde de ordem judicial se for requisitada diretamente pelo delegado de polícia ou pelo Ministério Público pelo prazo de 30 dias, prorrogável por mais 30 dias).

O § 4º do artigo 13-B do CPP, traz outra situação inusitada (e inconstitucional, a meu sentir): autorização para que o delegado de polícia ou o Ministério Público faça implementar a ordem de disponibilização de meios para localização de pessoas em investigações que digam respeito ao tráfico de pessoas imediatamente, caso o juízo não se manifeste em até 12 horas. Mais uma vez o legislador desenhou no Caderno Processual Penal dispositivo teratológico. É como se decurso do prazo funcionasse como autorização judicial tácita (pode-se falar em uma cláusula de reserva de jurisdição temporária). Com a devida vênia, não há sentido na redação do parágrafo em questão (o que o faz padecer de inconstitucionalidade evidente).

Não há a menor dúvida de que o artigo 13-B do Código de Processo Penal (incluído por determinação da Lei 13.344/16) enxertou em nosso ordenamento importantíssima ferramenta investigativa (as operadoras de telefonia e de telemática são obrigadas pelo mandamento a disponibilizar meios de identificar a localização precisa de terminais móveis e isso contribui sobremaneira para revelar cativeiros e esconderijos de criminosos, facilitando a libertação de vítimas e a prisão de autores de graves delitos). Entrementes, a pouca técnica empregada na redação do dispositivo em comento traz dúvida quanto à correta materialização da diligência.

Analisando com cautela o que pretende o legislador (obrigar operadoras de telefonia e telemática a fornecer meios técnicos que possibilitem a localização de pessoas), penso que deveria ser desnecessária a intervenção judicial (não se trata de interceptação de comunicações, mas, tão somente, de fornecimento de dados que possibilitem identificar onde está um determinado terminal móvel). Andou mal o legislador ao afirmar a necessidade de "autorização judicial" para materialização da medida.

Entrementes, com o fito de prevenir contratempos, sugestiono que a utilização da medida de localização seja precedida de representação da autoridade policial (ou requerimento do Ministério Público) e, a partir de autorização genérica do juízo para fornecimento dos meios que possibilitem a localização pelas operadoras de telefonia/telemática, o presidente da investigação promova quantas requisições diretas de georeferenciamento forem necessárias para identificar o paradeiro da vítima e/ou dos suspeitos, dentro do prazo legalmente estipulado (30 dias, prorrogáveis por outros 30 dias). Findo esse período, imagino haver necessidade de nova ordem judicial para que se materializem novas requisições diretas pela autoridade policial às operadoras (decretada em atenção a nova representação do delegado de polícia).

Por fim, saliento que não vejo óbice em aplicar o artigo 13-B a outros crimes que não os que gravitam em torno do delito de tráfico de pessoas, fazendo uso de analogia (permitida pelo artigo 3º do Código de Processo Penal). A utilidade da técnica investigativa regulada pelo dispositivo é evidente na investigação de qualquer tipo penal que signifique restrição da liberdade da vítima.

Eis tabela que sintetiza o quanto desenhado no artigo 13-B do CPP:

| Poder requisitório | Localização de vítima ou suspeitos |
|---|---|
| Legitimidade | Delegado de polícia ou membro do Ministério Público |
| Cláusula de reserva de jurisdição | Sim (temporária – se o juiz não decidir o pleito em 12 horas, o delegado de polícia ou o membro do Ministério Público pode requisitar diretamente o dado de localização da operadora, comunicando o juízo) |
| Prazo | 30 dias renovável uma vez por igual período (para períodos superiores, será necessário apresentar ordem judicial) |
| Acesso às comunicações telefônicas | Não é possível (o acesso dependerá de decretação de interceptação telefônica, na forma da Lei 9.296/96) |
| Prazo para instauração de inquérito policial | 72 horas a partir do registro da ocorrência |

Continuemos. É de se notar que a interceptação telefônica é importante meio investigativo à disposição do aparelho policial e que possibilita, inclusive, a condenação do acusado com fulcro nas provas por ela levantadas. Trata-se de medida cautelar não repetível, mencionada no artigo 155 do CPP como uma das exceções à possibilidade de condenação com base em prova colhida exclusivamente no curso da investigação (deve ser submetida, conforme já desenhado supra, ao contraditório diferido, no curso do processo).

É importante que a autoridade policial determine que seus agentes documentem por meio de informações policiais (devidamente instruídas por fotografias, filmagens e entrevistas) as situações que surgirem no curso da interceptação telefônica (encontros criminosos, entregas de drogas, armas, dentre outras situações). Anote-se que no mais das vezes os investigados se utilizam de linguajar codificado, de forma a dificultar o trabalho do aparelho policial. Por isso é necessário transmudar as gírias faladas pelos suspeitos interceptados em informações reais e documentadas (demonstrar que o encontro sugerido para entregar "talco", na verdade é a negociação para venda de cocaína).

Cumpre observar, acerca do procedimento para levar a efeito esta importante medida cautelar, a Resolução 59, do Conselho Nacional de Justiça, datada de 09 de setembro de 2008 (modificada, como se verá alhures, pela Resolução 217/2016, de 16 de fevereiro de 2016, e pela Resolução 328, de 08 de julho de 2020). Vejamos os principais dispositivos do marco regulatório.

O artigo 2º dispõe como deve ser encaminhado o pedido ao juízo competente:

> Art. 2º. Os pedidos de interceptação de comunicação telefônica, telemática ou de informática, formuladas em sede de investigação criminal e em instrução processual penal serão encaminhados à Distribuição da respectiva Comarca ou Subseção Judiciária, em envelope lacrado contendo o pedido e documentos necessários.

O artigo 4º determina que o nome do investigado não deve ser mencionado na folha de rosto do envelope em que é encaminhada a representação.

Em caso de deferimento da medida cautelar, serão adotadas as providências descritas no artigo 10 da resolução (com as alterações determinadas pela Resolução 217/2016):

> Art. 10. Atendidos os requisitos legalmente previstos para deferimento da medida, o Magistrado fará constar expressamente em sua decisão:
> I – a autoridade requerente;
> II – o relatório circunstanciado da autoridade requerente;
> III – os indícios razoáveis da autoria ou participação em infração criminal apenada com reclusão;
> IV – as diligências preparatórias realizadas, com destaque para os trabalhos mínimos de campo, com exceção de casos urgentes, devidamente justificados, em que as medidas iniciais de investigação sejam inviáveis;
> V – os motivos pelos quais não seria possível obter a prova por outros meios disponíveis;
> VI – os números dos telefones ou o nome de usuário, e-mail ou outro identificador no caso de interceptação de dados;
> VII – o prazo da interceptação, consoante o disposto no art. 5º da Lei 9.296/1996;

VIII – a imediata indicação dos titulares dos referidos números ou, excepcionalmente, no prazo de 48 (quarenta e oito) horas;

IX – a expressa vedação de interceptação de outros números não discriminados na decisão;

X – os nomes de autoridades policiais e de membros do Ministério Público responsáveis pela investigação, que terão acesso às informações;

XI – os nomes dos servidores do cartório ou da secretaria, bem assim, se for o caso, de peritos, tradutores e demais técnicos responsáveis pela tramitação da medida e expedição dos respectivos ofícios, no Poder Judiciário, na Polícia Judiciária e no Ministério Público, podendo reportar-se à portaria do juízo que discipline a rotina cartorária.

§ 1º Nos casos de formulação de pedido verbal de interceptação (art. 4º, § 1º, da Lei 9.296/1996), o servidor autorizado pelo magistrado deverá reduzir a termo os pressupostos que autorizem a interceptação, tais como expostos pela autoridade policial ou pelo representante do Ministério Público.

§ 2º A decisão judicial será sempre escrita e fundamentada.

§ 3º Fica vedada a utilização de dados ou informações que não tenham sido legitimamente gravados ou transcritos.

Saliento que o § 1º do artigo 13 da Resolução 59 do CNJ, que vedava a prorrogação do prazo da interceptação telefônica pelo plantão judiciário foi declarado inconstitucional pelo Supremo Tribunal Federal, nos autos da ADI 4145:

Art. 13. Durante o Plantão Judiciário as medidas cautelares sigilosas apreciadas, deferidas ou indeferidas, deverão ser encaminhadas ao Serviço de Distribuição da respectiva comarca, devidamente lacradas.

§ 1º. Não será admitido pedido de prorrogação de prazo de medida cautelar de interceptação de comunicação telefônica, telemática ou de informática durante o plantão judiciário, ressalvada a hipótese de risco iminente e grave à integridade ou à vida de terceiros.

§ 2º. Na Ata do Plantão Judiciário constará, apenas, a existência da distribuição de "medida cautelar sigilosa", sem qualquer outra referência, não sendo arquivado no Plantão Judiciário nenhum ato referente à medida.

Eis a ementa do julgado:

CONSTITUCIONAL E ADMINISTRATIVO. PRINCÍPIO DA INAFASTABILIDADE DO JUDICIÁRIO (CF, ART. 5º, XXXV). INCONSTITUCIONALIDADE DE VEDAÇÃO ADMINISTRATIVA AO PLENO EXERCÍCO DA ATIVIDADE JURISDICIONAL DURANTE O PLANTÃO. INDEVIDA INTERFERÊNCIA NA LEGISLAÇÃO PROCESSUAL E DE ORGANIZAÇÃO JUDICIÁRIA PELO CONSELHO NACIONAL DE JUSTIÇA. AÇÃO DIRETA PARCIALMENTE PROCEDENTE. 1. O objeto das ações concentradas na jurisdição constitucional brasileira, além das espécies normativas primárias previstas no art. 59 da Constituição Federal, engloba a possibilidade de controle de todos os atos revestidos de indiscutível conteúdo normativo e autônomo.

Ato normativo do Conselho Nacional de Justiça revestido dos atributos da generalidade, impessoalidade e abstratividade, permitindo a análise de sua constitucionalidade. Jurisprudência pacífica desta CORTE. 2. Inconstitucionalidade de norma administrativa proibitiva de plena atuação jurisdicional durante o plantão judiciário. Resolução do Conselho Nacional de Justiça que, visando disciplinar e uniformizar procedimentos de interceptação de comunicações telefônicas e de sistemas de informática e telemática nos órgãos jurisdicionais do Poder Judiciário, criou, administrativamente, inadmissível vedação ao exercício regular da função jurisdicional, ao vedar a análise judicial de pedidos de prorrogação de prazo de medida cautelar de interceptação de comunicação telefônica, telemática ou de informática durante o plantão judiciário, ressalvada a hipótese de risco iminente e grave à integridade ou à vida de terceiros. 3. Inconstitucionalidade do § 1º do art. 13 da Resolução 59/2008, com posteriores alterações, do Conselho Nacional de Justiça, que desrespeitou a competência constitucional dos Estados para legislar sobre a Organização Judiciária (CF, art. 125, §1º), inclusive plantão judicial; bem como os artigos 22, I, competência privativa da União para legislar sobre processo penal; 5º incisos XII (reserva legal) e XXXV (inafastabilidade de jurisdição). 4. Ação direta de inconstitucionalidade julgada parcialmente procedente para declarar inconstitucional o § 1º do art. 13 da Resolução nº 59 do Conselho Nacional de Justiça (ADI 4145, Relator(a): EDSON FACHIN, Relator(a) p/ Acórdão: ALEXANDRE DE MORAES, Tribunal Pleno, julgado em 26/04/2018, PROCESSO ELETRÔNICO DJe-190 DIVULG 30-07-2020 PUBLIC 31-07-2020).

O artigo 14 da resolução trata do pedido de prorrogação da medida cautelar (também foi alterado pela citada Resolução 217/2016):

> Art. 14. A formulação de eventual pedido de prorrogação de prazo pela autoridade competente deverá observar os estritos termos e limites temporais fixados no art. 5º da Lei 9.296/1996, apresentando-se, também, os áudios (CD/DVD) com o inteiro teor das comunicações interceptadas, as transcrições integrais das conversas relevantes à apreciação do pedido de prorrogação e o relatório circunstanciado das investigações com seu resultado, de modo a comprovar a indispensabilidade da prorrogação da medida excepcional.
>
> § 1º Comprovada a indispensabilidade da prorrogação, o magistrado responsável pelo deferimento da medida original deverá proferir nova decisão, sempre escrita e fundamentada, observando o disposto no art. 5º da Lei 9.296/1996.
>
> § 2º Sempre que possível, os áudios, as transcrições das conversas relevantes à apreciação do pedido de prorrogação e os relatórios serão gravados de forma sigilosa, encriptados com chaves de conhecimento do Magistrado condutor do processo criminal.
>
> § 3º Os documentos acima referidos serão entregues pessoalmente pela autoridade responsável pela investigação ou por seu representante, expressamente autorizado, ao Magistrado competente ou ao servidor por ele indicado.

Vale conferir, ainda, os artigos 16 e 17 da resolução, que dispõem acerca do sigilo exigido dos agentes públicos que lidam com interceptação telefônica:

Art. 16. No recebimento, movimentação e guarda de feitos e documentos sigilosos, as unidades do Poder Judiciário deverão tomar as medidas para que o acesso atenda às cautelas de segurança previstas nesta norma, sendo os servidores responsáveis pelos seus atos na forma da lei.

Parágrafo único. No caso de violação de sigilo de que trata esta Resolução, o magistrado responsável pelo deferimento da medida determinará a imediata apuração dos fatos.

Art. 17. Não será permitido ao Magistrado e ao servidor fornecer quaisquer informações, direta ou indiretamente, a terceiros ou a órgão de comunicação social, de elementos sigilosos contidos em processos ou inquéritos regulamentados por esta Resolução, ou que tramitem em segredo de Justiça, sob pena de responsabilização nos termos da legislação pertinente.

§ 1º No caso de violação de sigilo de que trata o caput deste artigo, por integrantes do Poder Judiciário ou por membros de outras instituições, dentre as quais a polícia, o Ministério Público e a advocacia, o Magistrado responsável pelo deferimento da medida requisitará a imediata apuração dos fatos pelas autoridades competentes, sob pena de responsabilização.

§ 2º Decorrido prazo razoável, o Magistrado solicitará informações sobre o andamento das investigações.

Por fim, cumpre salientar que a Resolução 328, de 08 de julho de 2020, alterou o artigo 18 da Resolução 59 e acrescentou os artigos 18-A, 18-B e 18-C:

Art. 18. Os juízos investidos de competência criminal deverão preencher todas as informações processuais referentes aos pedidos de interceptação de comunicações e de decisões que determinaram a quebra do sigilo, no respectivo processo, de acordo com as Tabelas Processuais Unificadas–TPUs, instituídas pela Resolução CNJ no 46/2007.

18-A. A coleta dos dados do Sistema Nacional de Controle de Interceptações de Comunicações –SNCI será feita, automaticamente, a partir da Base Nacional de Dados Processuais do Poder Judiciário – DataJud.

Parágrafo único. Os dados quantitativos do SNCI serão disponibilizados em painel construído pelo Conselho Nacional de Justiça, para consulta pública, em conformidade com a Lei nº 13.709/2018, e normas correlatas.

18-B. Compete às Corregedorias dos Tribunais a fiscalização da correta utilização das TPUs e o fornecimento de dados ao DataJud.

18-C. As presidências dos tribunais são responsáveis pela fidedignidade das informações apresentadas ao Conselho Nacional de Justiça.

Continuemos. Cumpre estudar uma situação interessante: é permitido ao aparelho policial acessar o conteúdo de telefone celular de investigado preso em flagrante delito (ou em cumprimento de mandado de prisão preventiva/temporária), visualizando agenda telefônica, histórico de chamadas, fotos, vídeos, mensagens e conversas travadas em aplicativos (whatsapp, telegram, instagram, facebook etc.)?

O Superior Tribunal de Justiça enfrentou o tema e entendeu não ser possível o acesso, sem prévia autorização judicial:

> PENAL. PROCESSUAL PENAL. RECURSO ORDINÁRIO EM HABEAS CORPUS. TRÁFICO DE DROGAS. NULIDADE DA PROVA. AUSÊNCIA DE AUTORIZAÇÃO JUDICIAL PARA A PERÍCIA NO CELULAR. CONSTRANGIMENTO ILEGAL EVIDENCIADO. 1. Ilícita é a devassa de dados, bem como das conversas de whatsapp, obtidas diretamente pela polícia em celular apreendido no flagrante, sem prévia autorização judicial. 2. Recurso ordinário em habeas corpus provido, para declarar a nulidade das provas obtidas no celular do paciente sem autorização judicial, cujo produto deve ser desentranhado dos autos[92].
>
> PROCESSUAL PENAL. RECURSO EM HABEAS CORPUS. ASSOCIAÇÃO E TRÁFICO DE DROGAS. PRISÃO EM FLAGRANTE. INTERCEPTAÇÃO TELEFÔNICA. ACESSO ÀS MENSAGENS DE TEXTO VIA WHATSAPP AUTORIZADA PELO PROPRIETÁRIO DO APARELHO. REVOLVIMENTO DO CONJUNTO FÁTICO-PROBATÓRIO. IMPOSSIBILIDADE. CONSTRANGIMENTO ILEGAL NÃO CONFIGURADO. RECURSO EM HABEAS CORPUS NÃO PROVIDO. 1. A Constituição Federal de 1988 prevê como garantias ao cidadão a inviolabilidade da intimidade, do sigilo de correspondência, dados e comunicações telefônicas, salvo ordem judicial. 2. A Lei n. 12.965/2014, conhecida como Marco Civil da Internet, em seu art. 7º, assegura aos usuários os direitos para o uso da internet no Brasil, entre eles, o da inviolabilidade da intimidade e da vida privada, o do sigilo do fluxo de suas comunicações pela internet, bem como o de suas comunicações privadas armazenadas. 3. Hipótese em que o acesso às conversas dos aplicativos no celular pelos policiais foi permitido pelo corréu, sendo certo que não cabe a esta Corte Superior, em habeas corpus, desconstituir a conclusão das instâncias ordinárias, porquanto demandaria profunda incursão no conjunto fático-probatório, inviável nessa via eleita. 4. A jurisprudência desta Corte Superior é no sentido de que, em sede de habeas corpus, a prova deve ser pré-constituída e incontroversa, cabendo ao impetrante apresentar documentos suficientes à análise de eventual ilegalidade flagrante no ato atacado, o que não se verifica na espécie. 5. Recurso em habeas corpus não provido[93].

Nessa toada, o acesso a tais conversas sem autorização do proprietário do aparelho, indubitavelmente, viola o direito ao sigilo das comunicações telefônicas/telemáticas (artigo 5º, XII, da Constituição Federal), que só pode ser mitigado por meio de prévia ordem judicial (com fulcro no artigo 7º, II e III, da Lei 12.965/14). O acesso a fotos e vídeos do investigado, de igual sorte, é protegido pelo direito à intimidade/privacidade.

Essas provas são denominadas provas de terceira geração. Eis julgado elucidativo do Superior Tribunal de Justiça (com grifo quanto à definição das provas de terceira geração):

---

92. STJ, 6ª Turma, RHC 51.531/RO, rel. Min. Nefi Cordeiro, julgado em 19/04/2016, DJe em 09/05/2016.
93. STJ, 5ª Turma, RHC 81.297/SP, rel. Min. Ribeiro Dantas, julgado em 27/04/2017, DJe em 05/05/2017.

HABEAS CORPUS. TRÁFICO DE DROGAS. PRESOS EM FLAGRANTE QUE TIVERAM SEUS TELEFONES CELULARES ACESSADOS PELA POLÍCIA SEM MANDADO JUDICIAL. NULIDADE. OCORRÊNCIA. HABEAS CORPUS CONCEDIDO. 1. A defesa, no writ originário, pleiteava a revogação da prisão preventiva em decorrência da falta de justa causa oriunda da nulidade das provas adquiridas por meio do acesso aos smartphones. Neste habeas corpus substitutivo de recurso ordinário, a defesa repisa o argumento de nulidade da quebra do sigilo dos telefones celulares, mas cinge-se a pedir a "exclusão processual de todas as provas obtidas e as provas derivadas". 2. Existem dois tipos de dados protegidos na situação dos autos: os dados gravados no aparelho acessados pela polícia ao manusear o aparelho e os dados eventualmente interceptados pela polícia no momento em que ela acessa aplicativos de comunicação instantânea. A partir desse panorama, a doutrina nomeia o chamado direito probatório de terceira geração, que trata de "provas invasivas, altamente tecnológicas, que permitem alcançar conhecimentos e resultados inatingíveis pelos sentidos e pelas técnicas tradicionais". 3. Em verdade, sempre haverá, no âmbito das liberdades públicas, possibilidade de reavaliações da interpretação jurídica dada aos fatos julgados, sendo nefasto o estabelecimento de conclusões a priori absolutas. Nessa medida, o acesso aos dados do celular e às conversas de whatsapp sem ordem judicial constituem devassa e, portanto, violação à intimidade do agente. 4. Habeas corpus concedido, a fim de reconhecer a ilegalidade das provas produzidas pelo acesso aos telefones celulares sem mandado judicial, determinando ao Juiz de primeira instância que avalie quais evidências devem ser eliminadas dos autos por derivação, bem como as que devem remanescer em função de fonte independente ou de descoberta inevitável (HC 418.180/RN, Rel. Ministro ROGERIO SCHIETTI CRUZ, SEXTA TURMA, julgado em 06/11/2018, DJe 21/11/2018).

Importante a leitura das teses do Superior Tribunal de Justiça sobre o tema (edições 69 e 111 da jurisprudência em teses):

> 19) São nulas as provas obtidas por meio da extração de dados e de conversas privadas registradas em correio eletrônico e redes sociais (v.g. whatsapp e facebook) sem a prévia autorização judicial (edição 69 da jurisprudência em teses do STJ).
>
> 7) É ilícita a prova colhida mediante acesso aos dados armazenados no aparelho celular, relativos a mensagens de texto, SMS, conversas por meio de aplicativos (WhatsApp), e obtida diretamente pela polícia, sem prévia autorização judicial (edição 111 da jurisprudência em teses do STJ).

Por óbvio, como dito, caso exista válida autorização do proprietário do terminal, o acesso a fotos, vídeos e conversas travadas em aplicativos de mensagens é lícito ao aparelho policial (é importante registrar por escrito a tal permissão, ainda que no bojo da oitiva do investigado/indiciado).

Cumpre deixar claro, para que não se tenha dúvida, que o delegado de polícia pode apreender o terminal móvel do investigado independente de prévia ordem judicial (quando há prisão em flagrante, por exemplo), mas o acesso ao conteúdo sigiloso do terminal só deve ser feito depois de autorização judicial (caso o acesso não seja franqueado pelo seu proprietário).

Importante ressaltar que há precedente no Superior Tribunal de Justiça que abre duas exceções à regra da necessidade de autorização judicial prévia para o acesso ao conteúdo sigiloso de terminais móveis apreendidos pelo aparelho policial: a) quando a demora na obtenção do mandado judicial puder trazer prejuízos concretos à investigação; b) quando houve risco à integridade física/vida da vítima (nos crimes de extorsão mediante sequestro ou de "sequestro relâmpago"[94], quando há a prisão de um dos criminosos envolvidos com a prática e a vítima ainda está em poder dos demais infratores, por exemplo). É de bom tom, nessas situações, que o delegado justifique por escrito, a posteriori as razões que o levaram a acessar de imediato o celular do investigado, submetendo representação para acessar com mais vagar os demais dados ao juízo competente, depois de passada a premência do acesso. Eis o julgado (grifo meu):

> PROCESSO PENAL. NULIDADE. PROVA ILÍCITA. LAUDO PERICIAL ELABORADO EM APARELHO CELULAR SEM AUTORIZAÇÃO JUDICIAL. PESQUISA DE REGISTROS DE CHAMADAS, CONTEÚDO DE AGENDA, MENSAGENS DE TEXTO SMS, ETC. VIOLAÇÃO DO SIGILO DE DADOS. ART. 157 DO CPP. 1. É inequivocamente nula a obtenção de dados existentes em aparelhos de telefonia celular ou em outros meios de armazenamento de dados, sem autorização judicial, **ressalvada, apenas, excepcionalmente, a colheita da prova através do acesso imediato aos dados do aparelho celular, nos casos em que a demora na obtenção de um mandado judicial puder trazer prejuízos concretos à investigação ou especialmente à vítima do delito.** 2. É nulo o laudo pericial elaborado por requisição direta da autoridade policial no curso da investigação, sem autorização judicial, com obtenção de registros de chamadas depois da realização de ampla invasão aos canais de registros pessoais, tais como, agendas, mensagens de sms, etc, em verdadeira devassa de dados privados. 3. Ordem concedida para anular o acórdão da apelação e permitir que outro seja proferido, uma vez retirado dos autos o laudo pericial 57/2007. (HC 388.008/AP, Rel. Ministra MARIA THEREZA DE ASSIS MOURA, SEXTA TURMA, julgado em 03/08/2017, DJe 14/08/2017).

Ressalto que também é inviável, segundo entendimento do Superior Tribunal de Justiça, a obtenção de prova pela polícia, por meio de conversa travada pelo suspeito com seu interlocutor na função viva-voz (o STJ considerou ter havido afronta ao direito constitucional a não autoincriminação – houve, em verdade, evidente interceptação inautorizada pelo Judiciário):

> PENAL E PROCESSUAL PENAL. RECURSO ESPECIAL. TRÁFICO DE DROGAS. PROVA OBTIDA DE CONVERSA TRAVADA POR FUNÇÃO VIVA-VOZ DO APARELHO

---

94. Artigo 158, § 3º, do Código Penal.

> CELULAR DO SUSPEITO. DÚVIDAS QUANTO AO CONSENTIMENTO. INEXISTÊNCIA DE AUTORIZAÇÃO JUDICIAL. ILICITUDE CONSTATADA. AUTOINCRIMINAÇÃO. IMPOSSIBILIDADE. DESCOBERTA INEVITÁVEL. INOCORRÊNCIA. PLEITO ABSOLUTÓRIO MANTIDO. RECURSO ESPECIAL DESPROVIDO. 1. O Tribunal de origem considerou que, embora nada de ilícito houvesse sido encontrado em poder do acusado, a prova da traficância foi obtida em flagrante violação ao direito constitucional à não autoincriminação, uma vez que aquele foi compelido a reproduzir, contra si, conversa travada com terceira pessoa pelo sistema viva-voz do celular, que conduziu os policiais à sua residência e culminou com a arrecadação de todo material estupefaciente em questão. 2. Não se cogita estar diante de descoberta inevitável, porquanto este fenômeno ocorre quando a prova derivada seria descoberta de qualquer forma, com ou sem a prova ilícita, o que não se coaduna com o caso aqui tratado em que a prova do crime dependeu da informação obtida pela autoridade policial quando da conversa telefônica travada entre o suspeito e terceira pessoa. 3. O relato dos autos demonstra que a abordagem feita pelos milicianos foi obtida de forma involuntária e coercitiva, por má conduta policial, gerando uma verdadeira autoincriminação. Não se pode perder de vista que qualquer tipo de prova contra o réu que dependa dele mesmo só vale se o ato for feito de forma voluntária e consciente. 4. Está-se diante de situação onde a prova está contaminada, diante do disposto na essência da teoria dos frutos da árvore envenenada (fruits of the poisonous tree), consagrada no art. 5º, inciso LVI, da Constituição Federal, que proclama a nódoa de provas, supostamente consideradas lícitas e admissíveis, mas obtidas a partir de outras declaradas nulas pela forma ilícita de sua colheita. 5. Recurso especial desprovido[95].

E se o policial que aborda o suspeito atender ligação dirigida ao terminal móvel deste, fazendo-se passar pelo investigado? O Superior Tribunal de Justiça diverge em relação ao tema. A 6ª Turma do STJ entendeu que essa situação induz nulidade da prova dela decorrente:

> HABEAS CORPUS. TRÁFICO DE DROGAS. SENTENÇA TRANSITADA EM JULGADO. ILICITUDE DA PROVA. AUSÊNCIA DE AUTORIZAÇÃO PESSOAL OU JUDICIAL PARA ACESSAR DADOS DO APARELHO TELEFÔNICO APREENDIDO OU PARA ATENDER LIGAÇÃO. POLICIAL PASSOU-SE PELO DONO DA LINHA E FEZ NEGOCIAÇÃO PARA PROVOCAR PRISÃO EM FLAGRANTE. INEXISTÊNCIA DE PROVA AUTÔNOMA E INDEPENDENTE SUFICIENTE PARA A CONDENAÇÃO. 1. Não tendo a autoridade policial permissão, do titular da linha telefônica ou mesmo da Justiça, para ler mensagens nem para atender ao telefone móvel da pessoa sob investigação e travar conversa por meio do aparelho com qualquer interlocutor que seja se passando por seu dono, a prova obtida dessa maneira arbitrária é ilícita. 2. Tal conduta não merece o endosso do Superior Tribunal de Justiça, mesmo que se tenha em mira a persecução penal de pessoa supostamente envolvida com tráfico de drogas. Cabe ao magistrado abstrair a prova daí originada

---

95. STJ, 5ª Turma, REsp 1630097/RJ, rel. Min. Joel Ilan Paciornik, julgado em 18/04/2017, DJe em 28/04/2017.

do conjunto probatório porque alcançada sem observância das regras de Direito que disciplinam a execução do jus puniendi. 3. No caso, a condenação do paciente está totalmente respaldada em provas ilícitas, uma vez que, no momento da abordagem ao veículo em que estavam o paciente, o corréu e sua namorada, o policial atendeu ao telefone do condutor, sem autorização para tanto, e passou-se por ele para fazer a negociação de drogas e provocar o flagrante. Esse policial também obteve acesso, sem autorização pessoal nem judicial, aos dados do aparelho de telefonia móvel em questão, lendo mensagem que não lhe era dirigida. 4. O vício ocorrido na fase investigativa atinge o desenvolvimento da ação penal, pois não há prova produzida por fonte independente ou cuja descoberta seria inevitável. Até o testemunho dos policiais em juízo está contaminado, não havendo prova autônoma para dar base à condenação. Além da apreensão, na hora da abordagem policial, de cocaína (2,8 g), de maconha (1,26 g), de celulares e de R$ 642,00 (seiscentos e quarenta e dois reais) trocados, nada mais havia no carro, nenhum petrecho comumente usado na traficância (caderno de anotações, balança de precisão, material para embalar droga, etc.). Somente a partir da leitura da mensagem enviada a um dos telefones e da primeira ligação telefônica atendida pelo policial é que as coisas se desencadearam e deram ensejo à prisão em flagrante por tráfico de drogas e, depois, à denúncia e culminaram com a condenação. 5. Ordem concedida para anular toda a ação penal.[96]

Já a 5ª Turma, enfrentando situação muito parecida, entendeu ser lícita a prova resultante de ligação atendida por policial que se fez passar pelo suspeito de envolvimento com o tráfico de drogas (em verdade nesse precedente o policial parece não ter interagido com a interlocutora, apenas ouviu o que ela disse e deu prosseguimento à diligência de posse dos dados obtidos na ligação atendida):

> PROCESSO PENAL. HABEAS CORPUS SUBSTITUTIVO DE RECURSO. INADEQUAÇÃO. TRÁFICO DE DROGAS. NULIDADE ABSOLUTA DA CONDENAÇÃO. VIOLAÇÃO DO SIGILO TELEFÔNICO. POLICIAL QUE ATENDEU AO CELULAR DO RÉU. PROVA LÍCITA. NÃO OCORRÊNCIA. NULIDADE POR VIOLAÇÃO DE DOMICÍLIO. CRIME PERMANENTE. JUSTA CAUSA CONFIGURADA. INOCORRÊNCIA DE ILEGALIDADE. HABEAS CORPUS NÃO CONHECIDO. 1. Esta Corte e o Supremo Tribunal Federal pacificaram orientação no sentido de que não cabe habeas corpus substitutivo do recurso legalmente previsto para a hipótese, impondo-se o não conhecimento da impetração, salvo quando constatada a existência de flagrante ilegalidade no ato judicial impugnado. 2. A Constituição Federal de 1988 prevê como garantias ao cidadão a inviolabilidade da intimidade, do sigilo de correspondência, dados e comunicações telefônicas, salvo ordem judicial. 3. A Lei n. 12.965/2014, conhecida como Marco Civil da Internet, em seu art. 7º, assegura aos usuários os direitos para o uso da internet no Brasil, entre eles, o da inviolabilidade da intimidade e da vida privada, do sigilo do fluxo de suas comunicações pela internet, bem como de suas comunicações privadas armazenadas. 4.

---

96. STJ, HC 511.484/RS, Rel. Ministro SEBASTIÃO REIS JÚNIOR, SEXTA TURMA, julgado em 15/08/2019, DJe 29/08/2019.

A quebra do sigilo do correio eletrônico somente pode ser decretada, elidindo a proteção ao direito, diante dos requisitos próprios de cautelaridade que a justifiquem idoneamente, desaguando em um quadro de imprescindibilidade da providência. (HC 315.220/RS, Rel. Ministra MARIA THEREZA DE ASSIS MOURA, SEXTA TURMA, julgado em 15/09/2015, DJe 09/10/2015). 5. Com o avanço tecnológico, o aparelho celular deixou de ser apenas um instrumento de comunicação interpessoal. Hoje, é possível ter acesso a diversas funções, entre elas, a verificação de mensagens escritas ou audível, de correspondência eletrônica, e de outros aplicativos que possibilitam a comunicação por meio de troca de dados de forma similar à telefonia convencional. 6. No caso em questão, porém, conforme pontuado pelo Tribunal a quo, não houve devassa do conteúdo do celular do acusado preso em flagrante. Ocorreu, em suma, que "(...) na realidade, o telefone de Adriano tocou durante a sua imobilização pelos agentes públicos e, imediatamente, foi atendido por um dos policiais. A partir disso, surgiu a forte suspeita de participação da apelante na conduta criminosa, por ser a interlocutora e iniciar o diálogo antes mencionado". 7. Há jurisprudência desta Corte Superior reconhecendo a legalidade de tal conduta - atender ligação proveniente do celular do acusado durante o flagrante - a uma porque não se verifica quadro de interceptação, pois não estão presentes os requisitos da Lei n. 9.296/1996, a outra pois tem se entendido que em tal cenário há escorreito procedimento policial, a legitimar a ação. A propósito, conferir: HC 55.288/MG, Rel. Ministra ALDERITA RAMOS DE OLIVEIRA (DESEMBARGADORA CONVOCADA DO TJ/PE), SEXTA TURMA, julgado em 2/4/2013, DJe 10/05/2013; AREsp 1.244.804/DF. Ministro JORGE MUSSI, DJe 1/8/2018; e HC 378.775/SP. Ministro REYNALDO SOARES DA FONSECA, DJe 7/12/2017. 8. Segundo jurisprudência firmada nesta Corte, o crime de tráfico de drogas, na modalidade de guardar ou ter em depósito, constitui crime permanente, configurando-se o flagrante enquanto o entorpecente estiver em poder do infrator, incidindo, portanto, a excepcionalidade do art. 5 º, inciso XI, da Constituição Federal. 9. O Pleno do Supremo Tribunal Federal, no julgamento do RE n. 603.616, reafirmou o referido entendimento, com o alerta de que para a adoção da medida de busca e apreensão sem mandado judicial, faz-se necessária a caracterização de justa causa, consubstanciada em razões as quais indiquem a situação de flagrante delito. 10. No caso em exame, a justa causa para a adoção da medida de busca e apreensão sem mandado judicial evidencia-se no fato de que os policiais militares, impulsionados por denúncia anônima sobre a ocorrência de comércio de drogas em determinada residência, já conhecida da guarnição, foram até o local e verificaram que estava, de fato, ocorrendo o comércio ilegal de drogas. Na ocasião, ao avistar os agentes, o corréu, Adriano, empreendeu fuga, sendo, entretanto, capturado com 29 pedras de crack. Ainda, "Durante a abordagem, o telefone de Adriano tocou e foi atendido pelo policial, que escutou, do outro lado da linha, uma voz feminina que anunciava a chegada dos policiais e exigia que dispensasse o "bagulho" e fosse ao seu encontro, imaginando, assim, que Adriano não estivesse detido. O policial Rodrigo foi ao local indicado pela mulher, bem próximo de onde foi feita a prisão do agente, e encontrou ela na frente de uma outra residência. A apelante foi conduzida à casa onde ela disse que morava, a qual coincidiu com a moradia em que Adriano foi abordado, o que culminou na descoberta de mais 48 pedras da mesma substância, escondidas atrás de um fogão nos fundos da casa, que estavam embaladas da mesma maneira daquelas encontradas com o corréu".[97] 11. Considerando a natureza permanente do delito de tráfico e estando devidamente registrada a justa causa para ensejar o ingresso dos agentes de polícia no domicílio do réu, como acima destacado, concluo que não se identifica a manifesta ilegalidade sustentada pela defesa. 12. Habeas corpus não conhecido.

Outra reflexão importante: caso o terminal móvel da vítima (morta) seja entregue por sua esposa (ou familiar) ao delegado de polícia, o acesso aos dados sigilosos é lícito, nos termos de precedente enfrentado pelo Superior Tribunal de Justiça (informativo 617):

> Não há ilegalidade na perícia de aparelho de telefonia celular pela polícia, sem prévia autorização judicial, na hipótese em que seu proprietário - a vítima - foi morto, tendo o referido telefone sido entregue à autoridade policial por sua esposa (STJ. 6ª Turma. RHC 86.076-MT, Rel. Min. Sebastião Reis Júnior, Rel. Acd. Min. Rogerio Schietti Cruz, julgado em 19/10/2017.

Andou bem o Tribunal da Cidadania, vez que no caso acima transcrito o acesso ao conteúdo sigiloso do aparelho celular se deu no interesse da elucidação do crime que vitimou o seu proprietário e foi devidamente autorizado por pessoa a ele ligada (é de bom tom fazer constar tal autorização expressamente no bojo da oitiva de quem faz a entrega do telefone à polícia).

Ainda sobre o acesso a conversas travadas por meio de aplicativos, vale ressaltar que a 6ª Turma do Superior Tribunal de Justiça, em decisão relatada pela Ministra Laurita Vaz, anulou provas obtidas por meio de espelhamento de whatsapp na internet. Explico: é possível espelhar o aplicativo em questão por meio de leitura de QR Code feita de posse do terminal móvel. No caso concreto, a polícia ficou de posse do terminal móvel do investigado por curto espaço de tempo e procedeu ao espelhamento do whatsapp, devolvendo a seguir o telefone ao suspeito. Com tal operação, foi possível monitorar as conversas por ele travadas (whatsapp web).

O Superior Tribunal de Justiça anulou prova obtida com base na operação acima descrita ao argumento de que a polícia teve acesso a todo conteúdo das conversas travadas por meio do aplicativo (inclusive as anteriores à apreensão do terminal) e que poderia haver manipulação da prova, com inserção de conversas pelos investigadores.

Agiu mal o STJ. Se houve prévia ordem judicial autorizando toda operação (arrecadação e devolução do telefone celular, com ulterior devolução ao investigado depois de habilitação da ferramenta whatsapp web), não há nenhum atropelo ao direito ao sigilo das comunicações telefônicas/telemáticas. Certo

---

97. STJ, HC 446.102/SC, Rel. Ministro RIBEIRO DANTAS, QUINTA TURMA, julgado em 04/06/2019, DJe 11/06/2019.

é que o monitoramento via whatsapp web possibilita à polícia conhecer as conversas anteriormente travadas pelo alvo da ação persecutória (por isso a Ministra relatora o chamou de meio "híbrido de obtenção de prova"), mas isso também é possível com a quebra de sigilo telemático com espelhamento de e-mail (também lastreada na Lei 9.296/96) e com a apreensão do terminal móvel e o acesso às conversas travadas por meio de aplicativos, depois de prévia ordem judicial.

Anular a prova simplesmente porque a polícia poderia adulterar ou apagar mensagens parece-me absurdo (expressão do nefasto superdimensionamento de direitos individuais, que nada serve à sociedade). Se seguirmos o mesmo raciocínio do STJ, não seria admitida a medida cautelar de busca e apreensão, porquanto é possível ao aparelho policial "plantar" ou forjar provas na casa do investigado (prova diabólica), o que é absolutamente teratológico. A decisão se inclina no sentido de dificultar ainda mais o rastreamento de tratativas ilícitas feitas por meio de aplicativos de smartphones e contribui para criar um canal de comunicação inacessível aos órgãos de persecução penal.

Eis o informativo 640 do Tribunal da Cidadania e a decisão aqui atacada:

> Inicialmente, cumpre salientar que, ao contrário da interceptação telefônica, no âmbito da qual o investigador de polícia atua como mero observador de conversas empreendidas por terceiros, no espelhamento via WhatsApp Web o investigador de polícia tem a concreta possibilidade de atuar como participante tanto das conversas que vêm a ser realizadas quanto das conversas que já estão registradas no aparelho celular, haja vista ter o poder, conferido pela própria plataforma online, de interagir diretamente com conversas que estão sendo travadas, de enviar novas mensagens a qualquer contato presente no celular, e de excluir, com total liberdade, e sem deixar vestígios, qualquer mensagem passada, presente ou futura. Insta registrar que, por mais que os 172 atos praticados por servidores públicos gozem de presunção de legitimidade, doutrina e jurisprudência reconhecem que se trata de presunção relativa, que pode ser ilidida por contra-prova apresentada pelo particular. Não é o caso, todavia, do espelhamento: o fato de eventual exclusão de mensagens enviadas (na modalidade "Apagar para mim") ou recebidas (em qualquer caso) não deixar absolutamente nenhum vestígio nem para o usuário nem para o destinatário, e o fato de tais mensagens excluídas, em razão da criptografia endto-end, não ficarem armazenadas em nenhum servidor, constituem fundamentos suficientes para a conclusão de que a admissão de tal meio de obtenção de prova implicaria indevida presunção absoluta da legitimidade dos atos dos investigadores, dado que exigir contraposição idônea por parte do investigado seria equivalente a demandar-lhe produção de prova diabólica (o que não ocorre em caso de interceptação telefônica, na qual se oportuniza a realização de perícia). Em segundo lugar, ao contrário da interceptação telefônica, que tem como objeto a escuta de conversas realizadas apenas depois da autorização judicial (ex nunc), o espelhamento via QR Code viabiliza ao investigador de polícia acesso amplo e irrestrito a toda e qualquer comunicação realizada antes da mencionada autorização, operando efeitos retroativos (ex tunc). Em termos técnico-jurídicos, o espelhamento seria melhor

qualificado como um tipo híbrido de obtenção de prova consistente, a um só tempo, em interceptação telefônica (quanto às conversas ex nunc) e em quebra de sigilo de e-mail (quanto às conversas ex tunc). Não há, todavia, ao menos por agora, previsão legal de um tal meio de obtenção de prova híbrido. Por fim, ao contrário da interceptação telefônica, que é operacionalizada sem a necessidade simultânea de busca pessoal ou domiciliar para apreensão de aparelho telefônico, o espelhamento via QR Code depende da abordagem do indivíduo ou do vasculhamento de sua residência, com apreensão de seu aparelho telefônico por breve período de tempo e posterior devolução desacompanhada de qualquer menção, por parte da autoridade policial, à realização da medida constritiva, ou mesmo, porventura acompanhada de afirmação falsa de que nada foi feito[98].

Os precedentes acima avaliados podem ser assim sintetizados (para facilitar seu estudo e memorização):

| CONTROVÉRSIA | PRECEDENTE/ENTENDIMENTO |
|---|---|
| Prova obtida em face da extração de dados de telefone celular sem prévia autorização judicial – **prova ilícita**. | 19) São nulas as provas obtidas por meio da extração de dados e de conversas privadas registradas em correio eletrônico e redes sociais (v.g. *whatsapp e facebook*) sem a prévia autorização judicial (edição 69 da jurisprudência em teses do STJ). |
| | 7) É ilícita a prova colhida mediante acesso aos dados armazenados no aparelho celular, relativos a mensagens de texto, *SMS*, conversas por meio de aplicativos *(WhatsApp)*, e obtida diretamente pela polícia, sem prévia autorização judicial (edição 111 da jurisprudência em teses do STJ). |
| Prova resultante da colocação de ligação recebida pelo investigado no modo viva-voz por determinação da polícia – **prova ilícita**. | PENAL E PROCESSUAL PENAL. RECURSO ESPECIAL. TRÁFICO DE DROGAS. PROVA OBTIDA DE CONVERSA TRAVADA POR FUNÇÃO VIVA-VOZ DO APARELHO CELULAR DO SUSPEITO. DÚVIDAS QUANTO AO CONSENTIMENTO. INEXISTÊNCIA DE AUTORIZAÇÃO JUDICIAL. ILICITUDE CONSTATADA. AUTOINCRIMINAÇÃO. IMPOSSIBILIDADE. DESCOBERTA INEVITÁVEL. INOCORRÊNCIA. PLEITO ABSOLUTÓRIO MANTIDO. RECURSO ESPECIAL DESPROVIDO. 1. O Tribunal de origem considerou que, embora nada de ilícito houvesse sido encontrado em poder do acusado, a prova da traficância foi obtida em flagrante violação ao direito constitucional à não autoincriminação, uma vez que aquele foi compelido a reproduzir, contra si, conversa travada com terceira pessoa pelo sistema viva-voz do celular, que conduziu os policiais à sua residência e culminou com a arrecadação de todo material estupefaciente em questão. 2. Não se cogita estar diante de descoberta inevitável, porquanto este fenômeno ocorre quando a prova derivada seria descoberta de qualquer forma, com ou |

---

98. STJ, RHC 99.735-SC, Rel. Min. Laurita Vaz, por unanimidade, julgado em 27/11/2018, *DJe* 12/12/2018.

| CONTROVÉRSIA | PRECEDENTE/ENTENDIMENTO |
|---|---|
| | sem a prova ilícita, o que não se coaduna com o caso aqui tratado em que a prova do crime dependeu da informação obtida pela autoridade policial quando da conversa telefônica travada entre o suspeito e terceira pessoa. 3. O relato dos autos demonstra que a abordagem feita pelos milicianos foi obtida de forma involuntária e coercitiva, por má conduta policial, gerando uma verdadeira autoincriminação. Não se pode perder de vista que qualquer tipo de prova contra o réu que dependa dele mesmo só vale se o ato for feito de forma voluntária e consciente. 4. Está-se diante de situação onde a prova está contaminada, diante do disposto na essência da teoria dos frutos da árvore envenenada (fruits of the poisonous tree), consagrada no art. 5º, inciso LVI, da Constituição Federal, que proclama a nódoa de provas, supostamente consideradas lícitas e admissíveis, mas obtidas a partir de outras declaradas nulas pela forma ilícita de sua colheita. 5. Recurso especial desprovido (REsp 1630097/RJ, Rel. Ministro JOEL ILAN PACIORNIK, QUINTA TURMA, julgado em 18/04/2017, DJe 28/04/2017). |
| Prova resultante da análise de telefone celular entregue pela viúva da vítima à polícia – **prova lícita** | RECURSO ORDINÁRIO EM HABEAS CORPUS. HOMICÍDIO QUALIFICADO E PORTE ILEGAL DE ARMA DE FOGO DE USO PERMITIDO. INÉPCIA DA DENÚNCIA. ART. 41, DO CPP. INOBSERVÂNCIA. DADOS E DE CONVERSAS REGISTRADAS NO WHATSAPP. EXTRAÇÃO SEM PRÉVIA AUTORIZAÇÃO JUDICIAL. CONSTRANGIMENTO ILEGAL NÃO CONFIGURADO. RECURSO PARCIALMENTE PROVIDO. 1. A denúncia não descreve a conduta do recorrente quanto à imputação de porte ilegal de arma de fogo, não sendo possível identificar como teria ele contribuído para a consecução desse delito. 2. Não há ilegalidade na perícia de aparelho de telefonia celular pela polícia na hipótese em que seu proprietário - a vítima - foi morto, tendo o referido telefone sido entregue à autoridade policial por sua esposa, interessada no esclarecimento dos fatos que o detinha, pois não havia mais sigilo algum a proteger do titular daquele direito. 3. Recurso parcialmente provido, apenas para trancar a ação penal em relação ao recorrente, quanto à imputação concernente ao crime previsto no art. 14 da Lei n. 10.826/2003, por inépcia formal da denúncia, sem prejuízo de que outra seja oferecida (RHC 86.076/MT, Rel. Ministro SEBASTIÃO REIS JÚNIOR, Rel. p/ Acórdão Ministro ROGERIO SCHIETTI CRUZ, SEXTA TURMA, julgado em 19/10/2017, DJe 12/12/2017). |
| Interceptação de whatsapp, via QR/Code (whatsapp web) – **prova ilícita** | RECURSO ORDINÁRIO EM HABEAS CORPUS. PENAL E PROCESSO PENAL. TRÁFICO DE DROGAS E ASSOCIAÇÃO AO TRÁFICO. AUTORIZAÇÃO JUDICIAL DE ESPELHAMENTO, VIA WHATSAPP WEB, DAS CONVERSAS REALIZADAS PELO INVESTIGADO COM TERCEIROS. ANALOGIA COM O INSTITUTO DA INTERCEPTAÇÃO TELEFÔNICA. IMPOSSIBILIDADE. PRESENÇA DE DISPARIDADES RELEVANTES. ILEGALIDADE DA MEDIDA. RECONHECIMENTO DA NULIDADE DA DECISÃO JUDICIAL E |

| CONTROVÉRSIA | PRECEDENTE/ENTENDIMENTO |
|---|---|
| | DOS ATOS E PROVAS DEPENDENTES. PRESENÇA DE OUTRAS ILEGALIDADES. LIMITAÇÃO AO DIREITO DE PRIVACIDADE DETERMINADA SEM INDÍCIOS RAZOÁVEIS DE AUTORIA E MATERIALIDADE. DETERMINAÇÃO ANTERIOR DE ARQUIVAMENTO DO INQUÉRITO POLICIAL. FIXAÇÃO DIRETA DE PRAZO DE 60 (SESSENTA) DIAS, COM PRORROGAÇÃO POR IGUAL PERÍODO. CONSTRANGIMENTO ILEGAL EVIDENCIADO. RECURSO PROVIDO. 1. Hipótese em que, após coleta de dados do aplicativo WhatsApp, realizada pela Autoridade Policial mediante apreensão judicialmente autorizada de celular e subsequente espelhamento das mensagens recebidas e enviadas, os Recorrentes tiveram decretadas contra si prisão preventiva, em razão da suposta prática dos crimes previstos nos arts. 33 e 35 da Lei n.º 11.343/2006. 2. O espelhamento das mensagens do WhatsApp ocorre em sítio eletrônico disponibilizado pela própria empresa, denominado WhatsApp Web. Na referida plataforma, é gerado um tipo específico de código de barras, conhecido como Código QR (Quick Response), o qual só pode ser lido pelo celular do usuário que pretende usufruir do serviço. Daí a necessidade de apreensão, ainda que por breve período de tempo, do aparelho telefônico que se pretende monitorar. 3. Para além de permitir o acesso ilimitado a todas as conversas passadas, presentes e futuras, a ferramenta WhatsApp Web foi desenvolvida com o objetivo de possibilitar ao usuário a realização de todos os atos de comunicação a que teria acesso no próprio celular. O emparelhamento entre celular e computador autoriza o usuário, se por algum motivo assim desejar, a conversar dentro do aplicativo do celular e, simultaneamente, no navegador da internet, ocasião em que as conversas são automaticamente atualizadas na plataforma que não esteja sendo utilizada. 4. Tanto no aplicativo, quanto no navegador, é possível, com total liberdade, o envio de novas mensagens e a exclusão de mensagens antigas (registradas antes do emparelhamento) ou recentes (registradas após), tenham elas sido enviadas pelo usuário, tenham elas sido recebidas de algum contato. Eventual exclusão de mensagem enviada (na opção "Apagar somente para Mim") ou de mensagem recebida (em qualquer caso) não deixa absolutamente nenhum vestígio, seja no aplicativo, seja no computador emparelhado, e, por conseguinte, não pode jamais ser recuperada para efeitos de prova em processo penal, tendo em vista que a própria empresa disponibilizadora do serviço, em razão da tecnologia de encriptação ponta-a-ponta, não armazena em nenhum servidor o conteúdo das conversas dos usuários. 5. Cumpre assinalar, portanto, que o caso dos autos difere da situação, com legalidade amplamente reconhecida pelo Superior Tribunal de Justiça, em que, a exemplo de conversas mantidas por e-mail, ocorre autorização judicial para a obtenção, sem espelhamento, de conversas já registradas no aplicativo WhatsApp, com o propósito de |

| CONTROVÉRSIA | PRECEDENTE/ENTENDIMENTO |
|---|---|
| | periciar seu conteúdo. 6. É impossível, tal como sugerido no acórdão impugnado, proceder a uma analogia entre o instituto da interceptação telefônica (art. 1.º, da Lei n.º 9.296/1996) e a medida que foi tomada no presente caso. 7. Primeiro: ao contrário da interceptação telefônica, no âmbito da qual o investigador de polícia atua como mero observador de conversas empreendidas por terceiros, no espelhamento via WhatsApp Web o investigador de polícia tem a concreta possibilidade de atuar como participante tanto das conversas que vêm a ser realizadas quanto das conversas que já estão registradas no aparelho celular, haja vista ter o poder, conferido pela própria plataforma online, de interagir nos diálogos mediante envio de novas mensagens a qualquer contato presente no celular e exclusão, com total liberdade, e sem deixar vestígios, de qualquer mensagem passada, presente ou, se for o caso, futura. 8. O fato de eventual exclusão de mensagens enviadas (na modalidade "Apagar para mim") ou recebidas (em qualquer caso) não deixar absolutamente nenhum vestígio nem para o usuário nem para o destinatário, e o fato de tais mensagens excluídas, em razão da criptografia end-to-end, não ficarem armazenadas em nenhum servidor, constituem fundamentos suficientes para a conclusão de que a admissão de tal meio de obtenção de prova implicaria indevida presunção absoluta da legitimidade dos atos dos investigadores, dado que exigir contraposição idônea por parte do investigado seria equivalente a demandar-lhe produção de prova diabólica. 9. Segundo: ao contrário da interceptação telefônica, que tem como objeto a escuta de conversas realizadas apenas depois da autorização judicial (ex nunc), o espelhamento via Código QR viabiliza ao investigador de polícia acesso amplo e irrestrito a toda e qualquer comunicação realizada antes da mencionada autorização, operando efeitos retroativos (ex tunc). 10. Terceiro: ao contrário da interceptação telefônica, que é operacionalizada sem a necessidade simultânea de busca pessoal ou domiciliar para apreensão de aparelho telefônico, o espelhamento via Código QR depende da abordagem do indivíduo ou do vasculhamento de sua residência, com apreensão de seu aparelho telefônico por breve período de tempo e posterior devolução desacompanhada de qualquer menção, por parte da Autoridade Policial, à realização da medida constritiva, ou mesmo, porventura - embora não haja nos autos notícia de que isso tenha ocorrido no caso concreto -, acompanhada de afirmação falsa de que nada foi feito. 11. Hipótese concreta dos autos que revela, ainda, outras três ilegalidades: (a) sem que se apontasse nenhum fato novo na decisão, a medida foi autorizada quatro meses após ter sido determinado o arquivamento dos autos; (b) ausência de indícios razoáveis da autoria ou participação em infração penal a respaldar a limitação do direito de privacidade; e (c) ilegalidade na fixação direta do prazo de 60 (sessenta) dias, com prorrogação por igual período. |

| CONTROVÉRSIA | PRECEDENTE/ENTENDIMENTO |
|---|---|
| | 12. Recurso provido, a fim de declarar a nulidade da decisão judicial que autorizou o espelhamento do WhatsApp via Código QR, bem como das provas e dos atos que dela diretamente dependam ou sejam consequência, ressalvadas eventuais fontes independentes, revogando, por conseguinte, a prisão preventiva dos Recorrentes, se por outro motivo não estiverem presos (RHC 99.735/SC, Rel. Ministra LAURITA VAZ, SEXTA TURMA, julgado em 27/11/2018, DJe 12/12/2018) |
| Policial que atende ligação de telefone de abordado, por ele se passando – **prova ilícita** | HABEAS CORPUS. TRÁFICO DE DROGAS. SENTENÇA TRANSITADA EM JULGADO. ILICITUDE DA PROVA. AUSÊNCIA DE AUTORIZAÇÃO PESSOAL OU JUDICIAL PARA ACESSAR DADOS DO APARELHO TELEFÔNICO APREENDIDO OU PARA ATENDER LIGAÇÃO. POLICIAL PASSOU-SE PELO DONO DA LINHA E FEZ NEGOCIAÇÃO PARA PROVOCAR PRISÃO EM FLAGRANTE. INEXISTÊNCIA DE PROVA AUTÔNOMA E INDEPENDENTE SUFICIENTE PARA A CONDENAÇÃO. 1. Não tendo a autoridade policial permissão, do titular da linha telefônica ou mesmo da Justiça, para ler mensagens nem para atender ao telefone móvel da pessoa sob investigação e travar conversa por meio do aparelho com qualquer interlocutor que seja se passando por seu dono, a prova obtida dessa maneira arbitrária é ilícita. 2. Tal conduta não merece o endosso do Superior Tribunal de Justiça, mesmo que se tenha em mira a persecução penal de pessoa supostamente envolvida com tráfico de drogas. Cabe ao magistrado abstrair a prova daí originada do conjunto probatório porque alcançada sem observância das regras de Direito que disciplinam a execução do jus puniendi. 3. No caso, a condenação do paciente está totalmente respaldada em provas ilícitas, uma vez que, no momento da abordagem ao veículo em que estavam o paciente, o corréu e sua namorada, o policial atendeu ao telefone do condutor, sem autorização para tanto, e passou-se por ele para fazer a negociação de drogas e provocar o flagrante. Esse policial também obteve acesso, sem autorização pessoal nem judicial, aos dados do aparelho de telefonia móvel em questão, lendo mensagem que não lhe era dirigida. 4. O vício ocorrido na fase investigativa atinge o desenvolvimento da ação penal, pois não há prova produzida por fonte independente ou cuja descoberta seria inevitável. Até o testemunho dos policiais em juízo está contaminado, não havendo prova autônoma para dar base à condenação. Além da apreensão, na hora da abordagem policial, de cocaína (2,8 g), de maconha (1,26 g), de celulares e de R$ 642,00 (seiscentos e quarenta e dois reais) trocados, nada mais havia no carro, nenhum petrecho comumente usado na traficância (caderno de anotações, balança de precisão, material para embalar droga, etc.). Somente a partir da leitura da mensagem enviada a um dos telefones e da primeira ligação telefônica atendida pelo policial é que as coisas se desencadearam e deram ensejo à prisão em flagrante por |

| CONTROVÉRSIA | PRECEDENTE/ENTENDIMENTO |
|---|---|
| | tráfico de drogas e, depois, à denúncia e culminaram com a condenação. 5. Ordem concedida para anular toda a ação penal (HC 511.484/RS, Rel. Ministro SEBASTIÃO REIS JÚNIOR, SEXTA TURMA, julgado em 15/08/2019, DJe 29/08/2019). |
| Policial que atende ligação de telefone de abordado, limitando-se a ouvir o conteúdo da ligação – **prova lícita** | PROCESSO PENAL. HABEAS CORPUS SUBSTITUTIVO DE RECURSO. INADEQUAÇÃO. TRÁFICO DE DROGAS. NULIDADE ABSOLUTA DA CONDENAÇÃO. VIOLAÇÃO DO SIGILO TELEFÔNICO. POLICIAL QUE ATENDEU AO CELULAR DO RÉU. PROVA LÍCITA. NÃO OCORRÊNCIA. NULIDADE POR VIOLAÇÃO DE DOMICÍLIO. CRIME PERMANENTE. JUSTA CAUSA CONFIGURADA. INOCORRÊNCIA DE ILEGALIDADE. HABEAS CORPUS NÃO CONHECIDO. 1. Esta Corte e o Supremo Tribunal Federal pacificaram orientação no sentido de que não cabe habeas corpus substitutivo do recurso legalmente previsto para a hipótese, impondo-se o não conhecimento da impetração, salvo quando constatada a existência de flagrante ilegalidade no ato judicial impugnado. 2. A Constituição Federal de 1988 prevê como garantias ao cidadão a inviolabilidade da intimidade, do sigilo de correspondência, dados e comunicações telefônicas, salvo ordem judicial. 3. A Lei n. 12.965/2014, conhecida como Marco Civil da Internet, em seu art. 7º, assegura aos usuários os direitos para o uso da internet no Brasil, entre eles, o da inviolabilidade da intimidade e da vida privada, do sigilo do fluxo de suas comunicações pela internet, bem como de suas comunicações privadas armazenadas. 4. A quebra do sigilo do correio eletrônico somente pode ser decretada, elidindo a proteção ao direito, diante dos requisitos próprios de cautelaridade que a justifiquem idoneamente, desaguando em um quadro de imprescindibilidade da providência. (HC 315.220/RS, Rel. Ministra MARIA THEREZA DE ASSIS MOURA, SEXTA TURMA, julgado em 15/09/2015, DJe 09/10/2015). 5. Com o avanço tecnológico, o aparelho celular deixou de ser apenas um instrumento de comunicação interpessoal. Hoje, é possível ter acesso a diversas funções, entre elas, a verificação de mensagens escritas ou audível, de correspondência eletrônica, e de outros aplicativos que possibilitam a comunicação por meio de troca de dados de forma similar à telefonia convencional. 6. No caso em questão, porém, conforme pontuado pelo Tribunal a quo, não houve devassa do conteúdo do celular do acusado preso em flagrante. Ocorreu, em suma, que "(...) na realidade, o telefone de Adriano tocou durante a sua imobilização pelos agentes públicos e, imediatamente, foi atendido por um dos policiais. A partir disso, surgiu a forte suspeita de participação da apelante na conduta criminosa, por ser a interlocutora e iniciar o diálogo antes mencionado". 7. Há jurisprudência desta Corte Superior reconhecendo a legalidade de tal conduta - atender ligação proveniente do celular do acusado durante o flagrante - a uma porque não se |

| CONTROVÉRSIA | PRECEDENTE/ENTENDIMENTO |
|---|---|
| | verifica quadro de interceptação, pois não estão presentes os requisitos da Lei n. 9.296/1996, a outra pois tem se entendido que em tal cenário há escorreito procedimento policial, a legitimar a ação. A propósito, conferir: HC 55.288/MG, Rel. Ministra ALDERITA RAMOS DE OLIVEIRA (DESEMBARGADORA CONVOCADA DO TJ/PE), SEXTA TURMA, julgado em 2/4/2013, DJe 10/05/2013; AREsp 1.244.804/DF. Ministro JORGE MUSSI, DJe 1/8/2018; e HC 378.775/SP. Ministro REYNALDO SOARES DA FONSECA, DJe 7/12/2017. 8. Segundo jurisprudência firmada nesta Corte, o crime de tráfico de drogas, na modalidade de guardar ou ter em depósito, constitui crime permanente, configurando-se o flagrante enquanto o entorpecente estiver em poder do infrator, incidindo, portanto, a excepcionalidade do art. 5º, inciso XI, da Constituição Federal. 9. O Pleno do Supremo Tribunal Federal, no julgamento do RE n. 603.616, reafirmou o referido entendimento, com o alerta de que para a adoção da medida de busca e apreensão sem mandado judicial, faz-se necessária a caracterização de justa causa, consubstanciada em razões as quais indiquem a situação de flagrante delito. 10. No caso em exame, a justa causa para a adoção da medida de busca e apreensão sem mandado judicial evidencia-se no fato de que os policiais militares, impulsionados por denúncia anônima sobre a ocorrência de comércio de drogas em determinada residência, já conhecida da guarnição, foram até o local e verificaram que estava, de fato, ocorrendo o comércio ilegal de drogas. Na ocasião, ao avistar os agentes, o corréu, Adriano, empreendeu fuga, sendo, entretanto, capturado com 29 pedras de crack. Ainda, "Durante a abordagem, o telefone de Adriano tocou e foi atendido pelo policial, que escutou, do outro lado da linha, uma voz feminina que anunciava a chegada dos policiais e exigia que dispensasse o "bagulho" e fosse ao seu encontro, imaginando, assim, que Adriano não estivesse detido. O policial Rodrigo foi ao local indicado pela mulher, bem próximo de onde foi feita a prisão do agente, e encontrou ela na frente de uma outra residência. A apelante foi conduzida à casa onde ela disse que morava, a qual coincidiu com a moradia em que Adriano foi abordado, o que culminou na descoberta de mais 48 pedras da mesma substância, escondidas atrás de um fogão nos fundos da casa, que estavam embaladas da mesma maneira daquelas encontradas com o corréu". 11. Considerando a natureza permanente do delito de tráfico e estando devidamente registrada a justa causa para ensejar o o ingresso dos agentes de polícia no domicílio do réu, como acima destacado, concluo que não se identifica a manifesta ilegalidade sustentada pela defesa. 12. Habeas corpus não conhecido (HC 446.102/SC, Rel. Ministro RIBEIRO DANTAS, QUINTA TURMA, julgado em 04/06/2019, DJe 11/06/2019). |

Cumpre chamar atenção para leitura do artigo 10 da Lei 9.296/96 (figura criminosa presente no mandamento legal), modificado pela Lei 13.869/19 (confira outros comentários sobre o crime em testilha no capítulo 11:

> Art. 10. Constitui crime realizar interceptação de comunicações telefônicas, de informática ou telemática, ou quebrar segredo da Justiça, sem autorização judicial ou com objetivos não autorizados em lei.
>
> Pena: reclusão, de dois a quatro anos, e multa.

Por fim, vale a pena a leitura da edição 117 da jurisprudência em teses do STJ:

> 1) A alteração da competência não torna inválida a decisão acerca da interceptação telefônica determinada por juízo inicialmente competente para o processamento do feito.
>
> 2) É admissível a utilização da técnica de fundamentação *per relationem*[99] para a prorrogação de interceptação telefônica quando mantidos os pressupostos que autorizaram a decretação da medida originária.
>
> 3) O art. 6º da Lei n. 9.296/1996 não restringe à polícia civil a atribuição para a execução de interceptação telefônica ordenada judicialmente[100].
>
> 4) É possível a determinação de interceptações telefônicas com base em denúncia anônima, desde que corroborada por outros elementos que confirmem a necessidade da medida excepcional.
>
> 5) A interceptação telefônica só será deferida quando não houver outros meios de prova disponíveis à época na qual a medida invasiva foi requerida, sendo ônus da defesa demonstrar violação ao disposto no art. 2º, inciso II, da Lei n. 9.296/1996.
>
> 6) É legítima a prova obtida por meio de interceptação telefônica para apuração de delito punido com detenção, se conexo com outro crime apenado com reclusão.
>
> 7) A garantia do sigilo das comunicações entre advogado e cliente não confere imunidade para a prática de crimes no exercício da advocacia, sendo lícita a colheita de provas em interceptação telefônica devidamente autorizada e motivada pela autoridade judicial.
>
> 8) É desnecessária a realização de perícia para a identificação de voz captada nas interceptações telefônicas, salvo quando houver dúvida plausível que justifique a medida.
>
> 9) Não há necessidade de degravação dos diálogos objeto de interceptação telefônica, em sua integralidade, visto que a Lei n. 9.296/1996 não faz qualquer exigência nesse sentido.

---

99. Fundamentação *per relationem* significa utilização de partes da fundamentação das decisões anteriores ou de trechos do pedido (nesse caso elaborado pelo delegado de polícia ou pelo agente ministerial) como lastro para a nova decisão (nesse caso, de prorrogação da interceptação telefônica).

100. É importante tecer críticas à presente tese, vez que ela não se coaduna com nosso sistema processual penal. Os atos típicos de investigação criminal de civis devem ser perpetrados pelas policiais judiciárias.

10) Em razão da ausência de previsão na Lei n. 9.296/1996, é desnecessário que as degravações das escutas sejam feitas por peritos oficiais.

## 9.13. GRAVAÇÃO, ESCUTA E INTERCEPTAÇÃO

Em primeiro lugar, cumpre conceituar as expressões estudadas neste tópico. O termo *interceptação* significa a gravação de uma conversa por terceiro, sem autorização dos interlocutores; *escuta* significa a captação de uma conversa por terceiro, com a ciência/autorização de um dos interlocutores; *gravação* é a captação da conversa feita por um dos interlocutores, sem o conhecimento do outro. Quando falamos de interceptação, escuta ou gravação *telefônica*, referimo-nos à captação de conversa mantida por meio de aparelhos de telefonia (fixa, móvel ou com uso de rádio); já se falarmos em interceptação, escuta ou gravação *ambiental*, estamos tratando de captação de conversa travada em locais públicos ou privados, sem o uso da telefonia.

Genericamente, tem-se que a interceptação ilícita de conversas (assim consideradas as que não têm ciência de nenhum dos interlocutores, nem autorização judicial) não é permitida, sendo inquinada de nulidade por violação dos direitos à intimidade e privacidade dos envolvidos. Neste sentido Pacelli[101].

A jurisprudência tupiniquim admite a prova resultante da gravação feita por um interlocutor sem a ciência do outro (conceituada pela doutrina de gravação clandestina[102]). Vejamos arestos acerca do tema:

> A jurisprudência desta Corte, em perfeita consonância com a do Pretório Excelso, firmou o entendimento de que a gravação de conversas, efetuada pela vítima dos fatos, com criminosos, é prova lícita, que pode servir de elemento probatório para a notitia criminis e para a persecução criminal[103].

> A gravação de conversa realizada por um dos interlocutores é considerada prova lícita, e difere da interceptação telefônica, esta sim, medida que imprescinde de autorização judicial (Precedentes do STF e do STJ)[104].

O Pretório Excelso[105] já se manifestou sobre o tema nos seguintes termos:

> HABEAS CORPUS. FALSIDADE IDEOLÓGICA. INTERCEPTAÇÃO AMBIENTAL POR UM DOS INTERLOCUTORES. ILICITUDE DA PROVA. INOCORRÊNCIA.

---

101. DE OLIVEIRA, Eugênio Pacelli. **Obra acima citada**, página 334.
102. GOMES, Luiz Flávio e MACIEL, Silvio. **Interceptação Telefônica**. São Paulo: Revista dos Tribunais, 2013, páginas 24 e 25.
103. STJ, 5ª Turma, AgRg no Ag 1142348/PR, rel. Min. Laurita Vaz, DJe 09/11/2009.
104. STJ, 5ª Turma, RHC 19136/MG, rel. Min. Felix Fischer, DJ 14/05/2007.
105. STF, 1ª. Turma, HC 87341/PR, rel. Min. Eros Grau, j. 07/02/2007.

REPORTAGEM LEVADA AO AR POR EMISSORA DE TELEVISÃO. NOTITIA CRIMINIS. DEVER-PODER DE INVESTIGAR. 1. Paciente denunciado por falsidade ideológica, consubstanciada em exigir quantia em dinheiro para inserir falsa informação de excesso de contingente em certificado de dispensa de incorporação. Gravação clandestina realizada pelo alistando, a pedido de emissora de televisão, que levou as imagens ao ar em todo o território nacional por meio de conhecido programa jornalístico. O conteúdo da reportagem representou notitia criminis, compelindo as autoridades ao exercício do dever-poder de investigar, sob pena de prevaricação. 2. A ordem cronológica dos fatos evidencia que as provas, consistentes nos depoimentos das testemunhas e no interrogatório do paciente, foram produzidas em decorrência da notitia criminis e antes da juntada da fita nos autos do processo de sindicância que embasou o Inquérito Policial Militar.3. A questão posta não é de inviolabilidade das comunicações e sim da proteção da privacidade e da própria honra,que não constitui direito absoluto, devendo ceder em prol do interesse público. (Precedentes). Ordem denegada.

Espancando qualquer tipo de dúvida acerca do tema, o Supremo Tribunal Federal decidiu em sede recurso extraordinário com repercussão geral:

> Prova. Gravação ambiental. Realização por um dos interlocutores sem conhecimento do outro. Validade. Jurisprudência reafirmada. Repercussão geral reconhecida. Recurso extraordinário provido. Aplicação do art. 543-B, § 3º, do CPC. É lícita a prova consistente em gravação ambiental realizada por um dos interlocutores sem conhecimento do outro[106].

Como visto supra, a proteção dos direitos da vítima tem sido admitida como justificativa válida para gravação clandestina ou escuta (telefônica ou ambiental) levada a efeito por esta, sem conhecimento do outro interlocutor. É o caso, também, de gravações levadas a efeito por mães preocupadas com a possibilidade de que seus filhos possam estar sofrendo maus-tratos por parte de babás, gravações em estabelecimentos comerciais (supermercados e lojas), dentre outros exemplos. Trata-se de prova evidentemente lícita e válida.

Acerca do tema, há caso extremamente interessante: dono de portentoso conglomerado empresarial, com o fito de registrar tratativas supostamente ilícitas, findou materializando gravações clandestinas com altas autoridades tupiniquins (o presidente da República, um senador e um deputado federal[107]).

Os áudios foram entregues (acompanhados de documentos que supostamente comprovam práticas delitivas gravíssimas) à Procuradoria-Geral da

---

106. STF, RE 583937 QO-RG (repercussão geral), rel. Min. Cezar Peluso, julgado em 19/11/2009, DJe em 18/12/2009.
107. O empresário gravou conversas travadas com o presidente da República Michel Temer, com o senador Aécio Neves e com o deputado federal Rodrigo Loures – vide inquérito 4483, em trâmite no STF, sob relatoria do Ministro Edson Fachin.

República, no curso de negociação para materialização de acordo de colaboração premiada. O *Parquet* admitiu os elementos de convicção apresentados pelo investigado e fechou com ele e outros membros do grupo empresarial avença (nos termos da Lei 12.850/13). O acordo foi encaminhado ao Pretório Excelso e findou homologado pelo Ministro relator, Edson Fachin.

Nesta toada, percebe-se que, ao menos até o momento, o Supremo Tribunal Federal vem seguindo, no rumoroso caso aqui apresentado, o entendimento desenhado supra, que se inclina pela admissão da gravação clandestina (seja telefônica, seja ambiental) materializada para demonstrar prática ilícita.

No meu sentir, agiu com correção o Pretório Excelso. Negociatas como as captadas pelo citado empresário, só são efetivamente demonstradas e esclarecidas com o auxílio de alguém que delas toma parte e não há nulidade nesse tipo de captação, como acima demonstrado. Eis trecho da decisão do Ministro Fachin, ao autorizar a instauração de inquérito para apurar suposta prática de crimes pelo presidente da República:

> Convém registrar, por pertinência à questão aqui apreciada, que a Corte Suprema, no âmbito de Repercussão Geral, deliberou que "é lícita a prova consistente em gravação ambiental realizada por um dos interlocutores sem conhecimento do outro" (RE 583.937 QO-RG, Rel. Min. CEZAR PELUSO, DJe de 18.12.2009). Desse modo, não há ilegalidade na consideração de 4 (quatro) gravações em áudios efetuadas pelo possível colaborador Joesley Mendonça Batista, as quais foram ratificadas e elucidadas em depoimento prestado perante o Ministério Público (registrado em vídeo e por escrito), quando o referido interessado se fez, inclusive, acompanhado de seu defensor[108].

Continuemos. É de se anotar que filmagens, fotografias e gravações feitas em locais públicos não são provas ilícitas, ainda que levadas estas a efeito sem conhecimento de nenhum dos envolvidos. A razão é óbvia. Não pode levantar a proteção da intimidade/privacidade aquele que pratica o ato registrado em local acessível a todos. Assim é que prescindem de autorização judicial e são tranquilamente válidas as fotografias, filmagens e gravações de encontros entre investigados, de veículos guiados por suspeitos, de entrada e saída de pessoas em residências, dentre outros eventos que auxiliam, por exemplo, a entender a dinâmica de conversas mantidas por indiciados e gravadas com autorização judicial. Vejamos *decisum* do Tribunal da Cidadania[109] a respeito do tema:

> HABEAS CORPUS. PROCESSUAL PENAL. CORRUPÇÃO PASSIVA. EXCESSO DE PRAZO PARA A FORMAÇÃO DA CULPA. SUPERVENIÊNCIA DA SENTENÇA CON-

---

108. Trecho da decisão que autorizou a instauração do inquérito 4483, que tramita no Supremo Tribunal Federal sob a relatoria do Ministro Edson Fachin, para apurar crimes supostamente praticados por Michel Miguel Elias Temer Lulia (presidente da República) e Rodrigo Santos da Rocha Loures (deputado federal à época dos fatos).
109. STJ, HC 87339/SP, 5ª Turma, rel. Min. Arnaldo Esteves Lima, DJe 03/11/2008.

DENATÓRIA. PREJUDICIALIDADE. INÉPCIA DA DENÚNCIA BASEADA EM PROVA ILÍCITA. NÃO-OCORRÊNCIA. CONVERSA GRAVADA EM LOCAL PÚBLICO. ESCUTA AMBIENTAL. CONSTRANGIMENTO ILEGAL NÃO-EVIDENCIADO. ORDEM PARCIALMENTE CONHECIDA E, NESSA EXTENSÃO, DENEGADA. 1. A superveniência da sentença condenatória prejudica a discussão sobre o excesso de prazo para o término da instrução criminal. 2. Segunda a jurisprudência do Supremo Tribunal Federal, a utilização de conversa gravada em local público não fere o inciso XII do art. 5º da Constituição Federal (HC 74.356/SP, Rel. Min. OCTÁVIO GALLOTTI, Primeira Turma, DJ de 25/4/97). 3. A restrição imposta no texto constitucional (art. 5, XII, da CF) tem por objetivo preservar a intimidade e a dignidade da pessoa, como bem jurídico privado. 4. Tal restrição, entretanto, não deve prevalecer sobre o interesse público na apuração e punição de eventual delito, principalmente, cometido por funcionário público. 5. Ordem parcialmente conhecida e, nessa extensão, denegada.

No mesmo sentido Eduardo Luiz Santos Cabette[110], quando sentencia que "parece que esse tipo de conduta (gravações, fotos ou filmagens), quando levado a efeito em locais públicos não afeta consideravelmente os referidos direitos (à honra, privacidade, intimidade e à imagem) e deve prevalecer o interesse público da segurança e da apuração das infrações penais".

Cumpre destacar ainda que descabe alegação de vilipêndio à privacidade/intimidade quando a filmagem, gravação ou fotografia registra cometimento de crime. O registro de situação de flagrância, ainda que sem o conhecimento de qualquer dos envolvidos, é lícito e serve para robustecer o auto de prisão em flagrante resultante da captura dos criminosos. Imaginar que traficante de drogas possa alegar ofensa a seu direito à intimidade ou privacidade porque filmado quando vendia cocaína a usuário beira o absurdo. A prova resultante desta gravação é evidentemente lícita e válida, não há elucubrações a fazer.

A Lei 12.850/13, que define organização criminosa e dispõe sobre a investigação criminal, os meios de obtenção da prova, infrações penais correlatas e o procedimento criminal, permite captação ambiental de sinais eletromagnéticos, óticos ou acústicos. Convém anotar que a captação mencionada, quando feita em locais privados (escritórios e casas, por exemplo), precisa de autorização judicial (quando levada a efeito sem o consentimento de qualquer dos envolvidos). Já a captação ambiental de tratativa feita em local público é válida independente de ordem do Poder Judiciário, como visto supra (pode ser determinada pelo delegado de polícia). É o que prescreve o artigo 3º, II, do referido mandamento legal:

> Art. 3º Em qualquer fase da persecução penal, serão permitidos, sem prejuízo de outros já previstos em lei, os seguintes meios de obtenção da prova:

---

110. CABETTE, Eduardo Luiz Santos. **Obra acima citada,** página 115.

(...)

II – captação ambiental de sinais eletromagnéticos, ópticos ou acústicos;

O Pacote Anticrime alterou a Lei 9.296/96, para regulamentar a medida cautelar de captação ambiental de sinais eletromagnéticos, ópticos ou acústicos.

Nas edições anteriores dessa obra, eu já comentava referido meio de obtenção de prova, deixando claro que ele está genericamente previsto no inciso II do artigo 3º da Lei 12.850/13. Como se vê supra, sempre salientei que a captação ambiental, quando feita em local público, prescinde de autorização judicial. Mesmo antes do Pacote Anticrime, alertava que quando se tenciona captar sinais em ambientes fechados, havia a necessidade de prévia ordem judicial. Defendia que o meio de obtenção de prova em testilha podia ser utilizado na investigação de qualquer delito (e não apenas para apurar crimes praticados por organizações criminosas) e que seria oportuno usar, por analogia, a Lei 9.296/96 (em relação a requisitos autorizadores e prazo).

Pois bem, a Lei 13.964/19 seguiu as linhas desenhadas na obra, reclamando prévia autorização judicial para decretação da medida cautelar (quando se desejar captar sinais em ambientes não abertos ao público), atendendo a requerimento do delegado de polícia ou do Ministério Público, quando a prova não puder ser feita por outros meios disponíveis e igualmente eficazes e houver elementos probatórios razoáveis de autoria e participação em infrações criminais cujas penas máximas sejam superiores a 4 anos ou em infrações penais conexas.

O legislador reclamou que a autoridade policial ou o Ministério Público descreva o local e a forma de instalação do dispositivo de captação ambiental. O prazo da captação ambiental é de 15 dias, admitidas sucessivas prorrogações, desde que seja comprovada a indispensabilidade do meio de obtenção de prova e quando presente atividade criminal permanente, habitual ou continuada (os requisitos para as prorrogações são cumulativos).

Eis tabela que sintetiza a técnica:

| Captação ambiental de sinais eletromagnéticos, ópticos ou acústicos em locais não abertos ao público | Cláusula de reserva de jurisdição (depende de prévia autorização judicial) |
|---|---|
| Legitimidade | Delegado de polícia ou Ministério Público |
| Requisitos | a) quando a prova não puder ser feita por outros meios disponíveis e igualmente eficazes; e b) houver elementos probatórios razoáveis de autoria e participação em infrações criminais cujas penas máximas sejam superiores a 4 anos ou em infrações penais conexas |

| Prazo | 15 dias |
|---|---|
| Prorrogação do prazo | Possível sucessivas vezes, desde que seja comprovada a indispensabilidade do meio de obtenção de prova e quando presente atividade criminal permanente, habitual ou continuada |

O § 2º do novel artigo 8º-A da Lei 9.296/96 foi aprovado pelo Congresso Nacional, mas vetado pelo Presidente da República. O dispositivo tinha a seguinte redação:

Art. 8º (...)

§ 2º A instalação do dispositivo de captação ambiental poderá ser realizada, quando necessária, por meio de operação policial disfarçada ou no período noturno, exceto na casa, nos termos do inciso XI do caput do art. 5º da Constituição Federal.

Eis as razões do veto:

A propositura legislativa, gera insegurança jurídica, haja vista que, ao mesmo tempo em que admite a instalação de dispositivo de captação ambiental, esvazia o dispositivo ao retirar do seu alcance a 'casa', nos termos do inciso XI do art. 5º da Lei Maior. Segundo a doutrina e a jurisprudência do Supremo Tribunal Federal, o conceito de 'casa' deve ser entendido como qualquer compartimento habitado, até mesmo um aposento que não seja aberto ao público, utilizado para moradia, profissão ou atividades, nos termos do art. 150, § 4º, do Código Penal (v. g. HC 82788, Relator: Min. CELSO DE MELLO, Segunda Turma, julgado em 12/04/2005).

Nessa obra, sempre defendi, excepcionalmente, a possibilidade de instalação de aparelho de captação ambiental em compartimento fechado à noite, tal qual verificado na Operação Hurricane – INQ 2424 (relator Ministro Cezar Peluso). Essa foi a linha do veto presidencial ao § 2º do artigo 8º-A da Lei 9.296/96.

Nessa toada, cumpre esclarecer que o Supremo Tribunal Federal autorizou, no bojo do INQ 2424 (operação Hurricane), a instalação de aparelho para captação de sinais acústicos em escritório de advocacia à noite e que a polícia registrasse (sem que se materializasse a efetiva apreensão) os documentos encontrados no local. Tal providência ficou conhecida como busca exploratória. No feito, o Supremo Tribunal Federal deixou claro: a) a possibilidade do Ministro relator decidir pela prorrogação de interceptação telefônica mesmo estando de férias ou durante o recesso; b) que a medida cautelar de interceptação telefônica comporta sucessivas prorrogações, desde que fundamentadas; c) que não é necessário transcrever todos os diálogos captados na interceptação telefônica; d) que é possível adentrar à noite em escritório de advocacia para instalação de aparelho de captação ambiental e exploração do local (esse pleito foi deferido com base na hoje revogada Lei 9.034/95 – hoje o pedido seria calcado no artigo 3º, II, da Lei 12.850/13). Eis o aresto:

> 1. COMPETÊNCIA. Criminal. Originária. Inquérito pendente no STF. Desmembramento. Não ocorrência. Mera remessa de cópia, a requerimento do MP, a juízo competente para apuração de fatos diversos, respeitantes a pessoas sem prerrogativa de foro especial. Inexistência de ações penais em curso e de conseqüente conexão. Questão de ordem resolvida nesse sentido. Preliminar repelida. Agravo regimental improvido. Voto vencido. Não se caracteriza desmembramento ilegal de ação penal, a mera remessa de cópia de inquérito, a requerimento do representante do Ministério Público, a outro juízo, competente para apurar fatos diversos, respeitantes a pessoas sujeitas a seu foro. 2. COMPETÊNCIA. Criminal. Ação penal. Magistrado de Tribunal Federal Regional. Condição de co-réu. Conexão da acusação com fatos imputados a Ministro do Superior Tribunal de Justiça. Pretensão de ser julgado perante este. Inadmissibilidade. Prerrogativa de foro. Irrenunciabilidade. Ofensa às garantias do juiz natural e da ampla defesa, elementares do devido processo legal. Inexistência. Feito da competência do Supremo. Precedentes. Preliminar rejeitada. Aplicação da súmula 704. Não viola as garantias do juiz natural e da ampla defesa, elementares do devido processo legal, a atração, por conexão ou continência, do processo do co-réu ao foro por prerrogativa de função de um dos denunciados, a qual é irrenunciável. 3. COMPETÊNCIA. Criminal. Inquéritos. Reunião perante o Supremo Tribunal Federal. Avocação. Inadmissibilidade. Conexão inexistente. Medida, ademais, facultativa. Número excessivo de acusados. Ausência de prejuízo à defesa. Preliminar repelida. Precedentes. Inteligência dos arts. 69, 76, 77 e 80 do CPP. Não quadra avocar inquérito policial, quando não haja conexão entre os fatos, nem conveniência de reunião de procedimentos ante o número excessivo de suspeitos ou investigados. 4. PROVA. Criminal. Interceptação telefônica. Necessidade demonstrada nas sucessivas decisões. Fundamentação bastante. Situação fática excepcional, insuscetível de apuração plena por outros meios. Subsidiariedade caracterizada. Preliminares rejeitadas. Aplicação dos arts. 5º, XII, e 93, IX, da CF, e arts. 2º, 4º, § 2º, e 5º, da Lei nº 9.296/96. Voto vencido. É lícita a interceptação telefônica, determinada em decisão judicial fundamentada, quando necessária, como único meio de prova, à apuração de fato delituoso. 5. PROVA. Criminal. Interceptação telefônica. Prazo legal de autorização. Prorrogações sucessivas. Admissibilidade. Fatos complexos e graves. Necessidade de investigação diferenciada e contínua. Motivações diversas. Ofensa ao art. 5º, caput, da Lei nº 9.296/96. Não ocorrência. Preliminar rejeitada. Voto vencido. É lícita a prorrogação do prazo legal de autorização para interceptação telefônica, ainda que de modo sucessivo, quando o fato seja complexo e, como tal, exija investigação diferenciada e contínua. 6. PROVA. Criminal. Interceptação telefônica. Prazo legal de autorização. Prorrogações sucessivas pelo Ministro Relator, também durante o recesso forense. Admissibilidade. Competência subsistente do Relator. Preliminar repelida. Voto vencido. O Ministro Relator de inquérito policial, objeto de supervisão do Supremo Tribunal Federal, tem competência para determinar, durante as férias e recesso forenses, realização de diligências e provas que dependam de decisão judicial, inclusive interceptação de conversação telefônica. 7. PROVA. Criminal. Escuta ambiental. Captação e interceptação de sinais eletromagnéticos, óticos ou acústicos. Meio probatório legalmente admitido. Fatos que configurariam

crimes praticados por quadrilha ou bando ou organização criminosa. Autorização judicial circunstanciada. Previsão normativa expressa do procedimento. Preliminar repelida. Inteligência dos arts. 1º e 2º, IV, da Lei nº 9.034/95, com a redação da Lei nº 10.217/95. Para fins de persecução criminal de ilícitos praticados por quadrilha, bando, organização ou associação criminosa de qualquer tipo, são permitidos a captação e a interceptação de sinais eletromagnéticos, óticos e acústicos, bem como seu registro e análise, mediante circunstanciada autorização judicial. 8. PROVA. Criminal. Escuta ambiental e exploração de local. Captação de sinais óticos e acústicos. Escritório de advocacia. Ingresso da autoridade policial, no período noturno, para instalação de equipamento. Medidas autorizadas por decisão judicial. Invasão de domicílio. Não caracterização. Suspeita grave da prática de crime por advogado, no escritório, sob pretexto de exercício da profissão. Situação não acobertada pela inviolabilidade constitucional. Inteligência do art. 5º, X e XI, da CF, art. 150, § 4º, III, do CP, e art. 7º, II, da Lei nº 8.906/94. Preliminar rejeitada. Votos vencidos. Não opera a inviolabilidade do escritório de advocacia, quando o próprio advogado seja suspeito da prática de crime, sobretudo concebido e consumado no âmbito desse local de trabalho, sob pretexto de exercício da profissão. 9. PROVA. Criminal. Interceptação telefônica. Transcrição da totalidade das gravações. Desnecessidade. Gravações diárias e ininterruptas de diversos terminais durante período de 7 (sete) meses. Conteúdo sonoro armazenado em 2 (dois) DVDs e 1 (hum) HD, com mais de quinhentos mil arquivos. Impossibilidade material e inutilidade prática de reprodução gráfica. Suficiência da transcrição literal e integral das gravações em que se apoiou a denúncia. Acesso garantido às defesas também mediante meio magnético, com reabertura de prazo. Cerceamento de defesa não ocorrente. Preliminar repelida. Interpretação do art. 6º, § 1º, da Lei nº 9.296/96. Precedentes. Votos vencidos. O disposto no art. 6º, § 1º, da Lei federal nº 9.296, de 24 de julho de 1996, só comporta a interpretação sensata de que, salvo para fim ulterior, só é exigível, na formalização da prova de interceptação telefônica, a transcrição integral de tudo aquilo que seja relevante para esclarecer sobre os fatos da *causa sub iudice*. 10. PROVA. Criminal. Perícia. Documentos e objetos apreendidos. Laudos ainda em processo de elaboração. Juntada imediata antes do recebimento da denúncia. Inadmissibilidade. Prova não concluída nem usada pelo representante do Ministério Público na denúncia. Falta de interesse processual. Cerceamento de defesa inconcebível. Preliminar rejeitada. Não pode caracterizar cerceamento de defesa prévia contra a denúncia, a falta de laudo pericial em processo de elaboração e no qual não se baseou nem poderia ter-se baseado o representante do Ministério Público. 11. AÇÃO PENAL. Denúncia. Exposição clara e objetiva dos fatos. Acusações específicas baseadas nos elementos retóricos coligidos no inquérito policial. Possibilidade de plena defesa. Justa causa presente. Aptidão formal. Observância do disposto no art. 41 do CPP. Recebimento, exceto em relação ao crime previsto no art. 288 do CP, quanto a um dos denunciados. Votos vencidos. Deve ser recebida a denúncia que, baseada em elementos de prova, contém exposição clara e objetiva dos fatos delituosos e que, como tal, possibilita plena e ampla defesa aos acusados. 12. MAGISTRADO. Ação penal. Denúncia. Recebimento. Infrações penais graves. Afastamento do exercício da função jurisdicional. Aplicação do art. 29 da Lei Orgânica da Magistratura Nacional - LOMAN (Lei Complementar nº 35/79). Medida aconselhável de resguardo ao prestígio do cargo e à própria respeitabilidade do juiz. Ofensa ao art.

5º, LVII, da CF. Não ocorrência. Não viola a garantia constitucional da chamada presunção de inocência, o afastamento do cargo de magistrado contra o qual é recebida denúncia ou queixa[111].

Repito. Penso ser excepcionalmente possível adentrar à noite em local fechado para instalação do equipamento de gravação, em cumprimento a ordem judicial de captação ambiental de sinais, nos termos do decisum acima transcrito (mitigação mais incisiva do direito constitucional à inviolabilidade de domicílio).

De igual sorte, o § 4º do artigo 8º-A da Lei 9.296/96 foi vetado pelo Presidente da República. Eis o dispositivo:

> Art. 8º (...)
>
> § 4º A captação ambiental feita por um dos interlocutores sem o prévio conhecimento da autoridade policial ou do Ministério Público poderá ser utilizada, em matéria de defesa, quando demonstrada a integridade da gravação.

Eis as razões do veto:

> A propositura legislativa, ao limitar o uso da prova obtida mediante a captação ambiental apenas pela defesa, contraria o interesse público uma vez que uma prova não deve ser considerada lícita ou ilícita unicamente em razão da parte que beneficiará, sob pena de ofensa ao princípio da lealdade, da boa-fé objetiva e da cooperação entre os sujeitos processuais, além de se representar um retrocesso legislativo no combate ao crime. Ademais, o dispositivo vai de encontro à jurisprudência do Supremo Tribunal Federal, que admite utilização como prova da infração criminal a captação ambiental feita por um dos interlocutores, sem o prévio conhecimento da autoridade policial ou do Ministério Público, quando demonstrada a integridade da gravação (v. g. Inq-QO 2116, Relator: Min. Marco Aurélio, Relator p/ Acórdão: Min. Ayres Britto, publicado em 29/02/2012, Tribunal Pleno).

Tem razão Sua Excelência, o Presidente da República, uma vez mais, ao vetar o Pacote Anticrime nesse particular (seguindo o quanto desenhado nessa obra). Tal qual explicado supra, a gravação feita por um dos interlocutores sem a ciência do outro é conceituada doutrinariamente como gravação clandestina e é admitida (inclusive pelo Supremo Tribunal Federal) para demonstrar práticas ilícitas (citei na obra, dentre outros, o INQ 4483, relatoria do Ministro Edson Fachin).

Eis o novel artigo 8º-A da Lei 9.296/96, com redação determinada pela Lei 13.964/19:

---

111. STF, Inq 2424, Relator(a): Min. CEZAR PELUSO, Tribunal Pleno, julgado em 26/11/2008, DJe-055 DIVULG 25-03-2010 PUBLIC 26-03-2010 EMENT VOL-02395-02 PP-00341.

> Art. 8º-A. Para investigação ou instrução criminal, poderá ser autorizada pelo juiz, a requerimento da autoridade policial ou do Ministério Público, a captação ambiental de sinais eletromagnéticos, ópticos ou acústicos, quando:
>
> I - a prova não puder ser feita por outros meios disponíveis e igualmente eficazes; e
>
> II - houver elementos probatórios razoáveis de autoria e participação em infrações criminais cujas penas máximas sejam superiores a 4 (quatro) anos ou em infrações penais conexas.
>
> § 1º O requerimento deverá descrever circunstanciadamente o local e a forma de instalação do dispositivo de captação ambiental.
>
> § 2º (VETADO).
>
> § 3º A captação ambiental não poderá exceder o prazo de 15 (quinze) dias, renovável por decisão judicial por iguais períodos, se comprovada a indispensabilidade do meio de prova e quando presente atividade criminal permanente, habitual ou continuada.
>
> § 4º (VETADO).
>
> § 5º Aplicam-se subsidiariamente à captação ambiental as regras previstas na legislação específica para a interceptação telefônica e telemática.

O Pacote Anticrime enxertou, ainda, na Lei 9.296/96 a seguinte figura criminosa:

> Art. 10-A. Realizar captação ambiental de sinais eletromagnéticos, ópticos ou acústicos para investigação ou instrução criminal sem autorização judicial, quando esta for exigida:
>
> Pena - reclusão, de 2 (dois) a 4 (quatro) anos, e multa.
>
> § 1º Não há crime se a captação é realizada por um dos interlocutores.
>
> § 2º A pena será aplicada em dobro ao funcionário público que descumprir determinação de sigilo das investigações que envolvam a captação ambiental ou revelar o conteúdo das gravações enquanto mantido o sigilo judicial.

Por óbvio, só há crime quando a captação reclamar autorização judicial (quando feita em locais fechados, não abertos ao público) e for feita para fins de investigação ou instrução criminal sem dita ordem prévia.

O § 1º (que trata da gravação clandestina – feita por um dos interlocutores sem a ciência do outro) encerra causa excludente de ilicitude (exercício regular de direito).

## 9.14. A QUEBRA DO SIGILO DAS COMUNICAÇÕES TELEMÁTICAS

A internet é um grande facilitador na vida moderna. Ao lado das conveniências (acesso a informação, facilidade nas movimentações bancárias, comunicação, dentre outras benesses trazidas pela web), vieram a reboque os crimes cibernéticos.

Furto, estelionato, calúnia, difamação, injúria, ameaça, dentre outros tipos penais tradicionais, ganharam nova roupagem e meios de execução antes impensáveis.

A evolução dos meios de cometimento de crimes também precisa ser acompanhada de perto pela evolução dos meios de investigação. O crime deixa rastros (o que acontece às vezes é que o rastro não é percebido pelos responsáveis pela investigação ou, por acuidade do criminoso, ele é tão tênue que passa despercebido, como se não existisse) e não é diferente com o delito praticado com o auxílio da internet. Uma das mais eficazes ferramentas investigativas para seguir o rastro do delito cibernético é a interceptação telemática.

Tudo o quanto foi dito acerca da interceptação telefônica é aplicável à interceptação telemática. Isso em respeito ao parágrafo único do artigo 1º, da Lei 9.296/96. A Resolução 59 do CNJ também é aplicável.

A quebra do sigilo telemático tem por alvo, apenas a título de exemplo, os dados cadastrais de contas de e-mail (que agora são acessíveis à autoridade policial sem necessidade de ordem judicial, nos termos dos já citados artigos 13-A do Código de Processo Penal, 15 da Lei 12.850/13 e/ou 17-B da Lei 9.613/98), conteúdo de mensagens, interceptação do fluxo da comunicação telemática, dentre outras possibilidades (esses últimos com fulcro na Lei 9.296/96).

Acerca da possibilidade de acesso, pelo delegado de polícia, a conversas mantidas por investigados por meio de aplicativos no momento da prisão do mesmo, independente de prévia ordem judicial, remeto o leitor ao tópico 9.12.

## 9.15. QUEBRA DO SIGILO BANCÁRIO

Outra providência investigativa extremamente eficiente no curso do inquérito policial com o fito de demonstrar eventual prática delitógena é o afastamento do sigilo bancário dos indiciados.

É mister que a representação levada a efeito pela autoridade policial delimite de forma clara o período e as contas cujos sigilos se deseja quebrar. A delimitação é medida de extrema utilidade prática para que não se encarte aos autos dados bancários irrelevantes à investigação. O pleito de quebra se funda no 1º, § 4º, da Lei Complementar 105/01.

É rigor que se justifique a necessidade prática da medida, vez que esta mitiga direito constitucionalmente assegurado ao cidadão brasileiro. Aqui, faz-se necessário mencionar que referida quebra de sigilo pode, tranquilamente, basear-se em relatório produzido pelo COAF – Conselho de Controle de Atividades Financeiras (órgão de inteligência que atua na prevenção e combate ao crime de lavagem de dinheiro).

O entendimento acima externado é diametralmente oposto ao pensamento exarado pelo Tribunal da Cidadania nos autos do HC 191378/DF, relatado pelo Ministro Sebastião Reis Júnior, que anulou operação policial por entender que o Estado-juiz não poderia deferir quebras de sigilo bancário, fiscal e telefônico com lastro em relatório de inteligência do COAF (a construção que resultou na anulação da operação foi fruto de evidente e pernicioso superdimensionamento de direitos individuais – vide tópico 9.4). Como dito supra, o entendimento do STJ foi alterado.

Via de regra, mostra-se necessário periciar os extratos resultantes da quebra de sigilo bancário. Aliás, como defendido neste trabalho, a prova pericial deve, sempre que possível, ser materializada, vez que robustece o cabedal probante produzido no curso do procedimento inquisitivo.

A quebra de sigilo bancário pode provar transações financeiras ilícitas, pagamentos e recebimentos irregulares, patrimônio incompatível com os ganhos declarados, lavagem de dinheiro, sonegação fiscal, dentre outros aspectos e delitos.

Vejamos aresto acerca do tema, oriundo do STJ[112]:

> A proteção aos sigilos de dados não é direito absoluto, podendo ser quebrados quando houver a prevalência do direito público sobre o privado, na apuração de fatos delituosos ou na instrução dos processos criminais, desde que a decisão esteja adequadamente fundamentada na necessidade da medida. Precedentes do STJ. Na hipótese em exame, deve subsistir a decisão judicial que, motivadamente, determinou a quebra do sigilo bancário do paciente, uma vez que demonstrados os indícios de prática delituosa, os motivos pelos quais a medida se faz necessária, bem como o objeto da investigação e a pessoa do investigado.

## 9.16. QUEBRA DO SIGILO FISCAL

Mais uma ferramenta de suma importância à investigação (para fazer chegar aos autos, por exemplo, as declarações de imposto de renda do investigado). O que foi dito em relação à quebra de sigilo bancário se amolda a este tópico. A representação deve indicar exatamente o período do afastamento do segredo fiscal pretendido e em que monta a medida mitigadora contribui para o aclaramento do fato apurado.

O pleito encontra guarida no artigo 198, § 1º, I, do Código Tributário Nacional:

> Art. 198. Sem prejuízo do disposto na legislação criminal, é vedada a divulgação, por parte da Fazenda Pública ou de seus servidores, de informação obtida em razão do ofício sobre a situação econômica ou financeira do sujeito passivo ou de terceiros e sobre a natureza e o estado de seus negócios ou atividades.

---

112. STJ, HC 114846/MG, 5ª Turma, Rel. Min. Arnaldo Esteves Lima, DJe 02/08/2010.

§ 1º Excetuam-se do disposto neste artigo, além dos casos previstos no art. 199, os seguintes:

I – requisição de autoridade judiciária no interesse da justiça.

A mesma argumentação acerca da requisição de perícia para melhor se esclarecer o fato criminoso feita em relação à quebra de sigilo bancário tem assento neste tópico.

## 9.17. INFILTRAÇÃO POLICIAL

É meio investigativo posto à disposição do aparelho policial pelas Leis 9.613/98 (inserção feita pelo Pacote Anticrime), 11.343/06 e 12.850/13.

Vejamos o artigo 53, I, da Lei 11.343/06:

> Art. 53. Em qualquer fase da persecução criminal relativa aos crimes previstos nesta Lei, são permitidos, além dos previstos em lei, mediante autorização judicial e ouvido o Ministério Público, os seguintes procedimentos investigatórios:
> I – a infiltração por agentes de polícia, em tarefas de investigação, constituída pelos órgãos especializados pertinentes;

E o artigo 3º, VII, da Lei 12.850/13:

> Art. 3º Em qualquer fase da persecução penal, serão permitidos, sem prejuízo de outros já previstos em lei, os seguintes meios de obtenção da prova:
> (...)
> VII – infiltração, por policiais, em atividade de investigação, na forma do art. 11;

Outrora considerada técnica investigativa nebulosa (vez que a revogada Lei 9.034/95 não disciplinava claramente seus limites), a infiltração policial ganhou nova roupagem com a edição da Lei 12.850/13 (a Lei 11.343/06 também não traz regulamentação efetiva da técnica).

O artigo 10 da citada lei deixa claro que a medida deve representada pelo delegado de polícia ou requerida pelo Ministério Público (caso em que será precedida de manifestação técnica da autoridade policial, se o requerimento do MP for levado a efeito no curso do inquérito policial) ao juízo competente, que a determinará em decisão circunstanciada, motivada e sigilosa, onde serão fixados seus limites.

O artigo 11 do mandamento legal mencionado determina que a representação (da autoridade policial) ou o requerimento (do MP) contenha a demonstração da necessidade da medida, o alcance das tarefas dos agentes e, quando possível, os nomes ou apelidos das pessoas investigadas e o local da infiltração.

431

Vejamos os dispositivos citados:

> Art. 10. A infiltração de agentes de polícia em tarefas de investigação, representada pelo delegado de polícia ou requerida pelo Ministério Público, após manifestação técnica do delegado de polícia quando solicitada no curso de inquérito policial, será precedida de circunstanciada, motivada e sigilosa autorização judicial, que estabelecerá seus limites.
>
> Art. 11. O requerimento do Ministério Público ou a representação do delegado de polícia para a infiltração de agentes conterão a demonstração da necessidade da medida, o alcance das tarefas dos agentes e, quando possível, os nomes ou apelidos das pessoas investigadas e o local da infiltração.

Andou bem o legislador ao reclamar manifestação técnica do delegado de polícia em caso de requerimento levado a efeito pelo Ministério Público no curso do inquérito policial (nada mais sensato que colher o entendimento técnico do presidente do apuratório, antes do eventual deferimento de medida investigativa tão incisiva).

O § 1º do artigo 10 da lei em comento autoriza a utilização da infiltração policial apenas quando houver indícios do cometimento de infração penal por organização criminosa[113] (também se admite, como dito supra, infiltração caso o crime praticado esteja tipificado nas Leis 9.613/98 e 11.343/06) e desde que a prova não possa ser produzida por outros meios disponíveis.

A infiltração policial tem prazo de até seis meses, renovável desde que comprovada a necessidade. Como a lei não fixou limite para a quantidade de renovações, forçoso entender que a medida pode ser prorrogada repetidas vezes, enquanto for necessária à elucidação dos fatos (dede que por períodos não superiores a seis meses).

Findo o prazo de infiltração fixado pela autoridade judiciária, deve a autoridade policial encaminhar relatório circunstanciado das atividades de campo (o § 5º, do artigo 10, da Lei 12.850/13 autoriza que o delegado de polícia ou o Ministério Público requisite a qualquer tempo relatório da atividade de infiltração).

Caso existam indícios seguros de que o agente infiltrado corre risco iminente, a infiltração pode ser sustada por determinação do delegado de polícia ou requisição do Ministério Público, dando-se ciência imediata à autoridade judicial (artigo 12, § 3º, da Lei 12.850/13).

Caso o agente cometa crime no curso da infiltração, este não será punível quando inexigível conduta diversa (a solução adotada pela lei estudada para

---

113. O § 1º do artigo 1º da Lei 12.850/13 define organização criminosa como "a associação de 4 (quatro) ou mais pessoas estruturalmente ordenada e caracterizada pela divisão de tarefas, ainda que informalmente, com objetivo de obter, direta ou indiretamente, vantagem de qualquer natureza, mediante a prática de infrações penais cujas penas máximas sejam superiores a 4 (quatro) anos, ou que sejam de caráter transnacional".

resguardar penalmente o policial infiltrado que é obrigado a cometer delitos para proteger sua identidade durante a infiltração foi isentá-lo de pena – ausência de culpabilidade pela inexigibilidade de conduta diversa). Por óbvio, o policial será responsabilizado criminalmente se cometer excessos. São os termos do artigo 13, da Lei 12.850/13:

> Art. 13. O agente que não guardar, em sua atuação, a devida proporcionalidade com a finalidade da investigação, responderá pelos excessos praticados.
>
> Parágrafo único. Não é punível, no âmbito da infiltração, a prática de crime pelo agente infiltrado no curso da investigação, quando inexigível conduta diversa.

O artigo 14 da lei citada trata dos direitos do policial infiltrado:

> Art. 14. São direitos do agente:
>
> I – recusar ou fazer cessar a atuação infiltrada;
>
> II – ter sua identidade alterada, aplicando-se, no que couber, o disposto no art. 9º da Lei nº 9.807, de 13 de julho de 1999, bem como usufruir das medidas de proteção a testemunhas;
>
> III – ter seu nome, sua qualificação, sua imagem, sua voz e demais informações pessoais preservadas durante a investigação e o processo criminal, salvo se houver decisão judicial em contrário;
>
> IV – não ter sua identidade revelada, nem ser fotografado ou filmado pelos meios de comunicação, sem sua prévia autorização por escrito.

Indubitavelmente, como visto supra, a técnica investigativa aqui analisada finalmente ganhou contornos mais definidos com a edição da Lei 12.850/13 (como dito, a matéria era tratada de maneira muito superficial pela agora revogada Lei 9.034/95). Cabe agora ao aparelho policial utilizar efetivamente esta importante ferramenta voltada à desarticulação de organizações criminosas (ou para frear os crimes de tráfico de drogas e lavagem de dinheiro).

### 9.18. INFILTRAÇÃO POLICIAL NA INTERNET (INFILTRAÇÃO VIRTUAL)

O combate aos crimes contra a dignidade sexual praticados contra crianças e adolescentes e os que envolvem produção, divulgação, compartilhamento e armazenamento de imagens/vídeos pornográficos de crianças/adolescentes foi incrementado com a entrada em vigor da Lei 13.441/17.

O novel mandamento legal permite a infiltração policial na internet, com o fito de investigar os crimes previstos nos artigos 240, 241, 241-A, 241-B, 241-C, 241-D, todos do Estatuto da Criança e do Adolescente (Lei 8.069/90), e artigos 154-A, 217-A, 218, 218-A e 218-B, todos do Código Penal.

Em síntese apertada, a infiltração policial na internet depende de autorização judicial (atendendo a requerimento do Ministério Público ou representação do delegado de polícia) e será decretada pelo prazo de 90 dias, admitidas prorrogações, desde que não ultrapassado o prazo total de 720 dias (dicção do artigo 190-A, I, II e III, do ECA, incluído pela nova lei).

O estudo inicial do artigo acima mencionado revela:

 a) que a infiltração não pode ser determinada de ofício pelo juiz (a opção do legislador foi correta, para assegurar a inércia do magistrado);

 b) que a infiltração inicial e as prorrogações subsequentes não precisam ser, necessariamente, determinadas em blocos de 90 dias (é possível estipulação de prazo menor a cada período, nunca maior);

 c) não é preciso que as prorrogações sejam sequenciais (desde que, em relação ao caso apurado, a medida não ultrapasse o lapso temporal total de 720 dias).

O inciso II e o § 3º do já mencionado artigo 190-A do ECA, revelam que o MP ou o delegado de polícia deverá demonstrar:

 a) a necessidade da medida (indícios mínimos de autoria, demonstração da materialidade delitiva e que a prova não pode ser coligida por outro meio);

 b) o alcance das tarefas do agente infiltrado (planejamento das ações a serem materializadas no curso da técnica investigativa);

 c) os nomes ou apelidos das pessoas investigadas (o que for possível, no momento que a medida for pleiteada); e

 d) quando possível, os dados de conexão ou dados cadastrais que permitam a identificação dessas pessoas (eventualmente colecionados por meio de requisição a provedores de internet).

É possível, para garantir a efetividade da infiltração, que o agente faça uso de documentos com dados fictícios (que serão fornecidos por órgãos públicos mediante requisição judicial, nos termos do artigo 190-D do ECA). Tal medida é extremamente importante para garantir o sucesso da infiltração (observe que providência semelhante não foi adotada quando da regulamentação da infiltração policial em organização criminosa, no bojo da Lei 12.850/13 – aliás, penso ser perfeitamente adequada a utilização de analogia para estender o permissivo do Estatuto da Criança e do Adolescente em relação à infiltração na internet para infiltração no seio de organização criminosa)[114].

Destarte, nos termos dos artigos 190-C e 190-D do ECA, não há que se falar na prática do crime (de falsificação de documento público, de falsidade ideológica ou de uso de documento falso, por exemplo), em face da confecção de documentação com dados inverídicos (ou da criação de perfis falsos em redes sociais ou aplicativos/programas), vez que criado permissivo legal (que

---

114. Com ainda mais razão, vez que na infiltração policial prevista na Lei 12.850/13 (ou na Lei 11.343/06) a inserção do policial no consórcio criminoso será real, o que pode representar grande risco à integridade física/vida do policial. A confecção de documentos materialmente verdadeiros com dados diferentes dos reais, nessa toada, é providência imprescindível.

desemboca na atipicidade do fato em face de ausência de antinormatividade ou em causa de exclusão da ilicitude da conduta, em face do estrito cumprimento do dever legal, a depender do entendimento adotado – o novel mandamento legal parece ter preferido a exclusão da ilicitude, em face do contido no parágrafo único do artigo 190-C, que fala da possibilidade de punição do excesso).

A primeira análise da lei leva a crer que é possível, no curso de investigação relativa aos crimes descritos no artigo 190-A do ECA:

   a) criar perfil falso de adulto, com o objetivo de se aproximar do investigado e constatar a prática delitiva (parece estar autorizado ao policial, inclusive, fazer-se passar por pedófilo para ser 1 Os artigos 10 e seguintes da Lei 12.850/13 dão os contornos legais da medida de infiltração policial no enfrentamento às organizações criminosas, mas ainda há algumas lacunas incômodas, como a citada possibilidade de confecção de documentos com dados ideologicamente falsos por órgão oficial, para proteger a identidade do policial infiltrado. incluído em grupo de troca de material pornográfico proibido, por exemplo);

   b) criação de perfil falso de criança ou adolescente, com o fito de manter contato com o investigado e colher mais elementos acerca das suas práticas delitivas.

Por óbvio, é preciso descartar materialidade decorrente de eventual provocação criminosa, que parta do agente policial infiltrado em relação ao investigado (parece-me que não é possível, por exemplo, utilizar como prova da prática de crime uma foto pornográfica proibida enviada pelo investigado a pedido do policial infiltrado que se faz passar por pedófilo).

Outrossim, é possível fazer tal operação simulada com o fito de detectar se o investigado possui acervo de imagens/vídeos proscritos e, diante desta constatação, representar ao juízo e cumprir validamente mandado de busca com consequente apreensão de outros arquivos, que não o enviado no curso da operação de infiltração.

Mostra-se possível, ainda, que se utilize de arquivos enviados sem anterior pedido do agente infiltrado, porque livres da pecha da provocação. Imagine, a título de exemplo, que o agente infiltrado, em determinada data, estimula o investigado a enviar arquivo proibido (esse arquivo enviado não deve ser usado como elemento de prova). Em outra data (e sem que o agente infiltrado peça), suponha que o investigado, já confiando no policial que se faz passar por pedófilo, envie outro arquivo proscrito – penso que este novo vídeo/foto pode ser usado tranquilamente como materialidade delitiva.

Parece-me perfeitamente possível, de igual sorte, que o policial infiltrado encaminhe material pornográfico proibido ao investigado com o fito de emprestar maior verossimilhança ao seu disfarce (não permitir tal prática findaria por inviabilizar, em grande medida, a técnica investigativa). Por óbvio, será preciso que o MP ou delegado de polícia informe tal possibilidade já na peça que pleiteia a infiltração (e que o aparelho policial documente, por meio de informação anterior à materialização da infiltração já deferida judicialmente quais imagens/vídeos serão usados no curso da investigação). Novamente aqui não haverá prática de crime pelo policial, em face da manifesta causa excludente de ilicitude (estrito cumprimento do dever legal).

É importante que se diga que os elementos probantes resultantes da infiltração (diálogos travados pelos investigados, arquivos enviados sem anterior provocação do agente infiltrado, dentre outras possibilidades), podem ser traduzidos como provas cautelares e não repetíveis, que funcionarão como lastro para ulterior decreto condenatório (ainda que produzidas no curso do inquérito policial), depois de óbvia submissão ao contraditório diferido (ou postergado), nos termos da parte final do artigo 155 do Código de Processo Penal.

Ao fim e ao cabo da investigação, o aparelho policial deverá remeter ao juízo competente relatório circunstanciado acompanhado de todos os atos eletrônicos praticados no curso da infiltração, com preservação da identidade do policial infiltrado e de crianças e adolescentes envolvidos (artigo 190-E do ECA). Penso que, apesar da lei ter sido silente quanto à necessidade de encaminhamento de relatório circunstanciado a cada pedido de renovação de prazo de infiltração, é de bom tom sua confecção e envio ao juízo competente, como forma de subsidiar o pedido de continuidade da medida cautelar.

Não é demais lembrar que não deve ser admitida a infiltração na internet por prospecção (com o fito de verificar se determinado indivíduo é envolvido com alguma das práticas listadas no artigo 190-A do ECA) – ao revés, o pleito deve ser calcado em elementos mínimos que demonstrem que o investigado pratica algum dos crimes do citado artigo, para que a medida cautelar seja deferida e que não há óbice da utilização da técnica investigativa em comento em conjunto com outras medidas cautelares/técnicas investigativas (interceptação telefônica, interceptação telemática, ação controlada, dentre outras).

Como se vê, trata-se de mandamento legal bastante útil à elucidação de crimes graves cometidos contra crianças/adolescentes e que certamente será importante arma à disposição dos órgãos de persecução penal para identificar, colher provas e responsabilizar os autores de tais delitos.

Saliento que o Pacote Anticrime acrescentou na Lei 12.850/13 a técnica de infiltração policial virtual (antes prevista apenas na Lei 8.069/90 – ECA, para apurar os crimes listados no artigo 190-A do mandamento legal).

A infiltração depende de decisão judicial atendendo a representação do delegado de polícia (será preciso parecer prévio do *Parquet*) ou requerimento do membro do Ministério Público (não é possível decretação da medida de ofício, pelo magistrado).

Os requisitos legalmente reclamados são: a) indícios de infração penal praticada por organização criminosa; b) que as provas não possam ser produzidas por outros meios disponíveis.

O prazo é de até 6 meses (o prazo da infiltração virtual prevista no ECA, como visto supra, é de 90 dias), admitidas sucessivas prorrogações, desde que não se ultrapasse o total de 720 dias.

Caso não seja obedecido o novel artigo 10-A da Lei 12.850/13, a prova obtida será nula (hipótese de prova ilegítima):

> Art. 10-A. Será admitida a ação de agentes de polícia infiltrados virtuais, obedecidos os requisitos do **caput** do art. 10, na internet, com o fim de investigar os crimes previstos nesta Lei e a eles conexos, praticados por organizações criminosas, desde que demonstrada sua necessidade e indicados o alcance das tarefas dos policiais, os nomes ou apelidos das pessoas investigadas e, quando possível, os dados de conexão ou cadastrais que permitam a identificação dessas pessoas.
>
> § 1º Para efeitos do disposto nesta Lei, consideram-se:
>
> I - dados de conexão: informações referentes a hora, data, início, término, duração, endereço de Protocolo de Internet (IP) utilizado e terminal de origem da conexão;
>
> II - dados cadastrais: informações referentes a nome e endereço de assinante ou de usuário registrado ou autenticado para a conexão a quem endereço de IP, identificação de usuário ou código de acesso tenha sido atribuído no momento da conexão.
>
> § 2º Na hipótese de representação do delegado de polícia, o juiz competente, antes de decidir, ouvirá o Ministério Público.
>
> § 3º Será admitida a infiltração se houver indícios de infração penal de que trata o art. 1º desta Lei e se as provas não puderem ser produzidas por outros meios disponíveis.
>
> § 4º A infiltração será autorizada pelo prazo de até 6 (seis) meses, sem prejuízo de eventuais renovações, mediante ordem judicial fundamentada e desde que o total não exceda a 720 (setecentos e vinte) dias e seja comprovada sua necessidade.
>
> § 5º Findo o prazo previsto no § 4º deste artigo, o relatório circunstanciado, juntamente com todos os atos eletrônicos praticados durante a operação, deverão ser registrados, gravados, armazenados e apresentados ao juiz competente, que imediatamente cientificará o Ministério Público.
>
> § 6º No curso do inquérito policial, o delegado de polícia poderá determinar aos seus agentes, e o Ministério Público e o juiz competente poderão requisitar, a qualquer tempo, relatório da atividade de infiltração.
>
> § 7º É nula a prova obtida sem a observância do disposto neste artigo.

As informações da operação de infiltração serão encaminhadas diretamente ao juiz responsável pela autorização da medida (caso decretada no curso da investigação, o juiz das garantias; caso decretada no curso do processo, o juiz da instrução e julgamento):

> Art. 10-B. As informações da operação de infiltração serão encaminhadas diretamente ao juiz responsável pela autorização da medida, que zelará por seu sigilo.

Parágrafo único. Antes da conclusão da operação, o acesso aos autos será reservado ao juiz, ao Ministério Público e ao delegado de polícia responsável pela operação, com o objetivo de garantir o sigilo das investigações.

Não comete crime (estrito cumprimento do dever legal – exclusão da ilicitude) o policial que oculta sua identidade (ou crie nova identidade) para colher indícios de autoria e materialidade dos crimes praticados pela organização criminosa. O excesso é punível.

> Art. 10-C. Não comete crime o policial que oculta a sua identidade para, por meio da internet, colher indícios de autoria e materialidade dos crimes previstos no art. 1º desta Lei.
>
> Parágrafo único. O agente policial infiltrado que deixar de observar a estrita finalidade da investigação responderá pelos excessos praticados.

Concluída a investigação, os atos eletrônicos deverão ser registrados, gravados, armazenados e encaminhados ao juiz e ao Ministério Público, junto com o relatório circunstanciado. Esses atos serão apensados ao futuro processo criminal juntamente com o inquérito policial (o artigo 10-D excepciona o quanto determinado pelo § 3º do artigo 3º-C do do Código de Processo Penal, com redação também determinada pelo Pacote Anticrime, que afirma que o inquérito deva permanecer acautelado na secretaria do juízo das garantias):

> Art. 10-D. Concluída a investigação, todos os atos eletrônicos praticados durante a operação deverão ser registrados, gravados, armazenados e encaminhados ao juiz e ao Ministério Público, juntamente com relatório circunstanciado.
>
> Parágrafo único. Os atos eletrônicos registrados citados no caput deste artigo serão reunidos em autos apartados e apensados ao processo criminal juntamente com o inquérito policial, assegurando-se a preservação da identidade do agente policial infiltrado e a intimidade dos envolvidos.

O legislador permitiu expressamente inclusão em bancos de dados próprios dos órgãos de registro e cadastro público (mediante requisição judicial), informações necessárias à efetividade da identidade fictícia criada, para robustecer a infiltração policial virtual.

Penso que tal medida (como dito supra), com ainda mais razão, deve ser permitida na infiltração policial prevista no artigo 10 da Lei 12.850/13 (com o fito de emprestar mais verossimilhança à operação de infiltração e garantir a segurança do agente infiltrado).

Eis o novo dispositivo:

> Art. 11. (...)
>
> Parágrafo único. Os órgãos de registro e cadastro público poderão incluir nos bancos de dados próprios, mediante procedimento sigiloso e requisição da autoridade judicial, as informações necessárias à efetividade da identidade fictícia criada, nos casos de infiltração de agentes na internet.

## 9.19. COLABORAÇÃO PREMIADA

O instituto foi inserido no nosso ordenamento pela Lei 12.850/13 (que define organização criminosa e dispõe sobre a investigação criminal, os meios de obtenção da prova, infrações penais correlatas e o procedimento criminal). Trata-se de importantíssima ferramenta destinada a facilitar o desbaratamento de organizações criminosas.

É preciso anotar que essa não é a única possiblidade negocial prevista em nosso ordenamento jurídico. O instituto encontra similaridade com as delações previstas no artigo 8º, parágrafo único, da Lei 8.072/90 (crimes hediondos), no § 4º do artigo 159 do Código Penal (extorsão mediante sequestro), § 5º do artigo 1º da Lei 9.613/98 (lavagem de dinheiro), artigo 41 da Lei 11.343/06 (drogas), artigo 87 da lei 12.529/11 (cartéis), artigos 13 e 14 da Lei 9.807/99 (proteção a testemunhas).Em síntese bastante apertada, colaboração premiada é o acordo firmado entre o membro de organização criminosa e o estado (representado pelo delegado de polícia ou pelo Ministério Público), por meio do qual é possível o perdão judicial, a redução da pena (até 2/3) ou a substituição da pena privativa de liberdade por restritiva de direitos do colaborador voluntário (se o acordo foi firmado antes da sentença) ou diminuição de pena (até a metade) ou progressão de regime, ainda que ausentes os requisitos objetivos (se o acordo foi firmado depois da sentença), desde que alcançado ao menos um dos resultados descritos nos incisos do artigo 4º da Lei 12.850/13.

A Procuradoria-Geral da República propôs a Ação Direta de Inconstitucionalidade 5508, com o fito de discutir a legitimidade do delegado de polícia para materializar acordo de colaboração premiada com o investigado membro de organização criminosa, no curso do inquérito policial. Em síntese, argumentou-se que os benefícios decorrentes da colaboração só poderiam ser oferecidos pelo Ministério Público, parte acusadora no futuro processo (trato apenas do acordo firmado antes do início da ação penal, por ter sido o cerne da ADI), já que se traduzem em limitações à aplicação do *jus puniendi*.

A ADI se traduziu em clara movimentação do Ministério Público no sentido de tentar limitar a atuação do Estado-investigação, sob pretenso argumento de só ao parquet cabeira dirigir-se ao juízo criminal, propondo benefícios em favor do colaborador.

É preciso lembrar três constatações que, apesar de óbvias, por vezes são esquecidas (como elas são tratadas com nesta obra em vários momentos, não me aprofundarei na análise das mesmas nesse momento): a) não há como mensurar a importância/proeminência das funções estatais de investigar e acusar; b) o trabalho investigativo da polícia é voltado à elucidação de fato supostamente criminoso e não, tão somente, à acusação; c) a natureza jurídica do cargo de delegado de polícia e a formatação do nosso sistema de persecução penal dão legitimidade à autoridade policial para subscrever, pela força do seu cargo e da instituição que preside, pleitos cautelares diretamente ao juízo competente.

Partindo das três premissas acima desenhadas, parece-me que o presidente da investigação é, sem que paire uma só sombra de dúvida, a autoridade que melhor pode avaliar a conveniência de ofertar ou não acordo de colaboração ao investigado, no curso da fase pré-processual (já que ele tem exata noção acerca do que foi produzido até então, do grau de participação do pretenso colaborador nas atividades da organização criminosa e até onde chegariam as investigações sem o auxílio deste).

Não havia porque tanta celeuma em relação à possibilidade legal de oferta de tais benesses pelo delegado de polícia. Imaginemos a seguinte situação hipotética: no curso da investigação de um furto rumoroso a uma instituição bancária (em virtude da vultosa subtração de numerário), um dos investigados pela prática do delito resolve (porque sua participação na trama foi efetivamente demonstrada pela polícia), antes do recebimento da denúncia e depois de ter sido advertido de tal possibilidade legal pela autoridade policial, restituir os valores surrupiados, voluntariamente. A apreensão pela polícia do valor da subtração ensejará futuro reconhecimento, em sede de sentença condenatória, da causa de diminuição de pena obrigatória e objetiva do artigo 16 do Código Penal (arrependimento posterior). Veja que o julgador está compelido a diminuir a pena deste autor do crime, porque presentes todas as condições reclamadas pelo dispositivo legal. A situação é idêntica no caso de colaboração premiada: há condições (o acordo se aplica a crimes cometidos por organizações criminosas, a colaboração deve ser voluntária, o colaborador precisa ser assistido por advogado, o acordo deve se limitar a um ou mais dos incisos do artigo 4º da Lei 12.850/13 e a proposta estatal deve ser limitada a uma das benesses previstas no mandamento legal em comento) que, se cumpridas fielmente pelo colaborador (se não forem é possível retratação/resição da avença), ensejarão obtenção de benefício acordado (regra da corroboração).

O que o arcabouço legislativo brasileiro reclama, quando o acordo é firmado por delegado de polícia, é parecer (não vinculante, por óbvio) do Ministério Público. Caso exista eventual divergência do parquet com o acordo feito pelo delegado com o colaborador, ela deve se cingir a dois pontos: ilegalidade ou falta de voluntariedade. A discricionariedade na oferta da benesse deve caber também ao delegado quando o acordo for formalizado no curso das investigações (justamente porque a autoridade policial é quem preside o feito investigativo e quem tem, neste momento, mais condições de saber se a proposta trará frutos ao apuratório).

Entender pela ilegitimidade do delegado de polícia para propor acordos de colaboração premiada ou limitar a legitimidade da autoridade policial à concordância do Ministério Público significaria construir barreira inexistente em nosso sistema de persecução penal, fazendo com que a polícia investigativa fosse reduzida a apêndice do órgão estatal acusador. Seria subverter a separação e a especialização de funções estatais criadas pela Constituição Federal de 1988, golpeando fortemente o combate à corrupção desenvolvido pela Polícia Federal e pelas Polícias Civis, que têm se utilizado da técnica investigativa de colaboração premiada em vários casos criminais.

Das três trilhas possíveis: a) ilegitimidade do delegado de polícia para firmar acordo de colaboração premiada; b) legitimidade do delegado para fechar acordo, mas com parecer vinculante do Ministério Público; c) legitimidade do delegado de polícia para fechar acordo de colaboração premiada, com parecer meramente opinativo do Ministério Público, venceu a última corrente, nos termos do voto do Ministro relator, Marco Aurélio. Destarte, a ADIN 5508 foi julgada improcedente, por maioria, nos seguintes termos (informativo 907):

> O Plenário, por maioria, julgou improcedente pedido formulado em ação direta para assentar a constitucionalidade dos §§ 2º e 6º do art. 4º (1) da Lei 12.850/2013, a qual define organização criminosa e dispõe sobre a investigação criminal, os meios de obtenção da prova, infrações penais correlatas e o procedimento criminal.
>
> A ação impugnava as expressões "e o delegado de polícia, nos autos do inquérito policial, com a manifestação do Ministério Público" e "entre o delegado de polícia, o investigado e o defensor, com a manifestação do Ministério Público, ou, conforme o caso", contidas nos referidos dispositivos, que conferem legitimidade ao delegado de polícia para conduzir e firmar acordos de colaboração premiada (Informativo 888).
>
> Prevaleceu o voto do ministro Marco Aurélio (relator), no sentido de que o delegado de polícia pode formalizar acordos de colaboração premiada, na fase de inquérito policial, respeitadas as prerrogativas do Ministério Público, o qual deverá se manifestar, sem caráter vinculante, previamente à decisão judicial.
>
> No que se refere ao § 2º do art. 4º da Lei 12.850/2013, o relator esclareceu que o texto confere ao delegado de polícia, no decorrer das investigações, exclusivamente no curso do inquérito policial, a faculdade de representar ao juiz, ouvido o Ministério Público, pela concessão de perdão judicial ao colaborador, ainda que esse benefício não haja sido previsto na proposta inicial, aplicando-se, no que couber, o art. 28 (2) do Código de Processo Penal (CPP). O perdão judicial é instituto que possibilita ao juiz deixar de impor sanção diante da existência de determinadas circunstâncias expressamente previstas em lei.
>
> Considerou que o dispositivo, portanto, traz nova causa de perdão judicial, admitido a depender da efetividade da colaboração. Não se trata de questão afeta ao modelo acusatório, deixando de caracterizar ofensa ao art. 129, I (3), da Constituição Federal (CF), relacionada, apenas, ao direito de punir do Estado, que se manifesta por intermédio do Poder Judiciário.
>
> A representação pelo perdão judicial, proposta pelo delegado de polícia, ante colaboração premiada, ouvido o Ministério Público, não é causa impeditiva do oferecimento da denúncia pelo órgão acusador. Uma vez comprovada a eficácia do acordo, será extinta pelo juiz, a punibilidade do delator.

Quanto ao § 6º do art. 4º da mesma lei, asseverou que o ato normativo em nenhum ponto afasta a participação do Ministério Público em acordo de colaboração premiada, ainda que ocorrido entre o delegado de polícia, o investigado e o defensor. Não há, portanto, afronta à titularidade da ação penal. Ao contrário, a legitimidade da autoridade policial para realizar as tratativas de colaboração premiada desburocratiza o instituto, sem importar ofensa a regras atinentes ao Estado Democrático de Direito, uma vez submetido o acordo à apreciação do Ministério Público e à homologação pelo Judiciário.

Embora o Ministério Público seja o titular da ação penal de iniciativa pública, não o é do direito de punir. A delação premiada não retira do órgão a exclusividade da ação penal.

A norma fixa as balizas a serem observadas na realização do acordo. Estas, porque decorrem de lei, vinculam tanto a polícia quanto o Ministério Público, tendo em vista que a nenhum outro órgão senão ao Judiciário é conferido o direito de punir.

O acordo originado da delação não fixa pena ou regime de cumprimento da sanção. Ao Poder Judiciário, com exclusividade, compete, nos termos do § 1º do art. 4º (4) da Lei 12.850/2013, para fins de concessão de vantagens, levar em conta a personalidade do delator, a natureza, as circunstâncias, a gravidade e a repercussão social do fato criminoso e a eficácia da colaboração.

Os benefícios que tenham sido ajustados não obrigam o órgão julgador, devendo ser reconhecida, na cláusula que os retrata, inspiração, presente a eficácia da delação no esclarecimento da prática delituosa, para o juiz atuar, mantendo a higidez desse instituto que, na quadra atual, tem-se mostrado importantíssimo. Longe fica o julgador de estar atrelado à dicção do Ministério Público, como se concentrasse a arte de proceder na persecução criminal, na titularidade da ação penal e, também, o julgamento, embora parte nessa mesma ação penal.

A norma legal prevê que, na prolação da sentença, serão estipulados os benefícios. Não se confunde essa definição, que só cabe a órgão julgador, com a propositura ou não da ação penal. No campo, é soberano o Ministério Público. Mas, quanto ao julgamento e à observância do que se contém na legislação em termos de vantagens, surge o primado do Judiciário. Para redução da pena, adoção de regime de cumprimento menos gravoso ou concessão do perdão judicial, há de ter-se instaurado o processo, garantindo-se a ampla defesa e o contraditório. Na sentença o juiz, ao verificar a eficácia da colaboração, fixa, em gradação adequada, os benefícios a que tem direito o delator.

Concluiu que os textos impugnados versam regras claras sobre a legitimidade do delegado de polícia na realização de acordos de colaboração premiada, estabelecendo a fase de investigações, no curso do inquérito policial, como sendo o momento em que é possível a utilização do instrumento pela autoridade policial.

Há previsão específica da manifestação do Ministério Público em todos os acordos entabulados no âmbito da polícia judiciária, garantindo-se, com isso, o devido controle externo da atividade policial já ocorrida e, se for o caso, adoção de providências e objeções.

As normas legais encontram-se em conformidade com as disposições constitucionais alusivas às polícias judiciárias e, especialmente, às atribuições conferidas aos delegados de polícia. Interpretação que vise concentrar poder no órgão acusador desvirtua a própria razão de ser da Lei 12.850/2013.

A supremacia do interesse público conduz a que o debate constitucional não seja pautado por interesses corporativos, mas por argumentos normativos acerca do desempenho das instituições no combate à criminalidade. A atuação conjunta, a cooperação entre órgãos de investigação e de persecução penal, é de relevância maior.

Vencidos, em parte, os ministros Edson Fachin, Rosa Weber, Luiz Fux e Dias Toffoli.

O ministro Edson Fachin julgou parcialmente procedente a ação, para, sem redução de texto, excluir a interpretação aos §§ 2º e 6º do art. 4º da Lei 12.850/2013 que contemple poderes aos delegados de polícia para celebrar, sem a manifestação do Ministério Público, acordo de colaboração premiada em que se estabeleça transação envolvendo o poder punitivo estatal. E, por arrastamento, declarar como excluído da expressão "ou do delegado de polícia", constante do inciso IV do art. 6º (5) da referida lei, o sentido de firmar, sem manifestação do Ministério Público, acordo de colaboração premiada.

Os ministros Rosa Weber e Luiz Fux julgaram improcedente o pedido principal, quanto à declaração da inconstitucionalidade das expressões impugnadas nos §§ 2º e 6º do art. 4º da Lei 12.850/2013, e julgaram parcialmente procedente o pedido sucessivo para dar interpretação conforme no sentido de que manifestação positiva, ou seja, a anuência do Ministério Público aos termos de colaboração premiada celebrado pelo delegado de Polícia é uma condição de procedibilidade da própria colaboração, ou seja, o juiz sequer dela conhece se não houver a anuência do Ministério Público.

O ministro Dias Toffoli julgou parcialmente procedente a ação para: 1) dar interpretação conforme ao art. 4º, § 2º, da Lei 12.850/2013, para assentar a legitimidade da autoridade policial para, diante da relevância da colaboração prestada, representar nos autos do inquérito policial ao juiz, para a concessão de perdão judicial ao colaborador, ouvido, previamente, o Ministério Público; 2) dar interpretação conforme ao art. 4º, § 6º, da Lei 12.850/2013, para assentar a legitimidade da autoridade policial para firmar acordos de colaboração premiada, desde de que, nas condições de sua proposta – art. 6º, II (6), da Lei 12.850/2013 –, somente figurem, de modo genérico, as sanções premiais expressamente previstas no art. 4º, "caput" e seu § 5º (7), da Lei 12.850/2013, a que poderá fazer jus o colaborador, a critério do juiz, em razão da efetividade de sua cooperação, exigindo-se, antes de sua homologação, a manifestação, sem caráter vinculante, do Ministério Público.

Continuemos. A avença tem dupla natureza jurídica (meio de obtenção de prova e negócio jurídico processual). Essa natureza dúplice, já ressaltada pela doutrina, foi enxertada expressamente na Lei 12.850/13 pelo Pacote Anticrime (inserção do artigo 3º-A):

> Art. 3º-A. O acordo de colaboração premiada é negócio jurídico processual e meio de obtenção de prova, que pressupõe utilidade e interesse públicos.

A natureza jurídica de negócio jurídico processual em nada impactou a legitimidade do delegado de polícia em relação à formalização de acordo de colaboração premiada. Dizer que o negócio jurídico é processual não significa que ele só pode ser firmado no curso do processo mas, tão somente, que as benesses propostas no bojo do acordo serão avaliadas e aplicadas pelo juiz na sentença.

Outra novidade interessante enxertada pelo Pacote Anticrime foi a regulamentação da negociação travada entre o membro da organização criminosa (assistido por advogado) e o aparelho estatal (delegado de polícia ou membro do Ministério Público) antes da formalização do acordo de colaboração premiada.

Nessa esteira, o novel artigo 3º-B da Lei 12.850/13 afirma que a proposta para formalização do acordo demarca o início das negociações e constitui, ainda, o marco de confidencialidade. A divulgação das tratativas iniciais ou de documento que as formalize, até o levantamento de sigilo por decisão judicial violação de sigilo, constitui violação de sigilo e quebra da confiança e da boa-fé (o que inviabiliza a formalização do acordo de colaboração premiada). Eis o caput do dispositivo mencionado:

> Art. 3º-B. O recebimento da proposta para formalização de acordo de colaboração demarca o início das negociações e constitui também marco de confidencialidade, configurando violação de sigilo e quebra da confiança e da boa-fé a divulgação de tais tratativas iniciais ou de documento que as formalize, até o levantamento de sigilo por decisão judicial.

Caso o delegado de polícia ou o agente ministerial não se interesse pela proposta apresentada pelo membro da organização criminosa investigada, é possível o indeferimento sumário desta[115]:

> Art. 3º-B (...)
> § 1º A proposta de acordo de colaboração premiada poderá ser sumariamente indeferida, com a devida justificativa, cientificando-se o interessado.

Observo que nada impede que, tendo sido a proposta de acordo sumariamente indeferida pelo Ministério Público, o investigado e seu advogado procurem o delegado de polícia e que este dê andamento às tratativas para formalização da avença, isso porque a legitimidade para firmar acordo de colaboração premiada é concorrente (nos autos da ADI 5508[116], como dito supra, o

---

115. O Supremo Tribunal Federal decidiu, no bojo do MS 35693 (relatoria do Ministro Edson Fachin), que o membro de organização criminosa não tem direito líquido e certo à materialização de acordo de colaboração premiada.
116. DELAÇÃO PREMIADA – ACORDO – CLÁUSULAS. O acordo alinhavado com o colaborador, quer mediante atuação do Ministério Público, quer da Polícia, há de observar, sob o ângulo formal e material, as normas legais e constitucionais. DELAÇÃO PREMIADA – ACORDO – POLÍCIA. O acordo

Supremo Tribunal Federal entendeu que a autoridade policial é parte legítima para firmar o negócio jurídico e o parecer do Ministério Público, nesse cenário, é meramente opinativo).

Se a proposta não for sumariamente indeferida pelo delegado de polícia ou membro do Ministério Público, firma-se termo de confidencialidade para que seja possível prosseguir nas tratativas. A assinatura do termo vincula o(s) órgão(s) envolvido(s) e impede indeferimento posterior sem justa causa (em respeito ao princípio da boa-fé). Explico. Suponha que um delegado de polícia tenha assinado termo de confidencialidade com o investigado e seu advogado e, após, tenha sido removido para outra unidade policial. O delegado de polícia que assumir a investigação fica vinculado ao termo assinado por seu antecessor e deverá prosseguir nas negociações até a final formalização do acordo de colaboração premiada (eventual indeferimento ulterior é condicionado à existência de justa causa). O § 2º do artigo 3º-B da Lei 12.850/13 objetiva conferir segurança jurídica às tratativas visando formalização de acordo de colaboração premiada, ressaltando o princípio da impessoalidade (o delegado de polícia ou promotor de justiça atuam em nome da instituição e não em nome próprio):

> Art. 3º-B (...)
>
> § 2º Caso não haja indeferimento sumário, as partes deverão firmar Termo de Confidencialidade para prosseguimento das tratativas, o que vinculará os órgãos envolvidos na negociação e impedirá o indeferimento posterior sem justa causa.

O recebimento da proposta de colaboração ou a assinatura de termo de confidencialidade não implica necessariamente suspensão da investigação (§ 3º do artigo 3º-B da Lei 12.850/13[117]). É preciso lembrar que a colaboração premiada é meio de obtenção de prova e não deve ser a única arma estatal para desarticular a organização criminosa investigada.

Aliás, é preciso que se diga que, via de regra, não há altruísmo do colaborador quando se propõe a fornecer elementos aptos a desarticular a organização

---

formalizado mediante a atuação da Polícia pressupõe a fase de inquérito policial, cabendo a manifestação, posterior, do Ministério Público. DELAÇÃO PREMIADA – ACORDO – BENEFÍCIOS – HOMOLOGAÇÃO. A homologação do acordo faz-se considerados os aspectos formais e a licitude do que contido nas cláusulas que o revelam. DELAÇÃO PREMIADA – ACORDO – BENEFÍCIO. Os benefícios sinalizados no acordo ficam submetidos a concretude e eficácia do que versado pelo delator, cabendo a definição final mediante sentença, considerada a atuação do órgão julgador, do Estado-juiz (ADI 5508, Relator(a): MARCO AURÉLIO, Tribunal Pleno, julgado em 20/06/2018, PROCESSO ELETRÔNICO DJe-241 DIVULG 04-11-2019 PUBLIC 05-11-2019).

117. Art. 3º-B (...)

§ 3º O recebimento de proposta de colaboração para análise ou o Termo de Confidencialidade não implica, por si só, a suspensão da investigação, ressalvado acordo em contrário quanto à propositura de medidas processuais penais cautelares e assecuratórias, bem como medidas processuais cíveis admitidas pela legislação processual civil em vigor.

criminosa da qual ele fazia parte. A quebra da omertà[118] só é materializada quando o investigado tem convicção de que sua situação processual na persecução penal é muito desfavorável.

É fantasioso imaginar que a investigação se inicia com a colaboração de um membro arrependido da agremiação criminosa. Normalmente, o que se observa é a produção de fortes elementos informativos e provas no bojo do inquérito pelo aparelho policial. Quando o investigado percebe que seus crimes foram descortinados e que a futura (e dura) condenação é um horizonte provável, consulta seu advogado e passa a pensar na colaboração premiada (focado nas benesses que a avença pode trazer e não na nobreza do auxílio prestado à sociedade).

Antes de firmar acordo de colaboração premiada, pode ser necessário implementar diligências, com o fito de identificação ou complementação de seu objeto, dos fatos narrados, definição jurídica, relevância, utilidade e interesse público:

> Art. 3º-B (...)
> § 4º O acordo de colaboração premiada poderá ser precedido de instrução, quando houver necessidade de identificação ou complementação de seu objeto, dos fatos narrados, sua definição jurídica, relevância, utilidade e interesse público.

Como negócio jurídico que é, o acordo precisa ser útil às partes. Assim é que o delegado de polícia ou o membro do Ministério Público precisa avaliar com parcimônia se os elementos de convicção prometidos pelo pretenso colaborador trarão modificação significativa na realidade probante da persecução penal. Caso o membro da organização criminosa prometa elementos frágeis, imprecisos e incapazes de contribuir com a efetiva desarticulação do consórcio criminoso, é dever do representante estatal recusar a avença.

O § 5º do artigo 3º-B da Lei 12.850/13 determina que os termos de recebimento da proposta e de confidencialidade deve ser elaborado pelo delegado de polícia ou membro do Ministério Público e assinado por ele, pelo colaborador e pelo advogado ou defensor público com poderes específicos:

> Art. 3º-B (...)
> § 5º Os termos de recebimento de proposta de colaboração e de confidencialidade serão elaborados pelo celebrante e assinados por ele, pelo colaborador e pelo advogado ou defensor público com poderes específicos.

Se o acordo não for celebrado por iniciativa do delegado de polícia ou do Ministério Público, esse não poderá se valer de nenhuma das informações ou

---

118. Voto de silêncio, decorrente do "Código de Honra" dos mafiosos (a expressão surgiu no sul da Itália).

provas apresentadas pelo colaborador para qualquer finalidade (em face do princípio da boa-fé). A contrário senso, parece-me que se o pretenso colaborador tiver dado causa a não finalização da avença, será possível a utilização das informações ou provas apresentadas (ressalvadas as informações e provas autoincriminatórias, que não devem ser utilizadas em nenhuma hipótese):

> Art. 3º-B (...)
>
> § 6º Na hipótese de não ser celebrado o acordo por iniciativa do celebrante, esse não poderá se valer de nenhuma das informações ou provas apresentadas pelo colaborador, de boa-fé, para qualquer outra finalidade.

Nessa toada, a 2ª Turma do STF deixou claro que há diferença entre colaboração premiada e acordo de colaboração premiada (a primeira constitui concessão de prêmio previsto em lei pela efetiva colaboração do réu com o Estado; o segundo é negócio jurídico firmado entre o Estado e o colaborador), frisou que os elementos fornecidos pelo integrante de organização criminosa nas negociações com o Estado não podem ser usados caso o acordo de colaboração não seja firmado (princípio da lealdade) e que é possível aplicação analógica do artigo 28 do Código de Processo Penal para submeter a negativa do Ministério Público na formalização da avença ao Procurador-Geral de Justiça (Ministério Público Estadual) ou à Câmara de Coordenação e Revisão (Ministério Público Federal). Eis o informativo citado:

> O colegiado entendeu inexistir direito líquido e certo a compelir o ministério público à celebração do acordo de delação premiada, diante das características do acordo de colaboração premiada e da necessidade de distanciamento do Estado-juiz do cenário investigativo.
>
> Observou que, na linha do que decidido no HC 127.483, o acordo de colaboração premiada, além de meio de obtenção de prova, constitui negócio jurídico processual personalíssimo, cuja conveniência e oportunidade não se submetem ao escrutínio do Estado-juiz. Trata-se, portanto, de ato voluntário por essência, insuscetível de imposição judicial. Ademais, no âmbito da formação do acordo de colaboração premiada, o juiz não pode participar das negociações realizadas entre as partes, por expressa vedação legal (Lei 12.850/2013, art. 4º, § 6º) (1). Isso decorre do sistema acusatório, que desmembra os papéis de investigar e acusar e aqueles de defender e julgar e atribui missão própria a cada sujeito processual.
>
> Aduziu ser possível cogitar que o acusado ostente direito subjetivo à colaboração (atividade, e não negócio jurídico), comportamento processual sujeito ao oportuno exame do Poder Judiciário, por ocasião da sentença. Essa compreensão, no entanto, não se estende, necessariamente, ao âmbito negocial.
>
> Ao fazer a distinção entre a colaboração premiada e o acordo de colaboração premiada, frisou que a primeira é realidade jurídica em si mais ampla que o segundo. Explicou que uma coisa é o direito subjetivo à colaboração e, em contrapartida, a percepção de sanção premial correspondente a ser concedida pelo Poder Judiciário. Situação diversa é a afirmação de que a atividade colaborativa traduz a imposição do Poder Judiciário ao ministério público para fim de celebrar acordo

de colaboração ainda que ausente voluntariedade ministerial. Citou, no ponto, o disposto no § 2º do art. 4º da Lei 12.850/2013 (2), que estabelece a possibilidade, em tese, até mesmo de perdão judicial, ainda que referida sanção premial não tenha sido prevista na proposta inicial. Registrou que, no mesmo sentido, diversos diplomas normativos antecedentes à Lei 12.850/2013 já previam essa possibilidade de concessão de sanção premial, sem a exigência da celebração de acordo de colaboração, o qual, embora confira maior segurança jurídica à esfera do colaborador, não se revela indispensável à mitigação da pretensão punitiva. Portanto, independentemente da formalização de ato negocial, persiste a possibilidade, em tese, de adoção de postura colaborativa e, ainda em tese, a concessão judicial de sanção premial condizente com esse comportamento.

Considerou, também, as razões explicitadas pelo ministério público, em sede de discricionariedade regrada, para afastar, no caso concreto, a celebração do acordo de colaboração. A PGR afirmou que os elementos de corroboração apresentados não se revestem da consistência necessária à elucidação do que relatado, nem são conclusivos quanto à certificação das irregularidades apontadas, para afastar, no caso concreto, a celebração do acordo de colaboração. Essa motivada valoração, sob o ponto de vista negocial, não se submete ao crivo do Poder Judiciário, sob pena de se afetar, diretamente, a própria formação da independente convicção ministerial. Por isso, com fundamento no princípio acusatório, cabe exclusivamente ao ministério público avaliar a conveniência e a oportunidade de celebração do ato negocial, resguardando-se os direitos do agente em caso de não formalização do acordo de efetiva colaboração ao exame dessa colaboração pelo Estado-juiz na fase de sentença.

Evidenciou que a ausência de acordo de colaboração, em tese, pode se submeter a eventual escrutínio implementado no seio do próprio ministério público, aplicando-se, por analogia, o art. 28 do Código de Processo Penal (CPP) (3). Essa realidade, no entanto, não se coloca no caso concreto, visto que o ato coator é atribuído à PGR, chefe do Ministério Público da União, o que atrai a incidência da regra que prescreve a inviabilidade de atuação das câmaras de coordenação e revisão nessa hipótese [Lei Complementar 75/1993 (LC), art. 25 c/c o art. 62, IV] (4).

Por fim, o colegiado atentou para o fato de que a autoridade apontada como coatora, ao rejeitar a proposta de formalização do acordo, determinou a devolução, ao impetrante, dos anexos e documentos de corroboração eventualmente fornecidos. Afirmou que esses documentos não consubstanciam elementos de prova, ou seja, não integram arcabouço apto a propiciar a demonstração de possíveis teses acusatórias vertidas pelo titular da ação penal.

O ministro Gilmar Mendes acompanhou o voto do relator, mas, à guisa de obiter dictum, assentou premissas ao modelo de colaboração premiada brasileiro diante de omissões relevantes na legislação pertinente. As premissas foram endossadas pelos ministros Celso de Mello e Ricardo Lewandowski.

Para o ministro Gilmar Mendes, a negativa de realização do acordo por parte do órgão acusador deve ser devidamente motivada e orientada pelos critérios definidos em lei. Essa recusa também pode ser objeto de controle por órgão superior no âmbito do ministério público, por aplicação analógica do art. 28 do CPP. Ademais, informações ou elementos produzidos por investigados em negociações de acordo de colaboração premiada não formalizado não podem ser utilizadas na persecução penal. Por fim, o juiz, na sentença, pode conceder benefício ao investigado mesmo sem prévia homologação de acordo de colaboração premiada.

O ministro Celso de Mello ressaltou a importância de se estabelecer esses parâmetros em ordem a evitar abusos por parte do Estado e frustração da confiança depositada nos seus agentes por potenciais agentes colaboradores.

Nos termos do novel artigo 3º-C da Lei 12.850/13[119] (enxertado pelo Pacote Anticrime), a proposta de colaboração premiada reclama outorga, pelo suposto membro de organização criminosa, de procuração com poderes específicos (tanto para o advogado, quanto para o defensor público). Todas as negociações, aliás, precisam ser realizadas com a presença da defesa técnica do futuro colaborador.

Se for detectado conflito de interesses entre o advogado e o colaborador (caso aquele defenda os interesses de mais de um investigado ou réu, por exemplo) ou de hipossuficiência, o delegado de polícia ou membro do Ministério Público deverá solicitar a presença de outro advogado ou participação da Defensoria Pública, conforme o caso.

O primeiro passo para início das negociações é o pretenso colaborador admitir ser membro da organização criminosa investigada. Nessa esteira, há a necessidade de narração dos fatos ilícitos para os quais concorreu e que tenham relação direita com os fatos investigados (não será obrigatório/necessário a confissão de infrações penais absolutamente alheias às investigadas no bojo do feito, contudo, caso o investigado não admita, de logo, fatos criminosos já conhecidos e apurados ou crimes conexos, isso pode ser interpretado como quebra da boa-fé necessária ao prosseguimento das negociações, justificando indeferimento da avença ou mesmo retratação da colaboração).

O colaborador deve instruir a proposta de colaboração com todos os elementos probantes necessários à corroboração de suas alegações (isso é extremamente importante, considerando que não é possível decretação de medidas cautelares reais/pessoais, recebimento da denúncia/queixa ou condenação de réus com base exclusivamente nas declarações do colaborador). Exemplifico: se o pretenso colaborador fala da existência de uma transferência ilícita para a conta de outro membro da organização criminosa, haverá a necessidade de

---

119. Art. 3º-C. A proposta de colaboração premiada deve estar instruída com procuração do interessado com poderes específicos para iniciar o procedimento de colaboração e suas tratativas, ou firmada pessoalmente pela parte que pretende a colaboração e seu advogado ou defensor público.

§ 1º Nenhuma tratativa sobre colaboração premiada deve ser realizada sem a presença de advogado constituído ou defensor público.

§ 2º Em caso de eventual conflito de interesses, ou de colaborador hipossuficiente, o celebrante deverá solicitar a presença de outro advogado ou a participação de defensor público.

§ 3º No acordo de colaboração premiada, o colaborador deve narrar todos os fatos ilícitos para os quais concorreu e que tenham relação direta com os fatos investigados.

§ 4º Incumbe à defesa instruir a proposta de colaboração e os anexos com os fatos adequadamente descritos, com todas as suas circunstâncias, indicando as provas e os elementos de corroboração.

demonstração dessa fala (entrega, por exemplo, do comprovante bancário da operação).

Para estudar com profundidade o acordo de colaboração premiada, é importante transcrever os incisos do artigo 4º do citado mandamento legal:

> Art. 4º O juiz poderá, a requerimento das partes, conceder o perdão judicial, reduzir em até 2/3 (dois terços) a pena privativa de liberdade ou substituí-la por restritiva de direitos daquele que tenha colaborado efetiva e voluntariamente com a investigação e com o processo criminal, desde que dessa colaboração advenha um ou mais dos seguintes resultados:
> 
> I – a identificação dos demais coautores e partícipes da organização criminosa e das infrações penais por eles praticadas;
> 
> II – a revelação da estrutura hierárquica e da divisão de tarefas da organização criminosa;
> 
> III – a prevenção de infrações penais decorrentes das atividades da organização criminosa;
> 
> IV – a recuperação total ou parcial do produto ou do proveito das infrações penais praticadas pela organização criminosa;
> 
> V – a localização de eventual vítima com a sua integridade física preservada.

Em primeiro lugar, é preciso dizer que os objetivos descritos no artigo acima transcrito não são cumulativos (pela redação do dispositivo, basta a materialização de um dos cinco escopos para que seja possível materializar a colaboração).

O inciso I fala na identificação de demais coautores e partícipes da organização criminosa e das infrações penais por eles praticadas. Trata-se de dispositivo da maior importância no desbaratamento de agremiação criminosa, já que possibilita conhecer quem são os membros do consórcio ilícito. Óbvio que se reclama a identificação completa de coautores e partícipes (e não apenas apelidos ou elementos qualificativos rasos) e, além disso, que o colaborador indique a exata atuação do comparsa delatado. Importante salientar, na lição de Rogério Sanches e Ronaldo Pinto, que as infrações penais reveladas pelo colaborador devem ser as apuradas no inquérito ou processo no qual se deu a colaboração[120]. Nucci[121] adverte que:

> Há de se conceder valor à delação de um membro da organização, identificando os demais e crimes suficientes a envolver todos os apontados, independentemente de esgotar as práticas delitivas; afinal, uma organização de amplo alcance comete inúmeras infrações eu nem mesmo todos os seus integrantes conhecem.

---

120. SANCHES CUNHA, Rogério e PINTO, Ronaldo Batista. **Obra acima citada**, páginas 41/42.
121. NUCCI, Guilherme de Souza. **Obra acima citada**, página 52.

Óbvio que o colaborador vai delatar apenas os membros da organização que conhece (e indicar os crimes por eles praticados). O delegado de polícia ou o MP deve analisar se a descoberta de tais nomes e da participação de cada um dos personagens indicados pelo colaborador é valiosa o suficiente para servir de fundamento para um acordo de colaboração. Quanto mais importante for o membro delatado, mais interessante para o estado a avença.

O inciso II fala da revelação da estrutura hierárquica e da divisão de tarefas da organização criminosa. É delação das mais importantes. Entender o funcionamento da agremiação é fundamental para seu completo desbaratamento. Óbvio que nem todo criminoso conhece a organização por completo (a hierarquia do grupo normalmente impede que bandidos que atuem na base conheçam e saibam as tarefas dos que estão no comando). Uma vez mais cabe à autoridade policial e ao MP verificar se conhecer a estrutura da célula onde trabalha o colaborador é suficiente para a oferta do acordo de colaboração.

O inciso III trata da prevenção de infrações decorrentes da atividade da organização criminosa reprimida. Trata-se de dispositivo muito importante, mas de difícil comprovação efetiva (da sua implementação), já que é muito complicado concluir que determinados crimes deixaram de ser praticados em face das informações prestadas pelo colaborador.

O inciso IV trata da recuperação total ou parcial do produto ou do proveito das infrações penais praticadas pela organização criminosa. O dispositivo não gera maior dúvida. Sua razão de existir é a nobre tentativa de descapitalizar a organização criminosa. É indubitável que, estando o organismo desprovido de fundos, será mais fácil desarticulá-lo (o crime precisa de dinheiro para corromper autoridades públicas, pagar honorários de advogados, custear sua operação, sustentar famílias de líderes momentaneamente presos, etc).

O inciso V menciona a localização de eventual vítima com sua integridade física preservada. Veja-se que não basta que a vítima seja encontrada graças à informação prestada pelo colaborador, sendo necessário que a integridade física daquela esteja preservada (se ela for encontrada morta ou se sua integridade física estiver seriamente comprometida, não há como entender adimplida a exigência). Rogério Sanches e Ronaldo Pinto lembram que "o legislador não fez qualquer menção à integridade psicológica". Assim é que se integridade psicológica da vítima estiver comprometida (em sequestros, por exemplo), ainda é possível se falar em colaboração premiada.

Continuemos, com a análise do restante do artigo 4º. O § 1º do artigo 4º da Lei 12.850/13 determina que a concessão do benefício leve em conta a personalidade do colaborador, a natureza, as circunstâncias, a gravidade e a repercussão social do fato criminoso e a eficácia da colaboração.

O § 2º do mesmo artigo 4º informa que, a depender da relevância da colaboração prestada, o Ministério Público (tanto no inquérito, quanto no processo), e o delegado de polícia (no curso da investigação pré-processual), com a manifestação do Ministério Público, poderão requerer (o MP) ou representar (o delegado) ao juiz pela concessão de perdão judicial ao colaborador, ainda que esse benefício não tenha sido previsto na proposta inicial. Como há tal permissivo, nada impede que seja proposta benesse de menor espectro (redução de pena ou substituição de pena privativa de liberdade por restritiva de direitos) e, a depender resultado alcançado utilizando-se as informações prestadas pelo colaborador, seja proposto o perdão judicial (é de bom tom que assim seja feito como regra, para manter o estímulo ao colaborador – quanto melhor o resultado, maior o benefício).

Não há nada que impeça a inclusão da liberdade provisória do colaborador como cláusula do acordo (ainda que tal possibilidade não seja explicitamente aventada pela Lei 12.850/13). Caso se perceba descumprimento do quanto prometido pelo colaborador, de igual sorte, é possível nova decretação da segregação processual. Eis julgado do Superior Tribunal de Justiça[122] que trata do tema:

> PROCESSUAL PENAL. RECURSO ORDINÁRIO EM HABEAS CORPUS. OPERAÇÃO "LAVA-JATO". PRISÃO PREVENTIVA. ALEGAÇÃO DE INIDONEIDADE DA FUNDAMENTAÇÃO DO DECRETO PRISIONAL. QUEBRA DO ACORDO DE COLABORAÇÃO PREMIADA E RISCO À APLICAÇÃO DA LEI PENAL. FUNDAMENTOS VÁLIDOS A AMPARAR A SEGREGAÇÃO CAUTELAR. RECURSO DESPROVIDO. I – Não há óbice em se decretar a prisão preventiva no ensejo da prolação de sentença condenatória, quando presentes os requisitos legais. Possibilidade que ressai evidente do art. 387, par. 1º, do Código de Processo Penal. II – A existência de dados concretos, relacionados ao comportamento pretérito do acusado, somado à sua disponibilidade de recursos financeiros, são hábeis a revelar que a sua colocação em liberdade implicaria em riscos para a aplicação da lei penal, por isso que viabilizada a prisão preventiva sob este fundamento, máxime se decretada na sentença condenatória. III - A quebra das obrigações assumidas pelo acusado-colaborador, em si mesma, não faz despontar os requisitos da prisão preventiva, quando estes, em nenhum momento precedente, fizeram-se presentes, nos casos em que o acordo celebrou-se com réu que ostentava a condição de liberdade. IV - Hipótese diversa, em que a celebração do acordo de colaboração premiada houve de ensejar a concessão da liberdade provisória a acusado que se encontrava preso, fundada numa inequívoca expectativa de que dar-se-ia escorreito o cumprimento do acordado. V - No âmbito do acordo de colaboração premiada, conforme delineado pela legislação brasileira, não é lícita a inclusão de cláusulas concernentes às medidas cautelares de cunho pessoal, e, portanto, não é a partir dos termos do acordo que se cogitará da concessão ou não de liberdade provisória ao acusado que, ao celebrá-lo, encontre-se preso preventivamente. Segundo a dicção do art. 4º, da Lei 12850/2013, a extensão do acordo de colaboração limita-se a aspectos relacionados com a imposição de pena futura, isto é, alude-se à matéria situada no campo do direito material, e

---

122. STJ, RHC 76026/RS, 5ª Turma, rel. Min. Felix Fischer, DJe 11/10/2016.

não do processo. VI - Nos casos em que a liberação do acusado derivou da expectativa fundada de que, com o acordo, haveria de prestar a colaboração a que se incumbiu, não se exclui, verificadas as particularidades da situação, possa-se restabelecer a segregação cautelar. VII - Será de avaliar-se, em cada caso, a extensão do olvido com que se houve o colaborador, frente aos termos do acordo, porquanto não é apenas a circunstância de seu descumprimento que determinará a retomada da prisão preventiva, quando essa foi afastada à conta de sua celebração. VIII - Nos casos em que a intensidade do descumprimento do acordo de colaboração mostrar-se relevante, a frustração da expectativa gerada com o comportamento tíbio do colaborador permite o revigoramento da segregação cautelar, mormente quando seu precedente afastamento deu-se pelo só fato da promessa homologada de colaboração. Recurso ordinário desprovido.

O acordo de colaboração deve ser confeccionado por escrito pelo delegado de polícia (no curso do inquérito policial) ou pelo Ministério Público (durante o inquérito ou no bojo do processo), com participação do investigado/acusado e seu defensor. O juiz não deve participar das negociações, na forma do § 6º do artigo 4º da Lei 12.850/13.

A avença deverá conter: a) relato da colaboração e previsão de resultados (pelo menos um dos descritos no artigo 4º da Lei 12.850/13); b) as condições propostas pelo MP ou pelo delegado de polícia (quais os benefícios propostos ao colaborador, caso ele cumpra os objetivos); c) a declaração de aceitação do colaborador e de seu advogado (aquele deve ser assistido por defensor – garantia de que o colaborador está ciente de toda repercussão jurídica do acordo); d) assinaturas dos envolvidos; e) eventuais medidas de proteção ao colaborador e a sua família. É cumprir os tópicos relacionados no artigo 6º da Lei 12.850/13:

> Art. 6º O termo de acordo da colaboração premiada deverá ser feito por escrito e conter:
> I - o relato da colaboração e seus possíveis resultados;
> II - as condições da proposta do Ministério Público ou do delegado de polícia;
> III - a declaração de aceitação do colaborador e de seu defensor;
> IV - as assinaturas do representante do Ministério Público ou do delegado de polícia, do colaborador e de seu defensor;
> V - a especificação das medidas de proteção ao colaborador e à sua família, quando necessário.

O § 13 do artigo 4º da Lei 12.850/13 tem nova redação (determinada pelo Pacote Anticrime). O registro das tratativas e dos atos de colaboração agora deve ser obrigatoriamente feito pelos meios ou recursos de gravação magnética, estenotipia, digital ou técnica similar, inclusive audiovisual, destinados a obter maior fidelidade das informações, garantindo-se disponibilização de cópia do material ao colaborador (antes a Lei 12.850/13 afirmava que a gravação das tratativas e da colaboração por sistema audiovisual devia ser materializada "sempre que possível" e não era outorgada cópia das gravações ao colaborador). Em boa hora a alteração:

> Art. 4º (...)
> § 13. O registro das tratativas e dos atos de colaboração deverá ser feito pelos meios ou recursos de gravação magnética, estenotipia, digital ou técnica similar, inclusive audiovisual, destinados a obter maior fidelidade das informações, garantindo-se a disponibilização de cópia do material ao colaborador.

O pedido de homologação do acordo de colaboração será sigilosamente distribuído (acompanhado das declarações do colaborador e de cópia da investigação), contendo apenas informações que não possam identificar o colaborador e o seu objeto (artigo 7º da Lei 12.850/13). O juiz decidirá no prazo de 48 (quarenta e oito) horas.

O § 7º do artigo 4º da Lei 12.850/13 foi alterado pela Lei 13.964/19. Antes do Pacote Anticrime, o juiz devia analisar, para homologação do acordo de colaboração premiada, a regularidade, a legalidade e a voluntariedade da avença. Os requisitos reclamados pela lei para homologação do acordo foram ampliados.

Não será possível oferta de benesse que viole o regime inicial de cumprimento de pena determinado segundo os parâmetros delimitados pelo artigo 33 do Código Penal (uma cláusula que proponha que o colaborador inicie o cumprimento de pena no regime semiaberto, mesmo se a pena aplicada pelo magistrado for superior a 8 anos, por exemplo). Não é possível, de igual sorte, cláusula que viole as regras de cada um dos regimes de cumprimento de pena previstos no Código Penal e na Lei de Execução Penal ou os requisitos de progressão de regime não abrangidos pelo § 5º do artigo 4º da Lei 12.850/13 (o mandamento legal só autoriza alteração nos requisitos objetivos da progressão, em avença firmada depois da sentença):

> Art. 4º (...)
> § 7º Realizado o acordo na forma do § 6º deste artigo, serão remetidos ao juiz, para análise, o respectivo termo, as declarações do colaborador e cópia da investigação, devendo o juiz ouvir sigilosamente o colaborador, acompanhado de seu defensor, oportunidade em que analisará os seguintes aspectos na homologação:
> I - regularidade e legalidade;
> II - adequação dos benefícios pactuados àqueles previstos no caput e nos §§ 4º e 5º deste artigo, sendo nulas as cláusulas que violem o critério de definição do regime inicial de cumprimento de pena do art. 33 do Decreto-Lei nº 2.848, de 7 de dezembro de 1940 (Código Penal), as regras de cada um dos regimes previstos no Código Penal e na Lei nº 7.210, de 11 de julho de 1984 (Lei de Execução Penal) e os requisitos de progressão de regime não abrangidos pelo § 5º deste artigo;

III - adequação dos resultados da colaboração aos resultados mínimos exigidos nos incisos I, II, III, IV e V do caput deste artigo;

IV - voluntariedade da manifestação de vontade, especialmente nos casos em que o colaborador está ou esteve sob efeito de medidas cautelares.

O novel § 7º-A do artigo 4º da Lei 12.850/13 determina que o juiz proceda à análise fundamentada do mérito da denúncia, do perdão judicial e das primeiras etapas da aplicação de pena antes de conceder os benefícios pactuados (isso indica que os benefícios serão analisados no bojo da sentença):

> Art. 4º (...)
>
> § 7º-A O juiz ou o tribunal deve proceder à análise fundamentada do mérito da denúncia, do perdão judicial e das primeiras etapas de aplicação da pena, nos termos do Decreto-Lei nº 2.848, de 7 de dezembro de 1940 (Código Penal) e do Decreto-Lei nº 3.689, de 3 de outubro de 1941 (Código de Processo Penal), antes de conceder os benefícios pactuados, exceto quando o acordo prever o não oferecimento da denúncia na forma dos §§ 4º e 4º-A deste artigo ou já tiver sido proferida sentença.

Não pode haver cláusula que impeça a impugnação da decisão homologatória do acordo (ela é nula de pleno direito):

> Art. 4º. (...)
>
> § 7º-B. São nulas de pleno direito as previsões de renúncia ao direito de impugnar a decisão homologatória.

Se a proposta não atender aos requisitos legais, o juiz deve recusar a homologação e remeter a mesma às partes, para as adequações necessárias (a redação anterior do dispositivo permitia ao juiz, de ofício, proceder às adequações que entendesse necessárias – a alteração foi oportuna, para garantir a inércia do magistrado e, consequentemente, sua imparcialidade):

> Art. 4º (...)
>
> § 8º O juiz poderá recusar a homologação da proposta que não atender aos requisitos legais, devolvendo-a às partes para as adequações necessárias.

Impende ressaltar que em órgãos colegiados, é o relator quem deve homologar o acordo de colaboração premiada e dita homologação deve se circunscrever à análise do quanto desenhado nos parágrafos acima analisados (o Judiciário não deve adentrar no mérito do quanto acordado e o acordo deve ser observado, caso o colaborador tenha cumprido com suas obrigações), tal qual decidido pelo Supremo Tribunal Federal (nos autos de Questão de Ordem na Petição 7074):

Preliminarmente, o Tribunal, por maioria, vencidos os Ministros Marco Aurélio e Gilmar Mendes, resolveu questão de ordem suscitada pelo Ministro Marco Aurélio no sentido de que o entendimento adotado no julgamento da questão de ordem na PET 7074 se estende a outros casos. Em seguida, o Tribunal, nos termos do voto do Relator, ora reajustado, resolveu questão de ordem no sentido de reafirmar, nos limites dos § 7º e § 11 do art. 4º da Lei 12.850/2013, e incs. I e II do art. 21 do RI/STF: I) a atribuição do Relator para, monocraticamente, homologar acordos de colaboração premiada, oportunidade na qual se limita ao juízo de regularidade, legalidade e voluntariedade da avença, vencidos os Ministros Gilmar Mendes e Marco Aurélio; II) a competência colegiada do Supremo Tribunal Federal, em decisão final de mérito, para avaliar o cumprimento dos termos bem como a eficácia do acordo, vencidos, nos termos de seus votos, os Ministros Ricardo Lewandowski, Gilmar Mendes e Marco Aurélio; III) que o acordo homologado como regular, voluntário e legal em regra haverá de ser observado mediante o cumprimento dos deveres assumidos pelo colaborador, sendo possível ao Plenário a análise de sua legalidade, nos termos do § 4º do art. 966 do CPC. Ausente o Ministro Ricardo Lewandowski, participando do Seminário de Verão 2017, na Faculdade de Direito da Universidade de Coimbra, em Portugal. Presidiu o julgamento a Ministra Cármen Lúcia. Plenário, 29.6.2017.

Importante salientar que caso seja delatado um imputado com prerrogativa de foro, a homologação do acordo de colaboração premiada deve ser feita pelo tribunal competente para julgar a autoridade implicada na colaboração, segundo entendimento do Supremo Tribunal Federal (informativo 895):

No caso, o investigado celebrou acordo de colaboração com o Ministério Público estadual, o qual foi homologado pelo juiz. O acordo foi rescindido e outro foi firmado e homologado, com os mesmos sujeitos. O colaborador imputou delitos ao governador. Sustentou que um grupo de auditores da Receita estadual cobrava de empresários vantagem indevida para deixar de apurar ou reduzir tributos. Durante o período eleitoral de 2014, parte dos recursos teria sido repassada à campanha do paciente para o cargo de governador. Como corroboração, o colaborador apresentou nota de compra de compensados, com endereço de entrega na sede do comitê eleitoral da campanha do paciente. A despeito de terem sido imputados delitos ao governador, a colaboração não foi realizada pela Procuradoria-Geral da República, tampouco foi submetida à homologação pelo STJ.

Posteriormente, o STJ analisou a validade do acordo, em sede de reclamação. Reconheceu a usurpação da própria competência, mas apenas após a homologação do acordo. Conforme a decisão, até os depoimentos do colaborador, não havia elementos contra autoridades com prerrogativa de foro. Como os elementos que atraíram a competência do STJ teriam surgido com o acordo, teria sido correto homologar o acordo e, em seguida, remeter os autos ao STJ.

Essa interpretação, contudo, está em descompasso com o entendimento do STF, segundo o qual a delação de autoridade com prerrogativa de foro atrai a competência do tribunal competente para a respectiva homologação e, em consequência, do órgão do Ministério Público respectivo - STF. 2ª Turma. HC 151605/PR, Rel. Min. Gilmar Mendes, julgado em 20/3/2018 (Informativo 895).

O Superior Tribunal de Justiça, entendeu, diante do mesmo caso (como visto supra), que a homologação do acordo podia ser feita pelo juízo de piso (informativo 612):

> A homologação de acordo de colaboração premiada por juiz de 1º grau de jurisdição, que mencione autoridade com prerrogativa de foro no STJ, não traduz em usurpação de competência deste Tribunal Superior. - STJ. Corte Especial. Rcl 31.629-PR, Rel. Min. Nancy Andrighi, julgado em 20/09/2017 (Informativo 612).

Entendo que razão assiste ao Pretório Excelso. Caso o colaborador finde delatando integrante da organização criminosa que detenha prerrogativa de foro, o acordo de colaboração premiada firmado deve ser encaminhado ao Tribunal competente para, futuramente, julgar a autoridade. Homologado o acordo, o Areópago pode decidir pela eventual cisão da investigação, remetendo os integrantes da organização criminosa que não sejam detentores de foro por prerrogativa de função ao juízo de piso.

É importante frisar que a polícia judiciária pode negociar e firmar o acordo de colaboração premiada que finde revelando crimes praticados por autoridade com prerrogativa de função, desde que remeta a avença à Corte competente para julgá-la, para fins de homologação da colaboração premiada e continuidade das investigações (a conclusão é derivada do julgamento da ADIN 5508, no bojo da qual foi reconhecida a legitimidade do delegado de polícia para firmar acordo de colaboração premiada – o decisum assentou que o parecer do Ministério Público é meramente opinativo, caso o negócio jurídico seja firmado entre a autoridade policial e o colaborador).

O prazo para oferecimento de denúncia em face do colaborador pode ser suspenso pelo prazo de seis meses, prorrogáveis por igual período, até que sejam alcançados os termos do acordo (o prazo prescricional também é suspenso), inteligência do § 3º do artigo 4º da Lei 12.850/13.

Importante salientar que o MP pode até deixar de oferecer denúncia em face do colaborador, caso ele não seja o líder da organização criminosa, se ele for o primeiro a prestar efetiva colaboração e apenas em relação a infração cuja existência não se tenha prévio conhecimento (será preciso, destarte, que o colaborador, para não ser denunciado, leve ao conhecimento das autoridades infração penal que não seja apurada pelos órgãos de persecução penal) – esse último requisito foi enxertado na Lei 12.850/13 pelo Pacote Anticrime. É a regra do § 4º do artigo 4º da Lei 12.850/13:

> Art. 4º (...)
>
> § 4º Nas mesmas hipóteses do caput deste artigo, o Ministério Público poderá deixar de oferecer denúncia se a proposta de acordo de colaboração referir-se a infração de cuja existência não tenha prévio conhecimento e o colaborador:
>
> I - não for o líder da organização criminosa;
>
> II - for o primeiro a prestar efetiva colaboração nos termos deste artigo.

O § 4º-A (também inserido pelo Pacote Anticrime) explicita o que significa conhecimento prévio da infração (trata-se de interpretação autêntica). Saliento que a existência de eventual verificação preliminar (anterior à instauração de inquérito policial ou procedimento investigatório criminal) não inviabiliza o abrandamento do princípio da obrigatoriedade (não propositura de ação penal em face do colaborador premiado):

> Art. 4º (...)
> § 4º-A. Considera-se existente o conhecimento prévio da infração quando o Ministério Público ou a autoridade policial competente tenha instaurado inquérito ou procedimento investigatório para apuração dos fatos apresentados pelo colaborador.

Trata-se de inequívoco abrandamento do princípio da obrigatoriedade da ação penal pública e dá ao Parquet a discricionariedade de não processar o colaborador quando presentes os requisitos legais. A não oferta da exordial acusatória deve ser entendida como se pedido de arquivamento fosse e deve ser submetido ao Judiciário, que, caso não concorde com a manifestação, deverá fazer uso do artigo 28 do Código de Processo Penal, ainda que não haja previsão legal expressa (se for considerada a nova redação do artigo 28 do CPP, a decisão de não denunciar o colaborador premiado deve ser submetida à instância de revisão ministerial, nos termos da lei, para homologação). Nesse sentido Rogério Sanches e Ronaldo Pinto[123].

Os autos do acordo de colaboração só podem ser acessados pelo juiz, pelo Ministério Público e pelo delegado de polícia (porque contêm cópia da investigação, na forma do § 7º do artigo 4º da Lei 12.850/13). Ao defensor do colaborador é assegurado, no interesse do representado, amplo acesso aos elementos de prova que digam respeito ao exercício do direito de defesa, devidamente precedido de autorização judicial, ressalvados os referentes às diligências em andamento (o § 2º do artigo 7º da lei citada prestigiou os termos da Súmula Vinculante 14). Anote-se que o advogado do colaborador deve participar do acordo de colaboração, instruindo-o acerca da benesse. Ele assinará a avença, como citado supra. Trata-se de importante garantia da higidez do acordo (evitando que, futuramente, o colaborador diga que foi ludibriado pelas autoridades públicas e/ou que não conhecia das cláusulas do documento que assinou).

A Lei 12.850/13 previu no § 10 do artigo 4º, a possibilidade de retratação do acordo de colaboração (por ambas as partes). O mandamento legal ressalta que, em caso de retratação, as provas autoincriminatórias produzidas pelo colaborador não poderão ser contra ele usadas (como a lei fala que as provas não podem ser usadas exclusivamente contra o colaborador arrependido,

---

123. SANCHES CUNHA, Rogério e PINTO, Ronaldo Batista. **Obra acima citada**, página 60.

entende-se que elas podem ser usadas contra os outros integrantes da organização criminosa – nesse sentido Nucci[124] e Eduardo Araujo da Silva[125]).

O colaborador pode ser ouvido pela polícia ou pelo MP a qualquer tempo depois da homologação do acordo de colaboração e figurar como testemunha, mesmo que tenha sido agraciado pelo perdão judicial. Acerca da oitiva do colaborador, cumpre analisar dispositivo polêmico. O § 14 do artigo 4º da Lei 12.850/13 afirma que o colaborador deve abrir mão do seu direito ao silêncio e a não autoincriminação. Penso ser plenamente constitucional o dispositivo em comento. É que a colaboração premiada é ato voluntário, firmado com a presença da defesa técnica (que deverá orientar seu cliente/assistido acerca das consequências da avença) e que possibilita grandes benesses para o investigado/acusado. Nesta toada, é óbvio que o estado precisa de garantia acerca da verossimilhança das alegações do colaborador e de consequências gravosas, caso ele traia a confiança estatal – tais consequências são o eventual cometimento do crime do artigo 19 da lei em estudo[126] e a rescisão do acordo, nos termos do § 17 do artigo 4º da Lei 12.850/13[127] (bom anotar expressamente esta possibilidade no pacto).

Anote-se a compatibilidade entre o dispositivo em estudo (§ 14 do artigo 4º da Lei 12.850/13) e o inciso LXIII do artigo 5º da Constituição Federal. É que o que a Carta Magna proíbe é que o investigado/indiciado/réu seja compelido a falar (a CF, em nenhuma passagem, garantiu o direito à mentira, apenas ao silêncio). Se o colaborador quer falar (e a colaboração, repito, é ato voluntário), terá que ser a verdade, sob pena de cometer o crime citado (artigo 19 da Lei 12.850/13). Isso é possível tanto quando o colaborador for denunciado, quanto quando o MP decidir não ofertar denúncia contra ele (e o mesmo figurar como testemunha no processo). Nesse sentido Nucci[128] (pelo compromisso de dizer a verdade quando o colaborador não for denunciado e figurar como testemunha e pela constitucionalidade da obrigação de falar e de dizer a verdade, quando denunciado). O doutrinador aconselha que o disposto no § 14 do artigo 4º do mandamento legal estudado conste expressamente do acordo de colaboração (observação importantíssima, diga-se de passagem).

---

124. NUCCI, Guilherme de Souza. Obra acima citada, página 60.
125. DA SILVA, Eduardo Araujo. Obra acima citada, página 67.
126. Art. 19. Imputar falsamente, sob pretexto de colaboração com a Justiça, a prática de infração penal a pessoa que sabe ser inocente, ou revelar informações sobre a estrutura de organização criminosa que sabe inverídicas:
    Pena - reclusão, de 1 (um) a 4 (quatro) anos, e multa.
127. Art. 4º (...)
    § 17. O acordo homologado poderá ser rescindido em caso de omissão dolosa sobre os fatos objeto da colaboração.
128. NUCCI, Guilherme de Souza. Obra acima citada, página 63.

Em sentido contrário, Rogério Sanches e Ronaldo Pinto[129], que entendem que só se pode exigir o compromisso de falar a verdade do colaborador não denunciado, oitivado na condição de testemunha.

O § 18 do artigo 4º da Lei 12.850/13, também incluído pelo Pacote Anticrime, traz outra situação que induz rescisão do acordo – detecção de que o colaborador não cessou o envolvimento em conduta ilícita relacionada ao objeto da colaboração. A formalização da colaboração premiada denota quebra do elo que liga o colaborador e a organização criminosa que agora ele ajuda a desarticular. Não é possível que o investigado/réu pretenda, a um só tempo, colaborar com os órgãos estatais de persecução e manter laços ilícitos com seus comparsas:

> Art. 4º (...)
> § 18. O acordo de colaboração premiada pressupõe que o colaborador cesse o envolvimento em conduta ilícita relacionada ao objeto da colaboração, sob pena de rescisão.

É preciso que se diga que os membros da organização criminosa cuja participação foi revelada pelo colaborador não têm legitimidade para questionar a validade do acordo de colaboração do qual não participaram. Nesse sentido, decisão do Tribunal da Cidadania[130]:

> PROCESSO PENAL. RECURSO EM HABEAS CORPUS. DECLARAÇÕES DO COLABORADOR. NEGÓCIO JURÍDICO PROCESSUAL PERSONALÍSSIMO. IMPUGNAÇÃO POR SUPOSTOS COAUTORES OU PARTÍCIPES DO COLABORADOR. ILEGITIMIDADE. POSSIBILIDADE DE CONFRONTO, EM JUÍZO, DAS DECLARAÇÕES DO COLABORADOR. POSSIBILIDADE DE IMPUGNAÇÃO, A QUALQUER TEMPO, DE MEDIDAS RESTRITIVAS DE DIREITOS FUNDAMENTAIS ADOTADAS EM SEU DESFAVOR. RECURSO DESPROVIDO. 1. O acordo de colaboração premiada, negócio jurídico personalíssimo celebrado entre o Ministério Público e o réu colaborador, gera direitos e obrigações apenas para as partes, em nada interferindo na esfera jurídica de terceiros, ainda que referidos no relato da colaboração. 2. Assim sendo, supostos coautores ou partícipes do réu colaborador nas infrações desveladas, ainda que venham a ser expressamente nominados no respectivo instrumento no "relato da colaboração e seus possíveis resultados" (art. 6º, I, da Lei nº 12.850/13), não possuem legitimidade para contestar a validade do acordo. 3. Não há direito dos "delatados" a participar da tomada de declarações do réu colaborador, sendo os princípios do contraditório e da ampla defesa garantidos pela possibilidade de confrontar, em juízo, as declarações do colaborador e as provas por ele indicadas, bem como impugnar, a qualquer tempo, as medidas restritivas de direitos fundamentais eventualmente adotadas em seu desfavor. 4. Precedentes do STF e do STJ. 5. Recurso desprovido.

---

129. SANCHES CUNHA, Rogério e PINTO, Ronaldo Batista. Obra acima citada, página 76.
130. STJ, RHC 68542/SP, 6ª Turma, rel. Min. Maria Thereza de Assis Moura, DJe 03/05/2016.

O artigo 5º da Lei 12.850/13 trata dos direitos do colaborador (o seu inciso VI foi alterado pelo Pacote Anticrime – outorgou-se ao colaborador o direito de ser custodiado em estabelecimento penal diverso dos demais corréus durante o cárcere cautelar):

> Art. 5º São direitos do colaborador:
> 
> I – usufruir das medidas de proteção previstas na legislação específica;
> 
> II – ter nome, qualificação, imagem e demais informações pessoais preservados;
> 
> III – ser conduzido, em juízo, separadamente dos demais coautores e partícipes;
> 
> IV – participar das audiências sem contato visual com os outros acusados;
> 
> V – não ter sua identidade revelada pelos meios de comunicação, nem ser fotografado ou filmado, sem sua prévia autorização por escrito;
> 
> VI - cumprir pena ou prisão cautelar em estabelecimento penal diverso dos demais corréus ou condenados.

Aqui é preciso dizer que as medidas de proteção referidas no inciso I, do artigo transcrito supra, estão na Lei 9.807/99 e que o inciso II se refere à proteção a ser ofertada tanto no bojo do processo quanto para o público em geral. O estado deve cuidar para que a identidade do colaborador não seja conhecida (inclusive pelos demais corréus). Quando oitivado, seja na condição de testemunha (caso em face dele não seja oferecida denúncia), seja na condição de réu, a audiência deve ser acompanhada apenas pelos advogados dos demais corréus (de forma a impossibilitar que o colaborador seja reconhecido pelos seus outrora comparsas). Os demais incisos são autoexplicativos.

Cumpre deixar claro que o § 3º do artigo 7º da Lei 12.850/13 determinava, desde a entrada em vigor do mandamento legal estudado, que o acordo de colaboração premiada deixa de ser sigiloso assim que recebida a denúncia. Apesar da dicção legal, o Supremo Tribunal Federal tem precedentes levantando o sigilo dos acordos de colaboração premiada logo após a homologação dos mesmos pelo relator, nos seguintes termos:

> Quanto ao pleito de levantamento do sigilo dos autos, anoto que, como regra geral, a Constituição Federal veda a restrição à publicidade dos atos processuais, ressalvada a hipótese em que a defesa do interesse social e da intimidade exigir providência diversa (art. 5º, LX), e desde que *a preservação do direito à intimidade do interessado no sigilo não prejudique o interesse público à informação* (art. 93, IX).
> 
> Percebe-se, nesse cenário, que a própria Constituição, em antecipado juízo de ponderação iluminado pelos ideais democráticos e republicanos, no campo dos atos jurisdicionais, prestigia o interesse público à informação. Acrescenta-se que a exigência de motivação e de publicidade das decisões judiciais integra o mesmo dispositivo constitucional (art. 93, IX), fato decorrente de uma razão lógica: ambas as imposições, a um só tempo, propiciam o controle da atividade jurisdicional tanto sob uma ótica endoprocessual (pelas partes e outros interessados), quanto extraprocessual (pelo povo em nome de quem o poder é exercido). Logo, o Estado-Juiz, devedor da prestação jurisdicional, ao aferir a indispensabilidade,

ou não, da restrição à publicidade, não pode se afastar da eleição de diretrizes normativas vinculantes levadas a efeito pelo legislador constitucional.

D'outro lado, a Lei 12.850/2013, ao tratar da colaboração premiada em investigações criminais, impôs regime de sigilo ao acordo e aos procedimentos correspondentes (art. 7º), circunstância que, em princípio, perdura, se for o caso, até o eventual recebimento da denúncia (art. 7º, § 3º). Observe-se, entretanto, que referida sistemática deve ser compreendida à luz das regras e princípios constitucionais, tendo como lastro suas finalidades precípuas, quais sejam, a garantia do êxito das investigações (art. 7º, § 2º) e a proteção à pessoa do colaborador e de seus próximos (art. 5º, II). Não fosse isso, compete enfatizar que o mencionado art. 7º, § 3º relaciona-se ao exercício do direito de defesa, assegurando ao denunciado, após o recebimento da peça acusatória, e com os meios e recursos inerentes ao contraditório, a possibilidade de insurgir-se contra a denúncia. Todavia, referido dispositivo que, como dito, tem a preservação da ampla defesa como finalidade, não veda a implementação da publicidade em momento processual anterior.

No caso, a manifestação do órgão acusador, destinatário da apuração para fins de formação da *opinio delicti*, revela, desde logo, que não mais subsistem, sob a ótica do sucesso da investigação, razões que determinem a manutenção do regime restritivo da publicidade.

Em relação aos direitos dos colaboradores, as particularidades da situação evidenciam que o contexto fático subjacente, notadamente o envolvimento em delitos associados à gestão da coisa pública, atraem o interesse público à informação e, portanto, desautorizam o afastamento da norma constitucional que confere predileção à publicidade dos atos processuais. Com esse pensamento, aliás, o saudoso Min. TEORI ZAVASCKI, meu antecessor na Relatoria de inúmeros feitos a este relacionados, já determinou o levantamento do sigilo em autos de colaborações premiadas em diversas oportunidades, citando-se: Pet. 6.149 (23.11.2016); Pet. 6.122 (18.11.2016); Pet. 6.150 (21.11.2016); Pet. 6.121 (25.10.2016); Pet. 5.970 (01.09.2016); Pet. 5.886 (30.05.2016); Pet. 5.899 (09.03.2016); Pet. 5.624 (26.11.2015); Pet. 5.737 (09.12.2015); Pet. 5.790 (18.12.2015); Pet. 5.780 (15.12.2015); Pet. 5.253 (06.03.2015); Pet. 5.259 (06.03.2015) e Pet. 5.287 (06.03.2015). Na mesma linha, registro o julgamento, em 21.02.2017, do agravo regimental na Pet. 6.138 (acórdão pendente de publicação), ocasião em que a Segunda Turma desta Corte, por unanimidade, considerou legítimo o levantamento do sigilo de autos que contavam com colaboração premiada, mesmo anteriormente ao recebimento da denúncia.

Não fosse isso, os próprios colaboradores, por ocasião da audiência prevista no art. 4º, § 7º, da Lei 12.850/2013, anuíram com a divulgação do seu teor, o que também é objeto de cláusula nos Acordos de Colaboração Premiada por eles subscrito.

À luz dessas considerações, tenho como pertinente o pedido para levantamento do sigilo, em vista da regra geral da publicidade dos atos processuais[131].

Em clara reação legislativa, o Pacote Anticrime modificou o § 3º do artigo 7º da Lei 12850/13, vedando expressamente o levantamento do sigilo do

---

131. STF, PET 7003, rel. Min. Edson Fachin, decisão em 18/05/2017.

acordo em momento anterior ao recebimento da denúncia qualquer que seja a hipótese fática:

> Art. 7º (...)
>
> § 3º O acordo de colaboração premiada e os depoimentos do colaborador serão mantidos em sigilo até o recebimento da denúncia ou da queixa-crime, sendo vedado ao magistrado decidir por sua publicidade em qualquer hipótese.

O § 16 do artigo 4º da Lei 12.850/13 proibia prolação de sentença condenatória com base exclusivamente nas declarações do colaborador (reclamava-se e ainda se reclama, provas efetivas do quanto alegado, a chamada corroboração). O Pacote Anticrime ampliou o dispositivo. Agora não é possível decretar medidas cautelares reais (sequestro de bens, por exemplo) ou pessoais (prisão preventiva, por exemplo), receber denúncia/queixa ou proferir sentença condenatória com base exclusivamente nas declarações do colaborador:

> Art. 4º (...)
>
> § 16. Nenhuma das seguintes medidas será decretada ou proferida com fundamento apenas nas declarações do colaborador:
>
> I - medidas cautelares reais ou pessoais;
>
> II - recebimento de denúncia ou queixa-crime;
>
> III - sentença condenatória.

Por fim, o novel § 10-A do artigo 4º da Lei 12.850/13 (já estudado retro) traduz adequação da legislação ao quanto decido pelo Supremo Tribunal Federal nos autos do HC 157.627[132] (julgado pela 2ª Turma) e do HC 166.373

---

132. AGRAVO REGIMENTAL EM HABEAS CORPUS. CONHECIMENTO. POSSIBILIDADE. APRESENTAÇÃO DE MEMORIAIS ESCRITOS POR RÉUS COLABORADORES E DELATADOS. PRAZO COMUM. INADMISSIBILIDADE. OFENSA ÀS REGRAS DO CONTRADITÓRIO E DA AMPLA DEFESA. NULIDADE. EXISTÊNCIA DE PREJUÍZO. EXEGESE IMEDIATA DOS DIREITOS FUNDAMENTAIS INDEPENDENTEMENTE DA NORMA INFRACONSTITUCIONAL. INTELIGÊNCIA DOS ARTS. 5º, LIV E LV, DA CONSTITUIÇÃO DA REPÚBLICA DE 1988, E 603, DO CPP. ORDEM CONCEDIDA. I – Possibilidade de impetração de habeas corpus nos casos em que, configurada flagrante ilegalidade do provimento jurisdicional, descortina-se premente o risco atual ou iminente à liberdade de locomoção, apta, pois, a gerar constrangimento ilegal. Precedentes desta Suprema Corte (HC 87.926/SP, Rel. Min. Cezar Peluso; HC 136.331, Rel. Min. Ricardo Lewandowski). II - Decisão de primeiro grau de jurisdição que indefere pedido para apresentação de memoriais escritos após o prazo dos réus colaboradores. Prejuízo demonstrado. III – Memoriais escritos de réus colaboradores, com nítida carga acusatória, deverão preceder aos dos réus delatados, sob pena de nulidade do julgamento. Exegese imediata dos preceitos fundamentais do contraditório e da ampla defesa (art. 5º, LV, da CF/88) que prescindem da previsão expressa de regras infraconstitucionais. IV – Agravo regimental provido, para conhecer e conceder a ordem (HC 157627 AgR, Relator(a): EDSON FACHIN, Relator(a) p/ Acórdão: RICARDO LEWANDOWSKI, Segunda Turma, julgado em 27/08/2019, PROCESSO ELETRÔNICO DJe-059 DIVULG 16-03-2020 PUBLIC 17-03-2020).

(julgado pelo Plenário), ambos relatados pelo Ministro Edson Fachin (que restou vencido nas duas oportunidades). Em síntese, o Pretório Excelso decidiu que os réus delatados têm o direito de apresentar memoriais escritos (alegações finais) depois dos seus delatores (colaboradores premiados). Como já me manifestei retro, considero tais decisões verdadeiro superdimensionamento de direitos individuais (na época em que foram prolatadas não havia determinação legal para que tal providência fosse adotada).

O dispositivo citado garantiu ao réu deletado a oportunidade de se manifestar após o decurso do prazo concedido ao réu que o deletou em todas as fases do processo (ampliando ainda mais o quanto decidido pelo Supremo Tribunal Federal):

> Art. 4º (...)
> § 10-A Em todas as fases do processo, deve-se garantir ao réu delatado a oportunidade de manifestar-se após o decurso do prazo concedido ao réu que o delatou.

## 9.20. AÇÃO CONTROLADA

Ação controlada é técnica investigativa (meio de obtenção de prova) que pressupõe retardamento da atuação administrativa ou policial, para que esta se dê no melhor momento, sob dois aspectos: a) coleta de mais provas; b) identificação/prisão de mais envolvidos. O instituto é tratado nos artigos 8º e 9º da Lei 12.850/13:

> Art. 8º Consiste a ação controlada em retardar a intervenção policial ou administrativa relativa à ação praticada por organização criminosa ou a ela vinculada, desde que mantida sob observação e acompanhamento para que a medida legal se concretize no momento mais eficaz à formação de provas e obtenção de informações.
>
> § 1º O retardamento da intervenção policial ou administrativa será previamente comunicado ao juiz competente que, se for o caso, estabelecerá os seus limites e comunicará ao Ministério Público.
>
> § 2º A comunicação será sigilosamente distribuída de forma a não conter informações que possam indicar a operação a ser efetuada.
>
> § 3º Até o encerramento da diligência, o acesso aos autos será restrito ao juiz, ao Ministério Público e ao delegado de polícia, como forma de garantir o êxito das investigações.
>
> § 4º Ao término da diligência, elaborar-se-á auto circunstanciado acerca da ação controlada.
>
> Art. 9º Se a ação controlada envolver transposição de fronteiras, o retardamento da intervenção policial ou administrativa somente poderá ocorrer com a cooperação das autoridades dos países que figurem como provável itinerário ou destino do investigado, de modo a reduzir os riscos de fuga e extravio do produto, objeto, instrumento ou proveito do crime.

O estado tem a obrigação de fazer cessar a atividade delituosa quando com ela se depara, prendendo em flagrante os envolvidos (artigo 301 do Código de Processo Penal – chamado pela doutrina de flagrante obrigatório). Ocorre que há situações em que é mais oportuno retardar a ação policial, com o fito de coligir mais material probante e prender mais pessoas. Esse retardamento no agir estatal diante de prática delitiva em estado flagrancial é chamado, como dito supra, de ação controlada.

A ação controlada usualmente leva ao chamado flagrante retardado/postergado (modalidade legal de encarceramento flagrancial). Não os trato como sinônimos e a razão é muito simples: é possível que a técnica seja implementada, mas que ninguém seja preso (imagine situação na qual a ação policial foi retardada, mas os criminosos conseguiram fugir).

A Lei 12.850/13 determina que o juízo seja previamente comunicado e que este, caso necessário, fixe limites à técnica. O melhor a fazer para cumprir o mandamento legal em espeque é, desde logo, comunicar o juiz da possibilidade de utilização da técnica no curso da investigação (quando se tratar de apuratório que investigue organização criminosa – principalmente nos casos que reclamarem materialização de interceptação telefônica, telemática ou infiltração policial).

Não vejo problema na comunicação genérica feita no bojo da própria representação das medidas cautelares citadas. Explico. É bastante provável que no curso das medidas cautelares mencionadas, o aparelho policial se depare com a prática de crimes menores (geralmente cometidos por integrantes menos nobres da organização criminosa) que, se atacados imediatamente, certamente atrapalhariam a execução de delitos maiores, estes sim foco da investigação de fundo. Exemplifico. Imaginemos investigação que objetiva desarticular organização criminosa voltada à prática de roubos a banco. Suponhamos que os integrantes da agremiação furtem armas, roubem veículos, subtraiam explosivos, tudo com o objetivo de materializar ataques simultâneos em duas cidades do interior da Bahia. Caso o aparelho policial esteja monitorando terminais móveis de integrantes do consórcio criminoso e se veja obrigado a prender imediatamente os integrantes do grupamento criminoso que praticaram os primeiros delitos, certamente não conseguirá apreender o armamento pesado e prender os principais membros da organização criminosa.

Defendo a comunicação genérica feita já no bojo da representação que pugnar por medida cautelar de interceptação (telefônica ou telemática) ou infiltração, porque na prática é possível que a comunicação prévia pouco tempo antes da ocorrência do delito seja difícil (imaginemos crime planejado no final de semana ou na madrugada). Caso não seja possível a comunicação prévia nessa situação, penso não haver nenhuma nulidade no aviso posterior à ocorrência, fazendo constar as razões para o atraso. Nesse sentido, julgado do Superior Tribunal de Justiça, deixando claro que a ação controlada é técnica que objetiva proteger o policial em face de eventual acusação de prática de crime de prevaricação ou infração administrativa (grifo meu):

HABEAS CORPUS. ORGANIZAÇÃO CRIMINOSA. EXTORSÃO, CONCUSSÃO E EXTORSÃO MEDIANTE SEQUESTRO POR POLICIAIS CIVIS. POSSIBILIDADE DE APOIO DE AGÊNCIA DE INTELIGÊNCIA À INVESTIGAÇÃO DO MINISTÉRIO PÚBLICO. NÃO OCORRÊNCIA DE INFILTRAÇÃO POLICIAL. DESNECESSIDADE DE AUTORIZAÇÃO JUDICIAL PRÉVIA PARA A AÇÃO CONTROLADA. COMUNICAÇÃO POSTERIOR QUE VISA A PROTEGER O TRABALHO INVESTIGATIVO. HABEAS CORPUS DENEGADO. 1. A atividade de inteligência desempenhada por agências dos estados, que integram o Subsistema de Inteligência criado pelo Decreto n. 3.695, de 21/12/2012, consiste no exercício de ações especializadas para identificar, avaliar e acompanhar ameaças reais ou potenciais na esfera de segurança pública. Alcança diversos campos de atuação - um deles a inteligência policial judiciária - e entre suas finalidades está não só subsidiar o planejamento estratégico de políticas públicas, mas também assessorar com informações as ações de prevenção e repressão de atos criminosos. 2. Apesar de não se confundir com a investigação, nem se esgotar com o objetivo desta, uma vez que a inteligência de segurança pública opera na busca incessante de dados, o resultado de suas operações pode, ocasionalmente, ser aproveitado no processo penal para subsidiar a produção de provas, desde que materializado em relatório técnico. 3. No passado, no Estado do Rio de Janeiro, ante a necessidade de aperfeiçoar o combate a crimes cometidos por policiais, foi atribuída à Subscretaria de Inteligência (SSINTE/SESEG) a missão de prestar apoio a determinados órgãos em suas investigações criminais. 4. Nesse contexto, não é ilegal o auxílio da agência de inteligência ao Ministério Público do Estado do Rio de Janeiro durante procedimento criminal instaurado para apurar graves crimes atribuídos a servidores de Delegacia do Meio Ambiente, em contexto de organização criminosa. Precedente. 5. O Parquet optou por não utilizar a estrutura da própria Polícia Civil para auxiliá-lo no procedimento apuratório criminal, e é incabível criar limitação, alheia ao texto constitucional, para o exercício conjunto da atividade investigativa pelos órgãos estatais. 6. Esta Corte possui o entendimento de que a atribuição de polícia judiciária às polícias civil e federal não torna nula a colheita de elementos informativos por outras fontes. Ademais, o art. 3°, VIII, da Lei n. 12.850/2013 permite a cooperação entre as instituições públicas na busca de dados de interesse da investigação. 7. Se agente lotada em agência de inteligência, sob identidade falsa, apenas representou o ofendido nas negociações da extorsão, sem se introduzir ou se infiltrar na organização criminosa com o propósito de identificar e angariar a confiança de seus membros ou obter provas sobre a estrutura e o funcionamento do bando, não há falar em infiltração policial. 8. O acórdão recorrido está em conformidade com a jurisprudência desta Corte, de que a gravação ambiental realizada por colaborador premiado, um dos interlocutores da conversa, sem o consentimento dos outros, é lícita, ainda que obtida sem autorização judicial, e pode ser validamente utilizada como meio de prova no processo penal. No caso, advogado decidiu colaborar com a Justiça e, munido com equipamentos estatais, registrou a conversa que entabulou com policiais no momento da entrega do dinheiro após a extorsão mediante sequestro. **9. A ação controlada prevista no § 1° do art. 8° da Lei n. 12.850/2013 não necessita de autorização judicial. A comunicação prévia ao Poder Judiciário, a seu turno, visa a proteger o trabalho investigativo, de forma a afastar eventual crime de prevaricação ou infração administrativa por** parte do agente público, o qual responderá por eventuais abusos que venha a cometer. 10. As autoridades acompanharam o recebimento de dinheiro por servidores suspeitos de extorsão mediante sequestro, na fase do exaurimento do crime, e não há ilegalidade a ser reconhecida em habeas corpus se ausentes circunstâncias preparadas de forma insidiosa, de forma a induzir os réus à prática delitiva. 11. O habeas corpus não se presta à análise de teses que demandam exame ou realização de provas. 12. Habeas corpus denegado (HC 512.290/RJ, Rel. Ministro ROGERIO SCHIETTI CRUZ, SEXTA TURMA, julgado em 18/08/2020, DJe 25/08/2020).

O artigo 8º da Lei 12.850/13, acima transcrito, reclama que o aparelho policial mantenha a ação delituosa sob observação e acompanhamento. A prática demonstra que nem sempre é possível materializar vigilância ininterrupta. Os criminosos, especialmente os integrantes de organizações criminosas, estão cada vez mais atentos a qualquer tipo de acompanhamento e o monitoramento próximo pode "queimar" toda uma operação policial. Muitas vezes é recomendável recuar, mesmo com o risco de perder aquela oportunidade de captura. Frise-se que não conseguir materializar prisão em flagrante no curso de ação controlada não configura crime praticado pelos policiais responsáveis pela vigilância. Nesse sentido lição de Rogério Sanches e Ronaldo Pinto[133]:

> Situação curiosa ocorrerá se, com o adiamento da prisão em flagrante, esta se frustrar. Em outras palavras: suponha-se, neste nosso último exemplo, que o primeiro membro da associação criminosa (que inicialmente chegou com veículo roubado), acabe fugindo e, pior, avise os demais comparsas que, alertados, não se dirigem ao local.
>
> Responderão os policiais envolvidos na empreitada pelo crime de prevaricação? Cremos que, a priori, não. O insucesso de uma diligência é algo que, por assim dizer, "faz parte do jogo", isto é, há probabilidade de ocorrer. Tendo os agentes policiais agido de boa-fé, cientes de que a melhor opção recomendava que se aguardasse a prisão e, apesar disso, não foi preso nem o primeiro e, tampouco, os demais agentes, não há de se cogitar punição aos servidores, ante, inclusive, a absoluta ausência de dolo em suas condutas.

Importante salientar que, além de ter espaço em investigações que tenham por objetivo desarticular organização criminosa, é possível utilizar da ação controlada em apuratórios que investiguem crimes capitulados na Lei 11.343/06. É o que prescreve o artigo 53, II, deste mandamento legal (a ação controlada no mandamento citado é conhecida como entrega vigiada e demanda conhecimento do itinerário provável e identificação dos agentes do delito ou colaboradores):

---

133. SANCHES CUNHA, Rogério e PINTO, Ronaldo Batista. **Obra acima citada**, página 90.

Art. 53. Em qualquer fase da persecução criminal relativa aos crimes previstos nesta Lei, são permitidos, além dos previstos em lei, mediante autorização judicial e ouvido o Ministério Público, os seguintes procedimentos investigatórios:

(...)

II – a não-atuação policial sobre os portadores de drogas, seus precursores químicos ou outros produtos utilizados em sua produção, que se encontrem no território brasileiro, com a finalidade de identificar e responsabilizar maior número de integrantes de operações de tráfico e distribuição, sem prejuízo da ação penal cabível.

Parágrafo único. Na hipótese do inciso II deste artigo, a autorização será concedida desde que sejam conhecidos o itinerário provável e a identificação dos agentes do delito ou de colaboradores.

É de bom tom esclarecer que, ao contrário da Lei 12.850/13, que reclama apenas a comunicação da necessidade de uso da ação controlada ao juízo competente, a Lei 11.343/06 exige autorização judicial para uso da técnica.

Os dispositivos legais convivem tranquilamente. Em apuratórios que investiguem organizações criminosas (ainda que sejam elas voltadas ao tráfico de drogas), basta a comunicação prévia ao juízo para utilização da técnica. Caso se investigue crimes ligados ao tráfico de drogas, praticados em situações que não se enquadrem na Lei 12.850/13, será preciso autorização judicial prévia para materialização da ação controlada. Uma vez mais, deixo claro meu posicionamento: a eventual ausência de autorização judicial prévia para utilização da técnica não redunda na ilegalidade do cárcere (flagrante retardado). Nesse sentido, tese do STJ (edição 120 da jurisprudência em teses):

4) No tocante ao flagrante retardado ou à ação controlada, a ausência de autorização judicial não tem o condão de tornar ilegal a prisão em flagrante postergado, vez que o instituto visa a proteger o trabalho investigativo, afastando a eventual responsabilidade criminal ou administrava por parte do agente policial.

Bom observar que, como há expressa restrição legal à utilização da técnica, só é possível materializá-la quando se enfrenta organização criminosa ou quando se apura crime relacionado ao tráfico de drogas (não vejo maior problema em fazer uso de analogia e materializar a técnica na apuração de outros crimes). Faço a mesma ressalva feita por Rogério Sanches e Ronaldo Pinto[134], no sentido de que:

Isso não impede, por óbvio, que na rotina policial, o agente animado pela astúcia e perspicácia, eleja o momento mais adequado para agir. Ninguém afirmará, decerto, que o policial que aguardou o larápio deixar o supermercado com os bens

---

134. SANCHES CUNHA, Rogério e PINTO, Ronaldo Batista. **Obra acima citada**, página 91.

furtados, ao invés de prendê-lo ainda no interior do estabelecimento comercial, teria praticado uma ação controlada.

A ação controlada foi, ainda, enxertada pelo Pacote Anticrime na Lei 9.613/98[135] (como não houve efetiva regulamentação da técnica nesse mandamento legal, entendo que os artigos 8º e 9º da Lei 12.850/13 devem ser observados, por analogia).

Por fim, é preciso que se diga que já havia (mesmo antes da alteração promovida pelo Pacote Anticrime) espécie de ação controlada na Lei 9.613/98 (lavagem de dinheiro):

> Art. 4º-B. A ordem de prisão de pessoas ou as medidas assecuratórias de bens, direitos ou valores poderão ser suspensas pelo juiz, ouvido o Ministério Público, quando a sua execução imediata puder comprometer as investigações.

Em verdade, a ação controlada do artigo 4º-B da Lei 9.613/98 pressupõe existência de ordens judiciais (prisão e/ou medidas assecuratórias) e o retardamento no cumprimento desses mandados para que a investigação seja ampliada (colhendo-se mais prova ou identificando mais envolvidos). O artigo 4º-B da lei de lavagem de capitais demanda prévia autorização judicial.

Eis tabela que ajuda na memorização da técnica nas três leis que a admitem:

| LEI | AUTORIZAÇÃO OU COMUNICAÇÃO PRÉVIA AO JUÍZO | ARTIGO |
| --- | --- | --- |
| Lei 12.850/13 (organizações criminosas) | Comunicação prévia | Art. 8º Consiste a ação controlada em retardar a intervenção policial ou administrativa relativa à ação praticada por organização criminosa ou a ela vinculada, desde que mantida sob observação e acompanhamento para que a medida legal se concretize no momento mais eficaz à formação de provas e obtenção de informações.<br><br>§ 1º O retardamento da intervenção policial ou administrativa será previamente comunicado ao juiz competente que, se for o caso, estabelecerá os seus limites e comunicará ao Ministério Público.<br><br>§ 2º A comunicação será sigilosamente distribuída de forma a não conter informações que possam indicar a operação a ser efetuada. |

---

135. Art. 1º (...)

§ 6º Para a apuração do crime de que trata este artigo, admite-se a utilização da ação controlada e da infiltração de agentes.

| LEI | AUTORIZAÇÃO OU COMUNICAÇÃO PRÉVIA AO JUÍZO | ARTIGO |
|---|---|---|
| | | § 3º Até o encerramento da diligência, o acesso aos autos será restrito ao juiz, ao Ministério Público e ao delegado de polícia, como forma de garantir o êxito das investigações.<br><br>§ 4º Ao término da diligência, elaborar-se-á auto circunstanciado acerca da ação controlada.<br><br>Art. 9º Se a ação controlada envolver transposição de fronteiras, o retardamento da intervenção policial ou administrativa somente poderá ocorrer com a cooperação das autoridades dos países que figurem como provável itinerário ou destino do investigado, de modo a reduzir os riscos de fuga e extravio do produto, objeto, instrumento ou proveito do crime. |
| Lei 11.343/06 (drogas) | Autorização prévia | Art. 53. Em qualquer fase da persecução criminal relativa aos crimes previstos nesta Lei, são permitidos, além dos previstos em lei, mediante autorização judicial e ouvido o Ministério Público, os seguintes procedimentos investigatórios:<br><br>(...)<br><br>II - a não-atuação policial sobre os portadores de drogas, seus precursores químicos ou outros produtos utilizados em sua produção, que se encontrem no território brasileiro, com a finalidade de identificar e responsabilizar maior número de integrantes de operações de tráfico e distribuição, sem prejuízo da ação penal cabível.<br><br>Parágrafo único. Na hipótese do inciso II deste artigo, a autorização será concedida desde que sejam conhecidos o itinerário provável e a identificação dos agentes do delito ou de colaboradores. |
| Lei 9.613/98 (lavagem de dinheiro) | Comunicação prévia (analogia à Lei 128.50/13) | Art. 1º (...)<br><br>§ 6º Para a apuração do crime de que trata este artigo, admite-se a utilização da ação controlada e da infiltração de agentes. |
| Lei 9.613/98 (lavagem de dinheiro) | Autorização prévia | Art. 4º-B. A ordem de prisão de pessoas ou as medidas assecuratórias de bens, direitos ou valores poderão ser suspensas pelo juiz, ouvido o Ministério Público, quando a sua execução imediata puder comprometer as investigações. |

## 9.21. AGENTE POLICIAL DISFARÇADO

O Pacote Anticrime criou a figura do agente policial disfarçado. Observe que este não se confunde com agente policial infiltrado (artigos 10 e seguintes da Lei 12.850/13, artigo 53, I, da Lei 11.343/06 e § 6º do artigo 1º da Lei 9.613/98). O agente policial disfarçado é aquele que, por exemplo, se passa por pessoa interessada em comprar objeto ou substância ilícita oferecida pelo autor do fato e enceta negociação com vistas a adquirir tal produto (no caso do Estatuto do Desarmamento, arma de fogo, acessório ou munição).

Eis algumas diferenças:

| CARACTERÍSTICAS | AGENTE INFILTRADO | AGENTE DISFARÇADO |
|---|---|---|
| Necessidade de prévia autorização judicial | Sim | Não |
| Requisitos | Indícios de infração penal praticada por organização criminosa, tráfico de drogas ou lavagem de dinheiro e se a prova não puder ser produzida por outros meios disponíveis. A autoridade policial ou o Ministério Público deverá, ainda, demonstrar a necessidade da medida, o alcance das tarefas dos agentes e, quando possível, os nomes ou apelidos das pessoas investigadas e o local da infiltração | Elementos probatórios razoáveis de conduta criminal preexistente relacionada a comercio ilegal de arma de fogo, tráfico internacional de arma de fogo ou tráfico de drogas |
| Prazo | 6 meses | Não há |

Imaginemos exemplo. O delegado de polícia, percebendo indícios de que determinada pessoa comercializa ilegalmente armas de fogo, determina que policial da sua equipe se passe por comprador dos artefatos ilicitamente oferecidos. Depois de materializada negociação, o autor do fato comparece ao local marcado e entrega ao policial disfarçado uma arma de fogo em situação irregular. Depois da entrada em vigor do Pacote Anticrime tal situação configura prática do crime tipificado no § 2º do artigo 17 da Lei 10.826/03. Não haverá que se falar em crime impossível por obra do agente provocador, nos termos da Súmula 145 do Supremo Tribunal Federal.

Note que o novel dispositivo legal reclama presença de elementos probatórios razoáveis de conduta criminal preexistente. Assim, no exemplo acima desenhado, será preciso demonstrar indícios de que o agente já negociava armas de fogo ilicitamente. A operação que envolve agente policial disfarçado serve para demonstrar que efetivamente havia conduta ilícita anterior, independentemente da atuação do policial disfarçado.

Por óbvio, se restar demonstrado que a conduta ilícita do agente foi motivada apenas pela atuação do agente policial disfarçado, ter-se-á crime impossível (artigo 17 do Código Penal). Exemplifico. Um policial se faz passar por comprador de armas em situação irregular e pergunta a um indivíduo se ele conhece alguém que venda. Essa pessoa, com o fito de auferir lucro em operação única, adquire um revólver para logo em seguida vender ao policial disfarçado, objetivando perceber a diferença entre o valor da compra e o da venda. Parece-me que em tal situação, não há que se falar na prática do crime estudado (será imperioso reconhecer que o crime perpetrado é impossível porque a situação foi totalmente provocada pelo aparelho policial).

Saliento que se existir efetiva venda ou entrega de arma de fogo (ou de drogas, vez que a figura do agente policial disfarçado também foi enxertado na Lei 11.343/06) na casa do investigado, será possível adentrar no local com o fito de verificar se há mais armas ou drogas (mesmo sem mandado judicial de busca e apreensão), posto que há situação flagrancial (que redundará na confecção de auto de prisão em flagrante em desfavor do investigado), sem que se cogite prática de crime de abuso de autoridade (o fato do autor do fato ter entregue ao policial disfarçado arma ou droga que estava dentro de sua casa funciona como indício prévio de prática de crime permanente no interior da residência).

O crime em testilha (artigo 17 da Lei 10.826/03), passou a ser considerado hediondo a partir da entrada em vigor do Pacote Anticrime.

A figura do agente policial disfarçado também foi admitida em relação ao crime tipificado no artigo 18 do Estatuto do Desarmamento (hediondo desde a entrada em vigor da Lei 13.964/19):

> Art. 18. (...)
>
> Pena - reclusão, de 8 (oito) a 16 (dezesseis) anos, e multa.
>
> Parágrafo único. Incorre na mesma pena quem vende ou entrega arma de fogo, acessório ou munição, em operação de importação, sem autorização da autoridade competente, a agente policial disfarçado, quando presentes elementos probatórios razoáveis de conduta criminal preexistente.

Como dito supra, a alteração operada pelo Pacote Anticrime na Lei 11.343/06 foi semelhante à materializada no Estatuto do Desarmamento. O legislador admitiu, em relação ao crime de tráfico de drogas, a figura do agente policial disfarçado, criando figura típica relacionada com o uso da técnica:

> Art. 33. (...)
>
> § 1º (...)
>
> IV - vende ou entrega drogas ou matéria-prima, insumo ou produto químico destinado à preparação de drogas, sem autorização ou em desacordo com a

determinação legal ou regulamentar, a agente policial disfarçado, quando presentes elementos probatórios razoáveis de conduta criminal preexistente.

Assim, caso estejam presentes elementos probatórios razoáveis de conduta criminal preexistente, o delegado de polícia poderá determinar que agente policial disfarçado proceda a operação de compra simulada de drogas, por exemplo. Penso ser possível, inclusive, concurso de crimes em relação ao novel tipo penal e o delito tipificado no caput do artigo 33 da Lei 11.343/06, se por acaso restar detectado que o traficante, por exemplo, tinha mais droga em depósito no momento da venda feita ao agente disfarçado (e que os contextos eram distintos).

Anoto, ainda, que o novo delito tem natureza de crime equiparado a hediondo, porquanto está localizado no § 1º do artigo 33 da Lei 11.343/06.

## 9.22. PODE O DELEGADO DE POLÍCIA REPRESENTAR DIRETAMENTE MEDIDAS CAUTELARES AO JUDICIÁRIO, NO CURSO DO INQUÉRITO POLICIAL?

Neste capítulo foram estudadas algumas medidas cautelares que podem ser representadas no curso do inquérito policial com o fito de solucionar o crime apurado no bojo do feito (busca e apreensão, interceptação telefônica e telemática, quebra de sigilo bancário e fiscal, dentre outras). No capítulo seguinte estudaremos outras medidas cautelares importantes, como a prisão preventiva e a temporária. Nesta senda, cumpre discutir se o delegado de policial pode representar diretamente ao Poder Judiciário pela decretação das medidas citadas ou se apenas o Ministério Público pode fazê-lo.

Os que advogam a tese de que a autoridade policial não pode representar diretamente ao juízo competente pela decretação de medidas cautelares constroem sua argumentação em suposta ausência de capacidade postulatória do delegado de polícia. Entendem que a ação penal deve ser tida como processo principal e as medidas cautelares como pleitos preparatórios para o manejo do futuro processo. Afirmam que apenas quem tem capacidade postulatória para ajuizar a ação penal pode deduzir pleito cautelar em juízo (somente o Ministério Público, no caso das ações penais públicas). Andrey Borges de Mendonça[136] sintetiza o argumento acima desenhado:

> Como possui a prerrogativa de decisão sobre o início da ação penal principal, com muito maior razão deve possuir legitimidade para decidir se é o caso ou não de requerimento das medidas cautelares na fase das investigações.

---

136. DE MENDONÇA, Andrey Borges. **Prisão e outras Medidas Cautelares Pessoais**. São Paulo: Método, 2011. Página 68.

O autor citado arremata asseverando que: "todas as representações da autoridade policial, portanto, devem ser dirigidas ao Ministério Público, que, caso concorde, as proporá ao Juízo"[137].

A meu ver tal construção não se sustenta. Em primeiro lugar porque as medidas cautelares não são pleitos preparatórios para o manejo de futuro processo penal (esta não deve ser a relação principal/acessório). Em verdade, quando representadas pelo delegado de polícia, as medidas cautelares servem ao inquérito policial (a relação principal/acessório é, na verdade, inquérito/medida cautelar). Finda, assim, derrubada a viga mestra da argumentação que pretende ver negada a pergunta desenhada no título deste tópico.

O sistema processual penal brasileiro desenhou uma clara e salutar divisão de tarefas confiadas a órgãos estatais distintos: o Estado-investigação, representado pela polícia judiciária, tem a missão de elucidar as infrações penais – deve perquirir a autoria e a materialidade delitiva; o Estado-acusação, representado pelo Ministério Público, é responsável por manejar ação penal em face dos que dilaceraram a ordem jurídica através do cometimento de delito; e o Estado-juiz, representado pelo Poder Judiciário, tem a missão de julgar os processos penais, condenando ou absolvendo os réus.

Neste panorama, para se desincumbir do seu mister, a polícia judiciária tem o dever de instaurar inquérito policial, coligindo provas suficientes da existência do crime (materialidade) e de autoria delitiva. No curso do feito investigativo, pode o delegado de polícia entender que o fato será melhor aclarado com o manejo de medida cautelar (de busca e apreensão, interceptação telefônica, quebra de sigilo bancário, etc.), que deve ser representada ao Poder Judiciário. Fica claro, neste diapasão, que o que está sendo acautelado pela medida representada é o próprio inquérito (e a prova a ser produzida em seu bojo). Assim é que a autoridade policial terá que demonstrar a necessidade/utilidade da medida mitigadora dos direitos do investigado/indiciado para que a mesma seja deferida pelo juízo competente.

Nesta esteira, é coerente e lógico que a decisão a respeito da materialização de pleito cautelar levado a efeito no bojo do inquérito caiba ao delegado de polícia (sendo certo que o Ministério Público tem legitimação concorrente para requerer tais medidas).

A resposta ao quesito proposto neste tópico pode ainda ser fundamentada de maneira muito mais simplória: a legislação autoriza o manejo direto de todos os pleitos cautelares possíveis no curso do inquérito pela autoridade policial. Vejamos alguns exemplos (grifos meus):

---

137. DE MENDONÇA, Andrey Borges. **Obra acima citada**. Página 69.

Lei 9.296/96:

Art. 3° A interceptação das comunicações telefônicas poderá ser determinada pelo juiz, de ofício ou **a requerimento**:

I – **da autoridade policial**, na investigação criminal;

Lei 7.960/89:

Art. 2° A prisão temporária será decretada pelo Juiz, em face da **representação da autoridade policial** ou de requerimento do Ministério Público, e terá o prazo de 5 (cinco) dias, prorrogável por igual período em caso de extrema e comprovada necessidade.

Código de Processo Penal:

Art. 282. As medidas cautelares previstas neste Título deverão ser aplicadas observando-se a:

§ 2º As medidas cautelares serão decretadas pelo juiz a requerimento das partes ou, quando no curso da investigação criminal, por **representação da autoridade policial** ou mediante requerimento do Ministério Público.Art. 311. Em qualquer fase da investigação policial ou do processo penal, caberá a prisão preventiva decretada pelo juiz, a requerimento do Ministério Público, do querelante ou do assistente, ou **por representação da autoridade policial**.

Demonstrado está que tentar submeter a representação do delegado de polícia à autorização ou à aquiescência do Ministério Público é subverter a ordem jurídica e, em última análise, afirmar que o entendimento da autoridade policial está condicionado ao pensar do Parquet (conclusão, a meu ver, teratológica).

O que diz o arcabouço legislativo pátrio é que o MP ofertará parecer no bojo das medidas cautelares quando estas forem representadas pelo delegado de polícia, mas este não vincula a autoridade judiciária, que poderá deferir o pleito, mesmo diante de parecer contrário do autoridade ministerial (na linha do quanto decidido pelo STF no bojo da ADIN 5508).

## 9.23. QUESTÕES DE CONCURSO PÚBLICOS

1. **(Promotor de Justiça/RO/2010 – Desmembrada) O incidente de restituição de coisas apreendidas, nos termos do CPP, somente poderá ser resolvido pela autoridade judicial, com a prévia oitiva do MP, e, caso haja complexidade na definição da titularidade do bem apreendido, o juiz deverá remeter as partes ao juízo cível competente e ordenar o depósito do bem até solução definitiva.**

2. **(Promotor de Justiça/RO/2010) Assinale a opção correta a respeito da prova criminal.**

    A. Na falta de perito oficial, o exame de corpo delito deverá ser realizado por um profissional idôneo, indicado pelo juiz, que tenha habilitação técnica relacionada com a natureza do exame.

    B. O juiz penal está adstrito ao laudo, não podendo rejeitar suas conclusões em face do princípio da persuasão racional.

C. O interrogatório é ato privativo do juiz, que, durante sua realização, assegurará o direito do réu ao silêncio e ao privilégio de não ser obrigado a produzir prova contra si, razão pela qual é vedada à acusação e à defesa a elaboração de perguntas.

D. De acordo com o CPP, os doentes mentais e os menores de quatorze anos de idade podem ser testemunhas não compromissadas.

E. No reconhecimento de pessoa, aquele que for submetido a reconhecimento deve ser colocado ao lado de, pelo menos, outros dois indivíduos que tenham as mesmas características físicas, sob pena de nulidade do ato.

3. **(Juiz/AL/2008) Acerca das provas, à luz do disposto no CPP, assinale a opção correta.**

    A. O juiz formará sua convicção pela livre apreciação da prova produzida em contraditório judicial. Os elementos informativos colhidos na investigação não poderão servir de fundamentos para a sua decisão, sob pena de nulidade absoluta.

    B. Considerando que o MP é o titular da ação penal pública, é vedado ao juiz, antes do início da ação penal, ordenar a produção de qualquer tipo de prova.

    C. São inadmissíveis as provas ilícitas, as quais devem ser desentranhadas do processo. O juiz que conhecer do conteúdo da prova declarada inadmissível não poderá proferir a sentença.

    D. Preclusa a decisão de desentranhamento da prova declarada inadmissível, esta terá de ser inutilizada por força de decisão judicial, facultando-se às partes acompanhar o incidente.

    E. São inadmissíveis as provas derivadas das ilícitas, ainda que não seja evidenciado o nexo de causalidade entre uma e outra, ou que as derivadas poderiam ter sido obtidas por uma fonte independente das primeiras.

4. **(Promotor de Justiça/RN/09 - Desmembrada)** Segundo entendimento doutrinário, quando a norma afrontada tiver natureza processual, a prova vedada deve ser chamada de ilícita; afrontando normas de direito material, deve ser chamada de ilegítima.

5. **(OAB/SP Exame 136/2008) Assinale a opção correta acerca da confissão e do interrogatório, segundo o CPP e a CF.**

    A. O réu pode retratar-se da confissão, bem como pode confessar a totalidade ou apenas uma parte do fato que lhe foi imputado.

    B. Se o acusado confessa o crime perante o juiz, na presença de seu advogado, é desnecessário confrontar a confissão com as demais provas do processo para a verificação de compatibilidade ou concordância.

    C. Antes de iniciar o interrogatório, o juiz esclarecerá ao réu que, embora não esteja obrigado a responder às perguntas que lhe forem formuladas, o seu silêncio poderá ser interpretado em prejuízo da própria defesa.

    D. O silêncio do acusado importa em confissão ficta ou presumida.

6. **(Delegado de Polícia Civil/PB/2008 - Desmembrada)** O pedido de interceptação das comunicações telefônicas deve ser feito necessariamente por escrito.

7. (Delegado de Polícia Civil/PB/2008 - Desmembrada) Não se admite interceptação das comunicações telefônicas quando o fato investigado constituir infração penal punida no máximo, com pena de detenção.

8. (Agente de Polícia Federal/2009) Não se admite a acareação entre o acusado e a pessoa ofendida, considerando-se que o acusado tem o direito constitucional ao silêncio, e o ofendido não será compromissado.

9. (Delegado de Polícia Civil/SE/2005) Nos termos da lei processual penal, a exigência da presença de defensor, prevista para o interrogatório judicial, não se aplica ao interrogatório policial, por ser o inquérito procedimento de natureza inquisitiva, ao qual não se impõe a observância do contraditório.

10. (Agente de Polícia Federal/2012) Como o sistema processual penal brasileiro assegura ao investigado o direito de não produzir provas contra si mesmo, a ele é conferida a faculdade de não participar de alguns atos investigativos, como, por exemplo, da reprodução simulada dos fatos e do procedimento de identificação datiloscópica e de reconhecimento, além do direito de não fornecer material para comparação em exame pericial.

11. (Agente de Polícia Federal/2012) O Código de Processo Penal determina expressamente que o interrogatório do investigado seja o último ato da investigação criminal antes do relatório da autoridade policial, de modo que seja possível sanar eventuais vícios decorrentes dos elementos informativos colhidos até então bem como indicar outros elementos relevantes para o esclarecimento dos fatos.

12. (Delegado de Polícia Civil/PI/2009) Durante busca pessoal realizada no curso de busca domiciliar, tendo esta última sido efetivada em cumprimento a mandado judicial às oito horas da manhã, foi encontrada na mochila de Paulo arma de fogo de uso restrito e com numeração raspada. Preso em flagrante e levado à presença da autoridade policial, Paulo confessou a posse ilegal da arma, tendo ainda reconhecido que ele próprio raspou a sua numeração, a fim de ocultar a verdadeira origem do objeto. Diante da situação hipotética acima exposta, assinale a afirmativa correta.

   A. A busca pessoal foi ilegal, porque apenas a busca domiciliar havia sido autorizada por mandado judicial.

   B. A busca domiciliar foi realizada às oito horas da manhã porque em nenhuma hipótese poderia se dar à noite, nem mesmo com o consentimento do morador, devido a garantia da inviolabilidade de domicílio assegurada pela própria Constituição Federal.

   C. A confissão de Paulo diante da autoridade policial poderá vir a ser retratada em juízo.

   D. A confissão, de acordo com o Código de Processo Penal, é indivisível, ou seja, seu teor não pode vir a ser desmembrado.

   E. Como Paulo já confessou seu delito perante a autoridade policial, não haverá mais necessidade de produção de outras provas acerca da materialidade e da autoria da conduta delituosa.

**13. (Delegado de Polícia Civil/MG/2008) Sobre a Lei n. 9.296/96, que dispõe sobre a interceptação de comunicações telefônicas, é CORRETO afirmar:**

A. Que poderá ser decretada a quebra do sigilo telefônico quando a prova da autoria ou materialidade do delito puder ser feita por outro meio de prova.

B. Que o delito investigado deve ser punido com pena de detenção.

C. Que, decretada a interceptação telefônica, a autoridade policial não necessita dar ciência dos procedimentos realizados ao Ministério Público.

D. Que a interceptação telefônica não poderá ser decretada por período superior a 15 dias, admitida a prorrogação do prazo.

**14. (Juiz/PE/2011) No tocante à prova, o juiz**

A. Formará sua convicção pela livre apreciação da produzida nos autos, sem qualquer restrição.

B. Poderá, de ofício, ordenar a produção antecipada de provas consideradas urgentes e relevantes, mas apenas depois de iniciada a ação penal.

C. Formará sua convicção pela livre apreciação da produzida em contraditório judicial, não podendo fundamentar sua decisão em provas cautelares, não repetíveis e antecipadas.

D. Observará a necessidade, adequação e proporcionalidade da produção antecipada de provas, mesmo antes de iniciada a ação penal.

E. Não poderá determinar, de ofício, no curso da instrução, a realização de diligências para dirimir dúvida sobre ponto relevante.

**15. (Juiz/GO/2012) Em relação à prova no processo penal, é correto afirmar que:**

A. Não sendo possível o exame de corpo de delito, por haverem desaparecido os vestígios, a prova testemunhal não poderá suprir-lhe a falta.

B. A autópsia será feita até 6 (seis) horas depois do óbito.

C. O interrogatório do réu preso será realizado obrigatoriamente em sala própria no estabelecimento em que estiver recolhido ou por sistema de videoconferência.

D. A confissão é divisível e retratável.

E. Havendo mais de um acusado, serão interrogados conjuntamente.

**16. (Juiz/GO/2012) Em relação às testemunhas, é correto afirmar que:**

A. As pessoas impossibilitadas por enfermidade ou velhice serão dispensadas de depor.

B. Será permitida à testemunha breve consulta a apontamentos.

C. As pessoas com dever de sigilo são proibidas de depor mesmo se desobrigadas pela parte interessada.

D. As perguntas serão formuladas pelas partes diretamente à testemunha, exceto se não tiverem relação com a causa.

E. Se o juiz reconhecer que alguma testemunha fez afirmação falsa, remeterá cópia do depoimento para o Ministério Público, para instauração de inquérito.

**17. (Juiz/GO/2012) De acordo com o disposto na Lei nº 9.296/96,**

A. Não será admitida a interceptação de comunicações telefônicas se o fato investigado constituir infração penal punida, no máximo, com pena de detenção.

B. A interceptação telefônica não poderá ser decretada de ofício pelo juiz.

C. A decisão que decretar a interceptação telefônica será fundamentada, sob pena de nulidade, mas não precisará indicar a forma de execução da diligência.

D. A gravação que não interessar à prova não poderá ser inutilizada, devendo ser mantida para fins de defesa.

E. O representante do Ministério Público poderá requerer a realização de interceptação telefônica na instrução processual penal, mas não na investigação criminal.

18. **(Juiz/CE/2012) Assinale a opção correta acerca da prova no âmbito do direito processual penal.**

    A. Nos casos de morte violenta, desde que as lesões externas permitam precisar a causa da morte, basta o simples exame externo do cadáver, ainda que haja infração penal a apurar.

    B. Depois de devidamente qualificado e cientificado do inteiro teor da acusação, o réu será informado pelo juiz, antes de iniciar o interrogatório, do seu direito de permanecer calado; o silêncio não importa em confissão, mas poderá ser interpretado em prejuízo da defesa.

    C. São proibidas de depor as pessoas que, em razão de função, ministério, ofício ou profissão, devam guardar segredo, salvo se liberadas pela parte interessada, quando serão obrigadas a dar o seu testemunho.

    D. A prova da alegação incumbirá a quem a fizer, sendo, porém, facultado ao juiz, de ofício, ordenar, desde que após o início da ação penal, a produção antecipada de provas consideradas urgentes e relevantes, observando a necessidade, adequação e proporcionalidade da medida.

    E. São inadmissíveis as provas derivadas das ilícitas, salvo quando não evidenciado o nexo de causalidade entre umas e outras, ou quando as derivadas puderem ser obtidas por uma fonte independente das primeiras.

19. **(Defensor Público/RS/2011) Sobre provas ilícitas, é INCORRETO afirmar:**

    A. A vedação da utilização de provas ilícitas pode ser excepcionalmente afastada em favor do acusado.

    B. A doutrina processual penal faz uma distinção conceitual entre a prova ilícita e a prova ilegítima, sendo aquela a obtida com violação ao direito substantivo e esta a obtida com violação ao direito adjetivo.

    C. As provas derivadas das ilícitas não se considerarão contaminadas quando puderem ser obtidas de uma fonte independente destas, ou quando não evidenciado o nexo de causalidade entre umas e outras, segundo o disposto na norma processual penal.

    D. Consoante previsto no Código de Processo Penal, preclusa a decisão de desentranhamento da prova declarada inadmissível, esta será inutilizada por decisão judicial.

    E. Contra a decisão interlocutória que não reconhece a ilicitude de prova cabe recurso em sentido estrito.

20. **(Advogado da União AGU/2009) A restituição, por constituir ato privativo da autoridade judicial, não poderá ser ordenada pela autoridade policial, ainda que não exista dúvida quanto ao direito do reclamante.**

21. **(Delegado de Polícia/RS/2009) Analise as seguintes assertivas e marque a correta.**
    A. A busca pessoal em mulher, em qualquer circunstância, somente poderá ser feita por outra mulher.
    B. Tendo sido expedido mandado de busca domiciliar, é dispensado o respectivo mandado para realizar a busca pessoal nos moradores da residência.
    C. Ainda que existam indícios de autoria e materialidade da prática de crime por advogado, não é admitida a expedição de mandado judicial de busca e apreensão no escritório profissional daquele.
    D. Quando a autoridade policial, pessoalmente, executar a busca e apreensão de coisas obtidas por meios criminosos é dispensado o mandado de busca e apreensão.
    E. É taxativo o rol de hipóteses previstas no Código de Processo Penal que autorizavam a busca e apreensão.

22. **(Delegado de Polícia/TO/2008) Não se faz distinção entre corpo de delito e exame de corpo de delito, pois ambos representam o próprio crime em sua materialidade.**

23. **(OAB/V Exame Unificado) A respeito da prova no processo penal, assinale a alternativa correta.**
    A. A prova objetiva demonstra a existência/inexistência de um determinado fato ou a veracidade/falsidade de uma determinada alegação. Todos os fatos, em sede de processo penal, devem ser provados.
    B. São consideradas provas ilícitas aquelas obtidas com a violação do direito processual. Por outro lado, são consideradas provas ilegítimas as obtidas com a violação das regras de direito material.
    C. As leis em geral e os costumes não precisam ser comprovados.
    D. A lei processual pátria prevê expressamente a inadmissibilidade da prova ilícita por derivação, perfilhando-se à "teoria dos frutos da árvore envenenada" ("*fruits of poisonous tree*").

24. **(OAB/Exame Unificado 2010-3) O advogado Ademar é surpreendido por mandado de busca e apreensão dos documentos guardados no seu escritório, de forma indiscriminada. Após pesquisa, verifica que existe processo investigando um dos seus clientes e a ele mesmo. Apesar disso, os documentos de toda a sua clientela foram apreendidos.**

    Diante do narrado, é correto afirmar que:
    A. A prática é correta, em função de a investigação atingir o advogado.
    B. A inviolabilidade do escritório de advocacia é absoluta.
    C. A proteção ao escritório do advogado não se inclui na hipótese versada.
    D. Houve excesso na apreensão de todos os documentos da clientela do advogado.

25. **(Delegado de Polícia Civil/RJ/2013) Marque a resposta correta.**
    A. O princípio da identidade física do juiz consiste na dimensão formal do princípio do juiz natural, enquanto a vedação de tribunais de exceção e escolha de juiz traduzem a dimensão substancial do juiz natural.

B. São incontestáveis, na doutrina e na jurisprudência, o poder de investigação direta do Ministério Público e a prerrogativa legal de tomar assento imediatamente à direita e no mesmo plano do Magistrado, sem que haja, com isso, ofensa ao sistema acusatório ou à paridade de armas.

C. O STF admite como prova a gravação ambiental de conversas entre particulares, mas não admite a gravação clandestina de conversa informal entre agentes policiais e o indiciado, este último, em razão do direito constitucional ao silêncio.

D. A Constituição de 1988 consagrou expressamente, no processo penal brasileiro, o princípio da verdade real. Por isso o Juiz poderá, de ofício, produzir prova no curso do processo.

E. O Delegado de Polícia não pode ordenar buscas domiciliares. Este poder, contudo, foi atribuído, excepcionalmente, às CPIs, que possuem poderes de investigação típicos da autoridade judiciária.

26. **(Delegado de Polícia Civil/RJ/2013) Em matéria de prova, disciplinada pelo Código de Processo Penal, é correto afirmar:**

    A. Quando a infração deixar vestígios, o exame de corpo de delito poderá ser dispensado a pedido da parte interessada.

    B. O juiz julga conforme seu livre convencimento e sem obrigação de fundamentar a sua convicção, porém com base na prova existente nos autos.

    C. O silêncio do acusado não importará confissão, e tampouco poderá constituir elemento para a formação do convencimento do juiz.

    D. O maior de quatorze anos e menor de dezoito anos não prestará compromisso como testemunha, quando desacompanhado do responsável legal.

    E. Consideram-se documentos somente os escritos ou papéis, públicos ou particulares.

27. **(Promotor de Justiça/AL/2012) No tocante à prova no processo penal, é INCORRETO afirmar que:**

    A. Quando a infração deixar vestígios, será indispensável o exame de corpo de delito, direto ou indireto, não podendo supri-lo a confissão do acusado.

    B. Durante o curso do processo judicial, é permitido às partes, quanto à perícia, requerer a oitiva dos peritos para esclarecerem a prova ou para responderem a quesitos, desde que o mandado de intimação e os quesitos ou questões a serem esclarecidos sejam encaminhados com antecedência mínima de dez dias, podendo apresentar as respostas em laudo complementar.

    C. É facultado ao juiz determinar, no curso da instrução, ou antes de proferir sentença, a realização de diligências para dirimir dúvida sobre ponto relevante.

    D. O juiz formará sua convicção pela livre apreciação da prova produzida em contraditório judicial, não podendo fundamentar sua decisão exclusivamente nos elementos informativos colhidos na investigação, ressalvadas as provas cautelares, não repetíveis ou antecipadas.

    E. O exame de corpo de delito realizado por perito oficial somente poderá ser feito durante o dia.

28. **(Delegado de Polícia Civil/BA/2013) A restituição de coisas apreendidas em poder do investigado, no âmbito do inquérito policial, pode ser ordenada pela**

autoridade policial, desde que não haja vedação legal à restituição das coisas e inexista importância à prova da infração ou desde que a restituição não sirva à reparação do dano causado pelo crime e seja induvidoso o direito do reclamante, após oitiva obrigatória do MP.

29. **(Delegado de Polícia Civil/BA/2013)** É indispensável o exame pericial, direto ou indireto, nos casos em que a infração penal deixe vestígios, não podendo supri-lo a confissão do acusado, facultada ao MP, ao assistente de acusação, ao ofendido, ao querelante e ao acusado a indicação de assistente técnico para atuar na etapa processual após sua admissão pelo juiz e a conclusão dos exames e elaboração do laudo pelos peritos oficiais.

30. **(Delegado de Polícia Civil/MA/2012)** Com relação ao capítulo da *prova*, assinale a afirmativa incorreta.

    A. Admite-se a prova pericial, apesar de o juiz não ficar adstrito ao laudo, podendo aceitá-lo ou rejeitá-lo, no todo ou em parte.

    B. De acordo com o Art. 212, do CPP, as perguntas serão formuladas pelas partes diretamente às testemunhas, podendo o juiz complementar a inquirição formulando perguntas sobre pontos não esclarecidos.

    C. Havendo mais de um réu, cada um deles deverá ser interrogado separadamente, podendo a defesa e a acusação formular perguntas ao final.

    D. Apesar de a lei processual penal dispor que o assistente de acusação pode propor meios de prova (Art. 271), em regra não poderá arrolar testemunhas, eis que somente pode o assistente ser admitido após o oferecimento e recebimento da denúncia com o rol respectivo.

    E. Por força do princípio constitucional da ampla defesa, a testemunha deverá ser ouvida em juízo na presença do acusado e da defesa técnica, não se admitindo exceção a esta regra.

31. **(Delegado de Polícia Civil/PA/2012)** A interceptação de comunicações telefônicas, de qualquer natureza, para prova em investigação criminal e em instrução processual penal, observará o disposto na Lei nº 9.296, de 24 de julho de 1996 e dependerá de ordem do juiz competente da ação principal, sob segredo de justiça. Com base nessas informações e pautando-se na referida lei, assinale a alternativa correta:

    A. Realizar interceptação de comunicações telefônicas, de informática ou telemática, ou quebrar segredo da Justiça, sem autorização judicial ou com objetivos não autorizados em lei não é crime.

    B. A interceptação de comunicação telefônica, de qualquer natureza, ocorrerá nos autos principais do inquérito policial ou do processo criminal, preservando-se o sigilo das diligências, gravações e transcrições respectivas.

    C. É admitida a interceptação de comunicações telefônicas quando o fato investigado constituir infração penal punida, no máximo, com pena de detenção.

    D. Excepcionalmente, o juiz poderá admitir que o pedido seja formulado verbalmente, desde que estejam presentes os pressupostos que autorizem a interceptação, caso em que a concessão será condicionada à sua redução a termo.

    E. O juiz, no prazo máximo de quarenta e oito horas, decidirá sobre o pedido de interceptação de comunicação telefônica.

32. **(Delegado de Polícia Civil/BA/2013)** Consoante a interpretação doutrinária da legislação penal, as buscas e apreensões são consideradas não só meios de prova, mas também providências acautelatórias da atividade probante (medida cautelar), podendo ser executadas em qualquer fase da persecução penal.

33. **(OAB/V Exame Unificado)** A respeito da prova no processo penal, assinale a alternativa correta.
    A. A prova objetiva demonstra a existência/inexistência de um determinado fato ou a veracidade/falsidade de uma determinada alegação. Todos os fatos, em sede de processo penal, devem ser provados.
    B. São consideradas provas ilícitas aquelas obtidas com a violação do direito processual. Por outro lado, são consideradas provas ilegítimas as obtidas com a violação das regras de direito material.
    C. As leis em geral e os costumes não precisam ser comprovados.
    D. A lei processual pátria prevê expressamente a inadmissibilidade da prova ilícita por derivação, perfilhando-se à "teoria dos frutos da árvore envenenada" ("*fruits of poisonous tree*").

34. **(Delegado de Polícia Civil/TO/2008)** Considere que em determinada ação penal foi realizada perícia de natureza contábil, nos moldes determinados pela legislação pertinente, o que resultou na elaboração do competente laudo de exame pericial. Na fase decisória, o juiz discordou das conclusões dos peritos e, de forma fundamentada, descartou o laudo pericial ao exarar a sentença. Nessa situação, a sentença é nula, pois o exame pericial vincula o juiz da causa.

35. **(Delegado de Polícia Federal/2013)** No curso de inquérito policial presidido por delegado federal, foi deferida a interceptação telefônica dos indiciados, tendo sido a transcrição dos dados em laudo pericial juntada em apenso aos autos do inquérito, sob segredo de justiça. Encaminhado o procedimento policial ao Poder Judiciário, o juiz permitiu o acesso da imprensa ao conteúdo dos dados da interceptação e a sua divulgação, sob o fundamento de interesse público à informação. Nessa situação hipotética, independentemente da autorização judicial de acesso da imprensa aos dados da interceptação telefônica, a divulgação desse conteúdo é ilegal e invalida a prova colhida, uma vez que o procedimento em questão, tanto na fase inquisitorial quanto na judicial, é sigiloso, por expressa regra constitucional.

36. **(Delegado de Polícia Federal/2013)** José foi indiciado em inquérito policial por crime de contrabando e, devidamente intimado, compareceu perante a autoridade policial para interrogatório. Ao ser indagado a respeito de seus dados qualificativos para o preenchimento da primeira parte do interrogatório, José arguiu o direito ao silêncio, nada respondendo. Nessa situação hipotética, cabe à autoridade policial alertar José de que a sua recusa em prestar as informações solicitadas acarreta responsabilidade penal, porque a lei é taxativa quanto à obrigatoriedade da qualificação do acusado.

37. **(Delegado de Polícia Civil/PR/2013)** Sobre o tema prova, atribua V (verdadeiro) ou F (falso) às afirmativas a seguir.
    (   ) O juiz formará sua convicção pela apreciação da prova judicial, estando impedido de fundamentar sua decisão nos elementos informativos colhidos na investigação.

( ) A prova da alegação incumbirá a quem a fizer, sendo vedado ao juiz determiná-la de ofício e antes de iniciada a ação penal.

( ) O laudo pericial será elaborado no prazo máximo de dez dias, podendo ser prorrogado, em casos excepcionais, a requerimento dos peritos.

( ) Quando a infração deixar vestígios, será dispensável o exame de corpo de delito, mediante a confissão do acusado.

( ) O exame de corpo de delito poderá ser feito em qualquer dia e qualquer hora.

Assinale a alternativa que contém, de cima para baixo, a sequência correta.

a. V, V, F, V, F.
b. V, F, V, F, V.
c. F, V, F, V, F.
d. F, V, F, F, V.
e. F, F, V, F, V.

38. **(Promotor de Justiça/MS/2013)** Em tema de interceptação telefônica, é correto afirmar que:

A. A gravação que não interessar à prova será inutilizada, incontinenti, por determinação da autoridade policial, durante o inquérito policial.

B. Em qualquer hipótese, a interceptação telefônica não será admitida quando não for possível a indicação e qualificação dos investigados.

C. A interceptação telefônica poderá ser determinada pelo juiz a requerimento da autoridade policial ou do Ministério Público, não podendo ser determinada de ofício.

D. O pedido de interceptação telefônica poderá ser formulado verbalmente, caso em que a concessão será condicionada à sua redução a termo, devendo a autoridade judiciária sobre ela decidir no prazo de vinte e quatro horas.

E. O crime de constrangimento ilegal (art. 146 do CP), executado por uma só pessoa e sem emprego de arma de fogo, mas mediante grave ameaça, admite a quebra do sigilo telefônico.

39. **(Delegado de Polícia/DF/2015)** Assinale a alternativa correta a respeito de prova, indiciamento e inquérito policial, com base na legislação, na jurisprudência e na doutrina majoritária.

A. Conforme a lei, o indiciamento é ato privativo do delegado de polícia ou do órgão do Ministério Público, devendo ocorrer por meio de ato fundamentado, que, mediante análise técnico-jurídica do fato, deverá indicar a autoria, a materialidade e suas circunstâncias.

B. O relatório de inquérito policial, a ser redigido pela autoridade que o preside, é indispensável para o oferecimento da denúncia ou da queixa-crime pelo titular da ação penal.

C. As provas ilegítimas são as obtidas por meio de violação de normas de direito material, ao passo que as provas ilícitas são as obtidas por meio de violação de normas de direito processual.

D. Consoante o Código de Processo Penal (CPP), admitem-se as provas derivadas das ilícitas, desde que não evidenciado o nexo de causalidade entre umas e outras, ou que as derivadas possam ser obtidas por uma fonte independente das primeiras.

E. No ordenamento jurídico brasileiro, não se adota a denominada teoria da árvore dos frutos envenenados, de modo que a prova derivada da prova ilícita tem existência autônoma e deverá ser apreciada em juízo.

**40. (Delegado de Polícia/DF/2015) A respeito do depoimento de testemunhas, é correto afirmar que**

A. É vedada a retirada do réu da sala de audiências, sob pena de violação aos princípios constitucionais da ampla defesa e do contraditório.

B. A adoção do sistema acusatório implica a inadmissibilidade da condução coercitiva de testemunha, devendo o caso ser solucionado a partir do sistema de distribuição do ônus da prova.

C. A ex-esposa do acusado de determinado crime poderá recusar-se a depor, mesmo que já separada judicialmente do réu.

D. Não se deferirá o compromisso de dizer a verdade ao menor de dezoito anos de idade.

E. São proibidas de depor as pessoas que, em razão de função, ministério, ofício ou profissão, devam guardar segredo, ainda que desobrigadas dessa guarda pela parte interessada.

**41. (Delegado de Polícia/DF/2015) Em relação a provas e ao procedimento de busca e apreensão, assinale a alternativa correta.**

A. Não há necessidade de lavratura de auto, após a diligência de busca e apreensão, em razão da presunção de veracidade e legalidade dos atos administrativos e da presunção de boa fé da autoridade policial.

B. A busca em mulher deve ser feita por outra mulher, ainda que isso importe em retardamento da diligência.

C. É válida a *serendipidade* no procedimento de busca e apreensão, especialmente quando há conexão entre crimes.

D. Tanto o procedimento de busca e apreensão quanto o de busca pessoal sujeitam-se à reserva de jurisdição, devendo ser precedidos de mandado, mesmo quando realizados pessoalmente pela autoridade policial.

E. É vedado o arrombamento de porta ao se proceder à busca e apreensão na residência do indiciado, visto que tal ação acarretaria ofensa ao direito humano da moradia.

**42. (Delegado de Polícia/CE/2015) Determina o art. 156 do CPP que a prova da alegação incumbirá a quem a fizer. Tal norma**

A. É relativizada, pois o juiz pode ordenar, mesmo antes de iniciada a ação penal, a produção antecipada de provas consideradas urgentes e relevantes.

B. É corolário do Estado Democrático de Direito, pois apenas ao acusado, tecnicamente assistido por advogado, é franqueado o direito de provar o que entende relevante para o sucesso de seus argumentos.

C. Consagra o princípio da imparcialidade da jurisdição, pois ao Estado-Juiz é defeso realizar diligências de ofício no curso do processo.

D. Consagra o princípio do *in dubio pro reo*, pois o juiz não pode determinar de ofício a produção de prova que aproveite a tese da parte autora.

E. Consagra o princípio da inércia judicial, pois o julgador não poderá determinar a produção de provas no curso da ação penal.

43. **(Delegado de Polícia/CE/2015) Em matéria de prova, vige no processo penal o livre convencimento motivado. Todavia, o STJ fixou entendimento (súmula 74) estabelecendo que**

    A. Para a decretação da extinção da punibilidade pela morte do acusado, é necessário que venha aos autos original ou cópia autenticada de certidão de óbito.

    B. A prova de idade de acusado maior de 70 anos, a fim de obter o benefício da prescrição pela metade, faz-se apenas por documento oficial válido e original.

    C. O reconhecimento da menoridade do acusado requer prova por documento hábil.

    D. A renúncia ao direito de queixa deve ser feita por escrito e na presença de testemunhas numerárias.

    E. A delação premiada só é válida se colhida na presença de órgão do Ministério Público e advogado constituído.

44. **(Delegado de Polícia/CE/2015) Assinale alternativa que contempla todas as hipóteses de decretação de interceptação telefônica (art. 3o, Lei no 9.296/96).**

    A. Pelo juiz, a requerimento da autoridade policial, na investigação criminal; ou pelo juiz, a requerimento do representante do Ministério Público, na investigação criminal e na instrução processual penal.

    B. Pelo juiz, a requerimento da autoridade policial, na investigação criminal; ou a requerimento do representante do Ministério Público ou da autoridade policial, na instrução processual penal.

    C. Pelo juiz, a requerimento da autoridade policial, na investigação criminal; ou a requerimento do representante do Ministério Público, na investigação criminal e na instrução processual penal.

    D. Pelo juiz, de ofício, ou a requerimento da autoridade policial, na investigação criminal; ou a requerimento do representante do Ministério Público ou da autoridade policial, na instrução processual penal.

    E. Pelo juiz, de ofício, ou a requerimento da autoridade policial, na investigação criminal; ou a requerimento do representante do Ministério Público, na investigação criminal e na instrução processual penal.

45. **(Delegado de Polícia/CE/2015) No curso das investigações, a Autoridade Policial toma conhecimento de intenso tráfico de drogas realizado por uma associação em determinada região da cidade e, com vistas à identificação e prisão dos criminosos, intercepta as conversas telefônicas de quatro suspeitos. Com relação a essa conduta, é correto afirmar que a Autoridade Policial:**

    A. Agiu corretamente, considerando que uma vez presentes fortes indícios de autoria e materialidade de delito punido com pena de reclusão, pode a Autoridade Policial determinar a interceptação das conversas telefônicas com base na Lei nº 9.296/96.

    B. Incorreu no crime previsto no artigo 10 da Lei nº 9.296/96.

C. Agiu corretamente, considerando que a interceptação de comunicações telefônicas sobrepõe-se e dispensa outros meios de provas.

D. Não agiu corretamente, porque, segundo a lei, somente se autoriza interceptação de comunicação telefônica no curso da instrução processual e não no curso das investigações.

E. Não agiu corretamente, porque deveria ter submetido a análise da necessidade dessa prova ao Ministério Público, buscando autorização com o órgão ministerial.

46. **(Delegado de Polícia/SP/2014) No processo penal, a prova produzida durante o inquérito policial:**

    A. Pode ser utilizada por qualquer das partes, bem como pelo juiz.
    B. Tem o mesmo valor que a prova produzida judicialmente.
    C. Pode ser utilizada somente pelo juiz.
    D. Não tem valor legal.
    E. Deverá ser sempre ratificada judicialmente para ter valor legal.

47. **(Delegado de Polícia/SP/2014) A respeito do direito ao silêncio do acusado no inquérito policial, é correto afirmar que:**

    A. Não importará em confissão, mas em presunção de culpabilidade.
    B. Importará em confissão.
    C. Importará em confissão, exceto se o acusado manifestar o direito constitucional de somente falar em juízo.
    D. Não importará em confissão, entretanto, poderá constituir elemento para formação do convencimento do juiz em eventual processo penal.
    E. Não importará em confissão.

48. **(Delegado de Polícia/SP/2014) No delito de homicídio, o exame de corpo de delito:**

    A. É prova pericial fundamental, sem a qual não pode haver o oferecimento da denúncia.
    B. Deve, em regra, ser realizado por perito oficial, portador de diploma de curso superior.
    C. É dispensável, no caso de confissão do crime.
    D. É dispensável, caso existam outras provas da prática delituosa.
    E. Deve ser realizado por dois peritos médicos pertencentes ao Instituto Médico Legal.

49. **(Delegado de Polícia/RO/2014) No que se refere ao estudo das provas no processo penal, sabe-se que a autoridade judiciária se sujeita ao Princípio da Persuasão Racional (ou do Livre Convencimento Motivado), que tem por característica:**

    A. A impossibilidade de vincular o convencimento judicial à atuação das partes, por existir autonomia da autoridade judiciária para buscar as provas.
    B. A possibilidade de a autoridade judiciária se valer de provas ilícita s para a formação do convencimento judicial.

C. A necessidade de a autoridade judiciária explicitar os motivos de fato e de direito que foram relevantes para a formação do seu convencimento.

D. A preponderância da prova pericial sobre a prova testemunhai.

E. A maior valoração que a lei confere à confissão.

50. **(Delegado de Polícia/SC/2014) Sobre a Prova, de acordo com o Código de Processo Penal, é correto afirmar:**

A. São admissíveis as provas derivadas das ilícitas quando não evidenciado o nexo de causalidade entre umas e outras, ou quando as derivadas puderem ser obtidas por uma fonte dependente das primeiras.

B. O juiz formará sua convicção pela livre apreciação da prova produzida em contraditório judicial, não podendo fundamentar sua decisão exclusivamente nos elementos informativos colhidos na investigação, ressalvadas as provas cautelares, não repetíveis e antecipadas.

C. Considera-se fonte independente a prova que por si só seria incapaz de conduzir ao fato objeto da prova.

D. Preclusa a decisão de desentranhamento da prova declarada inadmissível, esta não será inutilizada por decisão judicial.

E. O juiz formará sua convicção pela livre apreciação da prova produzida em contraditório judicial, podendo fundamentar sua decisão exclusivamente nos elementos informativos colhidos na investigação, ressalvadas as provas cautelares, não repetíveis e antecipadas.

51. **(Delegado de Polícia/SC/2014) Considere o Código de Processo Penal quanto ao exame de corpo de delito e perícias em geral, analise as afirmações a seguir e assinale a alternativa correta.**

I – Quando a infração deixar vestígios será indispensável o exame de corpo de delito, direto ou indireto, não podendo supri-lo a confissão do acusado.

II – O assistente técnico atuará a partir de sua indicação pelo juiz e antes da conclusão dos exames e elaboração do laudo pelos peritos oficiais, sendo as partes intimadas desta decisão.

III – Na falta de perito oficial, o exame será realizado por 2 (duas) pessoas idôneas, portadoras de diploma de curso superior indispensavelmente na área específica relacionada com a natureza do exame.

IV – Serão facultadas ao Ministério Público, ao assistente de acusação, ao ofendido, ao querelante e ao acusado, a formulação de quesitos e indicação de assistente técnico.

A. Apenas I e IV estão corretas.
B. Apenas I, II e III estão corretas.
C. Apenas II e III estão corretas.
D. Apenas II e IV estão corretas.
E. Apenas II, III e IV estão corretas.

52. **(Delegado de Polícia/SC/2014) De acordo com o Código de Processo Penal, assinale a alternativa correta.**

A. O exame de corpo de delito poderá ser feito em qualquer dia e a qualquer hora.

B. A autópsia será feita pelo menos doze horas depois do óbito, salvo se os peritos, pela evidência dos sinais de morte, julgarem que possa ser feita antes daquele prazo, o que declararão no auto.

C. Proceder-se-á, sempre, a avaliação de coisas destruídas, deterioradas ou que constituam produto do crime.

D. Para o efeito de exame do local onde houver sido praticada a infração, a autoridade providenciará imediatamente para que não se altere o estado das coisas até a chegada dos parentes, que poderão instruir os laudos com fotografias, desenhos ou esquemas elucidativos.

E. Nos casos de morte violenta bastará o simples exame externo do cadáver, quando houver infração penal que apurar ou quando as lesões internas não permitirem precisar a causa da morte ou a verificação de alguma circunstância relevante.

53. (Juiz/PB/2015) A respeito da restituição de coisas apreendidas, assinale a opção correta.

    A. Os instrumentos do crime, se a perda for decretada em favor da União, bem como as demais coisas confiscadas, deverão ser inutilizados, sendo vedado que tais instrumentos ou coisas recebam qualquer outra destinação.

    B. A restituição, quando cabível, poderá ser ordenada pela autoridade policial ou pelo juiz, mediante termo nos autos, desde que não haja dúvida quanto ao direito do reclamante.

    C. Após ter sido formulado o pedido de restituição de bens apreendidos, o juiz poderá dispensar a oitiva do MP e decidir o pleito de imediato.

    D. Caso seja facilmente deteriorável, a coisa apreendida deverá ser avaliada e, em seguida, deverá ser vendida, sem que seja necessário realizar leilão público.

    E. As coisas apreendidas, ainda que deixem de ser diretamente importantes ao processo, não poderão ser restituídas antes do trânsito em julgado da sentença final.

54. (Juiz/PE/2015) Em relação à Lei no 12.850/2013 – Lei das Organizações Criminosas, é correto afirmar que:

    A. A concessão do benefício da colaboração premiada levará em conta a natureza, as circunstâncias, a gravidade e a repercussão social do fato criminoso, a eficácia da colaboração, mas não a personalidade do colaborador.

    B. Beneficiado por perdão judicial ou não denunciado, o colaborador não poderá mais ser ouvido em juízo.

    C. Autoriza a infiltração, por policiais, em atividades de investigação, independentemente da existência de investigação formal iniciada, para preservar o sigilo das investigações.

    D. Não prevê expressamente a interceptação de comunicações telefônicas dentre os meios de obtenção de prova.

    E. O retardamento da intervenção policial ou administrativa, na ação controlada, será previamente comunicado ao juiz competente que, se for o caso, estabelecerá os seus limites e comunicará ao Ministério Público.

55. **(Juiz/MS/2015)** Com relação ao pedido de interceptação telefônica, disciplinado pela Lei no 9.296/96, assinale a alternativa correta.
    A. Poderá ser formulado verbalmente, desde que presentes os pressupostos autorizadores e demonstrada a excepcionalidade da situação, caso em que a concessão será reduzida a termo.
    B. Na investigação criminal, será formulado ao representante do Ministério Público, e na instrução processual penal, ao juiz, com prazo de 24 horas para decisão.
    C. Deferido o pedido, o juiz conduzirá os procedimentos de interceptação, dando ciência ao Ministério Público, que poderá acompanhar a sua realização.
    D. Conterá prova de materialidade e indícios de autoria ou participação em crime apenado com detenção ou reclusão, além de demonstração da indispensabilidade do meio de prova.
    E. Na decisão de deferimento, será consignado, para a execução da diligência, o prazo de 30 (trinta) dias, prorrogável por uma vez, comprovada a indispensabilidade do meio de prova.

56. **(Defensor Público/SP/2015)** A colaboração premiada, prevista na Lei no 12.850/13,
    A. Autoriza que o juiz profira sentença condenatória apenas com base nas declarações do agente colaborador.
    B. Prevê que, para fazer jus aos benefícios da lei, seja indispensável que o colaborador tenha revelado a estrutura hierárquica e a divisão de tarefas da organização criminosa.
    C. É um meio de obtenção de prova permitido, apenas, na primeira fase da persecução penal.
    D. Prevê restrições ao direito ao silêncio.
    E. Prevê que o juiz participe de todas as negociações realizadas pelas partes para a formalização do acordo de colaboração.

57. **(Defensor Público/MA/2015)** Em matéria de provas, segundo o Código de Processo Penal,
    A. As acareações, em decorrência da própria essência do ato, não poderão ser realizadas por carta precatória.
    B. Após a determinação do desentranhamento de prova declarada inadmissível, esta será inutilizada por decisão judicial, facultado às partes o acompanhamento do incidente, sendo vedado ao magistrado que tomou conhecimento da prova ilícita proferir a sentença no mesmo processo.
    C. O juiz poderá ordenar a produção de provas antes mesmo do início da ação penal.
    D. Sempre que a infração penal deixar vestígios, o exame de corpo de delito poderá ser dispensado por determinação da autoridade policial e judicial quando sua elaboração puder comprometer a moral pública.
    E. Nos exames para reconhecimento de escritos exige-se que a pessoa a quem se atribua o escrito forneça, de próprio punho, material gráfico para a comparação, sendo inadmissíveis documentos já produzidos, ainda que a pessoa reconheça-os como de seu punho.

58. **(Promotor de Justiça/BA/2014)** Quanto às interceptações telefônicas e ao combate à criminalidade organizada, pode-se afirmar que:
    A. A Lei de Interceptações Telefônicas (Lei nº 9.296/1996) se aplica à interceptação do fluxo de comunicações em sistemas de informática, com exceção dos sistemas de telemática.
    B. Segundo o disposto na Lei nº 12.850/2013 (Organizações Criminosas), se a ação controlada envolver transposição de fronteiras, o retardamento da intervenção policial ou administrativa não dependerá da cooperação das autoridades dos países que figurem como provável itinerário ou destino do investigado, o que garantirá a efetividade da investigação criminal.
    C. Excepcionalmente, o juiz poderá admitir que o pedido de interceptação telefônica seja formulado verbalmente, desde que estejam presentes os pressupostos que autorizem a interceptação, caso em que a concessão será condicionada à sua redução a termo.
    D. De acordo com a Lei nº 12.850/2013 (Organizações Criminosas), o juiz participará das negociações realizadas entre as partes para a formalização do acordo de colaboração premiada, que ocorrerá entre o delegado de polícia, o investigado e o defensor, com a manifestação do Ministério Público, ou, conforme o caso, entre o Ministério Público e o investigado ou acusado e seu defensor.
    E. O pedido de interceptação telefônica é um tipo de questão processual incidental do processo penal, e, por esta razão, não ocorrerá, segundo os termos da Lei nº 9.296/96, em autos apartados.

59. **(Agente de Polícia Federal/2014)** A autoridade providenciará que, em dia e hora previamente marcados, seja realizada a diligência de exumação para exame cadavérico, devendo-se lavrar auto circunstanciado da sua realização.

60. **(Agente de Polícia Federal/2014)** A confissão do acusado suprirá o exame de corpo de delito, quando a infração deixar vestígios, mas não for possível fazê-lo de modo direto.

61. **(Delegado de Polícia/TO/2014)** Uma vez arroladas como testemunhas, o Código de Processo Penal determina que serão inquiridas em local, dia e hora, previamente ajustados entre elas e o juiz, as seguintes autoridades, entre outras:
    A. Delegados de polícia.
    B. Vereadores de Capitais.
    C. Secretários de Estado.
    D. Membros dos Tribunais de Contas dos Municípios.

62. **(Delegado de Polícia Federal/2013)** Um homem penalmente capaz foi preso e autuado em flagrante pela prática de tráfico ilícito de entorpecentes. Ao final do processo-crime, o juiz da causa determinou a juntada do laudo toxicológico definitivo, o que não ocorreu. Nessa situação, de acordo com a jurisprudência do STJ, não poderá o juiz proferir sentença condenatória valendo-se apenas do laudo preliminar da substância entorpecente.

63. **(Delegado de Polícia Civil/PE/2016)** De acordo com a doutrina majoritária e com o entendimento dos tribunais superiores, assinale a opção correta relativamente à prova no processo penal.

A. Para a caracterização do crime de lesão corporal de natureza grave que resulte na incapacidade da vítima para as ocupações habituais por mais de trinta dias, é imprescindível a realização de exame complementar e a comprovação da incapacidade mediante prova pericial.

B. É nula a prova colhida em interceptação telefônica deferida por juiz estadual no curso de investigação criminal que, a posteriori, venha a se declarar incompetente por entender que a causa deverá ser processada e julgada no âmbito federal.

C. Em decorrência do princípio da ampla defesa, autoriza-se a inclusão, no processo, de provas obtidas ilicitamente, desde que favoráveis à defesa.

D. Dado o princípio da verdade real que rege o processo penal, os fatos notórios, os fatos incontroversos e aqueles que contêm presunção absoluta dependem de prova hábil para a sua convalidação.

E. Conforme a legislação processual pátria, a vítima não é qualificada como testemunha, não integrando, portanto, o número máximo de testemunhas a serem arroladas; todavia, a condição de ofendido não exclui a responsabilidade pelo crime de falso testemunho, caso, em seu depoimento, falte ou omita a verdade.

64. **(Delegado de Polícia Civil/GO/2016) O Código de Processo Penal prevê a requisição, às empresas prestadoras de serviço de telecomunicações, de disponibilização imediata de sinais que permitam a localização da vítima ou dos suspeitos de delito em curso, se isso for necessário à prevenção e à repressão de crimes relacionados ao tráfico de pessoas. Essa requisição pode ser realizada pelo**

A. delegado de polícia, independentemente de autorização judicial e por prazo indeterminado.

B. Ministério Público, independentemente de autorização judicial, por prazo não superior a trinta dias, renovável por uma única vez, podendo incluir o acesso ao conteúdo da comunicação.

C. delegado de polícia, mediante autorização judicial e por prazo indeterminado, podendo incluir o acesso ao conteúdo da comunicação.

D. delegado de polícia, mediante autorização judicial, devendo o inquérito policial ser instaurado no prazo máximo de setenta e duas horas do registro da respectiva ocorrência policial.

E. Ministério Público, independentemente de autorização judicial e por prazo indeterminado.

65. **(Delegado de Polícia Civil/PE/2016) Conforme a legislação em vigor e o posicionamento doutrinário prevalente, assinale a opção correta com relação à competência e às questões e processos incidentes.**

A. Todas as infrações penais, incluindo-se as contravenções que atingirem o patrimônio da União, suas autarquias e empresas públicas, serão da competência da justiça federal.

B. O processo incidente surge acessoriamente no processo principal, cujo mérito se confunde com o mérito da causa principal, devendo, assim, tal processo — o incidente — ser resolvido concomitantemente ao exame do mérito da ação penal, sob pena de decisões conflitantes.

C. A restituição de coisas apreendidas no bojo do inquérito policial ainda não concluído poderá ser ordenada pela autoridade policial, quando cabível, desde que seja evidente o direito do reclamante.

D. Havendo fundada dúvida sobre a sanidade mental do indiciado, o delegado de polícia poderá determinar de ofício a realização do competente exame, com o objetivo de aferir a sua imputabilidade.

E. Tratando-se de foro privativo por prerrogativa de função cuja competência para o conhecimento da causa é atribuída à jurisdição colegiada, esta será determinada pelo lugar da infração.

66. (Delegado de Polícia Civil/GO/2016) Suponha que o réu em determinado processo criminal tenha indicado como testemunhas o presidente da República, o presidente do Senado Federal, o prefeito de Goiânia – GO, um desembargador estadual aposentado, um vereador e um militar das Forças Armadas.

Nessa situação hipotética, conforme o Código de Processo Penal, poderão optar pela prestação de depoimento por escrito

A. o presidente do Senado Federal e o desembargador estadual.

B. o prefeito de Goiânia – GO e o militar das Forças Armadas.

C. o desembargador estadual e o vereador.

D. o presidente da República e o presidente do Senado Federal.

E. o presidente da República e o vereador.

67. (Delegado de Polícia Civil/AC/2017) No que tange à regência do código de processo penal sobre reconhecimento de pessoas, leia as assertivas a seguir.

I – A pessoa que tiver de fazer o reconhecimento será convidada a descrever a pessoa que deva ser reconhecida.

II – A pessoa, cujo reconhecimento se pretender, será colocada, se possível, ao lado de outras que com ela tiverem qualquer semelhança, convidando-se quem tiver de fazer o reconhecimento a apontá-la, não sendo possível, serão apresentadas fotografias de pessoas diversas para quem tiver que proceder o reconhecimento de pessoa.

III – Se houver razão para recear que a pessoa chamada para o reconhecimento, por efeito de intimidação ou outra influência, não diga a verdade em face da pessoa que deve ser reconhecida, a autoridade providenciará para que esta não veja aquela, seja em sede policial, no curso da instrução criminal ou no plenário do júri.

IV – Do ato de reconhecimento lavrar-se-á auto pormenorizado, subscrito pela autoridade, pela pessoa chamada para proceder ao reconhecimento e por duas testemunhas presenciais.

Está correto apenas o que se afirma em:

I e IV.

I, III e IV.

I e III.

II, III e IV.

I e II.

68. **(Delegado de Polícia Civil/AC/2017)** No curso de uma interceptação telefônica que apurava a prática dos crimes de associação para o tráfico, bem como o crime de tráfico de drogas, foi descoberto que os mesmo criminosos também eram responsáveis por diversos outros crimes na região, como homicídios e roubos. Este encontro fortuito de elementos probatórios em relação a outros fatos delituosos é denominado pela doutrina e jurisprudência como Teoria da(o):
    A.  nexo causal atenuado.
    B.  fonte independente.
    C.  serendipidade
    D.  exceção da descoberta inevitável
    E.  aparência.

69. **(Delegado de Polícia Civil/AC/2017)** Segundo o código de processo penal o mandado de busca domiciliar deverá:
    A.  indicar ainda que de forma genérica e indeterminada a casa na qual se realizará a diligência, precisando com tudo a região da busca.
    B.  indicar, o mais precisamente possível, a casa em que será realizada a diligência e o nome do respectivo proprietário ou morador; ou, no caso de busca pessoal, o nome da pessoa que terá de sofrê-la ou os sinais que a identifiquem.
    C.  em qualquer caso, permitir a apreensão de documento em poder do defensor do acusado.
    D.  ser subscrito pelo escrivão de polícia pela autoridade policial.
    E.  mencionar ainda que de forma genérica o motivo e os fins da diligência.

70. **(Defensor Público da União/2017)** Situação hipotética: Arnaldo, empresário, gravou, com seu telefone celular, uma ligação recebida de fiscal ligado a uma autarquia a respeito da liberação de empreendimento da sociedade empresária da qual Arnaldo era sócio. Na conversa gravada, o fiscal exigiu para si vantagem financeira como condição para a liberação do empreendimento. Assertiva: Nessa situação, de acordo com o STF, o referido meio de prova é ilícito por violar o direito à privacidade, não servindo, portanto, para embasar ação penal contra o fiscal.

71. **(Defensor Público da União/2017)** Embora o ordenamento jurídico brasileiro tenha adotado o sistema da persuasão racional para a apreciação de provas judiciais, o CPP remete ao sistema da prova tarifada, como, por exemplo, quando da necessidade de se provar o estado das pessoas por meio de documentos indicados pela lei civil.

72. **(Delegado de Polícia/AP/2017)** O exame de corpo de delito
    A.  é dispensável nos crimes que deixam vestígios.
    B.  deve ser feito imediatamente para que não se percam os vestígios do crime, o que veda a indicação de assistente técnico pelas partes.
    C.  deve ser feito, em regra, pelo menos 2 horas após o óbito.
    D.  realiza-se sobre vestígios do corpo humano, havendo regime diverso para o exame sobre objetos e sobre reconhecimento de escritos.
    E.  pode ser rejeitado pelo juiz, no todo ou em parte.

73. **(Delegado de Polícia Civil/ES/2019)** A Constituição Federal de 1988 estabeleceu no art. 5º, inciso XII, a inviolabilidade das comunicações telefônicas, salvo nas hipóteses e na forma que a lei estabelecer para fins de investigação criminal ou instrução processual penal. Com relação à Lei 9.296/96, que trata da interceptação telefônica, é INCORRETO afirmar que:

   A. A gravação que não interessar à prova será inutilizada por decisão judicial, durante o inquérito, a instrução processual ou após esta, em virtude de requerimento do Ministério Público ou da parte interessada.

   B. A interceptação das comunicações telefônicas poderá ser determinada pelo juiz, de ofício, ou, ainda, a requerimento da autoridade policial, na investigação criminal, e do representante do Ministério Público, na investigação criminal e na instrução processual penal.

   C. A interceptação não poderá exceder o prazo de quinze dias, todavia, poderá ser renovada uma única vez, por igual tempo, uma vez comprovada a indispensabilidade do meio de prova.

   D. A interceptação de comunicações telefônicas, de qualquer natureza, para prova em investigação criminal e em instrução processual penal, observará as disposições da Lei 9.296/96 e dependerá de ordem do juiz competente da ação principal, sob segredo de justiça.

   E. Não será admitida a interceptação de comunicações telefônicas quando ocorrer qualquer das seguintes hipóteses: inexistirem indícios razoáveis da autoria ou participação em infração penal; a prova puder ser feita por outros meios disponíveis; o fato investigado constituir infração penal punida, no máximo, com pena de detenção.

74. **(Delegado de Polícia Civil/ES/2019)** O Código de Processo Penal estabelece em seu art. 260 que "Se o acusado não atender à intimação para o interrogatório, reconhecimento ou qualquer outro ato que, sem ele, não possa ser realizado, a autoridade poderá mandar conduzi-lo à sua presença." Em 2018, ao tratar da condução coercitiva, o STF determinou que a expressão "para o interrogatório", prevista no art. 260 do CPP, não foi recepcionada pela Constituição Federal. Assim, não se pode fazer a condução coercitiva do investigado, ou réu, com o objetivo de submetê-lo ao interrogatório sobre os fatos. Quanto a condução coercitiva de investigados, ou de réus, para interrogatório sobre fatos podemos afirmar que pode ensejar a:

   I – a responsabilidade disciplinar, civil e penal do agente ou da autoridade que determinou.

   II – a ilicitude das provas obtidas.

   III – a responsabilidade civil do Estado.

   IV – a Nulidade do ato jurídico.

   **Assinale a alternativa correta:**

   A. Apenas estão erradas a I e IV.
   B. Todas as afirmativas estão erradas.
   C. Apenas estão corretas a II e IV.
   D. I e III estão erradas.
   E. Todas as afirmativas estão corretas.

75. **(Delegado de Polícia Civil/ES/2019)** O Legislador brasileiro adotou, a partir de 2013, o termo "Organizações Criminosas" para tratar o tema, tão falado na mídia e na sociedade, das atividades reconhecidas como "Crime Organizado". Por ensejar, para alguns, uma maior complexidade de aplicação de recursos e pessoas, de uma logística própria, que passaria despercebida ou pelo menos dificultaria os meios cotidianos de investigação e apuração de responsabilidades, a Lei 12.850/13, para além de trazer a definição objetiva de "Organização Criminosa", traz também regras específicas para o procedimento. Uma delas, disposta no Capítulo III, se dá no âmbito da "Investigação e dos Meios de Obtenção de Prova". Sobre estes, assinale a alternativa correta:

   A. Apenas após o recebimento da denúncia, será permitido, sem prejuízo de outros já previstos em lei, a colaboração premiada como meio de obtenção de prova.

   B. Em qualquer fase da persecução penal, será permitido, sem prejuízo de outros já previstos em lei, a prisão preventiva como meio de obtenção de prova.

   C. Apenas após o recebimento da denúncia, será permitido, sem prejuízo de outros já previstos em lei, a prisão preventiva como meio de obtenção de prova.

   D. Em qualquer fase da persecução penal, será permitido, sem prejuízo de outros, já previstos em lei, a colaboração premiada como meio de obtenção de prova.

   E. Em nenhuma fase da persecução penal será afastado os sigilos financeiro, bancário e fiscal.

76. **(Delegado de Polícia Civil/ES/2019)** Antônio foi preso em flagrante sob a acusação da prática de tráfico de drogas. A polícia apreendeu seu telefone celular. O Delegado abriu o aplicativo Whatsapp no celular do suspeito e verificou que, nas conversas de Antônio, as mensagens comprovaram que ele realmente negociava drogas, e assumia a prática de outros crimes graves. As referidas mensagens foram transcritas pelo escrivão e juntadas ao inquérito policial, em forma de certidão. Nessa situação hipotética, de acordo com as regras de admissibilidade das provas no processo penal brasileiro, marque a alternativa CORRETA.

   A. É necessário somente requisição do Ministério Público para o acesso às mensagens de whatsapp.

   B. Tendo em vista que é dispensável ordem judicial para a apreensão de telefone celular, também não é necessária autorização para o acesso as mensagens de whatsapp, visto que se trata de medida implícita à apreensão.

   C. É necessária prévia autorização judicial para que a autoridade policial possa ter acesso ao whatsapp da pessoa que foi presa em flagrante delito.

   D. Como se trata de procedimento preliminar investigatório, não é necessário a prévia autorização judicial para que a autoridade policial possa ter acesso ao whatsapp da pessoa que foi presa em flagrante delito.

   E. É necessário ordem judicial, tanto para a apreensão de telefone celular, como também para o acesso às mensagens de whatsapp.

77. **(Delegado Federal/2018)** Na falta de perito oficial para realizar perícia demandada em determinado IP, é suficiente que a autoridade policial nomeie, para tal fim, uma pessoa idônea com nível superior completo, preferencialmente na área técnica relacionada com a natureza do exame.

78. **(Delegado Federal/2018)** Por força do princípio da verdade real, se uma autoridade policial determinar que um indiciado forneça material biológico para a coleta de amostra para exame de DNA cujo resultado poderá constituir prova para determinar a autoria de um crime, o indiciado estará obrigado a cumprir a determinação.

79. **(Delegado Federal/2018)** A interceptação da comunicação telefônica poderá ser realizada de ofício pela autoridade policial desde que o IP tenha como objetivo investigar crime hediondo, organização criminosa ou tráfico ilícito de entorpecentes.

80. **(Delegado Federal/2018)** Delegado da PF instaurou IP para apurar crime cometido contra órgão público federal. Diligências constataram sofisticado esquema de organização criminosa criada com a intenção de fraudar programa de responsabilidade desse ente público.

    Com base nessas informações e com relação à prática de crime por organização criminosa, julgue os itens seguintes.

    Se algum dos indiciados no âmbito desse IP apresentar elementos que justifiquem a celebração de acordo de colaboração premiada, e se a situação permitir a concessão do benefício a esse indiciado, o próprio delegado que estiver à frente da investigação poderá celebrar diretamente o acordo, devendo submetê-lo à homologação judicial.

81. **(Delegado Federal/2018)** Delegado da PF instaurou IP para apurar crime cometido contra órgão público federal. Diligências constataram sofisticado esquema de organização criminosa criada com a intenção de fraudar programa de responsabilidade desse ente público.

    Com base nessas informações e com relação à prática de crime por organização criminosa, julgue os itens seguintes.

    A fim de dar celeridade às investigações e em face da gravidade da situação investigada, é possível a infiltração de agentes de polícia em tarefas da investigação, independentemente de prévia autorização judicial.

82. **(Delegado de Polícia Civil/GO/2018)** O Código de Processo Penal dispõe que, nos casos de busca e apreensão:
    A. A busca pessoal independe de mandado, no caso de prisão.
    B. Caso o morador se recuse a colaborar com a diligência, será permitido o emprego de força contra sua pessoa para o descobrimento do que se procura.
    C. Não sendo encontrada a pessoa ou coisa procurada, dispensa-se a lavratura do auto circunstanciado.
    D. Quando ausentes os moradores da casa objeto de busca, devem ser intimadas a assistir a diligência duas pessoas idôneas.
    E. Na impossibilidade de indicação precisa do local em que será realizada a diligência, admite-se a expedição de mandado de busca e apreensão genérico.

83. **(Delegado de Polícia Civil/GO/2018)** "Os fatos são simples. [...] ambos foram presos em suas casas no início da manhã de 25 de fevereiro, e permaneceram em custódia por várias horas. Enquanto encontravam-se detidos, representantes do Departamento de Justiça [...], sem qualquer autoridade, foram até

o escritório de sua companhia e fizeram uma varredura completa de todos os livros, papéis e documentos encontrados ali. Todos os funcionários foram levados para o escritório do Procurador Distrital, o que também foi feito com os livros, etc. apreendidos. Um pedido foi feito o mais depressa possível para o Tribunal Distrital para a devolução do que teria sido apreendido ilegalmente. [...] A proposição em questão não pode ser mais clara. [...] A essência de uma disposição que proíbe a aquisição de provas de certa forma é que não apenas as provas assim adquiridas não serão usadas perante a Corte, mas que não serão usadas de forma alguma." O excerto acima, retirado de um julgamento realizado pela Suprema Corte dos Estados Unidos da América, traça as ideias fundamentais da teoria

    A. Da cegueira deliberada (willful blindness ou Nelsonian knowledge).
    B. Dos frutos da árvore venenosa (fruit of the poisonous tree).
    C. Do nexo causal atenuado (purged taint doctrine).
    D. Do domínio do fato (Mittelbare Täterschaft).
    E. Da negação plausível (plausible deniability).

84. (Delegado de Polícia Civil/GO/2018) Nos termos da Lei n. 12.850/2013, a ação controlada consiste em retardar a intervenção policial ou administrativa relativa à ação praticada por organização criminosa ou a ela vinculada, desde que mantida sob observação e acompanhamento para que a medida legal se concretize no momento mais eficaz à formação de provas e obtenção de informações. Acerca desse instituto, verifica-se que

    A. No início da diligência, elaborar-se-á auto circunstanciado acerca da ação controlada.
    B. A comunicação será sigilosamente distribuída de forma a não conter informações que possam indicar a operação a ser efetuada.
    C. Até o encerramento da diligência, o acesso aos autos será restrito ao juiz, ao Ministério Público e à defesa técnica, como forma de garantir o êxito das investigações.
    D. O retardamento da intervenção policial ou administrativa será previamente comunicado ao Ministério Público que, se for o caso, estabelecerá os seus limites e comunicará ao juiz competente.
    E. Se envolver transposição de fronteiras, o retardamento da intervenção policial ou administrativa poderá ocorrer sem a cooperação das autoridades dos países que figurem como provável itinerário ou destino do investigado, de modo a reduzir os riscos de fuga e extravio do produto, objeto, instrumento ou proveito do crime.

85. (Delegado de Polícia/SE/2018) Acerca do tráfico ilícito de entorpecentes, de ações de prevenção e repressão a delitos praticados por organizações criminosas, de abuso de autoridade e de delitos previstos na Lei de Tortura, julgue o item que se segue.

Na investigação policial a respeito de delitos praticados por organização criminosa, é possível, em determinados casos, a captação ambiental de sinais eletromagnéticos, óticos ou acústicos pela autoridade policial, independentemente de autorização judicial.

86. **(Delegado de Polícia Civil/SP/2018)** No que concerne às disposições da Lei nº 12.850/2013 (Lei de Combate às Organizações Criminosas), é correto afirmar que

   A. Na hipótese de colaboração premiada, o prazo para oferecimento de denúncia, relativo ao colaborador, poderá ser suspenso por até 6 (seis) meses, improrrogáveis, até que sejam cumpridas as medidas de colaboração, suspendendo-se o respectivo prazo prescricional.

   B. Na hipótese de colaboração premiada, o prazo para oferecimento de denúncia ou o processo, relativos ao colaborador, poderá ser suspenso por até 6 (seis) meses, prorrogáveis por igual período, até que sejam cumpridas as medidas de colaboração, não sendo suspenso o respectivo prazo prescricional.

   C. O Delegado de Polícia terá acesso, independentemente de autorização judicial, apenas aos dados cadastrais do investigado que informem exclusivamente a qualificação pessoal, a filiação e o endereço mantidos pela Justiça Eleitoral, empresas telefônicas, instituições financeiras, provedores de internet e administradoras de cartão de crédito.

   D. Nos crimes previstos na referida lei, observadas as disposições do Código de Processo Penal, a instrução criminal deverá ser encerrada no prazo de 120 (cento e vinte) dias quando o réu estiver preso, prorrogáveis em até igual período, por decisão fundamentada, somente na hipótese de fato procrastinatório atribuível ao réu.

   E. A infiltração de agentes de polícia em tarefas de investigação dependerá de representação do Delegado de Polícia, descrevendo indícios seguros na necessidade de obter as informações por meio desta operação, ao juiz competente que poderá autorizar, de forma circunstanciada, motivada e sigilosa, cientificando, posteriormente, o Ministério Público para o devido acompanhamento.

87. **(Delegado de Polícia Civil/SP/2018)** No que se refere à prova testemunhal, assinale a alternativa correta.

   A. Não se admite no processo/inquérito policial a presença de testemunhas indiretas, que são as que depõem sobre conhecimentos obtidos por intermédio de terceiros.

   B. É característica do testemunho a sua objetividade, isto é, a testemunha, como regra geral, depõe sobre fatos percebidos pelos seus sentidos, sem emissão de juízos de valor ou opinião pessoal.

   C. A oitiva das testemunhas acontece no lugar que for a ela conveniente.

   D. A judicialidade não é característica da prova testemunhal, à vista de sua produção se dar também em inquérito policial.

   E. Informantes não são classificados como testemunhas por conta das informações sigilosas que detêm.

88. **(Delegado de Polícia/MG/2018)** Acerca da prova da materialidade através de perícia (desconsiderando-se a possibilidade de prova da materialidade por exame de corpo de delito indireto ou prova testemunhal), relativamente aos crimes de furto qualificado pela destruição ou rompimento de obstáculo à subtração da coisa (CP, art. 155, § 4º, I), de furto qualificado pela escalada (CP, art. 155, § 4º, II), de furto qualificado pelo emprego de explosivo ou artefato

análogo que cause perigo comum (CP, art. 155, § 4º-A), de incêndio (CP, art. 250), e de explosão simples e privilegiada (CP, art. 251, caput e § 1º), é INCORRETO afirmar:

A. A materialidade do crime de furto qualificado pela destruição de obstáculo à subtração da coisa se comprova nas hipóteses em que o laudo pericial, além de descrever os vestígios, indique com que instrumentos, por que meios e em que época presume-se ter sido o fato praticado.

B. A legislação processual penal não exige a realização de perícia para a comprovação da materialidade do crime de furto qualificado pela escalada.

C. Para comprovar a materialidade do crime de incêndio, os peritos verificarão a causa e o lugar em que este houver começado, o perigo que dele tiver resultado para a vida ou para o patrimônio alheio, a extensão do dano e o seu valor, bem como as demais circunstâncias que interessarem à elucidação do fato.

D. Para que incida a circunstância qualificadora prevista no art. 155, §4º-A, do CP (crime de furto qualificado pelo emprego de explosivo ou artefato análogo que cause perigo comum), os peritos devem analisar a natureza e a eficiência dos instrumentos empregados para a prática da infração.

89. **(Delegado de Polícia/MG/2018) Em matéria de colaboração premiada, prevista na Lei 12.850/13, é CORRETO afirmar:**

A. A ação penal poderá deixar de ser proposta temporariamente contra o colaborador até o cumprimento das medidas de colaboração.

B. A homologação do acordo de colaboração premiada independe de efetividade das informações repassadas pelo colaborador.

C. O acordo de colaboração deixa de ser sigiloso assim que oferecida a denúncia.

D. O Ministério Público não poderá dispor da ação penal caso o colaborador não seja o líder da organização e seja o primeiro a prestar efetiva colaboração.

90. **(Delegado de Polícia/MG/2018) Sobre a ação controlada prevista na Lei 12.850/13, é CORRETO afirmar**

A. A intervenção policial ou administrativa poderá ser postergada sem que exista prévia comunicação ao juízo competente.

B. Consiste na imediata intervenção policial ou administrativa relativa à ação praticada no âmbito de organização criminosa ou a esta vinculada.

C. Mesmo que envolva a transposição de fronteiras, não haverá necessidade de cooperação do país tido como provável destino do investigado.

D. Poderá ter seus limites definidos pelo juiz competente.

91. **(Delegado de Polícia/PI/2018) Sabe-se que a interceptação de comunicações telefônicas é, atualmente, prova bastante utilizada em investigação criminal, inclusive, para a própria instrução processual penal. Sobre o tema, marque a alternativa CORRETA.**

A. A ordem da interceptação de comunicações telefônicas depende da ordem da autoridade policial e, em seguida, para instrução processual, submete ao juiz competente para validação.

B. A interceptação de comunicações telefônicas tem, mesmo que seja possível outros meios disponíveis, o objetivo de corroborar com os demais meios de prova.

C. Não é permitida a interceptação de comunicações telefônicas quando não houver indícios razoáveis da autoria ou participação em infração penal.

D. É permitida a interceptação de comunicações telefônicas quando o fato investigado constituir infração penal punida com pena de detenção

E. Mesmo que estejam presentes os pressupostos que autorizam a interceptação de comunicações telefônicas, é inadmissível que o pedido seja formulado verbalmente, nem que seja excepcionalmente.

92. **(Delegado de Polícia/PI/2018) Em relação ao Exame de Corpo de Delito, é CORRETO afirmar:**

    A. O médico legista, ao realizar o exame de corpo de delito, poderá realizar o mesmo em qualquer dia e a qualquer hora. Mas, em relação à autópsia, esta será feita pelo menos 8 (oito) horas depois do óbito, salvo se os peritos, pela evidência dos sinais de morte, julgarem que possa ser feita antes daquele prazo, o que declararão no auto.

    B. Nos casos de acidente de carro ou avião onde há morte violenta, bastará o simples exame externo do cadáver, e desde que não exista infração penal a apurar. Neste caso a autópsia será feita, pelo menos 4 (quatro) horas depois do óbito.

    C. Não sendo possível o exame de corpo de delito, por haverem desaparecido os vestígios, a prova testemunhal poderá suprir-lhe a falta.

    D. Caso ocorra a necessidade de realização de exumação para exame cadavérico, a autoridade providenciará para que, em dia e hora previamente marcados, se realize a diligência, da qual se lavrará laudo circunstanciado. Não há necessidade de o administrador de cemitério público indicar o lugar da sepultura.

    E. Em caso de lesões corporais, se o primeiro exame pericial tiver sido incompleto, proceder-se-á a exame complementar, por determinação da autoridade policial, judiciária ou do Ministério Público, e por representação do acusado.

93. **(Delegado de Polícia/PI/2018) Em relação às provas no processo penal é CORRETO afirmar que:**

    A. O juiz formará sua convicção pela livre apreciação da prova produzida em contraditório judicial, podendo fundamentar sua decisão exclusivamente nos elementos informativos colhidos na investigação conforme jurisprudência.

    B. A prova da alegação incumbirá a quem a fizer, sendo, porém, facultado ao juiz de ofício ordenar, somente depois de iniciada a ação penal, a produção antecipada de provas consideradas urgentes e relevantes, observando a necessidade, adequação e proporcionalidade da medida.

    C. O exame de corpo de delito e outras perícias serão realizados por perito oficial, portador de diploma de curso superior. Na falta de perito oficial, o exame será realizado por 2 (duas) pessoas idôneas, portadoras de diploma de curso superior preferencialmente na área específica, dentre as que tiverem habilitação técnica relacionada com a natureza do exame.

    D. São inadmissíveis, devendo ser desentranhadas do processo, as provas ilícitas, assim entendidas as obtidas em violação a normas constitucionais ou legais, e as provas derivadas das ilícitas, apenas na hipótese de não evidenciado o nexo de causalidade entre umas e outras.

E.  Quando a infração deixar vestígios, será indispensável o exame de corpo de delito direto, podendo supri-lo a confissão do acusado e o laudo pericial será elaborado no prazo máximo de 10 (dez) dias, podendo este prazo ser prorrogado, em casos excepcionais, a requerimento dos peritos.

94. **(Delegado de Polícia/RS/2018) Assinale a alternativa correta, conforme disposto na Lei nº 12.850/2013.**
    A.  Havendo indícios seguros de que o agente infiltrado sofre risco iminente, será imediatamente substituído e mantida a operação, mediante requisição do Ministério Público ou pelo delegado de polícia, dando-se imediata ciência ao Ministério Público e à autoridade judicial.
    B.  As partes podem retratar-se da proposta de colaboração premiada, caso em que as provas autoincriminatórias produzidas pelo colaborador não terão eficácia.
    C.  Depois de homologado o acordo, o colaborador poderá, sempre acompanhado pelo seu defensor, ser ouvido pelo membro do Ministério Público ou pelo delegado de polícia responsável pelas investigações.
    D.  Considerando a relevância da colaboração prestada, o Ministério Público, a qualquer tempo, e o delegado de polícia, nos autos do inquérito policial, com a manifestação do Ministério Público, poderão requerer ou representar ao juiz pela concessão de perdão judicial ao colaborador, desde que esse benefício tenha sido previsto na proposta inicial, aplicando-se, no que couber, o Art. 28 do Decreto-Lei nº 3.689/1941 (Código de Processo Penal).
    E.  O delegado de polícia e o Ministério Público terão acesso, mediante autorização judicial, apenas aos dados cadastrais do investigado que informem exclusivamente a qualificação pessoal, a filiação e o endereço mantidos pela Justiça Eleitoral, empresas telefônicas, instituições financeiras, provedores de internet e administradoras de cartão de crédito.

95. **(Delegado de Polícia/RS/2018) De acordo com o disposto na Lei nº 12.850/2013, assinale a alternativa correta.**
    A.  Em todos os atos de negociação, confirmação e execução da colaboração premiada, o colaborador deverá estar assistido por defensor.
    B.  Ao colaborador, deverá ser garantida a assistência por defensor nos atos de negociação da colaboração premiada, sendo dispensada a defesa técnica quanto à confirmação e execução da colaboração.
    C.  Em todos os atos de negociação, confirmação e execução da colaboração premiada, o colaborador deverá estar assistido por defensor, assegurada a participação do Ministério Público.
    D.  O sigilo da investigação poderá ser decretado pela autoridade policial, para garantia da celeridade e da eficácia das diligências investigatórias, assegurando-se ao defensor, no interesse do representado, amplo acesso aos elementos de prova que digam respeito ao exercício do direito de defesa, devidamente precedido de autorização judicial, ressalvados os referentes às diligências em andamento.
    E.  Determinado o depoimento do investigado, seu defensor terá assegurada a prévia vista dos autos, exceto quando classificados como sigilosos, no prazo mínimo de 3 (três) dias que antecedem ao ato, podendo ser ampliado, a critério da autoridade responsável pela investigação.

96. **(Delegado de Polícia/RS/2018)** De acordo com o Código de Processo Penal, estando em pleno curso o delito de sequestro e cárcere privado, compete à autoridade policial:

   A. Requisitar, de quaisquer órgãos do poder público ou de empresas da iniciativa privada, dados e informações cadastrais da vítima ou de suspeitos.

   B. Requisitar, de quaisquer órgãos do poder público ou de empresas da iniciativa privada, dados, informações cadastrais e a interceptação das comunicações telefônicas da vítima e de suspeitos, que deverá ser efetivada no prazo máximo de 24 horas.

   C. Representar judicialmente por mandado de busca e apreensão para legitimar o ingresso no domicílio em que se encontre a vítima, nos termos do Art. 5º, XI da Constituição Federal.

   D. Requisitar, de quaisquer órgãos do poder público, dados e informações cadastrais da vítima ou de suspeitos e, mediante ordem judicial, obtê-los de empresas da iniciativa privada.

   E. Requisitar, de quaisquer empresas da iniciativa privada e, mediante ordem judicial, requerer dados e informações cadastrais da vítima ou de suspeitos perante quaisquer órgãos de poder público.

97. **(Delegado de Polícia/RS/2018)** Sobre os elementos informativos colhidos no inquérito policial e as provas em geral, assinale a alternativa correta.

   A. São admissíveis as provas derivadas das ilícitas quando não evidenciado o nexo de causalidade entre umas e outras, ou quando as derivadas puderem ser obtidas por uma fonte independente das primeiras.

   B. Os elementos informativos colhidos no inquérito policial não podem fundamentar decisão sobre decretação de prisão preventiva.

   C. O juiz formará sua convicção pela livre apreciação da prova produzida em contraditório judicial, podendo fundamentar sua decisão exclusivamente nos elementos informativos colhidos na investigação, ressalvadas as provas cautelares, não repetíveis e antecipadas.

   D. Os elementos informativos colhidos da investigação policial não podem fundamentar decisões concessivas de medidas cautelares.

   E. Os elementos informativos colhidos na investigação são protegidos pelo sigilo, sendo vedado o seu conhecimento ao juiz ou membro do Ministério Público antes do oferecimento da denúncia.

98. **(Delegado de Polícia/RS/2018)** A denominada colaboração premiada, amplamente utilizada na atualidade como forma de oposição à criminalidade crescente e cada dia mais organizada, possui previsão em diversas hipóteses no ordenamento jurídico penal brasileiro, sendo correto afirmar-se que:

   A. No crime de extorsão mediante sequestro, se houver delação de um dos coautores do crime, e isso contribuir para o esclarecimento do caso e para a prisão dos criminosos, mesmo que não haja a libertação do sequestrado, por circunstâncias alheias à vontade do delator, este poderá obter uma redução de pena de um a dois terços.

   B. O juiz poderá, a requerimento das partes, conceder o perdão judicial, reduzir em até dois terços a pena privativa de liberdade, ou substituí-la por restritiva de direitos, daquele que tenha colaborado efetiva e voluntariamente com a investigação e com o processo criminal envolvendo organização criminosa, desde que dessa colaboração advenha um ou mais resultados exigidos pela Lei nº 12.850/2013.

C. A delação premiada prevista para os crimes contra a ordem tributária, Lei nº 8.137/1990, consiste em uma atenuante de pena e terá cabimento somente quando o crime for praticado por associação criminosa.

D. De acordo com a Lei nº 8.072/1990, Lei dos Crimes Hediondos, o integrante de associação criminosa para a prática de crimes hediondos, tortura, tráfico de entorpecentes e drogas afins ou terrorismo, que denunciá-la à autoridade, possibilitando seu desmantelamento, terá a pena reduzida de um terço.

E. De acordo com a Lei de Drogas, Lei nº 11.343/2006, o indiciado ou acusado que colaborar, voluntariamente, com a investigação policial e o processo criminal, mesmo sem auxiliar na identificação de coautores ou partícipes, em caso de condenação, terá a pena reduzida de um terço a dois terços, desde que colabore com a recuperação total ou parcial do produto do crime.

99. **(Delegado de Polícia/BA/2018)** Considere o seguinte caso hipotético.

O criminoso "X", integrante de uma determinada organização criminosa, após a sentença que o condenou pela prática do crime, decide voluntariamente e na presença de seu defensor, colaborar com as investigações. Nas suas declarações, "X" revela toda a estrutura hierárquica e a divisão de tarefas da organização. Alguns dias após, arrepende-se e decide retratar-se das declarações prestadas. Diante do exposto e nos termos da Lei nº 12.850/2013, é correto afirmar que

A. Na hipótese de retratação, as provas produzidas pelo colaborador não poderão ser utilizadas em seu desfavor, mas apenas em detrimento dos interesses dos coautores e partícipes.

B. A colaboração premiada é retratável a qualquer tempo, sendo necessário colher a retratação por escrito e desconsiderar integralmente as provas produzidas.

C. Após a prolação da sentença, é vedada a retratação, portanto, no presente caso, não há possibilidade de se reconhecer o pedido do criminoso.

D. A colaboração premiada implica em renúncia ao direito ao silêncio, ficando o criminoso sujeito ao compromisso de dizer a verdade; assim sendo, a retratação implicará o cometimento de outro crime.

E. A colaboração premiada, antes ou após a sentença, é irretratável, portanto as provas autoincriminatórias produzidas pelo colaborador poderão ser utilizadas em seu desfavor.

100. **(Delegado de Polícia/BA/2018)** No que concerne aos sistemas de avaliação das provas, o julgamento realizado pelos Juízes leigos (jurados) no Tribunal do Júri é exemplo do que a doutrina classifica como sistema

A. Da prova livre.
B. Legal ou tarifado.
C. Da íntima convicção.
D. Da persuasão racional.
E. Da livre convicção motivada.

**101. (Delegado de Polícia/MA/2018)** No que se refere às provas no processo penal, julgue os itens a seguir.

I. Em atendimento ao princípio da legalidade, no processo penal brasileiro são inadmissíveis provas não previstas expressamente no CPP.

II. Caso a infração tenha deixado vestígio, a confissão do acusado não acarretará a dispensa da prova pericial.

III. Havendo evidências da participação do indiciado em organização criminosa, a autoridade policial poderá determinar a quebra do sigilo da sua comunicação telefônica como forma de instruir investigação criminal.

IV. A prova obtida por meios ilícitos não constitui suporte jurídico capaz de ensejar sentença condenatória, ainda que corroborada pela confissão do acusado.

Estão certos apenas os itens
A. I e II.
B. I e III.
C. II e IV.
D. I, III e IV.
E. II, III e IV.

**102. (Delegado de Polícia/MA/2018)** Em inquérito policial para apurar a prática de crime de furto, a autoridade policial reuniu provas suficientes de que o indiciado teria adquirido imóveis e veículos – todos registrados em seu nome – com recurso proveniente do crime.

Nessa situação, a autoridade policial poderá

A. Representar à autoridade judiciária competente, requerendo o sequestro dos referidos bens.
B. Enviar ofício ao juízo ou ao MP para que sejam decretadas as medidas cabíveis, visto que a lei não lhe assegura competência para promover a restrição dos direitos de propriedade do indiciado.
C. Realizar a busca e apreensão dos citados bens, independentemente de autorização judicial.
D. Proceder à busca e apreensão dos referidos bens, desde que mediante anuência do MP.
E. Determinar, de ofício, o arresto ou a hipoteca legal, em decisão fundamentada, e proceder à apreensão dos citados bens.

## 9.24. GABARITO E COMENTÁRIOS

| QUESITO | ASSERTIVA CORRETA | JUSTIFICATIVA |
|---|---|---|
| 01 | ERRADO | Vide artigo 120 do CPP – tópico 9.9. |
| 02 | D | Vide artigo 208 do CPP. |
| 03 | D | Vide artigo 157, § 3º, do CPP – tópico 9.3. |

| QUESITO | ASSERTIVA CORRETA | JUSTIFICATIVA |
|---|---|---|
| 04 | ERRADO | Os conceitos estão invertidos – tópico 9.3. |
| 05 | A | Vide tópico 9.7.3. |
| 06 | ERRADO | Excepcionalmente admite-se pedido verbal, artigo 4º, § 1º, da Lei 9.296/96. |
| 07 | CERTO | Artigo 2º, III, da Lei 9.296/96 – tópico 9.12. |
| 08 | ERRADO | A acareação é normalmente admitida neste caso (artigo 229 do CPP) – tópico 9.7.7. |
| 09 | CERTO | Vide tópico 9.7.2. |
| 10 | ERRADO | O investigado não pode se esquivar da identificação criminal, nos casos previstos em lei (Lei 12.037/09). |
| 11 | ERRADO | O CPP não prevê sequência de atos a ser observada no curso do inquérito policial. Vide itens 5.2.1 e 9.7.2. |
| 12 | C | Artigo 197 do CPP – tópico 9.7.3. |
| 13 | D | Artigo 5º, da Lei 9.296/96 - tópico 9.12. |
| 14 | D | Artigo 156, I, do CPP. |
| 15 | D | Artigo 200 do CPP – tópico 9.7.3. |
| 16 | B | Artigo 204, parágrafo único do CPP – tópico 9.7.5. |
| 17 | A | Artigo 2º, III, da Lei 9.296/96 - tópico 9.12. |
| 18 | E | Artigo 157, § 1º, do CPP – tópico 9.3. |
| 19 | E | Vide tópico 9.3. |
| 20 | ERRADO | Vide tópico 9.9. |
| 21 | B | Vide tópico 9.8. |
| 22 | ERRADO | Vide tópico 9.7.1. |
| 23 | D | Artigo 157, § 1º, do CPP – tópico 9.3. |
| 24 | D | Vide tópico 9.8. |
| 25 | C | Vide tópico 9.13. |
| 26 | C | Vide tópico 9.7.5. |
| 27 | E | Artigo 160 do CPP – tópico 9.7.1. |
| 28 | CERTO | Vide tópico 9.8. |
| 29 | CERTO | Vide artigos 158 e 159 §§ 3º e 4º, do CPP. |

## Cap. 9 | PROVAS

| QUESITO | ASSERTIVA CORRETA | JUSTIFICATIVA |
|---|---|---|
| 30 | E | Vide tópico 9.7.5. |
| 31 | D | Artigo 4º, § 1º, da Lei 9.296/96 – tópico 7.9. |
| 32 | CERTO | Vide tópico 9.8. |
| 33 | D | Vide tópico 9.3. |
| 34 | ERRADO | Vide tópico 9.7.1. |
| 35 | ERRADO | Em que pese ser ilegal a divulgação do conteúdo da interceptação, a prova produzida não será invalidada. |
| 36 | CERTO | Vide tópico 9.7.2. |
| 37 | E | Vide artigos 155, 156, I, 160, parágrafo único, 158 e 161, respectivamente, todos do CPP. |
| 38 | D | Vide § 1º do artigo 4º da Lei 9.296/96. |
| 39 | D | Vide artigo 157, § 1º, do Código de Processo Penal. |
| 40 | C | Vide artigo 206 do CPP. |
| 41 | C | Vide tópico 9.6. |
| 42 | A | Vide artigo 156, I, do CPP. |
| 43 | C | Vide Súmula 74 do STJ: "Para efeitos penais, o reconhecimento da menoridade do réu requer prova por documento hábil". |
| 44 | E | Vide artigo 3º da Lei 9.296/96. |
| 45 | B | Vide artigo 10 da Lei 9.296/96. |
| 46 | A | Princípio da comunhão da prova e em virtude de que a investigação pré-processual não serve somente à acusação, mas à elucidação dos fatos (o inquérito não é unidirecional). |
| 47 | E | Vide tópico 9.7.3. |
| 48 | B | Vide tópico 9.7.1. |
| 49 | C | Vide tópico 9.5.4. |
| 50 | B | Vide artigo 155 do CPP. |
| 51 | A | Vide artigos 158 e 159, § 3º, ambos do CPP. |
| 52 | A | Vide artigo 161 do CPP. |
| 53 | B | Vide tópico 9.9. |

| QUESITO | ASSERTIVA CORRETA | JUSTIFICATIVA |
|---|---|---|
| 54 | E | Vide artigo 8º, § 1º, da Lei 12.850/13. |
| 55 | A | Vide tópico 9.10. |
| 56 | D | Vide tópico 9.16. |
| 57 | C | Vide artigo 156, I, do CPP. |
| 58 | C | Vide artigo 4º, § 1º, da Lei 9.296/96. |
| 59 | CERTO | Vide artigo 163 do CPP. |
| 60 | EERRADO | Vide artigo 158 do CPP. |
| 61 | C | Vide artigo 221 do CPP. |
| 62 | CERTO | Vide STJ, HC 118666/MG, 6ª Turma, rel. Min. Jane Silva, DJe 02/03/2009. |
| 63 | C | Vide tópico 9.3. |
| 64 | D | Vide tópico 9.12. |
| 65 | C | Vide tópico 9.9. |
| 66 | D | Vide tópico 9.7.5. |
| 67 | A | Vide tópico 9.7.6. |
| 68 | C | Vide tópico 9.6. |
| 69 | B | Vide tópico 9.8. |
| 70 | ERRADO | Vide tópico 9.13 |
| 71 | CERTO | Vide tópico 9.5.2 |
| 72 | E | Vide artigo 182 do CPP. |
| 73 | C | Vide tópico 9.2 |
| 74 | E | O quesito trata do julgamento das ADPF 395 e 444. O STF entendeu não recepcionada a condução coercitiva do acusado para interrogatório (artigo 260 do CPP). Caso a decisão do Supremo Tribunal Federal seja desrespeitada, impõe-se nulidade do ato, nulidade das provas obtidas, responsabilidade civil, administrativa e penal do agente ou da autoridade, além da responsabilidade civil do Estado. |
| 75 | D | Vide tópico 9.19 |
| 76 | C | Vide tópico 9.12 |
| 77 | ERRADO | Vide tópico 9.7.1 |
| 78 | ERRADO | Em face do direito de não produzir prova contra si. |

| QUESITO | ASSERTIVA CORRETA | JUSTIFICATIVA |
|---|---|---|
| 79 | ERRADO | Vide tópico 9.12 |
| 80 | CERTO | Vide tópico 9.19 |
| 81 | ERRADO | Vide tópico 9.17 |
| 82 | A | Vide tópico 9.8 |
| 83 | B | Vide tópico 9.3 |
| 84 | B | Vide tópico 9.20 |
| 85 | CERTO | Vide tópico 9.13 |
| 86 | C | Vide tópico 9.12 |
| 87 | B | Vide tópico 9.7.5 |
| 88 | B | Vide tópico 9.7.1 |
| 89 | A | Vide tópico 9.19 |
| 90 | D | Vide tópico 9.20 |
| 91 | C | Vide tópico 9.12 |
| 92 | C | Vide tópico 9.7.1 |
| 93 | C | Vide tópico 9.7.1 |
| 94 | C | Vide tópico 9.19 |
| 95 | A | Vide tópico 9.19 |
| 96 | A | Vide tópico 9.12 |
| 97 | A | Vide tópico 9.3 |
| 98 | B | Vide tópico 9.19 |
| 99 | A | Vide tópico 9.19 |
| 100 | C | Vide tópico 9.5.3 |
| 101 | C | Vide tópicos 9.3 e 9.7.1 |
| 102 | A | Vide tópico 9.10 |

# 10

# MEDIDAS CAUTELARES DIVERSAS DA PRISÃO, PRISÃO E LIBERDADE PROVISÓRIA

## 10.1. MEDIDAS CAUTELARES DIVERSAS DA PRISÃO

### 10.1.1. Generalidades

As medidas cautelares diversas da prisão foram inseridas no Código de Processo Penal por meio da Lei 12.403/11. Referido texto legal modificou o artigo 319 do CPP e nele enxertou uma série de possibilidades alternativas ao cárcere, colocadas à disposição do magistrado para resguardar o processo.

O uso da expressão cautelar se explica porque ditas medidas servem para acautelar, resguardar, proteger o processo, garantindo sua efetividade.

Em primeiro lugar, urge ressaltar que o CPP determina que as medidas cautelares (inclusive a prisão preventiva) só deverão ser materializadas caso se comprove sua necessidade prática (para aplicação da lei penal, para investigação ou instrução ou para evitar a prática de infrações penais), desde que se obedeça à adequação à gravidade do crime praticado, às circunstâncias do fato e às condições pessoais do indiciado/acusado. É o que prescreve o artigo 282 do CPP:

> Art. 282. As medidas cautelares previstas neste Título deverão ser aplicadas observando-se a:
>
> I – necessidade para aplicação da lei penal, para a investigação ou a instrução criminal e, nos casos expressamente previstos, para evitar a prática de infrações penais;
>
> II – adequação da medida à gravidade do crime, circunstâncias do fato e condições pessoais do indiciado ou acusado.
>
> § 1º As medidas cautelares poderão ser aplicadas isolada ou cumulativamente.
>
> (...)

Nesse sentido lição de Guilherme de Souza Nucci[1], para quem:

> Não se pode olvidar que as medidas cautelares, previstas no Título IX do Código de Processo Penal, envolvem várias modalidades de restrições à liberdade individual, desde a mais grave, consistente na prisão, até a mais leve, baseada na proibição de contato com determinada pessoa. Por isso, não podem ser decretadas sem base legal e fática, uma vez que, acima das regras processuais, encontra-se o princípio constitucional da presunção de inocência (art. 5º, LVII, CF).

O mesmo dispositivo transcrito supra informa que as medidas poderão ser aplicadas isolada ou cumulativamente pelo juiz. A nova redação do § 2º do artigo 282 segue a linha das mudanças operadas pelo Pacote Anticrime, reafirmando a inércia do magistrado em relação à decretação de medidas cautelares. No caso, em relação a cautelares pessoais (prisão e medidas cautelares diversas da prisão). Foi retirado do dispositivo a possibilidade de decretação de cárcere provisório ou medida diversa de ofício pelo juiz:

> Art. 282. (...)
> § 2º As medidas cautelares serão decretadas pelo juiz a requerimento das partes ou, quando no curso da investigação criminal, por representação da autoridade policial ou mediante requerimento do Ministério Público.
> (...)

A Lei 13.964/19 determinou que, ressalvados casos de urgência ou de perigo da ineficácia da medida, o juiz deve determinar a intimação da parte contrária para se manifestar no prazo de 5 dias acerca do pedido de medida cautelar. Uma vez mais o legislador deixou claro a necessidade de fundamentação calcada em elementos concretos que justifiquem a medida extrema:

> Art. 282 (...)
> § 3º Ressalvados os casos de urgência ou de perigo de ineficácia da medida, o juiz, ao receber o pedido de medida cautelar, determinará a intimação da parte contrária, para se manifestar no prazo de 5 (cinco) dias, acompanhada de cópia do requerimento e das peças necessárias, permanecendo os autos em juízo, e os casos de urgência ou de perigo deverão ser justificados e fundamentados em decisão que contenha elementos do caso concreto que justifiquem essa medida excepcional.

O § 4º do artigo 282 foi modificado para, de igual sorte, proibir a substituição da medida anteriormente imposta, a imposição de medida cumulativa ou a decretação da prisão preventiva de ofício pelo magistrado, no caso de descumprimento injustificado das obrigações impostas:

---

1. NUCCI, Guilherme de Souza. **Prisão e liberdade**, RT, 2011, página 26.

Art. 282 (...)

§ 4º No caso de descumprimento de qualquer das obrigações impostas, o juiz, mediante requerimento do Ministério Público, de seu assistente ou do querelante, poderá substituir a medida, impor outra em cumulação, ou, em último caso, decretar a prisão preventiva, nos termos do parágrafo único do art. 312 deste Código.

Em relação à revogação da medida imposta ou a substituição benéfica ao indiciado/réu, é possível que o juiz atue de ofício, na forma do § 5º do artigo 282. Interessante notar que o dispositivo pareceu permitir ao magistrado decretar de ofício a medida revogada, se perceber que há justo motivo para tanto. Em rápidas linhas: o juiz não pode mais decretar medida cautelar pessoal de ofício *a priori*. Contudo, tendo sido decretada a medida gravosa a pedido do Ministério Publico, querelante, assistente ou atendendo a representação do delegado de polícia, o magistrado pode revoga-la de ofício (ou a pedido). Caso as razões subsistam, o juiz pode novamente decretar a medida outrora revogada (inclusive de ofício):

Art. 282 (...)

§ 5º O juiz poderá, de ofício ou a pedido das partes, revogar a medida cautelar ou substituí-la quando verificar a falta de motivo para que subsista, bem como voltar a decretá-la, se sobrevierem razões que a justifiquem.

O § 6º do artigo 282 exige do juiz fundamentação idônea, baseada em elementos presentes no caso concreto:

Art. 282 (...)

§ 6º A prisão preventiva somente será determinada quando não for cabível a sua substituição por outra medida cautelar, observado o art. 319 deste Código, e o não cabimento da substituição por outra medida cautelar deverá ser justificado de forma fundamentada nos elementos presentes do caso concreto, de forma individualizada.

Vejamos o artigo 319 do CPP:

Art. 319. São medidas cautelares diversas da prisão:

I – comparecimento periódico em juízo, no prazo e nas condições fixadas pelo juiz, para informar e justificar atividades;

II – proibição de acesso ou frequência a determinados lugares quando, por circunstâncias relacionadas ao fato, deva o indiciado ou acusado permanecer distante desses locais para evitar o risco de novas infrações;

III – proibição de manter contato com pessoa determinada quando, por circunstâncias relacionadas ao fato, deva o indiciado ou acusado dela permanecer distante;

IV – proibição de ausentar-se da Comarca quando a permanência seja conveniente ou necessária para a investigação ou instrução;

V – recolhimento domiciliar no período noturno e nos dias de folga quando o investigado ou acusado tenha residência e trabalho fixos;

VI – suspensão do exercício de função pública ou de atividade de natureza econômica ou financeira quando houver justo receio de sua utilização para a prática de infrações penais;

VII – internação provisória do acusado nas hipóteses de crimes praticados com violência ou grave ameaça, quando os peritos concluírem ser inimputável ou semi-imputável (art. 26 do Código Penal) e houver risco de reiteração;

VIII – fiança, nas infrações que a admitem, para assegurar o comparecimento a atos do processo, evitar a obstrução do seu andamento ou em caso de resistência injustificada à ordem judicial;

IX – monitoração eletrônica.

A seguir veremos as medidas, uma a uma.

## 10.1.2. Comparecimento periódico em juízo, no prazo e nas condições fixadas pelo juiz, para informar e justificar atividades

Medida autoexplicativa. O juiz determinará que o indiciado/acusado compareça em prazo por ele determinado (geralmente todo mês) para informar e justificar suas atividades (estudo ou trabalho).

A prova da frequência deve ser feita, preferencialmente, por meio de declaração fornecida pela instituição de ensino ou empresa. Caso não seja possível apresentar declaração por escrito, admite-se qualquer meio de prova permitido em direito, inclusive declaração oral do indiciado/acusado, reduzida a escrito pelo escrivão por meio de certidão (por óbvio, o juiz pode determinar realização de diligência com o fito de comprovar se as atividades informadas realmente foram materializadas – caso se ateste que as atividades não foram efetivamente praticadas ou se o indiciado/acusado não cuidar de comparecer no prazo assinalado pelo juízo, outra medida cautelar diversa da prisão ou mesmo a prisão preventiva pode vir a ser decretada pelo magistrado, mediante representação do delegado de polícia, requerimento do Ministério Público, de seu assistente ou do querelante – inteligência do artigo 282, § 4º, do CPP).

### 10.1.3. Proibição de acesso ou frequência a determinados lugares quando, por circunstâncias relacionadas ao fato, deva o indiciado ou acusado permanecer distante desses locais para evitar o risco de novas infrações

O juiz deverá determinar quais são os lugares cuja frequência será proibida ao indicado/acusado. Importante salientar que tais locais deverão ter estreita relação com o lugar onde o fato foi praticado ou com as circunstâncias que gravitaram em torno da prática delitógena (não que a proibição deva se cingir ao local onde o fato foi praticado, mas que os locais proibidos sejam semelhantes – se o crime foi praticado em um bar, pode o juiz determinar que o indiciado/acusado não mais frequente bares, prostíbulos, casa de jogo, etc.).

### 10.1.4. Proibição de manter contato com pessoa determinada quando, por circunstâncias relacionadas ao fato, deva o indiciado ou acusado dela permanecer distante

Pode ser determinado o afastamento do indiciado/acusado da vítima, de coautor ou de partícipe, caso se perceba que a proximidade seja perniciosa para qualquer dos envolvidos, para o processo ou para sociedade (se houver o indicativo de que novas infrações puderem ser cometidas, por exemplo).

Essa medida encontra paralelo no artigo 22, III, 'a' e 'b' da Lei 11.340/06 (Lei Maria da Penha). Por óbvio, se o crime praticado for relacionado à violência doméstica contra mulher, deve-se aplicar a medida protetiva especial e não a genericamente prevista no CPP.

### 10.1.5. Proibição de ausentar-se da Comarca quando a permanência seja conveniente ou necessária para a investigação ou instrução

Medida cautelar importante para assegurar a regular marcha do inquérito ou do processo, vez que garante a presença do investigado/acusado na comarca, à disposição do aparelho policial ou do juízo (facilitando sua intimação e comparecimento, caso se mostre necessário sua presença para prática de qualquer ato instrutório).

Doutra banda, a medida sob análise busca assegurar aplicação futura da lei penal (garantindo que o acusado não se furtará do cumprimento de eventual sanção aplicada pelo Estado-juiz).

Em caso de descumprimento da medida, o magistrado poderá, conforme o caso, decretar a prisão preventiva do indiciado/acusado por conveniência da instrução criminal ou para assegurar aplicação futura da lei penal, desde que atendendo a representação da autoridade policial, requerimento do órgão ministerial, assistente ou querelante.

## 10.1.6. Recolhimento domiciliar no período noturno e nos dias de folga quando o investigado ou acusado tenha residência e trabalho fixos

Nesta medida cautelar o juiz determinará que o indiciado/acusado não saia de sua residência no período noturno (importante que seja fixado o horário de recolhimento, para que reste facilitada a fiscalização do cumprimento da restrição).

O dispositivo exige que tenha o indiciado/acusado trabalho e residência fixos, que devem ser comprovados, de preferência, documentalmente (comprovante de residência, declaração fornecida pelo empregador, CTPS, etc.).

## 10.1.7. Suspensão do exercício de função pública ou de atividade de natureza econômica ou financeira quando houver justo receio de sua utilização para a prática de infrações penais

Esta medida cautelar pode ser determinada quando a prática da infração penal guardar relação com o exercício da função pública da qual o indiciado/acusado será afastado (prática de crime contra a Administração Pública, por exemplo).

No que toca à suspensão de atividade de natureza econômica ou financeira, a decretação pode ser materializada quando se tratar da prática de delito contra a ordem tributária, contra o sistema financeiro nacional ou contra as relações de consumo, por exemplo.

Nesta toada, Guilherme de Souza Nucci[2] decreta:

> A medida pode ser ideal para crimes contra a administração pública (ex.: corrupção, concussão, prevaricação, etc.), bem como para delitos econômicos e financeiros, evitando-se a preventiva, que tenha por fundo a garantia da ordem econômica. Como já mencionamos, uma das razões para a decretação da prisão cautelar, nesse cenário, é a persistência do réu na continuidade de negócios escusos. Assim, a sua suspensão do exercício da atividade pode ser suficiente para aguardar o desenvolvimento do processo.

Vale ressaltar que, no informativo 617, o STJ entendeu que é possível que o juiz de primeiro grau, fundamentadamente, imponha a parlamentares

---

2. NUCCI, Guilherme de Souza. **Obra acima citada**, página 85.

municipais as medidas cautelares de afastamento de suas funções legislativas sem necessidade de remessa à Casa respectiva para deliberação:

> A insurgência suscitada em questão de ordem limitou a examinar a legalidade de decisão tomada por Câmara de Vereadores pela revogação das medidas cautelares de afastamento das funções de vereador e de presidente da Casa em substituição à prisão preventiva impostas por juiz de primeiro grau. Ressalte-se que a situação jurídica dos autos permanece hígida, a despeito do julgamento proferido pelo Supremo Tribunal Federal nos autos da ADI 5.526-DF que fixou o entendimento de que compete ao Poder Judiciário impor, por autoridade própria, as medidas cautelares a que se refere o artigo 319 do CPP a parlamentares, devendo, contudo, ser encaminhada à Casa Legislativa respectiva a que pertencer o parlamentar para os fins do disposto no art. 53, § 2º, da Constituição Federal quando a medida cautelar aplicada impossibilite, direta ou indiretamente, o exercício regular do mandato parlamentar. O referido artigo dispõe acerca de imunidade formal conferida à deputados federais e senadores, sendo, pois, uma prerrogativa constitucional conferida aos parlamentares do Congresso Nacional e, justamente por se tratar de norma de exceção, deve ser interpretada restritivamente. A Corte Suprema, tendo por fundamento tal parâmetro, já sufragou, em julgados anteriores, entendimento no sentido de que a incoercibilidade pessoal relativa prevista no artigo 53, § 2º, da CF/88 é aplicável, conforme disposição expressa, aos deputados federais e senadores e, por incidência do princípio da simetria, aos deputados estaduais independentemente de previsão nas respectivas Constituições estaduais, previsão, todavia, não incide sobre parlamentares municipais. Nesses termos, torna-se sem efeito a decisão tomada pela Câmara de Vereadores em sessão realizada no dia 25/10/2017, na qual os seus pares haviam, alegando incidência do entendimento externado pelo STF na ADI 5.526-DF, votado pelo retorno imediato do vereador aos cargos dos quais se encontra por ora afastado[3].

### 10.1.8. Internação provisória do acusado nas hipóteses de crimes praticados com violência ou grave ameaça, quando os peritos concluírem ser inimputável ou semi-imputável (art. 26 do Código Penal) e houver risco de reiteração

A internação provisória do inimputável ou do semi-imputável deve obedecer às regras para decretação da prisão preventiva para o imputável, vez que se trata, em última análise, de medida cautelar de privação da liberdade.

Destarte, o magistrado deve, por analogia, estudar a presença concreta dos requisitos e fundamentos exigidos para decretação da custódia provisória, especialmente os dos artigos 312 e 313 do CPP (note-se que o risco de reiteração citado no inciso aqui analisado guarda grande semelhança com um dos fundamentos da prisão preventiva, a garantia da ordem pública).

---

3. STJ, RHC 88.804-RN, Rel. Min. Reynaldo Soares Da Fonseca, por unanimidade, julgado em 07/11/2017, DJe 14/11/2017.

## 10.1.9. Fiança, nas infrações que a admitem, para assegurar o comparecimento a atos do processo, evitar a obstrução do seu andamento ou em caso de resistência injustificada à ordem judicial

A fiança outrora era considerada apenas caução paga em troca da liberdade provisória do indiciado preso em estado de flagrância. Com a edição da Lei 12.403/11, o espectro de abrangência da fiança aumentou consideravelmente. Agora ela pode ser arbitrada para assegurar o comparecimento a atos do processo, evitar a obstrução do seu andamento ou em caso de resistência injustificada à ordem judicial (em uma espécie de sanção processual imposta ao acusado).

## 10.1.10. Monitoração eletrônica

Trata-se da colocação de dispositivo de monitoração eletrônica que ficará preso ao corpo do indiciado/acusado de forma que o estado saiba por onde ele passou.

A medida cautelar em espeque exigirá considerável dispêndio de numerário para sua efetiva implementação. Obrigará a compra de equipamentos de monitoração e que o estado efetivamente fiscalize os passos do monitorado para verificar o cumprimento da medida cautelar.

## 10.2. PRISÕES CAUTELARES

### 10.2.1. Generalidades sobre a prisão cautelar

A prisão cautelar se destina a resguardar a integridade e a eficácia do processo e desafia um dos mais caros direitos do ser humano, qual seja, a liberdade, que no dizer de José Lisboa da Gama Malcher[4] "é o estado natural do Homem".

Como equacionar a plena aplicação da Lei Maior, de vocação eminentemente garantista, com a necessidade de rigidez estatal no trato com os cidadãos suspeitos de dilacerar o tecido social? Finque-se que estamos em momento anterior ao próprio processo (o foco do trabalho, repise-se, é o inquérito policial). A resposta a esse e a outros questionamentos serão perseguidas no decorrer deste tópico, de forma a aclarar a matéria tão instigante quanto controversa.

A privação de liberdade levada a efeito antes do trânsito em julgado da sentença penal condenatória é chamada de prisão cautelar ou provisória. A nomenclatura se justifica diante da situação transitória representada pela

---

4. MALCHER, José Lisboa da Gama. **Manual de Processo Penal**. Rio de Janeiro: Freitas Bastos, 2002, página 115.

medida. Neste momento não se pode falar em prisão-pena, vez que não foi imposta, em definitivo, uma sanção. Daí seu caráter provisório. Os termos "cautelar", "processual" e "provisória" serão importantes elementos no estudo do tema. Cautela significa "cuidado para evitar um mal, precaução, cuidado"[5]; processual quer dizer "referente a processo judicial"[6]; e provisório denota "interino, passageiro, temporário, provisional"[7].

Acerca do assunto, Daniela Cristina Rios Gonçalves[8] nos detalha que

> Possui a prisão processual as seguintes características: a) instrumentalidade, na medida em que serve como meio de garantir a eficácia das providências que se pretendem tomar no processo; b) provisoriedade, porque fica condicionada à definição do processo; e c) acessoriedade, já que se liga ao processo principal e destina-se a assegurar seu resultado.

Genericamente, a constrição cautelar tem como requisitos a fumaça da prática delitiva (*fumus comissi delicti*) e o *periculum libertatis* (*periculum in mora*). O primeiro é representado pela existência de prova de materialidade delitiva e indícios suficientes de autoria; o segundo pelo perigo à sociedade representado pela liberdade do sujeito ativo da prática delitógena.

São espécies do gênero prisão cautelar: a prisão em flagrante delito (que alguns preferem chamar pré-cautelar e outros de duplamente cautelar, como veremos adiante), a prisão preventiva e a prisão temporária (a prisão decorrente de sentença penal condenatória recorrível e a prisão decorrente de decisão de pronúncia desapareceram do nosso sistema processual penal por meio da edição da Lei 11.719/08, que acabou com a decretação de prisão automática em tais momentos – estudaremos a seguir a execução provisória de comando condenatório oriundo do tribunal do júri, nos termos de alterações operada pelo Pacote Anticrime).

Apenas para encerrar este tópico introdutório, cumpre deixar claro, de logo, que a Lei 13.167/15 alterou a Lei de Execuções Penais (Lei 7.210/84) nos seguintes termos:

> Art. 84. O preso provisório ficará separado do condenado por sentença transitada em julgado.
>
> § 1º Os presos provisórios ficarão separados de acordo com os seguintes critérios:

---

5. FERREIRA, Aurélio Buarque de Holanda. **Novo Dicionário da Língua Portuguesa**. Rio de Janeiro: Nova Fronteira, 1986, página 373.
6. FERREIRA, Aurélio Buarque de Holanda. **Obra acima citada**, página 1.395.
7. FERREIRA, Aurélio Buarque de Holanda. **Obra acima citada**, página 1.409.
8. RIOS GONÇALVES, Daniela Cristina. **Prisão em flagrante**. São Paulo: Saraiva, 2004, página 04.

I – acusados pela prática de crimes hediondos ou equiparados;

II – acusados pela prática de crimes cometidos com violência ou grave ameaça à pessoa;

III – acusados pela prática de outros crimes ou contravenções diversos dos apontados nos incisos I e II.

§ 2º O preso que, ao tempo do fato, era funcionário da Administração da Justiça Criminal ficará em dependência separada.

§ 3º Os presos condenados ficarão separados de acordo com os seguintes critérios:

I – condenados pela prática de crimes hediondos ou equiparados;

II – reincidentes condenados pela prática de crimes cometidos com violência ou grave ameaça à pessoa;

III – primários condenados pela prática de crimes cometidos com violência ou grave ameaça à pessoa;

IV – demais condenados pela prática de outros crimes ou contravenções em situação diversa das previstas nos incisos I, II e III.

§ 4º O preso que tiver sua integridade física, moral ou psicológica ameaçada pela convivência com os demais presos ficará segregado em local próprio.

## 10.2.2. O uso de algemas

Antes de adentrar especificamente nas modalidades de prisão cautelar, cumpre estudar tema bastante controvertido: o uso de algemas pelo aparelho policial durante a condução de presos provisórios (especialmente no caso de captura em estado de flagrância). Antes uma regra, diante de premissas básicas incrustadas na doutrina policial (proteção da equipe responsável pela custódia, para evitar a fuga do preso, para proteger a integridade do próprio conduzido, dentre outras máximas relacionadas ao tema), o uso de algemas passou a ser visto como exceção, diante da edição da Súmula Vinculante 11:

> Súmula Vinculante 11: Só é lícito o uso de algemas em casos de resistência e de fundado receio de fuga ou de perigo à integridade física própria ou alheia, por parte do preso ou de terceiros, justificada a excepcionalidade por escrito, sob pena de responsabilidade disciplinar, civil e penal do agente ou da autoridade e de nulidade da prisão ou do ato processual a que se refere, sem prejuízo da responsabilidade civil do Estado.

A análise do édito do Supremo Tribunal Federal e do primeiro parágrafo deste tópico revela que a Corte Máxima simplesmente transmudou regra automática e calcada em presunções em exceção, que precisa ser devidamente fundamentada e justificada por escrito em situação efetivamente observada no mundo dos fatos.

A meu ver, andou mal o STF. Quando se pensa na prisão de um estelionatário ou de um sonegador, em uma primeira análise, parece válido e pertinente o enunciado (alhures explicarei porque a defesa do verbete cede a um estudo mais cauteloso). Ocorre que, quando se pensa na captura de assaltantes de banco ou traficantes, imaginar que é preciso aguardar primeiro a resistência do conduzido ou que é necessário elucubrar a respeito da existência de fundado receio de fuga ou perigo à integridade física própria ou alheia para só então autorizar que seja o conduzido algemado soa irreal.

Disse quanto ao primeiro exemplo que a súmula parece ter conteúdo válido e pertinente apenas à primeira análise, porque a prisão é um momento traumático para o capturado e sua materialização pode gerar neste os mais diversos sentimentos (negativos em sua maioria). Como prever que, diante de um momento de loucura causado pela vergonha de ter sido surpreendido cometendo um delito, o conduzido resolva investir contra o aparelho policial ou contra sua própria integridade física? Poderá ser tarde demais para determinar que o preso seja algemado.

Penso ter havido uma inversão de valores. Em verdade, algemar o preso deveria ser a regra, podendo ser tal providência excepcionada a juízo dos executores da medida, que responderiam caso optassem por não algemar o preso e acontecesse algo de anormal (fuga, lesão ou morte do preso ou de terceiro).

Feito este introito, cumpre analisar o verbete em suas exigências e consequências de sua não observância.

A partir de sua edição, a súmula, como dito supra, transmudou o uso de algemas em exceção, que deve ser devidamente justificada pelo agente ou autoridade. Tal justificativa deve ser feita por escrito e, apesar de poder ser breve, deve ser calcada em algum dos seguintes permissivos: a) resistência à prisão; b) fundado receio de fuga; c) fundado perigo à integridade física própria ou alheia, por parte do preso ou de terceiros.

Não há exigência de termo ou auto próprio, podendo o uso de algemas ser justificado no bojo do auto de prisão em flagrante, em relatório de ocorrência policial da polícia militar, em despacho nos autos do inquérito ou em peça própria criada pela autoridade para esse fim.

As consequências da inobservância da justificação por escrito do uso de algemas são gravíssimas: a) responsabilidade disciplinar, civil e penal do agente ou da autoridade; b) nulidade da prisão ou do ato processual a que se refere; c) possibilidade de responsabilidade civil do Estado.

Volto a exemplificar com caso prático. Imaginar que a prisão em flagrante de perigosos assaltantes de banco no curso de roubo a agência, portando fuzis, submetralhadoras e pistolas, pode ser nulificada simplesmente porque o delegado de polícia não cuidou de justificar por escrito o uso de algemas pela equipe que prendeu o consórcio criminoso não parece razoável, mas é a determinação clara do verbete. Soa absurdo, mas foi o que o STF verberou.

521

Destarte, a Súmula Vinculante 11 fez surgir nova formalidade imprescindível à validade da prisão cautelar: a justificação por escrito da necessidade do uso de algemas. Caso inobservada, impõe-se o relaxamento da prisão (veja-se que se transmuda em ilegal apenas a prisão, não sendo fulminada de nulidade a prova colhida no momento da captura). Em sentido contrário Andrey Borges de Mendonça[9]:

> Da mesma forma, não há sentido em falar de nulidade do ato prisional apenas e tão somente pelo uso indevido de algemas. O fato de as algemas terem sido utilizadas, de maneira abusiva, deve levar à eventual responsabilização do agente como visto. Até aí, tudo bem. Porém, não há qualquer justificativa para afirmar que o ato prisional em si deve ser anulado. Se o agente foi preso em situação de flagrância e todas as formalidades do auto de prisão foram observadas, não haveria sentido em impor a pecha de nulidade a uma prisão, pelo fato de as algemas terem sido utilizadas equivocadamente. O mesmo se pode afirmar em caso de cumprimento da prisão preventiva. Se a prisão ocorreu em situação legal, houve preenchimento dos requisitos legais intrínsecos ao ato, o uso indevido de algemas não pode levar à nulidade de todo ato prisional.

Para salientar a importância do tema, cumpre afirmar que o STF, nos autos da Reclamação 22.557/RJ (julgado em 14/12/2015), anulou o interrogatório (e todos os atos subsequentes, inclusive sentença condenatória), porque o réu foi mantido algemado no curso da audiência. Importante salientar que a utilização de algemas foi fundamentada pelo juízo reclamado (o Ministro Edson Fachin, relator, entendeu insuficiente a fundamentação do magistrado). Com a devida vênia, andou mal o Pretório Excelso. O ato do juízo (de manter o réu algemado em audiência) foi devidamente fundamentado e, portanto, respeitou a Súmula Vinculante 11. Não havia nada a reparar. A decisão abre perigoso precedente, criando verdadeira nova possibilidade recursal direta (acionar o STF diretamente, via reclamação, caso o réu seja mantido algemado na audiência, com o fito de anular todos os atos subsequentes, inclusive eventual sentença condenatória – foi o caso concreto aqui exposto).

Eis mais um precedente da Suprema Corte, desta feita considerando lícito o uso de algemas:

> RECURSO ORDINÁRIO EM HABEAS CORPUS. DIREITO PROCESSUAL PENAL. PRISÃO EM FLAGRANTE. NULIDADE. VIOLAÇÃO À SÚMULA VINCULANTE 11/STF. INOCORRÊNCIA. PRINCÍPIOS DA RAZOABILIDADE E PROPORCIONALIDADE OBSERVADOS. RECURSO DESPROVIDO. 1. A questão de direito tratada no presente recurso diz respeito à suposta nulidade da prisão em flagrante do recorrente, decorrente da utilização de algemas, o que, segundo argumenta, teria violado a Súmula Vinculante 11/STF. 2. A razão pela qual esta Suprema Corte foi

---

9. DE MENDONÇA, Andrey Borges. **Obra acima citada**, página 121.

levada a editar a Súmula Vinculante 11/STF se deu para estabelecer que o uso de algemas deve ser excepcional e observar os princípios da proporcionalidade e da razoabilidade. 3. Uma vez que a necessidade do uso de algemas na transferência do recorrente da delegacia para o presídio foi devidamente justificada por escrito para assegurar a integridade física dos agentes de polícia e do próprio autuado, também se justifica o uso de algemas por ocasião quando da efetuação do flagrante. 4. Com efeito, não se mostra desarrazoada ou desproporcional a utilização de algemas na efetuação da prisão em flagrante do recorrente. 5. Se a utilização das algemas na transferência do recorrente da delegacia para o presídio, ocasião em que as autoridades policiais já possuíam algum conhecimento acerca da pessoa com quem estavam lidando, se mostrou válida, com muito maior razão se justifica sua utilização no flagrante, momento em que os policiais ainda não sabiam exatamente quem estavam enfrentando. 6. Recurso ordinário em habeas corpus a que se nega provimento (RHC 102962, Relator(a): ELLEN GRACIE, Segunda Turma, julgado em 14/12/2010, DJe-025 DIVULG 07-02-2011 PUBLIC 08-02-2011 EMENT VOL-02459-02 PP-00236)

Por óbvio, excessos devem ser combatidos. A transferência do ex-governador do Rio de Janeiro Sérgio Cabral com algemas e correntes nos pés pareceu-me excessiva. O Pretório Excelso reconheceu esse excesso:

Habeas corpus. 2. Impetração contra decisão denegatória de liminar em ação da mesma natureza articulada perante tribunal superior. Manifesto o constrangimento ilegal ao direito do paciente. Superação da Súmula 691. 3. Paciente com prisão preventiva decretada por Juízos de duas unidades da federação. Ações penais em fase de apelação. Ordens de transferência de uma unidade para a outra, expedidas pelos Juízos de primeira instância. Usurpação da competência dos Tribunais Regionais Federais ou do Juízo das execuções penais. Não ocorrência. Compete ao juiz da ação penal definir o local de recolhimento do preso provisório. 4. Transferência de preso provisório a outra unidade da federação, sob alegação de "tratamento privilegiado" no sistema penitenciário estadual. Reação não fundada no direito. O direito do preso à assistência da família (art. 5º, LXIII, da CF) e ao recolhimento "em local próximo ao seu meio social e familiar" (art. 103 da LEP). Apenas razões excepcionalíssimas e devidamente fundamentadas autorizariam uma transferência para outra unidade da federação. 5. Transferência do preso provisório para unidade da federação na qual não responde a ação penal em fase de instrução. Ausência de sentido processual. 6. O CPP prevê que "ressalvados os casos de urgência ou de perigo de ineficácia da medida", o juiz deve estabelecer contraditório prévio em relação a requerimentos de medida cautelar pessoal (art. 282, § 3º, do CPP). Transferência não urgente, determinada sem estabelecimento de contraditório prévio. Inexistência de procedimento disciplinar em razão do comportamento carcerário. 7. Exibição do preso às câmeras de televisão algemado por pés e mãos, durante o transporte, a despeito de sua aparente passividade, desafiando a Súmula Vinculante 8. O uso infundado de algemas é causa de "nulidade da prisão ou do ato processual a que se refere". 9. Concedida a ordem, para determinar que os Juízos de origem providenciem o retorno do paciente, com brevidade, a estabelecimento penal no Estado do Rio de Janeiro (HC 152720, Relator(a): GILMAR MENDES, Segunda Turma, julgado em 10/04/2018, PROCESSO ELETRÔNICO DJe-096 DIVULG 16-05-2018 PUBLIC 17-05-2018)

É importante pontuar alteração legislativa que vedou uso de algemas em "mulheres grávidas durante os atos médico-hospitalares preparatórios para a realização do parto e durante o trabalho de parto, bem como em mulheres durante o período de puerpério imediato" (parágrafo único do artigo 292 do CPP acrescentado pela Lei 13.434/17).

Consigno que, apesar do texto do verbete estudado, o uso indevido de algemas não configura crime de abuso de autoridade (o artigo 17 do projeto que culminou com a Lei 13.869/19 foi vetado, como se verá com vagar no capítulo 12).

Por fim, cumpre deixar claro que, para justificar eventual anulação do ato processual ou da prisão, é preciso constatar que houve utilização equivocada de algemas no curso do ato/prisão:

> A leitura do processo, especialmente do pronunciamento mediante o qual implementada a segregação, revela a ausência de manifestação do juízo criminal acerca da utilização das algemas. Embora evidenciado o emprego injustificado do artefato, a providência decorreu de ato administrativo da autoridade policial, situação não abarcada pelo verbete, no que alude à prática de ato processual. As algemas foram utilizadas um dia após a prisão, quando o reclamante já se encontrava na delegacia de polícia, tão somente no momento da exibição dos presos à imprensa. Eventual responsabilização do Estado ou, até mesmo, dos agentes envolvidos, decorrente dos fatos noticiados na inicial, deve ser buscada na via apropriada. Descabe potencializar o alcance da reclamação [Rcl 7.116, voto do rel. min. **Marco Aurélio**, 1ª T, j. 24-5-2016, *DJE* 135 de 29-6-2016.]

No caso acima, nota-se que as algemas foram indevidamente utilizadas um dia após a prisão, para exibição dos presos à imprensa, daí porque o Ministro Marco Aurélio entendeu, acertadamente, pela possibilidade de responsabilização estatal e dos agentes envolvidos (pela via adequada), mas que não era viável uso de reclamação dirigida diretamente ao Pretório Excelso para pleitear a nulidade da prisão.

### 10.2.3. Prisão em flagrante delito

#### 10.2.3.1. *Generalidades*

A primeira espécie de prisão provisória a ser estudada será a flagrancial. O fundamento de validade do encarceramento do preso em flagrante está presente no inciso LXI do artigo 5º da Carta Maior.

Afora os casos de transgressão militar ou crime propriamente militar esta é a única hipótese de privação de liberdade que não decorre de ordem escrita e fundamentada de autoridade judiciária. Na lição de Mirabete[10], "a palavra

---

10. MIRABETE, Julio Fabbrini. **Processo Penal**. São Paulo: Atlas, 2004, página 401.

flagrante é derivada do latim flagrare (queimar) e flagrans, flagrantis (ardente brilhante, resplandescente), que no léxico, é acalorado, evidente, notório, visível, manifesto".

Em suma, a prisão em flagrante delito pode ser definida como a captura do autor do fato quando ainda queima o tecido social, dilacerado pela prática delitiva que se pretende frear.

Ensina-nos Paulo Rangel[11] que

> A prisão em flagrante tem como fundamentos: evitar a fuga do autor do fato; resguardar a sociedade, dando-lhe confiança na lei; servir de exemplos para aqueles que desafiam a ordem jurídica e acautelar as provas que, eventualmente, serão colhidas no curso do inquérito policial ou na instrução criminal, quer quanto à materialidade, quer quanto à autoria.

### 10.2.3.2. A mitigação da inviolabilidade de domicílio em caso de flagrante

Mesmo a garantia constitucional da inviolabilidade de domicílio cede diante da prisão em flagrante delito. É o mandamento inserto no inciso XI do artigo 5º da *Lex Mater*.

O direito à inviolabilidade de domicílio, consoante nos lembra o Ministro Alexandre de Moraes[12], é instituto de origem inglesa, nos moldes do discurso do Lord Chatham no Parlamento Britânico:

> O homem mais pobre desafia em sua casa todas as forças da Coroa, sua cabana pode ser muito frágil, seu teto pode tremer, o vento pode soprar entre as portas mal ajustadas, a tormenta pode nela penetrar, mas o Rei da Inglaterra não pode nela entrar.

Como qualquer direito assegurado aos cidadãos, ele comporta certa mitigação, não sendo absoluto. A prisão em flagrante é uma das facetas desta relativização.

Em primeiro lugar urge destacar o significado genérico do termo casa, que comporta interpretação mais ampla que simplesmente o imóvel que serve de morada ao indivíduo. A conceituação da expressão pode ser encontrada no artigo 246 do Código de Processo Penal e no artigo 150, § 4º do Código Penal (que trata do crime de invasão de domicílio). Nos termos dos dispositivos, entende-se como sendo casa: qualquer compartimento habitado, aposento

---

11. RANGEL, Paulo. **Direito Processual Penal**. Rio de Janeiro: Lumen Juris, 2006, página 562 e 563.
12. MORAES, Alexandre de. **Direito Constitucional**. São Paulo: Atlas, 2002, página 81.

ocupado de habitação coletiva e compartimento não aberto ao público, onde alguém exerce profissão ou atividade.

A aplicação do preceito constitucional (que possibilita relativizar a inviolabilidade de domicílio) vai exigir do intérprete a verificação concreta de uma das modalidades flagranciais descritas em lei (artigo 302 do CPP, que será esmiuçado alhures), de forma a constatar a legalidade da medida.

Os tribunais tupiniquins têm conferido efetividade ao ditame Maior, que nada mais é que a proclamação da máxima, já lembrada, de que não existem direitos ou garantias absolutas (mesmo o direito à vida pode ceder, que dirá o direito à inviolabilidade de domicílio). Vejamos um aresto[13] que se amolda à preleção:

> Não é ilegal a entrada em domicílio sem o consentimento do autor do delito, que é perseguido, logo após a prática do crime, pela autoridade policial, pois a própria Constituição Federal permite a entrada em casa alheia, mesmo contra a vontade do morador, para fins de prisão em flagrante.

Mesmo que o perseguido adentre em casa alheia, estará autorizado o ingresso do aparelho policial para materializar a prisão. Neste sentido Nestor Távora e Rosmar Rodrigues Alencar[14]:

> Se em razão da perseguição, o agente vier a adentrar numa casa, diante da situação de flagrância, por não ter havido interrupção da perseguição, o executor poderá invadir a residência, sendo dia ou noite, pois, por autorização constitucional, o ingresso domiciliar ocorreria para concretizar o flagrante, tendo assim pleno cabimento.

Outrossim, em caso de dúvida quanto à entrada do perseguido, por cautela, deve a autoridade policial cuidar de cercar a residência, isolando a área, cientificar o proprietário que a pessoa que adentrou na sua casa está sendo perseguida em face do cometimento de delito e, caso não lhe seja franqueado o acesso para efetivar a captura do indigitado fugitivo, representar ao juízo competente a expedição de mandado de busca domiciliar para efetiva materialização da prisão.

Frise-se que caso o criminoso seja capturado em estado de flagrância fora de sua residência (e o crime não houver sido praticado no interior desta), não está o aparelho policial autorizado a adentrar em sua casa para realização de busca com o fito de coligir material probante relacionado à atividade criminosa freada (há não ser que existam indícios anteriores ao ingresso na casa que

---

13. STJ, HC 10899/GO, 5ª Turma, rel. Min. Gilson Dipp, DJ 23/04/2001, p. 166.
14. TÁVORA, Nestor e ALENCAR, Rosmar Rodrigues. **Obra acima citada**, página 503.

indiquem que há crime sendo praticado no interior da morada). Neste caso, deverá ser representada a medida cautelar de busca e apreensão junto ao juízo competente, a quem caberá franquear o acesso à casa do infrator (ou deverá a polícia colher autorização para ingresso na residência, assinada pelo proprietário/responsável). Caso o delito tenha sido praticado no interior da casa, a entrada da polícia está franqueada (ainda que a prisão em flagrante tenha se dado fora da mesma), por ser ela local de crime.

Convém lembrar que caso se evidencie prática de crime permanente no interior da residência, a entrada policial está autorizada a qualquer hora do dia ou da noite, sem que haja necessidade de autorização judicial (artigo 303 do CPP). Em situações como essas, exige-se muita cautela do delegado de polícia. A notícia de que está ocorrendo crime no interior de uma residência deve ser averiguada com cuidado pelo aparelho policial. Em caso de dúvida, é mais prudente que a autoridade policial represente por medida cautelar de busca e apreensão ao juízo competente (depois de instaurado inquérito policial) ou só adentre na residência depois de autorização formal subscrita pelo dono da habitação, de forma a evitar abusos. Eis síntese da vertente aqui defendida, na lição de Andrey Borges de Mendonça[15]:

> É possível adentrar em residência caso se verifique que em seu interior está ocorrendo alguma infração em flagrante delito, nos termos do art. 5º, inc. XI, da CF. Neste caso, é possível adentrar durante o dia ou de noite e sequer é necessária ordem judicial. Porém, a polícia deve dispor de quais elementos para adentrar na residência? Deve ter certeza da prática de um crime? Basta mera suspeita? A melhor interpretação, para preservar os bens jurídicos em jogo (interesse na persecução penal e privacidade) passa pelo juízo de razoabilidade. Somente se pode admitir que a polícia adentre em residência, sem mandado judicial, quando possua elementos que indiquem, dentro de um juízo de razoabilidade, que está ocorrendo um crime no interior da residência. A autoridade policial deve ter elementos prévios que justifiquem a entrada e não violar a residência para, somente então, verificar se existem tais elementos. Em outras palavras, não se pode admitir que a polícia, sem quaisquer elementos de convicção, adentre na residência se mandado judicial para, em um segundo momento, verificar se há ou não o delito em flagrante. A situação deve ser justamente a contrária: verifica se há flagrante e, depois, entre. Do contrário, estar-se-ia concedendo uma margem ampla para práticas abusivas e uma verdadeira carta em branco para violações.

Nesta toada, o Tribunal de Justiça do Rio Grande do Sul anulou condenação pela prática do crime de posse ilegal de arma de fogo, decretando que caso exista mera suspeita da prática de ilícito no interior da residência, o correto é que o delegado de polícia represente pela expedição de mandado de busca

---

15. DE MENDONÇA, Andrey Borges. **Obra acima citada**, página 141.

e não que o aparelho policial ingresse na casa do suspeito sem ordem judicial (o julgado desprezou a existência de autorização de ingresso em residência assinada pelo autor do fato):

> APELAÇÃO CRIME. TRÁFICO DE DROGAS. POSSE ILEGAL DE ARMA DE FOGO. ILICITUDE PROBATÓRIA. ABSOLVIÇÃO DECRETADA. Nos termos do disposto no artigo 5º, XI, da CF, o ingresso dos policiais no âmbito domiciliar, quando nos casos de flagrante delito, exige certeza anterior quanto à situação de flagrante. A mera suspeita da prática delitiva autoriza exclusivamente a realização de diligências e a representação por mandado judicial de busca. Precedentes da Câmara. No caso, os policiais militares, ao que tudo indica sabedores da existência da arma de fogo, abordaram o acusado quando este retornava para casa, instando-o sobre suspeitas de envolvimento com delitos patrimoniais e sobre eventual posse de arma, o que foi negado. Então, ingressaram no domicílio para realização de busca domiciliar, sem mandado judicial. Eventual autorização assinada pelo réu - o que por este é negada em juízo - não torna lícita a busca realizada fora das hipóteses autorizadas na própria Constituição Federal. Irrenunciabilidade, como regra, dos direitos fundamentais. Restrições que devem observar o determinado em lei. Ilicitude material da apreensão da droga e da arma de fogo que contamina o restante do produzido na persecução penal. APELO PROVIDO[16].

Ressaltando o quanto afirmado neste tópico (de que é preciso muita cautela no ingresso em casa alheia sem ordem judicial), o STF decidiu que "a entrada forçada em domicílio sem mandado judicial só é lícita, mesmo em período noturno, quando amparada em fundadas razões, devidamente justificadas a posteriori, que indiquem que dentro da casa ocorre situação de flagrante delito, sob pena de responsabilidade disciplinar, civil e penal do agente ou da autoridade, e de nulidade dos atos praticados"[17].

Acerca do tema (e a respeito de decisões mais recentes do STJ[18] ressaltando a necessidade de convicção do aparelho policial quanto à situação flagrancial antes da entrada em casa alheia, sugestiono a leitura do tópico 9.8).

Óbvio que se a notícia for de crime violento (homicídio, estupro, etc.), não é conveniente postergar a ação e a entrada deverá ser materializada para frear a suposta prática delitiva (os levantamentos preliminares devem ser feitos com a rapidez exigida pela situação premente).

As mesmas observações devem ser feitas em caso de notícia apócrifa de crime praticado no interior de residência (quanto à cautela para ingresso sem

---

16. TJ/RS, Apelação Crime 70067115550, Terceira Câmara Criminal, rel. Des. Sérgio Miguel Achutti Blattes, julgado em 10/12/2015 – decisão já citada no tópico 8.8.

17. STF, RE 603616/RO (repercussão geral – tema 280), rel. Min. Gilmar Mendes, julgado em 05/11/2015 - decisão já citada no tópico 8.8.

18. STJ, 6ª Turma, REsp 1574681/RS, rel. Min. Rogerio Schietti Cruz, julgado em 20/04/2017, DJe em 30/05/2017.

mandado judicial). Frise-se que a prisão em flagrante calcada em notícia anônima de delito é perfeitamente possível e legal:

> DIREITO PROCESSUAL PENAL. HABEAS CORPUS. NULIDADE DO PROCESSO. ALEGAÇÃO DE PROVA ILÍCITA E DE VIOLAÇÃO AO DOMICÍLIO. INEXISTÊNCIA. ESTADO DE FLAGRÂNCIA. CRIME PERMANENTE. 1. A questão controvertida consiste na possível existência de prova ilícita ("denúncia anônima" e prova colhida sem observância da garantia da inviolabilidade do domicílio), o que contaminaria o processo que resultou na sua condenação. 2. Legitimidade e validade do processo que se originou de investigações baseadas, no primeiro momento, de "denúncia anônima" dando conta de possíveis práticas ilícitas relacionadas ao tráfico de substância entorpecente. Entendeu-se não haver flagrante forjado o resultante de diligências policiais após denúncia anônima sobre tráfico de entorpecentes (HC 74.195, rel. Min. Sidney Sanches, 1ª Turma, DJ 13.09.1996). 3. Elementos indiciários acerca da prática de ilícito penal. Não houve emprego ou utilização de provas obtidas por meios ilícitos no âmbito do processo instaurado contra o recorrente, não incidindo, na espécie, o disposto no art. 5º, inciso LVI, da Constituição Federal. 4. Garantia da inviolabilidade do domicílio é a regra, mas constitucionalmente excepcionada quando houver flagrante delito, desastre, for o caso de prestar socorro, ou, ainda, por determinação judicial. 5. Outras questões levantadas nas razões recursais envolvem o revolver de substrato fático-probatório, o que se mostra inviável em sede de habeas corpus. 6. Recurso ordinário em habeas corpus improvido[19].

> 1. AÇÃO PENAL. Porte ilegal de arma de fogo de uso restrito. Tipicidade. Caracterização. São típicas as condutas de possuir, ter em depósito, manter sob guarda e ocultar arma de fogo de uso restrito. 2. INQUÉRITO POLICIAL. Denúncia anônima. Irrelevância. Procedimento instaurado a partir da prisão em flagrante. Ordem indeferida. Não é nulo o inquérito policial instaurado a partir da prisão em flagrante dos acusados, ainda que a autoridade policial tenha tomado conhecimento prévio dos fatos por meio de denúncia anônima[20].

Destarte, o aparelho policial pode adentrar, independente de ordem judicial, na casa onde está sendo praticado um delito, ainda que a notícia de crime seja advinda comunicação anônima (óbvio que há que ser feito levantamento preliminar com o fito de atestar a veracidade desta). Mesmo diante do permissivo, é de bom tom que a autoridade policial não decida de forma açodada determinar que seus agentes ingressem sem mandado na residência onde supostamente esteja ocorrendo crime. Os reflexos negativos de possível insucesso da diligência são perigosos para os que dela participaram. Caso seja possível, é mais sensato que a notícia seja rapidamente averiguada, que seja instaurado inquérito policial e representada a busca na residência suspeita. Ainda que nada seja encontrado, estará a equipe policial totalmente amparada legalmente.

---

19. STF, RHC 86.082/RS, Segunda Turma, rel. Min. Ellen Gracie, DJ em 22.08.2008.
20. STF, HC 90.178, Segunda Turma, rel. Min. Cezar Peluso, j em 02.02.2010.

Por fim, cumpre afirmar que ainda que não haja mandado, a busca domiciliar pode ser realizada, por óbvio, com a autorização do morador (neste caso o morador/responsável autoriza expressamente o ingresso do aparelho policial em sua casa, com o fito de verificar se está ou não sendo praticado crime no seu interior). Faço a ressalva, apesar de evidente, para que o profissional que atua na área de segurança cuide de documentar a autorização dada pelo responsável pela residência. No documento deverá constar a localização exata do imóvel, o nome completo e qualificação do morador que franqueou a entrada, a assinatura do mesmo e, de preferência, qualificação e assinatura de duas testemunhas. A providência é de extrema utilidade para que não se alegue ulteriormente a ilicitude da prova eventualmente arrecadada na casa (pode ser que não exista situação de flagrante, mas que seja encontrada no interior da residência alguma prova do cometimento de infração penal), ou pior: que se pretenda responsabilizar os policiais envolvidos na diligência.

Abaixo consigno tabela com lista de precedentes do Superior Tribunal de Justiça sobre o tema (mitigação do direito à inviolabilidade de domicílio em face de situação flagrancial):

| CONTROVÉRSIA | PRECEDENTE/ENTENDIMENTO |
|---|---|
| A polícia não pode adentrar na casa de quem corre depois de avistar o aparelho policial, se não há situação flagrancial (**ilicitude da prova coligida**). | RECURSO ESPECIAL. TRÁFICO DE DROGAS. FLAGRANTE. DOMICÍLIO COMO EXPRESSÃO DO DIREITO À INTIMIDADE. ASILO INVIOLÁVEL. EXCEÇÕES CONSTITUCIONAIS. INTERPRETAÇÃO RESTRITIVA. INVASÃO DE DOMICÍLIO PELA POLÍCIA. NECESSIDADE DE JUSTA CAUSA. NULIDADE DAS PROVAS OBTIDAS. TEORIA DOS FRUTOS DA ÁRVORE ENVENENADA. ABSOLVIÇÃO DO AGENTE. RECURSO NÃO PROVIDO. 1. O art. 5º, XI, da Constituição Federal consagrou o direito fundamental relativo à inviolabilidade domiciliar, ao dispor que "a casa é asilo inviolável do indivíduo, ninguém nela podendo penetrar sem consentimento do morador, salvo em caso de flagrante delito ou desastre, ou para prestar socorro, ou, durante o dia, por determinação judicial". 2. A inviolabilidade de sua morada é uma das expressões do direito à intimidade do indivíduo, o qual, na companhia de seu grupo familiar espera ter o seu espaço de intimidade preservado contra devassas indiscriminadas e arbitrárias, perpetradas sem os cuidados e os limites que a excepcionalidade da ressalva a tal franquia constitucional exigem. 3. O ingresso regular de domicílio alheio depende, para sua validade e regularidade, da existência de fundadas razões (justa causa) que sinalizem para a possibilidade de mitigação do direito fundamental em questão. É dizer, somente quando o contexto fático anterior à invasão permitir a conclusão acerca da ocorrência de crime no interior da residência é que se mostra possível sacrificar o direito à inviolabilidade do domicílio. 4. O Supremo Tribunal Federal definiu, em repercussão geral, que o ingresso forçado em |

| CONTROVÉRSIA | PRECEDENTE/ENTENDIMENTO |
|---|---|
| | domicílio sem mandado judicial apenas se revela legítimo- a qualquer hora do dia, inclusive durante o período noturno - quando amparado em fundadas razões, devidamente justificadas pelas circunstâncias do caso concreto, que indiquem estar ocorrendo, no interior da casa, situação de flagrante delito (RE n. 603.616/RO, Rel. Ministro Gilmar Mendes) DJe 8/10/2010). 5. O direito à inviolabilidade de domicílio, dada a sua magnitude e seu relevo, é salvaguardado em diversos catálogos constitucionais de direitos e garantias fundamentais, a exemplo da Convenção Americana de Direitos Humanos, cujo art. 11.2, destinado, explicitamente, à proteção da honra e da dignidade, assim dispõe: "Ninguém pode ser objeto de ingerências arbitrárias ou abusivas em sua vida privada, em sua família, em seu domicílio ou em sua correspondência, nem de ofensas ilegais à sua honra ou reputação." 6. A complexa e sofrida realidade social brasileira sujeita as forças policiais a situações de risco e à necessidade de tomada urgente de decisões no desempenho de suas relevantes funções, o que há de ser considerado quando, no conforto de seus gabinetes, realizamos os juízes o controle posterior das ações policiais. Mas, não se há de desconsiderar, por outra ótica, que ocasionalmente a ação policial submete pessoas a situações abusivas e arbitrárias, especialmente as que habitam comunidades socialmente vulneráveis e de baixa renda. 7. Se, por um lado, a dinâmica e a sofisticação do crime organizado exigem uma postura mais enérgica por parte do Estado, por outro, a coletividade, sobretudo a integrada por segmentos das camadas sociais mais precárias economicamente, também precisa sentir-se segura e ver preservados seus mínimos direitos e garantias constitucionais, em especial o de não ter a residência invadida, a qualquer hora do dia, por policiais, sem as cautelas devidas e sob a única justificativa, não amparada em elementos concretos de convicção, de que o local supostamente seria um ponto de tráfico de drogas, ou que o suspeito do tráfico ali se homiziou. 8. A ausência de justificativas e de elementos seguros a legitimar a ação dos agentes públicos, diante da discricionariedade policial na identificação de situações suspeitas relativas à ocorrência de tráfico de drogas, pode fragilizar e tornar írrito o direito à intimidade e à inviolabilidade domiciliar. 9. Tal compreensão não se traduz, obviamente, em transformar o domicílio em salvaguarda de criminosos, tampouco um espaço de criminalidade. Há de se convir, no entanto, que só justifica o ingresso no domicílio alheio a situação fática emergencial consubstanciadora de flagrante delito, incompatível com o aguardo do momento adequado para, mediante mandado judicial, legitimar a entrada na residência ou local de abrigo. 10. Se é verdade que o art. 5º, XI, da Constituição Federal, num primeiro momento, parece exigir a emergência da situação para autorizar o ingresso em domicílio alheio sem prévia autorização |

| CONTROVÉRSIA | PRECEDENTE/ENTENDIMENTO |
|---|---|
| | judicial - ao elencar hipóteses excepcionais como o flagrante delito, casos de desastre ou prestação de socorro -, também é certo que nem todo crime permanente denota essa emergência. **11. Na hipótese sob exame, o acusado estava em local supostamente conhecido como ponto de venda de drogas, quando, ao avistar a guarnição de policiais, refugiou-se dentro de sua casa, sendo certo que, após revista em seu domicílio, foram encontradas substâncias entorpecentes (18 pedras de crack). Havia, consoante se demonstrou, suspeitas vagas sobre eventual tráfico de drogas perpetrado pelo réu, em razão, única e exclusivamente, do local em que ele estava no momento em que policiais militares realizavam patrulhamento de rotina e em virtude de seu comportamento de correr para sua residência, conduta que pode explicar-se por diversos motivos, não necessariamente o de que o suspeito cometia, no momento, ação caracterizadora de mercancia ilícita de drogas. 12. A mera intuição acerca de eventual traficância praticada pelo recorrido, embora pudesse autorizar abordagem policial, em via pública, para averiguação, não configura, por si só, justa causa a autorizar o ingresso em seu domicílio, sem o consentimento do morador - que deve ser mínima e seguramente comprovado - e sem determinação judicial. 13. Ante a ausência de normatização que oriente e regule o ingresso em domicílio alheio, nas hipóteses excepcionais previstas no Texto Maior, há de se aceitar com muita reserva a usual afirmação - como ocorreu na espécie - de que o morador anuiu livremente ao ingresso dos policiais para a busca domiciliar, máxime quando a diligência não é acompanhada de qualquer preocupação em documentar e tornar imune a dúvidas a voluntariedade do consentimento. 14. Em que pese eventual boa-fé dos policiais militares, não havia elementos objetivos, seguros e racionais, que justificassem a invasão de domicílio. Assim, como decorrência da Doutrina dos Frutos da Árvore Envenenada (ou venenosa, visto que decorre da fruits of the poisonous tree doctrine, de origem norte-americana), consagrada no art. 5º, LVI, da nossa Constituição da República, é nula a prova derivada de conduta ilícita - no caso, a apreensão, após invasão desautorizada do domicílio do recorrido, de 18 pedras de crack -, pois evidente o nexo causal entre uma e outra conduta, ou seja, entre a invasão de domicílio (permeada de ilicitude) e a apreensão de drogas.** 15. Recurso especial não provido, para manter a absolvição do recorrido (REsp 1574681/RS, Rel. Ministro ROGERIO SCHIETTI CRUZ, SEXTA TURMA, julgado em 20/04/2017, DJe 30/05/2017). |

| CONTROVÉRSIA | PRECEDENTE/ENTENDIMENTO |
|---|---|
| É lícita a entrada em casa desabitada quando há indícios de prática de crime permanente em seu interior. | HABEAS CORPUS SUBSTITUTIVO DE RECURSO PRÓPRIO. CRIMES DE ARMAZENAMENTO DE DROGAS E DE ARMAS. BUSCA E APREENSÃO EM APARTAMENTO NÃO HABITADO, UTILIZADO COMO LOCAL DE ARMAZENAMENTO, SEM PRÉVIA AUTORIZAÇÃO JUDICIAL. PROTEÇÃO CONSTITUCIONAL CONCEDIDA À RESIDÊNCIA/DOMICÍLIO QUE SOMENTE ABRANGE BENS MÓVEIS OU IMÓVEIS DESTINADOS À HABITAÇÃO, AINDA QUE DE FORMA TRANSITÓRIA, E O LOCAL DE TRABALHO. AUSÊNCIA DE ILEGALIDADE. FUNDADAS SUSPEITAS DE FLAGRANTE DE CRIME PERMANENTE. INVIABILIDADE DE REVOLVIMENTO DE PROVAS NA VIA MANDAMENTAL. HABEAS CORPUS NÃO CONHECIDO. 1. O Superior Tribunal de Justiça, alinhando-se à nova jurisprudência da Corte Suprema, também passou a restringir as hipóteses de cabimento do habeas corpus, não admitindo que o remédio constitucional seja utilizado em substituição ao recurso ou ação cabível, ressalvadas as situações em que, à vista da flagrante ilegalidade do ato apontado como coator, em prejuízo da liberdade do paciente, seja cogente a concessão, de ofício, da ordem de habeas corpus (AgRg no HC 437.522/PR, Rel. Ministro FELIX FISCHER, QUINTA TURMA, julgado em 07/06/2018, DJe 15/06/2018) 2. O Supremo Tribunal Federal definiu, em repercussão geral, que o ingresso forçado em domicílio sem mandado judicial apenas se revela legítimo - a qualquer hora do dia, inclusive durante o período noturno - quando amparado em fundadas razões, devidamente justificadas pelas circunstâncias do caso concreto, que indiquem estar ocorrendo, no interior da casa, situação de flagrante delito (RE n. 603.616/RO, Rel. Ministro Gilmar Mendes) DJe 8/10/2010). Nessa linha de raciocínio, o ingresso em moradia alheia depende, para sua validade e sua regularidade, da existência de fundadas razões (justa causa) que sinalizem para a possibilidade de mitigação do direito fundamental em questão. É dizer, somente quando o contexto fático anterior à invasão permitir a conclusão acerca da ocorrência de crime no interior da residência é que se mostra possível sacrificar o direito à inviolabilidade do domicílio. Precedentes desta Corte. 3. A Corte Suprema assentou, também, que "o conceito de 'casa', para o fim da proteção jurídico-constitucional a que se refere o art. 5º, XI, da Lei Fundamental, reveste-se de caráter amplo (HC 82.788/RJ, Rel. Min. CELSO DE MELLO, 2ª Turma do STF, julgado em 12/04/2005, DJe de 02/06/2006; RE 251.445/GO, Rel. Min. CELSO DE MELLO, decisão monocrática publicada no DJ de 03/08/2000), pois compreende, na abrangência de sua designação tutelar, (a) qualquer compartimento habitado, (b) qualquer aposento ocupado de habitação coletiva e (c) qualquer compartimento privado não aberto ao público, onde alguém exerce profissão ou atividade" (RHC 90.376/RJ, Rel. Min. CELSO DE MELLO, 2ª Turma do STF, julgado em 03/04/2007, DJe de 18/05/2007). Conclui-se, portanto, que a proteção constitucional, no tocante |

| CONTROVÉRSIA | PRECEDENTE/ENTENDIMENTO |
|---|---|
| | à casa, independentemente de seu formato e localização, de se tratar de bem móvel ou imóvel, pressupõe que o indivíduo a utilize para fins de habitação, moradia, ainda que de forma transitória, pois tutela-se o bem jurídico da intimidade da vida privada. **4. Sem desconsiderar a proteção constitucional de que goza a propriedade privada, ainda que desabitada, não se verifica nulidade na busca e apreensão efetuada por policiais, sem prévio mandado judicial, em apartamento que não revela sinais de habitação, nem mesmo de forma transitória ou eventual, se a aparente ausência de residentes no local se alia à fundada suspeita de que tal imóvel é utilizado para a prática de crime permanente (armazenamento de drogas e armas), o que afastaria a proteção constitucional concedida à residência/domicílio.** Situação em que, após denúncia anônima detalhada de armazenamento de drogas e de armas, seguida de informações dos vizinhos de que não haveria residente no imóvel, de vistoria externa na qual não foram identificados indícios de ocupação da quitinete (imóvel contendo apenas um colchão, algumas malas, um fogão e janela quebrada, apenas encostada), mas foi visualizada parte do material ilícito, policiais adentraram o local e encontraram grande quantidade de drogas (7kg de maconha prensada, fracionadas em 34 porções; 2.097, 8kg de cocaína em pó, fracionada em 10 tabletes e 51 gramas de cocaína petrificada, vulgarmente conhecida como crack) e de armas (uma submetralhadora com carregador, armamento de uso proibido; 226 munições calibre .45; 16 munições calibre 12; 102 munições calibre 9mm; 53 munições calibre .22; 04 carregadores, 01 silenciador, 02 canos de arma curta, 03 coldres). 5. A transposição de portão em muro externo que cerca prédio de apartamentos, por si só, não implica, necessariamente, afronta à garantia de inviolabilidade do domicílio. Para tanto, seria necessário demonstrar que dito portão estava trancado, ou que havia interfone ou qualquer outro tipo de aparelho/mecanismo de segurança destinado a limitar a entrada de indivíduos que quisessem ter acesso ao prédio já no muro externo, o que não ocorre no caso concreto, em que há, inclusive, depoimento de policial afirmando que o portão estaria aberto. 6. De mais a mais, havendo depoimento de policial, asseverando que teria sido visualizada, pela janela, parte do material ilícito ali existente, é de se concluir que a entrada dos policiais na quitinete em questão se deu em razão da suspeita concreta de flagrância do crime de armazenamento de drogas, que é permanente. 7. Modificar as premissas tidas como válidas pela instância ordinária demandaria o revolvimento de todo o material fático/probatório dos autos, o que inviável na sede mandamental. 8. Habeas corpus de que não se conhece (HC 588.445/SC, Rel. Ministro REYNALDO SOARES DA FONSECA, QUINTA TURMA, julgado em 25/08/2020, DJe 31/08/2020). |

| CONTROVÉRSIA | PRECEDENTE/ENTENDIMENTO |
|---|---|
| **É ilícita** a entrada em casa em virtude de abordagem feita no quintal a dois indivíduos, depois que um deles foge para dentro da morada e com o outro é encontrada certa quantidade de entorpecentes. | EMBARGOS DE DECLARAÇÃO NO HABEAS CORPUS. TRÁFICO DE DROGAS. OMISSÃO NÃO VERIFICADA. REEXAME DAS TESES JURÍDICAS. IMPOSSIBILIDADE. ILEGALIDADE. ILICITUDE DAS PROVAS. INVASÃO DE DOMICÍLIO. AUSÊNCIA DE INVESTIGAÇÕES PRÉVIAS E DE FUNDADAS RAZÕES. ILEGALIDADE. OCORRÊNCIA. ORDEM CONCEDIDA. 1. Apenas se admitem embargos de declaração quando evidenciada deficiência no acórdão recorrido com efetiva obscuridade, contradição, ambiguidade ou omissão, conforme o art. 619 do CPP. 2. A decisão embargada, claramente, apontou que esta Corte Superior entende serem exigíveis fundamentos razoáveis da existência de crime permanente para justificarem o ingresso desautorizado na residência do agente. **Então, a abordagem dos agentes no quintal de uma residência, em local conhecido como ponto de tráfico, sendo que um deles empreendeu fuga para dentro do imóvel e o outro permaneceu parado, sendo encontrado com ele uma certa quantidade de entorpecentes, não autoriza o ingresso na residência, por não demonstrar os fundamentos razoáveis da existência de crime permanente dentro do domicílio.** 3. Embargos de declaração rejeitados (EDcl no HC 586.474/SC, Rel. Ministro NEFI CORDEIRO, SEXTA TURMA, julgado em 22/09/2020, DJe 29/09/2020). |
| **É lícita** a entrada em casa quando policiais, após abordagem de suspeito claramente nervoso, sentem forte cheiro de maconha vindo do interior de sua morada. | PENAL. AGRAVO REGIMENTAL EM HABEAS CORPUS. TRÁFICO DE DROGAS. ALEGAÇÃO DA DEFESA DE ILEGALIDADE POR INVASÃO DE DOMICÍLIO. AUSÊNCIA DE CONSTRANGIMENTO ILEGAL. CRIME PERMANENTE. FORTE ODOR DE MACONHA. NERVOSISMO DO PACIENTE. RAZÃO PARA REALIZAR A BUSCA NO IMÓVEL. SITUAÇÃO DE FLAGRÂNCIA. MANUTENÇÃO EM DEPÓSITO DE 667 PORÇÕES DE CRACK (286,14 G), 1.605 INVÓLUCROS DE MACONHA (6.731,81 G), 1.244 INVÓLUCROS DE COCAÍNA (1.533,23 G) E 35 FRASCOS DE LANÇA-PERFUME. 1. **Consta nos autos que os policiais perceberam o nervosismo do paciente e que ao chegarem à residência, já sentiram um forte odor de maconha, razão pela qual fizeram a busca dentro da residência.** 2. Agravo regimental improvido (AgRg no HC 423.838/SP, Rel. Ministro SEBASTIÃO REIS JÚNIOR, SEXTA TURMA, julgado em 08/02/2018, DJe 19/02/2018). |
| **É lícita** a entrada de policiais em casa de suspeito quando há suspeita de disparo de arma de fogo. | HABEAS CORPUS. HABEAS CORPUS SUBSTITUTO DE RECURSO ORDINÁRIO. INADEQUAÇÃO DA VIA ELEITA. TRÁFICO DE DROGAS. POSSE DE ARMA DE FOGO. 1. NULIDADE. INGRESSO DE POLICIAIS NO DOMICÍLIO DO ACUSADO. PRESENÇA DE JUSTA CAUSA. 2. SEGREGAÇÃO CAUTELAR. LEGALIDADE. GRAVIDADE CONCRETA DA CONDUTA. GARANTIA DA ORDEM PÚBLICA. CONSTRANGIMENTO ILEGAL GRAVIDADE ABSTRATA. ORDEM CONCEDIDA DE OFÍCIO. 1. O Supremo Tribunal Federal, por sua Primeira Turma, e a Terceira Seção deste Superior Tribunal de Justiça, diante da utilização crescente e sucessiva do habeas |

| CONTROVÉRSIA | PRECEDENTE/ENTENDIMENTO |
|---|---|
| | corpus, passaram a restringir a sua admissibilidade quando o ato ilegal for passível de impugnação pela via recursal própria, sem olvidar a possibilidade de concessão da ordem, de ofício, nos casos de flagrante ilegalidade. **2. O delito imputado ao paciente tem natureza permanente. Legítima, portanto, a entrada de policiais para fazer cessar a prática do delito, independentemente de mandado judicial, desde que existam elementos suficientes de probabilidade delitiva. 3. Neste caso, o ingresso dos policiais no imóvel ocorreu após informações dando conta de um disparo de arma de fogo, supostamente realizado pelo paciente, demonstrando que os agentes de segurança atuaram a partir de fundadas suspeitas da prática de crimes no interior da residência.** 4. A privação antecipada da liberdade do cidadão acusado de crime reveste-se de caráter excepcional em nosso ordenamento jurídico, e a medida deve estar embasada em decisão judicial fundamentada (art. 93, IX, da CF) que demonstre a existência da prova da materialidade do crime e a presença de indícios suficientes da autoria, bem como a ocorrência de um ou mais pressupostos do artigo 312 do Código de Processo Penal. 5. Neste caso, a custódia foi mantida sem a exposição de elementos concretos que indiquem a necessidade de se acautelar a ordem pública, havendo tão somente menção a elementos ligados à gravidade abstrata do delito (apreensão de 11,27g de maconha, 24g de crack e 7 muições .380). 6. Habeas corpus não conhecido. Ordem concedida, de ofício, para revogar a prisão preventiva, substituindo-a por uma ou mais medidas alternativas, a critério do Juízo de primeiro grau (HC 595.700/MG, Rel. Ministro REYNALDO SOARES DA FONSECA, QUINTA TURMA, julgado em 06/10/2020, DJe 13/10/2020). |

### 10.2.3.3. Audiência de custódia

O Conselho Nacional de Justiça lançou, no mês de fevereiro de 2015, projeto com o objetivo de instituir a audiência de custódia nos tribunais pátrios. Foram firmados três acordos de cooperação técnica com o Ministério da Justiça e o Instituto de Defesa do Direito de Defesa (IDDD). Basicamente os três acordos objetivam acelerar a implantação da audiência de custódia nos areópagos tupiniquins, estimular a aplicação de medidas cautelares diversas da prisão e o monitoramento eletrônico. As medidas têm o objetivo de "combater a cultura do encarceramento que se instalou no Brasil"[21].

---

21. Em http://www.cnj.jus.br/sistema-carcerario-e-execucao-penal/audiencia-de-custodia/historico, acesso em 07 de dezembro de 2015.

Audiência de custódia, em rápidas palavras, é a apresentação imediata do preso em flagrante delito a um juiz, para que este delibere acerca da sua manutenção no cárcere e avalie as circunstâncias que gravitaram em torno da sua prisão.

O pano de fundo do projeto é o Pacto de San José da Costa Rica (Convenção Interamericana de Direitos Humanos), de 22 de novembro de 1969, incorporado em nosso ordenamento jurídico formalmente por meio do Decreto 678/92. O artigo 7º, item 5, da avença determina que:

> Artigo 7º - Direito à liberdade pessoal
>
> (...)
>
> 5. Toda pessoa presa, detida ou retida deve ser conduzida, sem demora, à presença de um juiz ou outra autoridade autorizada por lei a exercer funções judiciais e tem o direito de ser julgada em prazo razoável ou de ser posta em liberdade, sem prejuízo de que prossiga o processo. Sua liberdade pode ser condicionada a garantias que assegurem o seu comparecimento em juízo.

Antes regulada apenas no âmbito da Resolução 213 do CNJ, a audiência de custódia foi enxertada efetivamente no nosso ordenamento jurídico pelo Pacote Anticrime. Nela o juiz de garantias fará a análise do auto de prisão em flagrante em cotejo com o quanto desenhado no artigo 310 do Código de Processo Penal:

> Art. 310. Após receber o auto de prisão em flagrante, no prazo máximo de até 24 (vinte e quatro) horas após a realização da prisão, o juiz deverá promover audiência de custódia com a presença do acusado, seu advogado constituído ou membro da Defensoria Pública e o membro do Ministério Público, e, nessa audiência, o juiz deverá, fundamentalmente:
>
> I – relaxar a prisão ilegal; ou
>
> II – converter a prisão em flagrante em preventiva, quando presentes os requisitos constantes do art. 312 deste Código, e se revelarem inadequadas ou insuficientes as medidas cautelares diversas da prisão; ou
>
> III – conceder liberdade provisória, com ou sem fiança.
>
> § 1º Se o juiz verificar, pelo auto de prisão em flagrante, que o agente praticou o fato em qualquer das condições constantes dos incisos I, II ou III do caput do art. 23 do Decreto-Lei nº 2.848, de 7 de dezembro de 1940 (Código Penal), poderá, fundamentadamente, conceder ao acusado liberdade provisória, mediante termo de comparecimento obrigatório a todos os atos processuais, sob pena de revogação.
>
> § 2º Se o juiz verificar que o agente é reincidente ou que integra organização criminosa armada ou milícia, ou que porta arma de fogo de uso restrito, deverá denegar a liberdade provisória, com ou sem medidas cautelares.
>
> § 3º A autoridade que deu causa, sem motivação idônea, à não realização da audiência de custódia no prazo estabelecido no caput deste artigo responderá administrativa, civil e penalmente pela omissão.

§ 4º Transcorridas 24 (vinte e quatro) horas após o decurso do prazo estabelecido no caput deste artigo, a não realização de audiência de custódia sem motivação idônea ensejará também a ilegalidade da prisão, a ser relaxada pela autoridade competente, sem prejuízo da possibilidade de imediata decretação de prisão preventiva[22].

Uma vez mais o legislador insistiu na automaticidade da denegação da liberdade provisória em determinados casos (a impossibilidade de concessão de liberdade provisória abstratamente imposta pela lei já foi, mais de uma vez, rechaçada pelo Supremo Tribunal Federal em outras oportunidades). Nessa toada, o § 2º do artigo 310 do Código de Processo Penal proíbe a concessão de liberdade provisória ao agente reincidente, que integra organização criminosa armada ou milícia, ou que porta arma de fogo de uso restrito.

O atropelo à proporcionalidade é gritante. Imagine a prisão em flagrante de um reincidente na prática de furtos. Nos termos do novel texto legal, o juiz de garantias deve denegar a liberdade provisória, com ou sem medidas cautelares. Ele seguirá encarcerado. Já o indivíduo primário que é preso em flagrante pela prática de homicídio qualificado com uso de arma de uso permitido pode ter melhor sorte, já que em relação a este será possível a concessão da liberdade provisória sem fiança (o crime de homicídio qualificado é hediondo e inafiançável, mas isso não obsta a concessão de liberdade provisória sem fiança). Outro ponto digno de crítica: se a ideia era recrudescer o tratamento dispensado a quem integra organização criminosa, é injustificável que apenas o integrante de organização criminosa armada não faça jus à concessão de liberdade provisória (por vezes os consórcios criminosos que não disparam um tiro sequer são mais deletérios à sociedade – vide organizações que se ocupam de desviar recursos públicos, por exemplo).

A situação concreta pode ser ainda mais esdrúxula. Como o dispositivo fez menção apenas à expressão "reincidente", no exemplo utilizado no item retro, não seria possível sequer ao delegado de polícia arbitramento de fiança em relação ao reincidente que comete crime de furto simples. Penso ser viável materialização de controle de constitucionalidade (e com base no item 5 do artigo 7º do Pacto de San José da Costa Rica) pelo próprio delegado de polícia, com fundamentado arbitramento de fiança ao preso e comunicação da decisão de soltura ao juízo competente e ao Ministério Público.

Forte nessas razões, entendo que o comando constante no § 2º do artigo 310 do Código de Processo Penal (com redação determinada pela Lei 13.964/19) é inconstitucional. A denegação da liberdade provisória, convertendo-se a prisão em flagrante em preventiva deve ser sempre ato fundamentado na necessidade

---

22. O § 4º do artigo 310 do Código de Processo Penal teve sua eficácia suspensa *sine die*, em face de liminar concedida nos autos das ADIN 6.298, 6.299, 6.300 e 6.305 pelo Ministro Fux.

concreta de manutenção do cárcere. Não pode haver automaticidade na denegação por simples imposição legal.

Anoto que o juiz das garantias, durante a audiência de custódia, pode praticar, eventualmente, o crime de abuso de autoridade tipificado no artigo 9º da Lei 13.869/19 (leia o capítulo 12 dessa obra).

Caso não realizada audiência de custódia, os §§ 3º e 4º prescrevem as seguintes consequências: a) responsabilidade administrativa, cível e penal da autoridade que deu causa a não realização da audiência; b) relaxamento da prisão em flagrante (sem prejuízo de eventual decretação da prisão preventiva do autor do fato).

Antes da formal inserção da audiência de custódia no Código de Processo Penal, eu defendia que o Brasil já cumpria a Convenção Interamericana de Direitos Humanos, vez que considero que o delegado de polícia é a "autoridade autorizada por lei a exercer funções judiciais" descrita no artigo 7º, item 5, da avença. Apresentado o detido à autoridade policial, esta, analisando os fatos e ouvindo os envolvidos, decidirá sobre a manutenção ou não do encarceramento, mediante a lavratura ou não do auto de prisão em flagrante delito. É possível, ainda, a concessão de fiança (caução que redunda na imediata liberação do preso) arbitrada pelo delegado, nas hipóteses legalmente autorizadas. Neste sentido, julgado do TJ/SP[23], relatado por Guilherme de Souza Nucci (apenas parte da decisão será transcrita):

> No tocante à alegada ilegalidade da prisão em flagrante, ante a ausência de imediata apresentação do paciente ao Juiz de Direito, entendo inexistir qualquer ofensa aos tratados internacionais de Direitos Humanos. Isto porque, conforme dispõe o art. 7º, 5, da Convenção Americana de Direitos Humanos, toda pessoa presa, detida ou retida deve ser conduzida, sem demora, à presença de um juiz ou outra autoridade autorizada por lei a exercer funções judiciais. No cenário jurídico brasileiro, embora o Delegado de Polícia não integre o Poder Judiciário, é certo que a Lei atribui a esta autoridade a função de receber e ratificar a ordem de prisão em flagrante. Assim, in concreto, o paciente foi devidamente apresentado ao Delegado, não se havendo falar em relaxamento da prisão. Não bastasse, em 24 horas, o juiz analisou o auto de prisão em flagrante.

Até a 5ª edição dessa obra, eu sustentava que os encarceramentos desnecessários seriam reduzidos (a custo zero, diga-se de passagem) com a autorização legal para que o delegado de polícia, depois de lavrado o auto de prisão em flagrante delito, pudesse decidir sobre a aplicação das medidas cautelares diversas da prisão previstas no artigo 319 do CPP. Nada mais simples e lógico. O delegado já pode decidir pela aplicação de uma medida cautelar diversa da

---

23. TJ/SP, HC 2150332-23.2015.8.26.0000, 16ª Câmara de Direito Criminal, Rel. Des. Guilherme de Souza Nucci, j. em 20/10/2015.

prisão (arbitramento de fiança, nos termos do artigo 319, VIII, do CPP). Por que não estender outras cautelares mencionadas no referido dispositivo legal ao delegado de polícia, de forma a permitir a concessão imediata de liberdade provisória ainda na seara policial?

Continuemos, com o estudo da Resolução 213/2015, do Conselho Nacional de Justiça, datada de 15 de dezembro de 2015.

O artigo 1º do normativo determina:

> Art. 1º Determinar que toda pessoa presa em flagrante delito, independentemente da motivação ou natureza do ato, seja obrigatoriamente apresentada, em até 24 horas da comunicação do flagrante, à autoridade judicial competente, e ouvida sobre as circunstâncias em que se realizou sua prisão ou apreensão.
>
> § 1º A comunicação da prisão em flagrante à autoridade judicial, que se dará por meio do encaminhamento do auto de prisão em flagrante, de acordo com as rotinas previstas em cada Estado da Federação, não supre a apresentação pessoal determinada no caput.
>
> § 2º Entende-se por autoridade judicial competente aquela assim disposta pelas leis de organização judiciária locais, ou, salvo omissão, definida por ato normativo do Tribunal de Justiça, Tribunal de Justiça Militar, Tribunal Regional Federal, Tribunal Regional Eleitoral ou do Superior Tribunal Militar que instituir as audiências de apresentação, incluído o juiz plantonista.
>
> § 3º No caso de prisão em flagrante delito da competência originária de Tribunal, a apresentação do preso poderá ser feita ao juiz que o Presidente do Tribunal ou Relator designar para esse fim.
>
> § 4º Estando a pessoa presa acometida de grave enfermidade, ou havendo circunstância comprovadamente excepcional que a impossibilite de ser apresentada ao juiz no prazo do caput, deverá ser assegurada a realização da audiência no local em que ela se encontre e, nos casos em que o deslocamento se mostre inviável, deverá ser providenciada a condução para a audiência de custódia imediatamente após restabelecida sua condição de saúde ou de apresentação.
>
> § 5º O CNJ, ouvidos os órgãos jurisdicionais locais, editará ato complementar a esta Resolução, regulamentando, em caráter excepcional, os prazos para apresentação à autoridade judicial da pessoa presa em Municípios ou sedes regionais a serem especificados, em que o juiz competente ou plantonista esteja impossibilitado de cumprir o prazo estabelecido no caput.

Nos termos do caput do artigo 310 do Código de Processo Penal, após receber o auto de prisão em flagrante, no prazo máximo de até 24 (vinte e quatro) horas após a realização da prisão, o juiz deverá promover audiência de custódia com a presença do acusado, seu advogado constituído ou membro da Defensoria Pública e o membro do Ministério Público.

O artigo 2º do ato normativo analisado dispõe acerca da responsabilidade do deslocamento da pessoa presa para audiência, que será da Secretaria de Administração Penitenciária ou da Secretaria de Segurança Pública:

> Art. 2º O deslocamento da pessoa presa em flagrante delito ao local da audiência e desse, eventualmente, para alguma unidade prisional específica, no caso de aplicação da prisão preventiva, será de responsabilidade da Secretaria de Administração Penitenciária ou da Secretaria de Segurança Pública, conforme os regramentos locais.
>
> Parágrafo único. Os tribunais poderão celebrar convênios de modo a viabilizar a realização da audiência de custódia fora da unidade judiciária correspondente.

Caso não haja juiz na comarca até o fim do prazo assinalado no artigo 1º da resolução, o detido deve ser apresentado ao substituto legal da autoridade judiciária, nos termos do artigo 3º.

A audiência será realizada, como dito, na presença do Ministério Público e da Defensoria Pública, caso o preso não possua advogado constituído, sendo vedada a presença dos policiais responsáveis pela prisão ou pela investigação, na forma do artigo 4º:

> Art. 4º A audiência de custódia será realizada na presença do Ministério Público e da Defensoria Pública, caso a pessoa detida não possua defensor constituído no momento da lavratura do flagrante.
>
> Parágrafo único. É vedada a presença dos agentes policiais responsáveis pela prisão ou pela investigação durante a audiência de custódia.

O artigo 5º determina que o delegado de polícia comunique ao advogado do detido a realização da audiência de custódia. A comunicação pode ser dar por qualquer meio e deverá constar do fechamento do auto de prisão em flagrante delito (sugiro consignar referida comunicação no interrogatório do conduzido). Caso o preso não possua advogado, cumpre informar ao defensor público da realização da audiência no corpo do ofício que encaminhar a cópia do auto de prisão em flagrante delito:

> Art. 5º Se a pessoa presa em flagrante delito constituir advogado até o término da lavratura do auto de prisão em flagrante, o Delegado de polícia deverá notificá-lo, pelos meios mais comuns, tais como correio eletrônico, telefone ou mensagem de texto, para que compareça à audiência de custódia, consignando nos autos.
>
> Parágrafo único. Não havendo defensor constituído, a pessoa presa será atendida pela Defensoria Pública.

O preso terá direito de entrevista reservada com seu advogado ou com o defensor público antes da realização da audiência de custódia, na forma do artigo 6º:

> Art. 6º Antes da apresentação da pessoa presa ao juiz, será assegurado seu atendimento prévio e reservado por advogado por ela constituído ou defensor

público, sem a presença de agentes policiais, sendo esclarecidos por funcionário credenciado os motivos, fundamentos e ritos que versam a audiência de custódia.

Parágrafo único. Será reservado local apropriado visando a garantia da confidencialidade do atendimento prévio com advogado ou defensor público

O artigo 7º da Resolução 213/2015 trata da criação do SISTAC – Sistema de Audiência de Custódia (trata-se de um sistema eletrônico, disponibilizado pelo CNJ para cadastramento das audiências).

O artigo 8º dispõe acerca do desenrolar da audiência de custódia (as opções postas à disposição do magistrado pelo artigo 310 do Código de Processo Penal serão estudadas com mais vagar alhures). Eis o dispositivo:

Art. 8º Na audiência de custódia, a autoridade judicial entrevistará a pessoa presa em flagrante, devendo:

I – esclarecer o que é a audiência de custódia, ressaltando as questões a serem analisadas pela autoridade judicial;

II – assegurar que a pessoa presa não esteja algemada, salvo em casos de resistência e de fundado receio de fuga ou de perigo à integridade física própria ou alheia, devendo a excepcionalidade ser justificada por escrito;

III – dar ciência sobre seu direito de permanecer em silêncio;

IV – questionar se lhe foi dada ciência e efetiva oportunidade de exercício dos direitos constitucionais inerentes à sua condição, particularmente o direito de consultar-se com advogado ou defensor público, o de ser atendido por médico e o de comunicar-se com seus familiares;

V – indagar sobre as circunstâncias de sua prisão ou apreensão;

VI – perguntar sobre o tratamento recebido em todos os locais por onde passou antes da apresentação à audiência, questionando sobre a ocorrência de tortura e maus tratos e adotando as providências cabíveis;

VII – verificar se houve a realização de exame de corpo de delito, determinando sua realização nos casos em que:

a)  não tiver sido realizado;

b)  os registros se mostrarem insuficientes;

c) a alegação de tortura e maus tratos referir-se a momento posterior ao exame realizado;

d) o exame tiver sido realizado na presença de agente policial, observando-se a Recomendação CNJ 49/2014 quanto à formulação de quesitos ao perito;

VIII – abster-se de formular perguntas com finalidade de produzir prova para a investigação ou ação penal relativas aos fatos objeto do auto de prisão em flagrante;

IX – adotar as providências a seu cargo para sanar possíveis irregularidades;

X – averiguar, por perguntas e visualmente, hipóteses de gravidez, existência de filhos ou dependentes sob cuidados da pessoa presa em flagrante delito, histórico de doença grave, incluídos os transtornos mentais e a dependência química, para analisar o cabimento de encaminhamento assistencial e da concessão da liberdade provisória, sem ou com a imposição de medida cautelar.

§ 1º Após a oitiva da pessoa presa em flagrante delito, o juiz deferirá ao Ministério Público e à defesa técnica, nesta ordem, reperguntas compatíveis com a natureza do ato, devendo indeferir as perguntas relativas ao mérito dos fatos que possam constituir eventual imputação, permitindo-lhes, em seguida, requerer:

I – o relaxamento da prisão em flagrante;

II – a concessão da liberdade provisória sem ou com aplicação de medida cautelar diversa da prisão;

III – a decretação de prisão preventiva;

IV – a adoção de outras medidas necessárias à preservação de direitos da pessoa presa.

§ 2º A oitiva da pessoa presa será registrada, preferencialmente, em mídia, dispensando-se a formalização de termo de manifestação da pessoa presa ou do conteúdo das postulações das partes, e ficará arquivada na unidade responsável pela audiência de custódia.

§ 3º A ata da audiência conterá, apenas e resumidamente, a deliberação fundamentada do magistrado quanto à legalidade e manutenção da prisão, cabimento de liberdade provisória sem ou com a imposição de medidas cautelares diversas da prisão, considerando-se o pedido de cada parte, como também as providências tomadas, em caso da constatação de indícios de tortura e maus tratos.

§ 4º Concluída a audiência de custódia, cópia da sua ata será entregue à pessoa presa em flagrante delito, ao Defensor e ao Ministério Público, tomando-se a ciência de todos, Poder Judiciário Conselho Nacional de Justiça e apenas o auto de prisão em flagrante, com antecedentes e cópia da ata, seguirá para livre distribuição.

§ 5º Proferida a decisão que resultar no relaxamento da prisão em flagrante, na concessão da liberdade provisória sem ou com a imposição de medida cautelar alternativa à prisão, ou quando determinado o imediato arquivamento do inquérito, a pessoa presa em flagrante delito será prontamente colocada em liberdade, mediante a expedição de alvará de soltura, e será informada sobre seus direitos e obrigações, salvo se por outro motivo tenha que continuar presa.

§ 6º Na hipótese do § 5º, a autoridade policial será cientificada e se a vítima de violência doméstica e familiar contra a mulher não estiver presente na audiência, deverá, antes da expedição do alvará de soltura, ser notificada da decisão, sem prejuízo da intimação do seu advogado ou do seu defensor público.

Os artigos 11 e 12 da resolução tratam de eventual declaração, por parte do preso, de que ele foi vítima do crime de tortura:

Art. 11. Havendo declaração da pessoa presa em flagrante delito de que foi vítima de tortura e maus tratos ou entendimento da autoridade judicial de que há indícios da prática de tortura, será determinado o registro das informações, adotadas as providências cabíveis para a investigação da denúncia e preservação da segurança física e psicológica da vítima, que será encaminhada para atendimento médico e psicossocial especializado.

§ 1º Com o objetivo de assegurar o efetivo combate à tortura e maus tratos, a autoridade jurídica e funcionários deverão observar o Protocolo II desta Resolução com vistas a garantir condições adequadas para a oitiva e coleta idônea de depoimento das pessoas presas em flagrante delito na audiência de custódia, a adoção de procedimentos durante o depoimento que permitam a apuração de indícios de práticas de tortura e de providências cabíveis em caso de identificação de práticas de tortura.

§ 2º O funcionário responsável pela coleta de dados da pessoa presa em flagrante delito deve cuidar para que sejam coletadas as seguintes informações, respeitando a vontade da vítima:

I – identificação dos agressores, indicando sua instituição e sua unidade de atuação;

II – locais, datas e horários aproximados dos fatos;

III – descrição dos fatos, inclusive dos métodos adotados pelo agressor e a indicação das lesões sofridas;

IV – identificação de testemunhas que possam colaborar para a averiguação dos fatos;

V – verificação de registros das lesões sofridas pela vítima;

VI – existência de registro que indique prática de tortura ou maus tratos no laudo elaborado pelos peritos do Instituto Médico Legal;

VII – registro dos encaminhamentos dados pela autoridade judicial para requisitar investigação dos relatos;

VIII – registro da aplicação de medida protetiva ao autuado pela autoridade judicial, caso a natureza ou gravidade dos fatos relatados coloque em risco a vida ou a segurança da pessoa presa em flagrante delito, de seus familiares ou de testemunhas.

§ 3º Os registros das lesões poderão ser feitos em modo fotográfico ou audiovisual, respeitando a intimidade e consignando o consentimento da vítima.

§ 4º Averiguada pela autoridade judicial a necessidade da imposição de alguma medida de proteção à pessoa presa em flagrante delito, em razão da comunicação ou denúncia da prática de tortura e maus tratos, será assegurada, primordialmente, a integridade pessoal do denunciante, das testemunhas, do funcionário que constatou a ocorrência da prática abusiva e de seus familiares, e, se pertinente, o sigilo das informações.

§ 5º Os encaminhamentos dados pela autoridade judicial e as informações deles resultantes deverão ser comunicadas ao juiz responsável pela instrução do processo.

Art. 12. O termo da audiência de custódia será apensado ao inquérito ou à ação penal.

O artigo 13 determina a apresentação do preso à autoridade judiciária, no prazo de 24 horas, em caso de cumprimento de mandado de prisão cautelar ou definitiva:

Art. 13. A apresentação à autoridade judicial no prazo de 24 horas também será assegurada às pessoas presas em decorrência de cumprimento de mandados de prisão cautelar ou definitiva, aplicando-se, no que couber, os procedimentos previstos nesta Resolução.

Parágrafo único. Todos os mandados de prisão deverão conter, expressamente, a determinação para que, no momento de seu cumprimento, a pessoa presa seja imediatamente apresentada à autoridade judicial que determinou a expedição da ordem de custódia ou, nos casos em que forem cumpridos fora da jurisdição do juiz processante, à autoridade judicial competente, conforme lei de organização judiciária local.

### 10.2.3.4. Sujeitos do flagrante

Passemos à análise do tratamento legal da prisão em flagrante. Em nível infraconstitucional, os artigos 301 e seguintes do Compêndio Processual Penal disciplinam esta restrição ao direito ambulatorial.

O estudo detido do artigo 301 do Código de Processo Penal revela os possíveis sujeitos ativos da captura flagrancial. Extrai-se da exegese gramatical que qualquer do povo pode e as autoridades policiais e seus agentes devem prender quem quer que se ache em flagrante delito.

Diz-se flagrante facultativo o primeiro caso, vez que não seria coerente ou razoável exigir de pessoa inabilitada no trato com criminosos a efetivação da prisão. Destarte, a lei faculta ao cidadão, estranho à força policial, efetuar ou não a captura do autor do fato, não respondendo pela inércia, vez que justificada pela falta de meios operacionais próprios do Estado (o flagrante facultativo é expressão da excludente de antijuridicidade exercício regular de direito[24]).

No segundo caso temos o flagrante compulsório, obrigatório. O policial tem o dever, a obrigação de prender quem quer que se ache em flagrante delito, sob pena de responder pela sua inação. Anote-se, todavia, que o dispositivo deve ser interpretado com cautela. O policial deve estar no exercício das suas funções para ser enquadrado na hipótese. Merece ser rechaçada a interpretação rija que exige a ação do agente público em toda e qualquer situação, sob pena de profanar a intenção legal. O policial de folga, de férias, de licença, deve ser, de certa forma, equiparado a qualquer do povo, para fins de aplicação do artigo 301 do CPP. A mesma interpretação deve ser dada ao caso de nítida desproporção entre a quantidade de infratores e a de policias. Não é razoável que uma equipe policial pequena e pobre em equipamentos seja obrigada a enfrentar traficantes ou assaltantes de banco fortemente armados e em maior número (anote-se que o artigo 13, §2º, do Código Penal, que trata da relevância da omissão, fala que esta é punível em tese quando o agente devia e **podia** agir para impedir o resultado – grifo meu). Prefiro interpretar que o policial desarmado, de folga, de férias ou em situação de gritante desproporcionalidade em

---

24. Trata-se de descriminante em branco.

relação aos criminosos têm o dever de tomar alguma providência no sentido de demonstrar movimentação da máquina estatal (anotar placas, memorizar vestimentas, identificar rota de fuga, proceder ao acionamento de reforços – obviamente se essas atitudes não colocarem em risco sua vida).

No mais, cumpre enfatizar que a prisão em flagrante tem como sujeito passivo a pessoa natural maior de 18 anos (ao menor fala-se em apreensão, se for o caso, nos termos do Estatuto da Criança e do Adolescente).

Nos exatos termos lecionados por Edílson Mougenot Bonfim[25]:

> Há pessoas que não podem ser presas em flagrante:
> 
> a) os menores de 18 anos;
> 
> b) os diplomatas estrangeiros;
> 
> c) o Presidente da República;
> 
> d) o condutor de veículo que prestar socorro à vítima, nos casos de acidente de trânsito (art. 301 da Lei n. 9.503, de 23-9-1997);
> 
> e) o autor de infração de menor potencial ofensivo que, após a lavratura do termo, for encaminhado ao Juizado ou assumir o compromisso de a ele comparecer (art. 69, parágrafo único, da Lei n. 9.099/95).

Não podem ser presos, senão em flagrante delito por prática de crimes inafiançáveis, os senadores e deputados federais (§ 2º do artigo 53 da Constituição Federal), os membros do Ministério Público (artigo 18, II, 'd', da Lei Complementar 75/93 e artigo 40, III, da Lei 8.625/93) e os juízes (artigo 33, II, da Lei Complementar 35/79).

A incoercibilidade pessoal dos parlamentares – *freedom from arrest* (que, nos termos acima desenhados, só poderia ceder diante da prisão em flagrante pela prática de crime inafiançável) foi relativizada pelo Supremo Tribunal Federal nos autos da Ação Cautelar 4036. Nesta, o Procurador-Geral da República requereu a decretação da prisão preventiva de senador no exercício do mandato, ao argumento de que seria possível manejo desta modalidade de privação cautelar quando:

> (i) haja elevada clareza probatória da prática de crime e dos pressupostos da custódia cautelar, em patamar que se aproxime aos critérios legais da prisão em flagrante (os quais incluem, vale lembrar, as hipóteses legais de quase-flagrante e flagrante presumido, em que o ato delituoso não é visto por quem prende), e (ii) estejam preenchidos os pressupostos legais que autorizam genericamente a prisão preventiva nos dias de hoje (art. 313 do Código de Processo Penal) e os que impunham a inafiançabilidade em 2001.

---

25. BONFIM, Edílson Mougenot. **Processo Penal 1 – Dos fundamentos à sentença**. São Paulo: Saraiva, 2005, página. 168.

O Ministro Teori Zavascki atendeu ao pleito do *Parquet* e decretou a prisão do congressista, que era investigado pela prática do crime tipificado no artigo 2º, § 1º, da Lei 12.850/13. A prisão do senador Delcídio do Amaral Gomez foi ratificada pela 2ª Turma do STF e, após cumprida, foi ratificada pelo Senado Federal[26]. Eis o acórdão:

> Constitucional. Processual penal. Prisão cautelar. Suposto delito de organização criminosa (art. 2º, § 1º, na forma do § 4º, II, da lei 12.850/2013) com participação de parlamentar federal. Situação de flagrância. Presença dos requisitos correspondentes. Cabimento. Decisão ratificada pelo colegiado[27].

Interessante que já havia precedente anterior (decretação de prisão preventiva de parlamentar estadual no exercício do mandato), do próprio STF, relatado pela Ministra Carmen Lúcia:

> EMENTA: HABEAS CORPUS. PROCESSUAL PENAL. PRISÃO DECRETADA EM AÇÃO PENAL POR MINISTRA DO SUPERIOR TRIBUNAL DE JUSTIÇA. DEPUTADO ESTADUAL. ALEGAÇÃO DE INCOMPETÊNCIA DA AUTORIDADE COATORA E NULIDADE DA PRISÃO EM RAZÃO DE NÃO TER SIDO OBSERVADA A IMUNIDADE PREVISTA NO § 3º DO ART. 53 C/C PARÁGRAFO ÚNICO DO ART. 27, § 1º, DA CONSTITUIÇÃO DA REPÚBLICA. COMUNICAÇÃO DA PRISÃO À ASSEMBLÉIA LEGISLATIVA DO ESTADO. SITUAÇÃO EXCEPCIONAL. INTERPRETAÇÃO E APLICAÇÃO À ESPÉCIE DA NORMA CONSTITUCIONAL DO ART. 53, § 2º, DA CONSTITUIÇÃO DA REPÚBLICA. CONSTRANGIMENTO ILEGAL NÃO CONFIGURADO. 1. A atração do caso ao Superior Tribunal de Justiça Tribunal é perfeitamente explicada e adequadamente fundamentada pela autoridade coatora em razão da presença de um Desembargador e de um Conselheiro do Tribunal de Contas do Estado nos fatos investigados na ação penal, todos interligados entre si, subjetiva e objetivamente. Conexão entre os inquéritos que tramitaram perante o Superior Tribunal de Justiça, que exerce a vis atractiva. Não configuração de afronta ao princípio do juiz natural. Decisão em perfeita consonância com a jurisprudência deste Supremo Tribunal Federal. Súmula 704. 2. Os elementos contidos nos autos impõem interpretação que considere mais que a regra proibitiva da prisão de parlamentar, isoladamente, como previsto no art. 53, § 2º, da Constituição da República. Há de se buscar interpretação que conduza à aplicação efetiva e eficaz do sistema constitucional como um todo. A norma constitucional que cuida da imunidade parlamentar e da proibição de prisão do membro de órgão legislativo não pode ser tomada em sua literalidade, menos ainda como regra isolada do sistema constitucional. Os princípios determinam a interpretação e aplicação corretas da norma, sempre se

---

26. O § 2º do artigo 53 da Constituição Federal determina que a Casa respectiva delibere acerca da prisão do parlamentar no prazo de vinte e quatro horas – "§ 2º Desde a expedição do diploma, os membros do Congresso Nacional não poderão ser presos, salvo em flagrante de crime inafiançável. **Nesse caso, os autos serão remetidos dentro de vinte e quatro horas à Casa respectiva, para que, pelo voto da maioria de seus membros, resolva sobre a prisão**" (grifo meu).
27. STF, 2ª Turma, AC 4036, rel. Min. Teori Zavascki, julgado em 25/11/2015, DJe em 29/02/2016.

considerando os fins a que ela se destina. A Assembléia Legislativa do Estado de Rondônia, composta de vinte e quatro deputados, dos quais, vinte e três estão indiciados em diversos inquéritos, afirma situação excepcional e, por isso, não se há de aplicar a regra constitucional do art. 53, § 2º, da Constituição da República, de forma isolada e insujeita aos princípios fundamentais do sistema jurídico vigente. 3. Habeas corpus cuja ordem se denega[28].

No curso da operação Lava-jato, iniciada pela Polícia Federal, a Procuradoria-Geral da República requereu a prisão preventiva do deputado federal Rodrigo Loures (o Pretório Excelso decretou a constrição quando o parlamentar já havia perdido o mandato e depois a substituiu por medidas cautelares diversas da prisão – Ação Cautelar 4329) e do senador Aécio Neves (o pleito foi denegado, com decretação de medidas cautelares diversas da prisão – Ação Cautelar 4327):

> EMENTA: DIREITO CONSTITUCIONAL E PROCESSUAL PENAL. AÇÃO CAUTELAR. AGRAVO REGIMENTAL DO MINISTÉRIO PÚBLICO. REJEIÇÃO DE PRISÃO PREVENTIVA. IMPOSIÇÃO DE MEDIDAS CAUTELARES ALTERNATIVAS. 1. Os indícios de materialidade e autoria dos delitos apontados na denúncia são substanciais. 2. Nada obstante, há dúvida razoável, na hipótese, acerca da presença dos requisitos do art. 53, § 2º da Constituição, para fins de decretação da prisão preventiva do agravado. 3. Diante disso, a Turma, por maioria, restabeleceu as medidas cautelares determinadas pelo relator originário, Min. Luiz Edson Fachin, consistentes em: (i) suspensão do exercício das funções parlamentares ou de qualquer outra função pública; (ii) proibição de contatar qualquer outro investigado ou réu no conjunto dos feitos em tela e (iii) proibição de se ausentar do País, devendo entregar seus passaportes. 4. Além disso, também por maioria, a Turma acrescentou a medida cautelar diversa de prisão, prevista no art. 319, V, do Código de Processo Penal, de recolhimento domiciliar no período noturno. 5. Agravo regimental parcialmente provido[29].

O Supremo Tribunal Federal submeteu sua decisão ao Senado Federal, que a rejeitou por maioria de votos, em sessão realizada no dia 17 de outubro de 2017 – 44 senadores votaram contra o decisum do Pretório Excelso e 26 votaram a favor.

Destarte, apesar de restrição constitucional, o Supremo Tribunal Federal, em algumas oportunidades, manifestou-se pela possibilidade de decretação de prisão preventiva de parlamentar no exercício do mandato. Conclui-se que, excepcionalmente, é possível ao delegado de polícia (ou ao Ministério Público) representar (ou requerer, no caso do MP) ao tribunal competente pela decretação da prisão preventiva de parlamentar no exercício do mandato.

---

28. STF, 1ª Turma, HC 89417, rel. Min. Cármen Lúcia, julgado em 22/08/2006, DJ em 15/12/2006.
29. AC 4327 AgR-terceiro-AgR, rel. Min. Marco Aurélio, rel. p/ acórdão: Min. Roberto Barroso, Primeira Turma, julgado em 26/09/2017, acórdão eletrônico DJe-247 divulg 26-10-2017 public 27-10-2017.

Por fim, saliento que, caso uma dessas autoridades (deputado federal ou senador) seja surpreendida cometendo delito inafiançável, entendo que deve o delegado de polícia lavrar normalmente o auto flagrancial[30], com comunicação imediata da prisão ao tribunal competente (Supremo Tribunal Federal[31]) e à casa respectiva. É o entendimento de Nestor Távora e Rosmar Rodrigues Alencar[32]:

> Desse modo, entendemos que se um deputado federal for encontrado em flagrante, a solução legal/constitucional é a prisão em flagrante, seguida de comunicação imediata ao STF, a quem compete a presidência investigativa.

### 10.2.3.5. Modalidades de flagrante

O artigo 302 do referido arcabouço legislativo esmiúça quando alguém poderá ser flagranteado. Eis o dispositivo:

> Art. 302. Considera-se em flagrante delito quem:
> I – está cometendo a infração penal;
> II – acaba de cometê-la;
> III – é perseguido, logo após, pela autoridade, pelo ofendido ou por qualquer pessoa, em situação que faça presumir ser autor da infração;
> IV – é encontrado, logo depois, com instrumentos, armas, objetos ou papéis que façam presumir ser ele autor da infração.

O inciso I do dispositivo transcrito alerta que pode ser preso em flagrante delito quem está cometendo a infração penal. É o chamado **flagrante próprio**. A hipótese não suscita dúvidas, restando verificar na prática apenas o início da execução da atividade delitiva (o *iter criminis* passa pelas fases de cogitação, preparação, execução e consumação, sendo que a prática de atos idôneos de execução já autoriza a captura) para determinar a possibilidade de prisão flagrancial. A mera leitura dos fatos narrados na peça coercitiva já fornecerá ao interprete munição suficiente para desvendar se era ou não cabível a prisão.

O inciso II do mesmo artigo se refere ao sujeito que acabou de cometer a infração. Também é espécie de **flagrante próprio**. A expressão se refere à consumação delitiva. A leitura atenta do artigo 14, I, do Código Penal, revela

---

30. Isso significa, na prática, exceção à regra de que é preciso autorização prévia do Supremo Tribunal Federal para início das investigações relacionadas a autoridades com foro por prerrogativa de função no Pretório Excelso.
31. Caso a Suprema Corte decida que não tem competência para o caso criminal apresentado (QO na AP 937), haverá remessa deste ao juízo de piso competente.
32. TÁVORA, Nestor e ALENCAR, Rosmar Rodrigues. **Obra acima citada**, página 89.

que se considera consumado o crime quando se reúnem todas as elementares descritas no tipo. O item não suscita dúvidas.

O item III autoriza a prisão de quem é perseguido logo após o cometimento do delito, pela autoridade, pelo ofendido ou por qualquer pessoa, em situação que faça presumir ser ele o autor da infração. É nominado pela doutrina de escol de **flagrante impróprio** ou **quase-flagrante**. O momento do início da perseguição deve levar em conta tempo razoável para que seja acionado o aparelho policial. O § 1º do artigo 290 do CPP trata da perseguição. Vejamos o mandamento legal em espeque à literalidade:

> Art. 290. (...)
>
> § 1º - Entender-se-á que o executor vai em perseguição do réu, quando:
>
> a) tendo-o avistado, for perseguindo-o se, interrupção, embora depois o tenha perdido de vista;
>
> b) sabendo, por indícios ou informações fidedignas, que o réu tenha passado, há pouco tempo, em tal ou qual direção, pelo lugar em que o procure, for no seu encalço.

Depois de iniciada a perseguição, ela não deve sofrer solução de continuidade, sob pena de esmorecer a situação flagrancial. Aliás, diga-se que a expressão logo após serve para medir exatamente o elastério temporal compreendido entre o cometimento do delito e o início da perseguição, sendo que esta pode durar por período muito maior, desde que não cesse. Caso finde a perseguição, a autoridade policial deverá instaurar inquérito por portaria, colher os elementos informativos e as provas disponíveis e, caso entenda que existe motivo para o encarceramento provisório do investigado, representar pela decretação da prisão temporária ou preventiva a depender do caso concreto.

Nesta esteira, perspicaz a lição de Rogério Greco[33], que adverte que "já se encontra no imaginário popular o fato de que se o sujeito não for preso no prazo de 24 horas não poderá mais ser privado cautelarmente de sua liberdade. Criou-se na mente da população a necessidade da prisão ocorrer no prazo de 24 horas. Tal determinação não consta de qualquer dispositivo legal. Assim, respondendo às nossas próprias indagações, ainda haverá situação de fragrante enquanto durar a perseguição, ou seja, enquanto os agentes estiverem sendo perseguidos pela autoridade policial após a prática da infração penal".

O último inciso diz respeito ao sujeito que é encontrado logo depois do cometimento do crime, com instrumentos, armas, objetos ou papéis que façam presumir ser ele autor da infração. Trata-se do **flagrante presumido** (ou **ficto**), em que não há perseguição, mas coincidência. A polícia finda encontrando o autor do fato num lance de sorte (depois de iniciadas rondas pela

---

33. GRECO, Rogério. **Obra acima citada**, página 23.

localidade onde o crime foi cometido). A expressão logo depois comporta elastério temporal um pouco maior que a anterior (logo após). Não fosse assim, o legislador teria usado o mesmo termo para ambos os incisos. Por óbvio, a interpretação acerca do interstício temporal entre a prática do delito e o início da perseguição (no caso do flagrante impróprio) ou entre aquela e o momento em que o suspeito é encontrado (no flagrante presumido) será levada a efeito, em primeiro lugar pela autoridade policial (que decidirá no calor dos acontecimentos se é cabível a prisão) e alhures, efetuando o controle de legalidade da medida, pelo magistrado. (enquanto as rodas/diligências aptas a capturar o autor do fato em situação flagrancial não cessarem, será possível efetuar a prisão em flagrante) Caso interprete que já se passou mais tempo que o autorizado legalmente, deve o delegado de polícia tomar a providência desenhada no parágrafo anterior (instaurar inquérito, colher elementos informativos e provas e representar, caso necessário, pela prisão provisória do investigado).

Por fim, cumpre lembrar que o artigo 303 do Código de Processo Penal deixa claro que nos crimes permanentes (aqueles nos quais a consumação se prolonga no tempo por vontade do autor do fato) o agente pode ser preso em flagrante enquanto durar a permanência.

### 10.2.3.6. Lavratura do auto flagrancial e seus desdobramentos

A disciplina processual e constitucional acerca do tema determina que o flagranteado seja apresentado à autoridade policial que, em sendo o caso, lavrará o auto de prisão em flagrante, peça que documenta todas as circunstâncias da prisão.

O § 1º do artigo 304 determina que o delegado de polícia recolha o conduzido, exceto no caso dele livrar-se solto ou prestar fiança. Não se escreverá uma linha sobre a hipótese do flagranteado livrar-se solto, vez que os casos listados no artigo 321 do CPP (na sua redação anterior à entrada em vigor da Lei 12.403/01[34]) são inteiramente abarcados pela Lei 9.099/95, que dispensa a lavratura do auto flagrancial e a própria prisão, como regra. O caso de prestação de fiança arbitrada pela autoridade policial será analisado alhures.

Cumpre inicialmente tecer alguns comentários acerca da possibilidade de o delegado estudar, *a priori*, os três elementos do conceito analítico do crime em relação ao fato a ele apresentado em notícia de crime coercitiva.

---

34. Art. 321. Ressalvado o disposto no art. 323, III e IV, o réu livrar-se-á solto, independentemente de fiança:

    I - no caso de infração, a que não for, isolada, cumulativa ou alternativamente, cominada pena privativa de liberdade;

    II - quando o máximo da pena privativa de liberdade, isolada, cumulativa ou alternativamente cominada, não exceder a três meses.

O permissivo do artigo 304, § 1º, do Código de Processo Penal dá azo ao exercício da atividade intelectiva da autoridade policial no sentido de analisar o fenômeno criminoso de forma aprofundada.

Cumpre ainda à autoridade policial verificar, mesmo atestada a ocorrência de crime, se há de fato alguma das situações referidas no artigo 302 do CPP (caso não seja hipótese de flagrância, deverá o delegado instaurar o inquérito policial por portaria e ouvir os envolvidos, determinando a soltura do conduzido). Seguindo esta linha, o Tribunal de Justiça de São Paulo[35] assim decidiu:

> HABEAS CORPUS - AUTO DE PRISÃO EM FLAGRANTE DELITO - OBRIGATORIEDADE - Inocorrência: Cabe à autoridade policial verificar a necessidade de lavrar mencionado documento, fundamentando a sua decisão. Ordem concedida.

O *decisum* foi exarado em habeas corpus impetrado por delegado de polícia denunciado pela prática de crime de prevaricação, tipificado no artigo 319 do Código Repressivo, por não ter lavrado auto de prisão em flagrante delito de policiais militares a quem era imputado delito de receptação (artigo 180 do CP). A autoridade policial entendeu que o auto flagrancial deveria ter sido lavrado em outra circunscrição. Ainda assim, o delegado apreendeu objetos, requisitou perícia, fundamentou a não lavratura do flagrante, tendo confeccionado portaria, instaurando inquérito para apuração cabal dos fatos. O remédio heroico foi concedido, tendo o Areópago determinado o trancamento da ação penal açodadamente deflagrada em face do delegado.

Estudemos a análise do primeiro elemento do conceito analítico de crime – o fato típico. Ponderando que o inquérito policial não se inicia sem a presença de justa causa (considerando esta a verificação concreta da prática delitiva) e que o auto de prisão em flagrante é peça de deflagração do mencionado procedimento, cumpre ao delegado não o materializar quando diante de um fato atípico. É seguir lição de Fernando Capez[36], para quem "a autoridade policial, sendo autoridade administrativa, possui discricionariedade para decidir acerca da lavratura ou não do auto de prisão em flagrante".

Anote-se que o fato ensejador da lavratura do flagrante é o materialmente típico, interpretado à luz das teorias penais mais modernas (constitucionalista do delito, da tipicidade conglobante, etc.).

Caso entenda atípica a conduta, o delegado de polícia deverá ouvir os personagens a ele apresentados (condutor, testemunhas, vítima e conduzido) e, ao fim, elaborar despacho (decisão) fundamentado expondo de forma pormenorizada as razões jurídicas para não lavratura do auto flagrancial (e, portanto, da não instauração de inquérito policial), enviando, em seguida, as peças de

---

35. TJ/SP, HC 990.10.322466-3, 15ª Câmara de Direito Criminal, rel. Des. J. Martins, j. 14/10/2010.
36. CAPEZ, Fernando. **Obra acima citada**, páginas 319 e 320.

informação ao Ministério Público, titular da ação penal pública, de forma a não suprimir a atribuição constitucional grafada no artigo 129, I, da *Lex Maxima*.

Em discordando da interpretação jurídica elaborada pelo delegado de polícia, o Ministério Público poderá requisitar instauração de procedimento investigativo ou, entendendo suficientes os elementos de convencimento contidos nas peças enviadas, denunciar o suposto autor do fato (já que o inquérito é dispensável). Caso o agente ministerial concorde com o entendimento jurídico do delegado de polícia, pugnará pelo arquivamento das peças de informação (caso aplicada a redação revogada do artigo 28 do CPP) ou arquivará as peças, comunicando vítima, investigado, delegado de polícia e remetendo o caso ao órgão ministerial revisional (caso aplicada a nova redação do artigo 28 do CPP).

Tal procedimento tem em mira evitar a instauração de procedimento sem que exista justa causa para tal, o que, em tese, configuraria constrangimento ilegal, sanável pela via estreita do habeas corpus.

Anote-se a importância da observância do procedimento acima descrito. Tome-se o exemplo do indivíduo surpreendido subtraindo para si uma fruta de um supermercado. O fato é formalmente típico, vez que presentes os requisitos objetivos da estrutura típica (conduta, resultado, nexo de causalidade e tipicidade). Ocorre que não há tipicidade material, vez que não houve lesão grave (ou relevante) a bem jurídico penalmente tutelado (o bem jurídico patrimônio é tutelado pelo direito penal, mas a ofensa perpetrada pelo incauto larápio não teve espessura jurídica para deflagrar a máquina punitiva estatal, de acordo com as construções doutrinárias de escol[37]). Isso levando em consideração a moderna teoria constitucionalista do delito, capitaneada por Luiz Flávio Gomes[38], para quem a concepção de delito com maior ressonância constitucional "é, portanto, a que o considera como uma ofensa grave (intolerável) ao bem jurídico relevante protegido pela norma penal".

Imaginemos a lavratura do flagrante por autoridade policial não atenta às inovações interpretativas apontadas. Ainda que concedida a liberdade provisória, nos termos do inciso III do artigo 310 do Código de Ritos Penais na audiência de custódia, o sujeito teria que aguardar o envio do inquérito relatado a juízo, abertura de vista para o Ministério Público, eventual pedido de arquivamento deste e chancela judicial determinando o arquivamento, para só então se ver livre do açodado procedimento investigativo contra ele deflagrado (ou determinação de arquivamento feita pelo agente ministerial, na forma da nova redação do artigo 28 do CPP). Longo e desnecessário calvário.

---

37. Acerca do princípio da insignificância, STF e STJ têm reclamado a presença dos seguintes requisitos para sua aplicação: a) a mínima ofensividade da conduta do agente; b) ausência de periculosidade social da ação; c) o reduzido grau de reprovabilidade do comportamento e d) a inexpressividade da lesão jurídica provocada.

38. GOMES, Luiz Flávio. **Direito Penal - Parte Geral.** São Paulo: Revista dos Tribunais, 2006, página 33.

Obrigar o delegado de polícia a lavrar auto de prisão em flagrante diante de fato materialmente atípico é, em primeiro plano, autorizá-lo a restringir sem justo motivo o direito ambulatorial do preso e, noutro aspecto, subestimar o intelecto do mencionado operador do direito.

Igual procedimento deve ser observado quando se tratar de cristalina ocorrência de causa excludente de ilicitude (estudemos a análise, pelo delegado, do segundo elemento do conceito analítico de crime em notícia de crime coercitiva). Acerca da ilicitude, não é demais beber nas palavras de Rogério Greco[39], para quem:

> A ilicitude, expressão sinônima de antijuridicidade, é aquela relação de contrariedade, de antagonismo, que se estabelece entre a conduta do agente e o ordenamento jurídico. A licitude ou a juridicidade da conduta praticada é encontrada por exclusão, ou seja, somente será lícita a conduta se o agente houver atuado amparado por um das causas excludentes da ilicitude previstas no art. 23 do Código Penal.

Continuemos. A constatação, extreme de dúvidas, de que o fato foi praticado sob o manto de excludente de antijuridicidade afasta a prática de crime, posto que esta (a antijuridicidade) constitui um dos elementos do delito.

Repete-se o mesmo argumento lançado supra. Constatado, à luz dos elementos e das provas apresentadas ao delegado de polícia, que o fato não constitui infração penal, a lavratura de auto de prisão em flagrante e o recolhimento do conduzido à prisão até que o juiz se manifeste pela sua soltura, na audiência de custódia, com fulcro no § 1º do artigo 310 do Código de Processo Penal, são evidentes abusos (melhor ouvir todos os envolvidos, solicitar todas as perícias, proferir despacho fundamentado explicando a não lavratura do flagrante e encaminhar as conclusões e peças ao Ministério Público ou, conforme o caso, instaurar o inquérito por portaria).

Imaginemos a situação do indivíduo que subtrai a vida de um assaltante que acabara de invadir sua residência com arma de fogo em punho, anunciando um roubo. Suponhamos a chegada do aparelho policiesco ao local e a "captura" do pai de família que acabou de confiscar a vida do meliante. Apresentados todos os fatos à autoridade policial, o que deveria ela fazer? Autuar o cidadão que agiu em legítima defesa em flagrante, recolhê-lo ao cárcere e comunicar a prisão ao juízo competente, para que, só em audiência de custódia seja a ele concedida liberdade provisória? Não parece saída razoável[40]. O

---

39. GRECO, Rogério. **Curso de Direito Penal – Parte Geral**. Rio Janeiro: Impetus, 2006, página 150.
40. Na verdade, penso ser mais técnico e justo instaurar por portaria inquérito para apurar o roubo em sua forma tentada, consignar a resistência levada a efeito pela vítima e relatar o feito sugestionando o arquivamento do mesmo em face da extinção da punibilidade pela morte do agente – o incauto roubador (isso, por óbvio, se não for reconhecido excesso na legítima defesa, caso em que a vítima/

procedimento acima mencionado se afigura mais lógico e concatenado com os ditames constitucionais que regem a matéria. No mesmo sentido Walter Francisco Sampaio Filho[41] e Fernando Capez[42].

É óbvio que em caso de dúvida, afigura-se plausível, como dito supra, a instauração de inquérito policial por portaria ou mesmo a confecção de auto flagrancial, com recolhimento do conduzido (se os elementos indicarem execução ou claro excesso na excludente).

Vamos a outro exemplo, este comum na praxe policial. Imaginemos confronto entre criminosos e policiais no curso de assalto a banco. Caso algum dos bandidos seja morto no embate e os outros findem presos, a solução é simplória: deve-se instaurar o inquérito policial mediante a confecção de auto de prisão em flagrante dos autores do fato presos (pela prática do crime de tentativa de latrocínio) e confeccionar, no bojo do referido procedimento, auto de resistência em que serão descritos todos os pormenores da ação policial (peça referida no artigo 292 do CPP).

Trabalhemos o mesmo exemplo, mas com outro final: a morte de todos os bandidos. Se fossemos seguir a linha dos que pensam estar o delegado obrigado a "prender" em flagrante o policial que vence o embate contra o criminoso que tenciona confiscar-lhe a vida (pela profana interpretação de que a autoridade policial não pode adentrar na seara da análise da antijuridicidade), estaríamos diante de uma situação no mínimo jocosa, para não dizer trágica: os policiais que, em confronto com grupo armado de criminosos, findam por prender alguns e confiscar a vida de outros não serão presos em flagrante, mas os que acabam por, em razão do combate, tirar a vida de todos os meliantes, serão presos até que o juiz decida libertá-los na audiência de custódia (anote-se que ao confeccionar auto de prisão em flagrante, o delegado está automaticamente indiciando o capturado pelo eventual crime praticado). Definitivamente essa não é a saída mais lógica. Aqui cumpre discordar de Nucci[43], para quem:

> Se o executor for levado a matar o preso, porque este o agrediu, durante o procedimento de detenção, alcança-se esfera não autorizada pela lei para fins de concretização do ato de prisão. Por isso, deve a autoridade policial lavrar o auto de prisão em flagrante do executor, por homicídio doloso ou culposo, conforme o caso, mas não o denominado auto de resistência seguido de morte. Com a devida vênia, essa peça não existe. A morte do preso é completamente fora dos

---

agressora deve ser indiciada). Isso ou instaurar o inquérito também por portaria para apurar a morte violenta do roubador, finalizando o feito sem indiciamento do investigado (caso se detecte que não houve excesso).

41. SAMPAIO FILHO, Walter Francisco. **Prisão em flagrante – Aplicação do devido processo legal**. São Paulo: Rideel, p. 93.
42. CAPEZ, Fernando. **Obra acima citada**, página 320.
43. NUCCI, Guilherme de Souza. **Obra acima citada**, páginas 44 e 45.

parâmetros processuais penais, atingindo âmbito penal. Cuida-se de fato típico, motivo pelo qual a autoridade policial deve lavrar o auto de prisão em flagrante. Cabe ao juiz, após, providenciar imediata soltura do executor, com base no art. 310, parágrafo único, do CPP. Ao final, concluída a investigação, poderá o Ministério Público requerer o seu arquivamento e o juiz assim determinar.

A linha de ação defendida nesta obra foi corroborada pela edição, em 13 de outubro de 2015, da Resolução Conjunta 02/2015 do Conselho Superior da Federal e do Conselho Nacional dos Chefes de Polícia Civil (determinando a instauração de inquérito policial para apuração da morte ou lesão corporal decorrentes de oposição à intervenção policial):

> Art. 1º Ficam definidos os procedimentos internos a serem adotados pelas polícias judiciárias em face de ocorrências em que haja resultado lesão corporal ou morte decorrentes de oposição à intervenção policial.
>
> Art. 2º Os dirigentes dos órgãos de polícia judiciária providenciarão para que as ocorrências de que trata o art. 1º sejam registradas com a classificação "lesão corporal decorrente de oposição à intervenção policial" ou "homicídio decorrente de oposição à intervenção policial", conforme o caso.
>
> Art. 3º Havendo resistência à legítima ação policial de natureza preventiva ou repressiva, ainda que por terceiros, o delegado de polícia verificará se o executor e as pessoas que o auxiliaram se valeram, moderadamente, dos meios necessários e disponíveis para defender-se ou para vencer a resistência.
>
> § 1º Se do emprego da força resultar ofensa à integridade corporal ou à vida do resistente, deverá ser imediatamente instaurado inquérito policial para apuração dos fatos, com tramitação prioritária.
>
> § 2º A instauração do inquérito policial será comunicada ao Ministério Público e à Defensoria Pública, sem prejuízo do posterior envio de cópia do feito ao órgão correcional correspondente.
>
> § 3º Os objetos relacionados a evento danoso decorrente de resistência à intervenção policial, como armas, material balístico e veículos, deverão ser apreendidos pelo delegado de polícia.
>
> § 4º O delegado de polícia responsável pela investigação do evento danoso com resultado morte deverá requisitar o exame pericial do local, independentemente da remoção de pessoas e coisas.
>
> § 5º O delegado de polícia poderá requisitar registros de comunicação e de movimentação das viaturas envolvidas na ocorrência, dentre outras providências.
>
> § 6º O delegado responsável pela investigação representará pelas medidas cautelares necessárias à identificação de todos os policiais envolvidos na ação, ainda que não figurem entre aqueles qualificados na comunicação do fato.
>
> § 7º Sem prejuízo do disposto no parágrafo anterior, o delegado poderá requisitar a apresentação dos policiais envolvidos na ocorrência, bem como de todos os objetos que possam interessar à investigação, sob pena de responsabilidade administrativa e criminal em caso de descumprimento da requisição.
>
> § 8º No caso de morte do resistente, é obrigatória a juntada do respectivo laudo necroscópico ou cadavérico aos autos do inquérito policial.

Art. 4º Nas hipóteses do art. 3º, os fatos serão noticiados preferencialmente ao delegado da Delegacia de Crimes contra a Pessoa ou da repartição de polícia judiciária, federal ou civil, com atribuição assemelhada.

Art. 5º Esta Resolução entra em vigor na data de sua publicação, seguindo assinada pelos membros do Conselho Superior de Polícia, Superintendentes Regionais da Polícia Federal e membros do Conselho Nacional dos Chefes de Polícia Civil.

Anoto que em casos em que há investigação atrelada ao uso de força letal por integrante de órgão de segurança pública, será preciso observar os ditames do artigo 14-A do CPP.

O delegado de polícia pode, ainda, analisar com profundidade o terceiro substrato do conceito analítico do crime – a culpabilidade. Imaginemos indivíduo que, mediante grave ameaça, cause sofrimento mental em um gerente de banco para que esse subtraia numerário da agência onde trabalha, com o fito de repassar o dinheiro surrupiado para o coator. Feita a subtração, o coator foge com o dinheiro e a polícia é acionada. É evidente que quem deve responder pelos crimes de tortura (artigo 1º, inciso I, alínea 'b', da Lei 9.455/97) e furto (cometido pelo gerente) é aquele que coagiu o bancário a materializar a subtração (o funcionário do banco coagido, nos termos do artigo 22 do Código Penal, terá sua culpabilidade afastada em face da inexigibilidade de conduta diversa – coação moral irresistível).

Nesse exemplo, caso se conclua que o delegado de polícia não pode analisar a culpabilidade em situação flagrancial (notícia de crime coercitiva), a solução é esdruxula: prisão em flagrante de quem foi alvo de coação moral irresistível. Óbvio que essa não é a saída correta. O delegado deve instaurar inquérito policial de ofício, mediante confecção de portaria, para apurar os crimes perpetrados pelo coator (tortura e furto), ouvir o gerente (que foi vítima da coação) e prosseguir na coleta dos elementos informativos e provas aptos a descortinar as práticas delitivas.

Destarte, a conclusão inexorável é: o delegado deve fazer análise técnico-jurídica da infração penal supostamente praticada em situação flagrancial percorrendo os três substratos do conceito analítico de crime. Caso a autoridade policial conclua que efetivamente está diante de prática de infração penal em qualquer das situações narradas no artigo 302 do CPP, deverá ser lavrado auto de prisão em flagrante ou termo circunstanciado (caso a infração seja de menor potencial ofensivo). Se houve prática de infração penal e a situação não é flagrancial, o inquérito deverá ser instaurado por portaria. Por fim, caso o fato apresentado não constitua crime no entendimento do delegado de polícia, cumprirá à autoridade policial registrar a ocorrência, ouvir os envolvidos e justificar por escrito a não instauração de procedimento investigativo (remetendo todas as peças ao Ministério Público para análise) ou instaurar inquérito por portaria (caso o evento envolva, por exemplo, atuação de policiais com morte dos autores do crime – na forma da Resolução Conjunta 02/2015 do Conselho Superior da Federal e do Conselho Nacional dos Chefes de Polícia Civil e observância do artigo 14-A do CPP).

Continuemos. Daniela Cristina Rios Gonçalves[44] entende que "ao ser apresentado alguém detido em flagrante na Delegacia de Polícia, deve-se necessariamente lavrar o respectivo auto". Depois da confecção, ela completa que a prisão pode ser relaxada pela autoridade policial, a depender do caso concreto. Esse entendimento finda por obrigar o delegado a instaurar inquérito policial (vez que o auto de prisão é peça de instauração do referido procedimento inquisitivo), mesmo entendendo que não há crime na espécie (e contraria meu pensar, como acima desenhado). Neste sentido Manoel Messias Barbosa[45], para quem:

> A liberação do detido, de qualquer forma, não exime a autoridade policial, nos termos do artigo 304 do Código de Processo Penal, de lavrar o auto. O dispositivo é claro, ouvem-se o condutor e as testemunhas e lavra-se "afinal o auto". Depois, "resultando das respostas fundada suspeita contra o conduzido, a autoridade mandará recolhê-lo à prisão".

Walter Francisco Sampaio Filho[46] engrossa a fileira dos que entendem que "pode também a prisão ser relaxada pela própria autoridade policial, conforme se depreende da interpretação a contrario senso do § 1º do artigo 304". Completa o autor grafando que "se não sentir segurança na prova apresentada, por exemplo, pode deixar de autuar o conduzido, sendo o inquérito policial iniciado por portaria"[47].

No mesmo sentido Luiz Carlos Rocha[48], para quem "encerrado o auto de prisão em flagrante, o delegado poderá relaxá-lo se das declarações prestadas não resultar suspeita contra o preso (art. 304, caput, e § 1º)". No mesma toada, Fernando da Costa Tourinho Filho[49].

Acrescenta o primeiro[50], desta feita na linha de raciocínio desenvolvida por este trabalho, que

> A apresentação do preso ao delegado não implica, obrigatoriamente, lavratura de auto de prisão em flagrante. Compete à autoridade, examinando o caso,

---

44. RIOS GONÇALVES, Daniela Cristina. **Obra acima citada**, página 97.
45. BARBOSA, Manoel Messias. **Obra acima citada**, página 108.
46. SAMPAIO FILHO, Walter Francisco. **Obra acima citada**, página 92.
47. SAMPAIO FILHO, Walter Francisco. **Obra acima citada**, página 93.
48. ROCHA, Luiz Carlos. **Obra acima citada**, página 426.
49. TOURINHO FILHO, Fernando da Costa. **Processo Penal 3**. São Paulo: Saraiva, 2006, página 481.
50. ROCHA, Luiz Carlos. **Obra acima citada**, página 426.

exercer verdadeiro ato de julgamento sobre as circunstâncias objetivas e subjetivas, para ver se, realmente, o auto deve ser lavrado, como tem entendido o E. Tribunal de Alçada Criminal de São Paulo, em seus julgados.

E completa:

> A determinação da lavratura do auto de prisão em flagrante pelo delegado não se constitui em um ato automático, a ser por ele praticado diante da simples notícia de um ilícito penal pelo condutor. Em face do sistema processual vigente, o delegado tem o poder de decidir da oportunidade ou não de lavrar o flagrante.

Apoia este pensar Guilherme de Souza Nucci[51], também reconhecendo que, antes da lavratura, o delegado de polícia procurará ouvir informalmente todos os envolvidos, para dali materializar seu entendimento jurídico acerca do fato. Esta constatação é cristalina e foi levada a efeito acima.

Verificando ser caso de confecção do auto, deve o delegado ouvir formalmente o condutor (o indivíduo que apresenta o preso à autoridade, não sendo necessariamente a pessoa que deu voz de prisão ao autor do fato). O artigo 304, cabeça, determina que o delegado ouça o condutor em termo apartado e o libere, dando recibo constatando o recebimento do conduzido (é salutar que a autoridade determine realização de exame de corpo de delito para atestar se há ou não lesões, antes do recebimento formal do preso).

Depois se ouvirá testemunhas. O CPP fala no plural, portanto devem ser oitivadas pelo menos duas testemunhas. Preferencialmente devem ser ouvidas testemunhas do fato criminoso. Em não sendo possível, ouvir-se-á testemunhas da apresentação do preso à autoridade (§ 2º do artigo 304 do CPP). Nada impede que as testemunhas sejam policiais.

Caso haja apenas uma testemunha, não há óbice para que o condutor cumule as funções de condutor e 1ª testemunha, de forma a alcançar o mínimo legal de duas testemunhas (é possível, ainda, que testemunha fedatária assine o auto, na forma do já citado artigo 304, § 2º, do CPP).

Deve ainda ser oitivada a vítima (apesar de não existir determinação no CPP nesse sentido). Esta é ouvida em termo de declarações e não presta compromisso de dizer a verdade.

Por fim, deverá ser ouvido o conduzido. A ele devem ser garantidos todos os direitos prescritos pela Constituição Federal e pelo CPP (direito ao silêncio, a não produzir prova contra si, à integridade física e moral, à assistência de advogado, a ter familiar ou pessoa por ele indicada comunicada imediatamente da sua prisão, dentre outros). É preciso atentar que o § 4º do artigo 304 do CPP (com redação dada pela Lei 13.257/16), determina que, na lavratura do auto

---

51. NUCCI, Guilherme de Souza. **Obra acima citada**, página 558.

de prisão em flagrante, deverá constar a informação sobre a existência de filhos, respectivas idades e se possuem alguma deficiência e o nome e o contato de eventual responsável pelos cuidados dos filhos, indicado pela pessoa presa.

Sugiro leitura atenta do capítulo 12 dessa obra, que trata dos crimes tipificados na Lei de Abuso de Autoridade.

Cumpre anotar que o Código de Processo Penal, em seu artigo 322, preceitua que cabe ao delegado o arbitramento de fiança em infrações penais cuja pena privativa de liberdade máxima não seja superior a 4 (quatro) anos. A redação anterior do referido dispositivo conferia à autoridade policial o poder de arbitrar fiança apenas em caso de crime punido com detenção ou prisão simples, distinção não vislumbrada com a edição da Lei 12.403/11. Assim, o delegado arbitrará fiança tanto para crimes punidos com reclusão como para delitos apenados com detenção, observando apenas o quantitativo de pena máxima, que não deve ultrapassar quatro anos. Caso observe prática de crimes em concurso, o delegado deverá somar as penas máximas ou levar a cabo a máxima exasperação possível, com o fito de detectar se é possível arbitramento de fiança (se a cumulação ou a exasperação culminar em pena superior a 4 anos, a fiança não poderá ser arbitrada pelo delegado de polícia).

Nesta toada, o delegado de polícia, depois de concluir a lavratura do auto de prisão, arbitrará a fiança cabível, com estrita observância aos artigos 323 e seguintes do Código de Ritos Penais (andou bem o legislador, que cuidou de atualizar as já defasadas regras a respeito do instituto da fiança, fixando patamares claros e objetivos que servirão para auxiliar a autoridade policial e/ou o juiz na fixação de valores mais adequados aos nossos tempos – vide artigo 325 do CPP, quanto aos valores a serem fixados).

Anote-se que o delegado poderá e não deverá arbitrar fiança. Explico. A autoridade policial negará o arbitramento da fiança nas hipóteses do artigo 323 e 324. Anote-se que o artigo 324, IV, do CPP, permite ao delegado exercer atividade intelectiva no sentido de deixar de arbitrar fiança caso vislumbre presentes os motivos que autorizam a decretação da prisão preventiva – verificar na prática as hipóteses dos inciso II e III do artigo 313 e a presença de qualquer dos fundamentos (ou motivos) da prisão preventiva (artigo 312 do CPP).

O inciso I do artigo 313 exclui automaticamente do delegado a possibilidade de deixar de arbitrar fiança com fulcro no inciso IV do artigo 324. É que a autoridade policial só pode arbitrar fiança em caso de crime punido com pena privativa de liberdade não superior a quatro anos e a prisão preventiva, levando em conta o inciso I do artigo 313, só pode ser decretada em face do cometimento de crime com pena máxima superior a quatro anos.

Tratemos agora dos delitos inafiançáveis e daqueles cuja fiança só pode ser arbitrada pelo magistrado.

Findas todas as formalidades legais referentes à confecção do auto prisional, deverá ele ser enviado ao juiz competente em até 24 horas para que este verifique, em audiência de custódia, num primeiro plano, a legalidade da medida constritiva (se a prisão for legal, impor-se-á a homologação da prisão, se ilegal o cárcere, haverá pronto relaxamento) e, alhures, a possibilidade de libertar ou não o preso (concedendo liberdade provisória com ou sem fiança ou convertendo a prisão em flagrante em preventiva).

Anote-se que o artigo 306 do CPP traz em seu bojo dois momentos diferentes. O primeiro, presente em sua cabeça, diz respeito à comunicação da prisão (que deve ser imediata ao juiz, ao MP e à família do preso ou a pessoa por ele indicada – em respeito ao inciso LXII do artigo 5º da *Lex Mater*) e o segundo, avistável em seu § 1º, que se refere ao encaminhamento de cópia do auto flagrancial ao magistrado e à Defensoria Pública (caso o indiciado não tenha constituído ou indicado advogado). O primeiro deve ser materializado por meio de ofício encaminhado ao juízo e ao MP (admite-se comunicação eletrônica e, excepcionalmente, telefônica, com confecção de certidão pelo escrivão de polícia) e por meio de telefonema a familiar ou pessoa indicada pelo preso, ato devidamente certificado no corpo do auto de prisão em flagrante pelo escrivão de polícia. O segundo através de ofícios com cópias integrais do auto (admitindo-se envio do auto de prisão em flagrante por meio eletrônico).

Se na audiência de custódia for detectada ilegalidade na restrição da liberdade, a solução é simplória (como já adiantado supra). O juiz relaxará imediatamente a prisão, em atenção ao inciso LXV do artigo 5º da Constituição Federal e ao inciso I do artigo 310 do CPP (dispositivo incluído pela Lei 12.403/2011). Esta hipótese é verificada em caso de desrespeito a forma legalmente exigida para confecção do auto ou por não ser caso de flagrante (inobservância do artigo 302 do CPP), por exemplo.

Exige-se, durante a confecção do auto, em primeiro plano, que o capturado seja cientificado de todos os seus direitos e garantias de cunho constitucional (esta providência se comprova com a entrega ao preso, mediante recibo, de nota de ciência das garantias constitucionais – peça que descreve todos os direitos a ele assegurados pela Carta da República). O preso deve ser informado acerca do direito ao silêncio e a não autoincriminação, direito à assistência familiar e à assistência jurídica (inciso LXIII do artigo 5º da CF); identificação dos responsáveis pela prisão e pelo seu interrogatório (inciso LXIV do artigo 5º da CF/88), comunicação da família ou de alguém por ele indicado, da Defensoria Pública (caso o preso não indique nome de advogado durante a lavratura do auto), do Ministério Público (artigo 306, cabeça), do juiz competente (inciso LXII do artigo 5º da CF), dentre outros.

Há que se observar ainda: presidência do auto por delegado de polícia de carreira (artigo 144, § 4º, da CF e 304 do CPP); entrega de nota de culpa no prazo de 24 horas (artigo 306, § 2º, do CPP); direito a não ser criminalmente identificado, salvo quando a lei assim determinar (inciso LVIII do artigo 5º da

CF e Lei 12.037/09); justificação por escrito do eventual uso de algemas (Súmula Vinculante 11).

Uma vez mais sugestiono leitura atenta do capítulo 12 (Lei 13.869/19) a inobservância de algumas dessas providências pode significar, eventualmente, prática do crime de abuso de autoridade.

Se legal a privação, cumpre ao magistrado (na audiência de custódia) debruçar-se diante do auto e verificar, num primeiro plano, se o preso praticou o fato sob manto de excludente de ilicitude (em caso positivo, a liberdade provisória deve ser concedida mediante termo de comparecimento obrigatório a todos os atos processuais, sob pena de revogação, na forma do § 1º do artigo 310 do CPP) e, em um segundo momento, se a manutenção do cárcere é ou não necessária (em caso negativo deve ser concedida liberdade provisória com ou sem fiança, em caso positivo, a prisão em flagrante será convertida em prisão preventiva). Neste sentido lição de Alexandre Cebrian Araújo Reis e Victor Eduardo Rios Gonçalves[52], que apontam fórmula simples e didática:

> O juiz, portanto, ao se deparar com alguém preso em flagrante, deve fazer a si próprio a seguinte pergunta: se essa pessoa não tivesse sido presa em flagrante, seria caso de decretar-lhe a preventiva? Se a resposta for afirmativa, o juiz não concede a liberdade provisória. Se a resposta for negativa, o juiz deve conceder-lhe a liberdade, independentemente de fiança, tomando-lhe apenas o compromisso de comparecimento a todos os atos do processo, sob pena de revogação do benefício.

Nota-se, destarte, que o rótulo "prisão em flagrante" é muito efêmero (dura da confecção do auto de prisão em flagrante até a audiência de custódia, vez que nesta ou o preso será libertado ou a prisão será convertida em prisão preventiva[53]). Por isso há corrente doutrinária defendendo que o cárcere flagrancial tem natureza pré-cautelar (a cautela seria materializada pelo magistrado, na conversão do flagrante em preventiva). Neste sentido, citação de Daniela Cristina Rios Gonçalves[54]:

> Há outros autores, por sua vez, como Romeu Pires de Campos Barros, que encaram a prisão em flagrante como pré-cautelar (pré-causa) em relação à prisão preventiva, mormente diante da introdução do parágrafo único do art. 310 do Código de Processo Penal.

---

52. ARAÚJO REIS, Alexandre Cebrian. RIOS GONÇALVES, Victor Eduardo. **Processo Penal – Parte Geral**. São Paulo: Saraiva, 2005, página 197.
53. Nem sempre foi assim. Antes das alterações sucessivas do artigo 310 do Código de Processo Penal (primeiro pela Lei 12.403/11 e depois pela Lei 13.964/19), o rótulo "prisão em flagrante" acabava se protraindo no tempo em face da não existência, antes de 2011, de comando legal determinando a conversão do flagrante em preventiva (essa perenização da "prisão em flagrante" sempre foi alvo de fortes críticas nessa obra).
54. RIOS GONÇALVES, Daniela Cristina. **Obra acima citada**, página 20.

Outra corrente bastante interessante fala na dupla cautelaridade da prisão em flagrante (uma exercida pelo delegado de polícia e outra pelo magistrado, na audiência de custódia). Passo a me filiar a essa corrente, porquanto entendo, como já dito supra, que a autoridade policial é "autoridade autorizada por lei a exercer funções judiciais", nos termos do item 5 do artigo 7º do Pacto de San Jose da Costa Rica. Assim, em síntese apertada, o delegado de polícia deve fazer aprofundada análise jurídica (com estudo de todos os elementos do conceito analítico de crime, se há ou não situação flagrancial, etc) da notícia de crime coercitiva (decidindo se será ou não lavrado auto de prisão em flagrante) e o juiz, na audiência de custódia, findará repetindo essa análise (de legalidade e de necessidade da manutenção do cárcere). Nesse sentido, Ruchester Marreiros Barbosa[55]:

> Essa análise pode ser observada pelos princípios ora esposados, pelas interpretações a estes princípios e ao art. 7, item 5 da CADH, conforme trataremos em casos concretos em que a Corte IDH interpretou e uniformizou o entendimento de que órgão com função judicial não significa estritamente jurisdicional, e somente a revisão da prisão, tendo sido ela mantida por um juiz ou outra autoridade, deverá ser realizada por outro juiz, num sistema de dupla cautelaridade, conforme interpretação sistêmica e teleológica do art. 7, item 5 c/c 8, item 1 c/c 25, todos da CADH.

Continuemos. Discute-se se a possibilidade de conversão de ofício da prisão em flagrante em prisão preventiva. Antes do Pacote Anticrime, o Superior Tribunal de Justiça entendia pela possibilidade de conversão de ofício (independentemente da existência de representação do delegado de polícia ou requerimento do Ministério Público). Nesse sentido, tese 10 da edição 120 da jurisprudência em teses do STJ[56]. Em síntese, o Tribunal da Cidadania entendia que o juiz não estava decretando prisão de ofício, apenas modificando o rótulo de privação de liberdade já materializada. Com a entrada em vigor da Lei 13.964/19, tal entendimento tem sido paulatinamente modificado pelas Cortes Superiores – há precedentes da 5ª Turma do STJ (HC 590.039/GO, rel. Min. Ribeiro Dantas e AgRg no RHC 131.312/MG, rel. Min. Reynaldo Soares da Fonseca) e da 2ª Turma do STF (HC 188.888, rel. Min. Celso de Mello) entendendo não ser possível a conversão de ofício depois da entrada em vigor do Pacote Anticrime:

> PROCESSUAL PENAL. HABEAS CORPUS. SÚMULA 691/STF. FLAGRANTE ILEGALIDADE. SUPERAÇÃO. PRISÃO PREVENTIVA. VIGÊNCIA DA LEI 13.964/2019.

---

55. **Pacote Anticrime Lei 13.964/2019 – Temas penais e processuais penais** / coordenador HABIB, Gabriel – Salvador: Juspodivm, 2020, p. 793.
56. 10) Não há nulidade na hipótese em que o magistrado, de ofício, sem prévia provocação da autoridade policial ou do órgão ministerial, converte a prisão em flagrante em preventiva, quando presentes os requisitos previstos no art. 312 do Código de Processo Penal - CPP.

CONVERSÃO EX OFFICIO DA PRISÃO EM FLAGRANTE EM PREVENTIVA. ILEGALIDADE. NECESSIDADE DE PRÉVIO REQUERIMENTO. CONSTRANGIMENTO ILEGAL CARACTERIZADO. HABEAS CORPUS NÃO CONHECIDO. ORDEM CONCEDIDA, DE OFÍCIO. 1. Nos termos da Súmula 691 do STF, é incabível habeas corpus contra decisão que indefere pedido liminar, salvo em casos de flagrante ilegalidade ou teratologia da decisão impugnada. No caso, observam-se circunstâncias excepcionais que autorizam a mitigação do referido enunciado sumular. 2. A Lei n. 13.964/2019 promoveu diversas alterações processuais, deixando clara a intenção do legislador de retirar do Magistrado qualquer possibilidade de decretação ex officio da prisão preventiva. 3. O anterior posicionamento desta Corte, no sentido de que "não há nulidade na hipótese em que o magistrado, de ofício, sem prévia provocação da autoridade policial ou do órgão ministerial, converte a prisão em flagrante em preventiva", merece nova ponderação em razão das modificações trazidas pela referida Lei n 13.964/2019, já que parece evidente a intenção legislativa de buscar a efetivação do sistema penal acusatório. 4. Assim, a partir das inovações trazidas pelo Pacote Anticrime, tornou-se inadmissível a conversão, de ofício, da prisão em flagrante em preventiva. Portanto, a prisão preventiva somente poderá ser decretada mediante requerimento do Ministério Público, do assistente ou querelante, ou da autoridade policial (art. 311 do CPP), o que não ocorreu na hipótese dos presentes autos. 5. Habeas corpus não conhecido. Ordem concedida, de ofício para declarar a nulidade da conversão da prisão em flagrante em preventiva, sem prévio requerimento (HC 590.039/GO, Rel. Ministro RIBEIRO DANTAS, QUINTA TURMA, julgado em 20/10/2020, DJe 29/10/2020).

AGRAVO REGIMENTAL NO RECURSO ORDINÁRIO EM HABEAS CORPUS. TRÁFICO DE DROGAS. CONVERSÃO, DE OFÍCIO, DA PRISÃO EM FLAGRANTE EM PREVENTIVA. IMPOSSIBILIDADE. VIOLAÇÃO AO SISTEMA ACUSATÓRIO. PRECEDENTE DA SEGUNDA TURMA DO SUPREMO TRIBUNAL FEDERAL. NOVO ENTENDIMENTO DA QUINTA TURMA. AGRAVO REGIMENTAL PROVIDO. 1. Com a entrada em vigor da nova Lei nº 13.964/19, ocorreram diversas alterações na legislação penal, bem como na lei processual. A respeito do tema aqui apresentado, inicialmente as duas Turmas de Direito Penal deste Superior Tribunal de Justiça firmaram entendimento no sentido da possibilidade da conversão da prisão em flagrante em preventiva, independentemente de pronunciamento específico do MP, do assistente ou querelante ou da autoridade policial, apoiando-se tal diretriz na redação do art. 310, II, do CPP. Não se reconhecia, na realidade, a atuação de ofício do magistrado, mas pronunciamento judicial em expediente encaminhado pela autoridade policial, com opções legais vinculadas e motivadas (HC 583.995/MG, Rel. Ministro NEFI CORDEIRO, Rel. p/ Acórdão Ministro ROGERIO SCHIETTI CRUZ, SEXTA TURMA, julgado em 15/09/2020, DJe 07/10/2020 e AgRg no HC 611.940/SC, Rel. Ministro REYNALDO SOARES DA FONSECA, QUINTA TURMA, julgado em 22/09/2020, DJe 28/09/2020). 2. No entanto, a Segunda Turma do Supremo Tribunal Federal, no julgamento do HC-188.888-MG (Relator Ministro CELSO DE MELLO), fixou orientação no sentido da total e absoluta impossibilidade da conversão, de ofício, da prisão em flagrante em preventiva, valorizando, assim, o sistema acusatório. - A reforma introduzida pela Lei nº 13.964/2019 ("Lei Anticrime") modificou a disciplina referente às medidas de índole cautelar, notadamente aquelas de caráter pessoal, estabelecendo um modelo mais consentâneo com as novas exigências definidas pelo moderno processo penal de perfil democrático e assim preservando, em consequência, de modo mais expressivo, as características essenciais inerentes à estrutura acusatória do processo penal brasileiro. - A Lei nº 13.964/2019, ao suprimir a expressão "de ofício" que constava do art. 282, §§ 2º e 4º, e do art. 311, todos do Código de Processo Penal, vedou, de forma absoluta, a decretação da prisão preventiva sem o prévio "requerimento das partes ou, quando no curso da investigação criminal, por representação da autoridade policial ou mediante requerimento do Ministério Público", não mais sendo lícita, portanto, com base no ordenamento jurídico vigente, a atuação "ex officio" do Juízo processante em tema de privação cautelar da liberdade. - A interpretação do art. 310, II, do CPP deve ser realizada à luz dos arts. 282, §§ 2º e 4º, e 311, do mesmo estatuto processual penal,a significar que se tornou inviável, mesmo no contexto da audiência de custódia, a conversão, de ofício, da prisão em flagrante de qualquer pessoa em prisão preventiva, sendo necessária, por isso mesmo, para tal efeito, anterior e formal provocação do Ministério Público, da autoridade policial ou, quando for o caso, do querelante ou do assistente do MP. Magistério doutrinário. Jurisprudência. 3. Com efeito, a Quinta Turma deste Superior Tribunal de Justiça, na sessão do dia 20/10/2020, alterando seu entendimento anterior, decidiu acompanhar a orientação do Excelso Pretório (HC-590.039/GO, da relatoria do Ministro RIBEIRO DANTAS). 4. Nessa linha de raciocínio, a conversão, de ofício, da prisão em flagrante em preventiva viola o sistema acusatório. O auto de prisão em flagrante qualifica-se como ato de formal documentação que consubstancia relatório das circunstâncias de fato e de direito aptas a justificar a captura do agente do fato delituoso nas hipóteses previstas em lei (CPP, art. 302). - Mostra-se inconcebível que um ato de natureza meramente descritiva, como o é o auto de prisão em flagrante, limitado a relatar o contexto fático-jurídico da prisão, permita que dele infira-se, por implicitude, a existência de representação tácita da autoridade policial, objetivando, no âmbito da audiência de custódia, a conversão da prisão em flagrante do paciente em prisão preventiva. 5. Agravo regimental provido para reconhecer a nulidade da conversão da prisão em flagrante em preventiva, sem o prévio requerimento do Ministério Público ou da autoridade policial, com expedição de alvará de soltura em favor do recorrente, salvo se por outro motivo estiver preso (AgRg no RHC 131.312/MG, Rel. Ministro REYNALDO SOARES DA FONSECA, QUINTA TURMA, julgado em 27/10/2020, DJe 12/11/2020).

A 6ª Turma do Superior Tribunal de Justiça, contudo, continua entendendo ser possível a conversão da prisão em flagrante em prisão preventiva de ofício (mesmo sem representação do delegado de polícia ou requerimento do agente ministerial):

> AGRAVO REGIMENTAL NO RECURSO EM HABEAS CORPUS. HOMICÍDIO QUALIFICADO. COVID-19. RECOMENDAÇÃO N. 62/2020 DO CNJ. SUPRESSÃO DE INSTÂNCIA. CONVERSÃO DO FLAGRANTE EM CUSTÓDIA PREVENTIVA DE OFÍCIO. PRISÃO APÓS O ADVENTO DA NOVA REDAÇÃO DADA PELA LEI 13.964/2019 (PACOTE ANTICRIME). ILEGALIDADE. NÃO OCORRÊNCIA. PRECEDENTES DO STJ. FUNDAMENTAÇÃO VÁLIDA. GRAVIDADE CONCRETA. AGRAVO IMPROVIDO.

1. A matéria referente à Covid-19 não foi objeto de análise pelo colegiado do Tribunal de origem, conforme cópia de decisão de fls. 150/160. Então, esse ponto não poderá ser conhecido por esta Corte Superior, sob pena de indevida supressão de instância. 2. Nos termos do art. 310, II, do CPP, constatada a legalidade do flagrante, a prisão deve ser homologada com a apreciação fundamentada sobre a necessidade ou não da custódia preventiva, bem como sobre a possibilidade de concessão da liberdade ao acusado mediante fiança ou a aplicação e medidas cautelares diversas. 3. O art. 311 do CPP, com redação dada pela Lei 13.964/2019, inovou ao tornar expressa a incidência dos princípios acusatório e da inércia para a fixação da prisão preventiva, criando inafastável requisito de pleito desse gravame - pelas autoridades policial ou acusatória -, passando a custódia preventiva, assim, a exigir os seguintes requisitos: i) pedido de prisão ao juiz (novidade legal garantidora da inércia judicial em qualquer fase do processo); ii) justa causa (prova da materialidade e indícios de autoria); iii) gravidade do crime (reclusão maior de 4 anos, reincidente doloso ou em face de vulnerável); iv) riscos taxativos processuais ou sociais (garantia da ordem pública, da ordem econômica, por conveniência da instrução criminal ou para assegurar a aplicação da lei penal); e v) risco pessoalizado (novidade legal exigindo a individualizada e casuística demonstração do periculum libertatis). 4. Na compreensão do relator, a decretação da prisão preventiva por iniciativa exclusiva do juiz, após o advento da legislação em apreço - Pacote Anticrime -, não seria mais permitida no ordenamento jurídico pátrio. 5. No entanto, em posicionamento já assente nesta Corte, entendeu esta Turma que, embora a lei nova tenha excluído a possibilidade de decretação da custódia cautelar, de ofício, do art. 311 do CPP, configura-se a conversão da prisão em flagrante em preventiva em hipótese distinta e resguardada pela norma específica do art. 310, II, da mesma lei processual. 6. Inexiste, assim, ilegalidade ou contrariedade ao sistema acusatório no ato jurídico em debate, porquanto a conversão do flagrante em preventiva, por iniciativa exclusiva do juiz, encontra-se amparada em expressa previsão legal. Precedentes das 5ª e 6ª Turmas desta Corte. 7. A prisão preventiva encontra-se devidamente fundamentada quando se aponta a gravidade concreta da conduta criminosa, ressaltando-se que "Não obstante seja primário e de bons antecedentes, o autuado supostamente desferiu facada na vítima por ter sido ofendido por ela. Consta, nos autos, que a vítima encontra-se em estado grave no hospital". 8. Agravo regimental improvido (AgRg no RHC 132.563/MG, Rel. Ministro NEFI CORDEIRO, SEXTA TURMA, julgado em 03/11/2020, DJe 16/11/2020).

Por fim, cumpre observar as teses do Superior Tribunal de Justiça acerca da prisão em flagrante (edição 120 da jurisprudência em teses):

1) Não há crime, quando a preparação do flagrante pela polícia torna impossível a sua consumação. (Súmula n. 145/STF)

2) O tipo penal descrito no art. 33 da Lei n. 11.343/2006 é de ação múltipla e de natureza permanente, razão pela qual a prática criminosa se consuma, por exemplo, a depender do caso concreto, nas condutas de "ter em depósito", "guardar", "transportar" e "trazer consigo", antes mesmo da atuação provocadora da polícia, o que afasta a tese defensiva de flagrante preparado.

3) No flagrante esperado, a polícia tem notícias de que uma infração penal será cometida e passa a monitorar a atividade do agente de forma a aguardar o melhor momento para executar a prisão, não havendo que se falar em ilegalidade do flagrante.

4) No tocante ao flagrante retardado ou à ação controlada, a ausência de autorização judicial não tem o condão de tornar ilegal a prisão em flagrante postergado, vez que o instituto visa a proteger o trabalho investigativo, afastando a eventual responsabilidade criminal ou administrava por parte do agente policial.

5) Para a lavratura do auto de prisão em flagrante é despicienda a elaboração do laudo toxicológico definitivo, o que se depreende da leitura do art. 50, §1º, da Lei n. 11.343/2006, segundo o qual é suficiente para tanto a confecção do laudo de constatação da natureza e da quantidade da droga.

6) Eventual nulidade no auto de prisão em flagrante devido à ausência de assistência por advogado somente se verifica caso não seja oportunizado ao conduzido o direito de ser assistido por defensor técnico, sendo suficiente a lembrança, pela autoridade policial, dos direitos do preso previstos no art. 5º, LXIII, da Constituição Federal.

7) Uma vez decretada a prisão preventiva, fica superada a tese de excesso de prazo na comunicação do flagrante.

8) Realizada a conversão da prisão em flagrante em preventiva, fica superada a alegação de nulidade porventura existente em relação à ausência de audiência de custódia.

9) Não há nulidade da audiência de custódia por suposta violação da Súmula Vinculante n. 11 do STF, quando devidamente justificada a necessidade do uso de algemas pelo segregado.

10) Não há nulidade na hipótese em que o magistrado, de ofício, sem prévia provocação da autoridade policial ou do órgão ministerial, converte a prisão em flagrante em preventiva, quando presentes os requisitos previstos no art. 312 do Código de Processo Penal - CPP.

11) Com a superveniência de decretação da prisão preventiva ficam prejudicadas as alegações de ilegalidade da segregação em flagrante, tendo em vista a formação de novo título ensejador da custódia cautelar.

## 10.2.3.7. Apresentação espontânea

A doutrina majoritária entende que a apresentação espontânea do indivíduo logo após a prática delitiva elide a efetivação da prisão em flagrante delito. Neste sentido Bruno Fontenele Cabral e Rafael Pinto Marques de Souza[57], que salientam que "segundo orientação do STF, quem logo após o delito se apresenta espontaneamente à autoridade policial não pode ser preso em flagrante, pois inexistirá estado flagrancial (STF, RHC nº. 61.442/MT)".

---

57. CABRAL, Bruno Fontenele e DE SOUZA, Rafael Pinto Marques. **Manual Prático de Polícia Judiciária**, Salvador: Juspodivm, 2012, página 123.

Vale conferir aresto[58] que expõe, de forma didática, os argumentos em defesa da posição declinada supra:

> PROCESSUAL PENAL. HABEAS CORPUS. ART. 121, § 2º, I E IV E ART. 121 C/C O ART. 14, II E ART. 18, I, 2 ª PARTE, NA FORMA DO ART. 70, AMBOS DO CÓDIGO PENAL C/C O ART. 1º DA LEI N.º 8072/90. PRISÃO EM FLAGRANTE. APRESENTAÇÃO ESPONTÂNEA DO PACIENTE. RELAXAMENTO. "Prisão em flagrante. Não tem cabimento prender em flagrante o agente que, horas depois do delito, entrega-se à polícia, que o não perseguia, e confessa o crime. Ressalvada a hipótese de decretação da custódia preventiva, se presentes os seus pressupostos, concede-se a ordem de habeas corpus, para invalidar o flagrante. Unânime." (STF - RHC n.º 61.442/MT, 2ª Turma, Rel. Min. Francisco Rezek, DJU de 10.02.84). Writ concedido, a fim de que seja relaxada a prisão em flagrante a que se submete o paciente, com a conseqüente expedição do alvará de soltura, se por outro motivo não estiver preso, sem prejuízo de eventual decretação de prisão preventiva devidamente fundamentada.

O artigo 317 do CPP prescrevia que a apresentação espontânea não afastava a possibilidade de decretação da prisão preventiva do investigado/indiciado. A *contrario senso*, entendia-se que descabia a prisão em flagrante do indivíduo que, depois do cometimento da infração, apresentava-se espontaneamente à autoridade policial.

Mesmo com a revogação do dispositivo pela Lei 12.403/11 (o artigo 317 do CPP agora trata da prisão domiciliar), penso que ainda é perfeitamente aplicável dita interpretação. Nesse sentido Thiago Minagé[59].

Ressalvo que tal entendimento comporta pontuais exceções, em casos de especial gravidade, autorizando a confecção de auto de prisão em flagrante em face do indivíduo que se apresentou espontaneamente, posição também defendida por Guilherme de Souza Nucci[60]:

> Concordamos, pois, com a impossibilidade de estabelecer regras matemáticas para essa situação, razão pela qual preferimos registrar que a prisão em flagrante de quem se apresenta espontaneamente pode ser possível, conforme o caso.

Referido doutrinador ampara seu entendimento exemplificando o caso de grave delito, que chocou toda uma comunidade, praticado por agente perigoso, que se apresenta após o cometimento do crime ao delegado de polícia. De fato, cada caso é um caso. Apesar de a regra geral ser a supramencionada (que proíbe a prisão em flagrante), situações há em que o encarceramento

---

58. STJ, HC 30527/RJ, 5ª Turma, rel. Min. Felix Fischer, DJ 22.03.04. p. 335.
59. MINAGÉ, Thiago. **Da prisão, das Medidas Cautelares e da Liberdade Provisória**, São Paulo: Edipro, 2011, página 107.
60. NUCCI, Guilherme de Souza. **Obra acima citada**, página 554 e 555.

é imprescindível para defesa da paz social (estas pontuais e evidentemente, excepcionais).

Ainda acerca do tema, válida a lição de Andrey Borges de Mendonça[61]:

> Por fim, uma ressalva: a apresentação espontânea não permite a lavratura do auto de prisão em flagrante quando fora das hipóteses do art. 302 do CPP. Se, porém, o agente ainda está em situação de flagrância (está sendo perseguido pela autoridade policial, logo após a prática do delito, por exemplo), a apresentação à autoridade policial não lhe imuniza da possibilidade de prisão. Somente a apresentação espontânea fora das hipóteses de flagrância é que impede a lavratura do auto de prisão.

### 10.2.3.8. Flagrante esperado, retardado, preparado e forjado

Cumpre registrar que a leitura constitucional das prisões cautelares impõe falar de algumas outras modalidades de flagrante.

Em primeiro lugar insta comentar o **flagrante esperado**. Ocorre quando a força estatal, depois de noticiada de uma prática delituosa que vai acontecer, aguarda o cometimento do crime, sem qualquer interferência ou induzimento à prática. É espécie legal e constitucional de privação da liberdade, vez que não houve qualquer influência externa na execução do crime. Em síntese apertada poderíamos visualizar a espécie no aviso às autoridades que em determinado horário um caminhão abarrotado de substância entorpecente passaria em determinada rodovia. A blitz montada com base na informação e a captura dos envolvidos em estado flagrancial não vilipendiam a Carta Magna e a legislação de regência.

Outra espécie é o **flagrante retardado** ou **prorrogado**. Esta modalidade flagrancial decorre da técnica investigativa de ação controlada[62] (como dito no tópico 9.20, não os trato como sinônimos – a meu sentir, o flagrante retardado é possível decorrência do uso da técnica investigativa de ação controlada), definida pelo artigo 8º da Lei 12.850/13 (que revogou a Lei 9.034/95):

> Art. 8º Consiste a ação controlada em retardar a intervenção policial ou administrativa relativa à ação praticada por organização criminosa ou a ela vinculada,

---

61. DE MENDONÇA, Andrey Borges. **Obra acima citada**, página 156.
62. Cumpre anotar que a Lei 12.850/13 reclama comunicação prévia dirigida ao juízo competente, para utilização da técnica de ação controlada, na forma do § 1º do seu artigo 8º. Há na legislação tupiniquim referência à técnica de ação controlada na Lei 11.343/06 (artigo 53, II, do mandamento legal em espeque – o dispositivo reclama prévia autorização judicial para materialização da ação controlada e é conhecido como entrega vigiada). Há, por fim, possibilidade ação controlada e na Lei 9.613/98 (§ 6º do artigo 1º o artigo 4º-B da referida lei também exige prévia autorização judicial para uso da técnica).

desde que mantida sob observação e acompanhamento para que a medida legal se concretize no momento mais eficaz à formação de provas e obtenção de informações.

§ 1º O retardamento da intervenção policial ou administrativa será previamente comunicado ao juiz competente que, se for o caso, estabelecerá os seus limites e comunicará ao Ministério Público.

§ 2º A comunicação será sigilosamente distribuída de forma a não conter informações que possam indicar a operação a ser efetuada.

§ 3º Até o encerramento da diligência, o acesso aos autos será restrito ao juiz, ao Ministério Público e ao delegado de polícia, como forma de garantir o êxito das investigações.

§ 4º Ao término da diligência, elaborar-se-á auto circunstanciado acerca da ação controlada.

Art. 9º Se a ação controlada envolver transposição de fronteiras, o retardamento da intervenção policial ou administrativa somente poderá ocorrer com a cooperação das autoridades dos países que figurem como provável itinerário ou destino do investigado, de modo a reduzir os riscos de fuga e extravio do produto, objeto, instrumento ou proveito do crime.Estamos a analisar hipótese também legal de prisão em flagrante (trata-se de mitigação do flagrante obrigatório do artigo 301 do Código de Processo Penal). Por óbvio o instituto encontra limite no respeito aos bens jurídicos em jogo. Não há como permitir o retardamento da ação policial com o fito de carrear maior número de provas e prender mais infratores diante da iminente prática de um homicídio ou de um estupro, por exemplo (vale dizer, se na investigação é patente a ocorrência de um homicídio ou de um estupro e é possível evitar o crime, é óbvio que se impõe atuação estatal). Uma situação como essa demandaria imediata deflagração da operação policial para evitar delitos tão gravosos.

Passemos ao **flagrante preparado** ou **provocado**. Ele ocorre quando a situação flagrancial é instigada pelo chamado agente provocador, que ao mesmo tempo toma as providências necessárias para que o crime não se consume. Neste caso estamos diante de crime impossível, sendo hipótese largamente rechaçada pela doutrina e pela jurisprudência. É o chamado **delito de ensaio** ou **crime putativo por obra do agente provocador**. A vontade do agente finda viciada por terceiro que o induz à prática criminosa e o "prende em flagrante" no instante seguinte. O assunto foi sumulado pelo Supremo Tribunal Federal, nos termos do verbete número 145:

> Súmula 145 – Não há crime, quando a preparação do flagrante pela polícia torna impossível a sua consumação.

Remeto o leitor à análise do tópico 9.21 (que trata do agente policial disfarçado). Repito o quanto dito retro: nas situações desenhadas no § 2º do artigo 17 da Lei 10.826/03, do parágrafo único do parágrafo único do artigo 18 da

Lei 10.826/03 e do inciso IV do § 1º do artigo 33 da Lei 11.343/06 não há que se falar na incidência da Súmula 145 do Pretório Excelso.

A última hipótese, a ser analisada também a voo de pássaro, é o **flagrante forjado**. Neste a inconstitucionalidade/ilegalidade é ainda mais gritante, vez que existe uma encenação de um estado flagrancial que não existe. As provas da materialidade delitiva são plantadas, de forma a dar a falsa impressão de que o flagranteado praticou um crime. Além de não existir crime, o autor do teatro pode ser punido penalmente (caso seja autoridade, haverá possível prática do crime de abuso de autoridade tipificado no artigo 23 da Lei 13.869/19[63]).

Eis tabela que facilita a memorização:

| MODALIDADE DE FLAGRANTE | DESCRIÇÃO | LICITUDE/ILICITUDE DA PRISÃO |
|---|---|---|
| FLAGRANTE ESPERADO | Ocorre quando a força estatal é noticiada acerca da prática de um crime e aguarda o seu cometimento, sem qualquer interferência ou induzimento à prática. | É espécie legal e constitucional de privação da liberdade, vez que não houve qualquer influência externa na execução do crime. |
| FLAGRANTE RETARDADO OU PRORROGADO | Decorrente do uso da técnica investigativa de ação controlada, presente nas Leis 9.613/98, 11.343/06 e 12.850/13. O aparelho policial retarda sua ação para que ela seja feita no melhor momento sob dois prismas: a) colheita de provas; b) identificação/prisão de criminosos. | Trata-se de hipótese legal de privação da liberdade. |
| FLAGRANTE PREPARADO OU PROVOCADO | Ocorre quando a situação flagrancial é instigada pelo chamado agente provocador, que ao mesmo tempo toma as providências necessárias para que o crime não se consume. | Neste caso estamos diante de crime impossível, sendo hipótese largamente rechaçada pela doutrina e pela jurisprudência. É o chamado delito de ensaio, ou crime putativo por obra do agente |

---

63. Art. 23. Inovar artificiosamente, no curso de diligência, de investigação ou de processo, o estado de lugar, de coisa ou de pessoa, com o fim de eximir-se de responsabilidade ou de responsabilizar criminalmente alguém ou agravar-lhe a responsabilidade:
Pena - detenção, de 1 (um) a 4 (quatro) anos, e multa.
Parágrafo único. Incorre na mesma pena quem pratica a conduta com o intuito de:
I - eximir-se de responsabilidade civil ou administrativa por excesso praticado no curso de diligência;
II - omitir dados ou informações ou divulgar dados ou informações incompletos para desviar o curso da investigação, da diligência ou do processo.

| | | |
|---|---|---|
| **FLAGRANTE PREPARADO OU PROVOCADO** | | provocador; a vontade do agente finda viciada por terceiro que o induz à prática criminosa e o "prende em flagrante" no instante seguinte. O assunto foi sumulado pelo Supremo Tribunal Federal, nos termos do verbete número 145 – Não há crime, quando a preparação do flagrante pela polícia torna impossível a sua consumação. É importante estudar a figura do agente policial disfarçado (enxertado pelo Pacote Anticrime na Lei 11.343/06 e na Lei 10.826/03). |
| **FLAGRANTE FORJADO** | Há uma encenação de estado flagrancial que não existe. As provas da materialidade delitiva são plantadas, de forma a dar a falsa impressão de que o flagranteado praticou um crime. | Privação de liberdade ilícita, que pode significar prática de crime de abuso de autoridade (artigo 23 da Lei 13.869/19). |

## 10.2.4. Prisão preventiva

A segunda hipótese de prisão cautelar a ser estudada é a preventiva. A restrição é tratada pelos artigos 311 e seguintes do Código de Processo Penal. Tais dispositivos revelam que a prisão preventiva pode ser decretada pelo juiz (cláusula de reserva de jurisdição) em qualquer fase do inquérito policial ou da ação penal, mediante requerimento do Ministério Público ou do querelante, representação do delegado de polícia (importante salientar que com a entrada em vigor do Pacote Anticrime, não é mais possível decretação da prisão preventiva de ofício pelo magistrado[64]):

> Art. 311. Em qualquer fase da investigação policial ou do processo penal, caberá a prisão preventiva decretada pelo juiz, a requerimento do Ministério Público, do querelante ou do assistente, ou por representação da autoridade policial.

A decretação da prisão preventiva demanda: a) indícios de autoria e prova da existência do crime (*fumus comissi delicti*); b) presença de um dos

---

64. Penso que, depois da entrada em vigor da Lei 13.964/19 não é mais possível decretação de prisão preventiva de ofício pelo magistrado com fulcro no artigo 20 da Lei 11.340/06 (Lei Maria da Penha). Aplico aqui o critério temporal, interpretando que este dispositivo não foi alterado pelo Pacote Anticrime por lapso do legislador.

requisitos alternativos do § 1º do artigo 312 (§ 4º do artigo 282 do CPP) e do artigo 313 do CPP; e c) presença de um dos fundamentos alterativos do artigo 312 do CPP (perigo representado pelo estado de liberdade do investigado/ acusado – *periculum libertatis* – garantia da ordem pública, conveniência da instrução criminal, garantia da futura aplicação da lei penal ou garantia da ordem econômica).

A tabela a seguir sintetiza pressupostos, requisitos e fundamentos do cárcere preventivo:

| PRISÃO PREVENTIVA | |
|---|---|
| **Pressupostos** (*fumus comissi delicti*) – artigo 312 do CPP | Prova da existência do crime |
| | Indícios suficientes de autoria |
| **Requisitos** (alternativos) - § 1º do artigo 312 (§ 4º do artigo 282 do CPP) e artigo 313 do CPP | Descumprimento de qualquer das obrigações impostas por força de outras medidas cautelares. |
| | Nos crimes dolosos punidos com pena privativa de liberdade máxima superior a 4 (quatro) anos. |
| | Se tiver sido condenado por outro crime doloso, em sentença transitada em julgado, ressalvado o disposto no inciso I do caput do art. 64 do Decreto-Lei nº 2.848, de 7 de dezembro de 1940 - Código Penal. |
| | Se o crime envolver violência doméstica e familiar contra a mulher, criança, adolescente, idoso, enfermo ou pessoa com deficiência, para garantir a execução das medidas protetivas de urgência. |
| | Quando houver dúvida sobre a identidade civil da pessoa ou quando esta não fornecer elementos suficientes para esclarecê-la, devendo o preso ser colocado imediatamente em liberdade após a identificação, salvo se outra hipótese recomendar a manutenção da medida. |
| **Fundamentos** (*periculum libertatis* – perigo representado pelo estado de liberdade do investigado/réu) – artigo 312 do CPP | Garantia da ordem pública |
| | Garantia da ordem econômica |
| | Por conveniência da instrução criminal |
| | Para assegurar a aplicação da lei penal |

A respeito do *fumus comissi delicti,* ressalto que a prova da existência do crime é demonstrada, nos delitos não transeuntes, pelo exame de corpo de delito (artigo 158 do CPP) ou, caso os vestígios tenham desaparecido, pela prova testemunhal (artigo 167 do CPP). Os indícios de autoria são demonstrados pelos elementos informativos e provas que apontam na direção do investigado/réu.

Como salientado supra, os requisitos que autorizam a decretação da prisão preventiva são alternativos. Vale dizer, basta a presença de um deles para seja possível a decretação da medida extrema (desde que, obviamente, presentes *fumus comissi delicti* e *periculum libertatis*). O requisito mais comum é o desenhado no inciso I do artigo 313 do CPP (crime doloso, punido com pena privativa de liberdade em abstrato superior a 4 anos). Caso a prisão preventiva seja representada/requerida em inquérito ou processo que gravite em torno da apuração de prática de violência doméstica contra mulher, além da necessária indicação do inciso III do artigo 313 do CPP, convém mencionar no pleito o artigo 20 da Lei 11.340/06.

Os fundamentos da preventiva (*periculum libertatis*) serão abaixo analisados com mais vagar.

Não se decretará prisão preventiva em face da prática de crime culposo (todos os incisos do artigo 313 do CPP tratam da prática de crime doloso), nem quando restar detectado que o investigado/réu praticou o fato ao abrigo de causa excludente de antijuridicidade (inteligência do artigo 314 do CPP):

> Art. 314. A prisão preventiva em nenhum caso será decretada se o juiz verificar pelas provas constantes dos autos ter o agente praticado o fato nas condições previstas nos incisos I, II e III do caput do art. 23 do Decreto-Lei nº 2.848, de 7 de dezembro de 1940 - Código Penal.

No informativo 638, o Superior Tribunal de Justiça entendeu que a prática de contravenção penal, mesmo que signifique violência doméstica ou familiar contra mulher, não é motivo idôneo para justificar a prisão preventiva do indiciado/réu. Isso porque o artigo 313 do Código de Processo Penal se refere, em todos os seus incisos, à expressão 'crime' (que deve ser interpretada restritivamente e não abarca as contravenções penais, de acordo com o entendimento da Corte):

> HABEAS CORPUS. CONTRAVENÇÃO PENAL. VIAS DE FATO. PRISÃO PREVENTIVA. NÃO CABIMENTO. ART. 313, III, DO CPP. VIOLAÇÃO. ORDEM CONCEDIDA.
> 1. Em se tratando de aplicação da cautela extrema, não há campo para interpretação diversa da literal, de modo que não existe previsão legal autorizadora da prisão preventiva contra autor de uma contravenção, mesmo na hipótese específica de transgressão das cautelas de urgência diversas já aplicadas. 2. No caso dos autos, nenhum dos fatos praticados pelo agente – puxões de cabelo, torção de braço (que não geraram lesão corporal) e discussão no interior de veículo, onde tentou arrancar dos braços da ex-companheira o filho que têm em comum -, configura crime propriamente dito. 3. Vedada a incidência do art. 313, III, do CPP, tendo em vista a notória ausência de autorização legal para a decisão que decretou a constrição cautelar do acusado. 4. Ordem concedida, para que o paciente possa responder a ação penal em liberdade, se por outro motivo não estiver preso. (HC 437.535/SP, Rel. Ministra MARIA THEREZA DE ASSIS MOURA, Rel. p/ Acórdão Ministro ROGERIO SCHIETTI CRUZ, SEXTA TURMA, julgado em 26/06/2018, DJe 02/08/2018).

De igual sorte, não será admitida a decretação da prisão preventiva com a finalidade de antecipação de cumprimento de pena ou como decorrência imediata de investigação criminal ou da apresentação ou recebimento de denúncia (inserção feita pelo Pacote Anticrime que reafirma a natureza cautelar da prisão preventiva, que só pode ser decretada quando há efetiva demonstração de necessidade do cárcere – devem ser rechaçadas interpretações que concluam pela possibilidade de decretação automática da privação de liberdade preventiva – § 2º do artigo 313 do CPP).

Eis tabela que sintetiza o quanto estudado supra:

| PRISÃO PREVENTIVA | |
|---|---|
| Natureza jurídica | Prisão cautelar |
| Momento oportuno para decretação | Inquérito policial ou ação penal |
| Cláusula de reserva de jurisdição | Decretada pelo juízo (vedada decretação de ofício) |
| Legitimados | Ministério Público, querelante, assistente ou autoridade policial. |
| Necessidade de decisão fundamentada | A decisão que decretar a prisão preventiva deve ser motivada e fundamentada em receio de perigo e existência concreta de fatos novos ou contemporâneos que justifiquem a aplicação da medida adotada (vide artigo 315 do CPP). |
| Vedações | Não será admitida a decretação da prisão preventiva com a finalidade de antecipação de cumprimento de pena ou como decorrência imediata de investigação criminal ou da apresentação ou recebimento de denúncia. |
| | Não se decreta preventiva em face da prática de crime culposo. |
| | Não se decreta preventiva se o fato foi praticado ao abrigo de excludente de antijuridicidade (artigo 314 do CPP). |
| | Não se decreta prisão preventiva em face da prática de contravenção penal (STJ). |
| Natureza *rebu sic stantibus* | A prisão preventiva não tem prazo. Dura enquanto durar sua necessidade, devendo o juiz revoga-la (inclusive de ofício) quando as razões que a motivaram desaparecerem, podendo haver nova decretação se novas razões sobrevirem (artigo 316 do CPP). |
| Revisão periódica da necessidade | O juízo prolator da decisão deve revisar a necessidade de manutenção da prisão preventiva a cada 90 dias, sob pena de tornar a prisão ilegal (parágrafo único do artigo 316 do CPP). Não há automaticidade nessa ilegalidade (STF e STJ). |

Analisemos agora cada um dos fundamentos autorizadores da medida extrema.

Cumpre perquirir, inicialmente, o que se pode entender por ordem pública. A expressão é ampla e comporta várias interpretações. Há que se buscar as que se harmonizem com a natureza jurídica da privação. Já se entendeu como autorizadores da constrição a gravidade da infração praticada, periculosidade do agente, o clamor público, dentre outros aspectos.

Para Paulo Rangel[65],

> Por ordem pública, deve-se entender a paz e a tranquilidade social, que deve existir no seio da comunidade, com todas as pessoas vivendo em perfeita harmonia, sem que haja qualquer comportamento divorciado do modus vivendi em sociedade.

Jayme Walmer de Freitas[66] explicita que "a ordem pública corre risco quando o indiciado ou réu livre e solto pode concluir crime interrompido ou voltar a delinquir, perpetrando novos delitos".

O Superior Tribunal de Justiça e o Supremo Tribunal Federal têm entendido que a gravidade abstrata da infração praticada **não pode** ser motivo ensejador da prisão preventiva para garantia da ordem pública, vez que essa circunstância fica subsumida no próprio tipo penal. Fundamentar prisão com base na gravidade abstrata do crime seria, em tese, criar uma forma automática de segregação provisória, independente de análise concreta (homicídio qualificado e estupro, por exemplo, são crimes sempre abstratamente graves).

Aliás, cumpre ressaltar que a hipótese que autorizava decretação de prisão preventiva automática, independente da análise do caso concreto, foi abolida, (a redação original do artigo 312 do Código de Processo Penal, que determinava prisão obrigatória do acusado de crime cuja pena máxima fosse igual ou superior a 10 anos de reclusão). O édito prisional com fulcro na garantia da ordem pública exige algo mais.

Vejamos alguns arestos acerca do tema:

> O juízo valorativo sobre a gravidade genérica do delito imputado ao paciente e a existência de prova da autoria e materialidade dos crimes não constituem fundamentação idônea a autorizar a prisão para garantia da ordem pública, se desvinculados de qualquer fator concreto, que não a própria conduta, em tese, delituosa[67].
>
> O fundamento da garantia da ordem pública é inidôneo quando alicerçado na credibilidade da justiça e na gravidade do crime. De igual modo, circunstâncias

---

65. RANGEL, Paulo. **Obra acima citada**, página.
66. FREITAS, Jayme Walmer de. **Prisão Temporária**. São Paulo: Saraiva, 2004, página 47.
67. STJ, HC 53206/PR, 5ª Turma, rel. Min. Gilson Dipp, DJ 12.06.06.

judiciais como a gravidade do crime, o motivo, a frieza, a premeditação, o emprego de violência exacerbada e o desprezo pelas normas que regem a vida em sociedade não conferem base concreta a justificar a exigência de garantia da ordem pública[68].

O Ministro Marco Aurélio, na relatoria do habeas corpus nº. 85.646/SP destrinchou o tema de forma bastante didática. Eis a ementa da decisão:

PRISÃO PREVENTIVA – PARÂMETROS DA AÇÃO PENAL – MATERIALIDADE E AUTORIA. A materialidade do crime e os indícios de autoria não respaldam, por si sós, a prisão preventiva.

PRISÃO PREVENTIVA – GRAVIDADE DO CRIME. A gravidade do crime circunscreve-se ao tipo penal, não autorizando prisão preventiva.

PRISÃO PREVENTIVA – TRANQUILIDADE SOCIAL. Juízo sobre a tranqüilidade social, de nítido caráter subjetivo, não ser de base à prisão preventiva.

PRISÃO PREVENTIVA – REPUTAÇÃO DE ÓRGÃO PARLAMENTAR. A preservação da respeitabilidade de órgão do Legislativo – Comissão Parlamentar de Inquérito – prescinde de medidas extremas, como é a prisão preventiva do acusado da prática criminosa.

PRISÃO PREVENTIVA – COMOÇÃO POPULAR – INSUFICIÊNCIA. Por maior que seja a repercussão do crime na vida gregária, o sentimento de indignação do público em geral, descabe, sob essa óptica, implementar a prisão do acusado, invertendo-se a ordem natural das coisas.

PRISÃO PREVENTIVA – PODER ECONÔMICO. O poder econômico, quer o individual do acusado, quer do grupo que se diz criminoso não conduz a pronunciamento no sentido de se ter a prisão precoce do envolvido.

PRISÃO PREVENTIVA – AÇÕES EM CURSO. O princípio da não-culpabilidade exclui a tomada de ações penais em curso como a respaldar a segregação do acusado.

Diferente do estudo do tipo em abstrato é a análise do caso concreto apresentado. Nas palavras de José Lisboa da Gama Malcher[69], a privação preventiva está autorizada "quando a ordem pública esteja ameaçada pelo próprio fato". O *modus operandi* tem sido largamente considerado como deflagrador da necessidade de prisão preventiva forte na garantia da ordem pública. Neste caso não se considera a abstração descrita nos parágrafos anteriores (que denotava o estudo em tese do delito) e sim a forma como praticado o crime. Aqui se pode ter uma ideia acerca do vetor principal que vem sendo alicerce para fundamentar esta modalidade de prisão provisória, a periculosidade do agente. A personalidade voltada ao crime, o choque social causado pela brutalidade de uma ação delituosa concretamente praticada e a reiteração delitiva do agente

---

68. STF, HC 88535/PE, 2ª Turma, rel. Min. Eros Grau, DJ 02.06.06.
69. MALCHER, José Lisboa da Gama. **Obra acima citada**, página 118.

têm sido fundamento para decretação e manutenção de privações escoradas na garantia da ordem pública.

É indubitável que a instabilidade social causada pela prática delitiva aviltante e os reiterados ataques à paz pública levados a efeito por criminoso contumaz fazem brotar insatisfação e anormalidade, em parte restabelecidas pela custódia provisória do investigado/indiciado ou acusado (prisão determinada na fase processual).

A garantia da ordem pública deve ser entendida como a resposta estatal à ressonância do fato ilícito sobre a paz social (análise do modo como o crime foi cometido e como isso chocou a sociedade) e ao abalo representado pela liberdade do indivíduo perigoso (a periculosidade deve ser medida pela reiteração criminosa e pela forma como o delito foi praticado).

Urge registrar que a decretação da prisão preventiva para garantir a ordem pública não destoa da natureza jurídica da medida restritiva. Como assentado no início deste capítulo, a prisão cautelar tem por finalidade resguardar o processo e sua efetividade enquanto meio hábil à prestação jurisdicional penal. Significa ainda cuidar para evitar um mal.

Em última análise o processo penal pode ser entendido como meio para satisfação do poder punitivo, tendo por escopo afirmar a força estatal em resposta a atitudes que conflitam com as normas postas de comportamento. Retirar provisoriamente o delinquente das ruas com o fito de restabelecer a ordem dilacerada pela prática delitiva confere legitimidade ao processo enquanto meio de pacificação social.

Esta pacificação, objeto final da prestação jurisdicional (representada pela aplicação de uma sanção proporcional ao agravo representado pelo crime), é sem qualquer sombra de dúvida resguardada pela privação provisória da liberdade. A afirmação da efetividade processual não significa aplicação açodada de pena antes do trânsito em julgado da sentença condenatória e não deve ser entendida como reconhecimento antecipado de culpa.

Se é certo que o investigado/indiciado tem a seu favor a presunção (ou estado) de inocência, é certo também que esta não é absoluta. Assim, diante do pernicioso impacto social da manutenção da sua liberdade em casos de pontual gravidade, esta deve ceder, decretando-se a prisão provisória. A índole garantista de nossa Carta Magna não deve servir de escudo intransponível ao encarceramento do suposto criminoso, preterindo o interesse de toda uma sociedade.

Abraçar com fervor exagerado qualquer das correntes, a que tenciona esvaziar o instituto da prisão cautelar ou a que deseja recrudescer as normas que a circundam de forma desarrazoada, é perigoso e deve ser evitado. Num plano porque a prisão cautelar tem um grande efeito pragmático na demonstração da presença estatal e no combate à criminalidade, funcionando como paliativo para dor social causada pela prática delitiva. Noutro porque estamos em momento anterior ao reconhecimento cabal de culpa do indiciado/investigado e diante dos postulados constitucionais de regência é temerário transmudar a apuração em antecipação de punição. A prisão provisória é remédio a ser usado com parcimônia e diante de reais fatos motivadores. Fazendo um trocadilho, com cautela.

Entender que a garantia da ordem pública não serve ao processo é imaginar este como um fim em si mesmo. Imaginar o processo penal como um fenômeno totalmente desapegado da sua finalidade não serve ao seio social, mas tão só ao acusado, vez que restariam esvaziados os fundamentos da preventiva garantia da ordem pública e garantia da ordem econômica.

Imaginemos a hipótese de cruel homicida serial que não é capturado em estado de flagrância e que se apresenta a todos os atos do inquérito e do processo, sem prejudicar em nada a marcha processual. Acrescentemos ao exemplo que esse acusado continua sua saga criminosa, ceifando vítimas, em liberdade (porque é hábil em fugir depois de cada crime, esquivando-se da prisão em situação flagrancial). Para os adeptos da tese de que a garantia da ordem publica deve ser rechaçada enquanto fundamento de custódia cautelar, esse indivíduo deveria continuar solto até que findasse a última possibilidade recursal em um dos processos iniciados em face dos crimes por ele perpetados. Não parece aceitável tal entendimento.

Andrey Borges de Mendonça[70] defende a constitucionalidade da prisão preventiva para garantia da ordem pública nos seguintes termos:

> Conclui-se, portanto, que a prisão preventiva para fins de garantia da ordem pública não possui finalidade de prevenção geral ou especial, mas sim de prevenção concreta, com o intuito de evitar que a sociedade sofra um dano concreto e iminente em seus bens jurídicos relevantes. Ao assim fazê-lo, o processo penal está buscando um de seus fins, que é a proteção da sociedade, contra ameaças concretas, concretizando um dos escopos da própria função jurisdicional (escopo social).

Em sentido contrário Thiago Minagé[71], para quem:

> Uma prisão para garantir a ordem pública não pode, jamais, constituir-se em regra geral para pautar uma prisão preventiva. Devido a sua notória imprecisão quanto ao significado, sua utilização afronta de forma brutal o princípio da presunção de inocência. O que se busca efetivamente com uma prisão preventiva pautada na ordem pública, em nada tem a ver com os preceitos almejados pelas medidas cautelares trazidas pela nova legislação. A prisão preventiva busca, inevitavelmente, a antecipação dos efeitos da tutela penal.

---

70. DE MENDONÇA, Andrey Borges. **Obra acima citada**, página 267.
71. MINAGÉ, Thiago. **Obra acima citada**, página 84.

Vejamos como a garantia da ordem pública é analisada no âmbito do Supremo Tribunal Federal[72]:

DIREITO PROCESSUAL PENAL. HABEAS CORPUS. PRISÃO PREVENTIVA. DECISÃO FUNDAMENTADA. GARANTIA DA ORDEM PÚBLICA. DENEGAÇÃO DA ORDEM. 1. Possível constrangimento ilegal sofrido pelo paciente devido à ausência dos requisitos autorizadores para a decretação de sua prisão preventiva. 2. Diante do conjunto probatório dos autos da ação penal, a manutenção da custódia cautelar se justifica para a garantia da ordem pública, nos termos do art. 312 do Código de Processo Penal. 3. Como já decidiu esta Corte, **"a garantia da ordem pública, por sua vez, visa, entre outras coisas, evitar a reiteração delitiva, assim resguardando a sociedade de maiores danos"** (HC 84.658/PE, rel. Min. Joaquim Barbosa, DJ 03/06/2005), além de se caracterizar **"pelo perigo que o agente representa para a sociedade como fundamento apto à manutenção da segregação"** (HC 90.398/SP, rel. Min. Ricardo Lewandowski, DJ 18/05/2007). Outrossim, **"a garantia da ordem pública é representada pelo imperativo de se impedir a reiteração das práticas criminosas, como se verifica no caso sob julgamento. A garantia da ordem pública se revela, ainda, na necessidade de se assegurar a credibilidade das instituições públicas quanto à visibilidade e transparência de políticas públicas de persecução criminal"** (HC 98.143, de minha relatoria, DJ 27-06-2008). 4. A circunstância de o paciente ser primário, ter bons antecedentes, trabalho e residência fixa, à evidência, não se mostra obstáculo ao decreto de prisão preventiva, desde que presentes os pressupostos e condições previstas no art. 312, do CPP (HC 83.148/SP, rel. Min. Gilmar Mendes, 2ª Turma, DJ 02.09.2005). 5. Habeas corpus denegado.

EMENTA: HABEAS CORPUS. PRISÃO PREVENTIVA. GARANTIA DA ORDEM PÚBLICA E CONVENIÊNCIA DA INSTRUÇÃO CRIMINAL. RÉU CONDENADO POR HOMICÍDIO QUALIFICADO A DEZESSETE ANOS DE RECLUSÃO. RECURSO DE APELAÇÃO DEFENSIVO. MANUTENÇÃO DA CUSTÓDIA CAUTELAR. DECISÃO EMBASADA EM FATOS CONCRETOS. ORDEM DENEGADA. 1. O fundamento da garantia da ordem pública é suficiente, no caso, para sustentar o decreto de prisão preventiva do paciente. Decreto, afinal, mantido pela sentença condenatória recorrida, com o reconhecimento de que permanecem incólumes os fundamentos da preventiva. **Não há como refugar a aplicabilidade do conceito de ordem pública se a concreta situação dos autos evidencia a necessidade de acautelamento do meio social.** 2. Quando da maneira de execução do delito sobressair a extrema periculosidade do agente, abre-se ao decreto de prisão a possibilidade de estabelecer um vínculo funcional entre o modus operandi do suposto crime e a garantia da ordem pública. 3. Não há que se falar em inidoneidade do decreto de prisão, se este embasa a custódia cautelar a partir do contexto empírico da causa. **Contexto, esse, revelador da gravidade concreta da conduta (de violência incomum, aliada ao motivo fútil) e da periculosidade do paciente; sem contar a notícia de fuga do acusado e a dificuldade da respectiva citação.** 4. Ordem denegada[73].

---

72. STF, HC 96579, rel. Min. Ellen Gracie, j. 02/06/2009, grifos meus.
73. STF, HC 92459, rel. Min. Carlos Britto, j. 10/03/2009, grifos meus.

Eis dois arestos proferidos pelo Superior Tribunal de Justiça[74] acerca do tema:

HABEAS CORPUS. TRÁFICO E ASSOCIAÇÃO PARA O TRÁFICO DE DROGAS. PRISÃO PREVENTIVA. DECISÃO FUNDAMENTADA. GARANTIA DA ORDEM PÚBLICA. ORDEM DENEGADA. 1. **Revela-se devidamente justificada a custódia provisória na necessidade de garantia da ordem pública dada a manifesta periculosidade do paciente, acusado de integrar verdadeira organização criminosa voltada para a prática do tráfico de drogas no Estado do Pará - oriundas da cidade de Manaus -, inclusive com envolvimento de policiais civis e militares, desenvolvendo importante papel no grupo, na medida em que, consoante a exordial, era o responsável pelo envio de cocaína para a cidade de Jacundá, encontrando-se, diga-se de passagem foragido, inexistindo, assim, o alegado constrangimento ilegal.** 2. Eventuais condições pessoais favoráveis do paciente não têm o condão de, por si sós, impedir a decretação da prisão antecipada, existindo nos autos outros elementos capazes de autorizá-la. 3. Habeas corpus denegado.

HABEAS CORPUS. CRIME DE ESTUPRO, PRATICADO CONTRA A PRÓPRIA ENTEADA MENOR. LIBERDADE PROVISÓRIA. INDEFERIMENTO FUNDAMENTADO NA GARANTIA DA ORDEM PÚBLICA. PERICULOSIDADE IN CONCRETO DO AGENTE. VEDAÇÃO EXPRESSA CONTIDA NA LEI N.º 8.072/90. FUNDAMENTAÇÃO IDÔNEA E SUFICIENTE PARA JUSTIFICAR O INDEFERIMENTO DO BENEFÍCIO. SUBSTITUIÇÃO DA PRISÃO POR MEDIDAS CAUTELARES DIVERSAS. INCOMPATIBILIDADE NA ESPÉCIE. ORDEM DE HABEAS CORPUS DENEGADA. 1. **Tem-se por fundamentada a negativa do benefício da liberdade provisória, com expressa menção à situação concreta, em razão, essencialmente, do modus operandi empregado pelo agente na prática da conduta criminosa contra sua própria enteada menor, representando periculosidade ao meio social.** 2. A vedação contida no art. 2.º, inciso II, da Lei n.º 8.072/90, acerca da negativa de concessão de fiança e de liberdade provisória aos acusados pela prática de crimes hediondos ou equiparados, não contraria a ordem constitucional, pelo contrário, deriva do seu próprio texto (art. 5.º, inciso XLIII, da CF), que impõe a inafiançabilidade das referidas infrações penais. 3. A negativa do benefício da liberdade provisória encontra amparo, também, no art. 5.º, inciso LXVI, da Constituição Federal, que somente assegurou aos presos em flagrante delito a indigitada benesse quando a lei ordinária a admitir ou por decisão fundamentada do magistrado condutor do processo (art. 2.º, § 2.º, da Lei n.º 8.072/90). 4. Desse modo, a aludida vedação, por si só, constitui motivo suficiente para negar ao preso em flagrante por crime hediondo ou equiparado o benefício da liberdade provisória. Precedentes. 5. **No que diz respeito às medidas cautelares substitutivas do cárcere, segundo assentado no acórdão impugnado, não se mostram compatíveis, na espécie, ante o não-atendimento dos pressupostos legais, não se considerando adequadas e suficientes, em face da gravidade e das circunstâncias do crime.** 6. Ordem de habeas corpus denegada[75].

---

74. STJ, HC 200902238839, rel. Haroldo Rodrigues (Desembargador convocado do TJ/CE), DJE 14/02/2011, grifos meus.
75. STJ, HC 226104/PA, 5ª Turma, rel. Min. Laurita Vaz, j. 08/05/2012, grifos meus.

O Superior Tribunal de Justiça reconhece, ainda, a existência do fundamento garantia da ordem pública quando detectada prática pretérita de atos infracionais (em outras palavras, a prática anterior de atos infracionais demonstra a periculosidade do agente e autoriza a decretação da prisão preventiva para garantia da ordem pública):

> RECURSO ORDINÁRIO EM HABEAS CORPUS. ROUBO CIRCUNSTANCIADO. PRISÃO PREVENTIVA. RÉU QUE POSSUI ANOTAÇÕES POR ATOS INFRACIONAIS. RISCO DE REITERAÇÃO. MODUS OPERANDI. NECESSIDADE DA PRISÃO PARA GARANTIA DA ORDEM PÚBLICA. SEGREGAÇÃO JUSTIFICADA. CONDIÇÕES PESSOAIS FAVORÁVEIS. IRRELEVÂNCIA. RECURSO IMPROVIDO. 1. A privação antecipada da liberdade do cidadão acusado de crime reveste-se de caráter excepcional em nosso ordenamento jurídico, e a medida deve estar embasada em decisão judicial fundamentada (art. 93, IX, da CF), que demonstre a existência da prova da materialidade do crime e a presença de indícios suficientes da autoria, bem como a ocorrência de um ou mais pressupostos do artigo 312 do Código de Processo Penal. Exige-se, ainda, na linha perfilhada pela jurisprudência dominante deste Superior Tribunal de Justiça e do Supremo Tribunal Federal, que a decisão esteja pautada em motivação concreta, sendo vedadas considerações abstratas sobre a gravidade do crime. 2. No presente caso, a prisão preventiva está devidamente justificada para a garantia da ordem pública, em razão da periculosidade do agente, evidenciada (i) por dados de sua vida pregressa, notadamente por registrar anotações pela prática de atos análogos aos crimes de roubo, porte ilegal de arma e tentativa de homicídio, quando menor e (ii) pelo modus operandi empregado (subtrair, mediante uso de arma de fogo, a moto da vítima e ao se ver perseguido pela polícia, empunhar, por diversas vezes, a arma de fogo em direção aos policiais). A prisão preventiva, portanto, mostra-se indispensável para garantir a ordem pública. 3. Embora o registro de ato infracional não possa ser utilizado para fins de reincidência ou maus antecedentes, por não serem considerados crimes, podem ser sopesados na análise da personalidade do recorrente, reforçando os elementos já suficientes dos autos que o apontam como pessoa perigosa e cuja segregação é necessária. Precedentes. 4. As condições subjetivas favoráveis do recorrente, por si sós, não obstam a segregação cautelar, quando presentes os requisitos legais para a decretação da prisão preventiva. 5. Mostra-se indevida a aplicação de medidas cautelares diversas da prisão, quando evidenciada a sua insuficiência para acautelar a ordem pública. 6. Recurso improvido[76].

Em síntese, penso ser oportuno, acerca do fundamento garantia da ordem pública, observar a tese 12 da edição 32 da jurisprudência em teses do Superior Tribunal de Justiça:

> 12) A prisão cautelar pode ser decretada para garantia da ordem pública potencialmente ofendida, especialmente nos casos de: reiteração delitiva, participação em organizações criminosas, gravidade em concreto da conduta,

---

76. STJ, 5ª Turma, RHC 86.119/PI, rel. Min. Reynaldo Soares Da Fonseca, julgado em 22/08/2017, DJe 01/09/2017.

periculosidade social do agente, ou pelas circunstâncias em que praticado o delito *(modus operandi)*.

Passemos ao segundo fundamento, a garantia da ordem econômica. O que se disse em relação ao tópico anterior merece repetição nesta hipótese. Cumpre, tão só, substituir a proteção da paz social pela guarida da tranquilidade econômica. Tem espaço quando praticado crime contra a ordem tributária, contra o sistema financeiro nacional, contra as relações de consumo, etc.

O artigo 312 do Código de Ritos prevê ainda a possibilidade de decretação da preventiva por conveniência da instrução criminal. A expressão se traduz na necessidade de restringir o direito ambulatório do réu/indiciado, quando este representa entrave para o normal andamento dos trabalhos investigativos ou a marcha processual.

Comumente o fundamento é utilizado como escora da privação da liberdade quando há tentativa de destruição de provas por parte do investigado/indiciado/réu ou ameaça a testemunhas. Enfim, quando o investigado/indiciado/réu procura embaraçar a coleta de material probante, geralmente a ele desfavorável. Como ocorre com qualquer dos fundamentos, este não se contenta com alegações genéricas apartadas da realidade dos fatos. A privação de tão importante direito, o ambulatorial, não pode ser autorizada diante de meras conjecturas e ilações. Neste sentido, fartos são os julgados proferidos pelos areópagos tupiniquins. Vejamos aresto a respeito do tema[77]:

> CRIMINAL. RECURSO ORDINÁRIO EM HABEAS CORPUS. FURTOS QUALIFICADOS CONSUMADOS E TENTADO. PRISÃO PREVENTIVA. QUADRILHA FORMADA POR CIVIS, POLICIAIS E EX-POLICIAIS MILITARES. **AMEAÇA A TESTEMUNHAS. CONVENIÊNCIA DA INSTRUÇÃO PROCESSUAL.** PRISÃO CAUTELAR MANTIDA POR OUTRO FUNDAMENTO POR FORÇA DE RECURSO EM HABEAS CORPUS JÁ JULGADO POR ESTA CORTE. RECURSO DESPROVIDO. **I. Hipótese em que o paciente é ex-policial militar e é acusado de fazer parte de quadrilha formada por outros policiais e ex-policiais militares para a prática de crimes de furto em caixas eletrônicos na região serrana do Rio de Janeiro, tendo sido "flagrado em escutas telefônicas ameaçando testemunhas". II. A ameaça às testemunhas, por si só, é fundamento suficiente para motivar a segregação provisória, como garantia da regular instrução do feito.** III. Prisão preventiva que já se encontra sustentada na necessidade de se garantir a ordem pública, por força das decisões ordinárias mantidas sob este fundamento no julgamento do RHC 29.036/RJ por esta Corte. IV. Recurso desprovido.

Por fim, temos a prisão preventiva para assegurar a futura aplicação da lei penal. Trata-se de possibilidade de evasão do autor do fato, furtando-se de

---

77. STJ, RHC 29075/RJ, 5ª Turma, Rel. Min. Gilson Dipp, j. 17/05/2012, grifos meus.

provável sentença condenatória. Por óbvio a resposta estatal à prática delitiva tem seu ápice na prolação de um édito condenatório, que merece, depois de transitado em julgado, integral cumprimento, sob pena de achincalhe à decisão judicial. Esta modalidade de restrição provisória tem em mira justamente impedir essa troça, representada pela fuga do acusado. É afastar a mais mínima possibilidade de impunidade. Eis julgado[78] a respeito do tema:

> CRIMINAL. HABEAS CORPUS. FURTO QUALIFICADO. PRISÃO EM FLAGRANTE CONVERTIDA EM PREVENTIVA. GARANTIA DA ORDEM PÚBLICA E DA APLICAÇÃO DA LEI PENAL. RÉU REINCIDENTE. PERICULOSIDADE EVIDENCIADA. RISCO DE REITERAÇÃO CRIMINOSA. **DOMICÍLIO FIXO E DESEMPENHO DE ATIVIDADE LABORAL LÍCITA NÃO DEMONSTRADOS**. POSSIBILIDADE DE APLICAÇÃO DE MEDIDA CAUTELAR DIVERSA DA PRISÃO NÃO ANALISADA PELA CORTE DE ORIGEM. SUPRESSÃO DE INSTÂNCIA. ORDEM PARCIALMENTE CONHECIDA E DENEGADA NESSA EXTENSÃO. I. Exige-se concreta motivação para a decretação da custódia preventiva, com base em fatos que efetivamente justifiquem a excepcionalidade da medida, atendendo-se aos termos do artigo 312 do Código de Processo Penal e da jurisprudência dominante. II. Réu multirreincidente, razão pela qual há que se reconhecer a necessidade de sua segregação para garantia da ordem pública. III. A prisão preventiva encontra-se devidamente fundamentada, já que se infere a periculosidade do réu e a possibilidade concreta de reiteração delitiva caso seja posto em liberdade (Precedentes). **IV. Hipótese na qual a ausência comprovação do domicílio fixo no distrito de culpa e do desempenho de atividade laboral lícita pelo réu reforçam a necessidade de segregação, com vistas a assegurar a eventual aplicação da lei penal.** V. A possibilidade de aplicação de medida diversa da prisão ao paciente não foi objeto de análise pelo Colegiado de origem, o que obsta a apreciação do tema por este Tribunal, sob pena de indevida supressão de instância. VI. Ordem parcialmente conhecida e, nessa extensão, denegada, nos termos do voto do Relator.

A prisão preventiva, como cláusula de reserva de jurisdição que é, demanda ordem escrita e fundamentada da autoridade judiciária. Nesse diapasão, cumpre esclarecer que o artigo 315 do CPP (que reclama efetiva fundamentação do magistrado na decretação do cárcere preventivo) foi alterado pelo Pacote Anticrime. Seu § 1º explicita (uma vez mais) a necessidade de indicação concreta de fatos novos ou contemporâneos que autorizem a decretação da prisão preventiva. Seu § 2º em verdadeira interpretação autêntica, deixa claro que **não se considera fundamentada** a decisão judicial que: a) limitar-se à indicação, à reprodução ou à paráfrase de ato normativo, sem explicar sua relação com a causa ou a questão decidida; b) empregar conceitos jurídicos indeterminados, sem explicar o motivo concreto de sua incidência no caso; c) invocar motivos que se prestariam a justificar qualquer outra decisão; d) não

---

78. STJ, HC 231485/SP, 5ª Turma, rel. Min. Gilson Dipp, j. 17/05/2012, grifos meus.

enfrentar todos os argumentos deduzidos no processo capazes de, em tese, infirmar a conclusão adotada pelo julgador; e) limitar-se a invocar precedente ou enunciado de súmula, sem identificar seus fundamentos determinantes nem demonstrar que o caso sob julgamento se ajusta àqueles fundamentos; f) deixar de seguir enunciado de súmula, jurisprudência ou precedente invocado pela parte, sem demonstrar a existência de distinção no caso em julgamento ou a superação do entendimento:

> Art. 315. A decisão que decretar, substituir ou denegar a prisão preventiva será sempre motivada e fundamentada.
>
> § 1º Na motivação da decretação da prisão preventiva ou de qualquer outra cautelar, o juiz deverá indicar concretamente a existência de fatos novos ou contemporâneos que justifiquem a aplicação da medida adotada.
>
> § 2º Não se considera fundamentada qualquer decisão judicial, seja ela interlocutória, sentença ou acórdão, que:
>
> I - limitar-se à indicação, à reprodução ou à paráfrase de ato normativo, sem explicar sua relação com a causa ou a questão decidida;
>
> II - empregar conceitos jurídicos indeterminados, sem explicar o motivo concreto de sua incidência no caso;
>
> III - invocar motivos que se prestariam a justificar qualquer outra decisão;
>
> IV - não enfrentar todos os argumentos deduzidos no processo capazes de, em tese, infirmar a conclusão adotada pelo julgador;
>
> V - limitar-se a invocar precedente ou enunciado de súmula, sem identificar seus fundamentos determinantes nem demonstrar que o caso sob julgamento se ajusta àqueles fundamentos;
>
> VI - deixar de seguir enunciado de súmula, jurisprudência ou precedente invocado pela parte, sem demonstrar a existência de distinção no caso em julgamento ou a superação do entendimento.

Reafirmando a natureza provisória da medida extrema, que a qualquer tempo pode ser revista, o artigo 316 do CPP deixa claro que, fenecida a escora jurídica que determinou a privação, cumpre ao juiz revogar a ordem (de ofício ou a pedido) – por isso se diz que a decisão que decreta a prisão preventiva tem natureza *rebus sic stantibus*. Se novas razões justificarem, uma vez mais a decretação da medida extrema, essa pode ser novamente decretada no bojo do inquérito/processo.

O Pacote Anticrime enxertou parágrafo único no artigo 316 do CPP, determinando revisão obrigatória da necessidade do cárcere a cada 90 dias, por meio de decisão fundamentada, de ofício, pelo juízo prolator da decisão de encarceramento, sob pena de transmudar a prisão em detenção ilegal.

Importante que se diga que não houve fixação de prazo para prisão preventiva (que pode durar durante todo inquérito e todo processo), apenas que as razões que a determinaram deverão ser novamente analisadas a cada 90 dias, sob pena de nulidade, que redundará em possibilidade de relaxamento da custódia (penso que o relaxamento não deve ser automático, simplesmente porque a necessidade do cárcere não foi reanalisada no prazo prescrito pela lei).

Seguindo a linha defendida nessa obra, o Supremo Tribunal Federal decidiu, nos autos da SL 1395 (suspensão de medida liminar concedida pelo Ministro Marco Aurélio, ajuizada pela Procuradoria-Geral da República e deferida pelo presidente da Corte, Ministro Luiz Fux), que a inobservância do prazo para revisão da necessidade da manutenção da prisão preventiva não gera, automaticamente, ilegalidade do cárcere (esse foi o entendimento usado pelo Ministro Marco Aurélio para concessão da liminar nos autos do HC 191836, determinando a soltura do paciente). O Pretório Excelso estabeleceu que a suspensão de liminar concedida por Ministro pelo presidente é excepcional e que a decisão do Ministro Luiz Fux no caso concreto se justificava em face da periculosidade do paciente (membro do PCC) e pela gravidade concreta dos crimes por ele perpetrados (necessidade de manutenção da prisão preventiva para garantia da ordem pública). Restou consolidada a seguinte tese: **"A inobservância do prazo nonagesimal do artigo 316 do Código de Processo Penal não implica automática revogação da prisão preventiva, devendo o juízo competente ser instado a reavaliar a legalidade e a atualidade de seus fundamentos"**.

O Superior Tribunal de Justiça segue a mesma linha (entendendo que o prazo mencionado no parágrafo único do artigo 316 do CPP não é peremptório). O Tribunal da Cidadania afirma, ainda, que a competência para análise da necessidade de manutenção do cárcere é do juízo prolator da decisão (tal qual explicitado no dispositivo estudado):

> PROCESSO PENAL. AGRAVO REGIMENTAL NOS EMBARGOS DE DECLARAÇÃO EM HABEAS CORPUS. TRÁFICO DE DROGAS E ASSOCIAÇÃO PARA O TRÁFICO. PRISÃO PREVENTIVA. FUNDAMENTAÇÃO IDÔNEA. GARANTIA DA ORDEM PÚBLICA. REITERAÇÃO DELITIVA. REVISÃO DA PRISÃO. ART. 316 CPP. SUPRESSÃO DE INSTÂNCIAS. COMPETÊNCIA DO JUÍZO PROCESSANTE. PRAZO NÃO PEREMPTÓRIO. IMPOSSIBILIDADE DE RELAXAMENTO DA PRISÃO. AUSÊNCIA DE CONSTRANGIMENTO ILEGAL. RECURSO NÃO PROVIDO, COM RECOMENDAÇÃO. 1. A defesa se insurge contra a decisão monocrática desta relatoria que não conheceu do habeas corpus, por inadequação da via eleita e no mérito, de ofício, afastou a existência de constrangimento ilegal hábil a permitir a concessão da ordem por esta Corte Superior. Recomendou-se, nos aclaratórios, ao Juízo processante, a reanálise da prisão cautelar. 2. No particular, o agravante foi preso em flagrante, convertida a custódia em preventiva, e condenado pela prática dos crimes de tráfico de drogas e associação para o tráfico à pena privativa de liberdade de 18 (dezoito), 04 (quatro) meses e 10 (dez) dias de reclusão, no regime inicial fechado, sendo mantida a sua custódia preventiva. A defesa apelou da sentença e questiona a ausência de reanálise da prisão, nos termos do art. 316 do CPP. 3. A prisão preventiva do agravante está fundamentada na garantia da ordem pública, tendo em vista a gravidade

concreta do delito (o paciente foi apontado como um dos principais membros de organização criminosa, altamente estrutura e dedicada ao tráfico de drogas, sendo o réu apreendido na posse de 257kg de cocaína) e os dados da sua vida pregressa (possui condenação anterior pela prática de tráfico de drogas), que evidenciam possibilidade concreta de reiteração delitiva, justificando, assim, a manutenção da prisão. Ademais, o paciente respondeu preso à ação penal e foi condenado a elevada pena. Legalidade da manutenção da prisão preventiva. Adequação ao artigo 312 do Código de Processo Penal. 4. A questão da revisão da prisão, com espeque no art. 316 do Código de Processo Penal, não foi submetida à apreciação dos órgãos originários e sua análise, por esta Corte Superior, representaria indevida supressão de instâncias. 5. A alteração promovida pela Lei nº 13.964/2019 ao art. 316 do Código Penal estabeleceu que o magistrado revisará, a cada 90 dias, a necessidade da manutenção da prisão, mediante decisão fundamentada, sob pena de tornar a prisão ilegal. Não se trata, entretanto, de termo peremptório, isto é, eventual atraso na execução deste ato não implica automático reconhecimento da ilegalidade da prisão, tampouco a imediata colocação do custodiado cautelar em liberdade. 6. "Nos termos do parágrafo único do art. 316 do CPP, a revisão, de ofício, da necessidade de manutenção da prisão cautelar, a cada 90 dias, cabe tão somente ao órgão emissor da decisão (ou seja, ao julgador que a decretou inicialmente) [...] Portanto, a norma contida no parágrafo único do art. 316 do Código de Processo Penal não se aplica aos Tribunais de Justiça e Federais, quando em atuação como órgão revisor." (AgRg no HC 569.701/SP, Rel. Ministro RIBEIRO DANTAS, Quinta Turma, DJe 17/06/2020). 7. Agravo regimental conhecido e não provido, reiterada a recomendação ao Juízo processante de reanálise da prisão (AgRg nos EDcl no HC 605.590/MT, Rel. Ministro REYNALDO SOARES DA FONSECA, QUINTA TURMA, julgado em 06/10/2020, DJe 15/10/2020).

Assim como no § 5º do artigo 282 do CPP, fica claro que, em relação à revogação da medida extrema, é possível que o juiz atue de ofício. Em relação à nova decretação, se o juiz perceber que há justo motivo para tanto, penso que a redação é, contudo, dúbia. Reforçando o que foi dito até agora: o juiz não pode mais decretar prisão preventiva de ofício *a priori*. Contudo, tendo sido decretada a medida extrema a pedido do Ministério Público, querelante, assistente ou atendendo a representação do delegado de polícia, o magistrado pode revoga-la de ofício (ou a pedido). Caso **as mesmas** razões subsistam (e o magistrado perceba que revogou a prisão de ofício equivocadamente), o juiz pode novamente decretar a medida outrora revogada de ofício (ou a pedido). Se as razões para nova decretação do cárcere forem diferentes das primeiras, penso que a decretação da prisão pelo juiz só pode ser feita atendendo a pedido dos legitimados para requerer/representar a custódia preventiva. Eis o dispositivo estudado:

> Art. 316. O juiz poderá, de ofício ou a pedido das partes, revogar a prisão preventiva se, no correr da investigação ou do processo, verificar a falta de motivo para que ela subsista, bem como novamente decretá-la, se sobrevierem razões que a justifiquem.

Parágrafo único. Decretada a prisão preventiva, deverá o órgão emissor da decisão revisar a necessidade de sua manutenção a cada 90 (noventa) dias, mediante decisão fundamentada, de ofício, sob pena de tornar a prisão ilegal.

Repetindo o que já foi consignado supra (tópico 10.2.3.7), cumpre deixar claro que a apresentação espontânea do indiciado/acusado não elide a decretação da prisão preventiva (mesmo com a mudança de redação do artigo 317 do CPP, operada pela Lei 12.403/11). Eis aresto elucidativo:

> HABEAS CORPUS SUBSTITUTIVO DO RECURSO PRÓPRIO (NÃO CONHECIMENTO). HOMICÍDIO QUALIFICADO. PRISÃO PREVENTIVA. FUGA DO DISTRITO DA CULPA. APRESENTAÇÃO ESPONTÂNEA À AUTORIDADE POLICIAL. CONSTRANGIMENTO ILEGAL RECONHECIDO. ORDEM CONCEDIDA DE OFÍCIO. 1. O habeas corpus não pode ser utilizado como substitutivo de recurso próprio, a fim de que não se desvirtue a finalidade dessa garantia constitucional, com a exceção de quando a ilegalidade apontada é flagrante, hipótese em que se concede a ordem de ofício (Precedentes). **2. A apresentação espontânea à autoridade policial não impede a decretação da prisão provisória, tampouco serve de motivo para a sua revogação, caso a necessidade do cárcere se faça presente** (Precedentes). 3. Todavia, o fundamento para a decretação da segregação cautelar fica superado com a apresentação espontânea do réu, aliada às suas condições pessoais favoráveis, se a fuga do distrito da culpa após o cometimento do delito for o único motivo constante do decreto prisional (Precedentes). 4. Caso em que não resta caracterizado o periculum libertatis, ante a apresentação espontânea do paciente à Delegacia de Polícia, confessando a autoria da prática delitiva, a fim de colaborar com a instrução. A medida extrema não se mostra mais necessária a resguardar a aplicação da lei penal. 5. Writ não conhecido. Ordem de habeas corpus concedida de ofício para revogar a prisão preventiva decretada contra o paciente, com a advertência de que deve permanecer no distrito da culpa, atendendo aos chamamentos judiciais, sem prejuízo de nova e fundamentada aplicação de medida cautelar penal, inclusive menos gravosa do que a prisão processual, caso demonstrada a sua necessidade[79].

Quando representada pela autoridade policial, a prisão é solicitada ao juízo competente via ofício (há quem prefira, como eu, peticionar – cumpre afirmar que neste caso é o órgão de polícia judiciária o autor do pleito e não a pessoa do delegado de polícia, em festejo ao princípio da impessoalidade).

O delegado deverá demonstrar de forma clara a presença do *fumus comissi delicti*, de um dos requisitos e de pelo menos um dos fundamentos que autorizem a privação da liberdade (perigo representado pelo estado de liberdade do investigado/indiciado). O juiz abrirá vista do pedido ao MP para manifestação (que não vincula o magistrado) e decidirá de forma fundamentada. Caso

---

79. STJ, 5ª Turma, HC 329.375/TO, rel. Min. Reynaldo Soares da Fonseca, julgado em 01/09/2015, DJe em 08/09/2015, grifos meus.

decrete a prisão, o juízo fará expedir mandado de prisão que será encaminhado ao aparelho policial para cumprimento.

É discussão interessante saber se o mandado de prisão autoriza o ingresso da polícia em casa alheia (que não a da pessoa a ser presa) sem mandado de busca domiciliar (como previsto no artigo 293 do CPP). Vejamos a redação do dispositivo:

> Art. 293. Se o executor do mandado verificar, com segurança, que o réu entrou ou se encontra em alguma casa, o morador será intimado a entregá-lo, à vista da ordem de prisão. Se não for obedecido imediatamente, o executor convocará duas testemunhas e, sendo dia, entrará à força na casa, arrombando as portas, se preciso; sendo noite, o executor, depois da intimação ao morador, se não for atendido, fará guardar todas as saídas, tornando a casa incomunicável, e, logo que amanheça, arrombará as portas e efetuará a prisão.
>
> Parágrafo único. O morador que se recusar a entregar o réu oculto em sua casa será levado à presença da autoridade, para que se proceda contra ele como for de direito.

Prefiro o entendimento garantista e mais cauteloso, no sentido de que além de mandado de prisão, para ingressar em residência é necessário mandado de busca específico para a casa onde está homiziada a pessoa a ser presa ou, caso não exista mandado de busca, que o responsável pela habitação autorize por escrito a entrada do aparelho policial (penso que é a leitura mais correta do artigo 283, § 2º, do CPP)[80]. Assim estarão plenamente respaldados os policiais que participaram da diligência[81].

É que, caso se entenda que o mandado de prisão permite ingresso em residência que não a da pessoa a ser presa, a ordem se transmudaria em autorização em branco para que a polícia adentre em toda e qualquer casa (basta que o aparelho policial faça constar que há fundado receio de que ali se esconde foragido). Como dito supra, prefiro a cautela de representar pela expedição de mandado de busca específico, calcado no artigo 240, § 1º, 'a', do CPP.

Por óbvio, em casos de pontual gravidade (quando a demora na obtenção de mandado de busca atrapalhar a diligência) e diante de elementos robustos que indiquem que o alvo está no interior de uma casa determinada, penso ser possível utilizar do permissivo constante no artigo 293 do CPP, acima transcrito.

---

80. Por óbvio, em situações excepcionais e restando devidamente comprovado que o foragido está em determinada casa, cumpre utilizar o permissivo legal transcrito e adentrar na residência para materializar a prisão.

81. É certo que aquele que homizia pessoa contra quem foi expedido mandado de prisão de forma deliberada (dolosa) pode cometer crime de favorecimento pessoal (artigo 348 do Código Penal). O problema para o aparelho policial acontece quando o dono da residência não age com dolo ou quando a pessoa a ser presa não está na casa, apesar da suspeita (daí porque prego ser de bom tom representar pela busca na casa).

Cumpre chamar atenção para leitura dos artigos 285 a 289-A, do Código de Processo Penal (tratam do mandado de prisão – expedição, deprecação e cumprimento):

Art. 285. A autoridade que ordenar a prisão fará expedir o respectivo mandado.

Parágrafo único. O mandado de prisão:

a) será lavrado pelo escrivão e assinado pela autoridade;

b) designará a pessoa, que tiver de ser presa, por seu nome, alcunha ou sinais característicos;

c) mencionará a infração penal que motivar a prisão;

d) declarará o valor da fiança arbitrada, quando afiançável a infração;

e) será dirigido a quem tiver qualidade para dar-lhe execução.

Art. 286. O mandado será passado em duplicata, e o executor entregará ao preso, logo depois da prisão, um dos exemplares com declaração do dia, hora e lugar da diligência. Da entrega deverá o preso passar recibo no outro exemplar; se recusar, não souber ou não puder escrever, o fato será mencionado em declaração, assinada por duas testemunhas.

Art. 287. Se a infração for inafiançável, a falta de exibição do mandado não obstará a prisão, e o preso, em tal caso, será imediatamente apresentado ao juiz que tiver expedido o mandado, para a realização de audiência de custódia.Art. 288. Ninguém será recolhido à prisão, sem que seja exibido o mandado ao respectivo diretor ou carcereiro, a quem será entregue cópia assinada pelo executor ou apresentada a guia expedida pela autoridade competente, devendo ser passado recibo da entrega do preso, com declaração de dia e hora.

Parágrafo único. O recibo poderá ser passado no próprio exemplar do mandado, se este for o documento exibido.

Art. 289. Quando o acusado estiver no território nacional, fora da jurisdição do juiz processante, será deprecada a sua prisão, devendo constar da precatória o inteiro teor do mandado.

§ 1º Havendo urgência, o juiz poderá requisitar a prisão por qualquer meio de comunicação, do qual deverá constar o motivo da prisão, bem como o valor da fiança se arbitrada.

§ 2º A autoridade a quem se fizer a requisição tomará as precauções necessárias para averiguar a autenticidade da comunicação.

§ 3º O juiz processante deverá providenciar a remoção do preso no prazo máximo de 30 (trinta) dias, contados da efetivação da medida.

Art. 289-A. O juiz competente providenciará o imediato registro do mandado de prisão em banco de dados mantido pelo Conselho Nacional de Justiça para essa finalidade.

§ 1º Qualquer agente policial poderá efetuar a prisão determinada no mandado de prisão registrado no Conselho Nacional de Justiça, ainda que fora da competência territorial do juiz que o expediu.

§ 2º Qualquer agente policial poderá efetuar a prisão decretada, ainda que sem registro no Conselho Nacional de Justiça, adotando as precauções necessárias para averiguar a autenticidade do mandado e comunicando ao juiz que a decretou, devendo este providenciar, em seguida, o registro do mandado na forma do caput deste artigo.

§ 3º A prisão será imediatamente comunicada ao juiz do local de cumprimento da medida o qual providenciará a certidão extraída do registro do Conselho Nacional de Justiça e informará ao juízo que a decretou.

§ 4º O preso será informado de seus direitos, nos termos do inciso LXIII do art. 5º da Constituição Federal e, caso o autuado não informe o nome de seu advogado, será comunicado à Defensoria Pública.

§ 5º Havendo dúvidas das autoridades locais sobre a legitimidade da pessoa do executor ou sobre a identidade do preso, aplica-se o disposto no § 2º do art. 290 deste Código.

§ 6º O Conselho Nacional de Justiça regulamentará o registro do mandado de prisão a que se refere o caput deste artigo

Por fim, cumpre chamar atenção para a edição 32 da jurisprudência em teses do Superior Tribunal de Justiça:

1) A fuga do distrito da culpa é fundamentação idônea a justificar o decreto da custódia preventiva para a conveniência da instrução criminal e como garantia da aplicação da lei penal.

2) As condições pessoais favoráveis não garantem a revogação da prisão preventiva quando há nos autos elementos hábeis a recomendar a manutenção da custódia.

3) A substituição da prisão preventiva pela domiciliar exige comprovação de doença grave, que acarrete extrema debilidade, e a impossibilidade de se prestar a devida assistência médica no estabelecimento penal.

4) A prisão preventiva poderá ser substituída pela domiciliar quando o agente for comprovadamente imprescindível aos cuidados especiais de pessoa menor de 06 (seis) anos de idade ou com deficiência.

5) As medidas cautelares diversas da prisão, ainda que mais benéficas, implicam em restrições de direitos individuais, sendo necessária fundamentação para sua imposição.

6) A citação por edital do acusado não constitui fundamento idôneo para a decretação da prisão preventiva, uma vez que a sua não localização não gera presunção de fuga.

7) A prisão preventiva não é legítima nos casos em que a sanção abstratamente prevista ou imposta na sentença condenatória recorrível não resulte em constrição pessoal, por força do princípio da homogeneidade.

8) Os fatos que justificam a prisão preventiva devem ser contemporâneos à decisão que a decreta.

9) A alusão genérica sobre a gravidade do delito, o clamor público ou a comoção social não constituem fundamentação idônea a autorizar a prisão preventiva.

10) A prisão preventiva pode ser decretada em crimes que envolvam violência doméstica e familiar contra a mulher, criança, adolescente, idoso, enfermo ou pessoa com deficiência, para o fim de garantir a execução das medidas protetivas de urgência.

11) A prisão cautelar deve ser fundamentada em elementos concretos que justifiquem, efetivamente, sua necessidade.

12) A prisão cautelar pode ser decretada para garantia da ordem pública potencialmente ofendida, especialmente nos casos de: reiteração delitiva, participação em organizações criminosas, gravidade em concreto da conduta, periculosidade social do agente, ou pelas circunstâncias em que praticado o delito *(modus operandi)*.

13) Não pode o tribunal de segundo grau, em sede de habeas corpus, inovar ou suprir a falta de fundamentação da decisão de prisão preventiva do juízo singular.

14) Inquéritos policiais e processos em andamento, embora não tenham o condão de exasperar a pena-base no momento da dosimetria da pena, são elementos aptos a demonstrar eventual reiteração delitiva, fundamento suficiente para a decretação da prisão preventiva.

15) A segregação cautelar é medida excepcional, mesmo no tocante aos crimes de tráfico de entorpecente e associação para o tráfico, e o decreto de prisão processual exige a especificação de que a custódia atende a pelo menos um dos requisitos do art. 312 do Código de Processo Penal.

## 10.2.5. Prisão temporária

Foi instituída pela Lei 7.960, de 21 de dezembro de 1989. A medida restritiva será decretada pelo juiz, atendendo a requerimento do Ministério Público ou representação da autoridade policial. Esta restrição provisória ao direito ambulatorial só pode ser levada a efeito no curso de inquérito policial (não cabe sua decretação no bojo do processo), desde que presentes seus requisitos, contidos no artigo 1º do mandamento legal. Assim é que, recebida a exordial acusatória, a custódia temporária deve ceder (caso não tenha sido convertida em prisão preventiva):

> HABEAS CORPUS. HOMICÍDIO DUPLAMENTE MAJORADO. PRISÃO TEMPORÁRIA. INVESTIGAÇÃO CRIMINAL. ENCERRAMENTO. OFERECIMENTO E RECEBIMENTO DA DENÚNCIA. DESNECESSIDADE DA CUSTÓDIA. CONSTRANGIMENTO ILEGAL EVIDENCIADO. 1. Uma vez oferecida e recebida a denúncia, desnecessária a preservação da custódia temporária do paciente, cuja finalidade é resguardar a integridade das investigações criminais. 2. Habeas corpus concedido a fim de, confirmando a liminar anteriormente deferida, revogar a custódia temporária do paciente[82].

---

82. STJ, 5ª Turma, HC 158.060/PA, rel. Min. Jorge Mussi, julgado em 02/09/2010, DJe em 20/09/2010.

O inciso I do artigo 1º da lei em análise afirma ser possível a decretação da prisão temporária quando esta for imprescindível para as investigações do inquérito policial (*periculum libertatis*). O inciso seguinte menciona que a restrição será possível quando o indicado não tiver residência fixa ou não fornecer elementos necessários ao esclarecimento de sua identidade (*periculum libertatis*). O terceiro item lista o rol de crimes compatíveis com a decretação da prisão temporária (será preciso demonstrar indícios de autoria/participação e prova da materialidade de um dos crimes da lista – *fumus comissi delicti*).

Eis o artigo em comento (com a inclusão da alínea 'p', determinada pela Lei 13.260/16):

> Art. 1° Caberá prisão temporária:
>
> I – quando imprescindível para as investigações do inquérito policial;
>
> II – quando o indiciado não tiver residência fixa ou não fornecer elementos necessários ao esclarecimento de sua identidade;
>
> III – quando houver fundadas razões, de acordo com qualquer prova admitida na legislação penal, de autoria ou participação do indiciado nos seguintes crimes:
>
> a) homicídio doloso (art. 121, caput, e seu § 2°);
>
> b) seqüestro ou cárcere privado (art. 148, caput, e seus §§ 1° e 2°);
>
> c) roubo (art. 157, caput, e seus §§ 1°, 2° e 3°);
>
> d) extorsão (art. 158, caput, e seus §§ 1° e 2°);
>
> e) extorsão mediante seqüestro (art. 159, caput, e seus §§ 1°, 2° e 3°);
>
> f) estupro (art. 213, caput, e sua combinação com o art. 223, caput, e parágrafo único);
>
> g) atentado violento ao pudor (art. 214, caput, e sua combinação com o art. 223, caput, e parágrafo único);
>
> h) rapto violento (art. 219, e sua combinação com o art. 223 caput, e parágrafo único);
>
> i) epidemia com resultado de morte (art. 267, § 1°);
>
> j) envenenamento de água potável ou substância alimentícia ou medicinal qualificado pela morte (art. 270, caput, combinado com art. 285);
>
> l) quadrilha ou bando (art. 288), todos do Código Penal;
>
> m) genocídio (arts. 1°, 2° e 3° da Lei n° 2.889, de 1° de outubro de 1956), em qualquer de sua formas típicas;
>
> n) tráfico de drogas (art. 12 da Lei n° 6.368, de 21 de outubro de 1976);
>
> o) crimes contra o sistema financeiro (Lei n° 7.492, de 16 de junho de 1986).
>
> p) crimes previstos na Lei de Terrorismo.

Surge o primeiro questionamento acerca desta prisão provisória: os incisos do artigo 1º são autônomos, podendo o julgador fundamentar o decreto prisional em qualquer deles isoladamente? A resposta é negativa. A uma porque neste caso existiria hipótese de decretação automática da privação, interpretação que deve ser rechaçada (bastaria, por exemplo, que o sujeito fosse indiciado pela prática de homicídio doloso para que fosse possível a decretação da prisão temporária, independente da verificação concreta da imprescindibilidade da medida). A duas porque tal entendimento ampliaria sobremaneira as hipóteses de cabimento da prisão temporária, vez que os dois primeiros incisos não se referem a rol de crimes. Destarte, seria possível decretar tal privação provisória diante da prática de qualquer espécie delitiva, desde que fosse imprescindível para as investigações ou quando o indiciado não tivesse residência fixa, por exemplo. Vale deixar assentado que o instituto restringe direito ambulatorial do indiciado/investigado, devendo, destarte, ser interpretado restritivamente (a interpretação de que os incisos são independentes permitiria decretação de prisão temporária de testemunha, por exemplo).

No que tange ao rol de crimes que admitem prisão temporária, Paulo Lúcio Nogueira, citado por Marco Antonio Vilas Boas[83] esclarece, corroborando os termos desenhados supra, que

> Os crimes que admitem a prisão temporária são os elencados na lei que a criou e na lei dos crimes hediondos, tratando-se de enumeração taxativa e não exemplificativa, dada sua gravidade, sendo assim indispensável a observância do rol estabelecido pela própria lei.

Fernando Capez[84], citando Sérgio de Oliveira Médici, aponta a existência de quatro posições acerca da exegese do dispositivo em estudo:

> Para Tourinho Filho e Júlio Mirabete, é Júlio Mirabete, é cabível a prisão temporária em qualquer das três situações previstas em lei (os requisitos são alternativos: ou um, ou outro);
>
> Antonio Scarance Fernandes defende que a prisão temporária só pode ser decretada se estiverem presentes as três situações (os requisitos são cumulativos);
>
> Segundo Damásio E. de Jesus e Antônio Magalhães Gomes Filho, a prisão temporária só pode ser decretada naqueles crimes apontados pela lei. Nestes crimes, desde que concorra qualquer uma das duas primeiras situações, caberá prisão temporária. Assim, se a medida for imprescindível para as investigações ou se o endereço ou identificação do indiciado forem incertos, caberá a prisão cautelar, mas desde que o crime seja um dos indicados pela lei;
>
> A prisão temporária pode ser decretada em qualquer das situações legais, desde que, com ela, concorram os motivos que autorizam a decretação da prisão preventiva (CPP, art. 312). É a posição de Vicente Greco Filho.

Sugestiono uma quinta interpretação, segundo a qual a prisão temporária só poderia ser decretada na conjugação dos incisos I e III, ou quando presentes

---

83. VILAS BOAS, Marco Antonio. **Processo Penal Completo**. São Paulo: Saraiva, 2001, página 331.
84. CAPEZ, Fernando. **Obra acima citada**, página 243.

todas as hipóteses descritas no artigo 1º (incisos I, II e III). Explico. O primeiro item do artigo nunca pode, a meu ver, ficar fora da fundamentação da decretação da medida extrema, vez que admitir o contrário seria consagrar hipótese de decretação da custódia independente da necessidade concreta da medida. Repete-se o repúdio a todo exercício interpretativo que implique na imposição de restrição provisória ao direito ambulatorial não fundamentada em exigência palpável (necessária para investigação).

Ainda que bastante genérica, a hipótese autorizadora constante no inciso I do artigo 1º da Lei 7.960/89 impõe a demonstração da necessidade concreta da medida. A demonstração da imprescindibilidade da prisão temporária para as investigações no curso do inquérito policial deve estar presente de forma clara na representação da autoridade policial ou no requerimento do Ministério Público (sugestiono que, para demonstrar a imprescindibilidade da prisão temporária para o inquérito, o delegado de polícia ou o Ministério Público tenham como norte os fundamentos para decretação da prisão preventiva – garantia da ordem pública, conveniência da instrução criminal, assegurar a aplicação da lei penal ou garantia da ordem econômica). Ademais, exige-se que a investigação tenha como pano de fundo um dos crimes listados pelo inciso III do mesmo artigo, como já acentuado supra (a lista de crimes que admitem decretação de prisão temporária, a meu sentir, é ampliada pela lista de crimes hediondos e equiparados a hediondos).

Fundamentar o pedido de prisão temporária apenas no fato de não ter o indiciado residência fixa, sem necessidade de comprovar a imprescindibilidade da medida soa temerário. Até porque a espécie restritiva tem escasso prazo de duração e, findo este, o indiciado deve ser posto em liberdade, não existindo a garantia de que, depois de libertado, o indiciado fixará residência. Carente de fundamentação no inciso I, a prisão temporária nesta hipótese de nada serviria ao procedimento policial.

Da mesma forma se diga quanto à parte final do inciso II do artigo 1º. O fato de o indiciado não apresentar elementos para sua identificação não deve, por si só, fundamentar a ordem prisional. É que há outras formas de se chegar à correta identificação do suspeito da prática delitiva. Não é em todo e qualquer caso que a falta deste elemento será suprido com o encarceramento temporário do suposto autor do fato. Por isso a imprescindibilidade de que a prisão seja de fato necessária ao bom curso das investigações. Sem a demonstração cabal de tal imperativo, não há que se falar em decretação da medida restritiva.

A motivação da independência do inciso I em relação ao II (vez que, como dito supra, há possibilidade de decretação da prisão conjugando-se o primeiro e o terceiro itens do artigo 1º da lei em comento) não merece muitas linhas. É que a imprescindibilidade da restrição para o bom termo do procedimento investigativo não pode ficar restrito simplesmente à hipótese em que o indiciado não tiver residência fixa ou não fornecer elementos para sua identificação.

Exigir a cumulação fática dos três incisos em todos os casos seria restringir sobremaneira o alcance do mandamento legal. Não há elucubrações a fazer.

Da constatação, devidamente fundamentada, de que os incisos do artigo 1º não são autônomos emerge a conclusão de que a prisão temporária só pode ser imposta ao indiciado/investigado (exigência do inciso III do referido dispositivo). Este entendimento, como visto supra, não é pacífico, sendo certo que alguns autores, por entenderem independentes os incisos do artigo 1º da lei 7.960/89, acenam com a possibilidade de decretação da prisão temporária de pessoas estranhas à prática delituosa. Vejamos ilustração do pensamento, aqui repudiado:

> Um dos primeiros fundamentos legais que criou a prisão temporária inicia o primeiro dispositivo da Lei n. 7960/89 em justificando a violenta medida processual como imprescindível para as investigações do inquérito policial, foi mais longe que se pensou (e pasmem!) ao permitir a prisão de terceiras pessoas, ainda que não envolvidas com agentes da infração. Em benefício da investigação policial, a autoridade poderá conclamar à prisão (após autorizada pelo juiz) não só de infratores, mas também de testemunhas, informantes e outras pessoas indiretamente úteis à elucidação do caso[85].

Importante salientar que a restrição pode ser imposta tanto ao indiciado (em face de quem já foi confeccionado despacho de indiciamento da lavra de delegado de polícia) quanto ao investigado (a interpretação, nesse particular, deve ser extensiva, vez que o legislador confunde as duas figuras em diversas ocasiões).

Cumpre deixar claro que o entendimento majoritário (e pacífico), tanto da doutrina quanto da jurisprudência, é que a privação pode ser decretada quando cumulados os incisos I e III ou II e III do artigo 1º acima transcrito. Vale dizer, a restrição só é cabível quando praticado em tese um dos delitos listados no inciso III e for a prisão imprescindível para as investigações do inquérito policial ou quando o indiciado não tiver residência fixa ou não fornecer elementos necessários ao esclarecimento de sua identidade. Neste sentido Nestor Távora e Rosmar Rodrigues Alencar[86], Rogério Greco[87] e Fernando Capez[88]. Vejamos aresto a respeito do tema[89]:

> Habeas Corpus. Tráfico de entorpecentes. Roubo. Formação de quadrilha. Homicídio. Decreto de prisão temporária. Alegação de ausência de fundamentação. Inocorrência. **Segregação provisória justificada na imprescindibilidade para as investigações e existência de indícios de autoria dos crimes**

---

85. VILAS BOAS, Marco Antonio. **Obra acima citada**, página 331.
86. TÁVORA, Nestor e ALENCAR, Rosmar Rodrigues. **Obra acima citada**, página 543.
87. GRECO, Rogério. **Obra acima citada**, página 69.
88. CAPEZ, Fernando. **Obra acima citada**, página 328 e 329.
89. TJ/AL, HC n.º 2012.001816-9, rel. Des. Edivaldo Bandeira Rios, grifo meu.

elencados no inciso III do art. 1º da Lei nº 7960/89 - fundamentação idônea. Arguição de ausência de manifestação do Parquet estadual. Tese insubsistente. Constrangimento ilegal não-demonstrado recurso improvido. Unânime.

O prazo de duração da prisão é de cinco dias, prorrogáveis por igual período em caso de extrema e comprovada necessidade. Caso o crime apurado seja hediondo, o prazo será de 30 dias prorrogáveis por mais 30 dias (§ 4º do artigo 2º da Lei 8.072/90) – diante deste dispositivo legal, conclui-se que também é possível, como dito supra, decretar prisão temporária quando se investiga crime listado no artigo 1º da Lei 8.072/90 (crime hediondo) e crime equiparado a hediondo (tráfico de drogas, tortura e terrorismo), ainda que o delito não esteja inserido na listagem do inciso III do artigo 1º da Lei 7.960/89.

Eis tabela explicativa dos requisitos e prazos do cárcere temporário:

| PRISÃO TEMPORÁRIA (REQUISITOS E PRAZO) | |
|---|---|
| Periculum libertatis (inciso I e II) | Imprescindibilidade da prisão para as investigações do inquérito policial |
| | Quando o indiciado não tiver residência fixa ou não fornecer elementos necessários ao esclarecimento de sua identidade |
| Fumus comissi delicti (inciso III) | Fundadas razões, de acordo com qualquer prova admitida na legislação penal, de autoria ou participação do indiciado em um dos crimes listados no inciso, de crime hediondo ou equiparado a hediondo |
| Prazos | 5 dias (prorrogáveis por igual período) - artigo 2º da Lei 7.960/89 |
| | 30 dias (prorrogáveis por igual período – crimes hediondos ou equiparados a hediondos) – § 4º do artigo 2º da Lei 8.072/90 |

Com o fito de otimizar a soltura do detido, sugestiono que o delegado de polícia, ao representar pela prisão temporária, solicite que o juízo faça constar na decisão de decretação que a autoridade policial poderá libertar o preso antes do prazo fatal descrito no mandado. Assim, se o delegado de polícia entender que o detido colaborou sobremaneira para as investigações, poderá mandar soltar o investigado/indiciado antes do prazo grafado na ordem judicial (5 ou 30 dias, conforme o caso).

Urge respeitar os reclamos legais que impõem a manutenção do preso temporário afastado dos demais encarcerados (artigo 3º da Lei 7.960/89) e a imediata soltura do indiciado depois de escoado o prazo legal, sem necessidade de expedição de alvará específico para este fim (§ 7º do artigo 2º do mandamento em estudo – dispositivo alterado pela Lei 13.869/19), sendo conveniente lembrar que a manutenção da restrição por lapso temporal maior que o estatuído em lei poderá importar, em tese, na prática de crime de abuso de autoridade.

A tabela abaixo resume alguns pontos relevantes acerca da Lei 7.960/89:

| COMANDO LEGAL | DISPOSITIVO | COMENTÁRIOS |
|---|---|---|
| Caso o pedido de prisão seja elaborado pelo delegado de polícia, o Ministério Público deve ser instado a se manifestar. | § 1º do artigo 2º da Lei 7.960/89 | O parecer do agente ministerial é opinativo, não vinculando a decisão final do magistrado acerca da decretação ou não do cárcere representado pelo delegado de polícia. |
| O despacho que decreta a prisão temporária será sempre fundamentado (trata-se de cárcere decorrente de ordem escrita e fundamentada de autoridade judiciária) e deve ser prolatado em até 24 horas depois do pedido. | § 2º do artigo 2º da Lei 7.960/89 | O dispositivo cumpre ditame constitucional constante no inciso LXI do artigo 5º da Constituição Federal (que reclama decisão escrita e fundamentada de autoridade judiciária para que exista privação de liberdade). |
| O juiz poderá, de ofício ou a requerimento do MP ou advogado, determinar a apresentação do preso, solicitar informações da autoridade policial ou determinar exame de corpo de delito | § 3º do artigo 2º da Lei 7.960/89 | O dispositivo objetiva, principalmente, proteger a integridade física do detido, garantindo que ele não seja submetido a tortura ou qualquer tratamento desumano/degradante. |
| Cópia do mandado de prisão deve ser entregue ao preso e servirá de nota de culpa | § 4º do artigo 2º da Lei 7.960/89 | A entrega da cópia do mandado faz com que o detido saiba qual o juízo responsável pela decretação da sua prisão, qual crime está sendo apurado, o prazo de duração do cárcere, dentre outros dados relevantes. |
| O mandado de prisão conterá necessariamente o período de duração da prisão temporária, bem como o dia em que o preso deverá ser libertado | § 4º-A do artigo 2º da Lei 7.960/89 - inserido pela Lei 13.869/19 | A duração da prisão temporária (5 ou 30 dias, a depender do crime investigado) deve estar consignada no mandado[90]. |

---

90. Não vejo óbice na decretação de prisão temporária pelo magistrado, atendendo a representação do delegado de polícia ou requerimento do agente ministerial, em prazos menores que os descritos em lei.

| COMANDO LEGAL | DISPOSITIVO | COMENTÁRIOS |
|---|---|---|
| | | Para que seja possível consignar no mandado o dia da libertação, é preciso conhecer o dia do cumprimento da ordem (o prazo só se iniciará quando o mandado for cumprido). Penso que a autoridade policial responsável pelo cumprimento da ordem deve consignar no mandado o dia da libertação do preso (o dia do encarceramento conta como primeiro dia do prazo). |
| A prisão só pode ser executada depois da expedição do mandado | § 5º do artigo 2º da Lei 7.960/89 | Não é possível deter o investigado/indiciado para só depois "formalizar" a prisão. Só é possível encarcerar depois que a prisão é decretada e o mandado é expedido. |
| O preso deve ser informado dos seus direitos | § 6º do artigo 2º da Lei 7.960/89 | É cumprir os "avisos de Miranda". O preso deve ser informado do seu direito ao silêncio, de não produzir prova contra si, de constituir advogado, dentre outros. |
| Decorrido o prazo contido no mandado de prisão, a autoridade responsável pela custódia deverá, independentemente de nova ordem da autoridade judicial, pôr imediatamente o preso em liberdade, salvo se já tiver sido comunicada da prorrogação da prisão temporária ou da decretação da prisão preventiva. | § 7º do artigo 2º da Lei 7.960/89 – modificado pela Lei 13.869/19 | Não é preciso expedição de alvará de soltura para a libertação do detido encarcerado em face da decretação de prisão temporária. |
| Constitui crime de abuso de autoridade manter o preso temporário detido por mais tempo que o determinado na ordem judicial | Artigo 12, inciso IV, da Lei 13.869/19 | Por óbvio, é preciso que a conduta seja dolosa (e impregnada pelo especial fim de agir consignado no § 1º do artigo 1º da Lei 13.869/19). |

| COMANDO LEGAL | DISPOSITIVO | COMENTÁRIOS |
|---|---|---|
| O dia do cumprimento do mandado de prisão se inclui no cômputo do prazo de prisão temporária | § 8º do artigo 2º da Lei 7.960/89 – incluído pela Lei 13.869/19 | Como já salientado supra, o prazo da prisão temporária inclui o dia do cumprimento do mandado. |
| Os presos temporários devem ser mantidos separados dos demais detentos | Artigo 3º | - |
| Em todas as comarcas deve existir plantão de 24 horas do Judiciário e do Ministério Público para apreciar os pedidos de prisão temporária | Artigo 5º | - |

Consigno que o Superior Tribunal de Justiça tem precedente admitindo que o juiz decrete prisão preventiva, mesmo diante de representação pela prisão temporária (fungibilidade). Não concordo com tal movimentação do magistrado (a meu sentir, com o fito de garantir sua inércia, o juiz deve se ater a decidir o quanto pleiteado pela autoridade policial, deferindo ou não o cárcere apresentado na representação):

> HABEAS CORPUS. IMPETRADO EM SUBSTITUIÇÃO A RECURSO PRÓPRIO. HOMICÍDIO DUPLAMENTE QUALIFICADO. PEDIDO DE PRISÃO TEMPORÁRIA. DECRETAÇÃO DA PRISÃO PREVENTIVA. INOCORRÊNCIA DE ILEGALIDADE. PRISÃO PREVENTIVA. RISCO DE REITERAÇÃO. NECESSIDADE DA PRISÃO PARA GARANTIA DA ORDEM PÚBLICA. FUGA DO DISTRITO DA CULPA. NECESSIDADE DE GARANTIR A APLICAÇÃO DA LEI PENAL E REGULAR INSTRUÇÃO CRIMINAL. SEGREGAÇÃO JUSTIFICADA. CONDIÇÕES PESSOAIS FAVORÁVEIS. IRRELEVÂNCIA. HABEAS CORPUS NÃO CONHECIDO. 1. O Superior Tribunal de Justiça, seguindo entendimento firmado pelo Supremo Tribunal Federal, passou a não admitir o conhecimento de habeas corpus substitutivo de recurso previsto para a espécie. No entanto, deve-se analisar o pedido formulado na inicial, tendo em vista a possibilidade de se conceder a ordem de ofício, em razão da existência de eventual coação ilegal. 2. Requerida a prisão temporária pela autoridade policial ou pelo Ministério Público, o Magistrado poderá decretar a prisão preventiva, em decisão fundamentada, na qual aponte a presença dos requisitos do art. 312 do CPP. 3. Deve ser aplicado ao tema o mesmo entendimento que preceitua a inexistência de qualquer ilegalidade na conversão do flagrante em preventiva. Não se trata de decretação da prisão de ofício, em desconformidade com o Sistema Acusatório de Processo ou com o Princípio da Inércia, adotados pela Constituição da República de 1988. Isso porque, o julgador só atuou após ter sido previamente provocado pela autoridade policial, não se tratando de postura que coloque em xeque a sua imparcialidade. O que deve ser analisado é se o ato judicial está amparada nos pressupostos exigidos pela lei (art. 312 do CPP) e calcado em fundamentos acolhidos pela doutrina e jurisprudência como válidos

para o encarceramento prematuro do acusado. 4. A privação antecipada da liberdade do cidadão acusado de crime reveste-se de caráter excepcional em nosso ordenamento jurídico, e a medida deve estar embasada em decisão judicial fundamentada (art. 93, IX, da CF), que demonstre a existência da prova da materialidade do crime e a presença de indícios suficientes da autoria, bem como a ocorrência de um ou mais pressupostos do artigo 312 do Código de Processo Penal. Exige-se, ainda, na linha perfilhada pela jurisprudência dominante deste Superior Tribunal de Justiça e do Supremo Tribunal Federal, que a decisão esteja pautada em motivação concreta, sendo vedadas considerações abstratas sobre a gravidade do crime. 5. No presente caso, a prisão preventiva está devidamente justificada para a garantia da ordem pública, em razão da gravidade concreta do delito e da periculosidade do agente, evidenciada por dados da vida pregressa do paciente, notadamente pelo fato de ser reincidente em crimes violentos. Além disso, a custódia preventiva encontra-se lastreada no fato de o paciente ter fugido do distrito da culpa, destacando que seu próprio pai informou que ADJAIME deixou sua residência após os fatos e se encontrava em local incerto e não sabido. Assim, fica evidenciado ser a prisão preventiva indispensável para conter a reiteração na prática de crimes e garantir a ordem pública, resguardar a aplicação da lei penal e regular instrução do feito. 6. Eventuais condições subjetivas favoráveis do paciente, não comprovadas no presente caso, por si sós, não obstam a segregação cautelar, quando presentes os requisitos legais para a decretação da prisão preventiva. 7. Mostra-se indevida a aplicação de medidas cautelares diversas da prisão, quando evidenciada a sua insuficiência para acautelar a ordem pública. 8. Habeas corpus não conhecido[91].

Por fim, saliento que pendem de julgamento as ADI 3.360 e 4.109, que objetivam analisar a constitucionalidade da prisão temporária. Até o fechamento dessa edição, já tinham votado a relatora, Ministra Carmen Lúcia (que adotou posicionamento idêntico ao por mim defendido nessa obra), e o Ministro Gilmar Mendes (o julgamento foi suspenso após pedido de vista do Ministro Edson Fachin).

A Ministra Carmem Lúcia julgou parcialmente procedentes as ações para, sem redução de texto, atribuir interpretação conforme à Constituição da República ao art. 1º da Lei n. 7.960/1989 e "admitir o cabimento da prisão temporária desde que presentes cumulativamente as hipóteses dos incs. I e III ou I, II e III".

Já o Ministro Gilmar Mendes divergiu da relatora e julgou parcialmente procedente as ADI para dar interpretação conforme ao art. 1º da Lei nº 7.960/1989 e fixar o entendimento de que, em conformidade com a CF e o CPP, a decretação de prisão temporária autoriza-se quando, cumulativamente: "1) for imprescindível para as investigações do inquérito policial (art. 1º, I, Lei nº 7.960/1989) (*periculum libertatis*), a partir de elementos concretos, e não meras conjecturas, sendo proibida a sua utilização como prisão para averiguações ou em violação ao direito à não autoincriminação; 2) houver fundadas

---

91. STJ, HC 319.471/MG, 5ª. Turma, rel. Min. Reynaldo Soares da Fonseca, julgado em 16/06/2016, DJe 22/06/2016.

razões de autoria ou participação do indiciado nos crimes previstos no art. 1º, III, Lei nº 7.960/1989 (*fumus comissi delicti*), vedada a analogia ou a interpretação extensiva do rol previsto no dispositivo; 3) for justificada em fatos novos ou contemporâneos que fundamentem a medida (art. 312, § 2º, CPP); 4) a medida for adequada à gravidade concreta do crime, às circunstâncias do fato e às condições pessoais do indiciado (art. 282, II, CPP), respeitados os limites previstos no art. 313 do CPP; 5) não for suficiente a imposição de medidas cautelares diversas, previstas nos arts. 319 e 320 do CPP (art. 282, § 6º, CPP)".

### 10.2.6. Prisão domiciliar

A prisão domiciliar já era admitida pela jurisprudência tupiniquim no curso do inquérito ou do processo. Utilizava-se, para tanto, o artigo 117 da Lei de Execuções Penais – Lei 7.210/84:

> Art. 117. Somente se admitirá o recolhimento do beneficiário de regime aberto em residência particular quando se tratar de:
>
> I – condenado maior de 70 (setenta) anos;
>
> II – condenado acometido de doença grave;
>
> III – condenada com filho menor ou deficiente físico ou mental;
>
> IV – condenada gestante.

Vejamos arestos elucidativos:

> PENAL E PROCESSO PENAL. HABEAS CORPUS. PRISÃO PREVENTIVA. PRONÚNCIA. PRISÃO CAUTELAR. REQUISITOS. FUNDAMENTAÇÃO. INEXISTÊNCIA. RÉU PRESO HÁ MAIS DE 1 ANO E 9 MESES. EXCESSO DE PRAZO NO JULGAMENTO DO FEITO. CONSTRANGIMENTO ILEGAL CONFIGURADO. **PACIENTE PORTADOR DE DOENÇA GRAVE. ESTADO DE SAÚDE DEBILITADO. PRISÃO DOMICILIAR DECRETADA.** ORDEM CONCEDIDA. As decisões judiciais devem ser fundamentadas, sob pena de nulidade (art. 93, IX, CRFB). A prisão por pronúncia é espécie do gênero cautelar, cabível apenas por necessidade e conveniência instrumental, se presentes os requisitos autorizadores da prisão preventiva. O caráter hediondo do delito, ainda sub judice, não é bastante para coarctar, antecipadamente, a liberdade do réu, sob pena de prévio juízo de condenação e malferimento à presunção constitucional de não culpabilidade. Cumpre ao Estado, titular do jus puniendi, prover os meios necessários à aplicação da lei penal sem que, para tanto, imprima ao acusado constrangimento ilegal, à vista do excessivo prazo que marca a delonga no julgamento do feito. O princípio da razoabilidade é inato ao devido processo legal, de modo que a injustificada demora no julgamento do feito caracteriza o constrangimento ilegal corrigível pela via eleita do writ. Ordem CONCEDIDA para conceder ao paciente a prisão domiciliar[92].

---

92. STJ, HC 52548/ES, 6ª Turma, rel. Min. Paulo Medina, j. 21/09/06, grifo meu.

PROCESSO PENAL. HABEAS CORPUS. PRISÃO PREVENTIVA. PACIENTE PORTADOR DE DOENÇAS GRAVES. ESTADO DE SAÚDE DEBILITADO. SEGREGAÇÃO. PRISÃO DOMICILIAR. REQUISITOS. FLEXIBILIZAÇÃO DO ART. 117 DA LEI Nº 7.210/84. APLICAÇÃO DO PRINCÍPIO CONSTITUCIONAL FUNDAMENTAL DA DIGNIDADE DA PESSOA HUMANA. CONSTITUIÇÃO FEDERAL, ART. 1º, INCISO III. QUESTÃO NÃO SUSCITADA EM 2º GRAU. PEDIDO PREJUDICADO. ORDEM CONCEDIDA EX OFFICIO. **Admite-se a prisão domiciliar, em princípio, quando se tratar de réu inserido no regime prisional aberto, ex vi art. 117 da Lei de Execução Penal. Excepcionalmente, tem a jurisprudência entendido ser possível a concessão do benefício da prisão domiciliar a réu portador de doença grave, que comprova a debilidade de sua saúde (Precedentes do STJ).** No caso em exame, de acordo com os relatórios médicos juntados aos autos, o paciente está acometido de moléstias graves, submetido a vários tratamentos e em situação de sofrimento e alegado estágio terminal Questão não suscitada em segundo grau. Pedido prejudicado. Habeas Corpus CONCEDIDO DE OFÍCIO para revogar a prisão preventiva e julgar prejudicado o pedido[93].

Em verdade, as Cortes brasileiras faziam uso de instituto afeto à execução penal (aplicável, em tese, apenas após o trânsito em julgado da sentença condenatória ao condenado em regime aberto) no curso do inquérito ou do processo, com lastro no princípio da dignidade da pessoa humana, de índole constitucional (artigo 1º, III, da Constituição Federal).

Com o fito de adaptar o ordenamento jurídico ao entendimento pacífico da jurisprudência, a Lei 12.403/11 enxertou no CPP a prisão domiciliar (artigos 317 e 318 – este último com a redação foi alterada pela Lei 13.257/16). Vejamos os dispositivos legais em comento:

Art. 317. A prisão domiciliar consiste no recolhimento do indiciado ou acusado em sua residência, só podendo dela ausentar-se com autorização judicial.

Art. 318. Poderá o juiz substituir a prisão preventiva pela domiciliar quando o agente for:

I – maior de 80 (oitenta) anos;

II – extremamente debilitado por motivo de doença grave;

III – imprescindível aos cuidados especiais de pessoa menor de 6 (seis) anos de idade ou com deficiência;

IV – gestante;

V – mulher com filho de até 12 (doze) anos de idade incompletos;

VI – homem, caso seja o único responsável pelos cuidados do filho de até 12 (doze) anos de idade incompletos.

Parágrafo único. Para a substituição, o juiz exigirá prova idônea dos requisitos estabelecidos neste artigo.

---

93. STJ, HC 40748, 6ª Turma, rel. Min. Paulo Medina, j. 28/06/2005, grifo meu.

Andou bem o legislador ao permitir expressamente a prisão domiciliar no curso do inquérito ou do processo. Custodiar cautelarmente em estabelecimento prisional qualquer dos personagens listados no artigo 318 do CPP é medida extremamente severa e que só deve ser aplicada pontualmente em situações excepcionais. Caso não se mostre efetivamente imprescindível a decretação de prisão preventiva nestes casos, deve o julgador optar por imposição de medida cautelar diversa do cárcere (artigo 319 do CPP) ou prisão domiciliar (artigos 317 e seguintes do CPP).

Diante do caos do sistema prisional brasileiro, o Supremo Tribunal Federal julgou habeas corpus coletivo, enfrentando pleito que objetivava substituir a prisão preventiva de mães e gestantes encarceradas pela prisão domiciliar.

O julgado deve ser analisado em cotejo com decisão anterior do Pretório Excelso que reconheceu "estado de coisas inconstitucional" no sistema prisional brasileiro (leitura do tópico 10.5 desta obra).

O Supremo Tribunal Federal, em síntese, decidiu pela substituição da prisão preventiva pela domiciliar (sem prejuízo da aplicação concomitante das medidas alternativas previstas no art. 319 do CPP) de todas as mulheres presas, gestantes, puérperas ou mães de crianças e deficientes, nos termos do art. 2º do ECA e da Convenção sobre Direitos das Pessoas com Deficiências (Decreto Legislativo 186/2008 e Lei 13.146/2015), relacionadas neste processo pelo DEPEN e outras autoridades estaduais, enquanto perdurar tal condição, com extensão da ordem a todas as demais mulheres presas, gestantes, puérperas ou mães de crianças e de pessoas com deficiência, bem assim às adolescentes sujeitas a medidas socioeducativas em idêntica situação no território nacional. A Corte excetuou os casos as mulheres envolvidas com crimes praticados mediante violência ou grave ameaça, contra seus descendentes ou, ainda, em situações excepcionalíssimas, as quais deverão ser devidamente fundamentadas pelos juízes que denegarem o benefício.

Ante a profundida do julgado, transcrevo-o, à completude:

> HABEAS CORPUS COLETIVO. ADMISSIBILIDADE. DOUTRINA BRASILEIRA DO HABEAS CORPUS. MÁXIMA EFETIVIDADE DO WRIT. MÃES E GESTANTES PRESAS. RELAÇÕES SOCIAIS MASSIFICADAS E BUROCRATIZADAS. GRUPOS SOCIAIS VULNERÁVEIS. ACESSO À JUSTIÇA. FACILITAÇÃO. EMPREGO DE REMÉDIOS PROCESSUAIS ADEQUADOS. LEGITIMIDADE ATIVA. APLICAÇÃO ANALÓGICA DA LEI 13.300/2016. MULHERES GRÁVIDAS OU COM CRIANÇAS SOB SUA GUARDA. PRISÕES PREVENTIVAS CUMPRIDAS EM CONDIÇÕES DEGRADANTES. INADMISSIBILIDADE. PRIVAÇÃO DE CUIDADOS MÉDICOS PRÉ-NATAL E PÓS-PARTO. FALTA DE BERÇARIOS E CRECHES. ADPF 347 MC/DF. SISTEMA PRISIONAL BRASILEIRO. ESTADO DE COISAS INCONSTITUCIONAL. CULTURA DO ENCARCERAMENTO. NECESSIDADE DE SUPERAÇÃO. DETENÇÕES CAUTELARES DECRETADAS DE FORMA ABUSIVA E IRRAZOÁVEL. INCAPACIDADE DO ESTADO DE ASSEGURAR DIREITOS FUNDAMENTAIS ÀS ENCARCERADAS. OBJETIVOS DE DESENVOLVIMENTO DO MILÊNIO E DE DESENVOLVIMENTO SUSTENTÁVEL DA ORGANIZAÇÃO DAS

NAÇÕES UNIDAS. REGRAS DE BANGKOK. ESTATUTO DA PRIMEIRA INFÂNCIA. APLICAÇÃO À ESPÉCIE. ORDEM CONCEDIDA. EXTENSÃO DE OFÍCIO. I – Existência de relações sociais massificadas e burocratizadas, cujos problemas estão a exigir soluções a partir de remédios processuais coletivos, especialmente para coibir ou prevenir lesões a direitos de grupos vulneráveis. II – Conhecimento do *writ* coletivo homenageia nossa tradição jurídica de conferir a maior amplitude possível ao remédio heroico, conhecida como doutrina brasileira do habeas corpus. III – Entendimento que se amolda ao disposto no art. 654, § 2º, do Código de Processo Penal - CPP, o qual outorga aos juízes e tribunais competência para expedir, de ofício, ordem de habeas corpus, quando no curso de processo, verificarem que alguém sofre ou está na iminência de sofrer coação ilegal. IV – Compreensão que se harmoniza também com o previsto no art. 580 do CPP, que faculta a extensão da ordem a todos que se encontram na mesma situação processual. V - Tramitação de mais de 100 milhões de processos no Poder Judiciário, a cargo de pouco mais de 16 mil juízes, a qual exige que o STF prestigie remédios processuais de natureza coletiva para emprestar a máxima eficácia ao mandamento constitucional da razoável duração do processo e ao princípio universal da efetividade da prestação jurisdicional VI - A legitimidade ativa do habeas corpus coletivo, a princípio, deve ser reservada àqueles listados no art. 12 da Lei 13.300/2016, por analogia ao que dispõe a legislação referente ao mandado de injunção coletivo. VII – Comprovação nos autos de existência de situação estrutural em que mulheres grávidas e mães de crianças (entendido o vocábulo aqui em seu sentido legal, como a pessoa de até doze anos de idade incompletos, nos termos do art. 2º do Estatuto da Criança e do Adolescente - ECA) estão, de fato, cumprindo prisão preventiva em situação degradante, privadas de cuidados médicos pré-natais e pós-parto, inexistindo, outrossim berçários e creches para seus filhos. VIII – "Cultura do encarceramento" que se evidencia pela exagerada e irrazoável imposição de prisões provisórias a mulheres pobres e vulneráveis, em decorrência de excessos na interpretação e aplicação da lei penal, bem assim da processual penal, mesmo diante da existência de outras soluções, de caráter humanitário, abrigadas no ordenamento jurídico vigente. IX – Quadro fático especialmente inquietante que se revela pela incapacidade de o Estado brasileiro garantir cuidados mínimos relativos à maternidade, até mesmo às mulheres que não estão em situação prisional, como comprova o "caso Alyne Pimentel", julgado pelo Comitê para a Eliminação de todas as Formas de Discriminação contra a Mulher das Nações Unidas. X – Tanto o Objetivo de Desenvolvimento do Milênio nº 5 (melhorar a saúde materna) quanto o Objetivo de Desenvolvimento Sustentável nº 5 (alcançar a igualdade de gênero e empoderar todas as mulheres e meninas), ambos da Organização das Nações Unidas, ao tutelarem a saúde reprodutiva das pessoas do gênero feminino, corroboram o pleito formulado na impetração. X – Incidência de amplo regramento internacional relativo a Direitos Humanos, em especial das Regras de Bangkok, segundo as quais deve ser priorizada solução judicial que facilite a utilização de alternativas penais ao encarceramento, principalmente para as hipóteses em que ainda não haja decisão condenatória transitada em julgado. XI – Cuidados com a mulher presa que se direcionam não só a ela, mas igualmente aos seus filhos, os quais sofrem injustamente as consequências da prisão, em flagrante contrariedade ao art. 227 da Constituição, cujo teor determina que se dê prioridade absoluta à concretização dos direitos destes. XII – Quadro descrito nos autos que exige o estrito cumprimento do Estatuto da Primeira Infância, em especial da nova redação por ele conferida ao art. 318, IV e V, do Código de Processo Penal. XIII – Acolhimento do writ que se impõe de modo a superar tanto a arbitrariedade judicial quanto a sistemática exclusão de direitos de grupos hipossuficientes, típica de sistemas jurídicos que não dispõem de soluções coletivas para problemas estruturais. XIV – Ordem concedida para determinar a substituição da prisão preventiva pela domiciliar - sem prejuízo da aplicação concomitante das medidas alternativas previstas no art. 319 do CPP - de todas as mulheres presas, gestantes, puérperas ou mães de crianças e deficientes, nos termos do art. 2º do ECA e da Convenção sobre Direitos das Pessoas com Deficiências (Decreto Legislativo 186/2008 e Lei 13.146/2015), relacionadas neste processo pelo DEPEN e outras autoridades estaduais, enquanto perdurar tal condição, excetuados os casos de crimes praticados por elas mediante violência ou grave ameaça, contra seus descendentes ou, ainda, em situações excepcionalíssimas, as quais deverão ser devidamente fundamentadas pelos juízes que denegarem o benefício. XV – Extensão da ordem de ofício a todas as demais mulheres presas, gestantes, puérperas ou mães de crianças e de pessoas com deficiência, bem assim às adolescentes sujeitas a medidas socioeducativas em idêntica situação no território nacional, observadas as restrições acima[94].

A decisão acima transcrita deu azo à edição da Lei 13.769/18, que incluiu os artigos 318-A e 318-B no Código de Processo Penal (a redação do dispositivo dá a entender que, adimplidos os requisitos para substituição da prisão preventiva pela domiciliar, há direito subjetivo da mulher gestante ou mãe responsável por crianças ou pessoa com deficiência):

> Art. 318-A. A prisão preventiva imposta à mulher gestante ou que for mãe ou responsável por crianças ou pessoas com deficiência será substituída por prisão domiciliar, desde que:
> I – não tenha cometido crime com violência ou grave ameaça a pessoa;
> II – não tenha cometido o crime contra seu filho ou dependente.
> Art. 318-B. A substituição de que tratam os arts. 318 e 318-A poderá ser efetuada sem prejuízo da aplicação concomitante das medidas alternativas previstas no art. 319 deste Código.

Caso a mulher gestante ou mãe/responsável por criança ou pessoa com deficiência tenha cometido crime com violência ou grave ameaça à pessoa ou contra seu filho/dependente, a substituição da preventiva por domiciliar não será direito subjetivo, mas poderá ser deferida a depender da análise do caso concreto pelo magistrado, com fulcro no artigo 318 do CPP.

Cumpre mencionar que, no informativo 629, o STJ entendeu que não é cabível a substituição da prisão preventiva pela domiciliar quando o crime é praticado na própria residência da agente, onde convive com filhos menores de 12 anos:

---

94. STF, HC 143641, rel. Min. Ricardo Lewandowski, Segunda Turma, julgado em 20/02/2018, processo eletrônico DJe-215 DIVULG 08-10-2018 PUBLIC 09-10-2018.

Cinge-se a controvérsia a analisar pedido de conversão de prisão preventiva em domiciliar para que paciente possa cuidar de pessoa absolutamente incapaz. O Tribunal de origem, ao analisar a questão, considerando o recente precedente do STF, no julgamento do HC n. 143.641, apresentou fundamento válido para afastar a substituição da prisão preventiva da paciente por domiciliar, ao destacar laudo pericial do assistente social, no qual consta que a paciente usava de sua própria residência para a prática delituosa. Assim, o local não apenas se mostraria inadequado para os cuidados de um incapaz, como também remeteria à conclusão de possibilidade de reiteração criminosa. Registra-se que a Quinta Turma já entendeu que a substituição do encarceramento preventivo pelo domiciliar não resguarda o interesse dos filhos menores de 12 anos de idade, quando o crime é praticado na própria residência da agente, onde convive com os infantes.

Por fim, saliento que o Superior Tribunal de Justiça entendeu (informativo 647) ser possível concessão de prisão domiciliar a mulher condenada com filho menor de 12 anos ou responsável por pessoa com deficiência, mesmo em sede de execução provisória da pena (constitucionalismo fraterno):

> Acerca da prisão domiciliar, o Colegiado da Suprema Corte, por ocasião do julgamento do Habeas Corpus coletivo n. 143.641/SP, concluiu que a norma processual (art. 318, IV e V) alcança a todas as mulheres presas, gestantes, puérperas, ou mães de crianças e deficientes sob sua guarda, relacionadas naquele *writ*, bem ainda todas as outras em idêntica condição no território nacional. No referido julgado determinou-se a substituição da prisão preventiva por domiciliar de mulheres presas, em todo o território nacional, que sejam gestantes ou mães de crianças de até 12 anos ou responsável por pessoas com deficiência, sem prejuízo da aplicação das medidas alternativas previstas no artigo 319 do Código de Processo Penal (CPP). No caso, a ré havia sido beneficiada com a conversão da prisão preventiva em domiciliar, mas, diante da confirmação da condenação, foi determinada a expedição do mandado de prisão, para se dar início à execução provisória da pena. Há precedentes desta Corte, contudo, autorizando a concessão de prisão domiciliar mesmo em execução provisória da pena, não se podendo descurar, ademais, que a prisão domiciliar é instituto previsto tanto no art. 318, inciso V, do Código de Processo Penal, para substituir a prisão preventiva de mulher com filho de até 12 (doze) anos de idade incompletos, quanto no art. 117, inciso III, da Lei de Execuções Penais, que se refere à execução provisória ou definitiva da pena, para condenada com filho menor ou deficiente físico ou mental. Nesse encadeamento de ideias, uma interpretação teleológica da Lei n. 13.257/2016, em conjunto com as disposições da Lei de Execução Penal, e à luz do constitucionalismo fraterno, previsto no art. 3º, bem como no preâmbulo da Constituição Federal, revela ser possível se inferir que as inovações trazidas pelo novo regramento podem ser aplicadas também à fase de execução da pena[95].

---

95. STJ, HC 487.763-SP, Rel. Min. Reynaldo Soares da Fonseca, Quinta Turma, por unanimidade, julgado em 02/04/2019, DJe 16/04/2019.

## 10.3. LIBERDADE PROVISÓRIA

Sempre perspicaz, Guilherme de Souza Nucci[96] descreve liberdade provisória como "a concedida ao indiciado ou réu, preso em decorrência de determinadas espécies de prisão cautelar, que, por não necessitar ficar segregado, provisoriamente, em homenagem ao princípio da presunção de inocência, deve ser liberado, sob determinadas condições".

O CPP trata da liberdade provisória a partir do artigo 321. Vejamos o dispositivo em comento:

> Art. 321. Ausentes os requisitos que autorizam a decretação da prisão preventiva, o juiz deverá conceder liberdade provisória, impondo, se for o caso, as medidas cautelares previstas no art. 319 deste Código e observados os critérios constantes do art. 282 deste Código.

O estudo do artigo acima transcrito revela que a conversão da prisão em flagrante em custódia preventiva e a manutenção da prisão preventiva outrora decretada dependem da verificação concreta dos requisitos e fundamentos desta (em síntese, é analisar os artigos 312 e 313 do CPP).

A liberdade provisória pode ser concedida com ou sem fiança. Fiança é uma caução prestada pela concessão da liberdade em valor a ser arbitrado de acordo com os limites desenhados no artigo 325 do CPP. Não existe nenhum parâmetro legal a ser seguido para que se conceda a liberdade provisória com ou sem fiança. O ideal é que, sendo afiançável o crime e as condições de fortuna do preso autorizem, seja arbitrada a caução.

Importante salientar que mesmo crimes inafiançáveis comportam concessão de liberdade provisória (que será concedida independentemente de fiança). Os delitos inafiançáveis são informados pela Constituição Federal, pelo Código de Processo Penal e pelas leis específicas que os regem[97] (basicamente os crimes de racismo, tortura, tráfico ilícito de entorpecentes e drogas afins, terrorismo, os definidos como hediondos e os crimes cometidos por grupos armados, civis ou militares, contra a ordem constitucional e o Estado Democrático).

Insta lembrar que o Supremo Tribunal Federal entendeu que os dispositivos legais que consideravam tais delitos insuscetíveis de liberdade provisória são inconstitucionais. Vejamos aresto[98] elucidativo:

> Ementa: HABEAS CORPUS. TRÁFICO DE ENTORPECENTES. RÉU PRESO EM FLAGRANTE. SENTENÇA CONDENATÓRIA. MANUTENÇÃO DA PRISÃO CAUTELAR.

---

96. NUCCI, Guilherme de Souza. **Obra acima citada**, páginas 531 e 532.
97. Artigo 5º, incisos XLII, XLIII e XLIV, da Constituição Federal e artigo 323 do CPP, além das leis esparsas específicas.
98. STF, HC 103595/SP, 2ª Turma, Rel. Min. Ayres Britto, j. 07/02/2012 grifos meus.

FUNDAMENTAÇÃO INIDÔNEA. ÓBICE À SUBSTITUIÇÃO DA PENA PRIVATIVA DE LIBERDADE POR PENAS RESTRITIVAS DE DIREIROS AFASTADO NO JULGAMENTO DO HC 97.256. HABEAS CORPUS NÃO CONHECIDO. ÓBICE DA SÚMULA 691/ STF. ORDEM CONCEDIDA DE OFÍCIO. 1. Em tema de prisão cautelar, a garantia da fundamentação importa o dever judicante da real ou efetiva demonstração de que a segregação atende a pelo menos um dos requisitos do art. 312 do Código de Processo Penal. Pelo que a vedação legal à concessão da liberdade provisória, mesmo em caso de crimes hediondos (ou equiparados), opera uma patente inversão da lógica elementar da Constituição, segundo a qual a presunção de não-culpabilidade é de prevalecer até o momento do trânsito em julgado de sentença penal condenatória. 2. A mera alusão à gravidade do delito ou a expressões de simples apelo retórico não valida a ordem de prisão cautelar; sendo certo que a proibição abstrata de liberdade provisória também se mostra incompatível com tal presunção constitucional de não-culpabilidade. 3. Não se pode perder de vista o caráter individual dos direitos subjetivo-constitucionais em matéria penal. E como o indivíduo é sempre uma realidade única ou insimilar, irrepetível mesmo na sua condição de microcosmo ou de um universo à parte, todo instituto de direito penal que se lhe aplique – pena, prisão, progressão de regime penitenciário, liberdade provisória, conversão da pena privativa de liberdade em restritiva de direitos – há de exibir o timbre da personalização. Tudo tem que ser personalizado na concreta aplicação do direito constitucional-penal, porque a própria Constituição é que se deseja assim orteguianamente aplicada (na linha do "Eu sou eu e minhas circunstâncias", como sentenciou Ortega Y Gasset). 4. O flagrante há de incidir por modo coerente com o seu próprio nome: situação de ardência ou calor da ação penalmente vedada. Ardência ou calor que se dissipa com a prisão de quem lhe deu causa. Não é algo destinado a vigorar para além do aprisionamento físico do agente, mas, ao contrário, algo que instantaneamente se esvai como específico efeito desse trancafiamento; ou seja, a prisão em flagrante é ao mesmo tempo a consequência e o dobre de sinos da própria ardência (flagrância) da ação descrita como crime. A continuidade desse tipo de custódia passa a exigir fundamentação judicial. 5. O fato em si da inafiançabilidade dos crimes hediondos e dos que lhe sejam equiparados parece não ter a antecipada força de impedir a concessão judicial da liberdade provisória, conforme abstratamente estabelecido no art. 44 da Lei 11.343/2006, jungido que está o juiz à imprescindibilidade do princípio tácito ou implícito da individualização da prisão (não somente da pena). Pelo que a inafiançabilidade da prisão, mesmo em flagrante (inciso XLIII do art. 5º da CF), quer apenas significar que a lei infraconstitucional não pode prever como condição suficiente para a concessão da liberdade provisória o mero pagamento de uma fiança. A prisão em flagrante não pré-exclui o benefício da liberdade provisória, mas, tão-só, a fiança como ferramenta da sua obtenção (dela, liberdade provisória). Se é vedado levar à prisão ou nela manter alguém legalmente beneficiado com a cláusula da afiançabilidade, a recíproca não é verdadeira: a inafiançabilidade de um crime não implica, necessariamente, vedação do benefício à liberdade provisória, mas apenas sua obtenção pelo simples dispêndio de recursos financeiros ou bens materiais. Tudo vai depender da concreta aferição judicial da periculosidade do agente, atento o juiz aos vetores do art. 312 do Código de Processo Penal. 6. Nem a inafiançabilidade exclui a liberdade provisória nem o flagrante pré-exclui a necessidade de fundamentação judicial para a continuidade da prisão. Pelo que, nada obstante a maior severidade da Constituição para com os delitos em causa, tal resposta normativa de maior rigor penal não tem a força de minimizar e muito menos excluir a participação verdadeiramente central do Poder Judiciário em tema de privação da liberdade corporal do indivíduo. Em suma: a liberdade de locomoção do ser humano é bem jurídico tão superlativamente prestigiado pela Constituição que até mesmo a prisão em flagrante delito há de ser imediatamente comunicada ao juiz para decidir tanto sobre a regularidade do respectivo auto quanto a respeito da necessidade da sua prossecução. Para o que disporá das hipóteses de incidência do art. 312 do CPP, nelas embutido o bem jurídico da Ordem Pública, um dos explícitos fins dessa tão genuína quanto essencial atividade estatal que atende pelo nome de Segurança Pública (art. 144 da CF/88). 7. No julgamento do HC 97.256 (da relatoria do ministro Ayres Britto), o Supremo Tribunal Federal declarou, incidentalmente, a inconstitucionalidade da vedação à substituição da pena privativa por penas restritivas de direitos. 8. Habeas corpus não conhecido. Ordem concedida de ofício.

O artigo 322 revela que o delegado de polícia pode arbitrá-la em face de crimes cuja pena máxima não seja superior a quatro anos (antes da edição da Lei 12.403/11, a autoridade policial poderia arbitrar fiança se o crime fosse punido com pena de detenção, qualquer que fosse o limite abstrato de pena previsto para infração).

Superado o limite de quatro anos de pena máxima, apenas o magistrado pode arbitrar fiança, devendo decidir no prazo máximo de 48 horas – parágrafo único do artigo 322 do CPP (caso seja inafiançável a infração, ainda assim pode ser concedida a liberdade provisória independente de fiança, pelo magistrado).

Além dos já citados casos listados no artigo 323 do CPP, o artigo 324 do mesmo diploma legal traz situações em que a caução não pode ser arbitrada:

> Art. 324. Não será, igualmente, concedida fiança:
>
> I – aos que, no mesmo processo, tiverem quebrado fiança anteriormente concedida ou infringido, sem motivo justo, qualquer das obrigações a que se referem os arts. 327 e 328 deste Código;
>
> II – em caso de prisão civil ou militar;
>
> III – revogado;
>
> IV – quando presentes os motivos que autorizam a decretação da prisão preventiva (art. 312).

O artigo 325 do CPP orça os limites para o arbitramento de fiança. Ele é autoexplicativo:

> Art. 325. O valor da fiança será fixado pela autoridade que a conceder nos seguintes limites:
>
> I – de 1 (um) a 100 (cem) salários mínimos, quando se tratar de infração cuja pena privativa de liberdade, no grau máximo, não for superior a 4 (quatro) anos;

II – de 10 (dez) a 200 (duzentos) salários mínimos, quando o máximo da pena privativa de liberdade cominada for superior a 4 (quatro) anos.

§ 1º Se assim recomendar a situação econômica do preso, a fiança poderá ser:
I – dispensada, na forma do art. 350 deste Código;
II – reduzida até o máximo de 2/3 (dois terços); ou
III – aumentada em até 1.000 (mil) vezes.

O artigo 326 revela que a autoridade deve levar em conta as condições pessoais de fortuna e a vida pregressa do indiciado/acusado, a sua periculosidade e o valor provável das custas processuais para fixar a caução (que deve obedecer aos limites estipulados pelo artigo 325, acima transcrito):

Art. 326. Para determinar o valor da fiança, a autoridade terá em consideração a natureza da infração, as condições pessoais de fortuna e vida pregressa do acusado, as circunstâncias indicativas de sua periculosidade, bem como a importância provável das custas do processo, até final julgamento.

Observando a condição financeira do detido, é possível ao juiz dispensar a fiança, na forma do artigo 325, § 1º, I c/c artigo 350, ambos do Código de Processo Penal:

Art. 350. Nos casos em que couber fiança, o juiz, verificando a situação econômica do preso, poderá conceder-lhe liberdade provisória, sujeitando-o às obrigações constantes dos arts. 327 e 328 deste Código e a outras medidas cautelares, se for o caso.

Parágrafo único. Se o beneficiado descumprir, sem motivo justo, qualquer das obrigações ou medidas impostas, aplicar-se-á o disposto no § 4º do art. 282 deste Código.

Nesta toada, cumpre lançar mão de interpretação extensiva (são duas as autoridades que podem arbitrar fiança – o juiz e o delegado de polícia – daí porque duas devem ser as autoridades aptas a dispensar a caução em face da miserabilidade do detido – o legislador disse menos do que o que deveria dizer no artigo 350 do CPP), com o fito de possibilitar ao delegado de polícia, de igual sorte, dispensar o conduzido do pagamento de fiança, quando o delito for afiançável pela autoridade policial (artigo 322 do Código de Processo Penal). Explico. Como o delegado de polícia é autoridade legalmente habilitada a arbitrar fiança, deve ele também ter o poder de dispensar a caução diante do estado de miserabilidade do detido – a liberdade no curso da investigação e do processo é a regra e a fiança não pode se transmudar em impeditivo intransponível à libertação do indiciado pobre. Anote-se que a interpretação extensiva é expressamente permitida, nos termos do artigo 3º do Código de Processo Penal. Tal construção, em última análise, escora-se nos princípios da dignidade da pessoa humana, igualdade e proporcionalidade.

A fiança pode ser prestada em dinheiro, pedras, objetos ou metais preciosos, títulos da dívida pública, federal, estadual ou municipal, ou em hipoteca inscrita em primeiro lugar (artigo 330 do CPP). Os valores devem ser depositados à disposição do juízo processante ou entregues a depositário público (artigo 331 do CPP). O artigo 329 do CPP exige que nos juízos criminais e nas delegacias de polícia existam livros especiais para inscrição dos termos de fiança.

O destino da fiança está grafado nos artigos 336 e 337 do CPP. Vale a transcrição dos dispositivos:

> Art. 336. O dinheiro ou objetos dados como fiança servirão ao pagamento das custas, da indenização do dano, da prestação pecuniária e da multa, se o réu for condenado.
>
> Parágrafo único. Este dispositivo terá aplicação ainda no caso da prescrição depois da sentença condenatória (art. 110 do Código Penal).
>
> Art. 337. Se a fiança for declarada sem efeito ou passar em julgado sentença que houver absolvido o acusado ou declarada extinta a ação penal, o valor que a constituir, atualizado, será restituído sem desconto, salvo o disposto no parágrafo único do art. 336 deste Código.

Por fim, cumpre estudar quatro expressões usadas pelo Código de Processo Penal a respeito da fiança: o quebramento, a cassação, o perdimento e o reforço.

Quebramento significa a perda da metade da fiança. Deduzido o valor das custas processuais, o restante do montante quebrado será recolhido ao fundo penitenciário (artigos 343 e 346 do CPP). As hipóteses de quebramento da fiança estão grafadas nos artigos 328 e 341 do CPP.

A fiança será cassada quando se perceber que ela foi erroneamente arbitrada (não era hipótese possível de arbitramento de fiança e, mesmo assim, a caução foi autorizada) ou quando houver nova classificação jurídica da infração que torne o crime inafiançável (artigos 338 e 339 do CPP).

O perdimento da fiança importará na perda total do seu valor, que servirá ao pagamento das custas processuais. O restante do montante será recolhido ao fundo penitenciário (artigo 345 do CPP).

Será exigido reforço da fiança nas hipóteses do artigo 340 do CPP:

> Art. 340. Será exigido o reforço da fiança:
>
> I – quando a autoridade tomar, por engano, fiança insuficiente;
>
> II – quando houver depreciação material ou perecimento dos bens hipotecados ou caucionados, ou depreciação dos metais ou pedras preciosas;
>
> III – quando for inovada a classificação do delito.
>
> Parágrafo único. A fiança ficará sem efeito e o réu será recolhido à prisão, quando, na conformidade deste artigo, não for reforçada.

Eis tabela para facilitar a fixação do tema:

| INSTITUTO | DESCRIÇÃO | ARTIGOS (CPP) |
|---|---|---|
| Quebramento | Significa a perda da metade da fiança. Deduzido o valor das custas processuais, o restante do montante quebrado será recolhido ao fundo penitenciário. | 328, 341, 343 e 346 |
| Cassação | A fiança será cassada quando se perceber que ela foi erroneamente arbitrada (não era hipótese possível de arbitramento de fiança e, mesmo assim, a caução foi autorizada) ou quando houver nova classificação jurídica da infração que torne o crime inafiançável. | 338 e 339 |
| Perdimento | O perdimento da fiança importará na perda total do seu valor, que servirá ao pagamento das custas processuais. O restante do montante será recolhido ao fundo penitenciário. | 345 |
| Reforço | Quando se nota que a fiança foi arbitrada a menor do que deveria ter sido. | 340 |

## 10.4. RELAXAMENTO DA PRISÃO

A expressão relaxamento de prisão significa libertar o preso em face da observância de alguma ilegalidade. Essa é a palavra chave quando se fala em relaxamento: ilegalidade.

Diversas são as hipóteses de ilegalidades passíveis de redundar na soltura do indiciado/acusado. Normalmente estas são praticadas quando da captura do autor do fato em flagrante. Vejamos algumas: a) lavratura de auto de prisão em flagrante fora das hipóteses listadas no artigo 302 do CPP; b) deixar a autoridade policial de entregar nota de culpa ao preso no prazo de 24 horas (artigo 306, § 2º, do CPP); c) deixar a autoridade de comunicar a prisão à família do preso ou a pessoa por ele indicada (inciso LXII do artigo 5º da CF e artigo 306 do CPP); d) deixar a autoridade policial de comunicar imediatamente a prisão o juiz e o Ministério Público (inciso LXII do artigo 5º da CF e 306 do CPP); e) deixar a autoridade policial de enviar cópia integral do auto de prisão em flagrante ao juiz, ao MP e à Defensoria Pública (neste último caso se o preso não indicar advogado) no prazo de 24 horas (artigo 306, § 1º, do CPP); f) deixar a autoridade policial de justificar por escrito o uso de algemas (Súmula Vinculante 11); g) desrespeito ao prazo legal para conclusão do inquérito policial com indiciado preso.

Constatada a ilegalidade, o juiz deve relaxar a prisão imediatamente, determinando a soltura do preso. É seguir o inciso LXV do artigo 5º da Carta da

República. Caso o magistrado não reconheça de ofício a falha, deve ser materializado pedido de relaxamento de prisão pelo advogado/defensor público. Se este pleito for rechaçado pelo juízo processante, cabe à defesa manejar habeas corpus dirigido ao tribunal competente (artigo 5º, inciso LXVIII, da CF).

A prisão também pode se transmudar em custódia ilegal pelo decurso do tempo. O artigo 5º, inciso LXXVIII, da Lei Maior consagra o direito à razoável duração do processo. Como não há definição legal do lapso temporal razoável para conclusão do processo penal, o judiciário deve decidir caso a caso, verificando processo a processo se houve ou não excesso prazal de privação da liberdade provisória apto a determinar a imediata soltura do acusado. Vejamos aresto proferido pelo Tribunal da Cidadania[99]:

> PROCESSO PENAL. HABEAS CORPUS. PRISÃO EM FLAGRANTE. PRESSUPOSTOS DE CAUTELARIDADE. SENTENÇA DE PRONÚNCIA. TEMA SUPERADO. NOVO TÍTULO. EXCESSO DE PRAZO. HOMICÍDIO QUALIFICADO. 3 ANOS E 6 MESES DE MEDIDA. SÚMULAS 52 E 21 DESTA CORTE. AUSÊNCIA DE DATA PARA A REALIZAÇÃO DO JÚRI. PROPORCIONALIDADE E RAZOABILIDADE DA CUSTÓDIA. ART. 5º, LXXVIII, DA CF. RELAXAMENTO QUE SE IMPÕE. 1. A sobrevinda da sentença de pronúncia faz superar a alegação de falta de requisitos da prisão em flagrante, já que constituído novo título cautelar. 2. As Súmulas nº 52 e 21 deste Tribunal não impedem o reconhecimento do excesso de prazo nos casos em que a demora da prisão fere a proporcionalidade e a razoabilidade do tempo do processo. 3. Assim, as previsões sumulares desta Corte hão de ceder espaço à previsão garantista da realização do processo em tempo hábil, ainda mais quando se observa que o paciente encontra-se preso por mais de 3 anos e 6 meses, sem data prevista para realização da sessão de julgamento. 4. Ordem concedida para relaxar a prisão cautelar.

Antes da edição da Lei 11.719/08, a doutrina e a jurisprudência fixavam em 81 dias o prazo médio para conclusão do processo penal (soma dos prazos processuais em bloco). Este seria o lapso temporal razoável para ultimar o feito penal. Mesmo convencionado um patamar prazal, as Cortes tupiniquins relativizavam tal limite, a depender da situação concreta (excessivo número de réus, demora imputada à defesa, prolação de decisão de pronúncia em procedimento do júri[100], etc.). Eis julgado exemplificativo[101]:

> CRIMINAL. HABEAS CORPUS. ROUBO MAJORADO. FORMAÇÃO DE QUADRILHA. RELAXAMENTO DA PRISÃO. EXCESSO DE PRAZO. INOCORRÊNCIA. PLURALIDADE DE AGENTES. EXPEDIÇÃO DE CARTA PRECATÓRIA. TRÂMITE REGULAR. ORDEM PARCIALMENTE CONHECIDA E, NESSA EXTENSÃO, DENEGADA. I. A

---

99. STJ, HC 130534/SP, 6ª Turma, rel. Min. Maria Thereza de Assis Moura, j. 24/04/2012.
100. Súmula 21 do STJ.
101. STJ, HC 226718/MG, 5ª Turma, rel. Min. Gilson Dipp, j. 27/03/2012.

matéria deduzida neste mandamus não foi objeto de debate e julgamento pelo Tribunal local, com relação a três dos quatros pacientes, motivo pelo qual não pode ser conhecida neste Tribunal Superior com relação àqueles, sob pena de indevida supressão de instância. II. Feito que tramita regularmente, não sendo o processamento de modo célere quanto desejado pelo paciente, em virtude da sua complexidade, advinda da multiplicidade de réus e da necessidade de medidas morosas, como a expedição de carta precatória. III. O prazo legalmente estabelecido para a conclusão da instrução criminal não é absoluto, devendo ser avaliado à luz do princípio da razoabilidade. IV. Ordem parcialmente conhecida e, nessa extensão, denegada.

Depois do advento da Lei 11.719/08, Pacelli[102] adverte que "a nova contagem, no rito ordinário, chegará aos 86 (oitenta e seis) dias, como regra, ressalvadas circunstâncias específicas de cada caso concreto".

Já segundo Andrey Borges de Mendonça[103]:

O procedimento ordinário foi alterado em 2008, pela Lei 11.719, de sorte que a soma de seus prazos não é mais de 81 dias, mas passou a variar entre 105 dias, na Justiça Estadual, e 125 na Justiça Federal, podendo, no entanto, ser ampliado em razão de incidentes previstos.

Já o parágrafo único do artigo 22 da Lei 12.850/13 fixou em 120 dias (prorrogáveis por igual período, por decisão fundamentada) o prazo máximo de duração da instrução criminal em processo que apure crimes praticados por organizações criminosas:

Art. 22. Os crimes previstos nesta Lei e as infrações penais conexas serão apurados mediante procedimento ordinário previsto no Decreto-Lei nº 3.689, de 3 de outubro de 1941 (Código de Processo Penal), observado o disposto no parágrafo único deste artigo.

Parágrafo único. A instrução criminal deverá ser encerrada em prazo razoável, o qual não poderá exceder a 120 (cento e vinte) dias quando o réu estiver preso, prorrogáveis em até igual período, por decisão fundamentada, devidamente motivada pela complexidade da causa ou por fato procrastinatório atribuível ao réu.

O tema é espinhoso e deve ser analisado com cautela. É certo que o prazo para duração do inquérito/processo não pode ser medido em valores absolutos e de forma puramente objetiva, sem que se sopesem dificuldades práticas e situações excepcionais. Por outro lado, não se pode sonegar o direito do réu, de envergadura constitucional, ao rápido tramitar do feito.

---

102. DE OLIVEIRA, Eugênio Pacelli. **Obra acima citada**, página 496.
103. DE MENDONÇA, Andrey Borges. **Obra acima citada**, página 301.

Pacelli[104] sentencia:

> Em resumo: a regra é a estrita observância, pelo Estado, dos prazos previstos para a prática dos atos processuais instrutórios, somente se admitindo a sua não-observância em situações excepcionais, em que se exija uma reflexão hermenêutica para além dos limites dogmáticos, na linha da necessidade de afirmação de princípios constitucionais de igual relevância.

## 10.5. A REALIDADE DAS PRISÕES NO BRASIL

As prisões brasileiras, via de regra, são depósitos insalubres e escuros de seres humanos, que findam se animalizando com o passar do tempo. E não poderia ser diferente. Ser confinado em celas sem nenhum conforto, lotadas e sem a mais mínima condição de abrigar uma pessoa é pena muito mais gravosa que a determinada abstratamente nos preceitos secundários dos tipos penais.

João Batista Herkenhoff, citado por Adeildo Nunes[105], revela a realidade dos presídios brasileiros:

> Superlotação de celas, presos enjaulados em cômodos colchões ou esteiras espalhadas pelo chão, um vaso turco coletivo, sujeira, e mau cheiro, num absoluto desrespeito à dignidade humana.

Confirmando a situação acima desenhada, Cezar Roberto Bitencourt[106] arremata afirmando que a "superlotação das prisões, a alimentação deficiente, o mau estado das instalações, pessoa técnico despreparado, falta de orçamento, todos esses fatores convertem a prisão em um castigo desumano".

Se a privação da liberdade enquanto pena enfrenta estes graves problemas devido à insalubridade e à superlotação dos estabelecimentos penitenciários, o que dizer da prisão cautelar? Esta privação é imposta na defesa do processo (ou do inquérito), ainda sem manifestação definitiva do Estado acerca da culpa do réu/indiciado (na fase processual vigora o princípio do estado de inocência – inciso LVII do artigo 5º da Lei Máxima). Parece-me muito mais penoso enfrentar essa grotesca realidade antes de ser definitivamente condenado.

Fazendo um retrospecto constitucional, vislumbramos já na Carta de 1824, outorgada por D. Pedro I a preocupação com o ambiente prisional, no artigo 179, inciso XXI. O artigo trata dos direitos civis e políticos dos cidadãos brasileiros e o item prescreve:

---

104. DE OLIVEIRA, Eugênio Pacelli. **Obra acima citada**, página 497.
105. NUNES, Aldeido. **A realidade das Prisões Brasileiras**, Recife: Nossa Livraria, página 182.
106. BITENCOURT, Cezar Roberto. **Falência da Pena de Prisão: Causas e Alternativas**, São Paulo: Saraiva, 2012, página 230.

XXI. As Cadêas serão seguras, limpas, o bem arejadas, havendo diversas casas para separação dos Réos, conforme suas circumstancias, e natureza dos seus crimes (sic).

A Lei de Execuções Penais (Lei 7.210/84) traça regras que, se fossem cumpridas pelo Estado, tornariam a execução da pena privativa de liberdade e as prisões provisórias experiências menos traumáticas para os custodiados. Certamente os índices de reincidência cairiam se nossa massa carcerária tivesse seus direitos mais mínimos observados (e a pena cumpriria um dos seus objetivos – a ressocialização).

Mesmo diante de tal realidade, convém observar que a superlotação do estabelecimento prisional ou suas condições de salubridade não são motivos para que a privação de liberdade se transmude em ilegal e a prisão seja relaxada. Vejamos aresto do Superior Tribunal Justiça[107]:

> HABEAS CORPUS. EXECUÇÃO PENAL. PÉSSIMAS CONDIÇÕES DOS ESTABELECIMENTOS PRISIONAIS. PEDIDO DE TRANSFERÊNCIA. COMPETÊNCIA DA VARA DAS EXECUÇÕES PENAIS. 1. O habeas corpus não é a medida cabível para o deferimento de transferências e incidentes na execução de pena provisória ou definitiva, sendo que o órgão competente para decidir acerca desses pleitos é a Vara de Execuções Penais ou outro órgão que a Regimento Interno do Tribunal determinar. **2. A superlotação e as precárias condições dos estabelecimentos prisionais não permite a concessão da liberdade aos sentenciados ou presos provisórios, visto que foram recolhidos por decisões judiciais que observaram o devido processo legal.** 3. Ordem denegada, com recomendação.

No informativo 642, o Superior Tribunal de Justiça entendeu que a Súmula Vinculante 56 não pode ser aplicada ao preso provisório:

> Após minucioso diagnóstico da execução penal brasileira, analisou-se a questão da falta de vagas no sistema carcerário e a consequência jurídica aos apenados, sobretudo o seu direito de não ser submetido a regime mais gravoso daquele imposto no título condenatório. Daí a Súmula Vinculante n. 56, que dispõe, verbis: "A falta de estabelecimento penal adequado não autoriza a manutenção do condenado em regime prisional mais gravoso, 170 devendo-se observar, nessa hipótese, os parâmetros fixados no RE 641.320/RS." Ressalta-se que, na oportunidade, restaram estabelecidos como parâmetros que, previamente à concessão da prisão domiciliar, devem ser observadas outras alternativas ao déficit de vagas, quais sejam, (i) a saída antecipada de sentenciado no regime com falta de vagas; (ii) a liberdade eletronicamente monitorada ao sentenciado que sai antecipadamente ou é posto em prisão domiciliar por falta de vagas; ou (iii) o cumprimento de penas alternativas de direito e/ou estudo ao sentenciado que progride ao regime aberto. Observa-se, de pronto, que a Súmula Vinculante n.

---

107. STJ, HC 34316/RJ, 5ª Turma, rel. Min. Laurita Vaz, j. 28/09/04, grifo meu.

56/STF, portanto, destina-se com exclusividade aos casos de efetivo cumprimento de pena. Em outras palavras, aplica-se tão somente ao preso definitivo ou àquele em cumprimento provisório da condenação. O seu objetivo não é outro senão vedar o resgate da reprimenda em regime mais gravoso do que teria direito o apenado pela falha do Estado em oferecer vaga em local apropriado. Não se pode estender a citada súmula vinculante ao preso provisório, eis que se trata de situação distinta. Por deter caráter cautelar, a prisão preventiva não se submete a distinção de diferentes regimes. Assim, sequer é possível falar em regime mais ou menos gravoso ou estabelecer um sistema de progressão ou regressão da prisão[108].

Mesmo diante dos arestos supra, cumpre deixar consignado que o caos do sistema prisional brasileiro é tão evidente, que o Supremo Tribunal Federal reconheceu a existência de estado de coisas inconstitucional no sistema carcerário (como já sinalizei supra), nos autos da ADPF 347[109] (e determinou liberação de verbas do fundo penitenciário nacional com o fito de minimizar os graves problemas detectados):

> CUSTODIADO – INTEGRIDADE FÍSICA E MORAL – SISTEMA PENITENCIÁRIO – ARGUIÇÃO DE DESCUMPRIMENTO DE PRECEITO FUNDAMENTAL – ADEQUAÇÃO. Cabível é a arguição de descumprimento de preceito fundamental considerada a situação degradante das penitenciárias no Brasil. SISTEMA PENITENCIÁRIO NACIONAL – SUPERLOTAÇÃO CARCERÁRIA – CONDIÇÕES DESUMANAS DE CUSTÓDIA – VIOLAÇÃO MASSIVA DE DIREITOS FUNDAMENTAIS – FALHAS ESTRUTURAIS – ESTADO DE COISAS INCONSTITUCIONAL – CONFIGURAÇÃO. Presente quadro de violação massiva e persistente de direitos fundamentais, decorrente de falhas estruturais e falência de políticas públicas e cuja modificação depende de medidas abrangentes de natureza normativa, administrativa e orçamentária, deve o sistema penitenciário nacional ser caraterizado como "estado de coisas inconstitucional". FUNDO PENITENCIÁRIO NACIONAL – VERBAS – CONTINGENCIAMENTO. Ante a situação precária das penitenciárias, o interesse público direciona à liberação das verbas do Fundo Penitenciário Nacional. AUDIÊNCIA DE CUSTÓDIA – OBSERVÂNCIA OBRIGATÓRIA. Estão obrigados juízes e tribunais, observados os artigos 9.3 do Pacto dos Direitos Civis e Políticos e 7.5 da Convenção Interamericana de Direitos Humanos, a realizarem, em até noventa dias, audiências de custódia, viabilizando o comparecimento do preso perante a autoridade judiciária no prazo máximo de 24 horas, contado do momento da prisão.

Em outro julgado interessante, o Pretório Excelso decidiu, em sede de recurso extraordinário com repercussão geral (RE 580252), que o preso tem

---

108. STJ, RHC 99.006-PA, Rel. Min. Jorge Mussi, por unanimidade, julgado em 07/02/2019, DJe 14/02/2019.
109. STF, ADPF 347 MC, Relator Min. Marco Aurélio, Tribunal Pleno, julgado em 09/09/2015, processo eletrônico DJe-031, publicado em 19/02/2016.

direito a indenização pecuniária, paga em parcela única (de R$ 2.000,00, no caso analisado), em caso de violação de seus direitos fundamentais no cárcere.

Houve duas outras propostas que findaram vencidas: a) os Ministros Edson Fachin e Marco Aurélio entenderam correto o pagamento de um salário mínimo por mês de cárcere em situação de violação de direitos fundamentais; b) O Ministro Luís Roberto Barroso propôs remição de pena para compensar o vilipêndio a direitos do preso.

Eis a tese fixada pelo STF:

> Considerando que é dever do Estado, imposto pelo sistema normativo, manter em seus presídios os padrões mínimos de humanidade previstos no ordenamento jurídico, é de sua responsabilidade, nos termos do artigo 37, parágrafo 6º, da Constituição, a obrigação de ressarcir os danos, inclusive morais, comprovadamente causados aos detentos em decorrência da falta ou insuficiência das condições legais de encarceramento.

Esperamos com ansiedade o dia em que o Estado consiga suprimir do detido apenas o que a lei determina – a sua liberdade (e não sua dignidade, sua saúde física e mental, dentre outros precisos direitos atingidos pelas condições dos nossos estabelecimentos penitenciários).

## 10.6. NÃO RECEPÇÃO DA EXPRESSÃO "PARA INTERROGATÓRIO" DO ARTIGO 260 DO CÓDIGO DE PROCESSO PENAL – ADPF 395 E 444

O Supremo Tribunal Federal decidiu, no bojo das ADPF (Arguição de Descumprimento de Preceito Fundamental) 395 e 444, que a expressão "para interrogatório" constante no artigo 260 do Código de Processo Penal não foi recepcionada. Vejamos o dispositivo:

> Art. 260. Se o acusado não atender à intimação para o interrogatório, reconhecimento ou qualquer outro ato que, sem ele, não possa ser realizado, a autoridade poderá mandar conduzi-lo à sua presença.

Eis o julgado do Pretório Excelso:

> O Tribunal, por maioria e nos termos do voto do Relator, não conheceu do agravo interposto pela Procuradoria-Geral da República contra a liminar concedida e julgou procedente a arguição de descumprimento de preceito fundamental, para pronunciar a não recepção da expressão "para o interrogatório", constante do art. 260 do CPP, e declarar a incompatibilidade com a Constituição Federal da condução coercitiva de investigados ou de réus para interrogatório, sob pena de responsabilidade disciplinar, civil e penal do agente ou da autoridade e de ilicitude das provas obtidas, sem prejuízo da responsabilidade civil do Estado. O

Tribunal destacou, ainda, que esta decisão não desconstitui interrogatórios realizados até a data do presente julgamento, mesmo que os interrogados tenham sido coercitivamente conduzidos para tal ato. Vencidos, parcialmente, o Ministro Alexandre de Moraes, nos termos de seu voto, o Ministro Edson Fachin, nos termos de seu voto, no que foi acompanhado pelos Ministros Roberto Barroso, Luiz Fux e Cármen Lúcia (Presidente). Plenário, 14.6.2018.

O Supremo Tribunal Federal entendeu que a condução coercitiva para interrogatório constitui constrangimento para o réu/indiciado/investigado, já que este tem direito ao silêncio e não é obrigado a produzir prova contra si.

É importante salientar que apenas a condução coercitiva do réu/indiciado/investigado para fins de interrogatório foi reputada não recepcionada pela Constituição Federal (essa foi a única expressão entendida contrária ao Texto Maior). Assim, não ofende a decisão tomada pela Corte Suprema a condução coercitiva do acusado/indiciado/investigado para que seja materializado seu reconhecimento, por exemplo (isso porque quem produz a prova no reconhecimento de pessoa é o reconhecedor e não o reconhecido, que tem atuação meramente passiva durante o ato).

Outro ponto relevante é que as conduções coercitivas da vítima (artigo 201, § 1º, do Código de Processo Penal), do perito (artigo 278 do CPP) e da testemunha (artigo 218 do Código de Processo Penal) não foram afetadas pela decisão tomada pelo Supremo Tribunal Federal no bojo das ADPF 395 e 444.

Cumpre salientar que a decisão tomada não desconstitui os interrogatórios materializados antes do julgamento (o STF modulou os efeitos do decisum) e que, caso o novo entendimento seja descumprido, haverá: a) imputação de responsabilidade disciplinar, civil e penal[110] ao agente ou autoridade; b) ilicitude das provas obtidas; c) responsabilidade civil do Estado.

Diante dos julgados, optei por suprimir o tópico do livro que falava da condução coercitiva para interrogatório em operações policiais, substituindo-o por esse. Até a 4ª edição da obra sustentei a viabilidade da medida, mesmo sem intimação prévia, com o fito de otimizar a deflagração de trabalhos de grande monta e evitar influência perniciosa do investigado/indiciado na coleta da prova na data da eclosão da operação. Tal entendimento, a meu ver, evitava a materialização de representações pela decretação de prisões cautelares desnecessárias e reafirmava a prevalência do direito à liberdade na fase investigativa. O Judiciário, majoritariamente, aceitava a construção doutrinária. A partir da condução coercitiva do ex-presidente Luiz Inácio Lula da Silva no seio da operação Lava-jato, a medida passou a ser criticada com mais força e, ao fim e ao cabo, foi proibida no bojo das ADPF 395 e 444.

---

110. Sugiro leitura dos comentários ao artigo 10 da Lei 13.869/19 no capítulo 12 da obra.

## 10.7. PRISÃO EM FACE DE DECISÃO CONDENATÓRIA PROFERIDA POR TRIBUNAL DE SEGUNDO GRAU (SUCESSIVAS VIRAGENS JURISPRUDENCIAIS DA SUPREMA CORTE)

O presente tópico foi enxertado na obra com o fito de analisar, ainda que brevemente, decisão do Supremo Tribunal Federal que permitiu prisão imediata de réu depois de decisão de natureza condenatória proferida por tribunal de segundo grau, em verdadeira execução provisória do *decisum* recorrível (apesar do foco da obra ser o inquérito policial, dado à relevância do entendimento pretoriano, penso ser importante seu estudo). Saliento, contudo, que a própria Corte Suprema reviu seu posicionamento, como se verá adiante.

Como já desenhado supra, existem duas modalidades de cárcere no sistema processual penal brasileiro – a prisão cautelar e a prisão pena. A primeira é decretada no curso do inquérito policial ou do processo, quando presentes requisitos e fundamentos (basicamente com o fito de acautelar o respectivo procedimento/processo). A segunda é decorrência de sentença condenatória transitada em julgado e representa efetivo cumprimento do comando consignado no *decisum*.

Nos termos já ditos acima, no curso do processo é possível apenas a decretação de prisão cautelar. Não é possível, harmonizando a legislação processual penal com a *Lex Mater*, prender o acusado a título de cumprimento de comando condenatório inserido em sentença que ainda pode ser desafiada por recurso, sem demonstração de cabal necessidade do cárcere (vez que as hipóteses que autorizavam a decretação automática de privação de liberdade foram expurgadas do nosso ordenamento pela Lei 11.719/08) – em face do princípio da presunção (ou estado) de inocência.

Apesar de aparente obviedade da argumentação desenvolvida supra (que, diga-se de passagem, era o entendimento pacífico do Pretório Excelso antes da prolação do primeiro acórdão aqui estudado), o Supremo Tribunal Federal decidiu, por maioria de votos, rever posicionamento consolidado e admitir a execução provisória de sentença condenatória, mesmo pendente eventual recurso especial ou extraordinário. Eis a ementa do HC 126292/SP, relatado pelo Ministro Teori Zavascki:

> CONSTITUCIONAL. HABEAS CORPUS. PRINCÍPIO CONSTITUCIONAL DA PRESUNÇÃO DE INOCÊNCIA (CF, ART. 5º, LVII). SENTENÇA PENAL CONDENATÓRIA CONFIRMADA POR TRIBUNAL DE SEGUNDO GRAU DE JURISDIÇÃO. EXECUÇÃO PROVISÓRIA. POSSIBILIDADE. 1. A execução provisória de acórdão penal condenatório proferido em grau de apelação, ainda que sujeito a recurso especial ou extraordinário, não compromete o princípio constitucional da presunção de inocência afirmado pelo artigo 5º, inciso LVII da Constituição Federal. 2. Habeas corpus denegado[111].

---

111. STF, HC 126292/SP, Tribunal Pleno, relator Ministro Teori Zavascki, julgado em 17/02/2016.

O relator assentou em seu voto:

> A execução da pena na pendência de recursos de natureza extraordinária não compromete o núcleo essencial do pressuposto da não-culpabilidade, na medida em que o acusado foi tratado como inocente no curso de todo o processo ordinário criminal, observados os direitos e as garantias a ele inerentes, bem como respeitadas as regras probatórias e o modelo acusatório atual. Não é incompatível com a garantia constitucional autorizar, a partir daí, ainda que cabíveis ou pendentes de julgamento de recursos extraordinários, a produção dos efeitos próprios da responsabilização criminal reconhecida pelas instâncias ordinárias.

O Ministro Teori Zavacki fundamentou a possibilidade de execução provisória da pena, ainda, na análise do tema no cenário mundial (Inglaterra, Estados Unidos, França, Alemanha, Canadá, Argentina, Espanha e Portugal) e no fato de que os recursos são usados indiscriminadamente, apenas com o fito de protelar a efetiva execução da pena.

Sua Excelência contou com a concordância dos Ministros Edson Fachin, Luís Roberto Barroso, Luiz Fux, Carmen Lúcia e Gilmar Mendes. Divergiram, no sentido de manter o entendimento até então consolidado na corte, a Ministra Rosa Weber, Marco Aurélio, Celso de Mello e Ricardo Lewandowski.

O Ministro Celso de Mello, com a clareza que lhe é peculiar, fez brilhante análise histórica do princípio da não culpabilidade no início do seu voto, fundamentando as razões que o levaram a seguir a divergência inaugurada pela Ministra Rosa Weber:

> A presunção de inocência representa uma notável conquista histórica dos cidadãos em sua permanente luta contra a opressão do Estado e o abuso de poder.
>
> Na realidade, a presunção de inocência, a que já se referia Tomás de Aquino em sua "Suma Teológica", constitui resultado de um longo processo de desenvolvimento político-jurídico, com raízes, para alguns, na Magna Carta inglesa (1215), embora, segundo outros autores, o marco histórico de implantação desse direito fundamental resida no século XVIII, quando, sob o influxo das ideias iluministas, veio esse direito-garantia a ser consagrado, inicialmente, na Declaração de Direitos do Bom Povo da Virgínia (1776).
>
> Esse, pois, na lição de doutrinadores – ressalvada a opinião de quem situa a gênese dessa prerrogativa fundamental, ainda que em bases incipientes, no Direito Romano –, o momento inaugural do reconhecimento de que ninguém se presume culpado nem pode sofrer sanções ou restrições em sua esfera jurídica senão após condenação transitada em julgado.
>
> A consciência do sentido fundamental desse direito básico, enriquecido pelos grandes postulados políticos, doutrinários e filosóficos do Iluminismo, projetou-se, com grande impacto, na Declaração dos Direitos do Homem e do Cidadão, de 1789, cujo art. 9º solenemente proclamava a presunção de inocência, com expressa repulsa às práticas absolutistas do Antigo Regime.

Mostra-se importante assinalar, neste ponto, Senhor Presidente, que a presunção de inocência, legitimada pela ideia democrática – não obstante golpes desferidos por mentes autoritárias ou por regimes autocráticos que absurdamente preconizam o primado da ideia de que todos são culpados até prova em contrário (!?!?) –, tem prevalecido, ao longo de seu virtuoso itinerário histórico, no contexto das sociedades civilizadas, como valor fundamental e exigência básica de respeito à dignidade da pessoa humana.

Não foi por outra razão que a Declaração Universal de Direitos da Pessoa Humana, promulgada em 10/12/1948, pela III Assembleia Geral da ONU, em reação aos abusos inomináveis cometidos pelos regimes totalitários nazi-fascistas, proclamou, em seu art. 11, que todos presumem-se inocentes até que sobrevenha definitiva condenação judicial.

Essa mesma reação do pensamento democrático, que não pode nem deve conviver com práticas, medidas ou interpretações que golpeiem o alcance e o conteúdo de tão fundamental prerrogativa assegurada a toda e qualquer pessoa, mostrou-se presente em outros importantes documentos internacionais, alguns de caráter regional, como a Declaração Americana dos Direitos e Deveres do Homem (Bogotá, 1948, Artigo XXVI), a Convenção Americana sobre Direitos Humanos (São José da Costa Rica, 1969, Artigo 8º, § 2º), a Convenção Europeia para Salvaguarda dos Direitos do Homem e das Liberdades Fundamentais (Roma, 1950, Artigo 6º, § 2º), a Carta dos Direitos Fundamentais da União Europeia (Nice, 2000, Artigo 48, § 1º), a Carta Africana dos Direitos Humanos e dos Povos/Carta de Banjul (Nairóbi, 1981, Artigo 7º, § 1º, " b") e a Declaração Islâmica sobre Direitos Humanos (Cairo, 1990, Artigo 19, " e"), e outros de caráter global, como o Pacto Internacional sobre Direitos Civis e Políticos (Artigo 14, § 2º), adotado pela Assembleia Geral das Nações Unidas em 1966.

Vê-se, desse modo, Senhor Presidente, que a repulsa à presunção de inocência – com todas as consequências e limitações jurídicas ao poder estatal que dessa prerrogativa básica emanam – mergulha suas raízes em uma visão incompatível com os padrões ortodoxos do regime democrático, impondo, indevidamente, à esfera jurídica dos cidadãos restrições não autorizadas pelo sistema constitucional.

Defendia que a decisão acima transcrita (que permitia a execução provisória de comando condenatório do qual pende recurso, por meio da decretação automática de prisão) consubstanciava mutação constitucional[112] inconstitucional, porque incompatível com o princípio constitucional da presunção/estado de inocência ou não culpabilidade (artigo 5º, inciso LVII, da CF/88). É que, como desenhado supra, a única modalidade de cárcere passível de decretação antes do trânsito em julgado da sentença condenatória é o cautelar (depois de iniciado o processo, só é possível a materialização de prisão preventiva) e

---

112. Para Pedro Lenza, mutações constitucionais "não seriam alterações físicas, palpáveis, materialmente perceptíveis, mas sim alterações no significado e no sentido interpretativo de um texto constitucional. A transformação não está no texto em si, mas na interpretação daquela regra enunciada. O texto permanece inalterado" (in LENZA, Pedro. **Obra acima citada**, página 144).

este só tem espaço diante de efetiva necessidade, demonstrada cabalmente em decisão judicial (presença de pressupostos, requisitos e fundamentos). Andou mal o Pretório Excelso[113].

Anote-se que execução provisória da pena era permitida tanto se a decisão de segundo grau fosse de confirmação da sentença condenatória, quanto se fosse de reforma de sentença absolutória.

Saliento que, no bojo do HC 151430, a 2ª Turma do STF garantiu a réu condenado em primeira e segunda instâncias o direito de recorrer em liberdade até o trânsito em julgado da condenação (excepcionando o entendimento à época vigente na Corte).

Como reação à viragem jurisprudencial acima retratada, foram ajuizadas as ADC 43, 44 e 54, que objetivavam a declaração de constitucionalidade do artigo 283 do Código de Processo Penal. O fundamento das ações constitucionais era bem simples (e eu concordo com esse pensamento). Nosso ordenamento simplesmente não prevê (nem admite) execução provisória de condenação contra o réu (a execução provisória em favor do condenado é perfeitamente viável, nos termos das Súmulas 716 e 717 do STF).

Como o artigo 283 do CPP (tanto na redação anterior ao Pacote Anticrime quanto na atual) trata das modalidades de cárcere admitidas no Brasil e não se refere à prisão decorrente de decisão de segundo grau (em execução provisória de sentença condenatória recorrível), declarar sua constitucionalidade significaria inadmitir a execução provisória de condenação em desfavor do réu.

O Supremo Tribunal Federal findou decidindo, no bojo das citadas ADC 43, 44 e 54, por maioria de votos (6 x 5), a constitucionalidade do artigo 283 do Código de Processo Penal e a consequente impossibilidade de execução provisória de pena em face de decisão condenatória recorrível oriunda da segunda instância (nova viragem jurisprudencial no âmbito da Suprema Corte):

> PENA – EXECUÇÃO PROVISÓRIA – IMPOSSIBILIDADE – PRINCÍPIO DA NÃO CULPABILIDADE. Surge constitucional o artigo 283 do Código de Processo Penal, a condicionar o início do cumprimento da pena ao trânsito em julgado da sentença penal condenatória, considerado o alcance da garantia versada no artigo 5º, inciso LVII, da Constituição Federal, no que direciona a apurar para, selada a culpa em virtude de título precluso na via da recorribilidade, prender, em execução da sanção, a qual não admite forma provisória (ADC 43, Relator(a):

---

113. Para saber mais sobre o tema, confira artigo de minha autoria: **Mitigação do direito fundamental à não culpabilidade no bojo do HC 126292/SP – mutação constitucional inconstitucional**, publicado no livro do XXV Congresso do COPEDI em Curitiba: **Direito penal, processo penal e constituição III**, organização CONPEDI/UNICURITIBA; Coordenadores: Felipe Augusto Forte de Negreiros Deodato, Rogério Gesta Leal – Florianópolis: CONPEDI, 2016, acessível em https://www.conpedi.org.br/publicacoes/02q8agmu/a814qh38/TDfS5bWB1283SN8J.pdf (transcrevi algumas parte do texto lá publicado na presente obra).

MARCO AURÉLIO, Tribunal Pleno, julgado em 07/11/2019, PROCESSO ELETRÔNICO DJe-270 DIVULG 11-11-2020 PUBLIC 12-11-2020).

Eis a nova redação do artigo 283 do CPP (modificado pelo Pacote Anticrime):

> Art. 283. Ninguém poderá ser preso senão em flagrante delito ou por ordem escrita e fundamentada da autoridade judiciária competente, em decorrência de prisão cautelar ou em virtude de condenação criminal transitada em julgado.
>
> § 1º As medidas cautelares previstas neste Título não se aplicam à infração a que não for isolada, cumulativa ou alternativamente cominada pena privativa de liberdade.
>
> § 2º A prisão poderá ser efetuada em qualquer dia e a qualquer hora, respeitadas as restrições relativas à inviolabilidade do domicílio.

Em que pese o artigo 283 do Código de Processo Penal (transcrito supra) deixar claro que a prisão pena só pode ser executada depois do trânsito em julgado da sentença condenatória e o Supremo Tribunal Federal ter rechaçado a possibilidade de execução provisória do decreto condenatório em face de condenação prolatada por tribunal de segunda instância (ADC 43, 44 e 54), o Pacote Anticrime autorizou a execução provisória da decisão condenatória prolatada pelo júri, nos termos do artigo 492, inciso I, alínea 'e', do Código de Processo Penal (quando o réu for condenado a pena igual ou superior a 15 anos).

Essa ressalva tem por base decisões do Pretório Excelso[114], que relativizam a necessidade trânsito em julgado da sentença condenatória para início do cumprimento da pena em processos da competência do tribunal do júri (em virtude do princípio da soberania dos veredictos):

> Direito Constitucional e Penal. Habeas Corpus. Duplo Homicídio, ambos qualificados. Condenação pelo Tribunal do Júri. Soberania dos veredictos. Início do cumprimento da pena. Possibilidade. 1. A Constituição Federal prevê a competência do Tribunal do Júri para o julgamento de crimes dolosos contra a vida (art. 5º, inciso XXXVIII, d). Prevê, ademais, a soberania dos veredictos (art. 5º, inciso XXXVIII, c), a significar que os tribunais não podem substituir a decisão proferida pelo júri popular. 2. Diante disso, não viola o princípio da presunção de inocência ou da não culpabilidade a execução da condenação pelo Tribunal do Júri, independentemente do julgamento da apelação ou de qualquer outro recurso. Essa decisão está em consonância com a lógica do precedente firmado em repercussão geral no ARE 964.246-RG, Rel. Min. Teori Zavascki, já que, também no caso de decisão do Júri, o Tribunal não poderá reapreciar os fatos e provas, na medida em que a responsabilidade penal do réu já foi assentada soberanamente pelo Júri. 3. Caso haja fortes indícios de nulidade ou de condenação

---

114. HC 118770, Relator(a): Min. MARCO AURÉLIO, Relator(a) p/ Acórdão: Min. ROBERTO BARROSO, Primeira Turma, julgado em 07/03/2017, PROCESSO ELETRÔNICO DJe-082 DIVULG 20-04-2017 PUBLIC 24-04-2017.

manifestamente contrária à prova dos autos, hipóteses incomuns, o Tribunal poderá suspender a execução da decisão até o julgamento do recurso. 4. Habeas corpus não conhecido, ante a inadequação da via eleita. Não concessão da ordem de ofício. Tese de julgamento: "A prisão de réu condenado por decisão do Tribunal do Júri, ainda que sujeita a recurso, não viola o princípio constitucional da presunção de inocência ou não-culpabilidade.

Apesar da profundidade do *decisum*, não vejo porque entender que há diferença entre o processo que julga crime doloso contra vida e o processo que julga qualquer outro delito. Defendo a impossibilidade de cumprimento antecipado da pena em desfavor do réu (admitindo-a apenas quando for favorável ao condenado) em qualquer situação.

No § 3º do artigo 492, o legislador autoriza relativização da execução provisória da decisão condenatória proferida pelo tribunal do júri, se houver questão substancial cuja resolução pelo tribunal ao qual competir o julgamento possa plausivelmente levar à revisão da condenação.

O § 4º do artigo 492 deixa claro, por óbvio, que a apelação da sentença condenatória proferida pelo Tribunal do Júri com pena igual ou superior a 15 anos não terá efeito suspensivo (já que a regra, nesse tipo de situação, é a execução provisória do *decisum*).

O § 5º admite, excepcionalmente, concessão, pelo tribunal, de efeito suspensivo à apelação manejada em face de sentença que condenou o réu a pena igual ou superior a 15 anos, desde que o recurso: a) não tenha propósito meramente protelatório; e b) levante questão substancial e que pode resultar em absolvição, anulação da sentença, novo julgamento ou redução da pena para patamar inferior a 15 (quinze) anos de reclusão. Os requisitos para que o efeito suspensivo seja outorgado pelo tribunal são cumulativos.

O § 6º afirma que o pedido de efeito suspensivo em relação à apelação articulada contra sentença condenatória proferida no procedimento do júri (que condene o réu a pena igual ou superior a 15 anos) seja feito incidentalmente na apelação ou em petição apartada dirigida ao relator, instruída com cópias da sentença condenatória, das razões da apelação e de prova da tempestividade, das contrarrazões e das demais peças necessárias à compreensão da controvérsia.

Art. 492. (...)

I – (...)

e) mandará o acusado recolher-se ou recomendá-lo-á à prisão em que se encontra, se presentes os requisitos da prisão preventiva, ou, no caso de condenação a uma pena igual ou superior a 15 (quinze) anos de reclusão, determinará a provisória das penas, com expedição do mandado de prisão, se for o caso, sem prejuízo do conhecimento de recursos que vierem a ser interpostos;

(...)

§ 3º O presidente poderá, excepcionalmente, deixar de autorizar a execução provisória das penas de que trata a alínea e do inciso I do caput deste artigo, se houver questão substancial cuja resolução pelo tribunal ao qual competir o julgamento possa plausivelmente levar à revisão da condenação.

§ 4º A apelação interposta contra decisão condenatória do Tribunal do Júri a uma pena igual ou superior a 15 (quinze) anos de reclusão não terá efeito suspensivo.

§ 5º Excepcionalmente, poderá o tribunal atribuir efeito suspensivo à apelação de que trata o § 4º deste artigo, quando verificado cumulativamente que o recurso:

I - não tem propósito meramente protelatório; e

II - levanta questão substancial e que pode resultar em absolvição, anulação da sentença, novo julgamento ou redução da pena para patamar inferior a 15 (quinze) anos de reclusão.

§ 6º O pedido de concessão de efeito suspensivo poderá ser feito incidentemente na apelação ou por meio de petição em separado dirigida diretamente ao relator, instruída com cópias da sentença condenatória, das razões da apelação e de prova da tempestividade, das contrarrazões e das demais peças necessárias à compreensão da controvérsia.

## 10.8. QUESTÕES DE CONCURSOS PÚBLICOS

1. **(Delegado de Polícia Federal/04) Considere a seguinte situação.**

    **Em crime de extorsão mediante seqüestro, a vítima foi abordada pelos seqüestradores e conseqüentemente privada de sua liberdade no dia 2/2/2004, tendo o crime perdurado até 30/8/2004, quando a vítima foi posta em liberdade após o pagamento do preço do resgate.**

    **Nessa situação, de acordo com o Código de Processo Penal, a prisão em flagrante só poderia ser feita até o dia 12/2/2004, após o que seria necessária ordem judicial para se efetuar a prisão.**

2. **(Delegado de Polícia Federal/04) Em crime de ação penal pública condicionada à representação, o delegado de polícia não poderá prender o autor do crime em flagrante sem a referida representação.**

3. **(Delegado de Polícia Federal/04) Em face de crime de ação penal privada, é cabível a decretação de prisão preventiva.**

4. **(Promotor de Justiça/SE/2010 - Desmembrada) Não havendo autoridade policial no lugar em que se tiver efetuado a prisão em flagrante, o preso deve ser imediatamente apresentado ao promotor ou ao juiz competente, vedada sua apresentação a autoridade policial de localidade próxima, por falta de atribuição.**

5. **(Delegado de Polícia Civil/PB/2008 - Desmembrada) No flagrante preparado, a consequência é a soltura do indiciado, em nada influindo a preparação do flagrante na conduta típica praticada pelo agente.**

6. (Delegado de Polícia Federal/2004) É cabível a prisão preventiva de indivíduo acusado da prática de homicídio culposo, desde que a prisão seja decretada para assegurar a aplicação da lei penal e que haja prova do crime e indícios de autoria.

7. (Delegado de Polícia Civil/PB/2008 - Desmembrada) A prisão preventiva pode ser decretada para garantia de aplicação da lei penal, ou seja, para impedir que o agente solto, continue a delinquir e, consequentemente, acautelar o meio social.

8. (Delegado de Polícia Civil/PB/2008 - Desmembrada) A prisão preventiva pode ser decretada em prol da garantia da ordem pública, havendo, nesse caso, necessidade de comprovação do iminente risco de fuga do agente.

9. (Delegado de Polícia Civil/PB/2008 - Desmembrada) Pode ser decretada a prisão temporária em qualquer fase do IP ou da ação penal.

10. (Delegado de Polícia Civil/PB/2008 - Desmembrada) A prisão temporária pode ser decretada por intermédio de representação da autoridade policial ou do membro do MP, assim como ser decretada de ofício pelo juiz competente.

11. (Delegado de Polícia Civil/PB/2008 - Desmembrada) O prazo da prisão temporária, que em regra é de 5 dias, prorrogáveis por igual período, é fatal e peremptório, de modo que, esgotado, o preso deve ser imediatamente posto em liberdade, não podendo ser a prisão convertida em preventiva.

12. (Delegado de Polícia Civil/PB/2008 - Desmembrada) Quando a prisão temporária for requerida pela autoridade policial, por intermédio de representação, não haverá necessidade de prévia oitiva do MP, devendo o juiz decidir o pedido formulado no prazo máximo de 24 horas.

13. (Delegado de Polícia Civil/PB/2008 - Desmembrada) Não cabe prisão temporária nas contravenções nem em crimes culposos.

14. (Delegado de Polícia Civil/RN/2008 - Desmembrada) Caso alguém, após matar sua companheira, apresente-se, voluntariamente, à autoridade policial, comunicando o ocorrido e indicando o local do crime, essa apresentação voluntária tornará inviável a prisão em flagrante assim como a preventiva, mesmo que esse indivíduo dê argumentos de que fugirá do país.

15. (Agente de Polícia Federal/2009) Não há crime quando a preparação do flagrante pela polícia torna impossível a sua consumação.

16. (Papiloscopista de Polícia Federal/2004) É cabível prisão preventiva em caso de prática de crimes dolosos ou culposos contra a vida.

17. (Agente de Polícia Federal/2012) A prisão preventiva, admitida nos casos de crimes dolosos punidos com pena privativa de liberdade máxima superior a quatro anos, pode ser decretada em qualquer fase da persecução penal, desde que haja prova da existência do crime e indício suficiente de autoria.

18. (Agente de Polícia Federal/2012) A legislação processual obsta a decretação da prisão preventiva e temporária no caso de o acusado apresentar-se espontaneamente em juízo ou perante a autoridade policial, prestar declarações acerca dos fatos apurados e entregar o passaporte, assim como no caso de o

juiz verificar, pelas provas constantes dos autos, que o agente praticou o fato em estado de necessidade, legítima defesa ou no estrito cumprimento do dever legal.

19. (Agente de Polícia Federal/2012) Considere que, no curso de investigação policial para apurar a prática de crime de extorsão mediante sequestro contra um gerente do Banco X, agentes da Polícia Federal tenham perseguido os suspeitos, que fugiram com a vítima, por dois dias consecutivos. Nessa situação, enquanto mantiverem a privação da liberdade da vítima, os suspeitos poderão ser presos em flagrante, por se tratar de infração permanente.

20. (Delegado de Polícia Civil/MG/2011) Sobre a prisão preventiva é CORRETO afirmar:

    A. poderá ser decretada de ofício pelo juiz na fase do inquérito policial.

    B. poderá ser decretada em crime doloso, quando se tratar de reincidente, independente da pena cominada ao delito.

    C. nos casos de violência doméstica poderá ser decretada independentemente da imposição anterior de medida protetiva.

    D. quando houver dúvida sobre a identidade civil da pessoa poderá se decretada e mantida mesmo após superada a dúvida.

21. (Delegado de Polícia Civil/PI/2009) Sobre as espécies de prisão processual, analise as afirmativas abaixo:

    1) É lícito o uso de algemas em caso de resistência e de fundado receio de fuga ou de perigo à integridade física própria ou alheia, por parte do preso ou de terceiros, desde que, segundo o STF, haja justificação escrita de tal medida.

    2) No flagrante preparado, forjado ou esperado, a polícia, tomando ciência de que determinada infração ocorrerá em certo dia, hora e local, antecipa-se ao criminoso e, aguardando em atuação passiva a iniciativa delituosa, realiza a prisão quando deflagrados os atos executórios, razão pela qual o STF entende ser hipótese de crime impossível.

    3) O crime de roubo não pode ensejar prisão temporária, mas poderá provocar o decreto de prisão preventiva, mediante representação da autoridade policial, se houver prova da existência do crime e indícios suficientes de autoria, além dos demais requisitos previstos no Código de Processo Penal.

    Está(ão) correta(s):

    A. 1, 2 e 3
    B. 1 apenas
    C. 2 apenas
    D. 1 e 3 apenas
    E. 2 e 3 apenas

22. (Delegado de Polícia Civil/AP/2010) Roberto entra em uma agência bancária e efetua o saque de quinhentos reais da conta corrente de terceiro, utilizando um cheque falsificado. De posse do dinheiro, Roberto se retira da agência. Quinze minutos depois, o caixa do banco observa o cheque com mais cuidado e percebe a falsidade. O segurança da agência é acionado e consegue deter

Roberto no ponto de ônibus próximo à agência. O segurança revista Roberto e encontra os quinhentos reais em seu bolso. Roberto é conduzido pelo segurança à Delegacia de Polícia mais próxima. Considerando a narrativa acima, assinale a alternativa correta.

A. O Delegado de Polícia deve baixar a portaria de instauração do inquérito policial, tomar o depoimento de Roberto, lavrar termo de apreensão do dinheiro que havia sido sacado por ele na agência bancária, e liberá-lo, já que a situação narrada não caracterizou flagrante delito. Encerradas as investigações, deve remeter os autos do inquérito policial ao Ministério Público para que ofereça denúncia.

B. O Delegado de Polícia a quem Roberto é apresentado deve lavrar o auto de prisão em flagrante, sendo-lhe vedado tomar o depoimento do preso sem que esteja assistido por advogado. Se o autuado não informar o nome de seu advogado, o Delegado deverá solicitar a presença de um defensor público ou nomear um advogado dativo para proceder à oitiva. Após a lavratura do auto, deve comunicar a prisão ao juiz competente e entregar nota de culpa ao preso.

C. O Delegado de Polícia a quem Roberto é apresentado deve lavrar o auto de prisão em flagrante, comunicar a prisão imediatamente ao juiz competente e à família do preso ou à pessoa por ele indicada, bem como entregar a nota de culpa ao preso. Se o juiz constatar a desnecessidade da decretação de prisão cautelar, deverá conceder liberdade provisória ao preso, com ou sem fiança, independentemente de manifestação do Ministério Público ou da defensoria pública.

D. O Delegado de Polícia a quem Roberto é apresentado deve lavrar o auto de prisão em flagrante, comunicar a prisão imediatamente ao juiz competente e à família do preso ou à pessoa por ele indicada, devendo ainda remeter, em vinte e quatro horas, o auto de prisão em flagrante acompanhado de todas as oitivas colhidas ao juiz competente e, caso o autuado não informe o nome de seu advogado, cópia integral do auto à Defensoria Pública, e entregar nota de culpa ao preso.

E. O Delegado de Polícia a quem Roberto é apresentado deve lavrar o auto de prisão em flagrante, comunicar a prisão imediatamente ao juiz competente e à família do preso ou à pessoa por ele indicada, devendo ainda remeter, em vinte e quatro horas, o auto de prisão em flagrante acompanhado de todas as oitivas colhidas ao juiz competente e entregar nota de culpa ao preso. Caberá ao juiz abrir vista dos autos de comunicação de prisão ao Ministério Público e, caso o preso tenha declarado não possuir advogado, à defensoria pública.

23. **(Delegado de Polícia Civil/AP/2010)** Assinale a alternativa que contenha um princípio que não se aplica à prisão preventiva.

    A. Taxatividade das hipóteses de aplicação.
    B. Admissibilidade de aplicação automática.
    C. Adequação e proporcionalidade.
    D. Jurisdicionariedade das medidas cautelares.
    E. Demonstração do *fumus comissi delicti* e do *periculum libertatis*.

24. **(Delegado de Polícia Civil/AP/2010)** Relativamente ao tema prisão temporária, analise as afirmativas a seguir:

    I. A prisão temporária será decretada pelo Juiz, em face da representação da autoridade policial ou de requerimento do Ministério Público, e terá o

Cap. 10 | MEDIDAS CAUTELARES DIVERSAS DA PRISÃO, PRISÃO E LIBERDADE PROVISÓRIA

prazo de 5 (cinco) dias. A prorrogação dispensará nova decisão judicial, devendo entretanto a autoridade policial colocar o preso imediatamente em liberdade findo o prazo da prorrogação.

II. Ao decretar a prisão temporária, o Juiz poderá, de ofício, determinar que o preso lhe seja apresentado, solicitar esclarecimentos da autoridade policial e submeter o preso a exame de corpo de delito.

III. Os presos temporários deverão permanecer, obrigatoriamente, separados dos demais detentos.

Assinale:

A. Se somente a afirmativa I estiver correta.
B. Se somente a afirmativa II estiver correta.
C. Se somente a afirmativa III estiver correta.
D. Se somente as afirmativas II e III estiverem corretas.
E. Se todas as afirmativas estiverem corretas.

25. (Promotor de Justiça/DF/2011) O Código de Processo Penal, até o advento da Lei nº 12.403/2011, preconizava a bipolaridade do sistema de medidas cautelares pessoais, quer dizer, ou se mantinha o acusado preso cautelarmente, ou então era concedida liberdade provisória substitutiva da prisão em flagrante. Considerando as inovações trazidas pela referida lei na disciplina das medidas cautelares pessoais, julgue os itens a seguir:

I. Pela atual sistemática, a fiança pode ser aplicada não só como medida substitutiva da prisão em flagrante, como também de forma autônoma, sem vínculo com anterior prisão.

II. As medidas cautelares pessoais deverão ser adequadas à gravidade do crime, circunstâncias do fato e condições pessoais do indiciado ou do acusado.

III. Para a aplicação das medidas cautelares pessoais diversas da prisão se exige a presença do fumus comissi delicti e do periculum libertatis.

IV. No caso de descumprimento injustificado das obrigações impostas pelas medidas cautelares pessoais, deverá ser decretada automaticamente a prisão preventiva.

V. A nova sistemática manteve a disposição de que não será concedida fiança se houver no processo prova de ser o réu vadio.

Estão incorretos os itens:

A. II e IV.
B. I e II.
C. III e IV.
D. IV e V.
E. I e V.

26. (Juiz/GO/2012) Em relação à prisão em flagrante delito, é correto afirmar que:
A. Qualquer do povo deverá prender quem quer que seja encontrado em flagrante delito.

631

B. Quem, logo após o cometimento do delito, é encontrado na posse do bem subtraído, não pode ser preso em flagrante, salvo se houver testemunhas de acusação.
C. Nas infrações permanentes, entende-se o agente em flagrante delito mesmo após a cessação da permanência.
D. Apresentado o preso à autoridade competente, será desde logo interrogado, ouvindo-se, na sequência, o condutor e as testemunhas.
E. Na falta ou no impedimento do escrivão, qualquer pessoa designada pela autoridade lavrará o auto, depois de prestado o compromisso legal.

27. **(Juiz/CE/2012) Assinale a opção correta no que concerne à prisão temporária.**
   A. Caberá prisão temporária quando houver fundadas razões, com base em qualquer prova admitida na legislação penal, de autoria ou participação do indiciado nos crimes de homicídio doloso ou culposo, entre outros.
   B. Está prevista, no procedimento da prisão temporária, a possibilidade de o juiz determinar que o preso lhe seja apresentado e que seja submetido a exame de corpo de delito.
   C. A prisão temporária, para a qual está previsto o prazo improrrogável de cinco dias, será decretada pelo juiz em face da representação da autoridade policial ou de requerimento do MP.
   D. Os presos sujeitos a esse tipo de prisão não são obrigados a permanecer separados dos demais detentos.
   E. Não se aplica à prisão temporária o entendimento jurisprudencial do STJ segundo o qual a mera gravidade do crime imputado à pessoa não é fundamento suficiente para justificar a sua segregação, antes de a decisão condenatória transitar em julgado.

28. **(Defensor Público/SP/2012) Prisão provisória.**
   A. Ausentes os requisitos para a decretação da prisão preventiva poderá o juiz, no curso do processo, decretar a prisão domiciliar caso o réu esteja extremamente debilitado por motivo de doença grave.
   B. Em qualquer fase da investigação policial poderá o juiz decretar, de ofício, a prisão preventiva do indiciado.
   C. Em relação à prisão temporária, constata-se o *fumus comissi delicti* quando presente fundadas razões de autoria ou participação do indiciado em crimes taxativamente relacionados na Lei federal no 7.960/89, que disciplina a prisão temporária, exceto se for autorizada para outros crimes por legislação federal posterior.
   D. A publicação de sentença condenatória, que impõe regime inicialmente fechado para o cumprimento da pena privativa de liberdade, constitui marco impeditivo para a concessão da liberdade provisória ao condenado.
   E. A partir da entrada em vigor da Lei federal no 12.403/11, que reformou parcialmente o Código de Processo Penal, não mais se admite a decretação da prisão preventiva de acusado pela prática de crime doloso cuja sanção máxima em abstrato não ultrapasse quatro anos de reclusão.

Cap. 10 | MEDIDAS CAUTELARES DIVERSAS DA PRISÃO, PRISÃO E LIBERDADE PROVISÓRIA

29. **(Procurador da República/26º MPF)** De acordo com a disciplina legal da fiança, é indiscutível o seu caráter cautelar, sendo igualmente verdadeira a seguinte assertiva:

   A. A fiança somente pode ser concedida aos que, no mesmo processo, não tiverem quebrado fiança anterior ou infringido as obrigações de comparecimento perante a autoridade, de não mudar de residência sem prévia permissão e de não se ausentar por mais de oito dias sem prévia comunicação,

   B. A fiança somente pode ser fixada como contracautela, ou seja, em substituição da prisão em flagrante ou prisão preventiva anteriormente decretada.

   C. A fiança somente pode ser prestada enquanto não transitada em julgado a sentença condenatória, não sendo possível sua concessão na pendência de recurso extraordinário ou especial.

   D. A fiança somente é cabível nas infrações penais cometidas sem violência ou grave ameaça à pessoa.

30. **(OAB/V Exame Unificado 2010-3)** Com relação às modalidades de prisão, assinale a alternativa correta.

   A. A prisão em flagrante delito somente poderá ser realizada dentro do período de vinte e quatro horas, contadas do momento em que se inicia a execução do crime.

   B. A prisão temporária poderá ser decretada a qualquer tempo, desde que se mostre imprescindível para a produção da prova.

   C. A prisão preventiva poderá ser decretada durante o inquérito policial.

   D. Em caso de descumprimento de medida protetiva prevista na Lei 11.340/06, o juiz não poderá decretar a prisão preventiva do acusado.

31. **(Procurador da República/26º MPF)** A Lei n. 12.403/11, que alterou o CPP, empreendeu profunda reforma no instituto da prisão cautelar. Considerando o disciplinado em tal diploma legal, assinale a alternativa verdadeira:

   A. Se a infração for inafiançável, a falta de exibição de mandado obstará a prisão.

   B. Qualquer agente policial poderá efetuar a prisão determinada no mandado registrado no Conselho Nacional de Justiça, desde que dentro da competência territorial do Juiz que o expediu.

   C. Quando as autoridades locais tiverem fundadas razões para duvidar da legitimidade da pessoa do executor da ordem prisional ou da legalidade do mandado que este apresentar, não poderão pôr em custódia o réu até que fique esclarecida a dúvida.

   D. Se o executor do mandado prisional verificar que o réu entrou ou se encontra em alguma casa, o morador será intimado a entregá-lo, à vista da ordem de prisão. Se não for obedecido imediatamente, o executor convocará duas testemunhas e entrará a força na casa, arrombando as portas, sendo dia, se preciso for.

32. **(Promotor de Justiça/AL/2012)** Em relação à prisão preventiva e às medidas alternativas, é correto afirmar que:

   A. A prisão preventiva não poderá ser decretada em caso de descumprimento das obrigações impostas por força de outras medidas cautelares.

   B. O juiz poderá substituir a prisão preventiva pela domiciliar somente quando o agente for maior de setenta anos.

633

C. O juiz poderá substituir a prisão preventiva pela domiciliar quando o agente for imprescindível aos cuidados especiais de pessoa de até sete anos de idade.

D. A prisão domiciliar consiste no recolhimento do indiciado ou acusado em sua residência, só podendo dela ausentar-se com autorização judicial.

E. Será admitida prisão preventiva nos crimes dolosos punidos com pena privativa de liberdade máxima igual ou superior a quatro anos.

33. (Delegado de Polícia Civil/BA/2013) A decretação da prisão preventiva submete-se aos requisitos fáticos e normativos estabelecidos no CPP, sendo admitida em qualquer fase da persecução criminal, seja de ofício, seja por representação da autoridade policial, a requerimento do MP, do querelante ou do assistente de acusação.

34. (Delegado de Polícia Civil/AL/2012) A prisão temporária para os crimes hediondos e equiparados, em função da gravidade objetiva dessas infrações penais, é de 30 dias, prorrogável por igual período em caso de extrema e comprovada necessidade.

35. (Delegado de Polícia Civil/RJ/2013) O Delegado de Polícia não lavrará o Auto de Prisão em Flagrante, mas apenas registrará a ocorrência:

A. Nos casos de ação penal pública condicionada à representação, quando, após a prisão captura, a vítima não oferecer a representação.

B. Diante de condutas insignificantes que façam desaparecer a tipicidade material, bem como, após a prisão captura, nos crimes de ação penal privada subsidiária da pública.

C. Nos crimes de ação penal privada quando o requerimento de instauração do inquérito for formulado pelo representante legal do ofendido.

D. Nos crimes de lesão corporal culposa e homicídio culposo no trânsito.

E. Nos crimes cuja pena máxima seja igual ou inferior a 04 anos.

36. (Delegado de Polícia Civil/ES/2013) Quanto à prisão processual de natureza cautelar, é correto afirmar:

A. A prisão após o trânsito em julgado da condenação pode ser decretada a título cautelar, em face da execução da pena imposta.

B. A privação cautelar da liberdade individual, qualquer que seja a modalidade autorizada pelo ordenamento positivo, se traduz em execução provisória da futura condenação.

C. Revela-se absolutamente constitucional a utilização, com fins punitivos, da prisão cautelar, pois esta pode se destinar a punir o indiciado.

D. Os elementos próprios à tipologia, bem como as circunstâncias da prática delituosa, são suficientes para respaldar a prisão preventiva.

E. Réu que não comparece à delegacia de polícia para depoimento, não autoriza a custódia cautelar.

37. (Delegado de Polícia Civil/ES/2013) Romualdo e Paulo subtraíram pertences de Cláudia, utilizando-se para tanto de um punhal, que possuía o cabo cravejado com pedras. Logo após ter sofrido a subtração de seus pertences, Cláudia comunicou o fato a policiais civis da delegacia de polícia próxima, onde lhe

apresentaram um álbum fotográfico da distrital, tendo Cláudia reconhecido Romualdo. Os policiais, então, saíram em diligência e lograram êxito em deter Romualdo que contribuiu para as investigações fornecendo o nome de seu comparsa, culminando, a seguir, com a detenção de Paulo, bem como apreenderam a arma e recuperaram a com Paulo. Você, Delegado de Plantão, apreciando toda a ocorrência e confirmando os fatos deverá:

A. Autuá-los em flagrante delito, pois se trata de flagrante ficto.

B. Autuá-los em flagrante delito, pois se trata de flagrante próprio.

C. Autuá-los em flagrante delito, pois se trata de quase flagrante.

D. Autuá-los em flagrante delito, pois se trata de flagrante impróprio.

E. Libertá-los após colher suas declarações, pois não estavam mais em flagrante delito.

38. (Delegado de Polícia Civil/ES/2013) Altair foi detido e conduzido à delegacia de polícia da circunscrição, em face de estar portando uma pistola, calibre 45, com numeração raspada. Como se tratava de uma cidade do interior, que não tinha autoridade policial todos os dias para apreciar as ocorrências policiais, Vanessa, Escrivã de Polícia, por ser altamente competente e diligente, lavrou um auto de flagrante delito e deu nota de culpa a Altair, por crime previsto no Estatuto do Desarmamento. Assim, pode-se afirmar:

A. O auto de prisão em flagrante lavrado pela Escrivã de Polícia Vanessa é nulo, bem como serão nulos todos os atos decorrentes, inclusive a ação penal e futura condenação decorrentes desse auto de prisão em flagrante serão nulas.

B. O auto de prisão em flagrante lavrado pela Escrivã de Polícia Vanessa é nulo, mas a ação penal e futura condenação decorrentes desse auto de prisão em flagrante não serão nulas.

C. O auto de prisão em flagrante lavrado pela Escrivã de Polícia Vanessa poderá ser convalidado com a posterior assinatura da autoridade policial, bem como serão nulos todos os atos decorrentes, inclusive ação penal e futura condenação decorrentes desse auto de prisão em flagrante serão nulas.

D. O auto de prisão em flagrante lavrado pela Escrivã de Polícia Vanessa não pode ser atacado por, em face de não haver nulidade em sede de inquérito policial.

E. O auto de prisão em flagrante lavrado pela Escrivã de Polícia Vanessa é nulo, entretanto permanecem os efeitos coercitivos da medida cautelar.

39. (Delegado de Polícia Civil/MA/2012) Com relação à *prisão em flagrante*, assinale a afirmativa correta.

A. O flagrante impróprio é aquele em que o agente é preso quando está cometendo a infração penal ou logo após cometê-la.

B. O flagrante esperado se diferencia do flagrante preparado, pois naquele está presente a figura do agente provocador, enquanto neste não encontramos tal figura.

C. O flagrante forjado não é considerado ilegal.

D. O flagrante protelado ou diferido é aquele em que a prisão em flagrante é retardada para um momento posterior ao cometimento do crime, mais adequado do ponto de vista da persecução penal.

E. Tanto o flagrante esperado quanto o flagrante provocado são considerados ilegais pela doutrina amplamente majoritária, tendo em vista que configuram hipótese de crime impossível.

40. **(Delegado de Polícia Civil/PA/2012) A prisão preventiva poderá ser decretada quando houver prova da existência do crime e indício suficiente de autoria nas seguintes ocasiões:**

    I – como garantia da ordem pública.

    II – como garantia da ordem econômica.

    III – por conveniência da instrução criminal

    IV – para assegurar a aplicação da lei penal.

    Diante dessas informações, assinale a alternativa correta:
    A. Somente as assertivas I e II estão corretas.
    B. Somente as assertivas II e IV estão corretas.
    C. Somente as assertivas I e III estão corretas.
    D. Somente as assertivas III e IV estão corretas.
    E. Todas as assertivas estão corretas.

41. **(Delegado de Polícia Federal/2013) Suponha que um agente penalmente capaz pratique um roubo e, perseguido ininterruptamente pela polícia, seja preso em circunscrição diversa da do cometimento do delito. Nessa situação, a autoridade policial competente para a lavratura do auto de prisão em flagrante é a do local de execução do delito, sob pena de nulidade do ato administrativo.**

42. **(Delegado de Polícia Federal/2013) A autoridade de polícia judiciária deve comunicar ao juiz competente a prisão em flagrante no prazo improrrogável de cinco dias, remetendo-lhe cópia do auto lavrado, do qual será dada vista ao MP em até vinte e quatro horas.**

43. **(Delegado de Polícia Federal/2013) Conforme entendimento pacificado do STJ, a eventual ilegalidade da prisão cautelar por excesso de prazo para conclusão da instrução criminal deve ser analisada à luz do princípio da razoabilidade, sendo permitida ao juízo, em hipóteses excepcionais, a extrapolação dos prazos previstos na lei processual penal.**

44. **(Delegado de Polícia Civil/PR/2013) Em relação à prisão temporária, considere as afirmativas a seguir.**

    I. O prazo da prisão temporária é de cinco dias, sem prorrogação.

    II. O despacho que decretar a prisão temporária deverá ser fundamentado.

    III. Decorrido o prazo de cinco dias de detenção, o preso deverá ser posto imediatamente em liberdade, salvo se já tiver sido decretada sua prisão preventiva.

    IV. A prisão temporária pode ser decretada se for imprescindível para as investigações do inquérito policial.

    Assinale a alternativa correta.
    A. Somente as afirmativas I e II são corretas.

B. Somente as afirmativas I e IV são corretas.
C. Somente as afirmativas III e IV são corretas.
D. Somente as afirmativas I, II e III são corretas.
E. Somente as afirmativas II, III e IV são corretas.

45. **(Delegado de Polícia/DF/2015) Com base na legislação, na jurisprudência e na doutrina majoritária, assinale a alternativa correta no que se refere a prova, prisão preventiva, liberdade provisória e excludente de ilicitude.**
    A. Não se admite liberdade provisória em crime hediondo.
    B. Dada a adoção do sistema acusatório no processo penal brasileiro, não cabe ao réu o ônus de provar a causa excludente de ilicitude.
    C. De acordo com o CPP, a falta de exame complementar não pode ser suprida por meio de prova testemunhal.
    D. Conforme dispositivo expresso no CPP, não se admite prisão preventiva em crime culposo.
    E. Suponha-se que o juiz decrete a prisão preventiva do investigado, em virtude do descumprimento de outras medidas cautelares pessoais. Nesse caso, prescinde-se de que o crime seja punido com pena privativa de liberdade máxima superior a quatro anos.

46. **(Delegado de Polícia/DF/2015) Considera-se flagrante diferido o(a)**
    A. Modalidade de flagrante proibida pela legislação processual penal brasileira, em que a autoridade policial, tendo notícia da prática de futura infração, coloca-se estrategicamente de modo a impedir a consumação do crime.
    B. Obtido a partir de uma provocação do agente criminoso para controlar a ação delituosa e evitar o crime, com base na política criminal hodierna.
    C. Realizado em momento imediatamente após a prática do crime, se o agente for encontrado com instrumentos, armas, objetos ou papéis que façam presumir ser ele o autor da infração.
    D. Ação policial de monitoramento e controle das ações criminosas desenvolvidas, transferindo-se o flagrante para momento de maior visibilidade das responsabilidades penais.
    E. Lavrado quando o agente é perseguido, logo após o crime, pela autoridade policial, pelo ofendido ou por qualquer pessoa em situação que indique ser ele o autor da infração.

47. **(Delegado de Polícia/DF/2015) Acerca da fiança e da liberdade provisória, assinale a alternativa correta.**
    A. A fiança poderá ser dispensada, se assim recomendar a situação econômica do preso, observados os critérios legais.
    B. A liberdade provisória, conforme a atual sistemática do CPP, será concedida sempre com fiança.
    C. A autoridade policial poderá conceder fiança nos casos de infração penal punida com detenção ou prisão simples, independentemente da duração da pena.
    D. Denomina-se quebra da fiança o não pagamento desta no prazo legal.
    E. Em se tratando de prisão civil, é cabível a concessão de fiança pela autoridade policial.

**48. (Juiz/AL/2015) Nos termos do Código de Processo Penal,**

A. A prisão domiciliar implicará o recolhimento do réu à sua residência nos períodos noturnos e de folga, e pressupõe decisão judicial.

B. Julgar-se-á quebrada a fiança quando o acusado praticar ato de obstrução ao andamento do processo.

C. Há previsão da proibição de ausentar-se do país, apenas nos casos de competência da Justiça Federal.

D. O recolhimento domiciliar será permitido, não havendo exigência de residência e trabalho fixo.

E. Após a Constituição Federal de 1988 não se permite mais a internação provisória do acusado semi-imputável.

**49. (Delegado de Polícia/CE/2015) De acordo com o art. 289-A, § 1º do CPP,**

A. Qualquer agente policial poderá efetuar a prisão de- terminada no mandado de prisão registrado no Conselho Nacional de Justiça, ainda que fora da competência territorial do juiz que o expediu, mas desde que o juiz do local da prisão seja previamente comunicado e lance seu "cumpra-se".

B. Qualquer agente policial poderá efetuar a prisão determinada no mandado de prisão registrado no Conselho Nacional de Justiça, ainda que fora da competência territorial do juiz que o expediu.

C. Apenas o agente policial lotado em unidade sujeita à competência territorial do juiz que expediu o mandado de prisão poderá efetuar a prisão determinada no respectivo mandado fora da competência territorial do juiz que o expediu, mas desde que o mandado seja registrado no Conselho Nacional de Justiça.

D. Apenas o agente policial lotado em unidade sujeita à competência territorial do juiz que expediu o mandado de prisão poderá efetuar a prisão determinada no respectivo mandado fora da competência territorial do juiz que o expediu.

E. Qualquer agente policial poderá efetuar a prisão determinada no mandado de prisão registrado no Conselho Nacional de Justiça, mas apenas no território de competência do juiz que o expediu.

**50. (Delegado de Polícia/CE/2015) A prisão temporária é cabível (I) quando imprescindível para as investigações do inquérito policial; (II) quando o indiciado não tiver residência fixa ou não fornecer ele- mentos necessários ao esclarecimento de sua identidade e (III) quando houver fundadas razões, de acordo com qualquer prova admitida na legislação penal, de autoria ou participação do indiciado em alguns crimes expressamente citados no texto da Lei nº 7.960/90, entre eles**

A. A corrupção passiva (CP, art. 317).

B. A falsificação, corrupção, adulteração ou alteração de produto destinado a fins terapêuticos ou medicinais (CP, art. 273).

C. A concussão (CP, art. 316).

D. O contrabando (CP, art. 334).

E. Os contra o sistema financeiro (Lei nº 7.492/86).

Cap. 10 | MEDIDAS CAUTELARES DIVERSAS DA PRISÃO, PRISÃO E LIBERDADE PROVISÓRIA

**51. (Delegado de Polícia/SP/2014) Em relação ao tema prisão, é correto afirmar que:**
A. O emprego de força para a realização da prisão será permitido sempre que a autoridade policial julgar necessário, não existindo restrição legal.
B. A prisão poderá ser efetuada em qualquer dia e a qualquer hora, respeitadas as restrições relativas à inviolabilidade de domicílio.
C. A prisão cautelar somente ocorre durante o inquérito policial.
D. Em todas as suas hipóteses, é imprescindível a existência de mandado judicial prévio.
E. A prisão preventiva somente ocorre durante o processo judicial.

**52. (Delegado de Polícia/SP/2014) A fiança:**
A. Poderá ser prestada em todas as hipóteses de prisão, salvo no caso de prisão em decorrência de pronúncia.
B. Poderá ser prestada em qualquer termo do processo, inclusive após o trânsito em julgado da sentença.
C. Poderá ser prestada em qualquer termo do processo, enquanto não transitar em julgado a sentença condenatória.
D. Somente poderá ser prestada durante o inquérito policial.
E. Poderá ser prestada nas hipóteses de prisão temporária.

**53. (Delegado de Polícia/RO/2014) A ordem ou o "comando implícito de soltura" é característica peculiar de uma prisão cautelar, no caso, a prisão:**
A. Preventiva decorrente de conversão.
B. Em flagrante.
C. Temporária.
D. Preventiva decretada no curso do processo.
E. Domiciliar decretada no curso do processo.

**54. (Juiz/PB/2015) A respeito da disciplina do CPP sobre a fiança, assinale a opção correta.**
A. É admitida a concessão de fiança em caso de prisão civil ou militar.
B. A fiança poderá consistir em pedras, objetos ou metais preciosos.
C. O réu afiançado poderá ausentar-se de sua residência sem comunicar a autoridade processante, desde que o faça por período não superior a trinta dias.
D. Não há previsão de reforço da fiança no CPP.
E. Compete de forma exclusiva à autoridade judicial fixar fiança e decidir pela liberdade provisória.

**55. (Defensor Público/MA/2015) Sobre as prisões processuais, conforme o Código de Processo Penal e a jurisprudência do STF, é correto afirmar que**
A. Não havendo autoridade no lugar em que se tiver efetuado a prisão, o preso será apresentado ao Ministério Público da comarca, que decidirá sobre a manutenção da prisão e classificação do delito.
B. As condições subjetivas favoráveis do réu, tais como emprego lícito, residência fixa e família constituída, obstam a segregação cautelar.

C. É fundamento válido para a decretação da prisão preventiva no delito de tráfico de drogas ser este um delito de origem para vários outros, especialmente que envolvem violência ou grave ameaça à pessoa, com grave perturbação da paz social.

D. A necessidade de se interromper ou diminuir a atuação de integrantes da organização criminosa enquadra-se no conceito de garantia da ordem pública, constituindo fundamentação cautelar idônea e suficiente para a prisão preventiva.

E. O auto de prisão em flagrante deverá ser lavrado somente por escrivão concursado e dotado de fé pública.

56. **(Agente de Polícia Federal/2014) Nos crimes de tráfico de drogas, em caso de necessidade extrema comprovada, poderá ser decretada a prisão temporária pela autoridade policial, que terá o prazo de vinte e quatro horas para comunicar a prisão e encaminhar a representação pertinente ao juiz competente.**

57. **(Delegado de Polícia/TO/2014) Se assim recomendar a situação econômica do preso, a fiança poderá ser dispensada, e também**

    A. Reduzida até o máximo de um terço ou aumentada em até cem vezes.
    B. Reduzida até o máximo de dois terços ou aumentada em até mil vezes.
    C. Reduzida até o máximo de metade ou aumentada em até dez vezes.
    D. Reduzida até o máximo de três quintos ou aumentada em até cinquenta vezes.

58. **(Delegado de Polícia/TO/2014) A fiança ficará sem efeito e o acusado será recolhido à prisão, quando ele**

    A. Deixar de reforçar a fiança, nas hipóteses legais.
    B. Descumprir cautelar imposta cumulativamente.
    C. Resistir injustificadamente à ordem judicial.
    D. Praticar nova infração penal dolosa.

59. **(Delegado de Polícia/TO/2014) Entende-se que a prisão preventiva possui caráter rebus sic stantibus porque o juiz**

    A. Poderá revogá-la se, no correr do processo, verificar a falta de motivo para que subsista, bem como de novo decretá-la, se sobrevierem razões que a justifiquem.
    B. Deverá sempre motivar a decisão que decretar, substituir ou denegar esta modalidade de prisão cautelar.
    C. Poderá decretá-la de ofício exclusivamente no curso da ação penal, sendo proibido esse tipo de decretação na fase da investigação policial.
    D. Poderá decretá-la quando houver prova da existência do crime e indício suficiente de autoria.

60. **(Delegado de Polícia Civil/PE/2016) Considerando a doutrina majoritária e o entendimento dos tribunais superiores, assinale a opção correta a respeito da prisão.**

    A. O flagrante diferido que permite à autoridade policial retardar a prisão em flagrante com o objetivo de aguardar o momento mais favorável à obtenção de provas da infração penal prescinde, em qualquer hipótese, de prévia autorização judicial.

Cap. 10 | MEDIDAS CAUTELARES DIVERSAS DA PRISÃO, PRISÃO E LIBERDADE PROVISÓRIA

B. Para a admissibilidade de prisão temporária exige-se, cumulativamente, a presença dos seguintes requisitos: imprescindibilidade para as investigações, não ter o indiciado residência fixa ou não fornecer dados esclarecedores de sua identidade e existência de indícios de autoria em determinados crimes.

C. Configura crime impossível o flagrante denominado esperado, que ocorre quando a autoridade policial, detentora de informações sobre futura prática de determinado crime, se estrutura para acompanhar a sua execução, efetuando a prisão no momento da consumação do delito.

D. Havendo conversão de prisão temporária em prisão preventiva no curso da investigação policial, o prazo para a conclusão das investigações, no âmbito do competente inquérito policial, iniciar-se-á a partir da decretação da prisão preventiva.

E. Havendo mandado de prisão registrado no Conselho Nacional de Justiça (CNJ), a autoridade policial poderá executar a ordem mediante certificação em cópia do documento, desde que a diligência se efetive no território de competência do juiz processante.

61. (Delegado de Polícia Civil/PE/2016) Considerando-se que João tenha sido indiciado, em inquérito policial, por, supostamente, ter cometido dolosamente homicídio simples, e que Pedro tenha sido indiciado, em inquérito policial, por, supostamente, ter cometido homicídio qualificado, é correto afirmar que, no curso dos inquéritos,

A. Se a prisão temporária de algum dos acusados for decretada, ela somente poderá ser executada depois de expedido o mandado judicial.

B. João e Pedro podem ficar presos temporariamente, sendo igual o limite de prazo para a decretação da prisão temporária de ambos.

C. O juiz poderá decidir sobre a prisão temporária de qualquer um dos acusados ou de ambos, independentemente de ouvir o MP, sendo suficiente, para tanto, a representação da autoridade policial.

D. O juiz poderá decretar, de ofício, a prisão temporária de Pedro mas não a de João.

E. O juiz poderá decretar, de ofício, a prisão temporária de João e de Pedro.

62. (Delegado de Polícia Civil/GO/2016) Pedro, Joaquim e Sandra foram presos em flagrante delito. Pedro, por ter ofendido a integridade corporal de Lucas, do que resultou debilidade permanente de um de seus membros; Joaquim, por ter subtraído a bicicleta de Lúcio, de vinte e cinco anos de idade, no período matutino — Lúcio a havia deixado em frente a uma padaria; e Sandra, por ter subtraído o carro de Tomás mediante grave ameaça.

Considerando-se os crimes cometidos pelos presos, a autoridade policial poderá conceder fiança a

A. Joaquim somente.
B. Pedro somente.
C. Pedro, Joaquim e Sandra.
D. Pedro e Sandra somente.
E. Joaquim e Sandra somente

641

63. **(Delegado de Polícia Civil/GO/2016)** Será cabível a concessão de liberdade provisória ao indivíduo que for preso em flagrante devido ao cometimento do crime de
   I. estelionato;
   II. latrocínio;
   III. estupro de vulnerável.
   Assinale a opção correta.
   A. Apenas os itens I e III estão certos.
   B. Apenas os itens II e III estão certos.
   C. Todos os itens estão certos.
   D. Apenas o item I está certo.
   E. Apenas os itens I e II estão certos.

64. **(Delegado de Polícia Civil/GO/2016)** Com relação à prisão temporária, assinale a opção correta.
   A. A prisão temporária poderá ser decretada pelo juiz de ofício ou mediante representação da autoridade policial ou requerimento do Ministério Público.
   B. Conforme o STJ, a prisão temporária não pode ser mantida após o recebimento da denúncia pelo juiz.
   C. São três os requisitos indispensáveis para a decretação da prisão temporária, conforme a doutrina majoritária: imprescindibilidade para as investigações; existência de indícios de autoria ou participação; e indiciado sem residência fixa ou identificação duvidosa.
   D. É cabível a prisão temporária para a oitiva do indiciado acerca do delito sob apuração, desde que a liberdade seja restituída logo após a ultimação do ato.
   E. A prisão temporária poderá ser decretada tanto no curso da investigação quanto no decorrer da fase instrutória do competente processo criminal.

65. **(Delegado de Polícia Civil/AC/2017)** As funções de polícia judiciária e a apuração de infrações penais exercidas pelo delegado de polícia são de natureza jurídica, essenciais e exclusivas de Estado. A Luz do ordenamento jurídico processual, o delegado de polícia, na qualidade de autoridade policial, deve proceder a análise técnico-jurídica do fato e de maneira fundamentada. A impossibilidade de remoção arbitrária e avocatórias buscam assegurar o exercício funcional com independência na condução da investigação e apreciação dos fatos. Com efeito, qual conduta abaixo poderá ser adotada pelo delegado de polícia sem com isso configurar desídia funcional ou prevaricação?
   A. Poderá o delegado deixar de acompanhar a vítima para assegurar a retirada de seus pertences do local da ocorrência ou do domicílio familiar quando necessário.
   B. Poderá o delegado de polícia deixar de destruir as drogas apreendidas nos flagrantes de tráfico após a determinação judicial de sua destruição, com a guarda de amostra necessária ao laudo definitivo.
   C. Na hipótese da iminência ou da prática de violência doméstica e familiar contra a mulher, a autoridade policial que tomar conhecimento da ocorrência

poderá deixar de fornecer transporte para a ofendida e seus dependentes para abrigo ou local seguro, mesmo diante de risco de vida para a ofendida.

D. Diante da subtração de um pedaço da carne da alcatra no valor de R$ 16,00 (dezesseis reais), poderá o delegado de polícia deixar de lavrar o auto de prisão em flagrante, procedendo apenas com o registro de ocorrência, decidindo fundamentadamente que não se trata de crime por ausência de tipicidade material, em razão de concluir sua análise técnico-jurídica no sentido de ter incidido no caso o princípio da insignificância.

E. Deixar de instaurar o inquérito policial, mesmo tendo verificado a procedência das informações, por razões de conveniência e oportunidade da investigação.

66. **(Delegado de Polícia Civil/AC/2017) Tendo em vista a correta classificação, considera-se em flagrante delito quem:**

    A. É encontrado, logo depois, com instrumentos, armas, objetos ou papéis que façam presumir ser ele autor da infração, ou seja, flagrante impróprio.

    B. Acaba de cometer a infração penal, ou seja. flagrante próprio.

    C. É perseguido, logo após, pela autoridade, pelo ofendido ou por qualquer pessoa em situação que faça presumir ser autor da infração, ou seja, flagrante presumido.

    D. É preso por flagrante provocado.

    E. Está cometendo a infração penal, ou seja, crime imperfeito.

67. **(Defensor Público da União/2017) O STJ consolidou entendimento no sentido de que os atos infracionais anteriormente praticados pelo réu não servem como argumento para embasar a decretação de prisão preventiva.**

68. **(Delegado de Polícia Civil/AP/2017) Sobre a prisão em flagrante, é correto afirmar que**

    A. é ato exclusivo da autoridade policial nos casos de perseguição logo após a prática do delito.

    B. deve o delegado de polícia representar pela prisão preventiva, quando o agente é encontrado, logo depois, com instrumentos ou papéis que façam presumir ser ele autor da infração, dada a impossibilidade de prisão em flagrante.

    C. é vedada pelo Código de Processo Penal, em caso de crime permanente, diante da possibilidade de prisão temporária.

    D. a falta de testemunhas do crime impede a lavratura do auto de prisão em flagrante, devendo a autoridade policial instaurar inquérito policial para apuração do fato.

    E. o auto de prisão em flagrante será encaminhado ao juiz em até 24 horas após a realização da prisão, e, caso não seja indicado o nome de seu advogado pela pessoa presa, cópia integral para a Defensoria Pública.

69. **(Delegado de Polícia Civil/AP/2017) O Código de Processo Penal dispõe que no regime da prisão preventiva**

    A. é vedada a decretação da prisão preventiva antes do início do processo criminal.

    B. a decretação da prisão preventiva como garantia da ordem pública requer indício suficiente da existência do crime.

C. a prisão preventiva decretada por conveniência da instrução criminal ou para assegurar a aplicação da lei penal possuem relação de cautelaridade com o processo penal.
D. a reincidência é irrelevante para a admissão da prisão preventiva.
E. a gravidade do delito dispensa a motivação da decisão que decreta a prisão preventiva.

70. **(Delegado de Polícia Civil/ES/2019)** João Pedro foi abordado por policiais militares que faziam ronda próxima a uma Universidade particular. Ao perceberem a atitude suspeita de João, os policiais resolveram proceder a revista pessoal e identificaram que João portava um cigarro de maconha para consumo pessoal. Nessa situação hipotética, a expressão "não se imporá prisão em flagrante", descrita no art. 48 da lei 11.343/06, significa que é vedado a autoridade policial:
    A. Efetuar a condução coercitiva até a delegacia de polícia.
    B. Realizar a captura do agente.
    C. Lavrar o termo circunstanciado.
    D. Apreender o objeto de crime.
    E. Efetuar a lavratura do auto de prisão em flagrante.

71. **(Delegado Federal/2018)** Situação hipotética: Um cidadão foi preso em flagrante pela prática do crime de corrupção ativa. A autoridade policial, no prazo legal do IP, remeteu os autos ao competente juízo, quando foi decretada a prisão preventiva do indiciado. Assertiva: Nessa situação, estão preenchidos os requisitos legais para a concessão da fiança, razão por que ela poderá ser concedida como contracautela da prisão anteriormente decretada.

72. **(Delegado Federal/2018)** Situação hipotética: A polícia foi informada da possível ocorrência de crime em determinado local. Por determinação da autoridade policial, agentes se dirigiram ao local e aguardaram o desenrolar da ação criminosa, a qual ensejou a prisão em flagrante dos autores do crime quando praticavam um roubo, que não chegou a ser consumado. Foi apurado, ainda, que se tratava de conduta oriunda de grupo organizado para a prática de crimes contra o patrimônio. Assertiva: Nessa situação, o flagrante foi lícito e configurou hipótese legal de ação controlada.

73. **(Delegado Federal/2018)** A inafiançabilidade nos casos de crimes hediondos não impede a concessão judicial de liberdade provisória, impedindo apenas a concessão de fiança como instrumento de obtenção dessa liberdade.

74. **(Delegado Federal/2018)** O crime de estupro praticado contra criança ou adolescente é insuscetível de fiança.

75. **(Delegado de Polícia Civil/GO/2018)** Segundo o Código de Processo Penal, é cabível a prisão domiciliar, em substituição à prisão preventiva, quando o agente for:
    A. Magistrado.
    B. Ministro de Estado.
    C. Pessoa maior de setenta anos.

D. Pessoa portadora de diploma de ensino superior.

E. Homem, caso seja o único responsável pelos cuidados do filho de até doze anos de idade incompletos.

**76. (Delegado de Polícia Civil/GO/2018) Sobre a prisão, tem-se o seguinte:**

A. A prisão temporária, presentes os seus requisitos, poderá ser decretada no curso da ação penal.

B. A Constituição da República Federativa do Brasil prevê a incomunicabilidade do preso durante o estado de defesa.

C. Nos crimes hediondos, a prisão temporária tem, em regra, a duração de trinta dias.

D. Após a alteração legislativa promovida pela Lei n. 12.403, de 2011, é possível a decretação de prisão preventiva pelo juiz, de ofício, durante a investigação penal.

E. É causa de revogação da prisão preventiva o extrapolamento, pela autoridade policial, do prazo de conclusão do inquérito policial.

**77. (Delegado de Polícia Civil/GO/2018) Impor-se-á prisão em flagrante:**

A. A Deputado Federal flagrado na prática de crime de estelionato.

B. À pessoa que for flagrada transportando, para consumo pessoal, drogas, em desacordo com determinação legal.

C. À pessoa que, flagrada na prática de crime de menor potencial ofensivo, tiver termo circunstanciado de ocorrência lavrado e assumir compromisso de comparecer ao juizado especial criminal.

D. À pessoa flagrada na prática de crime de furto simples de coisa avaliada em R$ 50,00 (cinquenta reais).

E. Ao condutor de veículo, no caso de homicídio culposo na direção de veículo automotor, que prestar à vítima pronto e integral socorro.

**78. (Delegado de Polícia Civil/SP/2018) A prisão temporária é cabível**

A. Quando imprescindível para as investigações do inquérito policial nos crimes, entre outros, de latrocínio e epidemia com resultado morte, pelo prazo de trinta dias, prorrogável por igual período em caso de extrema e comprovada necessidade.

B. Quando imprescindível para as investigações do inquérito policial nos crimes, entre outros, de latrocínio e roubo, pelo prazo de trinta dias, prorrogável por igual período em caso de extrema e comprovada necessidade.

C. Quando imprescindível para as investigações do inquérito policial ou instrução processual, nos crimes, entre outros, de latrocínio e sequestro ou cárcere privado, pelo prazo de trinta dias, prorrogável por igual período em caso de extrema e comprovada necessidade.

D. Quando imprescindível para as investigações do inquérito policial ou instrução processual, nos crimes, entre outros, de latrocínio e roubo, pelo prazo de trinta dias, prorrogável por igual período em caso de extrema e comprovada necessidade.

E. Quando imprescindível para as investigações do inquérito policial, decretada de ofício pelo magistrado ou a requerimento do Delegado de Polícia, nos crimes, entre outros, de latrocínio e estupro, pelo prazo de trinta dias, prorrogável por igual período em caso de extrema e comprovada necessidade.

79. **(Delegado de Polícia Civil/SP/2018) Em relação à prisão em flagrante, assinale a alternativa correta.**
    A. A autoridade policial somente poderá conceder fiança nos casos de infração cuja pena privativa de liberdade máxima não seja superior a 2 anos.
    B. O delito putativo por obra do agente provocador é contemplado na lei e mesmo na doutrina como espécie do chamado quase-flagrante.
    C. Para existir a prisão em flagrante nas hipóteses de perseguição é necessário que o agente seja preso em até 24 horas após o fato.
    D. A atribuição para a lavratura do auto de prisão em flagrante é da autoridade policial do local em que ocorrer a prisão-captura, mesmo que esta se dê em local diverso do da prática do crime.
    E. Chama-se flagrante impróprio a situação de prisão em que o agente é surpreendido quando acabou de cometer o delito.

80. **(Delegado de Polícia/MG/2018) Sobre o regime jurídico da liberdade provisória, é CORRETO afirmar:**
    A. A cassação da fiança poderá ocorrer com a inovação da classificação do delito tido, inicialmente, como afiançável.
    B. Não poderá haver reforço da fiança mediante inovação da classificação do delito.
    C. O pagamento da fiança poderá ser dispensado pela autoridade policial, em face da situação econômica do preso.
    D. O quebramento injustificado da fiança importará na perda da totalidade do seu valor.

81. **(Delegado de Polícia/PI/2018) Como alternativa à prisão, o legislador contemplou outras medidas cautelares. Dentre esse rol, qual não corresponde a uma medida cautelar diversa da prisão?**
    A. Comparecimento periódico em juízo, até o dia 10 (dez) de cada mês e nas condições fixadas pelo juiz, para informar e justificar atividades.
    B. Monitoração eletrônica.
    C. Proibição de acesso ou frequência a determinados lugares, quando, por circunstâncias relacionadas ao fato, deva o indiciado ou acusado permanecer distante desses locais para evitar o risco de novas infrações.
    D. Proibição de manter contato com pessoa determinada, quando, por circunstâncias relacionadas ao fato, deva o indiciado ou acusado permanecer distante.
    E. Proibição de ausentar-se da Comarca quando a permanência seja conveniente ou necessária para a investigação ou instrução.

82. **(Delegado de Polícia/PI/2018) No que diz respeito à prisão em flagrante e à prisão preventiva, é CORRETO afirmar:**
    A. Poderá ocorrer prisão em flagrante após 24 horas, desde que seja demonstrado que o autor do crime foi perseguido e preso neste período. Neste caso não há necessidade de entrega da nota de culpa.

B. A falta de testemunhas da infração não impedirá o auto de prisão em flagrante.
C. As autoridades policiais, seus agentes e qualquer do povo deverão prender quem quer que seja encontrado em flagrante delito.
D. No momento em que o juiz recebe o auto de prisão em flagrante, ele tem duas opções apenas. Deve decidir de forma fundamentada pelo relaxamento da prisão ilegal ou converter a prisão em flagrante em preventiva.
E. O juiz pode decretar a prisão preventiva como garantia da ordem pública, da ordem financeira, por conveniência da instrução do inquérito, ou para assegurar a aplicação da lei penal, quando houver prova da existência do crime ou indício suficiente de autoria.

83. **(Delegado de Polícia/RS/2018) Considerando a disciplina da aplicação de lei processual penal e os tratados e convenções internacionais, assinale a alternativa correta.**
    A. A lei processual penal aplica-se desde logo, conformando um complexo de princípios e regras processuais penais próprios, vedada a suplementação pelos princípios gerais de direito.
    B. A superveniência de lei processual penal que modifique determinado procedimento determina a renovação dos atos já praticados.
    C. A lei processual penal não admite interpretação extensiva, ainda que admita aplicação analógica.
    D. Toda pessoa detida ou retida deve ser conduzida, sem demora, à presença de um juiz ou outra autoridade autorizada pela lei a exercer funções judiciais e tem direito a ser julgada dentro de um prazo razoável ou a ser posta em liberdade, sem prejuízo de que prossiga o processo.
    E. Em caso de superveniência de leis processuais penais híbridas, prevalece o aspecto instrumental da norma.

84. **(Delegado de Polícia/RS/2018) Assinale a alternativa correta.**
    A. Segundo jurisprudência dos Tribunais Superiores, não cabe habeas corpus em sede de inquérito policial.
    B. A prisão domiciliar poderá ser concedida a homem, caso seja o único responsável pelos cuidados do filho de até 12 (doze) anos de idade incompletos.
    C. O dinheiro ou objetos dados como fiança servirão ao pagamento das custas do processo, ainda que o réu seja absolvido.
    D. É possível o recolhimento domiciliar no período noturno e nos dias de folga, ainda que o investigado ou acusado não tenha residência e trabalho fixos.
    E. Nos crimes de abuso de autoridade, a ação penal será instruída com inquérito policial ou justificação, sem os quais a denúncia será considerada inepta diante da ausência de lastro probatório mínimo.

85. **(Delegado de Polícia/RS/2018) Acerca da prisão, medidas cautelares e liberdade, é correto afirmar que:**
    A. É cabível medida cautelar diversa da prisão a crime cuja pena cominada seja de multa.
    B. A prisão temporária será decretada pelo Juiz, de ofício, em face da representação da autoridade policial ou de requerimento do Ministério Público, e terá

o prazo de 5 (cinco) dias, prorrogável por igual período em caso de extrema e comprovada necessidade.

C. Ausentes os requisitos da prisão preventiva, é cabível liberdade provisória para o crime de tráfico de drogas.

D. É constitucional a expressão "e liberdade provisória", constante do caput do artigo 44 da Lei nº 11.343/2006, conforme entendimento do Supremo Tribunal Federal.

E. A autoridade policial somente poderá conceder fiança nos casos de infração cuja pena privativa de liberdade máxima seja inferior a 4 (quatro) anos.

86. **(Delegado de Polícia/RS/2018) João foi atuado em flagrante delito pelo crime de receptação dolosa de animal (Art. 180-A, CP) na Região da Campanha Estado do Rio Grande do Sul. Em sua propriedade, foram encontrados, ocultados, cerca de 300 semoventes subtraídos de determinada fazenda, demonstrando a gravidade em concreto da ação do flagrado. Confessado o delito, João referiu que possuía a finalidade de comercializar o gado em momento posterior. Considerando a prática deste delito e verificadas as condenações anteriores, restou caracterizada, com a nova conduta, a reincidência dolosa de João em delitos da mesma espécie. Além disso, o autuado apresenta extenso rol de maus antecedentes em delitos de receptação. Neste caso, considerando o Código de Processo Penal, deverá o delegado de polícia:**

A. Representar por medida cautelar diversa da prisão, uma vez que o delito foi praticado sem a utilização de violência ou grave ameaça à pessoa.

B. Representar pela prisão preventiva, demonstrando, fundamentadamente, a insuficiência e a inadequação de outras medidas cautelares diversas da prisão, bem como a presença dos requisitos autorizadores da segregação cautelar.

C. Arbitrar fiança, de imediato, sob pena de constrangimento ilegal ao autuado.

D. Representar pela prisão preventiva, ainda que seja suficiente medida cautelar diversa da prisão, tendo em vista estarem presentes os requisitos previstos no art. 312 do Código de Processo Penal.

E. Após a lavratura do auto de prisão em flagrante, remeter os autos ao Poder Judiciário, independente de representação por prisão preventiva, sendo permitido ao juiz decretá-la de ofício, conforme Art. 311 do Código de Processo Penal.

87. **(Delegado de Polícia/RS/2018) Acerca da disciplina sobre prisão e liberdade, assinale a alternativa correta.**

A. Em até 24 (vinte e quatro) horas após a realização da prisão, será encaminhado ao juiz competente o auto de prisão em flagrante e, caso o autuado não informe o nome de seu advogado, cópia integral para a Defensoria Pública e ao Ministério Público.

B. Da lavratura do auto de prisão em flagrante deverá constar a informação sobre a existência de filhos, respectivas idades e se possuem alguma deficiência e o nome e o contato de eventual responsável pelos cuidados dos filhos, indicado pela pessoa presa.

C. Se o réu, sendo perseguido, passar ao território de outro município ou comarca, o executor poderá efetuar-lhe a prisão no lugar onde o alcançar, apresentando-o imediatamente à autoridade do local do início da perseguição para a lavratura do auto de flagrante.

D. Nos termos da Lei nº 9.099/1995, ao autor do fato que, após a lavratura do termo, for imediatamente encaminhado ao juizado ou assumir o compromisso de a ele comparecer, não se imporá prisão em flagrante, nem se exigirá fiança. Em caso de violência doméstica, o juiz poderá determinar, como medida de cautela, a realização de audiência de conciliação.

E. Em se tratando de delito de descumprimento de medida protetiva, havendo a prisão em flagrante do suspeito, caberá à autoridade policial o arbitramento de fiança.

88. **(Delegado de Polícia/BA/2018) No que concerne à prisão em flagrante, à prisão temporária e à prisão preventiva, assinale a alternativa correta, nos estritos termos legais e constitucionais.**

A. Nenhuma delas tem prazo máximo estabelecido em lei.

B. A primeira pode ser realizada pela autoridade policial, violando domicílio e sem ordem judicial, a qualquer horário do dia ou da noite.

C. A segunda somente é cabível em crimes hediondos ou assemelhados, podendo durar 30 (trinta) ou 60 (sessenta) dias.

D. A segunda demanda ordem judicial e prévio parecer favorável do Ministério Público.

E. A terceira pode ser decretada de ofício pelo Juiz durante o inquérito policial.

89. **(Delegado de Polícia/MA/2018) Considere que, no curso de determinada investigação, a autoridade policial tenha representado ao competente juízo pela prisão temporária do indiciado. Nessa situação,**

A. A prisão requerida apenas poderá ser decretada para se inquirir o indiciado, devendo a autoridade policial, após o ato, representar pela sua soltura.

B. Mesmo que a autoridade policial não tivesse requerido a prisão temporária, o juiz poderia tê-la decretado de ofício.

C. Caso se trate de crime hediondo, o prazo máximo da prisão eventualmente decretada será de noventa dias.

D. A prisão não poderá ser decretada após a fase inquisitória da persecução penal.

E. Decretada a prisão temporária, o inquérito policial deverá ser concluído no prazo máximo de dez dias.

## 10.9. GABARITO E COMENTÁRIOS

| QUESITO | ASSERTIVA CORRETA | JUSTIFICATIVA |
|---|---|---|
| 01 | ERRADO | Trata-se de crime permanente, sendo possível a materialização da prisão em flagrante enquanto durar a consumação do crime – inteligência do artigo 303 do CPP. |
| 02 | CERTO | A confecção de auto de prisão em flagrante significa a instauração de inquérito policial e este não poderá ser iniciado em crime de ação penal pública condicionada à representação sem que esta seja ofertada, artigo 5º, § 4º, do CPP. |
| 03 | CERTO | Vide artigo 311 do CPP, que prevê decretação de prisão preventiva pelo magistrado atendendo a requerimento do querelante. |
| 04 | ERRADO | Vide artigo 308 do CPP. |
| 05 | ERRADO | Quando o flagrante é preparado, sequer existe crime, sendo atípica a conduta – tópico 10.2.3.8. |
| 06 | ERRADO | Só cabe decretação de prisão preventiva em face da prática de crime doloso, artigo 313 do CPP – tópico 10.2.4. |
| 07 | ERRADO | O fundamento da prisão preventiva garantia da aplicação da lei penal serve para evitar que o autor do fato se esquive de eventual futuro decreto condenatório. O fundamento que serve para acautelar o meio social é o da garantia da ordem pública – tópico 10.2.4. |
| 08 | ERRADO | O fundamento da prisão preventiva que necessita de comprovação de iminente risco de fuga do agente é o da garantia da aplicação da lei penal – tópico 10.2.4. |
| 09 | ERRADO | Não cabe prisão temporária no curso da ação penal – tópico 10.2.5. |
| 10 | ERRADO | Não cabe decretação de prisão temporária de ofício pelo juiz – tópico 10.2.5. |
| 11 | ERRADO | A prisão temporária pode ser convertida pelo juiz em preventiva, caso presentes os requisitos e fundamentos desta – tópico 10.2.5. |
| 12 | ERRADO | A decretação da prisão temporária exige parecer prévio do MP quando for representada pela autoridade policial, artigo 2º, § 1º, da Lei 7.960/89. |
| 13 | CERTO | Artigo 1º, III, da Lei 7.960/89. |
| 14 | ERRADO | A apresentação espontânea não elide a prisão preventiva – tópico 10.2.3.7. |

| QUESITO | ASSERTIVA CORRETA | JUSTIFICATIVA |
|---|---|---|
| 15 | CERTO | Trata-se de flagrante preparado (Súmula 145 do STF) – tópico 10.2.3.8. |
| 16 | ERRADO | A prisão preventiva cabe apenas quando da prática de crimes dolosos (artigo 313 do CPP) – tópico 10.2.4. |
| 17 | CERTO | Vide artigos 312 e 313 do CPP – tópico 10.2.4. |
| 18 | ERRADO | A apresentação espontânea não obsta decretação de prisão preventiva ou temporária – tópicos 10.2.3.7 e 10.2.4. |
| 19 | CERTO | É o que prescreve o artigo 303 do CPP. Vide tópico 10.2.3.5. |
| 20 | B | Artigo 313, II, CPP. Vide tópico 10.2.4. |
| 21 | B | A única assertiva correta é a primeira (Súmula Vinculante 11) – tópico 10.2.2. As outras duas estão erradas – vide tópicos 10.2.3.8 e 10.2.5. |
| 22 | D | Artigo 306 do CPP – tópico 10.2.3.6. |
| 23 | B | Vide tópico 10.2.4. |
| 24 | D | Artigo 2º, § 3º e artigo 3º da Lei 7.960/89 – vide tópico 10.2.5. |
| 25 | D | Não existe decretação automática da prisão preventiva e o artigo 313, II, do CPP foi alterado pela Lei 12.403/11. |
| 26 | E | Artigo 305 do CPP. |
| 27 | B | Artigo 2º, § 3º, da Lei 7.960/89 – vide tópico 10.2.5. |
| 28 | C | Artigo 1º, III, da Lei 7.960/89 – vide tópico 10.2.5. |
| 29 | A | Artigo 324, I, do CPP. |
| 30 | C | Artigo 311 do CPP – tópico 10.2.4. |
| 31 | D | Artigo 293 do CPP. |
| 32 | D | Vide tópico 10.2.6. |
| 33 | ERRADO | Vide tópico 10.2.4. |
| 34 | CERTO | Vide tópico 10.2.5. |
| 35 | A | Artigo 5º, § 4º, do CPP. |
| 36 | E | Vide tópico 10.6. |
| 37 | A | Vide tópico 10.2.3.5. |

| QUESITO | ASSERTIVA CORRETA | JUSTIFICATIVA |
|---|---|---|
| 38 | B | Vide tópico 10.2.3.6. |
| 39 | D | Vide tópico 10.2.3.8. |
| 40 | E | Vide tópico 10.2.4. |
| 41 | ERRADO | Artigo 308 do CPP. |
| 42 | ERRADO | Vide tópico 10.2.3.6. |
| 43 | CERTO | Vide tópico 10.4. |
| 44 | E | Vide tópico 10.2.5. |
| 45 | E | Vide tópico 10.2.4. e artigo 313 do CPP. |
| 46 | D | Vide tópico 10.2.3.8. |
| 47 | A | Vide artigo 325, § 1º, I, do CPP. |
| 48 | B | Vide artigo 341, II, do CPP. |
| 49 | B | Vide artigo 289-A, § 1º, do CPP. |
| 50 | E | Vide artigo 1º, III, o, da Lei 7.960/89. |
| 51 | B | Vide artigo 283, § 2º, do CPP. |
| 52 | C | Vide artigo 334 do CPP. |
| 53 | C | Vide tópico 10.2.5. |
| 54 | B | Vide artigo 330 do CPP. |
| 55 | D | Vide tópico 10.2.4. |
| 56 | ERRADA | Vide tópico 10.2.5. |
| 57 | B | Vide artigo 325, § 1º, II e III, do CPP. |
| 58 | A | Vide parágrafo único do artigo 340 do CPP. |
| 59 | A | Vide tópico 10.2.4. |
| 60 | D | Estando o indiciado preso em face da decretação da prisão temporária, quando da conversão desta em preventiva, o prazo de conclusão das investigações começa a contar da decretação da preventiva, já que o indiciado já está preso, mudando apenas o título da prisão. |
| 61 | A | Vide tópico 10.2.5. |
| 62 | A | Vide tópico 10.2.3.6. |
| 63 | C | Vide tópico 10.3. |

| QUESITO | ASSERTIVA CORRETA | JUSTIFICATIVA |
|---|---|---|
| 64 | B | Vide tópico 10.2.5. |
| 65 | D | Vide tópico 10.2.3.6. |
| 66 | B | Vide tópico 10.2.3.5. |
| 67 | ERRADO | Vide tópico 10.2.4. |
| 68 | E | Vide tópico 10.2.3. |
| 69 | C | Como os fundamentos conveniência da instrução criminal e assegurar a aplicação da lei penal objetivam proteger, respectivamente, a colheita de provas e a efetividade de ulterior sentença condenatória, é inegável que eles acautelam o processo penal. |
| 70 | E | Não deve ser lavrado auto de prisão em flagrante delito quando da prática do crime tipificado no artigo 28 da Lei 11.343/06, na forma do artigo 48, § 2º, do mesmo diploma. |
| 71 | ERRADO | Quando há o envio do auto de prisão em flagrante, o juiz, na forma do artigo 310 do CPP, na audiência de custódia, pode relaxar a prisão ilegal, conceder a liberdade provisória (com ou sem fiança) ou converter o flagrante em preventiva. Ora, se houve conversão, é porque o juiz avaliou que não era cabível conceder a liberdade provisória. |
| 72 | ERRADO | Vide tópico 10.2.3.8 |
| 73 | CERTO | Vide tópico 10.3 |
| 74 | CERTO | Vide tópico 10.3 |
| 75 | E | Vide tópico 10.2.6 |
| 76 | C | Vide tópico 10.2.5 |
| 77 | D | A única alternativa a ser marcada é a letra D, mas é importante salientar que o delegado de polícia, pode, no exercício de seu entendimento técnico-jurídico, deixar de lavrar auto de prisão em flagrante em face do reconhecimento do princípio da insignificância (e um furto de bem móvel orçado em R$ 50,00 pode ser assim enquadrado, caso se detecte a presença dos demais requisitos para reconhecimento da insignificância reclamados pelo STF). |
| 78 | A | Vide tópico 10.2.5 |
| 79 | D | Vide tópico 10.2.3.6 |

| QUESITO | ASSERTIVA CORRETA | JUSTIFICATIVA |
|---|---|---|
| 80 | A | Vide tópico 10.3 |
| 81 | A | Vide tópico 10.1 |
| 82 | B | Vide tópico 10.2.3.6 |
| 83 | D | Vide tópico 10.2.3.3 |
| 84 | B | Vide tópico 10.2.6 |
| 85 | C | Vide tópico 10.3 |
| 86 | B | Vide tópico 10.2.4 |
| 87 | B | Vide tópico 10.2.3.6 |
| 88 | B | Vide tópico 10.2.3.2 |
| 89 | D | Vide tópico 10.2.5 |

# 11

# ALGUNS TÓPICOS COBRADOS EM EDITAIS DE CONCURSOS DE DELEGADO DE POLÍCIA

Esse capítulo contempla assuntos que são usualmente cobrados em concursos públicos para o cargo de delegado de polícia.

## 11.1. FONTES DO PROCESSO PENAL

| FONTE | CONCEITO |
|---|---|
| Fonte de produção ou material | É a que elabora a norma. No Brasil a competência para legislar sobre Direito Processual Penal é da União. |
| Fonte formal ou de cognição | É a que revela a norma (divide-se em imediata e mediata) |

| FONTE FORMAL | CONCEITO |
|---|---|
| Imediata/direta | Leis e tratados internacionais internalizados |
| Mediatas, indiretas ou supletivas | Os costumes (regra de conduta praticada de modo constante, uniforme e com consciência de obrigatoriedade – podem ser *secudum legem* – ratificam o quanto descrito na lei; *praeter legem* – suprem lacunas legais; ou *contra legem* – contrariam a lei, mas não a podem revogar/modificar) e os princípios gerais do direito (estabelecidos de acordo com a consciência ética de um povo – premissas éticas extraídas da legislação ou do ordenamento como um todo) |

## 11.2. INTERPRETAÇÃO

### 11.2.1. Quanto à pessoa que interpreta

| INTERPRETAÇÃO | CONCEITO |
| --- | --- |
| Autêntica | É ditada pela própria norma, que no seu bojo fornece os dados necessários a sua interpretação (por exemplo, artigo 150, §§ 4º e 5º, do Código Penal) |
| Doutrinária | Revelada pelos estudiosos e professores |
| Jurisprudencial | É a que emana do Poder Judiciário |

### 11.2.2. Quanto ao modo de interpretar

| INTERPRETAÇÃO | CONCEITO |
| --- | --- |
| Gramatical | Leva-se em conta o significado literal da norma (com utilização de regras gramaticais para aferir a correta interpretação) |
| Sistemática | Busca harmonizar o ordenamento jurídico, interpretando a norma em consonância com o arcabouço legal |
| Teleológica | Investiga os fins a que se destina a lei |
| Histórica | Analisa o momento histórico da elaboração do mandamento legal |

### 11.2.3. Quanto ao resultado

| INTERPRETAÇÃO | CONCEITO |
| --- | --- |
| Declarativa | Quando se constata que a lei corresponde ao que o legislador tencionava regular, não havendo necessidade de restringir ou ampliar seu alcance |
| Restritiva | Quando o sentido da norma deve ser limitado, porque o legislador usou de expressões muito amplas |
| Extensiva | Quando a norma merece ampliação, para abranger casos não expressamente por ela previstos (admitida expressamente pelo artigo 3º do Código de Processo Penal) |

### 11.2.4. Analogia x Interpretação analógica

| INTERPRETAÇÃO | CONCEITO |
| --- | --- |
| Analogia | Significa colmatar, preencher lacunas. É levada a efeito para suprir um vazio, aplicando-se uma lei a um caso semelhante não regulamentado (admitida expressamente pelo artigo 3º do Código de Processo Penal – inclusive contra o investigado/indiciado/réu, especificamente na seara processual penal) |

| INTERPRETAÇÃO | CONCEITO |
|---|---|
| Interpretação analógica | Ocorre quando o legislador, após uma sequência, utiliza-se de uma forma genérica que deve ser interpretada de acordo com os casos anteriores (artigo 121, § 2º, I, III e IV, do Código Penal, por exemplo) |

## 11.3. SISTEMAS PROCESSUAIS

| SISTEMA | CONCEITO |
|---|---|
| Inquisitivo | De origem Romana, nele as figuras do acusador e julgador se confundem. Em regra, é escrito e secreto. O réu é verdadeiro objeto do processo (não há contraditório, nem ampla defesa) |
| Acusatório | De origem grega, as figuras do acusador e do julgador são exercidas por órgãos distintos. É público e contraditório. **Adotado pelo nosso país**. A existência de inquérito policial de natureza investigativa não desnatura a natureza acusatória do nosso sistema processual. Nesse sentido, artigo 3º-A do Código de Processo Penal. |
| Misto | Tem características dos dois sistemas. É composto de duas fases, sendo uma persecutória e inquisitiva e outra acusatória e contraditória (há a figura do juiz instrutor) |

## 11.4. EFICÁCIA DA LEI PROCESSUAL PENAL

| LEI PROCESSUAL PENAL | CONCEITO |
|---|---|
| No espaço | Reclama a leitura do artigo 1º do Código de Processo Penal. Foi adotado o **princípio da territorialidade**, segundo o qual todas as infrações penais cometidas no território nacional serão regidas pela legislação processual penal brasileira (importante a leitura do artigo 6º do Código Penal, que trata do lugar do crime, e as disposições acerca do território brasileiro, no artigo 5º do Código Penal) |
| No tempo | O ato processual deve ser praticado de acordo com a lei que está vigor no dia em que for praticado (tempo rege o ato – *tempus regit actum*). O artigo 2º do Código de Processo Penal adotou a teoria da **imediata aplicação da lei processual penal** (a lei processual penal nova deve ser aplicada imediatamente, inclusive aos processos em curso, ressalvados os atos praticados sob a égide da lei anterior). Se o conteúdo da lei nova for puramente processual penal, o mandamento deve ser aplicado imediatamente aos processos em curso, ainda que se considere o texto mais gravoso. Lembre que os atos processuais praticados sob a égide da lei anterior são considerados válidos e não são atingidos pela lei nova (não precisam ser praticados novamente, nos termos da lei nova) |

Caso a lei nova tenha natureza penal e processual penal (lei híbrida ou processual penal material), deve-se seguir a regra da irretroatividade da lei penal mais gravosa, não se aplicando por inteiro o novo mandamento quando a parte penal dele trouxer prejuízo para o acusado. É aplicar o artigo 5º, XL, da Constituição Federal É preciso deixar claro que não há que se falar em cisão da norma híbrida (de natureza penal e processual), devendo a mesma ser aplicada ou não por inteiro.

## 11.5. PROCESSO CRIMINAL DE CRIMES COMUNS

O processo é a única via disponível para materialização do *jus puniendi*. Ele pode ser concretizado por meio dos procedimentos comum ou especial. O primeiro se subdivide em ordinário, sumário e sumaríssimo. O segundo pode ser encontrado no bojo do Código de Processo Penal (procedimento para apurar crimes dolosos contra vida, crimes contra honra, crimes funcionais e crimes contra propriedade imaterial) e em leis especiais (como o procedimento previsto na Lei 11.343/06 – lei de drogas).

Cumpre deixar claro que, nos termos do artigo 394-A do Código de Processo Penal, os "processos que apurem a prática de crime hediondo terão prioridade de tramitação em todas as instâncias".

Nos termos do artigo 394, § 1º, do CPP:

| PROCEDIMENTO | REGRAS |
|---|---|
| Ordinário | Quando tiver por objeto crime cuja sanção máxima cominada for igual ou superior a 4 (quatro) anos de pena privativa de liberdade |
| Sumário | Quando tiver por objeto crime cuja sanção máxima cominada seja inferior a 4 (quatro) anos de pena privativa de liberdade |
| Sumaríssimo | Para as infrações penais de menor potencial ofensivo[1], na forma da lei |

Abaixo confira a síntese dos procedimentos acima referidos.

---

1. Para conhecer a definição de infração de menor potencial ofensivo, leia o artigo 61 da Lei 9.099/95: "Art. 61. Consideram-se infrações penais de menor potencial ofensivo, para os efeitos desta Lei, as contravenções penais e os crimes a que a lei comine pena máxima não superior a 2 (dois) anos, cumulada ou não com multa".

## 11.5.1. Procedimento ordinário

| FASE | COMENTÁRIOS | ARTIGOS A SEREM LIDOS |
|---|---|---|
| Recebimento da denúncia/queixa | Oferecida a exordial acusatória, o juiz[2] verificará se estão adimplidos os requisitos legais (basicamente a conformidade com o artigo 41 do CPP e se não está presente nenhuma causa de rejeição[3] do artigo 395 do mesmo diploma). Recebida a denúncia, o processo estará iniciado e o juiz determinará a citação do acusado para responder à acusação, no prazo de 10 dias[4]. | 41, 395, 581, I, todos do CPP. |
| Citação | É o ato que tem a finalidade de dar ao réu/querelado conhecimento de que foi manejada ação penal em face dele, cientificando-o dos seus termos e da necessidade de apresentação de resposta escrita. Pode ser **real** (por mandado[5], carta precatória[6], carta rogatória[7] ou carta de ordem[8]) ou **ficta** (por edital[9] ou por hora certa[10]). | 351 a 369 do CPP e 252 a 254 do NCPC. |

---

2. Na sistemática inaugurada pelo Pacote Anticrime (ainda suspensa por decisão do Supremo Tribunal Federal), é do juiz das garantias a competência de analisar o recebimento ou rejeição da inicial acusatória, com ulterior remessa do feito ao juiz da instrução e julgamento.
3. Da decisão que rejeita a denúncia/queixa cabe recurso em sentido estrito (artigo 581, I, do CPP). Acerca da rejeição e do recurso contra essa decisão, leia a Súmula 707/STF – Constitui nulidade a falta de intimação do denunciado para oferecer contrarrazões ao recurso interposto da rejeição da denúncia, não a suprindo a nomeação de defensor dativo.
4. Na sistemática inaugurada pelo Pacote Anticrime (ainda suspensa por decisão do decisão do Supremo Tribunal Federal) é o juiz da instrução e julgamento quem deve citar o acusado.
5. É materializada quando o réu reside em local certo, na mesma comarca onde o juízo exerce sua jurisdição e é materializada por oficial de justiça.
6. Realizada quando o réu reside em local certo, em comarca distinta daquela onde tramita o processo (chama-se juízo deprecante o que expede carta precatória; chama-se juízo deprecado o que cumpre a carta; se houver notícia de que o réu se mudou, o juízo deprecado pode encaminhar a carta para ser cumprida no juízo respectivo, com comunicação ao juízo deprecante – é a carta precatória itinerante).
7. É levada a efeito quando o réu está em local sabido no exterior. Expedida a carta rogatória, o prazo prescricional fica suspenso até seu cumprimento.
8. É levada a efeito nos julgamentos originários por tribunais – o tribunal determina ao juízo de primeiro grau que cite o acusado.
9. Haverá citação por edital quando o réu não for achado para ser citado pessoalmente. Importante, nesta toada, a leitura da Súmula 351/STF – É nula a citação por edital de réu preso na mesma unidade da Federação em que o juiz exerce sua jurisdição.
10. Desde a edição da Lei 11.719/08 admite-se a citação por hora certa no processo penal. Caso o oficial de justiça perceba que o réu está se ocultando para não ser citado, o oficial certificará a ocorrência

| FASE | COMENTÁRIOS | ARTIGOS A SEREM LIDOS |
|---|---|---|
| Resposta escrita | Citado, o réu terá 10 dias para, por meio de advogado ou defensor público, apresentar resposta escrita à acusação (nela o acusado poderá arguir preliminares e alegar tudo o que interesse à sua defesa, oferecer documentos e justificações, especificar as provas pretendidas e arrolar testemunhas, qualificando-as e requerendo sua intimação, quando necessário). A defesa escrita é de apresentação obrigatória e é o momento oportuno para arrolar testemunhas (8, no caso de procedimento ordinário). | 396-A do CPP. |
| Absolvição sumária | É a possibilidade do juiz absolver de logo o acusado, na forma do artigo 397 do CPP[11]. | 397 do CPP |
| Audiência de instrução e julgamento | Não havendo absolvição sumária, o juiz designará audiência, no prazo máximo de 60 dias; na audiência, proceder-se-á à tomada de declarações do ofendido, à inquirição das testemunhas arroladas pela acusação e pela defesa, nesta ordem, ressalvado o disposto no art. 222 deste Código, bem como aos esclarecimentos dos peritos, às acareações e ao reconhecimento de pessoas e coisas, interrogando-se, em seguida, o acusado; a seguir as partes terão a oportunidade de requerer diligências, haverá debates orais[12] (por 20 minutos, prorrogáveis por mais 10) e sentença. | 399 a 405 do CPP |

---

e procederá na forma dos artigos 252 a 254 do NCPC – tendo procurado o réu por duas vezes e percebendo que o mesmo se oculta para não ser citado, o oficial de justiça intimará familiar ou na falta deste vizinho, informando que voltará no dia útil seguinte, na hora que designar, para fazer a citação.

11. Art. 397. Após o cumprimento do disposto no art. 396-A, e parágrafos, deste Código, o juiz deverá absolver sumariamente o acusado quando verificar:

   I - a existência manifesta de causa excludente da ilicitude do fato;

   II - a existência manifesta de causa excludente da culpabilidade do agente, salvo inimputabilidade;

   III - que o fato narrado evidentemente não constitui crime; ou

   IV - extinta a punibilidade do agente.

12. Os debates orais podem ser convertidos em memoriais escritos, com prazo de 5 dias (caso opte pela apresentação de memoriais escritos, o juiz terá, a seguir, 10 dias para sentenciar, na forma do § 3º do artigo 403 do CPP).

Outros conceitos/observações relevantes:

**Revelia:** descrita no artigo 367 do CPP – "O processo seguirá sem a presença do acusado que, citado ou intimado pessoalmente para qualquer ato, deixar de comparecer sem motivo justificado, ou, no caso de mudança de residência, não comunicar o novo endereço ao juízo". Em face do princípio da verdade real, a acusação, ainda assim, deverá provar cabalmente os fatos articulados na denúncia/queixa.

**Suspensão do processo:** leia o artigo 366 do CPP – "Se o acusado, citado por edital, não comparecer, nem constituir advogado, ficarão suspensos o processo e o curso do prazo prescricional, podendo o juiz determinar a produção antecipada das provas consideradas urgentes e, se for o caso, decretar prisão preventiva, nos termos do disposto no art. 312".

Trata-se de dispositivo que contém em seu bojo regra penal (que trata da suspensão da prescrição) e processual penal (que trata da suspensão do processo, da produção antecipada de prova e da possibilidade de decretação da prisão preventiva). O período de suspensão do prazo prescricional é regulado pelo máximo da pena cominada, nos termos da Súmula 415 do STJ[13] e a decisão que determina produção antecipada de prova deve ser concretamente fundamentada, não podendo ser unicamente calcada no decurso do tempo, como prescreve a Súmula 455 do STJ[14].

Importante salientar que a Lei de Lavagem de Capitais não admite a providência do artigo 366 do Código de Processo Penal, nos termos do artigo 2º, § 2º, da Lei 9.613/98. Caso o réu citado por edital não compareça nem constitua advogado, o juiz deverá nomear defensor dativo e prosseguir normalmente o feito, até o julgamento:

> Art. 2º (...)
>
> § 2º No processo por crime previsto nesta Lei, não se aplica o disposto no art. 366 do Decreto-Lei nº 3.689, de 3 de outubro de 1941 (Código de Processo Penal), devendo o acusado que não comparecer nem constituir advogado ser citado por edital, prosseguindo o feito até o julgamento, com a nomeação de defensor dativo.

**Sentença:** a sentença deverá conter relatório, fundamentação e conclusão (dispositivo). A sentença absolutória é regulada pelo artigo 386 do CPP. A sentença condenatória é tratada no artigo 387 do mesmo diploma. A apelação é o recurso que desafia a sentença.

---

13. Súmula 415/STJ – O período de suspensão do prazo prescricional é regulado pelo máximo da pena cominada.
14. Súmula 455/STJ – A decisão que determinar a produção antecipada de provas com base no art. 366 do CPP deve ser concretamente fundamentada, não a justificando unicamente o mero decurso do tempo.

Acerca da sentença, é importante revisar os institutos do *emendatio libeli* (artigo 383 do CPP) e *mutatio libeli* (artigo 384 do CPP), atrelados ao princípio da correlação (que veda julgamentos *extra, citra* e *ultra petita*):

| INSTITUTO | DESCRIÇÃO | DICAS | ARTIGO |
|---|---|---|---|
| *Emendatio libeli* | O juiz, sem modificar a descrição do fato contida na denúncia ou queixa, poderá atribuir-lhe definição jurídica diversa, ainda que, em consequência, tenha de aplicar pena mais grave. | Aqui o fato desenhado na peça acusatória é o mesmo provado no curso do feito, mas o juiz resolve dar capitulação diversa da informada pela acusação. Como o réu se defende de fatos e não da tipificação informada pela acusação, o juiz pode sentenciar o processo, sem necessidade de aditamento da exordial; se, em consequência de definição jurídica diversa, houver possibilidade de proposta de suspensão condicional do processo, o juiz procederá de acordo com o disposto na lei; tratando-se de infração da competência de outro juízo, a este serão encaminhados os autos; a *emendatio libeli* pode ser aplicada nos tribuna*pejus*. | 383 do CPP |
| *Mutatio libeli* | Encerrada a instrução probatória, se entender cabível nova definição jurídica do fato, em consequência de prova existente nos autos de elemento ou circunstância da infração penal não contida na acusação, o Ministério Público deverá aditar a denúncia ou queixa, no prazo de 5 (cinco) dias, se em virtude desta houver sido instaurado o processo em crime de ação pública, reduzindo-se a termo o aditamento, quando feito oralmente. | Aqui o fato desenhado na exordial acusatória é diferente do provado em juízo. Detectada a dissonância, o juiz deverá intimar o MP para que proceda ao aditamento da inicial (em caso de ação penal pública); não procedendo o órgão do Ministério Público ao aditamento, aplica-se o art. 28 deste Código; ouvido o defensor do acusado no prazo de 5 (cinco) dias e admitido o aditamento, o juiz, a requerimento de qualquer das partes, designará dia e hora para continuação da audiência, com inquirição de testemunhas, novo interrogatório do acusado, realização de debates e julgamento; havendo aditamento, cada parte poderá | 384 do CPP |

| INSTITUTO | DESCRIÇÃO | DICAS | ARTIGO |
|---|---|---|---|
| | | arrolar até 3 (três) testemunhas, no prazo de 5 (cinco) dias, ficando o juiz, na sentença, adstrito aos termos do aditamento; não recebido o aditamento, o processo prosseguirá; é importante a leitura da Súmula 453 do STF[15]. | |

## 11.5.2. Procedimento sumário

O procedimento sumário não é muito diferente do ordinário. É importante a leitura dos artigos 531 a 538 do CPP. As diferenças básicas entre os procedimentos são: 1) a audiência é designada no prazo de 30 dias depois da análise da possibilidade de absolvição sumária do réu (artigo 531 do CPP); 2) o número máximo de testemunhas é 5 (artigo 532 do CPP); 3) não há previsão de requerimento de diligências depois do interrogatório do réu; 4) não há previsão expressa de possibilidade de conversão dos debates orais em memoriais (artigo 534 do CPP).

## 11.5.3. Procedimento do tribunal do júri

**Introdução:** o procedimento do júri tem seu fundamento constitucional no inciso XXXVIII do artigo 5º da Constituição Federal. Trata-se de cláusula pétrea, que não pode ser suprimido nem por emenda constitucional (vide artigo 60, § 4º, inciso IV, da Carta da República).

**Princípios:** eis os princípios extraídos da Constituição Federal:

| PRINCÍPIO | DESCRIÇÃO |
|---|---|
| Plenitude da defesa | O exercício da defesa no júri é materializado em grau ainda maior que a ampla defesa. Pressupõe a utilização, além da defesa técnica, de argumentação extrajurídica, emocional, razões de ordem social, política criminal, dentre outras. Isso porque a análise da causa não é feita pelo juiz togado, técnico. O acusado exerce sua autodefesa no interrogatório, podendo discorrer acerca de sua tese defensiva (caso queira, porque tem direito ao silêncio). |

---

15. Súmula 453/STF - Não se aplicam à segunda instância o art. 384 e parágrafo único do Código de Processo Penal, que possibilitam dar nova definição jurídica ao fato delituoso, em virtude de circunstância elementar não contida, explícita ou implicitamente, na denúncia ou queixa.

| PRINCÍPIO | DESCRIÇÃO |
|---|---|
| Sigilo das votações | O julgamento pelos jurados não segue a regra geral do artigo 93, inciso IX, da Constituição Federal. Trata-se de resquício do princípio da íntima convicção do julgador. O sigilo deverá ser resguardado pelo juiz, que deve parar a votação sempre que perceber mais de 3 votos em um sentido (artigo 483, §§ 1º e 2º, do CPP). |
| Soberania dos veredictos | O tribunal pode anular a decisão proferida pelo júri, mas outro conselho de sentença deverá analisar o caso. Cabe revisão criminal (e a revisão não significa atropelo ao princípio). |
| Competência mínima para julgamento dos crimes dolosos contra vida | Esta competência não pode ser suprimida, mas a legislação infraconstitucional pode ampliá-la. |

**Composição e organização:** trata-se de órgão **heterogêneo** (juiz togado e juízes leigos), **horizontal** (não há hierarquia entre os juízes), **temporário** (funciona alguns períodos do ano), com decisões tomadas **por maioria de votos**.

As decisões proferidas são **subjetivamente complexas**. O tribunal do júri é composto por um juiz togado e 25 jurados leigos (cidadãos escolhidos por sorteio). Faz-se uma lista geral (artigo 425 do Código de Processo Penal[16]), publicada duas vezes (meses de outubro e novembro, para sessões do ano seguinte – caput e § 1º do artigo 426 do Código de Processo Penal[17]). Na sessão

---

16. Art. 425. Anualmente, serão alistados pelo presidente do Tribunal do Júri de 800 (oitocentos) a 1.500 (um mil e quinhentos) jurados nas comarcas de mais de 1.000.000 (um milhão) de habitantes, de 300 (trezentos) a 700 (setecentos) nas comarcas de mais de 100.000 (cem mil) habitantes e de 80 (oitenta) a 400 (quatrocentos) nas comarcas de menor população.

    § 1º Nas comarcas onde for necessário, poderá ser aumentado o número de jurados e, ainda, organizada lista de suplentes, depositadas as cédulas em urna especial, com as cautelas mencionadas na parte final do § 3º do art. 426 deste Código.

    § 2º O juiz presidente requisitará às autoridades locais, associações de classe e de bairro, entidades associativas e culturais, instituições de ensino em geral, universidades, sindicatos, repartições públicas e outros núcleos comunitários a indicação de pessoas que reúnam as condições para exercer a função de jurado.

17. Art. 426. A lista geral dos jurados, com indicação das respectivas profissões, será publicada pela imprensa até o dia 10 de outubro de cada ano e divulgada em editais afixados à porta do Tribunal do Júri.

    § 1º A lista poderá ser alterada, de ofício ou mediante reclamação de qualquer do povo ao juiz presidente até o dia 10 de novembro, data de sua publicação definitiva.

    § 2º Juntamente com a lista, serão transcritos os arts. 436 a 446 deste Código.

    § 3º Os nomes e endereços dos alistados, em cartões iguais, após serem verificados na presença do Ministério Público, de advogado indicado pela Seção local da Ordem dos Advogados do Brasil e de defensor indicado pelas Defensorias Públicas competentes, permanecerão guardados em urna fechada a chave, sob a responsabilidade do juiz presidente.

    § 4º O jurado que tiver integrado o Conselho de Sentença nos 12 (doze) meses que antecederem à publicação da lista geral fica dela excluído.

    § 5º Anualmente, a lista geral de jurados será, obrigatoriamente, completada.

de julgamento, como dito, são sorteados 25 jurados (artigo 433 do Código de Processo Penal[18]).

Os jurados devem ser brasileiros, maiores de 18 anos, de notória idoneidade, alfabetizados, no gozo dos direitos políticos e residentes na comarca (artigo 436 do Código de Processo Penal[19]).

O serviço é obrigatório (ver escusa de consciência – artigo 5º, inciso VIII[20], e artigo 15, inciso IV[21], da Constituição Federal e 438 do Código de Processo Penal[22]). O artigo 437 do Código de Processo Penal[23] traz rol de isentos.

---

18. Art. 433. O sorteio, presidido pelo juiz, far-se-á a portas abertas, cabendo-lhe retirar as cédulas até completar o número de 25 (vinte e cinco) jurados, para a reunião periódica ou extraordinária.

    § 1º O sorteio será realizado entre o 15º (décimo quinto) e o 10º (décimo) dia útil antecedente à instalação da reunião.

    § 2º A audiência de sorteio não será adiada pelo não comparecimento das partes.

    § 3º O jurado não sorteado poderá ter o seu nome novamente incluído para as reuniões futuras.

19. Art. 436. O serviço do júri é obrigatório. O alistamento compreenderá os cidadãos maiores de 18 (dezoito) anos de notória idoneidade.

    § 1º Nenhum cidadão poderá ser excluído dos trabalhos do júri ou deixar de ser alistado em razão de cor ou etnia, raça, credo, sexo, profissão, classe social ou econômica, origem ou grau de instrução.

    § 2º A recusa injustificada ao serviço do júri acarretará multa no valor de 1 (um) a 10 (dez) salários mínimos, a critério do juiz, de acordo com a condição econômica do jurado.

20. Art. 5º (...)

    VIII - ninguém será privado de direitos por motivo de crença religiosa ou de convicção filosófica ou política, salvo se as invocar para eximir-se de obrigação legal a todos imposta e recusar-se a cumprir prestação alternativa, fixada em lei;

21. Art. 15. É vedada a cassação de direitos políticos, cuja perda ou suspensão só se dará nos casos de:

    (...)

    IV - recusa de cumprir obrigação a todos imposta ou prestação alternativa, nos termos do art. 5º, VIII;

22. Art. 438. A recusa ao serviço do júri fundada em convicção religiosa, filosófica ou política importará no dever de prestar serviço alternativo, sob pena de suspensão dos direitos políticos, enquanto não prestar o serviço imposto.

    § 1º Entende-se por serviço alternativo o exercício de atividades de caráter administrativo, assistencial, filantrópico ou mesmo produtivo, no Poder Judiciário, na Defensoria Pública, no Ministério Público ou em entidade conveniada para esses fins.

    § 2º O juiz fixará o serviço alternativo atendendo aos princípios da proporcionalidade e da razoabilidade.

23. Art. 437. Estão isentos do serviço do júri:

    I – o Presidente da República e os Ministros de Estado;

    II – os Governadores e seus respectivos Secretários;

    III – os membros do Congresso Nacional, das Assembléias Legislativas e das Câmaras Distrital e Municipais;

    IV – os Prefeitos Municipais;

    V – os Magistrados e membros do Ministério Público e da Defensoria Pública;

    VI – os servidores do Poder Judiciário, do Ministério Público e da Defensoria Pública;

    VII – as autoridades e os servidores da polícia e da segurança pública;

    VIII – os militares em serviço ativo;

Há privilégios decorrentes do exercício da função (vide artigo 439, 440 e 441 do Código de Processo Penal):

> Art. 439. O exercício efetivo da função de jurado constituirá serviço público relevante e estabelecerá presunção de idoneidade moral.
>
> Art. 440. Constitui também direito do jurado, na condição do art. 439 deste Código, preferência, em igualdade de condições, nas licitações públicas e no provimento, mediante concurso, de cargo ou função pública, bem como nos casos de promoção funcional ou remoção voluntária.
>
> Art. 441. Nenhum desconto será feito nos vencimentos ou salário do jurado sorteado que comparecer à sessão do júri.

Os jurados são considerados funcionários públicos para fins penais (artigo 327 do Código Penal).

**Rito:** é escalonado, dividido em duas etapas, duas fases. A primeira é chamada de juízo de prelibação, *judicium accusationis* ou sumário de culpa. A segunda é chamada de juízo de delibação, *judicium causae* ou juízo da causa.

**Primeira fase:** segue rito bastante semelhante ao procedimento ordinário.

Recebida a denúncia ou queixa o juiz determinará citação do réu para apresentação de defesa escrita no prazo de 10 dias (na forma do artigo 406 do Código de Processo Penal[24]), caso o réu não apresente resposta deve o juiz nomeará defensor para oferecê-la em até 10 (dez) dias, concedendo-lhe vista dos autos (artigo 408 do Código de Processo Penal[25]).

As partes podem arrolar até 8 testemunhas (na forma do artigo § 2º do 406 do Código de Processo Penal).

De acordo com o artigo 409 do Código de Processo Penal[26], o Ministério Público será ouvido no prazo de 5 dias caso a defesa argua preliminares ou junte documentos.

---

IX – os cidadãos maiores de 70 (setenta) anos que requeiram sua dispensa;

X – aqueles que o requererem, demonstrando justo impedimento.

24. Art. 406. O juiz, ao receber a denúncia ou a queixa, ordenará a citação do acusado para responder a acusação, por escrito, no prazo de 10 (dez) dias.

    § 1º O prazo previsto no caput deste artigo será contado a partir do efetivo cumprimento do mandado ou do comparecimento, em juízo, do acusado ou de defensor constituído, no caso de citação inválida ou por edital.

    § 2º A acusação deverá arrolar testemunhas, até o máximo de 8 (oito), na denúncia ou na queixa.

    § 3º Na resposta, o acusado poderá argüir preliminares e alegar tudo que interesse a sua defesa, oferecer documentos e justificações, especificar as provas pretendidas e arrolar testemunhas, até o máximo de 8 (oito), qualificando-as e requerendo sua intimação, quando necessário.

25. Art. 408. Não apresentada a resposta no prazo legal, o juiz nomeará defensor para oferecê-la em até 10 (dez) dias, concedendo-lhe vista dos autos.

26. Art. 409. Apresentada a defesa, o juiz ouvirá o Ministério Público ou o querelante sobre preliminares e documentos, em 5 (cinco) dias.

No prazo máximo de 10 dias o juiz determinará a realização de audiência de instrução (na forma do artigo 410 do Código de Processo Penal[27]). Na audiência, segue-se a ordem prescrita pelo 411 do Código de Processo Penal[28]: a) declarações do ofendido, se possível; b) inquirição das testemunhas arroladas pela acusação e pela defesa, nesta ordem (obedecendo ao sistema de *cross examination*); c) esclarecimentos dos peritos; d) acareações; e) reconhecimento de pessoas e coisas; f) interrogatório do réu; g) debates; h) prolação de sentença (que se não for proferida em audiência, deve ser prolatada no prazo de 10 dias).

O Caderno Processual Penal estabeleceu prazo de 90 dias para conclusão do procedimento (artigo 412[29]).

---

27. Art. 410. O juiz determinará a inquirição das testemunhas e a realização das diligências requeridas pelas partes, no prazo máximo de 10 (dez) dias.
28. Art. 411. Na audiência de instrução, proceder-se-á à tomada de declarações do ofendido, se possível, à inquirição das testemunhas arroladas pela acusação e pela defesa, nesta ordem, bem como aos esclarecimentos dos peritos, às acareações e ao reconhecimento de pessoas e coisas, interrogando-se, em seguida, o acusado e procedendo-se o debate.
    § 1º Os esclarecimentos dos peritos dependerão de prévio requerimento e de deferimento pelo juiz.
    § 2º As provas serão produzidas em uma só audiência, podendo o juiz indeferir as consideradas irrelevantes, impertinentes ou protelatórias.
    § 3º Encerrada a instrução probatória, observar-se-á, se for o caso, o disposto no art. 384 deste Código.
    § 4º As alegações serão orais, concedendo-se a palavra, respectivamente, à acusação e à defesa, pelo prazo de 20 (vinte) minutos, prorrogáveis por mais 10 (dez).
    § 5º Havendo mais de 1 (um) acusado, o tempo previsto para a acusação e a defesa de cada um deles será individual.
    § 6º Ao assistente do Ministério Público, após a manifestação deste, serão concedidos 10 (dez) minutos, prorrogando-se por igual período o tempo de manifestação da defesa.
    § 7º Nenhum ato será adiado, salvo quando imprescindível à prova faltante, determinando o juiz a condução coercitiva de quem deva comparecer.
    § 8º A testemunha que comparecer será inquirida, independentemente da suspensão da audiência, observada em qualquer caso a ordem estabelecida no caput deste artigo.
    § 9º Encerrados os debates, o juiz proferirá a sua decisão, ou o fará em 10 (dez) dias, ordenando que os autos para isso lhe sejam conclusos.
29. Art. 412. O procedimento será concluído no prazo máximo de 90 (noventa) dias.

**Decisões possíveis ao fim da primeira fase:** são quatro:

| DECISÃO | COMENTÁRIOS |
|---|---|
| Pronúncia | Trata-se de decisão interlocutória – o juiz admite a existência de crime doloso contra vida (materialidade) e de indícios suficientes de autoria (artigo 413 do Código de Processo Penal[30]). |
| | A pronúncia é mero juízo de admissibilidade, não cabendo ao magistrado se posicionar acerca do mérito da causa, que será julgada pelo tribunal popular (§ 1º do artigo 413). |
| | Na decisão deve constar o dispositivo legal em que o réu está incurso, bem como qualificadoras e causas de aumento (se o crime é tentado ou consumado e se há concurso de pessoas). Não deve indicar causas de diminuição nem atenuantes ou agravantes. |
| | Não é possível decretação ou manutenção automática de prisão provisória (§ 3º do artigo 413). |
| | Afigura-se possível *emendatio libelli* (artigo 418 do Código de Processo Penal[31]) e *mutatio libelli* (artigo 411, § 3º, do Código de Processo Penal[32]). |
| | São consequências da pronúncia: a) a submissão do acusado ao tribunal do júri; e b) a interrupção do prazo prescricional (artigo 117, inciso II, do Código Penal[33]), ainda que o tribunal do júri desclassifique o crime alhures[34]. |
| | A intimação da decisão de pronúncia é materializada na forma do artigo 420 do Código de Processo Penal[35]. |

30. Art. 413. O juiz, fundamentadamente, pronunciará o acusado, se convencido da materialidade do fato e da existência de indícios suficientes de autoria ou de participação.
    § 1º A fundamentação da pronúncia limitar-se-á à indicação da materialidade do fato e da existência de indícios suficientes de autoria ou de participação, devendo o juiz declarar o dispositivo legal em que julgar incurso o acusado e especificar as circunstâncias qualificadoras e as causas de aumento de pena.
    § 2º Se o crime for afiançável, o juiz arbitrará o valor da fiança para a concessão ou manutenção da liberdade provisória.
    § 3º O juiz decidirá, motivadamente, no caso de manutenção, revogação ou substituição da prisão ou medida restritiva de liberdade anteriormente decretada e, tratando-se de acusado solto, sobre a necessidade da decretação da prisão ou imposição de quaisquer das medidas previstas no Título IX do Livro I deste Código.
31. Art. 418. O juiz poderá dar ao fato definição jurídica diversa da constante da acusação, embora o acusado fique sujeito a pena mais grave.
32. Art. 411. (...)
    § 3º Encerrada a instrução probatória, observar-se-á, se for o caso, o disposto no art. 384 deste Código.
33. Art. 117 - O curso da prescrição interrompe-se:
    (...)
    II - pela pronúncia;
34. Súmula 191/STJ - A pronúncia e causa interruptiva da prescrição, ainda que o tribunal do júri venha a desclassificar o crime.
35. Art. 420. A intimação da decisão de pronúncia será feita:
    I – pessoalmente ao acusado, ao defensor nomeado e ao Ministério Público;

| DECISÃO | COMENTÁRIOS |
|---|---|
| | A decisão de pronúncia é desafiada por recurso em sentido estrito (inciso IV do artigo 581 do Código de Processo Penal[36]).<br><br>Se o juiz se retrata em face da interposição de recurso em sentido estrito (efeito regressivo) ou quando o tribunal dá provimento a recurso da defesa em face de decisão de pronúncia, temos a chamada **despronúncia**. |
| Desclassificação | Ocorre quando o magistrado entende que o crime objeto do processo não é doloso contra vida.<br><br>Nesse caso, deve haver remessa do processo ao juízo competente (artigo 419 do Código de Processo Penal[37]).<br><br>A desclassificação pode redundar na imputação de crime mais grave ou menos grave e é atacada por recurso em sentido estrito (artigo 581, inciso II, do Código de Processo Penal[38]). |
| Impronúncia | Ocorre quando o juiz verifica que não há prova de materialidade ou indícios de autoria na apuração de crime doloso contra vida (artigo 414 do Código de Processo Penal[39]).<br><br>Na decisão, o juiz não declara o réu inocente. É possível nova oferta exordial acusatória, caso se colha prova nova, desde que a punibilidade não esteja extinta.<br><br>A decisão é desafiada por recurso de apelação (artigo 416 do Código de Processo Penal[40]). |

II – ao defensor constituído, ao querelante e ao assistente do Ministério Público, na forma do disposto no § 1º do art. 370 deste Código.

Parágrafo único. Será intimado por edital o acusado solto que não for encontrado.

36. Art. 581. Caberá recurso, no sentido estrito, da decisão, despacho ou sentença:

(...)

IV – que pronunciar o réu.

37. Art. 419. Quando o juiz se convencer, em discordância com a acusação, da existência de crime diverso dos referidos no § 1º do art. 74 deste Código e não for competente para o julgamento, remeterá os autos ao juiz que o seja.

Parágrafo único. Remetidos os autos do processo a outro juiz, à disposição deste ficará o acusado preso.

38. Art. 581. Caberá recurso, no sentido estrito, da decisão, despacho ou sentença:

(...)

II - que concluir pela incompetência do juízo.

39. Art. 414. Não se convencendo da materialidade do fato ou da existência de indícios suficientes de autoria ou de participação, o juiz, fundamentadamente, impronunciará o acusado.

Parágrafo único. Enquanto não ocorrer a extinção da punibilidade, poderá ser formulada nova denúncia ou queixa se houver prova nova.

40. Art. 416. Contra a sentença de impronúncia ou de absolvição sumária caberá apelação.

| DECISÃO | COMENTÁRIOS |
|---|---|
| Absolvição sumária | Ocorre quando o juiz reconhece[41]: a) provada a inexistência do fato; b) que o acusado não foi autor ou partícipe do fato; c) quando verificado, de plano, que o réu praticou o fato sob manto de excludente de ilicitude ou de culpabilidade (exceção feita à inimputabilidade – se a inimputabilidade for a única tese defensiva, pode o juiz decretar a absolvição sumária imprópria, sujeitando o réu a medida de segurança – caso exista outra tese defensiva, deve o réu ser pronunciado). |
| | O recurso cabível contra a decisão de absolvição sumária é a apelação (artigo 416 do Código de Processo Penal). |
| | O juiz não deve julgar os crimes conexos, remetendo-os à apreciação do juiz competente. |
| | Há dois entendimentos acerca da admissão de recurso oficial: a) como o artigo 411 do Código de Processo Penal foi alterado e o artigo 574, inciso II do mesmo diploma faz menção a ele, não é mais cabível recurso de ofício; b) como o 574, inciso II continua em vigor, ainda existe reexame necessário nesse caso. |

**Segunda fase:** depois da preclusão da decisão de pronúncia, inicia-se a segunda fase do rito escalonado do júri, quando então se dará o efetivo julgamento (artigo 421 do Código de Processo Penal[42]).

**Fase preparatória:** o libelo (outrora a peça inicial do juízo da causa, que consistia numa exposição articulada do fato criminoso, tinha três partes, introdução, articulado e pedido e devia ser um espelho da pronúncia), foi suprimido do Código de Processo Penal. Também foi suprimida a contrariedade ao libelo.

Atualmente o juiz deverá intimar o Ministério Público e a defesa a apresentar rol de testemunhas (até 5), diligências e documentos, na forma do artigo 422 do Código de Processo Penal[43]. Após, o juiz deverá ordenar diligências

---

41. Art. 415. O juiz, fundamentadamente, absolverá desde logo o acusado, quando:
    I – provada a inexistência do fato;
    II – provado não ser ele autor ou partícipe do fato;
    III – o fato não constituir infração penal;
    IV – demonstrada causa de isenção de pena ou de exclusão do crime.
    Parágrafo único. Não se aplica o disposto no inciso IV do caput deste artigo ao caso de inimputabilidade prevista no caput do art. 26 do Decreto-Lei nº 2.848, de 7 de dezembro de 1940 – Código Penal, salvo quando esta for a única tese defensiva.

42. Art. 421. Preclusa a decisão de pronúncia, os autos serão encaminhados ao juiz presidente do Tribunal do Júri.
    § 1º Ainda que preclusa a decisão de pronúncia, havendo circunstância superveniente que altere a classificação do crime, o juiz ordenará a remessa dos autos ao Ministério Público.
    § 2º Em seguida, os autos serão conclusos ao juiz para decisão.

43. Art. 422. Ao receber os autos, o presidente do Tribunal do Júri determinará a intimação do órgão do Ministério Público ou do querelante, no caso de queixa, e do defensor, para, no prazo de 5 (cinco)

necessárias para sanar nulidades ou esclarecer fato que interesse ao julgamento e fará relatório do processo (artigo 423 do Código de Processo Penal[44]).

**Desaforamento:** é o deslocamento da competência territorial do júri. Ocorre quando houver:

| HIPÓTESE | DISPOSITIVO |
|---|---|
| Interesse da ordem pública | Art. 427. Se o **interesse da ordem pública** o reclamar ou houver dúvida sobre a imparcialidade do júri ou a segurança pessoal do acusado, o Tribunal, a requerimento do Ministério Público, do assistente, do querelante ou do acusado ou mediante representação do juiz competente, poderá determinar o desaforamento do julgamento para outra comarca da mesma região, onde não existam aqueles motivos, preferindo-se as mais próximas.<br><br>§ 1º O pedido de desaforamento será distribuído imediatamente e terá preferência de julgamento na Câmara ou Turma competente.<br><br>§ 2º Sendo relevantes os motivos alegados, o relator poderá determinar, fundamentadamente, a suspensão do julgamento pelo júri.<br><br>§ 3º Será ouvido o juiz presidente, quando a medida não tiver sido por ele solicitada.<br><br>§ 4º Na pendência de recurso contra a decisão de pronúncia ou quando efetivado o julgamento, não se admitirá o pedido de desaforamento, salvo, nesta última hipótese, quanto a fato ocorrido durante ou após a realização de julgamento anulado. |
| Ameaça à segurança do réu | Art. 427. Se o interesse da ordem pública o reclamar ou houver dúvida sobre a imparcialidade do júri ou **a segurança pessoal do acusado**, o Tribunal, a requerimento do Ministério Público, do assistente, do querelante ou do acusado ou mediante representação do juiz competente, poderá determinar o desaforamento do julgamento para outra comarca da mesma região, onde não existam aqueles motivos, preferindo-se as mais próximas. |
| Dúvida sobre a imparcialidade dos jurados | Art. 427. Se o interesse da ordem pública o reclamar ou **houver dúvida sobre a imparcialidade do júri** ou a segurança pessoal do acusado, o Tribunal, a requerimento do Ministério Público, do assistente, do querelante ou do acusado ou mediante representação do juiz competente, poderá determinar o desaforamento do julgamento para outra comarca da mesma região, onde não existam aqueles motivos, preferindo-se as mais próximas. |

---

dias, apresentarem rol de testemunhas que irão depor em plenário, até o máximo de 5 (cinco), oportunidade em que poderão juntar documentos e requerer diligência.

44. Art. 423. Deliberando sobre os requerimentos de provas a serem produzidas ou exibidas no plenário do júri, e adotadas as providências devidas, o juiz presidente:

I – ordenará as diligências necessárias para sanar qualquer nulidade ou esclarecer fato que interesse ao julgamento da causa;

II – fará relatório sucinto do processo, determinando sua inclusão em pauta da reunião do Tribunal do Júri.

| HIPÓTESE | DISPOSITIVO |
|---|---|
| Depois de passados seis meses da preclusão da decisão de pronúncia | Art. 428. O desaforamento também poderá ser determinado, em razão do comprovado excesso de serviço, ouvidos o juiz presidente e a parte contrária, se o julgamento não puder ser realizado no prazo de 6 (seis) meses, contado do trânsito em julgado da decisão de pronúncia.<br><br>§ 1º Para a contagem do prazo referido neste artigo, não se computará o tempo de adiamentos, diligências ou incidentes de interesse da defesa.<br><br>§ 2º Não havendo excesso de serviço ou existência de processos aguardando julgamento em quantidade que ultrapasse a possibilidade de apreciação pelo Tribunal do Júri, nas reuniões periódicas previstas para o exercício, o acusado poderá requerer ao Tribunal que determine a imediata realização do julgamento. |

**Procedimento:** pode ser requerido por qualquer das partes ou por representação do juiz (menos no último caso). O Tribunal de Justiça solicitará informações, dará vista ao Ministério Público em segundo grau e julgará em uma de suas Câmaras. A defesa precisa ser ouvida (tal qual determinado pela Súmula 712/STF[45]). Não tem efeito suspensivo, via de regra.

**Participação das partes na representação de desaforamento:** não incide o verbete 712/STF quando as partes são ouvidas antes da representação:

> No que tange à alegada nulidade em razão da ausência de prévia manifestação da defesa sobre a representação de desaforamento, o acórdão recorrido mostra-se irreparável. Isso porque consta a informação de que "(...) os requeridos, o Ministério Público e o assistente de acusação foram ouvidos, todos aquiescendo com a representação formulada" (e-STJ, fl. 127, Vol. 4). Assim, não há espaço para incidência da Súmula 712 desta Corte ("é nula a decisão que determina o desaforamento de processo da competência do júri sem audiência da defesa") (**RHC 126.401**, rel. Min. **Teori Zavascki**, 2ª Turma, j. 24-3-2015, *DJE* 77 de 27-4-2015).

**Reaforamento:** é o retorno do feito desaforado ao local de origem. Não é possível, ainda que a situação anterior tenha cessado. Pode ser verificado quando se repetir situação semelhante na comarca para qual tenha sido modificada a competência.

**Instalação da sessão:** o juiz determinará a chamada dos 25 jurados. Se presentes pelo menos 15 será aberta a sessão.

---

45. Súmula 712/STF - É nula a decisão que determina o desaforamento de processo da competência do júri sem audiência da defesa.

**Faltas justificadas:** eis as consequências das faltas justificadas:

| FALTANTE | CONSEQUÊNCIA |
|---|---|
| Ministério Público | Adiamento da sessão |
| Assistente de acusação | Julgamento |
| Defensor | Adiamento da sessão |
| Réu | Julgamento |
| Testemunhas | Adiamento se forem arroladas em caráter de imprescindibilidade |

**Faltas injustificadas:** se as faltas forem injustificadas, eis as consequências:

| FALTANTE | CONSEQUÊNCIA |
|---|---|
| Ministério Público | Adiamento da sessão, com ofício ao Procurador-Geral, para designação de outro membro |
| Assistente de acusação | Julgamento |
| Defensor | Adiamento da sessão com designação de defensor dativo |
| Réu | Julgamento |
| Testemunhas | Adiamento se forem arroladas em caráter de imprescindibilidade |

**Sorteio dos jurados:** o juiz fará o sorteio dos 7 jurados que comporão o conselho de sentença (é possível o chamado **estouro de urna**, previsto no artigo 471 do Código de Processo Penal[46]). O juiz deve advertir acerca dos impedimentos[47].

As partes podem recusar peremptoriamente (sem justificativa) até 3 jurados sorteados.

Os jurados sorteados prestarão o compromisso, na forma do artigo 472 do Código de Processo Penal:

> Art. 472. Formado o Conselho de Sentença, o presidente, levantando-se, e, com ele, todos os presentes, fará aos jurados a seguinte exortação:
>
> Em nome da lei, concito-vos a examinar esta causa com imparcialidade e a proferir a vossa decisão de acordo com a vossa consciência e os ditames da justiça.

---

46. Art. 471. Se, em conseqüência do impedimento, suspeição, incompatibilidade, dispensa ou recusa, não houver número para a formação do Conselho, o julgamento será adiado para o primeiro dia desimpedido, após sorteados os suplentes, com observância do disposto no art. 464 deste Código.

47. Súmula 206/STF – É nulo o julgamento ulterior pelo júri com a participação de jurado que funcionou em julgamento anterior do mesmo processo.

Os jurados, nominalmente chamados pelo presidente, responderão:

Assim o prometo.

Parágrafo único. O jurado, em seguida, receberá cópias da pronúncia ou, se for o caso, das decisões posteriores que julgaram admissível a acusação e do relatório do processo.

**Oitiva da vítima e das testemunhas:** serão ouvidas a vítima e as testemunhas de acusação e defesa, obedecendo ao sistema de *direct examination/ cross examination* (o sistema presidencialista persiste apenas em relação aos jurados – § 2º do artigo 473 do Código de Processo Penal). A seguir, poderão ser requeridos acareações, reconhecimentos de pessoas e coisas, esclarecimentos dos peritos e leitura de peças (§ 3º do artigo 473 do Código de Processo Penal):

> Art. 473. Prestado o compromisso pelos jurados, será iniciada a instrução plenária quando o juiz presidente, o Ministério Público, o assistente, o querelante e o defensor do acusado tomarão, sucessiva e diretamente, as declarações do ofendido, se possível, e inquirirão as testemunhas arroladas pela acusação.
>
> § 1º Para a inquirição das testemunhas arroladas pela defesa, o defensor do acusado formulará as perguntas antes do Ministério Público e do assistente, mantidos no mais a ordem e os critérios estabelecidos neste artigo.
>
> § 2º Os jurados poderão formular perguntas ao ofendido e às testemunhas, por intermédio do juiz presidente.
>
> § 3º As partes e os jurados poderão requerer acareações, reconhecimento de pessoas e coisas e esclarecimento dos peritos, bem como a leitura de peças que se refiram, exclusivamente, às provas colhidas por carta precatória e às provas cautelares, antecipadas ou não repetíveis.

A seguir, será o réu interrogado (o sistema presidencialista ocorre apenas em relação aos questionamentos feitos pelos jurados – § 2º do artigo 474 do Código de Processo Penal).

Não se permitirá, em regra, uso de algemas em plenário:

> Art. 474. A seguir será o acusado interrogado, se estiver presente, na forma estabelecida no Capítulo III do Título VII do Livro I deste Código, com as alterações introduzidas nesta Seção.
>
> § 1º O Ministério Público, o assistente, o querelante e o defensor, nessa ordem, poderão formular, diretamente, perguntas ao acusado.
>
> § 2º Os jurados formularão perguntas por intermédio do juiz presidente.
>
> § 3º Não se permitirá o uso de algemas no acusado durante o período em que permanecer no plenário do júri, salvo se absolutamente necessário à ordem dos trabalhos, à segurança das testemunhas ou à garantia da integridade física dos presentes.

**Debates:** os debates serão materializados com concessão de 1 hora e 30 minutos para acusação e para defesa. A acusação poderá usar de 1 hora para réplica e a defesa de igual período para tréplica. No caso de mais de um réu o tempo será de 2 horas e 30 minutos para cada parte e 2 horas para réplica e tréplica[48]:

> Art. 476. Encerrada a instrução, será concedida a palavra ao Ministério Público, que fará a acusação, nos limites da pronúncia ou das decisões posteriores que julgaram admissível a acusação, sustentando, se for o caso, a existência de circunstância agravante.
>
> § 1º O assistente falará depois do Ministério Público.
>
> § 2º Tratando-se de ação penal de iniciativa privada, falará em primeiro lugar o querelante e, em seguida, o Ministério Público, salvo se este houver retomado a titularidade da ação, na forma do art. 29 deste Código.
>
> § 3º Finda a acusação, terá a palavra a defesa.
>
> § 4º A acusação poderá replicar e a defesa treplicar, sendo admitida a reinquirição de testemunha já ouvida em plenário.

São permitidos apartes (3 minutos), na forma do artigo 497, inciso XII, do Código de Processo Penal:

> Art. 497. São atribuições do juiz presidente do Tribunal do Júri, além de outras expressamente referidas neste Código:
>
> (...)
>
> XII – regulamentar, durante os debates, a intervenção de uma das partes, quando a outra estiver com a palavra, podendo conceder até 3 (três) minutos para cada aparte requerido, que serão acrescidos ao tempo desta última.

O artigo 478 do Código de Processo Penal trata do comportamento das partes durante a sessão:

> Art. 478. Durante os debates as partes não poderão, sob pena de nulidade, fazer referências:
>
> I – à decisão de pronúncia, às decisões posteriores que julgaram admissível a acusação ou à determinação do uso de algemas como argumento de autoridade que beneficiem ou prejudiquem o acusado;
>
> II – ao silêncio do acusado ou à ausência de interrogatório por falta de requerimento, em seu prejuízo.

Não pode ser lido documento não comunicado à parte com 3 dias de antecedência, na forma do artigo 479 do Código de Processo Penal:

---

48. Art. 477. O tempo destinado à acusação e à defesa será de uma hora e meia para cada, e de uma hora para a réplica e outro tanto para a tréplica.
    § 1º Havendo mais de um acusador ou mais de um defensor, combinarão entre si a distribuição do tempo, que, na falta de acordo, será dividido pelo juiz presidente, de forma a não exceder o determinado neste artigo.
    § 2º Havendo mais de 1 (um) acusado, o tempo para a acusação e a defesa será acrescido de 1 (uma) hora e elevado ao dobro o da réplica e da tréplica, observado o disposto no § 1º deste artigo.

Art. 479. Durante o julgamento não será permitida a leitura de documento ou a exibição de objeto que não tiver sido juntado aos autos com a antecedência mínima de 3 (três) dias úteis, dando-se ciência à outra parte.

Parágrafo único. Compreende-se na proibição deste artigo a leitura de jornais ou qualquer outro escrito, bem como a exibição de vídeos, gravações, fotografias, laudos, quadros, croqui ou qualquer outro meio assemelhado, cujo conteúdo versar sobre a matéria de fato submetida à apreciação e julgamento dos jurados.

**Elaboração e leitura dos quesitos:** findos os debates, o juiz deve verificar se há necessidade de materialização de diligências imprescindíveis ao julgamento da causa[49]. Após, os quesitos serão elaborados[50] (na forma do artigo 483 do Código de Processo Penal[51]) e lidos pelo juiz presidente (artigo 484 do Código de Processo Penal[52]).

---

49. Art. 481. Se a verificação de qualquer fato, reconhecida como essencial para o julgamento da causa, não puder ser realizada imediatamente, o juiz presidente dissolverá o Conselho, ordenando a realização das diligências entendidas necessárias.
    Parágrafo único. Se a diligência consistir na produção de prova pericial, o juiz presidente, desde logo, nomeará perito e formulará quesitos, facultando às partes também formulá-los e indicar assistentes técnicos, no prazo de 5 (cinco) dias.
50. Súmula 156/STF – É a absoluta a nulidade do julgamento, pelo júri, por falta de quesito obrigatório.
51. Art. 483. Os quesitos serão formulados na seguinte ordem, indagando sobre:
    I – a materialidade do fato;
    II – a autoria ou participação;
    III – se o acusado deve ser absolvido;
    IV – se existe causa de diminuição de pena alegada pela defesa;
    V – se existe circunstância qualificadora ou causa de aumento de pena reconhecidas na pronúncia ou em decisões posteriores que julgaram admissível a acusação.
    § 1º A resposta negativa, de mais de 3 (três) jurados, a qualquer dos quesitos referidos nos incisos I e II do caput deste artigo encerra a votação e implica a absolvição do acusado.
    § 2º Respondidos afirmativamente por mais de 3 (três) jurados os quesitos relativos aos incisos I e II do caput deste artigo será formulado quesito com a seguinte redação:
    O jurado absolve o acusado?
    § 3º Decidindo os jurados pela condenação, o julgamento prossegue, devendo ser formulados quesitos sobre:
    I – causa de diminuição de pena alegada pela defesa;
    II – circunstância qualificadora ou causa de aumento de pena, reconhecidas na pronúncia ou em decisões posteriores que julgaram admissível a acusação.
    § 4º Sustentada a desclassificação da infração para outra de competência do juiz singular, será formulado quesito a respeito, para ser respondido após o 2º (segundo) ou 3º (terceiro) quesito, conforme o caso.
    § 5º Sustentada a tese de ocorrência do crime na sua forma tentada ou havendo divergência sobre a tipificação do delito, sendo este da competência do Tribunal do Júri, o juiz formulará quesito acerca destas questões, para ser respondido após o segundo quesito.
    § 6º Havendo mais de um crime ou mais de um acusado, os quesitos serão formulados em séries distintas.
52. Art. 484. A seguir, o presidente lerá os quesitos e indagará das partes se têm requerimento ou reclamação a fazer, devendo qualquer deles, bem como a decisão, constar da ata.

**Sentença:** a seguir, deve ser prolatada sentença pelo juiz presidente.

O protesto por novo júri foi suprimido. Contra a sentença cabe recurso de apelação, na forma do artigo 593, inciso III, do Código de Processo Penal:

> Art. 593. Caberá apelação no prazo de 5 (cinco) dias:
> 
> (...)
> 
> III - das decisões do Tribunal do Júri, quando:
> 
> a) ocorrer nulidade posterior à pronúncia;
> 
> b) for a sentença do juiz-presidente contrária à lei expressa ou à decisão dos jurados;
> 
> c) houver erro ou injustiça no tocante à aplicação da pena ou da medida de segurança;
> 
> d) for a decisão dos jurados manifestamente contrária à prova dos autos.
> 
> § 1º Se a sentença do juiz-presidente for contrária à lei expressa ou divergir das respostas dos jurados aos quesitos, o tribunal *ad quem* fará a devida retificação.
> 
> § 2º Interposta a apelação com fundamento no nº III, *c*, deste artigo, o tribunal *ad quem*, se lhe der provimento, retificará a aplicação da pena ou da medida de segurança.
> 
> § 3º Se a apelação se fundar no nº III, *d*, deste artigo, e o tribunal *ad quem* se convencer de que a decisão dos jurados é manifestamente contrária à prova dos autos, dar-lhe-á provimento para sujeitar o réu a novo julgamento; não se admite, porém, pelo mesmo motivo, segunda apelação.
> 
> § 4º Quando cabível a apelação, não poderá ser usado o recurso em sentido estrito, ainda que somente de parte da decisão se recorra.

**Execução provisória de sentença condenatória recorrível proveniente do júri:** em que pese o artigo 283 do Código de Processo Penal deixar claro que a prisão pena só pode ser executada depois do trânsito em julgado da sentença condenatória e o Supremo Tribunal Federal ter rechaçado a possibilidade de execução provisória do decreto condenatório em face de condenação prolatada por tribunal de segunda instância, o Pacote Anticrime autorizou a execução provisória da decisão condenatória prolatada pelo júri, nos termos do artigo 492, I, e, do Código de Processo Penal (quando o réu for condenado a pena igual ou superior a 15 anos).

Essa ressalva tem por base decisões do Pretório Excelso[53], que relativizam a necessidade trânsito em julgado da sentença condenatória para início

---

Parágrafo único. Ainda em plenário, o juiz presidente explicará aos jurados o significado de cada quesito.

53. HC 118770, Relator(a): Min. MARCO AURÉLIO, Relator(a) p/ Acórdão: Min. ROBERTO BARROSO, Primeira Turma, julgado em 07/03/2017, PROCESSO ELETRÔNICO DJe-082 DIVULG 20-04-2017 PUBLIC 24-04-2017.

do cumprimento da pena em processos da competência do tribunal do júri (em virtude do princípio da soberania dos veredictos):

> Direito Constitucional e Penal. Habeas Corpus. Duplo Homicídio, ambos qualificados. Condenação pelo Tribunal do Júri. Soberania dos veredictos. Início do cumprimento da pena. Possibilidade. 1. A Constituição Federal prevê a competência do Tribunal do Júri para o julgamento de crimes dolosos contra a vida (art. 5º, inciso XXXVIII, d). Prevê, ademais, a soberania dos veredictos (art. 5º, inciso XXXVIII, c), a significar que os tribunais não podem substituir a decisão proferida pelo júri popular. 2. Diante disso, não viola o princípio da presunção de inocência ou da não culpabilidade a execução da condenação pelo Tribunal do Júri, independentemente do julgamento da apelação ou de qualquer outro recurso. Essa decisão está em consonância com a lógica do precedente firmado em repercussão geral no ARE 964.246-RG, Rel. Min. Teori Zavascki, já que, também no caso de decisão do Júri, o Tribunal não poderá reapreciar os fatos e provas, na medida em que a responsabilidade penal do réu já foi assentada soberanamente pelo Júri. 3. Caso haja fortes indícios de nulidade ou de condenação manifestamente contrária à prova dos autos, hipóteses incomuns, o Tribunal poderá suspender a execução da decisão até o julgamento do recurso. 4. Habeas corpus não conhecido, ante a inadequação da via eleita. Não concessão da ordem de ofício. Tese de julgamento: "A prisão de réu condenado por decisão do Tribunal do Júri, ainda que sujeita a recurso, não viola o princípio constitucional da presunção de inocência ou não-culpabilidade.

Apesar da profundidade do *decisum*, não vejo porque entender que há diferença entre o processo que julga crime doloso contra vida e o processo que julga qualquer outro delito. Defendo a impossibilidade de cumprimento antecipado da pena em desfavor do réu (admitindo-a apenas quando for favorável ao condenado) em qualquer situação.

No § 3º do artigo 492, o legislador autoriza relativização da execução provisória da decisão condenatória proferida pelo tribunal do júri, se houver questão substancial cuja resolução pelo tribunal ao qual competir o julgamento possa plausivelmente levar à revisão da condenação.

O § 4º do artigo 492 deixa claro, por óbvio, que a apelação da sentença condenatória proferida pelo Tribunal do Júri com pena igual ou superior a 15 anos não terá efeito suspensivo (já que a regra, nesse tipo de situação, é a execução provisória do *decisum*).

O § 5º admite, excepcionalmente, concessão, pelo tribunal, de efeito suspensivo à apelação manejada em face de sentença que condenou o réu a pena igual ou superior a 15 anos, desde que o recurso: a) não tenha propósito meramente protelatório; e b) levante questão substancial e que pode resultar em absolvição, anulação da sentença, novo julgamento ou redução da pena para patamar inferior a 15 (quinze) anos de reclusão. Os requisitos para que o efeito suspensivo seja outorgado pelo tribunal são cumulativos.

O § 6º afirma que o pedido de efeito suspensivo em relação à apelação articulada contra sentença condenatória proferida no procedimento do júri (que condene o réu a pena igual ou superior a 15 anos) seja feito incidentalmente na apelação ou em petição apartada dirigida ao relator, instruída com cópias da sentença condenatória, das razões da apelação e de prova da tempestividade, das contrarrazões e das demais peças necessárias à compreensão da controvérsia.

Confira as alterações determinadas pelo Pacote Anticrime:

Art. 492. (...)

I – (...)

e) mandará o acusado recolher-se ou recomendá-lo-á à prisão em que se encontra, se presentes os requisitos da prisão preventiva, ou, no caso de condenação a uma pena igual ou superior a 15 (quinze) anos de reclusão, determinará a provisória das penas, com expedição do mandado de prisão, se for o caso, sem prejuízo do conhecimento de recursos que vierem a ser interpostos;

(...)

§ 3º O presidente poderá, excepcionalmente, deixar de autorizar a execução provisória das penas de que trata a alínea *e* do inciso I do **caput** deste artigo, se houver questão substancial cuja resolução pelo tribunal ao qual competir o julgamento possa plausivelmente levar à revisão da condenação.

§ 4º A apelação interposta contra decisão condenatória do Tribunal do Júri a uma pena igual ou superior a 15 (quinze) anos de reclusão não terá efeito suspensivo.

§ 5º Excepcionalmente, poderá o tribunal atribuir efeito suspensivo à apelação de que trata o § 4º deste artigo, quando verificado cumulativamente que o recurso:

I - não tem propósito meramente protelatório; e

II - levanta questão substancial e que pode resultar em absolvição, anulação da sentença, novo julgamento ou redução da pena para patamar inferior a 15 (quinze) anos de reclusão.

§ 6º O pedido de concessão de efeito suspensivo poderá ser feito incidentemente na apelação ou por meio de petição em separado dirigida diretamente ao relator, instruída com cópias da sentença condenatória, das razões da apelação e de prova da tempestividade, das contrarrazões e das demais peças necessárias à compreensão da controvérsia.

**Teses do Superior Tribunal de Justiça:** eis as teses do Tribunal da Cidadania (edições 75 e 78):

**Edição 78 da jurisprudência em teses do STJ**

1) O emprego de algemas deve ser medida excepcional e a utilização delas em plenário de júri depende de motivada decisão judicial, sob pena de configurar constrangimento ilegal e de anular a sessão de julgamento. (VIDE SÚMULA VINCULANTE N. 11)

2) Compete às instâncias ordinárias, com base no cotejo fático carreado aos autos, absolver, pronunciar, desclassificar ou impronunciar o réu, sendo vedado em sede de recurso especial o revolvimento do acervo fático-probatório - Súmula n. 7/STJ.

3) As nulidades existentes na decisão de pronúncia devem ser arguidas no momento oportuno e por meio do recurso próprio, sob pena de preclusão.

4) A leitura em plenário do júri dos antecedentes criminais do réu não se enquadra nos casos apresentados pelo art. 478, incisos I e II, do Código de Processo Penal, inexistindo óbice à sua menção por quaisquer das partes.

5) O exame de controvérsia acerca do elemento subjetivo do delito é reservado ao Tribunal do Júri, juiz natural da causa.

6) É nula a decisão que determina o desaforamento de processo da competência do júri sem audiência da defesa (Súmula n. 712/STF).

7) Eventuais nulidades ocorridas em Plenário do Júri, decorrentes de impedimento ou suspeição de jurados, devem ser arguidas no momento oportuno, sob pena de preclusão.

8) É absoluta a nulidade do julgamento, pelo júri, por falta de quesito obrigatório (Súmula n. 156/STF).

9) Após as modificações no rito do Tribunal do Júri introduzidas pela Lei n. 11.689/2008, o quesito genérico de absolvição (art. 483, III, do CPP) não pode ser tido como contraditório em relação ao reconhecimento da autoria e da materialidade do crime.

10) Possíveis irregularidades na quesitação devem ser arguidas após a leitura dos quesitos e a explicação dos critérios pelo Juiz presidente, sob pena de preclusão (art. 571, inciso VIII, do CPP).

11) É nulo o julgamento quando os quesitos forem apresentados com má redação ou quando forem formulados de modo complexo, a ponto de causarem perplexidade ou de dificultarem o entendimento dos jurados.

12) O efeito devolutivo da apelação contra decisões do Júri é adstrito aos fundamentos da sua interposição. (Súmula n. 713/STF).

13) Não viola o princípio da soberania dos vereditos a cassação da decisão do Tribunal do Júri manifestamente contrária à prova dos autos.

14) A soberania do veredicto do Tribunal do Júri não impede a desconstituição da decisão por meio de revisão criminal.

### Edição 75 da jurisprudência em teses do STJ

1) O ciúme, sem outras circunstâncias, não caracteriza motivo torpe.

2) Cabe ao Tribunal do Júri decidir se o homicídio foi motivado por ciúmes, assim como analisar se referido sentimento, no caso concreto, qualifica o crime.

3) Na fase de pronúncia, cabe ao Tribunal do Júri a resolução de dúvidas quanto à aplicabilidade de excludente de ilicitude.

4) A exclusão de qualificadora constante na pronúncia só pode ocorrer quando manifestamente improcedente e descabida, sob pena de usurpação da competência do Tribunal do Júri.

5) A complementação do número regulamentar mínimo de 15 (quinze) jurados por suplentes de outro plenário do mesmo Tribunal do Júri, por si só, não enseja nulidade do julgamento.

6) Viola o princípio da soberania dos veredictos a anulação parcial de decisão proferida pelo Conselho de Sentença acerca da qualificadora sem a submissão do réu a novo Júri.

7) A ausência do oferecimento das alegações finais em processos de competência do Tribunal do Júri não acarreta nulidade, uma vez que a decisão de pronúncia encerra juízo provisório acerca da culpa.

8) A simples leitura da pronúncia no Plenário do Júri não leva à nulidade do julgamento, que somente ocorre se a referência for utilizada como argumento de autoridade que beneficie ou prejudique o acusado.

9) Na intimação pessoal do réu acerca de sentença de pronúncia ou condenatória do Júri, a ausência de apresentação do termo de recurso ou a não indagação sobre sua intenção de recorrer não gera nulidade do ato.

10) A sentença de pronúncia deve limitar-se à indicação da materialidade do delito e aos indícios de autoria para evitar nulidade por excesso de linguagem e para não influenciar o ânimo do Conselho de Sentença.

11) É possível rasurar trecho ínfimo da sentença de pronúncia para afastar eventual nulidade decorrente de excesso de linguagem.

12) Reconhecida a nulidade da pronúncia por excesso de linguagem, outra decisão deve ser proferida, visto que o simples envelopamento e desentranhamento da peça viciada não é suficiente.

13) A competência para o processo e julgamento do latrocínio é do juiz singular e não do Tribunal do Júri (Súmula n. 603/STF).

14) Compete ao Tribunal do Júri decretar, motivadamente, como efeito da condenação, a perda do cargo ou função pública, inclusive de militar quando o fato não tiver relação com o exercício da atividade na caserna.

15) A pronúncia é causa interruptiva da prescrição, ainda que o Tribunal do Júri venha a desclassificar o crime. (Súmula n. 191/STJ)

## 11.5.4. Procedimento nos crimes funcionais

Tratado nos artigos 513 a 518 do CPP (os dispositivos regulam os crimes tipificados nos artigos 312 a 326 do CP).

O procedimento para apuração dos chamados crimes funcionais é diferente do procedimento ordinário apenas no que se refere à existência da chamada defesa preliminar[54]. Ofertada a denúncia o juiz, antes de decidir pelo recebimento ou rejeição, notificará o denunciado para responder por escrito

---

54. Sobre a defesa preliminar, é importante a leitura da Súmula 330 do STJ – É desnecessária a resposta preliminar de que trata o art. 514 do Código de Processo Penal, na ação penal instruída por inquérito policial.

no prazo de 15 dias (vide artigo 514 do CPP). A não notificação do denunciado para ofertar defesa preliminar escrita ocasiona nulidade relativa.

Depois da apresentação da resposta escrita, o juiz decidirá se recebe ou não a exordial acusatória e, se a receber, deverá dar andamento ao processo seguindo o procedimento ordinário (caso se trate de infração de menor potencial ofensivo, entrementes, deverá ser adotado o procedimento sumaríssimo).

### 11.5.5. Procedimento da Lei de Drogas (Lei 11.343/06)

Recebido o inquérito policial com vista, o Ministério Público tem o prazo de 10 dias para requerer arquivamento do apuratório, requisitar novas diligências ou oferecer denúncia (arrolando até 5 testemunhas), nos termos do artigo 54 da Lei 11.343/06.

Após, de acordo com o artigo 55 da Lei 11.343/06, o juiz notificará o denunciado para apresentar defesa escrita no prazo de 10 dias – defesa preliminar, antes do recebimento da denúncia.

Se o juiz receber a denúncia, designará audiência de instrução e julgamento, citando o acusado e intimado o Ministério Público. A audiência será realizada em 30 ou 90 dias. Na audiência, o juiz interrogará o acusado, ouvirá as testemunhas, ocorrerão os debates orais (20 minutos por parte) e, ao fim, sentenciará (caso não o faça em audiência, terá o prazo de 10 dias para tanto).

É importante salientar que o Supremo Tribunal Federal decidiu, nos autos do HC 127.900/AM, que o interrogatório deve ser o último ato de instrução (mesmo que a legislação extravagante tenha previsão diversa – veja grifo):

> Habeas corpus. Penal e processual penal militar. Posse de substância entorpecente em local sujeito à administração militar (CPM, art. 290). Crime praticado por militares em situação de atividade em lugar sujeito à administração militar. Competência da Justiça Castrense configurada (CF, art. 124 c/c CPM, art. 9º, I, b). Pacientes que não integram mais as fileiras das Forças Armadas. Irrelevância para fins de fixação da competência. Interrogatório. Realização ao final da instrução (art. 400, CPP). Obrigatoriedade. Aplicação às ações penais em trâmite na Justiça Militar dessa alteração introduzida pela Lei nº 11.719/08, em detrimento do art. 302 do Decreto-Lei nº 1.002/69. Precedentes. Adequação do sistema acusatório democrático aos preceitos constitucionais da Carta de República de 1988. Máxima efetividade dos princípios do contraditório e da ampla defesa (art. 5º, inciso LV). Incidência da norma inscrita no art. 400 do Código de Processo Penal comum aos processos penais militares cuja instrução não se tenha encerrado, o que não é o caso. Ordem denegada. Fixada orientação quanto a incidência da norma inscrita no art. 400 do Código de Processo Penal comum a partir da publicação da ata do presente julgamento, aos processos penais militares, aos processos penais eleitorais e a todos os procedimentos penais regidos por legislação especial, incidindo somente naquelas ações penais cuja instrução não se tenha encerrado. 1. Os pacientes, quando soldados da ativa, foram surpreendidos na posse de substância entorpecente (CPM, art. 290) no interior

do 1º Batalhão de Infantaria da Selva em Manaus/AM. Cuida-se, portanto, de crime praticado por militares em situação de atividade em lugar sujeito à administração militar, o que atrai a competência da Justiça Castrense para processá--los e julgá-los (CF, art. 124 c/c CPM, art. 9º, I, b). 2. O fato de os pacientes não mais integrarem as fileiras das Forças Armadas em nada repercute na esfera de competência da Justiça especializada, já que, no tempo do crime, eles eram soldados da ativa. 3. Nulidade do interrogatório dos pacientes como primeiro ato da instrução processual (CPPM, art. 302). 4. A Lei nº 11.719/08 adequou o sistema acusatório democrático, integrando-o de forma mais harmoniosa aos preceitos constitucionais da Carta de República de 1988, assegurando-se maior efetividade a seus princípios, notadamente, os do contraditório e da ampla defesa (art. 5º, inciso LV). 5. Por ser mais benéfica (lex mitior) e harmoniosa com a Constituição Federal, há de preponderar, no processo penal militar (Decreto-Lei nº 1.002/69), a regra do art. 400 do Código de Processo Penal. 6. De modo a não comprometer o princípio da segurança jurídica (CF, art. 5º, XXXVI) nos feitos já sentenciados, essa orientação deve ser aplicada somente aos processos penais militares cuja instrução não se tenha encerrado, o que não é o caso dos autos, já que há sentença condenatória proferida em desfavor dos pacientes desde 29/7/14. 7. Ordem denegada, com a fixação da seguinte orientação: a norma inscrita no art. 400 do Código de Processo Penal comum aplica-se, a partir da publicação da ata do presente julgamento, aos processos penais militares, aos processos penais eleitorais e a todos os procedimentos penais regidos por legislação especial incidindo somente naquelas ações penais cuja instrução não se tenha encerrado. (HC 127900, Relator(a): Min. DIAS TOFFOLI, Tribunal Pleno, julgado em 03/03/2016, PROCESSO ELETRÔNICO DJe-161 DIVULG 02-08-2016 PUBLIC 03-08-2016)

O STJ vem adotando tal entendimento, a partir da publicação do acórdão acima transcrito:

PENAL. PROCESSUAL PENAL. HABEAS CORPUS. TRÁFICO DE ENTORPECENTES. MOMENTO DO INTERROGATÓRIO. ÚLTIMO ATO DA INSTRUÇÃO. NOVO ENTENDIMENTO FIRMADO PELO PRETÓRIO EXCELSO NO BOJO DO HC 127.900/AM. MODULAÇÃO DE EFEITOS. PUBLICAÇÃO DA ATA DE JULGAMENTO. ACUSADO INTERROGADO NO INÍCIO DA INSTRUÇÃO. SENTENÇA PRETÉRITA. NULIDADE. INEXISTÊNCIA. DOSIMETRIA. SEGUNDA FASE. COMPENSAÇÃO. REINCIDÊNCIA E CONFISSÃO ESPONTÂNEA. INVIABILIDADE. REINCIDÊNCIA ESPECÍFICA. TERCEIRA FASE. CAUSA ESPECIAL DE AUMENTO DE PENA PREVISTA NO ART. 40, INCISO VI, DA LEI N.º 11.343/06. AFASTAMENTO. IMPOSSIBILIDADE. ASPECTOS OBJETIVOS. DISPONIBILIZAÇÃO DE DROGAS A ADOLESCENTES. MENS LEGIS. PROTEÇÃO DE VULNERÁVEIS. CONSIDERAÇÕES OUTRAS. INCURSÃO NA SEARA FÁTICO-PROBATÓRIA. IMPOSSIBILIDADE. PROVA DA MENORIDADE. COMPROVAÇÃO POR DOCUMENTO DOTADO DE FÉ PÚBLICA. BOLETIM DE OCORRÊNCIA. POSSIBILIDADE. ORDEM DENEGADA. 1. O Supremo Tribunal Federal, no julgamento do HC n. 127.900/AM, deu nova conformidade à norma contida no art. 400 do CPP (com redação dada pela Lei n. 11.719/08), à luz do sistema constitucional acusatório e dos princípios do contraditório e da ampla defesa. O interrogatório passa a ser sempre o último ato da instrução, mesmo nos procedimentos regidos por lei especial, caindo por terra a solução de antinomias com arrimo no princípio da especialidade. Ressalvou-se, contudo, a incidência da nova compreensão aos processos nos quais a instrução não tenha se encerrado até a publicação da ata daquele julgamento (10.03.2016). In casu, o paciente foi sentenciado em 12.01.2016, afastando-se qualquer pretensão anulatória. 2. Esta Corte sedimentou o entendimento no sentido de serem igualmente preponderantes a agravante da reincidência e a atenuante da confissão espontânea. Todavia, não é viável a compensação integral das mencionadas agravante e atenuante, quando se tratar de reincidência específica. Precedentes. 3. Aplica-se a majorante prevista no art. 40, VI, da Lei 11.343/06 sempre que criança, adolescente, ou quem tenha, por qualquer motivo, diminuída ou suprimida a capacidade de entendimento e determinação figurar como vítima do delito ou como coautor ou partícipe. Justifica-se o recrudescimento pela maior vulnerabilidade desses indivíduos, suscetíveis ao consumo de entorpecentes ou à cooptação para o exercício do comércio malsão, tendo em vista a reduzida capacidade de discernimento, a inimputabilidade e a particular condição biológica, psíquica, moral e de caráter, ainda em fase prefacial de formação. 4. Na hipótese, o paciente foi flagrado disponibilizando maconha e cocaína a dois adolescentes, não havendo se falar em exclusão da causa especial de aumento de pena. 5. No mais, a Corte local concluiu, com base nas provas e fatos constantes dos autos, que a hipótese de incidência da majorante do art. 40, inciso VI, da Lei Antidrogas restou plenamente caracterizada, porquanto a empreitada criminosa teria envolvido adolescente. Entendimento diverso constitui matéria de fato, não de direito, demandando exame amplo e profundo do elemento probatório, acarretando incursão na seara fático-probatória, inviável em sede de habeas corpus, via angusta por excelência. 6. Esta Corte Superior de Justiça firmou entendimento no sentido de que o documento hábil para fins de comprovação da menoridade não se restringe à certidão de nascimento, sendo apto a demonstrar a menoridade o documento firmado por agente público atestando a idade do adolescente. 7. *In casu*, constou no Boletim de Ocorrência lavrado pela autoridade policial a qualificação completa dos adolescentes envolvidos. Dotado de fé pública, não restam dúvidas no sentido de que o referido documento é apto a evidenciar o envolvimento de adolescentes na prática criminosa, subsumindo-se, assim, ao comando normativo do art. 40, VI, da Lei n. 11.343/2006. 8. Ordem denegada. (HC 385.190/SP, Rel. Ministra MARIA THEREZA DE ASSIS MOURA, SEXTA TURMA, julgado em 09/05/2017, DJe 15/05/2017).

### 11.5.6. Procedimento sumaríssimo

A Lei 9.099/95 trata do procedimento sumaríssimo (tem fundamento constitucional no artigo 98, I, da Lei Maior). O mesmo é utilizado para processar as infrações penais de menor potencial ofensivo, assim consideradas os crimes que têm pena máxima não superior a 2 anos (artigo 61 da Lei 9.099/95, alterado pela Lei 11.313/06 – adequação ao disposto na Lei 10.259/01, que regulamentou os juizados especiais criminais na esfera federal) e as contravenções penais.

É admitido o uso do procedimento sumaríssimo mesmo para infrações para as quais exista previsão de procedimento especial. É a jurisdição de consenso em contraposição à jurisdição de conflito, tradicional.

A incidência de causa de aumento de pena que a torne maior que 2 anos exclui a adoção do procedimento sumaríssimo (não ocorre caso existam agravantes, porque estas não podem conduzir a pena acima do máximo em abstrato);

As autoridades que gozam de foro por prerrogativa de função também são beneficiadas pelos institutos da Lei 9.099/95 (a aplicação se dará no Tribunal competente);

É importante salientar que o Estatuto do Idoso (artigo 94 da Lei 10.741/03) prevê aplicação do procedimento sumaríssimo aos crimes cometidos contra idosos cuja a pena não ultrapasse 4 anos. Aplica-se o procedimento a partir do recebimento da denúncia, não sendo permitida nenhuma medida despenalizadora prevista na Lei 9.099/95 (o artigo em testilha objetiva acelerar a punição de quem praticou crime contra idoso e não significou ampliação do conceito de infração de menor potencial ofensivo). Nesse sentido, vide entendimento do STF, no bojo da ADIN 3.096:

> EMENTA: AÇÃO DIRETA DE INCONSTITUCIONALIDADE. ARTIGOS 39 E 94 DA LEI 10.741/2003 (ESTATUTO DO IDOSO). RESTRIÇÃO À GRATUIDADE DO TRANSPORTE COLETIVO. SERVIÇOS DE TRANSPORTE SELETIVOS E ESPECIAIS. APLICABILIDADE DOS PROCEDIMENTOS PREVISTOS NA LEI 9.099/1995 AOS CRIMES COMETIDOS CONTRA IDOSOS. 1. No julgamento da Ação Direta de Inconstitucionalidade 3.768/DF, o Supremo Tribunal Federal julgou constitucional o art. 39 da Lei 10.741/2003. Não conhecimento da ação direta de inconstitucionalidade nessa parte. 2. Art. 94 da Lei n. 10.741/2003: interpretação conforme à Constituição do Brasil, com redução de texto, para suprimir a expressão "do Código Penal e". Aplicação apenas do procedimento sumaríssimo previsto na Lei n. 9.099/95: benefício do idoso com a celeridade processual. Impossibilidade de aplicação de quaisquer medidas despenalizadoras e de interpretação benéfica ao autor do crime. 3. Ação direta de inconstitucionalidade julgada parcialmente procedente para dar interpretação conforme à Constituição do Brasil, com redução de texto, ao art. 94 da Lei n. 10.741/2003[55].

Já a Lei 11.340/06 (Lei Maria da Penha) prevê a não aplicação da Lei 9.099/95, independente da pena (artigo 41 da Lei 11.340/06[56]). Anote-se que a palavra 'crime' constante no citado artigo 41 se refere a crimes e contravenções cometidos contra mulher que signifiquem violência doméstica.

---

55. STF, ADI 3096, Relator(a): Min. CÁRMEN LÚCIA, Tribunal Pleno, julgado em 16/06/2010, DJe-164 DIVULG 02-09-2010 PUBLIC 03-09-2010 EMENT VOL-02413-02 PP-00358 RTJ VOL-00216-01 PP-00204.
56. Vide Súmula 536/STJ – A suspensão condicional do processo e a transação penal não se aplicam na hipótese de delitos sujeitos ao rito da Lei Maria da Penha.

Também não é aplicada a Lei 9.099/95 no âmbito da Justiça Militar (artigo 90-A da Lei 9.099/95):

> CRIME MILITAR – PRIMEIRA INSTÂNCIA – JULGAMENTO. Atua no processo-crime militar o Conselho Permanente de Justiça. PROCESSO-CRIME MILITAR – LEI Nº 9.099/1995. É inaplicável ao processo-crime militar a Lei dos Juizados Especiais – Precedente: habeas corpus nº 99.743/RJ[57].

Importante atentar para tabela abaixo:

| CAUSAS EXCLUÍDAS DO JEC | FUNDAMENTO LEGAL |
|---|---|
| Complexas | Artigo 77, § 2º, da Lei 9.099/95 |
| Impossibilidade de citação pessoal (a Lei 9.099/95 não admite citação por edital) | Artigos 18, § 2º, e 66, parágrafo único, ambos da Lei 9.099/95 |
| Crimes militares | Artigo 90-A da Lei 9.099/95 |
| Crimes eleitorais | Seguem para Justiça Eleitoral |
| Crimes/contravenções contra mulher em situação de violência doméstica (incidência da Lei 11.340/06) | Artigo 41 da Lei 11.340/06 |
| Foro por prerrogativa de função | O Tribunal competente aplicará as medidas despenalizadoras da Lei 9.099/95 |

Os juizados especiais são regidos pelos princípios da: a) oralidade; b) simplicidade (alteração do artigo 62 da Lei 9.099/95, feita pela Lei 13.603/18); c) celeridade; d) informalidade; e) economia processual.

A fase investigativa (pré-processual), regulada pelo artigo 69 da Lei 9.099/95 já foi tratada em tópico 5.14, leia-o.

Enviado o termo circunstanciado ao juizado especial criminal, tem início a fase preliminar. Comparecerão na audiência preliminar o autor do fato (e seu defensor, constituído ou nomeado), a vítima e o Ministério Público.

Em primeiro lugar, tentar-se-á a composição civil dos danos que, se aceita e homologada pelo juízo, importará em renúncia ao direito de queixa ou representação[58], na forma do artigo 74 da Lei 9.099/95 (é de se anotar que só haverá extinção da punibilidade em relação aos autores do crime que compuserem com a vítima).

---

57. STF, HC 124899, Relator(a): Min. MARCO AURÉLIO, Primeira Turma, julgado em 01/08/2017, PROCESSO ELETRÔNICO DJe-178 DIVULG 14-08-2017 PUBLIC 15-08-2017.

58. A composição civil dos danos, caso homologada em sede de ação penal pública incondicionada, não acarreta extinção da punibilidade.

Não alcançada a composição civil dos danos, poderá ser proposta a transação penal, que é um acordo objetivando aplicação imediata de sanção firmado entre o Ministério Público e o autor do fato (apenas no caso de ação penal pública, nos termos do artigo 76 da Lei 9.099/95[59]) – trata-se de Direito Penal de 2ª velocidade (caracterizado pela mitigação de direitos fundamentais, com a imposição de pena não privativa de liberdade).

Frise-se que a Lei de Crimes Ambientais (artigo 27 da Lei 9.605/98) dispõe que nas infrações de menor potencial ofensivo, a transação penal só pode ser proposta depois de firmada a composição do dano ambiental, salvo em caso de impossibilidade:

> Art. 27. Nos crimes ambientais de menor potencial ofensivo, a proposta de aplicação imediata de pena restritiva de direitos ou multa, prevista no art. 76 da Lei nº 9.099, de 26 de setembro de 1995, somente poderá ser formulada desde que tenha havido a prévia composição do dano ambiental, de que trata o art. 74 da mesma lei, salvo em caso de comprovada impossibilidade.

Continuemos. Não sendo aceita ou não sendo possível a transação, o Ministério Público oferecerá denúncia oral (ou queixa pelo ofendido, em se tratando de ação penal privada). O autor do fato já sairá citado (note que, curiosamente, há a citação antes do recebimento da denúncia).

Caso o suposto autor do fato descumpra as cláusulas da transação penal, o Ministério Público pode continuar a persecução penal, seja oferecendo denúncia, seja requisitando instauração de inquérito policial. É o vetor da Súmula Vinculante 35 (a decisão que homologa transação penal faz apenas coisa julgada formal):

> Súmula Vinculante 35 - A homologação da transação penal prevista no artigo 76 da Lei 9.099/1995 não faz coisa julgada material e, descumpridas suas cláusulas, retoma-se a situação anterior, possibilitando-se ao Ministério Público a continuidade da persecução penal mediante oferecimento de denúncia ou requisição de inquérito policial.

Na audiência de instrução e julgamento, depois de se tentar nova conciliação, a defesa tentará convencer o juiz a não receber a denúncia ou queixa, em verdadeira defesa preliminar, na forma do artigo 81 da Lei 9.099/95 (caberá apelação, com prazo de 10 dias, em caso de rejeição exordial acusatória – artigo 82 do mandamento legal estudado). Após, o juiz receberá ou não a peça inicial e ouvirá

---

59. O Superior Tribunal de Justiça entende ser possível transação penal em sede de ação penal privada (não concordo com tal permissivo – parece-me que em ação penal privada, caso frustrada a composição civil dos danos, o querelante deve ser instado a oferecer queixa-crime oralmente, nos termos da Lei 9.099/95).

(caso recebida a inicial) a vítima e as testemunhas – primeiro as de acusação, depois as de defesa (ao máximo de 3). O réu é interrogado por último. Após, serão feitos os debates orais e a prolação de sentença (que dispensará o relatório).

Eis o resumo:

| INSTITUTO | RESUMO |
|---|---|
| Composição civil dos danos | Serve para reparar danos patrimoniais/morais decorrentes da prática delitiva e tem como consequência da aceitação (como dito supra) a renúncia ao direito de queixa ou representação (extinção da punibilidade). É homologada por sentença irrecorrível e se traduz em título executivo judicial. |
| Transação penal | É orientada pelo princípio da discricionariedade regrada (abrandamento do princípio da obrigatoriedade da ação pública). Trata-se de proposta materializada pelo Ministério Público ao suposto autor do fato, que consiste na aplicação imediata de pena (restritiva de direitos ou multa) para que o mesmo não seja processado (o STJ admite transação penal em ação penal privada, em proposta feita pelo ofendido). Deve ter aceitação do autor do fato e do seu defensor técnico. Caso o juiz discorde do Ministério Público em relação ao oferecimento ou não da proposta de transação, deve ser aplicado o 28 do Código de Processo Penal. A sentença que homologa a transação não induz reincidência (apenas impede novo benefício no prazo de 5 anos), não consta em certidão de antecedentes criminais e não terá efeitos civis; contra ela cabe apelação. |
| Audiência de instrução e julgamento | Depois de se tentar nova conciliação, a defesa tentará convencer o juiz a não receber a denúncia ou queixa, em verdadeira defesa preliminar, na forma do artigo 81 da Lei 9.099/95 (caberá apelação, com prazo de 10 dias, em caso de rejeição exordial acusatória – artigo 82 do mandamento legal estudado). Após, o juiz receberá ou não a peça inicial e ouvirá (caso recebida a inicial) a vítima e as testemunhas – primeiro as de acusação, depois as de defesa (ao máximo de 3). O réu é interrogado por último. Após, serão feitos os debates orais e a prolação de sentença (que dispensará o relatório). |

Acerca da suspensão condicional do processo, é importante a leitura atenta do artigo 89 da Lei 9.099/95:

> Art. 89. Nos crimes em que a pena mínima cominada for igual ou inferior a um ano, abrangidas ou não por esta Lei, o Ministério Público, ao oferecer a denúncia, poderá propor a suspensão do processo, por dois a quatro anos, desde que o acusado não esteja sendo processado ou não tenha sido condenado por outro crime, presentes os demais requisitos que autorizariam a suspensão condicional da pena (art. 77 do Código Penal).

§ 1º Aceita a proposta pelo acusado e seu defensor, na presença do Juiz, este, recebendo a denúncia, poderá suspender o processo, submetendo o acusado a período de prova, sob as seguintes condições:

I – reparação do dano, salvo impossibilidade de fazê-lo;

II – proibição de frequentar determinados lugares;

III – proibição de ausentar-se da comarca onde reside, sem autorização do Juiz;

IV – comparecimento pessoal e obrigatório a juízo, mensalmente, para informar e justificar suas atividades.

§ 2º O Juiz poderá especificar outras condições a que fica subordinada a suspensão, desde que adequadas ao fato e à situação pessoal do acusado.

§ 3º A suspensão será revogada se, no curso do prazo, o beneficiário vier a ser processado por outro crime ou não efetuar, sem motivo justificado, a reparação do dano.

§ 4º A suspensão poderá ser revogada se o acusado vier a ser processado, no curso do prazo, por contravenção, ou descumprir qualquer outra condição imposta.

§ 5º Expirado o prazo sem revogação, o Juiz declarará extinta a punibilidade.

§ 6º Não correrá a prescrição durante o prazo de suspensão do processo.

§ 7º Se o acusado não aceitar a proposta prevista neste artigo, o processo prosseguirá em seus ulteriores termos.

Anote-se que a suspensão condicional do processo é aplicável aos crimes ambientais, com as modificações informadas pelo artigo 28 da Lei 9.605/98:

Art. 28. As disposições do art. 89 da Lei nº 9.099, de 26 de setembro de 1995, aplicam-se aos crimes de menor potencial ofensivo definidos nesta Lei, com as seguintes modificações:

I - a declaração de extinção de punibilidade, de que trata o § 5° do artigo referido no *caput*, dependerá de laudo de constatação de reparação do dano ambiental, ressalvada a impossibilidade prevista no inciso I do § 1° do mesmo artigo;

II - na hipótese de o laudo de constatação comprovar não ter sido completa a reparação, o prazo de suspensão do processo será prorrogado, até o período máximo previsto no artigo referido no *caput*, acrescido de mais um ano, com suspensão do prazo da prescrição;

III - no período de prorrogação, não se aplicarão as condições dos incisos II, III e IV do § 1° do artigo mencionado no *caput*;

IV - findo o prazo de prorrogação, proceder-se-á à lavratura de novo laudo de constatação de reparação do dano ambiental, podendo, conforme seu resultado, ser novamente prorrogado o período de suspensão, até o máximo previsto no inciso II deste artigo, observado o disposto no inciso III;

V - esgotado o prazo máximo de prorrogação, a declaração de extinção de punibilidade dependerá de laudo de constatação que comprove ter o acusado tomado as providências necessárias à reparação integral do dano.

Por fim, cumpre revisar as teses do Superior Tribunal de Justiça sobre juizados especiais criminais (edições 93 e 96):

**Edição 93 da jurisprudência em teses do STJ**

1) Compete aos Tribunais de Justiça ou aos Tribunais Regionais Federais o julgamento dos pedidos de *habeas corpus* quando a autoridade coatora for Turma Recursal dos Juizados Especiais.

2) A aceitação pelo paciente do benefício da suspensão condicional do processo, nos termos do art. 89 da Lei n. 9.099/95, não inviabiliza a impetração de *habeas corpus* nem prejudica seu exame, tendo em vista a possibilidade de se retomar o curso da ação penal caso as condições impostas sejam descumpridas.

3) No âmbito dos Juizados Especiais Criminais, não se exige a intimação pessoal do defensor público, admitindo-se a intimação na sessão de julgamento ou pela imprensa oficial.

4) Não há óbice a que se estabeleçam, no prudente uso da faculdade judicial disposta no art. 89, § 2º, da Lei n. 9.099/1995, obrigações equivalentes, do ponto de vista prático, a sanções penais (tais como a prestação de serviços comunitários ou a prestação pecuniária), mas que, para os fins do *sursis* processual, se apresentam tão somente como condições para sua incidência. (Tese julgada sob o rito do art. 543-C do CPC/73 TEMA 930)

5) A perda do valor da fiança constitui legítima condição do *sursis* processual, nos termos do art. 89, § 2º, da Lei n. 9.099/95.

6) A suspensão condicional do processo e a transação penal não se aplicam na hipótese de delitos sujeitos ao rito da Lei Maria da Penha. (Súmula n. 536/STJ)

7) A transação penal não tem natureza jurídica de condenação criminal, não gera efeitos para fins de reincidência e maus antecedentes e, por se tratar de submissão voluntária à sanção penal, não significa reconhecimento da culpabilidade penal nem da responsabilidade civil.

8) A homologação da transação penal prevista no artigo 76 da Lei n. 9.099/1995 não faz coisa julgada material e, descumpridas suas cláusulas, retoma-se a situação anterior, possibilitando-se ao Ministério Público a continuidade da persecução penal mediante oferecimento de denúncia ou requisição de inquérito policial. (Súmula Vinculante n. 35/STF)

9) O prazo de 5 (cinco) anos para a concessão de nova transação penal, previsto no art. 76, § 2º, inciso II, da Lei n. 9.099/95, aplica-se, por analogia, à suspensão condicional do processo.

10) É cabível a suspensão condicional do processo na desclassificação do crime e na procedência parcial da pretensão punitiva. (Súmula n. 337/STJ)

11) Nos casos de aplicação da Súmula n. 337/STJ, os autos devem ser encaminhados ao Ministério Público para que se manifeste sobre a possibilidade de suspensão condicional do processo ou de transação penal.

**Edição 96 da jurisprudência em teses do STJ**

1) A Lei n. 10.259/01, ao considerar como infrações de menor potencial ofensivo as contravenções e os crimes a que a lei comine pena máxima não superior a 2 (dois) anos, não alterou o requisito objetivo exigido para a concessão da suspensão condicional do processo prevista no art. 89 da Lei n. 9.099/95, que continua sendo aplicado apenas aos crimes cuja pena mínima não seja superior a 1 (um) ano.

2) É cabível a suspensão condicional do processo e a transação penal aos delitos que preveem a pena de multa alternativamente à privativa de liberdade, ainda que o preceito secundário da norma legal comine pena mínima superior a 1 ano.

3) A suspensão condicional do processo não é direito subjetivo do acusado, mas sim um poder-dever do Ministério Público, titular da ação penal, a quem cabe, com exclusividade, analisar a possibilidade de aplicação do referido instituto, desde que o faça de forma fundamentada.

4) Se descumpridas as condições impostas durante o período de prova da suspensão condicional do processo, o benefício poderá ser revogado, mesmo se já ultrapassado o prazo legal, desde que referente a fato ocorrido durante sua vigência. (Tese julgada sob o rito do art. 543-C do CPC/73 – TEMA 920)

5) Opera-se a preclusão se o oferecimento da proposta de suspensão condicional do processo ou de transação penal se der após a prolação da sentença penal condenatória.

6) O benefício da suspensão do processo não é aplicável em relação às infrações penais cometidas em concurso material, concurso formal ou continuidade delitiva, quando a pena mínima cominada, seja pelo somatório, seja pela incidência da majorante, ultrapassar o limite de um (01) ano. (Súmula n. 243/STJ)

7) A existência de inquérito policial em curso não é circunstância idônea a obstar o oferecimento de proposta de suspensão condicional do processo.

8) A extinção da punibilidade do agente pelo cumprimento das condições do *sursis* processual, operada em processo anterior, não pode ser valorada em seu desfavor como maus antecedentes, personalidade do agente e conduta social.

9) É constitucional o art. 90-A da Lei n. 9.099/95, que veda a aplicação desta aos crimes militares.

10) Na hipótese de apuração de delitos de menor potencial ofensivo, deve-se considerar a soma das penas máximas em abstrato em concurso material, ou, ainda, a devida exasperação, no caso de crime continuado ou de concurso formal, e ao se verificar que o resultado da adição é superior a dois anos, afasta-se a competência do Juizado Especial Criminal.

11) O crime de uso de entorpecente para consumo próprio, previsto no art. 28 da Lei n. 11.343/06, é de menor potencial ofensivo, o que determina a competência do juizado especial estadual, já que ele não está previsto em tratado internacional e o art. 70 da Lei n. 11.343/06 não o inclui dentre os que devem ser julgados pela justiça federal.

12) A conduta prevista no art. 28 da Lei n. 11.343/06 admite tanto a transação penal quanto a suspensão condicional do processo.

## 11.6. RECURSOS

Os recursos se fundam na falibilidade humana, no inconformismo do vencido e no combate ao arbítrio. Têm base constitucional na organização do Poder Judiciário, que prevê tribunais com competência recursal.

Chama-se juízo *a quo* o prolator da decisão desafiada e *ad quem* o juízo recursal.

Abaixo tabela com os princípios relacionados aos recursos:

| PRINCÍPIO | DEFINIÇÃO |
|---|---|
| Voluntariedade | Recurso é ato de vontade da parte, que tenciona ver anulada ou reformada a decisão atacada |
| Taxatividade | É preciso previsão legal para que o recurso seja cabível. A quantidade de recursos é um número fechado |
| Unirrecorribilidade | Cada decisão judicial comporta um único recurso |
| Fungibilidade | É a teoria do recurso indiferente. Permite que o recurso equivocadamente interposto seja recebido como se o correto fosse (desde que não haja erro grosseiro de direito) |
| Convolação | Possibilidade de um recurso manejado corretamente seja convolado em outro mais útil ou célere para o recorrente |
| Vedação da *reformatio in pejus* | A situação do recorrente (defesa) não pode ser piorada em face de recurso por ele interposto. Há, ainda, a vedação da *reformatio in pejus* indireta – caso a decisão atacada seja anulada, outra mais gravosa para o recorrente não pode ser prolatada em seu lugar |
| Conversão | A parte não será prejudicada pelo erro no endereçamento do recurso |
| Complementaridade | A parte pode complementar recurso, caso a decisão seja alterada depois da interposição |
| Variabilidade | A parte pode desistir de um recurso para interpor outro, desde que dentro do prazo |

Abaixo os pressupostos objetivos recursais e suas definições:

| PRESSUPOSTOS OBJETIVOS | DEFINIÇÃO |
|---|---|
| Cabimento | O recurso interposto precisa estar previsto em lei |
| Adequação | O recurso deve ser o legalmente adequado para desafiar a decisão atacada. Trata-se da consagração do princípio da unirrecorribilidade[60] (cada decisão comporta um único recurso). O pressuposto é abrandado pelo princípio da fungibilidade ou teoria do recurso indiferente (que possibilita o recebimento de recurso equivocado, desde que não haja erro grosseiro de direito ou má-fé na interposição – leia o artigo 579 do Código de Processo Penal). A jurisprudência exige o respeito ao prazo do recurso correto |

---

60. Há outra mitigação ao princípio da unirrecorribilidade como, por exemplo, o cabimento de recurso extraordinário e especial contra mesma decisão.

| PRESSUPOSTOS OBJETIVOS | DEFINIÇÃO |
|---|---|
| Tempestividade[61] | É o respeito ao prazo estipulado em lei. O prazo genérico é de 5 dias (recurso em sentido estrito, apelação e agravo em execução). Há outros prazos: embargos infringentes (10 dias), embargos de declaração (2 dias), carta testemunhável (48 horas), recurso extraordinário e especial (15 dias) |
| Regularidade | É o respeito à forma. O recurso, em regra, pode ser interposto por termo nos autos ou por meio de petição. Alguns recursos só admitem interposição por petição, como o recurso extraordinário, o recurso especial, os embargos de declaração, os embargos infringentes e a carta testemunhável, por exemplo). É importante a leitura do artigo 578 do Código de Processo Penal. A segunda parte do recurso é a motivação – as razões recursais. São obrigatórias tanto para acusação (princípio da indisponibilidade), quanto para defesa (princípio da ampla defesa). |
| Inexistência de fato impeditivo | A renúncia é atualmente o único fato impeditivo[62] e obsta a interposição ou o recebimento do recurso (preclusão lógica). |
| Inexistência de fato extintivo | Os fatos extintivos são supervenientes à interposição e impedem o prosseguimento do recurso. São eles: a) deserção[63] (não recolhimento de custas processuais); e b) desistência (a acusação não pode desistir do recurso interposto, em face do princípio da indisponibilidade) |

A próxima tabela demonstra os pressupostos recursais subjetivos:

| PRESSUPOSTOS SUBJETIVOS | DEFINIÇÃO |
|---|---|
| Interesse | Só tem interesse em recorrer quem é sucumbente (só o vencido em alguma de suas pretensões pode recorrer)[64] |
| Legitimidade | O recurso deve coincidir com a posição processual da parte |

---

61. É importante a leitura da Súmula 310/STF - Quando a intimação tiver lugar na sexta-feira, ou a publicação com efeito de intimação for feita nesse dia, o prazo judicial terá início na segunda-feira imediata, salvo se não houver expediente, caso em que começará no primeiro dia útil que se seguir.
62. Não é necessário que o réu se recolha à prisão para recorrer (o artigo 594 do Código de Processo Penal, que assim determinava, foi revogado pela Lei 11.719/08). Vide Súmula 347/STJ - O conhecimento de recurso de apelação do réu independe de sua prisão.
63. A fuga do recorrente não é mais hipótese de deserção.
64. O pressuposto do interesse está expresso no artigo 577, parágrafo único, do Código de Processo Penal: Art. 577. O recurso poderá ser interposto pelo Ministério Público, ou pelo querelante, ou pelo réu, seu procurador ou seu defensor.
Parágrafo único. Não se admitirá, entretanto, recurso da parte que não tiver interesse na reforma ou modificação da decisão.

Eis as hipóteses de reexame necessário (também chamado de recurso de ofício) – condição para o trânsito em julgado da decisão:

| REEXAME NECESSÁRIO | DISPOSITIVO LEGAL |
|---|---|
| Sentença que concede *habeas corpus* | Artigo 574, I, do Código de Processo Penal |
| Decisão que concede reabilitação | Artigo 746 do Código de Processo Penal |
| Decisão que determina arquivamento de inquérito ou sentença absolutória em crimes contra economia popular ou saúde pública | Artigo 7º da Lei 1.521/51 |

Existem alguns problemas sérios no reexame necessário. Os recursos são voluntários e intrinsicamente ligados ao inconformismo e à sucumbência (o que não ocorre no recurso de ofício).

Ademais, todas as decisões desafiadas pelo reexame necessário são favoráveis ao acusado (e, portanto, é o Ministério Público quem deve avaliar, caso a caso, se será manejado recurso em face do *decisum*).

Esses argumentos desembocam na evidente não recepção de todas as hipóteses legais de reexame necessário, por ofensa ao sistema acusatório (atropelo ao artigo 129, I, da Carta Magna).

Deixei de listar acima a exigência de recurso de ofício em face da sentença de absolvição sumária porque o artigo 574, I, do Código de Processo Penal faz referência ao artigo 411 do mesmo diploma legal, que não trata da decisão absolutória citada desde o ano de 2008 (a redação anterior do artigo 411 explicitava a necessidade de reexame necessário, o que não foi repetido no artigo 415 do Código de Processo Penal, que hoje se refere à sentença de absolvição sumária).

Continuemos. Eis os efeitos dos recursos:

| EFEITO | CONCEITO |
|---|---|
| Devolutivo | Devolve ao Poder Judiciário a análise da matéria |
| Suspensivo | Suspende os efeitos da decisão desafiada |
| Extensivo | Estende os efeitos da decisão do recurso aos réus em idêntica situação[65] |
| Regressivo | Também chamado de iterativo ou diferido, permite ao juízo *a quo* a reforma da decisão atacada[66] |

---

65. Leia o artigo 580 do Código de Processo Penal: Art. 580. No caso de concurso de agentes (Código Penal, art. 25), a decisão do recurso interposto por um dos réus, se fundado em motivos que não sejam de caráter exclusivamente pessoal, aproveitará aos outros.

66. O recurso em sentido estrito é dotado de efeito regressivo, nos termos do artigo 589 do Código de Processo Penal:

## 11.6.1. Recursos em espécie

| RECURSO | CARACTERÍSTICAS | PRAZO | DISPOSITIVO LEGAL |
|---|---|---|---|
| Recurso em sentido estrito | Recurso manejado contra as decisões listadas no artigo 581 do CPP. A decisão que recebe a denúncia/queixa é irrecorrível (é possível, apenas, a interposição de *habeas corpus*). Tem efeito regressivo. | 5 dias para interpor e 2 dias para arrazoar. Há, ainda, o prazo de 20 dias (decisão que incluir/excluir jurado da lista geral) | Artigos 581 e seguintes do CPP |
| Apelação | Recurso manejado contra sentenças condenatórias ou absolutórias proferidas pelo juiz singular ou em face de decisões definitivas ou com força de definitivas. A apelação interposta em face de sentença proferida na segunda fase do procedimento do júri deve ter escora jurídica no artigo 593, III, do CPP (a apelação interposta quando for a decisão dos jurados manifestamente contrária à prova dos autos só pode ser manejada uma vez). | 5 dias para interpor o recurso e 8 dias para arrazoar (o assistente de acusação deve arrazoar em 3 dias) | Artigos 593 e seguintes do CPP |
| Carta testemunhável | Tem o objetivo de fazer subir recurso não admitido pelo juízo *a quo*. É dirigido ao escrivão ou ao secretário do tribunal, é residual e não tem efeito suspensivo | 48 horas | Artigos 639 e seguintes do CPP |
| Embargos infringentes[67] | Recurso exclusivo da defesa contra acórdão não unânime | 10 dias | Artigo 609, parágrafo único, do CPP |

---

Art. 589. Com a resposta do recorrido ou sem ela, será o recurso concluso ao juiz, que, dentro de dois dias, reformará ou sustentará o seu despacho, mandando instruir o recurso com os traslados que lhe parecerem necessários.

Parágrafo único. Se o juiz reformar o despacho recorrido, a parte contrária, por simples petição, poderá recorrer da nova decisão, se couber recurso, não sendo mais lícito ao juiz modificá-la. Neste caso, independentemente de novos arrazoados, subirá o recurso nos próprios autos ou em traslado.

67. Se o objetivo é reformar a decisão atacada, os embargos são chamados de infringentes. Se a defesa pugnar pela anulação da decisão, os embargos são de nulidade.

| RECURSO | CARACTERÍSTICAS | PRAZO | DISPOSITIVO LEGAL |
|---|---|---|---|
| Embargos de declaração | Recurso dirigido ao mesmo órgão prolator da decisão, em caso de ambiguidade, obscuridade, contradição ou omissão. Interrompem o prazo de outros recursos | 2 dias | Artigo 619 do CPP[68] |
| Recurso especial[69] | Garante a uniformização da interpretação da legislação federal infraconstitucional, a cargo do Superior Tribunal de Justiça. Pode ser interposto simultaneamente com o recurso extraordinária (exceção ao princípio da unirrecorribilidade). No caso de interposição dos dois recursos e sendo os dois admitidos, deverá primeiro o feito ser enviado para o STJ para análise do recurso especial e, a seguir, para o STF para análise do recurso extraordinário, caso o julgamento daquele não prejudicar o deste. A admissibilidade é feita pelo presidente do tribunal de onde provém a decisão desafiada. A interposição por petição acompanhada das razões. Caso seja inadmitido o recurso pelo tribunal *a quo*, cabe agravo de instrumento no prazo de 5 dias para o STF, com efeito regressivo | 15 dias | Artigo 105, III, da CF/88 |
| Recurso extraordinário[70] | Garante a jurisdição constitucional do STF, em relação às questões de direito[71]. Há necessidade de esgotamento de toda via recursal (pré-questionamento). A admissibilidade é | 15 dias | Artigo 102, III, CF |

---

68. Caso os embargos sejam opostos em face de decisão de juízo de piso, a escora legal será no artigo 382 do CPP.
69. Leia as Súmulas 7, 83, 86, 126 e 211, todas do STJ.
70. Leia as Súmulas 280, 281, 283, 284, 286, 289, 369, 399, 400, 640 e 735, todas do STF.
71. Leia a Súmula 279/STF - Para simples reexame de prova não cabe recurso extraordinário.

| RECURSO | CARACTERÍSTICAS | PRAZO | DISPOSITIVO LEGAL |
|---|---|---|---|
| | feita pelo presidente do tribunal de onde provém a decisão desafiada. A interposição por petição acompanhada das razões. Caso seja inadmitido o recurso pelo tribunal *a quo*, cabe agravo de instrumento no prazo de 5 dias para o STF, com efeito regressivo. | | |

## 11.7. NULIDADES

É possível classificar os vícios processuais em:

| VÍCIO | CONCEITO |
|---|---|
| Irregularidade | Desatendimento de exigências formais sem qualquer relevância. Trata-se de inobservância de preceito infraconstitucional que não resguarda interesse das partes. O ato se traduz um fim em si mesmo e não gera prejuízo |
| Nulidade relativa | Viola regra estabelecida em ordenamento infraconstitucional. A formalidade é essencial ao ato e criada no interesse predominante das partes. A invalidação do ato depende de demonstração concreta de prejuízo e atenção ao momento oportuno para arguição. É preciso pronunciamento judicial para anulação do ato |
| Nulidade absoluta | Viola regra estabelecida pela Constituição ou norma infraconstitucional garantidora de interesse público. Pode ser decretada de ofício e não preclui. Existe no interesse da ordem pública e não no simples interesse das partes. Exige pronunciamento judicial |
| Inexistência | Não reúne elementos sequer para existir enquanto ato jurídico, tão grande o desrespeito à forma legalmente imposta. São os não-atos. Não precisam de declaração judicial, bastando serem ignorados |

Os princípios relacionados às nulidades são:

| PRINCÍPIO | ARTIGO |
|---|---|
| Prejuízo | Art. 563. Nenhum ato será declarado nulo, se da nulidade não resultar prejuízo para a acusação ou para a defesa. |
| Instrumentalidade das formas ou economia processual | Art. 566. Não será declarada a nulidade de ato processual que não houver influído na apuração da verdade substancial ou na decisão da causa.<br>Art. 572. As nulidades previstas no art. 564, III, d e e, segunda parte, g e h, e IV, considerar-se-ão sanadas:<br>(...)<br>II – se, praticado por outra forma, o ato tiver atingido o seu fim; |

| PRINCÍPIO | ARTIGO |
|---|---|
| Causalidade ou sequencialidade | Art. 573. Os atos, cuja nulidade não tiver sido sanada, na forma dos artigos anteriores, serão renovados ou retificados.<br>§ 1º A nulidade de um ato, uma vez declarada, causará a dos atos que dele diretamente dependam ou sejam consequência.<br>§ 2º O juiz que pronunciar a nulidade declarará os atos a que ela se estende. |
| Interesse | Art. 565. Nenhuma das partes poderá arguir nulidade a que haja dado causa, ou para que tenha concorrido, ou referente a formalidade cuja observância só à parte contrária interesse. |
| Convalidação | Caso não arguida no momento oportuno, a nulidade relativa restará convalidada – artigos 569, 570, 571 e 572 do CPP |
| Não preclusão ou pronunciamento de ofício | Aplicável às nulidades absolutas, que não comportam preclusão e podem ser reconhecidas de ofício pelo Poder Judiciário |

## 11.7.1. Súmulas do STF sobre o tema

Súmula 155/STF - É relativa a nulidade do processo criminal por falta de intimação da expedição de precatória para inquirição de testemunha.

Súmula 156/STF - É absoluta a nulidade do julgamento, pelo júri, por falta de quesito obrigatório.

Súmula 160/STF - É nula a decisão do Tribunal que acolhe, contra o réu, nulidade não argüida no recurso da acusação, ressalvados os casos de recurso de ofício.

Súmula 162/STF - É absoluta a nulidade do julgamento pelo júri, quando os quesitos da defesa não precedem aos das circunstâncias agravantes.

Súmula 206/STF - É nulo o julgamento ulterior pelo júri com a participação de jurado que funcionou em julgamento anterior do mesmo processo.

Súmula 351/STF - É nula a citação por edital de réu prêso na mesma unidade da Federação em que o juiz exerce a sua jurisdição.

Súmula 366/STF - Não é nula a citação por edital que indica o dispositivo da lei penal, embora não transcreva a denúncia ou queixa, ou não resuma os fatos em que se baseia.

Súmula 523/STF - No processo penal, a falta da defesa constitui nulidade absoluta, mas a sua deficiência só o anulará se houver prova de prejuízo para o réu.

Súmula 564/STF - A ausência de fundamentação do despacho de recebimento de denúncia por crime falimentar enseja nulidade processual, salvo se já houver sentença condenatória.

## 11.7.2. Teses do STJ sobre nulidades (edição 69 da jurisprudência em teses)

1) A decretação da nulidade de ato processual requer prova inequívoca do prejuízo suportado pela parte, em face do princípio *pas de nullité sans grief*, previsto no art. 563 do Código de Processo Penal.

2) As nulidades surgidas no curso da investigação preliminar não atingem a ação penal dela decorrente.

3) As irregularidades relativas ao reconhecimento pessoal do acusado não ensejam nulidade, uma vez que as formalidades previstas no art. 226 do CPP são meras recomendações legais.

4) A ausência de intimação pessoal da Defensoria Pública ou do defensor dativo sobre os atos do processo gera, via de regra, a sua nulidade.

5) A nulidade decorrente da ausência de intimação - seja a pessoal ou por diário oficial - da data de julgamento do recurso não pode ser arguida a qualquer tempo, sujeitando-se à preclusão temporal.

6) O defensor dativo que declinar expressamente da prerrogativa referente à intimação pessoal dos atos processuais não pode arguir nulidade quando a comunicação ocorrer por meio da imprensa oficial.

7) A ausência de intimação da defesa sobre a expedição de precatória para oitiva de testemunha é causa de nulidade relativa.

8) A falta de intimação do defensor acerca da data da audiência de oitiva de testemunha no juízo deprecado não enseja nulidade processual, desde que a defesa tenha sido cientificada da expedição da carta precatória.

9) A inversão da ordem prevista no art. 400 do CPP, que trata do interrogatório e da oitiva de testemunhas de acusação e de defesa, não configura nulidade quando o ato for realizado por carta precatória, cuja expedição não suspende o processo criminal.

10) O falecimento do único advogado, ainda que não comunicado o fato ao tribunal, poderá dar ensejo à nulidade das intimações realizadas em seu nome.

11) Na intimação pessoal do réu acerca de sentença de pronúncia ou condenatória, a ausência de apresentação do termo de recurso ou a não indagação sobre sua intenção de recorrer não gera nulidade do ato.

12) A inquirição das testemunhas pelo Juiz antes que seja oportunizada às partes a formulação das perguntas, com a inversão da ordem prevista no art. 212 do Código de Processo Penal, constitui nulidade relativa.

13) A falta de comunicação ao acusado sobre o direito de permanecer em silêncio é causa de nulidade relativa, cujo reconhecimento depende da comprovação do prejuízo.

14) A ausência do oferecimento das alegações finais em processos de competência do Tribunal do Júri não acarreta nulidade, uma vez que a decisão de pronúncia encerra juízo provisório acerca da culpa.

15) As nulidades existentes na decisão de pronúncia devem ser arguidas no momento oportuno e por meio do recurso próprio, sob pena de preclusão.

16) A instauração de inquérito policial em momento anterior à constituição definitiva do crédito tributário não é causa de nulidade da ação penal, se evidenciado que o tributo foi constituído antes de sua propositura.

17) É relativa a nulidade decorrente da inobservância da competência penal por prevenção (Súmula n. 706/STF).

18) A utilização da técnica de motivação *per relationem* não enseja a nulidade do ato decisório, desde que o julgador se reporte a outra decisão ou manifestação dos autos e as adote como razão de decidir.

19) São nulas as provas obtidas por meio da extração de dados e de conversas privadas registradas em correio eletrônico e redes sociais (v.g. *whatsapp e facebook*) sem a prévia autorização judicial.

20) O compartilhamento de dados obtidos pela Receita Federal com fundamento no art. 6º da Lei Complementar n. 105/2001, mediante requisição direta às instituições bancárias no âmbito de processo administrativo fiscal, é considerado nulo, para fins penais, se não decorrer de expressa determinação judicial.

## 11.8. AÇÕES AUTÔNOMAS DE IMPUGNAÇÃO

### 11.8.1. Habeas corpus

Trata-se de remédio constitucional (não tem a natureza jurídica de recurso) para fazer cessar lesão ou ameaça de lesão à liberdade de locomoção em face de ilegalidade ou abuso de poder. É previsto no artigo 5º, LXVIII, da Constituição Federal.

Pode ser classificado como liberatório (ou repressivo) e preventivo:

| HABEAS CORPUS | DEFINIÇÃO |
| --- | --- |
| Liberatório | Tem por escopo fazer cessar constrangimento já materializado à liberdade de locomoção (o paciente já está custodiado) – em caso de deferimento, será expedido alvará de soltura |
| Preventivo | Tem por objetivo conter ameaça ao direito ambulatório[72] - em caso de deferimento, será expedido salvo-conduto |

O remédio constitucional pode ser impetrado por qualquer pessoa, independente de procuração ou habilitação legal. Em tese, mesmo o analfabeto e a pessoa jurídica podem impetrar *habeas corpus* (também podem impetrar o Ministério Público e o estrangeiro).

O polo passivo da ação constitucional é ocupada pela chamada autoridade coatora (responsável pela ilegalidade ou abuso de poder). Como é possível o manejo de *habeas corpus* em caso de ilegalidade, em tese é possível que particular ocupe o polo passivo da ação. É o que chama o habeas corpus manejado para trancar procedimento investigativo ou processo penal de profilático.

As hipóteses de admissibilidade da ação constitucional estão listadas no artigo 648 do CPP:

> Art. 648. A coação considerar-se-á ilegal:
> I – quando não houver justa causa;
> II – quando alguém estiver preso por mais tempo do que determina a lei;
> III – quando quem ordenar a coação não tiver competência para fazê-lo;
> IV – quando houver cessado o motivo que autorizou a coação;
> V – quando não for alguém admitido a prestar fiança, nos casos em que a lei a autoriza;
> VI – quando o processo for manifestamente nulo;
> VII – quando extinta a punibilidade.

Não é possível manejo de habeas corpus: a) em face de punição disciplinar militar (artigo 143, § 2º, da CF); b) quando não há risco à liberdade de locomoção (leia as Súmulas 693 e 695 do STF[73]).

A competência para processar e julgar *habeas corpus* depende de quem é a autoridade coatora (é possível, nesta toada, que o remédio seja analisado por juízo de primeiro grau, TJ, TRF, STJ[74] ou STF[75]).

Da decisão de primeiro grau que conceder ou denegar a ordem, cabe recurso em sentido estrito (vide artigo 581, X, do CPP). Em caso de concessão da ordem pelo juízo de primeiro grau, temos, ainda, o reexame necessário (chamado de recurso de ofício – artigo 574, I, do CPP).

Caso a decisão denegatória seja proferida por Tribunal de Justiça ou TRF, é cabível recurso ordinário ao STJ, com prazo de 5 dias (vide artigo 105, II, a, da CF/88 e artigo 30 da Lei 8.038/90). Se a decisão denegatória for prolatada por Tribunal Superior em única instância, é cabível recurso ordinário ao STF (vide artigo 102, II, a, da CF/88).

## 11.8.2. Teses do STJ sobre *habeas corpus*

1) O STJ não admite que o remédio constitucional seja utilizado em substituição ao recurso próprio (apelação, agravo em execução, recurso especial), tampouco à revisão criminal, ressalvadas as situações em que, à vista da flagrante

---

73. Súmula 693/STF – Não cabe *habeas corpus* contra decisão condenatória a pena de multa, ou relativo a processo em curso por infração penal a que a pena pecuniária seja a única cominada. Súmula 695/STF – Não cabe *habeas corpus* quando já extinta a pena privativa de liberdade.
74. Vide artigo 105, I, c, da CF/88.
75. Vide artigo 102, I, d e i, da CF/88.

ilegalidade do ato apontado como coator, em prejuízo da liberdade da paciente, seja cogente a concessão, de ofício, da ordem de *habeas corpus*.

2) O conhecimento do *habeas corpus* pressupõe prova pré-constituída do direito alegado, devendo a parte demonstrar de maneira inequívoca a pretensão deduzida e a existência do evidente constrangimento ilegal.

3) O trancamento da ação penal pela via do *habeas corpus* é medida excepcional, admissível apenas quando demonstrada a falta de justa causa (materialidade do crime e indícios de autoria), a atipicidade da conduta ou a extinção da punibilidade.

4) O reexame da dosimetria da pena em sede de *habeas corpus* somente é possível quando evidenciada flagrante ilegalidade e não demandar análise do conjunto probatório.

5) O *habeas corpus* é ação de rito célere e de cognição sumária, não se prestando a analisar alegações relativas à absolvição que demandam o revolvimento de provas.

6) É incabível a impetração de *habeas corpus* para afastar penas acessórias de perda de cargo público ou graduação de militar imposta em sentença penal condenatória, por não existir lesão ou ameaça ao direito de locomoção.

7) O *habeas corpus* não é a via adequada para o exame aprofundado de provas a fim de averiguar a condição econômica do devedor, a necessidade do credor e o eventual excesso do valor dos alimentos, admitindo-se nos casos de flagrante ilegalidade da prisão civil.

8) Não obstante o disposto no art. 142, § 2º, da CF, admite-se *habeas corpus* contra punições disciplinares militares para análise da regularidade formal do procedimento administrativo ou de manifesta teratologia.

9) A ausência de assinatura do impetrante ou de alguém a seu rogo na inicial de *habeas corpus* inviabiliza o seu conhecimento, conforme o art. 654. § 1º, 'c', do CPP.

10) É cabível *habeas corpus* preventivo quando há fundado receio de ocorrência de ofensa iminente à liberdade de locomoção.

11) Não cabe *habeas corpus* contra decisão que denega liminar, salvo em hipóteses excepcionais, quando demonstrada flagrante ilegalidade ou teratologia da decisão impugnada, sob pena de indevida supressão de instância, nos termos da Súmula n. 691/STF.

12) O julgamento do mérito do *habeas corpus* resulta na perda do objeto daquele impetrado na instância superior, na qual é impugnada decisão indeferitória da liminar.

13) Compete aos Tribunais de Justiça ou aos Tribunais Regionais Federais o julgamento dos pedidos de *habeas corpus* quando a autoridade coatora for Turma Recursal dos Juizados Especiais.

14) A jurisprudência do STJ admite a reiteração do pedido formulado em *habeas corpus* com base em fatos ou fundamentos novos.

15) O agravo interno não é cabível contra decisão que defere ou indefere pedido de liminar em *habeas corpus*.

16) O *habeas corpus* não é via idônea para discussão da pena de multa ou prestação pecuniária, ante a ausência de ameaça ou violação à liberdade de locomoção.

17) O *habeas corpus* não pode ser impetrado em favor de pessoa jurídica, pois o writ tem por objetivo salvaguardar a liberdade de locomoção.

18) A jurisprudência tem excepcionado o entendimento de que o *habeas corpus* não seria adequado para discutir questões relativas à guarda e adoção de crianças e adolescentes.

## 11.8.3. Mandado de segurança

Nos termos do artigo 5º, LXIX, da CF/88:

> Art. 5º. (...)
> (...)
> LXIX - conceder-se-á mandado de segurança para proteger direito líquido e certo, não amparado por *habeas corpus* ou *habeas data*, quando o responsável pela ilegalidade ou abuso de poder for autoridade pública ou agente de pessoa jurídica no exercício de atribuições do Poder Público;

É possível o manejo de mandado de segurança, no prazo de 120 dias (contados da ciência do ato impugnado – trata-se de prazo decadencial), no bojo do processo penal, quando restar violado direito líquido e certo não amparado por *habeas corpus*. Quando isso ocorrer, o impetrante (titular do direito líquido e certo violado), por conduto de advogado, deve manejar a ordem em face do ato lesivo, indicando a autoridade coatora (responsável pelo ato atacado). A prova deve ser pré-constituída.

A competência para julgar o mandado de segurança depende da autoridade responsável pelo ato fustigado.

É importante a leitura das Súmulas 376 do STJ[76] e 701 do STF[77]. O procedimento a ser observado por conta do manejo deste remédio heroico é ditado pela Lei 12.016/09.

---

76. Súmula 376/STJ - Compete a turma recursal processar e julgar o mandado de segurança contra ato de juizado especial.
77. Súmula 701/STF - No mandado de segurança impetrado pelo Ministério Público contra decisão proferida em processo penal, é obrigatória a citação do réu como litisconsorte passivo.

# 12
# LEI DE ABUSO DE AUTORIDADE

## 12.1. INTRODUÇÃO E DISPOSIÇÕES GERAIS

> Art. 1º Esta Lei define os crimes de abuso de autoridade, cometidos por agente público, servidor ou não, que, no exercício de suas funções ou a pretexto de exercê-las, abuse do poder que lhe tenha sido atribuído.
>
> § 1º As condutas descritas nesta Lei constituem crime de abuso de autoridade quando praticadas pelo agente com a finalidade específica de prejudicar outrem ou beneficiar a si mesmo ou a terceiro, ou, ainda, por mero capricho ou satisfação pessoal.
>
> § 2º A divergência na interpretação de lei ou na avaliação de fatos e provas não configura abuso de autoridade.

**Especial fim de agir:** o § 1º do artigo 1º da Lei 13.869/19 reclama dolo específico para prática dos crimes tipificados no mandamento legal (finalidade específica de prejudicar outrem ou beneficiar a si mesmo ou a terceiro, ou, ainda, por mero capricho ou satisfação pessoal). Destarte, a peça ovo acusatória deve descrever claramente essa intenção ao imputar crime tipificado na Lei de Abuso de Autoridade (os crimes listados no mandamento legal são de tendência interna transcendente de resultado cortado).

O § 2º do artigo 1º do mandamento estudado, indica que a divergência na interpretação da lei ou na avaliação dos fatos e provas não configura crime de abuso de autoridade (o fato será atípico nesse caso, porquanto ausente o dolo desenhado no § 1º do mesmo artigo). Não se pune o chamado crime de hermenêutica.

Com o fito de afastar qualquer ilação acerca da finalidade para prática do ato, a autoridade precisa fundamentá-lo efetivamente.

**Enunciados do CNPG e do GNCCRIM:** eis os enunciados do Conselho Nacional de Procuradores-Gerais dos Ministérios Públicos dos estados e da União (CNPG) e do Grupo Nacional de Coordenadores de Centro de Apoio Criminal (GNCCRIM):

Enunciado 1 - Os tipos incriminadores da Lei de Abuso de Autoridade exigem elemento subjetivo diverso do mero dolo, restringindo o alcance da norma.

Enunciado 2 - A divergência na interpretação de lei ou na avaliação de fatos e provas, salvo quando teratológica, não configura abuso de autoridade, ficando excluído o dolo.

## 12.2. SUJEITOS DO CRIME E AÇÃO PENAL

Art. 2º É sujeito ativo do crime de abuso de autoridade qualquer agente público, servidor ou não, da administração direta, indireta ou fundacional de qualquer dos Poderes da União, dos Estados, do Distrito Federal, dos Municípios e de Território, compreendendo, mas não se limitando a:

I - servidores públicos e militares ou pessoas a eles equiparadas;

II - membros do Poder Legislativo;

III - membros do Poder Executivo;

IV - membros do Poder Judiciário;

V - membros do Ministério Público;

VI - membros dos tribunais ou conselhos de contas.

Parágrafo único. Reputa-se agente público, para os efeitos desta Lei, todo aquele que exerce, ainda que transitoriamente ou sem remuneração, por eleição, nomeação, designação, contratação ou qualquer outra forma de investidura ou vínculo, mandato, cargo, emprego ou função em órgão ou entidade abrangidos pelo caput deste artigo.

**Sujeito ativo:** o artigo 2º da Lei 13.869/19 identifica o sujeito ativo da prática do crime de abuso de autoridade (trata-se de interpretação autêntica).

Art. 3º Os crimes previstos nesta Lei são de ação penal pública incondicionada.

§ 1º Será admitida ação privada se a ação penal pública não for intentada no prazo legal, cabendo ao Ministério Público aditar a queixa, repudiá-la e oferecer denúncia substitutiva, intervir em todos os termos do processo, fornecer elementos de prova, interpor recurso e, a todo tempo, no caso de negligência do querelante, retomar a ação como parte principal.

§ 2º A ação privada subsidiária será exercida no prazo de 6 (seis) meses, contado da data em que se esgotar o prazo para oferecimento da denúncia.

**Ação penal:** o artigo 3º havia sido vetado, mas o veto foi derrubado pelo Congresso Nacional.

O artigo é dispensável. Não é preciso afirmar textualmente que um crime é de ação penal pública incondicionada e que, se esta não for intentada no prazo legal pelo Ministério Público, abre-se a possibilidade de propositura de ação penal privada subsidiária da pública (decaindo a vítima do direito de oferecer queixa substitutiva no prazo de 6 meses), vez que quando a lei silencia acerca da natureza da ação penal é porque essa é pública incondicionada.

**Enunciado do CNPG e do GNCCRIM:** eis o enunciado do Conselho Nacional de Procuradores-Gerais dos Ministérios Públicos dos estados e da União (CNPG) e do Grupo Nacional de Coordenadores de Centro de Apoio Criminal (GNCCRIM):

> Enunciado 3 - Os crimes da Lei de Abuso de Autoridade são perseguidos mediante ação penal pública incondicionada. A queixa subsidiária pressupõe comprovada inércia do Ministério Público, caracterizada pela inexistência de qualquer manifestação ministerial.

## 12.3. EFEITOS DA CONDENAÇÃO E PENAS RESTRITIVAS DE DIREITOS

> Art. 4º São efeitos da condenação:
> 
> I - tornar certa a obrigação de indenizar o dano causado pelo crime, devendo o juiz, a requerimento do ofendido, fixar na sentença o valor mínimo para reparação dos danos causados pela infração, considerando os prejuízos por ele sofridos;
> 
> II - a inabilitação para o exercício de cargo, mandato ou função pública, pelo período de 1 (um) a 5 (cinco) anos;
> 
> III - a perda do cargo, do mandato ou da função pública.
> 
> Parágrafo único. Os efeitos previstos nos incisos II e III do caput deste artigo são condicionados à ocorrência de reincidência em crime de abuso de autoridade e não são automáticos, devendo ser declarados motivadamente na sentença.

**Efeitos da condenação:** o artigo 4º trata dos efeitos da condenação. Saliento que a fixação, pelo juiz, do valor mínimo para reparação dos danos sofridos pelo ofendido demanda requerimento (que não ostenta rigor formal).

Doutra banda, importante ressaltar que os efeitos previstos nos incisos II e III não são automáticos (devem ser declarados motivadamente em sentença) e só são aplicáveis ao reincidente específico na prática de crime de abuso de autoridade (não é necessário, por óbvio, que o autor incida no mesmo tipo, bastando que pratique qualquer crime de abuso de autoridade depois de ter sido condenado com sentença transitada em julgado por crime de abuso de autoridade anterior).

**Enunciado do CNPG e do GNCCRIM:** eis enunciado do Conselho Nacional de Procuradores-Gerais dos Ministérios Públicos dos estados e da União (CNPG) e do Grupo Nacional de Coordenadores de Centro de Apoio Criminal (GNCCRIM):

Enunciado 4 - O requerimento do ofendido para a reparação dos danos causados pela infração penal dispensa qualquer rigor formal.

**Art. 5º As penas restritivas de direitos substitutivas das privativas de liberdade previstas nesta Lei são:**

**I - prestação de serviços à comunidade ou a entidades públicas;**

**II - suspensão do exercício do cargo, da função ou do mandato, pelo prazo de 1 (um) a 6 (seis) meses, com a perda dos vencimentos e das vantagens;**

**III - (VETADO).**

**Parágrafo único. As penas restritivas de direitos podem ser aplicadas autônoma ou cumulativamente.**

**Penas restritivas de direito:** o artigo 5º descreve as penas restritivas de direito aplicáveis em substituição às privativas de liberdade, quando há prática de crime de abuso de autoridade.

Saliento a gravidade da pena restritiva de direitos descrita no inciso II do artigo 5º da Lei 13.869/19. A suspensão do exercício do cargo, da função ou do mandato pelo prazo de 1 a 6 meses com perda dos vencimentos e das vantagens é reprimenda muito severa (e desproporcional).

A redação do dispositivo parece inibir a aplicação das penas restritivas de direito listadas no Código Penal (os requisitos para a substituição, conduto, em face do silêncio da lei, devem ser extraídos do 44 do Caderno Repressivo Pátrio[1]).

---

1. Art. 44. As penas restritivas de direitos são autônomas e substituem as privativas de liberdade, quando:
   I – aplicada pena privativa de liberdade não superior a quatro anos e o crime não for cometido com violência ou grave ameaça à pessoa ou, qualquer que seja a pena aplicada, se o crime for culposo;
   II – o réu não for reincidente em crime doloso;
   III – a culpabilidade, os antecedentes, a conduta social e a personalidade do condenado, bem como os motivos e as circunstâncias indicarem que essa substituição seja suficiente.
   § 1º (VETADO)
   § 2º Na condenação igual ou inferior a um ano, a substituição pode ser feita por multa ou por uma pena restritiva de direitos; se superior a um ano, a pena privativa de liberdade pode ser substituída por uma pena restritiva de direitos e multa ou por duas restritivas de direitos.
   § 3º Se o condenado for reincidente, o juiz poderá aplicar a substituição, desde que, em face de condenação anterior, a medida seja socialmente recomendável e a reincidência não se tenha operado em virtude da prática do mesmo crime.
   § 4º A pena restritiva de direitos converte-se em privativa de liberdade quando ocorrer o descumprimento injustificado da restrição imposta. No cálculo da pena privativa de liberdade a executar será deduzido o tempo cumprido da pena restritiva de direitos, respeitado o saldo mínimo de trinta dias de detenção ou reclusão.
   § 5º Sobrevindo condenação a pena privativa de liberdade, por outro crime, o juiz da execução penal decidirá sobre a conversão, podendo deixar de aplicá-la se for possível ao condenado cumprir a pena substitutiva anterior.

## 12.4. SANÇÕES DE NATUREZA CIVIL E ADMINISTRATIVA

Art. 6º As penas previstas nesta Lei serão aplicadas independentemente das sanções de natureza civil ou administrativa cabíveis.

Parágrafo único. As notícias de crimes previstos nesta Lei que descreverem falta funcional serão informadas à autoridade competente com vistas à apuração.

Art. 7º As responsabilidades civil e administrativa são independentes da criminal, não se podendo mais questionar sobre a existência ou a autoria do fato quando essas questões tenham sido decididas no juízo criminal.

Art. 8º Faz coisa julgada em âmbito cível, assim como no administrativo-disciplinar, a sentença penal que reconhecer ter sido o ato praticado em estado de necessidade, em legítima defesa, em estrito cumprimento de dever legal ou no exercício regular de direito.

**Sanções de natureza civil e administrativa:** os artigos 6º, 7º e 8º tratam das sanções de natureza cível e administrativa (os dispositivos reafirmam a independência das instâncias penal, cível e administrativa – se o caso foi decidido no juízo criminal, contudo, não se pode mais questionar sobre existência ou autoria do fato, tampouco se restar decidido no processo penal que o fato foi praticado sob o manto de excludente de antijuridicidade).

## 12.5. CRIMES E PENAS

Art. 9º Decretar medida de privação da liberdade em manifesta desconformidade com as hipóteses legais:

Pena - detenção, de 1 (um) a 4 (quatro) anos, e multa.

Parágrafo único. Incorre na mesma pena a autoridade judiciária que, dentro de prazo razoável, deixar de:

I - relaxar a prisão manifestamente ilegal;

II - substituir a prisão preventiva por medida cautelar diversa ou de conceder liberdade provisória, quando manifestamente cabível;

III - deferir liminar ou ordem de habeas corpus, quando manifestamente cabível.

**Veto derrubado:** o artigo 9º havia sido vetado, mas o veto foi derrubado pelo Congresso Nacional.

**Crime próprio de membros do Poder Judiciário:** o crime acima transcrito só pode ser praticado por membro do Poder Judiciário (juiz, desembargador ou ministro).

Em tese, o delito resta perpetrado, por exemplo, quando o juiz decreta a prisão temporária em face da prática de crime que não está listado no inciso

III do artigo 1º da Lei 7.960/89, que não é hediondo ou que não é equiparado a hediondo (com a presença do especial fim de agir reclamado no § 1º do artigo 1º da Lei 13.869/19).

Em sentido contrário (entendendo que o sujeito ativo do crime aqui estudado pode ser promotor de justiça ou delegado de polícia, por exemplo), Renato Brasileiro[2]. Explicarei abaixo, com mais vagar, meu pensar.

**Consumação:** como se trata de crime formal, a consumação ocorre com a decretação da prisão preventiva ou temporária (não é necessário o cumprimento efetivo da ordem).

**Benefícios:** o delito admite suspensão condicional do processo (artigo 89 da Lei 9.099/95) e acordo de não persecução penal (artigo 28-A do CPP).

**Delegado de polícia como autor do delito (impossibilidade):** não é possível, a priori, imputar o delito descrito no caput do artigo 9º da Lei de Abuso de Autoridade ao delegado de polícia, porque o dispositivo que puniria criminalmente a lavratura de auto de prisão em flagrante delito em desconformidade com as hipóteses legais (artigo 11 da Lei 13.869/19) foi vetado e o veto não foi derrubado pelo Congresso Nacional. Eis o dispositivo vetado:

> Art. 11. Executar a captura, prisão ou busca e apreensão de pessoa que não esteja em situação de flagrante delito ou sem ordem escrita de autoridade judiciária, salvo nos casos de transgressão militar ou crime propriamente militar, definidos em lei, ou de condenado ou internado fugitivo:
> Pena - detenção, de 1 (um) a 4 (quatro) anos, e multa.

É possível, contudo, pensar na imputação do delito aqui estudado (artigo 9º da Lei 13.869/19) ao delegado de polícia, quando este é partícipe do magistrado que decreta cárcere em manifesta desconformidade com as hipóteses legais (pode-se imaginar, de igual sorte, participação do membro do Ministério Público no crime praticado pelo magistrado). Exemplifico:

> **SITUAÇÃO HIPOTÉTICA:** PEDRO, delegado de polícia, em conluio com JOSÉ, promotor de justiça, e MARCOS, juiz, representa prisão preventiva em manifesta desconformidade com as hipóteses legais, com o fito de prejudicar JONAS. JOSÉ opina favoravelmente à decretação do cárcere, mesmo sabendo do atropelo às normas de regência e MARCOS determina o encarceramento indevido.
> **SOLUÇÃO:** MARCOS praticou o crime tipificado no artigo 9º da Lei 13.869/19. JOSÉ e PEDRO são partícipes do delito perpetrado pelo juiz.

**Figura equiparada:** há figura equiparada no parágrafo único. O legislador optou por termos muito abertos no tipo: "dentro de prazo razoável",

---

2. LIMA, Renato Brasileiro de. **Nova Lei de Abuso de Autoridade**, Salvador: Juspodivm, 2020, p. 81.

"manifestamente ilegal" e "manifestamente cabível". Definitivamente andou mal o Congresso Nacional ao incluir expressões tão vagas em mandamento incriminador.

**Enunciado do CNPG e do GNCCRIM:** eis enunciado do Conselho Nacional de Procuradores-Gerais dos Ministérios Públicos dos estados e da União (CNPG) e do Grupo Nacional de Coordenadores de Centro de Apoio Criminal (GNCCRIM) sobre o artigo:

> Enunciado 5 - O sujeito ativo do art. 9º., "caput", da Lei de Abuso de Autoridade, diferentemente do parágrafo único, não alcança somente autoridade judiciária. O verbo nuclear "decretar" tem o sentido de determinar, decidir e ordenar medida de privação da liberdade em manifesta desconformidade com as hipóteses legais.

Nota-se que o CNPG e o GNCCRIM optaram por não limitar o alcance do artigo 9º da Lei 13.869/19 apenas a autoridades judiciárias (como fiz acima).

> **Art. 10. Decretar a condução coercitiva de testemunha ou investigado manifestamente descabida ou sem prévia intimação de comparecimento ao juízo:**
> **Pena - detenção, de 1 (um) a 4 (quatro) anos, e multa.**

**Conduta proibida:** a conduta proibida é decretar a condução coercitiva de testemunha ou investigado manifestamente descabida ou sem prévia intimação de comparecimento ao juízo.

O tipo é confuso e a primeira leitura leva a crer que há duas possibilidades de prática do delito: a) decretação de condução coercitiva manifestamente descabida de testemunha ou investigado no curso do inquérito policial; b) decretação de condução coercitiva de testemunha pelo juízo, no curso do processo, sem prévia intimação (concluo que o juiz não comete o delito estudado quando determina condução coercitiva do acusado, porquanto o tipo não faz menção à palavra 'réu', apenas à expressão 'investigado').

**Consumação:** o crime é formal e se consuma com a decretação da condução coercitiva fora dos parâmetros legalmente estabelecidos (ainda que a testemunha ou investigado não seja efetivamente conduzido).

**Benefícios:** o delito admite suspensão condicional do processo (artigo 89 da Lei 9.099/95) e acordo de não persecução penal (artigo 28-A do CPP).

**Condução coercitiva permitida:** é possível decretação de condução coercitiva do investigado/réu (artigo 260 do Código de Processo Penal[3]), de tes-

---

3. Art. 260. Se o acusado não atender à intimação para o interrogatório, reconhecimento ou qualquer outro ato que, sem ele, não possa ser realizado, a autoridade poderá mandar conduzi-lo à sua presença.
Parágrafo único. O mandado conterá, além da ordem de condução, os requisitos mencionados no art. 352, no que lhe for aplicável.

temunha (artigo 218 do Código de Processo Penal[4]), de perito[5] e mesmo da vítima (§ 1º do artigo 201 do Código de Processo Penal[6]).

Saliento que a condução coercitiva do investigado ainda é possível mesmo depois do julgamento das ADPF 395 e 444 pelo Supremo Tribunal Federal:

> 1. Arguição de Descumprimento de Preceito Fundamental. Constitucional. Processo Penal. Direito à não autoincriminação. Direito ao tempo necessário à preparação da defesa. Direito à liberdade de locomoção. Direito à presunção de não culpabilidade. 2. Agravo Regimental contra decisão liminar. Apresentação da decisão, de imediato, para referendo pelo Tribunal. Cognição completa da causa com a inclusão em pauta. Agravo prejudicado. 3. Cabimento da ADPF. Objeto: ato normativo pré-constitucional e conjunto de decisões judiciais. Princípio da subsidiariedade (art. 4º, §1º, da Lei nº 9.882/99): ausência de instrumento de controle objetivo de constitucionalidade apto a tutelar a situação. Alegação de falta de documento indispensável à propositura da ação, tendo em vista que a petição inicial não se fez acompanhar de cópia do dispositivo impugnado do Código de Processo Penal. Art. 3º, parágrafo único, da Lei 9.882/99. Precedentes desta Corte no sentido de dispensar a prova do direito, quando "transcrito literalmente o texto legal impugnado" e não houver dúvida relevante quanto ao seu teor ou vigência – ADI 1.991, Rel. Min. Eros Grau, julgada em 3.11.2004. A lei da ADPF deve ser lida em conjunto com o art. 376 do CPC, que confere ao alegante o ônus de provar o direito municipal, estadual, estrangeiro ou consuetudinário, se o juiz determinar. Contrario sensu, se impugnada lei federal, a prova do direito é desnecessária. Preliminar rejeitada. Ação conhecida. 4. Presunção de não culpabilidade. A condução coercitiva representa restrição temporária da liberdade de locomoção mediante condução sob custódia por forças policiais, em vias públicas, não sendo tratamento normalmente aplicado a pessoas inocentes. Violação. 5. Dignidade da pessoa humana (art. 1º, III, da CF/88). O indivíduo deve ser reconhecido como um membro da sociedade dotado de valor intrínseco, em condições de igualdade e com direitos iguais. Tornar o ser humano mero objeto no Estado, consequentemente, contraria a dignidade humana (NETO, João Costa. Dignidade Humana: São Paulo: Saraiva, 2014. p. 84). Na condução coercitiva, resta evidente que o investigado é conduzido para demonstrar sua submissão à força, o que desrespeita a dignidade da pessoa humana. 6. Liberdade de locomoção. A condução coercitiva representa uma supressão absoluta, ainda que temporária, da liberdade de locomoção. Há uma clara interferência na liberdade de locomoção, ainda que por período breve. 7. Potencial violação ao direito à não autoincriminação, na modalidade direito ao silêncio. Direito consistente na prerrogativa do implicado

---

4. Art. 218. Se, regularmente intimada, a testemunha deixar de comparecer sem motivo justificado, o juiz poderá requisitar à autoridade policial a sua apresentação ou determinar seja conduzida por oficial de justiça, que poderá solicitar o auxílio da força pública.
5. Art. 278. No caso de não-comparecimento do perito, sem justa causa, a autoridade poderá determinar a sua condução.
6. Art. 201. (...)
   § 1º Se, intimado para esse fim, deixar de comparecer sem motivo justo, o ofendido poderá ser conduzido à presença da autoridade.

a recursar-se a depor em investigações ou ações penais contra si movimentadas, sem que o silêncio seja interpretado como admissão de responsabilidade. Art. 5º, LXIII, combinado com os arts. 1º, III; 5º, LIV, LV e LVII. O direito ao silêncio e o direito a ser advertido quanto ao seu exercício são previstos na legislação e aplicáveis à ação penal e ao interrogatório policial, tanto ao indivíduo preso quanto ao solto – art. 6º, V, e art. 186 do CPP. O conduzido é assistido pelo direito ao silêncio e pelo direito à respectiva advertência. Também é assistido pelo direito a fazer-se aconselhar por seu advogado. 8. Potencial violação à presunção de não culpabilidade. Aspecto relevante ao caso é a vedação de tratar pessoas não condenadas como culpadas – art. 5º, LVII. A restrição temporária da liberdade e a condução sob custódia por forças policiais em vias públicas não são tratamentos que normalmente possam ser aplicados a pessoas inocentes. O investigado é claramente tratado como culpado. 9. A legislação prevê o direito de ausência do investigado ou acusado ao interrogatório. O direito de ausência, por sua vez, afasta a possibilidade de condução coercitiva. 10. Arguição julgada procedente, para declarar a incompatibilidade com a Constituição Federal da condução coercitiva de investigados ou de réus para interrogatório, tendo em vista que o imputado não é legalmente obrigado a participar do ato, e pronunciar a não recepção da expressão "para o interrogatório", constante do art. 260 do CPP (ADPF 444, Relator(a): GILMAR MENDES, Tribunal Pleno, julgado em 14/06/2018, PROCESSO ELETRÔNICO DJe-107 DIVULG 21-05-2019 PUBLIC 22-05-2019).

É possível, por exemplo, decretação da condução coercitiva do investigado/réu para ato de reconhecimento de pessoa (artigo 226 do Código de Processo Penal). Isso porque quem produz a prova no reconhecimento pessoal não é o reconhecido e sim o reconhecedor (não há atropelo ao direito de não produzir prova contra si no ato).

Saliento, como dito supra, que a condução coercitiva, ainda que manifestamente descabida, de réu ou de vítima não tipificam o crime aqui estudado (fato formalmente atípico), em face da vedação do uso de analogia *in malam partem*.

**Enunciados do CNPG e do GNCCRIM:** eis os enunciados do Conselho Nacional de Procuradores-Gerais dos Ministérios Públicos dos estados e da União (CNPG) e do Grupo Nacional de Coordenadores de Centro de Apoio Criminal (GNCCRIM):

> Enunciado 6 - Os investigados e réus não podem ser conduzidos coercitivamente à presença da autoridade policial ou judicial para serem interrogados. Outras hipóteses de condução coercitiva, mesmo de investigados ou réus para atos diversos do interrogatório, são possíveis, observando-se as formalidades legais.
>
> Enunciado 7 - A condução coercitiva pressupõe motivação e descumprimento de prévia notificação.
>
> **Art. 11. Executar a captura, prisão ou busca e apreensão de pessoa que não esteja em situação de flagrante delito ou sem ordem escrita de autoridade judiciária, salvo nos casos de transgressão militar ou crime propriamente militar, definidos em lei, ou de condenado ou internado fugitivo:**
>
> **Pena - detenção, de 1 (um) a 4 (quatro) anos, e multa.**

**Artigo vetado:** o tipo do artigo 11 foi vetado (e o veto foi mantido). Eis as razões do veto:

> A propositura legislativa, ao dispor sobre a criminalização de execução de captura, prisão ou busca e apreensão de pessoa que não esteja em situação de flagrante delito gera insegurança jurídica, notadamente aos agentes da segurança pública, tendo em vista que há situações que a flagrância pode se alongar no tempo e depende de análise do caso concreto. Ademais, a propositura viola o princípio da proporcionalidade entre o tipo penal descrito e a pena cominada.

O dispositivo vetado já foi comentado quando da análise do artigo 9º da Lei 13.869/19.

> **Art. 12. Deixar injustificadamente de comunicar prisão em flagrante à autoridade judiciária no prazo legal:**
> **Pena - detenção, de 6 (seis) meses a 2 (dois) anos, e multa.**
> **Parágrafo único. Incorre na mesma pena quem:**
> **I -** deixa de comunicar, imediatamente, a execução de prisão temporária ou preventiva à autoridade judiciária que a decretou;
> **II -** deixa de comunicar, imediatamente, a prisão de qualquer pessoa e o local onde se encontra à sua família ou à pessoa por ela indicada;
> **III -** deixa de entregar ao preso, no prazo de 24 (vinte e quatro) horas, a nota de culpa, assinada pela autoridade, com o motivo da prisão e os nomes do condutor e das testemunhas;
> **IV -** prolonga a execução de pena privativa de liberdade, de prisão temporária, de prisão preventiva, de medida de segurança ou de internação, deixando, sem motivo justo e excepcionalíssimo, de executar o alvará de soltura imediatamente após recebido ou de promover a soltura do preso quando esgotado o prazo judicial ou legal.

**Introdução:** o dever de comunicação da prisão (ao juiz competente, a familiar ou pessoa indicada pelo preso) está estampado no inciso LXII do artigo 5º da Constituição Federal[7]. Tal obrigação é repetida no caput do artigo 306 do Código de Processo Penal[8].

---

7. Art. 5º (...)
   LXII - a prisão de qualquer pessoa e o local onde se encontre serão comunicados imediatamente ao juiz competente e à família do preso ou à pessoa por ele indicada;
8. Art. 306. A prisão de qualquer pessoa e o local onde se encontre serão comunicados imediatamente ao juiz competente, ao Ministério Público e à família do preso ou à pessoa por ela indicada.
   § 1º Em até 24 (vinte e quatro) horas após a realização da prisão, será encaminhado ao juiz competente o auto de prisão em flagrante e, caso o autuado não informe o nome de seu advogado, cópia integral para a Defensoria Pública.
   § 2º No mesmo prazo, será entregue ao preso, mediante recibo, a nota de culpa, assinada pela autoridade, com o motivo da prisão, o nome do condutor e os das testemunhas.

O dever de entregar nota de culpa ao preso está grafado no § 2º do artigo 306 do Código de Processo Penal.

A prisão temporária, modalidade de cárcere provisório regulado pela Lei 7.960/89, é encarceramento com tempo determinado (5 dias prorrogáveis por igual período ou 30 dias prorrogáveis por igual período, caso se trate de crime hediondo ou equiparado). O escoamento do prazo de prisão temporária demanda libertação do detido, sem a necessidade de alvará de soltura, se não existir outro motivo para continuidade da privação da liberdade (§ 7º do artigo 2º da Lei 7.960/89):

> Art. 2º (...)
>
> § 7º Decorrido o prazo contido no mandado de prisão, a autoridade responsável pela custódia deverá, independentemente de nova ordem da autoridade judicial, pôr imediatamente o preso em liberdade, salvo se já tiver sido comunicada da prorrogação da prisão temporária ou da decretação da prisão preventiva.

**Sujeito ativo:** em relação aos crimes listados nos incisos II e III do artigo 12 da Lei 13.869/19, o sujeito ativo é o delegado de polícia (é quem tem atribuição legal para lavratura do auto de prisão em flagrante e, consequentemente, para comunicação imediata da prisão ao juízo competente e a familiar ou pessoa indicada pelo peso e para entrega, em 24 horas, da nota de culpa ao detido).

Os crimes listados nos incisos I e IV admitem outros sujeitos ativos (diretor do estabelecimento prisional, por exemplo, no que concerne ao inciso IV).

**Condutas proibidas:** o artigo 12 da Lei 13.869/19 criminalizou: a) a não comunicação injustificada da prisão em flagrante, temporária ou preventiva; b) a não comunicação imediata da prisão e o local onde ele se encontra à família ou pessoa indicada pelo preso; c) a não entrega de nota de culpa ao preso no prazo de 24 horas; d) o prolongamento indevido da execução de pena privativa de liberdade, prisão temporária, prisão preventiva, medida de segurança ou internação.

O crime é omissivo próprio e formal (consuma-se com a omissão intencional do agente em relação às comunicações imediatas, à entrega de nota de culpa no prazo de 24 horas ou ao prolongamento indevido do encarceramento da vítima, independentemente de efetivo prejuízo resultante dessas inações). Por óbvio, trata-se de delito doloso e que exige demonstração, na denúncia, de uma das finalidades específicas mencionadas no § 1º do artigo 1º da lei (caso a autoridade policial tenha deixado de fazer as comunicações referidas no tipo por negligência, o fato será atípico).

Antes de executar alvará de soltura, anote-se, a autoridade responsável pela custódia do detido deve checar a existência de outros mandados de prisão ainda válidos, para não cometer o equívoco de soltar aquele que deve continuar encarcerado (é o "motivo justo e excepcionalíssimo" descrito no inciso IV do artigo 12 da Lei 13.869/19).

**Não comunicação da prisão em flagrante ao Ministério Público e/ou à Defensoria Pública:** malgrado o Código de Processo Penal determine comunicação imediata da prisão flagrancial ao Ministério Público e encaminhamento do auto de prisão em flagrante em até 24 horas para Defensoria Pública caso o autuado não informe o nome de seu advogado, não há prática de crime de abuso de autoridade em face de omissão (mesmo que intencional), por ausência de previsão legal (fato formalmente atípico e vedação de analogia *in malam partem*).

**Não comunicação da apreensão de adolescente ao juiz competente, a familiar ou pessoa indicada pelo apreendido:** caso a omissão intencional seja relacionada à apreensão de adolescente, o crime perpetrado será o tipificado no artigo 231 do Estatuto da Criança e do Adolescente (princípio da especialidade):

> Art. 231. Deixar a autoridade policial responsável pela apreensão de criança ou adolescente de fazer imediata comunicação à autoridade judiciária competente e à família do apreendido ou à pessoa por ele indicada:
>
> Pena - detenção de seis meses a dois anos.

**Enunciados do CNPG e do GNCCRIM:** eis os enunciados do Conselho Nacional de Procuradores-Gerais dos Ministérios Públicos dos estados e da União (CNPG) e do Grupo Nacional de Coordenadores de Centro de Apoio Criminal (GNCCRIM):

> Enunciado 8 - Com o fim de preservar a sua identidade, imagem e dados pessoais, é possível, nas exceções legais, que da nota de culpa não conste o nome do condutor, das testemunhas e das vítimas.
>
> Enunciado 9 - A execução imediata do alvará de soltura deve ocorrer após o cumprimento dos procedimentos de segurança necessários, incluindo a checagem sobre a existência de outras ordens de prisão e da autenticidade do próprio alvará.
>
> Art. 13. Constranger o preso ou o detento, mediante violência, grave ameaça ou redução de sua capacidade de resistência, a:
>
> I - exibir-se ou ter seu corpo ou parte dele exibido à curiosidade pública;
>
> II - submeter-se a situação vexatória ou a constrangimento não autorizado em lei;
>
> III - produzir prova contra si mesmo ou contra terceiro:
>
> Pena - detenção, de 1 (um) a 4 (quatro) anos, e multa, sem prejuízo da pena cominada à violência.

**Introdução:** o aparelho policial deve evitar a exposição desnecessária do investigado/indiciado. O cuidado agora deve ser redobrado, vez que tal exibição pode constituir prática delitiva (crime de abuso de autoridade).

**Conduta proibida:** eis a síntese da conduta vedada pelo tipo:

| ARTIGO 13 DA LEI 13.869/19 | | |
|---|---|---|
| Constranger o preso ou detento | mediante violência | a exibir-se ou ter seu corpo ou parte dele exibido à curiosidade pública; |
| | mediante grave ameaça | a submeter-se a situação vexatória ou a constrangimento não autorizado em lei; |
| | mediante redução de sua capacidade de resistência | a produzir prova contra si mesmo ou contra terceiro. |

O crime, como visto na tabela supra, pode ser perpetrado mediante emprego de violência (própria), grave ameaça ou redução da capacidade de resistência do preso ou detento (violência imprópria).

Penso que eventual exposição justificada da imagem do preso/detido para, por exemplo, oportunizar o reconhecimento do mesmo por mais vítimas não constitui prática do delito em questão. A leitura do parágrafo único do artigo 14[9] do projeto aprovado (que foi vetado) demonstra a correção desse entendimento. Para tanto, é conveniente que o delegado de polícia (ou policial) fundamente por escrito a decisão de expor a imagem do preso, para evitar ilações acerca dos motivos que o levaram a mostrar o rosto ou sinais característicos daquele.

**Consumação:** o crime é formal e se consuma com a prática da conduta proibida, ainda que não ocorra o resultado pretendido pelo agente.

**Benefício:** o delito admite suspensão condicional do processo (artigo 89 da Lei 9.099/95).

**Abuso de autoridade x tortura:** havia falha gritante no veto presidencial ao inciso III do referido dispositivo: o preceito secundário havia sido também vetado. Ora, não se concebe crime sem sanção penal em abstrato. É teratológico. A falha foi corrigida pelo Congresso Nacional, que derrubou o veto do preceito secundário.

Ocorre que houve derrubada do veto também em relação ao inciso III do artigo 13. Há crime de abuso de autoridade, destarte, quando o agente

---

9. Art. 14. Fotografar ou filmar, permitir que fotografem ou filmem, divulgar ou publicar fotografia ou filmagem de preso, internado, investigado, indiciado ou vítima, sem seu consentimento ou com autorização obtida mediante constrangimento ilegal, com o intuito de expor a pessoa a vexame ou execração pública:
Pena - detenção, de 6 (seis) meses a 2 (dois) anos, e multa.
Parágrafo único. Não haverá crime se o intuito da fotografia ou filmagem for o de produzir prova em investigação criminal ou processo penal ou o de documentar as condições de estabelecimento penal.

constrange o preso ou detento, mediante violência, grave ameaça ou violência imprópria a produzir prova contra si mesmo ou contra terceiro. Nessa derrubada de veto o legislador passou perto de cometer grave equívoco. É que o dispositivo em comento pode ser entendido como *novatio legis in mellius* em relação ao crime de tortura-prova tipificado no artigo 1º, inciso I, alínea 'a', da Lei 9.455/97, quando esse tiver sido praticado contra preso ou detento com o fito de produzir prova contra si ou contra terceiro.

É preciso esforço interpretativo para manter hígido o crime de tortura--prova, quando praticado por autoridade contra preso ou detento. Deve ser construída gradação para que exista correto enquadramento típico, usando como baliza a existência ou não de sofrimento físico ou mental. Se a violência ou grave ameaça redunda em sofrimento físico ou mental para vítima e o objetivo da autoridade é a obtenção de confissão, declaração ou informação, tem-se crime de tortura. Caso a violência, a grave ameaça ou a violência imprópria perpetrada por autoridade não gere sofrimento físico ou mental, a vítima esteja presa ou detida, e o objetivo for a obtenção de prova em desfavor desta ou de terceiro, tem-se crime de abuso de autoridade.

A tortura-prova é o único crime possível quando a prática ilícita for perpetrada contra vítima que não esteja presa ou detida ou quando as elementares forem materializadas por particular.

Eis quadro comparativo dos tipos:

| LEI DE ABUSO DE AUTORIDADE | LEI DE TORTURA |
|---|---|
| Art. 13. Constranger o preso ou o detento, mediante violência, grave ameaça ou redução de sua capacidade de resistência, a: (...) | Art. 1º Constitui crime de tortura: I - constranger alguém com emprego de violência ou grave ameaça, causando-lhe sofrimento físico ou mental: |
| III - produzir prova contra si mesmo ou contra terceiro: | a) com o fim de obter informação, declaração ou confissão da vítima ou de terceira pessoa; |

O mesmo raciocínio acima desenhado pode ser empregado em relação ao crime de tortura tipificado no artigo 1º, § 1º, da Lei 9.455/97 (se existir sofrimento físico ou mental, haverá tortura; caso contrário, tem-se abuso de autoridade). Eis quadro comparativo dos tipos:

| LEI DE ABUSO DE AUTORIDADE | LEI DE TORTURA |
|---|---|
| Art. 13. Constranger o preso ou o detento, mediante violência, grave ameaça ou redução de sua capacidade de resistência, a: (...) | Art. 1º (...) (...) |
| II - submeter-se a situação vexatória ou a constrangimento não autorizado em lei; | § 1º Na mesma pena incorre quem submete pessoa presa ou sujeita a medida de segurança a sofrimento físico ou mental, por intermédio da prática de ato não previsto em lei ou não resultante de medida legal. |

**Enunciado do CNPG e do GNCCRIM:** eis o enunciado do Conselho Nacional de Procuradores-Gerais dos Ministérios Públicos dos estados e da União (CNPG) e do Grupo Nacional de Coordenadores de Centro de Apoio Criminal (GNCCRIM):

> Enunciado 10 - Constranger o preso ou o detento, mediante violência ou grave ameaça, a produzir prova contra si mesmo ou contra terceiro pode configurar delito de abuso de autoridade (Lei 13.869/19) ou crime de tortura (Lei 9.455/97), a depender das circunstâncias do caso concreto.
>
> **Art. 14. Fotografar ou filmar, permitir que fotografem ou filmem, divulgar ou publicar fotografia ou filmagem de preso, internado, investigado, indiciado ou vítima, sem seu consentimento ou com autorização obtida mediante constrangimento ilegal, com o intuito de expor a pessoa a vexame ou execração pública:**
>
> **Pena - detenção, de 6 (seis) meses a 2 (dois) anos, e multa.**
>
> **Parágrafo único. Não haverá crime se o intuito da fotografia ou filmagem for o de produzir prova em investigação criminal ou processo penal ou o de documentar as condições de estabelecimento penal.**

**Artigo vetado:** o artigo 14 foi vetado (e o veto não foi derrubado pelo Congresso Nacional).

Eis as razões do veto:

> A propositura legislativa, ao prever como elemento do tipo 'com o intuito de expor a pessoa a vexame ou execração pública', gera insegurança jurídica por se tratar de tipo penal aberto e que comporta interpretação, notadamente aos agentes da segurança pública, tendo em vista que não se mostra possível o controle absoluto sobre a captação de imagens de indiciados, presos e detentos e sua divulgação ao público por parte de particulares ou mesma da imprensa, cuja responsabilidade criminal recairia sobre os agentes públicos. Por fim, o registro e a captação da imagem do preso, internado, investigado ou indiciado poderá servir no caso concreto ao interesse da própria persecução criminal, o que restaria prejudicado se subsistisse o dispositivo.
>
> **Art. 15. Constranger a depor, sob ameaça de prisão, pessoa que, em razão de função, ministério, ofício ou profissão, deva guardar segredo ou resguardar sigilo:**
>
> **Pena - detenção, de 1 (um) a 4 (quatro) anos, e multa.**
>
> **Parágrafo único. Incorre na mesma pena quem prossegue com o interrogatório:**
>
> **I - de pessoa que tenha decidido exercer o direito ao silêncio; ou**
>
> **II - de pessoa que tenha optado por ser assistida por advogado ou defensor público, sem a presença de seu patrono.**

**Pessoas proibidas de depor:** o artigo 207 do Código de Processo Penal[10] dispõe que a pessoa que, em razão de função, ministério, ofício ou profissão, deva guardar segredo ou resguardar sigilo, só pode depor se for desobrigada pela parte interessada e quiser dar seu testemunho (elas são, a princípio, proibidas de depor). Se a autoridade (juiz, delegado de polícia ou membro do Ministério Público, por exemplo) constranger tais pessoas a depor sob ameaça de prisão, haverá prática do crime transcrito.

Destarte, para evitar prática do delito, é importante que a autoridade que preside o ato deixe claro na coleta do depoimento: a) que a parte interessada desobrigou a pessoa a ser ouvida; b) que o indivíduo, voluntariamente, deseja ser ouvido formalmente em prol da elucidação do fato investigado.

**Benefícios:** o delito admite suspensão condicional do processo (artigo 89 da Lei 9.099/95) e acordo de não persecução penal (artigo 28-A do CPP).

**Veto derrubado (figuras equiparadas):** o parágrafo único do artigo 15 havia sido vetado, mas o veto foi derrubado. O dispositivo traz duas figuras típicas.

Na primeira (digna de sonora crítica), incrimina-se a conduta do delegado (no curso do inquérito policial) ou do juiz (no processo) que prossiga com o interrogatório da pessoa que tenha decido exercer o direito ao silêncio. Sempre orientei a materialização de todas as perguntas imaginadas pela autoridade que preside o interrogatório (seja ele policial ou judicial) ao indiciado ou réu, justamente para que ele possa exercitar à completude o seu direito ao silêncio (ele responderá os questionamentos que desejar). O mandamento legal aqui analisado parece indicar que o caminho é finalizar o ato de interrogatório tão logo o indiciado ou réu faça sua opção pelo direito ao silêncio.

Uma sugestão plausível (e que passa longe da prática delitiva aqui estudada) é questionar ao investigado/réu e a seu advogado se o direito ao silêncio será exercido em bloco (em relação a todas as perguntas que vierem a ser feitas) ou se o interrogado prefere que todas as perguntas sejam feitas (para efetiva escolha dos questionamentos que serão respondidos).

O segundo crime só pode ser cometido na fase pré-processual (vez que nessa a participação de causídico é facultativa). O delegado de polícia comete o crime em testilha se prosseguir no interrogatório de investigado/indiciado que optou por ser ouvido na presença de advogado ou defensor público. Anote-se que o tipo não tornou obrigatória a participação de causídico no curso do inquérito policial (que continua a ter natureza investigativa). A presença de advogado continua sendo facultativa no bojo do apuratório. Contudo, se o

---

10. Art. 207. São proibidas de depor as pessoas que, em razão de função, ministério, ofício ou profissão, devam guardar segredo, salvo se, desobrigadas pela parte interessada, quiserem dar o seu testemunho.

indiciado deixar claro que quer ser ouvido apenas na presença de seu advogado ou de defensor público, a autoridade policial cometerá crime de abuso de autoridade se prosseguir no interrogatório.

O que deve então o delegado de polícia fazer diante das duas situações acima narradas? Penso que o termo de interrogatório deve ser confeccionado, ainda assim. Após a qualificação do interrogado (nesse momento não há que se falar em direito ao silêncio, sendo possível: a) prática de contravenção penal caso o investigado/indiciado se recuse a fornecer dados qualificativos[11]; b) prática de crime caso o investigado/indiciado use documento falso[12]; c) prática de crime caso o investigado/indiciado diga ser quem não é[13]; d) prática de crime caso o investigado/indiciado forneça documento verdadeiro que não é seu[14]), caso ele decida permanecer em silêncio ou afirme que só quer ser ouvido na presença do seu advogado, o termo deve ser imediatamente encerrado, com a assinatura da autoridade e do investigado/indiciado.

> Art. 16. Deixar de identificar-se ou identificar-se falsamente ao preso por ocasião de sua captura ou quando deva fazê-lo durante sua detenção ou prisão:
> Pena - detenção, de 6 (seis) meses a 2 (dois) anos, e multa.
> Parágrafo único. Incorre na mesma pena quem, como responsável por interrogatório em sede de procedimento investigatório de infração penal, deixa de identificar-se ao preso ou atribui a si mesmo falsa identidade, cargo ou função.

**Veto derrubado:** o artigo 16 havia sido vetado, mas o veto foi derrubado.

**Condutas proibidas:** o tipo é misto, alternativo ou de conteúdo variado. Duas são as condutas vedadas no caput:

---

11. Art. 68. Recusar à autoridade, quando por esta, justificadamente solicitados ou exigidos, dados ou indicações concernentes à própria identidade, estado, profissão, domicílio e residência:
    Pena – multa, de duzentos mil réis a dois contos de réis.
    Parágrafo único. Incorre na pena de prisão simples, de um a seis meses, e multa, de duzentos mil réis a dois contos de réis, se o fato não constitue infração penal mais grave, quem, nas mesmas circunstâncias, f'az declarações inverídicas a respeito de sua identidade pessoal, estado, profissão, domicílio e residência.
12. Art. 304 - Fazer uso de qualquer dos papéis falsificados ou alterados, a que se referem os arts. 297 a 302:
    Pena - a cominada à falsificação ou à alteração.
13. Art. 307 - Atribuir-se ou atribuir a terceiro falsa identidade para obter vantagem, em proveito próprio ou alheio, ou para causar dano a outrem:
    Pena - detenção, de três meses a um ano, ou multa, se o fato não constitui elemento de crime mais grave.
14. Art. 308 - Usar, como próprio, passaporte, título de eleitor, caderneta de reservista ou qualquer documento de identidade alheia ou ceder a outrem, para que dele se utilize, documento dessa natureza, próprio ou de terceiro:
    Pena - detenção, de quatro meses a dois anos, e multa, se o fato não constitui elemento de crime mais grave.

| ARTIGO 16 DA LEI 13.869/19 |||
|---|---|---|
| Deixar de identificar-se | ao preso | por ocasião de sua captura |
| Identificar-se falsamente | | quando deva fazê-lo durante sua detenção ou prisão |

Em operações policiais voltadas à repressão de organizações criminosas violentas, é normal que policiais retirem suas identificações e atuem protegendo seus rostos (com máscaras chamadas de balaclavas), para evitar represálias por parte do consórcio criminoso desarticulado. Penso que nessa situação excepcional, é possível levantar, em favor do policial, excludente de culpabilidade (inexigibilidade de conduta diversa).

**Consumação:** o crime é de mera conduta (omissivo próprio na conduta "deixar de identificar-se" e comisso na conduta "identificar-se falsamente"[15]) e se consuma no exato instante em que a autoridade pratica uma das condutas vedadas.

**Figura equiparada:** o parágrafo único do artigo 16 é tipo que só pode ser perpetrado por quem preside interrogatório em sede de procedimento investigatório criminal (delegado de polícia, membro do Ministério Público, oficial da Polícia Militar, por exemplo).

Há aqui, também, tipo misto, alternativo ou de conteúdo variado. O crime é de mera conduta.

**Infração de menor potencial ofensivo:** trata-se de infração de menor potencial ofensivo.

> Art. 17. Submeter o preso, internado ou apreendido ao uso de algemas ou de qualquer outro objeto que lhe restrinja o movimento dos membros, quando manifestamente não houver resistência à prisão, internação ou apreensão, ameaça de fuga ou risco à integridade física do próprio preso, internado ou apreendido, da autoridade ou de terceiro:
>
> Pena - detenção, de 6 (seis) meses a 2 (dois) anos, e multa.
>
> Parágrafo único. A pena é aplicada em dobro se:
>
> I - o internado tem menos de 18 (dezoito) anos de idade;
>
> II - a presa, internada ou apreendida estiver grávida no momento da prisão, internação ou apreensão, com gravidez demonstrada por evidência ou informação;
>
> III - o fato ocorrer em penitenciária.

**Tipo vetado:** o artigo 17 foi vetado e o veto não foi derrubado.

---

15. Trata-se de crime especial em relação ao delito tipificado no artigo 307 do Código Penal.

O tipo criminalizava o uso irregular de algemas, na esteira da Súmula Vinculante 11:

> Só é lícito o uso de algemas em casos de resistência e de fundado receio de fuga ou de perigo à integridade física própria ou alheia, por parte do preso ou de terceiros, justificada a excepcionalidade por escrito, sob pena de responsabilidade disciplinar, civil e penal do agente ou da autoridade e de nulidade da prisão ou do ato processual a que se refere, sem prejuízo da responsabilidade civil do Estado.

A causa de aumento foi pensada na proteção ao adolescente e à presa grávida (aquele protegido pelo Estatuto da Criança e do Adolescente e esta protegida pelo artigo 292 do Código de Processo Penal[16]).

**Constrangimento ilegal:** com o veto, penso que eventual uso indevido de algemas pode ser eventualmente (caso adimplidas as elementares) enquadrado no crime de constrangimento ilegal (artigo 146 do Código Penal[17]).

> **Art. 18.** Submeter o preso a interrogatório policial durante o período de repouso noturno, salvo se capturado em flagrante delito ou se ele, devidamente assistido, consentir em prestar declarações:
> 
> Pena - detenção, de 6 (seis) meses a 2 (dois) anos, e multa.

**Dia/noite e repouso noturno:** a doutrina sempre apontou duas acepções para a palavra 'dia': a) o período compreendido entre as 06h e as 18h (conceito cronológico ou objetivo); ou b) o período que vai da aurora ao crepúsculo (critério natural ou físico-astronômico). Noite, a contrário senso,

---

16. Art. 292. Se houver, ainda que por parte de terceiros, resistência à prisão em flagrante ou à determinada por autoridade competente, o executor e as pessoas que o auxiliarem poderão usar dos meios necessários para defender-se ou para vencer a resistência, do que tudo se lavrará auto subscrito também por duas testemunhas.
    Parágrafo único. É vedado o uso de algemas em mulheres grávidas durante os atos médico-hospitalares preparatórios para a realização do parto e durante o trabalho de parto, bem como em mulheres durante o período de puerpério imediato.

17. Art. 146 - Constranger alguém, mediante violência ou grave ameaça, ou depois de lhe haver reduzido, por qualquer outro meio, a capacidade de resistência, a não fazer o que a lei permite, ou a fazer o que ela não manda:
    Pena - detenção, de três meses a um ano, ou multa.
    Aumento de pena
    § 1º - As penas aplicam-se cumulativamente e em dobro, quando, para a execução do crime, se reúnem mais de três pessoas, ou há emprego de armas.
    § 2º - Além das penas cominadas, aplicam-se as correspondentes à violência.
    § 3º - Não se compreendem na disposição deste artigo:
    I - a intervenção médica ou cirúrgica, sem o consentimento do paciente ou de seu representante legal, se justificada por iminente perigo de vida;
    II - a coação exercida para impedir suicídio.

seria: a) o período compreendido entre as 18:01 e as 05:59; ou b) o período de crepúsculo (quando não há luz solar).

Acontece que, curiosamente, o artigo 22, § 1º, inciso III, da Lei 13.869/19 (estudaremos abaixo), afirma constituir crime de abuso de autoridade cumprir mandado de busca domiciliar após as 21h ou antes das 05h. O questionamento diante do dispositivo salta aos olhos: o conceito jurídico de dia teria sido ampliado pelo texto legal? Penso que não. Pelo menos em relação ao limite de 21h. Dizer que o dia começa às 05h é perfeitamente possível (aliás, em várias regiões do Brasil já há grande claridade nesse horário). Conduto, entender que o dia vai até as 20:59 não me parece razoável (a não ser que exista luz solar a essa hora).

A conclusão possível diante do texto legal é: há duas expressões diferentes: a) dia/noite; b) repouso noturno. Penso que dia é o período compreendido entre 05h (alargo aqui meu entendimento, em face do mandamento estudado) e 18h. Noite, ao revés, é o período compreendido entre 18:01 e 04:59. Repouso noturno é o lapso compreendido entre as 21h e as 04:59. Continuo ressalvando o entendimento dos que pensam que há dia enquanto houver luz solar (é uma interpretação perfeitamente defensável e que pode ser usada pelo aparelho policial a depender da situação concreta):

| CONCEITOS DE DIA, NOITE E REPOUSO NOTURNO (LEI 13.869/19) | |
|---|---|
| Dia | 05h às 18h (ou da aurora ao crepúsculo) |
| Noite | 18:01 às 04:59 (ou no crepúsculo) |
| Repouso noturno | 21h às 04:59 |

Nessa esteira, o crime do artigo 18 da Lei 13.869/19 é cometido quando a autoridade policial interroga o preso durante o repouso noturno (das 21:00 às 04:59), desde que presente o especial fim de agir reclamado pelo § 1º do artigo 1º do mesmo mandamento legal.

O delito não resta perpetrado se o interrogatório ocorrer no período noturno em duas situações: a) flagrante delito (prisão em flagrante materializada, por exemplo, na madrugada); b) se o preso estiver assistido por advogado e concordar com a materialização do seu interrogatório.

**Infração de menor potencial ofensivo:** trata-se de infração de menor potencial ofensivo.

**Enunciado do CNPG e do GNCCRIM:** eis o enunciado do Conselho Nacional de Procuradores-Gerais dos Ministérios Públicos dos estados e da União (CNPG) e do Grupo Nacional de Coordenadores de Centro de Apoio Criminal (GNCCRIM):

> Enunciado 11 - Para efeitos do artigo 18 da Lei de Abuso de Autoridade, compreende-se por repouso noturno o período de 21h00 a 5h00, nos termos do artigo 22, § 1°, III, da mesma Lei.

> Art. 19. Impedir ou retardar, injustificadamente, o envio de pleito de preso à autoridade judiciária competente para a apreciação da legalidade de sua prisão ou das circunstâncias de sua custódia:
>
> Pena - detenção, de 1 (um) a 4 (quatro) anos, e multa.
>
> Parágrafo único. Incorre na mesma pena o magistrado que, ciente do impedimento ou da demora, deixa de tomar as providências tendentes a saná-lo ou, não sendo competente para decidir sobre a prisão, deixa de enviar o pedido à autoridade judiciária que o seja.

**Conduta proibida:** o crime do artigo 19 da Lei de Abuso de Autoridade pune quem impede ou retarda, injustificadamente, o envio de pleito de preso à autoridade judiciária competente para apreciação da legalidade da prisão ou das circunstâncias da custódia (tipo misto, alternativo ou de conteúdo variado).

O parágrafo único do artigo criminalizou, ainda, a conduta de magistrado que, ciente do impedimento ou demora, deixa de tomar providências tendentes a sanar a ilegalidade. O juiz também comete crime se, sendo incompetente para conhecer do pedido de liberdade, deixa de enviá-lo ao juízo que o seja.

Comete esse delito, por exemplo, o delegado de polícia que impede o envio, ao juízo competente, de habeas corpus elaborado por preso.

**Benefícios:** o crime admite suspensão condicional do processo (artigo 89 da Lei 9.099/95) e acordo de não persecução penal (artigo 28-A do CPP).

**Consumação:** trata-se de crime formal (consuma-se com a prática de uma das condutas proibidas, independentemente da ocorrência de prejuízo).

> Art. 20. Impedir, sem justa causa, a entrevista pessoal e reservada do preso com seu advogado:
>
> Pena - detenção, de 6 (seis) meses a 2 (dois) anos, e multa.
>
> Parágrafo único. Incorre na mesma pena quem impede o preso, o réu solto ou o investigado de entrevistar-se pessoal e reservadamente com seu advogado ou defensor, por prazo razoável, antes de audiência judicial, e de sentar-se ao seu lado e com ele comunicar-se durante a audiência, salvo no curso de interrogatório ou no caso de audiência realizada por videoconferência.

**Veto derrubado:** o artigo 20 foi vetado, mas o veto foi derrubado pelo Congresso Nacional.

**Conduta proibida:** o investigado/indiciado/réu tem direito a entrevista reservada com seu advogado. Negar esse direito ao preso passa agora a ser crime (infração de menor potencial ofensivo).

Penso que não é possível imputar o crime do caput do artigo 20 ao policial que não permite entrevista do detido com seu advogado no meio da rua, depois de captura em situação flagrancial (ou em cumprimento de mandado de prisão expedido por magistrado). Permitir tal contato pode significar risco de fuga, exposição desnecessária (curiosos podem se amontoar, fazer fotos/vídeos, etc), dentre outros inconvenientes. Penso que o melhor a fazer e comunicar ao advogado para qual unidade policial o detido está sendo conduzido e garantir o direito à entrevista pessoal e reservada na delegacia de polícia.

**Figura equiparada:** no parágrafo único há figura equiparada que demonstra que não só o direito de entrevista precisa ser observado. É preciso que ele seja garantido "por prazo razoável". Mais uma expressão imprecisa da lei (e por isso incompatível com o Direito Penal).

O tipo em testilha garante o direito do preso, réu ou investigado de sentar ao lado do seu advogado e com ele se comunicar durante a audiência (exceto se essa objetivar materialização de interrogatório ou for realizada por videoconferência).

> **Art. 21. Manter presos de ambos os sexos na mesma cela ou espaço de confinamento:**
> **Pena - detenção, de 1 (um) a 4 (quatro) anos, e multa.**
> **Parágrafo único. Incorre na mesma pena quem mantém, na mesma cela, criança ou adolescente na companhia de maior de idade ou em ambiente inadequado, observado o disposto na Lei nº 8.069, de 13 de julho de 1990 (Estatuto da Criança e do Adolescente).**

**Introdução:** o artigo 21 pune a autoridade que mantiver presos de ambos os sexos na mesma cela ou espaço de confinamento. O tipo nasceu para rechaçar casos absurdos, como o da adolescente que foi mantida encarcerada com cerca de 30 homens na cela de uma delegacia na cidade de Abaetetuba/PA[18].

Caso exista detenção de pessoas de sexos diferentes, é conveniente que os presos sejam separados no momento da condução (se possível for, efetuar a condução do homem no compartimento fechado e da mulher na parte interna do veículo ou pedir reforço de outra viatura para condução dos presos em carros separados).

**Conduta proibida:** a conduta vedada no tipo é manter presos de ambos os sexos na mesma cela ou espaço de confinamento.

O objetivo do tipo é evitar atentados contra a dignidade sexual de mulheres (ou pessoa transexual), quando mantidas confinadas no mesmo ambiente de homens (não é necessário nenhum resultado lesivo para a consumação do crime estudado, que se aperfeiçoa no momento da prática da conduta, presente o especial fim de agir descrito no § 1º do artigo 1º da Lei 13.869/19).

---

18. Sobre o tema, confira MS 34490/DF, julgado pela Primeira Turma do STF (que analisou punição imposta pelo CNJ à magistrada que atuou no caso).

**Figura equiparada:** incorre na mesma pena quem mantém, na mesma cela, criança ou adolescente na companhia de maior ou em ambiente inadequado.

**Benefícios:** o tipo admite suspensão condicional do processo (artigo 89 da Lei 9.099/95) e acordo de não persecução penal (artigo 28-A do CPP).

**Prática de tortura:** se a conduta gerar no vítima sofrimento físico ou mental, tem-se prática de tortura, nos exatos termos do § 1º do artigo 1º da Lei 9.455/97:

> Art. 1º (...)
>
> (...)
>
> § 1º Na mesma pena incorre quem submete pessoa presa ou sujeita a medida de segurança a sofrimento físico ou mental, por intermédio da prática de ato não previsto em lei ou não resultante de medida legal.

**Prisão de travestis e transexuais:** a Resolução Conjunta 1, de 15 de abril de 2014, do Conselho Nacional de Política Criminal e Penitenciária e do Conselho Nacional de Combate à Discriminação dispõe que à pessoa travesti[19] (e ao gay[20]) privados da liberdade em unidades prisionais masculinas deve ser oferecido espaço de vivência específicos:

> Art. 3º - Às travestis e aos gays privados de liberdade em unidades prisionais masculinas, considerando a sua segurança e especial vulnerabilidade, deverão ser oferecidos espaços de vivência específicos.
>
> § 1º - Os espaços para essa população não devem se destinar à aplicação de medida disciplinar ou de qualquer método coercitivo.
>
> § 2º - A transferência da pessoa presa para o espaço de vivência específico ficará condicionada à sua expressa manifestação de vontade.

No que toca à pessoa transexual[21] (seja masculina, seja feminina), a mesma Resolução determina seu encaminhamento a unidade prisional feminina:

> Art. 4º - As pessoas transexuais masculinas e femininas devem ser encaminhadas para as unidades prisionais femininas.
>
> Parágrafo único - Às mulheres transexuais deverá ser garantido tratamento isonômico ao das demais mulheres em privação de liberdade.

---

19. Pessoas que pertencem ao sexo masculino na dimensão fisiológica, mas que socialmente se apresentam no gênero feminino, sem rejeitar o sexo biológico.
20. Denominação específica para homens que se relacionam afetiva e sexualmente com outros homens.
21. Pessoas que são psicologicamente de um sexo e anatomicamente de outro, rejeitando o próprio órgão sexual biológico.

Importante, ainda, a leitura da Resolução 348/20 do Conselho Nacional de Justiça, que estabelece "procedimentos e diretrizes relacionados ao tratamento da população lésbica, gay, bissexual, transexual, travesti e intersexo (LGBTI) que esteja custodiada, acusada, ré, condenada, privada de liberdade, em cumprimento de alternativas penais ou monitorada eletronicamente".

**Enunciado do CNPG e do GNCCRIM:** eis o enunciado do Conselho Nacional de Procuradores-Gerais dos Ministérios Públicos dos estados e da União (CNPG) e do Grupo Nacional de Coordenadores de Centro de Apoio Criminal (GNCCRIM):

> Enunciado 13 - A violação à regra de separação de custodiados, acompanhada de sofrimento físico ou mental do preso, conforme as circunstâncias do caso, não tipifica o crime do art. 21 da Lei de Abuso de Autoridade, mas o delito de tortura (art. 1º, caput, inciso I, da Lei nº 9.455/97), infração penal equiparada a hediondo, sofrendo os consectários da Lei 8.072/1990.
>
> **Art. 22. Invadir ou adentrar, clandestina ou astuciosamente, ou à revelia da vontade do ocupante, imóvel alheio ou suas dependências, ou nele permanecer nas mesmas condições, sem determinação judicial ou fora das condições estabelecidas em lei:**
>
> Pena - detenção, de 1 (um) a 4 (quatro) anos, e multa.
>
> § 1º Incorre na mesma pena, na forma prevista no caput deste artigo, quem:
>
> **I - coage alguém, mediante violência ou grave ameaça, a franquear-lhe o acesso a imóvel ou suas dependências;**
>
> **II - (VETADO);**
>
> **III - cumpre mandado de busca e apreensão domiciliar após as 21h (vinte e uma horas) ou antes das 5h (cinco horas).**
>
> § 2º Não haverá crime se o ingresso for para prestar socorro, ou quando houver fundados indícios que indiquem a necessidade do ingresso em razão de situação de flagrante delito ou de desastre.

**Princípio da especialidade:** o artigo 22 é especial em relação ao artigo 150 do Código Penal (o § 2º do artigo 150 do Caderno Repressivo pátrio foi revogado expressamente pela Lei 13.869/19).

**Bem jurídico protegido:** o tipo gira em torno de vilipêndios ao direito à inviolabilidade de domicílio (inciso XI do artigo 5º da Constituição Federal[22]).

---

22. Art. 5º (...)
    XI - a casa é asilo inviolável do indivíduo, ninguém nela podendo penetrar sem consentimento do morador, salvo em caso de flagrante delito ou desastre, ou para prestar socorro, ou, durante o dia, por determinação judicial.

**Condutas proibidas:** eis síntese das condutas vedadas:

| ARTIGO 22 DA LEI 13.869/19 | | | |
|---|---|---|---|
| Invadir | Clandestinamente | imóvel alheio ou suas dependências | sem determinação judicial |
| Adentrar | Astuciosamente | | |
| Permanecer | à revelia da vontade do ocupante | | fora das condições estabelecidas em lei |

O crime é de mera conduta e a consumação ocorre com a prática das condutas proibidas.

**Figuras equiparadas:** há crime, ainda: a) quando há coação, mediante violência ou grave ameaça, para seja franqueado acesso a imóvel ou suas dependências; b) quando há cumprimento de mandado de busca e apreensão domiciliar após as 21h ou antes das 5h.

**Benefícios:** o tipo admite suspensão condicional do processo (artigo 89 da Lei 9.099/95) e acordo de não persecução penal (artigo 28-A do CPP).

**Exclusão da ilicitude:** estudando o inciso XI do artigo 5º da Constituição Federal e o artigo 22 da Lei 13.869/19, é possível detectar que só é possível adentrar licitamente em casa alheia sem o consentimento do morador nas seguintes situações:

| ENTRADA LÍCITA EM CASA ALHEIA (SEM O CONSENTIMENTO DO MORADOR) |
|---|
| Desastre[23] |
| Para prestar socorro[24] |
| Em flagrante delito[25] |
| Em cumprimento a ordem judicial das 05h às 21h[26] |

Com o fito de demonstrar a higidez da entrada em domicílio, o aparelho policial precisa documentar o ingresso (ainda que *a posteriori*).

O § 2º do artigo 22 deixa claro que só é possível entrar em casa alheia em face de situação flagrancial se o aparelho policial perceber indícios da prática

---

23. Estado de necessidade.
24. Estado de necessidade.
25. Estrito cumprimento do dever legal (flagrante obrigatório) ou exercício regular de direito (flagrante facultativo).
26. Estrito cumprimento do dever legal.

delitiva antes do ingresso. O dispositivo legal segue entendimento do Supremo Tribunal Federal:

> Recurso extraordinário representativo da controvérsia. Repercussão geral. 2. Inviolabilidade de domicílio – art. 5º, XI, da CF. Busca e apreensão domiciliar sem mandado judicial em caso de crime permanente. Possibilidade. A Constituição dispensa o mandado judicial para ingresso forçado em residência em caso de flagrante delito. No crime permanente, a situação de flagrância se protrai no tempo. 3. Período noturno. A cláusula que limita o ingresso ao período do dia é aplicável apenas aos casos em que a busca é determinada por ordem judicial. Nos demais casos – flagrante delito, desastre ou para prestar socorro – a Constituição não faz exigência quanto ao período do dia. 4. Controle judicial a posteriori. Necessidade de preservação da inviolabilidade domiciliar. Interpretação da Constituição. Proteção contra ingerências arbitrárias no domicílio. Muito embora o flagrante delito legitime o ingresso forçado em casa sem determinação judicial, a medida deve ser controlada judicialmente. A inexistência de controle judicial, ainda que posterior à execução da medida, esvaziaria o núcleo fundamental da garantia contra a inviolabilidade da casa (art. 5, XI, da CF) e deixaria de proteger contra ingerências arbitrárias no domicílio (Pacto de São José da Costa Rica, artigo 11, 2, e Pacto Internacional sobre Direitos Civis e Políticos, artigo 17, 1). O controle judicial a posteriori decorre tanto da interpretação da Constituição, quanto da aplicação da proteção consagrada em tratados internacionais sobre direitos humanos incorporados ao ordenamento jurídico. Normas internacionais de caráter judicial que se incorporam à cláusula do devido processo legal. 5. Justa causa. A entrada forçada em domicílio, sem uma justificativa prévia conforme o direito, é arbitrária. Não será a constatação de situação de flagrância, posterior ao ingresso, que justificará a medida. Os agentes estatais devem demonstrar que havia elementos mínimos a caracterizar fundadas razões (justa causa) para a medida. 6. Fixada a interpretação de que a entrada forçada em domicílio sem mandado judicial só é lícita, mesmo em período noturno, quando amparada em fundadas razões, devidamente justificadas a posteriori, que indiquem que dentro da casa ocorre situação de flagrante delito, sob pena de responsabilidade disciplinar, civil e penal do agente ou da autoridade e de nulidade dos atos praticados. 7. Caso concreto. Existência de fundadas razões para suspeitar de flagrante de tráfico de drogas. Negativa de provimento ao recurso (RE 603616, Relator(a): Gilmar Mendes, Tribunal Pleno, julgado em 05/11/2015, ACÓRDÃO ELETRÔNICO REPERCUSSÃO GERAL - MÉRITO DJe-093 DIVULG 09-05-2016 PUBLIC 10-05-2016).

**Prova ilícita x fato atípico:** analisando o artigo 22 da Lei de Abuso de Autoridade, surge o seguinte questionamento: quais as consequências jurídicas de mandado de busca domiciliar cumprido pela polícia às 19h sem autorização do morador?

Como o mandado de busca deve ser cumprido durante o dia (na forma do artigo 5º, inciso XI, da Constituição Federal), conclui-se que as provas coligidas são ilícitas se não havia luz solar (atropelo ao direito à inviolabilidade de domicílio). Contudo, o fato não será criminoso, posto que o crime aqui analisado ocorre apenas quando o mandado é cumprido após as 21h ou antes das 5h.

**Enunciados do CNPG e do GNCCRIM:** eis os enunciados do Conselho Nacional de Procuradores-Gerais dos Ministérios Públicos dos estados e da União (CNPG) e do Grupo Nacional de Coordenadores de Centro de Apoio Criminal (GNCCRIM) sobre o artigo:

> Enunciado 14 - A elementar "imóvel" do artigo 22 da Lei de Abuso de Autoridade deve ser conceituada nos termos do artigo 79 do Código Civil.
>
> Enunciado 15 - O mandado de busca e apreensão deverá ser cumprido durante o dia (art. 5º., XI, CF/88). Mesmo havendo luz solar, veda-se seu cumprimento entre 21h00 e 5h00, sob pena de caracterizar abuso de autoridade (art. 22, §1º., inc. III).

**Art. 23.** Inovar artificiosamente, no curso de diligência, de investigação ou de processo, o estado de lugar, de coisa ou de pessoa, com o fim de eximir-se de responsabilidade ou de responsabilizar criminalmente alguém ou agravar-lhe a responsabilidade:

Pena - detenção, de 1 (um) a 4 (quatro) anos, e multa.

Parágrafo único. Incorre na mesma pena quem pratica a conduta com o intuito de:

I - eximir-se de responsabilidade civil ou administrativa por excesso praticado no curso de diligência;

II - omitir dados ou informações ou divulgar dados ou informações incompletos para desviar o curso da investigação, da diligência ou do processo.

**Princípio da especialidade:** o artigo 23 da Lei de Abuso de Autoridade traz tipo especial de fraude processual (artigo 347 do Código Penal[27]).

**Conduta proibida:** eis a conduta vedada:

| ARTIGO 23 DA LEI 13.869/19 | | | |
|---|---|---|---|
| Inovar artificiosamente | no curso de diligência | o estado de lugar | com o fim de eximir-se de responsabilidade. |
| | de investigação | o estado de coisa | com o fim de responsabilizar criminalmente alguém. |
| | de processo | o estado de pessoa | com o fim de agravar a responsabilidade de alguém. |

---

27. Art. 347 - Inovar artificiosamente, na pendência de processo civil ou administrativo, o estado de lugar, de coisa ou de pessoa, com o fim de induzir a erro o juiz ou o perito:
Pena - detenção, de três meses a dois anos, e multa.
Parágrafo único - Se a inovação se destina a produzir efeito em processo penal, ainda que não iniciado, as penas aplicam-se em dobro.

O tipo tem o objetivo de reprimir condutas que visem encobrir abusos (principalmente praticados por forças policiais), maquiando teatros de operações para simular, por exemplo, resistência da vítima. Exemplifico:

> **SITUAÇÃO HIPOTÉTICA:** PEDRO, policial civil, atirou com a intenção de matar JOSÉ. A vítima veio a óbito. Com o fim de eximir-se de responsabilidade criminal, PEDRO inovou a cena do crime, colocando uma arma de fogo nas mãos do cadáver (para simular um confronto que, em verdade, inexistiu).
>
> **SOLUÇÃO:** PEDRO deve ser responsabilizado pelo homicídio por ele perpetrado e pelo crime de abuso de autoridade tipificado no artigo 23 da Lei 13.869/19 (em concurso material).

**Figuras equiparadas:** o parágrafo único do artigo 23 da Lei 13.869/19 traz em seu bojo figuras equiparadas, criminalizando quem pratica a conduta descrita no caput para: a) eximir-se de responsabilidade civil ou administrativa por excesso praticado no curso de diligência; b) omitir dados ou informações ou divulgar dados ou informações incompletos para desviar o curso da investigação, da diligência ou do processo.

**Consumação:** o crime é formal e se consuma com a prática a conduta descrita no tipo, objetivando uma das finalidades especiais nele enumeradas.

**Benefícios:** o tipo admite suspensão condicional do processo (artigo 89 da Lei 9.099/95) e acordo de não persecução penal (artigo 28-A do CPP).

> **Art. 24.** Constranger, sob violência ou grave ameaça, funcionário ou empregado de instituição hospitalar pública ou privada a admitir para tratamento pessoa cujo óbito já tenha ocorrido, com o fim de alterar local ou momento de crime, prejudicando sua apuração:
>
> Pena - detenção, de 1 (um) a 4 (quatro) anos, e multa, além da pena correspondente à violência.

**Introdução:** o artigo 24 complementa o crime do artigo 23. É infelizmente comum que policiais simulem socorro a vítimas já mortas, para retirar o corpo da cena do suposto confronto (dificultando materialização de perícia que elucide se houve resistência ou execução extrajudicial).

**Conduta proibida:** a conduta vedada no tipo é constranger, sob violência ou grave ameaça, funcionário ou empregado de instituição hospitalar pública ou privada a admitir para tratamento pessoa cujo óbito já tenha ocorrido, com o fim de alterar local ou momento de crime, prejudicando sua apuração.

O agente deve ser punido em concurso de crimes, caso empregue violência que ocasione lesão corporal à vítima (preceito secundário).

**Consumação:** o tipo exige especial fim de agir (alteração de local ou momento de crime, prejudicando sua apuração). Por ser delito formal, ocorrerá consumação mesmo que o objetivo do agente não se implemente.

Admite-se tentativa se a vítima não admitir a pessoa morta para tratamento.

**Benefício:** o crime admite suspensão condicional do processo (artigo 89 da Lei 9.099/95).

> **Art. 25. Proceder à obtenção de prova, em procedimento de investigação ou fiscalização, por meio manifestamente ilícito:**
> **Pena - detenção, de 1 (um) a 4 (quatro) anos, e multa.**
> **Parágrafo único. Incorre na mesma pena quem faz uso de prova, em desfavor do investigado ou fiscalizado, com prévio conhecimento de sua ilicitude.**

**Conduta proibida:** a coleta da prova manifestamente ilícita foi criminalizada. O tipo deve ser lido em cotejo com o artigo 157 do Código de Processo Penal[28].

A conduta vedada é proceder à obtenção de prova, em procedimento de investigação ou fiscalização, por meio manifestamente ilícito.

O tipo é temerário, porque não há exata noção do que é meio 'manifestamente ilícito' para coleta da prova. A análise da ilicitude da prova é materializada caso a caso e depende do entendimento doutrinário e jurisprudencial acerca do tema (é preciso interpretar o artigo estudado em cotejo com o artigo 1º, § 2º, da lei aqui estudada – não se criminalizou a hermenêutica).

**Subsidiariedade implícita:** o tipo é subsidiário em relação à prática do crime de tortura (artigo 1º, inciso I, alínea 'a', da Lei 9.455/97):

> Art. 1º Constitui crime de tortura:
> I - constranger alguém com emprego de violência ou grave ameaça, causando-lhe sofrimento físico ou mental:
> a) com o fim de obter informação, declaração ou confissão da vítima ou de terceira pessoa;

**Figura equiparada:** houve, ainda, criminalização da conduta de quem usa a prova ilícita em desfavor do investigado ou fiscalizado (a expressão 'fiscalizado' indica que o crime pode ser praticado no âmbito de atuação estatal

---

28. Art. 157. São inadmissíveis, devendo ser desentranhadas do processo, as provas ilícitas, assim entendidas as obtidas em violação a normas constitucionais ou legais.
   § 1º São também inadmissíveis as provas derivadas das ilícitas, salvo quando não evidenciado o nexo de causalidade entre umas e outras, ou quando as derivadas puderem ser obtidas por uma fonte independente das primeiras.
   § 2º Considera-se fonte independente aquela que por si só, seguindo os trâmites típicos e de praxe, próprios da investigação ou instrução criminal, seria capaz de conduzir ao fato objeto da prova.
   § 3º Preclusa a decisão de desentranhamento da prova declarada inadmissível, esta será inutilizada por decisão judicial, facultado às partes acompanhar o incidente.
   § 4º (Vetado)
   § 5º O juiz que conhecer do conteúdo da prova declarada inadmissível não poderá proferir a sentença ou acórdão.

administrativa – ação fiscal da Receita Federal, por exemplo) com conhecimento prévio da sua ilicitude.

**Benefícios:** o crime admite suspensão condicional do processo (artigo 89 da Lei 9.099/95) e acordo de não persecução penal (artigo 28-A do CPP).

**Enunciado do CNPG e do GNCCRIM:** eis enunciado do Conselho Nacional de Procuradores-Gerais dos Ministérios Públicos dos estados e da União (CNPG) e do Grupo Nacional de Coordenadores de Centro de Apoio Criminal (GNCCRIM) sobre o artigo:

> Enunciado 16 - Ressalvadas situações excepcionais pacificadas, o uso da prova derivada da ilícita está abrangido pelo tipo penal incriminador do art. 25 da Lei de Abuso de Autoridade, devendo o agente ter conhecimento inequívoco da sua origem e do nexo de relação entre a prova ilícita e aquela dela derivada.

> **Art. 26. Induzir ou instigar pessoa a praticar infração penal com o fim de capturá-la em flagrante delito, fora das hipóteses previstas em lei:**
> **Pena - detenção, de 6 (seis) meses a 2 (anos) anos, e multa.**
> **§ 1º Se a vítima é capturada em flagrante delito, a pena é de detenção, de 1 (um) a 4 (quatro) anos, e multa.**
> **§ 2º Não configuram crime as situações de flagrante esperado, retardado, prorrogado ou diferido.**

**Artigo vetado:** o artigo 26 foi vetado. Ele criminalizaria o flagrante preparado ou provocado (crime impossível por obra do agente provocador, nos termos da Súmula 145 do Supremo Tribunal Federal[29]).

Eis as razões do veto:

> A propositura legislativa gera insegurança jurídica por indeterminação do tipo penal, e por ofensa ao princípio da intervenção mínima, para o qual o Direito Penal só deve ser aplicado quando estritamente necessário, tendo em vista que a criminalização da conduta pode afetar negatividade a atividade investigativa, ante a potencial incerteza de caracterização da conduta prevista no art. 26, pois não raras são as vezes que a constatação da espécie de flagrante, dada a natureza e circunstâncias do ilícito praticado, só é possível quando da análise do caso propriamente dito, conforme se pode inferir da jurisprudência do Supremo Tribunal Federal (v.g. HC 105.929, Rel. Min. Gilmar Mendes, 2ª T. j. 24/05/2011).

> **Art. 27. Requisitar instauração ou instaurar procedimento investigatório de infração penal ou administrativa, em desfavor de alguém, à falta de qualquer indício da prática de crime, de ilícito funcional ou de infração administrativa:**
> **Pena - detenção, de 6 (seis) meses a 2 (dois) anos, e multa.**

---

29. Súmula 145/STF - Não há crime, quando a preparação do flagrante pela polícia torna impossível a sua consumação.

**Parágrafo único. Não há crime quando se tratar de sindicância ou investigação preliminar sumária, devidamente justificada.**

**Conduta proibida:** o artigo 27 da Lei de Abuso de Autoridade pune a autoridade que requisita instauração de procedimento investigatório de infração penal ou administrativa sem indício da prática de crime, ilícito funcional ou infração administrativa.

Mais um tipo temerário. A interpretação acerca da existência ou não de indício suficiente para sustentar requisição ou instauração de procedimento apuratório obviamente varia caso a caso.

**Não instauração de inquérito em face de requisição do Ministério Público:** o tipo estudado reforça o entendimento de que o delegado de polícia não deve materializar pronta instauração de inquérito policial quando a requisição oriunda do Ministério Público não é calcada em elementos indiciários mínimos que indiquem prática delitiva (caso se perceba existência do especial fim de agir previsto no § 1º do artigo 1º da Lei 13.869/19, a autoridade policial deve encaminhar a requisição temerária à chefia do Ministério Público, para tomada das providências cabíveis contra o promotor de justiça que subscreveu a missiva).

O delegado de polícia que não procede à instauração de inquérito policial em face de requisição temerária se esquiva da prática delitiva descrita no artigo 30 da Lei 13.869/19.

**Infração de menor potencial ofensivo:** trata-se de infração de menor potencial ofensivo.

**Sindicância ou investigação preliminar sumária:** o parágrafo único afirma que não há crime quando se tratar de sindicância ou investigação preliminar sumária, desde que a instauração seja justificada. A sindicância é procedimento afeto à seara disciplinar. A investigação preliminar é o levantamento de cunho criminal levado a efeito com fulcro no artigo 5º, § 3º, do Código de Processo Penal (diante de uma notícia anônima de crime, por exemplo).

**Enunciado do CNPG e do GNCCRIM:** eis enunciado do Conselho Nacional de Procuradores-Gerais dos Ministérios Públicos dos estados e da União (CNPG) e do Grupo Nacional de Coordenadores de Centro de Apoio Criminal (GNCCRIM) sobre o artigo:

> Enunciado 17 - A configuração do abuso de autoridade pela deflagração de investigação criminal com base em matéria jornalística, necessariamente, há de ser avaliada a partir dos critérios interpretativos trazidos pela Lei (art. 1º, § 1º) e da flagrante ausência de standard probatório mínimo que a justifique.

**Art. 28. Divulgar gravação ou trecho de gravação sem relação com a prova que se pretenda produzir, expondo a intimidade ou a vida privada ou ferindo a honra ou a imagem do investigado ou acusado:**

**Pena - detenção, de 1 (um) a 4 (quatro) anos, e multa.**

**Conduta proibida:** o tipo do artigo 28 proíbe a divulgação de gravação ou trecho de gravação sem relação com a prova que se pretenda produzir, expondo a intimidade ou vida privada ou ferindo a honra ou imagem do investigado ou acusado.

Penso que o tipo em testilha deve ser estudado ao lado dos crimes tipificados nos artigos 10[30] e 10-A[31] da Lei 9.296/96 (que tratam da interceptação telefônica ou captação ambiental realizadas em autorização judicial e da quebra de sigilo em interceptação telefônica e em captação ambiental de sinais). Parece-me que se o "vazamento" for de ligação captada no âmbito de interceptação ou captação ambiental judicialmente determinadas que não guarda relação com a prova que se pretende obter (expondo a intimidade ou a vida privada ou ferindo a honra ou a imagem do investigado ou acusado), o crime perpetrado será o do artigo 28 da Lei 13.869/19. Se a interceptação for ilícita ou se a conversa gravada constituir prova efetiva da infração, o crime deve ser um dos listados na Lei 9.296/96.

**Benefícios:** o crime admite suspensão condicional do processo (artigo 89 da Lei 9.099/95) e acordo de não persecução penal (artigo 28-A do CPP).

**Enunciado do CNPG e do GNCCRIM:** eis enunciado do Conselho Nacional de Procuradores-Gerais dos Ministérios Públicos dos estados e da União (CNPG) e do Grupo Nacional de Coordenadores de Centro de Apoio Criminal (GNCCRIM) sobre o artigo:

> Enunciado 18 - O crime do art. 28 da Lei de Abuso de Autoridade (Divulgar gravação ou trecho de gravação sem relação com a prova que se pretenda produzir, expondo a intimidade ou a vida privada ou ferindo a honra ou a imagem do investigado ou acusado) pressupõe interceptação legal (legítima e lícita), ocorrendo abuso no manuseio do conteúdo obtido com a medida.

**Art. 29. Prestar informação falsa sobre procedimento judicial, policial, fiscal ou administrativo com o fim de prejudicar interesse de investigado:**

---

30. Art. 10. Constitui crime realizar interceptação de comunicações telefônicas, de informática ou telemática, promover escuta ambiental ou quebrar segredo da Justiça, sem autorização judicial ou com objetivos não autorizados em lei:
    Pena - reclusão, de 2 (dois) a 4 (quatro) anos, e multa.
    Parágrafo único. Incorre na mesma pena a autoridade judicial que determina a execução de conduta prevista no caput deste artigo com objetivo não autorizado em lei.
31. Art. 10-A. Realizar captação ambiental de sinais eletromagnéticos, ópticos ou acústicos para investigação ou instrução criminal sem autorização judicial, quando esta for exigida:
    Pena - reclusão, de 2 (dois) a 4 (quatro) anos, e multa.
    § 1º Não há crime se a captação é realizada por um dos interlocutores.
    § 2º A pena será aplicada em dobro ao funcionário público que descumprir determinação de sigilo das investigações que envolvam a captação ambiental ou revelar o conteúdo das gravações enquanto mantido o sigilo judicial.

**Pena - detenção, de 6 (seis) meses a 2 (dois) anos, e multa.**
**Parágrafo único. (VETADO).**

**Conduta proibida:** o crime em testilha pune a autoridade que presta informação falsa sobre procedimento judicial, policial, fiscal ou administrativo com o fito de prejudicar interesse do investigado.

Usualmente informações falsas são prestadas com o objetivo de preservar o sigilo da investigação e confundir o investigado. Contudo, em nome da lealdade processual restou criminalizada essa prática (trata-se de infração de menor potencial ofensivo).

**Enunciado do CNPG e do GNCCRIM:** eis enunciado do Conselho Nacional de Procuradores-Gerais dos Ministérios Públicos dos estados e da União (CNPG) e do Grupo Nacional de Coordenadores de Centro de Apoio Criminal (GNCCRIM) sobre o artigo:

> Enunciado 19 - O legislador, na tipificação do crime do art. 29 da Lei de Abuso de Autoridade, optou por restringir o alcance do tipo, pressupondo por parte do agente a finalidade única de prejudicar interesse de investigado. Agindo com a finalidade de beneficiar, pode responder por outro delito, como prevaricação (art. 319 do CP), a depender das circunstâncias do caso concreto.

**Art. 30. Dar início ou proceder à persecução penal, civil ou administrativa sem justa causa fundamentada ou contra quem sabe inocente:**
**Pena - detenção, de 1 (um) a 4 (quatro) anos, e multa.**

**Veto derrubado:** o artigo 30 foi vetado, mas o veto foi derrubado.

**Conduta proibida:** com o fito de proteger o cidadão contra persecução penal, civil ou administrativa temerária, o tipo proíbe o início de qualquer dessas vias persecutórias sem justa causa (expressão bastante vaga) fundamentada ou contra quem a autoridade sabe inocente.

Mover a pesada máquina de persecução estatal sem justa causa plausível ou para perseguir inocentes é absurdo e não pode ser tolerado.

Com o fito de deixar claro a existência de justa causa para início das investigações ou do processo (apenas para falar da persecução penal), o delegado de polícia ou membro do Ministério Público deve fundamentar suficientemente a peça ovo do procedimento (inquérito ou PIC) ou do processo.

**Benefícios:** o crime admite suspensão condicional do processo (artigo 89 da Lei 9.099/95) e acordo de não persecução penal (artigo 28-A do CPP).

**Enunciado do CNPG e do GNCCRIM:** eis enunciado do Conselho Nacional de Procuradores-Gerais dos Ministérios Públicos dos estados e da União (CNPG) e do Grupo Nacional de Coordenadores de Centro de Apoio Criminal (GNCCRIM) sobre o artigo:

Enunciado 20 - O crime do art. 30 da Lei de Abuso de Autoridade deve ser declarado, incidentalmente, inconstitucional. Não apenas em razão da elementar "justa causa" ser expressão vaga e indeterminada, como também porque gera retrocesso na tutela dos bens jurídicos envolvidos, já protegidos pelo art. 339 do CP, punido, inclusive, com pena em dobro.

**Art. 31. Estender injustificadamente a investigação, procrastinando-a em prejuízo do investigado ou fiscalizado:**

**Pena - detenção, de 6 (seis) meses a 2 (dois) anos, e multa.**

**Parágrafo único. Incorre na mesma pena quem, inexistindo prazo para execução ou conclusão de procedimento, o estende de forma imotivada, procrastinando-o em prejuízo do investigado ou do fiscalizado.**

**Introdução:** mais um tipo extremamente aberto e que objetiva atacar operações policiais de grande porte (que costumam se estender por vários meses, às vezes anos).

O cidadão brasileiro tem direito à razoável duração do processo, tal qual explicitado no inciso LXXVIII do artigo 5º da Carta Magna[32]. A demora na duração da investigação pode conduzir, caso o investigado esteja preso, ao relaxamento do cárcere. Eventualmente pode ser pleiteada ordem de habeas corpus com o fito de trancar o apuratório, demonstrando que não há justa causa para continuidade do procedimento. Agora chegamos ao extremo: prática de crime pela autoridade que o preside.

Decerto autoridades policiais responsáveis por investigações de grande monta (mormente as que apuram grandes desvios de verbas públicas) ficarão com receio de que seu trabalho apuratório seja confundido com inquérito cuja conclusão se estendeu além do razoável. Mais uma espada apontada para o pescoço dos delegados de polícia.

**Conduta proibida:** a conduta vedada no tipo é estender injustificadamente a investigação, procrastinando-a em prejuízo do investigado ou fiscalizado (a lei foi imprecisa e findou não estabelecendo por quanto tempo a investigação/fiscalização deve ser procrastinada para que se considere praticado o delito).

Isso demanda necessidade de constante fundamentação para as sucessivas prorrogações do prazo de conclusão do inquérito ou procedimento fiscal (as justificativas transmudarão eventual demora na conclusão do feito em fato atípico).

Se a demora na conclusão da investigação ocorre para beneficiar o investigado (para que ocorra, por exemplo, a prescrição) não é possível imputar o crime aqui estudado (pode-se pensar, por exemplo, na prática do crime de

---

32. Art. 5º (...)
    LXXVIII - a todos, no âmbito judicial e administrativo, são assegurados a razoável duração do processo e os meios que garantam a celeridade de sua tramitação.

prevaricação – artigo 319 do Código Penal – desde que preenchidas as elementares do tipo).

**Figura equiparada:** o parágrafo único do artigo 31 da Lei 13.869/18 se refere a procedimento sem prazo legalmente estabelecido.

Pune-se quem, inexistindo prazo para execução ou conclusão de procedimento, o estende de forma imotivada, procrastinando-o em prejuízo do investigado ou do fiscalizado.

**Consumação:** o crime é formal (consuma-se mesmo que não exista efetivo prejuízo para o investigado/fiscalizado).

**Infração de menor potencial ofensivo:** trata-se de infração de menor potencial ofensivo.

**Enunciado do CNPG e do GNCCRIM:** eis enunciado do Conselho Nacional de Procuradores-Gerais dos Ministérios Públicos dos estados e da União (CNPG) e do Grupo Nacional de Coordenadores de Centro de Apoio Criminal (GNCCRIM) sobre o artigo:

> Enunciado 21 - A elementar "injustificadamente" deve ser interpretada no sentido de que o excesso de prazo na instrução do procedimento investigatório não resultará de simples operação aritmética, impondo-se considerar a complexidade do feito, atos procrastinatórios não atribuíveis ao presidente da investigação e ao número de pessoas envolvidas na apuração. Todos fatores que, analisados em conjunto ou separadamente, indicam ser, ou não, razoável o prazo para o seu encerramento.
>
> **Art. 32. Negar ao interessado, seu defensor ou advogado acesso aos autos de investigação preliminar, ao termo circunstanciado, ao inquérito ou a qualquer outro procedimento investigatório de infração penal, civil ou administrativa, assim como impedir a obtenção de cópias, ressalvado o acesso a peças relativas a diligências em curso, ou que indiquem a realização de diligências futuras, cujo sigilo seja imprescindível:**
>
> **Pena - detenção, de 6 (seis) meses a 2 (dois) anos, e multa.**

**Veto derrubado:** o artigo 32 foi vetado, mas o veto foi derrubado.

**Afronta ao EOAB e à Súmula Vinculante 14:** o tipo transcrito criminaliza a afronta ao artigo 7º, inciso XIV, do EOAB[33] (Lei 8.906/94) e à Súmula Vinculante 14[34].

---

33. Art. 7º São direitos do advogado:
    (...)
    XIV - examinar, em qualquer instituição responsável por conduzir investigação, mesmo sem procuração, autos de flagrante e de investigações de qualquer natureza, findos ou em andamento, ainda que conclusos à autoridade, podendo copiar peças e tomar apontamentos, em meio físico ou digital.
34. Súmula Vinculante 14 - É direito do defensor, no interesse do representado, ter acesso amplo aos elementos de prova que, já documentados em procedimento investigatório realizado por órgão com competência de polícia judiciária, digam respeito ao exercício do direito de defesa.

Anote-se que é possível negar ao advogado do investigado/indiciado o acesso a todo inquérito policial (desde a portaria), caso exista referência, na peça ovo e nos documentos já juntados ao feito, a diligências ainda não materializadas ou a medidas cautelares em curso ou ainda não cumpridas. Por óbvio, para evitar discussão acerca da eventual prática do delito, o delegado de polícia deverá fundamentar o despacho que negou vista do feito[35].

**Conduta proibida:** o tipo veda a conduta de negar ao interessado, seu defensor ou advogado acesso aos autos de investigação preliminar, ao termo circunstanciado, ao inquérito ou a qualquer outro procedimento investigatório de infração penal, civil ou administrativa, assim como impedir a obtenção de cópias, ressalvado o acesso a peças relativas a diligências em curso, ou que indiquem a realização de diligências futuras, cujo sigilo seja imprescindível.

**Consumação:** o crime se consuma com a negativa, não sendo necessário advento de prejuízo (crime formal).

**Infração de menor potencial ofensivo:** trata-se de infração de menor potencial ofensivo.

> Art. 33. Exigir informação ou cumprimento de obrigação, inclusive o dever de fazer ou de não fazer, sem expresso amparo legal:
> Pena - detenção, de 6 (seis) meses a 2 (dois) anos, e multa.
> Parágrafo único. Incorre na mesma pena quem se utiliza de cargo ou função pública ou invoca a condição de agente público para se eximir de obrigação legal ou para obter vantagem ou privilégio indevido.

**Conduta proibida:** no caput, veda-se a conduta de exigir informação ou cumprimento de obrigação, inclusive o dever de fazer ou de não fazer, sem expresso amparo legal. A atuação do servidor público deve ser sempre calcada na lei. Se o agente público age à revelia de lastro legal, exigindo da vítima conduta comissiva ou omissiva, há prática do crime aqui estudado.

**Figura equiparada:** o parágrafo único do artigo 33 da Lei 13.869/19 pune criminalmente a autoridade que se utiliza de cargo ou função pública ou invoca a condição de agente público para se eximir de obrigação legal ou para obter vantagem ou privilégio indevido.

A figura equiparada criminalizou a "carteirada" (antes entendida como infração disciplinar).

**Infração de menor potencial ofensivo:** trata-se de infração de menor potencial ofensivo.

**Enunciado do CNPG e do GNCCRIM:** eis enunciado do Conselho Nacional de Procuradores-Gerais dos Ministérios Públicos dos estados e da União

---

35. SILVA, Márcio Alberto Gomes. **Inquérito Policial – Uma análise jurídica e prática da fase pré-processual**, Salvador: Juspodivm,, 2020, p. 41/42.

(CNPG) e do Grupo Nacional de Coordenadores de Centro de Apoio Criminal (GNCCRIM) sobre o artigo:

> Enunciado 22 - Quem se utiliza de cargo ou função pública ou invoca a condição de agente público para se eximir de obrigação legal ou para obter vantagem ou privilégio indevido pratica abuso de autoridade (art. 33, parágrafo único) se o comportamento não estiver atrelado à finalidade de contraprestação do agente ou autoridade. Caso contrário, outro será o crime, como corrupção passiva (art. 317 do CP).

**Art. 34. Deixar de corrigir, de ofício ou mediante provocação, com competência para fazê-lo, erro relevante que sabe existir em processo ou procedimento:**
**Pena - detenção, de 3 (três) a 6 (seis) meses, e multa.**

**Artigo vetado:** o artigo 34 foi vetado.
Eis as razões do veto:

> A propositura legislativa, ao dispor que 'erro relevante' constitui requisito como condição da própria tipicidade, gera insegurança jurídica por encerrar tipo penal aberto e que comporta interpretação. Ademais, o dispositivo proposto contraria o interesse público ao disciplinar hipótese análoga ao crime de prevaricação, já previsto no art. 319 do Código Penal, ao qual é cominado pena de três meses a um ano, e multa, em ofensa ao inciso III do art. 7º da Lei Complementar nº 95 de 1998, que dispõe sobre a elaboração, a redação, a alteração e a consolidação das leis, em razão do inadequado tratamento do mesmo assunto em mais de um diploma legislativo.

**Art. 35. Coibir, dificultar ou impedir, por qualquer meio, sem justa causa, a reunião, a associação ou o agrupamento pacífico de pessoas para fim legítimo:**
**Pena - detenção, de 3 (três) meses a 1 (um) ano, e multa.**

**Artigo vetado:** o artigo 35 foi vetado.
Eis as razões do veto:

> A propositura legislativa gera insegurança jurídica, tendo em vista a generalidade do dispositivo, que já encontra proteção no art. 5º, XVI, da Constituição da República, e que não se traduz em uma salvaguarda ilimitada do seu exercício, nos termos da jurisprudência do Supremo Tribunal Federal, cujo entendimento é no sentido de que o direito à liberdade de se reunir não se confunde com incitação à prática de delito nem se identifica com apologia de fato criminoso.

**Art. 36. Decretar, em processo judicial, a indisponibilidade de ativos financeiros em quantia que extrapole exacerbadamente o valor estimado para a satisfação da dívida da parte e, ante a demonstração, pela parte, da excessividade da medida, deixar de corrigi-la:**
**Pena - detenção, de 1 (um) a 4 (quatro) anos, e multa.**

**Conduta proibida:** pune-se o membro do Poder Judiciário (juiz, desembargador ou ministro) que decreta, em processo judicial, a indisponibilidade de ativos financeiros em quantia que extrapole exacerbadamente o valor estimado para a satisfação da dívida da parte e, ante a demonstração, pela parte, da excessividade da medida, deixar de corrigi-la.

Nota-se que há conduta comissiva (decretação da indisponibilidade de ativos financeiros em quantia que extrapole exacerbadamente o valor estimado para a satisfação da dívida da parte) e conduta ulterior omissiva (deixar de corrigir a falha, ante a demonstração, pela parte, da excessividade da medida).

Penso que, pela sua redação, não é possível aplicar o delito em testilha em face da decretação de medida assecuratória pelo juízo competente no curso do inquérito policial (sequestro deferido pelo juiz atendendo a representação do delegado, por exemplo). É que o dispositivo se limitou a punir a decretação de indisponibilidade de ativos financeiros em "processo judicial". Outro ponto que reforça meu pensar: o artigo se referiu à satisfação de "dívida da parte" (definitivamente não é a realidade observada no curso da investigação criminal).

**Benefícios:** o crime admite suspensão condicional do processo (artigo 89 da Lei 9.099/95) e acordo de não persecução penal (artigo 28-A do CPP).

**Enunciado do CNPG e do GNCCRIM:** eis enunciado do Conselho Nacional de Procuradores-Gerais dos Ministérios Públicos dos estados e da União (CNPG) e do Grupo Nacional de Coordenadores de Centro de Apoio Criminal (GNCCRIM) sobre o artigo:

> Enunciado 23 - O delito do art. 36 da Lei de Abuso de Autoridade (abusiva indisponibilidade de ativos financeiros) pressupõe, objetivamente, uma ação (decretar) seguida de uma omissão (deixar de corrigir).

> **Art. 37. Demorar demasiada e injustificadamente no exame de processo de que tenha requerido vista em órgão colegiado, com o intuito de procrastinar seu andamento ou retardar o julgamento:**
> **Pena - detenção, de 6 (seis) meses a 2 (dois) anos, e multa.**

**Conduta proibida:** o artigo 37 da Lei 13.869/19 criminaliza a demora demasiada e injustificada na análise de processo de que tenha requerido vista em órgão colegiado.

O tipo exige especial fim de agir: intuito de procrastinar o andamento do feito ou retardar o julgamento:

O crime é próprio de integrantes de órgãos colegiados (juízes, desembargadores, ministros e integrantes do CNPM, por exemplo) e reafirma a importância do direito à razoável duração do processo (inciso LXXVIII do artigo 5º da Constituição Federal).

**Infração de menor potencial ofensivo:** trata-se de infração de menor potencial ofensivo.

> Art. 38. Antecipar o responsável pelas investigações, por meio de comunicação, inclusive rede social, atribuição de culpa, antes de concluídas as apurações e formalizada a acusação:
> Pena - detenção, de 6 (seis) meses a 2 (dois) anos, e multa.

**Veto derrubado:** o artigo 38 foi vetado, mas o veto foi derrubado.

**Direito à intimidade/vida privada x direito à informação:** o crime em testilha precisa ser lido em consonância com o direito de informação da sociedade, que merece conhecer os atos ilícitos praticados por pessoas que cometem graves delitos (grandes desvios de verbas públicas, por exemplo). Nesta toada, devem ser refutadas interpretações que redundem na criminalização da exposição, sem paixões, dos trabalhos investigativos deflagrados, porque isso significaria mordaça injustificável.

Os delegados de polícia e membros do Ministério Público que estão à frente da grandes casos criminais devem tomar a cautela necessária, durante coletivas ou em notas à imprensa, de não antecipar atribuição de culpa. As autoridades devem expor o resultado do trabalho investigativo, caso seja detectado que o sigilo não é mais necessário ao bom andamento do apuratório, para que a população tenha garantido o seu direito à informação (mitigação do sigilo externo do procedimento).

**Conduta proibida:** o tipo veda a conduta de antecipar o responsável pelas investigações, por meio de comunicação, inclusive rede social, atribuição de culpa, antes de concluídas as apurações e formalizada a acusação.

Analisando o artigo, nota-se que se a investigação já tiver sido concluída e já tiver sido formalizada a acusação, eventual publicização do caso criminal não constituirá prática do crime aqui estudado.

**Infração de menor potencial ofensivo:** trata-se de infração de menor potencial ofensivo.

## 12.6. PROCEDIMENTO E DISPOSIÇÕES FINAIS

> Art. 39. Aplicam-se ao processo e ao julgamento dos delitos previstos nesta Lei, no que couber, as disposições do Decreto-Lei nº 3.689, de 3 de outubro de 1941 (Código de Processo Penal), e da Lei nº 9.099, de 26 de setembro de 1995.

**Aplicação de medidas despenalizadoras previstas na Lei 9.099/95:** O artigo 39 deixa claro ser possível aplicação das medidas despenalizadoras da Lei 9.099/95 em relação aos crimes tipificados na Lei de Abuso de Autoridade que se traduzam em infrações de menor potencial ofensivo (artigo 61 da Lei 9.099/95[36]) – artigos 12, 16, 18, 20, 27, 29, 31, 32, 33, 37 e 38.

É possível, em relação aos outros crimes que não se traduzam em infração de menor potencial ofensivo, suspensão condicional do processo (já que os demais delitos têm pena mínima de 1 ano).

**Acordo de não persecução penal:** os crimes que não são praticados mediante violência ou grave ameaça, admitem, ainda, acordo de não persecução penal (artigo 28-A do CPP).

Nesse sentido, enunciado do CNPG e do GNCCRIM:

> Enunciado 28 - Crimes de abuso de autoridade, cometidos sem violência ou grave ameaça à pessoa, presentes os pressupostos do art. 18 da Res. 181/17 do CNMP, admitirão o acordo de não persecução penal, salvo se a sua celebração não atender ao que seja necessário e suficiente para a reprovação e prevenção do crime.

**Lavratura de termo circunstanciado ou fiança arbitrada pela autoridade policial:** analisando os preceitos secundários dos delitos, nota-se que ou o crime de abuso de autoridade se traduz em infração de menor potencial ofensivo (lavra-se termo circunstanciado, observando-se o artigo 69 da Lei 9.099/95) ou o delito é afiançável pelo delegado de polícia (já que nenhuma das penas máximas excede 4 anos – artigo 322 do Código de Processo Penal).

**Procedimento dos crimes funcionais:** o funcionário público que pratica crime de abuso de autoridade que não se traduza em infração de menor potencial ofensivo deve ser processado observando-se o procedimento descrito nos artigos 513 e seguintes do Código de Processo Penal (processo e julgamento de crimes de responsabilidade de funcionários públicos).

Cumpre chamar atenção para a Súmula 330/STJ – **É desnecessária a resposta preliminar de que trata o art. 514 do Código de Processo Penal – CPP, na ação penal instruída por inquérito policial.**

**Enunciados do CNPG e do GNCCRIM:** eis enunciados do Conselho Nacional de Procuradores-Gerais dos Ministérios Públicos dos estados e da União (CNPG) e do Grupo Nacional de Coordenadores de Centro de Apoio Criminal (GNCCRIM) sobre o artigo:

> Enunciado 24 - Os crimes de abuso de autoridade com pena máxima superior a dois anos, salvo no caso de foro por prerrogativa de função, são processados pelo rito dos crimes funcionais, observando-se a defesa preliminar do art. 514 do CPP.

---

36. Art. 61. Consideram-se infrações penais de menor potencial ofensivo, para os efeitos desta Lei, as contravenções penais e os crimes a que a lei comine pena máxima não superior a 2 (dois) anos, cumulada ou não com multa.

Enunciado 25 - Por ser privativa do servidor público, o particular concorrente no crime de abuso de autoridade não faz jus à preliminar contestação prevista no art. 514 do CPP.

Enunciado 26 - A inobservância do disposto no artigo 514 do CPP é causa de nulidade relativa, devendo ser alegada no tempo oportuno, comprovando-se o prejuízo, sob pena de preclusão.

Enunciado 27 - A formalidade do art. 514 do CPP é dispensável quando a denúncia envolver, além do crime funcional, delito de outra natureza, ambos em concurso.

**Art. 40. O art. 2º da Lei nº 7.960, de 21 de dezembro de 1989, passa a vigorar com a seguinte redação:**

Art.2º (...)

**§ 4º-A O mandado de prisão conterá necessariamente o período de duração da prisão temporária estabelecido no caput deste artigo, bem como o dia em que o preso deverá ser libertado.**

(...)

**§ 7º Decorrido o prazo contido no mandado de prisão, a autoridade responsável pela custódia deverá, independentemente de nova ordem da autoridade judicial, pôr imediatamente o preso em liberdade, salvo se já tiver sido comunicada da prorrogação da prisão temporária ou da decretação da prisão preventiva.**

**§ 8º Inclui-se o dia do cumprimento do mandado de prisão no cômputo do prazo de prisão temporária.**

**Mudanças na Lei 7.960/89:** o artigo 40 da Lei de Abuso de Autoridade promoveu mudanças na Lei 7.960/89 (prisão temporária).

O novel § 4º-A do artigo 2º da Lei 7.960/89 determina que conste no mandado o período de duração da prisão temporária (5 ou 30 dias, a depender do delito investigado). Entendo que o dispositivo autoriza decretação de cárcere temporário por período inferior ao prescrito pela lei (penso que já era possível tal interpretação, mesmo antes da novidade legislativa, por ser favorável ao investigado).

O § 7º explicita algo que, a meu ver, já era suficientemente claro: finalizado o prazo de cárcere, caso não exista prorrogação da prisão temporária ou não tenha sido decretada a prisão preventiva, o investigado deve ser posto em liberdade independentemente da expedição de alvará de soltura (sob pena de eventual prática do crime de abuso de autoridade tipificado no inciso IV do artigo 12 da Lei 13.869/19).

O § 8º também afirma algo que já era pacífico na prática: o prazo da prisão começa a contar do dia em que foi materializada a privação da liberdade.

**Art. 41. O art. 10 da Lei nº 9.296, de 24 de julho de 1996, passa a vigorar com a seguinte redação:**

Art. 10. Constitui crime realizar interceptação de comunicações telefônicas, de informática ou telemática, promover escuta ambiental ou quebrar segredo da Justiça, sem autorização judicial ou com objetivos não autorizados em lei:

Pena - reclusão, de 2 (dois) a 4 (quatro) anos, e multa.

Parágrafo único. Incorre na mesma pena a autoridade judicial que determina a execução de conduta prevista no caput deste artigo com objetivo não autorizado em lei.

**Mudança na Lei 9.296/96:** o artigo 41 da Lei de Abuso de Autoridade modificou o artigo 10 da Lei 9.296/96, ampliando-o basicamente em dois aspectos: a) agora é punida a escuta ambiental executada sem autorização judicial (quando essa demandar ordem prévia de juiz) ou com objetivos não autorizados em lei; b) pune-se o juiz que determina a execução das medidas descritas no caput com objetivo não autorizado em lei.

Art. 42. A Lei nº 8.069, de 13 de julho de 1990 (Estatuto da Criança e do Adolescente), passa a vigorar acrescida do seguinte art. 227-A:

Art. 227-A Os efeitos da condenação prevista no inciso I do caput do art. 92 do Decreto-Lei nº 2.848, de 7 de dezembro de 1940 (Código Penal), para os crimes previstos nesta Lei, praticados por servidores públicos com abuso de autoridade, são condicionados à ocorrência de reincidência.

Parágrafo único. A perda do cargo, do mandato ou da função, nesse caso, independerá da pena aplicada na reincidência.

**Modificação no ECA:** o artigo 42 da Lei 13.869/19 modificou o ECA (Lei 8.069/19), enxertando nele o artigo 227-A.

Art. 43. A Lei nº 8.906, de 4 de julho de 1994, passa a vigorar acrescida do seguinte art. 7º-B:

Art. 7º-B Constitui crime violar direito ou prerrogativa de advogado previstos nos incisos II, III, IV e V do caput do art. 7º desta Lei:

Pena - detenção, de 3 (três) meses a 1 (um) ano, e multa.

**Modificação no EOAB:** o artigo 43 (o Congresso Nacional derrubou o veto) determina modificação no EOAB (inclui o artigo 7º-B na Lei 8.906/94).

Ele trata do crime de violação de prerrogativas de advogados. Eis as prerrogativas cuja violação importa em prática de crime de abuso de autoridade:

Art. 7º São direitos dos advogados:

(...)

II – a inviolabilidade de seu escritório ou local de trabalho, bem como de seus instrumentos de trabalho, de sua correspondência escrita, eletrônica, telefônica e telemática, desde que relativas ao exercício da advocacia;

III - comunicar-se com seus clientes, pessoal e reservadamente, mesmo sem procuração, quando estes se acharem presos, detidos ou recolhidos em estabelecimentos civis ou militares, ainda que considerados incomunicáveis;

IV - ter a presença de representante da OAB, quando preso em flagrante, por motivo ligado ao exercício da advocacia, para lavratura do auto respectivo, sob pena de nulidade e, nos demais casos, a comunicação expressa à seccional da OAB;

V - não ser recolhido preso, antes de sentença transitada em julgado, senão em sala de Estado Maior, com instalações e comodidades condignas, ~~assim reconhecidas pela OAB~~, e, na sua falta, em prisão domiciliar;

Art. 44. Revogam-se a Lei nº 4.898, de 9 de dezembro de 1965, e o § 2º do art. 150 e o art. 350, ambos do Decreto-Lei nº 2.848, de 7 de dezembro de 1940 (Código Penal).

Art. 45. Esta Lei entra em vigor após decorridos 120 (cento e vinte) dias de sua publicação oficial.

**Revogação do § 2º do artigo 150 e do artigo 350 do Código Penal e *vacatio legis*:** os artigos finais demandam mera leitura (revogação de dispositivos e *vacatio legis*).

**Enunciados do CNPG e do GNCCRIM:** eis os últimos enunciados do Conselho Nacional de Procuradores-Gerais dos Ministérios Públicos dos estados e da União (CNPG) e do Grupo Nacional de Coordenadores de Centro de Apoio Criminal (GNCCRIM) sobre a Lei 13.869/19:

Enunciado 29 - Representações indevidas por abuso de autoridade podem, em tese, caracterizar crime de denunciação caluniosa (CP, art. 339), dano civil indenizável (CC, art. 953) e, caso o reclamante seja agente público, infração disciplinar ou político-administrativa.

Enunciado 30 - A representação indevida por abuso de autoridade contra juiz, promotor de Justiça, delegados ou agentes públicos em geral, não enseja, por si só, a suspeição ante a aplicação da regra de que ninguém pode se beneficiar da própria torpeza, nos termos do que disposto, inclusive, no art. 256 do CPP.

**Súmulas da Academia de Polícia Civil do Estado de São Paulo:** eis súmulas da Academia de Polícia "Dr. Coriolano Nogueira Cobra", da Polícia Civil do Estado de São Paulo sobre a Lei 13.869/19:

Súmula nº 1: Ao Delegado de Polícia é garantida autonomia intelectual para interpretar o ordenamento e decidir, de modo imparcial e fundamentado, quanto ao rumo das diligências adotadas e quanto aos juízos de tipicidade, ilicitude, culpabilidade e demais avaliações de caráter jurídico imanentes à presidência da investigação criminal.

Súmula nº 2: A decretação da prisão em flagrante pelo Delegado de Polícia mediante lavratura de auto prisional, como espécie de decisão de indiciamento, demanda avaliação do requisito temporal, previsto nas hipóteses do artigo 302 do CPP, assim como do requisito probatório, consubstanciado na fundada suspeita do § 1º do artigo 304 do CPP, sem prejuízo da apuração dos fatos em sede de inquérito policial instaurado via portaria na ausência dos aludidos requisitos legais.

Súmula nº 3: O Delegado de Polícia decretará o sigilo externo de procedimento investigatório, fundamentadamente, para a tutela da intimidade ou do interesse social e, do mesmo modo, determinará o sigilo interno quando houver risco de comprometimento da eficiência, da eficácia ou da finalidade das diligências a serem realizadas.

Súmula nº 4: O vocábulo "preso", empregado no artigo 18 da Lei Federal 13.869/2019, abrange o custodiado temporário ou preventivo e não equivale ao mero investigado que, asseguradas as garantias fundamentais, sobretudo o direito de autodefesa e de acionar defesa técnica, poderá ser ouvido em declarações, sem prejuízo de pronta representação pela prisão provisória diante da suspeita de envolvimento em prática delitiva pretérita e do preenchimento dos requisitos legais.

Súmula nº 5: A expressão "repouso noturno", do artigo 18 da Lei Federal 13.869/2019, abrange período em que as pessoas ordinariamente descansam e dormem, consubstanciando parâmetros desse elemento normativo, segundo juízo motivado do Delegado de Polícia responsável, os costumes e convenções locais, a vedação temporal entre 21 horas de um dia e 5 horas do dia seguinte para a execução de busca domiciliar prevista no inciso III do § 1º do artigo 22 do mesmo diploma legal, assim como o interstício entre o pôr do sol e a aurora do dia subsequente.

Súmula nº 6: A obtenção e o uso de prova cuja licitude seja objeto de controvérsia jurisprudencial ou doutrinária estão albergados na ressalva de divergência na interpretação de lei ou na avaliação de fatos e provas do § 2º do artigo 1º da Lei Federal 13.869/2019.

Súmula nº 7: A exigência de informações ou obrigações com amparo nas prerrogativas ordinárias e de persecução atreladas ao poder-dever de presidência da investigação criminal dos Delegados de Polícia retrata medida legítima e eventual desatendimento injustificado pode ensejar responsabilização civil, administrativa e penal.

Súmula nº 8: A identificação formal de agente estatal quando as circunstâncias exigirem assim como a resposta cortês a ato voluntário e gratuito de particular motivado por respeito, educação ou gentileza não configura abuso de autoridade por ausência de dolo na conduta.

Súmula nº 9: A exposição dos fundamentos do juízo de probabilidade voltado a indicar autoria, materialidade e circunstâncias do fato apurado, inerente à decisão de indiciamento, ato privativo do Delegado de Polícia, não exprime prévia atribuição de culpa própria da acusação formal, porquanto decorrente de exigência legal e dos postulados da publicidade e da motivação dos atos estatais.

Súmula nº 10: Quando a notícia de fato não viabilizar instauração de procedimento investigatório, o Delegado de Polícia responsável determinará a verificação da procedência das informações a título de investigação preliminar sumária, em atenção ao artigo 5º, § 3º, do CPP, sem prejuízo de ulterior acautelamento fundamentado enquanto não obtidos elementos indiciários que denotem justa causa para deflagrar o procedimento legal cabível.

# 13

# PACOTE ANTICRIME

## 13.1. INTRODUÇÃO

A Lei 13.964/19, conhecida como Pacote Anticrime, foi criada com o fito de aperfeiçoar a legislação penal e processual penal, tal qual explicitado em sua ementa.

Cumpre destacar, inicialmente, que há Ações Diretas de Inconstitucionalidade propostas em face do Pacote Anticrime – ADIN 6.298, proposta Associação dos Magistrados Brasileiros (AMB) e pela Associação dos Juízes Federais do Brasil (AJUFE), 6.299, proposta pelo PODEMOS e pelo CIDADANIA, 6.300, proposta pelo Diretório Nacional do PSL, 6.305, proposta pela Associação Nacional dos Membros do Ministério Público (CONAMP), todas sob a relatoria do Ministro Luiz Fux.

No bojo da ADIN 6.298, o Ministro Dias Toffoli concedeu liminar com o fito de:

> (i) suspender-se a eficácia dos arts. 3º-D, parágrafo único, e 157, § 5º, do Código de Processo Penal, incluídos pela Lei nº 13.964/19; (ii) suspender-se a eficácia dos arts. 3º-B, 3º-C, 3º-D, caput, 3º-E e 3º-F do CPP, inseridos pela Lei nº 13.964/2019, até a efetiva implementação do juiz das garantias pelos tribunais, o que deverá ocorrer no prazo máximo de 180 (cento e oitenta) dias, contados a partir da publicação desta decisão; (iii) conferir-se interpretação conforme às normas relativas ao juiz das garantias (arts. 3º-B a 3º-F do CPP), para esclarecer que não se aplicam às seguintes situações: (a) processos de competência originária dos tribunais, os quais são regidos pela Lei nº 8.038/1990; (b) processos de competência do Tribunal do Júri; (c) casos de violência doméstica e familiar; e (d) processos criminais de competência da Justiça Eleitoral. (iv) fixarem-se as seguintes regras de transição: (a) no tocante às ações penais que já tiverem sido instauradas no momento da efetiva implementação do juiz das garantias pelos tribunais (ou quando esgotado o prazo máximo de 180 dias), a eficácia da lei não acarretará qualquer modificação do juízo competente. O fato de o juiz da causa ter atuado na fase investigativa não implicará seu automático impedimento; (b)

quanto às investigações que estiverem em curso no momento da efetiva implementação do juiz das garantias pelos tribunais (ou quando esgotado o prazo máximo de 180 dias), o juiz da investigação tornar-se-á o juiz das garantias do caso específico. Nessa hipótese, cessada a competência do juiz das garantias, com o recebimento da denúncia ou queixa, o processo será enviado ao juiz competente para a instrução e o julgamento da causa.

O Ministro Luiz Fux findou cassando a decisão do Ministro Dias Toffoli e prolatando outra liminar (nas ADIN citadas supra), nos seguintes termos:

DIREITO CONSTITUCIONAL. DIREITO PROCESSUAL PENAL. ART. 3º-A, 3º-B, 3º-C, 3º-D, 3º-E e 3º-F DO CPP. JUIZ DAS GARANTIAS. REGRA DE ORGANIZAÇÃO JUDICIÁRIA. INCONSTITUCIONALIDADE FORMAL. ARTIGO 96 DA CONSTITUIÇÃO. INCONSTITUCIONALIDADE MATERIAL. AUSÊNCIA DE DOTAÇÃO ORÇAMENTÁRIA PRÉVIA. ARTIGO 169 DA CONSTITUIÇÃO. AUTONOMIA FINANCEIRA DO PODER JUDICIÁRIO. ARTIGO 96 DA CONSTITUIÇÃO. IMPACTO SISTÊMICO. ARTIGO 28 DO CPP. ALTERAÇÃO REGRA ARQUIVAMENTO. ARTIGO 28-A DO CPP. ACORDO DE NÃO PERSECUÇÃO PENAL. SISTEMA DE FREIOS E CONTRAPESOS ENTRE ACUSAÇÃO, JUIZ E DEFESA. ARTIGO 310, §4º, DO CPP. RELAXAMENTO AUTOMÁTICO DA PRISÃO. AUDIÊNCIA DE CUSTÓDIA. PROPORCIONALIDADE. FUMUS BONI IURIS. PERICULUM IN MORA. MEDIDAS CAUTELARES PARCIALMENTE DEFERIDAS. 1. A jurisdição constitucional, como atividade típica deste Supremo Tribunal Federal, diferencia-se sobremaneira das funções legislativa e executiva, especialmente em relação ao seu escopo e aos seus limites institucionais. Ao contrário do Poder Legislativo e do Poder Executivo, não compete ao Supremo Tribunal Federal realizar um juízo eminentemente político do que é bom ou ruim, conveniente ou inconveniente, apropriado ou inapropriado. Ao revés, compete a este Tribunal afirmar o que é constitucional ou inconstitucional, invariavelmente sob a perspectiva da Carta da 1988. 2. A medida cautelar na ação direta de inconstitucionalidade tem escopo reduzido, sob pena de prejudicar a deliberação a ser realizada posteriormente pelo Plenário da corte. Consectariamente, salvo em hipóteses excepcionais, a medida cautelar deve ser reversível, não podendo produzir, ainda que despropositadamente, fato consumado que crie dificuldades de ordem prática para a implementação da futura decisão de mérito a ser adotada pelo Tribunal, qualquer que seja o teor. 3. Fixadas essas premissas, impende esclarecer que foram propostas as ADI 6.298, 6.299, 6.300 e 6305, cujo objeto de impugnação são os seguintes dispositivos: (a) Artigos 3º-A a 3º-F do Código de Processo Penal, na redação concedida pela Lei n. 13.964/2019 (Juiz das garantias e normas correlatas): (a1) O juiz das garantias, embora formalmente concebido pela lei como norma processual geral, altera materialmente a divisão e a organização de serviços judiciários em nível tal que enseja completa reorganização da justiça criminal do país, de sorte que inafastável considerar que os artigos 3º-A a 3º-F consistem preponderantemente em normas de organização judiciária, sobre as quais o Poder Judiciário tem iniciativa legislativa própria (Art. 96 da Constituição); (a2) O juízo das garantias e sua implementação causam impacto financeiro relevante ao Poder Judiciário, especialmente com as necessárias reestruturações e redistribuições de recursos humanos e materiais, bem como com o incremento dos sistemas processuais e das soluções de tecnologia da informação correlatas; (a3) A ausência de prévia dotação orçamentária para a instituição de gastos por parte da União e dos Estados viola diretamente o artigo 169 da Constituição e prejudica a autonomia financeira do Poder Judiciário, assegurada pelo artigo 99 da Constituição; (a4) Deveras, o artigo 113 do Ato das Disposições Constitucionais Transitórias, acrescentado pela Emenda Constitucional n. 95/2016, determina que "[a] proposição legislativa que crie ou altere despesa obrigatória ou renúncia de receita deverá ser acompanhada da estimativa do seu impacto orçamentário e financeiro"; (a5) É cediço em abalizados estudos comportamentais que, mercê de os seres humanos desenvolverem vieses em seus processos decisórios, isso por si só não autoriza a aplicação automática dessa premissa ao sistema de justiça criminal brasileiro, criando-se uma presunção generalizada de que qualquer juiz criminal do país tem tendências que favoreçam a acusação, nem permite inferir, a partir dessa ideia geral, que a estratégia institucional mais eficiente para minimizar eventuais vieses cognitivos de juízes criminais seja repartir as funções entre o juiz das garantias e o juiz da instrução; (a6) A complexidade da matéria em análise reclama a reunião de melhores subsídios que indiquem, acima de qualquer dúvida razoável, os reais impactos do juízo das garantias para os diversos interesses tutelados pela Constituição Federal, incluídos o devido processo legal, a duração razoável do processo e a eficiência da justiça criminal; (a7) Medida cautelar concedida, para suspensão da eficácia dos artigos 3º-A a 3º-F do Código de Processo Penal (Inconstitucionalidades formal e material); (b) Artigo 157, §5º, CPP (Alteração do juiz natural que conheceu prova declarada inadmissível): (b1) Os princípios da legalidade, do juiz natural e da razoabilidade restam violados pela proibição de o juiz que conheceu a prova declarada inadmissível proferir sentença. A ausência de elementos claros e objetivos para a seleção do juiz sentenciante permite eventual manipulação da escolha do órgão julgador, conduzindo à inconstitucionalidade a técnica eleita legislativamente; (b2) Medida cautelar concedida, para suspensão da eficácia do artigo 157, §5º, do Código de Processo Penal (Inconstitucionalidade material); (c) Artigo 28, caput, Código de Processo (Alteração do procedimento de arquivamento do inquérito policial): (c1) Viola as cláusulas que exigem prévia dotação orçamentária para a realização de despesas (Artigo 169, Constituição), além da autonomia financeira dos Ministérios Públicos (Artigo 127, Constituição), a alteração promovida no rito de arquivamento do inquérito policial, máxime quando desconsidera os impactos sistêmicos e financeiros ao funcionamento dos órgãos do parquet; (c2) A previsão de o dispositivo ora impugnado entrar em vigor em 23.01.2020, sem que os Ministérios Públicos tivessem tido tempo hábil para se adaptar estruturalmente à nova competência estabelecida, revela a irrazoabilidade da regra, inquinando-a com o vício da inconstitucionalidade. A vacatio legis da Lei n. 13.964/2019 transcorreu integralmente durante o período de recesso parlamentar federal e estadual, o que impediu qualquer tipo de mobilização dos Ministérios Públicos para a propositura de eventuais projetos de lei que venham a possibilitar a implementação adequada dessa nova sistemática; (c3) Medida cautelar deferida, para suspensão da eficácia do artigo 28, caput, do Código de Processo Penal; (d) Artigo 28-A, inciso III e IV, e §§§ 5°, 7°, 8º do Código de Processo Penal (Acordo de Não Persecução Penal): (d1) A possibilidade de o juiz controlar a legalidade do acordo de não persecução penal prestigia o sistema de "freios e contrapesos" no processo penal e não interfere na autonomia do membro do Ministério Público (órgão acusador, por essência); (d2) O magistrado não pode intervir na redação final da proposta de acordo de não persecução penal de modo a estabelecer as suas cláusulas. Ao revés, o juiz poderá (a) não homologar o acordo ou (b) devolver os autos para que o parquet – de fato, o legitimado constitucional para a elaboração do acordo – apresente nova proposta ou analise a necessidade de complementar as investigações ou de oferecer denúncia, se for o caso; (d3) Medida cautelar indeferida; (e) Artigo 310, §4°, Código de Processo Penal (Ilegalidade da prisão pela não realização da audiência de custódia no prazo de 24 horas): (e1) A ilegalidade da prisão como consequência jurídica para a não realização da audiência de custódia no prazo de 24 horas fere a razoabilidade, uma vez que desconsidera dificuldades práticas locais de várias regiões do país, bem como dificuldades logísticas decorrentes de operações policiais de considerável porte. A categoria aberta "motivação idônea", que excepciona a ilegalidade da prisão, é demasiadamente abstrata e não fornece baliza interpretativa segura para aplicação do dispositivo; (e2) Medida cautelar concedida, para suspensão da eficácia do artigo 310, §4°, do Código de Processo Penal (Inconstitucionalidade material). 4. Medidas cautelares concedidas para suspender sine die a eficácia: (a) Da implantação do juiz das garantias e seus consectários (Artigos 3º-A, 3º-B, 3º-C, 3º-D, 3ª-E, 3º-F, do Código de Processo Penal); (b) Da alteração do juiz sentenciante que conheceu de prova declarada inadmissível (157, §5º, do Código de Processo Penal); (c) Da alteração do procedimento de arquivamento do inquérito policial (28, caput, Código de Processo Penal); e (d) Da liberalização da prisão pela não realização da audiência de custodia no prazo de 24 horas (Artigo 310, §4°, do Código de Processo Penal); 5. A concessão desta medida cautelar não interfere nem suspende os inquéritos e os processos em curso na presente data.

Em síntese apertada, a decisão transcrita determinou: a) suspensão da eficácia do artigo 310, § 4°, do Código de Processo Penal (inconstitucionalidade material, no entendimento do Ministro Fux); b) suspensão, *sine die* da eficácia: 1) da implantação do juiz das garantias e seus consectários (artigos 3º-A, 3º-B, 3º-C, 3º-D, 3ª-E, 3º-F, do Código de Processo Penal); 2) da alteração do juiz sentenciante que conheceu de prova declarada inadmissível (artigo 157, § 5º, do Código de Processo Penal); 3) da alteração do procedimento de arquivamento do inquérito policial (artigo 28, caput, Código de Processo Penal); e 4) da liberalização da prisão pela não realização da audiência de custodia no prazo de 24 horas (artigo 310, § 4°, do Código de Processo Penal). O Ministro Fux deixou claro no comando que a concessão da medida cautelar não interfere nem suspende os inquéritos e os processos em curso na data da prolação da decisão.

O destino do Pacote Anticrime (nesses dispositivos específicos citados na decisão do Ministro Luiz Fux) depende agora de decisão do Plenário do Supremo Tribunal Federal (sendo certo que a leitura das duas decisões liminares até agora prolatadas revela clara divergência entre os posicionamentos dos Ministros Toffoli e Fux, especialmente no que toca à constitucionalidade da criação do juízo das garantias).

Feito esse introito, analisemos todas as modificações propostas pelo Pacote Anticrime (suprimi as modificações que foram tratadas no corpo da obra, para evitar repetições desnecessárias).

## 13.2. ALTERAÇÕES NO CÓDIGO PENAL

**Legítima defesa:** O mandamento citado alterou o Código Penal, inserindo parágrafo único do artigo 25:

> Art. 25 (...)
>
> Parágrafo único. Observados os requisitos previstos no caput deste artigo, considera-se também em legítima defesa o agente de segurança pública que repele agressão ou risco de agressão a vítima mantida refém durante a prática de crimes.

O legislador espanca, com o dispositivo, as dúvidas relacionadas à excludente a ser aplicada em caso de disparos de comprometimento feitos por atiradores de elite das polícias ou grupos táticos de pronta intervenção, contra perpetradores de crises com reféns.

Em situações extremas envolvendo reféns, depois de esgotadas todas as linhas de negociação com o objetivo de libertar as vítimas e capturar o criminoso, a única alternativa estatal é disparar contra o perpetrador da crise. O disparo normalmente redunda na morte do autor do fato. A conduta materializada pelo policial que efetua o disparo é típica, mas não há ilicitude. Antes da inovação legislativa, era possível enquadrar a situação em duas das excludentes de antijuridicidade previstas no artigo 23 do Código Penal – legítima defesa (de terceiro) ou estrito cumprimento do dever legal.

Era possível entender existir legítima defesa porquanto a ação policial representava uso moderado dos meios necessários para repelir injusta agressão atual/iminente perpetrada contra terceiros (artigo 25 do Código Penal). Também me parecia possível interpretar existir estrito cumprimento do dever legal, porque o policial tem o dever de frear prática delitógena em curso e a lei autoriza uso progressivo da força com esse desiderato (que pode culminar com a morte do agressor, caso a resistência seja invencível).

O novel parágrafo único do artigo 25 do Código Penal findou colocando um ponto final nas dúvidas: o agente de segurança que abate perpetrador de crise com reféns age, caso presentes os requisitos presentes no caput do mesmo artigo (injusta agressão, atual ou iminente, uso moderado dos meios necessários), em legítima defesa.

Apesar do legislador ter limitado o alcance do parágrafo único do artigo 25 aos agentes de segurança pública (vide artigo 144 da Constituição Federal), penso ser possível, por analogia, estender o dispositivo a particulares em igual situação (imagine a situação de um pai que atire em criminoso que faz refém sua filha durante um roubo malsucedido). É possível, ainda, falar na excludente de antijuridicidade exercício regular de direito (já que o particular pode prender quem se ache em situação flagrancial e, para executar esse intento, é possível, eventualmente, uso progressivo da força) ou na incidência do caput do artigo 25 do Código Penal (legítima defesa de terceiro) – prefiro essa última possibilidade (legítima defesa de terceiro calcada no caput do artigo 25 do Código Penal).

Feita a análise do novel dispositivo, é preciso consignar crítica: o legislador não criou nova modalidade de legítima defesa (posto que reclamou a incidência de todos os requisitos avistáveis no caput do artigo 25 do Código Penal para reconhecimento da excludente). Destarte, apesar de parecer uma novidade, o dispositivo apenas exemplificou uma hipótese de excludente de ilicitude que sempre existiu.

**Execução da pena de multa:** A Lei 13.964/19 deu nova redação ao artigo 51 do Código Penal, deixando claro a competência do juízo das execuções penais para execução da pena de multa:

> Art. 51. Transitada em julgado a sentença condenatória, a multa será executada perante o juiz da execução penal e será considerada dívida de valor, aplicáveis as normas relativas à dívida ativa da Fazenda Pública, inclusive no que concerne às causas interruptivas e suspensivas da prescrição.

A nova redação do dispositivo segue o quanto decidido pelo Supremo Tribunal Federal nos autos da ADIN 3150 (restando superada, desde então, a Súmula 521/STJ[1]):

> Execução penal. Constitucional. Ação direta de inconstitucionalidade. Pena de multa. Legitimidade prioritária do Ministério Público. Necessidade de interpretação conforme. Procedência parcial do pedido. 1. A Lei nº 9.268/1996, ao considerar a multa penal como dívida de valor, não retirou dela o caráter de sanção criminal, que lhe é inerente por força do art. 5º, XLVI, c, da Constituição Federal. 2. Como consequência, a legitimação prioritária para a execução da multa penal é do Ministério Público perante a Vara de Execuções Penais. 3. Por ser também dívida de valor em face do Poder Público, a multa pode ser subsidiariamente cobrada pela Fazenda Pública, na Vara de Execução Fiscal, se o Ministério Público não houver atuado em prazo razoável (90 dias). 4. Ação direta de inconstitucionalidade cujo pedido se julga parcialmente procedente para, conferindo interpretação conforme à Constituição ao art. 51 do Código Penal, explicitar que a expressão "aplicando-se-lhes as normas da legislação relativa à dívida ativa da Fazenda Pública, inclusive no que concerne às causas interruptivas e suspensivas da prescrição", não exclui a legitimação prioritária do Ministério Público para a cobrança da multa na Vara de

---

1. **Súmula 521/STJ** - *A legitimidade para execução fiscal de multa pendente de pagamento imposta em sentença condenatória é exclusiva da Procuradoria da Fazenda Pública.*

Execução Penal. Fixação das seguintes teses: (i) O Ministério Público é o órgão legitimado para promover a execução da pena de multa, perante a Vara de Execução Criminal, observado o procedimento descrito pelos artigos 164 e seguintes da Lei de Execução Penal; (ii) Caso o titular da ação penal, devidamente intimado, não proponha a execução da multa no prazo de 90 (noventa) dias, o Juiz da execução criminal dará ciência do feito ao órgão competente da Fazenda Pública (Federal ou Estadual, conforme o caso) para a respectiva cobrança na própria Vara de Execução Fiscal, com a observância do rito da Lei 6.830/1980.

Assim, a atribuição para executar a pena de multa, na forma da nova redação do artigo 51 do Código Penal, é do Ministério Público, perante o juízo das execuções penais.

Importante salientar que o legislador não fez a ressalva determinada pelo Pretório Excelso em relação à inércia do *Parquet* – legitimidade da Procuradoria da Fazenda Pública para propor a execução da multa não paga perante a respectiva Vara de Execução Fiscal caso a execução não seja proposta em 90 dias pelo Ministério Público. Ainda assim, penso ser possível aplicar o quanto decido pelo STF no bojo da ADIN 3150 à nova redação do artigo 51 do Código Penal determinada pela Lei 13.964/19.

| REDAÇÃO ANTERIOR | REDAÇÃO DETERMINADA PELO PACOTE ANTICRIME |
|---|---|
| Art. 51 - Transitada em julgado a sentença condenatória, a multa será considerada dívida de valor, aplicando-se-lhes as normas da legislação relativa à dívida ativa da Fazenda Pública, inclusive no que concerne às causas interruptivas e suspensivas da prescrição. | Art. 51. Transitada em julgado a sentença condenatória, a multa será executada perante o juiz da execução penal e será considerada dívida de valor, aplicáveis as normas relativas à dívida ativa da Fazenda Pública, inclusive no que concerne às causas interruptivas e suspensivas da prescrição. |

**Pena privativa de liberdade:** Mais uma alteração operada pelo Pacote Anticrime: o tempo máximo de cumprimento de pena privativa de liberdade. O artigo 75 do Código Penal orça em 30 anos o tempo máximo de cumprimento de pena privativa de liberdade. Com a Lei 13.964/19, esse limite passou a ser de 40 anos (como se trata de lei mais severa, só será aplicável aos crimes praticados depois da entrada em vigor do Pacote Anticrime):

> Art. 75. O tempo de cumprimento das penas privativas de liberdade não pode ser superior a 40 (quarenta) anos.
>
> § 1º Quando o agente for condenado a penas privativas de liberdade cuja soma seja superior a 40 (quarenta) anos, devem elas ser unificadas para atender ao limite máximo deste artigo.

Por óbvio, a análise, pelo juízo das execuções, de eventuais benefícios pleiteados pelo condenado durante a execução da pena continua sendo feita tomando por base o montante global de pena unificada, na forma da Súmula 715/STF[2].

| REDAÇÃO ANTERIOR | REDAÇÃO DETERMINADA PELO PACOTE ANTICRIME |
|---|---|
| Art. 75 - O tempo de cumprimento das penas privativas de liberdade não pode ser superior a 30 (trinta) anos. | Art. 75. O tempo de cumprimento das penas privativas de liberdade não pode ser superior a 40 (quarenta) anos. |
| § 1º - Quando o agente for condenado a penas privativas de liberdade cuja soma seja superior a 30 (trinta) anos, devem elas ser unificadas para atender ao limite máximo deste artigo. | § 1º Quando o agente for condenado a penas privativas de liberdade cuja soma seja superior a 40 (quarenta) anos, devem elas ser unificadas para atender ao limite máximo deste artigo. |

Bom que se recorde que a alteração também reflete no tempo máximo de duração da medida de segurança. Explico. A medida de segurança, de acordo com o Código Penal, dura por tempo indeterminado. Já o STF, atento ao fato de que a Constituição Federal veda pena (na verdade a medida segurança tem natureza jurídica de sanção penal) de caráter perpétuo, entende que a sua duração máxima é o tempo máximo de cumprimento de pena privativa de liberdade (agora orçado em 40 anos), com aplicação, por analogia do artigo 75 à medida de segurança. Em arremate, cumpre deixar claro que o STJ editou a Súmula 527[3] sobre o tema.

Eis tabela que sintetiza o quanto desenhado supra:

| FONTE | DURAÇÃO DA MEDIDA DE SEGURANÇA | FUNDAMENTO |
|---|---|---|
| Código Penal | Prazo indeterminado | Artigo 97, § 1º, do Código Penal |
| STF | No máximo 40 anos (em face de alteração operada pelo Pacote Anticrime) | HC 84219/SP |
| STJ | Não deve ultrapassar o máximo de pena em abstrato cominada ao delito praticado | Súmula 527 |

Proponho, entrementes, uma quarta via. Todas as trilhas acima expostas são injustas em relação ao inimputável. Tomemos como exemplo a prática de crime de roubo simples. Caso o agente seja imputável, primário e de bons

---

2. Súmula 715/STF: A pena unificada para atender ao limite de trinta anos de cumprimento, determinado pelo art. 75 do Código Penal, não é considerada para a concessão de outros benefícios, como o livramento condicional ou regime mais favorável de execução.

3. Súmula 527/STJ - O tempo de duração da medida de segurança não deve ultrapassar o limite máximo da pena abstratamente cominada ao delito praticado.

antecedentes, a tendência é que ele seja condenado a pena privativa de liberdade mais próxima do mínimo que do máximo legal. Se o agente for reconhecido inimputável pela doença mental (artigo 26 do Código Penal), contudo, todas as alternativas acima desenhadas serão mais gravosas que a pena imposta ao imputável que comete o mesmo delito (medida de segurança por tempo indeterminado, na forma do Código Penal; medida de segurança com duração máxima de 40 anos, de acordo com entendimento do STF; medida de segurança com duração máxima de 10 anos, de acordo com entendimento do STJ, já que essa é a pena máxima do roubo simples). Minha proposta consiste na materialização de dosimetria de pena (mesmo sendo o agente inimputável), com o fito de aferir qual seria a pena concretamente aplicada, caso o réu fosse imputável. Feita a operação (e sabendo a pena concreta), o juiz absolveria o acusado, impondo medida de segurança cujo tempo máximo de duração será a pena concretamente orçada pelo magistrado na dosimetria virtual.

**Livramento condicional:** O Pacote Anticrime alterou, ainda, o livramento condicional. Foi incluído no inciso III do artigo 83 do Código Penal a necessidade de comprovação, pelo condenado, do não cometimento de falta grave nos últimos 12 meses para obtenção do benefício. A expressão "comportamento satisfatório" ou substituída por "bom comportamento durante a execução da pena".

É preciso que se diga que a inclusão do novo requisito objetivo para obtenção do livramento condicional não afeta a Súmula 441/STJ[4]. O fato do condenado só poder usufruir a benesse se não tiver praticado falta grave nos últimos 12 meses não quer dizer que a prática da falta interrompa o prazo para obtenção do livramento (a interrupção é apenas do prazo para obtenção da progressão de regime, na forma da Súmula 534/STJ[5]).

---

4. Súmula 441/STJ - A falta grave não interrompe o prazo para obtenção de livramento condicional.
5. Súmula 534/STJ - A prática de falta grave interrompe a contagem do prazo para a progressão de regime de cumprimento de pena, o qual se reinicia a partir do cometimento dessa infração.

Eis tabela que analisa a benesse:

| CONDENADO | QUANTIDADE DE PENA CUMPRIDA | REQUISITO SUBJETIVO | REQUISITO OBJETIVO | REQUISITO SUBJETIVO ADICIONAL SE O CRIME FOR DOLOSO, COMETIDO COM VIOLÊNCIA OU GRAVE AMEAÇA À PESSOA |
|---|---|---|---|---|
| Não reincidente em crime doloso | Mais de 1/3 | Comprovado bom comportamento durante a execução da pena, não ter cometido falta grave nos últimos 12 meses, bom desempenho no trabalho que lhe foi atribuído e aptidão para prover à própria subsistência mediante trabalho honesto | Tenha reparado, salvo efetiva impossibilidade de fazê-lo, o dano causado pela infração. | Constatação de condições pessoais que façam presumir que o liberado não voltará a delinquir. |
| Reincidente em crime doloso | Mais da metade | Comprovado bom comportamento durante a execução da pena, não ter cometido falta grave nos últimos 12 meses, bom desempenho no trabalho que lhe foi atribuído e aptidão para prover à própria subsistência mediante trabalho honesto | Tenha reparado, salvo efetiva impossibilidade de fazê-lo, o dano causado pela infração. | Constatação de condições pessoais que façam presumir que o liberado não voltará a delinquir. |
| Pela prática de crime hediondo ou equiparado a hediondo | Mais de 2/3 | Comprovado bom comportamento durante a execução da pena, não ter cometido falta grave nos últimos 12 meses, bom desempenho no trabalho que lhe foi atribuído e aptidão para prover à própria subsistência mediante trabalho honesto | Tenha reparado, salvo efetiva impossibilidade de fazê-lo, o dano causado pela infração. | Constatação de condições pessoais que façam presumir que o liberado não voltará a delinquir. |

| CONDE-NADO | QUANTIDADE DE PENA CUMPRIDA | REQUISITO SUBJETIVO | REQUISITO OBJETIVO | REQUISITO SUBJETIVO ADICIONAL SE O CRIME FOR DOLOSO, COMETIDO COM VIOLÊNCIA OU GRAVE AMEAÇA À PESSOA |
|---|---|---|---|---|
| Reincidente específico em crime hediondo ou equiparado a hediondo ou condenado primário pela prática de crime hediondo ou equiparado, com resultado morte | Não faz jus ao benefício | - | - | - |

| REDAÇÃO ANTERIOR | REDAÇÃO DETERMINADA PELO PACOTE ANTICRIME |
|---|---|
| Art. 83. (...)<br>III - comprovado comportamento satisfatório durante a execução da pena, bom desempenho no trabalho que lhe foi atribuído e aptidão para prover à própria subsistência mediante trabalho honesto; | Art. 83. (...)<br>III - comprovado:<br>a) bom comportamento durante a execução da pena;<br>b) não cometimento de falta grave nos últimos 12 (doze) meses;<br>c) bom desempenho no trabalho que lhe foi atribuído; e<br>d) aptidão para prover a própria subsistência mediante trabalho honesto; |

**Confisco alargado:** O Pacote Anticrime inseriu o artigo 91-A no Código Repressivo Pátrio:

> Art. 91-A. Na hipótese de condenação por infrações às quais a lei comine pena máxima superior a 6 (seis) anos de reclusão, poderá ser decretada a perda, como produto ou proveito do crime, dos bens correspondentes à diferença entre o valor do patrimônio do condenado e aquele que seja compatível com o seu rendimento lícito.
>
> § 1º Para efeito da perda prevista no caput deste artigo, entende-se por patrimônio do condenado todos os bens:

I - de sua titularidade, ou em relação aos quais ele tenha o domínio e o benefício direto ou indireto, na data da infração penal ou recebidos posteriormente; e

II - transferidos a terceiros a título gratuito ou mediante contraprestação irrisória, a partir do início da atividade criminal.

§ 2º O condenado poderá demonstrar a inexistência da incompatibilidade ou a procedência lícita do patrimônio.

§ 3º A perda prevista neste artigo deverá ser requerida expressamente pelo Ministério Público, por ocasião do oferecimento da denúncia, com indicação da diferença apurada.

§ 4º Na sentença condenatória, o juiz deve declarar o valor da diferença apurada e especificar os bens cuja perda for decretada.

§ 5º Os instrumentos utilizados para a prática de crimes por organizações criminosas e milícias deverão ser declarados perdidos em favor da União ou do Estado, dependendo da Justiça onde tramita a ação penal, ainda que não ponham em perigo a segurança das pessoas, a moral ou a ordem pública, nem ofereçam sério risco de ser utilizados para o cometimento de novos crimes.

O dispositivo acrescentou efeito extrapenal de perda, como produto ou proveito do crime, dos bens correspondentes à diferença entre o valor do patrimônio do condenado e aquele que seja compatível com seu rendimento lícito, em relação a crimes cuja pena máxima seja superior a 6 anos (que depende de pedido expresso do Ministério Público a ser feito na exordial acusatória e decisão fundamentada do magistrado na sentença, que especificará o valor da diferença apurada e os bens cuja perda foi decretada). A decisão do juiz deverá analisar os seguintes aspectos: a) adimplemento do requisito objetivo atinente à pena do crime imputado ao réu (pena máxima em abstrato superior a 6 anos – para alcançar o limite imposto pela lei, penso ser possível operar soma de penas ou exasperação em caso de concurso de crimes, conforme o caso); b) identificação do patrimônio do condenado (bens da sua titularidade, ou em relação aos quais ele tenha o domínio e o benefício direito ou indireto, na data da infração penal ou recebidos posteriormente, ou que tenham sido transferidos a terceiros a título gratuito ou mediante contraprestação irrisória, a partir do início da atividade criminal); c) capacidade econômica do condenado, de acordo com seu rendimento lícito. A partir desse estudo, deve o juiz indicar os bens que serão perdidos.

Atento à inovação legislativa, o aparelho policial deve cuidar de levantar o patrimônio do investigado a partir da prática do delito, monitorando sua expansão ou a transferência graciosa e ilícita de bens, sem descurar da análise do rendimento lícito do suspeito. Como o pedido de perda deve ser feito pelo Ministério Público já na denúncia, esses dados, preferencialmente, devem ser colhidos pelo Estado-investigação no curso do inquérito policial.

O §5º do artigo 91-A do Código Penal indica que os instrumentos utilizados para a prática de crimes por organizações criminosas e milícias deverão ser declarados perdidos em favor da União ou do Estado, dependendo da Justiça onde tramita a ação penal, ainda que não ponham em perigo a segurança das pessoas, a moral ou a ordem pública, nem ofereçam sério risco de ser utilizados para o cometimento de novos crimes. O conceito de organização criminosa.

O conceito de organização criminosa é facilmente identificado pela análise do artigo 1º, § 1º, da Lei 12.850/13[6]. Contudo, o legislador tupiniquim ainda não cuidou de explicitar o exato significado da expressão "milícia", o que pode prejudicar sobremaneira a aplicação do dispositivo.

**Prescrição:** O Pacote Anticrime incluiu duas novas causas de suspensão do prazo prescricional no artigo 116 do Código Penal (o inciso II teve apenas sua redação alterada – sai a expressão "estrangeiro" e entra a palavra "exterior"):

> Art. 116 - Antes de passar em julgado a sentença final, a prescrição não corre:
> 
> I - enquanto não resolvida, em outro processo, questão de que dependa o reconhecimento da existência do crime;
> 
> II - enquanto o agente cumpre pena no exterior;
> 
> III - na pendência de embargos de declaração ou de recursos aos Tribunais Superiores, quando inadmissíveis; e
> 
> IV - enquanto não cumprido ou não rescindido o acordo de não persecução penal.

O dispositivo demanda mera leitura, sendo importante apenas frisar o dispositivo só pode ser aplicado a crimes praticados depois da entrada em vigor da Lei 13.964/19, por se tratar de lei penal mais gravosa (princípio da irretroatividade da lei penal).

---

6. Art. 1º (...)

§ 1º Considera-se organização criminosa a associação de 4 (quatro) ou mais pessoas estruturalmente ordenada e caracterizada pela divisão de tarefas, ainda que informalmente, com objetivo de obter, direta ou indiretamente, vantagem de qualquer natureza, mediante a prática de infrações penais cujas penas máximas sejam superiores a 4 (quatro) anos, ou que sejam de caráter transnacional.

| REDAÇÃO ANTERIOR | REDAÇÃO DETERMINADA PELO PACOTE ANTICRIME |
|---|---|
| Art. 116 - Antes de passar em julgado a sentença final, a prescrição não corre:<br>I - enquanto não resolvida, em outro processo, questão de que dependa o reconhecimento da existência do crime;<br>II - enquanto o agente cumpre pena no estrangeiro.<br>Parágrafo único - Depois de passada em julgado a sentença condenatória, a prescrição não corre durante o tempo em que o condenado está preso por outro motivo. | Art. 116 - Antes de passar em julgado a sentença final, a prescrição não corre:<br>I - enquanto não resolvida, em outro processo, questão de que dependa o reconhecimento da existência do crime;<br>II - enquanto o agente cumpre pena no exterior;<br>III - na pendência de embargos de declaração ou de recursos aos Tribunais Superiores, quando inadmissíveis; e<br>IV - enquanto não cumprido ou não rescindido o acordo de não persecução penal.<br>Parágrafo único - Depois de passada em julgado a sentença condenatória, a prescrição não corre durante o tempo em que o condenado está preso por outro motivo. |

**Qualificadora do crime de homicídio (vetada):** O Presidente da República vetou novel qualificadora do homicídio (inclusão do inciso VIII ao § 2º do artigo 121 do Código Penal). O projeto aprovado pelo Congresso Nacional previa como qualificado o homicídio praticado "com emprego de arma de fogo de uso restrito ou proibido". Eis as razões do veto:

> A propositura legislativa, ao prever como qualificadora do crime de homicídio o emprego de arma de fogo de uso restrito ou proibido, sem qualquer ressalva, viola o princípio da proporcionalidade entre o tipo penal descrito e a pena cominada, além de gerar insegurança jurídica, notadamente aos agentes de segurança pública, tendo em vista que esses servidores poderão ser severamente processados ou condenados criminalmente por utilizarem suas armas, que são de uso restrito, no exercício de suas funções para defesa pessoal ou de terceiros ou, ainda, em situações extremas para a garantia da ordem pública, a exemplo de conflito armado contra facções criminosas.

As razões do veto presidencial, com a devida vênia, não se justificam (quando o agente de segurança pública faz uso de força letal amparado em excludente de ilicitude, ele não comete crime e, portanto, não precisa temer condenação e pena).

Houve veto, de igual sorte, à criação do § 2º do artigo 141 do Código Penal. O dispositivo aprovado pelo Congresso Nacional previa majorante relacionada aos crimes contra honra, com a seguinte redação: "Se o crime é cometido ou divulgado em quaisquer modalidades das redes sociais da rede mundial de computadores, aplica-se em triplo a pena". Eis as razões do veto:

A propositura legislativa, ao promover o incremento da pena no triplo quando o crime for cometido ou divulgado em quaisquer modalidades das redes sociais da rede mundial de computadores, viola o princípio da proporcionalidade entre o tipo penal descrito e a pena cominada, notadamente se considerarmos a existência da legislação atual que já tutela suficientemente os interesses protegidos pelo Projeto, ao permitir o agravamento da pena em um terço na hipótese de qualquer dos crimes contra a honra ser cometido por meio que facilite a sua divulgação. Ademais a substituição da lavratura de termo circunstanciado nesses crimes, em razão da pena máxima ser superior a dois anos, pela necessária abertura de inquérito policial, ensejaria, por conseguinte, superlotação das delegacias, e, com isso, redução do tempo e da força de trabalho para se dedicar ao combate de crimes graves, tais como homicídio e latrocínio.

**Alterações no crime de roubo:** A Lei 13.964/19 enxertou causa de aumento no crime de roubo. O crime tipificado no artigo 157 do Código Penal passa a ser majorado (aumento de 1/3 até metade) se for cometido com emprego de arma branca.

> Art. 157 (...)
> § 2º A pena aumenta-se de 1/3 (um terço) até metade:
> (...)
> VII - se a violência ou grave ameaça é exercida com emprego de arma branca;

Interessante notar que, com a edição da Lei 13.654/18, o roubo com uso de arma branca ou imprópria passou a ser tipificado como simples, em face da revogação do inciso I do § 2º do artigo 157 (o mandamento legal em testilha majorou a pena apenas do roubo com emprego de arma de fogo). A lei que objetivava recrudescer o tratamento imposto a roubadores, findou se transmudando em *novatio legis in mellius* (artigo 2º, parágrafo único, do Código Penal).

Agora, com a entrada em vigor do Pacote Anticrime, o roubo com emprego de arma branca volta a ser majorado. Por óbvio, como se trata de inovação legislativa mais gravosa, o aumento só pode ser imposto para o agente que cometer o delito (roubo com emprego de arma branca) após a entrada em vigor da Lei 13.964/19 (princípio da irretroatividade da lei penal).

O Pacote Anticrime enxertou, ainda, o § 2º-B no artigo 157 do Código Penal:

> Art. 157 (...)
> § 2º-B. Se a violência ou grave ameaça é exercida com emprego de arma de fogo de uso restrito ou proibido, aplica-se em dobro a pena prevista no caput deste artigo.

Trata-se de nova majorante aplicável ao crime de roubo, quando a violência ou grave ameaça é exercida com emprego de arma de fogo de uso restrito ou proibido (a pena do caput será dobrada). A Lei 13.964/19 transmudou, de igual sorte, dito crime majorado em crime hediondo (apenas para falar da hediondez do roubo, foram alçados à condição de crime hediondo o roubo majorado pela restrição da liberdade da vítima, o roubo majorado pelo emprego de arma de fogo, o roubo majorado pelo emprego de arma de fogo de uso restrito/proibido e o qualificado pelo resultado lesão corporal grave ou morte).

**Ação penal do crime de estelionato:** A Lei 13.964/19 também alterou a ação penal em relação ao crime de estelionato (que em regra passa a ser pública condicionada a representação, salvo nos casos listados no novel § 5º do artigo 171 – quando a ação será pública incondicionada):

> Art. 171 (...)
> § 5º Somente se procede mediante representação, salvo se a vítima for:
> I - a Administração Pública, direta ou indireta;
> II - criança ou adolescente;
> III - pessoa com deficiência mental; ou
> IV - maior de 70 (setenta) anos de idade ou incapaz.

Penso que essa alteração tem natureza híbrida. O conteúdo penal é representado pela possibilidade de incidência de causa de extinção da punibilidade (decadência). O conteúdo processual penal fica evidenciado pela alteração da natureza da ação penal (que passou a ser, em regra, pública condicionada a representação da vítima).

Como dito supra, com a entrada em vigor da Lei 13.964/19, as vítimas dos estelionatos que passaram a ser crimes de ação penal pública condicionada a representação perpetrados antes da lei devem ser convocadas para oferta-la, no prazo de 6 meses contados do conhecimento da autoria delitiva[7], caso a denúncia ainda não tenha sido recebida (sob pena de implemento da decadência, causa extintiva da punibilidade).

Se a exordial acusatória já tiver sido recebida, considerando que a representação tem natureza jurídica de condição de procedibilidade (e não de condição de prosseguibilidade), nada precisa ser feito, já que a lei não fez exigência expressa nesse sentido (como ocorreu no artigo 91 da Lei 9.099/95).

Saliento, contudo, que há entendimento doutrinário no sentido de aplicar, por analogia, o artigo 91 da Lei 9.099/95 mesmo em relação a ações penais já iniciadas (conferindo à representação natureza, nesse caso, de condição de prosseguibilidade).

---

7. Em face da inexistência de determinação legal expressa indicando o prazo a ser observado, opto por interpretar que o prazo a ser seguido é o previsto no artigo 38 do Código de Processo Penal. É perfeitamente possível, contudo, pensar na aplicação, por analogia, do prazo indicado no artigo 91 da Lei 9.099/95 (30 dias).

A 5ª Turma do Superior Tribunal de Justiça[8] tem adotado o primeiro pensamento doutrinário (desnecessidade de intimação da vítima para oferta de representação depois do início da ação penal) e a 6ª Turma do mesmo Areópago[9] o segundo entendimento (necessidade de intimação da vítima para representar, mesmo depois do início da ação penal).

**Pena do crime de concussão:** Por fim, o legislador adequou parcialmente situação esdrúxula, avistável no Código Penal, elevando a pena máxima do crime de concussão, que antes da nova lei tinha pena máxima menor que o delito de corrupção passiva. A partir da entrada em vigor da Lei 13.964/19, concussão e corrupção passiva passaram a ter a mesma pena em abstrato (reclusão, de 2 a 12 anos, e multa).

Afirmei que a solução foi parcial, porque, indubitavelmente, o crime de concussão descreve conduta proibida mais agressiva (exigência de vantagem indevida) que as desenhadas no crime de corrupção passiva (solicitar, receber ou aceitar promessa de vantagem indevida). Destarte, a pena do crime de concussão deveria ser maior que a de corrupção passiva.

## 13.3. ALTERAÇÕES NA LEI 7.210/84 (LEI DE EXECUÇÃO PENAL)

**Identificação do perfil genético de condenados:** O Pacote Anticrime promoveu alterações na Lei de Execução Penal. O Congresso Nacional aprovou a modificação do artigo 9º-A, mas a alteração foi vetada pelo Presidente da República. Eis a redação aprovada pelo Parlamento:

| REDAÇÃO DO ARTIGO 9º-A DA LEP | REDAÇÃO VETADA PELO PRESIDENTE DA REPÚBLICA |
|---|---|
| Art. 9º-A. Os condenados por crime praticado, dolosamente, com violência de natureza grave contra pessoa, ou por qualquer dos crimes previstos no art. 1º da Lei nº 8.072, de 25 de julho de 1990, serão submetidos, obrigatoriamente, à identificação do perfil genético, mediante extração de DNA - ácido desoxirribonucleico, por técnica adequada e indolor. | Art. 9º-A. O condenado por crime doloso praticado com violência grave contra a pessoa, bem como por crime contra a vida, contra a liberdade sexual ou por crime sexual contra vulnerável, será submetido, obrigatoriamente, à identificação do perfil genético, mediante extração de DNA (ácido desoxirribonucleico), por técnica adequada e indolor, por ocasião do ingresso no estabelecimento prisional. |

---

8. HC 573.093/SC, Rel. Ministro Reynaldo Soares Da Fonseca, Quinta Turma, julgado em 09/06/2020, DJe 18/06/2020.
9. HC 583.837/SC, Rel. Ministro Sebastião Reis Júnior, Sexta Turma, julgado em 04/08/2020, DJe 12/08/2020.

Eis as razões do veto:

> A proposta legislativa, ao alterar o caput do art. 9º-A, suprimindo a menção expressa aos crimes hediondos, previstos na Lei nº 8.072, de 1990, em substituição somente a tipos penais específicos, contraria o interesse público, tendo em vista que a redação acaba por excluir alguns crimes hediondos considerados de alto potencial ofensivo, a exemplo do crime de genocídio e o de posse ou porte ilegal de arma de fogo de uso restrito, além daqueles que serão incluídos no rol de crimes hediondos com a sanção da presente proposta, tais como os crimes de comércio ilegal de armas, de tráfico internacional de arma e de organização criminosa.

Já que a alteração legislativa foi vetada, a redação atual do caput do artigo 9º-A da LEP continua em vigor. O Pacote Anticrime acrescentou no referido artigo o §§ 1º-A, 3º, 4º e 8º (os §§ 5º, 6º e 7º foram vetados pelo Presidente da República). Recomendo a leitura:

> Art. 9º-A. (...)
> § 1º-A. A regulamentação deverá fazer constar garantias mínimas de proteção de dados genéticos, observando as melhores práticas da genética forense.
> (...)
> § 3º Deve ser viabilizado ao titular de dados genéticos o acesso aos seus dados constantes nos bancos de perfis genéticos, bem como a todos os documentos da cadeia de custódia que gerou esse dado, de maneira que possa ser contraditado pela defesa.
> § 4º O condenado pelos crimes previstos no **caput** deste artigo que não tiver sido submetido à identificação do perfil genético por ocasião do ingresso no estabelecimento prisional deverá ser submetido ao procedimento durante o cumprimento da pena.
> § 5º (VETADO).
> § 6º (VETADO).
> § 7º (VETADO).
> § 8º Constitui falta grave a recusa do condenado em submeter-se ao procedimento de identificação do perfil genético.

O § 4º acima transcrito determina que os condenados pelos crimes previstos no caput (praticados, dolosamente, com violência de natureza grave contra pessoa, ou hediondos) que não tiverem sido submetidos a identificação do perfil genético por ocasião do ingresso no estabelecimento prisional sejam identificados durante o cumprimento da pena (isso reforça a necessidade incrementar o banco de dados de perfis genéticos, importante ferramenta para elucidação de delitos).

Defendo a plena constitucionalidade da identificação do perfil genético determinada pela lei, nos exatos termos do artigo 5º, inciso LVIII, da Constituição Federal (é preciso acompanhar o trâmite do RE 973837, que discute a constitucionalidade do referido artigo 9º-A da LEP).

A recusa do condenado em submeter-se ao procedimento de identificação do perfil genético constitui, agora, falta grave – § 8º do artigo 9º-A da LEP.

Em complemento ao quanto enxertado no dispositivo citado no parágrafo anterior, o Pacote Anticrime acrescentou o inciso VIII ao artigo 50 da LEP, listando como falta grave a recusa do condenado em submeter-se ao procedimento de identificação do perfil genético:

> Art. 50. Comete falta grave o condenado à pena privativa de liberdade que:
> (...)
> VIII - recusar submeter-se ao procedimento de identificação do perfil genético.

**Regime disciplinar diferenciado:** O regime disciplinar diferenciado – RDD foi recrudescido pelo Pacote Anticrime. Estudemos as alterações.

O legislador acrescentou no caput do artigo 52 da LEP que o RDD pode ser imposto tanto ao nacional quanto ao estrangeiro:

| REDAÇÃO ANTERIOR | REDAÇÃO DETERMINADA PELO PACOTE ANTICRIME |
|---|---|
| Art. 52. A prática de fato previsto como crime doloso constitui falta grave e, quando ocasione subversão da ordem ou disciplina internas, sujeita o preso provisório, ou condenado, sem prejuízo da sanção penal, ao regime disciplinar diferenciado, com as seguintes características: | Art. 52. A prática de fato previsto como crime doloso constitui falta grave e, quando ocasionar subversão da ordem ou disciplina internas, sujeitará o preso provisório, ou condenado, nacional ou estrangeiro, sem prejuízo da sanção penal, ao regime disciplinar diferenciado, com as seguintes características: |

O RDD agora pode durar até 2 anos (antes a duração máxima era 360 dias), sem prejuízo de repetição pela prática de nova falta grave:

| REDAÇÃO ANTERIOR | REDAÇÃO DETERMINADA PELO PACOTE ANTICRIME |
|---|---|
| Art. 52 (...) I - duração máxima de trezentos e sessenta dias, sem prejuízo de repetição da sanção por nova falta grave de mesma espécie, até o limite de um sexto da pena aplicada; | Art. 52 (...) I - duração máxima de até 2 (dois) anos, sem prejuízo de repetição da sanção por nova falta grave de mesma espécie; |

O inciso II permaneceu inalterado (o RDD impõe recolhimento em cela individual).

As visitas agora são quinzenais (eram semanais), limitadas a duas pessoas por vez (mesmo que sejam crianças – na redação anterior da LEP as crianças não entravam na conta dos dois visitantes) e não é permitido contato físico com o preso, nem que sejam passados objetos. Caso os visitantes sejam familiares, não há necessidade de autorização judicial prévia (se os visitantes não forem da família do preso, será preciso autorização prévia do juízo). A visita durará duas horas:

| REDAÇÃO ANTERIOR | REDAÇÃO DETERMINADA PELO PACOTE ANTICRIME |
|---|---|
| Art. 52 (...) III - visitas semanais de duas pessoas, sem contar as crianças, com duração de duas horas; | Art. 52 (...) III - visitas quinzenais, de 2 (duas) pessoas por vez, a serem realizadas em instalações equipadas para impedir o contato físico e a passagem de objetos, por pessoa da família ou, no caso de terceiro, autorizado judicialmente, com duração de 2 (duas) horas; |

A saída para banho de sol (de 2 horas diárias) agora pode ser feita em grupos de até 4 presos, desde que eles não pertençam ao mesmo grupo criminoso:

| REDAÇÃO ANTERIOR | REDAÇÃO DETERMINADA PELO PACOTE ANTICRIME |
|---|---|
| Art. 52 (...) IV - o preso terá direito à saída da cela por 2 horas diárias para banho de sol. | Art. 52 (...) IV - direito do preso à saída da cela por 2 (duas) horas diárias para banho de sol, em grupos de até 4 (quatro) presos, desde que não haja contato com presos do mesmo grupo criminoso; |

A Lei 13.964/19 acrescentou no artigo 52 da LEP os incisos V (monitoramento de entrevistas, exceto as com o defensor, sem contato físico e passagem de objetos, salvo expressa autorização judicial em contrário), VI (fiscalização do conteúdo da correspondência) e VII (participação em audiências judiciais preferencialmente por videoconferência, garantindo-se participação do defensor no mesmo ambiente do preso):

> Art. 52 (...)
> V - entrevistas sempre monitoradas, exceto aquelas com seu defensor, em instalações equipadas para impedir o contato físico e a passagem de objetos, salvo expressa autorização judicial em contrário;
> VI - fiscalização do conteúdo da correspondência;
> VII - participação em audiências judiciais preferencialmente por videoconferência, garantindo-se a participação do defensor no mesmo ambiente do preso.

Acerca da fiscalização da correspondência do preso, é importante destacar a constitucionalidade dessa providência, já genericamente autorizada pelo parágrafo único do artigo 41 da própria LEP. Nesse sentido julgado do Pretório Excelso[10] (grifo meu):

---

10. HC 70814, Relator(a): Min. CELSO DE MELLO, Primeira Turma, julgado em 01/03/1994, DJ 24-06-1994 PP-16649 EMENT VOL-01750-02 PP-00317 RTJ VOL-00176-01 PP-01136.

## Cap. 13 | PACOTE ANTICRIME

HABEAS CORPUS - ESTRUTURA FORMAL DA SENTENÇA E DO ACÓRDÃO - OBSERVANCIA - ALEGAÇÃO DE INTERCEPTAÇÃO CRIMINOSA DE CARTA MISSIVA REMETIDA POR SENTENCIADO - UTILIZAÇÃO DE COPIAS XEROGRAFICAS NÃO AUTENTICADAS - PRETENDIDA ANALISE DA PROVA - PEDIDO INDEFERIDO. - A estrutura formal da sentença deriva da fiel observância das regras inscritas no art. 381 do Código de Processo Penal. O ato sentencial que contem a exposição sucinta da acusação e da defesa e que indica os motivos em que se funda a decisão satisfaz, plenamente, as exigências impostas pela lei. - A eficácia probante das copias xerográficas resulta, em princípio, de sua formal autenticação por agente público competente (CPP, art. 232, paragrafo único). Pecas reprográficas não autenticadas, desde que possível a aferição de sua legitimidade por outro meio idôneo, podem ser validamente utilizadas em juízo penal. - **A administração penitenciaria, com fundamento em razoes de segurança pública, de disciplina prisional ou de preservação da ordem jurídica, pode, sempre excepcionalmente, e desde que respeitada a norma inscrita no art. 41, paragrafo único, da Lei n. 7.210/84, proceder a interceptação da correspondência remetida pelos sentenciados, eis que a cláusula tutelar da inviolabilidade do sigilo epistolar não pode constituir instrumento de salvaguarda de praticas ilícitas.** - O reexame da prova produzida no processo penal condenatório não tem lugar na ação sumaríssima de habeas corpus.

O § 2º do artigo 52 foi suprimido e § 1º do mesmo artigo foi ampliado (o RDD agora pode ser aplicado ao integrante de organização criminosa, associação criminosa ou milícia privada, independente da prática de falta grave – o legislador, a meu sentir, presume, em relação a estes, o alto risco para a ordem e a segurança do estabelecimento penal ou da sociedade):

| REDAÇÃO ANTERIOR | REDAÇÃO DETERMINADA PELO PACOTE ANTICRIME |
|---|---|
| Art. 52 (...) | Art. 52 (...) |
| § 1º O regime disciplinar diferenciado também poderá abrigar presos provisórios ou condenados, nacionais ou estrangeiros, que apresentem alto risco para a ordem e a segurança do estabelecimento penal ou da sociedade. | § 1º O regime disciplinar diferenciado também será aplicado aos presos provisórios ou condenados, nacionais ou estrangeiros: <br><br> I - que apresentem alto risco para a ordem e a segurança do estabelecimento penal ou da sociedade; |
| § 2º Estará igualmente sujeito ao regime disciplinar diferenciado o preso provisório ou o condenado sob o qual recaiam fundadas suspeitas de envolvimento ou participação, a qualquer título, em organizações criminosas, quadrilha ou bando. | II - sob os quais recaiam fundadas suspeitas de envolvimento ou participação, a qualquer título, em organização criminosa, associação criminosa ou milícia privada, independentemente da prática de falta grave. |

Os §§ 3º a 7º foram enxertados no artigo 52 pelo Pacote Anticrime. Sugestiono a leitura dos mesmos. Destes, os dispositivos mais polêmicos, indubitavelmente, são os §§ 6º e 7º. O primeiro afirma que as visitas aos presos em RDD (inciso III do artigo 52 da LEP) serão gravadas em sistema de áudio ou áudio e vídeo e, com autorização judicial, fiscalizada por agente penitenciário. O dispositivo parece determinar o seguinte: 1) todas as visitas devem ser gravadas (áudio ou áudio e vídeo); 2) caso haja necessidade de fiscalização das conversas gravadas por agente penitenciário, será necessária prévia ordem judicial.

Penso ser de duvidosa constitucionalidade a determinação legal de gravação de todas as conversas travadas entre o preso e seus visitantes (ainda que ele esteja em RDD) – violação do artigo 5º, incisos X e XII, da Constituição Federal. É que essa gravação tem a natureza de interceptação de sinais acústicos em ambiente fechado (gravação feita por terceiro sem autorização dos interlocutores), que demanda ordem judicial prévia e específica (que só é admitida com o fito de obtenção de prova em processo penal ou em investigação criminal, na forma do artigo 5º, XII, da Constituição Federal).

O mais correto, na minha leitura, é permitir a gravação das conversas apenas quando houver prévia e específica autorização judicial (obtida mediante representação do delegado de polícia ou requerimento do Ministério Público), no âmbito de investigação criminal em curso, até para que não exista ulterior discussão acerca da licitude da prova colhida.

O mesmo se diga em relação ao § 7º. A gravação indiscriminada de conversas telefônicas sem prévia autorização judicial me parece em descompasso com o artigo 5º, XII, da Carta da República – violação do direito ao sigilo das comunicações telefônicas.

> Art. 52 (...)
> § 3º Existindo indícios de que o preso exerce liderança em organização criminosa, associação criminosa ou milícia privada, ou que tenha atuação criminosa em 2 (dois) ou mais Estados da Federação, o regime disciplinar diferenciado será obrigatoriamente cumprido em estabelecimento prisional federal.
> § 4º Na hipótese dos parágrafos anteriores, o regime disciplinar diferenciado poderá ser prorrogado sucessivamente, por períodos de 1 (um) ano, existindo indícios de que o preso:
> I - continua apresentando alto risco para a ordem e a segurança do estabelecimento penal de origem ou da sociedade;
> II - mantém os vínculos com organização criminosa, associação criminosa ou milícia privada, considerados também o perfil criminal e a função desempenhada por ele no grupo criminoso, a operação duradoura do grupo, a superveniência de novos processos criminais e os resultados do tratamento penitenciário.
> § 5º Na hipótese prevista no § 3º deste artigo, o regime disciplinar diferenciado deverá contar com alta segurança interna e externa, principalmente no que diz respeito à necessidade de se evitar contato do preso com membros de sua organização criminosa, associação criminosa ou milícia privada, ou de grupos rivais.
> § 6º A visita de que trata o inciso III do caput deste artigo será gravada em sistema de áudio ou de áudio e vídeo e, com autorização judicial, fiscalizada por agente penitenciário.

§ 7º Após os primeiros 6 (seis) meses de regime disciplinar diferenciado, o preso que não receber a visita de que trata o inciso III do caput deste artigo poderá, após prévio agendamento, ter contato telefônico, que será gravado, com uma pessoa da família, 2 (duas) vezes por mês e por 10 (dez) minutos.

**Progressão de regime de cumprimento de pena:** O artigo 112 da LEP também foi modificado. A progressão de regime de cumprimento de pena (lembre que o Brasil adotou o sistema inglês ou progressivo) agora é feita com base em porcentagens (à exceção da progressão de mulher gestante ou que for mãe ou responsável por crianças ou pessoas com deficiência que, respeitados os requisitos cumulativos do § 3º do artigo 112 da LEP, progridem de regime depois do cumprimento de 1/8 da pena[11]).

Antes do Pacote Anticrime a progressão de regime podia ser assim resumida:

| PROGRESSÃO DE REGIME ANTES DO PACOTE ANTICRIME | |
|---|---|
| 1/8 da pena | Mulher gestante ou que for mãe ou responsável por crianças ou pessoas com deficiência, desde que cumpridos os requisitos cumulativos do § 3º do artigo 112 da LEP. |
| 1/6 da pena | Regra geral de progressão de regime |
| 2/5 da pena | Condenados por crimes hediondos |
| 3/5 da pena | Condenados reincidentes em crimes hediondos |

Agora, com a entrada em vigor da Lei 13.964/19, temos o seguinte panorama:

| PROGRESSÃO DE REGIME DEPOIS DO PACOTE ANTICRIME | |
|---|---|
| 16% da pena | Apenado for primário e o crime tiver sido cometido sem violência à pessoa ou grave ameaça |
| 20% da pena | Apenado for reincidente em crime cometido sem violência à pessoa ou grave ameaça |
| 25% da pena | Apenado for primário e o crime tiver sido cometido com violência à pessoa ou grave ameaça |
| 30% da pena | Apenado for reincidente em crime cometido com violência à pessoa ou grave ameaça |

---

11. Apesar da revogação expressa do § 2º do artigo 2º da Lei 8.072/90 (artigo 19 da Lei 13.964/19), penso ser plenamente possível continuar a deferir a progressão diferenciada referida no § 3º do artigo 112 da Lei de Execuções Penais à mulher gestante ou que for mãe ou responsável por crianças ou pessoas com deficiência que praticar crime hediondo, desde que obedecidos todos os requisitos legalmente reclamados.

| PROGRESSÃO DE REGIME DEPOIS DO PACOTE ANTICRIME ||
|---|---|
| 40% da pena | Apenado for condenado pela prática de crime hediondo ou equiparado, se for primário |
| 50% da pena | a) Condenado pela prática de crime hediondo ou equiparado, com resultado morte, se for primário, vedado o livramento condicional; b) condenado por exercer o comando, individual ou coletivo, de organização criminosa estruturada para a prática de crime hediondo ou equiparado; ou c) condenado pela prática do crime de constituição de milícia privada; |
| 60% da pena | Apenado for reincidente na prática de crime hediondo ou equiparado |
| 70% da pena | Apenado for reincidente em crime hediondo ou equiparado com resultado morte, vedado o livramento condicional |

Nota-se que antes do Pacote Anticrime havia necessidade da memorização de apenas 4 situações. As possibilidades aumentaram – agora são 9 (as 8 presentes nos incisos do artigo 112 da LEP e a hipótese avistável no § 3º do mesmo artigo).

Os §§ 1º e 2º foram modificados:

| REDAÇÃO ANTERIOR | REDAÇÃO DETERMINADA PELO PACOTE ANTICRIME |
|---|---|
| Art. 112 (...)<br>§ 1º A decisão será sempre motivada e precedida de manifestação do Ministério Público e do defensor.<br>§ 2º Idêntico procedimento será adotado na concessão de livramento condicional, indulto e comutação de penas, respeitados os prazos previstos nas normas vigentes. | Art. 112 (...)<br>§ 1º Em todos os casos, o apenado só terá direito à progressão de regime se ostentar boa conduta carcerária, comprovada pelo diretor do estabelecimento, respeitadas as normas que vedam a progressão.<br>§ 2º A decisão do juiz que determinar a progressão de regime será sempre motivada e precedida de manifestação do Ministério Público e do defensor, procedimento que também será adotado na concessão de livramento condicional, indulto e comutação de penas, respeitados os prazos previstos nas normas vigentes. |

Os §§ 5º e 6º foram inseridos no artigo 112 da LEP. O primeiro deixa claro que o tráfico privilegiado de drogas (artigo 33, § 4º, da Lei 11.343/06) não é crime equiparado a hediondo (nesse sentido STF e STJ[12]). O segundo afirma que a prática de falta grave interrompe o prazo para obtenção de progressão

---

12. Anoto que o STJ cancelou a Súmula 512, que afirmava que o crime de tráfico privilegiado era considerado equiparado a hediondo (Súmula 512/STJ - A aplicação da causa de diminuição de pena prevista no art. 33, § 4º, da Lei n. 11.343/2006 não afasta a hediondez do crime de tráfico de drogas).

de regime e a recontagem do prazo terá por base a pena remanescente (vide Súmula 534/STJ[13]):

> Art. 112 (...)
> § 5º Não se considera hediondo ou equiparado, para os fins deste artigo, o crime de tráfico de drogas previsto no § 4º do art. 33 da Lei nº 11.343, de 23 de agosto de 2006.
> § 6º O cometimento de falta grave durante a execução da pena privativa de liberdade interrompe o prazo para a obtenção da progressão no regime de cumprimento da pena, caso em que o reinício da contagem do requisito objetivo terá como base a pena remanescente.

O § 7º do artigo 112 foi aprovado pelo Congresso Nacional, mas foi vetado pelo Presidente da República. Eis o dispositivo vetado:

> § 7º O bom comportamento é readquirido após 1 (um) ano da ocorrência do fato, ou antes, após o cumprimento do requisito temporal exigível para a obtenção do direito.

Eis as razões do veto:

> A propositura legislativa, ao dispor que o bom comportamento, para fins de progressão de regime, é readquirido após um ano da ocorrência do fato, ou antes, após o cumprimento do requisito temporal exigível para a obtenção do direito, contraria o interesse público, tendo em vista que a concessão da progressão de regime depende da satisfação de requisitos não apenas objetivos, mas, sobretudo de aspectos subjetivos, consistindo este em bom comportamento carcerário, a ser comprovado, a partir da análise de todo o período da execução da pena, pelo diretor do estabelecimento prisional. Assim, eventual pretensão de objetivação do requisito vai de encontro à própria natureza do instituto, já pré-concebida pela Lei nº 7.210, de 1984, além de poder gerar a percepção de impunidade com relação às faltas e ocasionar, em alguns casos, o cometimento de injustiças em relação à concessão de benesses aos custodiados.

O artigo 122 (que se refere à saída temporária, sem vigilância direta, do condenado que cumpre pena em regime semiaberto) ganhou o § 2º, que preceitua que:

> Art. 122 (...)
> § 2º Não terá direito à saída temporária a que se refere o caput deste artigo o condenado que cumpre pena por praticar crime hediondo com resultado morte.

---

13. Súmula 534/STJ - A prática de falta grave interrompe a contagem do prazo para a progressão de regime de cumprimento de pena, o qual se reinicia a partir do cometimento dessa infração.

A alteração recrudesceu o tratamento dispensado ao autor de crime hediondo com resultado morte. De acordo com a nova redação do artigo 112 da LEP, a progressão de regime para o primário que comete crime hediondo com resultado morte se dá depois do cumprimento de 50% da pena (vedado o livramento condicional). Caso o apenado seja reincidente em crime hediondo com resultado morte, será necessário cumprimento de 70% da pena para progressão (vedado o livramento condicional).

Além de ter de cumprir considerável tempo de pena para obter progressão de regime, o Pacote Anticrime, como visto, impediu o benefício da saída temporária ao apenado que cumpre pena em regime semiaberto, caso tenha ele sido condenado pela prática de crime hediondo com resultado morte. Essa medida é controversa, porque, se por um lado endurece o tratamento de quem comete crimes violentos graves (e isso é defendido por grande parcela da população), por outro dificulta sobremaneira o processo de ressocialização (uma das finalidades da pena).

## 13.4. ALTERAÇÕES NA LEI 8.072/90 (LEI DE CRIMES HEDIONDOS)

**Introdução:** O sistema adotado pelo Brasil para aferição da hediondez de determinado delito foi o legal. Vale dizer, para que o crime seja considerado hediondo em terras tupiniquins, é preciso que ele esteja enumerado na lista fechada do artigo 1º da Lei 8.072/90.

O Pacote Anticrime ampliou a lista de crimes, operando as seguintes alterações (comentarei cada uma delas individualmente).

**Homicídio (alteração vetada):** A alteração operada no inciso I do artigo 1º da Lei 8.072/90 findou sendo inócua, vez que o inciso VIII § 2º do artigo 121 do Código Penal (homicídio qualificado com emprego de arma de fogo de uso restrito ou proibido) foi vetado pelo Presidente da República. A alteração só surtirá o efeito desejado se o veto for derrubado pelo Congresso Nacional:

> Art. 1º (...)
> 
> I - homicídio (art. 121), quando praticado em atividade típica de grupo de extermínio, ainda que cometido por um só agente, e homicídio qualificado (art. 121, § 2º, incisos I, II, III, IV, V, VI, VII e VIII);

**Roubo:** O Pacote Anticrime inseriu novas modalidades de roubo na lista de crimes hediondos (antes dele, apenas o latrocínio figurava nesse rol). O legislador exagerou na dose. A partir da entrada em vigor da Lei 13.964/19, serão hediondos o roubo majorado pela restrição da liberdade da vítima, o roubo circunstanciado pelo emprego de arma de fogo, o roubo majorado pelo emprego de arma de fogo de uso proibido ou restrito, o roubo qualificado pelo resultado lesão grave e o roubo qualificado pela morte.

Parece-me desproporcional considerar hediondo o crime de roubo em face da restrição da liberdade da vítima ou pelo emprego de arma de fogo de uso permitido. O legislador tem verdadeira predileção por tratar de maneira mais gravosa o agente que pratica crimes violentos, mesmo que individuais. Ocorre que, por vezes, crimes praticados sem violência ou grave ameaça podem trazer grandes malefícios ao tecido social (desvio de verbas públicas, por exemplo). Anoto aqui crítica a tal opção legislativa. É preciso impor tratamento mais severo também a quem dilapida os cofres públicos e atravanca o crescimento do nosso país. É muito mais grave desviar milhares de reais das verbas saúde ou da educação que roubar uma carteira portando um revólver calibre .38:

> Art. 1º (...)
> II - roubo:
> a) circunstanciado pela restrição de liberdade da vítima (art. 157, § 2º, inciso V);
> b) circunstanciado pelo emprego de arma de fogo (art. 157, § 2º-A, inciso I) ou pelo emprego de arma de fogo de uso proibido ou restrito (art. 157, § 2º-B);
> c) qualificado pelo resultado lesão corporal grave ou morte (art. 157, § 3º);

**Extorsão:** Antes do Pacote Anticrime discutia-se se a extorsão qualificada pela restrição da liberdade da vítima com resultado morte constituía ou não crime hediondo. Explico. A Lei 8.072/90 considerava delito hediondo a extorsão qualificada pela morte, alocada no § 2º do artigo 158 do Código Penal. A Lei 11.923/09 acrescentou no artigo 158 do Código Penal o § 3º, que ficou conhecido como sequestro-relâmpago (em verdade crime de extorsão qualificada pela restrição da liberdade da vítima). No bojo do referido § 3º há também hipótese de aplicação de pena mais severa em face do resultado morte. Contudo, como a Lei 8.072/90 não havia sido modificada para afirmar expressamente que a extorsão qualificada pela morte tipificada no artigo 158 § 3º do Código Penal era crime hediondo, havia robusto entendimento doutrinário que afirmava que não era possível reconhecer a hediondez do sequestro relâmpago com resultado morte. Outra parte da doutrina, contudo, afirmava (a meu ver com razão) que a extorsão qualificada pela morte era crime hediondo onde quer se enquadrasse (seja no § 2º, seja no § 3º do artigo 158 do Código Penal).

Com o fito de solucionar o entrave, o Pacote Anticrime alterou o inciso III do artigo 1º da Lei 8.072/90 para considerar crime hediondo a extorsão qualificada pela restrição da liberdade da vítima, pela ocorrência de lesão corporal ou morte. Contudo, a celeuma vai continuar. É que o legislador não incluiu entre parênteses o § 2º do artigo 158 do Caderno Repressivo. Haverá quem interprete que a Lei 13.964/19 constitui *novatio legis in mellius* para quem cometeu crime de extorsão qualificada pela morte tipificada no referido dispositivo, porquanto ele desapareceu no inciso III do artigo 1º da Lei de Crimes

Hediondos (com aplicação retroativa, mesmo que o caso criminal conte com sentença condenatória transitada em julgado – artigo 2º, parágrafo único, do Código Penal – pelo juízo das execuções, na forma da Súmula 611/STF).

É preciso que se diga que o legislador findou considerando o roubo majorado pelo emprego de arma de fogo hediondo, mas não fez o mesmo em relação ao crime de extorsão. Ora, roubo e extorsão são delitos muito próximos (ambos são crimes patrimoniais que envolvem violência ou grave ameaça contra pessoa). Parece-me injustificável tal tratamento diferenciado. Imagine que A, com emprego de arma de fogo, subtrai o relógio de B. A conclusão será que A praticou crime de roubo majorado pelo emprego de arma de fogo, hediondo a partir da entrada em vigor do Pacote Anticrime. Suponha que C, com emprego de arma de fogo, obrigue D a entregar-lhe o cartão de débito e a respectiva senha para que aquela faça saques ilícitos na conta deste. Conclui-se que C praticou crime de extorsão majorada, mas o crime não será hediondo.

>Art. 1º (...)
>III - extorsão qualificada pela restrição da liberdade da vítima, ocorrência de lesão corporal ou morte (art. 158, § 3º);

**Furto:** Também foi alçado à condição de crime hediondo o furto qualificado pelo emprego de explosivo ou artefato análogo que cause perigo comum. O legislador já havia recrudescido o tratamento do autor do crime de furto com uso de explosivo ou artefato análogo por meio da Lei 13.654/18 (a conduta passou a constituir furto qualificado, com pena de 4 a 10 anos de reclusão).

Grupos criminosos que atacavam agências bancárias no estilo "novo cangaço" (roubos cometidos à luz do dia por indivíduos fortemente armados) passaram a explodir caixas eletrônicos e cofres no calar da noite. Atento a essa "migração", o legislador, como dito, criou qualificadora no ano de 2018 e com o Pacote Anticrime considerou a prática crime hediondo (curiosamente, porém, o roubo com uso de explosivos não foi alçado à condição de crime hediondo):

>Art. 1º (...)
>IX - furto qualificado pelo emprego de explosivo ou de artefato análogo que cause perigo comum (art. 155, § 4º-A).

**Parágrafo único do artigo 1º:** Uma falha grave do Pacote Anticrime é percebida no novel inciso III do parágrafo único do artigo 1º da Lei 8.072/90. Explico. O crime de posse ou porte de arma de fogo de uso restrito ou proibido, tipificado no artigo 16 da Lei 10.826/03 passou a ser considerado hediondo a partir da entrada em vigor da Lei 13.497/17.

Esse mandamento legal trouxe, contudo, a seguinte dúvida: todo artigo 16 do Estatuto do Desarmamento passaria a ser considerado crime hediondo ou apenas o caput do referido dispositivo? A resposta (a meu ver acertada) foi dada pelo Superior Tribunal de Justiça no bojo do HC 526916/SP (relator Ministro Nefi Cordeiro, julgado em 01/10/2019), deixando claro que todo artigo 16 do Estatuto do Desarmamento foi alçado à condição de crime hediondo a partir da entrada em vigor da Lei 13.497/17.

Agora o problema é outro (e bem mais grave). A Lei 13.964/19 afirmou ser crime hediondo "o crime de posse ou porte ilegal de arma de fogo de **uso proibido**" (grifo meu), tipificado pelo Pacote Anticrime no novel § 2º do artigo 16 da Lei 10.826/03 (o crime de porte/posse de arma de fogo de uso proibido se transmudou em figura qualificada, com pena orçada em 4 a 12 anos de reclusão).

Ora, com a alteração da redação da Lei 8.072/90, o crime de posse ou porte ilegal de arma de fogo de **uso restrito** (tipificado no caput do artigo 16 da Lei 10.826/03 e com figuras equiparadas no § 1º deste) não será mais considerado hediondo (o que significou *novatio legis in mellius*, com óbvia aplicação retroativa). Isso me parece muito claro, considerando que arma de uso restrito e arma de uso proibido são conceitos distintos[14].

Também foram considerados crimes hediondos: o crime de comércio ilegal de armas de fogo (artigo 17 da Lei 10.826/03), o delito de tráfico internacional de arma de fogo (artigo 18 da Lei 10.826/03) e o crime de organização criminosa, quando direcionada à prática de crimes hediondos ou equiparados (artigo 2º da Lei 12.850/13):

> Art. 1º (...)
> Parágrafo único. Consideram-se também hediondos, tentados ou consumados:
> I - o crime de genocídio, previsto nos arts. 1º, 2º e 3º da Lei nº 2.889, de 1º de outubro de 1956;
> II - o crime de posse ou porte ilegal de arma de fogo de uso proibido, previsto no art. 16 da Lei nº 10.826, de 22 de dezembro de 2003;
> III - o crime de comércio ilegal de armas de fogo, previsto no art. 17 da Lei nº 10.826, de 22 de dezembro de 2003;
> IV - o crime de tráfico internacional de arma de fogo, acessório ou munição, previsto no art. 18 da Lei nº 10.826, de 22 de dezembro de 2003;
> V - o crime de organização criminosa, quando direcionado à prática de crime hediondo ou equiparado.

---

14. **Armas de fogo de uso restrito**, segundo os Decretos 9.845, 9.846 e 9.847, todos de 25 de junho de 2019, são as armas de fogo automáticas, semiautomáticas ou de repetição que sejam: a) não portáteis; b) de porte, cujo calibre nominal, com a utilização de munição comum, atinja, na saída do cano de prova, energia cinética superior a mil e duzentas libras-pé ou mil seiscentos e vinte joules; ou c) portáteis de alma raiada, cujo calibre nominal, com a utilização de munição comum, atinja, na saída do cano de prova, energia cinética superior a mil e duzentas libras-pé ou mil seiscentos e vinte joules. Já **armas de fogo de uso proibido** são: a) as armas de fogo classificadas de uso proibido em acordos e tratados internacionais dos quais a República Federativa do Brasil seja signatária; ou b) as armas de fogo dissimuladas, com aparência de objetos inofensivos.

**Revogação de dispositivo:** Por fim, cumpre destacar que o § 2º do artigo 2º da Lei 8.072/90 foi revogado pelo artigo 19 da Lei 13.964/19 (já que agora a progressão de regime de cumprimento de pena se dará com base em percentuais de pena, tal qual declinado supra).

## 13.5. ALTERAÇÕES NA LEI 8.429/92 (LEI DE IMPROBIDADE ADMINISTRATIVA)

O Pacote Anticrime alterou a Lei de Improbidade Administrativa, para permitir acordo de não persecução cível. Contudo, apesar de ter previsto dito acordo, o mesmo ainda não pode ser materializado porque sua regulamentação foi integralmente vetada (veto integral ao artigo 17-A da Lei 8.492/92).

Eis a previsão do acordo de não persecução cível (sancionada):

> Art. 17. (...)
>
> § 1º As ações de que trata este artigo admitem a celebração de acordo de não persecução cível, nos termos desta Lei.
>
> (...)
>
> § 10-A. Havendo a possibilidade de solução consensual, poderão as partes requerer ao juiz a interrupção do prazo para a contestação, por prazo não superior a 90 (noventa) dias.

Eis o dispositivo vetado:

> Art. 17-A. O Ministério Público poderá, conforme as circunstâncias do caso concreto, celebrar acordo de não persecução cível, desde que, ao menos, advenham os seguintes resultados:
>
> I - o integral ressarcimento do dano;
>
> II - a reversão, à pessoa jurídica lesada, da vantagem indevida obtida, ainda que oriunda de agentes privados;
>
> III - o pagamento de multa de até 20% (vinte por cento) do valor do dano ou da vantagem auferida, atendendo a situação econômica do agente."
>
> § 1º Em qualquer caso, a celebração do acordo levará em conta a personalidade do agente, a natureza, as circunstâncias, a gravidade e a repercussão social do ato de improbidade, bem como as vantagens, para o interesse público, na rápida solução do caso.
>
> § 2º O acordo também poderá ser celebrado no curso de ação de improbidade.
>
> § 3º As negociações para a celebração do acordo ocorrerão entre o Ministério Público e o investigado ou demandado e o seu defensor.
>
> § 4º O acordo celebrado pelo órgão do Ministério Público com atribuição, no plano judicial ou extrajudicial, deve ser objeto de aprovação, no prazo de até 60 (sessenta) dias, pelo órgão competente para apreciar as promoções de arquivamento do inquérito civil.
>
> § 5º Cumprido o disposto no § 4º deste artigo, o acordo será encaminhado ao juízo competente para fins de homologação.

As razões do veto (ao §2º do artigo 17-A):

> A propositura legislativa, ao determinar que o acordo também poderá ser celebrado no curso de ação de improbidade, contraria o interesse público por ir de encontro à garantia da efetividade da transação e do alcance de melhores resultados, comprometendo a própria eficiência da norma jurídica que assegura a sua realização, uma vez que o agente infrator estaria sendo incentivado a continuar no trâmite da ação judicial, visto que disporia, por lei, de um instrumento futuro com possibilidade de transação.

E as razões do veto do restante do artigo 17-A:

> A propositura legislativa, ao determinar que caberá ao Ministério Público a celebração de acordo de não persecução cível nas ações de improbidade administrativa, contraria o interesse público e gera insegurança jurídica ao ser incongruente com o art. 17 da própria Lei de Improbidade Administrativa, que se mantém inalterado, o qual dispõe que a ação judicial pela prática de ato de improbidade administrativa pode ser proposta pelo Ministério Público e/ou pessoa jurídica interessada leia-se, aqui, pessoa jurídica de direito público vítima do ato de improbidade. Assim, excluir o ente público lesado da possibilidade de celebração do acordo de não persecução cível representa retrocesso da matéria, haja vista se tratar de real interessado na finalização da demanda, além de não se apresentar harmônico com o sistema jurídico vigente.

## 13.6. ALTERAÇÕES NA LEI 10.826/03 (ESTATUTO DO DESARMAMENTO)

**Figura qualificada:** O Pacote Anticrime também alterou a Lei 10.826/03. Em primeiro lugar, como já mencionado supra, o crime de posse/porte de arma de fogo de uso proibido passou a ser uma qualificadora do delito tipificado no artigo 16 do Estatuto do Desarmamento (com pena orçada em 4 a 12 anos de reclusão):

> Art. 16. Possuir, deter, portar, adquirir, fornecer, receber, ter em depósito, transportar, ceder, ainda que gratuitamente, emprestar, remeter, empregar, manter sob sua guarda ou ocultar arma de fogo, acessório ou munição de uso restrito, sem autorização e em desacordo com determinação legal ou regulamentar:
> § 1º (...)
> § 2º Se as condutas descritas no caput e no § 1º deste artigo envolverem arma de fogo de uso proibido, a pena é de reclusão, de 4 (quatro) a 12 (doze) anos.

Já mencionei supra os conceitos de arma de fogo de uso restrito e arma de fogo de uso proibido, extraídos dos Decretos 9.845/19, 9.846/19 e 9.847/19. Acrescento aqui os conceitos de arma de fogo de uso permitido, munição de uso restrito e munição de uso proibido:

Art. 2º Para fins do disposto neste Decreto, considera-se:

I - arma de fogo de uso permitido - as armas de fogo semiautomáticas ou de repetição que sejam:

a) de porte, cujo calibre nominal, com a utilização de munição comum, não atinja, na saída do cano de prova, energia cinética superior a mil e duzentas libras-pé ou mil seiscentos e vinte joules;

b) portáteis de alma lisa; ou

c) portáteis de alma raiada, cujo calibre nominal, com a utilização de munição comum, não atinja, na saída do cano de prova, energia cinética superior a mil e duzentas libras-pé ou mil seiscentos e vinte joules;

II - arma de fogo de uso restrito - as armas de fogo automáticas e as semiautomáticas ou de repetição que sejam

a) não portáteis;

b) de porte, cujo calibre nominal, com a utilização de munição comum, atinja, na saída do cano de prova, energia cinética superior a mil e duzentas libras-pé ou mil seiscentos e vinte joules; ou

c) portáteis de alma raiada, cujo calibre nominal, com a utilização de munição comum, atinja, na saída do cano de prova, energia cinética superior a mil e duzentas libras-pé ou mil seiscentos e vinte joules;

III - arma de fogo de uso proibido:

a) as armas de fogo classificadas de uso proibido em acordos e tratados internacionais dos quais a República Federativa do Brasil seja signatária; ou

b) as armas de fogo dissimuladas, com aparência de objetos inofensivos;

IV - munição de uso restrito - as munições que:

a) atinjam, na saída do cano de prova de armas de porte ou portáteis de alma raiada, energia cinética superior a mil e duzentas libras-pé ou mil seiscentos e vinte joules;

b) sejam traçantes, perfurantes ou fumígenas;

c) sejam granadas de obuseiro, de canhão, de morteiro, de mão ou de bocal; ou

d) sejam rojões, foguetes, mísseis ou bombas de qualquer natureza;

V - munição de uso proibido - as munições que sejam assim definidas em acordo ou tratado internacional de que a República Federativa do Brasil seja signatária e as munições incendiárias ou químicas;

**Pena alterada:** A pena do crime de comércio ilegal de arma de fogo (alçado à categoria de crime hediondo) foi aumentada (agora vai de 6 a 12 anos de reclusão e multa) e foi enxertado no dispositivo o § 2º, com a seguinte redação (inserção da técnica investigativa de agente policial disfarçado, como visto no bojo da obra):

Art. 17 (...)

§ 2º Incorre na mesma pena quem vende ou entrega arma de fogo, acessório ou munição, sem autorização ou em desacordo com a determinação legal ou regulamentar, a agente policial disfarçado, quando presentes elementos probatórios razoáveis de conduta criminal preexistente.

A Lei 13.964/19 aumentou a reprimenda do crime de tráfico internacional de armas de fogo (a pena ficou orçada em 8 a 16 anos de reclusão e multa). Trata-se, ademais, de crime hediondo (para quem o cometeu depois da entrada em vigor do Pacote Anticrime).

Como visto supra, a figura do agente policial disfarçado também foi admitida em relação ao crime tipificado no artigo 18 do Estatuto do Desarmamento:

> Art. 18. (...)
> Pena - reclusão, de 8 (oito) a 16 (dezesseis) anos, e multa.
> Parágrafo único. Incorre na mesma pena quem vende ou entrega arma de fogo, acessório ou munição, em operação de importação, sem autorização da autoridade competente, a agente policial disfarçado, quando presentes elementos probatórios razoáveis de conduta criminal preexistente.

**Causa de aumento de pena:** O artigo 20 da Lei 10.826/03 foi alterado para incluir nova causa de aumento de pena (haverá majoração caso o agente seja reincidente específico):

> Art. 20. Nos crimes previstos nos arts. 14, 15, 16, 17 e 18, a pena é aumentada da metade se:
> I - forem praticados por integrante dos órgãos e empresas referidas nos arts. 6º, 7º e 8º desta Lei; ou
> II - o agente for reincidente específico em crimes dessa natureza.

A aplicação do novel inciso II do artigo 20 do Estatuto do Desarmamento trará, a meu ver, problemas. Explico. Imagine indivíduo que foi condenado com trânsito em julgado pela prática do crime de porte ilegal de arma de fogo (artigo 14 da Lei 10.826/03). Suponhamos que depois do trânsito em julgado dessa condenação, ele venha a praticar novo crime idêntico (sendo, assim, reincidente específico). Ora, essa circunstância (reincidência) deve ser sopesada na segunda fase da fixação da pena privativa de liberdade (por ter natureza jurídica de circunstância agravante), tal qual determinado pelo artigo 68 do Código Penal (critério trifásico de fixação de pena). Não me parece possível impor ao personagem do exemplo, em face da mesma circunstância (reincidência específica) um duplo incremento de pena, representado pela imposição da agravante da reincidência e da causa de aumento prescrita pelo artigo 20, II, da Lei 10.826/03, na terceira fase da fixação da pena. Seria evidente *bis in idem*.

Penso que, a depender do caso concreto analisado, há como "salvar" a majorante de duas formas: a) se o julgador considerar que a reincidência específica, nesse caso (artigo 20, II, do Estatuto do Desarmamento), perdeu a natureza jurídica de circunstância agravante e passar a considera-la apenas na terceira fase da fixação de pena, como causa de aumento; b) em situações pontuais nas quais o agente ostente mais de uma condenação com trânsito em julgado pela prática dos crimes tipificados nos artigos 14, 15, 16, 17 e 18 e cometa novo crime presente nessa lista (nessa linha de intelecção, a primeira condenação com trânsito em julgado servirá para incidência da agravante e a segunda para imposição da causa de aumento, quando do julgamento de terceiro delito de igual natureza).

**Banco Nacional de Perfis Balísticos:** Por fim, o Pacote Anticrime enxertou no Estatuto do Desarmamento o artigo 34-A, criando o Banco Nacional de Perfis Balísticos, destinado a cadastrar armas de fogo e armazenar características de classe e individualizadoras de projéteis e de estojos de munição deflagrados por arma de fogo.

A medida é extremamente interessante, na medida em que cria um banco de dados que possibilitará identificar, por exemplo, que um determinado lote de munições subtraídas da Polícia Militar do Estado do Rio de Janeiro foi utilizado em um homicídio no Ceará e em um roubo a banco no Maranhão. Eis o dispositivo:

> Art. 34-A. Os dados relacionados à coleta de registros balísticos serão armazenados no Banco Nacional de Perfis Balísticos.
>
> § 1º O Banco Nacional de Perfis Balísticos tem como objetivo cadastrar armas de fogo e armazenar características de classe e individualizadoras de projéteis e de estojos de munição deflagrados por arma de fogo.
>
> § 2º O Banco Nacional de Perfis Balísticos será constituído pelos registros de elementos de munição deflagrados por armas de fogo relacionados a crimes, para subsidiar ações destinadas às apurações criminais federais, estaduais e distritais.
>
> § 3º O Banco Nacional de Perfis Balísticos será gerido pela unidade oficial de perícia criminal.
>
> § 4º Os dados constantes do Banco Nacional de Perfis Balísticos terão caráter sigiloso, e aquele que permitir ou promover sua utilização para fins diversos dos previstos nesta Lei ou em decisão judicial responderá civil, penal e administrativamente.
>
> § 5º É vedada a comercialização, total ou parcial, da base de dados do Banco Nacional de Perfis Balísticos.
>
> § 6º A formação, a gestão e o acesso ao Banco Nacional de Perfis Balísticos serão regulamentados em ato do Poder Executivo federal.

## 13.7. ALTERAÇÕES NA LEI 11.671/08

O Pacote Anticrime alterou, também, a Lei 11.671/08, que dispõe sobre a transferência e inclusão de presos em estabelecimentos penais federais de segurança máxima e dá outras providências.

Foi incluído o parágrafo único no artigo 2º, outorgando competência ao juízo federal de execução penal para as ações de natureza penal que tenham por objeto fatos ou incidentes relacionados à execução da pena ou infrações penais ocorridas no estabelecimento penal federal:

> Art. 2º (...)
>
> Parágrafo único. O juízo federal de execução penal será competente para as ações de natureza penal que tenham por objeto fatos ou incidentes relacionados à execução da pena ou infrações penais ocorridas no estabelecimento penal federal.

O artigo 3º também foi ampliado. O dispositivo agora traz as características do recolhimento do detido em estabelecimento penal federal de segurança máxima.

O inciso IV do § 1º do artigo 3º traz em seu bojo dispositivo polêmico: "monitoramento de todos os meios de comunicação, inclusive de correspondência escrita". O § 2º do artigo 3º determina monitoramento (por sistema de áudio e vídeo) das conversas travadas no parlatório e áreas comuns, vedada a gravação das conversas travadas nas celas e com advogados, salvo determinação judicial prévia (o desrespeito ao quanto preceituado no dispositivo pode constituir prática do crime tipificado no artigo 325 do Código Penal). O § 3º do mesmo artigo encerra que as gravações das visitas não poderão ser utilizadas como meio de prova de infrações penais pretéritas ao ingresso do preso no estabelecimento (a contrário senso, o que foi falado e gravado pode ser usado contra o detido em relação a infrações penais perpetradas depois da entrada do mesmo no estabelecimento penal).

Repito o que foi explicitado quando teci comentários acerca das alterações operadas pelo Pacote Anticrime na LEP. Penso que o monitoramento indiscriminado das conversas travadas entre presos e seus visitantes sem prévia autorização judicial parece violar os incisos X e XII do artigo 5º da Constituição Federal, porquanto temos verdadeira interceptação de sinais.

Observo que a existência de sistema de câmeras que captem áudio e vídeo em áreas comuns não viola nenhum direito individual do detido. O problema, repito, é a gravação das conversas individualmente mantidas pelo preso com seus visitantes.

Certamente tais dispositivos (assim como algumas das alterações operadas na LEP) serão questionados judicialmente. Os tribunais superiores deverão, em breve, enfrentar os pontos polêmicos do Pacote Anticrime, para decidir acerca da constitucionalidade da novel legislação.

> Art. 3º Serão incluídos em estabelecimentos penais federais de segurança máxima aqueles para quem a medida se justifique no interesse da segurança pública ou do próprio preso, condenado ou provisório.
>
> § 1º A inclusão em estabelecimento penal federal de segurança máxima, no atendimento do interesse da segurança pública, será em regime fechado de segurança máxima, com as seguintes características:
>
> I - recolhimento em cela individual;
>
> II - visita do cônjuge, do companheiro, de parentes e de amigos somente em dias determinados, por meio virtual ou no parlatório, com o máximo de 2 (duas) pessoas por vez, além de eventuais crianças, separados por vidro e comunicação por meio de interfone, com filmagem e gravações;
>
> III - banho de sol de até 2 (duas) horas diárias; e
>
> IV - monitoramento de todos os meios de comunicação, inclusive de correspondência escrita.
>
> § 2º Os estabelecimentos penais federais de segurança máxima deverão dispor de monitoramento de áudio e vídeo no parlatório e nas áreas comuns, para fins de preservação da ordem interna e da segurança pública, vedado seu uso nas celas e no atendimento advocatício, salvo expressa autorização judicial em contrário.
>
> § 3º As gravações das visitas não poderão ser utilizadas como meio de prova de infrações penais pretéritas ao ingresso do preso no estabelecimento.
>
> § 4º Os diretores dos estabelecimentos penais federais de segurança máxima ou o Diretor do Sistema Penitenciário Federal poderão suspender e restringir o direito de visitas previsto no inciso II do § 1º deste artigo por meio de ato fundamentado.
>
> § 5º Configura o crime do art. 325 do Decreto-Lei nº 2.848, de 7 de dezembro de 1940 (Código Penal), a violação ao disposto no § 2º deste artigo.

| REDAÇÃO ANTERIOR | REDAÇÃO DETERMINADA PELO PACOTE ANTICRIME |
|---|---|
| Art. 3º Serão recolhidos em estabelecimentos penais federais de segurança máxima aqueles cuja medida se justifique no interesse da segurança pública ou do próprio preso, condenado ou provisório. | Art. 3º Serão incluídos em estabelecimentos penais federais de segurança máxima aqueles para quem a medida se justifique no interesse da segurança pública ou do próprio preso, condenado ou provisório.<br><br>§ 1º A inclusão em estabelecimento penal federal de segurança máxima, no atendimento do interesse da segurança pública, será em regime fechado de segurança máxima, com as seguintes características:<br><br>I - recolhimento em cela individual;<br><br>II - visita do cônjuge, do companheiro, de parentes e de amigos somente em dias determinados, por meio virtual ou no parlatório, com o máximo de 2 (duas) pessoas por vez, além de eventuais crianças, separados por vidro e comunicação por meio de interfone, com filmagem e gravações;<br><br>III - banho de sol de até 2 (duas) horas diárias; e<br><br>IV - monitoramento de todos os meios de comunicação, inclusive de correspondência escrita.<br><br>§ 2º Os estabelecimentos penais federais de segurança máxima deverão dispor de monitoramento de áudio e vídeo no parlatório e nas áreas comuns, para fins de preservação da ordem interna e da segurança pública, vedado seu uso nas celas e no atendimento advocatício, salvo expressa autorização judicial em contrário.<br><br>§ 3º As gravações das visitas não poderão ser utilizadas como meio de prova de infrações penais pretéritas ao ingresso do preso no estabelecimento.<br><br>§ 4º Os diretores dos estabelecimentos penais federais de segurança máxima ou o Diretor do Sistema Penitenciário Federal poderão suspender e restringir o direito de visitas previsto no inciso II do § 1º deste artigo por meio de ato fundamentado.<br><br>§ 5º Configura o crime do art. 325 do Decreto-Lei nº 2.848, de 7 de dezembro de 1940 (Código Penal), a violação ao disposto no § 2º deste artigo. |

A Lei 13.964/19 ampliou o prazo de permanência do preso em estabelecimentos penais federais de segurança máxima (era de 360 dias, renovável, e passou a ser de até 3 anos, renovável por iguais períodos):

| REDAÇÃO ANTERIOR | REDAÇÃO DETERMINADA PELO PACOTE ANTICRIME |
|---|---|
| Art. 10. A inclusão de preso em estabelecimento penal federal de segurança máxima será excepcional e por prazo determinado.<br><br>§ 1º O período de permanência não poderá ser superior a 360 (trezentos e sessenta) dias, renovável, excepcionalmente, quando solicitado motivadamente pelo juízo de origem, observados os requisitos da transferência. | Art. 10. (...)<br><br>§ 1º O período de permanência será de até 3 (três) anos, renovável por iguais períodos, quando solicitado motivadamente pelo juízo de origem, observados os requisitos da transferência, e se persistirem os motivos que a determinaram. |

Foram enxertados os artigos 11-A e 11-B na Lei 11.671/08. O primeiro dispositivo possibilita que as decisões atinentes a transferência ou à prorrogação da permanência do peso em estabelecimento penal federal de segurança máxima, concessão ou denegação de benefícios prisionais ou a imposição de sanções ao preso federal podem ser tomadas por órgão colegiado de juízes, na forma da organização interna dos tribunais. O segundo dispositivo permite que Estados e o Distrito Federal constituam estabelecimentos de segurança máxima (ou adaptar os já existentes), aos quais será aplicável, no que couber, o disposto na lei citada:

> Art. 11-A. As decisões relativas à transferência ou à prorrogação da permanência do preso em estabelecimento penal federal de segurança máxima, à concessão ou à denegação de benefícios prisionais ou à imposição de sanções ao preso federal poderão ser tomadas por órgão colegiado de juízes, na forma das normas de organização interna dos tribunais.
>
> Art. 11-B. Os Estados e o Distrito Federal poderão construir estabelecimentos penais de segurança máxima, ou adaptar os já existentes, aos quais será aplicável, no que couber, o disposto nesta Lei.

## 13.8. ALTERAÇÕES NA LEI 12.037/09 (LEI DA IDENTIFICAÇÃO CRIMINAL)

A Lei 13.964/19 alterou a Lei 12.037/09. O novel artigo 7º-A trata da exclusão do perfil genético dos bancos de dados. Uma das maiores polêmicas acerca do banco de dados de perfil genético é quanto tempo o perfil deve ficar armazenado à disposição do Estado. O ideal seria que a identificação civil de todo e qualquer cidadão brasileiro contemplasse o armazenamento do perfil genético (além das digitais e fotografias) e que esse banco de dados ficasse à disposição dos órgãos de persecução penal independente de ordem judicial prévia, com o fito de facilitar a elucidação de crimes. Não enxergo violação a direitos individuais nesse tipo de imposição estatal.

No Brasil, optou-se por restringir a identificação obrigatória de perfil genético (que alimenta banco de dados de perfis genéticos) apenas à seara da identificação criminal, nos termos dos artigos 5º-A da Lei 12.037/09 e 9º-A da Lei de Execuções Penais (e ainda assim há contestação acerca da constitucionalidade de tal providência nos autos do RE 973837, sob relatoria do Ministro Gilmar Mendes).

O perfil genético daquele que foi submetido à identificação criminal deve ser retirado do banco de dados, nos termos do Pacote Anticrime, no caso de: a) absolvição; ou b) condenação do acusado, mediante requerimento, após decorridos 20 anos do cumprimento da pena:

> Art. 7º-A. A exclusão dos perfis genéticos dos bancos de dados ocorrerá:
>
> I - no caso de absolvição do acusado; ou
>
> II - no caso de condenação do acusado, mediante requerimento, após decorridos 20 (vinte) anos do cumprimento da pena.

O artigo 7º-C, incluído da na Lei 12.037/09 pelo Pacote Anticrime, autoriza a criação, no âmbito do Ministério da Justiça e Segurança Pública, do Banco Nacional Multibiométrico e de Impressões digitais, a ser regulamentado via ato do Poder Executivo federal.

O objetivo do banco de dados é armazenar dados de registros biométricos, de impressões digitais e, quando possível, de íris, face e voz, para subsidiar investigações criminais federais, estaduais ou distritais. A coleta desses dados será feita por meio de identificações criminais e durante investigações criminais. Será possível a alimentação do Banco Nacional Multibiométrico e de Impressões Digitais com dados oriundos da identificação civil, administrativa ou eleitoral (limitado o compartilhamento às impressões digitais e os dados necessários à identificação do seu titular).

O legislador, a meu ver, criou cláusula de reserva de jurisdição desnecessária: o acesso ao Banco Nacional Multibiométrico e de Impressões Digitais só poderá ser realizado por meio de autorização judicial prévia, concedida pelo juízo competente (no caso de investigações criminais, o juízo das garantias será o competente para outorgar dito acesso) – § 11 do artigo 7º-C da Lei 12.037/09.

Caso reste constatada coincidência de dados biométricos no curso de investigação criminal, caberá a perito oficial a confecção de laudo pericial, na forma do § 9º do artigo 7º-C da lei 12.037/09.

As informações constantes no Banco Nacional Multibiométrico e de Impressões Digitais são sigilosas e não poderão ser comercializadas.

Eis o novel artigo 7º-C da Lei 12.037/09:

Art. 7º-C. Fica autorizada a criação, no Ministério da Justiça e Segurança Pública, do Banco Nacional Multibiométrico e de Impressões Digitais.

§ 1º A formação, a gestão e o acesso ao Banco Nacional Multibiométrico e de Impressões Digitais serão regulamentados em ato do Poder Executivo federal.

§ 2º O Banco Nacional Multibiométrico e de Impressões Digitais tem como objetivo armazenar dados de registros biométricos, de impressões digitais e, quando possível, de íris, face e voz, para subsidiar investigações criminais federais, estaduais ou distritais.

§ 3º O Banco Nacional Multibiométrico e de Impressões Digitais será integrado pelos registros biométricos, de impressões digitais, de íris, face e voz colhidos em investigações criminais ou por ocasião da identificação criminal.

§ 4º Poderão ser colhidos os registros biométricos, de impressões digitais, de íris, face e voz dos presos provisórios ou definitivos quando não tiverem sido extraídos por ocasião da identificação criminal.

§ 5º Poderão integrar o Banco Nacional Multibiométrico e de Impressões Digitais, ou com ele interoperar, os dados de registros constantes em quaisquer bancos de dados geridos por órgãos dos Poderes Executivo, Legislativo e Judiciário das esferas federal, estadual e distrital, inclusive pelo Tribunal Superior Eleitoral e pelos Institutos de Identificação Civil.

§ 6º No caso de bancos de dados de identificação de natureza civil, administrativa ou eleitoral, a integração ou o compartilhamento dos registros do Banco Nacional Multibiométrico e de Impressões Digitais será limitado às impressões digitais e às informações necessárias para identificação do seu titular.

§ 7º A integração ou a interoperação dos dados de registros multibiométricos constantes de outros bancos de dados com o Banco Nacional Multibiométrico e de Impressões Digitais ocorrerá por meio de acordo ou convênio com a unidade gestora.

§ 8º Os dados constantes do Banco Nacional Multibiométrico e de Impressões Digitais terão caráter sigiloso, e aquele que permitir ou promover sua utilização para fins diversos dos previstos nesta Lei ou em decisão judicial responderá civil, penal e administrativamente.

§ 9º As informações obtidas a partir da coincidência de registros biométricos relacionados a crimes deverão ser consignadas em laudo pericial firmado por perito oficial habilitado.

§ 10. É vedada a comercialização, total ou parcial, da base de dados do Banco Nacional Multibiométrico e de Impressões Digitais.

§ 11. A autoridade policial e o Ministério Público poderão requerer ao juiz competente, no caso de inquérito ou ação penal instaurados, o acesso ao Banco Nacional Multibiométrico e de Impressões Digitais.

## 13.9. ALTERAÇÕES NA LEI 12.694/12

O Pacote Anticrime alterou a Lei 12.694/12 (que dispõe sobre o processo e o julgamento colegiado em primeiro grau de jurisdição de crimes praticados por organizações criminosas), permitindo a instalação, nas comarcas sedes de Circunscrição ou Seção Judiciária, mediante resolução, de Varas Criminais Colegiadas para processo e julgamento de: a) crimes de pertinência a organizações criminosas armadas ou que tenham armas à disposição; b) do crime do art. 288-A do Decreto-Lei nº 2.848, de 7 de dezembro de 1940 (Código Penal); e c) das infrações penais conexas aos crimes a que se referem os incisos I e II do caput deste artigo.

Mais uma vez o legislador reforça sua inclinação ao recrudescimento do tratamento dispensado ao envolvido com prática delitiva violenta, descurando da necessidade de endurecimento também em relação a quem pratica crimes não violentos que impactem consideravelmente a sociedade (como grandes esquemas de desvio de verbas públicas). Indubitavelmente a criação de Varas Criminais Colegiadas para processo e julgamento de esquemas complexos de corrupção e lavagem de dinheiro seria medida salutar para o enfrentamento dessa modalidade de criminalidade organizada. Não foi o querer do legislador.

Interessante notar que a referida vara colegiada terá competência inclusive no que toca a atos judiciais praticados no decorrer da investigação (e isso excepciona a competência do juízo das garantias), na forma do § 1º do artigo 1º-A da Lei 12.694/12. Fica, destarte, excepcionada a nova sistemática determinada pelo Pacote Anticrime que, em nome do sistema processual penal acusatório, criou o juízo das garantias e outorgou-lhe competência para prática de atos jurisdicionais no curso das investigações e o juízo da instrução e julgamento, para conduzir a fase processual propriamente dita.

Importante perceber que o legislador autorizou o declínio de competência materializado pelo juízo individual (seja das garantias, seja de instrução e julgamento) em favor das Varas Criminais Colegiadas, na forma do § 2º do artigo 1º-A da Lei 12.694/12.

> Art. 1º-A. Os Tribunais de Justiça e os Tribunais Regionais Federais poderão instalar, nas comarcas sedes de Circunscrição ou Seção Judiciária, mediante resolução, Varas Criminais Colegiadas com competência para o processo e julgamento:
>
> I - de crimes de pertinência a organizações criminosas armadas ou que tenham armas à disposição;
>
> II - do crime do art. 288-A do Decreto-Lei nº 2.848, de 7 de dezembro de 1940 (Código Penal); e
>
> III - das infrações penais conexas aos crimes a que se referem os incisos I e II do caput deste artigo.
>
> § 1º As Varas Criminais Colegiadas terão competência para todos os atos jurisdicionais no decorrer da investigação, da ação penal e da execução da pena, inclusive a transferência do preso para estabelecimento prisional de segurança máxima ou para regime disciplinar diferenciado.
>
> § 2º Ao receber, segundo as regras normais de distribuição, processos ou procedimentos que tenham por objeto os crimes mencionados no caput deste artigo,

o juiz deverá declinar da competência e remeter os autos, em qualquer fase em que se encontrem, à Vara Criminal Colegiada de sua Circunscrição ou Seção Judiciária.

§ 3º Feita a remessa mencionada no § 2º deste artigo, a Vara Criminal Colegiada terá competência para todos os atos processuais posteriores, incluindo os da fase de execução.

Frise-se que a criação de juízo colegiado para prática de qualquer ato processual pontual relativo a casos criminais que envolvam organizações criminosas ainda é possível, na forma do artigo 1º da Lei 12.694/12:

Art. 1º Em processos ou procedimentos que tenham por objeto crimes praticados por organizações criminosas, o juiz poderá decidir pela formação de colegiado para a prática de qualquer ato processual, especialmente:

I - decretação de prisão ou de medidas assecuratórias;

II - concessão de liberdade provisória ou revogação de prisão;

III - sentença;

IV - progressão ou regressão de regime de cumprimento de pena;

V - concessão de liberdade condicional;

VI - transferência de preso para estabelecimento prisional de segurança máxima; e

VII - inclusão do preso no regime disciplinar diferenciado.

§ 1º O juiz poderá instaurar o colegiado, indicando os motivos e as circunstâncias que acarretam risco à sua integridade física em decisão fundamentada, da qual será dado conhecimento ao órgão correicional.

§ 2º O colegiado será formado pelo juiz do processo e por 2 (dois) outros juízes escolhidos por sorteio eletrônico dentre aqueles de competência criminal em exercício no primeiro grau de jurisdição.

§ 3º A competência do colegiado limita-se ao ato para o qual foi convocado.

§ 4º As reuniões poderão ser sigilosas sempre que houver risco de que a publicidade resulte em prejuízo à eficácia da decisão judicial.

§ 5º A reunião do colegiado composto por juízes domiciliados em cidades diversas poderá ser feita pela via eletrônica.

§ 6º As decisões do colegiado, devidamente fundamentadas e firmadas, sem exceção, por todos os seus integrantes, serão publicadas sem qualquer referência a voto divergente de qualquer membro.

§ 7º Os tribunais, no âmbito de suas competências, expedirão normas regulamentando a composição do colegiado e os procedimentos a serem adotados para o seu funcionamento.

## 13.10. ALTERAÇÕES NA LEI 12.850/13 (LEI DAS ORGANIZAÇÕES CRIMINOSAS)

Estudemos as alterações promovidas pelo Pacote Anticrime na Lei 12.850/13 (apenas as que não foram analisadas no corpo da obra).

**Novos dispositivos do artigo 2º:** O artigo 2º da Lei de Combate às Organizações Criminosas ganhou mais dois parágrafos. O § 8º determina que as lideranças de organizações criminosas armadas ou que tenham armas à disposição deverão iniciar o cumprimento de pena em estabelecimentos penais de segurança máxima. Analisando a alínea 'a' do § 1º do artigo 33 do Código Penal, é possível detectar que o estabelecimento penal de segurança máxima é característico do cumprimento de pena no regime fechado:

> Art. 33 (...)
>
> § 1º - Considera-se:
>
> a) regime fechado a execução da pena em estabelecimento de segurança máxima ou média;

Reforçando tal entendimento, no próprio Pacote Anticrime, nas alterações determinadas no artigo 3º da Lei 11.671/08, nota-se a criação do "regime fechado de segurança máxima", com as seguintes características (já estudadas supra): a) recolhimento em cela individual; b) visita do cônjuge, do companheiro, de parentes e de amigos somente em dias determinados, por meio virtual ou no parlatório, com o máximo de 2 (duas) pessoas por vez, além de eventuais crianças, separados por vidro e comunicação por meio de interfone, com filmagem e gravações; c) banho de sol de até 2 (duas) horas diárias; e d) monitoramento de todos os meios de comunicação, inclusive de correspondência escrita.

Usando de outras palavras, o legislador findou impondo regime incialmente fechado "de segurança máxima" ao condenado que for líder de organização criminosa armada ou que tenha arma à disposição, independentemente da quantidade de pena aplicada. Sabe-se que o regime inicial será o fechado quando a pena privativa de liberdade aplicada (sendo ela de reclusão) for superior a 8 anos ou o condenado for reincidente (qualquer que seja o montante de pena imposta na sentença condenatória). Outras tentativas do legislador de impor regime inicialmente fechado de cumprimento de pena independentemente da quantidade de pena determinada na sentença foram reputadas inconstitucionais pelo Supremo Tribunal Federal (Lei 8.072/90, por exemplo). Eis julgado que sintetiza o quanto decidido pelo Pretório Excelso nos autos do HC 111.840/ES, relatado pelo Ministro Dias Toffoli:

> Habeas corpus. Penal. Tráfico de entorpecentes. Crime praticado durante a vigência da Lei nº 11.464/07. Pena inferior a 8 anos de reclusão. Obrigatoriedade de imposição do regime inicial fechado. Declaração incidental de inconstitucionalidade do § 1º do art. 2º da Lei nº 8.072/90. Ofensa à garantia constitucional

da individualização da pena (inciso XLVI do art. 5º da CF/88). Fundamentação necessária (CP, art. 33, § 3º, c/c o art. 59). Possibilidade de fixação, no caso em exame, do regime semiaberto para o início de cumprimento da pena privativa de liberdade. Ordem concedida. 1. Verifica-se que o delito foi praticado em 10/10/09, já na vigência da Lei nº 11.464/07, a qual instituiu a obrigatoriedade da imposição do regime inicialmente fechado aos crimes hediondos e assemelhados. 2. Se a Constituição Federal menciona que a lei regulará a individualização da pena, é natural que ela exista. Do mesmo modo, os critérios para a fixação do regime prisional inicial devem-se harmonizar com as garantias constitucionais, sendo necessário exigir-se sempre a fundamentação do regime imposto, ainda que se trate de crime hediondo ou equiparado. 3. Na situação em análise, em que o paciente, condenado a cumprir pena de seis (6) anos de reclusão, ostenta circunstâncias subjetivas favoráveis, o regime prisional, à luz do art. 33, § 2º, alínea b, deve ser o semiaberto. 4. Tais circunstâncias não elidem a possibilidade de o magistrado, em eventual apreciação das condições subjetivas desfavoráveis, vir a estabelecer regime prisional mais severo, desde que o faça em razão de elementos concretos e individualizados, aptos a demonstrar a necessidade de maior rigor da medida privativa de liberdade do indivíduo, nos termos do § 3º do art. 33, c/c o art. 59, do Código Penal. 5. Ordem concedida tão somente para remover o óbice constante do § 1º do art. 2º da Lei nº 8.072/90, com a redação dada pela Lei nº 11.464/07, o qual determina que "[a] pena por crime previsto neste artigo será cumprida inicialmente em regime fechado". Declaração incidental de inconstitucionalidade, com efeito ex nunc, da obrigatoriedade de fixação do regime fechado para início do cumprimento de pena decorrente da condenação por crime hediondo ou equiparado.

Eis a tese fixada pelo Pretório Excelso em relação ao tema 972:

> É inconstitucional a fixação ex lege, com base no art. 2º, § 1º, da Lei 8.072/1990, do regime inicial fechado, devendo o julgador, quando da condenação, ater-se aos parâmetros previstos no artigo 33 do Código Penal.

Importante que se diga que não há óbice à imposição de regime inicial fechado para o primário condenado a pena inferior a 8 anos. O que os Pariatos Superiores exigem é que exista fundamentação concreta justificando a necessidade da imposição de regime mais severo que o determinado pelo montante de pena aplicado.

Penso que o novel dispositivo deve ser intensamente combatido, pelas mesmas razões que levaram o STF a entender pela impossibilidade de fixação de regime inicialmente fechado ao agente condenado pela prática de crime hediondo (ofensa ao princípio constitucional da individualização da pena):

> Art. 2º (...)
> § 8º As lideranças de organizações criminosas armadas ou que tenham armas à disposição deverão iniciar o cumprimento da pena em estabelecimentos penais de segurança máxima.

O novel § 9º do artigo 2º da Lei 12.850/13 também é extremamente polêmico. Ele veda a progressão de regime e a obtenção de livramento condicional ou outros benefícios prisionais se houver elementos probatórios que indiquem a manutenção do vínculo associativo do condenado que integre organização criminosa.

O sistema adotado no Brasil para cumprimento de pena foi o progressivo (também chamado de inglês). O condenado inicia o cumprimento de pena no regime mais rigoroso e, com o passar do tempo e em face de bom comportamento, progride para regimes menos rigorosos (artigo 33, § 2º, do Código Penal). A vedação de progressão de regime prisional foi reconhecida inconstitucional tanto pelo Supremo Tribunal Federal (desde o HC 82.959/SP, passando pela edição da Súmula Vinculante 26), quanto pelo Superior Tribunal de Justiça – ofensa ao princípio da individualização da pena. Eis o quanto decidido pelo Pretório Excelso no bojo do citado remédio heroico:

> PENA - REGIME DE CUMPRIMENTO - PROGRESSÃO - RAZÃO DE SER. A progressão no regime de cumprimento da pena, nas espécies fechado, semi-aberto e aberto, tem como razão maior a ressocialização do preso que, mais dia ou menos dia, voltará ao convívio social.
>
> PENA - CRIMES HEDIONDOS - REGIME DE CUMPRIMENTO - PROGRESSÃO - ÓBICE - ARTIGO 2º, § 1º, DA LEI Nº 8.072/90 - INCONSTITUCIONALIDADE - EVOLUÇÃO JURISPRUDENCIAL. Conflita com a garantia da individualização da pena - artigo 5º, inciso XLVI, da Constituição Federal - a imposição, mediante norma, do cumprimento da pena em regime integralmente fechado. Nova inteligência do princípio da individualização da pena, em evolução jurisprudencial, assentada a inconstitucionalidade do artigo 2º, § 1º, da Lei nº 8.072/90.

Certamente o novel dispositivo será alvo de severas críticas e será centro de intensa discussão quanto a sua constitucionalidade (penso, contudo, que se trata de dispositivo constitucional, porquanto há atuação perniciosa do condenado, reatando os laços que foram cortados pela atuação estatal que culminou com a prolação de decreto condenatório):

> Art. 2º (...)
>
> § 9º O condenado expressamente em sentença por integrar organização criminosa ou por crime praticado por meio de organização criminosa não poderá progredir de regime de cumprimento de pena ou obter livramento condicional ou outros benefícios prisionais se houver elementos probatórios que indiquem a manutenção do vínculo associativo.

## 13.11. ALTERAÇÕES NA LEI 13.608/18

Como visto, o Pacote Anticrime alterou a Lei 13.608/18, que inseriu no Brasil a figura do *whistleblower* (soprador de apito). O novel artigo 4º-A determina manutenção de unidade de ouvidoria ou correição no âmbito da União, Estados,

Distrito Federal e Municípios, suas autarquias e fundações, empresas públicas e sociedades de economia mista, para assegurar a qualquer pessoa o direito de relatar informações sobre crimes contra a administração pública, ilícitos administrativos ou quaisquer ações ou omissões lesivas ao interesse público.

É muito importante esse canal de contato com o administrado, para que eventuais malfeitos sejam noticiados, resguardando o sigilo da fonte. Por óbvio, se se tratar de notícia de ilícito penal, o fato noticiado pelo soprador de apito será recebido como notícia anônima (apócrifa), caso ele opte por não se identificar (e a instauração de inquérito policial dependerá de levantamentos preliminares que confirmem a verossimilhança da notícia):

> Art. 4º-A. A União, os Estados, o Distrito Federal e os Municípios e suas autarquias e fundações, empresas públicas e sociedades de economia mista manterão unidade de ouvidoria ou correição, para assegurar a qualquer pessoa o direito de relatar informações sobre crimes contra a administração pública, ilícitos administrativos ou quaisquer ações ou omissões lesivas ao interesse público.
>
> Parágrafo único. Considerado razoável o relato pela unidade de ouvidoria ou correição e procedido o encaminhamento para apuração, ao informante serão asseguradas proteção integral contra retaliações e isenção de responsabilização civil ou penal em relação ao relato, exceto se o informante tiver apresentado, de modo consciente, informações ou provas falsas.

O artigo 4º-B deixa claro que o informante tem direito à preservação de sua identidade (que só será revelada em caso de relevante interesse público ou interesse concreto para apuração dos fatos e com sua concordância formal):

> Art. 4º-B. O informante terá direito à preservação de sua identidade, a qual apenas será revelada em caso de relevante interesse público ou interesse concreto para a apuração dos fatos.
>
> Parágrafo único. A revelação da identidade somente será efetivada mediante comunicação prévia ao informante e com sua concordância formal.

O soprador de apito passa a ter direito às medidas protetivas previstas na Lei 9.807/99, além de proteção contra ações ou omissões praticadas e retaliação ao exercício do direito de relatar – demissão arbitrária, alteração injustificada de funções ou atribuições, imposição de sanções, prejuízos remuneratórios ou materiais de qualquer espécie, retirada de benefícios diretos ou indiretos ou negativa de fornecimento de referências profissionais positivas.

Caso o funcionário público pratique retaliação contra o informante, tal ato constituirá falta disciplinar grave e sujeitará o agente à demissão a bem do serviço público.

O informante será ressarcido em dobro por eventuais danos materiais causados por ações ou omissões praticadas em retaliação, sem prejuízo de danos morais.

Por fim, será possível fixação de recompensa em favor do soprador de apito (até 5% do valor recuperado, caso as informações resultarem em recuperação de produto de crime contra a administração pública):

> Art. 4º-C. Além das medidas de proteção previstas na Lei nº 9.807, de 13 de julho de 1999, será assegurada ao informante proteção contra ações ou omissões praticadas em retaliação ao exercício do direito de relatar, tais como demissão arbitrária, alteração injustificada de funções ou atribuições, imposição de sanções, de prejuízos remuneratórios ou materiais de qualquer espécie, retirada de benefícios, diretos ou indiretos, ou negativa de fornecimento de referências profissionais positivas.
>
> § 1º A prática de ações ou omissões de retaliação ao informante configurará falta disciplinar grave e sujeitará o agente à demissão a bem do serviço público.
>
> § 2º O informante será ressarcido em dobro por eventuais danos materiais causados por ações ou omissões praticadas em retaliação, sem prejuízo de danos morais.
>
> § 3º Quando as informações disponibilizadas resultarem em recuperação de produto de crime contra a administração pública, poderá ser fixada recompensa em favor do informante em até 5% (cinco por cento) do valor recuperado.

## 13.12. ALTERAÇÕES NA LEI 8.038/90

O acordo de não persecução penal (enxertado no Código de Processo Penal pelo Pacote Anticrime no artigo 28-A do Código de Processo Penal) também é possível perante tribunais superiores (ações penais originárias manejadas em face de autoridades com foro por prerrogativa de função):

> Art. 1º (...)
>
> § 3º Não sendo o caso de arquivamento e tendo o investigado confessado formal e circunstanciadamente a prática de infração penal sem violência ou grave ameaça e com pena mínima inferior a 4 (quatro) anos, o Ministério Público poderá propor acordo de não persecução penal, desde que necessário e suficiente para a reprovação e prevenção do crime, nos termos do art. 28-A do Decreto-Lei nº 3.689, de 3 de outubro de 1941 (Código de Processo Penal).

## 13.13. ALTERAÇÕES NA LEI 13.756/18

O Pacote Anticrime alterou a Lei 13.756/18 (que dispõe sobre o Fundo Nacional de Segurança Pública) – acrescentando novas fontes de recursos:

> Art. 3º Constituem recursos do FNSP:
>
> (...)
>
> V - os recursos provenientes de convênios, contratos ou acordos firmados com entidades públicas ou privadas, nacionais, internacionais ou estrangeiras;
>
> VI - os recursos confiscados ou provenientes da alienação dos bens perdidos em favor da União Federal, nos termos da legislação penal ou processual penal;

VII - as fianças quebradas ou perdidas, em conformidade com o disposto na lei processual penal;

VIII - os rendimentos de qualquer natureza, auferidos como remuneração, decorrentes de aplicação do patrimônio do FNSP.

## 13.14. ALTERAÇÕES NO DEC-LEI 1.002/69 (CÓDIGO DE PROCESSO PENAL MILITAR)

O Pacote Anticrime acrescentou no Código de Processo Penal Militar disposição idêntico ao enxertado no artigo 14-A do Código de Processo Penal. Repetindo o quanto afirmado supra, o legislador instituiu a obrigatoriedade de defesa técnica em investigações manejadas em face de servidores das polícias militares e corpos de bombeiros militares que usarem força letal no exercício profissional, de forma consumada ou tentada.

O novo dispositivo determina "citação" do investigado acerca da instauração do apuratório, podendo constituir defensor no prazo de 48 horas, a contar do recebimento da citação. Escoado o prazo sem indicação de defensor pelo investigado, a instituição a que estava vinculado o investigado deverá proceder à indicação de defensor no prazo de 48 horas.

Militares da União poderão ser beneficiados com o novel dispositivo, caso os fatos tenham ocorrido em operações de Garantia da Lei e da Ordem:

> Art. 16-A. Nos casos em que servidores das polícias militares e dos corpos de bombeiros militares figurarem como investigados em inquéritos policiais militares e demais procedimentos extrajudiciais, cujo objeto for a investigação de fatos relacionados ao uso da força letal praticados no exercício profissional, de forma consumada ou tentada, incluindo as situações dispostas nos arts. 42 a 47 do Decreto-Lei nº 1.001, de 21 de outubro de 1969 (Código Penal Militar), o indiciado poderá constituir defensor.
>
> § 1º Para os casos previstos no caput deste artigo, o investigado deverá ser citado da instauração do procedimento investigatório, podendo constituir defensor no prazo de até 48 (quarenta e oito) horas a contar do recebimento da citação.
>
> § 2º Esgotado o prazo disposto no § 1º com ausência de nomeação de defensor pelo investigado, a autoridade responsável pela investigação deverá intimar a instituição a que estava vinculado o investigado à época da ocorrência dos fatos, para que esta, no prazo de 48 (quarenta e oito) horas, indique defensor para a representação do investigado.
>
> § 3º (VETADO).
>
> § 4º (VETADO).
>
> § 5º (VETADO).
>
> § 6º As disposições constantes deste artigo aplicam-se aos servidores militares vinculados às instituições dispostas no art. 142 da Constituição Federal, desde que os fatos investigados digam respeito a missões para a Garantia da Lei e da Ordem.

# 14

# CASUÍSTICA

## 14.1. INTROITO

Este tópico tem por objetivo apresentar algumas investigações reais em que foram utilizados institutos acima estudados. Todas as situações, investigações e decisões judiciais são verídicas.

## 14.2. CIGANOS

Em novembro do ano de 2008, a polícia militar de Pernambuco apresentou na Delegacia de Polícia Federal em Juazeiro/BA, quatro conduzidos e farto material arrecadado na residência de dois deles (era um casal e dois outros parentes). Foram amealhados na casa dos pretensos infratores certidões de nascimento, cartões de benefícios previdenciários, carimbos de cartórios, armas de fogo, munições, carteiras de trabalho e de identidades e CPF's.

Chamava atenção o fato de que em diversos dos documentos estavam estampadas fotos de pessoas idênticas (apenas em poses e/ou com roupas diferentes), em claro indício de que os conduzidos eram fraudadores do INSS (fabricavam certidões de nascimento, com o uso de carimbos cartorários falsos, tiravam documentos com suporte autêntico com base nesses registros civis fraudulentos e solicitavam benefícios previdenciários e/ou assistenciais ao INSS).

Preliminarmente foi determinada realização de consulta ao INSS em Juazeiro/BA e aos cartórios de Registro Civil de cidades do interior da Bahia, com o fito de constatar a existência de fraude. Em face da resposta positiva, findaram autuados em flagrante delito M.A.S e M.S.S, pela prática dos crimes de estelionato majorado (artigo 171, parágrafo 3º, do CP), falsificação de selo ou sinal público (artigo 296, II, do CP) e falsificação de documento público (artigo 297, do CP). Deixei de materializar a prisão em face da posse ilegal de arma de fogo, em razão do fenômeno da *abolitio criminis* temporária, gerada pelos artigos 30, 31 e 32, da Lei 10.826/03.

Observados todos os reclamos legais e constitucionais, a prisão foi comunicada ao juízo federal competente por distribuição. O magistrado findou por entender ilegal a detenção, forte no argumento de que nenhum dos crimes imputados aos indiciados tem natureza permanente e que não estava presente nenhuma das hipóteses do artigo 302, do CPP. Ainda assim, optou por não conceder liberdade provisória aos conduzidos, atendendo a pleito do Ministério Público Federal, que ao se manifestar acerca da prisão, requereu a decretação da custódia preventiva.

O procedimento inquisitivo transcorreu com prazo fatal de 15 dias, em face da custódia cautelar (prisão preventiva).

Com o fito de atestar a falsidade das certidões de nascimento apreendidas, determinei expedição de ofícios aos cartórios de registro civil respectivos. O resultado foi que quase todos os documentos arrecadados na casa dos presos eram falsos (as pessoas simplesmente não existiam).

Determinei ainda confecção de perícia nos carimbos apreendidos (depois de solicitar dos cartórios os respectivos padrões). O resultado foi mais um atestado de falsificação.

Foram ainda periciados os CPFs, carteiras de identidade e carteiras de trabalho. O corpo técnico findou constatando por meio de exames meticulosos que as fotos usadas nos documentos eram as mesmas (atentar para importância da prova aqui produzida, vez que o laudo pericial que constatou a falsidade é prova muito mais robusta que a simples observação pessoal de quem analisa os autos de que as pessoas das fotos se parecem).

Solicitei do INSS informação acerca de benefícios assistenciais e previdenciários concedidos em favor dos nomes que simplesmente não existiam. O resultado foi positivo, tendo sido detectados inúmeros benefícios fraudulentos.

Os indiciados foram processados e ao final condenados a penas superiores a 10 anos de reclusão, em regime inicial fechado. Anote-se que as provas usadas para fundamentar o édito condenatório foram basicamente colhidas no curso da investigação (que durou apenas 15 dias). Por óbvio as perícias e documentos oficiais remetidos pelos cartórios de registro civil e pelo INSS foram submetidos ao contraditório diferido (a defesa não pôde acompanhar a produção da prova, porque encartada na fase inquisitorial, mas teve oportunidade de se manifestar acerca dela no curso do processo), mas não há como afastar o fato de que tal material probante foi coligido na fase inquisitiva.

Finque-se que no inquérito os indiciados não confessaram a prática delitógena no bojo do inquérito, mas o cabedal probante foi suficientemente robusto para demonstrar que eles eram autores de diversas falsificações e fraudes que causavam grande prejuízo aos cofres do INSS (foram ao todo 27 benefícios fraudulentos, 3 carimbos falsificados e 52 documentos contrafeitos).

Os acusados apelaram da sentença condenatória. O TRF da 5ª Região manteve o *decisum* atacado em sua essência, modificando-o apenas quanto ao reconhecimento da prescrição de um dos estelionatos e quanto à absolvição dos réus pelo crime de falsificação de selo ou sinal público (que a Corte entendeu como meio para prática das falsificações de documentos públicos), o que acarretou a redução da reprimenda para 7 anos e 6 meses de reclusão em regime inicial semiaberto. Eis o acórdão[1]:

> PROCESSUAL PENAL E PENAL. SENTENÇA CONDENATÓRIA. APELAÇÃO INTERPOSTA PELOS RÉUS. FUGA DO ESTABELECIMENTO PRISIONAL. DESERÇÃO. NÃO-RECEPÇÃO DO ART. 595 DO CÓDIGO DE PROCESSO PENAL PELA CONSTITUIÇÃO. ALEGAÇÃO DE SUSPEIÇÃO DO JUIZ. MATÉRIA JÁ DECIDIDA POR ESTA TURMA. FATO NOVO. INOCORRÊNCIA. REAPRECIAÇÃO DA QUESTÃO. DESCABIMENTO. PREJULGAMENTO PELO JUIZ A QUO. INEXISTÊNCIA. OBTENÇÃO DE BENEFÍCIOS PREVIDENCIÁRIOS COM USO DE DOCUMENTOS FALSOS. CRIME INSTANTÂNEO DE EFEITOS PERMANENTES. CONSUMAÇÃO NO MOMENTO DE RECEBIMENTO DA PRIMEIRA PRESTAÇÃO. PRESCRIÇÃO. OCORRÊNCIA QUANTO A UMA DAS CONDUTAS IMPUTADAS AOS RÉUS. ADEQUADA VALORAÇÃO DA PROVA NA SENTENÇA. FALSIFICAÇÃO DE CARIMBOS DE CARTÓRIOS DE REGISTRO CIVIL. CONDENAÇÃO POR DELITOS DE FALSIFICAÇÃO DE SINAL PÚBLICO (ART. 296, II, DO CP). ATIPICIDADE DA CONDUTA. FALSIFICAÇÃO DE DOCUMENTOS PESSOAIS. POTENCIALIDADE LESIVA QUE VAI ALÉM DOS ESTELIONATOS PRATICADOS. PRINCÍPIO DA CONSUNÇÃO. INAPLICABILIDADE. DOSIMETRIA DAS PENAS. CORREÇÃO. PROVIMENTO PARCIAL DO APELO. O Pleno do STF reconheceu que o art. 595 do Código de Processo Penal não fora recepcionado pela Constituição Federal de 1988. Fuga de condenado preso que não mais implica na deserção do recurso. Conhecimento da apelação interposta pelo réu que se encontra foragido da prisão. Alegação de suspeição do juiz sentenciante com base nos mesmos fatos que embasaram a Exceção de Suspeição Criminal n. 12-PE, julgada improcedente por esta Turma em 12/05/2009. Não cabimento de nova apreciação da matéria. A utilização de expressões reveladoras de juízo de certeza em decisões interlocutórias não é tecnicamente recomendável, mas também não implica necessariamente em prejulgamento da causa. Por mais contundentes que sejam algumas expressões utilizadas no em decisões interlocutórias proferidas no curso do processo, elas devem ser contextualizadas e entendidas como reveladoras de um juízo de certeza sobre o que está sendo decidido naquele momento (presença dos requisitos e pressupostos para manutenção da prisão provisória), e não sobre o que ainda será decidido (responsabilidade penal do acusado).ACR6892/PE (Acórdão-2). A obtenção de benefício de prestação continuada da Previdência Social com utilização de documentos falsos configura crime de estelionato e se consuma no momento do recebimento da primeira parcela do benefício. Precedente do STF (HC 95.379 - 2ª Turma). O prazo prescricional da pretensão punitiva do crime de estelionato qualificado é de 12 anos, considerando-se que sua pena máxima é de 6 anos e 8

---

1. TRF 5ª Região, Apelação Criminal ACR6892-PE, 2ª Turma, rel. Des. Federal Francisco Wildo Lacerda Dantas, j. 25/05/2010.

meses (art. 109, III, c/c art. 171, caput e § 3º, do CP). Dos 23 crimes de estelionato pelos quais os apelantes foram condenados, apenas um consumou-se há mais de 12 anos do recebimento da denúncia. Os outros 22 (vinte e dois) benefícios previdenciários e assistenciais indevidos foram obtidos entre janeiro de 2000 e novembro de 2008, ao passo que a denúncia foi recebida em 12/12/2008. No que se refere à valoração da prova, não há nenhum reparo a ser feito na sentença objeto de recurso. Os depoimentos prestados pelos réus-apelantes em sede de interrogatório não receberam credibilidade porque conflitantes com as demais provas dos autos. Ao revés, os testemunhos dos policiais que realizaram a apreensão dos inúmeros documentos falsos existentes na residência dos apelantes estão em perfeita consonância com as outras provas. A condenação dos apelantes pelo crime de falsificação de selo ou sinal público (art. 296, II, do CP), em continuidade delitiva, tem fundamento na falsificação de três carimbos de cartórios de registro civil apreendidos na residência dos réus. Por mais que isso evidencie que os apelantes utilizavam-nos para falsificação de documentos, os quais posteriormente seriam utilizados para pleitear benefícios à Previdência Social, não há como se enquadrar os carimbos na definição de "selo" ou "sinal". O carimbo até pode ser utilizado para produzir um "sinal público de tabelião", como previsto na parte final do art. 296, II, do Código Penal, mas a mera posse desse instrumento não configura o crime de "falsificação do selo ou sinal público". A falsificação do sinal público de tabelião pode estar no resultado da utilização dos carimbos falsificados, mas os réus não foram denunciados por tal fato, não podendo ser por ele condenados. Ademais, a utilização dos carimbos notariais falsos somente teria utilidade para falsificação de documentos cartorários, o que evidencia se tratar de simples meio para perpetração do crime de falsificação de documento público (art. 297 do CP), no qual os apelantes foram condenados. Reforma da sentença para julgar improcedente a ação penal em relação às acusações pela prática de crimes de falsificação de sinais públicos. Os apelantes foram condenados 52 vezes, em continuidade delitiva, por falsificação de documentos públicos (art. 297 do CP), em razão de terem sido apreendidos em sua residência os seguintes documentos falsos: 25 certidões de nascimento, 17 carteiras de identidade e 10 CTPS's. Ainda que tais documentos falsos tenham sido utilizados para obter benefícios indevidos, sua potencialidade lesiva não se exaure nesses estelionatos. Os documentos elencados, por sua própria natureza, poderiam ser utilizados para várias outras finalidades. Inaplicabilidade da Súmula 17 do STJ, que é expressa ao afastar a absorção do crime de falsidade pelo estelionato quando neste não se exaure a potencialidade lesiva do documento falso. Existência de concurso material entre os crimes de estelionato e de falsidade documental pelos quais os apelantes foram condenados. Improvimento do recurso neste ponto. ACR6892/PE (Acórdão-3). A dosimetria da pena foi realizada com perfeição, de modo que a sentença não merece nenhum reparo neste aspecto. Embora reconhecida a prescrição de um dos crimes de estelionato, isso não interfere no índice de aumento da reprimenda pela continuidade delitiva, visto que tanto 22 quanto 23 reiterações criminosas merece aumento no limite máximo (dois terços).- Inaplicabilidade do art. 171, § 1º, do Código Penal, pelo qual "se o criminoso é primário, e é de pequeno valor o prejuízo, o juiz pode aplicar a pena conforme o disposto no art. 155, § 2º". A uma porque essa regra não se aplica ao crime de estelionato qualificado, previsto no parágrafo terceiro do mesmo artigo; a duas porque o prejuízo causado ao INSS não foi de pequena monta, como revelam a elevada quantidade de benefícios fraudulentamente obtidos (vinte e três) e o tempo pelos quais foram pagos pelo INSS (vários anos). Conhecimento da apelação, com parcial provimento para (a) reconhecer a prescrição da pretensão punitiva quanto à obtenção indevida do benefício n. 094.031.936-5, concedido em 31/08/1988, e (b) absolver os apelantes da acusação pelos crimes de falsificação de sinais públicos, tipificados no art. 296, II, do Código Penal.- Totalização da pena privativa de liberdade em 7 (sete) anos e 6 (seis) meses de reclusão, a ser cumprida inicialmente em regime semi-aberto, nos termos do artigo 33, § 2º, letra "b", do Código Penal e 190 (cento e noventa) dias-multa.

## 14.3. FLAGRANTE ESPERADO EM TRÁFICO DE DROGAS

A Delegacia de Polícia Federal em Juazeiro/BA recebeu no mês de maio do ano de 2010, notícia de possível crime de tráfico de drogas, que consistia na chegada de um veículo de cor branca, carregado com pasta base de cocaína. A informação foi repassada pela Superintendência da Polícia Federal em outro Estado da federação.

A informação policial era detalhada e descrevia o veículo (modelo, cor e placas), o condutor do automotor e o efetivo dono da droga (deu condição de capturar não apenas a "mula", como é conhecido o indivíduo que transporta a droga, mas também o proprietário da mesma).

Com o fito de demonstrar a chegada do proprietário da droga na cidade de Petrolina/PE (que faz divisa com Juazeiro/BA), uma equipe policial se dirigiu ao aeroporto e solicitou a lista de passageiros embarcados no voo que pousaria na cidade. Como no bojo da informação outrora recebida constava a fotografia do suspeito, foi possível realização de vigilância, oportunizando a identificação do hotel onde este ficou hospedado (anote-se que todas as diligências foram documentadas por meio de informações policiais, de forma que o Ministério Público e mais adiante o judiciário percebam como se desenrolou o trabalho investigativo).

Identificado o hotel e mantida equipe policial na frente do mesmo para seguir os passos do proprietário da droga, foi deslocado outro grupo de policiais para um posto da PRF na rota de chegada do veículo suspeito de trazer a droga.

A espera foi longa, mas na madrugada o carro indicado na informação que inaugurou o trabalho investigativo passou pelo posto e foi prontamente abordado pela equipe policial. Entrevistado, o condutor do veículo negou estar transportando qualquer substância ilícita. Depois de análise minuciosa do automotor, o aparelho policial logrou êxito em encontrar três invólucros contendo substância assemelhada a cocaína no para-lama dianteiro esquerdo do carro.

A retirada dos invólucros foi filmada pela equipe policial (é importante levar consigo em diligências externas máquina fotográfica, filmadora, laptop, dentre outros itens que facilitem a coleta de provas). Imediatamente foi dada voz de prisão em flagrante delito ao condutor do automotor, F.C.S., tendo-lhe sido mostrada a fotografia do suposto proprietário da droga para fins de reconhecimento. Positivo o reconhecimento de R.O.C (dono da cocaína), foi dado sinal verde para que a equipe que o vigiava também lhe desse voz de prisão.

Já na delegacia, foi lavrado o auto de prisão em flagrante delito dos conduzidos, com a juntada das informações policiais que davam conta das diligências preliminares encetadas para individualização dos suspeitos. Foi confeccionado auto de reconhecimento de pessoa em que F.C.S (motorista que trazia a droga) identificava R.O.C como a pessoa que havia levado o automotor apreendido para uma oficina, havia entregue o carro posteriormente (já "carregado" com a droga) e pago quantia em dinheiro pela viagem.

Foi determinada realização de perícia nos telefones celulares dos presos, com o fito de comprovar as ligações e mensagens trocadas por eles. Foi confeccionado laudo de constatação preliminar (com reagente químico) e posterior laudo definitivo (tratava-se efetivamente de mais de 3 quilos de pasta base de cocaína). Os vídeos que gravaram o momento da retirada da droga do carro também foram periciados. No bojo do relato final representei pelo perdimento em favor da União do veículo utilizado para o transporte da droga e pelo uso do automotor pela Delegacia de Polícia Federal em Juazeiro, tudo nos termos dos artigos 61 e seguintes da Lei 11.343/06, e 243, parágrafo único, da Constituição Federal (é importante que a autoridade policial observe tais dispositivos, para dar destino útil aos bens – especialmente veículos – apreendidos que eram utilizados pelo tráfico de drogas, com o fito de causar maior desfalque financeiro às quadrilhas especializadas no delito em espeque).

O caso aqui narrado é hipótese de flagrante esperado, que foi acima definido como aquele em que "a força estatal aguarda o cometimento do crime, sem qualquer interferência ou induzimento à prática. É espécie legal e constitucional de privação da liberdade, vez que não houve qualquer influência externa na execução do crime".

A situação concreta trouxe mais uma particularidade. Depois de interrogado, o preso F.C.S pediu para ir ao banheiro. Quando ele saiu, o funcionário da delegacia encarregado da limpeza chamou a atenção dos policiais para presença de R$ 900,00 deixados no sanitário usado pelo indiciado. Apreendido o numerário e submetido a perícia, constatou-se que se tratava de moeda falsa. No bojo do relatório final do feito, findei indiciando F.C.S pelo crime de moeda falsa, na conduta típica descrita no artigo 289, parágrafo 1º, do Código Repressivo. Ainda no corpo do relato final, explicitei entendimento de que os crimes apurados (tráfico de drogas e moeda falsa) não guardavam conexão e que a melhor solução seria que o juízo estadual competente para o processo e julgamento do crime de tráfico de drogas determinasse extração de cópias do auto flagrancial, com remessa destas e do numerário falso apreendido à Procuradoria da República com atribuição para ofertar exordial acusatória em face do crime de moeda falsa. Tudo com fuste em jurisprudência do Tribunal da Cidadania:

> PENAL. CONFLITO DE COMPETÊNCIA. TRÁFICO DE ENTORPECENTES E MOEDA FALSA. CONEXÃO. NÃO-OCORRÊNCIA. DESMEMBRAMENTO DO FEITO. COMPETÊNCIA DA JUSTIÇA ESTADUAL PARA APRECIAÇÃO DO DELITO DE TRÁFICO DE DROGAS. 1. A conexão ocorre quando a situação fática se enquadrar em alguma das hipóteses previstas no art. 76 do Código de Processo Penal. 2. Inexiste a conexão quando as condutas são absolutamente distintas, não havendo nenhuma relação de dependência probatória, ainda que o autor dos delitos seja a mesma pessoa. 3. Conflito conhecido para declarar competente o Juízo de Direito da Vara Criminal de Palhoça/SC, ora suscitado[2].
>
> CRIMINAL. HC. TRÁFICO DE ENTORPECENTES. MOEDA FALSA. CONEXÃO PROBATÓRIA OU INSTRUMENTAL. INOCORRÊNCIA. ORDEM DENEGADA. I. Não resta evidenciado, em princípio, a ligação entre os crimes de moeda falsa e tráfico de drogas ou se as moedas seriam falsificadas para a comercialização da droga. II. O simples fato de a substância entorpecente e a suposta moeda falsa terem sido apreendidas no mesmo ato pelos policiais não significa a ocorrência de conexão probatória ou instrumental. III. Maiores incursões no campo fático-probatório que são inviáveis na via eleita. IV. Ordem denegada[3].

Os processos pendem de julgamento.

## 14.4. O ANONIMATO E O INQUÉRITO POLICIAL

Foi instaurado na Delegacia de Polícia Federal em Juazeiro/BA inquérito policial com fundamento em notícia de crime apócrifa que descrevia diversos crimes (tráfico de drogas, roubo, receptação, sonegação fiscal, lavagem de dinheiro, dentre outros) e os imputava a empresário da região. O documento anônimo havia sido deixado em associação comercial da região, que prontamente o encaminhou à Polícia Federal para providências.

No curso do feito foram determinadas diligências investigativas com o fito de levantar fagulha de prova que fosse das práticas delitógenas apontadas no documento que lastreou a instauração do inquérito. Nenhuma trouxe sequer indício de qualquer dos crimes imputados ao investigado. Decidi relatar o feito, sugestionando ao *Parquet* o arquivamento do mesmo, ante a falta de trilha investigativa a ser seguida (em verdade não havia sequer justa causa para sua continuidade).

Remetido o feito relatado à Procuradoria da República, eis que o investigado sagra-se vencedor das eleições municipais e se torna prefeito. O MPF

---

2. STJ, CC 104036, 3ª Seção, rel. Min. Arnaldo Esteves Lima, j. 26/08/2009.
3. STJ, HC 23955/RS, 5ª Turma, rel. Min. Gilson Dipp, j. 18/09/2003.

em primeiro grau decide remeter o feito ao Tribunal Regional Federal da 1ª Região, em face do foro por prerrogativa de função agora ostentado pelo pretenso suspeito.

Instada a se manifestar, acerca da sugestão de arquivamento, a Procuradoria Regional da República optou por baixar o feito com pedido de diligências, indicando genericamente a necessidade de realização de busca e apreensão nas lojas e galpões de propriedade do investigado, com o objetivo de amealhar eventual prova do cometimento dos crimes apurados.

Concluso o feito para manifestação do aparelho policial acerca da cota acima resumida, exarei o seguinte despacho:

> O estudo acurado dos autos revela que o feito foi relatado pelo subscritor deste despacho, fls. 110/112. Na ocasião, posicionei-me pela inexistência de linha investigatória a seguir, já que a apuração dos fatos articulados na denúncia apócrifa de fls. 05 dependia da decretação de medidas judiciais de mitigação de direitos constitucionalmente assegurados, tais quais inviolabilidade de domicílio, sigilo fiscal, bancário, dentre outros e que não havia suporte fático a ensejar representação neste sentido.
> 
> Filiei-me, à época, à orientação do Pretório Excelso, que afirmou em aresto elucidativo, in verbis:
> 
> "ANONIMATO - NOTÍCIA DE PRÁTICA CRIMINOSA - PERSECUÇÃO CRIMINAL - IMPROPRIEDADE. Não serve à persecução criminal notícia de prática criminosa sem identificação da autoria, consideradas a vedação constitucional do anonimato e a necessidade de haver parâmetros próprios à responsabilidade, nos campos cível e penal, de quem a implemente" (STF, HC 84827/TO, Rel. Min. Marco Aurélio, j. 07/08/2007). O anonimato, vedado em nível constitucional (artigo 5º, IV, da Lex Legum), serve de escudo a denúncias vazias que podem vir a prejudicar o investigado, especialmente no que toca à exposição na mídia de que sua casa, empresa ou escritório foi alvo de busca por parte do Aparelho Policial. A lesão resultante de tal ação, caso levada a efeito sem a mais mínima fagulha de prova produzida formalmente é temerária e deve ser evitada pelos atores da persecussão penal, sobremaneira pelo fato de que não há como responsabilizar o autor da notícia de crime, ocultado pelo anonimato.
> 
> Destarte, considerando: a) os breves argumentos desenhados supra; b) o fato de que o entendimento da Polícia Judiciária foi no sentido da ausência de trilha investigativa a seguir, fls. 110/112; c) que o Ministério Público Federal, titular da ação penal pública, não comunga com tal entendimento; d) que o cumprimento da diligência descrita às fls. 130 depende de ordem judicial, na forma do artigo 5º, XI, da Lex Mater; e) que ao Ministério Público é dado requerer ao Judiciário medidas cautelares tal qual a afirmada às fls. 130 (busca e apreensão), **determino que sejam os presentes autos remetidos ao Tribunal Regional Federal da 1ª Região, no sentido de que o Parquet requeira ao referido Areópago a decretação da medida restritiva mencionada às fls. 130 que, em caso de deferimento, será imediatamente e integralmente cumprida no âmbito da Polícia Judiciária.**

Tendo retornado o feito ao TRF da 1ª Região, a Procuradoria Regional da República requereu medida judicial de busca e apreensão ao Areópago. O pleito foi repelido por decisão monocrática do relator, Desembargador Federal Tourinho Neto[4], nos seguintes termos:

> Não há nem a existência de mera suspeita contra o sócio-administrador da empresa Juagro Comércio e Representações Ltda., Isaac Cavalcante de Carvalho. Há uma denúncia anônima que não diz nada de concreto. Como então proceder uma busca e apreensão no local em que, segundo o denunciante, são armazenadas cargas roubadas? Assim, é muito fácil expor qualquer pessoa a um vexame desmesurado. Daí ter dito o Delegado Márcio Alberto Gomes Silva, com precisão (fls. 137): O anonimato, vedado em nível constitucional (artigo 5º, IV, da Lex Legum), serve de escudo a denúncias vazias que podem vir a prejudicar o investigado, especialmente no que toca à exposição na mídia de que sua casa ou escritório foi alvo de busca por parte do Aparelho Policial. A lesão resultante de tal ação, caso levada a efeito SEM A MAIS MÍNIMA FAGULHA DE PROVA PRODUZIDA FORMALMENTE É TEMERÁRIA e deve ser evitada pelos atores da persecução penal, sobremaneira pelo fato de que não como responsabilizar o autor da notícia de crime, ocultado pelo anonimato (destaquei). Correto o entendimento da autoridade policial, Delegado de Policia Federal, Márcio Alberto Gomes Silva. Proferindo voto no Inq 1957/PR (Plenário, 11.05.2005) – Persecução Penal e Delação Anônima INFORMATIVO nº 393), disse o Ministro CELSO DE MELLO: Encerro o meu voto, Senhor Presidente. E, ao fazê-lo, deixo assentadas as seguintes conclusões: (a) os escritos anônimos não podem justificar, só por si, desde que isoladamente considerados, a imediata instauração da "persecutio criminis", eis que peças apócrifas não podem ser incorporadas, formalmente, ao processo, salvo quando tais documentos forem produzidos pelo acusado, ou, ainda, quando constituírem, eles próprios, o corpo de delito (como sucede com bilhetes de resgate no delito de extorsão mediante seqüestro, ou como ocorre com cartas que evidenciem a prática de crimes contra a honra, ou que corporifiquem o delito de ameaça ou que materializem o "crimen falsi", p. ex.); (b) nada impede, contudo, que o Poder Público, provocado por delação anônima ("disque-denúncia", p. ex.), adote medidas informais destinadas a apurar, previamente, em averiguação sumária, "com prudência e discrição", a possível ocorrência de eventual situação de ilicitude penal, desde que o faça com o objetivo de conferir a verossimilhança dos fatos nela denunciados, em ordem a promover, então, em caso positivo, a formal instauração da "persecutio criminis", mantendo-se, assim, completa desvinculação desse procedimento estatal em relação às peças apócrifas; e (c) o Ministério Público, de outro lado, independentemente da prévia instauração de inquérito policial, também pode formar a sua "opinio delicti" com apoio em outros elementos de convicção que evidenciem a materialidade do fato delituoso e a existência de indícios suficientes de sua autoria, desde que os dados informativos que dão suporte à acusação penal não tenham, como único fundamento causal, documentos ou escritos anônimos. Sendo assim, e consideradas as razões expostas, peço vênia, Senhor Presidente, para acompanhar

---

4. TRF da 1ª Região, Inquérito 2009.01.00.017973-2/BA, DJe 21/09/2009.

o douto voto proferido pelo eminente Relator, rejeitando, em conseqüência, a questão de ordem ora sob exame desta Suprema Corte. É o meu voto. Firmou o Supremo Tribunal Federal, no julgamento deste Inq. n. 1957, o entendimento de que o "anonimato é postura afrontosa ao Estado de Direito, indigna de acolhimento ou defesa, desprovida inclusive da qualidade jurídica documental que eventualmente pretenda ter (quando escrita ou reduzida a termo), todavia, apta à deflagrar procedimento de mera averiguação da verossimilhança, se portadora de informação dotada de um mínimo de idoneidade". Segundo SÉRGIO MARCOS ROQUE, presidente da Associação dos Delegados do Estado de São Paulo (Adpesp), hoje, 70% dos casos resolvidos pela Polícia tiveram origem no Disque- Denúncia. A delação anônima é uma ferramenta tão importante para a Polícia que já não se consegue imaginar trabalhar sem ela. Mas é claro que não pode ser usada como prova e precisa de investigação preliminar, antes de ser formalizada. A Polícia toma o cuidado de agir assim. Toda denúncia recebida é antes apurada. Só é levada para as autoridades competentes, se ficar comprovada sua veracidade. Ante o exposto, indefiro o pedido de busca e apreensão requerido pelo Ministério Público Federal. Dê-se ciência à autoridade policial e ao Ministério Público Federal.

Trouxe o presente caso prático à baila para demonstrar através de exemplo prático que a notícia apócrifa pode lastrear a deflagração de inquérito policial, tal qual declinado no bojo deste trabalho (tópico 5.2), entrementes, como assentado no item mencionado, exige-se da autoridade policial a cautela de determinar a realização de diligências mínimas a fim de levantar fagulha de prova que seja da veracidade da notícia de crime anônima, antes de representar medidas judiciais que venham a mitigar caros direitos do pretenso investigado (no caso concreto apresentado as diligências apontaram a desnecessidade de tais medidas, como explicitado na decisão acima transcrita).

## 14.5. TRINCHEIRA CONTRA O CRIME

Em janeiro do ano de 2010 foi deflagrada na capital alagoana a operação TRINCHEIRA. As investigações iniciaram no mês de dezembro do ano de 2009 e apontavam a existência de um grupo de extermínio com atuação na cidade de Maceió/AL.

O apuratório se baseou em interceptações telefônicas judicialmente autorizadas e intenso trabalho de campo, sempre no sentido de demonstrar as ocorrências criminosas perpetradas pela quadrilha investigada. Como já declinado supra, é de suma importância que todas as conversas de conteúdo criminoso sejam transformadas em investigação de campo (com fotografias, filmagens, etc.), de forma a comprovar os atos ilícitos praticados pela quadrilha.

O grupo era liderado por um soldado da polícia militar alagoana. Além de ceifar a vida de pessoas, a quadrilha se dedicava à prática de assaltos e, em menor medida, ao tráfico de drogas na cidade de Maceió/AL.

No curso da investigação foram identificados e apurados diversos roubos, sempre praticados em sua forma qualificada (com uso de armas de fogo e mediante a participação de mais de dois quadrilheiros). Outros delitos foram levantados: falsificação de sinal de veículo automotor, uso de documento falso, receptação, associação para o tráfico de drogas e formação de quadrilha armada, apenas para exemplificar.

A operação findou sendo deflagrada depois da morte de uma vítima (montou-se complexo esquema de acionamento da Secretaria de Estado da Defesa Social alagoana, com o fito de avisar os órgãos estatais de segurança em caso de risco evidente de homicídios). Pelo menos uma morte foi efetivamente evitada em face da utilização do planejamento descrito.

É de se atentar, uma vez mais, a necessidade de, em apurações deste jaez, comunicar ao juízo o uso da técnica investigativa de ação controlada, prevista nos artigos 3º, III, e 8º, da Lei 12.850/13 (via de regra a quadrilha finda por cometer diversos delitos no trâmite da investigação e é cautela interessante comunicar a autoridade judicial do uso desta ferramenta).

Ocorre que, quando o inquérito gira em torno de delitos cometidos por grupos de extermínio (crimes dolosos contra vida), tal medida investigativa encontra grande limitação. É que não é dado à autoridade policial decidir acerca da vida ou morte de uma vítima em potencial. A solução deve sempre ser voltada à proteção da vida, ainda que isso redunde em antecipação da deflagração da operação. Óbvio que o empenho policial deve ser limitado pela possibilidade real de intervenção e de impedimento do resultado morte (caso a investigação não dê ao aparelho policial indicativo mínimo do local da ocorrência, de quem sejam as vítimas ou os autores do pretenso homicídio, não há que se falar em antecipar de forma açodada o fim da investigação, nem na possibilidade de responsabilização dos policiais envolvidos na apuração em caso de perecimento de alguma vítima).

Como a operação levantou diversos crimes praticados pela quadrilha e o inquérito principal findou se tornando muito complexo, representei à autoridade judiciária solicitando o desmembramento do feito em tantos apuratórios quantos os delitos perpetrados. Tal providência permitiu apontar de forma pontual a participação de cada quadrilheiro em cada um dos delitos. Ao final, representou-se pela decretação da prisão preventiva dos envolvidos em cada novo inquérito (ao invés de um único mandado de prisão em um inquérito muito complexo e volumoso, findaram sendo expedidos vários mandados em procedimentos mais enxutos e simplificados).

A saída acima descrita é interessante medida no sentido de evitar o excesso de prazo da prisão processual dos indiciados, vez que foram criados procedimentos "filhos" derivados da investigação principal. Isso gerou processos mais simples e ágeis, facilitando, inclusive, o trabalho da defesa.

Maioria dos réus foi condenada em primeiro grau e segundo graus (as sentenças condenatórias proferidas foram mantidas pelo Tribunal de Justiça de Alagoas – alguns dos investigados manejou recurso especial, que não foi admitido; os agravos em recurso especial também não foram conhecidos). Eis ementa que negou remédio heroico[5] impetrado em favor de um dos investigados:

> PENAL. PROCESSO PENAL. *HABEAS CORPUS*. PRISÃO PREVENTIVA. GARANTIA DA ORDEM PÚBLICA. ROUBO QUALIFICADO. ORGANIZAÇÃO CRIMINOSA. PACIENTE QUE RESPONDE A OUTROS PROCESSOS POR DIVERSOS CRIMES DE EXTREMA GRAVIDADE. RISCO CONCRETO DE REITERAÇÃO CRIMINOSA. PRISÃO DEVIDAMENTE FUNDAMENTADA. ALEGAÇÃO DE EXCESSO DE PRAZO. NÃO VERIFICADO. RAZOABILIDADE. PROPORCIONALIDADE. ORDEM CONHECIDA E DENEGADA. I – A prisão preventiva do Paciente está satisfatoriamente justificada na garantia da ordem pública, pois os autos retratam, com elementos concretos, sua periculosidade e o risco de reiteração criminosa, tendo em vista sua suposta participação em organização articulada e atuante na prática de diversos crimes graves (homicídio, tráfico, roubo, formação de quadrilha, etc.). II – Não resta configurado o excesso de prazo quando a complexidade do feito justifica pequena dilação na fase investigatória, de modo a robustecer o arcabouço indiciário para melhor instruir o persecutio criminis que será instaurado em desfavor da quadrilha. Precedentes do STJ. III – Ordem conhecida e denegada.

A operação deixou apenas um foragido. Participaram da deflagração o BOPE – Batalhão de Operações Especiais da PM/AL, o TIGRE – Tático Integrado de Grupos de Resgate, da Polícia Civil de Alagoas, além de policiais federais da Superintendência Regional em Alagoas.

## 14.6. COMBATENDO OS DISCÍPULOS DE LAMPIÃO

A ação dos grupos criminosos envolvidos com roubos a agências bancárias e dos Correios é, via de regra, pautada pela violência extremada. Nas regiões Norte e Nordeste, os grupos costumam tomar toda uma cidade de assalto, com o uso de armas de grosso calibre (fuzis, espingardas, metralhadoras, além de pistolas e revólveres) e, uma vez instalado o pânico na localidade, executam seu intento, não sem antes enfileirar populares na frente do banco ou agência dos correios, colocando-os na linha de tiro entre os policiais e os criminosos e levando consigo reféns para garantir a fuga.

Nesta toada, a Polícia Federal em Juazeiro/BA deflagrou no mês de junho do ano de 2010 a operação NOVO CANGAÇO, com o fito de reprimir quadrilha especializada em assaltos a agências bancárias, dos Correios e estabelecimentos comerciais, nos Estados da Bahia, Pernambuco e Piauí.

---

5. TJ/AL, HC 2010.002742-3, Rel. Des. Sebastião Costa Filho, DJe 04/10/2010.

Foram mais de dois meses de intenso trabalho investigativo. Como na operação TRINCHEIRA, acima analisada, foi levado a efeito vigoroso trabalho de campo, destinado a demonstrar todos os crimes praticados pela quadrilha (foram roubos, receptação, falsificação de documentos públicos, dentre outros delitos).

A interceptação telefônica judicialmente autorizada teve sua força probante encorpada por fotografias, filmagens, declarações de vítimas e reconhecimentos por fotografia dos indiciados.

Ao final foram presos 15 quadrilheiros oriundos dos Estados de São Paulo e Pernambuco, que planejavam sequência de roubos a banco com uso de armamento pesado e explosivos. Foram apreendidos quatro fuzis, doze carregadores de fuzil, 564 munições de fuzil, uma metralhadora calibre .45 com carregador, 78 munições .45, uma espingarda calibre .12, 22 munições cal. 12, 3 pistolas, 60 munições de pistola, 51 munições de metralhadora calibre .30, 1 revólver calibre .38, 4 coletes balísticos e 2 artefatos explosivos, além de carros e motos usados pela quadrilha nas rapinas. No curso da operação foram recuperados um laptop e dois veículos roubados pelo bando.

A deflagração da operação trouxe à tona situação interessante. A maioria das armas foi apreendida em uma propriedade rural em que não havia nenhum quadrilheiro hospedado. Já no sítio onde foi presa a maioria dos integrantes da quadrilha havia apenas algumas munições. Este fato demonstra a necessidade de uma investigação séria e atenta a todos os artifícios dos criminosos para encobrir os delitos por eles praticados. Havia nos autos material probante suficientemente robusto para demonstrar a ligação entre presos, armas e assaltos outrora praticados.

Os réus foram condenados em primeiro grau a penas que variam de 3 a 18 anos e 8 meses de reclusão (as apelações manejadas pelos réus que recorreram foram improvidas e o caso criminal transitou em julgado). Vejamos decisão do Tribunal de Justiça de Pernambuco[6] que denegou à unanimidade o remédio heroico impetrado por um dos réus:

> Penal e Processual Penal. 'Habeas corpus'. Organização criminosa voltada para assaltos a bancos e tráfico ilícito de entorpecentes. Prática reiterada de assaltos por parte dos pacientes. Réus presos em flagrante na posse de vasto arsenal de armas e munições de uso restrito, bem como de documentos falsificados. Periculosidade dos agentes. Demonstração. Ameaça à ordem pública. Necessidade de decretação da prisão preventiva. Extensão dos efeitos de medida judicial que revogou a custódia cautelar de co-denunciada. Inexistência de identidade processual. Impossibilidade. Coação ilegal. Inocorrência. Ordem denegada. Decisão unânime. I - Incabível a incursão aprofundada no conjunto fático-probatório na via estreita do 'habeas

---

6. TJ/PE, HC 0014040-90.2010.8.17.0000, rel. Des. Alderita Ramos de Oliveira, DJ 04/10/2010.

corpus', o que impede a análise de eventual alegação de inocência dos acusados. II - Tendo o Juiz se arrimado, ainda que de forma sucinta, na prática reiterada de delitos pelos pacientes, ressaltando a periculosidade dos agentes, na medida em que fazem da delinqüência o seu 'modus vivendi', não há que se falar em carência de fundamentação do decreto preventivo. Precedentes do S.T.J. III - Não se admitir a extensão dos efeitos da decisão que revogou a prisão preventiva da co-ré, concedendo-lhe liberdade provisória, quando medida foi decretada com base em outro fundamento, de caráter genérico, não se verificando, por tal motivo, similitude entre a situação jurídico-processual da beneficiada com aludida revogação e os pacientes. Precedente do S.T.J. IV - Ordem denegada à unanimidade.

A operação contou com a participação do Comando de Operações Táticas da Polícia Federal – COT, da Companhia Independente de Operações e Sobrevivência na Área de Caatinga da PM/PE – CIOSAC, GATI, da PM/PE, 5º Batalhão da Polícia Militar de Pernambuco, além de policiais federais de vários estados.

Destaca-se que todos os criminosos foram presos sem que fosse disparado um só tiro (o que é uma raridade em operações de combate a assalto a banco) e com todos os mandados de busca e prisão cumpridos (o único foragido foi capturado no mês de setembro de 2010 – cerca de três meses depois da deflagração da operação).

## 14.7. VAZAMENTO DO ENEM/2010

Nos dias 06 e 07 do mês de novembro do ano de 2010 foi realizado o ENEM – Exame Nacional do Ensino Médio. O certame é porta de entrada para diversas Universidades Federais do Brasil.

No dia 06 de novembro, sábado, a prova versou sobre Ciências Humanas e suas Tecnologias e Ciências da Natureza e suas Tecnologias. Já no dia 07 de novembro de 2010, domingo, o teste versou sobre Redação, Linguagens, Códigos e suas Tecnologias e Matemática e suas Tecnologias.

No domingo, um professor de curso pré-vestibular concedeu entrevista a uma rádio da cidade de Petrolina/PE, dando conta de possível vazamento do tema da redação da prova. Eis a notícia de crime: ele disse ter sido procurado por um aluno, que afirmou ter recebido telefonema advindo da cidade de São Raimundo Nonato, no Piauí, informando que o tema da prova havia vazado e seria relacionado a "Trabalho e Escravidão". O aluno então pediu dicas de como se posicionar na prova.

O estudante procurou três professores de redação e um de história para colher dicas de como escrever sobre o tema. Estes não acreditaram que o tema efetivo do ENEM fosse o informado, vez que não se tratava de assunto polêmico e que estivesse em evidência na mídia.

Quando os alunos saíram da prova, o professor constatou que o tema informado pelo estudante havia sido quase idêntico a um dos textos de apoio da prova (a redação tinha como tema "O Trabalho na Construção da Dignidade Humana" e contava com dois textos de apoio, "O que é Trabalho Escravo" e "O Futuro do Trabalho"). Tal coincidência motivou a concessão da entrevista e a notícia de crime.

A partir da propagação da notícia, o caso passou a ser investigado pela Delegacia de Polícia Federal em Juazeiro/BA. Optou-se por materializar levantamento preliminar, antes da efetiva instauração de inquérito policial (em festejo ao preceituado pelo § 3º, do artigo 5º, do CPP). Realizadas diligências iniciais, constatou-se que um caderno de provas ampliado (destinado a deficientes visuais) foi aberto pela coordenação de um dos colégios onde foi aplicada a prova na cidade de Remanso/BA antes do horário previsto para o início do certame. Os trabalhos de campo revelaram que aplicadores da prova tiveram acesso à prova, que a mãe do estudante acima mencionado havia trabalhado como fiscal e tinha feito ligação do telefone fixo do colégio depois de ter visto o famigerado caderno ampliado.

Diante de indícios efetivos da existência do vazamento, foi instaurado inquérito policial para apurar cabalmente a prática do delito tipificado no artigo 325, § 2º, do Código Penal (violação de sigilo funcional, em sua forma qualificada).

Os professores, o estudante e uma colega dele foram oitivados (os dois últimos tiveram suas declarações gravadas, com consentimento dos mesmos). O rascunho da prova do estudante foi apreendido e analisado (a análise revelou que o candidato estava tão influenciado pelo tema que lhe foi repassado que só escreveu sobre a relação trabalho/escravidão). Diligenciamos na cidade de Remanso/BA e foram materializadas as oitivas dos pais do estudante (declarações também gravadas, com consentimento dos oitivados).

Os investigados confessaram a prática delitiva e revelaram a dinâmica dos fatos: a) a mãe do estudante, professora municipal e aplicadora da prova do ENEM/2010 em colégio na cidade de Remanso/BA, teve acesso ao caderno de prova ampliado, destinado a deficientes visuais, aberto sem intenção maliciosa pela coordenação de aplicação de prova horas antes do início do certame; b) depois de ter visualizado muito rapidamente o referido caderno, e pensando que o tema da redação girava em torno da expressão "Trabalho e Escravidão" (a investigada, em verdade, atentou para um dos textos de apoio da prova de redação, já que o tema efetivo era "O Trabalho na Construção da Dignidade Humana"), telefonou do aparelho fixo da escola para casa de sua sogra e falou com seu esposo, informando-lhe o tema que havia visto e pedindo para que este ligasse para o filho de ambos; c) o genitor efetuou rápida pesquisa em sites da internet em seu computador pessoal e ligou para seu filho, contando acerca do tema, mas omitindo a fonte; d) chegando ao local onde ia prestar o ENEM, o candidato, sem saber que estava expondo sua genitora, comentou com alguns professores do seu curso pré-vestibular que soube que o tema da redação tinha vazado (criando a história de que o vazamento havia se dado em São Raimundo Nonato/PI) e pedindo dicas de como se posicionar na redação diante do tema "Trabalho e Escravidão"; e) diante da grande coincidência entre o tema alardeado pelo estudante e um dos textos de apoio da redação do ENEM, um dos professores procurados pelo aluno antes da prova, resolveu conceder entrevista aos meios de comunicação, noticiando o fato.

Com o fito de melhor provar os fatos, representei a quebra do sigilo telefônico dos terminais envolvidos (o resultado do afastamento do sigilo demonstrou a ligação originada do colégio para casa da sogra da indiciada no horário por ela informado) e apreendi o computador pessoal do genitor do estudante (a máquina foi periciada e o trabalho técnico constatou sete acessos a páginas de pesquisa na internet relacionadas a "trabalho e escravidão" no dia da prova, depois do telefonema e cerca de duas horas antes do horário marcado para o início do certame).

Nesta investigação aliou-se o trabalho de campo, a análise de documentos, a quebra de sigilo telefônico, a perícia, a prova testemunhal e confissões devidamente gravadas em vídeo.

A investigada foi denunciada, aceitou proposta de suspensão condicional do processo (artigo 89 da Lei 9.099/95), cumpriu todas as condições impostas no período de prova e sua punibilidade foi declarada extinta.

## 14.8. DETALHES DE UM ESQUEMA DE DESVIO

Os delitos relacionados ao desvio de dinheiro público possuem grande potencialidade lesiva. Apesar de não serem cruentos, estes crimes retiram do ente lesado fôlego financeiro para materializar investimentos importantes em áreas vitais para sociedade, como saúde, educação, segurança, lazer, dentre outras.

O crime de peculato cometido por meio da nomeação de "laranjas" para cargos em comissão e a posterior inversão dos valores referentes aos vencimentos dos mesmos para as contas do autor do delito ou de pessoas a ele ligadas é uma das funestas formas de perpetração da prática acima descrita.

No caso presente, um Deputado Estadual da Bahia figurou como personagem central de esquema de desvio de dinheiro público através da nomeação de assessores parlamentares que não desempenham suas funções efetivamente e que só serviam para verter seus vencimentos para o parlamentar ou pessoas a ele ligadas, através de saques e transferências diretas. Os "fantasmas" auferiam entre R$ 3.000,00 e R$ 8.000,00. Foram detectadas várias transferências bancárias das contas destes para o parlamentar, sua companheira e seus filhos.

O inquérito, instaurado no âmbito da Delegacia de Polícia Federal de Juazeiro/BA, apurou os crimes de peculato, sonegação fiscal, lavagem de dinheiro e formação de quadrilha (hoje associação criminosa).

O procedimento inquisitorial foi apoiado em RIF elaborado pelo COAF (Conselho de Controle de Atividades Financeiras, do Ministério da Fazenda), trabalho de campo (que mostrou que vários dos investigados não eram efetivamente assessores), análise em bancos de dados, quebra de sigilos bancário e fiscal e perícias contábeis.

No mês de abril do ano de 2012, a operação DETALHES foi deflagrada. Foram cumpridos 12 mandados de busca e apreensão nas cidades de Juazeiro/BA, Uauá/BA, Salvador/BA e Petrolina/PE. A Assembleia Legislativa da Bahia foi alvo de dois mandados judiciais. As ordens foram expedidas pelo Tribunal Regional Federal da 1ª Região.

Grande parte dos investigados foi ouvida no dia da deflagração da operação. O esquema criminoso foi confirmado nas oitivas, que foram gravadas em vídeo.

Os envolvidos foram denunciados ao Tribunal Regional Federal da 1ª Região, mas em virtude de excessiva demora no recebimento da exordial acusatória (em face da adoção da providência descrita no artigo 514 do CPP – o Areópago preferiu não adotar, no caso concreto, a Súmula 330 do STJ), houve prescrição da pretensão punitiva em face do crime de sonegação fiscal, com envio do feito ao Tribunal da Justiça da Bahia.

A denúncia foi recebida pelo Tribunal de Justiça da Bahia por maioria de votos apenas em fevereiro de 2019. Em julho do mesmo ano, o processo foi suspenso em virtude da decisão do Ministro Dias Toffoli no RE 1055941/SP (que determinou a suspensão de todos os processos e investigações que tenham iniciado com dados oriundos do COAF). O feito voltou a ter andamento com depois do julgamento do referido RE pelo Pretório Excelso.

## FOTOS DAS OPERAÇÕES CIGANOS

Material apreendido: documentos falsos, armas e munições

Material apreendido: documentos falsos, armas e munições

## FLAGRANTE ESPERADO EM TRÁFICO DE DROGAS

Local onde a droga estava escondida     Droga apreendida

## TRINCHEIRA CONTRA O CRIME

Arma, camisas e bonés da concessionária de energia elétrica de Alagoas apreendidos.

Cap. 14 | CASUÍSTICA

# VAZAMENTO DO ENEM 2010

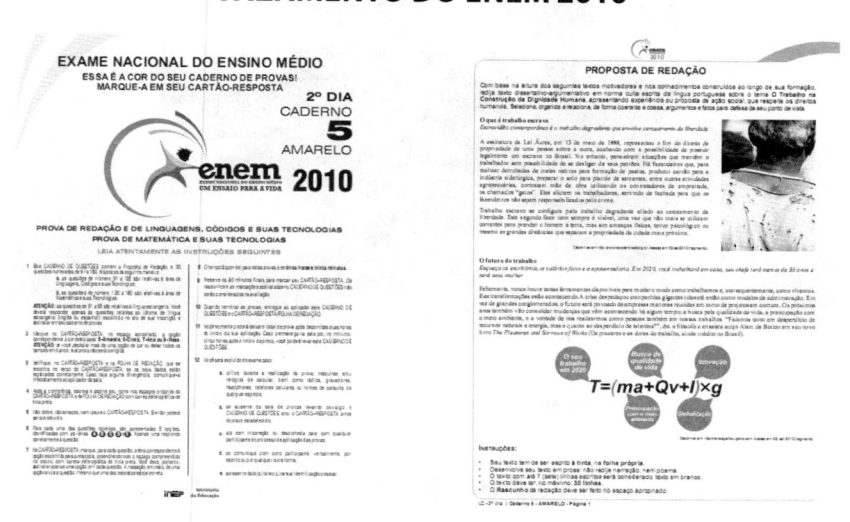

Caderno de provas do ENEM 2010 amarelo

# COMBATENDO OS DISCÍPULOS DE LAMPIÃO

Armamento e munições apreendidos

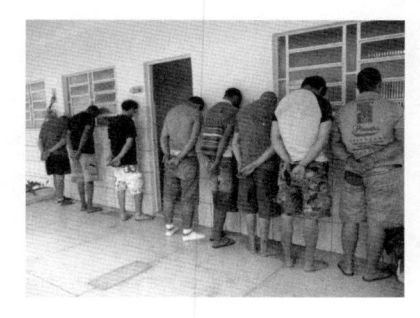

Presos na operação

Explosivo apreendido

815

Coletes, armamento e munições apreendidos

## DETALHES DE UM ESQUEMA DE DESVIO

# 15
# CONSIDERAÇÕES DERRADEIRAS

Cumpre fechar este despretensioso trabalho da mesma forma como foi iniciado. De forma direta. O texto acima desenhado teve por objetivo situar o interlocutor frente aos principais dilemas vividos pelos atores da fase pré-processual e preparar com a profundidade necessária quem tenciona ser delegado de polícia.

As dúvidas frequentes dos delegados de polícia e demais personagens que gravitam em torno do inquérito policial tentaram ser solvidas no curso da obra. Óbvio que não há como prever todas as situações reais que se apresentam aos profissionais que labutam na fase investigativa. Como dito supra nada prepara para prática, senão a própria prática. O profissional tem que forjar sua trilha profissional através de suas próprias decisões. São elas que escrevem a história da pessoa. O que se tentou neste trabalho foi apenas apresentar possibilidades que, ao lado das tantas outras sugestionadas pela doutrina de escol, por certo tornarão menos angustiante as decisões a serem tomadas no calor dos acontecimentos.

Outro norte deste livro foi demonstrar a importância do inquérito policial para o processo que dele deriva. Provas bem coligidas na fase pré-processual abrem as portas para correta aplicação do direito penal. É antes do processo que são colhidos elementos probantes caros às partes para defesa dos seus pontos de vista e ao juiz para formação da sua convicção. Uma boa preservação de local de crime, seguida de uma perícia bem feita, com consequente apreensão dos vestígios do delito, formam importante cadeia de provas que se mostrarão imprescindíveis tanto à materialização da acusação, quanto ao exercício do direito de defesa.

Assim é que tratei da segurança pública, dos princípios, do procedimento investigativo em si, da ação penal, da competência, dos sujeitos processuais, das provas, das modalidades de prisão provisória, medidas cautelares diversas da prisão e outros temas que povoam os editais dos concursos de delegado (com o fito de que a obra se torne guia seguro para o candidato de concurso público). Há capítulos dedicados à análise da Lei de Abuso de Autoridade e do Pacote Anticrime. O estudo de casos reais serviu para demonstrar de forma pragmática como os conceitos teóricos podem ser materializados no curso do inquérito.

Exultou-se a observância de todos os postulados constitucionais e legais. O cuidado em não descurar da forma prescrita na Lei Maior e na legislação de regência para prática dos atos inquisitivos, de forma a não macular a prova colhida e evitar futuras alegações de vilipêndio a direitos e garantias do investigado, de declarantes e testemunhas. Enfim, tentou-se aliar a teoria à prática, trazendo soluções possíveis e viáveis para uma correta coleta probante, suficiente para lastrear futura ação penal com aplicação efetiva do direito de punir estatal.

# REFERÊNCIAS BIBLIOGRÁFICAS

ALVES, Reinaldo Rossano. **Direito Processual Penal**, Rio Janeiro: Impetus, 2013.

ARAÚJO REIS, Alexandre Cebrian. RIOS GONÇALVES, Victor Eduardo. **Processo Penal – Parte Geral**. São Paulo: Saraiva, 2005.

AVOLIO, Luiz Francisco Torquato. **Provas Ilícitas – Interceptações telefônicas, ambientais e gravações clandestinas**. São Paulo: Revista dos Tribunais, 2010.

BADARÓ, Gustavo. **Processo Penal**, São Paulo: Elsevier, 2012.

BARBOSA, Manoel Messias. **Inquérito Policial**, São Paulo: Método, 2009.

BITENCOURT, Cezar Roberto. **Falência da Pena de Prisão: Causas e Alternativas**, São Paulo: Saraiva, 2012.

BONFIM, Edilson Mougenot. **Júri: do inquérito ao plenário,** São Paulo: Saraiva, 2012.

BONFIM, Edílson Mougenot. **Processo Penal 1 – Dos fundamentos à sentença**. São Paulo: Saraiva, 2005.

CABETTE, Eduardo Luiz Santos. **Interceptação Telefônica**. São Paulo: Revista dos Tribunais, 2011.

CABRAL, Bruno Fontenele e DE SOUZA, Rafael Pinto Marques. **Manual Prático de Polícia Judiciária.** Salvador: Juspodivm, 2012.

CAPEZ, Fernando. **Curso de Processo Penal**. São Paulo: Saraiva, 2010.

CAPEZ, Fernando e COLNAGO, Rodrigo. **Prática Forense Penal**, São Paulo: Saraiva, 2010

COUCEIRO, João Cláudio. **A Garantia Constitucional do Direito ao Silêncio**, São Paulo: Revista dos Tribunais, 2004.

DAURA, Anderson Souza. **Inquérito policial: competência e nulidades dos atos de polícia judiciária**. Curitiba: Juruá, 2009.

DE MENDONÇA, Andrey Borges. **Prisão e outras Medidas Cautelares Pessoais**. São Paulo: Método, 2011.

DE OLIVEIRA, Eugênio Pacelli. **Curso de Processo Penal**. Rio de Janeiro: Lumen Juris, 2009.

FERREIRA, Aurélio Buarque de Holanda. **Novo Dicionário da Língua Portuguesa**. Rio de Janeiro: Nova Fronteira,, 1986.

FILHO, Fernando da Costa Tourinho. **Manual de Processo Penal**. São Paulo: Saraiva, 2013.

FREITAS, Jayme Walmer de. **Prisão Temporária**. São Paulo: Saraiva, 2004.

GOMES, Luiz Flávio. **Direito Penal - Parte Geral**. São Paulo: Revista dos Tribunais, 2006.

GOMES, Luiz Flávio e MACIEL, Silvio. **Interceptação Telefônica**. São Paulo: Revista dos Tribunais, 2013.

GRECO, Rogério. **Atividade Policial**. Rio Janeiro: Impetus, 2010.

GRECO, Rogério. **Curso de Direito Penal – Parte Geral**. Rio Janeiro: Impetus, 2006.

GRECO, Rogério. **Código Penal: comentado,** 12ª edição, Rio Janeiro: Impetus, 2018.

HABIB, Gabriel (coordenador). **Pacote Anticrime Lei 13.964/2019 – Temas penais e processuais penais**. Salvador: Juspodivm, 2020.

ISHIDA, Válter Kenji. **Processo Penal**. São Paulo: Atlas, 2010.

LENZA, Pedro. **Direito Constitucional Esquematizado**. São Paulo: Método, 2006.

LOPES JR., Aury e GLOECKNER, Ricardo Jacobson. **Investigação Preliminar no Processo Penal**. São Paulo: Saraiva, 2013.

MACHADO, Antonio Alberto. **Teoria Geral do Processo Penal**. São Paulo: Atlas, 2009.

MALCHER, José Lisboa da Gama. **Manual de Processo Penal**. Rio de Janeiro: Freitas Bastos, 2002.

MINAGÉ, Thiago. **Da prisão, das Medidas Cautelares e da Liberdade Provisória**. São Paulo: Edipro,, 2011.

MIRABETE, Julio Fabbrini. **Processo Penal**. São Paulo: Atlas, 2004.

MORAES, Alexandre de. **Direito Constitucional**. São Paulo: Atlas, 2002.

MOURA, Maria Thereza Rocha de Assis. **As Reformas no Processo Penal – As novas leis de 2008 e os projetos de reforma**, São Paulo: Revista dos Tribunais, 2008.

NUCCI, Guilherme de Souza. **Leis Penais e Processuais Penais Comentadas**, 3ª edição, São Paulo: Revista dos Tribunais.

NUCCI, Guilherme de Souza. **Manual de Direito Penal**. São Paulo: Revista dos Tribunais, 2008.

NUCCI, Guilherme de Souza. **Manual de Processo Penal e Execução Penal**. São Paulo: Revista dos Tribunais, 2006.

NUCCI, Guilherme de Souza. **Prisão e Liberdade**, 5ª tiragem, São Paulo: Revista dos Tribunais, 2011.

NUCCI, Guilherme de Souza. **Provas no Processo Penal**, 2ª edição, São Paulo: Revista dos Tribunais, 2011.

NUNES, Aldeido. **A realidade das Prisões Brasileiras.** Recife: Nossa Livraria.

PESSOA, Eduardo. **Dicionário Jurídico.** Rio de Janeiro: Quileditora, 2010.

RANGEL, Paulo. **Direito Processual Penal.** Rio de Janeiro: Lumen Juris, 2006.

REIS, Alexandre Cebrian Araújo e GONÇALVES, Victor Eduardo Rios. **Direito Processual Penal Esquematizado.** São Paulo: Saraiva, 2013.

RIOS GONÇALVES, Daniela Cristina. **Prisão em flagrante.** São Paulo: Saraiva, 2004.

ROCHA, Luiz Carlos. **Manual do Delegado de Polícia.** São Paulo: Edipro, 2002.

SAMPAIO FILHO, Walter Francisco. **Prisão em flagrante – Aplicação do devido processo legal.** São Paulo: Rideel.

SILVA, Márcio Alberto Gomes. **Organizações Criminosas – Uma análise jurídica e pragmática da Lei 12.850/13**, 2ª edição, Rio de Janeiro: Lumen Juris, 2017.

TOURINHO FILHO, Fernando da Costa. **Manual de Processo Penal.** São Paulo: Saraiva, 2013.

TOURINHO FILHO, Fernando da Costa. **Processo Penal 3.** São Paulo: Saraiva, 2006.

TOURINHO FILHO, Fernando da Costa. **Prática de Processo Penal.** São Paulo: Saraiva, 2010.

TÁVORA, Nestor e ALENCAR e Rosmar Rodrigues. **Curso de Direito Processual Penal.** Salvador: Juspodivm, 2010.

VILAS BOAS, Marco Antonio. **Processo Penal Completo.** São Paulo: Saraiva, 2001.

## ANOTAÇÕES

# ANOTAÇÕES

# ANOTAÇÕES

# ANOTAÇÕES

## ANOTAÇÕES

# ANOTAÇÕES

## ANOTAÇÕES

## ANOTAÇÕES

# ANOTAÇÕES

EDITORA
jusPODIVM
www.editorajuspodivm.com.br

Impressão e Acabamento
PlenaPrint
Indústria Gráfica